5급 PSAT

전과목 단기완성

+ 필수기출 300제

시대에듀

2025 시대에듀 5급 PSAT 전과목 단기완성 + 필수기출 300제 (언어논리 · 자료해석 · 상황판단)

Always **with you**

사람의 인연은 길에서 우연하게 만나거나 함께 살아가는 것만을 의미하지는 않습니다.
책을 펴내는 출판사와 그 책을 읽는 독자의 만남도 소중한 인연입니다.
시대에듀는 항상 독자의 마음을 헤아리기 위해 노력하고 있습니다. 늘 독자와 함께하겠습니다.

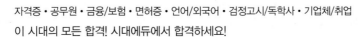

5급 공채 PSAT 준비의 시작!
가장 효율적인 학습법은 기출문제를 분석하는 것입니다.

2004년 외무고등고시에 처음 도입된 공직적격성평가(이하 PSAT)는 이후 2005년 행정고등고시와 입법고등고시 그리고 2011년 민간경력자 시험에 도입되면서 그 중요성이 점차 강조되어 왔습니다. 이제 PSAT는 적용 범위를 더 확대하여 7급 공무원 채용시험에도 도입되는 등 그야말로 공무원 시험의 핵심 요소로 자리 잡았습니다.

PSAT를 준비하는 수험생을 대상으로 한 설문조사에서 대부분의 수험생이 PSAT를 대비하기 위한 방법으로 '기출문제'를 선택하고 있다는 결과가 있었습니다. 이는 PSAT가 해를 거듭하면서 어느 정도 고정된 문제 형태를 가지게 된 결과라고 할 수 있습니다.

처음 PSAT가 도입될 당시만 해도 생소한 출제유형과 평가제도로 인해 많은 수험생이 학습의 어려움을 호소했지만 각 영역에 대한 기출 분석 및 출제 방향에 대한 학습이 이루어지면서 이제는 어느 정도 PSAT의 대비책이 정립되었다고 볼 수 있습니다. 그러나 PSAT의 효율적인 학습을 위해서는 기출문제를 무작정 풀어보는 것이 아니라 영역별로 기출 유형을 꼼꼼히 파악하고 정리해두는 것이 중요합니다.

본서에는 언어논리 · 자료해석 · 상황판단 영역별 필수이론과 필수기출, 기출심화 모의고사 등 가장 효과적인 기출문제 활용 방법을 수록하였습니다. 또한 처음 PSAT를 준비하는 수험생들의 눈높이에 맞도록 정확하고 상세한 해설로 구성하였습니다.

도서의 특징

❶ 2024년 5급 PSAT 기출문제 및 해설을 수록하였습니다.

❷ 5급 PSAT 영역별 필수이론뿐 아니라 필수기출을 100제씩 수록하여 문제 유형 및 출제 경향을 파악할 수 있도록 하였습니다.

❸ 5급 PSAT 기출문제로 구성된 기출심화 모의고사 1회분과 OCR 답안지를 제공하여 실전처럼 연습할 수 있도록 하였습니다.

❹ 2024년 5급 PSAT 언어논리 · 자료해석 · 상황판단 총평 및 문항별 합격 가이드를 통해 문제 난도를 파악할 수 있도록 하였습니다.

시대에듀는 수험생 여러분의 지치지 않는 노력을 응원하며 합격에 도달하는 가장 빠르고 정확한 길을 제시하고자 힘쓰고 있습니다. 수험생 여러분이 합격의 결승선에 도달하는 그날까지 함께하겠습니다.

SD PSAT연구소 씀

◇ 도입 배경

21세기 지식기반사회가 필요로 하는 공직자는 정치·경제·사회·문화 등 각 분야에서 일어나는 급속한 변화에 신속히 적응하고 새롭게 발생하는 문제들에 대처할 수 있어야 합니다. 이러한 시대적 요구에 부응하기 위해 단순히 암기된 지식이 아닌 잠재적 학습능력과 문제해결능력을 측정하기 위한 PSAT를 도입하여 공직자로서 갖추어야 할 소양과 자질을 평가하고 있습니다.

◇ 평가 영역

공직적격성평가(PSAT; Public Service Aptitude Test)는 공직자에게 필요한 소양과 자질을 측정하는 시험으로, 논리적·비판적 사고능력, 자료의 분석 및 추론능력, 판단 및 의사 결정능력 등 종합적 사고력을 평가합니다.

❶ PSAT의 평가 영역은 언어논리·자료해석·상황판단 세 영역으로 구성됩니다.

언어논리	글의 이해, 표현, 추론, 비판과 논리적 사고 등의 능력을 평가
자료해석	수치 자료의 정리와 이해, 처리와 응용계산, 분석과 정보 추출 등의 능력을 평가
상황판단	상황의 이해, 추론 및 분석, 문제 해결, 판단과 의사 결정 등의 능력을 평가

❷ PSAT는 특정한 지식의 정도를 측정하는 것이 아니라 능력을 측정하는 시험이기 때문에 대학입시수학능력시험과 유사한 측면이 있습니다. 그러나 수학능력시험은 학습능력을 측정하고 있는 데 반해, PSAT는 새로운 상황에서 적응하는 능력과 문제해결, 판단능력을 주로 측정하고 있기 때문에 학습능력보다는 공직자로서 당면하게 될 업무와 문제들에 대한 해결능력과 종합적이고 심도 있는 사고력을 요하는 문제가 중점적으로 출제됩니다.

◇ 시험 영역

헌법	PSAT		
	언어논리 영역	자료해석 영역	상황판단 영역
25문항(25분)	40문항(90분)	40문항(90분)	40문항(90분)

◆ PSAT 실시 시험 개관

구분	시행 형태		
	제1차시험	제2차시험	제3차시험
5급 공개경쟁채용시험	PSAT · 헌법	직렬별 필수 / 선택과목(논문형)	면접
입법고시			
외교관후보자 선발시험		전공평가 / 통합논술(논문형)	
지역인재 7급 수습직원 선발시험		서류전형	
7급 공개경쟁채용시험	PSAT	전문과목(선택형)	
5 · 7급 민간경력자 선발시험		서류전형	

◆ 시험 일정

구분	2024년도 원서접수	제1차시험		제2차시험		제3차시험 (면접)	최종합격자 발표
		시험일	합격자 발표일	시험일	합격자 발표일		
5급 행정	01.25~01.29	03.02	04.04	06.28~07.03	09.26	10.29~10.31	11.15
5급 기술				07.04~07.09	09.26	10.29~10.31	11.15
외교관후보자 선발시험				06.28~07.03	09.26	11.01	11.15

※ 2024년도 기준 시험 일정입니다.

※ 시험 일정은 변경될 수 있으므로 인사혁신처 또는 사이버국가고시센터 온라인 페이지의 공고사항을 반드시 확인하기 바랍니다.

◆ 2024년도 5급 PSAT 합격자 통계

인사혁신처에서 공개한 2024년도 5급 제1차시험 합격자 통계에 따르면 사회복지직과 보호직을 제외한 전 직렬의 합격선이 낮아져 시험의 전반적인 체감 난도가 높았다고 볼 수 있습니다. 특히 출입국관리직의 선발예정인원이 늘어 응시인원은 과년도 대비 증가하였으나, 합격선이 대폭 낮아진 것으로 확인됩니다.

행정 직군의 경우 재경 직렬에서 가장 큰 폭의 성적 변화가 있었습니다. 합격선은 지난해 대비 4.17점 하락한 81.66점으로, 이는 재경 직렬의 수험생들이 다른 직렬보다 상대적으로 PSAT에 대한 준비가 미비하였다는 것을 나타냅니다. 일반행정 직렬의 합격선은 전년도 대비 2.50점 하락한 81.66점으로 결정되었습니다. 이는 시험의 전반적인 난도 상승뿐만 아니라, 합격자들의 성적 하락을 의미합니다.

구분	선발 예정 인원	응시 인원	2024년		2023년		증감 (합격선)
			합격선 (지방/양성)	합격인원 (지방/여성)	합격선 (지방/양성)	합격인원 (지방/여성)	
계	193	5,450	–	1,373 (113/574)	–	1,383 (104/549)	–
행정 (일반행정)	98	3,143	81.66 (79.16/–)	715 (80/342)	84.16 (81.66/–)	743 (71/319)	↓2.50
행정 (인사조직)	2	53	76.66	15 (–/2)	79.16	13 (–/5)	↓2.50
행정 (법무행정)	7	285	80.83 (79.16)	49 (–/14)	82.50 (–/80.33)	33 (–/8)	↓1.67
행정 (재경)	58	951	81.66 (79.16/80.00)	401 (29/117)	85.83 (83.33/84.16)	407 (28/123)	↓4.17
행정 (국제통상)	11	288	76.66 (75.00/–)	74 (4/50)	80.00 (78.33/–)	70 (5/41)	↓3.34
행정 (교육행정)	6	156	79.16	44 (–/23)	80.83	41 (–/23)	↓1.67
사회복지 (사회복지)	1	31	82.50	6 (–/3)	80.83	20 (–/9)	↑1.67
교정 (교정)	3	168	76.66	20 (–/5)	77.50	21 (–/5)	↓0.84
보호 (보호)	2	135	76.66	14 (–/4)	71.66	13 (–/8)	↑5.00
검찰 (검찰)	2	137	77.50	15 (–/9)	84.16	15 (–/6)	↓6.66
출입국관리 (출입국관리)	3	103	72.50	20 (–/5)	85.83	7 (–/2)	↓13.33

2024년도 5급 PSAT 언어논리 총평

전년도와 비교하면 일부 유형의 체감 난도가 다소 상향 조정되었지만 대체적으로는 무난했습니다. 특히 논리퀴즈 유형이 전년도에 비해 조금 어려워졌는데, 난도가 높은 문제보다 낮은 문제를 먼저 푸는 식으로 시간을 배분했다면 좀 더 효율적으로 언어논리 영역을 공략할 수 있었을 것입니다. 어차피 문제당 배점은 동일하기 때문입니다.

일치−부합형 문제는 전통적으로 난도가 높지 않은 편으로, 올해도 평이하게 출제되었습니다. 지문의 분량도 과하지 않았고, 풀이에 필요한 내용을 찾아 이해하는 데도 큰 무리가 없었습니다. 선택지의 진위 여부가 비교적 선명하게 드러나 정답도 무난하게 도출되었습니다. 따라서 난도가 낮은 문제 풀이에서 시간을 절약한다면 그만큼 다른 문제에 시간을 더 할애할 수 있었습니다.

추론형 문제는 난도 상·중·하의 비율을 비교적 균형 있게 조정해 출제위원들이 밸런스와 변별력을 두루 신경 쓴 것으로 보입니다. 그러나 12번과 16번 문제는 난도가 특히 높아 시간을 많이 소모하게 만들었습니다. 한편, 추론형 문제는 대개 한 문단 안에서 선택지를 해결할 수 있도록 출제되어 지문과 선택지를 번갈아 보며 풀이해야 하는 경우가 적었습니다.

논리퀴즈형 문제는 앞서 말한 것처럼 2023년보다 다소 어렵게 출제되었습니다. 명제를 가정과 결론으로 구분하고 대우명제를 도출한 다음 다양한 경우의 수를 검토해야 하는 유형이었기 때문입니다. 이때 지문을 정밀히 분석하려 했다면 시간이 부족했을 것입니다. 따라서 평소에 LEET 같은 다른 시험 문제를 풀어보는 등 다양한 유형의 문제 풀이를 통해 논리력을 꾸준히 높이는 것만이 논리퀴즈형에 대한 대응 속도를 높이는 가장 확실한 전략입니다.

강화−약화형 문제는 2023년보다 출제 비율이 증가했습니다. 과학 관련 지문이 많았고, 지문의 내용을 단번에 이해하기 어려운 문제도 있었습니다. 특히 〈사례〉, 〈실험〉 적용 유형의 문제가 그러했습니다. 따라서 선택지 판단의 근거가 되는 내용은 지문 중에서 찾아야 한다는 문제 풀이의 대원칙을 유념해 차분히 읽으며 내용을 정리하면서도 이해 속도를 높이는 연습을 충분히 해야 할 필요가 높습니다. 이때 지문의 길이가 과다하지 않으니 침착하게 읽으며 문제 구조를 파악하는 것이 바람직합니다.

전체적으로 2024년에는 2023년에 비해 난도가 다소 상승한 것으로 보이며, 이에 따라 정답률 하락, 커트라인 하락 등을 예상할 수 있습니다. 요행수로 찍어서 득점할 수 있는 문제가 적은 만큼 결국엔 평상시에 정공법으로 부단히 기본기를 닦은 수험생들에게 상대적으로 유리한 시험이었다고 판단됩니다.

2024년도 5급 PSAT 자료해석 총평

특별히 난도가 높은 문제는 출제되지 않았으며, 대체적으로 평이하게 출제되었습니다.

복잡한 계산을 필요로 하는 문제는 거의 없었으나, 2023년도처럼 시간을 많이 소모시키는 전환형의 문제와 ①∼⑤의 선택지를 모두 고려해야 하는 상대적으로 시간이 오래 걸리는 문제들이 다수 출제되었습니다. 또한 인포그래픽 유형의 문제(15번)를 출제하여 시간 소모를 유도하였습니다. 이외에 추가로 필요한 자료 유형의 문제는 매우 쉽게 출제되었으며, 매칭형의 문제도 단순히 표, 조건 등의 자료를 통해서만 답을 찾을 수 있을 정도로 쉬웠습니다.

전환형의 문제와 공식을 활용하여 풀어야 하는 문제 외에는 대부분의 수치가 간단한 어림산 내지 산식의 변형만으로도 정오판별이 가능하도록 주어졌습니다. 이것은 올해 불합격한 수험생 혹은 내년 시험을 준비하는 수험생들에게 시사하는 바가 큽니다. 계산을 하지 않거나 단순화시킨다는 것은 그만큼 문제 풀이 시간이 단축된다는 것인데, 그렇지 않았다면 합격권에 있는 수험생들에 비해 상대적으로 많은 시간을 소모했을 것이고 그것은 풀이할 수 있는 문제의 수를 줄이는 결과를 가져오기 때문입니다.

계산이 간단했던 반면, 변별력을 높이기 위한 장치는 각주 혹은 조건들에 교묘하게 숨겨져 있었습니다. 문제를 빠르게 풀다보면 놓치기 쉬운 포인트들을 절묘하게 건드린 함정들이 상당수 출제되었습니다.

전체적으로 쉽게 출제되었지만 시간 내에 모든 문제를 정확하게 풀어내기에는 여전히 시간이 부족합니다. 따라서 당락을 가르는 것은 결국 분수비교, 곱셈비교와 같이 계산을 줄이면서 정오를 판별할 수 있는 능력임이 다시 확인된 만큼, 평소 충분한 연습과 분석을 통해 자신의 약점을 메워나갈 수 있는 전략이 필요합니다.

2024년도 5급 PSAT 상황판단 총평

대체적으로 평이한 난도로 출제되었습니다. 어차피 다 풀지 못하는 경우가 대부분이어서 운이 어느 정도 작용했던 과거의 시험에 비추어보면, 오히려 난도가 높지 않은 시험이 진정한 실력자를 가려낼 수 있다는 점에서 긍정적인 평가를 내리고 싶습니다.

법조문형 문제는 내용이 어렵지 않고, 출제 포인트인 단서 조항도 명확하게 드러나 있어 정오를 판별하는 데에 큰 무리가 없었습니다. 하지만 선택지의 사례들을 하나하나 맞춰보아야 하는 특성상 어느 정도의 시간 소모는 있을 수밖에 없는데, 여기서 얼마나 시간을 절약했는지가 관건이었습니다.

수리퀴즈 문제는 언제나 그렇듯 사고가 유연한 수험생에게 유리하게 출제되었습니다. 이 유형은 같은 문제를 풀더라도 여러 가지 풀이법이 존재하는데, 그중에서 가장 빠른 풀이법을 선택해 풀었다면 이후 등장하는 논리퀴즈 문제들에 투입할 수 있는 시간을 벌 수 있었을 것입니다. 이 능력은 한 순간에 길러지는 것이 아니기 때문에 평소 문제들을 유형화하여 몸에 익히는 것이 중요합니다.

논리퀴즈 문제는 평소 많은 문제를 접해보지 않았던 수험생이라면 접근 방법 자체를 찾아내지 못하는 경우도 있었을 것이라고 생각됩니다. 처음 출제되는 유형은 모두에게 생소합니다. 하지만 대다수의 문제들은 이전에 출제되었던 아이디어를 차용하여 출제되는 경우가 대부분이므로 기출문제 분석이 그 어느 유형보다 중요합니다.

세트형 문제는 매우 쉽게 출제되었습니다. 추상적인 퀴즈가 결합된 제시문이 아니라 매우 구체적인 내용들이 제시되어 사실상 정보확인형, 단순계산 문제로 출제되었습니다. 앞부분에서 시간을 허비해 이 문제들을 풀지 못했다면 합격권에서 멀어졌다고 봐도 무방할 정도로 난도가 낮았는데, 이런 추세는 작년에도 비슷했습니다. 따라서 세트형 문제를 초중반에 먼저 풀이하는 전략도 검토해볼 만합니다.

상황판단 영역은 이제 어느 정도 유형화가 이루어진 것으로 보입니다. 물론, 새로운 아이디어들이 결합된 실험적인 문제들이 여전히 출제되고는 있지만 대부분의 문제들은 과거의 기출문제를 통해 어느 정도 유사성을 찾을 수 있습니다. 따라서 기출문제를 '외형적 유사성'이 아닌 '아이디어의 유사성'으로 유형화시켜 반복한다면 '상황판단 울렁증'도 극복 가능할 것입니다.

구성과 특징 STRUCTURES

최신기출문제

2024년 3월 2일 시행된 5급 PSAT 언어논리·자료해석·상황판단 기출문제 및 해설을 수록하였습니다.
최신기출문제를 체계적으로 학습하여 2025년 5급 PSAT에 대비할 수 있도록 하였습니다.

영역별 필수이론

5급 PSAT 영역별 이론을 상세하게 분석하였습니다.
영역별 예제 및 해설을 수록하여 자신의 실력을 스스로 점검할 수 있도록 하였습니다.

필수기출 300제

영역별 필수기출을 100제씩 수록하여 PSAT 문제 유형 및 출제 경향을 파악할 수 있도록 하였습니다.

CHAPTER 02 자료해석 필수기출 100제

01 단순확인(표·그림)

1. 다음 〈표〉는 '갑'국 △△고속도로의 A~I휴게소 현황에 관한 자료이다. 이에 대한 〈보기〉의 설명 중 옳은 것만을 모두 고르면?

23년 행시(가) 8번

〈표〉 △△고속도로 휴게소 현황

(단위: m², 면, 백만 원)

진행 방향	휴게소	준공년월	면적	주차면수	사업비
동쪽	A	1997년 6월	104,133	313	9,162
	B	2003년 12월	88,196	292	9,800
	C	1999년 9월	63,846	283	15,358
	D	2008년 10월	39,930	193	14,400
서쪽	E	2003년 12월	53,901	277	9,270
	F	1999년 12월	9,033	145	9,330
	G	2010년 8월	40,012	193	14,522
	H	1997년 12월	85,560	313	11,908
	I	2004년 1월	72,564	225	10,300

〈보 기〉

ㄱ. 2000년 이후 준공된 휴게소 중 면적당 사업비가 가장 큰 휴게소는 E휴게소이다.
ㄴ. 진행 방향별 휴게소 주차면수의 합은 '동쪽'이 '서쪽'보다 적다.
ㄷ. 면적당 주차면수가 가장 많은 휴게소는 F휴게소이다.
ㄹ. 주차면수당 사업비는 G휴게소가 A휴게소의 2배 이상이다.

① ㄱ, ㄴ
② ㄱ, ㄹ
③ ㄴ, ㄷ
④ ㄷ, ㄹ
⑤ ㄴ, ㄷ, ㄹ

2. 다음 〈표〉는 2024년 예상 매출액 상위 10개 제약사의 2018년, 2024년 매출액에 관한 자료이다. 이에 대한 〈보기〉의 설명 중 옳은 것만을 고르면?

21년 행시(가) 11번

〈표〉 2024년 매출액 상위 10개 제약사의 2018년, 2024년 매출액

(단위: 억 달러)

2024년 기준 매출액 순위	기업명	2024년	2018년	2018년 대비 2024년 매출액 순위변화
1	Pfizer	512	453	변화없음
2	Novartis	498	435	1단계 상승
3	Roche	467	446	1단계 하락
4	J&J	458	388	변화없음
5	Merck	425	374	변화없음
6	Sanofi	407	351	변화없음
7	GSK	387	306	5단계 상승
8	AbbVie	350	321	2단계 상승
9	Takeda	323	174	7단계 상승
10	AstraZeneca	322	207	4단계 상승
매출액 소계		4,149	3,455	
전체 제약사 총매출액		11,809	8,277	

※ 2024년 매출액은 예상 매출액임

〈보 기〉

ㄱ. 2018년 매출액 상위 10개 제약사의 2018년 매출액 합은 3,700억 달러 이상이다.
ㄴ. 2024년 매출액 상위 10개 제약사 중, 2018년 대비 2024년

기출심화 모의고사

5급 PSAT 기출문제로 구성된 기출심화 모의고사 1회분과 OCR 답안지를 수록하여 실전처럼 연습할 수 있도록 하였습니다.

기출심화 모의고사

제1과목 언어논리

1. 다음 글에서 알 수 있는 것은?

23년 행시(가) 6번

1982년에 오스트레일리아의 워렌과 마셜 연구팀은 사람의 위장에서 서식하는 세균을 배양하려 시도하였지만 실패를 거듭했다. 그들은 '캠필로박터' 세균을 배양할 때처럼 산소와 이산화탄소를 저농도로 유지하면서 까다로운 조건으로 영양분을 공급하는 특수한 배양법을 채택하고 있었다. 마셜의 조수는 휴가를 보내느라 보통 이틀 정도로 끝내던 배양을 5일 동안 지속하게 되었다. 휴가가 끝났을 때 연구팀은 배양지에 세균의 군집이 형성된 것을 발견하게 되었다. 1987년에 연구팀은 광학 현미경으로 관찰된 형태와 대기 중 산소 농도보다 낮은 산소 농도에서 자라는 특성을 근거로 이 균을 캠필로박터 속에 속한다고 판단하여 이 균을 '캠필로박터 파일로리'라고 명명하였다. 그러나 그 후, 전자 현미경에 의해 이 균의 미세 구조가 캠필로박터와 차이가 있음이 관찰되었고, 1989년에는 유전자 분석에 따라 이 균이 캠필로박터와 다른 집단임이 판명되었다. 이에 따라 헬리코박터 속이 신설되고 균의 명칭이 '헬리코박터 파일로리'로 변경되었다.

마셜은 강한 산성 환경인 인간의 위장 속에서 살 수 있는 이 세균에 의해 대부분의 위장 질환이 발생한다는 내용의 가설을 담은 논문을 발표했다. 하지만, "어떤 세균도 위산을 오래 견뎌내지 못한다."라는 학설과 "스트레스나 자극적인 식품을 자주 섭취하는 식습관이 위궤양과 위염을 일으킨다."라는 학설 때문에 이 가설은 쉽게 받아들여지지 않았다. 결국 마셜은 시험관에 배양한 균을 스스로 마셔서 위궤양을 만들어냈고, 그 위궤양을 항생제로 치료하는 데 성공했다. 그에야 학계는 마셜의 가설을 받아들였고, 미국의 국립 보건원은 위궤양의 대부분이 헬리코박터 파일로리에 의한 것이므로 항생제를 처방할 것을 권고하는 의견서를 발표하였다. 오늘날 헬리코박터 파일로리는 세계에서 가장 흔한 만성적인 감염의 원인균으로 알려지게 되었고, 위암의 원인균으로도 인정받았다. 2005년 워렌과 마셜은 이 발견으로 노벨 생리의학상을 수상했다.

① 마셜의 실험은 위궤양과 위염이 스트레스나 자극적인 식품을 자주 섭취하는 식습관에 의해 생길 수 없음을 보여주었다.
② 마셜의 연구팀은 어떤 세균도 위산을 오래 견뎌내지 못한다는 학설이 틀렸음을 증명하였다.
③ 헬리코박터 파일로리는 캠필로박터처럼 저농도의 산소에서 자라는 특성을 갖는다.
④ 헬리코박터 파일로리의 감염은 위암을 일으킬 수 있다는 것이 인정되었다.
⑤ 헬리코박터 파일로리는 캠필로박터와 다른 별개의 속에 속한다.

이 책의 차례 CONTENTS

최신기출문제

1. 다음 글의 내용과 부합하는 것은?

조선 성종 때 반포된 『경국대전』에는 지방 수령을 뽑아 내려보낼 때 지켜야 할 절차와 규정이 실려 있다. 이에 따르면 지방 수령을 뽑을 때는 인사 담당 관청인 이조가 3인의 후보자를 왕에게 올리게 되어 있었다. 왕이 이 가운데 한 명을 택하면 이조는 그 사실을 경주인에게 바로 알려야 했다. 조정과 지방 관아 사이에 오가는 연락을 취급하는 직책인 경주인은 신임 수령이 뽑혔다는 사실을 그 지방 관아에 알리고, 당사자에게도 왕이 그를 수령으로 임명했다는 사실을 알리는 내용의 고신교지를 보냈다.

이 고신교지를 받은 신임 수령은 무엇보다 먼저 왕에게 감사의 인사를 올리는 의례인 사은숙배를 거행해야 했다. 이를 위해 모월 모일에 사은숙배를 치르겠다는 내용이 담긴 숙배단자를 만들어 의례 주관처인 통례원에 내야 했다. 통례원은 사은숙배를 하겠다는 날에 왕에게 다른 일정은 없는지, 숙배단자가 제 형식을 갖추었는지 등을 따진 뒤 일자를 확정해 알렸다. 이 통보를 받은 신임 수령은 당일 궁궐에 들어가 상서원이라는 곳에서 대기하다가 사은숙배를 해도 좋다는 명이 떨어지면 정전 앞에 나아가 세 번 절하고 왕을 만났다. 이때 왕은 선정을 당부하고, 특별한 지시 사항이 있을 때는 그에 대해 설명하기도 했다. 이후 신임 수령은 인사 담당 관청인 이조를 찾아가 인사하는 의례인 사조를 거쳐야 했다. 조선시대에는 중앙 관청의 직책에 처음 임명된 문관도 사은숙배를 해야 했는데, 사조는 오직 지방 수령에 임명된 자만 거쳐야 하는 절차였다. 지방 수령에 임명되었음에도 사조를 하지 않은 사람은 이조에 불려가 호된 꾸중을 들을 수 있었다.

사은숙배와 사조를 모두 거친 자는 하직숙배를 행한 뒤 임지로 떠났다. 하직숙배란 임지로 가기 전 마지막으로 왕에게 인사하는 의례다. 그런데 이때는 왕이 아니라 승지가 신임 수령을 대신 만나는 경우가 많았다. 하직숙배 때에는 왕이나 승지 앞에서 지방관이 지켜야 하는 일곱 가지 규정인 '수령칠사'를 꼭 암송해야 했다. 만일 이를 제대로 외우지 못하면 부임하기도 전에 그 자리에서 파면당하는 불명예를 안을 수 있었다. 이 절차를 무사히 거친 신임 수령이 임지 경내로 들어가면 그 지역 아전과 주민들이 나와 환영회를 여는 것이 관례였다. 신임 수령은 환영 인파와 함께 관아로 가는 도중 그 지방 향교를 찾아 참배해야 했다. 이처럼 조선 왕조는 수령을 뽑아 보내는 절차를 복잡하게 만들었는데, 이는 그만큼 그 직임을 중시했음을 뜻한다.

① 처음으로 문관직에 임명된 사람에게는 사은숙배와 하직숙배를 모두 거행해야 할 의무가 있었다.

② 임지에 부임한 신임 수령은 해당 지방의 향교를 방문하여 사은숙배를 올리고 수령칠사를 암송해야 했다.

③ 지방 수령으로 임명된 사람은 사은숙배를 하기 전에 반드시 의정부를 찾아가 사조라는 절차를 거행해야 했다.

④ 신임 수령이 결정되면 통례원이 이조를 대신하여 당사자에게 고신교지를 보내 임명 사실을 알리는 일을 했다.

⑤ 정해진 규정대로 사은숙배와 사조를 끝낸 사람이라도 하직숙배 때 수령칠사를 제대로 말하지 못하면 그 직에서 파면될 수 있었다.

2. 다음 글의 내용과 부합하는 것은?

조선시대가 되기 전에는 삼베옷을 입는 것이 일반적이었다. 삼베옷은 시원해서 여름에 입기 좋지만 추위는 막지 못한다. 겨울철을 따뜻하게 나기 위해서는 비단이나 목화로 만든 옷이 필요했는데 비쌌고 구하기도 어려웠다. 가까운 중국도 13세기가 되기 전에는 목화를 기르는 지역이 많지 않았다. 중국에 들어와 있던 목화가 일 년 내내 고온다습한 날씨에서만 자라는 인도산 품종이었기 때문이다. 그런데 13세기 후반 원나라에서 춥고 건조한 날씨에도 자랄 수 있는 개량 품종이 나왔다. 이 품종은 고려 말 원에 사신으로 갔던 문익점에 의해 한반도에 들어왔다.

문익점은 공민왕을 폐하고 충선왕의 서자 덕흥군을 새 왕으로 삼겠다는 원의 일방적 통보에 항의하는 임무를 띤 사신단의 일원이었다. 당시 원은 이 사신단을 억류하고 덕흥군 편에 설 것을 요구했다. 문익점의 후손들이 펴낸 『삼우당실기』라는 책에 따르면 문익점은 원의 회유를 뿌리쳤으며 그 벌로 오늘날의 운남성에 유배되었다고 한다. 이 책에는 문익점이 유배에서 풀려나 귀국할 때 그곳에 있던 목화 씨앗을 붓두껍에 숨겨 들여왔다는 내용도 있다. 하지만 『고려사』에는 문익점이 귀국 직후 관직에서 파직된 것으로 적혀 있다. 사실 공민왕이 문익점을 내친 것은 그가 원의 요구를 수용해 덕흥군 편에 섰기 때문이다. 그는 운남성에 유배된 적이 없으며 원의 수도인 대도에 머물다가 귀국했다. 문익점이 고려로 돌아올 때 춥고 건조한 날씨에서도 자랄 수 있게 개량된 목화 씨앗을 가져온 것은 엄연한 사실이지만, 그 씨앗은 대도 근처 농촌에서 구한 것이었다.

문익점은 벼슬을 잃은 후 낙향하여 원에서 가져온 목화 씨앗을 자기 밭에 심었다. 그런데 정작 문익점은 목화를 제대로 기르는 데 실패했다. 목화 재배에 성공한 사람은 그의 장인 정천익이었다. 그는 예전에 목화를 본 적도 없고 재배법도 몰랐지만, 문익점이 가져온 목화 씨앗 몇 개를 나누어 받아 재배한 끝에 결실을 거두는 데 성공했다. 그는 원 출신의 홍원이라는 승려로부터 목화에서 실을 뽑는 기술을 배워 퍼뜨리기도 했다. 오늘날 사람들은 문익점만 주목하지만, 목화 재배법과 실 뽑는 기술을 퍼뜨린 정천익도 잊지 말아야 할 인물임에 틀림없다.

① 정천익이 심어 재배에 성공한 목화 씨앗은 춥고 건조한 날씨에도 자랄 수 있는 개량 품종이었다.

② 원의 후원에 힘입어 고려 국왕이 된 덕흥군은 즉위 직후 문익점 등의 대신들을 파직하였다.

③ 홍원이라는 승려는 원에서 개량 목화 씨앗을 들여와 고려에 이를 퍼뜨리기 시작하였다.

④ 문익점은 운남성에 유배되어 있을 때 직접 목화를 재배한 뒤 그로부터 실을 뽑았다.

⑤ 공민왕이 보급한 목화 씨앗은 당시의 고려 상인들이 인도에서 수입한 것이다.

3. 다음 글에서 알 수 있는 것은?

'석방거래'란 금전적 대가를 지불하고 억류된 포로를 찾아오는 것을 의미한다. 이러한 석방거래는 전쟁이나 이념 갈등 등 정치사회적 사건의 결과로 인해 감옥이나 기타 장소에 다양한 형태로 수형, 구금되어 있는 포로를 구하는 수단으로 이용되었다. 석방거래는 고대부터 존재했지만, 특히 중세 시대에 활발하게 이루어졌다.

현대에는 전쟁포로를 죽이는 행위가 비인간적이고 반인권적인 것으로 인식된다. 이와 달리 중세 시대에는 전쟁에 패배하여 사로잡힌 포로를 죄인으로 보았기 때문에, 승리자가 포로를 처형하는 일은 당연하게 받아들여졌다. 그런 점에서 승리자가 금전적 보상을 받고 포로의 생명을 살려줄 경우, 포로들에게 이러한 석방거래는 자신들의 죄를 용서받을 수 있는 기회로 이해되었다. 또한 포로를 억류, 구금하고 있는 승리자에게도 석방거래는 매력적인 제안이었다. 자신의 비용으로 구금하고 있는 포로를 보호하고 관리해야 하는 입장에서 자유로워질 수 있는 동시에 정치·경제적 이득을 취할 수 있도록 해 주었기 때문이다.

석방거래는 일반적으로 포로를 억류하고 있는 쪽과 포로의 석방을 요구하는 쪽 사이의 협상을 통해 이뤄진다. 중세 시대에는 도시국가가 포로의 석방을 요구하는 협상 주체로 나서는 것이 일반적이었다. 도시국가의 구성원이 포로 상태에 있다는 것은 단순히 개인적 차원을 넘어서는 문제였기 때문이다. 그런데 중세 시대 도시국가들은 전략적 이유에서 석방거래를 공개적으로 추진하기보다는 대체로 비공개로 진행했다. 이는 비밀리에 협상을 진행하는 것이 더 좋은 결과를 가져온다고 판단했기 때문이다. 이러한 은밀한 진행 방식 때문에, 도시국가가 석방거래를 위해 적극적 노력을 하지 않는다고 여겨지는 경우도 있었다.

중세 시대에는 도시국가가 석방거래의 주체가 되는 것이 보통이었지만, 가족이 포로로 잡혔을 때 그 가족 구성원이 이들의 석방을 위해 직접 거래를 시도하는 경우도 많았다. 포로가 된 가족을 구하기 위해 가족의 구성원들이 적극적으로 노력하지 않는다면 소속 집단에서 비판을 받을 수 있었다. 예를 들어, 포로가 된 자녀를 위해 부모가 혹은 반대로 포로가 된 부모를 위해 자녀가 석방거래에 적극적인 노력을 기울이지 않는다면, 도덕적 비난의 대상이 될 수 있었다.

① 중세 시대에 포로를 구하기 위해 금전이 아닌 대가를 지불하는 경우가 있었다.

② 중세 시대에 석방거래가 이루어진 주된 이유는 포로들의 인권을 보호하기 위해서였다.

③ 중세 시대에 전쟁포로를 구금하는 비용은 대체로 전쟁에서 패배한 국가가 부담해야 했다.

④ 중세 시대의 석방거래 시 승리한 국가의 소극적인 자세로 인해 석방이 힘들어지는 경우가 있었다.

⑤ 중세 시대에 포로가 된 가족 구성원이 있는데도 나머지 가족이 석방거래를 시도하지 않는다면 사회적 비판의 대상이 될 수 있었다.

4. 다음 글에서 추론할 수 없는 것은?

오늘날 한국 사회에서는 유교적 전통에 기반한 가부장과 부모 세대의 권위가 약화되고 결혼과 가족에 대한 자유로운 선택과 개인주의적인 삶의 방식을 추구하는 사람들이 증가하고 있다. 이런 현상은 가족주의, 즉 사회의 최소 구성단위는 개인이 아니라 가족이며 개인은 가족을 통해서만 사회와 관계를 맺을 수 있다고 보는 관념이 쇠퇴하고 그 영향력을 상실해가고 있다는 주장을 뒷받침한다. 그러나 한국 사회는 특히 제도의 측면에서 가족주의가 여전히 강하게 작동하는, 이른바 '제도적 가족주의'가 공고한 사회라고 할 수 있다. 이는 주요 사회제도들이 개인이 아닌 가족을 기본단위로 설계되고 가족주의 원리에 따라 운용되고 있다는 점에서 잘 드러난다. 서구 사회의 '제도적 개인주의'가 가족이 아닌 개인을 중심으로 제도들을 재편함으로써 개인이 삶의 단위가 되도록 유도한다면, 한국 사회의 제도적 가족주의는 제도를 통해 사회 구성원으로 하여금 가족 단위로 생존하고 가족 의존적 삶을 살아가도록 유도하는 것이다.

그 대표적인 예로 가족 부양자 모델에 근거하고 있는 다양한 종류의 소득보장제도를 들 수 있다. 국민연금제도는 1가구 1연금의 원칙에 따라 가족을 기본단위로 운용되며, 국민기초생활보장제도도 빈곤 가구에 대한 부양 책임을 우선적으로 가족에 두고 있다. 또한 육아휴직, 조부모양육수당, 가족요양보호사 등 아동 및 노인의 돌봄을 위한 정책과 효행 장려 및 지원에 관한 법률에서도 돌봄과 부양에 대한 책임을 가족에게 부과하고 있다.

그런데 가부장의 권위가 약화되고 다양한 삶의 방식이 출현하고 있는 현실에서 제도적 가족주의의 존속은 사회적 문제를 유발하고 있다. 첫째, 가족을 형성하지 않거나 못한 개인, 그리고 가족에게 돌봄을 제대로 받지 못하는 개인에게는 불이익이 초래될 수 있다. 둘째, 가족 구성원들 사이에 갈등이 발생할 수 있다. 가족 내부적으로는 가족주의 가치관을 공유하지 않음에도 불구하고, 가족 외부적으로 가족 단위의 생존과 역할을 강요당함으로써 가족 구성원들은 부양과 돌봄을 둘러싸고 갈등을 겪는 것이다.

① 제도적 가족주의의 존속은 1인 가구의 구성원에게 불리하게 작용할 수 있다.
② 제도적 개인주의는 가족이 아닌 개인을 기본단위로 사회제도를 설계하고 운영한다.
③ 한국 사회에서 관념으로서의 가족주의는 약화되고 있으나 제도로서의 가족주의는 여전히 강하게 작동한다.
④ 1가구 1연금을 원칙으로 하는 국민연금제도는 제도적 가족주의로 인해 발생하는 문제를 해결하기 위해 도입된 정책이다.
⑤ 가족관계상 부양 의무자가 있다는 이유만으로 생계가 어려운 독거노인을 국민기초생활보장제도의 대상에서 제외하는 정책은 가족 구성원들 간의 갈등을 초래할 수 있다.

5. 다음 글에서 알 수 없는 것은?

1인당 국내총생산이나 1인당 가처분소득 등은 한 사회의 삶의 질을 나타내기 위한 지표로 흔히 사용된다. 그런데 이러한 지표들이 삶의 질을 제대로 보여주는지는 미심쩍다. 가령 폭력이 증가해서 안전 대책과 경찰력에 더 많은 투자가 이루어지는 사회에서도 1인당 국내총생산은 상승할 수 있다. 1인당 가처분소득 역시 삶의 질을 온전히 보여주지는 못하는데, 특히 경제적 불평등의 정도와 저소득층을 위한 사회 안전망의 수준에 대해서는 아무것도 말해주지 않는다.

삶의 질을 보다 정확히 비교할 수 있는 지표를 한 가지만 선택해야 한다면, 영아사망률이 그 대안이 될 수 있다. 영아사망률은 출생아 1천 명당 1세 미만의 사망자 수로 집계되는데, 이는 삶의 수준을 보여주는 무척 강력한 지표이다. 낮은 영아사망률은 양질의 생활에 필요한 환경, 예를 들면 훌륭한 수준의 의료 체계, 위생적인 생활환경, 취약 계층을 위한 사회적 지원 제도 등이 조성되어 있다는 것을 의미한다. 또한 이용하기 쉬운 사회기반시설 등이 마련되지 않으면 영아사망률을 낮추기가 어렵다. 즉, 영아사망률에는 생후 첫해의 생존을 좌우하는 제반 조건들에 대한 정보가 담겨 있는 셈이다.

산업화가 시작되기 전의 서구 사회에서는 영아사망률이 잔혹할 정도로 높았다. 1750년경 서구의 평균 영아사망률은 출생아 1천 명당 300~400명에 달했다. 그 수치는 점진적으로 낮아지다가 1950년에 이르러서야 35~65명으로 떨어졌다. 그리고 2020년 기준 OECD 회원국의 평균 영아사망률은 4.1명이며, 38개 회원국 중에서 영아사망률이 3.0명 미만인 국가는 14개국이다. 이 국가들은 대체로 인구가 많지 않고 인종적·민족적으로 동질적인 사회를 이루고 있다는 특징을 보인다. 대표적으로 아이슬란드, 핀란드, 노르웨이와 같은 몇몇 유럽 국가들이 이에 해당한다. 반면, 인구가 많거나 인종적·민족적으로 이질적인 사회에서는 영아사망률을 OECD 평균 수준까지 낮추기는 어렵다. 예를 들어 미국과 멕시코의 영아사망률은 2020년 기준 각각 5.4명, 13.8명으로 OECD 평균을 상회하는데, 이 국가들이 영아사망률을 4.1명 수준으로까지 낮추기는 무척 어려울 것으로 보인다.

① OECD 회원국에서는 1인당 국내총생산이 높을수록 영아사망률이 낮다.
② 인구가 많은 사회는 OECD 평균 수준까지 영아사망률을 낮추기 어렵다.
③ 산업화 이후 서구 사회의 평균 영아사망률은 산업화가 시작되기 전보다 낮아졌다.
④ 낮은 영아사망률은 양질의 생활에 필요한 환경이 조성되어 있다는 것을 의미한다.
⑤ 1인당 가처분소득보다 영아사망률이 한 사회의 삶의 질을 더 잘 나타낼 수 있는 지표이다.

6. 다음 글에서 추론할 수 있는 것은?

마이크로바이옴은 특정 환경에 존재하는 모든 미생물의 집단을 말한다. 인간 몸에 존재하는 모든 미생물의 집단을 인체 마이크로바이옴이라고 한다. 인체 마이크로바이옴을 구성하는 미생물은 입 안과 피부 표면, 질 내부, 위장관 등 다양한 곳에 분포되어 있고, 그 수는 인간 몸의 세포 수보다 10배 정도 많다고 알려져 있다. 장내 마이크로바이옴은 인체 다른 부위의 마이크로바이옴보다 미생물의 수가 압도적으로 많고 그 다양성도 크다. 거주 환경과 섭취하는 음식에 따라 장내 마이크로바이옴이 달라진다.

장내 마이크로바이옴은 인체에서 긍정적인 역할을 한다. 예를 들면, 장내 식이 섬유를 짧은 사슬 지방산으로 바꾸어 인체가 흡수하기 용이한 상태로 만들어 준다. 또한 병원균의 침투를 막는 방어막을 형성하고 면역 물질로 알려진 사이토카인을 생성하여 인체의 면역력을 적절한 상태로 만든다. 장내 마이크로바이옴을 구성하는 미생물의 수와 다양성이 적정 수준으로 유지된다면, 이러한 역할이 적절히 수행된다. 장내 마이크로바이옴을 구성하는 미생물의 수와 다양성이 적정 수준 이하로 떨어지면 휴면 상태로 있던 유해균이 깨어나 질병을 유발할 수 있고, 장기적으로는 아토피와 같은 피부질환, 비만이나 당뇨병과 같은 대사질환도 나타날 수 있다.

장내 마이크로바이옴은 장내 염증성 질병의 치료에 이용되기도 하는데 그 대표적인 방법은 미생물군 이식이다. 미생물군 이식은 건강한 사람의 장내 마이크로바이옴을 키운 배양체를 장내 염증성 질병을 앓고 있는 환자에게 관장 등의 방법으로 이식하는 것이다. 건강한 사람의 마이크로바이옴 배양체를 장내 염증성 질병을 앓고 있는 환자에게 이식하면, 장내 미생물의 수와 다양성이 적정 수준으로 회복되어 증상이 개선될 수 있다.

① 인체에는 장 속보다 미생물이 서식하기에 더 적합한 곳이 있다.
② 몸에 있는 미생물의 수가 몸의 세포 수보다 줄어들면 면역력이 강화된다.
③ 장내 마이크로바이옴을 구성하는 미생물의 수가 많을수록 장내 건강에 유익하다.
④ 적정 수준의 미생물 수와 다양성을 갖춘 장내 마이크로바이옴은 사이토카인을 만들어낸다.
⑤ 건강한 사람의 장내 마이크로바이옴 배양체를 장내 염증성 질환을 앓고 있는 환자에게 이식해도, 환자의 장내 마이크로바이옴의 다양성에는 변화가 없다.

7. 다음 글의 핵심 논지로 가장 적절한 것은?

소득 불평등이 개인의 유전적 자질 차이로 생겨난 결과이기에 피할 수 없다는 주장이 존재한다. 여기에는 개인별로 가진 능력이 다르므로 사회적 성취도 달라질 수밖에 없다는 전제가 깔려 있다. 이러한 주장에 따르면, 가난한 집안에서 태어난 아이들이 부유한 집안에서 태어난 아이들에 비해 성공할 확률이 낮은 것은 부모로부터 유전을 통해 상대적으로 열등한 자질을 물려받았기 때문이다. 그런데 최근의 연구 결과들은 이러한 주장을 다른 시각에서 검토할 수 있게 해 준다.

A대학의 연구팀은 부모의 소득수준이 다른 영유아 77명의 뇌를 일정한 시간차를 두고 자기공명영상법(MRI)을 이용해 주기적으로 촬영하였다. 그리고 연구 대상자의 가구 소득을 낮음, 중간, 높음의 세 단계로 나누고, 소득수준을 기준으로 영유아들의 뇌 기관 중 대뇌 회백질을 집중적으로 분석하였다. 대뇌 회백질은 뇌에서 정보 처리와 의사 결정을 담당하며, 학습 능력에 있어 핵심적 역할을 하는 기관이다. 대뇌 회백질의 면적이 넓을수록 학습 능력이 우수하다. A대학 연구팀의 분석 결과, 가구 소득의 수준과 시간의 흐름에 따른 대뇌 회백질의 면적 변화는 비례하였다. 태어났을 때는 영유아들 사이에 대뇌 회백질 면적 차이가 거의 없었지만, 일정 연령에 도달했을 때 고소득층 아이들의 대뇌 회백질 면적이 저소득층 아이들에 비해 상대적으로 더 큰 것으로 나타났다.

사회경제적 수준에 따라 발달 차이가 나는 뇌 기관은 대뇌 회백질만이 아니다. 인간의 뇌에서 언어적, 의식적 기억을 담당하는 기관은 해마인데, 이것이 학습 과정에서 핵심적 기능을 담당한다. 해마는 스트레스 호르몬의 영향을 받는다. 스트레스 호르몬은 고용 불안, 생계 불안 등의 문제에 지속적으로 노출될 때 증가하며, 이는 결국 해마의 정상적인 발달을 저해한다. 저소득층 사람들은 이러한 문제들에 빈번하게 노출될 수밖에 없으며, 이는 저소득층 가정에서 자라나는 아이들 역시 마찬가지다. 실제로 저소득층 아이들은 고소득층 아이들에 비해 해마의 크기가 상대적으로 작은 것으로 나타났다.

이러한 연구 결과는 사회경제적 수준에 따라 학습 능력을 담당하는 뇌 기관의 발달 정도에 차이가 있음을 보여준다. 그리고 영유아 시절에 시작된 학습 능력의 차이는 그들이 성장하고 난 이후 소득 불평등으로 이어질 가능성이 크다.

① 부모로부터 획득한 유전적 요인에 따라 사회적 성취의 질적 수준이 결정된다.
② 뇌 기관 발달을 촉진함으로써 저소득층 아이들이 유전적 자질의 차이를 극복할 수 있도록 해야 한다.
③ 학습 능력의 차이는 사회경제적 환경과 밀접하게 관련되어 있으며, 이는 소득 불평등으로 이어질 수 있다.
④ 소득 불평등의 문제는 학습 과정을 담당하는 뇌 기관 발달의 정도와 가구의 소득수준이 반비례하기 때문에 생겨난다.
⑤ 소득 불평등의 문제는 개인의 능력 차이로 생겨난 결과여서 이를 해결하기 위한 제도적 장치의 효용은 제한적이다.

8. 다음 글의 ⊙~⑩을 문맥에 맞게 수정한 것으로 가장 적절한 것은?

직장인을 대상으로 직업 만족도를 조사한 결과 부정적인 답이 대다수를 차지했다. 다시 기회가 주어진다면 더 신중하게 ⊙ 자신의 적성을 파악하고 진로를 탐색하겠다고 답한 사람이 많았던 것이다. 특히, 조사에 참여한 직장인은 취업을 준비하는 사람들에게 "나중에 후회하지 말고 자신이 원하는 것이 무엇인지부터 찾아라."라고 당부했다. 이러한 조사 결과가 의미하는 것이 무엇일까?

우리가 흔히 '직업'이라 부르는 것을 '직(職)'과 '업(業)'으로 나누어 생각할 필요가 있다. '직'은 내가 ⓛ 점유하고 있는 직장 내의 자리에서 담당하는 일을 뜻한다. 직은 내가 아닌 누군가가 맡아도 크게 문제가 되지 않는 성질의 것이다. 그래서 시간이 갈수록 더 젊고, 매력적이고, 재능 있는 사람들이 그 자리를 노릴 것이다. 긴 휴가를 떠나거나 병가를 낼 때 '내 책상이 그대로 남아 있을까?'라고 걱정한다면 그것은 분명 '직'과 관련된 것이다.

'업'은 ⓒ 평생을 두고 내가 고민하고 추구해야 하는 가치 있는 일을 뜻한다. 흔히 "내가 평생 가져갈 업이야."라는 표현으로 자주 언급된다. 업은 나의 삶과 떼려야 뗄 수 없는 그 어떤 것을 의미한다. 그래서 업은 다른 누군가가 대신하기 어려운 것이다. 나이가 들면 연륜이 쌓이며 업에 대한 이해도도 더 높아진다. 이런 이유로 업은 직과 다르게 '장인정신'과도 연결된다.

우리가 먼저 파악해야 하는 것이 바로 이 업이다. 평생 추구해야 할 가치 있는 일이 무엇인지도 모르는 상태에서 직을 맡아 버리면 오히려 업을 파악하는 데 덫이 될 수도 있다. 나는 ⓔ 어떤 자리에서 일하고 싶은지가 아니라 무슨 일을 하고 싶은지를 먼저 묻고 고민해야 한다. 업이 무엇인지 파악하지 못하고 일했던 사람들은 시간이 지날수록 자기 일이 적성에 맞지 않고 사실 자기가 원하던 일이 아니었다고 불평하기 쉽다.

업을 찾지 못하면 그저 세상이 말하는 성공의 기준을 따라갈 수밖에 없다. 내가 추구해야 할 것, 내가 직이라는 구체적인 방법을 통해 평생 좋아야 하는 가치 있는 일을 깨닫지 못했을 때는 아무리 좋은 직도 무료하고 불안정하다. 취업에 성공하더라도 ⓜ 직에 대한 이해도를 충분히 높이지 못한다면 직장 생활에서 큰 보람을 느끼지 못할 것이다.

① ⊙을 "평생 나의 직을 무엇으로 삼을지 진지하게 고민하겠다"로 수정한다.

② ⓛ을 "점유하고 있는 직장 내 영향력과 그것이 미치는 범위를 뜻한다"로 수정한다.

③ ⓒ을 "평생을 두고 다른 사람과의 경쟁에서 이길 수 있는 역량을 뜻한다"로 수정한다.

④ ⓔ을 "무엇을 해야 하는지가 아니라 어떤 자리에서 일을 더 잘할 수 있는지"로 수정한다.

⑤ ⓜ을 "자신의 업을 파악하지 못한다면"으로 수정한다.

9. 다음 글의 (가)와 (나)에 들어갈 말을 적절하게 나열한 것은?

전염병이 외부로부터 유입되면 처음에는 대처하기 힘든 치명적인 질병으로 여겨지지만, 감염 사슬이 유지될 수 있을 정도로 인구밀도가 높은 지역이라면 그것은 머지않아 풍토병으로 전환되어 충분히 대응 가능한 질병이 된다. 그러나 인구밀도가 높지 않은 농촌과 벽지 그리고 도서 지역의 경우, 유입된 전염병이 풍토병으로 전환될 가능성은 상당히 희박해서 전염병으로 인한 피해에 취약할 수밖에 없다.

일본은 고립된 섬나라였기 때문에 다른 나라에서 유행했던 각종 전염병으로부터 격리되어 있었다. 하지만 이런 지리적 특성으로 인해 일본은 전염병이 외부로부터 들어올 때마다 큰 피해를 입을 수밖에 없었다. 더욱이 일본의 인구밀도는 17세기 이전까지 중국에 비해 현저히 낮았기 때문에 중국에서 이미 풍토병으로 자리 잡은 몇 가지 질병에 대해서도 일본은 전혀 대처할 수 없었다. 결과적으로, ⌐(가)⌐ 일본은 전염병의 유입으로 인한 심각한 피해를 계속 겪어야 했다.

이와 비슷한 현상이 영국에서도 목격된다. 중세에 영국의 인구밀도는 프랑스와 같은 유럽 대륙의 국가에 비해 훨씬 낮았는데, 이로 인해 영국인들은 각종 전염병에 대한 저항력을 갖출 수 없었다. 영국에서 전염병과 관련한 각종 저작이 유럽 대륙과는 비교가 되지 않을 정도로 많이 집필된 것은 유럽 대륙보다 영국에서 전염병의 문제가 훨씬 더 오랜 시간 동안 심각했음을 말해준다. 유럽 대륙은 영국에 비해 오래전부터 인구밀도가 높았고 사람들이 질병의 진원지인 도시와 끊임없이 접촉했기 때문에, ⌐(나)⌐ 것이다.

① (가) : 감염 사슬이 유지될 수 있을 정도로 일본의 인구밀도가 높아지기 전까지

　(나) : 전염병이 풍토병으로 정착하기까지의 기간이 영국보다 짧았을

② (가) : 감염 사슬이 유지될 수 있을 정도로 일본의 인구밀도가 높아지기 전까지

　(나) : 전염병이 풍토병으로 정착하는 데 필요한 조건이 영국보다 많았을

③ (가) : 전염병이 풍토병으로 전환될 수 있을 정도로 일본의 인구밀도가 높아지기 전까지

　(나) : 전염병이 풍토병으로 정착하기가 영국보다 어려웠을

④ (가) : 다른 나라와의 교류를 정부가 완전히 차단할 수 있기 전까지

　(나) : 전염병이 풍토병으로 정착하기까지의 기간이 영국보다 짧았을

⑤ (가) : 다른 나라와의 교류를 정부가 완전히 차단할 수 있기 전까지

　(나) : 전염병이 풍토병으로 정착하기가 영국보다 어려웠을

10. 다음 글의 핵심 논지로 가장 적절한 것은?

특정 사건의 결과를 확인한 뒤, 자신은 진작부터 그 결과를 확실히 예견하고 있었다고 믿는 현상을 '사후확신 편향'이라고 부른다. 사후확신 편향은 의사결정자들에 대한 평가에 악영향을 미친다. 과정의 정당성이 아니라 결과의 좋고 나쁨만으로 의사결정의 질을 평가하도록 유도하기 때문이다. 위험하지 않은 수술이었지만 예상치 못한 사고로 환자가 죽는 경우를 생각해 보자. 이 수술에 대한 소송사건을 맡은 판사는 "사실은 위험한 수술이었으며, 의사는 그 수술을 좀 더 신중하게 준비했어야 한다."라고 말할 확률이 크다. 이처럼 예전에 내린 결정을 과정이 아닌 최종 결과로 판단하려는 경향은, 의사결정 당시에는 합리적이었던 믿음들을 적절히 평가하는 일을 불가능하게 만든다. 사후확신 편향은 의사, 금융인, 경영인, 3루 코치 등 타인을 대신하여 의사결정을 하는 사람들에게 특히 불리하게 작용한다. 결과가 나쁘게 나오면 아무리 좋은 결정을 내렸다 해도 비난받고, 이후로는 합리적 믿음에 근거한 의사결정들마저 신뢰받지 못한다.

사후확신 편향은 사람들의 행동을 어떻게 변화시키는가? 사람들은 자신이 내린 결정이 훗날 비판과 성토의 대상이 될 수도 있다는 사실을 의식하면, 관행적인 방법을 선호하고 결코 위험을 감수하려 하지 않는다. 예컨대, 의료 사고 소송이 많이 제기될수록 의사들은 더 많은 검사를 실시하고 효과가 없는 것을 알면서도 위험이 적은 일반적인 치료법을 적용하게 된다. 이와 같은 행동은 결국 환자를 돕는 것이 아니라 의사를 보호하는 결과를 낳으며, 이해관계자들 사이의 갈등만 더 키운다. 반면 무모한 도박을 감행한 장군이나 기업가라도, 운이 좋아 그 결과가 성공에 이르기만 하면 벌을 받지 않게 된다. 오히려 성공을 예상하는 재능과 예지력을 갖췄다는 호평을 받는데, 이는 행운이 가져다준 과분한 보상이라 할 수 있다. 사회적으로 중요한 선택을 해야 하는 의사결정자들의 바람직한 결정을 유도하기 위해서는 의사결정의 질을 평가할 때 당시 주어진 정보에 따른 의사결정 과정의 정당성을 반영해야 한다.

① 무모한 의사결정을 내렸지만 운이 좋아 성공한 사람들은 비판받아야 한다.

② 의사결정의 질을 평가할 때는 결과뿐만 아니라 과정의 정당성을 고려해야 한다.

③ 타인을 대신하여 합리적 의사결정을 하는 사람들에 대한 평가에서 그 의사결정의 결과를 고려해서는 안 된다.

④ 의사결정자들은 의사결정 과정에서 위험을 회피하는 선택을 하여 사회 전체의 위험을 감소시켜야 한다.

⑤ 이해관계자들 간 갈등을 완화시킴으로써 사후확신 편향을 극복할 수 있어야 한다.

11. 다음 글에서 추론할 수 있는 것은?

우주에 떠돌던 물질이 지구에 떨어져 어떤 물체가 만들어졌는데, 그것이 광화문 앞에 있는 이순신 장군상과 구별 불가능하다고 하자. 이 경우 우리는 새로운 것이 창조되었다고 생각하지 않는다. 이와 달리, 우리는 실제 이순신 장군상을 창조된 것이라고 생각한다. 이는 이순신 장군상을 만든 제작자가 있었기 때문이다.

이제 기이한 형태를 가진 콘크리트 덩어리를 상상해 보자. 이것과 관련하여 두 가지 생각을 할 수 있다. 첫 번째는 이것의 제작자가 의도를 갖고 만든 경우이다. 두 번째는 제작자가 아무런 의도 없이 우연히 첫 번째와 구별이 불가능한 것을 만든 경우이다. 첫 번째 경우에서 제작자는 새로운 것을 창조했지만, 두 번째 경우는 그렇지 않다. 왜냐하면 지구에 떨어져 우연히 만들어진 물체가 창조된 것이 아닌 것처럼, 무엇인가 창조하기 위해서는 그러한 것을 만들고자 하는 제작자의 의도가 있어야 하기 때문이다. 즉 새로운 것을 만들고자 하는 제작자의 창조 의도가 필요하다.

창조 의도만 있다고 해서 무엇인가가 창조되는 것은 아니다. 가령, 어떤 사람이 나뭇가지를 재료로 독창적인 와인 거치대를 만들 의도를 가졌다고 하자. 그런데 이 사람은 나뭇가지의 위치만 바꾸어 와인병 하나를 얹어 놓았다. 우리는 이 사람이 새로운 와인 거치대를 만들고 싶은 창조 의도가 있었음을 인정하지만, 새로운 것을 창조했다고 생각하지 않는다. 이 사람은 나뭇가지를 전혀 변형시키지 않았기 때문이다. 마찬가지로 누군가가 창조 의도를 가지고 변기를 예술 작품이라고 전시한다면, 그 변기가 예술 작품일 수는 있어도 창조된 것은 아니다.

① 예술 작품은 창조 의도를 동반하지 않는다.

② 제작자의 창조 의도가 반영된 것은 창조된 것이다.

③ 예술 작품은 작품에 사용된 재료를 변형시킨 것이다.

④ 창조된 것은 그것을 만들기 위해 사용된 재료가 변형된 것이다.

⑤ 새로운 물질로부터 기이한 모양이 만들어지면 새로운 것이 창조된 것이다.

12. 다음 글의 빈칸에 들어갈 내용으로 가장 적절한 것은?

1783년 캐번디시는 산소(O_2)를 뺀 공기, 즉 '질소'라고 알려진 기체의 성질을 탐구하기 위해 산소를 뺀 공기와 산소의 혼합물에 마찰 스파크를 일으켰다. 그는 이 실험을 통해 산소를 뺀 공기 대부분은 산소와 결합하여 질소산화물이 되지만 그중 일부는 산소와 결합하지 않는다는 것을 발견했다. 이것은 '질소'라고 알려진 기체에 질소 외에 공기의 또 다른 성분이 있다는 것을 시사했지만 그 성분의 정체는 19세기 말에 이르러서야 밝혀졌다.

1890년대에 들어 레일리는 산소를 뺀 공기, 즉 '질소'의 밀도를 측정했다. 그는 암모니아를 뜨거운 구리에 접촉시켜 환원함으로써 순수한 질소를 화학적으로 얻고 그 질소의 밀도를 측정했는데, 그 값은 공기에서 얻은 '질소'보다 1,000분의 1만큼 작았다. 그리고 램지는 1893년 4월에 공기 중에서 마그네슘을 가열하여 질소산화물을 만들고 산소, 수증기, 이산화탄소마저 제거했으나 남은 기체가 화학적으로 얻은 질소보다 무거운 것을 확인했다.

레일리와 램지 모두 공기 중에서 얻은 '질소'에 다른 물질과 결합하지 않는 비활성의 기체가 포함되어 있을 가능성을 생각했다. 위 연구 결과에 근거하여 레일리와 램지는 공기 중에 새로운 기체, 즉 비활성 성분이 존재한다고 확신했고, 1894년에 공기에 새로운 성분이 있다고 발표했다. 하지만 화학자들은 실험의 정밀성을 인정하더라도 그러한 성분의 발견에 대해서는 "◻◻◻◻◻?"와 같은 회의적인 반응을 보였다.

그 후 이 기체의 스펙트럼 검사를 통해, 기존에 알려진 원소의 스펙트럼에 속하지 않는 빨강과 녹색 선의 그룹이 확인되자 회의적 반응을 보였던 화학자들의 의문은 해소되었다. 가시광선 영역의 스펙트럼의 선은 원소의 결합과는 무관하고 구성 원소에 의해 결정되므로, 새로운 원소의 존재를 인정하게 하는 결과였다. 램지는 일련의 확장된 실험에서 이 기체는 다른 물질과 결합하지 않는다는 것을 확인했고 마침내 그 기체에 그에 걸맞은 이름, '아르곤'을 붙여 주었다. 아르곤은 그리스어로 '게으르다'는 의미이다.

① 질소 원자의 선 스펙트럼에는 빨강과 녹색 선은 전혀 안 나타나지 않는가

② 수증기나 이산화탄소를 제거한 공기 중에 비활성의 기체가 남아 있을 수도 있는 것 아닌가

③ 암모니아를 뜨거운 구리로 가열하여 만들어지는 질소에 아르곤이 섞여 있을 수도 있지 않겠는가

④ 화학적으로 얻은 질소의 원료가 되는 암모니아 속에 수소가 더 많이 포함되어 있었을 수도 있지 않은가

⑤ 공기 중에서 마그네슘을 가열하여 질소산화물을 만들 때, 기존에 알려진 원소로 구성된 새로운 물질이 형성될 수도 있지 않은가

13. 다음 글의 내용이 참일 때 반드시 참인 것은?

A회사에서는 사내 부서 대항 바둑 대회를 열었다. 4강전에 대표를 진출시킨 부서는 인사부, 연구부, 자재부, 영업부이다. 부서 대표로 4강전에 진출한 이는 갑, 을, 병, 정의 네 사람이다. 진행 방식은 다음과 같다. 4강전 두 경기의 승자는 결승에서 맞붙어 우승자를 결정하고, 4강전의 패자는 3~4위전에서 맞붙어 3위를 결정한다. 모든 경기는 단판제로 진행되며 무승부는 없다. 4강전 이후 경기 결과는 다음과 같다.
• 갑의 전적은 1승 1패이다.
• 정은 을을 이겼다.
• 병은 갑을 이긴 적이 없고 을을 이긴 적도 없다.
• 연구부가 우승했다.
• 영업부는 2패를 기록했다.
• 인사부와 연구부는 대결하지 않았다.

① 갑은 2위이고 을은 3위이다.
② 을과 정은 결승전에서 대결했다.
③ 병은 영업부이고 정은 자재부이다.
④ 3~4위전에서 자재부와 영업부가 대결했다.
⑤ 4강전 두 경기에서 승리한 이는 갑과 정이다.

14. 다음 글의 내용이 참일 때 반드시 참인 것만을 〈보기〉에서 모두 고르면?

A, B, C, D, E 다섯 개의 부서에 각각 한 명씩 배치되었던 갑, 을, 병, 정, 무 다섯 명의 직원에 관한 정기 인사 발령 결과, 기존과 마찬가지로 이들은 다섯 개의 부서에 각각 한 명씩 배치되었다. 알려진 사실은 다음과 같다.
• 한 명은 기존 부서에 남았지만 나머지 네 명은 다른 부서로 옮겼다.
• 갑은 기존에 C부서에 근무했다.
• 병과 정은 서로 부서를 맞바꾸어 근무하게 되었다.
• 무는 기존과 다른 부서 D로 옮겼다.

— 〈보 기〉 —
ㄱ. 갑은 기존 부서에 남았다.
ㄴ. 을이 기존과 다른 B부서에 근무하게 되었다면, 무는 기존에 B부서에 근무했다.
ㄷ. 무가 기존에 E부서에 근무했다면, 병이나 정이 인사 발령 결과 A부서에 근무하게 되었다.

① ㄱ
② ㄴ
③ ㄱ, ㄷ
④ ㄴ, ㄷ
⑤ ㄱ, ㄴ, ㄷ

15. 다음 글의 ㉠과 ㉡에 대한 평가로 적절한 것만을 〈보기〉에서 모두 고르면?

문장이란 단어들로 이루어진 연쇄이다. 문법적인 연쇄의 조건을 완전하게 제시하기란 쉽지 않지만 적어도 다음 두 가지를 유의해야 한다. 첫째, ㉠ '문법적인'이라는 개념은 '의미가 있는'이라는 개념과 동일시될 수 없다. 아래의 (1)과 (2)는 둘 다 무의미하지만, (1)은 (2)와 달리 문법적이다.

(1) 색깔 없는 녹색 관념들이 모질게 잔다.

(2) 모질게 없는 잔다 관념들이 색깔 녹색.

아마도 한국어 화자라면 (1)을 자연스럽게 읽겠지만 (2)는 아무 관계 없이 나열된 단어들을 읽을 때처럼 읽을 것이며, (2)보다는 (1)을 훨씬 더 쉽게 기억할 것이다.

둘째, ㉡ 특정 언어에서 '문법적인'이라는 개념은 '그 언어에서의 사용 빈도에 대한 통계적 순위에서 상위에 있는'이라는 개념과 동일시될 수 없다. 한국어 화자가 현실의 담화 상황에서 듣거나 보았을 가능성이 거의 없다는 점에서 (1)과 (2)는 통계적인 측면에서 차이가 없다. 그러나 (1)과 (2)는 문법적인가에서 차이가 난다. 다른 예를 보자. 실제 한국어 사용에서 "나는 산더미 같이 큰 … 보았다."의 줄임표 자리에 '빈대를'이나 '그러나'가 출현할 빈도는 사실상 0이다. 그렇지만 줄임표 자리에 전자를 넣으면 문법적 연쇄가, 후자를 넣으면 비문법적 연쇄가 만들어진다. 빈도에 의존하는 것은 문법적 연쇄와 비문법적 연쇄 사이의 차이를 선명하게 제시하고는 싶으나 언어의 현실이 너무 복잡해서 완벽하게 제시할 수 없는 벽에 부딪힌 언어학자가 채택한 편의적인 방법일 뿐이다. 실제 언어에서 어떤 연쇄의 사용 빈도가 높은가 낮은가는 그 연쇄가 문법적인가 그렇지 않은가와 별개인 것으로 나타난다.

〈보 기〉

ㄱ. 문장의 사용 빈도와 그 문장을 기억하기 쉬운가는 서로 상관관계가 없는 것으로 밝혀진다면, ㉠은 약화된다.

ㄴ. 사용 빈도에 대한 통계적 순위에서 하위에 있는 어떤 문장이 무의미함에도 불구하고 문법적이라면, ㉡은 강화된다.

ㄷ. 특정 언어에서 기존에 문법적이지만 무의미하다고 여겨지던 문장이 일정 시간이 흐른 후 의미도 있으면서 문법적인 문장으로 그 언어의 화자들에게 받아들여지는 현상이 다수 발견된다면, ㉠과 ㉡은 둘 다 약화된다.

① ㄱ
② ㄴ
③ ㄱ, ㄷ
④ ㄴ, ㄷ
⑤ ㄱ, ㄴ, ㄷ

16. 다음 글에 대한 분석으로 적절한 것만을 〈보기〉에서 모두 고르면?

말이나 글에서 사용되는 언어표현의 의미는 무엇일까? 이 물음에 대하여 지칭적 의미론은 다음과 같이 답한다. ㉠ 언어표현의 의미는 그 표현이 지칭하는 대상일 뿐이며, 그 어떤 다른 것도 아니다. 예를 들어, 슈퍼맨이 실제로 존재한다고 가정하면, 지칭적 의미론에서 고유명사 '슈퍼맨'의 의미는 슈퍼히어로인 슈퍼맨이다. 다음은 지칭적 의미론에 반대하는 한 가지 논증이다.

논의를 위해 몇 가지를 가정해 보자. 문장의 의미는 문장을 구성하는 부분들의 의미에 의해 결정된다. 우선, 슈퍼맨을 지칭하는 또 다른 이름은 '클라크 켄트'이다. 슈퍼맨은 '클라크 켄트'라는 이름으로 자신이 슈퍼히어로임을 숨기고, 기자로서 평범하게 살아간다. 동료 기자인 로이스 레인은 슈퍼맨과 클라크 켄트 각각에 대해 알지만, 이 둘이 동일인인지는 알지 못한다. 이제 다음의 두 문장을 비교해 보자.

(1) 슈퍼맨은 슈퍼맨이다.

(2) 슈퍼맨은 클라크 켄트이다.

지칭적 의미론을 받아들이는 사람은 (1)과 (2)의 의미는 동일하다는 것을 받아들여야 한다. 지칭적 의미론에 따르면, ㉡ '슈퍼맨'과 '클라크 켄트'는 동일한 대상을 지칭한다는 사실이 주어지면, ㉢ 이 두 고유명사는 같은 의미를 가진다는 것이 따라 나온다. 그런데 로이스 레인에게 있어서 (1)이 표현하는 내용은 자명하지만, (2)가 표현하는 내용은 놀라운 발견일 수 있다. 왜냐하면 어떤 대상이 자기 자신과 같다는 내용인 (1)은 대상이 누구인지 알지 못해도 참이라고 판단할 수 있는 단순한 내용이지만, (2)는 슈퍼맨과 클라크 켄트가 동일인이라는 내용을 표현해서 이 둘이 동일하다는 사실을 모르는 사람에게는 새로운 정보를 제공하기 때문이다. 이와 같은 차이를 인지적 차이라고 부른다. 이러한 의미에서 ㉣ (1)과 (2)는 인지적 차이가 있다. 이를 설명해 주는 것은 결국 ㉤ (1)과 (2)가 서로 다른 의미를 가진다는 것이다. 그리고 두 문장의 의미가 다르다는 것은 ㉥ 두 고유명사 '슈퍼맨'과 '클라크 켄트'의 의미가 다르다는 것으로부터 따라 나온다. 따라서 지칭적 의미론은 그르다.

〈보 기〉

ㄱ. ㉠과 ㉡이 모두 참이라면, ㉢도 참이다.

ㄴ. ㉡과 ㉥이 모두 참이라면, ㉠은 거짓이다.

ㄷ. "문장들이 인지적 차이가 있다면 그 문장들은 의미에서 차이가 난다."와 ㉣이 참이라면, ㉤도 참이다.

① ㄴ
② ㄷ
③ ㄱ, ㄴ
④ ㄱ, ㄷ
⑤ ㄱ, ㄴ, ㄷ

17. 다음 글의 A~C에 대한 평가로 적절한 것만을 〈보기〉에서 모두 고르면?

A : 전기, 자기, 초음파 등으로 뇌나 신경의 특정 부위를 자극하여 해당 부위의 기능을 조절하는 신경조절기술은 의료산업 분야에서 매우 유망하다. 그중 침습적인 뇌심부자극술은 파킨슨병, 본태떨림 등의 치료법으로 이미 승인되었으며, 비침습적인 경두개자기자극술, 경두개전기자극술 등은 의사결정 능력, 인지능력, 학습과 기억 능력을 향상시키고, 감정 조절과 정신학적 질병 치료에 효과가 있다고 알려져 있다. 따라서 많은 사람들이 혜택을 볼 수 있도록 향후 지속적인 연구 개발을 통해 더욱 다양한 목적으로 신경조절기술이 활용될 수 있어야 한다.

B : 신경조절기술이 특정 질환을 치료할 수 있지만 위험성을 간과할 수는 없다. 침습적 뇌심부자극술은 뇌출혈, 감염과 같은 합병증뿐만 아니라 조증, 중독성 행위 등 신경정신학적 부작용을 유발할 수 있으며, 비침습적 뇌자극기술은 약한 강도의 전기를 가할지라도 장기적으로 사용하면 뇌 기능에 변화를 초래할 수 있기 때문이다. 따라서 신경조절기술은 위험 대비 이익이 명확히 클 경우에만 사용되어야 한다.

C : 신경조절기술이 뇌에 미치는 위험을 고려할 때 질병의 치료가 아닌 인지기능의 향상을 목적으로 사용해서는 안 된다. 경두개전기자극술이 언어능력, 인지능력 등 뇌 기능을 개선한다는 연구가 발표되면서 우려스럽게도 이미 산업계에서는 건강한 사람들을 겨냥하여 인지능력을 향상시키는 헤드밴드 형태의 기기를 개발하는 데 투자하고 있다. 향후 이러한 기기가 대중에게 보급될 경우 그 사용으로 인한 뇌 질환의 위험성이 매우 클 것으로 우려된다.

─── 〈보 기〉 ───

ㄱ. 중증 파킨슨병 환자가 뇌심부자극술을 받은 후 병증이 크게 완화되고 일시적인 경증 수면장애를 얻었다면, A의 주장은 강화되고 B의 주장은 약화된다.

ㄴ. 경두개전기자극술이 적용된 집중력 향상 기기의 효과를 꾸준히 느끼며 10년간 매일 사용한 사람에게 사망에 이르게 하는 악성 뇌종양이 발생했다면, B의 주장과 C의 주장은 약화되지 않는다.

ㄷ. 수험생의 인지기능 향상에 경두개전기자극술을 활용하는 것이 뇌에 어떠한 문제도 유발하지 않는다고 밝혀졌다면, A의 주장은 약화되지 않고 C의 주장은 약화된다.

① ㄱ
② ㄴ
③ ㄱ, ㄷ
④ ㄴ, ㄷ
⑤ ㄱ, ㄴ, ㄷ

18. 다음 글을 토대로 〈사례〉의 ㉠을 약화하는 것만을 〈보기〉에서 모두 고르면?

태양 이외의 항성도 행성을 가질 수 있는데, 이렇게 태양이 아닌 다른 항성 주위를 공전하는 행성을 외계 행성이라 한다. 항성과 달리 행성은 스스로 빛을 방출하지 않을 뿐만 아니라, 지구에서 최소 수 광년 이상 떨어져 있으므로 관측할 수 없었다. 그러나 첨단 천문 관측 기술의 발달로 수많은 외계 행성이 발견되었으며, 지구와 환경이 유사하여 생명체가 존재하는 외계 행성이 있을 것이라는 기대 또한 커지고 있다.

외계 행성에 대한 연구는 식(蝕)을 이용한다. 식이란 항성 주위를 공전하는 행성이 항성의 앞면을 지날 때 항성의 일부 또는 전체가 가려지는 현상이다. 만일 어떤 외계 행성의 궤도가 지구에서 볼 때 식을 발생시키는 궤도라면, 이 외계 행성을 거느린 항성의 밝기는 주기적으로 어두워진다. 따라서 어떤 항성의 밝기를 충분히 긴 시간 동안 관측했을 때 주기적으로 어두워진다면 이 항성에는 외계 행성이 존재한다고 볼 수 있다. 또한 이 항성이 식에 의해 어두워지는 비율이 크다면 외계 행성이 크기 때문에 이 항성의 빛을 가리는 정도가 크다는 것을 의미한다. 항성의 어두워지는 주기가 길다면 외계 행성의 공전 주기가 길다는 것을 의미한다. 따라서 식에 의한 항성의 밝기 변화로 외계 행성의 크기와 공전 주기 또한 알아낼 수 있다.

이러한 정보는 외계 행성이 지구와 유사한 환경인지를 확인하는 중요한 지표가 된다. 행성의 공전 주기는 궤도가 클수록, 즉 행성에서 항성까지의 거리가 길수록 길어진다. 또한 일반적으로 행성의 크기가 클수록 질량이 커져 행성의 중력이 커진다. 따라서 행성의 공전 주기와 크기가 지구와 유사하다면 그 행성에 생명체가 존재할 가능성이 커진다. 다만, 이때 행성의 공전 주기가 지구의 공전 주기와 유사하더라도, 항성의 밝기가 태양과 크게 다르다면 같은 공전 주기라도 행성이 받는 항성의 빛의 양이 달라지기 때문에, 행성의 환경이 너무 춥거나 너무 더워 생명체가 존재하기 어렵다.

─── 〈사 례〉 ───

서로 크기가 같고 지구까지 거리가 같은 두 항성 X와 Y가 있다. 항성 X에는 식을 보이는 외계 행성이 존재함이 알려져 있고, 이 행성의 크기는 지구와 유사함이 밝혀진 바 있다. 한 과학자는 항성 Y를 관측하여, 식이 발생하고 그 식을 발생시키는 행성의 공전 주기가 약 1년임을 알아냈다. 그는 ㉠ 항성 Y에는 생명체가 존재하는 행성이 있다는 가설을 세우고 추가 관측을 수행하였다.

─── 〈보 기〉 ───

ㄱ. 항성 Y의 밝기가 태양에 비해 훨씬 어두웠다.

ㄴ. 항성 Y에서 주기가 더 긴 다른 행성에 의한 식 현상이 추가로 발견되었다.

ㄷ. 항성 Y에서 식에 의해 항성의 밝기가 어두워지는 비율이 항성 X에서보다 훨씬 컸다.

① ㄱ   ② ㄴ
③ ㄱ, ㄷ   ④ ㄴ, ㄷ
⑤ ㄱ, ㄴ, ㄷ

※ 다음 글을 읽고 물음에 답하시오. [19~20]

일반적으로 윤리학자들은 도덕적 책임이 있는 존재, 즉 도덕적 행위자가 되기 위한 두 가지 조건을 제시한다. 하나는 통제 조건이다. 어떤 행위자가 통제 조건을 충족한다는 것은 그가 자신의 행위를 선택할 수 있고 상황에 따라 자신의 행위를 조절 및 통제할 수 있는 능력을 갖추고 있다는 것이다. 일반적으로 우리는 도덕적 판단이 요구되는 행위에 대해서 그 행위를 누가 결정하고 수행했는지에 따라 책임을 부과한다. 통제 조건을 충족하지 못한 행위자는 도덕적 책임을 질 수 있는 도덕적 행위자라고 부를 수 없다. AI 기술이 적용된 완전 자율 주행 자동차는 주변 상황을 스스로 인식하여 출발할지 정지해 있을지를 결정하고, 주변 환경에 맞춰 진행 방향과 속도를 조절할 수 있다. 이러한 측면에서 본다면 AI는 통제 조건을 충족했다고 볼 수 있다.

하지만 통제 조건을 갖추었다고 해서 모두 도덕적 행위자가 되는 것은 아니다. 도덕적 행위자가 되기 위한 다른 조건은 인식 조건이다. 어떤 행위자가 인식 조건을 충족한다는 것은 그가 자신의 행동이 무엇인지, 그로 인해 어떤 결과가 나타날지 반성 및 숙고를 통해 판단할 수 있는 능력을 갖추고 있다는 것이다. 이런 능력이 없다면 도덕적 판단도 할 수 없다. 행위자가 이런 능력을 갖추었는지 여부는 그가 응답 책임을 다할 수 있는지 여부에 의해서 파악할 수 있다. 여기서 응답 책임이란 본인이 내린 결정이나 한 일의 결과에 대한 질문에 답하고 설명하는 의무를 말한다. 누군가 응답 책임을 다할 수 있다면 인식 조건을 충족한다고 간주된다. 우리가 석연치 않은 판결에 대해서 판사의 설명을 기대하고, 범죄자에게 범죄 행위 이유를 묻는 것이 바로 응답 책임을 요구하는 것이다.

일반적으로 인간은 자신의 행위를 통제하고, 그 행위로 인해 어떤 결과가 발생할지 반성과 숙고를 통해 판단할 수 있는 능력이 있다고, 즉 통제 조건과 인식 조건을 충족한다고 인정된다. 하지만 모든 인간이 그런 것은 아니다. 통제 조건과 인식 조건 어느 것도 충족하지 못한 것으로 간주되는 어린아이의 경우, 이들의 행위에 대한 책임은 보호자와 피보호자의 관계에 의존하여 보호자에게 귀속된다. AI는 반성 및 숙고를 통해 자신의 행동 결과가 어떻게 나타날지 판단할 수 있는 능력을 결여하고 있다. 통제 조건을 충족하더라도 인식 조건은 갖추지 못한 것이다. 게다가 AI는 누군가의 피보호자로 보기도 어렵다. 그렇다면 AI의 행위로부터 발생하는 결과에 대한 도덕적 책임은 누구에게 귀속되어야 할까?

우리 사회의 조직 체계로부터 이에 대한 답변을 얻을 수 있다. 어떤 조직이 특정 과제를 수행할 때 최종적 책임은 전체 프로젝트를 총괄하는 관리자에게 있고, 업무 대부분은 나머지 구성원들에게 위임된다. 왜냐하면 총괄 관리자만이 전체 프로젝트에 필요한 업무와 그 수행 방식을 선택·통제할 수 있는 능력, 그리고 관련된 결정이나 결과에 대해 답하고 설명할 능력을 온전히 갖추었기 때문이다. 이렇게 통제 조건과 인식 조건을 온전히 충족하고 있는 총괄 관리자는 프로젝트에 대한 최종적 책임을 지게 된다. 비슷한 방식으로 우리는 인간이 총괄 관리자의 역할을 수행하고, AI는 위임된 업무를 처리하는 조직의 구성원이라고 간주할 수 있다. 우리는 이러한 위임 관계에 의존하여 관리자인 인간에게 책임을 귀속시킬 수 있다. 따라서, ⊙ AI의 행위로부터 발생한 결과에 대한 도덕적 책임은 그 일을 위임한 인간에게 있다.

---

19. 위 글에서 알 수 있는 것은?

① 응답 책임은 관리자로부터 과제를 위임받는 존재들에게 부과되는 의무이다.
② AI가 자신이 수행한 행위로 인해 어떤 결과가 초래될지 도덕적 판단을 내릴 수 없는 것은 통제 조건을 충족하지 못했기 때문이다.
③ 어린아이와 보호자 사이의 책임 귀속이 의존하는 관계는 AI와 인간 사이의 책임 귀속이 의존하는 관계와 같다.
④ AI가 행동을 스스로 선택하고 통제할 수 있다고 하더라도, 도덕적 책임은 AI에게 귀속될 수 없다.
⑤ 우리 사회의 조직 체계에서 채택하고 있는 위임 방식을 따르면, AI는 도덕적 행위자가 될 수 있다.

---

20. 위 글의 ⊙에 대한 평가로 적절한 것만을 〈보기〉에서 모두 고르면?

〈보 기〉
ㄱ. 조직의 총괄 관리자와 구성원 간의 관계와 달리 인간이 AI 작동과정을 통제할 수 없다면, ⊙은 약화된다.
ㄴ. AI의 행위와 그로 인해 발생한 결과에 대한 질문에 인간이 잘 답하고 설명할 수 있다면, ⊙은 강화된다.
ㄷ. 우리 사회의 조직 체계에서 과제를 위임받은 구성원들이 자신의 업무를 조절하고 통제할 수 있지만 전체 프로젝트를 설명할 능력을 갖추고 있지 않다면, ⊙은 약화된다.

① ㄱ   ② ㄷ
③ ㄱ, ㄴ   ④ ㄴ, ㄷ
⑤ ㄱ, ㄴ, ㄷ

21. 다음 글에서 알 수 있는 것은?

신라에는 수도 서라벌에 적을 둔 사람들을 6개의 두품과 진골, 성골로 나누는 신분 제도가 있었다고 한다. 이 가운데 성골과 진골은 두품 신분이 누릴 수 없는 특권을 가진 지배층이었다. 그런데 오늘날 현존하는 사료에는 성골과 진골을 가르는 기준이 나타나 있지 않다. 역사학자들은 어떤 사람이 성골 신분을 가질 수 있었는지 알아내기 위해 오랫동안 연구를 진행해야 했다. 그 과정에서 한때 부모가 모두 왕의 자손이면 성골이고 한쪽만 그러하면 진골이라는 주장이 나온 적이 있지만, 부모가 모두 왕의 자손임에도 진골인 사람이 있었다는 사실이 밝혀지면서 잘못된 견해임이 확인되었다.

밝혀진 바에 따르면 성골은 신라 제26대 진평왕이 처음 만들어낸 신분이다. 진평왕은 숙부인 진지왕을 몰아내고 즉위했다. 진지왕은 진흥왕의 둘째 아들로서 형 동륜이 살아 있었다면 왕이 될 수 없었으나 동륜이 일찍 사망함에 따라 진흥왕의 뒤를 잇게 되었다. 동륜의 아들인 진평왕은 이에 불만을 품고 세력을 키워 진지왕을 내쫓은 뒤 왕위에 올랐다. 진지왕은 폐위 직후 죽었지만, 그 아들은 살아서 자식을 남겼다. 만일 이 진지왕의 아들 또는 손자가 반란을 일으키기라도 한다면 왕위가 다시 진지왕의 자손으로 넘어갈 수 있었다. 진평왕은 이러한 사태를 막고자 성골이라는 신분을 만들어낸 뒤 성골만 왕위에 오르게 했다. 그가 성골 신분을 부여한 사람은 자기 자신과 부인, 자기 딸, 그리고 자기 친형제와 그가 낳은 딸뿐이었다. 그는 앞으로 태어날 자기 아들에게도 성골 신분을 주겠다고 했다. 그런데 진평왕은 끝내 아들을 두지 못했고, 딸이 뒤를 이어 왕이 되었다. 그가 바로 선덕여왕이다.

진평왕 즉위 전 신라의 최고 신분은 진골이었고, 진골에서 왕이 나오는 것이 당연했다. 그런데 진평왕이 성골에게만 왕위를 물려주기로 한 바람에 선덕여왕 사후 왕위를 이을 사람은 진평왕의 조카인 진덕여왕밖에 남지 않게 되었다. 진평왕의 부인과 딸, 친형제가 모두 죽었기 때문이다. 이후 진덕여왕마저 죽자 성골이 없어졌고, 결국 진지왕의 손자인 김춘추가 왕이 되었다. 김춘추는 진지왕의 아들 용수와 진평왕의 딸 천명부인 사이에서 태어난 사람이다. 그를 두고 진골로서 처음 왕위에 오른 인물이라고 말하는 사람이 적지 않았지만, 성골에 대한 이해가 깊어지면서 김춘추가 진골로서 왕이 된 첫 인물이 아니라는 점을 이해하는 사람이 늘고 있다.

① 동륜은 왕족이었지만 진골 신분이 아니었기 때문에 왕위에 오르지 못했다.
② 진덕여왕은 천명부인이 낳은 딸이기 때문에 선덕여왕의 뒤를 이어 왕위에 오를 수 있었다.
③ 동륜은 반란을 일으켜 진지왕을 죽이고 왕위에 올랐으나 조카인 진평왕에 의해 폐위되었다.
④ 김춘추는 진평왕의 외손자로 태어났으며 성골 신분에 들지 못한 인물이었다.
⑤ 진지왕의 아들인 용수는 두품 출신이었으므로 천명부인과 결혼할 수 있었다.

22. 다음 글에서 알 수 있는 것은?

조선시대에는 부동산을 거래할 때 매도자와 매수자가 만나 함께 매매문기를 작성하는 것이 상례였다. 매매문기에는 부동산을 매도하려는 자가 매수하려는 자에게 그 소유권을 넘기겠다는 글귀와 함께 혹시라도 분쟁이 생기면 매수자가 매매문기를 증거로 소송을 제기해 구제받는 데 동의한다는 내용이 들어갔다. 당시 사람들은 매도자가 매매문기에 서명해 매수자에게 넘기면 부동산 거래가 완료되는 것으로 여겼다. 그런데 당사자가 아닌 엉뚱한 사람이 매매문기를 위조해 소유권을 주장할 수도 있었다. 조선 왕조는 이를 감안해 부동산 매수자가 원하는 경우 '입안'을 신청해 받을 수 있게 하는 제도를 도입했다.

『경국대전』에는 입안 발급 절차가 적혀 있다. 이에 따르면 입안을 받기 원하는 자는 매매가 완료된 날로부터 100일 이내에 일종의 신청서인 '소지'를 지방 관아에 내야 한다. 소지가 들어오면 지방관은 증인을 불러 해당 거래의 사실 여부를 따져 묻고, 관련 증거를 일목요연하게 정리한 '초사'라는 문서를 작성해야 한다. 또 신청자가 소유권을 획득한 것이 맞다고 판단되면 이를 공증한다는 내용의 '처분'을 적어 내주어야 한다. 이 처분과 소지, 초사를 묶은 문서 다발을 입안이라고 불렀다. 그런데 지방관은 입안 발급 사실을 따로 기록해 보관하지 않았다. 그러다 보니 입안을 받은 자가 화재, 도난 등으로 그 입안을 잃어버렸을 때는 곤란해질 수 있었다.

입안을 분실한 자는 분실 경위를 지방관에 아뢰고 '입지'를 받아 입안을 대신할 수 있었다. 입지란 부동산 취득 경위를 간략하게 적은 내용이 포함된 소지에 지방관이 "이 사실을 인정함."이라고 적어 넣고 서명한 것으로서, 초사 등이 첨부되지 않았다. 입지는 입안을 분실한 자에게 임시방편으로 내주는 것이었지만 임진왜란 이후에는 입안을 잃은 사람이 많아 입지 발급 건수가 폭증하게 되었고, 그 영향으로 어느덧 입지가 입안을 대신하게 되었다. 부동산을 매수한 후 소지를 내더라도 지방관이 입안이 아니라 입지를 내주는 일이 상례가 된 것이다. 입지를 내줄 때는 증인을 불러 사실 여부를 캐묻는 일이 없고, 지방관이 그저 소지 제출자의 주장만 들은 뒤 혼자 발급 여부를 결정해 내주게 되어 있었다. 그러다 보니 부동산을 매수했다고 거짓 주장을 하여 입지를 얻어내는 자가 날로 늘었고, 지방관이 제대로 확인하지 않은 채 같은 부동산에 여러 건의 입지를 내주는 일도 벌어졌다. 그 결과 임진왜란 후에는 부동산을 둘러싼 분쟁이 크게 늘었다.

① 임진왜란 이전에는 부동산 매매문기와 입안을 분실한 사람에게 입지를 발급하는 일이 없었다.
② 입지는 매도자와 매수자가 부동산 매매에 합의한 매매문기에 지방관이 서명하는 행위를 뜻한다.
③ 조선시대에는 부동산 매수자가 매도자로부터 매매문기를 넘겨받은 뒤 지방 관아에 소지를 내 입안을 받는 경우가 있었다.
④ 조선시대에 부동산 매도자는 거래가 성사된 후 100일 이내 그 사실을 관에 아뢰고 입지를 발급받아야 하는 의무를 갖고 있었다.

⑤ 『경국대전』에 따르면 지방관은 관할하는 지역 내 부동산 거래 상황을 모두 조사한 뒤 매수자와 매도자에게 입안을 내주어야 했다.

23. 다음 글의 내용과 부합하는 것은?

의회의 운영 방식은 실질적인 법안 심의가 어디에서 이루어지는지에 따라 '본회의 중심주의'와 '상임위원회 중심주의'로 구분할 수 있다. 본회의 중심주의는 의원 전원의 법안 심사 참여라는 가치를 중요시하기 때문에 본회의에서 중요한 결정이 이루어지며, 상임위원회 심사 단계에서는 법안을 폐기하거나 핵심적인 내용을 임의로 삭제할 수 없다. 반면 상임위원회 중심주의는 법안 심사에서 효율성과 전문성의 가치를 보다 중요시하며, 소관 상임위원회가 법률을 제안·수정·폐기할 수 있는 막강한 권한을 가지고 있다. 본회의 중심주의를 채택한 대표적인 국가는 영국이며, 상임위원회 중심주의를 따르고 있는 대표적인 국가는 미국이다.

한국은 제6대 국회부터 상임위원회 중심주의를 채택해 왔다. 한국이나 미국처럼 상임위원회 중심주의를 따르는 국가에서는 보통 의회의 입법과정에서 법안의 통과 여부가 소관 상임위원회의 심사 단계에서 결정된다. 의회에 제출된 모든 법안은 일단 소관 상임위원회로 회부되고 그중 일부만이 상임위원회를 통과하여 본회의에 보고된다. 그리고 상임위원회가 의결한 법안이 본회의에서 부결되는 경우는 거의 없다. 상임위원회야말로 법안이 통과되기 위해 반드시 거쳐야 하는 관문이며 이때 본회의는 소관 상임위원회의 결정 사항을 최종적으로 승인하는 기능을 한다.

그런데 한국에서는 국회의 입법과정에서 상임위원회의 결정을 무력화할 수 있는 절차 또한 존재한다. 미국 의회에서 상임위원회의 역할과 권한이 불가침의 영역으로 여겨지는 것과는 다른 모습이다. 한국에서는 이런 절차가 종종 활용되는데, 법제사법위원회의 '체계·자구심사'가 대표적인 사례이다. 소관 상임위원회의 심사를 통과한 모든 법안은 본회의에 상정되기 전에 법제사법위원회의 체계·자구심사를 받아야 한다. 이는 본래 법안의 위헌성이나 기존 법률과의 충돌 여부를 심사하여 법률의 합헌성과 체계성, 조화성을 확보하기 위한 것이다. 그러나 법제사법위원회가 논쟁적인 법안에 대한 체계와 자구 검토를 의도적으로 늦춤으로써 이 절차를 입법 지연 및 법안 폐기의 수단으로 이용하는 경우도 드물지 않게 발생한다. 이로 인해 법제사법위원회는 '위원회 위의 위원회'라는 비판을 받기도 했으며, 체계·자구심사 절차를 폐지하자는 주장이 국회 내부에서 제기되기도 했다.

① 입법과정에 상임위원회 심사 단계가 존재하는 경우는 상임위원회 중심주의로 분류된다.

② 법안을 최종적으로 승인하는 권한이 본회의에 있는 경우는 본회의 중심주의로 분류된다.

③ 영국 의회의 입법과정에서 소관 상임위원회를 통과한 법안이 본회의에서 부결되는 경우는 거의 없다.

④ 한국 국회의 입법과정에서 소관 상임위원회를 통과한 법안이라도 법제사법위원회의 심사로 인해 입법이 지연되기도 한다.

⑤ 한국 국회의 입법과정에서 소관 상임위원회가 법안을 수정·폐기할 권한을 가지기 때문에 '위원회 위의 위원회'라는 비판을 받기도 한다.

24. 다음 글의 (가)와 (나)에 대한 분석으로 적절한 것만을 〈보기〉에서 모두 고르면?

한 국가는 여러 지역으로 구성된다. 이 지역들 각각이 발전 혹은 퇴보했는지 알려졌다고 하자. 이때 그 국가의 발전 혹은 퇴보 여부는 어떻게 판단할까? 다음과 같은 두 가지 방법이 제안되었다.

(가) 한 국가에서 어떤 지역도 퇴보하지 않으면서 한 개 이상의 지역이 발전했다면 그 국가가 발전했다고 판단한다. 마찬가지로 한 국가에서 어떤 지역도 발전하지 않으면서 한 개 이상의 지역이 퇴보했다면 그 국가는 퇴보했다고 판단한다. 발전한 지역도 있고 퇴보한 지역도 있을 경우, 한 국가의 발전 여부를 판단할 수 없다.

(나) 한 국가의 발전이나 퇴보 여부는 가중평균값을 이용하여 판단하되, 이 값이 양(+)이라면 이 국가는 발전한 것으로, 음(−)이라면 이 국가는 퇴보한 것으로 본다. 이때 가중평균값은 각 지역의 발전과 퇴보의 정도를 0을 기준으로 정량화한 후, 이 수치에 각 지역별 가중치를 곱한 값들을 모두 더한 값이다. 지역별 인구나 면적 등 각 지역의 중요성이 고려된 지표가 가중치를 만들 때 사용된다. 가중치는 0보다 큰 값이고 그 총합은 1이다.

───── 〈보 기〉 ─────

ㄱ. (가)는 두 개 이상의 지역이 퇴보한 경우 한 국가가 퇴보했다고 판단한다.

ㄴ. (나)는 큰 폭으로 발전한 지역이 작은 폭으로 퇴보한 지역보다 많은 경우 한 국가가 발전한 것으로 판단한다.

ㄷ. 한 국가에 대하여 (가)를 이용하여 발전했다고 판단한 경우 중 (나)를 이용하여 퇴보했다고 판단하는 경우는 없다.

① ㄱ

② ㄷ

③ ㄱ, ㄴ

④ ㄴ, ㄷ

⑤ ㄱ, ㄴ, ㄷ

25. 다음 글에서 알 수 없는 것은?

합성측정은 사회과학자들이 여러 개의 지표를 하나의 측정치로 결합시키는 기법이다. 이 기법은 정치적 성향과 같이 명확한 하나의 지표를 찾기 어려운 변수들을 타당하고 신뢰할 만하게 측정하기 위해 사용된다. 대표적으로는 지수와 척도가 있다. 이 두 가지는 다음과 같이 구별할 수 있다.

예를 들어 어떤 연구자가 유권자들의 '정치적 활동성'이라는 변수를 측정하고 싶어 한다고 해 보자. 지수를 사용하는 경우라면, 우선 그는 유권자들이 취할 수 있는 정치적 행동들로 '공직자에게 편지 쓰기', '정치적 탄원서에 서명하기', '정치적 목적을 위해 기부하기', '투표 선택을 바꾸도록 다른 사람을 설득하기'와 같이 비슷한 수준의 행동지표들을 열거한다. 그러고 나서 유권자들에게 수행 여부를 물어 수행한 행동들에 각각 1점씩 부여한 후 합산한다. 4개의 지표를 사용하여 지수를 구성한 위의 예시에서 4점은 모든 행동을 수행한 유권자의 경우로, 이러한 점수를 받은 유권자들은 3점 이하를 받은 유권자들, 즉 4개 행동 중 3개 이하를 수행한 유권자들보다 정치적 활동성이 더 강하다고 해석될 수 있다.

이와 달리 척도를 사용하려는 연구자라면 '정치적 활동성'을 측정할 때, '투표하기', '정당에 가입하기', '선거운동에 직접 참여하기', '공직에 출마하기'와 같이 상당히 다른 수준을 나타내는 행동지표들을 그 위계적 강도에 따라 순차적으로 열거한다. 투표보다는 정당 가입이, 또 그보다는 선거운동 참여가, 또 그보다는 공직 출마가 더 강한 수준의 행동이라 할 수 있다. 따라서 공직에 출마한 유권자라면 그보다 약한 수준의 행동들을 모두 수행했을 것이라고 추측할 수 있다. 이에 따라 유권자의 행동유형을 몇 가지로 나눌 수 있다. 위의 예시에서 해당 사항이 있을 경우 유권자에게 4개의 지표 중 하나를 선택하도록 했다고 하자. 어떤 유권자가 '정당에 가입하기'를 선택했다면, 이 유권자의 정치적 활동성은 2점이다. 이 유권자는 투표를 하고 정당에 가입하였으나, 선거운동에 직접 참여하거나 공직에 출마하지는 않은 것으로 간주된다. 이와 달리 아무 것도 선택하지 않은 유권자는 정치적 활동성이 0점인 행동유형에 속하는 것으로 간주된다.

① 척도는 그것을 구성하는 지표들의 위계적 강도를 고려한다는 점에서 지수와 다르다.

② 4개의 지표로 척도를 구성한 위의 예시에서 유권자의 가능한 행동유형은 총 네 가지이다.

③ 위의 예시에서 지수 3점이 척도 2점보다 유권자의 강한 정치적 활동성을 보여준다고 할 수 없다.

④ 4개의 지표로 지수를 구성한 위의 예시에서 서로 다른 행동들을 수행한 유권자들일지라도 같은 점수를 받을 수 있다.

⑤ 위의 예시에서 지수 3점과 달리 척도 3점은 해당 유권자가 어떤 지표에 해당하는 행동을 수행했는지 적어도 1개를 확정하게 해 준다.

26. 다음 글의 (가)~(다)에 들어갈 말을 적절하게 나열한 것은?

온도가 내려가면 액체 상태의 물은 얼음으로 변하는데, 어떤 경우에는 0℃ 이하에서 물이 얼지 않기도 한다. 이러한 현상을 물의 과냉각이라고 한다.

한 연구 그룹은 물체가 전기를 띠는 현상인 하전과 과냉각된 물이 어는 온도와의 관계를 이해하기 위해 장치 X를 이용해 연구를 진행했다. 장치 X에는 특정 온도 이상에서는 표면이 양(+)으로 하전되고 이 온도보다 낮을 때 표면이 음(−)으로 하전되는 부품 A가 달려 있다. 또한 이 장치에는 온도가 변하더라도 하전이 되지 않는 부품 B도 달려 있다. 부품 B는 온도가 변하더라도 하전이 되지 않는다는 점만 제외하고는 부품 A와 물리적 특성 등이 같다.

이 장치 X를 −11℃인 방에 두고 부품 A와 B의 표면에 과냉각된 물방울이 맺히도록 했다. 이때 부품 A의 표면은 음(−)으로 하전되었고, 두 부품과 물방울 역시 −11℃였다. 방 온도를 −5℃까지 천천히 높여서 부품 A와 B의 온도를 높였다. 어느 순간 부품 A의 표면은 양(+)으로 하전되었다. 그렇게 하전된 이후에도 방 온도를 더 높여서 부품 A와 B의 온도는 −8℃가 되었다. 이때 부품 A와 그 표면에 맺힌 물방울 또한 −8℃였으며, 이 온도에서 그 물방울은 결빙되기 시작했다. 반면 이때 부품 B의 표면에 맺힌 물방울은 결빙되지 않았다. 위 실험 결과는 과냉각된 물은 주변 온도가 [(가)] 얼 수 있다는 것을 보여준다.

이후 이 연구 그룹은 다음과 같은 실험도 수행했다. 습도가 높은 20℃의 방에 장치 X를 둔 후, 수증기가 응결되어 부품 A와 B의 표면에 물방울이 맺힐 때까지 방의 온도를 낮췄다. 이후에도 이 방의 온도를 낮추면서 물방울이 결빙되는 온도를 살펴보았다. 부품 A의 표면은 −7℃에서 [(나)]의 하전을 보였다. 이때 부품 A와 그 표면에 맺힌 물방울 또한 −7℃였으며, 이 온도에서 그 물방울이 결빙되기 시작했다. 반면, 부품 B와 그 표면에 맺힌 물방울이 −12.5℃가 되자 물방울은 결빙되기 시작했다. 위 실험 결과는 과냉각된 물의 온도가 내려갈 때 물 주변 [(다)]의 하전이 결빙을 촉진한다는 사실을 보여준다.

	(가)	(나)	(다)
①	올라가는 상황에서도	양(+)	양(+)
②	올라가는 상황에서도	양(+)	음(−)
③	올라가는 상황에서도	음(−)	음(−)
④	내려가는 상황에서만	양(+)	양(+)
⑤	내려가는 상황에서만	음(−)	양(+)

27. 다음 글의 ㉠~㉤을 문맥에 맞게 수정한 것으로 가장 적절한 것은?

유기체가 죽지 않더라도 유기체 내의 세포들이 자연스레 죽는 세포자살은 흔히 '아포토시스'라고 알려져 있다. 이 말은 '떨어지는 잎새'를 뜻하는 그리스어에서 유래했다. 세포자살은 ㉠ 세포의 탄생이나 분열만큼 일상적인 현상이다. 빠지는 머리카락이나 떨어지는 나뭇잎을 보면서, 유기체가 부분들을 버릴 때 혹은 휴면과 죽음을 준비할 때만 세포자살이 일어난다고 생각하지만, 이는 진실이 아니다.

세포자살은 오히려 유기체 형성의 필수 과정이다. 유기체 형성 과정에서 ㉡ 세포들, 때로는 세포 대부분을 제거하는 작업이 필수적이기 때문이다. 유기체 형성 과정은 눈을 덧대어 눈사람을 만드는 작업이라기보다는 지점토를 덧붙이거나 덜어내 작품을 만드는 조소 작업에 가깝다. 눈사람을 만드는 작업이 덧붙임에만 초점을 맞춘다면, 자연은 ㉢ 덧붙임과 덜어냄 중 한 가지를 선택하여 초점을 맞춘다. 조소 작업에서 지점토를 덧붙이는 일과 덜어내는 일은 유기체에서 원재료를 만드는 세포분열과 원재료를 덜어내 형태를 만드는 세포의 죽음에 해당한다. 유기체에서 이러한 일은 항상 함께 일어난다.

모든 대형 유기체들은 생존을 위해 정교한 수송망에 의존한다. 나무도 마찬가지다. 나무는 물을 뿌리에서 잎으로 수송하여 잎에서 산소와 당분을 만들고, 다시 당분을 줄기로 보내 꽃과 열매를 만든다. ㉣ 물과 당분은 속이 빈 관을 통해 이동한다. 나무들이 자라면서 텅 빈 공간을 남기고 세포벽을 만든 것이 아니다. 나무가 어린 묘목일 때 이 관 속에는 원래 세포들이 꽉 들어차 있었다. 나무가 자라면서 관 속에 있던 세포들이 자살해 속이 비게 된다. 세포들의 희생으로 생을 꾸려갈 수 있는 수송망이 만들어진 것이다. 사람의 눈이 온전히 형성되는 데도 세포자살이 중요한 역할을 한다. 눈이 형성될 때 망막에 있던 약 90%의 세포들이 자살을 한다. 시각 정보를 뇌로 전달하고 처리하는 신경 시스템이 만들어질 때도 신경 세포 중 3분의 2 이상의 세포가 죽는다. ㉤ 이 세포들이 죽음으로써 우리는 주변 세상을 볼 수 있는 것이다.

① ㉠을 "세포의 탄생이나 분열에 비해 드문 현상"으로 수정한다.
② ㉡을 "세포들, 때로는 세포 대부분을 발생시키는 작업"으로 수정한다.
③ ㉢을 "덧붙임과 덜어냄, 두 가지 모두에 초점을 맞춘다"로 수정한다.
④ ㉣을 "물과 당분은 속이 꽉 들어찬 관을 통해"로 수정한다.
⑤ ㉤을 "이 세포들이 재생됨으로써"로 수정한다.

28. 다음 글의 ㉠을 이끌어내기 위하여 추가해야 할 전제로 가장 적절한 것은?

전전두엽의 상위 인지적 기능에는 작업기억 능력과 언어 능력 등이 포함된다. 상위 인지적 기능의 존재 여부는 뇌 손상 환자가 재활을 통해 정상에 가까운 의식을 회복할 가능성이 얼마인지 가늠해보는 척도가 된다. 눈동자로 움직이는 물체를 추적하는 능력의 예를 살펴보자. 눈동자의 움직임은 작업기억을 통해 제어되므로, 움직이는 대상을 안정적으로 긴 시간 동안 추적할 수 있다는 것은 작업기억 능력이 온전하다는 지표가 된다. 뇌 손상 환자가 눈동자로 물체를 얼마나 잘 추적할 수 있는지에 따라 그 환자가 정상적인 의식을 회복할 가능성과 회복에 걸리는 시간 등을 추정할 수 있다.

그러나 뇌 손상 환자에게 상위 인지적 기능이 남아있다는 것으로부터 그 환자가 자신에게 일어나는 일에 대한 현상적 경험을 할 수 있다는 것이 따라 나오지는 않는다. 여기서 현상적 경험을 한다는 것은, 가령 치통을 경험할 때와 같이 특정한 감각적 느낌을 마음속에서 자각한다는 것을 말한다. 대상을 시각적으로 추적한다는 것과 이를 현상적으로 경험한다는 것을 따로 떨어뜨려 상상하는 것은 쉽지 않지만, 상위 인지적 기능과 현상적 경험의 구분 가능성을 보이는 다양한 병리학적 사례가 있다.

한편 상위 인지적 기능이 남아있다고 해서 반드시 운동 기능이 남아있는 것도 아니다. 눈동자조차 움직일 수 없는 뇌 손상 환자의 상위 인지적 기능의 존재 여부는 그 환자의 뇌 검사를 통해 확인할 수 있다. 예컨대 뇌 손상 환자에게 자신의 오른손 집게손가락을 까딱이는 상상을 하라고 지시한 후, 연관된 운동피질의 활성화 여부를 검사하는 것이다. 만약 그 운동피질이 활성화된다면 환자의 언어 능력이 남아 있는 것이므로 그에 따라 이 환자의 예후를 추정할 수 있다. 하지만 운동피질을 이용한 상위 인지적 기능의 검사는 의식 회복에 관한 예후를 확인할 수 있을 뿐, ㉠ 그가 자신의 몸 움직임을 현상적으로 경험하고 있는가를 확인하지는 못한다.

① 환자가 신체 일부의 움직임을 현상적으로 경험하는가를 확인할 방법이 있다.
② 운동피질은 자신의 몸 움직임을 현상적으로 경험하지 않아도 활성화될 수 있다.
③ 운동피질은 언어 능력과 같은 상위 인지적 기능이 있어야만 활성화될 수 있다.
④ 자신의 신체 일부의 움직임을 현상적으로 경험하지 못하는 환자에게는 상위 인지적 기능도 없다.
⑤ 운동피질의 활성화 여부는 정상에 가까운 의식을 회복할 가능성을 추정하는 지표이다.

29. 다음 글의 내용과 상충하는 것은?

'플랫폼 노동'은 웹사이트나 스마트폰 앱 등의 디지털 플랫폼을 통해 일거리를 구하고, 그 플랫폼에서 보수를 받는 노동을 말한다. 플랫폼 노동자는 디지털 플랫폼을 통해 서비스 수요자와 연결되며, 플랫폼을 운영하는 기업은 서비스 공급자와 서비스 수요자를 중개하는 대가로 이익을 취한다.

플랫폼 노동에서는 노동 과정 중 관리자에 의한 직접적인 지시나 감독이 없다. 이 점이 플랫폼 노동에서 '사용 – 종속 관계'가 부정되는 근거가 되기도 한다. 그러나 플랫폼 노동자에 대한 통제는 보이지 않는 형태로 이루어진다. 플랫폼 노동자의 작업 과정과 그 결과는 모두 데이터로 축적된다. 데이터는 플랫폼의 알고리즘에 반영되어 노동자에게 보상과 제재를 부여하는 기준이된다. 예컨대, 음식 배달 플랫폼의 알고리즘은 픽업 시간, 배달 시간, 음식 상태 등 고객 만족도를 측정할 수 있는 별도의 평가 항목을 만들고 이에 대한 구체적인 수치를 제공한다. 그리고 이 수치가 데이터로 축적되어 알고리즘을 통해 다음 일감을 부여하는 기준이 된다. 이처럼 플랫폼 노동자는 알고리즘이 제공하는 수치에 따라 관리되며 이를 '평판에 의한 통제'라고 부른다.

평판에 의한 통제 과정은 자동으로 축적된 데이터를 바탕으로 노동자를 기술적으로 평가하는 것처럼 보이기 때문에, 관리자가 직접 개입하는 것보다 더 공정한 것처럼 여겨질 수 있다. 그런데 플랫폼 기업은 노동자의 성취에 대한 정당한 보상을 위해서 업무 평가를 진행하는 것이 아니다. 플랫폼 기업은 이윤을 극대화하기 위해 노동자의 노동 과정을 수치화하고 알고리즘에 반영하여 평가한다. 더욱이 플랫폼 노동의 구조상 노동자는 자신을 평가하는 기준이 되는 데이터를 직접 확인할 방법이 없으며, 그 데이터가 처리되는 알고리즘이 어떤 방식으로 작동하는지도 알 수 없다. 그렇게 플랫폼 노동자는 플랫폼 기업의 은밀한 통제를 받게 되고, 이는 새로운 형태의 사용 – 종속 관계라고 할 수 있다.

전통적인 사업장 노동자는 일정 시간과 기간을 두고 규칙적으로 일하지만, 플랫폼 노동자는 원하는 시간에 플랫폼에 접속해 일을 시작하고 마칠 수 있다. 전통적인 사업장처럼 공식적 근무 시간이 없기에 자기 상황에 맞춰 일과 여가를 유연하게 조정하는 것이 분명 가능하다. 이런 점에서 플랫폼 노동은 노동자의 자율성을 증가시키는 것처럼 보일 수 있다. 하지만 실제로는 고용 및 보수, 업무 내용 및 평가 등이 알고리즘의 은폐된 지휘·감독 하에 놓여 있다. 형식적으로는 자율성이 있어 보이지만 알고리즘을 이용한 플랫폼 기업의 보이지 않는 통제가 작동하고 있는 것이다.

① 플랫폼 기업은 단지 서비스 공급과 수요를 중개하는 역할을 넘어 노동자에 대한 통제를 수행한다.

② 플랫폼 기업은 축적된 데이터를 기술적으로 활용하여 노동자의 성취를 정당하게 보상하고자 업무 평가를 수행한다.

③ 플랫폼 노동과정에서 관리자의 직접적인 지시나 감독이 없더라도 플랫폼 기업과 플랫폼 노동자는 사용 – 종속 관계에 있다고 볼 수 있다.

④ 플랫폼 노동자는 전통적인 사업장 노동자에 비해 정해진 업무 시간에 얽매이지 않고 자신의 노동시간을 유연하게 조정할 수 있다.

⑤ 플랫폼 서비스 이용자의 만족도 평가 데이터는 플랫폼 노동자에 대한 보상과 제재의 근거로 활용된다.

30. 다음 글에서 추론할 수 없는 것은?

인간 대상 연구를 수행하는 자가 소속된 모든 대학이나 병원 등의 기관은 「생명윤리 및 안전에 관한 법률」에 따라 기관생명윤리위원회(IRB)를 반드시 설치해야 한다. IRB는 연구 대상자의 보호에 관한 윤리에 중점을 두고 연구를 심의한다. 인간이 연구 대상자가 되는 연구라면 모두 심의의 대상이고, 여기에는 임상시험, 실험조사, 심층 인터뷰, 설문조사 등을 수행한 경우가 포함된다. 따라서 인간 대상 연구를 수행하려는 기관 소속 연구자들은 IRB에 연구계획서를 제출하여 심의를 받고, IRB 규정을 준수해야 한다.

기본적으로 IRB의 심의 절차는 심의 규정에 따라 진행되는데, 이때 가장 중요한 평가 사항은 연구자가 연구 대상자로부터 적법한 절차에 따라 참여에 대한 동의를 받았는가이다. IRB는 연구 대상자가 서명한 동의서뿐만 아니라 연구의 잠재적 위험 가능성, 개인정보의 취득 여부와 보관 및 폐기 방법, 연구 결과의 활용 계획 등과 같은 정보가 연구계획서에 포함되어 있는지 확인한다. 그리고 연구 대상자로부터 참여 동의를 받기 이전에 이러한 내용을 충분히 설명했는지 확인한다.

이러한 심의 과정에서는 연구 대상자의 특성이 중요하게 고려된다. 예를 들어 만일 연구 대상자가 외국인일 경우 동의서 양식을 비롯한 모든 문서화된 정보는 연구 대상자가 온전히 이해할 수 있는 언어로 제공되어야 한다. 또한 정확한 의사소통을 위해 필요하다면 통역사 등을 입회자로 참석하게 하여 연구에 대한 설명과 질의응답이 원활하게 이루어질 수 있도록 해야 한다.

취약한 환경에 있는 연구 대상자에 대한 적절한 보호 여부도 IRB의 심사에서 관건이 된다. 연구 참여를 거부할 경우 조직의 위계상 상급자로부터 받게 될 불이익에 대한 우려가 참여의 결정에 영향을 줄 가능성이 있는 연구 대상자가 이러한 유형에 해당된다. 설령 연구자와 직접적인 연관이 없을지라도 같은 기관에 소속된 구성원들의 경우 이러한 유형에 해당하는 것으로 간주해야 한다. 이에 IRB는 이들의 참여 동기가 윤리적 측면에서 타당한지, 참여 결정이 위력이나 권위에 의한 것이 아니라 진정한 자발적 선택에 의한 것인지를 엄밀하게 심사한다.

① 대학 소속 연구자가 중국인 유학생들을 심층 인터뷰하는 경우 연구에 대한 설명을 위해 통역사를 입회자로 참여시킬 수 있다.

② 병원 소속 연구자가 임상시험 이전에 개발 중인 약의 효과와 안전성에 관한 문헌들을 조사하는 경우 IRB의 심의를 받아야 한다.

③ 병원 의사가 임상시험을 수행하는 경우 참여하려는 환자들에게 해당 시험의 잠재적 위험 가능성에 대해 충분히 설명해야 한다.

④ 대학원생이 학위논문을 위해 설문조사를 수행하는 경우 연구 대상자에 관한 개인정보의 보관·폐기 방법을 연구계획서에 밝혀야 한다.

⑤ 대학 교수가 소속 대학의 학생들을 대상으로 실험조사를 수행하는 경우 연구 대상자를 적절히 보호하는지 IRB의 심의를 받아야 한다.

---

31. 다음 글의 〈실험〉의 결과를 가장 잘 설명하는 것은?

물질은 다양한 파장의 적외선을 방출하는데, 물질마다 적외선의 방출 특성이 다르다. 적외선의 특정 파장 세기를 비교하면 서로 다른 물질을 구분할 수 있다. 그러나 서로 다른 물질이지만 특정 파장의 세기가 같다면, 그 파장의 세기를 측정해서는 이들을 구분할 수 없다.

한 연구자는 적외선의 특정 파장 세기를 측정하는 방법으로 물질을 구분하기 위한 시스템 A와 B를 개발하였다. 두 시스템 모두 적외선의 서로 다른 파장 I, II, III의 세기를 각각 검출하는 3개의 검출기로 구성되었다. 그런데 연구자는 시스템 A와 B가 모두 오작동하는 것을 발견하였고, 오작동의 원인은 각각 검출기 하나가 손상되어 해당 파장의 검출이 불가능하기 때문으로 밝혀졌다. 손상된 검출기가 무엇인지 알아보기 위해 적외선 방출 특성이 서로 다른 물질 X, Y, Z를 각각의 시스템이 구분하는지에 대해 실험을 수행하였다.

X, Y, Z는 각각 파장 I, II, III을 모두 방출한다. X, Y, Z가 방출하는 파장 I의 세기는 모두 같다. Y와 Z가 방출하는 파장 II의 세기는 서로 같지만 X가 방출하는 파장 II의 세기는 그와 다르다. X와 Z가 방출하는 파장 III의 세기는 서로 같지만 Y가 방출하는 파장 III의 세기는 그와 다르다.

〈실 험〉
X, Y, Z에서 방출되는 적외선을 시스템 A와 B를 통해 측정하였다. 측정 결과, 시스템 A에서는 Y와 Z는 구분할 수 있었던 반면 X와 Z를 구분할 수 없었고, 시스템 B에서는 X와 Z를 구분할 수 있었던 반면 Y와 Z를 구분할 수 없었다.

① 시스템 A에서는 파장 I의 검출기가 손상되었고, 시스템 B에서는 파장 II의 검출기가 손상되었다.

② 시스템 A에서는 파장 I의 검출기가 손상되었고, 시스템 B에서는 파장 III의 검출기가 손상되었다.

③ 시스템 A에서는 파장 II의 검출기가 손상되었고, 시스템 B에서는 파장 I의 검출기가 손상되었다.

④ 시스템 A에서는 파장 II의 검출기가 손상되었고, 시스템 B에서는 파장 III의 검출기가 손상되었다.

⑤ 시스템 A에서는 파장 III의 검출기가 손상되었고, 시스템 B에서는 파장 II의 검출기가 손상되었다.

32. 다음 글의 ㉠~㉢에 대한 평가로 적절한 것만을 〈보기〉에서 모두 고르면?

박쥐는 나방을 포식할 때, 초음파를 통해 나방을 식별한다. 많은 나방들은 박쥐가 내는 초음파를 들을 수 있는 능력을 갖고 있어 박쥐를 피할 수 있다. 하지만 나방 A는 박쥐가 내는 초음파를 들을 수 없다. 나방 A는 대신 뒷날개에 펄럭이는 긴 '날개꼬리'를 가지고 있다. 한 과학자는 이 날개꼬리가 박쥐로부터 도망가는 데 도움을 줄 것으로 보았다. 그는 나방 A의 날개꼬리 펄럭임이 박쥐의 표적 식별을 방해할 뿐만 아니라 나방 A의 비행 능력을 높여, 나방 A에 대한 박쥐의 포획 성공률을 낮출 것이라는 ㉠ 가설을 세웠다.

그는 이를 확인하기 위하여 연구를 수행하였다. 이 연구 결과를 바탕으로, 그는 나방 A의 날개꼬리 펄럭임이 박쥐의 표적 식별을 방해하여 박쥐의 포획 성공률을 낮추지만 날개꼬리 펄럭임은 나방 A의 비행 능력에 영향을 주지 않는다는 ㉡ 가설로 수정하였다. 다른 과학자는 나방 A의 날개꼬리 펄럭임이 나방 A의 비행 능력을 높여 박쥐의 포획 성공률을 낮추지만 날개꼬리 펄럭임이 박쥐의 표적 식별에는 영향을 주지 못한다는 ㉢ 가설을 제시했다.

〈보 기〉

ㄱ. 나방 A 중에서 날개꼬리를 제거한 그룹이 날개꼬리가 온전한 그룹보다 박쥐에 의해 더 잘 식별되었지만, 두 그룹의 비행 능력에 차이가 없었다는 연구 결과가 나오면, ㉠은 약화되지만 ㉡은 그렇지 않다.

ㄴ. 나방 A 중에서 날개꼬리를 제거한 그룹에 대한 박쥐의 포획 성공률이 날개꼬리가 온전한 그룹에 대한 박쥐의 포획 성공률보다 더 낮았다는 연구 결과가 나오면, ㉠은 약화되지만 ㉢은 그렇지 않다.

ㄷ. 나방 A 중에서 날개꼬리를 제거한 그룹보다 날개꼬리가 온전한 그룹의 비행 능력이 더 낮았다는 연구 결과가 나오면, ㉡과 ㉢은 모두 약화된다.

① ㄱ
② ㄴ
③ ㄱ, ㄷ
④ ㄴ, ㄷ
⑤ ㄱ, ㄴ, ㄷ

---

33. 다음 글의 내용이 참이라고 할 때, 반드시 참인 것만을 〈보기〉에서 모두 고르면?

연수를 마친 신입 직원 가영, 나영, 다민, 라민, 마영은 총무과, 인사과, 재무과 중에서 한 과에 배치될 예정이다. 세 과에는 위 직원 중 적어도 한 명이 각각 배치되고, 총무과에는 한 명만 배치될 예정이다. 이와 관련하여 알려진 사실은 다음과 같다.

- 총무과와 같은 수의 인원이 배치되는 과가 있다.
- 가영이 총무과에 배치되면 나영은 인사과에 배치된다.
- 나영과 라민이 모두 인사과에 배치되지는 않는다.
- 나영이 인사과에 배치되거나 마영이 재무과에 배치된다.
- 다민이 재무과에 배치되지 않으면, 가영은 총무과에 배치되고 라민은 인사과에 배치된다.
- 마영이 재무과에 배치되지 않고 가영이 총무과에 배치되지 않는 그런 경우는 없다.

〈보 기〉

ㄱ. 다민은 재무과에 배치된다.
ㄴ. 라민은 총무과에 배치된다.
ㄷ. 나영이 재무과에 배치되면 가영은 인사과에 배치된다.

① ㄱ
② ㄴ
③ ㄱ, ㄷ
④ ㄴ, ㄷ
⑤ ㄱ, ㄴ, ㄷ

---

34. 다음 글의 내용이 참이라고 할 때, 반드시 참인 것만을 〈보기〉에서 모두 고르면?

A지역 국립병원에서는 내과, 외과, 산부인과에 의사를 채용한다는 공고를 냈다. 채용 공고를 보고 가은, 나은은 내과에, 다연, 라연은 외과에, 마영, 바영은 산부인과에 지원하였다. 이후 과거 해당 병원에 인턴 경험이 있는 가은은 내과에 합격하였다. 한편 이 사실을 아직 모르는 직원들인 갑, 을, 병, 정은 다음과 같이 지원자들의 합격 여부를 예측하였다.

갑 : 나은이 합격하지 않았거나 바영이 합격하지 않았다면, 가은 또한 합격하지 않았다.

을 : 다연과 마영이 모두 합격하였다.

병 : 나은과 바영이 모두 합격하였다면, 다연은 합격하지 않았다.

정 : 라연이 합격하거나 마영이 합격하였다.

추후 나머지 지원자들의 합격 여부를 확인한 결과 이들 예측 중 세 명의 예측은 옳고 나머지 한 명의 예측은 그른 것으로 드러났다.

〈보 기〉

ㄱ. 나은과 다연 중 적어도 한 명은 합격한다.
ㄴ. 내과, 외과, 산부인과 각각에 적어도 한 명씩은 합격한다.
ㄷ. 최소 세 명, 최대 여섯 명이 합격할 수 있다.

① ㄴ   ② ㄷ

③ ㄱ, ㄴ   ④ ㄱ, ㄷ

⑤ ㄱ, ㄴ, ㄷ

35. 다음 글의 갑의 주장을 적절하게 평가한 것만을 〈보기〉에서 모두 고르면?

A국의 혈액 공급 시스템은 보상을 받지 않는 자발적인 기증자에게서 수혈에 필요한 혈액을 확보하는 시스템에서 대부분의 혈액을 혈액 은행을 통해 충당하는 시스템으로 바뀌었다. 혈액 은행은 혈액을 시장에서 싼값에 사들여 비싼 값을 받고 되팖으로써 이윤을 얻는다. 갑은 A국의 바뀐 시스템에 반대하며 다음과 같은 논거를 제시한다.

첫째, 경제적·실용적 측면을 고려할 때, A국의 시스템은 시장이 효율적으로 작동할 것이라는 기대와는 달리 수혈에 필요한 혈액을 공급하는 데에 심각한 어려움을 겪고 있다. 부족한 혈액을 공급하기 위해 많은 비용이 필요하고, 혈액의 선별, 보관, 유통 등을 시장 원리에 맞게 관리하고 운영하는 데에 드는 비용도 만만하지 않다.

둘째, 혈액을 사고파는 시장 시스템의 존재는 심각한 사회적 부정의를 초래한다. 혈액이 상품화되면서 대부분의 혈액 공급자는 먹고 살기 위해 혈액을 파는 것 이외의 다른 선택지가 없는 사람들로 구성된다. 그 결과, 가난한 사람으로부터 부자에게로 혈액이 이전되는 혈액 착취 현상이 발생한다.

마지막으로 혈액의 상품화와 혈액을 통한 이익 추구 현상은 사회적 삶의 긍정적 특징 중 하나인 기증 정신을 훼손하고, 사회의 모든 영역에서 공동체 전체의 문제를 외면하는 경향을 심화시킨다. 혈액이 시장의 상품으로 인식되면 사회 구성원들은 서로를 위해 기증해야 한다는 윤리 의식 및 이타주의 정신을 잃어버리게 될 것이다.

───── 〈보 기〉 ─────

ㄱ. A국에서 혈액의 상품화 이후에 불우한 이웃에 대한 기증이 그 전보다 감소했다면, 갑의 주장은 강화된다.

ㄴ. A국에서 혈액의 상품화 전후에 혈액을 공급받는 사람들의 소득 수준에 차이가 없다면, 갑의 주장은 강화된다.

ㄷ. A국에서 혈액의 상품화 이후에 오염되어 폐기되는 수혈용 혈액의 비율이 그 전보다 감소했다면, 갑의 주장은 강화된다.

① ㄱ

② ㄴ

③ ㄱ, ㄷ

④ ㄴ, ㄷ

⑤ ㄱ, ㄴ, ㄷ

36. 다음 글의 갑~병에 대한 분석으로 적절한 것만을 〈보기〉에서 모두 고르면?

갑 : 이론 T에 근거하는 개념이 지칭하는 무언가를 E라고 해 볼까? 만일 T가 성공적인 이론이라면 E는 존재하고, T가 성공적이지 않은 이론이라면 E는 존재하지 않아. 따라서 우리가 일상적으로 '믿음'이나 '욕구' 등의 개념으로 지칭하는 심적 상태는 존재하지 않는다고 보아야 해. 그런 개념은 통속 심리학에 근거한 것들인데 통속 심리학은 성공적인 이론이 아니야. 왜냐하면 통속 심리학은 신경과학과 달리 우리 행동에 대해서 예측과 설명을 성공적으로 제공하지 못하기 때문이야.

을 : E의 존재 여부를 판단하는 너의 기준에 동의해. 이론의 성공은 예측과 설명의 성공에 달려있다는 것에도 동의하지. 그런데 통속 심리학은 믿음이나 욕구와 같은 개념을 통해 우리의 행동을 성공적으로 예측하고 설명해. 신경과학이 아무리 발전한다고 해도 네가 잠시 후 무엇을 할지 예측할 수는 없어. 하지만 통속 심리학은 네가 물을 마시기를 욕구한다는 것과 냉장고 안에 물이 있다고 믿는다는 것을 통해 네가 잠시 후 냉장고 문을 열 것이라는 예측을 성공적으로 제공할 수 있어.

병 : 물론 통속 심리학의 개념을 통해 우리의 행동을 성공적으로 예측하고 설명할 수 있다는 것은 맞아. 그러나 그러한 예측과 설명이 성공적이라는 것이 심적 상태가 존재한다는 것을 보여주는 것은 아니야. 예를 들어 바둑을 두는 AI가 왜 이러한 수를 두는지 설명하는 데는 그 AI에게 승리에 대한 욕구와 그 수를 두면 이긴다는 믿음을 귀속시키는 게 유용해. 그렇지만 AI에게 실제로 그러한 믿음이나 욕구가 있다고 볼 수는 없지.

───── 〈보 기〉 ─────

ㄱ. 갑은 심적 상태가 존재한다는 것에 동의하지 않지만 을은 동의한다.

ㄴ. 을과 병은 통속 심리학에서 사용하는 개념에 의해 인간의 행동을 성공적으로 예측하고 설명할 수 있다는 것에 동의한다.

ㄷ. 병은 믿음이나 욕구와 같은 개념이 지칭하는 것이 존재하지 않을 수 있다는 것에 동의하지만 갑은 동의하지 않는다.

① ㄱ

② ㄷ

③ ㄱ, ㄴ

④ ㄴ, ㄷ

⑤ ㄱ, ㄴ, ㄷ

37. 다음 글의 가설 A~C에 대한 평가로 적절한 것만을 〈보기〉에서 모두 고르면?

과학자들은 수명과 관련된 다양한 가설을 제시하였다. 어떤 과학자는 '몸집이 큰 동물 종이 더 오래 산다.'는 가설 A를 발표하였다. A에 따르면, 동물의 종이 다르더라도 각 세포가 일생 사용할 수 있는 에너지의 총량은 같은데, 세포의 크기는 동물의 종이 다르더라도 큰 차이가 없는 반면 몸집이 클수록 세포의 수가 많다. 생존 과정에서 몸집이 작은 동물은 몸집이 큰 동물보다 세포 하나가 시간당 소모하는 에너지 소모량이 크다. 따라서 몸집이 작은 동물은 세포의 에너지를 빠른 시간 내에 소진하여 수명이 짧은 반면, 몸집이 큰 동물은 세포의 에너지를 상대적으로 천천히 소진하기 때문에 수명이 길다는 것이다.

다른 과학자는 '체세포에서 유전 정보를 담은 DNA가 손상되어 돌연변이가 발생하는 빈도에 따라 종의 수명이 결정된다.'는 가설 B를 발표하였다. 체세포는 생식세포를 제외한 모든 세포를 말하는데, 체세포 돌연변이의 발생은 암을 일으키거나 장애를 초래하는 것으로 알려져 있다. B에 따르면, 체세포 돌연변이가 발생하는 빈도가 높은 동물 종일수록 발생하는 질병이 많아져서 수명이 짧아진다.

또 다른 과학자는 '세포에서 일어나는 대사 과정에서 생성되는 활성산소가 많아지면 수명이 단축된다.'는 가설 C를 발표하였다. 동물은 운동과 생존을 위해 필요한 에너지를 대사 과정을 통해 얻는데, 이 과정에서 활성산소가 만들어진다. 또 운동을 많이 할수록 대사가 활발해지고 활성산소도 더 많이 만들어진다는 것이 알려져 있다. C에 따르면, 활성산소는 생체 기능을 담당하는 단백질과 지질 그리고 DNA의 산화를 유발하여 동물의 세포와 조직을 손상시키는데, 이로부터 발생하는 질병이 많아져서 동물의 수명이 단축된다.

─── 〈보 기〉 ───
ㄱ. 남아시아쥐의 수명은 6개월이고 북극고래의 수명은 200년 정도이다. 남아시아쥐는 북극고래보다 몸집이 훨씬 더 작은데, 두 종의 세포 각각이 매 순간 생존을 위해 소모하는 에너지 양은 남아시아쥐가 북극고래보다 더 크다면, A가 강화된다.
ㄴ. 벌거숭이 두더지는 평균 몸길이가 12.7cm이고 기린은 평균 몸길이가 5m인데, 두 종의 수명은 25년 정도로 비슷하다. 두 종의 체세포 돌연변이가 발생하는 빈도가 유사하다면, B가 강화된다.
ㄷ. 제한된 공간에 가둬 불필요한 운동을 억제한 다람쥐의 수명이 넓은 공간에 가둬 필요 이상으로 운동을 하게 만든 다람쥐의 수명보다 더 길다면, C가 강화된다.

① ㄴ
② ㄷ
③ ㄱ, ㄴ
④ ㄱ, ㄷ
⑤ ㄱ, ㄴ, ㄷ

38. 다음 글의 ㉠에 대한 평가로 적절한 것만을 〈보기〉에서 모두 고르면?

원자 내의 전자가 빛의 에너지를 받아 특정 에너지 상태에 있다가 다른 에너지 상태로 바뀌는 것을 전자의 전이라고 하며, 전이에 걸리는 시간을 전이시간이라고 한다. 전자의 전이시간을 측정하는 방법 중 하나는 시간상관 단일광자 계수법이다. 물질에 빛을 쬐면 일정 시간 후 빛이 다시 방출되는데, 이 방법에서는 그 시간을 측정하여 해당 물질 속 전자의 전이시간을 구한다. 전이시간은 물질의 종류에 따라 달라질 뿐만 아니라, 물질에 입사하는 빛의 파장에 따라서도 달라진다.

시간상관 단일광자 계수법을 활용할 때 고려할 것이 있다. 물질에 빛이 입사하는 순간과 빛이 다시 방출되는 순간 사이의 시간은 검출기로 측정하는데, 이때 오차로 인한 지연 시간이 발생한다. 이 지연되는 시간을 기기반응함수값이라 한다. 따라서 시간상관 단일광자 계수법으로 측정된 전이시간은 전자의 전이시간과 기기반응함수값의 합과 같다. 기기반응함수값은 물질에서 방출된 빛을 검출하는 검출기의 감도에 따라 달라지는데, 그 값은 검출기의 감도가 민감할수록 작아진다.

한 과학자는 ㉠ 동일한 물질에 입사하는 빛의 파장이 짧을수록 전자의 전이시간이 더 길어진다는 가설을 세우고 다음 실험을 수행하였다.

─── 〈실 험〉 ───
과학자는 파장이 서로 다른 광원 A와 B를 준비하였다. 파장은 광원 A가 B보다 더 짧았다.
실험 1 : 광원 A를 사용하여 물질 X에 빛을 쬔 후, 검출기 I을 통해 시간상관 단일광자 계수법으로 전자의 전이시간을 측정하였다.
실험 2 : 광원 B를 사용하여 물질 X에 빛을 쬔 후, 검출기 II를 통해 시간상관 단일광자 계수법으로 전자의 전이시간을 측정하였다.

─── 〈보 기〉 ───
ㄱ. 검출기 I의 감도가 II와 동일했고 측정된 전이시간이 실험 1과 실험 2에서 같았다면, ㉠은 약화된다.
ㄴ. 검출기 I의 감도가 II보다 덜 민감했고 측정된 전이시간이 실험 1보다 실험 2에서 더 짧았다면, ㉠은 강화된다.
ㄷ. 검출기 I의 감도가 II보다 더 민감했고 측정된 전이시간이 실험 1보다 실험 2에서 더 짧았다면, ㉠은 약화된다.

① ㄱ
② ㄴ
③ ㄱ, ㄷ
④ ㄴ, ㄷ
⑤ ㄱ, ㄴ, ㄷ

※ 다음 글을 읽고 물음에 답하시오. [39~40]

표본에 의한 통계 가설의 평가로 가장 널리 알려진 방법은 '통계 가설이 틀리더라도 표본과 비슷한 자료를 얻게 될 확률'을 이용하는 것이다. 이 확률이 제법 높다면, 해당 통계 가설은 믿을 만한 근거가 없다고 판정된다. 왜냐하면 그런 확률을 가지는 표본은 해당 통계 가설이 거짓이라도 어렵지 않게 얻을 수 있는 것이기 때문이다. 하지만 그 확률이 제법 낮다면, 특히 어떤 정해진 문턱값보다 낮다면, 통계 가설이 참이라는 것에 대한 유의미한 증거가 있다고 결론 내린다. 왜냐하면 해당 통계 가설이 거짓이라면, 그런 표본은 쉽게 얻을 수 있는 것이 아니기 때문이다. 이 방법에서 연구자들이 평가하고자 하는 통계 가설은 '대립가설'이라고 불리고, 이 대립가설이 거짓이라는 가설은 '귀무가설'이라고 불린다. 귀무가설이 참일 때 표본과 비슷한 자료를 얻게 될 확률은 'p-값'이라고 한다. 그리고 p-값과 비교되어 대립가설이 참이라는 것에 대한 유의미한 증거의 존재 여부를 판단하는 기준이 되는 문턱값은 '유의수준'이라고 불리며, 일반적으로 0.05나 0.01이 많이 사용된다. 정리하면 p-값이 유의수준보다 작을 때 대립가설이 참이라는 것에 대한 유의미한 증거가 있고, 그렇지 않을 때 대립가설이 참이라는 것에 대한 유의미한 증거가 있지 않다고 본다.

예를 들어 보자. 연구자 갑은 이번에 새로 개발된 신약 A가 콜레스테롤 수치를 낮추는 데 효과가 있는지 확인하고 싶어 한다. 그는 '신약 A는 콜레스테롤 수치를 낮춘다'는 대립가설을 세우고, 이를 평가하기 위해서 '신약 A는 콜레스테롤 수치를 낮추는 데 아무 효과가 없다'라는 귀무가설을 검증한다. 갑은 먼저 실험군과 대조군을 무작위로 나누었다. 그리고 실험군에는 신약 A를, 대조군에는 가짜약을 제공한 뒤, 두 집단의 콜레스테롤 수치 평균의 차이를 관찰하는 실험을 진행하였다. 그 결과, 갑은 p-값이 0.04에 불과한 실험 결과를 획득하였다. 그는 이 실험 결과와 0.05라는 유의수준을 이용하여 '신약 A는 콜레스테롤 수치를 낮춘다'가 참이라는 것에 대한 유의미한 증거가 있다고 발표하였다.

위 사례는 p-값을 이용해 통계 가설을 평가하는 전형적인 모습을 보여준다. 하지만 이 방법을 사용하거나 이 방법을 사용한 연구를 평가할 때는 언제나 조심해야 한다. 왜냐하면 갑이 다음과 같이 실험 결과를 내놓는 경우를 생각해 볼 수 있기 때문이다. 사실 신약 A는 콜레스테롤 수치와 아무 상관없는 것이었다. 그로 인해 갑은 30번 정도 반복된 실험에서 모두 0.05보다 큰 p-값을 얻었다. 갑의 목표는 0.05보다 작은 p-값을 가지는 실험 결과를 얻는 것이었다. 우연히 그다음 실험에서 원하던 대로 0.05보다 작은 p-값을 얻었다. 정직한 과학자라면, 자신의 실험 결과를 모두 보고하고 이를 바탕으로 적절히 평가 받아야 할 것이다. 하지만 신약 A의 효과를 간절히 바랐던 갑은 그의 나머지 실험을 폐기하고 유의미한 증거가 나온 실험 결과만을 발표하였다. 이렇게 유의미한 p-값을 가지는 실험 결과가 나올 때까지 실험을 반복하고, 그 결과 중 일부만 발표하는 연구 부정 행위를 'p-해킹'이라고 부른다.

39. 위 글에서 알 수 있는 것은?

① p-해킹이 일어났다는 것은 귀무가설이 거짓이라는 것에 대한 유의미한 증거이다.

② 실험군과 대조군의 분류가 완전히 무작위로 이루어졌다면 p-해킹은 일어나지 않는다.

③ 귀무가설이 참일 때 표본과 비슷한 자료를 얻게 될 확률이 높다면, 유의수준은 커질 수밖에 없다.

④ 표본 자료의 p-값이 0.05보다 크다면, 관련 대립가설이 참일 확률이 0.95보다 높다는 것에 대한 좋은 증거가 있다고 결론 내릴 수 있다.

⑤ 큰 값을 유의수준으로 사용했을 때에는 대립가설이 참이라는 것의 유의미한 증거가 되지만, 작은 값을 유의수준으로 삼았을 때에는 그런 증거가 되지 않는 표본 자료가 있을 수 있다.

40. 위 글을 토대로 할 때 다음 〈사례〉에 대한 분석으로 적절한 것만을 〈보기〉에서 모두 고르면?

〈사 례〉

을은 새로 개발된 신약 B와 콜레스테롤 수치 사이의 관계를 확인하고자 한다. 그런데 신약 B에 관심을 가지고 있는 연구자는 을만이 아니었다. 을 이외에도 약 30여 명이 그 약에 관심을 가지고 있었다. 을을 포함한 연구자 각각은 같은 실험 조건으로 연구를 진행하고 있다는 사실을 서로 모른 채 신약 B가 효과가 있다는 결과를 산출하려는 어떠한 의도도 없이 실험을 진행하였다. 그 결과 30여 명의 연구자들 중에서 을만 0.05보다 작은 p-값을 가지는 유의미한 실험 결과를 얻었다. 다른 연구자들은 신약과 콜레스테롤 수치 사이에 유의미한 결과를 산출하지 못하였기 때문에 자신의 실험 결과를 폐기하고 금방 잊어버렸다. 결국 유의미한 결과를 산출한 을의 연구만 발표되었고, 발표 결과를 들은 일부 사람들은 신약 B의 효과를 믿게 되었다.

〈보 기〉

ㄱ. 신약 B에 대한 연구 사례는 심각한 연구 부정을 의도하지 않았어도, 대립가설이 틀렸음에도 불구하고 유의미하다고 판단되는 결과를 우연히 얻을 수 있다는 것을 보여준다.

ㄴ. 신약 A에 대한 갑의 연구 속 0.05보다 작은 p-값을 가진 실험 결과는 실제로 약효가 없음에도 불구하고 우연히 나온 결과이지만, 신약 B에 대한 을의 연구 속 0.05보다 작은 p-값을 가진 실험 결과는 그렇지 않다.

ㄷ. 신약 A에 대한 연구 속 30여 개의 실험 결과의 p-값들은 유의수준을 넘는 범위에 다양하게 분포되어 있지만, 신약 B에 대한 연구 속 30여 개의 실험 결과의 p-값들은 유의수준을 넘는 특정한 값 주변에 밀집되어 있는 양상을 띨 것이다.

① ㄱ
② ㄴ
③ ㄱ, ㄷ
④ ㄴ, ㄷ
⑤ ㄱ, ㄴ, ㄷ

1. 다음 〈표〉는 코로나19 발생 전후의 '갑'지역 택배서비스 이용에 관한 자료이다. 제시된 〈표〉 이외에 〈보고서〉를 작성하기 위해 추가로 필요한 자료만을 〈보기〉에서 모두 고르면?

〈표〉 코로나19 발생 전후의 '갑'지역 택배서비스 월평균 이용건수

(단위 : 건)

구분		코로나19 발생 전	코로나19 발생 후
전체		6.2	9.7
성별	남성	6.8	10.3
	여성	5.7	9.2
연령대	10대 이하	4.2	6.4
	20대	5.4	9.5
	30대	7.2	11.4
	40대	7.4	11.7
	50대	6.2	9.4
	60대	6.1	9.0
	70대 이상	5.0	8.2
거주형태	아파트	6.3	10.0
	주택	6.3	9.0
	오피스텔	5.7	9.7
	기타	4.4	6.4

〈보고서〉

'갑'지역 택배서비스 이용자의 코로나19 발생 전 월평균 이용건수는 6.2건이었으나 발생 후에는 9.7건으로 50% 이상 증가하였다. 코로나19 발생 전 대비 발생 후 택배서비스 월평균 이용건수 증가율은 여성이 남성보다 높았다. 연령대별로 살펴보면, 코로나19 발생 전 대비 발생 후 택배서비스 월평균 이용건수 증가율은 20대가 가장 높게 나타났고, 70대 이상이 다음으로 높았다. 거주형태별로 살펴보면, 오피스텔 거주자의 코로나19 발생 전 대비 발생 후 택배서비스 월평균 이용건수 증가율이 약 70%로 가장 높게 나타났고, 아파트 거주자가 다음으로 높았다. 유통채널별로 살펴보면, 코로나19 발생 전에는 온라인구매 비율이 61.0%로 가장 높았고, 다음으로 마트배송, 홈쇼핑, 기타 순으로 나타났다. 코로나19 발생 후 온라인구매 비율은 발생 전에 비해 3.3%p 증가하였다. 수령방법별로 살펴보면, 코로나19 발생 전에는 대면 수령 비율과 비대면 수령 비율이 각각 50.2%, 49.8%로 비슷한 수준이었다. 코로나19 발생 후에는 대면 수령 비율이 19.4%로 감소하였고, 비대면 수령 비율은 80.6%로 증가하였다.

〈보 기〉

ㄱ. '갑'지역 택배서비스 이용건수의 유통채널별 비율

(단위 : %)

구분＼유통채널	온라인 구매	홈쇼핑	마트 배송	기타	합계
코로나19 발생 전	61.0	12.9	15.1	11.0	100.0
코로나19 발생 후	64.3	12.5	16.0	7.2	100.0

ㄴ. '갑'지역 택배서비스 이용건수의 수령방법별 비율

(단위 : %)

구분＼수령방법	대면	비대면	합계
코로나19 발생 전	50.2	49.8	100.0
코로나19 발생 후	19.4	80.6	100.0

ㄷ. '갑'지역 택배서비스 이용자의 거주지별 월평균 이용건수

(단위 : 건)

구분＼거주지	도시	농촌	기타
코로나19 발생 전	6.7	5.8	5.9
코로나19 발생 후	11.2	8.4	8.5

① ㄱ
② ㄱ, ㄴ
③ ㄱ, ㄷ
④ ㄴ, ㄷ
⑤ ㄱ, ㄴ, ㄷ

2. 다음 〈표〉는 2023년 A~D국의 온실가스 배출량과 인구에 관한 자료이다. 〈표〉와 〈조건〉을 근거로 A~D 중 '갑'~'정'에 해당하는 국가를 바르게 연결한 것은?

〈표 1〉 2023년 A~D국의 온실가스 배출량

(단위 : 백만 톤 CO₂eq.)

구분＼국가	A	B	C	D
교통	9.7	5.0	4.0	2.5
주거용 빌딩	14.0	4.5	( )	2.0
상업용 빌딩	17.0	4.5	3.5	2.8
기타	11.0	50.0	6.3	3.5
총배출량	( )	64.0	17.3	( )

〈표 2〉 2023년 A~D국의 인구

(단위 : 백만 명)

국가	A	B	C	D
인구	9.7	2.9	2.4	1.5

※ 1인당 온실가스 총배출량(톤 CO₂eq./명) = $\dfrac{온실가스\ 총배출량}{인구}$

─〈조 건〉─

• '갑'국은 온실가스 총배출량이 50백만 톤 CO₂eq. 이상이고, 1인당 온실가스 총배출량이 가장 적다.
• '을'국과 '병'국 간 1인당 온실가스 총배출량의 차이는 1.0톤 CO₂eq./명 이하이다.
• 온실가스 총배출량 대비 주거용 빌딩의 온실가스 배출량 비율은 '병'국이 '정'국보다 높다.
• 주거용 빌딩과 상업용 빌딩의 온실가스 배출량 합은 '을'국이 가장 적다.

	A	B	C	D
①	갑	병	정	을
②	갑	정	을	병
③	갑	정	병	을
④	정	갑	을	병
⑤	정	갑	병	을

3. 다음 〈보고서〉는 2021~2023년 '갑'국 고등학교 간 공동교육과정 개설 과목 수 추이에 관한 자료이다. 〈보고서〉의 내용에 부합하지 않는 자료는?

─〈보고서〉─

2021~2023년 '갑'국 고등학교 간 공동교육과정은 오프라인 및 온라인 각각 개설 과목 수가 매년 증가하였으며, 개설 과목 수의 전년 대비 증가율은 온라인 공동교육과정이 오프라인 공동교육과정보다 매년 높았다.

오프라인 공동교육과정의 경우, 학교 규모별로 보면 각 규모의 학교에서 개설한 과목 수가 매년 증가하였고, 대규모 학교의 개설 과목 수가 해당 연도 전체 개설 과목 수에서 차지하는 비율이 매년 가장 높게 나타났다. 지역을 대도시, 중소도시, 읍면지역으로 구분하여 살펴보면, 각 지역의 학교에서 개설한 과목 수가 매년 증가하였다. 또한, 대도시에서 개설된 과목 수가 해당 연도 전체 개설 과목 수에서 차지하는 비율이 매년 가장 높게 나타났다. 이는 전체 고등학교 중 대규모이거나 대도시에 소재한 고등학교의 수가 많고, 그 학교에 소속된 학생 수 역시 다른 규모나 지역에 비해 많기 때문이다.

온라인 공동교육과정의 경우, 학교 규모별로 보면 각 규모의 학교에서 연도별로 개설 과목의 수가 증가하였고, 대규모 학교의 개설 과목 수가 해당 연도 전체 개설 과목 수에서 차지하는 비율이 매년 가장 높았다. 지역별로 보면 개설된 과목 수가 해당 연도 전체 개설 과목 수에서 차지하는 비율은 2022년 이후 중소도시가 매년 가장 높았다.

① 오프라인 및 온라인 공동교육과정의 연도별 개설 과목 수

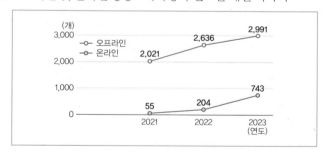

② 오프라인 공동교육과정의 학교 규모별 개설 과목 수

(단위 : 개)

학교 규모＼연도	2021	2022	2023
대규모	1,547	1,904	2,056
중규모	431	674	827
소규모	43	58	108
전체	2,021	2,636	2,991

③ 오프라인 공동교육과정의 지역별 개설 과목 수

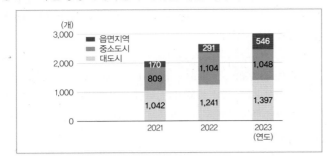

④ 온라인 공동교육과정의 학교 규모별 개설 과목 수

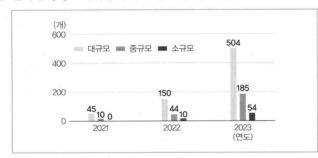

⑤ 온라인 공동교육과정 개설 과목 수의 지역별 구성비

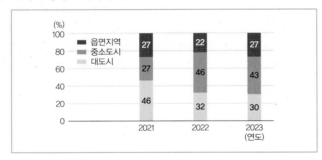

4. 다음 〈표〉는 소음 환경에 따른 A~E집단의 주의력 및 공간지각력 점수에 관한 자료이다. 이를 근거로 A~E 중 〈조건〉을 모두 만족하는 집단을 고르면?

〈표〉 소음 환경에 따른 주의력 및 공간지각력 점수

(단위 : 점)

구분		저소음 환경				고소음 환경			
		주의력		공간지각력		주의력		공간지각력	
집단	성별	남성	여성	남성	여성	남성	여성	남성	여성
A		7.2	6.9	8.0	6.6	3.6	3.3	4.1	3.0
B		6.8	7.3	6.5	8.1	2.5	3.0	3.1	3.6
C		8.3	7.9	7.8	7.6	4.4	4.1	3.5	3.4
D		6.5	6.8	6.7	6.5	3.2	3.5	3.2	3.3
E		7.7	8.0	7.9	7.9	3.7	4.0	3.9	3.6

────── 〈조 건〉 ──────

• 저소음 환경과 고소음 환경에서의 주의력 점수 차이는 남성과 여성이 동일하다.
• 고소음 환경에서, 주의력 점수가 더 높은 성별이 공간지각력 점수도 더 높다.
• 남성과 여성 모두 저소음 환경에서의 주의력 점수가 고소음 환경에서의 주의력 점수의 2배 이상이다.
• 저소음 환경에서, 남성은 공간지각력 점수가 주의력 점수보다 높고 여성은 주의력 점수가 공간지각력 점수보다 높다.

① A
② B
③ C
④ D
⑤ E

5. 다음 〈표〉는 2021~2023년 '갑'국 A~F제조사별 비스킷 매출액에 관한 자료이다. 이에 대한 〈보기〉의 설명 중 옳은 것만을 모두 고르면?

〈표 1〉 2021~2023년 제조사별 비스킷 매출액

(단위 : 백만 원)

연도 제조사	2021		2022		2023
	상반기	하반기	상반기	하반기	상반기
A	127,540	128,435	132,634	128,913	128,048
B	138,313	132,807	131,728	120,954	119,370
C	129,583	124,145	132,160	126,701	116,864
D	83,774	84,170	85,303	85,266	79,024
E	20,937	28,876	24,699	24,393	21,786
F	95,392	89,461	90,937	107,322	112,410
전체	595,539	587,894	597,461	593,549	577,502

〈표 2〉 2023년 상반기 유통채널별 비스킷 매출액

(단위 : 백만 원)

유통채널 제조사	백화점	할인점	체인슈퍼	편의점	독립슈퍼	일반 식품점
A	346	28,314	23,884	26,286	33,363	15,855
B	253	24,106	24,192	21,790	30,945	18,084
C	228	30,407	22,735	21,942	25,126	16,426
D	307	22,534	17,482	9,479	19,260	9,962
E	45	5,462	2,805	8,904	2,990	1,580
F	2,494	39,493	13,958	33,298	14,782	8,385
전체	3,673	150,316	105,056	121,699	126,466	70,292

※ 1) '갑'국의 비스킷 제조사는 A~F만 있음
2) '갑'국의 비스킷 유통채널은 제시된 6개로만 구분됨

─── 〈보 기〉 ───

ㄱ. 2021년 상반기 전체 매출액 중 제조사별 매출액 비중이 20% 이상인 제조사의 수는 3개이다.

ㄴ. 2022년 하반기에 전년 동기 대비 매출액 감소율이 가장 큰 제조사는 E이다.

ㄷ. 전년 동기 대비 매출액이 증가한 제조사의 수는 2022년 상반 기와 2023년 상반기가 동일하다.

ㄹ. 2023년 상반기의 경우, 각 제조사의 백화점, 할인점, 체인슈 퍼 매출액의 합은 해당 제조사 매출액의 50% 미만이다.

① ㄱ, ㄴ
② ㄱ, ㄹ
③ ㄴ, ㄷ
④ ㄷ, ㄹ
⑤ ㄱ, ㄴ, ㄹ

6. 다음 〈표〉는 2012~2021년 우리나라 D부처 정보공개 청구에 관한 자료이다. 이에 대한 〈보기〉의 설명 중 옳은 것만을 모두 고르면?

〈표 1〉 2012~2021년 정보공개 청구건수 및 처리건수

(단위 : 건)

구분 연도	청구 건수	처리건수						
		전부 공개	부분 공개	비공개	타기관 이송	취하	민원 이첩	기타
2012	1,046	446	149	161	44	79	60	107
2013	1,231	550	156	137	46	150	66	126
2014	1,419	572	176	149	77	203	35	207
2015	1,493	522	183	198	104	152	88	246
2016	1,785	529	184	215	207	134	222	294
2017	3,097	837	293	334	511	251	0	871
2018	2,951	1,004	333	386	379	232	0	617
2019	3,484	1,296	411	440	161	250	0	926
2020	4,006	1,497	660	502	170	327	0	850
2021	5,708	2,355	950	656	188	653	0	906

※ 정보공개 청구건은 해당 연도에 모두 처리됨

〈표 2〉 2012~2021년 청구방법별 정보공개 청구건수

(단위 : 건)

청구방법 연도	직접출석	우편	팩스	정보 통신망	기타
2012	47	24	5	968	2
2013	49	46	7	1,124	5
2014	111	54	13	1,241	0
2015	82	68	16	1,324	3
2016	51	55	9	1,669	1
2017	87	80	7	2,918	5
2018	162	75	27	2,687	0
2019	118	86	11	3,269	0
2020	134	94	13	3,758	7
2021	130	65	17	5,495	1

─── 〈보 기〉 ───

ㄱ. 정보공개 청구건수는 매년 증가한다.

ㄴ. '타기관이송' 처리건수가 가장 많은 해와 정보공개 청구건수 대비 '전부공개' 처리건수의 비율이 가장 낮은 해는 같다.

ㄷ. 연도별 '비공개' 처리건수와 '취하' 처리건수의 합은 해당 연 도 정보공개 청구건수의 20%를 매년 초과한다.

ㄹ. 2021년 '전부공개' 처리건수 중 청구방법이 '정보통신망'인 처리건수는 2,100건 이상이다.

① ㄱ, ㄴ
② ㄱ, ㄷ
③ ㄴ, ㄷ
④ ㄴ, ㄹ
⑤ ㄷ, ㄹ

7. 다음 〈표〉는 2019~2023년 '갑'지역의 여행객 현황에 관한 자료이다. 이를 이용하여 작성한 자료로 옳지 않은 것은?

〈표 1〉 여행 목적별 여행객 수

(단위 : 명)

목적	구분	2019	2020	2021	2022	2023
전체	총계	9,315	10,020	10,397	10,811	10,147
	개별여행	6,352	6,739	7,410	7,458	7,175
	단체여행	2,963	3,281	2,987	3,353	2,972
여가	소계	4,594	5,410	6,472	6,731	6,526
	개별여행	2,089	2,749	3,931	3,865	4,085
	단체여행	2,505	2,661	2,541	2,866	2,441
종교	소계	125	114	104	80	50
	개별여행	99	64	58	56	31
	단체여행	26	50	46	24	19
쇼핑	소계	981	1,044	1,030	1,148	1,328
	개별여행	683	701	748	776	919
	단체여행	298	343	282	372	409
사업	소계	2,880	2,746	2,366	2,389	1,768
	개별여행	2,774	2,585	2,284	2,317	1,682
	단체여행	106	161	82	72	86
교육	소계	735	706	425	463	475
	개별여행	707	640	389	444	458
	단체여행	28	66	36	19	17

〈표 2〉 여행지출액 및 여행횟수별 여행객 수

(단위 : 백만 원, 명)

연도	여행 지출액	여행횟수			
		1회	2회	3회	4회 이상
2019	18,760	5,426	1,449	792	1,648
2020	18,710	6,046	1,395	802	1,777
2021	20,953	6,773	1,341	686	1,597
2022	19,060	5,834	1,759	851	2,367
2023	19,392	6,237	1,268	677	1,965

① 여행객 1명당 여행지출액

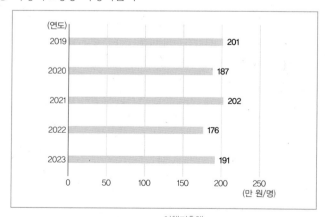

※ 여행객 1명당 여행지출액(만 원/명) = 여행지출액 / 전체 여행객 총계

② 전체 개별여행객 중 '사업' 목적 개별여행객 비율 및 전체 단체여행객 중 '사업' 목적 단체여행객 비율

(단위 : %)

구분	2019	2020	2021	2022	2023
개별여행	44	38	31	31	23
단체여행	4	5	3	2	3

③ 전체 개별여행객 수 및 전체 단체여행객 수

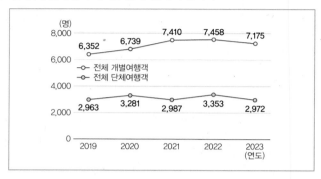

④ '종교' 목적 여행객 중 개별여행객 비율

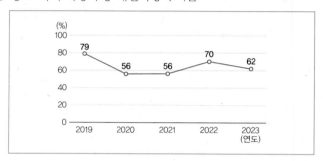

⑤ 전체 여행객 중 여행횟수가 3회 이하인 여행객 비율

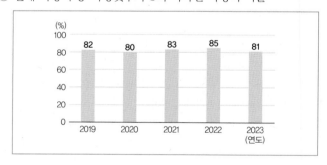

8. 다음 〈표〉는 '갑'국 종사상지위별 종사자 수 동향에 관한 자료이다. 제시된 〈표〉 이외에 〈보고서〉를 작성하기 위해 추가로 필요한 자료만을 〈보기〉에서 모두 고르면?

〈표〉 종사상지위별 종사자 수 동향

(단위 : 천 명)

시기 종사상지위	2022년 7월	2023년 6월	2023년 7월
상용근로자	16,403	16,680	16,675
임시일용근로자	1,892	2,000	2,020
기타종사자	1,185	1,195	1,187

─〈보고서〉─

'갑'국 고용노동부는 2023년 7월 사업체노동력조사를 통해 종사자 및 입·이직자 현황을 파악하였다. 2023년 7월 상용근로자는 전년 동월 대비 27만 2천 명 증가하였으며, 임시일용근로자는 전년 동월 대비 12만 8천 명 증가하였다. 사업체 규모별 종사자 수 동향을 살펴보면, 2023년 7월 300인 미만 사업체의 경우 전년 동월 대비 33만 3천 명 증가하였으며, 300인 이상 사업체는 전년 동월 대비 6만 9천 명 증가하였다. 한편, 2023년 7월 입직자는 전년 동월 대비 2만 6천 명 증가하였고 전월 대비 5만 8천 명 증가하였다. 2023년 7월 이직자는 전년 동월 대비 약 4.0% 증가하였고 전월 대비 약 7.0% 증가하였다. 또한, 2023년 7월 전체 입직 중 채용을 통한 입직자는 전년 동월 대비 2만 5천 명 증가하였으며, 기타 입직자는 전년 동월 대비 1천 명 증가하였다.

─〈보 기〉─

ㄱ. 사업체 규모별 종사자 수 동향

(단위 : 천 명)

시기 사업체 규모	2022년 7월	2023년 6월	2023년 7월
300인 미만	16,216	16,555	16,549
300인 이상	3,264	3,320	3,333

ㄴ. 주요산업별 종사자 수 동향

(단위 : 천 명)

시기 주요산업	2022년 7월	2023년 6월	2023년 7월
제조업	3,696	3,740	3,737
건설업	1,452	1,463	1,471
도매 및 소매업	2,274	2,308	2,301

ㄷ. 입직자 및 이직자 수 동향

(단위 : 천 명)

시기 구분	2022년 7월	2023년 6월	2023년 7월
입직자	1,001	969	1,027
이직자	973	946	1,012

ㄹ. 입직유형별 입직자 수 동향

(단위 : 천 명)

시기 입직유형	2022년 7월	2023년 6월	2023년 7월
채용	892	925	917
기타	109	44	110
합계	1,001	969	1,027

① ㄱ, ㄷ
② ㄴ, ㄷ
③ ㄴ, ㄹ
④ ㄱ, ㄴ, ㄹ
⑤ ㄱ, ㄷ, ㄹ

9. 다음 〈표〉는 2022년 '갑'모터쇼에 전시된 전기차 A~E의 차량가격 및 제원에 관한 자료이다. 이에 대한 〈보기〉의 설명 중 옳은 것만을 모두 고르면?

〈표〉 전기차 A~E의 차량가격 및 제원

(단위 : 만 원, 분, km, kWh)

구분 전기차	차량가격	완충시간	완충 시 주행거리	배터리 용량
A	8,469	350	528	75.0
B	5,020	392	475	77.4
C	17,700	420	478	112.8
D	14,620	420	447	111.5
E	6,000	252	524	77.4

─〈보 기〉─

ㄱ. '배터리 용량'당 '차량가격'은 C가 가장 높다.
ㄴ. '차량가격'이 가장 낮은 전기차는 '완충시간' 대비 '배터리 용량'의 비율도 가장 낮다.
ㄷ. '완충 시 주행거리' 대비 '완충시간'의 비율은 D가 E의 2배 이상이다.
ㄹ. '차량가격'이 높을수록 '배터리 용량'도 크다.

① ㄱ, ㄴ
② ㄱ, ㄷ
③ ㄷ, ㄹ
④ ㄱ, ㄴ, ㄹ
⑤ ㄴ, ㄷ, ㄹ

10. 다음 〈표〉는 '갑'국 공공기관 A~C의 경영실적 및 평가점수에 관한 자료이다. 이에 대한 〈보기〉의 설명 중 옳은 것만을 모두 고르면?

〈표〉 공공기관 A~C의 경영실적 및 평가점수

(단위 : 백만 원, 점)

구분＼공공기관	A	B	C
매출액	( )	4,000	( )
영업이익	400	( )	( )
평균총자산	2,000	( )	6,000
자산회전지표	0.50	0.80	( )
영업이익지표	( )	0.15	0.50
평가점수	( )	( )	1.50

※ 1) 자산회전지표 $= \dfrac{\text{매출액}}{\text{평균총자산}}$

2) 영업이익지표 $= \dfrac{\text{영업이익}}{\text{매출액}}$

3) 평가점수(점) = (자산회전지표×1점) + (영업이익지표×2점)

──── 〈보 기〉 ────

ㄱ. 매출액은 A가 가장 크다.

ㄴ. 영업이익은 C가 A의 4배 이상이다.

ㄷ. 평가점수는 B가 가장 낮다.

① ㄴ

② ㄷ

③ ㄱ, ㄴ

④ ㄱ, ㄷ

⑤ ㄱ, ㄴ, ㄷ

---

11. 다음 〈표〉와 〈그림〉은 2018~2022년 우리나라 친환경차 유형별 등록대수 및 수출대수와 2019년 친환경차 수출액 상위 10개 수출국 현황에 관한 자료이다. 이를 근거로 작성한 〈보고서〉의 내용 중 옳지 않은 것은?

〈표 1〉 2018~2022년 우리나라 친환경차 유형별 등록대수

(단위 : 대)

유형＼연도	2018	2019	2020	2021	2022
하이브리드차	399,464	497,297	652,876	888,481	1,157,940
플러그인 하이브리드차	5,620	8,350	21,585	19,759	12,567
전기차	55,756	89,918	134,962	231,443	389,855
수소차	893	5,083	10,906	19,404	29,623
전체	461,733	600,648	820,329	1,159,087	1,589,985

〈그림〉 2018~2022년 우리나라 친환경차 유형별 수출대수

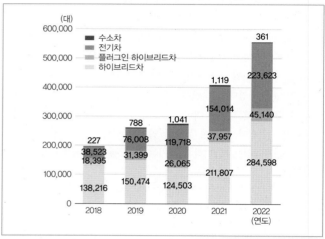

※ 친환경차 유형은 '하이브리드차', '플러그인 하이브리드차', '전기차', '수소차'로만 구분됨

〈표 2〉 2019년 하이브리드차, 플러그인 하이브리드차 및 전기차의 수출액 상위 10개 수출국 현황

(단위 : 백만 달러)

순위	하이브리드차 국가	수출액	플러그인 하이브리드차 국가	수출액	전기차 국가	수출액
1	일본	16,311	독일	4,818	미국	7,648
2	독일	6,172	일본	2,588	벨기에	5,018
3	벨기에	3,674	스웨덴	1,762	독일	3,913
4	터키	3,125	미국	1,008	한국	2,354
5	영국	2,762	한국	939	오스트리아	1,220
6	한국	2,691	영국	839	프랑스	1,166
7	슬로바키아	1,876	중국	523	영국	1,097
8	캐나다	1,845	슬로바키아	502	네덜란드	902
9	프랑스	1,227	스페인	271	중국	438
10	스웨덴	828	벨기에	199	일본	431

〈보고서〉

최근 이산화탄소 배출 및 연비에 대한 환경 규제가 강화되고 친환경차 수요가 증가함에 따라 자동차 기업들이 친환경차 시장에 본격적으로 진출하였다. 우리나라 친환경차 시장은 정부의 적극적인 보급 정책으로 급성장하여 ① 2018~2022년 전체 친환경차 등록대수는 매년 30% 이상 증가하였다. 친환경차의 유형별로 살펴보면, 2018년 대비 2022년에 등록대수가 가장 많이 증가한 친환경차 유형은 '하이브리드차'였으나, ② 2018년 대비 2022년 등록대수의 증가율이 가장 높은 친환경차 유형은 '수소차'였다. ③ 친환경차 수출대수는 2018년 195,361대에서 매년 증가하여 2022년에는 553,722대가 되었다. ④ 2018~2022년 친환경차 유형별 수출대수는 '전기차'와 '수소차'만 매년 증가하였다.

세계 친환경차 시장에서 우리나라의 수출 순위는 2019년 수출액 기준 '하이브리드차' 6위, '플러그인 하이브리드차' 5위, '전기차' 4위로 나타났다. 이는 우리나라가 세계 친환경차 시장에서 경쟁력을 확보하고 있음을 보여준다. ⑤ 2019년 '하이브리드차', '플러그인 하이브리드차', '전기차' 각각의 수출액 상위 10개 수출국에 모두 들어가는 국가는 한국을 포함하여 5개국이었다.

---

12. 다음 〈표〉는 2023년 '갑'기업 전체 임원(A~J)의 보수 현황에 관한 자료이다. 이에 대한 설명으로 옳은 것은?

〈표〉 '갑'기업 전체 임원의 보수 현황

(단위 : 십만 원)

임원	사업부	등기여부	보수총액	급여	상여
A	가	미등기	7,187	2,700	4,487
B	나	등기	6,497	2,408	( )
C	다	등기	4,068	( )	2,000
D	라	미등기	( )	1,130	2,598
E	마	등기	3,609	1,933	1,676
F	마	등기	3,069	1,643	1,426
G	나	미등기	3,050	1,633	1,417
H	바	미등기	3,036	1,626	1,410
I	사	등기	3,000	2,000	1,000
J	다	미등기	2,990	2,176	814
합계	–	–	40,234	19,317	20,917

※ 보수총액=급여+상여

① 보수총액이 많은 임원일수록 상여도 많다.

② '마'사업부 임원의 보수총액 합에서 급여 합이 차지하는 비중은 60% 미만이다.

③ 임원 1인당 보수총액이 가장 적은 사업부는 임원 1인당 급여도 가장 적다.

④ 보수총액에서 상여가 차지하는 비중이 가장 큰 임원은 B이다.

⑤ 미등기 임원의 급여 합은 등기 임원의 급여 합보다 많다.

---

13. 다음 〈표〉는 1995~2020년 '갑'지역의 농가구조 변화에 관한 자료이다. 이에 대한 설명으로 옳지 않은 것은?

〈표 1〉 '갑'지역의 가구원수별 농가수 추이

(단위 : 가구)

조사연도 / 가구원수	1995	2000	2005	2010	2015	2020
1인	13,262	15,565	18,946	18,446	17,916	20,609
2인	43,584	52,394	56,264	57,023	52,023	53,714
3인	33,776	27,911	24,078	19,666	17,971	13,176
4인	33,047	23,292	17,556	13,122	11,224	7,176
5인 이상	64,491	33,095	20,573	13,492	10,299	5,687
전체	188,160	152,257	137,417	121,749	109,433	100,362
농가당 가구원수(명)	3.8	3.2	2.8	2.6	2.5	2.3

〈표 2〉 '갑'지역의 경영주 연령대별 농가수 추이

(단위 : 가구)

조사연도 / 연령대	1995	2000	2005	2010	2015	2020
30대 이하	23,891	12,445	8,064	3,785	3,120	1,567
40대	39,308	26,471	20,851	15,750	12,131	7,796
50대	61,989	44,919	34,927	28,487	24,494	21,126
60대	46,522	48,747	49,496	42,188	34,296	30,807
70대 이상	16,450	19,675	24,079	31,539	35,392	39,066
전체	188,160	152,257	137,417	121,749	109,433	100,362

① '5인 이상'을 제외하고, 1995년 대비 2020년 가구원수별 농가수 증감률은 '2인'이 가장 작다.

② 매 조사연도에서 '3인' 농가수는 그 외 농가수 합의 25% 이하이다.

③ 2000년 전체 농가 가구원수는 2020년 전체 농가 가구원수의 2배 이상이다.

④ 2020년 전체 농가수 중 경영주 연령대가 40대 이하인 농가수가 차지하는 비중은 10% 이하이다.

⑤ 경영주 연령대가 30대 이하인 농가수는 1995년 대비 2020년에 95% 이상 감소하였다.

14. 다음 〈표〉와 〈그림〉은 A미술전 응모 및 수상 결과에 관한 자료이다. 이에 대한 〈보기〉의 설명 중 옳은 것만을 모두 고르면?

〈표〉 2023년 A미술전 응모 및 수상 결과

(단위 : 개, 명)

부문 구분	초등부		중등부		고등부	
	팀	인원	팀	인원	팀	인원
응모	268	502	232	446	306	624
수상	56	88	30	59	43	68

※ A미술전의 부문은 초등부, 중등부, 고등부로만 구성됨

〈그림〉 연도별 A미술전 응모인원

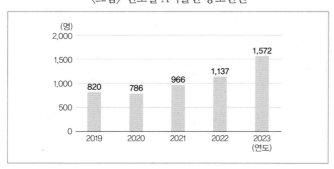

―――― 〈보 기〉 ――――

ㄱ. 2023년 응모인원 대비 수상인원이 가장 많은 부문은 초등부이다.

ㄴ. 2023년 팀별 인원이 1~3명이라면, 3명으로 구성된 초등부 수상팀은 15개 이하이다.

ㄷ. 2020년 응모인원의 부문별 구성비가 2023년과 동일하다면, 2020년 중등부 응모인원은 200명 이상이다.

ㄹ. 2024년부터 매년 응모인원이 전년 대비 30%씩 증가한다면, 응모인원이 2019년의 3배를 처음 초과하는 해는 2026년이다.

① ㄱ, ㄴ

② ㄱ, ㄷ

③ ㄴ, ㄷ

④ ㄴ, ㄹ

⑤ ㄱ, ㄷ, ㄹ

15. 다음 〈표〉는 '갑'국의 빈집 철거 및 활용을 위한 빈집정비기준이고, 〈그림〉은 '갑'국의 '가'~'자'구역 및 빈집의 정보에 관한 자료이다. 이에 대한 설명으로 옳은 것은?

〈표 1〉 빈집 철거 및 활용을 위한 빈집정비기준

항목			철거	활용
구역 종류	공가기간	건축물 연령		
일반구역	20년 이하	건축구조의 사용연한 이하	불가능	가능
		건축구조의 사용연한 초과	가능	불가능
	20년 초과	–	가능	불가능
정비구역	–	–	불가능	불가능

※ 1) 공가기간 : 빈집이 된 이후부터 현재까지의 기간
　2) 건축물 연령 : 건축물의 완공부터 현재까지의 기간
　3) '–'는 해당 항목을 고려하지 않음을 의미함

〈표 2〉 건축구조별 사용연한

건축구조	사용연한
목구조	20년
조적조	30년
철골구조	40년

〈그림〉 '가'~'자'구역 및 빈집의 정보

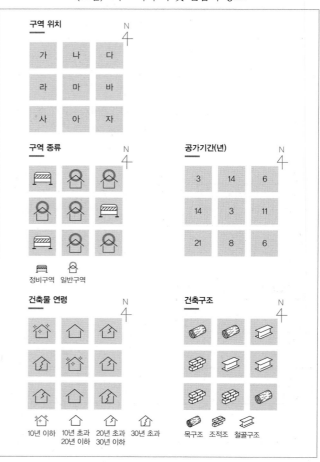

※ 각 구역에는 빈집이 1개씩만 존재함

① 철거가 가능한 빈집은 3개이다.

② '가', '바', '사'구역의 빈집은 철거가 가능하다.

③ '다'구역의 빈집은 활용이 불가능하다.

④ 활용이 가능한 빈집은 4개이다.

⑤ '마'구역의 빈집은 철거가 가능하다.

16. 다음 〈표〉와 〈정보〉는 '갑'회사의 승진후보자별 2021~2023년 근무성적점수 및 승진대상자 선정에 관한 자료이다. 이에 대한 〈보기〉의 설명 중 옳은 것만을 모두 고르면?

〈표 1〉 승진후보자별 2021~2023년 근무성적점수

(단위 : 점)

연도 승진후보자	2023	2022	2021
정숙	85	65	65
윤호	70	85	75
찬희	75	75	65
상용	80	60	65

〈표 2〉 평가방법별 2021~2023년 가중치

연도 평가방법	2023	2022	2021
A	0.5	0.3	0.2
B	0.6	0.4	0.0
C	1.0	0.0	0.0

※ 평가방법별 가중치 합은 1.0임

── 〈정 보〉 ──
• 평정점수는 2021~2023년 근무성적점수에 해당 연도의 가중치를 곱한 값의 합임
• 평정점수가 가장 높은 승진후보자만 승진대상자로 선정함

── 〈보 기〉 ──
ㄱ. 모든 승진후보자의 평정점수는 평가방법 A를 적용할 때보다 평가방법 B를 적용할 때가 더 높다.
ㄴ. 평가방법 A를 적용할 때와 평가방법 C를 적용할 때의 승진대상자는 같다.
ㄷ. '상용'의 2023년 근무성적점수만 90점으로 변경된다면, 평가방법 A~C 중 어떤 평가방법을 적용하더라도 '상용'이 승진대상자가 된다.

① ㄱ
② ㄷ
③ ㄱ, ㄴ
④ ㄱ, ㄷ
⑤ ㄴ, ㄷ

17. 다음 〈표〉는 2021~2023년 '갑'국 공무원의 교육방법별 교육시간에 관한 자료이다. 〈표〉와 〈정보〉에 근거하여 A~C에 해당하는 교육방법을 바르게 연결한 것은?

〈표〉 2021~2023년 '갑'국 공무원의 교육방법별 교육시간

(단위 : 시간)

연도 교육방법	2021	2022	2023
A	671	1,106	557
B	3,822	2,614	2,394
C	717	204	191
D	392	489	559
사례연구	607	340	385
세미나	80	132	391
역할연기	864	713	97
전체	7,153	5,598	4,574

※ 교육방법은 '강의', '분임토의', '사례연구', '세미나', '실습', '역할연기', '현장체험' 중 1개로만 구분됨

── 〈정 보〉 ──
• 매년 교육시간이 감소하는 교육방법은 '강의', '실습', '역할연기'이다.
• 2023년 전체 교육시간 중 교육방법별 교육시간 비중이 전년 대비 감소한 교육방법은 '분임토의'와 '역할연기'이다.
• 2023년 교육시간의 전년 대비 감소율이 세 번째로 큰 교육방법은 '실습'이다.

	A	B	C
①	강의	실습	현장체험
②	분임토의	강의	실습
③	분임토의	실습	강의
④	실습	강의	현장체험
⑤	현장체험	강의	실습

18. 다음 〈표〉는 2022년 '갑'국 A전력회사의 월별 및 용도별 전력판매 단가에 관한 자료이다. 이에 대한 설명으로 옳지 않은 것은?

〈표〉 2022년 A전력회사의 월별 및 용도별 전력판매 단가

(단위 : 원/kWh)

용도 월	주택	일반	교육	산업	농사	가로등	심야
1	119.1	134.2	97.9	113.8	48.2	108.1	75.3
2	118.9	131.7	101.4	115.5	48.1	113.2	75.3
3	109.3	122.6	98.5	95.2	48.8	114.3	66.9
4	112.9	119.4	95.7	100.7	52.3	121.3	57.9
5	112.2	124.4	99.0	100.9	56.0	128.9	63.6
6	115.0	139.3	118.7	122.0	54.5	132.6	66.9
7	127.1	154.4	127.3	129.8	60.7	137.6	76.3
8	129.6	151.8	133.6	130.7	59.9	133.4	77.8
9	122.3	137.5	117.3	109.6	60.4	129.8	74.7
10	123.0	133.7	110.8	117.9	65.6	127.4	74.3
11	129.0	154.5	125.2	145.1	64.1	128.9	83.3
12	131.9	158.1	118.1	143.0	68.4	125.9	94.3

※ 전력판매 용도는 제시된 7가지로만 구분됨

① 7~12월 전력판매 단가는 '농사'가 매월 가장 낮고, '일반'이 매월 가장 높다.

② 2월 '심야' 전력판매 단가는 2월 '주택' 전력판매 단가의 60% 이상이다.

③ 전력판매 단가의 전월 대비 증가율은 11월 '교육'이 4월 '가로등'의 2배 이상이다.

④ 전력판매 단가는 매월 '주택'이 '농사'의 1.5배 이상이다.

⑤ 7~12월 '교육' 전력판매 단가와 '산업' 전력판매 단가의 전월 대비 증감 방향은 동일하다.

19. 다음 〈표〉는 A~D지방자치단체의 재정 현황에 관한 자료이다. 이에 대한 〈보기〉의 설명 중 옳은 것만을 모두 고르면?

〈표〉 지방자치단체별 재정 현황

(단위 : 억 원, %)

구분 지방자치단체	자체 수입	자주 재원	세입 총계	재정 자립도	재정 자주도
A	5,188	1,240	9,966	( )	( )
B	2,792	( )	10,080	27.70	69.67
C	1,444	3,371	6,754	21.38	( )
D	2,176	4,143	9,696	22.44	65.17

※ 1) 재정자립도(%)= $\dfrac{자체수입}{세입총계} \times 100$

2) 재정자주도(%)= $\dfrac{자체수입+자주재원}{세입총계} \times 100$

3) 세입총계=자체수입+자주재원+기타

─── 〈보 기〉 ───

ㄱ. 재정자주도는 A가 C보다 높다.

ㄴ. 세입총계에서 자주재원이 차지하는 비중은 A가 B보다 작다.

ㄷ. C는 D보다 재정자립도는 낮고 재정자주도는 높다.

ㄹ. 자주재원은 D가 가장 많다.

① ㄱ, ㄴ

② ㄴ, ㄷ

③ ㄷ, ㄹ

④ ㄱ, ㄴ, ㄹ

⑤ ㄴ, ㄷ, ㄹ

20. 다음 〈표〉는 2023년 '갑'국 8개 도시(A~H)의 상수도 관련 자료이다. 이에 대한 설명으로 옳지 않은 것은?

〈표〉 '갑'국 A~H도시의 상수도 통계

(단위 : %)

도시	유수율	무수율	누수율	계량기 불감수율	수도사업 용수량 비율
A	94.2	5.8	5.4	0.1	0.0
B	91.6	8.4	3.6	4.5	0.3
C	90.1	9.9	4.5	2.3	0.1
D	93.4	6.6	4.3	2.0	0.1
E	93.8	6.2	4.2	1.9	0.1
F	92.2	7.8	5.1	2.6	0.1
G	90.9	9.1	5.1	3.8	0.1
H	94.6	5.4	2.6	2.3	0.2

※ 1) 무수율＝누수율＋유효무수율
　 2) 유효무수율＝계량기 불감수율＋수도사업 용수량 비율＋부정사용률

① 유효무수율이 가장 낮은 도시는 누수율이 가장 높다.
② 유수율이 가장 낮은 도시의 부정사용률은 유수율이 세 번째로 높은 도시의 부정사용률보다 높다.
③ 무수율과 부정사용률의 차이가 가장 큰 도시는 G이다.
④ 계량기 불감수율이 가장 높은 도시는 유효무수율도 가장 높다.
⑤ 부정사용률이 가장 높은 도시는 무수율도 가장 높다.

21. 다음 〈표〉는 2023년 '갑'국의 농산물 가공식품 품목별 수입 현황에 관한 자료이다. 〈표〉와 〈조건〉에 근거하여 A~C에 해당하는 농산물 가공식품을 바르게 연결한 것은?

〈표〉 2023년 '갑'국의 농산물 가공식품 품목별 수입 현황

(단위 : 톤, 원/kg, %)

품목	수입중량	수입단가	전년 대비 증가율
A	217	2,181	20.3
B	61	16,838	−16.1
C	2,634	1,174	24.1
D	43	1,479	−22.3
E	2,238	1,788	−37.0
김치	6,511	969	2.2
두부	86	3,848	8.4
밀가루	343	1,489	26.0

※ 1) A~E는 '간장', '고춧가루', '된장', '설탕', '식용유' 중 하나임
　 2) 수입금액(천 원)＝수입중량(톤)×수입단가(원/kg)

───── 〈조 건〉 ─────

• 2023년 '간장'과 '고춧가루'의 수입중량 합은 '식용유' 수입중량의 15% 이하이다.
• 2023년 수입금액이 가장 낮은 품목은 '된장'이다.
• 2022년 수입단가가 2,000원/kg 이상인 품목은 '고춧가루', '두부', '식용유'이다.
• 2023년 수입중량이 2,000톤 이상인 품목은 '김치', '설탕', '식용유'이다.

	A	B	C
①	간장	고춧가루	설탕
②	간장	고춧가루	식용유
③	간장	설탕	식용유
④	고춧가루	간장	식용유
⑤	된장	고춧가루	설탕

※ 다음은 2022년 '갑'시 양육자의 양육 스트레스 및 정신건강 문제 실태에 관한 자료이다. 다음 물음에 답하시오. [22~23]

〈표 1〉 양육자의 성별 및 연령대별 양육 스트레스

(단위 : 점, %)

구분		양육 스트레스 점수	고위험군 비율
성별	여성	37.3	62.3
	남성	33.6	46.5
연령대	20대 이하	38.1	56.0
	30대	36.0	53.3
	40대	34.3	54.2
	50대 이상	35.1	51.8

〈표 2〉 양육자의 정신건강 문제 유형별 발생 비율

(단위 : %)

구분	유형	A	B	C	D
성별	여성	28.5	21.5	23.6	12.3
	남성	22.8	14.5	17.1	8.7
육아 참여 방식	육아 미참여	34.0	24.5	24.4	13.7
	양육자 혼자 육아 참여	33.3	22.2	24.0	15.3
	배우자와 함께 육아 참여	19.2	13.5	16.9	7.1
양육 스트레스 위험 수준	저위험군	9.6	4.2	8.1	3.1
	고위험군	39.0	29.3	30.3	16.5

〈보고서〉

2022년 '갑'시에 거주하는 양육자를 대상으로 양육 스트레스 및 정신건강 문제 실태를 조사하였다. 양육자의 성별에 따른 양육 스트레스를 살펴본 결과, 여성의 양육 스트레스 점수가 남성의 양육 스트레스 점수보다 높은 것으로 나타났다. 다음으로 양육자 연령대별로 양육 스트레스를 살펴본 결과, 20대 이하가 양육 스트레스 점수와 고위험군 비율이 모두 가장 높았다. 자녀 연령별 양육 스트레스 점수는 0~2세가 가장 높고, 3~6세, 7~9세 순이었다. 고위험군 비율 순위 역시 자녀의 연령별 양육 스트레스 점수 순위와 같았다. 또한, 가구의 월평균 소득 구간이 200만 원 미만인 양육자의 스트레스 점수가 40.5점으로 가장 높았고, 고위험군 비율도 다른 소득 구간보다 25%p 이상 높은 것으로 나타났다.

다음으로 '갑'시에 거주하는 양육자의 정신건강 문제를 4가지 유형으로 구분하여 조사한 결과를 살펴보면, 양육자 성별이나 육아 참여 방식과 관계없이 모든 문제 유형 중 '섭식문제'의 발생 비율이 가장 낮았다. 양육자 성별에 따른 정신건강 문제 발생 비율 차이는 '불면증'이 '우울'보다 컸다. 육아 참여 방식에 따라서는 '배우자와 함께 육아 참여'일 때, 모든 유형에서 정신건강 문제 발생 비율이 가장 낮았다. 일례로 '우울' 발생 비율은 '배우자와 함께 육아 참여'일 때가 '양육자 혼자 육아 참여'일 때보다 14.1%p 낮게 나타났다. 한편, 양육 스트레스 고위험군은 저위험군에 비해 정신건강 문제 발생 비율이 높았는데, 그중 '불안'과 '섭식문제'의 발생 비율은 각각 고위험군이 저위험군의 5배 이상이었다.

22. 위 〈표〉와 〈보고서〉를 근거로 B와 C에 해당하는 정신건강 문제 유형을 바르게 연결한 것은?

	B	C
①	불면증	놀안
②	불면증	우울
③	불안	불면증
④	불안	우울
⑤	우울	불면증

23. 제시된 〈표〉 이외에 〈보고서〉를 작성하기 위해 추가로 필요한 자료만을 〈보기〉에서 모두 고르면?

〈보 기〉

ㄱ. 2022년 '갑'시 양육자의 자녀 연령별 양육 스트레스

구분	자녀 연령	0~2세	3~6세	7~9세
양육 스트레스 점수(점)		36.3	35.1	34.5
고위험군 비율(%)		58.3	52.4	50.7

ㄴ. 2022년 '갑'시 양육자의 가구 월평균 소득 구간별 양육 스트레스

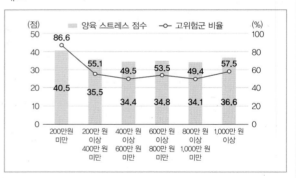

ㄷ. 2022년 '갑'시 양육자의 경제활동 여부별 양육 스트레스

구분 경제활동 여부	양육 스트레스 점수(점)	고위험군 비율 (%)
양육자 모두 경제활동	34.9	53.1
남성 양육자만 경제활동	35.4	53.4
여성 양육자만 경제활동	36.4	54.9
양육자 모두 비경제활동	46.0	100.0

ㄹ. 2022년 '갑'시 양육자의 자녀수별 양육 스트레스 점수

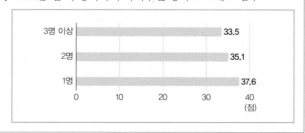

① ㄱ, ㄴ
② ㄱ, ㄷ
③ ㄷ, ㄹ
④ ㄱ, ㄴ, ㄹ
⑤ ㄴ, ㄷ, ㄹ

ㄴ. 지주회사의 평균 소속회사 수 추이

(단위 : 개)

구분 \ 연도	2016	2017	2018	2019	2020	2021	2022
자	4.9	4.8	5.0	5.3	5.4	5.5	5.8
손자	5.0	4.8	5.2	5.6	5.9	6.2	6.9
증손	0.5	0.6	0.5	0.5	0.8	0.7	0.8
전체	10.4	10.2	10.7	11.4	12.1	12.4	13.5

ㄷ. 연도별 지주회사 편입률

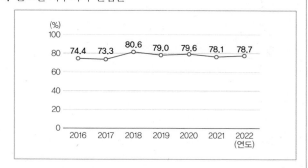

ㄹ. 자산규모별 지주회사 수

(단위 : 개)

자산규모 \ 연도	2016	2017	2018	2019	2020	2021	2022
1천억 원 미만	64	84	79	76	78	76	86
1천억 원 이상 5천억 원 미만	88	97	82	83	74	72	66
5천억 원 이상	10	12	12	14	15	16	16

① ㄱ, ㄴ
② ㄱ, ㄷ
③ ㄱ, ㄹ
④ ㄴ, ㄷ
⑤ ㄴ, ㄹ

24. 다음 〈보고서〉는 2016~2022년 '갑'국의 지주회사 및 소속회사에 관한 자료이다. 〈보기〉의 자료 중 〈보고서〉의 내용에 부합하는 것만을 모두 고르면?

― 〈보고서〉 ―

지주회사는 주식의 소유를 통하여 다른 회사의 사업활동을 지배하는 것을 주된 사업으로 하는 회사이다. 지주회사 체제란 지주회사가 수직적 출자를 통해 계열사를 소속회사(자, 손자, 증손회사)로 편입하여 지배하는 소유구조를 의미한다.

'갑'국의 지주회사 자산요건이 2017년에 상향됨에 따라 2018년 이후 지주회사 수는 2017년 지주회사 수의 90% 이하를 유지하고 있다. 하지만 2022년 지주회사 수는 168개로 전년 대비 증가하였다. 편입률은 지주회사 전체 계열사 중 지주회사 체제 안에 편입되어 있는 계열사 비율을 나타내는데, 2018년 80%를 초과하였고 2019년 이후 70% 이상을 유지하고 있다. 2022년에는 지주회사의 전체 계열사 1,281개 중 915개가 지주회사 체제 안에 편입되어 있는 것으로 나타났고, 편입률은 전년 대비 증가하였다.

지주회사의 평균 소속회사 수 추이를 보면, 자, 손자, 증손 회사 각각 2017년 이후 매년 증가하였다. 특히, 2022년에는 전체 소속회사 수가 200개 이상 증가하였다.

자산규모별로 보면 2022년 자산규모 1천억 원 이상 5천억 원 미만인 지주회사 수는 2017년 대비 30% 이상 감소한 반면, 5천억 원 이상인 지주회사 수는 30% 이상 증가하였다.

― 〈보 기〉 ―

ㄱ. 연도별 지주회사 수

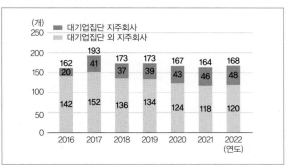

25. 다음 〈표〉는 2023년 '갑'국 9개 콘텐츠 공모전의 상금총액 및 작품 현황에 관한 자료이다. 이에 대한 설명으로 옳은 것은?

〈표〉 '갑'국 9개 콘텐츠 공모전의 상금총액 및 작품 현황

(단위 : 만 원, 개)

구분 공모전	상금총액	응모작품 수	수상작품 수
청렴사회	4,980	1,507	50
평화통일	4,500	177	21
평화정책	3,400	368	65
문화 다양성	2,000	79	13
문화체험 메타버스	1,200	97	10
장애인 고용	1,100	134	14
평등가족 실천	850	155	21
적극행정 홍보	730	151	15
문화재 재난안전	670	118	12
전체	19,430	2,786	221

※ 수상률(%) = $\frac{수상작품 수}{응모작품 수} \times 100$

① 수상작품 수가 50개 미만인 공모전은 상금총액이 많을수록 수상작품 수도 많다.

② 수상률이 가장 높은 공모전은 '문화 다양성'이다.

③ 공모전 전체 상금총액 중 '평화통일' 상금총액이 차지하는 비중은 25% 이상이다.

④ 상금총액 대비 응모작품 수 비율이 두 번째로 높은 공모전의 수상작품 수는 20개 이상이다.

⑤ 수상률 하위 2개 공모전의 상금총액 합은 6,000만 원 이하이다.

26. 다음 〈표〉는 2017~2022년 원인별 연안사고 건수에 관한 자료이다. 〈표〉를 이용하여 작성한 〈보기〉의 자료 중 옳은 것만을 모두 고르면?

〈표〉 2017~2022년 원인별 연안사고 건수

(단위 : 건)

연도 원인	2017	2018	2019	2020	2021	2022
기상불량	20	32	25	14	18	20
부주의	340	391	411	322	426	342
수영미숙	35	39	25	11	21	19
안전미준수	44	46	28	20	13	6
음주	91	108	79	89	79	72
조석미인지	114	100	105	83	90	72
기타	54	43	48	63	70	44
전체	698	759	721	602	717	575

〈보 기〉

ㄱ. 연도별 부주의 및 조석미인지로 인한 연안사고 건수

ㄴ. 연도별 전체 연안사고 건수 중 음주로 인한 연안사고 건수 비중

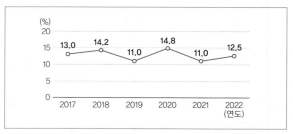

ㄷ. 2021년 연안사고 건수의 원인별 구성비

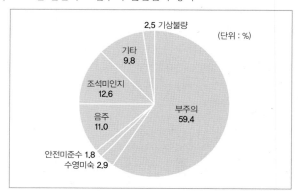

ㄹ. 2020~2022년 조석미인지 및 안전미준수로 인한 연안사고 건수의 전년 대비 증가율

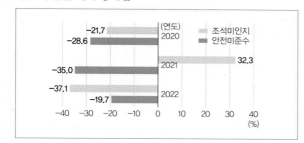

① ㄱ, ㄴ
② ㄱ, ㄷ
③ ㄱ, ㄴ, ㄷ
④ ㄱ, ㄷ, ㄹ
⑤ ㄴ, ㄷ, ㄹ

27. 다음 〈표〉와 〈그림〉은 '갑'국제기구가 A~E국 농업기술센터 건립을 지원하기 위한 평가 자료이다. 이를 근거로 A~E 중 합산 점수가 가장 높은 국가를 고르면?

〈표〉 평가항목별 평가 점수 산정 기준 및 가중치

평가항목	평가 점수			가중치
	1점	2점	3점	
농업종사자 수	1,000만 명 미만	1,000만 명 이상 3,000만 명 미만	3,000만 명 이상	2
1인당 국내총생산	3,000달러 이상	1,000달러 이상 3,000달러 미만	1,000달러 미만	1
옥수수 경작면적당 생산량	3,000kg/ha 이상	1,000kg/ha 이상 3,000kg/ha 미만	1,000kg/ha 미만	3

※ 합산 점수는 평가항목별 평가 점수에 가중치를 곱한 값의 합임

〈그림〉 A~E국의 위치 및 평가항목별 현황

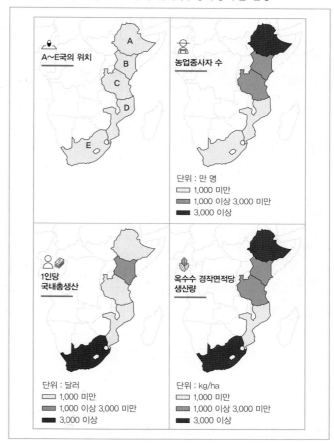

① A
② B
③ C
④ D
⑤ E

※ 다음 〈표〉는 2019~2023년 '갑'국의 과일 생산 현황에 관한 자료이다. 다음 물음에 답하시오. [28~29]

〈표 1〉 연도별 과일 생산액

(단위 : 십억 원)

연도 과일	2019	2020	2021	2022	2023
전체	2,529	2,843	4,100	4,159	4,453
6대 과일	2,401	2,697	3,810	3,777	3,858
사과	497	467	802	1,448	1,100
감귤	634	811	931	637	990
복숭아	185	200	410	456	601
포도	514	496	793	586	693
배	387	339	550	426	276
단감	184	384	324	224	198
기타	128	146	290	382	595

〈표 2〉 연도별 6대 과일 재배면적과 생산량

(단위 : 천 ha, 천 톤)

6대 과일	구분	2019	2020	2021	2022	2023
사과	재배면적	29.1	26.9	31.0	31.6	31.6
	생산량	489	368	460	583	422
감귤	재배면적	26.8	21.5	21.1	21.3	21.1
	생산량	563	638	615	640	668
복숭아	재배면적	13.9	15.0	13.9	16.7	20.5
	생산량	170	224	135	154	173
포도	재배면적	29.2	22.1	17.6	15.4	13.2
	생산량	476	381	257	224	136
배	재배면적	26.2	21.7	16.2	12.7	9.1
	생산량	324	443	308	261	133
단감	재배면적	23.8	17.2	15.2	11.8	8.4
	생산량	227	236	154	158	88
합계	재배면적	149.0	124.4	115.0	109.5	103.9
	생산량	2,249	2,290	1,929	2,020	1,620

28. 위 〈표〉에 대한 〈보기〉의 설명 중 옳은 것만을 모두 고르면?

─〈보 기〉─

ㄱ. 2022년 재배면적당 생산액은 복숭아가 감귤보다 많다.

ㄴ. 6대 과일 중 2021년 생산량의 전년 대비 증감률이 가장 큰 과일은 복숭아이다.

ㄷ. 6대 과일 생산액의 합에서 배의 생산액이 차지하는 비중이 10% 이상인 연도는 4개이다.

① ㄱ   ② ㄴ
③ ㄷ   ④ ㄱ, ㄴ
⑤ ㄴ, ㄷ

29. 위 〈표〉를 이용하여 작성한 〈보기〉의 자료 중 옳은 것만을 모두 고르면?

─〈보 기〉─

ㄱ. 연도별 사과 재배면적당 생산량

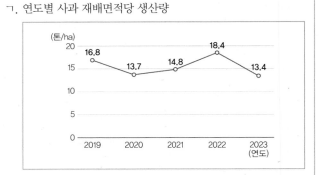

ㄴ. 연도별 감귤, 복숭아, 배 생산량

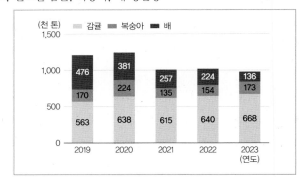

ㄷ. 2022년 전체 과일 생산액 중 과일별 생산액 비중

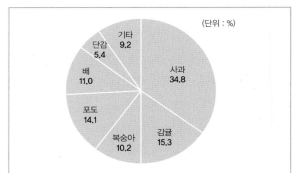

ㄹ. 연도별 포도와 단감의 재배면적

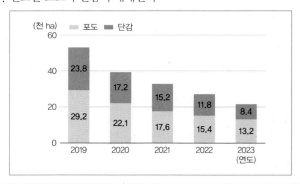

① ㄱ, ㄴ   ② ㄱ, ㄹ
③ ㄴ, ㄷ   ④ ㄴ, ㄹ
⑤ ㄷ, ㄹ

30. 다음 〈표〉는 2022년 '갑'국에서 방영된 드라마 시청점유율 순위에 관한 자료이다. 이에 대한 〈보기〉의 설명 중 옳은 것만을 모두 고르면?

〈표〉 드라마 시청점유율 순위

(단위 : %, 분)

순위	드라마	장르	시청점유율	1인당 시청시간	제작사
1	장수왕	사극	39.15	151	정림
2	하늘정원의 비밀	추리	11.10	54	신사제작
3	화성의 빛	SF	9.90	52	신사제작
4	기습	사극	4.20	78	폭풍
5	아이스	로맨스	3.60	89	퍼시픽
6	아프로디테	로맨스	2.90	45	신사제작
7	구름의 언덕	로맨스	2.50	34	퍼시픽
8	나만의 오렌지	로맨스	2.40	30	퍼시픽
9	함께 달리자	로맨스	2.30	26	폭풍
10	메피스토	액션	1.90	37	폭풍
⋮	⋮	⋮	⋮	⋮	⋮

※ 1) 시청점유율(%) = $\frac{\text{전체 시청자의 해당 드라마 시청시간 총합}}{\text{전체 시청자의 드라마 시청시간 총합}} \times 100$

2) 1인당 시청시간(분) = $\frac{\text{전체 시청자의 해당 드라마 시청시간 총합}}{\text{해당 드라마 시청자 수}}$

───── 〈보 기〉 ─────

ㄱ. 장르가 '액션'인 드라마 시청점유율의 평균은 2% 이하이다.

ㄴ. 제작사가 '퍼시픽'인 드라마의 시청점유율 총합은 제작사가 '폭풍'인 드라마의 시청점유율 총합보다 높다.

ㄷ. 드라마 수는 21개 이상이다.

ㄹ. 5위 드라마의 시청자 수는 8위 드라마의 시청자 수보다 적다.

① ㄱ, ㄴ

② ㄱ, ㄷ

③ ㄴ, ㄷ

④ ㄴ, ㄹ

⑤ ㄱ, ㄷ, ㄹ

31. 다음 〈표〉는 2016~2021년 '갑'국의 연금 가입 및 연금 계좌 보유 현황에 관한 자료이다. 이에 대한 〈보기〉의 설명 중 옳은 것만을 모두 고르면?

〈표〉 '갑'국의 연금 가입 및 연금 계좌 보유 현황

(단위 : 천 명, 천 개, %)

연도	인구	연금 가입자 수	연금 계좌 수	가입률	중복 가입률
2016	31,523	21,754	30,265	69.0	27.0
2017	31,354	( )	( )	69.8	28.0
2018	31,183	22,296	31,432	71.5	( )
2019	30,915	( )	31,538	( )	30.0
2020	30,590	23,793	33,459	77.8	( )
2021	30,128	23,727	33,458	78.8	( )

※ 1) '갑'국 연금 가입자는 연금 계좌를 1개 또는 2개 보유함

2) 연금 계좌 수 : 해당 연도 '갑'국 전체 연금 가입자가 보유한 연금 계좌 수의 합

3) 가입률(%) = $\frac{\text{연금 가입자 수}}{\text{인구}} \times 100$

4) 중복 가입률(%) = $\frac{\text{연금 계좌를 2개 보유한 연금 가입자 수}}{\text{인구}} \times 100$

───── 〈보 기〉 ─────

ㄱ. 2017년 연금 계좌 수는 전년보다 증가하였다.

ㄴ. 2018년과 2019년의 중복 가입률 차이는 1%p 이상이다.

ㄷ. 2020년 연금 가입자 수는 전년 대비 5% 이상 증가하였다.

ㄹ. 2021년 중복 가입률은 전년보다 증가하였다.

① ㄱ, ㄴ

② ㄱ, ㄷ

③ ㄴ, ㄹ

④ ㄱ, ㄷ, ㄹ

⑤ ㄴ, ㄷ, ㄹ

32. 다음 〈표〉는 2022년 3~6월 '갑'국 연안에서의 3개 어종 어업 현황에 관한 자료이다. 이에 대한 설명으로 옳은 것은?

〈표 1〉 어종별 어획량

(단위 : kg)

월 ＼ 어종	우럭	광어	고등어
3	10,203	5,410	21,910
4	15,029	5,700	23,480
5	14,330	7,198	22,333
6	17,800	6,750	24,051

〈표 2〉 우럭과 광어의 도·소매단가

(단위 : 원/kg)

월 ＼ 어종	우럭		광어	
	도매	소매	도매	소매
3	17,700	28,500	13,500	32,500
4	16,000	26,000	12,000	28,500
5	14,500	25,250	11,250	26,250
6	12,250	22,100	10,500	24,000

〈표 3〉 조업선박 수

(단위 : 척)

월	3	4	5	6
조업선박 수	45	50	60	70

① 우럭 소매단가의 전월 대비 감소율이 가장 큰 달과 광어 소매 단가의 전월 대비 감소율이 가장 큰 달은 같다.

② 3개 어종 어획량의 합은 매월 증가하였다.

③ 조업선박 1척당 3개 어종 어획량의 합은 3월과 비교해 6월에 20% 이상 감소하였다.

④ 우럭의 도매단가 대비 소매단가 비율은 매월 증가하였다.

⑤ 고등어 어획량은 우럭과 광어의 어획량 합보다 매월 많다.

33. 다음 〈표〉와 〈그림〉은 2020~2023년 '갑'국 교통사고 현황 에 관한 자료이다. 이에 대한 〈보고서〉의 설명 중 옳은 것만을 모 두 고르면?

〈표〉 교통사고 발생건수와 인명피해

(단위 : 천 건, 백 명)

구분 ＼ 연도		2020	2021	2022	2023
발생건수		232.0	220.8	217.1	215.9
인명피해	사망자 수	46.2	42.9	39.9	37.8
	부상자 수	3,504.0	3,317.2	3,228.3	3,230.3
	중상자 수	925.2	824.7	782.1	742.5
	경상자 수	2,578.8	2,492.5	2,446.2	2,487.8

〈그림〉 도로종류별 교통사고 발생건수 비율

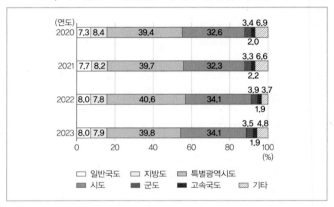

〈보고서〉

2020~2023년 '갑'국의 교통사고 발생건수는 매년 감소하였 다. ㉠ 2020~2023년 교통사고 발생건수당 사망자 수 역시 매년 감소하여 2023년 교통사고 발생건수 100건당 사망자 수는 1.8 명 이하였다. 또한, ㉡ 2020~2023년 부상자 수 중 중상자 수의 비율도 매년 감소하여 2023년에는 부상자 수 중 중상자 수의 비 율이 25% 이하였다. 2020~2023년 도로종류별 교통사고 발생 건수를 살펴보면, 특별광역시도의 교통사고 발생건수가 매년 가 장 많았다. 하지만 ㉢ 2020~2023년 특별광역시도의 교통사고 발생건수는 매년 감소하였다. 한편, 2022년과 2023년 일반국도 의 교통사고 발생건수는 특별광역시도와 시도 다음으로 많았다. 하지만 ㉣ 일반국도의 교통사고 발생건수는 2022년과 2023년 각각 16,000건을 넘지 않았다.

① ㄱ, ㄴ

② ㄴ, ㄷ

③ ㄷ, ㄹ

④ ㄱ, ㄴ, ㄹ

⑤ ㄱ, ㄷ, ㄹ

34. 다음 〈표〉는 2015~2022년 '갑'국의 논벼 소득에 관한 자료이다. 이에 대한 설명으로 옳은 것은?

〈표〉 2015~2022년 '갑'국의 논벼 소득 현황

(단위 : 백만 원, %)

연도	총수입	전년 대비 증가율	경영비	전년 대비 증가율	소득	소득률
2015	993,903	−6.1	( )	−2.2	560,966	56.4
2016	856,165	( )	( )	−1.5	429,546	50.2
2017	974,553	13.8	433,103	1.5	541,450	55.6
2018	1,178,214	20.9	( )	10.2	( )	59.5
2019	1,152,580	−2.2	( )	1.7	667,350	57.9
2020	1,216,248	5.5	484,522	( )	( )	60.2
2021	1,294,242	6.4	508,375	4.9	785,867	60.7
2022	1,171,736	( )	566,121	11.4	605,615	51.7

※ 1) 소득=총수입−경영비

2) 소득률(%)=$\frac{소득}{총수입}$×100

① 2018년 소득은 전년 대비 25% 이상 증가하였다.

② 2016년부터 2021년까지 소득은 매년 증가하였다.

③ 2017년 대비 2021년 경영비 증가율은 20% 이상이다.

④ 2020년 총수입과 경영비의 전년 대비 증감 방향은 동일하다.

⑤ 총수입의 전년 대비 증가율이 가장 낮은 해와 소득의 전년 대비 감소폭이 가장 큰 해는 같다.

35. 다음 〈표〉는 2021년 국군의 장서 보유량별 병영도서관 수에 관한 자료이다. 이에 대한 설명으로 옳지 않은 것은?

〈표〉 2021년 장서 보유량별 병영도서관 수

(단위 : 개소)

구분＼보유량	500권 이하	501~ 1,000권	1,001~ 2,000권	2,001~ 3,000권	3,001~ 5,000권	5,001권 이상	합
육군	60	158	( )	354	257	104	1,328
해군	67	49	52	39	34	21	262
공군	0	2	22	18	33	36	111
국직	1	5	17	19	13	9	64
전체	128	214	486	( )	337	170	1,765

① 1,001~2,000권의 장서를 보유한 병영도서관 수는 2,001~3,000권의 장서를 보유한 병영도서관 수보다 많다.

② 육군 이외 모든 국군 병영도서관 수의 합은 2,001권 이상의 장서를 보유한 육군 병영도서관 수의 70% 이하이다.

③ 해군 병영도서관 중 장서 보유량 상위 50개소의 장서 보유량 합이 20만 권이라면, 해군 병영도서관당 장서 보유량은 2,000권 이상이다.

④ 공군 병영도서관의 장서 보유량 합은 30만 권 이상이다.

⑤ 국직 병영도서관의 장서 보유량 합이 21만 권이라면, 5,300권 이상의 장서를 보유한 국직 병영도서관은 1개소 이상이다.

36. 다음 〈표〉는 2020~2023년 '갑'국 직업학교 A~E의 모집정원 및 지원자 수에 관한 자료이다. 이에 대한 설명으로 옳은 것은?

〈표 1〉 '갑'국 직업학교 A~E의 모집정원

(단위 : 명)

직업학교 \ 성별	전체	남성	여성
A	330	290	40
B	170	144	26
C	235	199	36
D	90	9	81
E	550	490	60

※ 2020~2023년 동안 '갑'국 직업학교 A~E의 성별 모집정원은 변동 없음

〈표 2〉 2020~2023년 '갑'국 직업학교 A~E의 지원자 수

(단위 : 명)

직업학교 \ 연도 성별	2020 전체	남성	여성	2021 전체	남성	여성	2022 전체	남성	여성	2023 전체	남성	여성
A	11,273	8,149	3,124	14,656	10,208	4,448	8,648	6,032	2,616	8,073	5,713	2,360
B	6,797	4,824	1,973	3,401	2,434	967	3,856	2,650	1,206	3,686	2,506	1,180
C	9,957	6,627	3,330	12,406	8,079	4,327	5,718	4,040	1,678	5,215	3,483	1,732
D	4,293	559	3,734	3,994	600	3,394	2,491	336	2,155	2,389	275	2,114
E	2,965	2,107	858	3,393	2,205	1,188	2,657	1,715	942	2,528	1,568	960

① 직업학교 A~E의 전체 지원자 수의 합이 가장 많은 연도는 2020년이다.

② 2020년 전체 지원자 수 대비 2023년 전체 지원자 수 비율이 가장 낮은 직업학교는 D이다.

③ 직업학교 E에서 성별 모집정원 대비 지원자 수 비율이 가장 낮은 연도는 남성과 여성이 동일하다.

④ 직업학교 A는 남성 지원자 수의 전년 대비 증감률이 가장 큰 연도에 여성 지원자 수의 전년 대비 증감률도 가장 크다.

⑤ 직업학교 B에서 여성 모집정원 대비 여성 지원자 수 비율이 가장 낮은 연도와 직업학교 C에서 여성 모집정원 대비 여성 지원자 수 비율이 가장 높은 연도는 동일하다.

37. 다음 〈그림〉은 '갑'지역 전세 사기 피해자 765명의 피해자 연령대별, 피해금액대별 현황에 관한 자료이다. 이에 대한 〈보기〉의 설명 중 옳은 것만을 모두 고르면?

〈그림〉 '갑'지역 전세 사기 피해자 현황

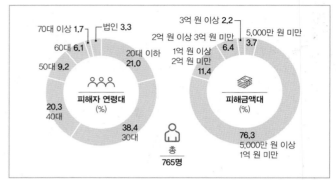

※ 각 피해 법인 1개는 피해자 1명으로 산정하고, 법인의 연령은 고려하지 않음

〈보 기〉

ㄱ. 피해금액이 5,000만 원 이상 1억 원 미만인 피해자 중 30대 이하인 피해자가 차지하는 비중은 40% 미만이다.

ㄴ. 피해금액 총액은 500억 원 이상이다.

ㄷ. 피해금액이 3억 원 이상인 피해자가 모두 법인이고 40대 이하인 피해자의 피해금액이 모두 1억 원 미만이라면, 피해금액이 1억 원 미만인 법인은 없다.

① ㄱ
② ㄴ
③ ㄷ
④ ㄱ, ㄴ
⑤ ㄴ, ㄷ

38. 다음 〈표〉는 2022년 '갑'대학 학생 A~J의 학기별 봉사 점수에 관한 자료이다. 이에 대한 설명으로 옳은 것은?

〈표 1〉 학생 A~J의 학기별 점수

(단위 : 점)

학생 \ 학기	1학기	2학기
A	4.3	4.2
B	3.7	3.6
C	4.0	3.8
D	2.8	2.7
E	3.4	( )
F	0.4	0.2
G	3.9	3.6
H	2.8	1.8
I	( )	2.2
J	1.2	1.1

〈표 2〉 학기별 · 등급별 평균점수(학생 A~J)

(단위 : 점)

등급 \ 학기	1학기	2학기
상	3.98	3.80
중	3.10	2.45
하	( )	1.25

※ 1) 학기별로 점수가 3.5점 이상이면 '상'등급, 2.0점 이상 3.5점 미만이면 '중'등급, 2.0점 미만이면 '하'등급으로 학생을 구분함

2) 평균점수(점)= $\dfrac{\text{해당 학기 해당 등급 학생 점수의 합}}{\text{해당 학기 해당 등급 학생 수}}$

3) 평균점수는 소수 셋째 자리에서 반올림한 값임

① '상'등급에 해당하는 학생 수는 1학기가 2학기보다 많다.

② 1학기와 2학기의 점수 차이가 가장 큰 학생은 H이다.

③ 학생 E의 2학기 등급은 '중'이다.

④ '하'등급의 평균점수는 1학기가 2학기보다 높다.

⑤ 학생 A~J는 모두 1학기 점수가 2학기 점수보다 높다.

---

39. 다음 〈정보〉와 〈표〉는 '갑'초등학교 6학년 1~6반 학생이 받은 상에 관한 자료이다. 이를 근거로 개근상을 받은 학생 수와 우등상을 받은 학생 수를 바르게 연결한 것은?

─── 〈정 보〉 ───

• 상의 종류는 개근상, 우등상, 봉사상만 있다.

• 학생 1명은 동일한 종류의 상을 중복해서 받을 수 없다.

• 개근상, 우등상, 봉사상 3개를 모두 받은 학생은 1반, 2반, 5반에서 각각 2명이고, 3반, 4반, 6반에서 각각 1명이다.

• 우등상을 받은 학생 수가 봉사상을 받은 학생 수보다 많다.

〈표 1〉 1~6반 수상 현황

(단위 : 명, 개)

반	1	2	3	4	5	6
상 받은 학생 수	5	4	4	5	3	1
받은 상 개수	9	8	9	8	8	3

〈표 2〉 상별 상위 2개 반과 상을 받은 학생 수

(단위 : 명)

순위 \ 상 구분	개근상 반	개근상 학생 수	우등상 반	우등상 학생 수	봉사상 반	봉사상 학생 수
1	2	4	1	5	4	5
2	5	3	3	4	3	4

※ 1) 상을 받은 학생 수 기준으로 순위를 정함

2) 공동 2위는 없음

	개근상을 받은 학생 수	우등상을 받은 학생 수
①	12	15
②	12	16
③	12	17
④	13	16
⑤	13	17

40. 다음 〈표〉는 '갑'국의 유종별 소비자 판매가격 산정에 관한 자료이다. 이에 대한 〈보기〉의 설명 중 옳은 것만을 모두 고르면?

〈표〉 유종별 원가, 유류세 및 판매부과금

(단위 : 원/L)

| 유종 | 원가 | 유류세 | | | | 판매부과금 |
		교통세	개별소비세	교육세	주행세	
보통 휘발유	670	529	0	교통세의 15%	교통세의 26%	0
고급 휘발유	760	529	0			36
선박용 경유	700	375	0			0
자동차용 경유	760	375	0			0
등유	820	0	63	개별소비세의 15%	0	0

※ 1) 유종은 '보통 휘발유', '고급 휘발유', '선박용 경유', '자동차용 경유', '등유'로만 구분됨
　2) 소비자 판매가격＝원가＋유류세＋판매부과금＋부가가치세
　3) 유류세＝교통세＋개별소비세＋교육세＋주행세
　4) 부가가치세＝(원가＋유류세＋판매부과금)×0.1

─〈보 기〉─

ㄱ. 유류세는 '보통 휘발유'가 '자동차용 경유'의 1.3배 이상이다.

ㄴ. 소비자 판매가격 대비 유류세의 비율이 세 번째로 높은 유종은 '자동차용 경유'이다.

ㄷ. 원가와 판매부과금의 변동없이 유류세가 10% 인하된다면, '보통 휘발유'의 소비자 판매가격은 80원/L 이상 인하된다.

ㄹ. 원가와 판매부과금의 변동없이 유류세가 15% 인하될 때보다 유류세와 판매부과금의 변동없이 원가가 10% 인하될 때, '선박용 경유'의 소비자 판매가격 인하 폭이 더 크다.

① ㄱ, ㄴ

② ㄱ, ㄷ

③ ㄱ, ㄹ

④ ㄴ, ㄷ

⑤ ㄴ, ㄹ

1. 다음 글을 근거로 판단할 때 옳은 것은?

제00조(공공데이터의 제공 및 이용 활성화에 관한 기본계획) ① 정부는 공공데이터의 제공 및 이용 활성화에 관한 기본계획(이하 '기본계획'이라 한다)을 수립하여야 한다.

② 기본계획은 행정안전부장관이 과학기술정보통신부장관과 협의하여 매 3년마다 국가 및 각 지방자치단체의 부문계획을 종합하여 수립하며, 공공데이터전략위원회(이하 '전략위원회'라 한다)의 심의·의결을 거쳐 확정한다. 기본계획 중 중요한 사항을 변경하는 경우에도 또한 같다.

③ 행정안전부장관은 전략위원회의 심의를 거쳐 국가와 지방자치단체의 부문계획의 작성지침을 정하고 이를 관계 기관에 통보할 수 있으며, 기본계획의 작성을 위하여 필요한 경우 공공기관의 장에게 관련 자료의 제출을 요청할 수 있다.

제00조(공공데이터의 제공 및 이용 활성화에 관한 시행계획) ① 국가와 지방자치단체의 장은 기본계획에 따라 매년 공공데이터의 제공 및 이용 활성화에 관한 시행계획(이하 '시행계획'이라 한다)을 수립하여야 한다.

② 중앙행정기관의 장과 지방자치단체의 장은 시행계획을 전략위원회에 제출하고, 전략위원회의 심의·의결을 거쳐 시행하여야 한다. 시행계획 중 중요한 사항을 변경하는 경우에도 또한 같다.

제00조(공공데이터의 제공 운영실태 평가) ① 행정안전부장관은 매년 공공기관(국회·법원·헌법재판소 및 중앙선거관리위원회는 제외한다. 이하 이 조에서 같다)을 대상으로 공공데이터의 제공기반조성, 제공현황 등 제공 운영실태를 평가하여야 한다.

② 행정안전부장관은 제1항에 따른 평가결과를 전략위원회와 국무회의에 보고한 후 이를 공공기관의 장에게 통보하고 공표하여야 하며, 전략위원회가 개선이 필요하다고 권고한 사항에 대하여는 해당 공공기관에 시정요구 등의 조치를 취하여야 한다.

③ 행정안전부장관은 제1항에 따른 평가결과가 우수한 공공기관이나 공공데이터 제공에 이바지한 공로가 인정되는 공무원 또는 공공기관 임직원을 선정하여 포상할 수 있다.

① 행정안전부장관은 기본계획의 작성을 위해 필요한 경우, 관련 자료의 제출을 공공기관의 장에게 요청할 수 있다.

② 지방자치단체의 장은 시행계획 중 중요한 사항을 변경하는 경우, 공공데이터전략위원회의 심의를 생략하고 이를 시행할 수 있다.

③ 행정안전부장관은 헌법재판소를 대상으로 공공데이터의 제공 운영실태를 평가하여야 한다.

④ 공공데이터전략위원회는 공공데이터의 제공 운영실태 평가결과를 행정안전부장관에게 보고하여야 한다.

⑤ 공공데이터의 제공 운영실태 평가에 따른 포상 대상은 공무원에 한한다.

2. 다음 글을 근거로 판단할 때 옳은 것은?

제○○조(문화관광형시장의 지정·육성) ① 시장·군수·구청장(이하 '시장 등'이라 한다)은 직접 또는 상인조직을 대표하는 자가 신청하는 경우 시·도지사의 승인을 받아 문화관광형시장을 지정할 수 있다. 이 경우 시·도지사는 중소벤처기업부장관 및 문화체육관광부장관과 협의를 거쳐 승인 여부를 결정하여야 한다.

② 시장 등은 문화관광형시장을 지정한 경우에는 그 지정 내용과 육성계획을 중소벤처기업부장관과 시·도지사에게 제출하여야 한다.

③ 정부와 지방자치단체는 지정된 문화관광형시장을 육성하기 위하여 다음 각 호의 사항을 지원할 수 있다.

　　1. 문화관광형시장으로 육성하기 위하여 필요한 공공시설과 편의시설의 설치 및 개량
　　2. 기념품 및 지역특산품의 개발과 판매시설 설치
　　3. 지역특성을 반영한 축제·행사·문화공연 개최
　　4. 시장·상점가와 지역 문화·관광자원을 연계한 상품 및 문화·관광 콘텐츠의 개발과 홍보
　　5. 문화관광형시장의 상인 및 상인조직에 대한 교육

제□□조(문화관광형시장 지정의 해제) ① 시·도지사는 지정된 문화관광형시장이 다음 각 호의 어느 하나에 해당하는 경우에는 그 지정을 해제할 수 있다.

　　1. 문화관광형시장을 지정한 날부터 3개월 이내에 제○○조 제2항에 따라 지정 내용과 육성계획이 제출되지 아니한 경우
　　2. 문화관광형시장을 지정한 날부터 2년 이내에 제○○조 제2항의 육성계획이 추진되지 아니한 경우

② 시·도지사는 문화관광형시장의 지정을 해제하려는 경우에는 시장 등 및 그 밖의 이해관계인에게 의견진술의 기회를 주어야 한다.

③ 시·도지사는 문화관광형시장의 지정을 해제한 때에는 그 내용을 중소벤처기업부장관, 문화체육관광부장관 및 시장 등에게 통보하여야 한다.

① 시·도지사는 개별 상인의 신청에 따라 문화관광형시장을 지정할 수 있다.

② 문화관광형시장의 지정을 해제한 때에는 시·도지사가 그 내용을 중소벤처기업부장관에게 통보할 필요가 없다.

③ 시·도지사는 문화관광형시장의 지정 해제를 함에 있어 이해관계인에게 의견진술의 기회를 줄 필요는 없다.

④ 지방자치단체는 지정된 문화관광형시장을 육성하기 위해 지역특산품의 개발과 판매시설 설치를 지원할 수 있지만, 기념품 개발과 판매시설 설치는 지원할 수 없다.

⑤ 시장·군수·구청장이 문화관광형시장을 지정한 날부터 3개월 이내에 그 지정 내용과 육성계획을 제출하지 않은 경우, 시·도지사는 그 지정을 해제할 수 있다.

3. 다음 글을 근거로 판단할 때 옳은 것은?

제00조(자연지진·지진해일·화산의 관측 결과 통보) 기상청장은 국내외에서 발생하는 주요 자연지진·지진해일·화산에 대한 관측 결과 및 특보 등의 정보를 보도기관 또는 인터넷 홈페이지를 이용하거나 다른 적절한 방법을 통하여 관계 기관과 국민에게 알릴 수 있다.

제00조(지진조기경보체제 구축·운영) ① 기상청장은 지진관측 즉시 관련 정보를 국민에게 알릴 수 있는 지진조기경보체제를 구축·운영하여야 한다.

② 기상청장은 다음 각 호의 경우 즉시 지진조기경보를 발령하여야 한다.

    1. 규모 5.0 이상으로 예상되는 지진이 국내에서 발생한 경우

    2. 규모 5.0 이상으로 예상되는 지진으로서 국내에 상당한 영향을 미칠 것으로 예상되는 지진이 국외에서 발생한 경우

제00조(지진·지진해일·화산의 관측 결과 통보의 제한) ① 기상청장 외의 자는 지진·지진해일·화산에 대한 관측 결과 및 특보를 발표할 수 없다. 다만, 다음 각 호의 경우에는 그러하지 아니하다.

    1. 핵실험이나 대규모 폭발 등으로 인하여 발생한 인공지진에 대한 관측 결과를 발표하는 경우

    2. 지진·지진해일·화산에 대한 관측 결과를 학문연구를 위하여 발표하는 경우

② 기상청장 외의 자가 제1항 단서에 따른 발표를 하려는 때에는 기상청장의 승인을 받아야 한다.

---

① 기상청장은 국내외에서 발생하는 모든 자연지진에 대한 관측 결과를 관계 기관과 국민에게 알려야 한다.

② 지진조기경보는 지진의 발생이 예상되는 즉시 발령되어야 한다.

③ 기상청장은 화산에 대한 관측 결과를 학문연구를 위해 발표할 수 없다.

④ 핵실험으로 인해 발생한 인공지진에 대한 관측 결과를 기상청장 외의 자가 발표하려는 경우, 기상청장의 승인은 필요 없다.

⑤ 국외에서 규모 6.0으로 예상되는 지진이 발생하였으나 그 지진이 국내에 영향을 미치지 않을 것으로 예상된다면, 기상청장은 즉시 지진조기경보를 발령하지 않아도 된다.

---

4. 다음 글을 근거로 판단할 때 옳은 것은?

제○○조(헌혈증서의 발급 및 수혈비용의 보상 등) ① 혈액원이 헌혈자로부터 헌혈을 받았을 때에는 헌혈증서를 그 헌혈자에게 발급하여야 한다.

② 제1항에 따른 헌혈자 또는 그 헌혈자의 헌혈증서를 양도받은 사람은 의료기관에 그 헌혈증서를 제출하면 무상으로 혈액제제를 수혈받을 수 있다.

③ 보건복지부장관은 의료기관이 제2항에 따라 헌혈증서 제출자에게 수혈을 하였을 때에는 제ㅁㅁ조 제2항에 따른 헌혈환급적립금에서 그 비용을 해당 의료기관에 보상하여야 한다.

제ㅁㅁ조(헌혈환급예치금 및 헌혈환급적립금) ① 혈액원이 헌혈자로부터 헌혈을 받았을 때에는 헌혈환급예치금을 보건복지부장관에게 내야 한다.

② 보건복지부장관은 제1항에 따른 헌혈환급예치금으로 헌혈환급적립금(이하 '적립금'이라 한다)을 조성·관리한다.

③ 적립금은 다음 각 호의 어느 하나에 해당하는 용도에만 사용하여야 한다.

    1. 제○○조 제3항에 따른 수혈비용의 보상

    2. 헌혈의 장려

    3. 혈액관리와 관련된 연구

제△△조(특정수혈부작용 및 채혈부작용의 보상) ① 혈액원은 다음 각 호의 어느 하나에 해당하는 사람에 대하여 특정수혈부작용 및 채혈부작용에 대한 보상(이하 '보상금'이라 한다)을 지급할 수 있다.

    1. 혈액원이 공급한 혈액이 직접적인 원인이 되어 질병이 발생하거나 사망한 특정수혈부작용자

    2. 헌혈이 직접적인 원인이 되어 질병이 발생하거나 사망한 채혈부작용자

② 제1항에도 불구하고 다음 각 호의 어느 하나에 해당하는 경우에는 보상금을 지급하지 아니할 수 있다.

    1. 채혈부작용이 헌혈자 본인의 고의 또는 중대한 과실로 인하여 발생한 경우

    2. 채혈부작용이라고 결정된 사람 또는 그 가족이 손해배상청구소송 등을 제기한 경우 또는 소송제기 의사를 표시한 경우

---

① 헌혈증서를 제출함으로써 무상으로 혈액제제를 수혈받을 수 있는 사람은 헌혈자에 한한다.

② 혈액원은 헌혈이 직접적인 원인이 되어 사망한 자에 대하여 헌혈환급적립금에서 보상금을 지급하여야 한다.

③ 보건복지부장관은 혈액원으로부터 적립받은 헌혈환급적립금으로 헌혈환급예치금을 조성·관리하여야 한다.

④ 혈액원이 공급한 혈액이 직접적인 원인이 되어 질병이 발생한 특정수혈부작용자가 손해배상청구소송을 제기한 경우, 혈액원의 보상금 지급대상에서 제외된다.

⑤ 의료기관이 헌혈증서를 제출한 헌혈자에게 무상으로 혈액제제를 수혈한 경우, 해당 의료기관은 보건복지부장관으로부터 그 비용을 보상받을 수 있다.

5. 다음 글을 근거로 판단할 때 옳은 것은?

제○○조(건축물에 대한 미술작품의 설치 등) ① 일정 규모 이상의 건축물을 건축하려는 자(이하 '건축주'라 한다)는 제4항에 따른 금액을 사용하여 회화·조각·공예 등 건축물 미술작품(이하 '미술작품'이라 한다)을 설치하여야 한다.
② 건축주는 건축물에 미술작품을 설치하려는 경우 해당 건축물이 소재하는 지역을 관할하는 시·도지사에게 해당 미술작품의 가격과 예술성 등에 대한 감정·평가를 받아야 한다.
③ 제1항에 따라 미술작품을 설치해야 하는 건축물은 다음 각 호의 어느 하나에 해당되는 건축물로서 연면적이 1만 제곱미터(증축하는 경우에는 증축되는 부분의 연면적이 1만 제곱미터) 이상인 것으로 한다.
　　1. 공동주택(기숙사 및 공공건설임대주택은 제외한다)
　　2. 문화 및 집회시설 중 공연장·집회장 및 관람장
　　3. 업무시설
④ 미술작품의 설치에 사용해야 하는 금액은 다음과 같다.
　　1. 제3항 제1호의 공동주택 : 건축비용의 1천분의 1
　　2. 제3항 제1호 이외의 건축물 : 건축비용의 1천분의 5
　　3. 제1호 및 제2호에도 불구하고 제3항 제1호부터 제3호까지의 건축물로서 건축주가 국가 또는 지방자치단체인 건축물 : 건축비용의 1백분의 1

제□□조(건축물에 대한 미술작품의 설치 등) ① 건축주(국가 및 지방자치단체는 제외한다)는 제○○조 제4항에 따른 금액을 미술작품의 설치에 사용하는 대신에 문화예술진흥기금에 출연할 수 있다.
② 제1항에 따라 문화예술진흥기금에 출연하는 금액은 제○○조 제4항에 따른 금액의 1백분의 70에 해당하는 금액으로 한다.
③ 건축물의 설계변경으로 건축비용이 인상됨에 따라 제○○조 제4항에 따른 금액이 종전에 제○○조 제2항에 따른 감정·평가를 거친 금액보다 커진 경우에는 그 차액을 문화예술진흥기금에 출연하는 것으로 미술작품을 변경하여 설치하는 것을 갈음할 수 있다.

① A지방자치단체가 건축비용 30억 원으로 연면적 1만 5천 제곱미터의 공연장을 건립하려는 경우, 미술작품 설치에 1천 5백만 원을 사용하여야 한다.

② B지방자치단체가 건축비용 25억 원으로 연면적 1만 제곱미터 이상의 업무시설을 건립하려는 경우, 미술작품을 설치하는 대신에 1,750만 원을 문화예술진흥기금에 출연하여도 된다.

③ C회사가 건축비용 10억 원으로 기존 연면적 7천 제곱미터의 업무시설을 전체 연면적 1만 2천 제곱미터의 업무시설로 증축하려는 경우, 미술작품을 설치할 필요가 없다.

④ D대학교가 건축비용 20억 원으로 연면적 1만 제곱미터의 기숙사를 건립하려는 경우, 미술작품의 설치에 200만 원을 사용하여야 한다.

⑤ E회사가 건축비용 40억 원으로 연면적 1만 제곱미터의 집회장을 건립하면서 2천만 원의 미술작품을 설치하기로 한 후, 설계변경으로 건축비용이 45억 원으로 늘어났다면 2천만 원을 문화예술진흥기금에 출연하여야 한다.

6. 다음 글을 근거로 판단할 때, 〈보기〉에서 옳은 것만을 모두 고르면?

○○문화예술위원회는 매년 문학적 역량이 뛰어난 작가의 집필활동을 지원하기 위해 문학창작기금 지원사업(이하 '지원사업'이라 한다)을 실시하고 있다. 지원대상은 집필이 완료된 작품의 작품집을 발간하려는 작가이며, 선정된 작가에게는 작품집의 발간을 위해 창작지원금(원고료 및 출판 비용 등) 1,000만 원이 지급된다. 2024년 지원사업의 신청 마감일은 2024년 6월 30일이고, 창작지원금은 2025년 1월 중 지급한다.

신청 대상은 국적에 관계없이 한국에서 활동 중인 시, 시조, 소설, 수필, 평론, 희곡 분야의 작가이다. 신청 마감일을 기준으로 신청 분야의 최초 창작활동 시작 후 3년 이상 경과한 작가에게 자격요건이 있으며, 창작활동 경력은 신청 분야와 활동 분야가 동일한 경우에 한해 인정된다. 신청 분야의 창작활동 시작 시점은 ① 신청 분야 신춘문예 당선일, ② 신청 분야 단행본 출간일, ③ 신청 분야 신인문학상 수상일, ④ 신청 분야 문예매체 작품 발표일, ⑤ 최초 공연일(희곡 분야에 한함)로 한다.

선정된 작가는 창작지원금을 지급받은 해의 12월 말일까지 작품집을 발간해야 한다. 지정된 날짜까지 작품집 발간 실적이 없는 경우, 창작지원금이 반환처리될 수 있다.

〈보 기〉

ㄱ. 지원사업은 한국에서 활동 중인 한국인 작가만을 대상으로 한다.

ㄴ. 2015년 4월 16일 소설 분야 신춘문예에 당선된 이후 한국에서 활동 중인 작가는 2024년 지원사업의 소설 분야 신청 자격이 있다.

ㄷ. 2020년 6월 28일 최초 공연된 작품으로 3개월 뒤 희곡 분야 신인문학상을 수상한 이후 한국에서 활동 중인 작가는 희곡 분야 2024년 지원사업 신청 자격이 없다.

ㄹ. 2024년 지원사업에 선정된 작가가 2025년 12월 말일까지 작품집을 발간하지 않는 경우, 창작지원금이 반환처리될 수 있다.

① ㄱ, ㄷ
② ㄱ, ㄹ
③ ㄴ, ㄷ
④ ㄴ, ㄹ
⑤ ㄱ, ㄴ, ㄷ

7. 다음 글을 근거로 판단할 때, 〈보기〉에서 옳은 것만을 모두 고르면?

상대습도란 현재 대기 중의 수증기량을 현재 온도의 포화 수증기량으로 나눈 값이다. 이는 현재 온도에서 공기가 최대로 품을 수 있는 수증기량에 대한 현재 공기 중에 포함된 수증기량의 비율이다. 상대습도가 100%일 때를 포화 상태라고 표현하며, 이때는 물과 수증기가 평형을 이루어 수증기의 양이 늘거나 줄지 않는다. 포화 수증기량은 기온이 올라갈수록 증가하고 기온이 내려갈수록 감소하는데, 포화 수증기량이 감소하여 현재 수증기량보다 적어지면 초과한 만큼의 수증기가 응결되어 물이 된다.

──── 〈보 기〉 ────

ㄱ. 포화 수증기량이 20% 증가하면 상대습도는 20% 낮아진다.
ㄴ. 상대습도가 80%인 공기의 수증기량을 증가시켜 포화 상태로 만들 수 있다.
ㄷ. 밀폐된 공간의 공기 온도가 올라가면 상대습도는 높아진다.

① ㄱ
② ㄴ
③ ㄷ
④ ㄱ, ㄴ
⑤ ㄴ, ㄷ

8. 다음 글과 〈상황〉을 근거로 판단할 때, ⊙과 ⓒ을 옳게 짝지은 것은?

자동차 연비를 표시하는 단위는 나라마다 다르다. A국은 자동차 연비를 1갤런의 연료로 달릴 수 있는 거리(마일)로 계산하며, 단위는 mpg를 사용한다. B국에서는 100km를 달릴 때 소요되는 연료량(L)으로 계산하며, 단위는 L/100km를 사용한다. C국은 연료 1L로 주행할 수 있는 거리(km)로 계산하며 km/L를 단위로 사용한다.

※ 1갤런은 4L, 1마일은 1.6km로 간주한다.

──── 〈상 황〉 ────

X, Y, Z 세 대의 자동차가 있다. 각 자동차의 연비는 순서대로 15mpg, 8L/100km, 18km/L이다. 따라서 X는 120km를 이동하는 데 연료 ⊙ L가 소요된다. 그리고 4갤런의 연료로 Z는 Y보다 ⓒ km 더 이동할 수 있다.

	⊙	ⓒ
①	5	72
②	5	88
③	20	72
④	20	88
⑤	32	88

9. 다음 글과 〈상황〉을 근거로 판단할 때, 甲과 乙이 각각 선택할 은행과 그 은행에서 적용받을 최종금리를 옳게 짝지은 것은?

A, B, C은행은 고객의 계좌를 개설할 때, 다음과 같이 최종금리를 결정하고 있다.

최종금리(%)=기본금리+특별금리+우대금리

은행	기본금리	특별금리
A	4.2%	0.5%
B	4.0%	0.5%
C	3.8%	0.5%

※ 특별금리 조건 : 연소득 2,400만 원 이하

은행	우대금리 조건	최대가산 우대금리
A	− 주택청약 보유 0.5% − 공과금 자동이체 0.5% − K카드 실적 월 30만 원 이상 0.5%	1.0%
B	− 최초 신규고객 1.0% − 공과금 자동이체 0.5%	1.5%
C	− 급여이체 0.7% − 최초 신규고객 0.6% − K카드 실적 월 60만 원 이상 0.4%	1.7%

──── 〈상 황〉 ────

甲과 乙은 A, B, C은행 중 적용받을 최종금리가 가장 높은 은행을 각각 선택하여 계좌를 개설하려 한다. 이들은 아래와 같은 대화를 나누었다.

甲 : 나는 여태 A은행만 이용해 왔고, 주택청약도 보유하고 있어. 공과금 자동이체 계좌는 다른 은행으로 바꿀 수 있지만, 급여이체 계좌는 바꿀 수 없어. 나는 한 달에 K카드를 40만 원 사용해. 나는 연소득 2,200만 원이야.

乙 : 나는 B은행만 이용해 왔어. 급여이체와 공과금 자동이체를 어떤 은행에서 하더라도 괜찮아. 나는 한 달에 K카드를 70만 원 사용해. 나는 연소득 3,600만 원이야.

	甲	乙
①	A은행, 5.7%	A은행, 5.2%
②	A은행, 6.2%	C은행, 5.5%
③	B은행, 6.0%	A은행, 5.7%
④	B은행, 6.0%	C은행, 5.5%
⑤	C은행, 6.0%	A은행, 5.7%

10. 다음 글을 근거로 판단할 때, ㉠, ㉡, ㉢, ㉣의 합으로 가능한 수는?

- ㉠, ㉡, ㉢, ㉣은 0부터 9까지의 정수이다.
- ㉠과 ㉡은 같다.
- ㉠, ㉡, ㉢, ㉣ 중 홀수는 ㉡개이다.
- ㉠, ㉡, ㉢, ㉣ 중 1은 ㉢개이다.
- ㉠, ㉡, ㉢, ㉣ 중 2는 ㉣개이다.

① 1
② 3
③ 5
④ 7
⑤ 9

11. 다음 글을 근거로 판단할 때, 甲과 乙이 가지고 있는 닭의 마릿수는?

甲 : 닭 가격이 올랐으니 지금이 닭을 팔 좋은 기회야. 우리 둘이 가진 닭 중 75마리를 팔면, 지금 가진 사료만으로도 닭을 팔기 전보다 20일 더 먹일 수 있어.
乙 : 하지만 내 생각에는 닭 가격이 앞으로 더 오를 것 같아. 지금은 닭을 팔기보다는 사는 것이 낫다고 생각해. 만약 닭을 100마리 사면 지금 가진 사료가 15일 일찍 동이 나겠지만, 사료는 더 구매하면 되는 것이고 … .
甲 : 그래? 그럼 닭을 팔아야 할지 사야 할지 다시 고민해보자.

① 100
② 200
③ 300
④ 400
⑤ 500

12. 다음 글을 근거로 판단할 때, 甲이 은행 금고에 맡길 A의 개수는?

甲은 보석을 은행 금고에 맡기려 한다. 은행 금고에는 정확히 1kg만 맡길 수 있다. 甲은 모든 종류의 보석을 하나씩은 포함하여 최대 금액이 되도록 맡기려 한다. 다만, 보석을 쪼갤 수 없다.
甲이 가진 보석은 다음과 같다.

보석 종류	개당 가격(만 원)	개당 무게(g)	수량(개)
A	10	12	52
B	7	10	48
C	3	3	150
D	1	2	31

① 44
② 45
③ 46
④ 47
⑤ 48

13. 다음 글을 근거로 판단할 때 옳은 것은?

A마을에 사는 5명(甲~戊)은 서로 나이가 다르다. 이들은 자신보다 연상인 사람의 나이는 모르지만, 연하인 사람의 나이는 알고 있다.
A마을 사람들은 연상인 사람에 대해서는 아래 표에 따라 칭하는 말을 붙인다.

화자 \ 칭하는 대상	여자	남자
여자	우후	우히
남자	이후	이히

甲~丁은 아래와 같은 대화를 나누었다.

甲 : 戊 우후가 몇 살이지?
乙 : 글쎄, 모르겠네. 甲, 네가 나보다 1살 어린 건 기억나는데.
丙 : 乙 이히가 모르는 것도 있네.
丁 : 내 나이는 모르는 사람이 없지. 戊 이후도 내 나이를 알고 있어.

① 甲은 丙에게 '우히'를 붙인다.
② 丁은 丙에게 '이후'를 붙인다.
③ 丙과 戊의 나이 차는 2살 이하이다.
④ 甲~戊 중 여자가 남자보다 더 많다.
⑤ 甲~戊 중 두 번째로 나이가 많은 사람은 乙이다.

14. 다음 글과 〈상황〉을 근거로 판단할 때, ㉠에 들어갈 수 있는 최솟값과 최댓값을 옳게 짝지은 것은?

> A시는 호우특보(호우주의보 또는 호우경보) 발효 중에 현장 모니터링을 위해 당직자를 다음과 같이 지정한다.
> - 호우주의보 발효 중에는 하루에 1명씩 당직을 선다.
> - 호우경보 발효 중에는 하루에 2명씩 당직을 선다.
> - 당직 대상자는 총 3명(甲~丙)이다.
> - 출장이나 휴가를 간 날에는 당직을 설 수 없다.
> - 같은 사람이 이틀 연속 당직을 설 수 없다.

> ───── 〈상 황〉 ─────
> A시에 8월 중에는 7일부터 14일까지 8일간만 호우특보가 발효되었다. 8월 9일과 13일에는 호우경보가, 나머지 날에는 모두 호우주의보가 발효되었다. 乙은 8월 11일에 하루 출장을 갔고, 丙은 8월 13일에 하루 휴가를 갔다. 甲~丙은 8월에 호우특보 발효 기간에만 당직을 섰다. 丙은 8월 중 총 ㉠ 일 당직을 섰다.

	최솟값	최댓값
①	2	3
②	2	4
③	3	4
④	3	5
⑤	4	5

15. 다음 글을 근거로 판단할 때, 甲이 일주일에 강아지를 산책시키는 최대 횟수는?

> 강아지 한 마리를 키우고 있는 甲은 다음 조건에 따라 매주 같은 횟수로 강아지를 산책시키고 있다.
> 강아지 산책은 아침, 점심, 저녁에 각 한 번, 하루 세 번까지 가능하다. 하루에 세 번 강아지를 산책시키면 이튿날은 아침과 점심에 강아지를 산책시킬 수 없다. 그리고 하루에 점심, 저녁 연달아 강아지를 산책시키면 이튿날 아침에는 산책을 쉬어야 한다. 강아지를 하루에 한 번도 산책시키지 않으면 이튿날 아침에도 산책을 시키지 않는다. 甲은 매주 수요일에는 하루 종일 출장을 가서 강아지를 산책시킬 수 없다. 또한 매주 금요일 저녁에는 강아지를 산책시킬 수 없다.

① 12

② 13

③ 14

④ 15

⑤ 16

16. 다음 글과 〈상황〉을 근거로 판단할 때 옳은 것은?

> △△부는 A~D업체 중 여론조사를 수행할 1개의 업체를 선정하고자 한다. 각 업체가 제출한 제안서에 대해 5명의 평가위원이 상, 중, 하 3개의 등급으로 평가하여 각각 100점, 90점, 80점을 부여한다.
> 업체를 선정하는 방식은 다음과 같다.
> 평가점수 중 최고점과 최저점을 제외한 나머지 점수들의 합이 가장 큰 업체를 선정한다. 단, 최고점이 여러 개일 경우 1개의 점수만 제외하고, 최저점이 여러 개일 경우도 마찬가지이다. 최고 득점 업체가 복수인 경우, 최고 득점 업체를 대상으로 2차 발표 평가를 추가로 진행한다.

> ───── 〈상 황〉 ─────
> 다음은 5명의 평가위원이 A~D업체에 부여한 평가점수에 대한 정보이다.

구분	A업체	B업체	C업체	D업체
최고점	100	90	90	100
최저점	80	80	?	80
평균점수	92	?	88	?

① A업체는 평가위원 3명으로부터 중의 등급을 받았다.

② C업체는 평가위원 2명으로부터 하의 등급을 받았다.

③ B업체가 선정될 가능성은 없다.

④ C업체가 선정될 가능성이 있다.

⑤ 3개 업체가 2차 발표 평가 대상이 될 가능성이 있다.

17. 다음 글과 〈신청 사업자 현황〉을 근거로 판단할 때, 용역사업자로 선정될 사업자는?

□□부처는 정밀안전진단 용역사업자를 선정하고자 한다. 평가항목별 합산 점수가 가장 높은 사업자를 선정하되, 합산 점수가 가장 높은 사업자가 복수인 경우 실적 건수가 가장 많은 사업자를 선정한다. 단, 초급 기술을 가진 사업자는 선정에서 제외한다.

다음은 정밀안전진단 용역사업자 〈평가항목 및 배점〉이다.

〈평가항목 및 배점〉

(가) 기술 등급

기술 등급	특급	고급	중급
점수	4	3	2

(나) 경력 기간

경력 기간	10년 이상	10년 미만 9년 이상	9년 미만 8년 이상	8년 미만 7년 이상	7년 미만
점수	8	7	6	5	4

(다) 실적 건수

실적 건수	14건 이상	14건 미만 12건 이상	12건 미만 10건 이상	10건 미만 8건 이상	8건 미만
점수	5	4	3	2	1

(라) 실적 금액

실적 금액	7억 원 이상	7억 원 미만 6억 원 이상	6억 원 미만 5억 원 이상	5억 원 미만 4억 원 이상	4억 원 미만
점수	5	4	3	2	1

〈신청 사업자 현황〉

사업자	기술 등급	경력 기간	실적 건수	실적 금액
甲	중급	9.5년	13건	8억 원
乙	고급	9년	12건	6억 원
丙	특급	8.5년	9건	8.5억 원
丁	특급	8년	10건	7.5억 원
戊	초급	13년	14건	5.5억 원

① 甲
② 乙
③ 丙
④ 丁
⑤ 戊

18. 다음 글과 〈상황〉을 근거로 판단할 때, 청년후계농으로 선발될 수 있는 지원자는?

〈2023년 청년후계농 선발 공고문〉

□ 목적
 • 젊고 유능한 인재의 농업분야 유입을 촉진하고, 청년 근로자의 영농 정착과 농업 인력구조 개선을 도모

□ 지원자격
 • 만 19세~만 40세(병역이행기간은 연령 계산 시 미산입)
 • 독립경영 3년 이하인 자 및 독립경영 예정자
  − 독립경영 : ① 본인명의로 농지를 임차하거나 구입하고, ② 경영주로 등록한 후, ③ 본인이 직접영농에 종사하는 경우
  − 위의 독립경영 요건 중 ①과 ②를 충족하였으나 ③을 충족하지 못한 경우를 독립경영 예정자로 봄
 • 2023. 1. 1. 현재 위의 기준을 충족한 자에 한함

〈상 황〉

지원자(甲~戊)에 관한 정보는 다음과 같다.

지원자	甲	乙	丙	丁	戊
생년월일	1980. 5. 4.	2000. 2. 27.	1994. 7. 5.	1989. 10. 20.	1992. 8. 8.
병역이행 기간	6개월	×	30개월	24개월	×
농지	2021. 12. 31. 본인명의 구입	2022. 10. 31. 본인명의 임차	2018. 1. 31. 본인명의 구입	2020. 5. 10. 본인명의 임차	2022. 4. 10. 본인명의 구입
경영주 등록	2022. 1. 10.	2023. 1. 3.	2018. 2. 3.	2020. 12. 3.	×
직접영농 개시	2022. 1. 10.	×	2018. 2. 3.	2021. 1. 5.	×

① 甲
② 乙
③ 丙
④ 丁
⑤ 戊

※ 다음 글을 읽고 물음에 답하시오. [19~20]

□□ 연구소에서 발행한 보고서에 따르면 관광이 지역경제에 미치는 효과는 여러 가지 방식으로 측정할 수 있다.

우선, 효과가 직접적으로 발생하는지 여부에 따라 구분하는 방법이 있다. '직접효과'란 관광객이 어떤 지역에서 그 지역 관광사업자에게 직접적으로 지출한 경비(최초 관광지출)가 그 지역에 일차적으로 발생시키는 효과로 일차효과라고도 부른다. 다시 말하면, 그 지역에서 관광객의 최초 관광지출로 인해 지역 관광사업자에게 직접적으로 발생하는 소득이다.

다음으로 관광객의 최초 관광지출이 지역경제에 주입되면 이에 영향을 받는 이차집단이 생기게 되는데, 이들에게 발생하는 효과를 '간접효과'라고 한다. 예를 들어, 관광객에게 숙박비를 받은 호텔 업주는 이 수입 중 일부를 자신에게 쌀이나 부식재료를 공급해준 농업 종사자나 중간상, 통신 서비스를 제공한 전기통신사업자, 청소 서비스를 제공한 청소업체 등에게 지출한다. 이때 농업 종사자나 중간상, 전기통신사업자, 청소업체는 관광객으로부터 간접적인 영향을 받게 되는 셈이다. 이러한 영향을 합친 것이 간접효과이다.

직접효과와 간접효과만으로 포착되지 않는 효과도 존재한다. 관광수입 증대로 인해 해당 지역경제 내의 호텔 업주, 농업 종사자 등 지역경제 구성원의 가계부문 소득이 향상되면 지역경제에 대한 이들의 지출이 증가하게 되고, 이것이 다시 지역산업에 대한 투자 증대, 고용 창출 등으로 이어지는 경제적 효과가 발생한다. 이러한 효과를 '유발효과'라고 부른다. 간접효과와 유발효과를 합쳐 이차효과라고 부르기도 한다. 관광효과는 직접효과와 간접효과, 유발효과를 모두 합한 값이다.

한편 관광이 지역경제에 미치는 효과는 승수(乘數)를 이용하여 나타내기도 한다. 승수는 경제에 발생한 최초의 변화가 최종적으로 그 경제에 얼마나 큰 변화를 가져오는지를 배수(倍數)로 표현한 값이다. 예를 들어 최초 변화 10으로 인해 최종적으로 20의 변화가 발생했다면 승수는 2가 된다. 관광으로 인한 지역 내의 최초 변화가 지역경제에 가져오는 총 효과를 측정하는 승수에는 비율승수와 일반승수가 있다. 비율승수는 직접효과·간접효과·유발효과의 합을 직접효과로 나눈 값으로 계산된다. 그리고 일반승수는 직접효과·간접효과·유발효과의 합을 관광객의 최초 관광지출로 나눈 값이다.

---

19. 윗글을 근거로 판단할 때, 〈보기〉에서 옳은 것만을 모두 고르면?

〈보 기〉

ㄱ. 관광효과에서 유발효과를 제외한 값은 직접효과이다.
ㄴ. 관광지 소재 식당이 관광객에게 직접 받은 식대는 유발효과에 해당된다.
ㄷ. 일반승수 계산 시 나누어지는 값은 일차효과와 이차효과의 합이다.

① ㄱ
② ㄷ
③ ㄱ, ㄴ
④ ㄴ, ㄷ
⑤ ㄱ, ㄴ, ㄷ

20. 윗글과 〈상황〉을 근거로 판단할 때, A시의 2023년 관광으로 인한 직접효과와 비율승수를 옳게 짝지은 것은?

〈상 황〉

A시가 2023년에 관광으로 얻은 직접효과는 관광객의 최초 관광지출의 50%이다. 간접효과는 직접효과보다 10억 원 많으며, 유발효과는 직접효과의 2배이다. A시의 일반승수는 2.5이다.

	직접효과	비율승수
①	5억 원	4
②	10억 원	4
③	10억 원	5
④	20억 원	5
⑤	20억 원	6

21. 다음 글을 근거로 판단할 때 옳은 것은?

제○○조(정의) 이 법에서 사용하는 용어의 뜻은 다음과 같다.
1. "공연"이란 음악·무용·연극 등 예술적 관람물을 실연(實演)에 의하여 공중에게 관람하도록 하는 행위를 말한다.
2. "공연장"이란 공연을 주된 목적으로 설치하여 운영하는 시설을 말한다.
3. "연소자"란 18세 미만의 사람(고등학교에 재학 중인 사람을 포함한다)을 말한다.

제□□조(유해 공연물 관람금지) 누구든지 다음 각 호의 기준에 따른 연소자 유해 공연물을 연소자에게 관람시킬 수 없다.
1. 연소자에게 성적인 욕구를 자극하는 선정적인 것
2. 각종 폭력 행위 또는 약물의 남용을 자극하거나 미화하는 것

제△△조(공연장 설치·운영 등) ① 공연장을 설치하여 운영하려는 자(이하 '공연장 운영자'라 한다)는 공연장 소재지를 관할하는 시장, 군수, 구청장(이하 '시장 등'이라 한다)에게 등록하여야 한다.
② 제1항에 따라 공연장의 등록을 한 자가 영업을 폐지한 경우에는 폐지한 날부터 30일 이내에 관할 시장 등에게 폐업신고를 하여야 한다.
③ 관할 시장 등은 제2항에 따라 폐업신고를 하여야 하는 자가 폐업신고를 하지 아니하면 폐업한 사실을 확인한 후 그 등록사항을 직권으로 말소할 수 있다.
④ 공연장 운영자는 화재 등 재해나 그 밖의 위급한 상황의 발생 시 관람자가 안전하게 피난할 수 있도록 공연장에 피난안내도를 갖추어 두어야 한다.
⑤ 공연장 외의 장소에서 1천 명 이상의 관람자가 있을 것으로 예상되는 공연을 하려는 자가 갖추어 두어야 할 피난안내도에 관하여는 제4항을 준용한다.

제◇◇조(벌칙) ① 제□□조를 위반한 자는 3년 이하의 징역 또는 3천만 원 이하의 벌금에 처한다.
② 공연의 입장권을 판매하는 자의 동의 없이 다른 사람에게 입장권을 상습 또는 영업으로 자신이 구입한 가격을 넘는 금액으로 판매한 자(이하 '암표상'이라 한다)는 20만 원 이하의 벌금, 구류 또는 과료에 처한다.

① 甲이 A도 B군에서 공연장을 설치하여 운영하려는 경우, A도 지사에게 등록하여야 한다.

② 공연장 등록을 한 乙이 영업을 폐지한 경우 관할 시장 등에게 폐업신고를 하지 않는다면, 관할 시장 등은 그 등록사항을 직권으로 말소할 수 없다.

③ 丙이 18세인 고등학생에게 약물의 남용을 자극하는 내용의 공연물을 관람시킨 경우, 丙은 3천만 원의 벌금에 처해질 수 있다.

④ 丁이 암표상으로부터 공연장 입장권을 구매한 경우, 丁은 10만 원의 벌금에 처해질 수 있다.

⑤ 戊가 공연장 외의 장소에서 500명의 관람자가 있을 것으로 예상되는 공연을 하는 경우, 피난안내도를 갖추어 두어야 한다.

22. 다음 글을 근거로 판단할 때 옳은 것은?

제○○조(참전유공자 등) ① 이 법에서 "참전유공자"란 다음 각 호의 어느 하나에 해당하는 사람을 말한다. 다만, 6·25전쟁이나 월남전쟁 참전 중 범죄행위로 인하여 금고 이상의 형을 선고받고 불명예스러운 제대를 하거나 파면된 사실이 있는 사람은 제외한다.
1. 6·25전쟁에 참전하고 전역 또는 퇴직한 군인 및 경찰공무원
2. 월남전쟁에 참전하고 전역한 군인
3. 6·25전쟁에 참전한 사실 또는 월남전쟁에 참전한 사실이 있다고 국방부장관이 인정한 사람
4. 경찰서장 등 경찰관서장의 지휘·통제를 받아 6·25전쟁에 참전한 사실이 있다고 경찰청장이 인정한 사람
② 참전유공자로서 제□□조에 따라 등록된 사람은 이 법에 따른 예우를 받는다.

제□□조(참전유공자 등록 등) ① 참전유공자로서 이 법을 적용받으려는 사람은 국가보훈부장관에게 등록을 신청하여야 한다.
② 국가보훈부장관은 제○○조 제1항에 따른 참전유공자임에도 불구하고 제1항에 따른 등록을 마치지 못하고 사망한 사람에 대해서는 참전유공자로 기록하고 예우 및 관리를 할 수 있다.

제△△조(참전명예수당) ① 국가보훈부장관은 65세 이상의 참전유공자에게는 참전의 명예를 기리기 위하여 참전명예수당을 지급한다.
② 참전명예수당은 제1항에 따른 참전명예수당 지급연령이 된 날이 속하는 달부터 지급한다. 다만, 참전명예수당 지급연령이 지난 후에 제□□조 제1항에 따른 등록신청을 한 경우에는 등록신청을 한 날이 속하는 달부터 지급한다.
③ 참전유공자가 국적을 상실한 경우에도 참전명예수당을 지급할 수 있다.
④ 참전명예수당은 수당지급 대상자가 지정하는 예금계좌에 입금하는 방법으로 지급한다. 다만, 불가피한 사유가 있는 경우에는 해당 수당지급 대상자의 신청에 따라 현금으로 지급할 수 있다.

① 65세 이상의 참전유공자가 이 법에 따른 등록을 마친 후 대한민국 국적을 상실한 경우에도 국가보훈부장관은 참전명예수당을 지급할 수 있다.

② 월남전쟁에 참전한 사실이 있다고 경찰청장이 인정한 사람은 참전유공자가 된다.

③ 참전명예수당은 불가피한 사유가 있는 경우, 해당 수당지급 대상자가 신청하지 않더라도 현금으로 지급한다.

④ 6·25전쟁에 참전한 군인이 전역 후에 범죄행위를 저질러 금고 이상의 형을 선고받은 경우, 참전유공자에서 제외된다.

⑤ 참전유공자가 참전명예수당 지급연령이 지난 후 참전유공자 등록신청을 한 경우, 참전명예수당은 그 지급연령이 된 날이 속하는 달부터 소급하여 지급한다.

23. 다음 글을 근거로 판단할 때 옳은 것은?

> 제○○조(등록대상 선박) 국제선박으로 등록할 수 있는 선박은 다음 각 호의 어느 하나에 해당하는 선박으로 한다.
>   1. 대한민국 국민이 소유한 선박
>   2. 대한민국 법률에 따라 설립된 상사(商事) 법인이 소유한 선박
> 제□□조(등록절차) ① 국제선박으로 등록하려는 등록대상 선박의 소유자는 해양수산부장관에게 등록을 신청하여야 한다. 이 경우 선박소유자는 국제선박으로 등록하기 전에 선적항을 관할하는 지방해양수산청장에게 신청하여 그 선박을 선박원부에 등록하고 선박국적증서를 발급받아야 한다.
> ② 해양수산부장관은 제1항에 따른 국제선박의 등록신청을 받은 경우에는 그 선박이 제○○조에 따른 국제선박의 등록대상이 되는 선박인지를 확인한 후, 등록대상인 경우 지체 없이 이를 국제선박등록부에 등록하고 신청인에게 국제선박등록증을 발급하여야 한다.
> ③ 제2항에 따라 등록된 국제선박의 선박소유자는 선박소유자, 구조변경 등 등록사항이 변경된 경우에는 그 사실이 발생한 날부터 1개월 이내에 해양수산부장관에게 변경등록을 신청하여야 한다.
> ④ 제2항에 따라 등록된 국제선박은 국내항과 외국항 간 또는 외국항 간에만 운항하여야 한다.

① 등록된 국제선박의 선박소유자 甲은 그 국제선박을 부산항과 인천항 간에 운항할 수 있다.

② 외국법에 따라 설립된 상사 법인 乙은 소유하고 있는 선박을 국제선박으로 등록할 수 있다.

③ 대한민국 국민 丙은 자신의 선박을 국제선박으로 등록한 후에 관할 지방해양수산청장에게 신청하여 선박국적증서를 발급받아야 한다.

④ 대한민국 국민 丁이 자신의 선박을 국제선박으로 등록신청한 경우, 해양수산부장관은 그 선박을 선박원부에 등록하고 丁에게 국제선박등록증을 발급할 수 있다.

⑤ 등록된 국제선박의 선박소유자 戊가 구조변경을 하여 등록사항이 변경된 경우, 戊는 그 사실이 발생한 날부터 1개월 이내에 해양수산부장관에게 변경등록을 신청해야 한다.

24. 다음 글과 〈상황〉을 근거로 판단할 때 옳은 것은?

> 제○○조(특허표시 및 특허출원표시) ① 특허권자는 다음 각 호의 구분에 따른 방법으로 특허표시를 할 수 있다.
>   1. 물건의 특허발명의 경우 : 그 물건에 "특허"라는 문자와 그 특허번호를 표시
>   2. 물건을 생산하는 방법의 특허발명의 경우 : 그 방법에 따라 생산된 물건에 "방법특허"라는 문자와 그 특허번호를 표시
> ② 특허출원인은 다음 각 호의 구분에 따른 방법으로 특허출원표시를 할 수 있다.
>   1. 물건의 특허출원의 경우 : 그 물건에 "특허출원(심사중)"이라는 문자와 그 출원번호를 표시
>   2. 물건을 생산하는 방법의 특허출원의 경우 : 그 방법에 따라 생산된 물건에 "방법특허출원(심사중)"이라는 문자와 그 출원번호를 표시
> ③ 제1항 또는 제2항에 따른 특허표시 또는 특허출원표시를 할 수 없는 물건의 경우에는 그 물건의 용기 또는 포장에 특허표시 또는 특허출원표시를 할 수 있다.
> 제□□조(허위표시의 금지) 누구든지 특허된 것이 아닌 물건, 특허출원 중이 아닌 물건, 특허된 것이 아닌 방법이나 특허출원 중이 아닌 방법에 의하여 생산한 물건 또는 그 물건의 용기나 포장에 특허표시 또는 특허출원표시를 하거나 이와 혼동하기 쉬운 표시를 하는 행위를 하여서는 아니 된다.
> 제△△조(허위표시의 죄) ① 제□□조를 위반한 자는 3년 이하의 징역 또는 3천만 원 이하의 벌금에 처한다.
> ② 법인의 대표자나 법인 또는 개인의 대리인, 사용인, 그 밖의 종업원이 그 법인 또는 개인의 업무에 관하여 제□□조에 해당하는 위반행위를 하면 그 행위자를 벌하는 외에 그 법인에는 6천만 원 이하의 벌금형을, 그 개인에게는 제1항의 벌금형을 과한다.

─────〈상 황〉─────

> • 물건의 특허발명에 해당하는 잠금장치를 발명한 甲은 그 발명에 대해 특허를 출원하여 특허권을 부여받은 후, 乙을 고용하여 해당 잠금장치를 생산하고 있다.
> • 황금색 도자기를 생산하는 방법을 발명한 丙은 그 발명에 대해 특허출원 중이며, 그 방법에 따라 황금색 도자기를 생산하고 있다. 丁은 丙의 황금색 도자기를 포장하는 데 사용되는 종이박스를 생산하고 있다.

① 甲이 잠금장치에 "방법특허"라는 문자와 특허번호를 표시한 경우, 허위표시에 해당하지 않는다.

② 丙이 황금색 도자기의 밑부분에 "특허출원(심사중)"이라는 문자와 출원번호를 표시한 경우, 허위표시에 해당하지 않는다.

③ 甲이 잠금장치에 특허표시를 하지 않은 경우, 허위표시의 죄로 처벌된다.

④ 甲의 지시에 따라 乙이 잠금장치에 허위의 특허표시를 한 경우, 乙은 허위표시의 죄로 처벌되지 않는다.

⑤ 丁이 丙의 황금색 도자기를 포장하는 종이박스에 허위의 특허출원표시를 한 경우, 丁은 허위표시의 죄로 처벌된다.

25. 다음 글을 근거로 판단할 때 옳은 것은?

제○○조(어장청소 등) ① 양식업면허를 받은 자는 그 양식업면허를 받은 날부터 3개월 이내에 해당 어장의 퇴적물이나 어장에 버려진 폐기물을 수거·처리(이하 '어장청소'라 한다)해야 하고, 어장청소를 끝낸 날부터 정해진 주기에 따라 어장청소를 해야 한다.
② 제1항의 어장청소 주기는 다음의 표와 같다. 단, 같은 면허 내에서 서로 다른 양식방법을 혼합하거나 두 종류 이상의 수산동식물을 양식하는 경우, 어장청소 주기는 그중 단기로 한다.

면허의 종류	양식방법	양식품종	주기
해조류 양식업	수하식 (지주망식)	김, 매생이 등	5년
	수하식 (연승식)	미역, 다시마, 톳, 모자반 등	4년
어류 등 양식업	가두리식	조피볼락, 돔류, 농어, 방어, 고등어, 민어 등	3년
	수하식 (연승식)	우렁쉥이, 미더덕, 오만둥이 등	4년

③ 제1항에도 불구하고, 양식업면허의 유효기간이 만료된 자가 해당 어장에서 기존 면허와 동일한 신규 면허를 받은 경우에는 면허의 유효기간 만료 전 마지막으로 어장청소를 끝낸 날부터 제2항의 주기에 따라 어장청소를 할 수 있다.
④ 시장·군수·구청장(이하 '시장 등'이라 한다)은 양식업면허를 받은 자가 제1항을 위반하여 어장청소를 하지 아니하는 경우 어장청소를 명하되, 60일 이내의 범위에서 이행기간을 부여해야 한다.
제□□조(이행강제금) ① 시장 등은 제○○조 제4항에 따른 명령을 받고 그 정한 기간 내에 명령을 이행하지 아니한 자에게 어장 규모 등을 고려하여 이행강제금을 부과한다.
② 시장 등은 제○○조 제4항에 따른 최초의 명령을 한 날을 기준으로 1년에 2회 이내의 범위에서 그 명령이 이행될 때까지 반복하여 제1항의 이행강제금을 부과할 수 있다.
③ 제1항에 따른 이행강제금은 면허면적 0.1ha당 5만 원이며, 1회 부과하는 이행강제금은 250만 원을 초과할 수 없다.

① 유효기간이 10년인 해조류 양식업면허를 처음으로 받은 甲이 수하식(지주망식)으로 매생이를 양식하는 경우, 유효기간 동안 어장청소를 두 번은 해야 한다.
② 어류 등 양식업면허를 받은 乙이 가두리식으로 방어와 수하식(연승식)으로 우렁쉥이를 양식하는 경우, 어장청소 주기는 4년이다.
③ 유효기간이 만료된 후 해당 어장에서 기존 면허와 동일한 신규 면허를 받은 丙은 신규 면허를 받은 날부터 3개월 이내에 어장청소를 해야 한다.
④ 6ha 면적의 어류 등 양식업면허를 받은 丁이 지속적으로 어장청소를 하지 않을 경우, 1회 300만 원의 이행강제금이 부과된다.
⑤ 2020. 12. 11. 어류 등 양식업면허를 받아 수하식(연승식)으로 미더덕을 양식하는 戊가 2024. 3. 11.까지 어장청소를 한 번밖에 하지 않는다면, 2024. 3. 12.에 이행강제금이 부과된다.

26. 다음 글을 근거로 판단할 때 옳은 것은?

고대 수메르의 유적에서 맥주 제조법이 적힌 점토판이 발굴되었다. 점토판의 기록에 따르면, 수메르인은 보리를 갈아 빵과 같은 형태로 만든 후 물을 부어 저장해 두는 방식으로 맥주를 제조하였다.

현대 맥주의 기본 재료는 맥아, 홉, 효모, 물이다. 맥아는 보리를 물에 담가 싹을 틔운 것을 말하고, 맥아에 열을 가해 볶은 것을 몰트라고 한다. 홉은 삼과에 속하는 식물인데, 암꽃이 성숙하여 생기는 루풀린이라는 작은 알갱이가 맥주의 재료로 사용된다. 오늘날 우리가 마시는 맥주에서 느끼는 쌉싸름한 맛은 홉의 사용이 보편화된 산업혁명 이후에 갖게 된 맥주의 특성이다. 효모는 일종의 미생물로서 맥주의 발효에 중요한 요소이다. 맥주의 발효는 18~25℃에서 이루어지는 상면 발효와 5~15℃에서 이루어지는 하면 발효가 있는데, 전자의 방식으로 만든 맥주를 에일, 후자의 방식으로 만든 맥주를 라거라고 한다. 맥주 제조에 사용되는 물은 칼슘과 마그네슘 등이 많이 포함된 경수와 적게 포함된 연수로 구분되는데, 라거를 생산할 때는 주로 연수를 사용한다.

맥주의 색상은 몰트에 의해 결정된다. 일반적으로 80℃ 정도의 낮은 온도에서 볶은 몰트는 색이 옅고 200℃ 정도의 높은 온도에서 볶은 몰트는 색이 진하다. 산업혁명 이전의 수공업 몰트 제조 기술로는 몰트를 골고루 적당하게 볶기 어려워 검게 탄 몰트를 사용했기에 맥주가 까만색에 가까웠으나, 산업혁명 이후 기술이 발달하여 원하는 정도로 맥아를 볶을 수 있게 되었다.

① 맥주의 색깔은 보리의 발아 온도에 따라 결정된다.
② 고대 수메르인은 홉을 이용하여 맥주를 생산했다.
③ 에일은 5~15℃에서 발효시켜 만든 맥주이다.
④ 하면 발효 맥주에는 연수가 주로 사용된다.
⑤ 산업혁명 이후에는 낮은 온도보다는 높은 온도로 몰트를 만들었다.

27. 다음 글과 〈상황〉을 근거로 판단할 때, 甲이 2024년에 받게 될 탄소중립포인트는?

> • A시는 주민의 전기, 상수도, 도시가스 사용량 감축률에 따라 다음년도에 탄소중립포인트를 지급하는 온실가스 감축 제도를 운영하고 있다.
> • 탄소중립포인트 지급기준은 다음과 같다.
>
> (단위 : 포인트)
>
> | 감축률 | 전기 | 상수도 | 도시가스 |
> |---|---|---|---|
> | 5% 이상 10% 미만 | 600 | 75 | 300 |
> | 10% 이상 15% 미만 | 750 | 150 | 600 |
> | 15% 이상 | 1,000 | 200 | 800 |
>
> • 감축률(%) = $\dfrac{\text{직전년도 월평균 사용량} - \text{당해년도 월평균 사용량}}{\text{직전년도 월평균 사용량}} \times 100$

> ─────── 〈상 황〉 ───────
>
> A시 주민 甲의 2022년 및 2023년 전기, 상수도, 도시가스 월평균 사용량은 다음과 같다.
>
> | 연도 | 전기(kWh) | 상수도(m^3) | 도시가스(m^3) |
> |---|---|---|---|
> | 2022 | 400 | 11 | 60 |
> | 2023 | 350 | 10 | 51 |

① 1,425

② 1,625

③ 1,675

④ 1,700

⑤ 1,750

28. 다음 글을 근거로 판단할 때, 甲이 기부한 금액의 일의 자리 숫자와 丙이 기부한 금액의 십의 자리 숫자의 합은?

> 甲의 기부액은 일의 자리 숫자(□)를 모르는 12,345,67□원이다. 乙의 기부액은 甲의 3배이고, 丙의 기부액은 乙의 3배이다. 丁의 기부액은 丙의 3배이며 모든 자리 숫자가 3이다.

① 4

② 5

③ 7

④ 10

⑤ 14

29. 다음 글을 근거로 판단할 때, 甲이 결제할 최소 금액은?

> 甲은 열대어를 다음 조건에 따라 구입하여 기르고자 한다.
> • 베타를 포함하여 2종류 이상의 열대어 4마리를 구입한다.
> • 열대어를 기르기 위해 필요한 어항을 함께 구입한다.
> • 베타는 다른 종류의 열대어와 한 어항에서 기를 수 없다.
> • 구입할 수 있는 열대어와 어항은 다음과 같다.
>
> | 열대어 종류 | 가격(원/마리) | 필요 어항용적(cm^3/마리) |
> |---|---|---|
> | 구피 | 3,000 | 400 |
> | 몰리 | 3,500 | 500 |
> | 베타 | 4,000 | 300 |
>
> | 어항 종류 | 용적(cm^3) | 가격(원/개) |
> |---|---|---|
> | A형 | 900 | 35,000 |
> | B형 | 1,500 | 40,000 |

① 56,000원

② 84,000원

③ 84,500원

④ 85,000원

⑤ 85,500원

30. 다음 글을 근거로 판단할 때, 甲이 2024년 1월 10일에 보유한 포인트는?

> 2022년 1월 1일 甲은 A그룹 통합 멤버십 서비스에 가입하였다. 해당 서비스는 A그룹 제휴 업체에서 결제 시 결제금액의 일부를 포인트로 적립하고, 적립된 포인트를 다음 결제부터 현금처럼 사용할 수 있는 제도이다. 결제 시 포인트를 사용하는 경우, 보유한 포인트 중 가장 먼저 적립된 포인트부터 사용되며, 결제금액 중 사용포인트를 제외한 금액에 대해서만 포인트가 적립된다. 단, 사용하지 않은 포인트는 적립일(결제일)로부터 1년이 되는 날이 속한 달의 말일에 소멸된다.
> 甲이 A그룹 제휴 업체에서 결제한 내역은 다음과 같다.
>
> | 날짜 | 제휴 업체 | 결제금액(원) | 적립률(%) | 사용포인트 |
> |---|---|---|---|---|
> | 2022. 1. 5. | A영화관 | 50,000 | 5 | |
> | 2022. 9. 20. | A카페 | 22,000 | 2 | 2,000 |
> | 2023. 1. 9. | A편의점 | 25,000 | 2 | |
> | 2023. 3. 27. | A레스토랑 | 50,300 | 4 | 300 |
> | 2024. 1. 5. | A화장품점 | 10,500 | 5 | 500 |

① 2,000

② 2,300

③ 2,500

④ 2,600

⑤ 3,100

31. 다음 글을 근거로 판단할 때, 임용 후 외향형이자 사고형인 사람의 수는?

A부는 100명의 신입 사무관을 대상으로 임용 전과 임용 후의 성격유형을 검사하였다. 성격유형은 쌍을 이루는 두 가지 지표(외향형−내향형, 감정형−사고형)로 구성되었다. 100명의 검사 결과는 다음과 같다.
- 내향형이자 사고형인 사람의 수는 임용 전후 모두 20명이다.
- 임용 후 내향형인 사람의 수는 임용 전의 두 배가 되었다.
- 임용 후 사고형인 사람의 수는 임용 전의 절반이 되었다.
- 임용 후 외향형이자 감정형인 사람의 수는 임용 전의 두 배가 되었다.

① 10
② 20
③ 30
④ 40
⑤ 60

32. 다음 글을 근거로 판단할 때, 달리기에서 3등을 한 사람은?

사무관 5명(甲~戊)은 달리기를 한 후 다음과 같은 대화를 나누었다.
甲 : 나는 1등 아니면 5등이야.
乙 : 나는 중간에 丙과 丁을 제친 후, 누구에게도 추월당하지 않았어.
丙 : 나보다 앞서 달린 적이 있는 사람은 乙과 丁뿐이야.
丁 : 나는 丙에게 따라잡힌 적이 없어.
戊 : 우리 중 같은 등수는 없네.

① 甲
② 乙
③ 丙
④ 丁
⑤ 戊

33. 다음 글과 〈상황〉을 근거로 판단할 때, 乙의 주민등록번호 앞 6자리로 가능한 것은?

- '청년 교통비 지원사업'의 내용은 다음과 같다.
  − 매년 4월 10일에 지원금 지급
  − 지급일 기준 만 20세 이상 만 35세 이하의 청년에게 지원금 지급
  − 홀수해에는 지급 대상자 중 홀수일에 태어난 사람에게, 짝수해에는 지급 대상자 중 짝수일에 태어난 사람에게 기념품 증정

─────── 〈상 황〉 ───────

- '청년 교통비 지원사업' 담당자 甲은 지급내역을 정리하다가 2023년에 지원금을 받은 乙의 주민등록번호 앞 6자리가 지워져 있음을 발견하였다.
- 甲은 乙의 주민등록번호 앞 6자리와 관련하여 다음과 같은 특징을 기억하고 있다.
  − 3가지 숫자로만 구성되어 있다.
  − 같은 숫자가 연속되는 부분이 있다.
- 乙은 2022년에 지원금을 받았으나 기념품은 받지 못했다.
- 乙은 2028년에도 지원금을 받을 수 있다.

① 920202
② 931118
③ 000610
④ 010411
⑤ 031103

34. 다음 글과 〈1차 투표 결과〉를 근거로 판단할 때 옳은 것은?

- △△부서에서는 팀원 5명(甲~戊)의 투표를 통해 프로젝트명을 정하려 한다.
- 프로젝트명 후보는 3개(A~C)이다.
- 1차 투표에서는 한 명당 두 표를 가지며, 두 표 모두 하나의 후보에 줄 수도 있다.
- 1차 투표 결과에 따라 최다 득표 후보를 프로젝트명으로 선정하며, 최다 득표 후보가 복수인 경우 최소 득표 후보를 제외하고 2차 투표를 실시한다.
- 2차 투표에서는 한 명당 한 표씩 행사하여, 최다 득표 후보를 프로젝트명으로 선정한다.

───── 〈1차 투표 결과〉 ─────

- 하나의 후보에 두 표를 모두 준 사람은 甲과 乙뿐이며, 이들은 동일한 후보에 표를 주었다.
- A에 투표한 사람은 3명이다.
- B에 투표한 사람은 2명이다.
- C에 투표한 사람은 3명이다.

① B는 선정될 수 없다.
② 1차 투표에서 丙과 丁이 투표한 후보의 조합은 서로 다르다.
③ 1차 투표에서 A가 받은 표는 최대 5표이다.
④ 1차 투표에서 C는 4표 이상 받았다.
⑤ 2차 투표를 실시하는 경우가 있다.

35. 다음 글을 근거로 판단할 때, 유학생의 날로 지정된 날짜의 요일로 가능한 것은?

- A시는 올해 중 하루를 유학생의 날로 지정하였다.
- 유학생의 날 1주 전 같은 요일이 전통시장의 날이고, 유학생의 날 3주 뒤 같은 요일이 도서기증의 날이다.
- 전통시장의 날과 도서기증의 날은 같은 달에 있다.
- 유학생의 날이 있는 달에는 네 번의 토요일과 다섯 번의 일요일이 있다.

① 화요일
② 수요일
③ 목요일
④ 금요일
⑤ 토요일

36. 다음 글을 근거로 판단할 때, 〈보기〉에서 옳은 것만을 모두 고르면?

다음은 甲 스포츠 팀의 시즌 11번째, 12번째 경기의 결과와 직전 10개 경기 전적을 나타낸 것이다.

구분	11번째 경기	12번째 경기
결과	㉠	㉡
직전 10개 경기 전적	6승 4패	㉢

───── 〈보 기〉 ─────

ㄱ. ㉠이 '패'라면, ㉢은 '6승 4패'가 될 수 없다.
ㄴ. ㉠이 '승'이고 ㉢이 '7승 3패'라면, ㉡은 '승'이다.
ㄷ. ㉠이 '승'이고 ㉢이 '6승 4패'라면, 시즌 1번째 경기의 결과는 '승'이다.
ㄹ. ㉠, ㉡이 모두 '패'이고 ㉢이 '5승 5패'라면, 시즌 13번째 경기의 직전 10개 경기 전적은 '4승 6패'이다.

① ㄱ
② ㄷ
③ ㄱ, ㄴ
④ ㄴ, ㄹ
⑤ ㄷ, ㄹ

37. 다음 글과 〈상황〉을 근거로 판단할 때, 설치업체로 선정될 곳은?

> 甲시는 전기차충전기 설치업체를 선정하려고 한다. 다음과 같은 〈평가표〉를 바탕으로 후보업체 5곳(A~E) 중 최종 점수가 가장 높은 곳을 선정한다.
>
> 〈평가표〉
>
> | 평가항목 | 등급 | 점수 |
> |---|---|---|
> | 품질 | 상 | 5 |
> | | 중 | 3 |
> | | 하 | 1 |
> | 가격 | 8억 원 미만 | 7 |
> | | 8억 원 이상 9억 원 미만 | 5 |
> | | 9억 원 이상 10억 원 미만 | 3 |
> | | 10억 원 이상 | 1 |
> | 안전성 | 상 | 5 |
> | | 중 | 3 |
> | | 하 | 1 |
>
> • 품질 점수에 대해서는 3배의 가중치를 부여하고 안전성 점수에 대해서는 2배의 가중치를 부여한 후, 항목별로 산출한 점수를 합하여 최종 점수를 산정한다. 단, 설치업체로 2회 이상 선정된 적이 있는 업체에 대해서는 2.5점의 가점을 부여하여 최종 점수를 산출한다.

> ── 〈상 황〉 ──
>
> • 각 업체의 평가 결과는 다음과 같다.
>
> | 구분 | A | B | C | D | E |
> |---|---|---|---|---|---|
> | 품질 | 중 | 하 | 상 | 중 | 상 |
> | 가격 (천 원) | 735,000 | 784,200 | 900,000 | 850,000 | 1,120,000 |
> | 안전성 | 하 | 중 | 중 | 상 | 중 |
>
> ※ E는 설치업체로 2회 선정된 적이 있다.

① A
② B
③ C
④ D
⑤ E

38. 다음 글과 〈상황〉을 근거로 판단할 때, 甲부처가 지급할 지원금액의 총합은?

> • 甲부처는 에너지 사용을 효율적으로 관리하기 위해 신청 기업을 대상으로 에너지경영시스템 인프라 구축을 지원하고자 함
> • 지원대상
>   - 발전부문 에너지 목표관리기업(단, 배출권거래제에 참여 중인 기업은 지원대상에서 제외)
>   - 중간보고서 점수의 20%, 시설설치 점수의 30%, 최종보고서 점수의 50%를 합한 총점이 70점 이상인 기업
> • 지원금액
>   - 중소기업 : 총비용의 80%
>   - 중견기업 : 총비용의 50%
>   - 대기업 : 총비용의 30%

> ── 〈상 황〉 ──
>
> 신청 기업 A~E는 모두 발전부문 에너지 목표관리기업이다. 각 기업의 평가결과 및 현황은 다음과 같다.
>
> | 구분 | 중간보고서 점수 | 시설설치 점수 | 최종보고서 점수 | 총비용 | 기업 규모 |
> |---|---|---|---|---|---|
> | A | 60 | 70 | 70 | 10억 원 | 중견기업 |
> | B | 90 | 60 | 80 | 6억 원 | 중소기업 |
> | C | 85 | 60 | 70 | 7억 원 | 중소기업 |
> | D | 70 | 90 | 80 | 12억 원 | 중견기업 |
> | E | 80 | 90 | 90 | 15억 원 | 대기업 |
>
> ※ D는 배출권거래제에 참여 중인 기업이다.

① 10.4억 원
② 14.9억 원
③ 19.9억 원
④ 20.9억 원
⑤ 25.9억 원

설탕은 사탕수수나 사탕무에서 얻은 원당을 정제해 만든 천연 감미료로 자당을 주성분으로 한다. 사탕수수가 처음 재배된 곳은 기원전 8,000년경 태평양 남서부의 뉴기니섬 지역이었다. 이후 사탕수수는 기원전 6,000년경에 인도네시아, 필리핀, 인도 등 동남아시아와 남아시아로 전해졌다. 초기에 사람들은 단맛을 즐기기 위해 사탕수수를 씹어 당을 빨아먹었지만 350년경 굽타 왕조 시대에 인도에서 사탕수수액을 활용한 설탕 결정법을 알아냈다. 7세기 중반 당태종 때 인도의 외교사절단이 사탕수수 재배법을 가르쳐 중국에서도 사탕수수를 재배하기 시작했다.

이후, 1747년에 한 화학자가 콧병, 인후염, 변비 등의 치료제로 주로 사용되던 사탕무에 자당이 함유된 것을 발견하였다. 당시 사탕무는 경제성 문제로 설탕 제조에는 활용되지 못하다가, 1801년에 이르러서야 프로이센에서 사탕무를 활용한 설탕의 대량생산에 성공했다.

조선시대에 설탕은 수입에만 의존하는 귀한 식자재였다. 조선시대 요리서에 설탕을 사용하는 조리법이 없는 것은 이 시기 설탕이 널리 퍼지지 못했기 때문이다. 설탕은 개항기에 왕실과 외국인을 중심으로 유통되었으나, 일제강점기에는 도시의 아동과 젊은이의 식생활에까지 확산되었다.

1884년 설탕 가격은 같은 무게 소고기의 2.5배로 매우 높았으나, 1890년대 설탕 수입량이 증가하면서 가격이 하락하였다. 1893년에는 설탕 가격이 1884년 대비 40% 하락했고, 1911년에는 1근(斤)에 9전까지 하락하였다.

이에 따라 전통 음식에도 차츰 설탕을 넣기 시작했다. 1910년대 무렵부터 떡·한과 같은 병과류(餠菓類)와 음료 같은 음청류(飮淸類)에 꿀이나 엿 대신 설탕을 넣기 시작했다. 1920~1930년대에 이르러서는 꿀이나 엿을 전혀 사용하지 않던 육류, 생선류, 찬류, 김치류 등에도 설탕을 넣는 신식요리법이 개발되었다.

39. 윗글을 근거로 판단할 때 옳은 것은?

① 사탕수수를 처음 재배한 곳은 필리핀이었다.

② 사탕수수액을 이용한 설탕 결정법은 당태종 시기에 개발되었다.

③ 1910년대 이전 우리나라에서는 생선류, 김치류에 설탕 대신 꿀이나 엿을 넣었다.

④ 인도의 외교사절단이 사탕수수 재배법을 중국에 전파한 것은 350년경이다.

⑤ 19세기가 되어서야 사탕무를 이용한 설탕의 대량생산이 가능해졌다.

40. 윗글과 〈상황〉을 근거로 판단할 때, ㉠에 해당하는 수는?

〈상 황〉

1893년에 설탕 1근의 가격이 12전이라고 가정할 때, 甲이 1884년에 52전을 모두 써서 설탕 1근과 소고기를 구입하였다면 소고기는 ㉠ 근을 구입할 수 있었다. 단, 설탕 1근과 소고기 1근의 무게는 같고, 화폐가치는 동일하다.

① 3

② 4

③ 5

④ 6

⑤ 7

제1과목 ▷ 언어논리

1	2	3	4	5	6	7	8	9	10
⑤	①	⑤	④	①	④	③	⑤	①	②
11	12	13	14	15	16	17	18	19	20
④	⑤	②	⑤	②	⑤	④	③	④	③
21	22	23	24	25	26	27	28	29	30
④	③	④	②	②	①	③	②	②	②
31	32	33	34	35	36	37	38	39	40
④	③	③	④	①	③	⑤	①	⑤	①

01 일치부합 정답 ⑤

난도 하

정답해설

마지막 문단에 따르면 하직숙배 때 신임 수령이 왕이나 승지 앞에서 수령칠사를 제대로 외우지 못하면 그 자리에서 파면당할 수 있었다.

오답해설

① 제시문에 따르면 문관은 사은숙배를 해야 했다. 그러나 하직숙배는 임지로 가기 전 마지막으로 왕에게 인사하는 의례이므로 중앙 관청 소속인 문관은 하직숙배를 하지 않았다.

② 사은숙배는 왕에게 감사의 인사를 올리는 의례이다. 또한 임지로 가기 전 마지막으로 왕에게 인사하는 하직숙배 시에 수령칠사를 암송해야 했다.

③ 신임 수령은 사은숙배 후에 이조를 찾아가 사조 의례를 해야 했다.

④ 당사자에게 고신교지를 보내 임명 사실을 알리는 역할을 하는 주체는 통례원이 아니라 경주인이다. 통례원은 의례 주관처로서, 사은숙배 일자를 확정하는 역할을 한다.

> **합격 가이드**
>
> 가장 일반적인 형태의 일치부합 유형의 문제이므로, 선택지의 진위 여부를 판단할 수 있는 근거를 지문에서 찾아 선택지와 대조해야 한다. 이때 신속한 대조를 위해 지문을 읽을 때 밑줄이나 동그라미로 중요 내용을 표시해 두는 것이 바람직하다. 다만, 내용 대조 수준으로 난도가 평이한 문제는 빠르게 정답을 찾아 풀이 시간을 줄일 수 있어야 한다.

02 일치부합 정답 ①

난도 하

정답해설

문익점은 원나라에서 춥고 건조한 날씨에도 자랄 수 있도록 개량된 목화 씨앗을 고려로 가져왔으며, 이 씨앗을 받아 목화 재배해 성공한 사람은 문익점의 장인인 정천익이다.

오답해설

② 공민왕을 폐하고 덕흥군을 새 왕으로 삼으라는 원의 요구를 문익점이 수용했기 때문에 공민왕은 문익점을 파직했다. 또한 제시문의 내용만으로는 덕흥군의 즉위 여부를 알 수 없다.

③ 원나라 출신 승려인 홍원은 정천익에게 목화에서 실을 뽑는 기술을 가르쳐 주었고, 정천익은 이 기술을 퍼뜨렸다.

④ 문익점은 운남성에 유배된 적이 없으며 원의 수도인 대도에 머물렀다고 『고려사』에 기록되어 있고, 그는 귀국 후 목화 재배에 실패했다. 또한 목화 재배법과 실 뽑는 기술을 고려에 퍼뜨린 인물은 정천익이다.

⑤ 공민왕이 목화 씨앗을 보급했다는 것과 고려 상인들이 인도에서 목화 씨앗을 수입했다는 것은 제시문에 언급되지 않았다.

03 일치부합 정답 ⑤

난도 하

정답해설

마지막 문단에 따르면 포로가 된 가족 구성원을 위해 석방거래에 적극적인 노력을 기울이지 않는다면 소속 집단에서 도덕적 비판을 받을 수 있었다.

오답해설

① 석방거래는 금전적 대가를 지불하고 포로를 찾아오는 것을 의미한다. 금전이 아닌 대가를 지불하는 경우가 있었는지는 제시문의 내용만으로는 알 수 없다.

② 중세 시대에는 도시국가의 구성원이 포로 상태에 있다는 것은 단순히 개인적 차원을 넘어서는 문제였기 때문에 도시국가가 포로의 석방을 요구하는 협상 주체로 나서는 것이 일반적이었다. 또한 전쟁포로를 죽이는 행위를 비인간적·반인권적인 것으로 인식한 시기는 현대이다.

③ 승리자는 자신의 비용으로 구금하고 있는 포로를 보호하고 관리해야 했다. 따라서 전쟁포로를 구금하는 비용을 부담하는 주체는 패전국이 아니라 승전국임을 알 수 있다.

④ 승리자는 자신의 비용으로 포로를 보호하고 관리해야 하는 입장에서 자유로워질 수 있는 동시에 정치적·경제적 이득을 취할 수 있었기에 승리자에게도 석방거래는 매력적인 제안이었다. 따라서 승전국의 소극적인 태도 때문에 석방이 힘들어지는 경우가 있었다는 ④의 진술은 제시문의 내용만으로는 알 수 없다.

04 추론

난도 중

정답해설

제시문에 따르면 국민연금제도는 1가구 1연금의 원칙을 따르며, 이러한 국민연금제도는 제도적 가족주의의 대표적인 예이다. 그런데 현실적으로 제도적 가족주의의 존속은 사회적 문제를 유발하고 있다고도 하였다. 따라서 국민연금제도는 제도적 가족주의로 인해 발생하는 문제를 해결하기 위한 정책이라는 ④의 진술은 추론할 수 없다.

오답해설

① 가부장의 권위가 약화되고 다양한 삶의 방식이 출현하고 있는 현실에서 제도적 가족주의의 존속으로 인해 가족을 형성하지 않거나 못한 개인, 가족에게 돌봄을 제대로 받지 못하는 개인에게는 불이익이 초래될 수 있다. 따라서 ①의 진술처럼 1인 가구의 구성원에게 불리하게 작용할 수 있다고 추론 가능하다.

② 서구 사회의 제도적 개인주의는 가족이 아닌 개인을 중심으로 제도들을 재편함으로써 개인이 삶의 단위가 되도록 유도한다. 따라서 ②의 진술처럼 제도적 개인주의는 가족이 아닌 개인을 기본단위로 한다고 추론 가능하다.

③ 제시문에 따르면 오늘날 한국 사회에서 유교적 전통에 기반한 가부장과 부모 세대의 권위가 약화되는 현상은 사회의 최소 구성단위는 가족이며 개인은 가족을 통해서만 사회와 관계를 맺을 수 있다고 보는 관념(가족주의)이 쇠퇴하고 있다는 주장을 뒷받침한다. 그러므로 한국 사회에서 관념으로서의 가족주의는 약화되고 있다는 ③의 진술은 추론 가능한 내용이다. 또한 한국 사회는 제도적 가족주의가 공고한(제도의 측면에서 가족주의가 여전히 강하게 작동하는) 사회라고 할 수 있다. 따라서 한국 사회에서 제도로서의 가족주의는 여전히 강하게 작동한다는 ③의 진술 또한 추론 가능한 내용이다.

⑤ 국민기초생활보장제도는 빈곤 가구에 대한 부양 책임을 우선적으로 가족에 두고 있으며, 이는 제도적 가족주의에 기반한 제도이다. 또한 가족 내부적으로는 가족주의 가치관을 공유하지 않는 현실에서 제도적 가족주의의 존속은 가족 외부적으로 가족 단위의 생존과 역할을 강요당함으로써 가족 구성원들이 부양과 돌봄을 둘러싸고 갈등을 겪는 사회적 문제를 유발하고 있다. 따라서 ⑤의 진술처럼 부양 의무자가 있다는 이유만으로 독거노인을 국민기초생활보장제도의 대상에서 제외한다면 가족 구성원들 사이에서 갈등이 발생할 수 있다.

> **합격 가이드**
>
> 첫 번째 문단에서는 한국에서 가족주의가 쇠퇴하고 있는 원인을 진단하고, 한국은 제도적 가족주의가 공고한 사회라고 밝힌 후 제도적 가족주의의 의미를 제시하였다. 두 번째 문단에서는 제도적 가족주의가 투영된 다양한 종류의 소득보장제도를 소개하였다. 그리고 세 번째 문단에서는 제도적 가족주의의 존속으로 인해 유발되고 있는 사회적 문제 두 가지를 제시하였다. 이처럼 대략적인 흐름을 파악한 후에 '제도적 가족주의' 등 주요 용어의 개념을 정확하게 이해해야 선택지의 추론이 타당한지를 판단할 수 있다.

05 일치부합

난도 하

정답해설

OECD 회원국 가운데 대체로 인구가 많지 않고 인종적 · 민족적으로 동질적인 국가들은 영아사망률이 OECD 회원국 평균보다 낮고, 반대로 인구가 많고 인종적 · 민족적으로 이질적인 국가들은 영아사망률이 OECD 회원국 평균보다 높다. 즉, OECD 회원국에서는 인구가 적고 인종적 · 민족적으로 동질적일수록 영아사망률이 낮다고 볼 수 있다. 또한 제시문에서는 1인당 국내총생산이라는 지표가 삶의 질을 제대로 보여주는지는 미심쩍다고 하였으므로, 제시된 내용만으로는 OECD 회원국에서의 1인당 국내총생산과 영아사망률의 상관관계를 정확히 알 수 없다.

오답해설

② OECD 평균 영아사망률은 4.1명이며(2020년 기준), 인구가 많거나 인종적 · 민족적으로 이질적인 사회에서는 영아사망률을 OECD 평균 수준까지 낮추기 어렵다. 예컨대 미국과 멕시코의 영아사망률은 각각 5.4명, 13.8명으로 4.1명 수준까지 낮추기는 무척 어려울 것으로 보인다.

③ 산업화 시작 전인 1750년경 출생아 1,000명당 300~400명에 달할 정도로 높던 서구 사회의 평균 영아사망률은 점진적으로 낮아지다가 1950년에 이르러서 35~65명으로 떨어졌다.

④ 영아사망률은 삶의 수준을 보여주는 강력한 지표로서, 낮은 영아사망률은 의료 체계, 위생적인 생활환경, 사회적 지원 제도 등 양질의 생활에 필요한 환경을 갖추고 있다는 것을 의미한다.

⑤ 경제적 불평등의 정도와 저소득층을 위한 사회 안전망 수준 등의 삶의 질을 보여주지 못하는 1인당 가처분소득보다 삶의 수준을 보여주는 강력한 지표인 영아사망률이 한 사회의 삶의 질을 더 잘 나타내는 지표임을 전반적인 제시문의 내용을 통해 알 수 있다.

06 추론

난도 하

정답해설

제시문에 따르면 장내 마이크로바이옴은 사이토카인을 생성해 인체의 면역력을 적절한 상태로 만드는 역할을 한다. 장내 마이크로바이옴을 구성하는 미생물의 수와 다양성이 적정 수준으로 유지된다면 이러한 역할이 적절히 수행되므로 ④와 같은 추론이 가능하다.

오답해설

① 장내 마이크로바이옴은 인체 다른 부위의 마이크로바이옴보다 미생물의 수가 압도적으로 많고 그 다양성도 크다. 따라서 ①의 진술과 반대로 미생물이 서식하기에 가장 적합한 곳은 장 속이라고 추론할 수 있다.

② 마이크로바이옴은 특정 환경에 존재하는 모든 미생물의 집단을 말하며, 인체 마이크로바이옴의 수는 인체 세포 수보다 10배 정도 많고, 장내 마이크로바이옴은 인체 다른 부위의 마이크로바이옴보다 미생물의 수가 압도적으로 많다. 또한 장내 마이크로바이옴은 인체 면역력 유지에 긍정적인 역할을 하므로, 마이크로바이옴을 구성하는 미생물의 수와 다양성이 적정 수준 이하로 떨어지면 면역력이 저하될 수 있다. 따라서 ②의 진술과 반대로 몸에 있는 미생물의 수가 몸의 세포 수보다 줄어들면 면역력이 약화된다고 추론할 수 있다.

③ 장내 마이크로바이옴을 구성하는 미생물의 수와 다양성이 적정 수준으로 유지된다면, 장내 마이크로바이옴이 인체의 면역력을 적절한 상태로 만드는 역할 또한 적절히 수행된다. 따라서 적정한 수준을 유지하는 것이 중요함을 알 수 있으나, ③의 진술처럼 미생물의 수가 많을수록 장내 건강에 유익하다고 볼 근거는 없다. 적정 수준을 초과할 경우 어떤 유익이 있는지 언급하지 않았으며, 오히려 어떤 문제를 일으킬 수도 있는 것이다.

⑤ 장내 마이크로바이옴을 구성하는 미생물의 수와 다양성의 적정성은 면역력에 긍정적인 영향을 끼치며, 적정 수준 이하로 떨어지면 휴면 상태에 있던 유해균이 깨어나 질병을 유발할 수 있다. 그러므로 장내 마이크로바이옴 구성 미생물의 수와 다양성이 적정 수준보다 낮아지면 장내 염증성 질병을 유발할 수 있다. 또한 장내 염증성 질병 환자에게 건강한 사람의 마이크로바이옴 배양체를 이식하면, 즉 미생물군 이식을 하면 장내 미생물의 수와 다양성이 적정 수준으로 회복되어 증상이 개선될 수 있다. 따라서 미생물군 이식을 해도 환자의 장내 마이크로바이옴의 다양성에는 변화가 없다는 ⑤의 진술은 제시문의 내용과 배치된다.

07 글의 문맥·구조 정답 ③

난도 중

정답해설

첫 번째 문단은 '소득 불평등이 개인의 유전적 자질 차이로 생겨난 결과이기에 피할 수 없다'는 주장을 다른 시각에서 검토할 수 있게 하는 '최근의 연구 결과들'이 있다고 소개한다. 이는 글의 도입부로서 '소득 불평등을 일으키는 사회경제적 원인'이라는 전체 글의 주제를 제시하는 역할을 한다. 두 번째 문단에 따르면 대뇌 회백질의 면적이 넓을수록 학습 능력이 우수한데, 가구 소득의 수준과 시간의 흐름에 따른 대뇌 회백질의 면적 변화는 비례했다. 즉, 가구 소득수준이라는 사회경제적 수준이 높을수록 아이들의 회백질 면적이 커져 학습 능력 또한 증가할 수 있는 것이다. 세 번째 문단에 따르면 학습 과정에서 핵심적 기능을 담당하는 해마 또한 사회경제적 수준에 따라 발달 차이를 보인다. 고용 불안, 생계 불안으로 인한 스트레스 증가는 해마의 정상적인 발달을 저해하는데, 실제로 저소득층 아이들은 고소득층 아이들보다 해마 크기가 상대적으로 작았다. 네 번째 문단에 따르면 사회경제적 수준의 차이는 학습 능력의 차이를 유발해 결국 소득 불평등으로 이어질 가능성이 크다. 따라서 ③의 진술처럼 학습 능력의 차이는 사회경제적 환경과 밀접하게 관련되어 있고, 이는 소득 불평등으로 이어질 수 있다는 것이 제시문의 핵심 논지이다.

오답해설

① 제시문에서 태어났을 때는 고소득층·저소득층 영유아들 사이에 대뇌 회백질 면적 차이가 거의 없었다고 했으므로, 부모로부터 획득한 유전적 요인은 사회적 성취의 질적 수준을 결정하는 요인으로 보기 어렵다.

② 제시문에서 출생 당시에는 고소득층·저소득층 영유아들 사이에 대뇌 회백질 면적 차이가 거의 없었다고 했으므로, 유전적 자질의 차이를 극복할 수 있게 해야 한다는 ②의 진술은 제시문의 내용과 부합하지 않는다. 또한 제시문은 '뇌 기관 발달 촉진' 요인보다는 '뇌 기관 발달 저해' 요인에 초점을 맞추고 있다.

④ 제시문에 따르면 학습 과정을 담당하는 뇌 기관(대뇌 회백질, 해마)의 발달 정도는 가구의 소득수준과 비례한다.

⑤ 제시문에 따르면 소득 불평등의 원인은 개인의 능력 차이보다는 사회경제적 수준의 차이에서 찾을 수 있다. 따라서 소득 불평등 문제를 해결하기 위한 제도적 장치의 효용은 제한적이지 않다.

> **합격 가이드**
>
> 글의 핵심 논지를 파악하는 문제·유형의 출제 의도는 글의 주제와 결론을 정확하게 파악하는 능력을 갖추고 있는지 측정하기 위한 것이다. 핵심 논지를 파악하기 위해 지문을 도식화하면 '사회경제적 환경(부모의 소득수준)의 차이 → 학습 능력에 관여하는 뇌 기관의 발달 차이 → 학습 능력의 차이 → 소득 불평등 초래 가능성 증가'로 정리할 수 있다. 즉, 사회경제적 환경의 영향으로 인해 아동의 학습 능력에 차이가 발생해 소득 불평등을 초래할 수 있다는 것이 지문의 논지이다. 이런 문제 유형의 경우, 선택지 중에서 정답을 신속하게 식별하고 다음 문제로 넘어갈 수 있도록 문단 사이의 구조와 전체 흐름을 개괄하는 정도로만 파악하고, 지엽적인 내용까지 파고들며 지나치게 세세하게 파악할 필요는 없다.

08 글의 문맥·구조 정답 ⑤

난도 하

정답해설

틀린 문장을 수정하려면 문맥을 살펴보고 선택지의 내용을 대입하여 문맥에 어울리는지 검토해야 한다. 먼저 두 번째~세 번째 문단에 따르면 '직(職)'은 자신이 점유하고 있는 직장 내의 자리에서 담당하는 일을, '업(業)'은 평생을 두고 내

가 고민하고 추구해야 하는 가치 있는 일을 뜻한다. 그리고 ⓜ이 있는 다섯 번째 문단의 문맥을 살펴보면, 자신의 업을 깨닫지 못한다면 아무리 좋은 직도 무료하고 불안정하다. 그러므로 취업에 성공한다고 해도 자신의 업을 파악하지 못한다면 직장 생활에서 큰 보람을 느끼지 못할 것이다. 따라서 ⓜ에는 "자신의 업을 파악하지 못한다면"이 들어가야 문맥상 자연스럽다. ⓜ 바로 앞의 문장에 힌트가 분명히 제시되어 있다.

09 밑줄·빈칸 채우기 정답 ①

난도 하

정답해설

첫 번째 문단에 따르면 제시문의 요지는 전염병이 유입되어도 감염 사슬이 유지될 수 있을 정도로 인구밀도가 높으면 머지않아 전염병이 풍토병으로 전환되어 충분히 대응 가능하지만, 인구밀도가 높지 않으면 전염병이 풍토병으로 전환될 가능성이 희박해서 피해에 취약하다는 것이다. 또한 두 번째~세 번째 문단에서는 이러한 요지의 예시로 일본과 영국(유럽)의 과거 사례를 설명하고 있다. 두 번째 문단에 따르면 일본은 섬나라로서 지리적으로 타국과 격리되어 있다는 점과 17세기 이전까지 현저히 낮은 인구밀도로 인해 전염병이 유입될 때마다 전혀 대처할 수 없었다. 즉, 감염 사슬을 유지할 수 있을 정도로 인구밀도가 높지 않았기에 전염병이 풍토병으로 전환될 가능성이 희박했음을 알 수 있다. 그리고 (가) 뒤에서는 일본은 전염병의 유입으로 인한 심각한 피해를 계속 겪어야 했다고 하였다. 따라서 (가)에는 첫 번째 문단에서 언급한 것처럼 '감염 사슬이 유지될 수 있을 정도로 인구밀도가 높아지기 전까지'라는 내용이 들어가야 앞뒤 문맥의 흐름이 자연스럽게 된다.

세 번째 문단에 따르면 영국은 유럽 대륙의 국가에 비해 인구밀도가 훨씬 낮았기에 각종 전염병에 대한 저항력을 갖출 수 없었다. 즉, 낮은 인구밀도로 인해 전염병이 풍토병으로 전환되는 데 유럽 대륙의 국가보다 훨씬 더 오랜 기간이 필요했음을 알 수 있다. 이를 통해 영국의 경우와 반대로 유럽 대륙은 높은 인구밀도로 인해 전염병이 풍토병으로 전환되는 데 영국보다 훨씬 짧은 기간이 걸렸음을 알 수 있다. 따라서 (나)에는 전염병에서 풍토병으로의 전환 기간이 영국보다 짧다는 내용이 들어가야 문맥상 자연스럽다.

> **합격 가이드**
>
> 빈칸에 들어갈 적절한 문장을 찾으려면 글의 요지에 대한 이해와 함께 빈칸 앞뒤 내용의 흐름을 검토한 다음 문맥을 논리적으로 자연스럽게 이어줄 수 있는 내용을 선택지에서 찾아야 한다.

10 글의 문맥·구조 정답 ②

난도 하

정답해설

첫 번째 문단에서 사후확신 편향의 개념과 사후확신 편향으로 인한 악영향 등을 설명하고, 두 번째 문단에서는 사후확신 편향이 인간의 행동을 변화시키는 원리(메커니즘)를 설명한 후 마지막 문장에서 결론으로 사후확신 편향으로 인한 악영향에서 벗어나 의사결정자들의 바람직한 결정을 유도하는 방법을 제시하였다. 이러한 방법으로 제시한 내용이 의사결정의 질을 평가할 때 당시 주어진 정보에 따른 의사결정 과정의 정당성을 반영해야 한다는 것이다. 따라서 의사결정의 질을 평가할 때는 결과와 과정의 정당성을 모두 고려해야 한다는 ②의 주장이 제시문의 핵심 논지이다.

① 제시문의 논지는 사후확신 편향으로 인한 악영향에서 벗어나 의사결정자들의 바람직한 결정을 유도하는 것이지, ①의 진술처럼 무모한 의사결정을 한 사람들을 비판하자는 것이 아니다. 또한 ①은 결과를 배제하고 과정의 정당성만을 고려한 것으로, 결과와 의사결정 과정의 정당성을 함께 고려해야 한다는 논지의 입장에서 벗어난 주장이다.

③ 의사결정의 결과를 고려해야 한다는 제시문의 내용과 배치되는 주장이다.

④ 두 번째 문단에 따르면 자신의 결정이 비판·성토의 대상이 될 수도 있음을 의식하면 비판·성토를 당할 위험을 회피하기 위해 관행적인 방법을 선호하게 된다. 이러한 사례로 소송을 회피하기 위해 효과가 없는 것을 알면서도 위험이 적은 일반적인 치료법을 적용함으로써 결과적으로는 환자를 돕지 못한 의사의 경우를 가정했다. 즉, 제시문에 따르면 ④에서 언급한 '위험을 회피하는 선택'을 하는 것은 지양해야 하는 행동이다. 따라서 ④의 진술은 제시문의 내용과 배치된다.

⑤ 두 번째 문단에서는 사후확신 편향을 의식한 의사가 위험을 회피하려는 의사결정을 함으로써 환자를 돕지도 못하고 오히려 이해관계자들 사이의 갈등만 더 키운 사례를 가정해 제시하였다. 즉, 사후확신 편향의 악영향으로 이해관계자들 사이의 갈등이 커질 수 있는 것이다. 따라서 ⑤의 주장은 제시문의 내용과 선후관계가 도치되어 있어 성립하지 않는다. '사후확신 편향 극복 → 이해관계자들 간 갈등 완화'는 성립하지만, '이해관계자들 간 갈등 완화 → 사후확신 편향 극복'은 성립하지 않는다.

'사후확신 편향'이라는 핵심 소재의 개념을 이해하고 문단별 소주제를 파악하며, 마지막 문장에 제시된 결론(사후확신 편향의 극복 방안)에 이르기까지의 논리적 흐름을 파악하는 것이 바람직하다.

11 추론 정답 ④

난도 하

마지막 문단에 따르면 창조 의도를 가진 변기가 창조물이 아닌 것은 재료가 변형되어야 창조물로 볼 수 있기 때문이다. 이를 역으로 생각하면 창조물로 인정받았다면 재료의 변형이라는 조건을 반드시 갖추고 있음을 추론할 수 있다. 이러한 추론은 ④의 내용과 상통한다.

① 마지막 문단에 따르면 제작자가 창조 의도를 가지고 전시한 변기는 예술 작품일 수 있다. 따라서 ①의 추론은 제시문의 내용과 배치된다.

② 제작자의 창조 의도는 창조물이 갖추어야 할 여러 조건 중 하나이다. 그러나 이러한 조건 중 하나만을 갖추었다고 해서 창조물이라고 단정할 수 없다.

③ 마지막 문단에 따르면 재료를 변형시키지 않은 변기도 예술 작품이 될 수 있다. 따라서 ③의 진술처럼 예술 작품은 작품에 사용된 재료를 변형시킨 것이라고 단정할 수 없다.

⑤ 첫 번째 문단에 따르면 이순신 장군상과 똑같다고 하더라도 제작자가 존재하지 않는다면 창조물로 볼 수 없다. 또한 두 번째 문단에 따르면 제작자가 기이한 형태의 콘크리트 덩어리를 만들었다고 해도 아무런 창조 의도가 없다면 이는 창조물이 아니다. 따라서 새로운 물질로부터 어떠한 모양의 물체가 만들어지든지 제작자가 없거나 창조 의도가 없다면 창조물로 볼 수 없다.

창조물이 되기 위해 갖추어야 하는 여러 가지 조건으로 제작자의 존재, 제작자의 창조 의도 존재, 재료의 변형 등을 들었고, 이러한 조건 중 하나라도 충족하지 않으면 창조물로 인정될 수 없다. 그런데 선택지 중 오답항들은 조건 중 일부만을 충족하고 있거나, 지문의 내용과 배치된다. 단순한 내용 대조 정도만으로도 선택지 추론의 타당성 여부를 판별할 수 있으므로, 다음 문제로 신속히 넘어갈 수 있어야 한다.

12 밑줄·빈칸 채우기 정답 ⑤

난도 중

제시문의 구성상 빈칸에는 '공기 중에 새로운 비활성 기체 성분이 존재한다'는 레일리와 램지의 발표를 의심하는 질문이(회의적인 반응이) 들어가야 함을 알 수 있다. 즉, 레일리와 램지는 '기존에 알려지지 않은' 원소로 구성된 기체 성분이 존재한다는 입장이므로, ⑤처럼 이를 의심하는 '기존에 알려진' 원소로 구성된 새로운 물질이 형성될 수도 있다는 반응이 빈칸에 들어가야 한다.

빈칸 뒤의 마지막 문단에 따르면 가시광선 영역의 스펙트럼의 선은 원소의 결합이 아니라 구성 원소에 의해 결정된다. 또한 스펙트럼 검사를 통해 이미 알려진 원소의 스펙트럼에 속하지 않는 새로운 스펙트럼의 선을 확인했다. 그러므로 기존에 알려지지 않은 새로운 원소의 존재를 인정하게 된 것이다. 따라서 스펙트럼 검사를 하기 전에 레일리와 램지가 실시한 실험에서 발견한 성분은 '새로운 원소가 아니라 기존에 알려진 원소일 수도 있다'는 화학자들의 의심은 해소되었다.

빈칸을 채우는 유형의 문제는 해당 빈칸을 중심으로 그 앞뒤 문장의 흐름을 파악해야 정답을 효율적으로 찾을 수 있다. 빈칸 앞의 문장에서 레일리와 램지는 알려지지 않은 새로운 성분의 존재를 발견했다고 했으나, 빈칸 이후의 문장에서는 화학자들이 새로운 성분의 존재를 발견했다는 것에 회의적인 반응을 보였다고 했다. 따라서 빈칸에는 새로운 원소를 발견한 것이 아니라 기존의 원소일 것이라는 내용이 들어가는 것이 적절하다.

13 논리퀴즈 정답 ②

난도 상

제시문의 경기 결과를 ⓐ~ⓕ로 정리하고, 이를 토대로 도출 가능한 내용을 정리하면 다음과 같다.

ⓐ 갑 : 1승 1패
ⓑ 정은 을을 이겼음
ⓒ 병은 갑과 을을 이긴 적 없음
ⓓ 연구부 1위 : 4강전, 1~2위전 모두 승리
ⓔ 영업부 2패(4위) : 4강전, 3~4위전 모두 패배
ⓕ 인사부와 연구부가 대결한 경기는 없음

ⓐ	갑은 2위(1승 후 1패) 또는 3위(1패 후 1승)
ⓑ	정은 최소 1승 이상(최소 3위) & 을은 최소 1패 이상(우승자 아님)
ⓒ	병은 최소 1패 이상(1위 아님)
ⓑ·ⓒ·ⓓ	을·병은 연구부(1위) 직원 아님

ⓐ·ⓑ·ⓒ	• 갑·을·병 모두 1패 이상 → 1위 아님 → 정 1위 → 정은 연구부 소속 • 정이 1위 → 병은 정·갑·을 중 누구에게도 이기지 않았음 → 병은 4위로 영업부 소속
ⓐ·ⓑ·ⓔ	갑·정은 영업부 직원 아님
ⓓ·ⓔ	인사부·자재부는 2위 또는 3위임
ⓐ·ⓓ·ⓔ	갑은 연구부(1위) 또는 영업부(4위) 직원 아님 → 자재부 또는 인사부 직원
ⓓ·ⓔ·ⓕ	연구부 1위, 영업부 4위이며, 2위는 1위와 대결했으므로 인사부 3위
최종 순위	1위 연구부, 2위 자재부, 3위 인사부, 4위 영업부

ⓐ(갑 1승 1패)를 통해 갑이 2위 또는 3위임을 알 수 있다. ⓑ(을 최소 1패 이상)를 통해 을은 1위가 아님을 알 수 있다. 또한 ⓓ(연구부 우승)를 통해 갑과 을은 연구부 직원이 아님을 알 수 있고, 갑과 을을 제외한 병 또는 정 중 1명이 연구부 직원임을 알 수 있다.

ⓒ(병 최소 1패)를 통해 병은 1위가 아니며, ⓓ(연구부 우승)를 통해 병은 연구부(우승팀) 직원이 아님을 알 수 있다. 역으로 병은 '자재부, 인사부, 영업부' 중 한 부서의 소속임을 알 수 있다. 또한 ⓑ(정이 을을 이김)를 통해 정이 최소 3위 이내를 기록했으며, ⓔ(영업부 4위)를 통해 정이 영업부 직원이 아님을 알 수 있다. 역으로 정이 '연구부, 자재부, 인사부' 중 한 부서의 소속임을 알 수 있다.

ⓓ(연구부 우승)와 ⓔ(영업부 4위)를 통해 대전 가능한 3~4위전 조합은 연구부를 제외한 '자재부(승) – 영업부(패)' 또는 '인사부(승) – 영업부(패)'임을 알 수 있다. 그런데 ⓕ(인사부와 연구부는 대결하지 않았음)를 통해 인사부는 결승전 진출에 실패했음을 알 수 있다. 그러므로 3~4위전에서 대결한 부서는 '인사부(승) – 영업부(패)'이며, 나머지 '연구부(승) – 자재부(패)'가 1~2위전에서 대결했다는 것을 알 수 있다. 순위를 정리하면 1위 연구부(2승), 2위 자재부(1승 1패), 3위 인사부(1승 1패), 4위 영업부(2패)이다.

이상의 내용을 종합하여 토너먼트 대진표를 작성하면 다음과 같다.

위의 내용에 따라 부서와 대표를 연결하여 표로 정리하면 다음과 같다.

구분	1위(연구부)	2위(자재부)	3위(인사부)	4위(영업부)
경우 1	정	을	갑	병
경우 2	정	갑	을	병

인사부와 연구부는 대결하지 않았기(ⓕ) 때문에 을은 2위가 된다는 것을 알 수 있다. 즉, 인사부는 3위이고 우승자 정(연구부)과 대결하지 않았기 때문에 정과 대결한 을은 자동으로 2위(자재부)임을 알 수 있는 것이다. 결승전에서 정과 을이 대결해 정이 이겨 우승하고 을이 패배해 2위가 된 것인데, 위의 표에서 '경우 2'는 을이 아니라 갑이 2위이기 때문에 성립하지 않는다.

이상의 분석 결과를 요약하여 정리하면 다음과 같다.

• 1경기 : 연구부(정) vs 영업부(병) → 연구부 승리
• 2경기 : 인사부(갑) vs 자재부(을) → 자재부 승리
• 1~2위전 결과 : 연구부(승) vs 자재부(패) → 연구부 1위, 자재부 2위
• 3~4위전 결과 : 인사부(승) vs 영업부(패) → 인사부 3위, 영업부 4위

위 해설에서 종합한 내용에 따르면 을(자재부)과 정(연구부)이 결승전에서 만나 정이 이기고(ⓑ) 우승했다. 따라서 반드시 참인 것은 ②이다.

오답해설

① 갑은 3위이고 을은 2위이다.
③ 병이 영업부인 것은 맞으나, 정은 자재부가 아니라 연구부이다.
④ 3~4위전에서는 인사부와 영업부가 대결해 인사부가 이겼다.
⑤ 4강전에서 정이 승리한 것은 맞으나, 갑은 을에게 졌다.

14 논리퀴즈 정답 ⑤

난도 중

정답해설

제시문의 사실을 정리하고, 이를 토대로 도출 가능한 내용을 살펴보면 다음과 같다.

• 사실 1 : 한 명은 기존 부서에 남았지만 나머지 네 명은 다른 부서로 옮겼다.
• 사실 2 : 갑은 기존에 C부서에 근무했다.
• 사실 3 : 병과 정은 서로 부서를 맞바꾸어 근무하게 되었다.
  → 병과 정은 다른 부서로 옮겼다.
• 사실 4 : 무는 기존과 다른 부서 D로 옮겼다.
  → 병·정·무가 부서를 옮겼으므로 기존 부서에 남은 사람은 갑 또는 을이다.
  → 무는 갑 또는 을과 부서를 맞바꾸어야 한다. 이때 갑과 맞바꾸려면 갑은 기존에 D부서에 소속되어 있어야 한다. 그런데 '사실 2'에서 갑은 기존에 C부서에 소속되어 있었다고 했으므로, 무와 맞바꾼 사람은 갑이 아니라 을임을 알 수 있다. 즉, 을은 기존에 D부서에 소속되어 있었고, 갑은 기존의 C부서에 남았다.

이상의 내용에 따라 도출 가능한 정보를 다시 정리하면 다음과 같다.

• 갑은 기존에 C부서에 근무했다. 그리고 C부서에 남았다. 을~무 네 명이 부서를 옮겼다.
• 무는 을과 서로 부서를 맞바꾸었다. 이때 을은 기존에 D부서 소속이었으므로, 무는 D부서에 배치되었다.
• 병과 정은 다른 부서로 옮겼다.

ㄱ. 갑은 기존에 C부서에서 근무했고, 정기 인사 발령 이후에도 C부서에 남았다.
ㄴ. 을과 무가 부서를 맞바꾸었으므로 을이 옮겨간 부서와 무가 기존에 소속되었던 부서는 같음을 알 수 있다.
ㄷ. 무가 기존에 E부서에 근무했다면, 무는 을과 부서를 맞바꾸었으므로 을이 E부서에 배치되었다. 위의 정리한 내용에 따라 갑~무의 배치 부서를 정리한 다음의 표를 보면, 을이 E부서에 배치된 '경우 4'와 '경우 6'에서는 병이나 정이 A부서에 배치되었다.

구분	A부서	B부서	C부서	D부서	E부서
경우 1	을	병	갑	무	정
경우 2	을	정	갑	무	병
경우 3	병	을	갑	무	정
경우 4	병	정	갑	무	을
경우 5	정	을	갑	무	병
경우 6	정	병	갑	무	을

15 강화·약화   정답 ②

난도 중

정답해설

ⓒ에 따르면 문법적이라고 해서 반드시 사용 빈도에 대한 통계적 순위에서 상위에 있는 것은 아니다. 예컨대, 문법적인 문장 (1)과 비문법적인 문장 (2)는 통계적인 측면에서 차이가 없기 때문이다(사용 빈도가 희박함). 즉, '문법적인 것'과 '통계적 순위에서 상위에 있는 것'은 상관관계가 성립하지 않는다. 따라서 ㄴ에서 언급한 '통계적 순위에서 하위에 있는 어떤 문장이 문법적인 경우'는 ⓒ을 뒷받침하는 사례이므로 ⓒ를 강화한다.

한편, ⓐ에 따르면 문법적이라고 해서 반드시 의미가 있는 것은 아니다. 예컨대, (1)의 문장은 문법적이지만 (2)의 문장과 마찬가지로 무의미하기 때문이다. 즉, '문법적인 것'과 '의미가 있는 것'은 상관관계가 성립하지 않는다. 따라서 ㄴ에서 언급한 '무의미함에도 불구하고 문법적인 경우'는 ⓐ을 뒷받침하는 사례이므로 ⓐ 또한 강화한다.

오답해설

ㄱ. ⓐ에 따르면 (1)의 문장을 (2)의 문장보다 훨씬 더 쉽게 기억할 수 있는 것은 (1)의 문장은 (2)의 문장과 달리 문법적이기 때문이다. '문법적 → 기억하기 쉬움'의 관계를 도식화할 수 있다. 즉, ⓐ은 문법성의 유무에 따른 기억의 난이도를 언급하고 있으므로, '사용 빈도'와 '기억' 사이가 아니라 '문법성'과 '기억' 사이에 상관관계가 없는 것으로 밝혀져야 ⓐ이 약화된다. 한편, 사용 빈도를 언급하고 있는 것은 ⓐ이 아니라 ⓒ이며, ⓒ에 따르면 문법적이든 비문법적이든 무의미한 문장은 현실의 담화 상황에서 사용 빈도가 거의 없다. '무의미함 → 사용 빈도 희박함'의 관계를 도식화할 수 있다. 즉, ⓐ과 ⓒ에 따르면 문장의 사용 빈도와 문장을 기억하기 쉬운 정도는 상관관계가 없음을 알 수 있다. 따라서 ㄱ의 진술처럼 '문장의 사용 빈도와 그 문장을 기억하기 쉬운가가 서로 상관관계가 없는 것으로 밝혀지는 경우'에는 ⓒ이 강화된다.

ㄷ. ⓐ은 (1)과 (2)의 문장을 사례로 제시하며 문법성과 의미 사이에는 상관관계가 없다고 설명한다. 그런데 ㄷ의 언급처럼 문법적이지만 무의미했던 문장이 일정한 시간이 지난 후에 유의미하며 문법적인 문장으로 받아들여질 경우가 많아진다면, ⓐ에서 반례로 들었던 사례가 실제로는 반례가 아니라는 의미이다. 따라서 ㄷ과 같은 경우에 ⓐ은 약화된다. 그런데 ⓒ은 문법적이라고 해서 반드시 사용 빈도가 높은 것은 아니라고 설명하고 있다. 그러므로 사용 빈도를 언급하지 않은 ㄷ의 진술은 ⓒ과는 무관하므로 ⓒ을 약화하지도 강화하지도 않는다.

16 추론   정답 ⑤

난도 중

정답해설

ㄱ. 언어 표현의 의미는 지칭하는 대상일 뿐이라는 ⓐ이 참이고(의미=지칭 대상), '슈퍼맨'과 '클라크 켄트'는 동일한 대상을 가리킨다는 ⓑ 또한 참이라면(슈퍼맨=클라크 켄트), 결국 '슈퍼맨'과 '클라크 켄트'라는 고유명사는 의미가 같다는 ⓒ 또한 반드시 참이 된다(슈퍼맨=클라크 켄트). 한편 제시문에서 ⓐ은 지칭적 의미론의 주장이며, 이러한 주장에 따르면 ⓑ이 사실로 주어진다면 ⓒ이 따라 나온다고 하였다. 즉, ⓐ이 참이고 ⓑ도 사실인 경우에는 ⓒ이 도출된다는 것이다. 이는 ㄱ의 진술과 같은 내용이다.

ㄴ. ⓑ은 '슈퍼맨'과 '클라크 켄트'는 동일한 대상을 가리킨다고 하였다(슈퍼맨=클라크 켄트). 그리고 ⓔ에서는 '슈퍼맨'과 '클라크 켄트'라는 두 고유명사는 의미가 다르다고 하였다(슈퍼맨≠클라크 켄트). 그렇다면 의미는 지칭하는 대상일 뿐이라는 ⓐ의 진술(의미=지칭 대상)은 참이 아니라 거짓이 된다. 즉, ⓑ이 참이고 ⓔ도 참인 경우에 ⓐ은 그르다는 것이다. 따라서 '슈퍼맨'과 '클라크 켄트'는 동일한 대상을 지칭하지만(ⓑ) 의미가 다르다면(ⓔ), 지칭하는 대상이 곧 의미라는 진술(ⓐ)은 참이 아니다. ⓐ에서 '슈퍼맨'과 '클라크 켄트'가 동일한 대상을 지칭한다면 의미 역시 동일해야 한다고 했기 때문이다. 이는 ㄴ의 진술과 같은 내용이다.

ㄷ. '문장들이 인지적 차이가 있다면 그 문장들은 의미에서 차이가 난다. 즉, '인지적 차이 → 의미 차이'라는 명제가 옳고, '(1)과 (2)는 인지적 차이가 있다'는 ⓓ도 옳다면 '(1)과 (2)는 의미가 다르다'는 ⓔ 또한 성립한다.

17 강화·약화   정답 ④

난도 하

정답해설

먼저 이해의 편의를 위해 A, B, C의 주장을 요약해 정리해보자.

A는 신경조절기술은 뇌 질환 치료, 뇌 기능 향상 등에 효과가 있으므로, 지속적인 연구 개발을 통해 신경조절기술의 활용 범위를 넓혀야 한다고 주장한다. 그러나 신경조절기술로 인한 합병증·부작용 가능성은 언급하지 않았다. 즉, A는 신경조절기술 사용에 적극 찬성한다고 볼 수 있다.

B는 신경조절기술에는 합병증·부작용의 위험성이 있으므로 신경조절기술은 위험보다 이익이 명확히 클 경우에만 사용해야 한다고 주장한다. 즉, B는 특정 질환의 치료라는 예외적인 경우 이외에는 신경조절기술 사용에 반대한다.

C는 신경조절기술이 질병 치료에 사용될 수는 있지만, 인지기능의 향상을 목적으로 사용하면 오히려 뇌 질환을 일으킬 수 있으므로 이러한 목적으로는 사용을 금지해야 한다고 주장한다. 즉, C는 제한적인 찬성(질병 치료 ○), 제한적인 반대(인지기능 개선 ×)의 입장을 보인다.

ㄴ. B에 따르면 경두개전기자극술 등의 비침습적 뇌자극기술을 장기적으로 사용하면 뇌 기능에 변화를 초래할 수 있다. 또한 C에 따르면 경두개전기자극술은 뇌 기능을 개선할 수 있지만 건강한 사람들에게는 오히려 뇌 질환을 유발할 위험이 있다. 따라서 경두개전기자극술에 장기간 노출되어 악성 뇌종양이 발생한 ㄴ의 사례는 뇌심부자극술을 포함한 신경조절기술의 위험성을 주목해 신경조절기술의 사용을 반대하는 B와 C의 주장을 강화한다. 이는 B

의 주장과 C의 주장은 약화되지 않는다는 ㄴ의 진술과 상통한다.

ㄷ. A는 경두개전기자극술 등의 비침습적 뇌자극기술은 인지능력 향상에 효과가 있다고 주장하는 한편 경두개전기자극술이 질병·부작용 등의 역효과를 유발할 수 있는지 여부는 거론하지 않았다. 따라서 경두개전기자극술이 뇌에 어떠한 문제도 유발하지 않았다는 ㄷ의 사례는 A의 주장과 무관하므로 A의 주장을 약화시키지 않는다. 오히려 신경조절기술 사용에 찬성하는 A의 주장을 강화하는 사례로 활용될 수 있다. 또한 C는 건강한 사람이 인지능력 향상을 위해 경두개전기자극술을 적용한 기기를 사용하면 오히려 뇌 질환을 일으킬 위험성이 매우 크다고 주장한다. 따라서 ㄷ에서 제시한 사례는 인지기능 향상 목적으로 신경조절기술을 사용하는 것에 반대하는 C의 주장을 약화시킬 수 있다.

오답해설

ㄱ. A에 따르면 뇌심부자극술은 파킨슨병의 치료법으로 이미 승인되었다. 따라서 ㄱ에서 제시한 중증 파킨슨병 환자가 뇌심부자극술을 받은 후 병증이 크게 완화된 사례는 뇌심부자극술은 유용하다는 A의 주장을 강화한다. 또한 B에 따르면 뇌심부자극술은 합병증뿐만 아니라 신경정신학적 부작용을 유발할 수 있다. 그리고 ㄱ에서 제시한 경증 수면장애를 얻은 경우는 일종의 역효과가 나타난 사례이다. 따라서 ㄱ에서 제시한 사례는 뇌심부자극술을 포함한 신경조절기술의 위험성을 간과할 수는 없다며 신경조절기술의 사용을 반대하는 B의 주장을 강화한다.

합격 가이드

먼저 핵심 소재인 '신경조절기술'과 관련한 A~C의 주장과 근거를 파악한다. 지문에 이들의 주장·근거가 비교적 분명하게 드러나 있어 내용을 이해하기 어렵지 않았을 것이다. 따라서 ㄱ·ㄴ·ㄷ에 제시된 사례를 주장의 근거와 대조해 각각의 사례가 주장을 강화 또는 약화하는지 혹은 무관한지 파악한다.

18 강화·약화 정답 ③

난도 하

정답해설

ㄱ. 항성의 밝기가 어두우면 그 항성이 거느린 행성들이 받는 빛의 양이 적어 너무 춥기 때문에 생명체가 존재하기 어렵다. 따라서 행성의 공전 주기가 지구와 유사하게 약 1년이더라도, ㄱ의 진술처럼 항성 Y의 밝기가 태양에 비해 훨씬 어둡다면 빛의 양이 적고 지나치게 추워서 생명체가 존재할 가능성이 낮을 것이다. 따라서 ㄱ의 경우 항성 Y에는 생명체가 존재하는 행성이 있다는 ⊙의 가설이 약화된다.

ㄷ. 항성이 식에 의해 어두워지는 비율이 크다는 것은 외계 행성이 크기 때문에 이 항성의 빛을 가리는 정도 또한 크다는 뜻이다. 또한 행성의 크기가 지구와 유사하다면 그 행성에 생명체가 존재할 가능성이 커진다고 설명하였다. 그리고 〈사례〉에서 항성 X에는 식을 일으키며 지구와 크기가 비슷한 행성이 존재한다고 하였다. 그런데 ㄷ에서 제시한 항성 Y에서 식에 의해 항성의 밝기가 어두워지는 비율이 항성 X에서보다 훨씬 큰 경우에는 항성 Y의 외계 행성의 크기는 지구보다 훨씬 크다. 행성의 크기가 클수록 질량이 커져 행성의 중력이 증가하며, 이때 이러한 행성의 크기가 지구보다 커질수록 생명체 존재 가능성은 감소한다. 그러므로 항성 Y에서 식을 일으키는 행성은 항성 X에서 식을 일으키는 행성보다 생명체 존재 가능성이 상대적으로 낮다고 생각할 수 있다. 따라서 ㄷ의 경우 항성 Y에는 생명체가 존재하는 행성이 있다는 ⊙의 가설이 약화된다.

오답해설

ㄴ. 〈사례〉에 따르면 항성 Y는 식을 일으키며 공전 주기가 1년 정도인 행성을 거

느리고 있다. 또한 제시문에서는 공전 주기가 지구와 유사할수록 생명체가 존재할 가능성이 커진다고 설명했다. 즉, 〈사례〉에서 제시한 항성 Y의 행성은 공전 주기가 1년 정도로 지구와 유사하므로 생명체가 존재할 가능성이 있다. 그러므로 이 행성의 존재는 항성 Y에는 생명체가 존재하는 행성이 있다는 가설을 뒷받침할 수 있는 사례이다. 그런데 ㄴ에서는 추가로 발견된 다른 행성이 주기가 더 길다고 하였다. 즉, 추가로 발견된 행성은 기존에 알고 있던 행성보다 공전 주기가 더 길기 때문에 생명체 존재 가능성이 기존의 행성보다 상대적으로 낮다. 그러나 생명체 존재 가능성이 높아 ⊙의 가설을 입증하는 기존의 행성을 이미 알고 있으므로, 생명체 존재 가능성이 낮은 다른 행성을 추가로 발견한다고 해도 ⊙의 가설이 약화되지 않는다.

합격 가이드

지문의 내용을 근거로 〈사례〉의 ⊙이라는 가설을 약화시키는 선택지를 찾는 유형의 문제이다. 따라서 정답항 도출의 근거를 지문에서 찾는 것이 당연하다. 내용에 대한 이해를 바탕으로 생명체의 존재 가능성을 높이는 조건을 ⊙의 가설이 갖추고 있는지 여부를 확인하는 수준에서 ⊙의 가설에 대한 선택지의 강화·약화 여부 또는 무관함을 식별할 수 있다.

19 일치부합 정답 ④

난도 하

정답해설

제시문에 따르면 AI는 자신의 행위를 선택·조절·통제할 수 있는 능력이 있으므로 통제 조건을 충족했다고 볼 수 있다. 또한 AI는 반성·숙고를 통해 자신의 행동으로 인해 어떤 결과가 나타날지 판단하는 능력이 없다. 즉, AI는 통제 조건을 충족했지만 인식 조건은 충족하지 못했기에 도덕적 책임을 지는 도덕적 행위자가 될 수 없다. 그런데 AI에게 업무의 처리를 위임한 주체는 AI의 관리자인 인간이므로 AI의 행위로부터 발생한 결과에 대한 도덕적 책임은 그 일을 위임한 인간에게 있다. 따라서 ④의 진술처럼 AI는 자신의 행동을 선택·통제할 수 있지만, 그 행동에 따르는 도덕적 책임은 AI에게 귀속될 수 없다.

오답해설

① 응답 책임은 자신이 내린 결정이나 한 일의 결과에 대한 질문에 답하고 설명해야 하는 의무이다. 또한 구성원들은 업무의 처리에 필요한 선택·조절·통제 능력을 갖추고 있어(통제 조건을 충족) 관리자로부터 과제를 위임받았을 뿐이며, 관리자만이 통제 조건과 인식 조건을 모두 갖추고 있기 때문에 특정 과제의 최종 책임은 전체 프로젝트를 총괄하는 관리자에게만 귀속된다. 따라서 총책임자인 관리자만이 응답 책임의 의무를 부담함을 알 수 있다.

② AI는 자신의 행위를 선택·조절·통제할 수 있는 능력이 있기에 통제 조건을 충족한다. 그러나 반성·숙고를 통해 자신의 행동으로 인해 결과가 어떻게 나타날지 판단할 수 있는 능력을 결여하고 있기에 인식 조건을 충족하지 못한다. 따라서 AI가 자신의 행위로 인해 어떤 결과가 초래될지 도덕적 판단을 내릴 수 없는 것은 통제 조건이 아니라 인식 조건을 충족하지 못하기 때문임을 알 수 있다.

③ 어린아이들의 행위에 대한 책임은 보호자와 피보호자의 관계에 의존해 보호자에게 귀속된다. 이와 달리 AI의 행위에 대한 책임은 위임 관계에 의존해 AI에게 업무의 처리를 위임한 관리자(인간)에게 있다.

⑤ 우리 사회의 조직 체계에서 채택하고 있는 위임 관계에 따르면 업무의 처리를 위임받은 구성원들이 아니라 업무의 처리를 위임한 총괄 관리자에게 최종적 책임을 귀속시킬 수 있다고 하였다. 이러한 총괄 책임자와 다른 구성원들 사이의 위임 관계와 마찬가지로, 관리자(인간)와 AI 사이에서도 관리자로부터 업무의 처리를 위임받은 AI가 아니라 AI에게 업무를 위임한 관리자(인간)에게 최종적 책임을 귀속시킬 수 있다. 즉, AI는 도덕적 책임을 지는 도덕적 행위자가 될 수 없다.

20 강화·약화

정답 ③

난도 중

정답해설

ㄱ. 총괄 관리자와 다른 구성원들이 위임 관계를 이루고 있고, 총괄 관리자만이 통제 조건과 인식 조건을 온전히 충족하고 있기에 최종적 책임을 진다. 이때 총괄 관리자는 다른 구성원들의 업무 처리 과정에 관여해 통제할 수 있다는 전제 아래 다른 구성원들에게 업무를 위임하는 것이다. 이와 마찬가지로 관리자인 인간(통제·인식 조건 충족)이 AI(인식 조건 결여)의 업무 처리 과정을 통제할 수 있다는 전제가 있기에 관리자가 AI에게 업무를 위임하는 것이다. 그런데 ㄱ의 진술처럼 인간이 AI 작동 과정을 통제할 수 없다면 전제가 성립하지 않는 것이므로, 전제 아래 도출된 ㉠이라는 결론은 약화된다.

ㄴ. 제시문에 따르면 도덕적 책임을 지는 도덕적 행위자가 되기 위한 두 가지 조건 중 하나인 인식 조건의 충족 여부는 응답 책임을 다할 수 있는지 여부로 파악할 수 있는데, 이때 응답 책임은 자신이 내린 결정이나 한 일의 결과에 대한 질문에 답하고 설명하는 의무를 뜻한다. 그러므로 ㄴ에서 언급한 '행위와 그로 인한 결과에 대한 질문에 잘 답하고 설명할 수 있다'는 것은 응답 책임을 잘 수행할 수 있다는 뜻이며, 이는 곧 인식 조건을 충족하고 있음을 뜻한다. 이해의 편의를 위해 도식화하면 '질문에 응답·설명 가능 → 응답 책임 수행 가능 → 인식 조건 충족'으로 정리할 수 있다. 따라서 도덕적 책임을 귀속시키기 위한 두 가지 조건 중 하나인 인식 조건을 인간이 갖추고 있는 것이므로 도덕적 책임은 (AI가 아니라) 인간에게 있다는 ㉠은 강화된다.

오답해설

ㄷ. 과제를 위임받은 구성원들이 자신의 업무를 조절·통제할 수 있으나 전체 프로젝트를 설명할 능력을 갖추고 있지 않다는 것은 통제 조건은 갖추었으나 인식 조건을 결여했다는 뜻이다. 곧 도덕적 책임을 지는 도덕적 행위자가 되기 위한 두 가지 조건 중 하나를 충족하지 못하므로 도덕적 책임을 지지 않는다. 이와 마찬가지로 AI도 통제 조건은 갖추었으나 인식 조건을 결여했기에 ㉠에서 AI의 행위로부터 발생한 결과에 대한 도덕적 책임을 AI에게 물을 수 없다고 본 것이다. 따라서 ㄷ에서 제시한 사례는 ㉠을 강화한다.

21 일치부합

정답 ④

난도 하

정답해설

김춘추의 어머니는 천명부인이며, 천명부인은 진평왕의 딸이다. 따라서 김춘추는 진평왕의 외손자이다. 또한 진평왕이 도입한 성골 대상에는 진평왕 자신, 진평왕의 부인, 진평왕의 딸, 진평왕의 친형제, 그 친형제가 낳은 딸이 포함되었다. 따라서 진지왕(진평왕의 숙부)의 아들이며 김춘추의 아버지인 용수의 신분은 진골이고, 용수의 아들인 김춘추 또한 진골임을 알 수 있다.

오답해설

① 동륜은 왕족으로서 진골 신분이며, 일찍 사망했기 때문에 왕위에 오를 수 없었다.

② 진덕여왕은 진평왕의 조카이다. 즉, 진평왕의 형제의 딸이다. 또한 성골만 왕위에 오르게 하고 진평왕의 형제의 딸은 성골이라는 내용에 따라 진덕여왕은 성골이었기에 왕위에 오를 수 있었음을 알 수 있다. 그러나 진덕여왕의 어머니가 누구인지는 명시되어 있지 않다.

③ 진평왕의 아버지인 동륜은 일찍 사망했기 때문에 동륜의 동생인 진지왕이 왕위에 올랐다. 또한 진지왕은 조카인 진평왕에 의해 폐위되었다. 따라서 '동륜이 진지왕을 죽였다', '동륜이 왕위에 올랐다', '동륜의 조카는 진평왕이다', '동륜은 진평왕에 의해 폐위되었다'는 ③의 진술은 모두 옳지 않다. 또한 진지왕이 죽은 원인도 명시되어 있지 않다.

⑤ 용수는 진지왕의 아들인 왕족이므로 진골이다. 또한 용수가 천명부인과 결혼할 수 있었던 이유나 두품 출신이 천명부인(성골)과 같은 성골 등의 왕족과 결혼할 수 있었는지 여부 등은 명시되어 있지 않다.

22 일치부합

정답 ③

난도 하

정답해설

부동산 거래 완료 시에 매도자로부터 매매문서를 넘겨받은 매수자는 부동산 거래 완료일로부터 100일 이내에 지방 관아에 신청해 소지(발급 신청서)와 초사·처분 등을 함께 묶은 문서 다발인 입안을 발급받았다. 따라서 ③의 진술처럼 매수자가 매도자로부터 매매문기를 넘겨받은 뒤 지방 관아에 소지를 내 입안을 발급받았음을 알 수 있다.

오답해설

① 입지는 입안을 분실한 사람이 입안을 대신할 수 있도록 발급받는 문서로, 임진왜란 이후에는 입안을 잃어버린 사람이 많아 입지 발급 건수가 폭증했다. 이때 임진왜란 이후 입지 발급 건수가 폭증했다는 것으로 보아 임진왜란 이전에도 입지 발급 사례가 있었음을 짐작할 수 있다. 따라서 임진왜란 이전에는 입지 발급 사례가 없었다는 ①의 진술은 옳지 않다.

② 입지는 부동산 취득 경위를 간략하게 기록한 소지에 지방관이 "이 사실을 인정함."이라 적고 서명한 문서의 명칭이다. 따라서 입지는 매매문기에 지방관이 서명하는 행위를 뜻한다는 ②의 진술은 옳지 않다.

④ 입안을 분실한 매수자는 분실 경위를 지방관에 아뢰고 입지를 받아 입안을 대신할 수 있었다. 입지는 부동산 취득 경위를 간략하게 적은 소지에 지방관이 이를 사실로 인정하는 서명을 적은 문서이다. 그러므로 부동산 거래 사실을 지방 관아에 알리고 입지를 발급받은 주체는 매도자가 아니라 매수자임을 알 수 있다. 이때 제시문에서는 입지 발급 신청 기한을 명시하지 않았지만, 부동산 거래 완료일로부터 100일 이내로 제한하지 않았을 가능성이 높다. 100일 이후에 분실한 사람을 보호할 수 없기 때문이다. 또한 입지 발급 신청이 의무 사항인지도 명시하지 않았지만, 재산권을 보호받기 위해 스스로 신청했었을 것이기에 굳이 의무 사항으로 정하지 않았을 가능성이 높다.

⑤ 제시문에서 설명한 『경국대전』의 기록에 따르면, 입안 발급 절차는 매수자가 매매 완료일로부터 100일 이내에 소지(입안 발급 신청서)를 관아에 제출함으로써 시작된다. 소지를 받은 지방관은 해당 거래의 사실 여부 확인한 후 관련 증거들을 기록한 초사를 작성하고, 신청자(매수인)의 소유권 획득 사실을 공증하는 처분을 발급한다. 이때 '소지, 초사, 처분'을 묶은 문서 다발이 입안이라 한다. 그러므로 ⑤의 진술처럼 지역 내 부동산 거래 상황을 '모두' 조사했다고 단정하기 어렵다. 오히려 소지를 받은 경우에만 해당 거래 상황을 조사했을 가능성이 높기 때문이다. 또한 해당 거래가 사실이 아닌 경우에는 입안을 발급하지 않았을 것이므로 ⑤의 진술처럼 '입안을 내주어야 했다'고 단정할 수 없고 해당 거래가 사실일 경우에는 신청자, 즉 매수인에게 입안을 발급했을 것이므로 '매도자에게 입안을 내주어야 했다'는 진술도 옳지 않다.

23 일치부합

정답 ④

난도 하

정답해설

제시문에 따르면 한국 국회에서 소관 상임위원회의 심사를 거친 법안은 법제사법위원회에서 체계·자구심사 절차를 거쳐 본회의에 상정된다. 그러나 법제사법위원회가 법안에 대한 체계와 자구 검토를 고의로 지연해 체계·자구심사 절차를 입법 과정을 지연하는 수단으로 이용하는 경우가 드물지 않게 일어난다.

① 본회의 중심주의든 상임위원회 중심주의든 상임위원회에서 법률을 심사한다. 따라서 양자의 공통점인 상임위원회 심사 단계의 존재를 양자를 구분하는 기준으로 삼을 수 없다. 상임위원회 중심주의와 본회의 중심주의를 구분하는 기준은 '실질적인 법안 심의가 어디에서 이루어지는가'이다. 실질적인 법안 심의가 본회의에서 이루어지면 본회의 중심주의로 분류하고, 소관 상임위원회에서 이루어지면 상임위원회 중심주의로 분류한다.

② 법안에 대한 최종 승인 권한은 본회의 중심주의와 상임위원회 중심주의를 불문하고 본회의에 있다. 따라서 양자를 구분하는 기준이 될 수 없다.

③ 영국은 본회의 중심주의를 채택한 대표적인 국가이다. 본회의 중심주의는 본회의에서 중요한 결정을 내리고, 상임위원회 심사 단계에서는 법안의 폐기, 내용 삭제 등이 불가하다. 따라서 법안이 소관 상임위원회를 통과하더라도 본회의에서 부결과 같은 중요 결정을 내릴 수 있다. '소관 상임위원회를 통과한 법안이 본회의에서 부결되는 경우는 거의 없다.'는 것은 영국이 아니라 한국 · 미국처럼 상임위원회 중심주의를 채택한 대부분의 국가에 해당하는 내용이다.

⑤ 한국과 같은 상임위원회 중심주의 국가의 입법과정에서 소관 상임위원회는 법률을 제안 · 수정 · 폐기할 수 있는 막강한 권한을 가지고 있다. 또한 한국 국회의 입법과정에서 '위원회 위의 위원회'라는 비판을 받기도 하는 조직은 소관 상임위원회가 아니라 법제사법위원회이다. 이는 소관 상임위원회의 심사를 거친 법안을 법제사법위원회가 넘겨받아 체계 · 자구심사 절차를 수행할 때 체계와 자구 검토를 고의적으로 늦춤으로써 입법 지연 및 법안 폐기를 초래하는 경우도 드물지 않게 발생하기 때문이다.

24 견해 비교 · 대조 정답 ②

난도 하

정답해설

(가)의 방법에 따르면 어떤 지역도 퇴보하지 않았으며 동시에 한 개 이상의 지역이 발전한 경우에 해당 국가가 발전했다고 판단한다. 또한 (나)의 방법은 각 지역의 발전과 퇴보의 정도를 0을 기준으로 정량화한 수치에 지역별 가중치를 곱한 값들을 모두 더한 가중평균값이 양(+)인 경우 해당 국가는 발전한 것으로 본다. 따라서 어떤 지역도 퇴보하지 않았으며 동시에 한 개 이상의 지역이 발전한 ㄷ의 경우에는 가중평균값이 '0' 이상의 값으로 산출될 수밖에 없으므로 퇴보했다고 판단하는 경우는 없게 된다.

오답해설

ㄱ. (가)의 방법에 따르면 어떤 지역도 발전하지 않았으며 동시에 한 개 이상의 지역이 퇴보한 경우에 해당 국가가 퇴보했다고 판단하며, 발전한 지역도 있고 퇴보한 지역도 있는 경우에는 그 국가의 발전 여부를 판단할 수 없다. 따라서 (가)의 방법에 따르면 퇴보한 지역이 있음을 알 수 있으나 발전한 지역의 유무를 알 수 없는 ㄱ의 경우에는 그 국가의 퇴보 여부를 판단할 수 없다.

ㄴ. (나)의 방법에 따르면 가중평균값이 양(+)인 경우에 해당 국가는 발전한 것으로 보는데, 이때 가중평균값은 각 지역의 중요성이 고려된 지표들의 발전 · 퇴보 정도를 0을 기준으로 정량화한 수치에 지역별 가중치를 곱한 값들을 모두 더해 산출한다. 따라서 지역마다 가중치가 다르므로 큰 폭으로 발전한 지역이 작은 폭으로 퇴보한 지역보다 많은 ㄴ의 경우라고 해도 발전한 지역의 지역별 가중치가 낮거나 반대로 퇴보한 지역의 지역별 가중치가 높아 가중평균값이 음(−)이 될 수도 있기에(퇴보) 해당 국가가 발전했다고 단정할 수 없다.

지문의 내용을 이해하기 크게 어렵지 않으므로 ㄱ · ㄷ의 진위 여부는 비교적 분명하게 드러난다. ㄱ은 틀린 내용이고 ㄷ은 옳은 내용이다. 또한 질문에서 '적절한 것만을 모두 고른 것'을 찾으라고 했으므로 ㄱ이 포함되어 있는 선지 ① · ③ · ⑤를 쉽게 제외할 수 있다. 따라서 ㄴ의 진위 여부만 식별하면 ② 또는 ④ 중에서 정답을 찾아낼 수 있다. 이때 ㄴ의 경우 지역마다 가중치가 다르다는 점에 주의해야 ④라는 오답을 피할 수 있다.

25 일치부합 정답 ②

난도 하

정답해설

이해의 편의를 위해 제시문에서 언급한 '투표', '정당 가입', '선거운동 참여', '공직 출마' 등 4개의 행동 지표를 각각 ⓐ~ⓓ라고 하면 ⓐ보다는 ⓑ가, ⓑ보다는 ⓒ가, ⓒ보다는 ⓓ가 더 강도 높은 수준의 행동이다. 이때 강도가 더 높은 행동을 했다면 그보다 약한 수준의 행동들을 모두 수행했을 것으로 추측할 수 있다고 설명했다. 이와 달리 아무 행동도 하지 않은 유권자는 정치적 활동성이 0점인 행동 유형에 속하는 것으로 간주한다. 첫 번째 행동 유형은 ⓐ만을 수행한 경우, 두 번째 행동 유형은 ⓐ · ⓑ를 수행한 경우, 세 번째 행동 유형은 ⓐ~ⓒ를 수행한 경우, 네 번째 행동 유형은 ⓐ~ⓓ 모두를 수행한 경우이고, 다섯 번째 행동 유형은 아무 행동도 하지 않은 경우이다. 따라서 ②의 진술에서 네 가지가 아닌 다섯 가지의 행동 유형으로 구분할 수 있다.

오답해설

① 지수는 비슷한 수준의 행동 지표들을 열거하는 반면, 척도는 그 위계적 강도에 따라 행동 지표들을 순차적으로 열거한다.

③ 지수는 동일한 점수가 부여된 비슷한 수준의 행동 지표들을 합산한 것이다. 예컨대, '공직자에게 편지 쓰기', '정치적 탄원서에 서명하기', '정치적 목적을 위해 기부하기', '투표 선택을 바꾸도록 다른 사람을 설득하기' 등의 4가지 행동 중 아무 것이든 3개를 했다면 3점이다. 점수가 만점(4점)에 가까울수록 정치적 활동성이 더 강하다고 해석될 수 있다. 또한 척도는 행동 지표들을 그 위계적 강도에 따라 순차적으로 열거하고, 강도가 높은 수준의 행동을 했다면 그보다 낮은 수준의 행동들은 모두 수행한 것으로 추측한다. 예컨대, '투표하기', '정당에 가입하기', '선거운동에 직접 참여하기', '공직에 출마하기' 등의 4가지 행동 중 '정당에 가입하기'를 했다면 2점이며, 그것보다 위계적 강도 낮은 '투표하기'를 한 것으로 간주한다. 따라서 지수는 지수끼리, 척도는 척도끼리 비교할 수 있을 뿐이며, 지수 점수가 척도보다 높다고 해서 유권자의 정치적 활동성이 강하다고 볼 수 없다.

④ 지수의 사례로 제시한 4개의 행동 지표에는 각 지표마다 동일하게 1점씩 배점한다. 따라서 4가지 행동 중 선택한 개수가 같다면 점수도 같겠지만, 이때 선택한 행동의 종류는 다를 수 있다.

⑤ 지수의 사례로 제시한 4개의 행동 지표는 비슷한 수준으로서, 4개 중에 어떤 조합이든지 3개만 선택하면 각 1점씩 총 3점이다. 즉, 지수 3점이라고 해도 어떤 조합으로 3점을 받았는지 알 수 없다. 그러나 척도의 사례로 제시한 4개의 행동 지표는 그 위계적 강도에 따라 순차적으로 열거된 것으로서, 강도가 높은 수준의 행동을 했다면 그보다 약한 수준의 행동들을 모두 수행했을 것으로 추측할 수 있다고 설명했다. 즉, 척도 점수가 1점인 경우에는 첫 번째 행동 지표만을 수행했음을, 3점인 경우에는 첫 번째부터 세 번째까지의 3가지 행동을 모두 수행했음을 알 수 있다. 그러므로 ⑤의 진술처럼 최소 1개 이상의 행동을 했음을 알 수 있다.

26 밑줄·빈칸 채우기 정답 ①

난도 하

정답해설

(가) 세 번째 문단에 따르면 처음에는 방과 부품 A의 표면, 과냉각된 물방울 등의 온도는 모두 −11℃였고, 이후 방의 온도는 −5℃로, 부품 A의 표면은 −8℃로 상승했다. 이때 물방울의 온도 또한 −8℃가 되었을 때 결빙되기 시작했다. 따라서 과냉각된 물은 주변 온도가 '올라가는 상황(−11℃ → −8℃)에서도' 얼 수 있음을 알 수 있다.

(나) 두 번째 문단에 따르면 부품 A는 그 표면이 특정 온도 이상에서는 양(+)으로, 이하에서는 음(−)으로 하전된다. 세 번째 문단에서 소개한 첫 번째 실험 결과에 따르면 방과 부품 A의 온도가 −11℃였을 때 부품 A의 표면은 음(−)으로 하전되었으나, 방 온도를 −5℃로 높이자 부품 A의 표면이 양(+)으로 하전되었다. 이후 방의 온도를 더 높여 부품 A와 그 표면에 맺힌 물방울의 온도가 −8℃가 되었을 때 결빙되기 시작했다. 이를 통해 부품 A의 표면은 −11℃보다 높고 −8℃보다 낮은 특정 온도에서 양(+) 전하를 띠며, 이때 부품 A의 표면에 맺힌 물방울은 (방의 온도가 −11℃보다 높아졌음에도 불구하고) −8℃에서 얼기 시작함을 알 수 있다. 즉, 양 전하의 영향으로 과냉각된 물이 결빙되기 시작한 것이다. 이어 마지막 문단에서 소개한 (습도를 높인) 두 번째 실험 결과에 따르면 부품 A의 표면과 그 표면에 맺힌 물방울의 온도가 −7℃가 되었을 때 결빙이 시작됐다. 즉, 첫 번째 실험 결과를 통해 양 전하는 과냉각된 물을 결빙하게 만듦을 알 수 있으므로, 두 번째 실험에서 물방울이 결빙된 것은 곧 부품 A의 표면이 양으로 하전되었기 때문임을 알 수 있다. 따라서 (나)에는 '양(+)'이 들어가야 한다.

(다) 마지막 문단에 따르면 습도가 높은 20℃의 방에서 온도를 낮춘 실험의 경우 부품 A는 −7℃가 되었을 때 양(+)으로 하전되었고, 부품 A의 표면에 맺힌 물방울 또한 −7℃가 되었을 때 얼기 시작했다. 반면, 부품 B의 표면에 맺힌 물방울은 −12.5℃가 되었을 때 얼기 시작했다. 한편, 두 번째 문단에서 특정 온도 이상에서는 표면이 양(+)으로 하전되고 이 온도보다 낮을 때는 표면이 음(−)으로 하전되는 부품 A와 달리 부품 B는 온도의 변화와 관계없이 하전이 되지 않으며, 하전 여부 외에는 부품 A와 B의 물리적 특성은 같다고 했다. 따라서 (−12.5℃보다 높은) −7℃에서 부품 A의 표면에 물방울이 얼기 시작한 것은 부품 A의 표면이 '양(+)'으로 하전되어 결빙을 촉진했기 때문임을 알 수 있다.

> **합격 가이드**
>
> 물방울 주변의 온도가 −11℃에서 −8℃로 올라가는 상황에서 부품 A에 맺힌 물방울이 얼었으므로, '(가) 내려가는 상황에서만'이라며 지문의 내용과 부합하지 않는 선지 ④·⑤를 우선 배제하면 정답 찾기가 한결 수월하다.

27 글의 문맥·구조 정답 ③

난도 하

정답해설

ⓒ을 포함한 문장이 대칭 구조를 이루고 있으며, 두 번째 문단에서 덧붙이는 일(세포분열)과 덜어내는 일(세포의 죽음)은 항상 함께 일어난다고 하였다. 따라서 '덧붙임과 덜어냄 중 한 가지를 선택하여 초점을 맞춘다'는 ⓒ을 ③의 진술처럼 '덧붙임과 덜어냄, 두 가지 모두에 초점을 맞춘다'로 수정하는 것이 적절하다.

오답해설

① 첫 번째 문단에서 세포자살은 유기체 내의 세포들이 '자연스레 죽는 현상'이며, '유기체가 부분들을 버릴 때 혹은 휴면과 죽음을 준비할 때만' 세포자살이 일어나는 것은 아니라고 했으므로 세포자살은 '일상적인 현상'임을 알 수 있다. 따라서 ㉠의 '일상적인 현상'을 '드문 현상'으로 수정해야 한다는 ①의

진술은 제시문의 내용과 일치하지 않는다(㉠을 수정할 필요 없음).

② 두 번째 문단에서 세포자살은 유기체 형성의 필수 과정으로서, '덧붙임'이라기보다는 '덜어내는' 작업에 가깝다고 했다. 따라서 ⓒ의 '제거하는 작업'을 '발생시키는 작업'으로 수정해야 한다는 ②의 진술은 제시문의 내용과 일치하지 않는다(ⓒ을 수정할 필요 없음).

④ 마지막 문단에서 묘목의 관 속에는 세포들이 꽉 들어차 있었으나 나무가 자라면서 관 속에 있던 세포들이 자살해 속이 비게 됨으로써 수송망이 만들어진다고 했다. 따라서 ②의 '속이 빈 관을 통해'를 '속이 꽉 들어찬 관을 통해'로 수정해야 한다는 ④의 진술은 제시문의 내용과 일치하지 않는다(②을 수정할 필요 없음).

⑤ 마지막 문단에서 사람의 눈이 온전히 형성될 때는 망막에 있던 세포의 90%가 자살하고, 신경 세포 중 3분의 2 이상이 죽는다고 하였다. 따라서 ⑩의 '세포들이 죽음으로써'를 '세포들이 재생됨으로써'로 수정해야 한다는 ⑤의 진술은 제시문의 내용과 일치하지 않는다(⑩을 수정할 필요 없음).

> **합격 가이드**
>
> 내용의 흐름과 문장 혹은 글 전체의 구조에 따라 부적절한 부분을 적절하게 수정하는 유형의 문제를 해결하려면 밑줄을 그은 부분의 앞뒤 문장을 주목해 근거를 찾아야 한다. 다만, 이 문제처럼 지문의 내용을 이해하기 평이해 단서가 분명히 드러나 있다면 ①~⑤에서 제시한 수정 사항을 지문에 직접 적용해 읽어보는 것도 선택지의 적절성 여부를 간단하게 식별하는 방법이 될 수 있다. 예컨대, 이 문제에서 ㉠·ⓒ·②·⑩은 내용상 자연스럽게 이어지므로 굳이 수정할 필요가 없음을 쉽게 알 수 있다.

28 전제·결론 정답 ②

난도 중

정답해설

전제는 사물이나 현상을 이루기 위해 먼저 내세우는 근거, 즉 결론의 기초가 되는 판단을 뜻한다. 마지막 문단의 내용을 토대로 ㉠을 풀이하면 '운동피질을 이용한 상위 인지적 기능 검사로는 언어 능력이 남아 있는 뇌 손상 환자가 자신의 몸 움직임을 현상적으로 경험하고 있는지 확인할 수 없다'이다. 이때 ㉠이라는 결론에 도달하기까지의 논리적 과정을 마지막 문단에서 추적해 ⓐ~ⓔ로 정리하면 다음과 같다.

ⓐ 상위 인지적 기능이 남아 있다고 해서 반드시 운동 기능이 남아 있는 것은 아니다.

ⓑ 운동 기능이 남아 있지 않아도(=눈동자조차 움직일 수 없어도) 뇌 검사로써 인지적 기능(㉠언어 능력)의 존재 여부를 확인할 수 있다.

ⓒ 손가락을 움직이는 상상을 하라고 언어로 지시했을 때 운동피질이 활성화된다면 언어 능력이 남아 있는 것이다.

ⓓ (아래 ⓔ의 전제로서 ⓔ에 도달하기 위한 연결고리 필요)

ⓔ 이러한 검사로는 언어 능력이 남아 있는 뇌 손상 환자가 자신의 몸 움직임을 현상적으로 경험하고 있는지 확인할 수 없다(=㉠).

ⓒ에서 '운동피질이 활성화된다면 언어 능력(ⓒ상위 인지적 기능)이 남아 있는 것'이라고 했는데, ⓔ에서는 운동피질이 활성화된다고 해도 현상적인 경험을 하고 있는지 확인할 수 없다고 했다. 따라서 ⓒ와 ⓔ 사이에서 연결고리 역할을 할 수 있는 ⓓ에는 자신의 몸 움직임을 현상적으로 경험하지 않는다고 해도 운동피질이 활성화될 수 있다는 내용이 들어가야 함을 알 수 있다.

70 최신기출문제

이 문제는 제시된 결론을 도출하기 위해 필요한 전제를 찾는 유형이다. 이처럼 전제를 찾는 유형의 문제는 전제를 제시한 다음 결론을 도출하라는 문제보다 풀기 어렵다. 지문에서 생략된 논리적 단계를 역으로 재구성해야 하기 때문이다. 이 문제처럼 지문의 내용이 이해하기에 평이한 수준이라면 논리 구조를 명확히 정리한 다음에 생략된 전제를 추리하는 정공법으로도 충분히 해답을 찾을 수 있을 것이다. 다만 선택지에서 제시한 전제를 논리 과정에 대입해 보는 것도 해답을 보다 빠르게 찾는 방법이 될 수 있다.

29 일치부합 정답 ②

[난도] 하

[정답해설]

세 번째 문단에 따르면 플랫폼 기업은 노동자의 성취에 대한 정당한 보상을 위해서 업무 평가를 하는 것이 아니라, 이윤의 극대화를 위해 노동자의 노동과정을 수치화하고 알고리즘에 반영해 평가한다. 즉, 플랫폼 기업이 업무 평가를 수행하는 목적은 플랫폼 노동자의 성취를 정당하게 보상하기 위한 것이 아니라 이윤을 극대화하는 데 있다.

[오답해설]

① 첫 번째 문단에 따르면 플랫폼 기업은 서비스 공급자와 서비스 수요자를 중개하는 역할을 한다. 또한 세 번째 문단에서는 플랫폼 기업은 플랫폼 노동자를 은밀히 통제하게 되는데, 이를 새로운 형태의 사용 – 종속 관계라고 보았다. 아울러 마지막 문단에서는 플랫폼 기업은 알고리즘을 이용해 플랫폼 노동자를 보이지 않게 통제한다고 설명하였다.

③ 두 번째 문단에 따르면 플랫폼 노동에서는 노동과정 중 관리자에 의한 직접적인 지시나 감독이 없기에 플랫폼 노동에서 사용 – 종속 관계가 부정된다. 그러나 세 번째 문단에서는 플랫폼 노동자는 플랫폼 기업의 은밀한 통제를 받게 되는 것을 새로운 형태의 사용 – 종속 관계라고 규정했다.

④ 마지막 문단에 따르면 전통적인 사업장 노동자가 일정 시간과 기간을 두고 규칙적으로 일하는 반면 플랫폼 노동자는 원하는 시간에 일을 시작하고 마칠 수 있기에, 즉 전통적인 사업장과 달리 공식적 근무 시간이 없기에 일과 여가를 유연하게 조정할 수 있다.

⑤ 두 번째 문단에 따르면 플랫폼 노동자의 작업 과정과 그 결과는 모두 고객 만족도를 측정할 수 있는 평가 항목들에 따라 구체적인 수치로 환산된 데이터로 축적되고, 이렇게 축적된 데이터는 알고리즘을 통해 노동자에게 다음 일감을 부여하는 기준이 된다. 쉽게 말해, 고객 만족도 평가 수치가 높으면 일감을 주고, 반대로 수치가 낮으면 일감을 주지 않음으로써 노동자에 대한 보상과 제재가 이루어진다.

30 추론 정답 ②

[난도] 하

[정답해설]

IRB는 연구 대상자의 보호에 관한 윤리에 중점을 두고 연구를 심의하며, IRB의 심의 대상이 되는 연구의 범위에는 임상시험이 포함된다. 또한 IRB는 연구자가 연구 대상자로부터 적법한 절차에 따라 참여에 대한 동의를 받는지를 가장 중요하게 평가하며, 연구의 잠재적 위험 가능성 등의 정보를 연구 대상자에게 충분히 설명했는지 확인한다. 그러나 임상시험 이전의 문헌 조사는 윤리적인 문제를 일으킬 소지가 적고, 연구 대상자인 인간에게 직접적인 위험을 끼칠 가능성도 없으므로, ②의 진술과 같은 경우는 IRB의 심의 대상에 해당한다고 볼 수 없다.

[오답해설]

① IRB의 심의 대상이 되는 연구의 범위에는 심층 인터뷰가 포함된다. 이때 연구자는 연구 대상자에게 연구계획서에 포함된 정보를 충분히 설명하고 동의를 받아야 하는 의무가 있다. 또한 연구 대상자가 외국인일 경우에는 그가 외국인이라는 특성을 고려해 통역사를 참석하게 하여 연구에 대한 설명을 온전히 이해할 수 있도록 해야 한다.

③ IRB의 심의 대상이 되는 연구의 범위에는 임상시험이 포함된다. 또한 인간 대상 연구를 수행하려는 기관 소속의 연구자들은 IRB에 연구계획서를 제출해 심의를 받고, IRB 규정을 준수할 법적 의무가 있다. 이때 IRB는 연구의 잠재적 위험 가능성 등의 정보가 연구계획서에 포함되어 있는지 그리고 연구자가 연구 대상자에게 이러한 내용을 충분히 설명했는지 확인한다.

④ IRB의 심의 대상이 되는 연구의 범위에는 설문조사가 포함된다. 또한 인간을 대상으로 연구를 수행하려는 기관 소속의 연구자들은 IRB에 연구계획서를 제출해 심의를 받아야 할 법적 의무가 있다. 이때 연구계획서에는 개인정보의 취득 여부와 보관 및 폐기 방법 등의 정보가 포함되어 있어야 한다.

⑤ IRB의 심의 대상이 되는 연구의 범위에는 실험조사가 포함된다. 또한 IRB는 연구 대상자가 연구에 참여하게 된 동기가 윤리적이며 자발적인지를 검증하기 위해 취약한 환경에 있는 연구 대상자에 대한 적절한 보호 여부를 중요하게 평가한다. 예컨대, 연구 참여를 거부할 경우 조직의 위계상 상급자로부터 받게 될 불이익에 대한 우려가 참여의 결정에 영향을 줄 가능성이 있는 연구 대상자가 '취약한 환경에 있는 연구 대상자'의 유형에 해당된다. 이는 ⑤에서 언급한 대학 교수와 소속 대학 학생들의 관계에 적용될 수 있다.

31 추론 정답 ④

[난도] 상

[정답해설]

첫 번째 문단에서 서로 다른 물질이지만 특정 파장의 세기가 같다면, 그 파장의 세기를 측정해서는 이들을 구분할 수 없다고 하였다. 이를 뒤집어 생각하면 특정 파장의 세기가 다르면 그 파장의 세기를 측정해서 이들을 구분할 수 있음을 알 수 있다. 세 번째 문단에 따라 물질 X, Y, Z가 방출하는 적외선 파장 I∼III의 세기를 정리해 X, Y, Z 구분 가능 여부를 살펴보면 다음과 같다.

파장	물질 간 세기 비교	물질 간 구분 가능 여부
I	X=Y=Z	X, Y, Z 구분 불가능
II	Y=Z	Y와 Z 구분 불가능
	X≠Z	X와 Z 구분 가능
	X≠Y	X와 Y 구분 가능
III	X=Y	X와 Y 구분 불가능
	X≠Z	X와 Z 구분 가능
	Y≠Z	Y와 Z 구분 가능

〈실험〉 측정 결과에 따르면 시스템 A는 X와 Z를 구분할 수 없었다. 그런데 세 번째 문단에서는 파장 II의 검출기로 X와 Z를 구분할 수 있다고 했으므로 시스템 A의 파장 II 검출기는 손상되었음을 알 수 있다. 또한 〈실험〉 측정 결과에 따르면 시스템 A는 Y와 Z를 구분할 수 있다. 그런데 세 번째 문단에서도 파장 III의 검출기로 Y와 Z 구분이 가능하다고 했으므로 시스템 A의 파장 III 검출기는 정상임을 알 수 있다.

〈실험〉 측정 결과에 따르면 시스템 B는 Y와 Z를 구분할 수 없었다. 그런데 세 번째 문단에서는 파장 III의 검출기로 Y와 Z를 구분할 수 있다고 했으므로 시스템 B의 파장 III 검출기는 손상되었음을 알 수 있다. 또한 〈실험〉 측정 결과에 따르면 시스템 B는 X와 Z를 구분할 수 있었다. 그런데 세 번째 문단에서도 파장 II의 검출기로 X와 Z 구분이 가능하다고 했으므로 시스템 B의 파장 II 검출기는 정상임을 알 수 있다.

따라서 ④의 진술처럼 시스템 A의 파장 Ⅱ 검출기와 시스템 B의 파장 Ⅲ의 검출기가 손상되었음을 알 수 있다.

오답해설

위 해설에서 시스템 A의 파장 Ⅱ 검출기와 시스템 B의 파장 Ⅲ 검출기가 손상되었음을 밝혔고, 두 번째 문단에서 시스템 A와 B는 각각 하나의 검출기가 손상되었다고 했다(나머지 두 개는 정상). 따라서 시스템 A와 B의 파장 Ⅰ 검출기는 정상이다. 이를 토대로 시스템별 검출기의 정상 또는 손상 여부를 정리하면 다음과 같다.

구분	파장 Ⅰ 검출기	파장 Ⅱ 검출기	파장 Ⅲ 검출기
시스템 A	정상	손상	정상
시스템 B	정상	정상	손상

① 시스템 A의 파장 Ⅰ 검출기와 시스템 B의 파장 Ⅱ 검출기는 모두 정상이다.
② 시스템 A의 파장 Ⅰ 검출기는 정상이다.
③ 시스템 B의 파장 Ⅰ 검출기는 정상이다.
⑤ 시스템 A의 파장 Ⅲ 검출기와 시스템 B의 파장 Ⅱ 검출기는 모두 정상이다.

32 강화·약화 정답 ③

난도 하

정답해설

먼저 제시문의 내용을 표로 정리하면 다음과 같다.

구분	나방 A 날개꼬리의 펄럭임		박쥐의 포획 성공률
	표적 식별(박쥐) 영향	비행 능력(나방)	
㉠ 가설	방해할 것임	높일 것임	감소
㉡ 가설	방해할 것임	영향 없을 것임	감소
㉢ 가설	영향 없을 것임	높일 것임	감소

ㄱ. 날개꼬리를 제거한 그룹이 날개꼬리가 온전한 그룹보다 박쥐에 의해 더 잘 식별되었다는 것을 뒤집어 생각하면 '날개꼬리로 펄럭임 → 잘 식별되지 않음'이 되므로 날개꼬리는 박쥐가 나방 A를 식별하는 것을 방해하는 기능을 한다는 의미로 해석된다. 이는 위의 표에서 정리한 가설 ㉠·㉡과 같기 때문에 ㉠·㉡을 뒷받침(강화)한다. 그런데 ㄱ에서 언급한 두 그룹의 비행 능력에 차이가 없었다는 연구 결과는 날개꼬리가 나방 A의 비행 능력에 영향을 주지 않는다는 의미로 해석된다. 이는 위의 표에서 정리한 가설 ㉡과 같고 ㉠·㉢과 배치되므로 ㉡을 뒷받침(강화)하는 반면 ㉠·㉢을 약화시킨다.

ㄷ. 날개꼬리를 제거한 그룹보다 날개꼬리가 온전한 그룹의 비행 능력이 더 낮았다는 것은 날개꼬리의 펄럭임은 비행 능력을 낮아지게 한다는 의미로 해석된다. 그런데 위의 표에서 정리한 가설 ㉡에서는 날개꼬리의 펄럭임은 나방의 비행 능력에 영향을 주지 않을 것이라고 하였고, ㉢은 비행 능력을 높일 것이라고 하였다. 따라서 비행 능력에 영향을 끼친다는 점에서 ㉡이 약화되고, 비행 능력이 낮아진다는 점에서 ㉢이 약화된다.

오답해설

ㄴ. 날개꼬리를 제거한 나방 A 그룹에 대한 박쥐의 포획 성공률이 날개꼬리가 온전한 그룹의 경우보다 낮았다는 것은 곧 날개꼬리의 펄럭임은 박쥐가 표적을 식별하는 것을 돕는 요인이 될 수 있다는 의미이다. 그런데 위의 표에서 정리한 가설 ㉠에서는 나방 A 날개꼬리의 펄럭임은 박쥐의 표적 식별을 방해할 것이라고 하였고, ㉢은 영향을 끼치지 못할 것이라고 하였다. 즉, 박쥐의 표적 식별을 돕는다는 점에서 ㉠이 약화되고, 영향을 끼친다는 점에서 ㉢이 약화된다. 따라서 가설 ㉢은 약화되지 않는다는 ㄴ의 진술은 제시문에 대한 평가로 적절하지 않다.

33 논리퀴즈 정답 ③

난도 상

정답해설

제시된 내용을 '계획'과 ⓐ~ⓕ로 정리하고, 도출 가능한 내용을 살펴보면 다음과 같다.

- 계획 1 : 직원 5명(가영·나영·다민·라민·마영)을 3개 과(총무과·인사과·재무과)에 배치
- 계획 2 : 3개 과에는 최소 1명 이상 배치
- 계획 3 : 총무과에는 1명만 배치
- 계획 4 : 이와 관련해 알려진 사실
  ⓐ 총무과와 배치 인원수가 같은 과가 있음
    → 경우 1 : 총무과 1명, 인사과 1명, 재무과 3명
    → 경우 2 : 총무과 1명, 인사과 3명, 재무과 1명
  ⓑ '가영=총무과'면 '나영=인사과'
    → 경우 1 : 가영 총무과(1명) 배치 → 나영 인사과 배치
    → 경우 2 : '나영≠인사과'면 '가영≠총무과'(ⓑ의 대우)
  ⓒ 나영과 라민이 모두 인사과에 배치되지는 않음
    → 경우 1 : 나영과 라민이 동시에 총무과인 경우는 없음
    → 경우 2 : '나영=인사과'면 '라민=총무과' 또는 '라민=재무과'. 그러나 위 ⓑ의 경우 1에서 이미 '가영=총무과'이고 계획 3(총무과 1명만)에 따라 '라민≠총무과'이므로 '라민=재무과'임
  ⓓ '나영=인사과'이거나 '마영=재무과'
  ⓔ '다민≠재무과'면 '가영=총무과'이고 '라민=인사과'
    → 경우 1 : '다민=인사과'면 '가영=총무과 & 라민=인사과'
    → 경우 2 : '다민=총무과'면 '가영=총무과 & 라민=인사과' ← 계획 3(총무과 1명만)에 위배되므로 고려하지 않음
  ⓕ '마영≠재무과'이고 '가영≠총무과'인 경우 없음
    → 경우 1 : '마영=재무과'이거나 '가영=총무과'(ⓕ의 대우)
    → 경우 2 : '마영=재무과'인 동시에 '가영=총무과'인 경우도 가능
    → '가영≠총무과'면 반드시 '마영=재무과'이다.

- ⓑ에 따라 '가영=총무과'이고 '나영=인사과'면 ⓒ의 경우 2에 따라 '라민=총무과' 또는 '라민=재무과'인데, 계획 3에 따라 총무과에는 1명만 배치하므로(이미 '가영=총무과') '라민=재무과'이다.
- ⓔ에 따르면 '다민≠재무과'면 '라민=인사과'이다. 그러나 위의 ⓑ 해설에서 확인한 '라민=재무과'와 모순되므로 '다민=재무과'일 수밖에 없다.

ㄱ. 위 해설을 종합하면 다민·마영 2명이 재무과에 배치됨을 알 수 있다. 따라서 ⓐ의 경우 1처럼 재무과 3명, 총무과와 인사과가 각각 1명이다.

ㄷ. 위 ㄱ의 해설처럼 다민·마영은 재무과에 배치됐고, 여기에 ㄷ의 진술처럼 나영도 재무과에 배치되면 재무과 신입 직원은 모두 3명이므로 재무과에는 더 이상의 인원을 배치하지 않았음을 알 수 있다. 또한 ⓑ의 2(ⓑ의 대우)와 ⓕ를 통해 가영은 총무과에 배치되지 않았음을 알 수 있다. 따라서 가영은 재무과·총무과를 제외한 인사과에 배치됨을 알 수 있다.

오답해설

ㄴ. 나영이 인사과에, 가영이 총무과에 배치된 경우에는 라민은 총무과나 인사과에 배치될 수 없다. 총무과에는 1명만 배치한다는 계획 3, 총무과와 배치 인원수가 같은 과가 있다는 ⓐ에 따라 총무과와 인사과에는 더 이상의 인원을 배치하지 않았음을 알 수 있기 때문이다. 즉, 나영과 가영을 각각 인사과와 총무과에 배치하면 라민은 총무과·인사과를 제외한 재무과에 배치됨을 알 수 있다. 따라서 '라민은 총무과에 배치된다'는 ㄴ의 진술은 항상 참인 것은 아니다.

난도 상

정답해설

제시된 내용을 ⓐ~ⓕ로 정리하고, 도출 가능한 내용을 살펴보면 다음과 같다.

ⓐ 내과 지원자(2명) : 가은, 나은
ⓑ 외과 지원자(2명) : 다연, 라연
ⓒ 산부인과 지원자(2명) : 마영, 바영
ⓓ '가은 합격(내과)'
ⓔ '가은 합격' 사실을 모르는 갑~정의 예측
　• 갑 : '나은 불합격 또는 바영 불합격'이면 '가은 불합격'
　　→ '가은 합격'이면 '나은 합격'이고 '바영 합격'(갑의 대우)
　• 을 : 다연·마영 모두 합격
　• 병 : '나은·바영 모두 합격'이면 '다연 불합격'
　　→ '다연 합격'이면 '나은 불합격'이거나 '바영 불합격'(병의 대우)
　• 정 : 라연 합격 또는 마영 합격
ⓕ 합격 여부 확인 결과 : 갑~정 중 3명 예측 옳음, 1명 예측 틀림

ⓕ에서 직원 중 3명의 예측은 옳고 1명만 틀렸다고 했으므로, ⓓ(가은 합격)를 토대로 '갑~정'의 예측 중 나머지 3명의 직원의 진술과 배치되는 1명을 상정하는 작업이 먼저일 것이다. 여기서 '가은 합격'이면 '나은 합격'이고 '바영 합격'이라는 갑의 대우와 '나은·바영 모두 합격'이면 '다연 불합격'이라는 병의 예측을 통해 '다연 불합격'을 도출할 수 있다. 따라서 '다연 합격'이라는 을의 예측은 갑·병과 배치됨을 알 수 있다. 또한 ⓕ에서 1명만 예측이 틀렸다고 했으므로 나머지 정의 예측은 갑·병과 배치되지 않는다고 볼 수 있다. 이때 을의 예측이 실제로도 틀렸다면, 갑의 예측에 따라 가은·나은·바영은 확정적으로 합격이고, 정의 예측에 따라 라연 또는 마영이 추가 합격하게 됨을 알 수 있다(최소 4명 합격).

ㄱ. '다연·마영 모두 합격'이라는 을의 예측이 틀렸을 경우에 ㄱ은 옳은 진술이다. 또한 을의 예측이 옳다면 정의 예측은 틀릴 수 없다(마영 합격). 그러므로 ⓓ에 따라 '가은 합격'이 사실이고, 을과 정의 예측이 틀리지 않았다면 갑이나 병 중 1명의 예측이 참이 아닌 경우에 '가은·다연·마영 합격'이고 라연의 합격 여부는 불분명하다. 요컨대, 을의 예측이 틀린 경우에는 나은이 합격하고, 갑이나 병의 예측이 틀린 경우에는 다연이 합격한다. 따라서 나은과 다연 중 적어도 1명은 합격이라는 ㄱ의 진술은 항상 참이다.

ㄷ. '다연·마영 모두 합격'이라는 을의 예측이 틀렸을 경우에 합격자는 최소 4명이다. 그런데 갑이나 병의 예측이 틀렸다고 가정해 보자. 갑의 예측(나은 불합격이거나 바영 불합격 → 가은 불합격)이 틀렸다면 갑의 예측을 버리고, 병의 예측(나은과 바영이 모두 합격 → 다연 불합격)을 고려하면 된다. 반대로, 병의 예측이 틀렸다면 병의 예측을 버리고, 갑의 예측을 고려하면 된다. 즉, 갑의 예측이 틀렸다면 나은이나 바영이 불합격이고, 이때 최소 3명이 합격한다. 또한 병의 예측이 틀렸다면 나은과 바영 모두 합격이고, 이때 최대 6명이 합격한다. 따라서 최소 3명~최대 6명 합격이라는 ㄷ의 진술은 항상 참이다.

오답해설

ㄴ. 내과, 외과, 산부인과 각각에 최소 1명씩 합격하려면 '다연·마영 모두 합격'이라는 을의 예측이 틀렸을 때, 즉 '다연·마영 모두 불합격'인 때는 '라연 합격' 또는 '마영 합격'이라는 정의 예측에 따라 반드시 '라연 합격'이어야 한다. 그러나 이상의 정보만으로는 더 이상의 확정적인 정보를 찾아낼 수 없으므로 ㄴ의 진술이 항상 참인 것은 아니다.

난도 하

정답해설

제시문에 따르면 갑은 혈액을 사고파는 시장 시스템의 존재는 혈액의 상품화를 조장하며, 혈액의 상품화와 혈액을 통한 이익 추구 현상은 기증 정신을 훼손하기에 대부분의 혈액을 시장에 의존하는 혈액 은행 시스템에 반대한다. 따라서 혈액의 상품화 이후에 불우한 이웃에 대한 기증이 그 전보다 감소한 ㄱ의 경우는 혈액의 상품화와 혈액을 통한 이익 추구 현상 때문에 혈액 기증이 감소한 사례이므로, 이러한 현상이 실제로도 발생했다면 갑의 주장은 강화된다.

오답해설

ㄴ. 갑은 혈액을 사고파는 시장 시스템의 존재는 가난한 사람으로부터 부자에게로 혈액이 이전되는 혈액 착취 현상이라는 심각한 사회적 부정의를 초래한다고 주장한다. 그런데 혈액의 상품화 전후에 혈액을 공급받는 사람들(부자들)의 소득 수준에 차이가 없는 ㄴ의 경우는 혈액 착취 현상이 발생한다는 갑의 주장을 반박해 약화시킬 수 있다. 따라서 ㄴ의 진술은 갑의 주장에 대한 평가로 부적절하다.

ㄷ. 갑은 대부분의 혈액을 혈액 은행을 통해 충당하는 시스템은 혈액의 선별, 보관, 유통 등을 시장 원리에 맞게 관리하고 운영하는 데에 드는 비용이 만만하지 않다며 비효율성을 주장한다. 그러나 제시문에서 갑은 오염으로 폐기되는 수혈용 혈액에 대해 언급하지 않았다. 따라서 ㄷ의 진술은 갑의 주장과 무관하므로 갑의 주장을 강화하지도 약화시키지도 않는다. 다만, 수혈용 혈액의 비율이 그 전보다 감소한 경우는 혈액 은행에 크게 의존하는 시스템 반대론자(갑)의 주장을 약화시키거나 또는 찬성론자의 주장을 강화하는 근거로 활용할 수 있다.

난도 하

정답해설

ㄱ. 갑은 성공적인 이론에 근거를 두는 개념은 존재하고, 반대로 성공적이지 않은 이론에 근거한 개념은 존재하지 않는다고 본다. 또한 통속 심리학은 인간 행동을 성공적으로 예측·설명하지 못하기에 성공적인 이론이 아니며, '믿음, 욕구' 등의 심적 상태는 성공적이지 않은 통속 심리학에 근거한 개념이기에 존재하지 않는다고 본다. 을은 개념의 존재 여부를 판단하는 갑의 기준에 동의하고, 이론의 성공은 예측·설명의 성공에 달려있다는 갑의 의견에도 동의한다. 그러나 을은 통속 심리학은 믿음·욕구 등의 개념을 통해 인간 행동을 성공적으로 예측·설명하기에 성공적인 이론이라고 본다는 점에서 갑과 다르다. 그러므로 을은 통속 심리학에 근거를 두는 '믿음, 욕구' 등의 심적 상태는 존재한다고 생각할 것이다.

ㄴ. 을은 통속 심리학이 물 마시기를 욕구하며 냉장고 안에 물이 있다는 믿음을 통해 냉장고 문을 여는 행동을 할 것이라는 예측을 성공적으로 할 수 있다고 본다. 요컨대, 통속 심리학은 욕구, 믿음 등을 통해 인간이 무슨 행동을 할지 성공적으로 예측할 수 있다고 본다. 이러한 을의 주장에 대해 병은 '통속 심리학의 개념을 통해 인간 행동을 성공적으로 예측·설명할 수 있다'며 동의하고 있다.

오답해설

ㄷ. 갑은 "우리가 일상적으로 '믿음'이나 '욕구' 등의 개념으로 지칭하는 심적 상태는 존재하지 않는다고 보아야 해."라며 자신의 의견을 명시적으로 드러냈다. 또한 병은 통속 심리학의 개념을 통해 인간 행동을 성공적으로 예측·설명할 수 있다는 을의 의견에 동의한다. 그러나 예측·설명이 성공적이라고 해서 심적 상태가 반드시 존재한다는 것은 아니라고 본다는 점에서 을과 차이가 있다. 이를 뒷받침하기 위해 바둑을 두는 행동을 하지만 믿음·욕구 등

의 심적 상태가 있다고 볼 수는 없는 AI의 사례를 제시했다. 요컨대, 병과 갑은 믿음·욕구 등의 개념이 지칭하는 것이 존재하지 않을 수 있다는 것에 동의할 것이다.

37 강화·약화   정답 ⑤

난도 하

정답해설

ㄱ. 가설 A를 설명하고 있는 첫 번째 문단에 따르면 몸집이 작은 동물은 몸집이 큰 동물보다 1개 세포의 시간당 에너지 소모량이 크다. 그러므로 몸집이 작은 동물은 세포의 에너지를 빨리 소진해 수명이 짧고, 반대로 몸집이 큰 동물은 세포의 에너지를 천천히 소진해 수명이 길다. 따라서 남아시아쥐가 북극고래보다 몸집이 훨씬 더 작은데, 1개 세포가 소모하는 에너지 양이 북극고래보다 큰 ㄱ의 경우 남아시아쥐는 세포가 에너지를 빨리 소진해 수명이 짧은 것이고, 북극고래는 세포가 에너지를 천천히 소진해 수명이 긴 것이다. 이러한 ㄱ의 경우는 가설 A를 뒷받침할 수 있기 때문에 가설 A를 강화하는 사례이다.

ㄴ. 가설 B를 설명하고 있는 두 번째 문단에 따르면 동물의 수명을 결정하는 요인은 체세포 돌연변이 발생 빈도로서, 이러한 빈도가 높으면 암·장애 발생 가능성이 커지기에 질병 또한 많아져 수명이 단축된다. 따라서 수명이 유사한 벌거숭이두더지와 기린의 체세포 돌연변이 발생 빈도 또한 유사한 ㄴ의 경우는 가설 B를 뒷받침할 수 있기 때문에 가설 B를 강화하는 사례이다.

ㄷ. 가설 C를 설명하고 있는 마지막 문단에 따르면 동물의 수명을 결정하는 요인은 활성산소 발생량으로서, 활성산소는 단백질·지질·DNA의 산화를 유발해 세포·조직을 손상시키기에 질병 또한 많아져 수명이 단축된다. 이때 운동을 많이 할수록 대사가 활발해지고 활성산소도 더 많이 만들어진다. 따라서 불필요한 운동을 억제한 다람쥐의 체내 활성산소 발생량이 필요 이상으로 운동을 하게 만든 다람쥐의 체내 활성산소 발생량보다 적은 ㄷ의 경우는 가설 C를 뒷받침할 수 있기 때문에 가설 C를 강화하는 사례이다.

38 강화·약화   정답 ①

난도 중

정답해설

이해의 편의를 위해 제시문의 내용을 (가)~(마)로 정리하면 다음과 같다.

(가) 측정된 전이시간은 전자의 전이시간과 기기반응함수값의 합과 같다. 이를 등식으로 표현하면 '측정된 전이시간=전자의 전이시간+기기반응함수값'이고, 양변의 값을 옮기면 '전자의 전이시간=측정된 전이시간-기기반응함수값'의 등식이 성립한다. 또한 기기반응함수값은 검출기의 감도가 민감할수록 작아지므로, 검출기가 예민할수록 측정된 전이시간은 감소한다.

(나) 〈실험〉에서 파장은 광원 A가 B보다 더 짧았다고 했으므로, 동일한 물질에 입사하는 빛의 파장이 짧을수록 전자의 전이시간이 더 길어진다는 가설 ㉠이 옳다면 동일한 물질에 입사하는 전자의 전이시간은 광원 A가 광원 B보다 더 길다.

(다) 위 (가)에서 도출한 도식을 실험 1과 실험 2에 적용해 보면 다음과 같다.
- 실험 1: 광원 A의 전자의 전이시간=측정된 전이시간(광원 A)-기기반응함수값(검출기 Ⅰ)
- 실험 2: 광원 B의 전자의 전이시간=측정된 전이시간(광원 B)-기기반응함수값(검출기 Ⅱ)
- 실험 1에서 실험 2를 빼면 다음의 등식이 성립한다.
  [전자의 전이시간(광원 A)-전자의 전이시간(광원 B)]
  =[측정된 전이시간(광원 A)-측정된 전이시간(광원 B)]-[기기반응함수값(검출기 Ⅰ)-기기반응함수값(검출기 Ⅱ)]

(라) '파장 짧아짐 → 전자의 전이시간 길어짐'이라는 가설 ㉠이 옳다면 광원 A를 사용한 경우가 광원 B를 사용한 경우보다 전자의 전이시간이 더 길다. 즉, '[전자의 전이시간(광원 A)-전자의 전이시간(광원 B)]=양수(+)'의 등식이 성립한다.

(마) 기기반응함수값은 검출기의 감도가 민감할수록 작아진다고 했으므로, '기기반응함수값(검출기 Ⅰ)-기기반응함수값(검출기 Ⅱ)'의 값은 각 검출기의 감도에 따라 달라진다.

즉, 검출기 Ⅰ과 검출기 Ⅱ의 감도가 동일했다면 이 두 검출기의 기기반응함수값도 동일하다. 또한 실험 1과 실험 2에서 측정된 전이시간이 동일했다면 광원 A와 광원 B를 사용해 측정한 전이시간도 동일하다. 그러므로 광원 A를 사용해 측정한 전이시간에서 광원 B를 사용해 측정한 전이시간을 빼면 '0'이다. 즉, 광원 A와 광원 B가 파장의 길이가 다름에도 불구하고 측정된 전이시간이 같은 것이다. 그런데 동일한 물질에 입사하는 빛의 파장이 짧을수록 전자의 전이시간이 더 길어진다는 ㉠의 가설이 옳다면 광원 A를 사용해 측정한 전이시간이 광원 B를 사용해 측정한 전이시간보다 길어야 한다. 따라서 ㄱ에서 제시한 경우에 따르면 ㉠의 가설은 약화된다.

오답해설

ㄴ. 검출기 Ⅰ의 감도가 Ⅱ보다 덜 민감하다면 기기반응함수값은 검출기 Ⅰ이 검출기 Ⅱ보다 크므로, 검출기 Ⅰ의 기기반응함수값에서 검출기 Ⅱ의 기기반응함수값을 빼면 양수(+)가 된다. 또한 실험 2에서 측정된 전이시간이 실험 1의 경우보다 더 짧았다면 측정된 전이시간은 광원 A를 사용한 경우가 광원 B를 사용한 경우보다 길기 때문에 광원 A를 사용해 측정된 전이시간에서 광원 B를 사용해 측정된 전이시간을 빼면 양수(+)가 된다. 한편, 광원 A의 전자의 전이시간에서 광원 B의 전자의 전이시간을 빼는 경우(즉, 양수-양수)는 각 값에 따라 최종값은 양수(+) 또는 음수(-) 혹은 '0'이 될 수 있다. 따라서 ㄴ에서 제시한 경우에 따르면 ㉠의 가설은 강화되지도 약화되지도 않는다.

ㄷ. 검출기 Ⅰ의 감도가 Ⅱ보다 더 민감하다면 기기반응함수값은 검출기 Ⅰ이 검출기 Ⅱ보다 작으므로, 검출기 Ⅰ의 기기반응함수값에서 검출기 Ⅱ의 기기반응함수값을 빼면 음수(-)가 된다. 또한 실험 2에서 측정된 전이시간이 실험 1의 경우보다 더 짧은 경우에는 광원 A를 사용해 측정된 전이시간에서 광원 B를 사용해 측정된 전이시간을 빼면 양수(+)가 됨을 위 ㄴ의 해설에서 밝혔다. 그러므로 광원 A의 전자의 전이시간에서 광원 B의 전자의 전이시간을 빼는 경우(즉, 양수-음수)에 그 값은 양수가 된다. 따라서 ㄷ에서 제시한 경우에 따르면 ㉠의 가설은 강화된다.

합격 가이드

이 문제는 '전자의 전이시간, 측정된 전이시간, 기기반응함수값' 등 지문에서 용어로 사용되는 한자어가 생경하게 느껴져 정확한 이해와 구분이 어려울 수 있고, 〈실험〉이라는 가정된 상황을 토대로 선택지의 강화·약화 또는 무관함을 검증하는 유형이기에 난도가 낮은 편은 아니다. 따라서 이런 경우에는 등식으로 내용을 도식화하여 정리하는 방식이 유용한 속공법이다.

39 일치부합   정답 ⑤

난도 상

정답해설

첫 번째 문단에 따르면 유의수준은 일반적으로 0.05나 0.01이 많이 사용되며, p-값이 유의수준보다 작을 때 대립가설이 참이라는 것에 대한 유의미한 증거가 있고, 작지 않을 때 대립가설이 참이라는 것에 대한 유의미한 증거가 있지 않다고 본다. 여기서 p-값이 0.01보다 크고 0.05보다 작은 경우를 가정해 보자. 이 경우에 유의수준이 0.05라면 p-값이 유의수준보다 작으므로 대립가설이 참이라는 것에 대한 유의미한 증거가 있다고 본다. 그런데 유의수준이 0.01일 때는 p-값이 유의수준보다 작지 않으므로 대립가설이 참이라는 것에 대한 유의미한 증거가 있지 않다고 본다. 즉, p–값이 같더라도 기준이 되는 유의수준에 따라 증거가 있다거나 또는 있지 않다고 보는 경우로 나뉠 수 있는 것이다. 그러므로 p–값보다 큰 값(0.05)을 유의수준으로 사용한 경우에는 대립가설이 참이라는 것의 유의미한 증거가 되며, 반대로 p–값보다 작은 값(0.01)을 유의수준으로 사용한 경우에는 대립가설이 참이라는 것의 유의미한 증거가 되지 않는 표본 자료가 있을 수 있는 것이다. 따라서 ⑤의 진술은 제시문을 통해 알 수 있는 내용이다.

오답해설

① 첫 번째 문단에 따르면 대립가설은 연구자들이 평가하고자 하는 통계 가설을 가리키며, 귀무가설은 대립가설이 거짓이라는 가설을 뜻한다. 즉, ①에서 제시한 '귀무가설이 거짓'인 경우에는 대립가설이 참이 된다. 또한 p–값은 귀무가설이 참일 때 표본과 비슷한 자료를 얻게 될 확률을 뜻하며, 유의수준은 p–값과 비교해서 대립가설이 참이라는 것에 대한 유의미한 증거의 존재 여부를 판단하는 기준이 되는 문턱값을 가리킨다. 그리고 p–값이 유의수준보다 작을 때 대립가설이 참이라는 것에 대한 유의미한 증거가 있다고 본다고 설명하였다. 이를 통해 귀무가설이 참일 경우에 p–값이 유의수준보다 작다면 대립가설이 참이라는 것에 대한 유의미한 증거가 있는 것임을 알 수 있다. 그런데 p–해킹은 유의미한 p–값을 가지는 실험 결과가 나올 때까지 실험을 반복하고, 그 결과 중 일부만 발표하는 연구 부정 행위를 뜻한다. 즉, p–해킹을 통해 대립가설이 참이라는 것에 대한 유의미한 증거가 있다는 조작된 연구 결과가 나올 수도 있다. 그러나 p–해킹이 발생했다는 것이 귀무가설이 거짓이라거나 대립가설이 참이라는 것에 대한 유의미한 증거가 되지는 않는다. 따라서 ①의 진술은 제시문의 내용과 배치된다.

② 두 번째 문단에 따르면 연구자 갑은 실험군과 대조군을 무작위로 나누었다. 그리고 마지막 문단에 따르면 신약 A의 효과를 간절히 바랐던 갑은 그의 나머지 실험을 폐기하고 유의미한 증거가 나온 실험 결과만을 발표함으로써 p–해킹(연구 부정 행위)을 범하였다. 즉, 실험군과 대조군의 분류가 완전히 무작위로 이루어져도 p–해킹은 일어날 수 있다. 따라서 ②의 진술은 제시문의 내용과 배치된다.

③ 첫 번째 문단에 따르면 귀무가설이 참일 때 표본과 비슷한 자료를 얻게 될 확률을 p–값이라 하며, p–값과 비교되어 대립가설이 참이라는 것에 대한 유의미한 증거의 존재 여부를 판단하는 기준이 되는 문턱값을 유의수준이라 한다. 또한 p–값이 유의수준보다 클 때는 대립가설이 참이라는 것에 대한 유의미한 증거가 있지 않다고 본다고 하였다. ③에서 제시한 귀무가설이 참일 때 표본과 비슷한 자료를 얻게 될 확률, 즉 p–값이 높은 경우에는 대립가설이 참이라는 것에 대한 유의미한 증거가 있지 않은 것이다. 그러나 이때 유의수준이 커지는 것은 아니다. 따라서 p–값이 높은 경우에는 유의수준은 커질 수밖에 없다는 ③의 진술은 제시문의 내용과 배치된다.

④ 첫 번째 문단에 따르면 유의수준은 p–값과 비교되어 대립가설이 참이라는 것에 대한 유의미한 증거의 존재 여부를 판단하는 기준으로서, 흔히 0.05나 0.01을 많이 사용한다. 또한 p–값이 유의수준보다 작지 않을 때 대립가설이 참이라는 것에 대한 유의미한 증거가 있지 않다고 본다고 하였다. 즉, ④에서 제시한 표본 자료의 p–값이 0.05보다 큰 경우에는 일반적으로 사용되는 유의수준 0.05보다 큰 것이므로 관련 대립가설이 참이라는 것에 대한 유의미한 증거가 있지 않다고 본다. 그러나 ④의 진술이 옳은지 판단할 수 있는 내용이 제시문에 없기 때문에 제시문을 통해 알 수 있는 내용이 아니다.

난도 상

정답해설

마지막 문단에 따르면 연구자 갑은 p–값이 유의수준보다 커서 유의미한 결과를 얻지 못한 30번 정도의 실험을 폐기하고, 우연히 p–값이 유의수준보다 작아서 유의미한 결과를 얻은 한 번의 실험만을 채택해 내놓았다. 이처럼 갑이 의도적으로 연구 부정을 범하면서까지 앞선 다수의 실험을 폐기하고 단 한 번만의 실험 결과를 내놓은 이유는 유의수준보다 작은 p–값을 가지는 실험 결과를 얻으려는 의도가 있었기 때문이다. 또한 〈사례〉에 따르면 연구자 을은 신약 B가 효과가 있다는 결과를 산출하려는 어떠한 의도도 없이 실험을 진행했는데, 을의 연구는 30여 명의 연구자들의 연구와 달리 신약 B와 콜레스테롤 수치 사이에 유의미한 결과를 산출했다. 이때 을이 평가하고자 하는 통계 가설, 즉 대립가설은 '신약 B는 콜레스테롤 수치를 낮추는 효과가 있다'는 것이다. 그러므로 을과 달리 을 이외의 다른 연구자들의 연구 결과에 따르면 대립가설이 참이라는 것에 대한 유의미한 증거가 있지 않다. 즉, 을의 연구 결과는 우연히 얻게 된 것으로 볼 수 있다. 따라서 ㄱ의 진술처럼 신약 B에 대한 을의 연구 사례는 연구 부정을 범하지 않더라도, 대립가설이 틀렸음에도 불구하고 유의미하다고 판단되는 결과를 우연히 얻을 수 있음을 보여준다.

오답해설

ㄴ. 마지막 문단에 따르면 연구자 갑은 p–값이 유의수준(0.05)보다 크게 나왔던 30번 정도의 앞선 실험 결과를 폐기하고, 우연히 p–값이 유의수준보다 작게 나온 실험 결과만을 발표했다. 따라서 신약 A에 대한 갑의 실험 결과가 우연히 나온 것이라는 ㄴ의 진술은 제시문에 대한 분석으로 적절하다. 또한 위 ㄱ의 해설에서 을의 연구 결과는 우연히 얻게 된 것으로 볼 수 있음을 밝혔다. 따라서 신약 B에 대한 을의 실험 결과가 우연히 나온 것이라는 ㄴ의 진술은 〈사례〉에 대한 분석으로 적절하지 않다.

ㄷ. 마지막 문단에 따르면 신약 A에 대한 연구에서 연구자 갑은 30번 정도의 실험에서 모두 0.05의 유의수준보다 큰 p–값을 얻었다. 그러나 이러한 p–값들이 유의수준보다 얼마나 더 큰지, 그 분포 범위가 다양한지 등은 제시되어 있지 않기 때문에 알 수 없다. 그러므로 신약 A에 대한 연구 속 30여 개의 실험 결과의 p–값들이 다양하게 분포되어 있다는 ㄷ의 진술의 진위를 알 수 없다. 또한 〈사례〉에 따르면 신약 B에 대한 연구자 을 이외의 30여 명의 연구자들은 모두 0.05의 유의수준보다 큰 p–값을 얻었다. 그러나 이러한 p–값들이 유의수준보다 얼마나 더 큰지, p–값들이 특정한 값 주변에 밀집되어 있는지 등은 제시되어 있지 않기 때문에 알 수 없다. 그러므로 신약 B에 대한 연구 속 30여 개의 실험 결과의 p–값들이 특정한 값 주변에 밀집되어 있을 것이라는 ㄷ의 진술의 진위를 알 수 없다. 따라서 ㄷ의 진술은 제시문과 〈사례〉에 대한 분석으로 적절하지 않다.

합격 가이드

지문과 〈사례〉에서 연구자 갑이 발표한 연구 결과와 연구자 을이 얻은 연구 결과는 우연히 얻게 된 것이라는 점에서 같으나, 의도성이 있는 갑의 연구 결과와 달리 을이 연구 결과는 의도적이지 않다는 점에서 다르다. 이러한 분석을 통해 ㄱ은 타당하고, ㄴ은 타당하지 않음을 알 수 있다. 따라서 선지 ①~⑤ 중에서 ㄴ이 있는 ②·④·⑤를 제외하면 오답을 선택할 가능성을 줄일 수 있다.

1	2	3	4	5	6	7	8	9	10
②	③	③	①	①	④	⑤	⑤	①	②
11	12	13	14	15	16	17	18	19	20
④	②	⑤	②	④	④	④	⑤	③	④
21	22	23	24	25	26	27	28	29	30
①	③	①	③	⑤	③	④	⑤	②	⑤
31	32	33	34	35	36	37	38	39	40
④	④	①	①	③	⑤	②	⑤	③	②

01　추가로 필요한 자료　　　　　　　정답 ②

난도 하

정답해설

보고서에는 코로나19 발생 전후의 '갑'지역 택배서비스 월평균 이용건수에 대한 내용이 성별, 연령대별, 거주형태별로 언급되어 있고, '갑'지역 택배서비스 이용건수의 비율에 대한 내용이 유통채널별, 수령방법별로 언급되어 있다. 그러나 제시된 자료에는 성별, 연령대별, 거주형태별에 대한 내용만 있으므로 유통채널별, 수령방법별에 대한 자료가 추가로 필요하다.

오답해설

ㄷ. '갑'지역 택배서비스 이용자의 거주지별 월평균 이용건수는 보고서에 언급된 내용이 아니므로 추가로 필요한 자료가 아니다.

> **합격 가이드**
>
> 추가로 필요한 자료 유형의 문제를 풀기 위해서는 이미 주어진 자료로 보고서의 내용을 작성할 수 있는 경우 추가로 자료가 필요하지 않다는 것을 주의하여야 한다. 그리고 보고서에서 언급되지 않은 내용의 자료를 추가하는 것은 적절하지 않다.

02　매칭형　　　　　　　정답 ③

난도 중

정답해설

표 1의 빈칸을 채우면 다음과 같다.

(단위 : 백만 톤 CO_2eq.)

구분＼국가	A	B	C	D
교통	9.7	5.0	4.0	2.5
주거용 빌딩	14.0	4.5	(3.5)	2.0
상업용 빌딩	17.0	4.5	3.5	2.8
기타	11.0	50.0	6.3	3.5
총배출량	(51.7)	64.0	17.3	(10.8)

우선 값을 쉽게 구할 수 있는 네 번째 조건을 살펴보면, 주거용 빌딩과 상업용 빌딩의 온실가스 배출량의 합이 2.0+2.8=4.8백만 톤 CO_2eq.로 가장 적은 D국이 '을'국이다. 이에 따라 ②와 ④는 답에서 제외된다.

첫 번째 조건에 따라 온실가스 총배출량이 50백만 톤 CO_2eq. 이상인 국가는 A국과 B국이며, 두 국가의 1인당 온실가스 총배출량은 A국이 $\frac{51.7}{9.7}$백만 톤 CO_2eq.,

B국이 $\frac{64.0}{2.9}$백만 톤 CO_2eq.로 분자가 더 작고 분모가 더 큰 A국이 B국보다 적다. 그러므로 A국은 '갑'국이다. 이에 따라 ⑤는 답에서 제외된다.

세 번째 조건과 관련하여 B국과 C국의 온실가스 총배출량 대비 주거용 빌딩의 온실가스 배출량 비율을 구하면, B국은 $\frac{4.5}{64.0}×100≒7\%$인 반면, C국은 $\frac{3.5}{17.3}×100≒20\%$로 C국이 B국보다 높다. 그러므로 B국은 '정'국, C국은 '병'국이다. 따라서 A는 '갑', B는 '정', C는 '병', D는 '을'이다.

> **합격 가이드**
>
> 답을 찾기 위해서 주어진 모든 조건을 고려하지 않아도 된다. 우선적으로 네 번째 조건을 통해 D국이 '을'국이라는 것을 알 수 있으므로 D가 '을'이 아닌 선지는 답에서 제외시킬 수 있다. 이어 첫 번째 조건을 통해 A국이 '갑'국이라는 것을 알 수 있으므로 세 번째 조건만 추가로 확인하면, 두 번째 조건은 확인하지 않고도 답을 찾을 수 있다. 또한 배출량이나 비율은 비교하는 값의 차이가 크면 분수비교를 통해서 대소를 판단할 수 있으므로 일일이 계산하지 않아도 된다.

03　전환형　　　　　　　정답 ③

난도 하

정답해설

두 번째 문단에서 '지역을 대도시, 중소도시, 읍면지역으로 구분하여 살펴보면, 각 지역의 학교에서 개설한 과목 수가 매년 증가하였다.'라고 언급되어 있으나 ③의 자료에서는 중소도시의 학교에서 개설한 과목 수가 2022년 1,104개에서 2023년에 1,048개로 감소하였다.

따라서 ③은 보고서의 내용에 부합하지 않는 자료이다.

04　매칭형　　　　　　　정답 ①

난도 중

정답해설

첫 번째 조건에 따르면, C집단에서 저소음 환경과 고소음 환경에서의 주의력 점수 차이는 남성이 8.3-4.4=3.9점, 여성이 7.9-4.1=3.8점으로 동일하지 않으므로 C집단은 제외되고, 두 번째 조건에 따라 E집단에서는 고소음 환경에서 주의력 점수가 더 높은 성별은 여성이지만 공간지각력 점수가 더 높은 성별은 남성이므로 E집단도 제외된다.

또한 세 번째 조건에 따라 C, E집단을 제외한 나머지 집단들을 비교하면 D집단에서는 저소음 환경에서 여성의 주의력 점수는 6.8점으로, 고소음 환경에서의 여성의 주의력 점수 3.5점의 2배 미만이므로 D집단은 제외된다.

따라서 A집단과 B집단 중 저소음 환경에서 남성은 공간지각력 점수(8.0)가 주의력 점수(7.2)보다 높고 여성은 주의력 점수(6.9)가 공간지각력 점수(6.6)보다 높은 A집단이 네 번째 조건을 만족하므로 모든 조건을 만족하는 집단은 A이다.

05 복수의 표

정답 ①

난도 중

정답해설

ㄱ. 2021년 상반기 전체 매출액 595,539백만 원의 20%는 595,539×0.2=119,107.8백만 원이다. 2021년 상반기 매출액이 119,107.8백만 원 이상인 제조사는 A, B, C로 총 3개이다.

ㄴ. 2022년 하반기에 전년 동기 대비 매출액이 감소한 제조사는 B와 E이다.

감소율은 B제조사가 $\frac{132,807-120,954}{132,807}\times100≒9\%$인 반면, E제조사가

$\frac{28,876-24,393}{28,876}\times100≒16\%$이므로 E제조사가 B제조사보다 크다. 따라서 2022년 하반기에 전년 동기 대비 매출액 감소율이 가장 큰 제조사는 E이다.

오답해설

ㄷ. 전년 동기 대비 매출액이 증가한 제조사의 수는 2022년 상반기에는 A, C, D, E로 4개, 2023년 상반기에는 F로 1개이므로 동일하지 않다.

ㄹ. 2023년 상반기 각 제조사의 매출액 중 백화점, 할인점, 체인슈퍼 매출액의 합의 비중이 50% 미만이기 위해서는 제조사의 매출액이 백화점, 할인점, 체인슈퍼 매출액의 합의 2배 이상이어야 한다. 그러나 D제조사의 경우 매출액 79,024백만 원은 백화점, 할인점, 체인슈퍼 매출액의 합 307+22,534+17,482=40,323백만 원의 2배 미만이므로 2023년 상반기 백화점, 할인점, 체인슈퍼 매출액의 합이 제조사 매출액의 50% 이상이다. 따라서 옳지 않은 설명이다.

> **합격 가이드**
>
> 보기에서 묻는 값을 일일이 계산하지 않아도 된다. ㄱ, ㄹ의 경우 제시된 비중 값을 기준으로 쉽게 답을 찾을 수 있다. 특히 ㄹ의 경우는 한 제조사만이라도 구하려고 하는 값이 50% 이상이라면 틀린 보기가 된다.

06 복수의 표

정답 ④

난도 중

정답해설

ㄴ. '타기관이송' 처리건수가 가장 많은 해는 2017년이다. 정보공개 청구건수 대비 '전부공개' 처리건수의 비율은 정보공개 청구건수가 많을수록, '전부공개' 처리건수가 적을수록 낮다. 2016년과 2017년의 경우 모두 정보공개 청구건수가 '전부공개' 처리건수의 3배 이상이므로 두 해에 모두 해당하는 비율을 구하면 2016년은 $\frac{529}{1,785}\times100≒29.6\%$이고, 2017년은 $\frac{837}{3,097}\times100≒27.0\%$이다. 따라서 정보공개 청구건수 대비 '전부공개' 처리건수의 비율이 가장 낮은 해도 2017년이다.

ㄹ. 2021년 '정보통신망'을 제외한 '직접출석, 우편, 팩스, 기타' 청구방법을 통한 정보공개 청구건수가 모두 '전부공개'로 처리되었다고 하여도 '전부공개' 처리건수 중 청구방법이 '정보통신망'인 처리건수는 2,355-(130+65+17+1)=2,142건으로 2,100건 이상이다.

오답해설

ㄱ. 정보공개 청구건수는 2017년 3,097건에서 2018년 2,951건으로 감소하였다.

ㄷ. '비공개' 처리건수와 '취하' 처리건수의 합이 해당 연도 정보공개 청구건수의 20%를 초과하기 위해서는 정보공개 청구건수가 '비공개' 처리건수와 '취하' 처리건수의 합의 5배 미만이어야 한다. 그러나 2016년의 경우 정보공개 청구건수(1,785)가 '비공개' 처리건수와 '취하' 처리건수의 합(215+134=349)의 5배 이상이므로 매년 20%를 초과하지는 않는다.

07 전환형

정답 ⑤

난도 중

정답해설

2020년의 경우 전체 여행객 중 여행횟수가 3회 이하인 여행객의 비율은 $\frac{6,046+1,395+802}{10,020}\times100≒82\%$이지만, ⑤에는 80%로 잘못 표시되어 있다.

> **합격 가이드**
>
> 복잡한 계산 문제는 아니지만, 정답이 맨 마지막에 배치되어 계산이 많아 시간이 꽤 소요될 수 있는 문제이다. 그러나 옳지 않은 자료는 수치가 한 부분만 잘못되어도 다른 수치의 추가 계산 없이 답을 찾을 수 있다.

08 추가로 필요한 자료

정답 ⑤

난도 하

정답해설

보고서에는 종사상지위별 종사자 수, 사업체 규모별 종사자 수, 입직자 및 이직자 수, 입직유형별 입직자 수에 대한 내용이 언급되어 있다. 그러나 제시된 자료에는 종사상지위별 종사자 수 동향에 대한 내용만 있으므로 사업체 규모별 종사자 수 동향, 입직자 및 이직자 수 동향, 입직유형별 입직자 수 동향에 대한 자료가 추가로 필요하다.

오답해설

ㄴ. 주요산업별 종사자 수 동향은 보고서에 언급된 내용이 아니므로 추가로 필요한 자료가 아니다.

09 단순확인(표·그림)

정답 ①

난도 중

정답해설

ㄱ. '배터리 용량'당 '차량가격'은 $\frac{차량가격}{배터리 용량}$으로 '차량가격'이 높을수록, '배터리 용량'이 작을수록 높다. '배터리 용량'이 비슷한 전기차 A, B, E 중 차량가격이 가장 높은 A와 '배터리 용량'이 비슷한 전기차 C, D 중 차량가격이 더 높은 C의 '배터리 용량'당 '차량가격'을 구하면, A는 $\frac{8,469}{75.0}=112.92$만 원/kWh, C는 $\frac{17,700}{112.8}≒156.9$만 원/kWh이므로 '배터리 용량'당 '차량가격'은 C가 가장 높다.

ㄴ. '차량가격'이 가장 낮은 전기차는 B이다. '완충시간' 대비 '배터리 용량'의 비율은 $\frac{배터리 용량}{완충시간}$으로 '배터리 용량'이 작을수록, '완충시간'이 길수록 낮다. '배터리 용량'이 비슷한 전기차 A, B, E 중 완충시간이 가장 긴 B와 '완충시간'이 같은 전기차 C, D 중 배터리 용량이 더 작은 D의 '완충시간' 대비 '배터리 용량'의 비율을 구하면, B는 $\frac{77.4}{392}\times100≒20\%$, D는 $\frac{111.5}{420}\times100≒27\%$이므로 '완충시간' 대비 '배터리 용량'의 비율도 B가 가장 낮다.

오답해설

ㄷ. '완충 시 주행거리' 대비 '완충시간'의 비율은 D가 $\frac{420}{447}\times100≒94\%$, E가 $\frac{252}{524}\times100≒48\%$로 D가 E의 2배 미만이다.

ㄹ. '차량가격'은 C>D>A>E>B 순으로 높고, '배터리 용량'은 C>D>B=E>A 순으로 크다.

10 빈칸형   정답 ②

난도 중

정답해설

'평가점수=(자산회전지표×1점)+(영업이익지표×2점)'이다. 공공기관 A의 자산회전지표는 0.5이고, 영업이익지표는 $\frac{400}{2,000 \times 0.5}$=0.4이므로 평가점수는 (0.5×1점)+(0.4×2점)=1.3점. B의 평가점수는 (0.8×1점)+(0.15×2점)=1.1점. C의 평가점수는 1.5점이므로 평가점수는 B가 가장 낮다.

오답해설

ㄱ. 공공기관 A의 매출액은 2,000×0.5=1,000백만 원이고, B의 매출액은 4,000백만 원이다. 공공기관 C의 자산회전지표는 '평가점수(점)=(자산회전지표×1점)+(영업이익지표×2점)' 공식에 대입하여 구하면, 1.5=(자산회전지표×1점)+(0.5×2점) → 자산회전지표=0.5이므로 매출액은 6,000×0.5=3,000백만 원이다. 따라서 매출액은 B가 가장 크다.

ㄴ. 공공기관 A의 영업이익은 400백만 원이고, C의 영업이익은 3,000×0.5=1,500백만 원이므로 영업이익은 C가 A의 4배 미만이다.

11 표와 그림   정답 ④

난도 하

정답해설

2018~2022년 동안 '전기차'는 2018년 38,523대, 2019년 76,008대, 2020년 119,718대, 2021년 154,014대, 2022년 223,623대로 매년 증가하였으나, '수소차'는 2021년 1,119대에서 2022년 361대로 감소하였다.

오답해설

① 2019년의 전체 친환경차 등록대수는 전년 대비 $\frac{600,648-461,733}{461,733}$×100= $\frac{138,915}{461,733}$×100≒30.1% 증가하였다. 2019년 이후에도 $\frac{219,681}{600,648}$×100≒ 36.6%, $\frac{338,758}{820,329}$×100≒41.3%, $\frac{430,898}{1,159,087}$×100≒37.2%로 매년 30% 이상 증가하였다.

② 2018년 대비 2022년 등록대수의 증가율은 '수소차'가 $\frac{29,623-893}{893}$×100 ≒3,217%로 가장 높다.

③ 친환경차 수출대수는 2018년에 138,216+18,395+38,523+227=195,361대에서 매년 증가하여 2022년에는 284,598+45,140+223,623+361=553,722대가 되었다.

12 빈칸형   정답 ②

난도 하

정답해설

'마'사업부 임원의 보수총액 합 3,609+3,069=6,678십만 원의 60%는 6,678×0.6=4,006.8십만 원이다. '마'사업부 임원의 급여 합은 1,933+1,643=3,576십만 원이므로 '마'사업부 임원의 보수총액 합에서 차지하는 비중은 60% 미만이다.

오답해설

① C와 D를 제외한 다른 임원들의 보수총액 순위와 상여 순위는 같으나, C와 D의 보수총액 순위와 상여 순위는 바뀌었다. C는 보수총액이 세 번째로 많고 상여가 네 번째로 많으며, D는 보수총액이 네 번째로 많고 상여가 세 번째로 많다.

③ 사업부별 임원 수는 '가'가 1명, '나'가 2명, '다'가 2명, '라'가 1명, '마'가 2명, '바'가 1명, '사'가 1명이다. 임원이 2명인 사업부를 제외하고 임원이 1명인 사업부를 비교하면, 임원 1인당 보수총액이 가장 적은 사업부는 '사'이고, 임원 1인당 급여가 가장 적은 사업부는 '라'이다. 임원이 2명인 '나', '다', '마'사업부는 임원 1인당 보수총액과 급여가 각각 '사', '라'사업부보다 많으므로 임원 1인당 보수총액이 가장 적은 사업부와 임원 1인당 급여가 가장 적은 사업부는 일치하지 않는다.

④ 보수총액에서 상여가 차지하는 비중이 가장 큰 임원은 상여가 급여의 2배 이상인 D이다.

⑤ 미등기 임원 A, D, G, H, J의 급여 합은 2,700+1,130+1,633+1,626+2,176=9,265십만 원으로 전체 급여 19,317십만 원의 50%인 19,317×0.5=9,658.5십만 원보다 적다. 따라서 미등기 임원의 급여 합은 등기 임원의 급여 합보다 적다.

13 복수의 표   정답 ⑤

난도 중

정답해설

경영주 연령대가 30대 이하인 농가수가 1995년 대비 2020년에 95% 이상 감소했다면, 5% 이하가 남아 있다는 의미이다. 2020년 30대 이하 농가수 1,567가구는 1995년 30대 이하 농가수 23,891가구의 5%인 23,891×0.05≒1,194가구 이상이다. 따라서 경영주 연령대가 30대 이하인 농가수는 1995년 대비 2020년에 95% 미만으로 감소하였다.

오답해설

① 1995년 대비 2020년 가구원수별 농가수 증감률은 1995년 농가수가 많을수록, 1995년 농가수와 2020년 농가수의 차이가 적을수록 작다. '5인 이상'을 제외하고, 1995년 농가수는 '2인'이 가장 많고, 1995년 농가수와 2020년 농가수의 차이는 '1인'이 가장 적으나 1995년 농가수가 '2인'이 '1인'의 3배 이상이기 때문에 1995년 대비 2020년 가구원수별 농가수 증감률은 '2인'이 가장 작다.

② 조사연도에서 '3인' 농가수가 그 외 농가수 합의 25% 이하이기 위해서는 분모인 전체 농가수와 '3인' 농가수의 차이가 분자인 '3인' 농가수의 4배 이상이어야 한다. 따라서 매 조사연도에서 '3인' 농가수는 그 외 농가수 합의 25% 이하이다.

③ 2000년 전체 농가 가구원수는 $152{,}257 \times 3.2 ≒ 487{,}222$명으로 2020년 전체 농가 가구원수 $100{,}362 \times 2.3 ≒ 230{,}832$명의 2배 이상이다.

④ 2020년 전체 농가수 100,362가구 중 경영주 연령대가 40대 이하인 농가수가 차지하는 비중이 10% 이하이려면 40대 이하 농가수가 10,036가구 이하여야 한다. 2020년 경영주 연령대가 40대 이하인 농가수는 $1{,}567 + 7{,}796 = 9{,}363$가구이므로 전체 농가수에서 차지하는 비중은 10% 이하이다.

14 표와 그림

정답 ②

난도 중

정답해설

ㄱ. 2023년 응모인원 대비 수상인원은 초등부가 $\frac{88}{502} ≒ 0.18$명, 중등부가 $\frac{59}{446} ≒ 0.13$명, 고등부가 $\frac{68}{624} ≒ 0.11$명으로 초등부가 가장 많다.

ㄷ. 응모인원의 부문별 구성비가 동일하다면, 전체 응모인원의 감소율과 중등부 응모인원의 감소율이 동일하다. 2023년 대비 2020년의 응모인원은 50%의 감소율을 나타내므로 중등부 응모인원도 50%의 감소율을 나타내야 한다. 따라서 2020년 중등부 응모인원은 $446 \times 0.5 = 223$명으로 200명 이상이다.

오답해설

ㄴ. 3명으로 구성된 초등부 수상팀 수를 최대로 만들려면 우선 모든 초등부 수상팀의 인원을 1명씩으로 가정해 보면 된다. 초등부 수상팀은 56개 팀이므로 수상인원은 56명이 되므로 32명이 남는다. 따라서 3명으로 구성된 팀을 가장 많이 만들면 16개 팀이 된다.

ㄹ. 2019년 응모인원의 3배는 $820 \times 3 = 2{,}460$명이다. 2024년에 2023년 응모인원 1,572명에서 30% 증가한다면, $1{,}572 \times 1.3 ≒ 2{,}043$명이 되므로 2,460명을 초과하지 못한다. 따라서 2025년도에 처음으로 2019년 응모인원의 3배를 초과하게 된다.

15 표와 그림

정답 ④

난도 중

정답해설

'가', '바', '사'구역은 정비구역으로 빈집의 활용이 불가능하며, '라', '자'구역의 빈집은 공가기간이 20년 이하이나 두 구역의 빈집 모두 건축물 연령이 30년을 초과하여 건축구조의 사용연한을 초과했으므로 활용이 불가능하다. 각 구역에는 빈집이 1개씩만 존재하므로 활용이 가능한 빈집은 '나', '다', '마', '아'구역에 있는 4개이다.

오답해설

① · ② · ⑤ '가', '바', '사'구역은 정비구역으로 빈집의 철거가 불가능하며, '나', '다', '마', '아'구역의 빈집은 공가기간이 20년 이하이나 네 구역의 빈집 모두 건축물 연령이 건축구조의 사용연한 이하이므로 철거가 불가능하다. 각 구역에는 빈집이 1개씩만 존재하므로 철거가 가능한 빈집은 '라', '자'구역에 있는 2개이다.

③ '다'구역의 빈집은 공가기간이 20년 이하이고, 건축물 연령이 철골구조의 사용연한인 40년 이하이므로 활용이 가능하다.

16 복수의 표

정답 ④

난도 중

정답해설

ㄱ. 평가방법 A, B를 적용했을 때 각 승진후보자의 평정점수는 다음과 같다.

(단위 : 점)

승진후보자 \ 연도 평가방법	2023		2022		2021	
	A	B	A	B	A	B
정숙	42.5	51.0	19.5	26.0	13.0	0.0
윤호	35.0	42.0	25.5	34.0	15.0	0.0
찬희	37.5	45.0	22.5	30.0	13.0	0.0
상용	40.0	48.0	18.0	24.0	13.0	0.0

- 정숙 : $75.0(=42.5+19.5+13.0) < 77.0(=51.0+26.0)$
- 윤호 : $75.5(=35.0+25.5+15.0) < 76.0(=42.0+34.0)$
- 찬희 : $73.0(=37.5+22.5+13.0) < 75.0(=45.0+30.0)$
- 상용 : $71.0(=40.0+18.0+13.0) < 72.0(=48.0+24.0)$

따라서 모든 승진후보자의 평정점수는 평가방법 A를 적용할 때보다 평가방법 B를 적용할 때가 더 높다.

ㄷ. '상용'의 2023년 근무성적점수만 90점으로 변경된다면, 평정점수는 평가방법 A를 적용했을 때는 76점, 평가방법 B를 적용했을 때는 78점, 평가방법 C를 적용했을 때는 90점이 되어 평가방법 A~C 중 어떤 평가방법을 적용하더라도 '상용'이 승진대상자가 된다.

오답해설

ㄴ. 평가방법 A를 적용할 때는 윤호가 승진대상자이다. 평가방법 C를 적용할 때는 2023년의 평정점수가 전체 평정점수와 같으므로 85점으로 가장 높은 정숙이 승진대상자가 된다.

17 매칭형

정답 ③

난도 중

정답해설

매년 교육시간이 감소하는 교육방법은 B, C, '역할연기'이므로 첫 번째 정보에 따라 B와 C는 각각 '강의'와 '실습' 중 하나이다. 이에 따라 ①, ④는 답에서 제외된다. 2023년 전체 교육시간 중 교육방법별 교육시간 비중이 전년 대비 감소한 교육방법은 교육시간의 전년 대비 감소율이 큰 A와 역할연기이므로 두 번째 정보에 따라 A는 '분임토의'이다. 이에 따라 ⑤는 답에서 제외된다. 세 번째 정보에 따르면 2023년 교육시간의 전년 대비 감소율이 세 번째로 큰 교육방법은 '실습'이므로 B와 C의 2023년 교육시간의 전년 대비 감소율 중 더 큰 값을 갖는 교육방법이 '실습'이 된다. 2023년 교육시간의 전년 대비 감소율은 B가 $\frac{2{,}614-2{,}394}{2{,}614} \times 100 ≒ 8.4\%$, C가 $\frac{204-191}{204} \times 100 ≒ 6.4\%$이므로 B는 '실습', C는 '강의'이다.

따라서 A는 '분임토의', B는 '실습', C는 '강의', D는 '현장체험'이다.

18 단순확인(표 · 그림)

정답 ⑤

난도 중

정답해설

7~12월 전월 대비 증감 방향은 '교육' 전력판매 단가가 '증가 – 증가 – 감소 – 감소 – 증가 – 감소'이고, '산업' 전력판매 단가가 '증가 – 증가 – 감소 – 증가 – 증가 – 감소'로 10월의 전월 대비 증감 방향이 다르다.

오답해설

① 7∼12월 전력판매 단가는 '농사'가 매월 가장 낮고, '일반'이 매월 가장 높은 것을 자료를 통해 쉽게 알 수 있다.

② 2월 '주택' 전력판매 단가의 60%는 118.9×0.6=71.34원/kWh로 2월 '심야' 전력판매 단가 75.3원/kWh는 2월 '주택' 전력판매 단가의 60% 이상이다.

③ 11월 '교육' 전력판매 단가의 전월 대비 증가율은 $\frac{125.2-110.8}{110.8}\times100$≒

13.0%로, 4월 '가로등' 전력판매 단가의 전원 대비 증가율 $\frac{121.3-114.3}{114.3}\times$

100≒6.1%의 2배 이상이다.

④ 매월 '주택' 전력판매 단가가 '농사'의 1.5배 이상인 것을 자료를 통해 쉽게 알 수 있다.

19 공식·조건　　정답 ②

난도 중

정답해설

ㄴ. A의 경우 세입총계에서 자주재원이 차지하는 비중은 $\frac{1,240}{9,966}\times100$%로 약

12%이다. 세입총계에서 자주재원이 차지하는 비중은 '재정자주도－재정자립도'와 같으므로, B의 경우는 69.67－27.70=41.97%이다. 따라서 세입총계에서 자주재원이 차지하는 비중은 A가 B보다 작다.

ㄷ. C의 재정자립도는 21.38%, 재정자주도는 $\frac{1,444+3,371}{6,754}\times100$≒71.29%이

고, D의 재정자립도는 22.44%, 재정자주도는 65.17%이므로 C는 D보다 재정자립도는 낮고 재정자주도는 높다.

오답해설

ㄱ. 지방자치단체의 재정자주도는 A가 $\frac{5,188+1,240}{9,966}\times100$≒64.50%, C가

$\frac{1,444+3,371}{6,754}\times100$≒71.29%로 A가 C보다 낮다.

ㄹ. B의 세입총계에서 자주재원이 차지하는 비중은 $\frac{자주재원}{10,080}\times100$=41.97%

이므로 자주재원은 약 4,230억 원이다. 따라서 자주재원은 B가 가장 많다.

20 공식·조건　　정답 ④

난도 중

정답해설

계량기 불감수율이 가장 높은 도시는 B이다. 유효무수율은 '무수율－누수율'로 9.9－4.5=5.4%인 C도시가 가장 높다.

오답해설

① 누수율이 가장 높은 도시는 A로, 유효무수율이 5.8－5.4=0.4%로 가장 낮다.

② 부정사용률은 제시된 공식을 통해 다음과 같이 구할 수 있다.

부정사용률

＝유효무수율－계량기 불감수율－수도사업 용수량 비율

＝무수율－누수율－계량기 불감수율－수도사업 용수량 비율

유수율이 가장 낮은 도시는 C로 부정사용률은 9.9－4.5－2.3－0.1=3.0%이고, 유수율이 세 번째로 높은 도시는 E로 부정사용률은 6.2－4.2－1.9－0.1=0%이다. 따라서 유수율이 가장 낮은 도시의 부정사용률은 유수율이 세 번째로 높은 도시의 부정사용률보다 높다.

③ 무수율과 부정사용률의 차이는 '누수율＋계량기 불감수율＋수도사업 용수량 비율'과 같다. 따라서 무수율과 부정사용률의 차이가 5.1＋3.8＋0.1=9.0%로 가장 큰 도시는 G이다.

⑤ 무수율이 가장 높은 도시는 C로, 부정사용률이 9.9－4.5－2.3－0.1=3.0%로 가장 높다.

21 매칭형　　정답 ①

난도 중

정답해설

두 번째 조건과 관련된 '된장'은 자료에 따를 때 A∼E 중 하나이다. A∼E 중 2023년 수입금액(＝수입중량×수입단가)이 가장 낮은 품목은 수입중량이 가장 적고, 수입단가가 상대적으로 낮은 D이므로 D는 '된장'이다. 이에 따라 ⑤는 답에서 제외된다.

네 번째 조건에 따라 2023년 수입중량이 2,000톤 이상인 품목은 '김치', '설탕', '식용유'이다. 자료에서 2023년 수입중량이 2,000톤 이상인 품목은 C, E, '김치'이므로 C와 E는 각각 '설탕'과 '식용유' 중 하나이다. 이에 따라 ③은 답에서 제외된다.

세 번째 조건에 따라 2022년 수입단가가 2,000원/kg 이상인 품목은 '고춧가루', '두부', '식용유'이다. C는 2023년 수입단가가 전년 대비 증가했으므로 2022년 수입단가는 2,000원/kg 이상이 아니다. 이에 따라 C는 '설탕', E는 '식용유'이고, 2022년 수입단가가 2,000원/kg 이상인 품목 중 하나인 B는 '고춧가루'이다. 이에 따라 답은 ①이 되어 A는 '간장'이다.

따라서 A는 '간장', B는 '고춧가루', C는 '설탕', D는 '된장', E는 '식용유'이다.

> **합격 가이드**
>
> 품목을 확정지을 수 있는 조건을 우선적으로 판단하면 모든 조건을 고려하지 않아도 된다. 두 번째 조건은 '된장' 한 품목에 대한 조건이므로 '된장'이 A∼E 중 어떤 품목에 해당되는지 쉽게 파악할 수 있다. 또한 세 번째, 네 번째 조건은 첫 번째 조건과 달리 자료에 제시되어 있는 품목인 '두부', '김치'가 포함되어 있으므로 첫 번째 조건을 고려하지 않아도 답을 찾을 수 있다.

22 매칭형　　정답 ③

난도 중

정답해설

표 2의 양육자의 정신건강 문제 유형 A∼D에 대한 내용은 보고서의 두 번째 문단에 나와 있다. 두 번째 문단의 세 번째 줄에 언급된 "모든 문제 유형 중 '섭식문제'의 발생 비율이 가장 낮았다."의 내용에 따라 D는 '섭식문제'이다. 네 번째 줄부터 언급된 "양육자 성별에 따른 정신건강 문제 발생 비율 차이는 '불면증'이 '우울'보다 컸다."는 두 가지를 비교하는 형태로 유형을 확정지을 수 없으므로 다음에 언급되는 내용을 파악하면 된다. 일곱 번째 줄부터 언급된 "일례로 '우울' 발생 비율은 '배우자와 함께 육아 참여'일 때가 '양육자 혼자 육아 참여'일 때보다 14.1%p 낮게 나타났다."를 통해 A가 '우울'인 것을 알 수 있으므로 답은 ①과 ③ 중 하나이다. 마지막으로 열 번째 줄부터 언급된 "그중 '불안'과 '섭식문제'의 발생 비율은 각각 고위험군이 저위험군의 5배 이상이었다."의 내용에 해당하는 유형은 B와 D(섭식문제)이므로 B는 '불안'이다. 이에 따라 ③이 답이 된다.

따라서 A는 '우울', B는 '불안', C는 '불면증', D는 '섭식문제'이다.

23 추가로 필요한 자료

정답 ①

난도 하

정답해설

보고서에서는 2022년 '갑'시 양육자의 성별 및 연령대별 양육 스트레스, 자녀 연령별 양육 스트레스, 가구 월평균 소득 구간별 양육 스트레스에 대한 내용이 언급되어 있다. 그러나 제시된 자료에는 양육자의 성별 및 연령대별 양육 스트레스에 대한 내용만 있으므로 자녀 연령별 양육 스트레스, 가구 월평균 소득 구간별 양육 스트레스에 대한 자료가 추가로 필요하다.

오답해설

ㄷ·ㄹ. 2022년 '갑'시 양육자의 경제활동 여부별 양육 스트레스와 자녀수별 양육 스트레스 점수는 보고서에 언급된 내용이 아니므로 추가로 필요한 자료가 아니다.

24 전환형

정답 ③

난도 중

정답해설

ㄱ. 연도별 지주회사 수에 대한 내용은 보고서의 두 번째 문단에 언급되어 있다. 2017년 지주회사 수 193개의 90%는 193×0.9≒173개이다. 2018년 이후 지주회사 수는 2017년 지주회사 수의 90% 이하를 유지하고 있다. 또한 2022년 지주회사 수는 168개로 2021년 164개에서 증가하였다.

ㄹ. 자산규모별 지주회사 수에 대한 내용은 보고서의 네 번째 문단에 언급되어 있다. 2022년 자산규모 1천억 원 이상 5천억 원 미만인 지주회사 수는 2017년 대비 31개 감소하였다. 이는 2017년 지주회사 수 97개의 30%인 97×0.3=29.1개 이상이다. 또한 2022년 자산규모 5천억 원 이상인 지주회사 수는 2017년 대비 4개 증가하였다. 이는 2017년 지주회사 수인 12개의 30%인 12×0.3=3.6개 이상이다.

오답해설

ㄴ. 지주회사의 평균 소속회사 수 추이에 대한 내용은 보고서의 세 번째 문단에 언급되어 있다. 자, 손자, 증손 회사 각각 2017년 이후 매년 증가하였다고 했으나 보기의 증손 회사 수는 매년 증가하지 않으므로 보고서의 내용에 부합하지 않는 자료이다.

ㄷ. 연도별 지주회사 편입률에 대한 내용은 보고서의 두 번째 문단에 언급되어 있다. 2022년에는 지주회사의 전체 계열사 1,281개 중 915개가 지주회사 체제 안에 편입되어 있는 것으로 나타났다고 했으므로 지주회사 편입률은 $\frac{915}{1,281}×100≒71.4\%$이다. 그러나 보기에는 2022년도의 지주회사 편입률이 78.7%로 나와 있으므로 보고서의 내용에 부합하지 않는 자료이다.

25 단순확인(표·그림)

정답 ⑤

난도 중

정답해설

수상률 하위 2개 공모전은 각각 응모작품 수가 수상작품 수의 30배 이상, 10배 이상인 '청렴사회'와 '적극행정 홍보'이다. 두 공모전의 상금총액 합은 4,980+730=5,710만 원으로 6,000만 원 이하이다.

오답해설

① 수상작품 수가 50개 미만인 공모전에서 '평화통일'과 '평등가족 실천'의 경우 수상작품 수는 21개로 가장 많으나 상금총액은 다르다.

② '문화 다양성' 공모전의 수상률은 $\frac{13}{79}×100≒16.5\%$이다. 그러나 '평화정책' 공모전의 경우는 수상률이 $\frac{65}{368}×100≒17.7\%$로 '문화 다양성' 공모전의 수상률보다 높다.

③ 공모전 전체 상금총액 19,430만 원은 '평화통일' 상금총액 4,500만 원의 4배 이상이므로 공모전 전체 상금총액 중 '평화통일' 상금총액이 차지하는 비중은 25% 미만이다.

④ 상금총액 대비 응모작품 수 비율은 상금총액이 응모작품 수의 약 3배인 '청렴사회' 공모전이 가장 높고, 두 번째로 높은 공모전은 상금총액이 응모작품 수의 약 5배인 '적극행정 홍보' 공모전이다. '적극행정 홍보'의 수상작품 수는 20개 미만이다.

26 전환형

정답 ③

난도 중

정답해설

ㄱ. 자료를 통해 쉽게 알 수 있다.

ㄴ. 연도별 전체 연안사고 건수 중 음주로 인한 연안사고 건수 비중은 다음과 같다.

- 2017년 : $\frac{91}{698}×100≒13.0\%$
- 2018년 : $\frac{108}{759}×100≒14.2\%$
- 2019년 : $\frac{79}{721}×100≒11.0\%$
- 2020년 : $\frac{89}{602}×100≒14.8\%$
- 2021년 : $\frac{79}{717}×100≒11.0\%$
- 2022년 : $\frac{72}{575}×100≒12.5\%$

따라서 옳은 자료이다.

ㄷ. 2021년 연안사고 건수의 원인별 구성비는 다음과 같다.

- 기상불량 : $\frac{18}{717}×100≒2.5\%$
- 부주의 : $\frac{426}{717}×100≒59.4\%$
- 수영미숙 : $\frac{21}{717}×100≒2.9\%$
- 안전미준수 : $\frac{13}{717}×100≒1.8\%$
- 음주 : $\frac{79}{717}×100≒11.0\%$
- 조석미인지 : $\frac{90}{717}×100≒12.6\%$
- 기타 : $\frac{70}{717}×100≒9.8\%$

따라서 옳은 자료이다.

오답해설

ㄹ. 2021년 '조석미인지' 전년 대비 증가율의 경우를 보면, 연안사고 건수가 2020년 83건에서 2021년에 90건으로 7건밖에 증가하지 않았으므로 32.3%는 잘못된 수치이다.

27 표와 그림

정답 ④

난도 하

정답해설

A~E국의 가중치를 곱한 평가항목별 평가 점수의 합은 다음과 같다.

(단위 : 점)

구분 국가	평가 점수			
	농업종사자 수	1인당 국내총생산	옥수수 경작면적당 생산량	합계
A	6	3	3	12
B	4	2	6	12
C	4	3	6	13
D	2	3	9	14
E	2	1	3	6

따라서 합산 점수가 가장 높은 국가는 D이다.

28 단순확인(표·그림)

정답 ⑤

난도 중

정답해설

ㄴ. 복숭아와 단감은 2020년 생산량이 2021년 생산량의 전년 대비 감소폭의 3배 미만이므로 다른 과일보다 증감률이 크다. 따라서 두 과일의 감소율을 비교하면, 복숭아는 $\frac{89}{224} \times 100 ≒ 39.7\%$, 단감은 $\frac{82}{236} \times 100 ≒ 34.7\%$이므로 6대 과일 중 2021년 생산량의 전년 대비 증감률이 가장 큰 과일은 복숭아이다.

ㄷ. 6대 과일 생산액의 합에서 배의 생산액이 차지하는 비중이 10% 이상이기 위해서는 6대 과일 생산액의 합이 배 생산액의 10배 이하여야 한다. 따라서 6대 과일 생산액의 합에서 배의 생산액이 차지하는 비중이 10% 이상인 연도는 2019년, 2020년, 2021년, 2022년으로 4개이다.

오답해설

ㄱ. 2022년 재배면적당 생산액은 복숭아가 $\frac{456}{16.7} ≒ 27.3$십억 원/천 ha, 감귤이 $\frac{637}{21.3} ≒ 29.9$십억 원/천 ha로 복숭아가 감귤보다 적다.

29 전환형

정답 ②

난도 중

정답해설

ㄱ. 연도별 사과 재배면적당 생산량은 다음과 같다.

- 2019년 : $\frac{489}{29.1} ≒ 16.8$톤/ha

- 2020년 : $\frac{368}{26.9} ≒ 13.7$톤/ha

- 2021년 : $\frac{460}{31.0} ≒ 14.8$톤/ha

- 2022년 : $\frac{583}{31.6} ≒ 18.4$톤/ha

- 2023년 : $\frac{422}{31.6} ≒ 13.4$톤/ha

따라서 옳은 자료이다.

ㄹ. 자료를 통해 쉽게 알 수 있다.

오답해설

ㄴ. 감귤과 복숭아의 연도별 생산량은 옳게 표시되어 있으나, 배는 포도의 연도별 생산량으로 잘못 표시되어 있다.

ㄷ. 2022년 전체 과일 생산액 중 복숭아 생산액의 비중은 $\frac{456}{4,159} \times 100 ≒ 11.0\%$로 보기에는 10.2%로 잘못 표시되어 있다.

30 공식·조건

정답 ⑤

난도 중

정답해설

ㄱ. 10위 밑으로 장르가 '액션'인 드라마가 있더라도 시청점유율이 1.9%보다는 낮으므로 장르가 '액션'인 드라마 시청점유율의 평균은 2% 이하일 수밖에 없다.

ㄷ. 1~10위 드라마의 시청점유율 총합은 39.15+11.1+9.9+4.2+3.6+2.9+2.5+2.4+2.3+1.9=79.95%이므로 10위 밑 드라마들의 시청점유율 총합은 100−79.95=20.05이다. 10위 드라마의 시청점유율은 1.9%이므로 10위 밑 드라마들의 시청점유율은 모두 1.9% 이하이다. 따라서 적어도 11개의 드라마가 더 있어야 하므로 드라마 수는 21개 이상이다.

ㄹ. 해당 드라마 시청자 수는 제시된 공식을 통해 다음과 같이 구할 수 있다.

해당 드라마 시청자 수 = $\frac{\text{전체 시청자의 해당 드라마 시청시간 총합}}{\text{1인당 시청시간(분)}}$

전체 시청자의 해당 드라마 시청시간 총합 대신 '시청점유율(%)×전체 시청자의 드라마 시청시간 총합'을 위의 공식에 대입하면 다음과 같다.

해당 드라마 시청자 수 = $\frac{\text{시청점유율(\%)×전체 시청자의 드라마 시청시간 총합}}{\text{1인당 시청시간(분)}}$

전체 시청자의 드라마 시청시간 총합은 모든 드라마에서 같으므로 $\frac{\text{시청점유율(\%)}}{\text{1인당 시청시간(분)}}$의 값을 비교하면 된다. 따라서 5위 드라마의 경우는 $\frac{3.6\%}{89} ≒ 0.04\%$, 8위 드라마의 경우는 $\frac{2.4\%}{30} = 0.08\%$로, 5위 드라마의 시청자 수는 8위 드라마 시청자 수보다 적다.

오답해설

ㄴ. 1~10위 드라마 중 제작사가 '퍼시픽'인 드라마의 시청점유율 총합은 3.6+2.5+2.4=8.5%, 제작사가 '폭풍'인 드라마의 시청점유율 총합은 4.2+2.3+1.9=8.4%이고, 1위~10위 드라마의 시청점유율 총합은 39.15+11.1+9.9+4.2+3.6+2.9+2.5+2.4+2.3+1.9=79.95%이다. 만약 10위 밑의 모든 드라마의 제작사가 '폭풍'이라면, 10위 밑 드라마들의 시청점유율 총합은 100−79.95=20.05%이므로 제작사가 '폭풍'인 드라마의 시청점유율 총합은 8.4+20.05=28.45%가 된다. 따라서 이 경우에는 제작사가 '퍼시픽'인 드라마의 시청점유율 총합이 제작사가 '폭풍'인 드라마의 시청점유율 총합보다 낮다.

31 공식·조건

정답 ④

난도 상

정답해설

ㄱ. 연금 계좌 수는 제시된 공식을 통해 다음과 같이 구할 수 있다.

가입률 + 중복 가입률

= $\frac{\text{(연금 가입자 수+연금 계좌를 2개 보유한 연금 가입자 수)}}{\text{인구}} \times 100$

= $\frac{\text{연금 계좌 수}}{\text{인구}} \times 100$

→ 연금 계좌 수=(가입률+중복 가입률)×$\frac{인구}{100}$

따라서 2017년 연금 계좌 수는 (69.8+28.0)×$\frac{31,354}{100}$≒30,664천 개로 전년 연금 계좌 수 30,265천 개보다 증가하였다.

ㄷ. 2019년의 연금 가입자 수는 연금 계좌 수에서 연금 계좌를 2개 보유한 연금 가입자 수를 뺀 값이므로 31,538−30×$\frac{30,915}{100}$≒22,263천 명이다. 2020년 연금 가입자 수는 전년 대비 23,793−22,263=1,530천 명 증가하였고, 2019년 연금 가입자 수 22,263천 명의 5%는 22,263×0.05≒1,113천 명이므로 2020년 연금 가입자 수는 전년 대비 5% 이상 증가하였다.

ㄹ. '중복 가입률=$\frac{연금\ 계좌\ 수}{인구}$×100−가입률'로 구할 수 있다. 2021년 중복 가입률은 $\frac{33,458}{30,128}$×100−78.8≒32.3%, 2020년 중복 가입률은 $\frac{33,459}{30,590}$×100−77.8≒31.6%이므로 2021년 중복 가입률은 전년보다 증가하였다.

오답해설

ㄴ. 2018년의 중복 가입률은 $\frac{연금\ 계좌\ 수}{인구}$×100−가입률=$\frac{31,432}{31,183}$×100−71.5≒29.3%로, 2019년의 중복 가입률 30.0%와의 차이는 1%p 미만이다.

합격 가이드

제시된 공식에 '연금 계좌 수'라고 언급된 부분이 없으므로 가입률과 중복 가입률의 의미를 정확히 파악하여 제시된 공식을 통해 '연금 계좌 수'를 구하는 공식을 도출해야 한다. 가입률과 중복 가입률에 대한 의미를 정확히 파악하지 못하면 공식을 구하는 과정이 쉽지 않으므로 난도가 높은 문제이다.

32 복수의 표

정답 ④

난도 중

정답해설

3~6월의 우럭의 도매단가 대비 소매단가 비율을 구하면 다음과 같다.

• 3월 : $\frac{28,500}{17,700}$×100≒161.0%

• 4월 : $\frac{26,000}{16,000}$×100=162.5%

• 5월 : $\frac{25,250}{14,500}$×100≒174.1%

• 6월 : $\frac{22,100}{12,250}$×100≒180.4%

따라서 우럭의 도매단가 대비 소매단가 비율은 매월 증가하였다.

오답해설

① 우럭 소매단가의 전월 대비 감소율은 전월 소매단가가 가장 낮고 전월 대비 감소폭이 가장 큰 6월이 가장 크다. 광어의 소매단가는 전월 대비 감소폭이 4월이 가장 크나 전월 소매단가는 6월이 가장 낮으므로 4월과 6월의 감소율을 비교하면, 4월은 $\frac{32,500−28,500}{32,500}$×100≒12.3%, 6월은 $\frac{26,250−24,000}{26,250}$×100≒8.6%이다. 따라서 광어의 소매단가의 전월 대비 감소율은 4월이 가장 크다.

② 3월에서 4월로 갈 때는 3개 어종 모두 어획량이 증가하였다. 4월에서 5월로 갈 때는 광어의 어획량은 증가하였으나 우럭과 고등어의 어획량은 감소하였는데, 우럭과 고등어 어획량의 감소량 합이 광어 어획량의 증가량보다 많으므로 3개 어종 어획량의 합은 매월 증가하지는 않았다.

③ 조업선박 1척당 3개 어종 어획량의 합은 3월이 $\frac{10,203+5,410+21,910}{45}$ ≒833.8kg/척, 6월이 $\frac{17,800+6,750+24,051}{70}$=694.3kg/척이다. 3월과 6월의 조업선박 1척당 3개 어종 어획량의 합의 차이인 833.8−694.3=139.5kg/척은 833.8kg/척의 20%인 833.8×0.2=166.76kg/척보다 적으므로 3월과 비교해 6월에 20% 미만 감소하였다.

⑤ 6월에는 고등어 어획량(24,051kg)이 우럭과 광어의 어획량 합(17,800+6,750=24,550kg)보다 적다.

33 표와 그림

정답 ①

난도 중

정답해설

ㄱ. 교통사고 발생건수의 단위는 '천 건'이고, 사망자 수의 단위는 '백 명'이므로 단위를 통일하여 연도별로 교통사고 발생건수당 사망자 수를 구하면 다음과 같다.

• 2020년 : $\frac{46.2}{2,320}$≒0.0199명

• 2021년 : $\frac{42.9}{2,208}$≒0.0194명

• 2022년 : $\frac{39.9}{2,171}$≒0.0184명

• 2023년 : $\frac{37.8}{2,159}$≒0.0175명

따라서 2020~2023년 교통사고 발생건수당 사망자 수는 매년 감소하였고, 2023년 교통사고 발생건수 100건당 사망자 수는 0.0175×100=1.75명으로 1.8명 이하였다.

ㄴ. 연도별로 부상자 수 중 중상자의 비율을 구하면 다음과 같다.

• 2020년 : $\frac{925.2}{3,504}$×100≒26.4%

• 2021년 : $\frac{824.7}{3,317.2}$×100≒24.9%

• 2022년 : $\frac{782.1}{3,228.3}$×100≒24.2%

• 2023년 : $\frac{742.5}{3,230.3}$×100≒23.0%

따라서 2020~2023년 부상자 수 중 중상자 수의 비율은 매년 감소하였고, 2023년에는 25% 이하였다.

오답해설

ㄷ. 교통사고 발생건수는 매년 감소하고, 특별광역시도의 교통사고 발생건수의 비율은 2022년까지만 증가한다. 그러므로 2020~2022년까지의 특별광역시도 교통사고 발생건수를 구하면 다음과 같다.

• 2020년 : 232.0×0.394=91.408천 건

• 2021년 : 220.8×0.397=87.6576천 건

• 2022년 : 217.1×0.406=88.1426천 건

따라서 특별광역시도의 교통사고 발생건수는 2022년에 증가했으므로 매년 감소하지는 않았다.

ㄹ. 2022년과 2023년 일반국도의 교통사고 발생건수 비율이 8%로 같고, 발생건수는 두 해 모두 200,000건을 넘었으므로 일반국도의 교통사고 발생건수는 200,000×0.08=16,000건을 넘었다.

난도 중

정답해설

제시된 공식을 변형하면 '소득$=\dfrac{소득률(\%)}{100}\times$총수입'이다. 2018년의 소득은

$\dfrac{59.5}{100}\times1,178,214≒701,037$백만 원이므로 전년 대비 $\dfrac{701,037-541,450}{541,450}\times$

$100≒29.5\%$, 즉 25% 이상 증가하였다.

오답해설

② 2019년 소득은 667,350백만 원으로 2018년 소득 701,037백만 원보다 적으므로 소득은 매년 증가하지는 않았다.

③ 2017년 경영비 433,103백만 원에서 20% 증가한다면, 433,103×1.2= 519,723.6백만 원으로 2021년 경영비 508,375백만 원을 넘는다. 따라서 2017년 대비 2021년 경영비 증가율은 20% 미만이다.

④ '경영비=총수입-소득'이므로 2019년 경영비는 1,152,580-667,350= 485,230백만 원이다. 따라서 2020년 총수입은 전년 대비 증가했으나 경영비는 전년 대비 감소하였다.

⑤ 총수입의 전년 대비 증가율이 가장 낮은 해는 $\dfrac{856,165-993,903}{993,903}\times100≒$

-13.8%로 2016년이고, 소득의 전년 대비 감소폭이 가장 큰 해는 785,867 -605,615=180,252백만 원으로 2022년이다.

난도 상

정답해설

해군 병영도서관 상위 50개소의 장서 보유량 합이 20만 권(200천 권)이고, 물어보는 것이 '이상'이므로 나머지 212개소의 장서 보유량은 각 보유량의 범위에서 최솟값으로 가정해야 한다. 이에 따라 해군 병영도서관의 장서 보유량 합을 구하면 다음과 같다.

0×67+0.5×49+1.0×52+2.0×39+3.0×(34-29)+200

=0+24.5+52+78+15+200=369.5천 권

해군 병영도서관의 수가 262개이므로 해군 병영도서관당 장서 보유량은 $\dfrac{369.5}{262}$

≒1.41천 권, 즉 2천 권 미만이다.

오답해설

① 1,001~2,000권의 장서를 보유한 병영도서관 수는 486개로, 2,001~3,000 권의 장서를 보유한 병영도서관 수 354+39+18+19=430개보다 많다.

② 육군 이외 모든 국군 병영도서관 수의 합은 1,765-1,328=437개로, 2,001 권 이상의 장서를 보유한 육군 병영도서관 수 354+257+104=715개의 70%인 715×0.7=500.5개보다 적다.

④ 물어보는 것이 '이상'이므로 장서 보유량은 각 보유량의 범위에서 최솟값으로 가정해야 한다. 이에 따라 공군 병영도서관 장서 보유량의 합을 구하면 다음과 같다.

0.5×2+1.0×22+2.0×18+3.0×33+5.0×36

=1+22+36+99+180=338천 권=33.8만 권

따라서 공군 병영도서관의 장서 보유량 합은 30만 권 이상이다.

⑤ 국직 병영도서관의 장서 보유량 합이 21만 권(210천 권)이고, 5,300권(5.3천 권) 이상의 장서를 보유한 국직 병영도서관 수의 최솟값을 묻고 있으므로 남은 국직 병영도서관의 장서 보유량은 각 보유량의 범위에서 최댓값으로 가정해야 한다. 이에 따라 장서 보유량이 5,000권 이하인 국직 병영도서관의 장서 보유량 합을 구하면 다음과 같다.

0.5×1+1.0×5+2.0×17+3.0×19+5.0×13

=0.5+5+34+57+65=161.5천 권

따라서 남은 권수는 210-161.5=48.5천 권이고, 이것은 모두 장서 보유량이 5,001권 이상인 병영도서관에 있다. 9개소가 모두 5.3천 권씩 보유하고 있다고 해도 5.3×9=47.7천 권이므로 5.3천 권 이상의 장서를 보유한 국직 병영도서관은 1개소 이상이다.

> **합격 가이드**
>
> 보유량은 범위성 자료이며, 개구간이다. 범위성 자료의 내용을 이해하는 것이 어려운 편이고, 개구간의 함정에 유의해서 풀어야 하는 난도가 높은 문제이다.

난도 중

정답해설

직업학교 B와 C에서의 여성 모집정원은 각각 2020~2023년 동안 변동이 없으므로 해마다 동일하다. 따라서 직업학교 B에서 여성 모집정원 대비 여성 지원자 수 비율이 가장 낮은 연도는 여성 지원자 수가 가장 적은 2021년이고, 직업학교 C에서 여성 모집정원 대비 여성 지원자 수 비율이 가장 높은 연도는 여성 지원자 수가 가장 많은 2021년으로 동일하다.

오답해설

① 2020년 직업학교별 지원자 수는 모든 직업학교에서 2022, 2023년보다 많다. 그러나 2021년의 경우에는 직업학교 A, C에서만도 2020년 대비 총 5,800명 정도 증가했는데, 감소한 값은 5,800명보다 적다. 따라서 직업학교 A~E의 전체 지원자 수의 합이 가장 많은 연도는 2021년이다.

② 2020년 전체 지원자 수 대비 2023년 전체 지원자 수 비율은 직업학교 A와 E는 각각 70%대, 80%대로 높고, B, C, D가 모두 50%대이다. 따라서 B, C, D의 2020년 전체 지원자 수 대비 2023년 전체 지원자 수 비율을 비교하면, B 가 $\dfrac{3,686}{6,797}\times100≒54.2\%$, C가 $\dfrac{5,215}{9,957}\times100≒52.4\%$, D가 $\dfrac{2,389}{4,293}\times100≒$

55.6%이므로 C가 가장 낮다.

③ 성별 모집정원은 2020~2023년 동안 매년 동일하므로 직업학교 E에서 남성은 지원자 수가 가장 적은 2023년도에, 여성은 지원자 수가 가장 적은 2020년도에 성별 모집정원 대비 지원자 수 비율이 가장 낮다.

④ 직업학교 A에서 남성 지원자 수의 전년 대비 증감률이 가장 큰 연도는 전년 대비 지원자 수의 증감폭이 가장 큰 2022년이다. 여성 지원자 수의 전년 대비 증감률은 전년 대비 지원자 수의 증감폭이 가장 작은 2023년을 제외한 2021년과 2022년을 비교하면, 2021년이 $\dfrac{4,448-3,124}{3,124}\times100≒42.4\%$,

2022년이 $\dfrac{2,616-4,448}{4,448}\times100≒-41.2\%$로 2021년에 가장 크다. 따라서 남성 지원자 수의 전년 대비 증감률이 가장 큰 연도(2022년)와 다르다.

37 단순확인(표 · 그림)

정답 ②

난도 상

정답해설

물어보는 것이 '이상'이므로 각 피해금액의 범위에서 최솟값으로 가정해야 한다. 이에 따라 피해금액 총액을 구하면 다음과 같다.

$(0 \times 3.7\% + 0.5 \times 76.3\% + 1.0 \times 11.4\% + 2.0 \times 6.4\% + 3.0 \times 2.2\%) \times 765$

$= (38.15\% + 11.4\% + 12.8\% + 6.6\%) \times 765$

$= 0.6895 \times 765 = 527.4675$억 원

따라서 500억 원 이상이다.

오답해설

ㄱ. 30대 이하인 피해자를 제외한 40대 이상 피해자와 법인 모두가 피해금액이 5,000만 원 이상 1억 원 미만이라고 해도 피해금액이 5,000만 원 이상 1억 원 미만인 피해자 중 30대 이하인 피해자가 차지하는 비중은 $100 - \dfrac{765 \times (1 - 0.594)}{765 \times 0.763} \times 100 = 46.8\%$이므로 40% 이상이다.

ㄷ. 피해금액이 3억 원 이상인 피해자가 모두 법인이므로 법인 3.3% 중 3억 원 이상인 피해자 2.2%는 법인에 속한다. 따라서 법인은 1.1%가 남는다. 또한 40대 이하인 피해자의 피해금액은 모두 1억 원 미만이므로 40대 이하 20.3 + 38.4 + 21.0 = 79.7%는 모두 1억 원 미만인 76.3 + 3.7 = 80%에 속한다. 따라서 피해금액 1억 원 미만은 0.3% 남는다. 그러므로 피해금액이 1억 원 미만인 법인은 존재할 수 있다.

합격 가이드

제시된 그림을 보고 보기의 내용을 단순히 확인하는 문제이나, 연령대와 피해금액대는 범위성 자료이며 보기 ㄷ 같은 경우는 제시된 조건을 고려하여 풀어야 하는 난도가 높은 문제이다.

38 빈칸형

정답 ⑤

난도 중

정답해설

1학기의 경우 '상'등급인 학생 A, B, C, G의 평균점수 $\dfrac{4.3 + 3.7 + 4.0 + 3.9}{4} = 3.975$점으로 소수 셋째 자리에서 반올림한 값(3.98점)이 표 2의 점수와 같고, '중'등급인 학생 D, E, H의 평균점수 $\dfrac{2.8 + 3.4 + 2.8}{3} = 3.00$점으로 표 2의 점수 3.10점과 다르므로 학생 I의 1학기 점수는 '중'등급이다. I의 1학기 점수를 a라고 하면, $\dfrac{2.8 + 3.4 + 2.8 + a}{4} = 3.10$점 → a = 3.4점이므로 1학기 점수가 2학기 점수보다 높다.

2학기의 경우 '상'등급인 학생 A, B, C, G의 평균점수 $\dfrac{4.2 + 3.6 + 3.8 + 3.6}{4} = 3.80$점과 '중'등급인 학생 D, I의 평균점수 $\dfrac{2.7 + 2.2}{2} = 2.45$점은 각각 표 2의 점수와 같고, '하'등급인 학생 F, H, J의 평균점수 $\dfrac{0.2 + 1.8 + 1.1}{3} = 1.03$점은 표 2의 점수 1.25점과 다르므로 학생 E의 2학기 점수는 '하'등급이다. E의 2학기 점수를 b라고 하면, $\dfrac{b + 0.2 + 1.8 + 1.1}{4} = 1.25$점 → b = 1.9점이므로 1학기 점수가 2학기 점수보다 높다.

따라서 학생 A~J는 모두 1학기 점수가 2학기 점수보다 높다.

오답해설

① '상'등급에 해당하는 학생 수는 1학기와 2학기 각각 4명으로 동일하다.

② 1학기와 2학기의 점수 차이가 가장 큰 학생은 E이다.

③ 학생 E의 2학기 등급 '하'이다.

④ '하'등급의 평균점수는 1학기가 $\dfrac{0.4 + 1.2}{2} = 0.8$점, 2학기가 1.25점으로 1학기가 2학기보다 낮다.

39 복수의 표

정답 ③

난도 중

정답해설

세 번째 정보에 따라 정리하면 다음과 같다.

(단위 : 개, 명)

구분＼반	1	2	3	4	5	6
개근상	2	2	1	1	2	1
우등상	2	2	1	1	2	1
봉사상	2	2	1	1	2	1
상 받은 학생 수	2	2	1	1	2	1
받은 상 개수	6	6	3	3	6	3

이에 표 2의 내용을 추가로 적용하여 정리하면 다음과 같다.

(단위 : 개, 명)

구분＼반	1	2	3	4	5	6
개근상	2	4	1	1	3	1
우등상	5	2	4	1	2	1
봉사상	2	2	4	5	2	1
상 받은 학생 수	5	4	4	5	3	1
받은 상 개수	9	8	9	7	7	3

표 1의 내용에 따라 1, 2, 3, 6반은 각 상의 개수가 확정됐고, 4반과 5반은 각각 1개의 상이 확정되지 않은 상태에서 각 상의 개수의 합은 개근상이 12개, 우등상이 15개, 봉사상이 16개이다. 남은 상의 개수는 2개이고, 네 번째 정보에 따라 우등상의 개수가 봉사상의 개수보다 많아야 하므로 남은 상 2개는 우등상인 것을 알 수 있다.

따라서 개근상은 12개, 우등상은 17개, 봉사상은 16개이므로 개근상, 우등상, 봉사상을 받은 학생 수는 각각 12명, 17명, 16명이다.

> **난도** 중

> **정답해설**

ㄱ. '보통 휘발유'와 '자동차용 경유'의 유류세를 구하는 공식은 '유류세＝교통세 ×1.41'로 같으므로 교통세를 비교하면, '자동차용 경유' 교통세 375원/L의 1.3배는 375×1.3＝487.5원/L로 '보통 휘발유'의 교통세 529원/L보다 적다. 따라서 유류세는 '보통 휘발유'가 '자동차용 경유'의 1.3배 이상이다.

ㄷ. 제시된 공식을 변형하면, 소비자 판매가격의 공식은 다음과 같다.

소비자 판매가격
＝원가＋유류세＋판매부과금＋부가가치세
＝(원가＋유류세＋판매부과금)＋(원가＋유류세＋판매부과금)×0.1
＝(원가＋유류세＋판매부과금)×1.1
＝{원가＋(교통세×1.41)＋판매부과금}×1.1

원가와 판매부과금의 변동 없이 유류세가 10% 인하된다면, '보통 휘발유'의 소비자 판매가격은 529×1.41×0.1×1.1≒82원/L 인하된다.

> **오답해설**

ㄴ. '보통 휘발유', '고급 휘발유', '선박용 경유', '자동차용 경유'의 소비자 판매가 격 대비 유류세의 비율을 구하는 공식은 다음과 같다.

$$\frac{유류세}{소비자 \ 판매가격}×100=\frac{교통세×1.41}{\{원가+(교통세×1.41)+판매부과금\}×1.1}×100$$

'보통 휘발유'와 '고급 휘발유'를 비교하면, 교통세는 같으나 '고급 휘발유'는 '보통 휘발유'보다 원가가 더 높고, 판매부과금이 있으므로 소비자 판매가격 대비 유류세의 비율은 '보통 휘발유'>'고급 휘발유'이다. 또한 '선박용 경유' 와 '자동차용 경유'를 비교하면, 교통세는 같으나 '자동차용 경유'는 '선박용 경유'보다 원가가 더 높으므로 소비자 판매가격 대비 유류세의 비율은 '선 박용 경유'>'자동차용 경유'이다. 이에 따라 '고급 휘발유'와 '선박용 경유' 의 소비자 판매가격 대비 유류세의 비율을 비교하면, '고급 휘발유'는

$$\frac{529×1.41}{(760+529×1.41+36)×1.1}×100=\frac{745.89}{1,696.079}×100≒44\%이고, '선박용$$

경유'는 $$\frac{375×1.41}{(700+375×1.41)×1.1}×100=\frac{528.75}{1,351.625}×100≒40\%이다. 따라$$

서 소비자 판매가격 대비 유류세의 비율은 '보통 휘발유>고급 휘발유>선 박용 경유>자동차용 경유' 순으로 높으므로 세 번째로 높은 유종은 '자동차 용 경유'가 아니다.

ㄹ. '소비자 판매가격＝{원가＋(교통세×1.41)＋판매부과금}×1.1'이므로 원가와 판매부과금의 변동 없이 유류세가 15% 인하된다면, '선박용 경유'의 소비자 판매가격은 375×1.41×0.15×1.1≒87원/L 인하된다. 또한 유류세와 판매 부과금의 변동 없이 원가가 10% 인하된다면, '선박용 경유'의 소비자 판매가 격은 700×0.1×1.1＝77원/L 인하되므로 소비자 판매가격 인하 폭은 원가 와 판매부과금의 변동 없이 유류세가 15% 인하될 때 더 크다.

제3과목 **상황판단**

1	2	3	4	5	6	7	8	9	10
①	⑤	⑤	⑤	③	④	②	④	④	④
11	12	13	14	15	16	17	18	19	20
③	①	⑤	③	①	③	①	④	②	③
21	22	23	24	25	26	27	28	29	30
③	①	⑤	⑤	①	④	②	④	②	③
31	32	33	34	35	36	37	38	39	40
②	③	④	④	③	②	⑤	②	⑤	②

01 법조문　　　　　　　　　　　　　　정답 ①

> **난도** 하

> **정답해설**

첫 번째 조 제3항에 따르면 행정안전부장관은 기본계획의 작성을 위하여 필요 한 경우 공공기관의 장에게 관련 자료의 제출을 요청할 수 있다.

> **오답해설**

② 두 번째 조 제2항에 따르면 지방자치단체의 장은 시행계획 중 중요한 사항을 변경하는 경우 공공데이터전략위원회의 심의·의결을 거쳐 시행하여야 한다.
③ 세 번째 조 제1항에 따르면 공공데이터의 제공 운영실태를 평가하여야 하는 대상인 공공기관에서 헌법재판소는 제외된다.
④ 세 번째 조 제1항·제2항에 따르면 행정안전부장관은 공공데이터의 제공 운 영실태 평가결과를 전략위원회와 국무회의에 보고하여야 한다.
⑤ 세 번째 조 제3항에 따르면 공공데이터의 제공 운영실태 평가결과가 우수한 공공기관이나 공공데이터 제공에 이바지한 공로가 인정되는 공무원 또는 공 공기관 임직원을 선정하여 포상할 수 있다.

> **합격 가이드**

법조문 문제에서는 각 조항의 주어(주체)를 표시하면서 읽어야 한다. ④와 같은 선지는 법조문 유형에서 반드시 출제되는 매력적인 오답 장치이기 때 문에 주의해야 한다. 이 문제는 ①이 정답이므로 이후의 선지를 확인하지 않 아도 되는 문제이긴 하나, 첫 번째 선지가 답인 경우는 ①을 재차 확인한 뒤 넘어가는 것이 좋다.

02 법조문　　　　　　　　　　　　　　정답 ⑤

> **난도** 하

> **정답해설**

첫 번째 조 제2항과 두 번째 조 제1항 제1호에 따르면 시·도지사는 시장·군 수·구청장이 문화관광형시장을 지정한 날부터 3개월 이내에 그 지정 내용과 육성계획을 제출하지 않은 경우에 그 지정을 해제할 수 있다.

> **오답해설**

① 첫 번째 조 제1항에 따르면 시장·군수·구청장은 상인조직을 대표하는 자 가 신청하는 경우 시·도지사의 승인을 받아 문화관광형시장을 지정할 수 있다.
② 두 번째 조 제3항에 따르면 시·도지사는 문화관광형시장의 지정을 해제한 때에는 그 내용을 중소벤처기업부장관에게 통보하여야 한다.
③ 두 번째 조 제2항에 따르면 시·도지사는 문화관광형시장의 지정을 해제하

려는 경우에는 이해관계인에게 의견진술의 기회를 주어야 한다.
④ 첫 번째 조 제3항 제2호에 따르면 지방자치단체는 지정된 문화관광형시장을 육성하기 위해 기념품 및 지역특산품의 개발과 판매시설 설치를 지원할 수 있다.

03 법조문　　　　　　　　　　　　　　　　　　정답 ⑤

난도 하

정답해설

두 번째 조 제2항에 제2호에 따르면 기상청장은 국외에서 규모 5.0 이상으로 예상되는 지진이 발생하여 그 지진이 국내에 상당한 영향을 미칠 것으로 예상되는 경우에는 즉시 지진조기경보를 발령하여야 하고, 그 지진이 국내에 영향을 미치지 않을 것으로 예상된다면, 기상청장은 즉시 지진조기경보를 발령하지 않아도 된다.

오답해설

① 첫 번째 조에 따르면 기상청장은 국내외에서 발생하는 주요 자연지진에 대한 관측 결과를 관계 기관과 국민에게 알릴 수 있다.
② 두 번째 조 제2항에 따르면 기상청장은 규모 5.0 이상으로 예상되는 지진이 국내에서 발생한 경우나 규모 5.0 이상으로 예상되는 지진으로서 국내에 상당한 영향을 미칠 것으로 예상되는 지진이 국외에서 발생한 경우 즉시 지진조기경보를 발령하여야 한다.
③ 세 번째 조 제1항 제2호에 따르면 기상청장 외의 자는 화산에 대한 관측 결과를 발표할 수 없지만, 학문연구를 위하여 발표하는 경우에는 발표할 수 있다.
④ 세 번째 조 제1항 제1호ㆍ제2항에 따르면 기상청장 외의 자는 핵실험으로 인해 발생한 인공지진에 대한 관측 결과를 발표하는 경우, 기상청장의 승인을 받아야 한다.

> **합격 가이드**
>
> 단서가 있는 경우 대개 단서에서 선지가 도출되는 경우가 많으므로 단서는 항상 주의 깊게 읽고 넘어가야 한다.

04 법조문　　　　　　　　　　　　　　　　　　정답 ⑤

난도 하

정답해설

첫 번째 조 제2항ㆍ제3항에 따르면 보건복지부장관은 헌혈증서를 제출한 헌혈자에게 무상으로 혈액제제를 수혈한 경우, 헌혈환급적립금에서 그 비용을 해당 의료기관에 보상하여야 한다.

오답해설

① 첫 번째 조 제2항에 따르면 헌혈자 또는 그 헌혈자의 헌혈증서를 양도받은 사람은 의료기관에 그 헌혈증서를 제출하면 무상으로 혈액제제를 수혈받을 수 있다.
② 두 번째 조 제3항ㆍ세 번째 조 제1항 제2호에 따르면 헌혈환급적립금은 수혈비용의 보상, 헌혈의 장려, 혈액관리와 관련된 연구에만 사용하여야 한다. 혈액원은 헌혈이 직접적인 원인이 되어 사망한 채혈부작용자에 대한 보상금을 지급할 수 있다.
③ 두 번째 조 제2항에 따르면 보건복지부장관은 혈액원으로부터 적립받은 헌혈환급예치금으로 헌혈환급적립금을 조성ㆍ관리한다.
④ 세 번째 조에 따르면 혈액원의 보상금 지급대상에서 제외되는 경우는 채혈부작용이 헌혈자 본인의 고의 또는 중대한 과실로 인하여 발생한 경우나 채혈부작용이라고 결정된 사람 또는 그 가족이 손해배상청구소송 등을 제기한

경우 또는 소송제기 의사를 표시한 경우이다. 혈액원이 공급한 혈액이 직접적인 원인이 되어 질병이 발생한 특정수혈부작용자의 경우는 혈액원의 보상금 지급대상에서 제외되지 않는다.

05 법조문　　　　　　　　　　　　　　　　　　정답 ③

난도 중

정답해설

첫 번째 조 제3항에 따르면 C회사는 업무시설을 증축하려고 하나 증축하는 부분의 연면적이 1만 2천－7천＝5천 제곱미터로, 1만 제곱미터 이상이 아니기 때문에 미술작품을 설치할 필요가 없다.

오답해설

① 첫 번째 조 제4항 제3호에 따르면 지방자치단체는 미술작품 설치에 건축비용 30억 원의 1백분의 1인 30×0.01＝0.3억 원＝3천만 원을 사용하여야 한다.
② 두 번째 조 제1항에 따르면 건축주가 지방자치단체인 경우는 미술작품을 설치하는 대신에 문화예술진흥기금에 출연할 수 없다.
④ 첫 번째 조 제3항 제1호에 따르면 기숙사는 미술작품 설치 대상 건축물에서 제외된다.
⑤ 첫 번째 조 제3항 제2호ㆍ제4항 제2호와 두 번째 조 제3항에 따르면 E회사는 건축물의 설계변경으로 건축비용이 45－40＝5억 원 인상되었기 때문에 미술작품의 설치에 사용해야 하는 금액이 5억 원의 1천분의 5인 5×0.005 ＝0.025억 원＝250만 원 많아져 이를 문화예술진흥기금에 출연하여야 한다.

> **합격 가이드**
>
> 법조문과 계산문제가 복합된 형태의 문제로 단순한 법조문 형태의 문제보다 더 많은 시간이 소요될 수 있다. 미술작품 설치 대상에서 제외되는 건축물을 구분하고, 미술작품을 설치해야 하는 건축물의 경우는 건축물의 종류에 따른 미술작품 설치비용을 계산해야 하므로 법조문에 대한 정확한 파악이 중요하다.

06 정보확인ㆍ추론　　　　　　　　　　　　　　정답 ④

난도 중

정답해설

ㄴ. 두 번째 문단에 따라 한국에서 활동 중이며, 2015년 4월 16일에 소설 분야 신춘문예에 당선되었으므로 신청 마감일인 2024년 6월 30일까지 3년 이상 소설 분야에서 창작활동을 한 것이 된다. 따라서 2024년 지원사업의 소설 분야 신청 자격이 있다.
ㄹ. 마지막 문단에 따르면, 2025년 1월 중에 창작지원금이 지급되므로 창작지원금을 지급받은 해인 2025년의 12월 말일까지 작품집을 발간하지 않는 경우, 창작지원금이 반환처리될 수 있다.

오답해설

ㄱ. 두 번째 문단에 따르면 국적에 관계없이 한국에서 활동 중인 작가면 신청 대상이 된다.
ㄷ. 두 번째 문단에 따라 한국에서 활동 중이며, 2020년 6월 28일로부터 3개월 뒤인 2020년 9월 28일에 희곡 분야 신인문학상을 수상했으므로 신청 마감일인 2024년 6월 30일까지 3년 이상 희곡 분야에서 창작활동을 한 것이 된다. 따라서 2024년 지원사업의 희곡 분야 신청 자격이 있다.

07 정보확인·추론

난도 하

정답해설

상대습도란 현재 대기 중의 수증기량을 현재 온도의 포화 수증기량으로 나눈 값이다. 상대습도가 100%일 때를 포화 상태라고 표현하므로, 상대습도가 80% 인 공기의 수증기량을 증가시켜 포화 상태로 만들 수 있다. 따라서 ㄴ은 옳다.

오답해설

ㄱ. 포화 수증기량이 20% 증가하여 $\frac{6}{5}$이 되면, 상대습도는 그 역수인 $\frac{5}{6}$가 된다. 이는 $\frac{1}{6}$이 감소한 것으로 상대습도의 감소율은 $\frac{1}{6} \times 100 \fallingdotseq 16.7\%$, 즉 20% 미만이 된다.

ㄷ. 기온이 올라갈수록 포화 수증기량은 증가한다. 밀폐된 공간의 공기 온도가 올라가면 밀폐된 공간에 있던 수증기량은 변화가 없으므로 포화 수증기량이 증가하여 상대습도는 낮아진다.

08 수리퀴즈(계산)
정답 ④

난도 중

정답해설

자동차 X의 연비 15mpg를 km/L로 환산하면 다음과 같다.

$$15\text{mpg} = \frac{15 \times 1.6\text{km}}{4\text{L}} = 6\text{km/L}$$

X는 120km를 이동하는 데 연료 $\frac{120}{6} = 20$L가 소요되므로 ㉠은 20이다.

자동차 Y와 Z의 연비 8L/100km와 18km/L를 km/갤런으로 환산하면 다음과 같다.

- Y : 8L/100km = 100km/8L = 100km/2갤런 = 50km/갤런
- Z : 18km/L = $\frac{18 \times 4\text{km}}{4\text{L}}$ = 72km/갤런

4갤런의 연료로 Y는 50×4=200km, Z는 72×4=288km 이동할 수 있다. Z는 Y보다 88km 더 이동할 수 있으므로 ㉡은 88이다.

> **합격 가이드**
>
> 상황판단에서 자주 등장하는 단위 계산문제이다. 단위 환산에 주의만 한다면 어렵지 않은 문제이다.

09 조건적용
정답 ④

난도 중

정답해설

甲은 연소득 2,200만 원으로 특별금리 조건인 연소득 2,400만 원 이하에 해당하여 특별금리를 적용받는다. 甲이 은행별로 적용받을 수 있는 최종금리는 다음과 같다.

- A : 4.2+0.5+1.0=5.7%
  (우대금리 조건에 모두 해당하여 우대금리가 총 1.5%이나 최대가산 우대금리가 1.0%이므로 1.0%의 우대금리만 적용받을 수 있다.)
- B : 4.0+0.5+1.0(최초 신규고객)+0.5(공과금 자동이체)=6.0%
- C : 3.8+0.5+0.6(최초 신규고객)=4.9%

따라서 甲은 B은행을 선택하고, 6.0%의 최종금리를 적용받을 것이다. 이에 따라 ①, ②, ⑤는 답이 아니므로 乙은 A은행과 C은행의 최종금리만 비교하면 된다.

乙은 연소득 3,600만 원으로 특별금리 조건인 연소득 2,400만 원 이하에 해당하지 않아 특별금리를 적용받지 못한다. 乙이 A은행과 C은행에서 적용받을 수 있는 최종금리는 다음과 같다.

- A : 4.2+0.5(공과금 자동이체)+0.5(카드 실적 달성)=5.2%
- C : 3.8+0.7(급여이체)+0.6(최초 신규고객)+0.4(카드 실적 달성)=5.5%

따라서 乙은 C은행을 선택하고, 5.5%의 최종금리를 적용받을 것이다.

10 수리퀴즈(추론)
정답 ④

난도 중

정답해설

첫 번째·두 번째 조건에 따라 ㉠, ㉡, ㉢, ㉣은 0부터 9까지의 정수이며, ㉠과 ㉡은 같으므로 세 번째~다섯 번째 조건의 ㉠을 ㉡으로 변경하여 판단하면 된다. 세 번째 조건 '㉡, ㉡, ㉢, ㉣ 중 홀수는 ㉡개이다.'에서 ㉡이 1인 경우에는 홀수의 개수가 최소 2개이므로 성립하지 않고, ㉡이 4인 경우에는 홀수의 개수가 최대 2개이므로 성립하지 않는다. 또한 ㉡이 5~9인 경우에는 ㉡, ㉡, ㉢, ㉣의 총 개수 4개보다 ㉡의 숫자가 더 크므로 성립하지 않으므로 조건이 성립하는 경우를 구하면 다음과 같다.

㉡	㉡	㉢	㉣
0	0	짝수	짝수
2	2	홀수	홀수
3	3	홀수	짝수
3	3	짝수	홀수

위의 경우 중 네 번째 조건 '㉡, ㉡, ㉢, ㉣ 중 1은 ㉢개이다.'가 성립하는 경우를 구하면 다음과 같다.

㉡	㉡	㉢	㉣
0	0	0	짝수
2	2	1	홀수(1 제외)
3	3	1	짝수
3	3	0	홀수(1 제외)

위의 경우 중 다섯 번째 조건 '㉡, ㉡, ㉢, ㉣ 중 2는 ㉣개이다.'에서는 ㉡이 2인 경우와 ㉢ 3, ㉢ 0인 경우에는 성립하지 않으므로 조건이 성립하는 경우를 구하면 다음과 같다.

㉡	㉡	㉢	㉣
0	0	0	0
3	3	1	0

따라서 ㉠, ㉡, ㉢, ㉣의 합으로 가능한 수는 0 또는 7로 ④가 답이 된다.

11 수리퀴즈(계산)
정답 ③

난도 중

정답해설

甲과 乙이 가지고 있는 닭의 마릿수를 x마리, 현재 가지고 있는 사료로 x마리의 닭을 먹일 수 있는 일수를 y일이라 하고, 닭 1마리가 하루에 먹는 사료의 양을 1g이라고 가정하면, 다음과 같은 식이 성립한다.

$(x-75) \times (y+20) = xy$

→ $xy+20x-75y-1,500=xy$

→ $20x-75y=1,500$

→ $4x-15y=300$

$$→ y=\frac{4}{15}x-20$$

x와 y 모두 정수이므로 $\frac{4}{15}x$의 값도 정수가 되어야 한다.

선지 중 이를 만족하는 x의 값은 3000이므로 甲과 乙이 가지고 있는 닭의 마릿수는 300마리이다.

> **합격 가이드**
>
> 미지수가 2개인 경우 2개의 방정식을 세운 다음 연립하여 답을 구할 수 있으나 계산하는 데 더 많은 시간이 소요된다. 하나의 방정식만 구한 후 배수 관계와 선지를 이용하면 풀이시간을 단축할 수 있다.

12 수리퀴즈(계산) 정답 ①

난도 중

정답해설

맡기는 보석의 금액이 최대가 되기 위해서는 1g당 가격이 가장 높은 보석을 최대로 맡기고, 그 다음 1g당 가격이 높은 순서대로 맡겨야 한다. 보석 A~D의 1g당 가격을 구하면 다음과 같다.

- A : $\frac{10만 \ 원}{12g}≒0.8만 \ 원/g$
- B : $\frac{7만 \ 원}{10g}=0.7만 \ 원/g$
- C : $\frac{3만 \ 원}{3g}=1만 \ 원/g$
- D : $\frac{1만 \ 원}{2g}=0.5만 \ 원/g$

1g당 가격은 C>A>B>D 순으로 높으므로 C보석을 최대로 맡기고, A보석, B보석, D보석 순으로 맡긴다. C보석 150개를 모두 맡기면 총무게는 3×150=450g이고, A보석 52개를 모두 맡기면 총무게는 12×52=624g으로 두 보석의 무게의 합은 1kg이 넘는다. 모든 종류의 보석을 하나씩은 포함하여야 하므로 C보석 150개 모두와 B보석과 D보석을 1개씩 포함한 상태에서 맡길 수 있는 A보석의 무게는 1,000−(450+10+2)=538g이다.

따라서 맡길 수 있는 A보석의 개수는 $\frac{538}{12}≒44$개이다.

13 논리퀴즈 정답 ⑤

난도 중

정답해설

甲의 대화 내용을 통해 甲은 여자, 戊는 甲보다 연상인 여자임을 알 수 있으며, 乙의 대화 내용에서 甲은 乙보다 1살 어리다고 했고, 甲~戊는 서로 나이가 다르므로 乙은 戊보다 어리다는 것을 알 수 있다.

또한 丙의 대화 내용을 통해 丙은 남자, 乙은 丙보다 연상인 남자임을 알 수 있으며, 甲~戊는 서로 나이가 다르고 甲은 乙보다 1살 어리므로 丙은 甲보다 어리다.

마지막으로 丁의 대화 내용을 통해 丁은 다섯 사람 중 가장 어린 남자이고, 戊는 丁보다 연상인 여자임을 알 수 있다. 나이가 많은 순서대로 정리하면 다음과 같다.

戊(여자)

| → 최소 1살 차이

乙(남자)

| → 1살 차이

甲(여자)

| → 최소 1살 차이

丙(남자)

| → 최소 1살 차이

丁(남자)

따라서 甲~戊 중 두 번째로 나이가 많은 사람은 乙이다.

> **오답해설**
>
> ① 甲은 丙보다 연상이므로 丙에게 호칭을 붙이지 않는다.
> ② 丁과 丙은 모두 남자이고 丙은 丁보다 연상이므로 丁은 丙에게 '이히'를 붙인다.
> ③ 丙과 戊의 나이 차는 최소 3살이다.
> ④ 甲~戊 중 여자는 2명, 남자는 3명으로 남자가 여자보다 더 많다.

14 논리퀴즈 정답 ③

난도 중

정답해설

호우경보가 발효된 13일에는 2명이 당직을 서야 하는데 丙이 휴가를 갔기 때문에 甲과 乙이 당직을 서야 한다. 같은 사람이 이틀 연속 당직을 설 수 없으므로 당직자가 1명인 호우주의보가 발효된 12과 14일에는 丙이 당직을 서야 한다. 11일에는 乙이 출장을 갔고, 같은 사람이 이틀 연속 당직을 설 수 없으므로 甲이 당직을 서야 한다. 이에 따라 11~14일 당직자를 확정지을 수 있으므로 7~10일 각 날짜에 당직자로 가능한 사람을 나타내면 다음과 같다.

구분	날짜 7일	8일	9일	10일	11일	12일	13일	14일
당직인원	1명	1명	2명	1명	1명	1명	2명	1명
출장·휴가					乙		丙	
당직자 (경우 1)	甲	乙	甲,丙	乙	甲	丙	甲,乙	丙
당직자 (경우 2)	丙	乙	甲,丙	乙	甲	丙	甲,乙	丙
당직자 (경우 3)	甲	丙	甲,乙	丙	甲	丙	甲,乙	丙
당직자 (경우 4)	乙	丙	甲,乙	丙	甲	丙	甲,乙	丙

따라서 丙이 당직을 서는 일수는 경우 1에 따라 최소 3일, 경우 2~4에 따라 최대 4일이다.

> **합격 가이드**
>
> 주어진 조건과 상황에 따라 우선적으로 확정지을 수 있는 부분의 내용을 바탕으로 해당하는 경우를 판단하면 풀이가 수월한 문제이다. 날짜별로 확정지을 수 있는 당직자를 파악한 후, 당직자가 확정되지 않은 날짜에 가능한 당직자를 고려해보면 쉽게 판단할 수 있다.

15 논리퀴즈 정답 ①

난도 상

정답해설

제시된 글의 조건에 따라 하룻날 아침, 점심, 저녁 강아지 산책 여부에 따른 이튿날 산책 가능 여부를 정리하면 다음과 같다.

구분	조건 1		조건 2		조건 3	
	하룻날	이튿날	하룻날	이튿날	하룻날	이튿날
아침	○	×	×	×	×	×
점심	○	×	○	○	×	○
저녁	○	○	○	○	×	○

甲은 수요일에는 하루 종일 출장을 가서 강아지를 산책시키지 못하므로 전날 화요일에는 아침, 점심, 저녁에 산책을 시킬 수 있으며, 화요일에 아침, 점심, 저녁 모두 산책을 시키기 위해서는 월요일에 아침과 점심 또는 아침과 저녁에 산책을 시키면 된다. 하루에 한 번도 산책시키지 않을 때는 다음날 아침에도 산책을 시키지 않아 목요일에는 점심과 저녁에 산책을 시키므로 금요일에는 점심과 저녁에 산책을 시킬 수 있으나 제시된 글에서 매주 금요일 저녁에는 산책시킬 수 없다고 했으므로 점심에만 산책시킬 수 있다.

매주 같은 횟수로 강아지를 산책시키고 있으므로 다음 주 월요일도 고려해야 한다. 다음 주 월요일에도 똑같이 아침과 점심 또는 아침과 저녁에 산책을 시켜야 하므로 전날 일요일에는 아침과 점심 또는 아침과 저녁에 산책을 시킬 수 있으며, 전날 토요일에는 아침, 점심, 저녁 3번 산책이 불가능하므로 아침과 점심 또는 아침과 저녁에 산책을 시킬 수 있다. 이를 표로 정리하면 다음과 같다.

구분 요일	월	화	수	목	금	토	일	월
아침	○	○	×	×	×	○	○	○
점심	○	○	×	○	○	○	○	○
저녁	×	○	×	○	×	×	×	×

따라서 甲이 일주일에 강아지를 산책시키는 최대 횟수는 12회이다.

> **합격 가이드**
>
> 함정이 있는 문제이다. 매주 같은 횟수로 강아지를 산책시키고 있으므로 다음 주 월요일도 고려해야 하는데, 이 부분을 고려하지 않고 구하게 되면 최대 횟수가 달라진다. 상황판단 문제를 풀 때는 항상 종합적인 사고를 하여야 하며, 섣부르게 판단해서는 안 된다.

16 수리퀴즈(추론) 　　　　　정답 ③

난도 중

정답해설

A업체가 받은 총점은 92×5=460점으로, 최고점 100점과 최저점 80점을 제외한 나머지 점수의 합은 460−180=280점이다. B업체가 받은 총점에서 최고점 90점과 최저점 80점을 제외한 나머지 점수 합의 최댓값은 90+90+90=270점으로 A업체보다 점수의 합이 작다. 따라서 B업체가 선정될 가능성은 없다.

오답해설

① A업체가 받은 총점 92×5=460점에서 최고점 100점과 최저점 80점을 제외한 나머지 점수의 합은 280점이다. 3명의 평가위원이 모두 중의 등급을 준다면 90×3=270점이어야 하므로 이는 옳지 않은 판단이다.

② C업체가 받은 총점은 88×5=440점으로, 최고점 90점을 제외한 나머지 점수의 합은 440−90=350점이다. 2명의 평가위원이 하의 등급을 준다면 나머지 2명의 점수의 합은 350−(80×2)=190점이므로 각각 100점, 90점을 부여하게 되는데, C업체가 받은 최고점은 90점이므로 이는 옳지 않은 판단이다.

④ A업체가 받은 총점 92×5=460점에서 최고점 100점과 최저점 80점을 제외한 나머지 점수의 합은 280점이다. C업체가 받은 총점에서 최고점 90점과 최저점을 제외한 나머지 점수 합의 최댓값은 90+90+90=270점으로 A업체보다 점수의 합이 작다. 따라서 C업체가 선정될 가능성은 없다.

⑤ B업체와 C업체가 받은 총점에서 최고점과 최저점을 제외한 나머지 점수의 합은 A업체보다 작다. 따라서 3개 업체가 2차 발표 평가 대상이 될 가능성은 없다.

17 단순계산 　　　　　정답 ①

난도 하

정답해설

초급 기술을 가진 사업자는 선정에서 제외하므로 戊를 제외한 사업자 甲, 乙, 丙, 丁의 평가항목 합산 점수를 계산하면 다음과 같다.

(단위 : 점)

구분	기술 등급	경력 기간	실적 건수	실적 금액	합계
甲사업자	2	7	4	5	18
乙사업자	3	7	4	4	18
丙사업자	4	6	2	5	17
丁사업자	4	6	3	5	18

합산 점수가 가장 높은 사업자가 복수인 경우 실적 건수가 가장 많은 사업자를 선정하므로 甲, 乙, 丁 중 실적 건수가 가장 많은 甲이 용역사업자로 선정된다.

18 조건적용 　　　　　정답 ④

난도 하

정답해설

甲은 2023. 1. 1. 현재 만 42세로 지원자격 기준인 만 40세를 넘었고, 乙은 경영주 등록을 2023. 1. 1. 이후인 2023. 1. 3.에 했기 때문에 청년후계농 선발에 지원할 수 없다. 또한 丙은 3년을 초과하여 독립경영을 했고, 戊는 경영주로 등록하지 않았기 때문에 청년후계농 선발에 지원할 수 없다.

따라서 지원자격을 모두 충족하는 丁이 청년후계농으로 선발될 수 있다.

19 정보확인·추론 　　　　　정답 ②

난도 하

정답해설

마지막 문단에 따르면 일반승수 계산 시 나누어지는 값은 직접효과·간접효과·유발효과의 합이다. 두 번째 문단에 따르면 직접효과는 일차효과라고도 부르고, 네 번째 문단에 따르면 간접효과와 유발효과를 합쳐 이차효과라고도 부르므로 직접효과·간접효과·유발효과의 합은 일차효과와 이차효과의 합이다. 따라서 일반승수 계산 시 나누어지는 값은 일차효과와 이차효과의 합이다.

오답해설

ㄱ. 네 번째 문단에 따르면 관광효과는 직접효과와 간접효과, 유발효과를 모두 합한 값이다. 따라서 관광효과에서 유발효과를 제외한 값은 직접효과와 간접효과의 합이다.

ㄴ. 두 번째 문단에 따르면 관광객의 최초 관광지출로 인해 지역 관광사업자에게 직접적으로 발생하는 소득은 직접효과(일차효과)에 해당한다. 따라서 관광지 소재 식당이 관광객에게 직접 받은 식대는 직접효과(일차효과)에 해당한다.

20 단순계산

정답 ③

난도 중

정답해설

최초 관광지출을 a억 원이라고 하면, 직접효과는 0.5a억 원, 간접효과는 0.5a+10억 원, 유발효과는 2×0.5a=a억 원이다.

이를 일반승수 구하는 식에 대입하면 다음과 같다.

$$\frac{직접효과+간접효과+유발효과}{최초\ 관광지출}=2.5$$

$$\rightarrow \frac{0.5a+0.5a+10+a}{a}=2.5$$

$$\rightarrow 2a+10=2.5a$$

$$\rightarrow 0.5a=10$$

$$\therefore a=20억\ 원$$

그러므로 직접효과는 10억 원, 간접효과는 20억 원, 유발효과는 20억 원이다.

이를 비율승수 구하는 식에 대입하면 다음과 같다.

$$\frac{직접효과+간접효과+유발효과}{직접효과}=\frac{10+20+20}{10}=5$$

따라서 직접효과는 10억 원, 비율승수는 5이다.

21 법조문

정답 ③

난도 중

정답해설

두 번째 조 제2호와 네 번째 조 제1항에 따르면 丙이 고등학교에 재학 중인 연소자에게 약물의 남용을 자극하는 내용의 유해 공연물을 관람시킨 경우, 3천만 원 이하의 벌금에 처한다.

오답해설

① 세 번째 조 제1항에 따르면 甲은 공연장을 설치하여 운영하려는 경우, 공연장 소재지를 관할하는 B군 군수에게 등록하여야 한다.

② 세 번째 조 제3항에 따르면 폐업신고를 하여야 하는 乙이 폐업신고를 하지 않으면 관할 시장 등은 폐업한 사실을 확인한 후 그 등록사항을 직권으로 말소할 수 있다.

④ 네 번째 조 제2항에 따르면 암표상으로부터 공연장 입장권을 구매한 丁이 아닌 암표상에게 20만 원 이하의 벌금을 처한다.

⑤ 세 번째 조 제4항·제5항에 따르면 공연장 외의 장소에서 1천 명 이상의 관람자가 있을 것으로 예상되는 공연을 하는 경우, 피난안내도를 갖추어 두어야 한다. 그러므로 500명의 관람자가 있을 것으로 예상되는 공연을 하는 戊는 피난안내도를 갖추어 두지 않아도 된다.

22 법조문

정답 ①

난도 하

정답해설

세 번째 조 제1항·제3항에 따르면 국가보훈장관은 65세 이상의 참전유공자에게 참전명예수당을 지급하며, 참전유공자가 국적을 상실한 경우에도 참전명예수당을 지급할 수 있다.

오답해설

② 첫 번째 조 제1항 제3호에 따르면 경찰청장이 아니라 국방부장관이 인정한 사람이 참전유공자가 된다.

③ 세 번째 조 제4항에 단서에 따르면 참전명예수당은 불가피한 사유가 있는 경우, 해당 수당지급 대상자의 신청에 따라 현금으로 지급할 수 있다.

④ 첫 번째 조 제1항에 따르면 6·25전쟁 참전 중 범죄행위로 인하여 금고 이상의 형을 선고받은 군인은 참전유공자에서 제외된다.

⑤ 세 번째 조 제2항 단서에 따르면 참전유공자가 참전명예수당 지급연령이 지난 후 참전유공자 등록신청을 한 경우, 참전명예수당은 지급연령이 된 날이 아니라 등록신청을 한 날이 속하는 달부터 지급한다.

23 법조문

정답 ⑤

난도 중

정답해설

두 번째 조 제3항에 따르면 등록된 국제선박의 선박소유자 戊는 구조변경을 하여 등록사항이 변경된 경우, 그 사실이 발생한 날부터 1개월 이내에 해양수산부장관에게 변경등록을 신청해야 한다.

오답해설

① 두 번째 조 제4항에 따르면 등록된 국제선박은 국내항과 외국항 간 또는 외국항 간에만 운항하여야 한다.

② 첫 번째 조 제2호에 따르면 대한민국 법률에 따라 설립된 상사 법인이 소유한 선박을 국제선박으로 등록할 수 있다.

③ 두 번째 조 제1항에 따르면 등록대상 선박소유자는 선박을 국제선박으로 등록하기 전에 관할 지방해양수산청장에게 신청하여 그 선박을 선박원부에 등록하고 선박국적증서를 발급받아야 한다.

④ 두 번째 조 제2항에 따르면 해양수산부장관은 국제선박의 등록신청을 받은 경우에는 국제선박의 등록대상이 되는 선박인지를 확인한 후, 등록대상인 경우 국제선박등록부에 등록하고 신청인에게 국제선박등록증을 발급하여야 한다.

24 법조문

정답 ⑤

난도 중

정답해설

丙은 황금색 도자기를 생산하는 방법에 대해 특허출원 중이므로 첫 번째 조 제2항·제3항에 따라 丁은 황금색 도자기를 포장하는 종이박스에 특허출원표시를 할 수 있다. 그러나 丁이 허위의 특허출원표시를 했다면, 두 번째 조·세 번째 조에 따라 丁은 허위표시의 죄로 처벌된다.

오답해설

① 甲이 발명한 잠금장치는 물건을 생산하는 방법의 특허발명의 경우가 아닌 물건의 특허발명의 경우이므로 첫 번째 조 제1항 제1호에 따라 잠금장치에 '특허'라는 문자와 특허번호를 표시해야 한다. 따라서 두 번째 조에 따라 甲이 잠금장치에 한 표시는 허위표시에 해당한다.

② 丙이 발명한 황금색 도자기를 생산하는 방법은 물건의 특허출원의 경우가 아닌 물건을 생산하는 방법의 특허출원의 경우이므로 첫 번째 조 제2항 제2호에 따라 도자기의 밑부분에 '방법특허출원(심사중)'이라는 문자와 출원번호를 표시해야 한다. 따라서 두 번째 조에 따라 丙이 도자기 밑부분에 한 표시는 허위표시에 해당한다.

③ 특허된 물건에 특허표시를 하지 않았다고 해서 허위표시의 금지 규정을 위반한 것은 아니므로 허위표시의 죄로 처벌되지 않는다.

④ 세 번째 조에 따라 개인인 甲의 종업원 乙은 허위표시의 죄로 3년 이하의 징역 또는 3천만 원 이하의 벌금에 처해질 수 있다.

25 법조문

정답 ①

난도 중

정답해설

첫 번째 조 제1항·제2항에 따르면 해조류 양식업면허를 받고 수하식(지주망식)으로 매생이를 양식하는 경우, 그 양식업면허를 받은 날부터 3개월 이내에 해당 어장청소를 해야 하고, 어장청소 주기는 5년이다. 해조류 양식업면허의 유효기간은 10년이므로 유효기간 동안 甲은 어장청소를 두 번 해야 한다.

오답해설

② 첫 번째 조 제2항 단서에 따르면 같은 면허 내에서 서로 다른 양식방법을 혼합하여 양식하는 경우, 어장청소 주기는 그중 단기로 한다. 가두리식과 수하식(연승식) 중 가두리식의 어장청소 주기는 3년으로 수하식(연승식)의 어장청소 주기 4년보다 단기이므로 어장청소 주기는 3년이다.

③ 첫 번째 조 제3항에 따르면 양식업면허의 유효기간 만료 전 마지막으로 어장청소를 끝낸 날부터 제2항의 주기에 따라 어장청소를 할 수 있다.

④ 두 번째 조 제3항에 따르면 1회 부과하는 이행강제금은 250만 원을 초과할 수 없다.

⑤ 戊가 2024. 3. 11.까지 어장청소를 한 번밖에 하지 않는다면, 양식업면허를 받은 2020. 12. 11.부터 3개월 이내에 어장청소를 한 번 했다는 것이다. 2020. 12. 11.에 처음으로 어장청소를 했다면, 수하식(연승식)으로 미더덕을 양식하는 경우 어장청소 주기는 4년이므로 2024. 12. 11.까지만 어장청소를 하면 된다. 따라서 2024. 3. 12.에 이행강제금은 부과되지 않는다.

26 정보확인·추론

정답 ④

난도 하

정답해설

두 번째 문단에 따르면 하면 발효의 방식으로 만든 맥주를 라거라고 한다. 라거를 생산할 때는 주로 연수를 사용한다.

오답해설

① 마지막 문단에 따르면 맥주의 색깔은 몰트를 볶는 온도에 따라 결정된다.

② 첫 번째 문단에 따르면 고대 수메르인은 보리를 갈아 빵과 같은 형태로 만든 후 물을 부어 저장해 두는 방식으로 맥주를 생산했다.

③ 두 번째 문단에 따르면 에일은 18~25℃에서 발효시켜 만든 맥주이다.

⑤ 마지막 문단에 따르면 산업혁명 이후에는 기술이 발달하여 원하는 정도로 맥아를 볶을 수 있게 되어 80℃ 정도의 낮은 온도로 몰트를 만들었다.

27 단순계산

정답 ②

난도 하

정답해설

甲의 전기, 상수도, 도시가스 사용량 감축률을 계산하면 다음과 같다.

- 전기 : $\frac{400-350}{400} \times 100 = 12.5\%$

- 상수도 : $\frac{11-10}{11} \times 100 ≒ 9.1\%$

- 도시가스 : $\frac{60-51}{60} \times 100 = 15\%$

탄소중립포인트 지급기준에 따라 전기는 750포인트, 상수도는 75포인트, 도시가스는 800포인트가 부여되므로 甲은 2024년에 750+75+800=1,625포인트를 받게 된다.

28 수리퀴즈(계산)

정답 ④

난도 중

정답해설

제시문의 내용을 식으로 나타내면 다음과 같다.

- 乙의 기부액＝甲의 기부액×3배
- 丙의 기부액＝乙의 기부액×3배
- 丁의 기부액＝丙의 기부액×3배

丁의 기부액은 甲의 27배로, 丁의 기부액 12,345,67□×27원은 모든 자리 숫자가 3이므로 333,333,333원이다. 그러므로 □는 9이고, 丙의 기부액은 $\frac{333,333,333}{3} = 111,111,111$원이다.

따라서 甲이 기부한 금액의 일의 자리 숫자와 丙이 기부한 금액의 십의 자리 숫자의 합은 9+1=10이다.

29 수리퀴즈(계산)

정답 ②

난도 중

정답해설

베타를 포함하여 2종류 이상의 열대어 4마리를 구입하고, 베타는 다른 종류의 열대어와 한 어항에서 기를 수 없으므로 구매하는 베타의 마릿수에 따라 결제 금액을 계산하면 다음과 같다.

- 베타를 1마리 구매하는 경우
  4,000(베타 1마리)＋35,000(A형 어항)＋9,000(구피 3마리)＋40,000(B형 어항)＝88,000원

- 베타를 2마리 구매하는 경우
  8,000(베타 2마리)＋35,000(A형 어항)＋6,000(구피 2마리)＋35,000(A형 어항)＝84,000원

- 베타를 3마리 구매하는 경우
  12,000(베타 3마리)＋35,000(A형 어항)＋3,000(구피 1마리)＋35,000(A형 어항)＝85,000원

따라서 甲이 결제할 최소 금액은 84,000원이다.

30 수리퀴즈(계산) 정답 ③

난도 중

정답해설

날짜별로 포인트 내역을 정리하면 다음과 같다.

- 2022. 1. 5. : 결제금액 50,000원에 대해 $50,000 \times 0.05 = 2,500$포인트가 발생했다.
- 2022. 9. 20. : 결제금액 22,000원 중 2,000원을 포인트로 결제하였기 때문에 결제금액 20,000원에 대해 $20,000 \times 0.02 = 400$포인트가 발생하여 누적포인트는 900포인트가 되었다.
- 2023. 1. 9. : 결제금액 25,000원에 대해 $25,000 \times 0.02 = 500$포인트가 발생하여 누적포인트는 1,400포인트가 되었다.
- 2023. 1. 31. : 2022. 1. 5. 결제금액에 대해 발생한 2,500포인트 중 사용하고 남은 500포인트가 소멸되어 누적포인트는 900포인트가 되었다.
- 2023. 3. 27. : 결제금액 50,300원 중 300원을 포인트로 결제하였기 때문에 결제금액 50,000원에 대해 $50,000 \times 0.04 = 2,000$포인트가 발생하여 누적포인트는 2,600포인트가 되었다.
- 2023. 9. 30. : 2022. 9. 20. 결제금액에 대해 발생한 400포인트 중 사용하고 남은 100포인트가 소멸되어 누적포인트는 2,500포인트가 되었다.
- 2024. 1. 5. : 결제금액 10,500원 중 500원을 포인트로 결제하였기 때문에 결제금액 10,000원에 대해 $10,000 \times 0.05 = 500$포인트가 발생하여 누적포인트는 2,500포인트가 되었다.

따라서 甲이 2024년 1월 10일에 보유한 포인트는 2,500포인트이다.

31 수리퀴즈(계산) 정답 ②

난도 상

정답해설

내향형이자 사고형인 사람의 수는 임용 전후 모두 20명이므로 내향형과 사고형인 사람의 수는 각각 임용 전후 최소 20명이다. 검사결과에 따라 각 성격유형에 해당하는 사람의 수를 나타내면 다음과 같다.

(단위 : 명)

구분	임용 전	임용 후
외향형	$100 - (20+x) = 80 - x$	$100 - (40 + 2x) = 60 - 2x$
내향형	$20 + x$	$2(20 + x) = 40 + 2x$
감정형	$100 - (40 + 2y) = 60 - 2y$	$100 - (20 + y) = 80 - y$
사고형	$2(20 + y) = 40 + 2y$	$20 + y$

임용 전 내향형이자 사고형인 사람의 수는 20명이므로 임용 전 내향형이자 감정형인 사람의 수는 $20 + x - 20 = x$명이 된다. 이에 따라 임용 전 외향형이자 감정형인 사람의 수는 $(60 - 2y - x)$명이 된다. 임용 후 내향형이자 사고형인 사람의 수는 20명이므로 임용 후 내향형이자 감정형인 사람의 수는 $40 + 2x - 20 = 20 + 2x$명이 된다. 이에 따라 임용 후 외향형이자 감정형인 사람의 수는 $80 - y - (20 + 2x) = 80 - y - 20 - 2x = (60 - y - 2x)$명이 된다.

임용 후 외향형이자 감정형인 사람의 수는 임용 전의 두 배가 되었으므로 $60 - y - 2x = (60 - 2y - x) \times 2$ 식이 성립한다. $y = 20$으로, 감정형인 사람의 수는 임용 전 $60 - 2 \times 20 = 20$명, 임용 후 $80 - 20 = 60$명이고, 사고형인 사람의 수는 임용 전 $40 + 2 \times 20 = 80$명, 임용 후 $20 + 20 = 40$명이다.

따라서 임용 후 내향형이자 사고형인 사람의 수는 20명이므로 임용 후 외향형이자 사고형인 사람의 수는 $40 - 20 = 20$명이다.

32 논리퀴즈 정답 ③

난도 하

정답해설

乙의 대화 내용에 따라 乙은 丙과 丁보다 앞서 달렸고, 丙의 대화 내용에 따라 丙의 앞에서 달렸던 적이 있는 사람은 乙과 丁뿐이므로 앞쪽에서 달렸던 순서는 乙 - 丁 - 丙이다. 戊의 대화 내용에 따라 같은 등수는 없으므로 1~3등은 각각 乙, 丁, 丙이며, 乙이 1등이므로 甲의 대화 내용에 따라 甲은 5등이다.

따라서 1등부터 5등까지 순서는 乙 - 丁 - 丙 - 戊 - 甲이므로 3등은 丙이다.

33 논리퀴즈 정답 ④

난도 하

정답해설

乙의 주민등록번호 앞 6자리는 3가지 숫자로만 구성되어 있으므로 이에 따라 ②가 답에서 제외되고, 같은 숫자가 연속되는 부분이 있으므로 이에 따라 ①이 답에서 제외된다. 짝수해에는 지급 대상자 중 짝수일에 태어난 사람에게 기념품을 증정하므로 기념품을 받지 못한 乙은 짝수일에 태어나지 않았다. 이에 따라 ③도 답에서 제외된다. 또한 乙이 2022년 4월 10일에 만 20세가 되었다면, 생년월일은 2002년 4월 10일이다. 2002년 4월 11일 이후에 태어났다면, 2022년에 지원금을 받을 수 없으므로 이에 따라 ⑤도 답에서 제외된다.

따라서 ④가 乙의 주민등록번호 앞 6자리로 가능하다.

34 논리퀴즈 정답 ③

난도 중

정답해설

후보 A에 투표한 사람은 3명이므로 甲과 乙이 두 표씩 주고 丙, 丁, 戊 중 한 사람이 A에 한 표를 주었다면, 1차 투표에서 A가 받은 표는 최대 5표이다.

오답해설

① 후보 B에 투표한 사람은 2명이므로 甲과 乙이 두 표씩 주었다면, B는 4표를 획득하게 되고, 후보 A와 C는 3표씩 획득하게 된다. 이에 따라 B가 최다 득표로 선정될 수 있다.

② 후보 A에 甲과 乙이 두 표씩, 戊가 한 표를 주었다면, 丙과 丁은 각각 후보 B와 C에 한 표씩 줄 수 있다. 이에 따라 1차 투표에서 丙과 丁이 투표한 후보의 조합이 서로 같을 수 있다.

④ 후보 A에 甲과 乙이 두 표씩 주고 丙, 丁, 戊 중 한 사람이 A에 한 표를 주어 A가 5표를 받았다면, 후보 C는 3표를 받을 수 있으므로 4표 이상 받을 수는 없다.

⑤ 甲과 乙이 동일한 후보에 두 표씩 주었기 때문에 나머지 후보가 받을 수 있는 표의 수는 최대 3표이므로 2차 투표를 실시하는 경우는 없다.

35 시간·공간 정답 ①

난도 하

정답해설

유학생의 날이 있는 달에는 네 번의 토요일과 다섯 번의 일요일이 있으므로 1일은 일요일이어야 한다. 유학생의 날 1주 전 같은 요일이 전통시장의 날이고, 유학생의 날 3주 뒤 같은 요일이 도서기증의 날이며, 전통시장의 날과 도서기증의 날이 같은 달에 있으므로 이를 달력에 표시하면 다음과 같다.

일	월	화	수	목	금	토
1 (전통시장)	2 (전통시장)	3 (전통시장)	4	5	6	7
8 (유학생)	9 (유학생)	10 (유학생)	11	12	13	14
15	16	17	18	19	20	21
22	23	24	25	26	27	28
29 (도서기증)	30 (도서기증)	31 (도서기증)				

따라서 유학생의 날로 지정된 날짜의 요일로 가능한 요일은 일요일, 월요일, 화요일이므로 ①이 답이 된다.

합격 가이드

달력 문제의 경우는 달력을 그려 구하면 답을 좀 더 쉽게 구할 수 있다. 그러나 달력을 그리게 되면 시간이 더 소요되므로 달력을 그리되 제시된 글 중 핵심적인 부분 위주로 그려 시간을 절약할 수 있는 방향으로 한다.

36 논리퀴즈 　　　　　　　　　정답 ②

난도 상

정답해설
시즌 1번째 경기의 결과가 '승'이라면, 2~10번째 경기의 전적이 5승 4패이므로 11번째 경기의 결과(㉠)가 '승'일 때 12번째 경기의 직전 10개 경기 전적(㉢)은 '6승 4패'가 된다.

오답해설
ㄱ. 시즌 1번째 경기의 결과가 '패'라면, 2~10번째 경기의 전적이 6승 3패이므로 11번째 경기의 결과(㉠)가 '패'일 때 12번째 경기의 직전 10개 경기 전적(㉢)은 '6승 4패'가 될 수 있다.
ㄴ. ㉢이 '7승 3패'라는 것은 시즌 2~11번째 경기의 전적이 '7승 3패'라는 것이다. 이를 통해 12번째 경기의 결과까지는 알 수 없다.
ㄹ. 시즌 2번째 경기의 결과가 '패'라면, 12번째 경기의 직전 10개 경기 전적(㉢)이 '5승 5패'일 때 3~11번째 경기의 전적이 5승 4패이므로 12번째 경기에 '패'가 추가되어 13번째 경기의 직전 10개 경기 전적은 '5승 5패'가 될 수 있다.

37 단순계산 　　　　　　　　　정답 ⑤

난도 하

정답해설
후보업체 A~E의 평가항목 합산 점수를 계산하면 다음과 같다.

(단위 : 점)

구분	품질	가격	안전성	가산점	합계
A업체	3×3=9	7	1×2=2	–	18
B업체	1×3=3	7	3×2=6	–	16
C업체	5×3=15	3	3×2=6	–	24
D업체	3×3=9	5	5×2=10	–	24
E업체	5×3=15	1	3×2=6	2.5	24.5

따라서 설치업체로 선정될 곳은 최종 점수가 가장 높은 E이다.

38 단순계산 　　　　　　　　　정답 ②

난도 중

정답해설
배출권거래제에 참여 중인 기업은 지원대상에서 제외되므로 D를 제외한 기업 A, B, C, E의 평가항목 합산 점수를 계산하면 다음과 같다.

(단위 : 점)

구분	중간보고서 점수	시설설치 점수	최종보고서 점수	합계
A기업	60×0.2=12	70×0.3=21	70×0.5=35	68
B기업	90×0.2=18	60×0.3=18	80×0.5=40	76
C기업	85×0.2=17	60×0.3=18	70×0.5=35	70
E기업	80×0.2=16	90×0.3=27	90×0.5=45	88

총점 70점 미만인 기업은 지원대상에서 제외되므로 A를 제외한 B, C, E의 지원금액을 계산하면 다음과 같다.
• B : 6×0.8=4.8억 원
• C : 7×0.8=5.6억 원
• E : 15×0.3=4.5억 원
따라서 甲부처가 지급할 지원금액의 총합은 4.8+5.6+4.5=14.9억 원이다.

합격 가이드

제시된 조건과 상황에 따라 계산 전 제외할 수 있는 부분은 제외하고 문제를 풀면 풀이시간을 단축시킬 수 있다. 첫 번째로 배출권거래제에 참여 중인 기업은 지원대상에서 제외되므로 D기업을 제외한 후 나머지 기업들의 총점을 비교하고, 총점 70점 미만인 기업도 지원대상에서 제외되므로 A기업을 제외한 후 나머지 기업들의 지원금액만 계산하면 된다.

39 정보확인 · 추론 　　　　　　　　　정답 ⑤

난도 하

정답해설
두 번째 문단에 따르면 1801년에 이르러서야 사탕무를 이용한 설탕의 대량생산이 가능해졌다.

오답해설
① 첫 번째 문단에 따르면 사탕수수가 처음 재배된 곳은 태평양 남서부의 뉴기니섬 지역이었다.
② 첫 번째 문단에 따르면 사탕수수액을 이용한 설탕 결정법은 굽타왕조 시대에 개발되었다.
③ 마지막 문단에 따르면 1920~1930년대에 이르러서는 꿀이나 엿을 전혀 사용하지 않던 육류, 생선류, 찬류, 김치류 등에도 설탕을 넣었다.
④ 첫 번째 문단에 따르면 인도의 외교사절단이 사탕수수 재배법을 중국에 전파한 것은 7세기 중반 당태종 때이다.

난도 중

정답해설

1893년 설탕 가격이 1884년 대비 40% 하락했으므로 1893년 설탕 1근의 가격이 12전이라고 가정할 때, 1884년 설탕 1근의 가격은 $\frac{12}{0.6}=20$전이다.

1884년 설탕 1근의 가격은 20전이고, 설탕 가격은 같은 무게 소고기의 2.5배였으므로 소고기 1근의 가격은 $\frac{20}{2.5}=8$전이다.

1884년에 설탕 1근과 소고기를 구입한 금액이 52전이었다면, 설탕 1근의 가격은 20전이므로 소고기를 구입한 금액은 52－20＝32전이다. 따라서 소고기는 $\frac{32}{8}=4$근을 구입할 수 있었다.

남에게 이기는 방법의 하나는 예의범절로 이기는 것이다.

– 조쉬 빌링스 –

PART 1

5급 PSAT 필수이론

CHAPTER 01 언어논리 필수이론

01 일치부합

1 유형의 이해

매년 10개 내외의 문항이 일치부합 유형으로 출제될 정도로, 다른 유형에 비해 출제 문항에서 차지하는 비중이 높은 유형이므로 평소 여러 지문을 접하며 확실하게 대비할 필요가 있다. 기존에는 대부분의 일치부합 문제의 난도가 높지 않은 수준으로 출제되었으나, 최근 PSAT 언어논리 영역의 난도가 상승하는 경향에 따라 지문 주제가 어렵거나 풀이에 시간이 많이 소요되는 문제들이 다수 출제되고 있다.

2 발문 유형

- 다음 글의 내용과 부합하는 것은?
- 다음 글에서 알 수 있는(없는) 것은?

3 접근법

일치부합 유형은 주어진 지문과 선지를 정확하게 독해하고, 선지 중 지문의 내용과 부합하지 않는 것 혹은 부합하는 것을 찾아낼 수 있는지를 묻는 유형이다. 자신이 사전지식을 가지고 있는 내용의 지문이 출제된다면 상대적으로 유리할 수 있으나, 역대 기출 문제를 볼 때 매년 다양한 주제의 지문이 출제되고 있으므로 방대한 범위의 지식을 사전에 습득하여 해당 문제 유형에 대비하기는 실질적으로 어렵다. 따라서, 일치부합 유형의 문제풀이 시 지문 내용과 관련한 지식의 습득보다는 정확한 독해능력을 기르기 위한 연습이라는 방향을 설정하고 접근하는 것이 바람직할 것이다.

4 생각해 볼 부분

유형의 난도 자체는 크게 높지 않으므로 지문을 차분히 읽고 선지에서 지문의 내용에 부합하는 것 혹은 부합하지 않는 것을 확인해 나가면 누구나 정답을 찾을 수 있으나, PSAT 언어논리 시험의 특성상 독해와 문제풀이의 속도가 관건이다. 독해 속도에 자신이 있는 수험생이라면 지문을 전체적으로 다 읽고 문제풀이에 들어가더라도 시간상의 문제가 없을 것이나, 그렇지 않은 경우 지문부터 읽고 문제풀이를 하는 과정에서 지문의 내용이 기억나지 않아 지문을 다시 보다가 시간을 낭비할 수 있으므로 권하지 않는 풀이방법이다. 선지를 먼저 보고 지문의 대략적인 주제와 핵심이 되는 단어·내용을 먼저 확인한 후, 필요한 정보에 집중하면서 지문의 문장을 선택적으로 읽어 내려가는 방식으로 접근하면 풀이시간을 줄일 수 있다.

다음 글에서 알 수 있는 것은?

> 　　조선의 군역제는 양인 모두가 군역을 담당하는 양인개병제였다. 그러나 양인 중 양반이 관료 혹은 예비 관료라는 이유로 군역에서 빠져나가고 상민 또한 군역 부담을 회피하는 풍조가 일었다.
>
> 　　군역 문제가 심각해지자 이에 대한 여러 대책이 제기되었다. 크게 보면 균등한 군역 부과를 실현하려는 대변통(大變通)과 상민의 군역 부담을 줄임으로써 폐단을 완화하려는 소변통(小變通)으로 나눌 수 있다. 전자의 예로는 호포론(戸布論)·구포론(口布論)·결포론(結布論)이 있고, 후자로는 감필론(減疋論)과 감필결포론이 있다. 호포론은 신분에 관계없이 식구 수에 따라 가호를 몇 등급으로 나누고 그 등급에 따라 군포를 부과하자는 주장이었다. 이는 신분에 관계없이 부과한다는 점에서 파격적인 것이었으나, 가호의 등급을 적용한다 하더라도 가호마다 부담이 균등할 수 없다는 문제가 있었다. 구포론은 귀천을 막론하고 16세 이상의 모든 남녀에게 군포를 거두자는 주장이었다. 결포론은 토지를 소유한 자에게만 토지 소유 면적에 따라 차등 있게 군포를 거두자는 것이었다. 결포론은 경제 능력에 따라 군포를 징수하여 조세 징수의 합리성을 기할 수 있음은 물론 공평한 조세 부담의 이상에 가장 가까운 방안이었다.
>
> 　　그러나 대변통의 실시는 양반의 특권을 폐지하는 것이었으므로 양반층이 강력히 저항하였다. 이에 상민이 내는 군포를 줄여주어 그들의 고통을 완화시켜 주자는 감필론이 대안으로 떠올랐다. 그런데 감필론의 경우 국가의 군포 수입이 줄어들게 되어 막대한 재정 결손이 수반되므로, 이에 대한 대책이 마련되어야 하였다. 이에 상민이 부담해야 하는 군포를 2필에서 1필로 감축하고 그 재정 결손에 대해서만 양반에게서 군포를 거두자는 감필결포론이 제기되었다. 양반들도 이에 대해 일정 정도 긍정적이었으므로, 1751년 감필결포론을 제도화하여 균역법을 시행하였다. 그러나 균역법은 양반층을 군역 대상자로 온전하게 포괄한 것이 아니었다. 양반이 지게 된 부담은 상민과 동등한 군역 대상자로서가 아니라 민생의 개선에 책임을 져야 할 지배층으로서 재정 결손을 보충하기 위한 양보에 불과한 것이었다. 결국 균역법은 불균등한 군역 부담에서 야기된 폐단을 근본적으로 해결하는 개혁이 될 수 없었다.

① 구포론보다 결포론을 시행하는 것이 양인의 군포 부담이 더 컸다.

② 양반들은 호포론이나 구포론에 비해 감필결포론에 우호적인 입장을 보였다.

③ 균역법은 균등 과세의 원칙 아래 군포에 대한 양반의 면세 특권을 폐지하였다.

④ 결포론은 공평한 조세 부담의 이상에, 호포론은 균등한 군역 부과의 이상에 가장 충실한 개혁안이었다.

⑤ 구포론은 16세 이상의 양인 남녀를 군포 부과 대상으로 규정한 반면, 호포론은 모든 연령의 사람에게서 군포를 거두자고 주장하였다.

합격 가이드

전형적인 일치부합 문제이므로 빠르게 해결하여 시간을 아낄 수 있도록 하여야 한다. 대변통과 소변통에 각각 어떠한 제도가 있는지 지문 옆에 메모를 하며 문제를 풀었다면 실수 없이 빠르게 답을 확인하고 넘어갈 수 있다.

정답해설

호포론이나 구포론은 신분에 관계없이 군포를 부과하는 것이어서 양반층이 강력히 저항하였다. 그러나 감필결포론은 상민이 부담해야하는 군포를 2필에서 1필로 감축하고, 그 감소분에 대해서만 양반에게 군포를 부과하는 것이어서 양반이 일정 정도 긍정적 반응을 보였다.

오답해설

① 구포론은 귀천을 막론하고 16세 이상의 모든 남녀에게 군포를 거두자는 것이고, 결포론은 경제 능력에 따라 군포를 징수하자는 것이다. 하지만 이것으로 양인의 군포 부담이 구포론보다 결포론에서 더 크다고 말할 수는 없다.

③ 균등 과세의 원칙때문이 아니라 재정 결손을 보충하기 위해 군포를 부담하였다.

④ 결포론은 공평한 조세 부담의 이상에 가장 가까운 방안이었다고 할 수 있지만, 호포론은 가호마다 부담이 균등할 수 없다는 문제가 존재하였다.

⑤ 호포론은 식구 수에 따라 가호의 등급을 나누고 그 등급에 따라 군포를 부과하자는 주장으로 연령과는 무관하다.

답 ②

1 유형의 이해

이 유형은 지문의 내용을 정확히 독해하고 선지 중 지문의 내용에 부합하는 선지를 찾아야 한다는 점에서 일치부합 유형과 유사하나, 단순히 지문에 제시된 내용과 일치 여부를 판단하는 것에서 한발 더 나아가, 지문 내용으로부터 적절한 내용을 유추할 수 있는 능력을 요구하는 유형이다. 일반적으로 발문에서 '～바르게 추론한 것은?' 혹은 '～추론될 수 없는 것은?' 등의 형식으로 제시되나, 간혹 일치부합 유형과 같이 '～알 수 있는 것은?'의 형식으로 문제를 제시하고 문제 내용에서는 일치하는 것을 찾는 것에서 나아가 더 심화된 추론을 요구하는 형태로 출제되기도 한다. 이 유형에서는 지문에서 사고실험 혹은 과학적 원리 등의 내용을 제시한 후, 지문에 제시된 내용으로부터 적절하게 추론될 수 있는 보기가 무엇인지 선택하도록 하는 문제도 다수 출제되고 있다.

2 발문 유형

- 다음 지문을 읽고 바르게 추론한 것은?
- 다음 지문에서 추론될 수 없는 것은?

3 접근법

지문에서 제시된 실험, 원리, 제도의 핵심 내용 또는 메커니즘을 정확히 이해하고 선지에 적용해서 참·거짓 여부를 가릴 수 있어야 한다. 복잡한 실험이나 원리의 내용이 주어지는 경우가 많으므로 지문의 내용을 그림이나 도식으로 정리하면서 읽어나가는 것이 문제풀이에 도움이 된다.

4 생각해 볼 부분

선지 혹은 보기에서 '～할 수 있다' 등의 가정적 표현을 사용하는 경우 지문의 내용을 이용해 선지나 보기의 가정에 해당하는 사례가 존재할 수 있는지를 판단하고, 반대로 '항상 ～이다'와 같은 단정적 표현을 사용하고 있는 경우 지문의 내용을 활용하여 선지 혹은 보기가 단정하고 있는 내용에 대한 반례를 찾아 해당 선지의 정오판단을 하면 보다 수월하게 풀이할 수 있다.

다음 글에서 추론할 수 없는 것은?

> 조직 구성원의 발언은 조직과 구성원 양측에 긍정적 효과를 가져올 수 있다. 구성원들은 발언을 함으로써 스스로 통제할 수 있다는 느낌을 가지게 되어 직무 스트레스가 줄고 조직에 대해 긍정적 태도를 가질 수 있다. 동시에 발언은 발언자의 조직 내 이미지를 실추시키거나 다양한 보복을 불러올 우려가 없지 않다. 한편 침묵은 조직의 발전 기회를 놓치게 하거나 조직을 위기에 처하게 할 수 있을 뿐만 아니라, 구성원 자신들에게도 부정적 영향을 미칠 수 있다. 침묵은 구성원들로 하여금 스스로를 가치 없는 존재로 느끼게 만들고, 관련 상황을 통제하지 못한다는 인식을 갖게 함으로써, 구성원들의 정신건강과 신체에 악영향을 미칠 수 있다. 구성원들은 조직에서 우려되는 이슈들을 인지하였을 때, 이를 발언으로 표출할지 아니면 침묵으로 표출하지 않을지 선택할 수 있는데, 해당 조직의 문화 아래에서 보복과 관련한 안전도와 변화 가능성에 대한 실효성 등을 고려하여 판단한다.
>
> 침묵의 유형들은 다음과 같다. 먼저, 묵종적 침묵은 조직의 부정적 이슈 등과 관련된 정보나 의견 등을 가지고 있지만 이를 알리거나 표출할 행동 유인이 없어 표출하지 않는 행위를 가리킨다. 이러한 침묵은 문제 있는 현실을 바꾸려는 의지를 상실한 체념의 의미를 내포하고 있어, 방관과 유사하다. 묵종적 침묵은 발언을 해도 소용이 없을 것이라는 조직에 대한 불신으로부터 나오는 행위이다.
>
> 방어적 침묵은 외부 위협으로부터 자신을 보호하거나 자신을 향한 보복을 당하지 않기 위해 조직과 관련된 부정적인 정보나 의견을 억누르는 적극적인 성격의 행위를 가리킨다. 기존에 가진 것을 지키기 위한 것뿐만 아니라, 침묵함으로써 추가적인 이익을 보고자 하는 것도 방어적 침묵의 행동 유인으로 포함하여 보기 때문에 자기보신적 행위라고 할 수 있다.
>
> 친사회적 침묵은 조직이나 다른 구성원의 이익을 보호하려는 목적에서 조직과 관련된 부정적 정보나 의견 등을 표출하지 않고 억제하는 행위로서, 다른 사람을 배려한 이타주의적인 침묵을 가리킨다. 이는 본인의 사회적 관계를 위한 경우에는 해당되지 않고, 철저하게 '나'를 배제한 판단 아래에서 이뤄지는 행위이다.

① 구성원들의 발언이 조직의 의사결정에 반영되는 정도가 커질수록, 조직의 묵종적 침묵은 감소할 것이다.

② 발언의 영향으로 자신의 안전이 걱정되어 침묵하는 경우는 방어적 침묵에 해당한다.

③ 발언의 실효성이 낮을 것으로 판단하여 침묵하는 경우는 묵종적 침묵에 해당한다.

④ 발언자에 대한 익명성을 보장하는 경우, 조직의 친사회적 침묵은 감소할 것이다.

⑤ 발언의 안전도와 실효성이 낮은 조직일수록 구성원의 건강은 악화될 수 있다.

난도 하

합격 가이드

3가지 침묵 유형이 명시적으로 나누어져 있어 해결이 용이한 문제이다. 정답 선지의 경우 서로 다른 유형에 대한 설명을 결합하여 구성했을 가능성이 높아. 침묵별 내용을 구별하는 데 주의하여 문제에 접근할 필요가 있다. ⑤와 같이 활용되지 않는 지문이라고 판단했던 1문단을 활용한 선지가 나올 수 있는 만큼 관련 독해하는 데 어느 정도 주의를 기울일 필요가 있다.

정답해설

익명성 보장은 친사회적 침묵과 관련성이 없고 오히려 방어적 침묵과 관련된 내용이다.

오답해설

① 구성원들의 발언이 조직의 의사결정에 반영되는 정도가 커지는 경우 실효성이 확대되고 구성원들의 체념 내지 방관이 완화되어 묵종적 침묵이 감소한다.

② 외부 위협으로부터 자신을 보호하거나 자신을 향한 보복을 당하지 않기 위해 조직과 관련된 부정적인 정보나 의견을 억누르는 적극적인 성격의 행위는 방어적 침묵이다.

③ 조직의 부정적 이슈 등과 관련된 정보나 의견 등을 가지고 있지만 이를 알리거나 표출할 행동 유인이 없어 표출하지 않는 행위는 묵종적 침묵이다.

⑤ 실효성이 낮거나 안전도가 낮은 경우 침묵이 증가하며, 구성원이 침묵을 택하는 경우 구성원들의 정신건강과 신체에 악영향을 미칠 수 있다.

답 ④

1 유형의 이해

이 유형은 매년 출제 비중이 일정하지 않지만 2018년에는 5개 이상 출제될 정도로 큰 비중을 차지하는 경우도 있으므로 소홀히 할 수 없는 유형이다. 빈칸 채우기는 주로 핵심이 되는 내용이나 지문의 결론에 해당하는 내용을 물어보는 경우가 많다. 실험이나 이론, 주장 등의 결론 또는 핵심을 물어보는 경우가 많고, 지문에 빈칸이 여러 개 있어 해당 빈칸에 들어갈 단어를 적절하게 나열하도록 요구하는 문제가 출제되기도 한다. 지문에 밑줄이 있는 문제 유형의 경우, 지문의 핵심적인 소재나 결론에 밑줄이 쳐져 있고, 해당 밑줄 내용에 대한 적절한 해석이 무엇인지 찾도록 하는 문제가 주로 출제되었다.

2 발문 유형

- 다음 빈칸에 들어갈 문장으로 적절한 것은?
- 다음 밑줄에 대한 추론으로 옳은 것은?

3 접근법

전반적인 접근방식은 일치부합, 추론 유형과 크게 다르지 않으나, 해당 유형들보다 좀 더 지문의 핵심 내용을 묻는 경우가 많아 지문의 지엽적인 내용에 집중하기보다는 전반적인 맥락 파악을 통해 지문의 중심 내용을 파악해야 한다. 빈칸 채우기는 주로 핵심이 되는 내용이나 지문의 결론에 해당하는 내용을 물어보는 경우가 많으므로, 평소 기출문제나 모의고사 문제를 풀이하면서 지문의 결론, 핵심을 정확하게 파악하는 연습을 통해 대비할 필요가 있다.

4 생각해 볼 부분

이 유형의 경우 일치부합, 추론 문제와 달리 지문의 지엽적인 내용에 집중하면서 읽기보다는 지문을 전체적으로 빠르게 읽으면서 빈칸과 관련된 핵심 내용 또는 결론이 무엇인지 찾아내야 한다. 이때 지문에서 주어지지 않은 내용이나 단어가 등장하는 선지는 오답일 가능성이 크므로, 지문의 핵심 내용을 파악한 후 그 내용에서 크게 벗어나는 2~3개의 선지를 우선 정답 후보에서 제외하고 시작하는 것이 좋다.

다음 글의 ㉠ ~ ㉣에 들어갈 말을 적절하게 나열한 것은?

"미래에 받기로 되어 있는 100만 원을 앞당겨 현재에 받는다면 얼마 이상이어야 수용할까?" 만일 누군가 미래 100만 원의 가치가 현재 100만 원의 가치보다 작다고 평가하면, 현재에 받아야 되는 금액은 100만 원보다 적어도 된다. 이때 현재가치는 미래가치를 할인하여 계산된다. 반대로 미래 100만 원이 현재 100만 원보다 가치가 크다고 판단하면 현재에 받는 금액은 100만 원보다 많아야 하고, 현재가치는 미래가치를 할증하여 계산된다.

이와 같이 현재가치를 계산하기 위한 미래가치의 할인 혹은 할증의 개념은 시간선호와 밀접하게 관련되어 있다. 시간선호는 선호하는 시점에 따라 현재선호가 될 수도 있고 미래선호가 될 수도 있다. 만일 누군가가 미래보다 현재를 선호한다면 그는 현재선호 성향을 가진 사람이고, 이들은 현재가치를 계산할 때 미래가치를 할인한다. 반대로 현재보다 미래를 선호한다면 미래선호 성향이라고 하고, 이 경우 현재가치를 계산할 때 미래가치를 할증한다.

그러나 시간 자체에 대한 선호 여부와 상관없이 가치를 할인하거나 할증할 수도 있다. 예컨대 현재보다 미래를 선호하는 성향을 가졌음에도 예상치 못한 사고가 발생하여 큰돈이 필요하다면 미래가치의 [㉠]을 선택할 수밖에 없다. 요컨대 현재선호는 할인의 [㉡]이 아닌 것이다.

이제 누군가가 1년 뒤의 100만 원과 현재의 90만 원을 동일하게 평가한다고 가정해 보자. 이와 같은 선택의 결과만 보았을 때는 그 사람은 할인을 하고 있는 것이 분명하지만, 이 선택의 결과가 현재선호 때문이라고 확언할 수는 없다. 그 사람이 1년 뒤의 물가가 변동할 것으로 예상한다면, 물가와 반대 방향으로 움직이는 화폐가치의 변동이 그 사람의 의사결정에 영향을 미칠 수도 있다. 물가가 큰 폭으로 [㉢] 것으로 예상하면서도 1년 뒤보다 낮은 수준의 현재 금액을 1년 뒤와 동일하게 평가한다면, 이는 현재선호 때문일 가능성이 크다. 반면 그 사람이 물가가 크게 [㉣] 것으로 확신하여 1년 뒤보다 낮은 수준의 현재 금액을 1년 뒤와 동일하게 평가한다면, 현재선호 때문일 가능성은 위의 상황보다 상대적으로 작아진다.

	㉠	㉡	㉢	㉣
①	할인	필요조건	내릴	오를
②	할인	필요조건	오를	내릴
③	할인	충분조건	내릴	오를
④	할증	필요조건	내릴	오를
⑤	할증	충분조건	오를	내릴

합격 가이드

최근에는 빈칸들이 서로 연결되어 출제되는 경우가 상당히 많은 편이다. 이 문제의 경우 ㉢과 ㉣이 그 예인데 이 두 개의 빈칸을 해결하기 위해서는 마지막 문단 전체를 이해할 수 있어야 한다. 즉, 앞쪽의 빈칸이 어떤 내용인지와 관계없이 제시문 자체를 제대로 이해하지 못한다면 대부분의 빈칸을 제대로 채울 수 없게끔 출제되고 있다. 따라서 예전처럼 빈칸의 앞뒤 문장만 적당히 읽고 풀이해서는 안되며 일반적인 추론형 문제와 같은 강도로 독해해야 한다.

정답해설

㉠ 시간 자체에 대한 선호 여부와 상관없이 가치를 할인하거나 할증하는 경우를 설명한다. 예상치 못한 사고가 발생하여 큰돈이 '지금 당장' 필요하다면 미래보다 현재가 중요해지는 것이다. 따라서 미래가치의 할인을 선택할 수밖에 없다.

㉡ 시간 자체에 대한 선호 여부와 상관없이 가치를 할인하거나 할증할 수도 있다는 말은 '할인 ↛ 현재선호'임을 보인 것이다.

㉢ 현재선호가 있다면 1년 뒤보다 낮은 수준의 현재 금액을 1년 뒤와 동일하게 평가할 수 있다. 물가가 큰 폭으로 낮아질 경우 미래 금액의 가치는 더 높아진다. 하지만 그럼에도 현재선호가 충분히 크다면 1년 뒤보다 낮은 수준의 현재 금액을 1년 뒤와 동일하게 평가할 수 있다.

㉣ 물가가 오른다면 미래 금액의 가치는 낮아진다. 물가가 크게 오른다면 1년 뒤보다 낮은 수준의 현재금액이 1년 뒤와 동일하게 평가될 가능성이 낮아지고, 오히려 더 낮게 평가될 수 있다. 그렇다면 현재 선호라기보다 오히려 미래선호가 될 수 있으므로 현재선호 때문일 가능성은 상대적으로 작아진다.

답 ①

1 유형의 이해

이 유형은 지문에서 주어진 내용에 부합하는 사례를 보기에서 찾거나, 지문의 주장을 뒷받침하는 사례나 지문에서 주어진 원리를 적절하게 적용한 사례를 고르는 유형으로 다양하게 출제될 수 있다. 지문의 내용을 이해하고 사례에 적절히 적용하는 능력까지 요구하기 때문에 단순 일치부합 유형보다 다소 난도가 높게 느껴질 수 있으나, 최근 자주 출제되는 유형은 아니다.

2 발문 유형

- 다음 사례에 대한 평가로 옳은 것은?
- 다음 지문의 내용에 부합하는 사례로 옳은 것은?

3 접근법

지문–사례–선지 형태로 구성되는 경우가 가장 보편적이므로, 주어진 사례와 보기가 지문에서 제시된 유형들 중 어떤 공식·조건 혹은 입장에 해당하는지 지문의 원리를 사례에 직접 대입하면서 풀어나가는 식으로 접근하는 것이 무난하다.

4 생각해 볼 부분

실험, 과학 원리나 여러 가지의 입장이 지문에 제시된 경우 추론 유형과 마찬가지로 복잡한 내용을 도식이나 요약으로 정리하면서 읽고, 정리한 내용을 바탕으로 각 사례에 적용해보면서 풀이하는 방식으로 접근한다. 지문 내에 밑줄이 여러 개 있고 각각의 밑줄 내용과 사례를 단순 매칭하는 경우도 있으나, 간혹 지문의 핵심 혹은 결론에 해당하는 부분에 밑줄이 그어져 있고 해당 밑줄 내용에 부합하는 사례를 고르도록 하는 문제가 출제되기도 하므로, 이 경우 밑줄·빈칸 채우기 유형과 마찬가지로 지문의 지엽적인 내용보다 핵심 내용을 빠르게 추출하는 것이 효율적인 풀이방법이다.

다음 글의 ㉠ ~ ㉢에 들어갈 내용을 〈보기〉에서 골라 적절하게 나열한 것은?

> 촛불의 연소와 동물의 호흡이 지속되기 위해서는 산소가 포함된 공기가 제공되어야 한다는 공통점이 있다. 즉 촛불의 연소는 공기 중 산소를 사용하며 이는 이산화탄소로 바뀐다. 동물의 호흡도 체내로 흡수된 공기 내 산소가 여러 대사 과정에 사용된 후 이산화탄소로 바뀌어 호흡기를 통해 공기 중으로 배출된다. 공기 내 산소가 줄어들어 이산화탄소가 일정 수준 이상이 되면 촛불은 꺼지고 동물은 호흡을 할 수 없어서 죽는다.
>
> 이런 사실을 근거로 A는 식물의 광합성과 산소 발생에 관한 세 가지 실험을 실시하였다. 또한 실험을 통제하여 산소 부족만이 촛불이 꺼지거나 쥐가 죽는 환경요인이 되도록 하였다. 그리하여 식물에서 광합성이 일어나기 위해서는 빛과 이산화탄소가 모두 필요하다는 것과 식물의 산소 생산에 빛이 필요하다는 결론을 얻었다.
>
> 실험 1 : ☐㉠☐ 이로부터 식물이 산소를 생산한다는 것을 알 수 있었다.
>
> 실험 2 : ☐㉡☐ 이로부터 식물이 산소를 생산하기 위해서는 빛이 필요하다는 것을 알 수 있었다.
>
> 실험 3 : ☐㉢☐ 이로부터 식물에서 광합성이 일어나기 위해서는 빛과 이산화탄소가 모두 있어야 한다는 것을 알 수 있었다.

보 기

ㄱ. 빛이 있는 곳에서 밀폐된 유리 용기에 쥐와 식물을 넣어두면 일정 시간이 지나도 쥐는 죽지 않지만, 빛이 없는 곳에서 밀폐된 유리 용기에 쥐와 식물을 넣어두면 그 시간이 지나기 전에 쥐는 죽는다.

ㄴ. 밀폐된 용기에 촛불을 넣고 일정 시간이 지나면 촛불이 꺼지지만, 식물과 함께 촛불을 넣어두면 동일한 시간이 지나도 촛불은 꺼지지 않는다.

ㄷ. 빛이 없는 곳에 있는 식물에 이산화탄소를 공급하거나 빛이 있는 곳의 식물에 이산화탄소를 공급하지 않으면 광합성이 일어나지 않지만, 빛이 있는 곳의 식물에 이산화탄소를 공급하면 광합성이 일어난다.

	㉠	㉡	㉢
①	ㄱ	ㄴ	ㄷ
②	ㄴ	ㄱ	ㄷ
③	ㄴ	ㄷ	ㄱ
④	ㄷ	ㄱ	ㄴ
⑤	ㄷ	ㄴ	ㄱ

합격 가이드

㉠, ㉡, ㉢에 적절한 선지를 구별하는 것이 문제의 핵심이다. ㉠과 ㉡ 둘 다 산소 생산에 대한 내용을 담고 있지만 빈칸 이후의 결론으로부터 ㉡의 경우 빛에 대한 내용을 추가로 요구한다는 점을 알 수 있다. 이와 같이 비슷한 내용의 빈칸을 채울 때 양자의 차이점을 유념하며 선지를 분석하는 것이 중요하다.

정답해설

㉠ 촛불의 연소와 동물의 호흡이 지속되기 위해서는 산소가 포함된 공기가 제공되어야 하므로, 산소가 생산된다는 결론을 얻기 위해서는 연소 또는 호흡의 지속이 필요하다. 이에 해당하는 것이 ㄱ과 ㄴ인데 ㉠의 경우 ㄴ이 더 적절하다.

㉡ 산소 생산에 대한 내용과 더불어 빛의 제공여부에 따라 비교집단과 대상집단이 나뉘는 실험이 들어오는 것이 적절하다. ㄱ의 쥐와 식물의 생존은 산소 생성 여부에 대한 내용이라고 할 수 있으며 빛의 제공 여부에 대한 차이를 두었다는 것도 알 수 있다.

㉢ 빛과 이산화탄소 유무에 따른 광합성 여부에 대한 내용이 들어오는 것이 적절하다. ㄷ의 경우 빛이 있고 이산화탄소가 없는 경우, 빛이 없고 이산화탄소가 있는 경우, 둘 다 있는 경우를 비교하는 내용을 제시하고 있다.

답 ②

1 유형의 이해

이 유형의 경우 주로 '반드시 참인 것은?' 또는 '지문 내용으로부터 올바르게 추론될 수 있는 것은?' 등의 질문 형태로 출제된다. 출제되는 개수에 편차가 있으나 꾸준히 비중을 차지하고 있는 유형이며, 해를 거듭함에 따라 지문의 길이가 좀 더 길어지고 풀이가 복잡해지는 추세이다. 최근 한 화자가 여러 문장을 발화하고 한 문장 안에 참인 문장과 거짓인 문장이 혼재하고 있는 형태의 문제가 많이 출제되고 있으며 부서 배치, 날짜, 범인 찾기 등 대표적인 문제 형식이 조금씩 변형되어 출제되는 경우가 많다.

2 발문 유형

- 다음 지문의 내용이 모두 참이라고 할 때, 반드시 참인 것은?
- 다음 중 자신이 한 진술들이 모두 참인 사람을 고르면?
- 다음 진술이 모두 참이라고 할 때, 회의에 참가할 수 있는 최대 인원은?

3 접근법

다른 유형에 비해 전반적인 난도가 높은 편이나, 평소에 형식 논리학 관련 문제를 다양하게 풀이하면서 대비한다면 유형이 크게 변형되지 않기 때문에 오히려 대비하기 어렵지 않은 유형이다. 이 유형에 대한 기본적인 접근방식은 특정한 경우를 가정했을 때 모순이 생기는지 확인하면서 정답을 찾아가는 것이다. 복잡한 문장으로 구성된 지문의 내용을 빠르게 기호화 혹은 도식화해서 풀이가 용이하도록 만드는 연습이 필요하다.

4 생각해 볼 부분

평소 다양한 논리학 문제를 많이 풀어보면서 이 유형의 풀이 방식에 익숙해질 필요가 있다. 표나 논리식을 쓰면서 풀이하는 방식이 가장 효과적이며, 실수를 줄일 수 있다. 부처 배치, 날짜의 경우 부처 배치도나 달력을 작게 그리면서 풀이하는 것도 도움이 되며, 벤 다이어그램을 활용하면 더 쉽게 풀 수 있는 경우도 있으므로 참고하도록 하자. 반드시 참인 것을 찾는 유형의 경우 반례가 하나라도 있으면 정답이 될 수 없으므로, 반례를 빠르게 찾아 보기를 배제해나가는 식으로 접근해야 한다. 반례 하나로 여러 개의 보기를 한 번에 배제할 수도 있으므로, 각각의 보기마다 다른 반례를 떠올릴 필요 없이 하나의 사례를 여러 번 적용해보는 방식으로 풀이시간을 절약할 수도 있다.

다음 글의 내용이 참일 때 반드시 거짓인 것은?

> 갑, 을, 병 세 사람이 A, B, C, D, E, F, G, H의 총 8권의 고서를 나누어 소장하고 있다. 이와 관련해 다음과 같은 사실이 알려져 있다.
> - 갑이 가장 많은 고서를 소장하고 있으며, 그 다음은 을이며, 병은 가장 적은 수의 고서를 소장하고 있다.
> - A, B, C, D, E는 서양서이며, F, G, H는 동양서이다.
> - B를 소장한 이는 D도 소장하고 있으나 C는 소장하고 있지 않다.
> - E를 소장한 이는 F도 소장하고 있으나 그 외 다른 동양서를 소장하고 있지는 않다.
> - G를 소장한 이는 서양서를 소장하고 있지 않다.
> - H는 갑이 소장하고 있다.

① 갑은 A와 D를 소장하고 있다.
② 을은 3권의 책을 소장하고 있다.
③ 병은 G를 소장하고 있다.
④ C를 소장한 이는 E도 소장하고 있다.
⑤ D를 소장한 이는 F도 소장하고 있다.

난도 상

합격 가이드

'반드시 거짓인 것은?' 또는 '반드시 참인 것은?'이라는 논리퀴즈 문제가 있는 경우 모든 경우의 수를 나타내는 것보다 선지소거법과 귀류법을 적절히 활용하여 문제를 신속하게 해결하는 데 초점을 맞추어야 한다.

정답해설

제시된 조건을 정리하면 다음과 같다.
1) 갑, 을, 병 순으로 많은 수의 고서 소장
2) A, B, C, D, E=서양서 / F, G, H=동양서
3) B → D∧~C
4) E → F∧~G∧~H
5) G → ~(A∧B∧C∧D∧E)
6) H → 갑
D를 소장한 이가 F도 소장하고 있는 경우를 나타내면 다음과 같다.
- 갑이 D, F를 소장한 경우 : 6에 따라 갑이 동양서 중 F, H를 소장하고 있으며, 5에 따라 G를 소장한 사람은 서양서를 소장하지 않으므로 가장 적은 수의 고서를 소장하고 있는 병은 G만 소장한다. 4에 따르면 '~F∨G∨H → ~E'이므로 E를 소장할 사람이 없어 모순이 발생한다.
- 을이 D, F를 소장한 경우 : 4, 5에 따라 병이 G, 을이 D, E, F를 소장하였다고 하면, 갑이 A, B, C, H를 소장하여야 하는데 3에 모순된다.
- 병이 D, F를 소장한 경우 : 1, 5에 모순된다.

오답해설

① 갑이 A와 D를 소장한 경우 모순이 발생하지 않는다. 갑=(A, B, D, H), 을=(C, E, F), 병=(G)
② 을이 3권의 책을 소장한 경우 모순이 발생하지 않는다(①의 예).
③ 병이 G를 소장하고 있을 수 있다(①의 예).
④ 반드시 거짓이 아니다(①의 예).

目 ⑤

1 유형의 이해

이 유형은 여러 견해의 공통점과 차이점을 파악할 수 있는지를 평가한다. 일반적으로 두 개의 견해가 제시되지만 문제에 따라 더욱 다양한 견해가 제시되기도 한다. 견해 외에도 이론·가설·실험 등으로 표현되는 경우도 있으며 매년 3~4문항 정도로 꾸준히 출제되고 있다.

이 유형에서 묻고자 하는 것은 어떤 요소가 어떤 견해에 해당하는가이다. 각 견해의 입장이 여러 문단에 분산되어 있는 경우가 많으므로 앞 문단에서 체크해둔 키워드를 다음 문단에서 적극적으로 찾으면서 읽으면 효과적이다. 제시되는 견해의 수가 많으면 서로 유사한 견해인지, 상충되는 견해인지를 파악하며 읽어야 한다.

2 발문 유형

- 다음 글에 대한 분석으로 적절한 것만을 〈보기〉에서 모두 고르면?
- 다음 A, B 학파에 대한 판단으로 적절하지 않은 것은?
- 다음 글의 A~D에 대한 분석으로 적절한 것만을 모두 고르면?

3 접근법

이 유형에서는 지문을 읽고 선지에서 여러 견해의 공통점과 차이점을 찾아야 한다. 이때 지문을 다시 읽는 시간을 아끼기 위해서는 처음 읽을 때 각 견해의 핵심을 파악하는 것이 중요하다. 지문을 읽으면서 각 견해가 상충하는 지점을 찾고, 키워드 위주로 체크해두자. 두 견해의 키워드가 일치한다면, 이는 선지로 활용될 가능성이 매우 높다. 또한 견해 간 관계를 파악하면서 읽어야 한다. 3개 이상의 여러 견해가 제시되는 경우에는 각 견해의 세부적인 내용보다 각 견해의 관계를 묻는 경우가 많다. 이러한 경우 어떤 견해가 서로 지지하는 관계인지, 다른 견해를 반박하고 있는지를 빠르게 파악해야 한다. 처음 글을 읽으면서 화살표나 기타 기호를 활용하여 지지·반박 관계를 표시해두자.

4 생각해 볼 부분

지문에서 '그러나', '한편', '그런데'와 같이 주위를 전환시키는 단어에 유의해야 한다. 또 선지에서 각 견해의 입장을 반대로 제시한 경우 혹은 한 견해에 대해서는 옳은 진술을 하고 다른 견해에 대해서는 틀린 진술을 한 경우가 많다. 시간에 쫓기다보면 실수할 수 있으므로 어떤 견해에 대한 진술인지를 꼼꼼히 확인해야 한다.

다음 글의 A와 B에 대한 분석으로 적절한 것만을 〈보기〉에서 모두 고르면?

> 기체에 고전역학의 운동방정식을 직접 적용해야 하는지에 대하여 물리학자 A와 B는 다음과 같은 의견을 제시했다.
>
> A : 기체 상태 변화를 예측하기 위해서 고전역학을 직접 적용할 필요가 없다. 작은 부피의 기체에도 엄청나게 많은 수의 분자가 포함되어 있고, 이들은 복잡하게 운동하므로 개별 분자의 운동을 예측하기 위해서는 방대한 양의 고전역학의 운동방정식을 풀어야 한다. 반면, 기체 상태 변화를 예측하는 데 쓰이는 거시적 지표인 온도, 압력, 밀도 등의 물리량은 평균적 분자운동에 관한 것이기 때문에, 그것들을 얻기 위해 각 분자의 운동을 분석할 필요가 없다. 개별 분자의 운동을 정확히 알지 못하더라도 분자의 집단적인 운동은 통계적 방법만으로 분석할 수 있다.
>
> B : 모든 개별 분자의 운동 상태를 결정하는 것은 어렵지만 필요하다. 기체와 관련된 대부분의 현상에서, 개별 분자가 아닌 분자 집단에 대한 분석을 통해 평균속도를 포함한 기체 상태 변화에 대한 정보를 알아낼 수 있다는 사실에는 동의한다. 하지만 통계적 방법을 적용하기 어려운 상황에서는 기체 상태 변화를 정확히 예측할 수 없는 경우가 있다는 것에 주목해야 한다. 이때에는 분자와 분자의 충돌이나 각 분자의 운동에 대한 개별 방정식을 푸는 것이 필요하다. 외부에서 주어지는 힘 등의 조건을 이용하여 운동방정식을 계산하면 어떤 경우라도 개별 분자들의 위치와 속도를 포함하여 기체에 대한 완전한 정보를 얻을 수 있으므로, 이런 상황을 설명하는 데에도 아무 문제가 없다. 이런 정보들을 종합하면 모든 기체 상태 변화와 관련된 거시적 지표의 변화를 예측할 수 있다.

보 기

ㄱ. A는 개별 기체 분자의 운동을 완전히 예측하는 것이 불가능하다는 것에 동의한다.

ㄴ. B는 개별 기체 분자의 운동과 관련된 값을 계산하는 것보다는 이들의 집단적 운동을 탐구하는 것이 더 다양한 기체 상태 변화를 예측할 수 있다는 것에 동의한다.

ㄷ. 기체 분자 집단의 운동을 통계적 방법으로 분석하는 것으로는 기체 상태 변화 예측이 불가능한 경우가 있다는 것에 A는 동의하지 않지만, B는 동의한다.

① ㄴ
② ㄷ
③ ㄱ, ㄴ
④ ㄱ, ㄷ
⑤ ㄱ, ㄴ, ㄷ

난도 중

합격 가이드

A의 일부 견해를 B가 인정하지만 B의 입장은 A의 견해에 따를 경우 불가능한 상황이 발생하며 이때에는 다른 방법을 활용하여야 한다는 것이다. 또한 ㄱ을 판단할 때에 A는 개별 기체 분자의 운동을 완전히 예측하는 것이 불가능하다는 것이 아니라 그럴 필요가 없다는 식의 주장을 한 것에 주목하여야 한다.

정답해설

기체 분자 집단의 운동을 통계적 방법으로 분석하는 것으로는 기체 상태 변화 예측이 불가능한 경우가 있다는 것에 A는 동의하지 않는다. 그러나 B는 그것이 불가능한 경우 개별 분자의 운동을 계산해야 한다고 보므로 B는 동의한다.

오답해설

ㄱ. A는 개별 기체 분자의 운동을 완전히 예측하기 위해서는 방대한 양의 운동방정식을 풀어야 한다고 보았다. 즉, 방대한 양의 운동방정식을 풀면 완전히 예측할 수 있다고 하였지 불가능하다고 한 것이 아니다.

ㄴ. B는 집단적 운동을 분석하는 것으로 정보를 얻는 것을 인정하나, 통계적 방법이 불가능할 경우 기체 개별 분자의 운동과 관련된 값을 계산해야 한다고 본다.

📖 ②

1 유형의 이해

이 유형은 글의 전제 혹은 결론을 파악할 수 있는지를 평가한다. 보통 전제를 모두 제시하고 결론을 묻는 문제가 출제되나, 종종 결론과 일부 전제를 제시하고 부족한 전제를 묻는 문제가 출제되기도 한다. 전자의 경우 쉽게 문제를 해결할 수 있으나 후자는 난도가 높으며 매년 1~2문항 정도로 출제되고 있다.

2 발문 유형

- 다음 글의 논지로 가장 적절한 것은?
- 다음 실험의 결과를 가장 잘 설명하는 가설은?
- 다음 글의 암묵적 전제로 볼 수 있는 것은?

3 접근법

전제를 묻는 문제는 지문을 도식화하며 읽어야 한다. 보통 마지막 문단에 결론이, 앞 문단에서 해당 결론을 도출하기 위한 논증이 제시된다. 지문에 제시된 전제와 결론을 도식화하면 중간에 논리의 비약이 있는 부분을 파악할 수 있다. 이때 선지를 먼저 읽고 지문을 읽는 것이 도움이 된다.

결론을 묻는 문제는 지문 전체를 아우르는 진술을 찾아야 한다. 오답 선지는 대부분 틀린 진술로 구성되어 있으나, 때로는 옳은 진술이라도 지나치게 지엽적이어서 오답이 되는 경우가 있다. 일치부합 문제가 아니라 글 전반을 포괄하는 주제를 묻고 있음을 유의해야 한다. 간혹 실험의 결과를 묻는 경우가 있는데, 결국은 글의 논지를 찾는 것이고 글의 소재만 과학실험일 뿐이다. 다만 이 경우에는 보다 지문을 꼼꼼히 읽어야 한다.

4 생각해 볼 부분

결론을 묻는 유형은 세부적인 내용을 꼼꼼하게 읽을 필요가 없다. 오히려 빠르게 지문을 훑어 전반적인 인상을 파악하는 것이 중요하다. 보통 평이한 난도로 출제되므로 글의 전반적인 인상이나 마지막 1~2개의 문단만으로 문제가 해결되는 경우가 많다. 시간이 부족하다면 여기에서 시간을 아끼도록 하자. 지나친 고민은 오히려 독이 될 수 있다.

다음 글의 핵심 논지로 가장 적절한 것은?

> 지식에 대한 상대주의자들은 한 문화에서 유래한 어떤 사고방식이 있을 때, 다른 문화가 그 사고방식을 수용하게 만들 만큼 논리적으로 위력적인 증거나 논증은 있을 수 없다고 주장한다. 왜냐하면 문화마다 사고방식의 수용 가능성에 대한 서로 다른 기준을 가지고 있기 때문이다. 이를 바탕으로 그들은 서로 다른 문화권의 과학자들이 이론적 합의에 합리적으로 이를 수 없다고 주장한다. 이러한 주장은 한 문화의 기준과 그 문화에서 수용되는 사고방식이 함께 진화하여 분리 불가능한 하나의 덩어리를 형성한다고 믿기 때문에 나타난다.
>
> 예를 들어 문화적 차이가 큰 A와 B의 두 과학자 그룹이 있다고 하자. 그리고 A그룹은 수학적으로 엄밀하고 놀라운 예측에 성공하는 이론만을 수용하고, B그룹은 실제적 문제에 즉시 응용 가능한 이론만을 수용한다고 하자. 그렇다면 각 그룹은 어떤 이론을 만들 때, 자신들의 기준을 만족할 수 있는 이론만을 만들 것이다. 그 결과 A그룹에서 만든 이론은 엄밀하고 놀라운 예측을 제공하겠지만, 응용 가능성의 기준에서 보면 B그룹에서 만든 이론보다 못할 것이다. 즉 A그룹이 만든 이론은 A그룹만이 수용할 것이고, B그룹이 만든 이론은 B그룹만이 수용할 것이다. 이처럼 문화마다 다른 기준은 자신의 문화에서 만들어진 이론만 수용하도록 만들 것이다. 이것이 상대주의자의 주장이다.
>
> 그러나 한 사람이 특정 문화나 세계관의 기준을 채택한다고 해서 그 사람이 반드시 그 문화나 세계관의 특정 사상이나 이론을 고집하는 것은 아니다. 다음과 같은 상상을 해 보자. A그룹이 어떤 이론을 만들었는데, 그 이론이 고도로 엄밀하고 놀라운 예측에 성공함과 동시에 즉각적으로 응용할 수 있는 것이라 하자. 그렇다면 A그룹뿐 아니라 B그룹도 그 이론을 받아들일 것이다. 실제로 데카르트주의자들은 뉴턴 물리학이 데카르트 물리학보다 데카르트적인 기준을 잘 만족했기 때문에 결국 뉴턴 물리학을 받아들였다.

① 과학 이론 중에는 다양한 문화의 평가 기준을 만족하는 것이 있다.

② 과학의 발전 과정에서 이론 선택은 문화의 상대적인 기준에 따라 이루어진다.

③ 과학자들은 당대의 다른 이론보다 탁월한 이론에 대해서는 자기 문화의 기준으로 평가하지 않는다.

④ 과학의 발전 과정에서 엄밀한 예측 가능성과 실용성을 판단하는 기준이 항상 고정된 것은 아니다.

⑤ 문화마다 다른 평가 기준을 따르더라도 자기 문화에서 형성된 과학 이론만을 수용하는 것은 아니다.

난도 하

합격 가이드

핵심 논지를 판단하는 문제에서는 글의 전체적인 주장만 파악하면 되고, 일치부합형 문제에서 요구하는 정도의 세세한 근거는 찾을 필요가 없다. 실제로 이 문제에서도 글의 논지는 상대주의자들을 반박하는 것이므로 이에 해당하는 선지를 빠르게 선택하고 다음 문제로 넘어가야 한다.

정답해설

글의 논지는 지식에 대한 상대주의자들의 주장을 반박하는 것이다. 상대주의자들은 서로 다른 문화권의 과학자들이 이론적 합의에 합리적으로 이를 수 없다고 주장한다. 하지만 세 번째 문단에서는 한 사람이 특정 문화의 기준을 채택한다고 그 사람이 반드시 그 문화의 특정 사상이나 이론을 고집하는 것은 아니라고 주장한다. 따라서 문화마다 다른 평가 기준을 따르더라도 자기 문화에서 형성된 과학 이론만을 수용하는 것은 아니라는 것이 핵심 논지이다.

日 ⑤

1 유형의 이해

이 유형은 글의 문맥이나 논증 구조를 파악할 수 있는지를 평가한다. 예제처럼 논증 구조를 도식화하는 문제(①) 외에도, 일부 문장에 밑줄을 치고 각 문장 간의 관계를 파악하는 문제(②)나 문단을 알맞은 순서로 알맞은 순서로 배치하는 문제(③)로 출제된다. 과거에는 ① 형태의 문제가 많이 출제되었으나 최근에는 ② 형태의 문제가 늘어나고 있으며, ③ 형태는 10년에 한 번 꼴로 출제된다. 매년 1문제 정도로 출제 비중은 크지 않다.

2 발문 유형

- 다음 논증의 구조를 분석한 것으로 가장 적절한 것은?
- 다음 글의 결론이 참이 되도록 글을 수정한 것으로 옳은 것은?
- 다음 글을 내용의 흐름에 따라 순서대로 나열한 것은?

3 접근법

이 유형에서 묻고자 하는 것은 각 문장 간의 관계이다. 따라서 일치부합 문제와 달리 글 전체의 내용을 완벽히 이해할 필요는 없다. 대신 각 문장이 함축관계인지 지지관계인지를 파악해야 한다. 이때 동일한 단어를 사용하는 문장은 어떤 관계를 가지고 있을 가능성이 높다.

시간을 절약하기 위해서는 전제와 결론을 모두 포함하는 문장을 먼저 찾아야 한다. 제시문은 전제에 해당하는 부분, 결론에 해당하는 부분 그리고 전제와 결론의 관계를 설명하는 부분으로 나뉜다. 가장 먼저 전제와 결론의 관계를 설명하는 부분을 찾고, 전제와 결론에 해당하는 문장이 무엇인지 역으로 도출해 내면 문제를 빠르게 해결할 수 있다.

4 생각해 볼 부분

일부 문장에 밑줄을 치고 각 문장 간의 관계를 파악하는 문제의 경우, 밑줄 친 문장을 우선 읽으면 문제 풀이시간을 줄일 수 있다. 이 외의 내용은 맥락 이해에 도움은 될 수 있으나 필수적인 내용은 아니다. 밑줄 친 문장만으로 문제가 해결되지 않는 경우에만 나머지 내용을 읽도록 하자.

도식화하는 문제의 경우 선지를 활용할 수 있다. 가령 대부분의 선지에서 특정 문장을 결론으로 두었다면, 그 문장에서 풀이를 시작하면 된다.

다음 글의 〈논증〉에 대한 분석으로 적절한 것만을 〈보기〉에서 모두 고르면?

난도 중

> 철학자 A에 따르면, "오늘 비가 온다."와 같이 참, 거짓을 판단할 수 있는 문장만 의미가 있다. A는 이러한 문장과 달리 신의 존재에 대한 문장은 진위를 판단할 수 없고 따라서 무의미하다고 말한다. 하지만 그는 자신이 무신론자도 불가지론자도 아니라고 한다. 다음은 이와 관련된 A의 논증이다.
>
> 〈논증〉
>
> 　무신론자에 따르면 ㉠ "신이 존재하지 않는다."가 참이다. 불가지론자는 신의 존재 여부를 알 수 없다고 말한다. 무신론자의 견해는 신의 존재를 주장하는 문장이 무의미하다는 것과 양립할 수 없다. ㉡ "신이 존재한다."가 무의미하다면, "신이 존재하지 않는다."도 마찬가지로 무의미하다. 그 이유는 ㉢ 의미가 있는 문장이어야만 그 문장의 부정문도 의미가 있다는 것이 성립하기 때문이다. 따라서 "신이 존재한다."가 무의미하다면, "신이 존재하지 않는다."가 참이라는 무신론자의 주장은 받아들일 수 없다. 한편 불가지론자는 ㉣ "신이 존재한다."가 참인지 거짓인지 알 수 없다고 주장한다. 이 주장은 "신이 존재한다."가 의미가 있다는 것을 전제하고 있다. 그러므로 불가지론자의 주장도 "신이 존재한다."가 무의미하다는 것과 양립할 수 없다.

보 기

ㄱ. ㉡과 ㉢으로부터 "신이 존재하지 않는다."가 무의미하다는 것이 도출된다.
ㄴ. ㉡의 부정으로부터 ㉠과 ㉣ 중 적어도 하나가 도출된다.
ㄷ. "의미가 없는 문장은 참인지 거짓인지 알 수 없다."라는 전제가 추가되면 ㉡으로부터 ㉣이 도출된다.

① ㄴ
② ㄷ
③ ㄱ, ㄴ
④ ㄱ, ㄷ
⑤ ㄱ, ㄴ, ㄷ

합격 가이드

㉠~㉣과 같이 한 문장에 밑줄을 치고, 논증의 참, 거짓을 판별하는 문제에서는 해당 문장만 보고서도 문제를 풀 수 있는 경우가 많다. ㉠의 경우 지문의 첫 번째 문단 등을 읽지 않고도 풀 수 있으므로, 이를 통해 시간을 단축하도록 한다.

정답해설

ㄱ. ㉡ : "신이 존재한다."가 무의미하다.
　㉢ : 문장의 부정문이 의미 있음 → 그 문장은 의미가 있는 문장임
　㉢의 대우 : 무의미한 문장 → 문장의 부정문이 의미 없음
　따라서 ㉡과 ㉢을 통해 "신이 존재한다."가 무의미한 문장이라면 그 문장의 부정문인 "신이 존재하지 않는다."가 무의미하다는 것을 도출할 수 있다.
ㄷ. ㉡에 '의미가 없는 문장은 참인지 거짓인지 알 수 없다.'라는 전제가 추가된다면 "신이 존재한다."라는 문장은 참인지 거짓인지 알 수 없다는 것이 도출된다.

오답해설

ㄴ. ㉡의 부정은 "신이 존재한다."가 의미가 있다는 것인데, 철학자 A에 따르면 의미가 있는 문장은 참, 거짓을 판단할 수 있다. 이를 통해 "신이 존재한다."가 의미가 있다면 "신이 존재한다."라는 진술은 참이거나, 거짓이라는 것을 판단할 수 있다.

답 ④

1 유형의 이해

강화 · 약화 유형은 지문에 나타난 주장과 새롭게 제시된 진술 간의 관계를 파악하는 유형이다. 새롭게 제시된 진술이 주장을 뒷받침하여 설득력을 높일 경우 그 주장은 강화되며, 새롭게 제시된 진술이 주장을 반박하여 설득력을 낮출 경우 그 주장은 약화된다. 또한 새롭게 제시된 진술이 주장과 관련이 없어 설득력을 높이지도, 낮추지도 않는 경우에는 무관한 것으로 약화하지도 강화하지도 않게 된다. 이 유형의 경우 매년 출제가 되기 때문에 반드시 숙지하고 있어야 한다.

2 발문 유형

- 다음 글에 대한 평가로 적절하지 않은 것은?
- 다음 글의 논증을 약화하는 것을 모두 고르면?

3 접근법

주장을 강화 또는 약화하는 방식은 정형화되어 있기 때문에 기출분석을 통해 출제자는 어떤 경우를 강화 또는 약화하는 사례라고 보는지 정리해두어야 한다. 가령 기출에서 가장 흔히 쓰이는 방식 중 하나는 P → Q라는 주장이 있을 때 P&Q인 사례는 해당 주장을 강화하며 P∼Q인 사례는 주장을 약화한다. 또한 필자가 전제로 하고 있는 사실을 공격하거나, 전제로부터 결론이 반드시 도출되지 않음을 공격하는 등의 약화 방식도 자주 사용된다. 한편, 필자의 주장과 무관하지만 필자가 충분히 수용할 수 있는 선지는 필자의 주장을 강화하지도 약화하지도 않는다.

4 생각해 볼 부분

강화, 약화 유형의 경우 기호논리가 자주 사용된다. 지문에서 'p할 경우에만 q이다(q → p)' 와 같은 문장이 나오면 선지로 만들어질 가능성이 높기 때문에 읽으면서 바로 논리기호로 치환하는 연습을 할 필요가 있다.

다음 글의 갑 ~ 병에 대한 평가로 적절한 것만을 〈보기〉에서 모두 고르면?

난도 중

에스키모는 노쇠한 부모를 벌판에 유기하는 관습을 가지고 있었다. 반면에 로마인은 노쇠한 부모를 정성을 다해 모셨다. 도덕 상대주의는 이와 같은 인류학적 사실에 근거하고 있다. 도덕 상대주의에 따르면, 사회마다 다른 도덕적 관습을 가지며 옳고 그름에 대한 신념 체계는 사회마다 상이하다. 또한 다양한 도덕적 관습과 신념 체계 중 어떤 것이 옳은지 판별할 수 있는 객관적인 기준은 없다.

다음은 도덕 상대주의에 대한 비판들이다.

갑 : 에스키모와 로마인의 관습상 차이는 서로 다른 도덕원리에서 기인한 것처럼 보일 수 있다. 그러나 하나의 도덕원리가 각기 다른 상황에 적용되면서 서로 다른 관습을 초래한 것일 수 있다. 부모와 자식 간의 애정에 근거한 동일한 도덕원리가 에스키모와 로마인에게서 다른 관습을 초래할 수 있다.

을 : 도덕 상대주의가 맞다면, 다른 사회의 관습과 신념 체계를 평가할 수 있는 객관적 기준은 존재하지 않는다. 그래서 다른 사회의 관습과 신념 체계에 대한 평가는 불가능하며 이에 대해 '침묵'해야 한다. 이런 침묵의 의무는 어떤 사회를 막론하고 모든 사회의 구성원에게 절대적인 구속력을 갖는다. 결국 도덕 상대주의는 도덕 절대주의의 이념을 수용해야 하는 역설에 빠지게 된다.

병 : 도덕 상대주의는 시간적 차원에도 적용된다. 따라서 도덕 상대주의를 받아들이면 사회 관습이나 신념 체계의 진보를 말할 수 없게 된다. 과거의 것과 달라졌을 뿐이지 더 낫거나 못하다고 말할 수 없기 때문이다. 그러나 사회 관습이나 신념 체계가 진보했다고 말할 수 있는 사례가 존재한다. 예를 들어 과거와는 달리 노예제를 받아들이는 도덕적 관습이나 신념 체계를 가진 사회는 없다.

합격 가이드

어떠한 주장을 약화하기 위해서는 논리적으로 해당 주장을 거짓으로 만들 수 있는 반례가 필요하다. 명제 'p → q'의 반례는 'p∧~q'이므로 p이면서 q가 아닌 것을 제시하는 경우 해당 주장을 약화한다고 말할 수 있다. ㄷ의 경우에도 병의 주장을 약화하기 위해서는 '도덕 상대주의를 받아들이더라도 사회 관습의 진보를 말할 수 있는' 사례를 제시하여야 한다.

보 기

ㄱ. "두 사회의 관습이 같다면 그 사회들의 도덕원리가 같다."라는 것이 사실이면 갑의 주장은 약화된다.

ㄴ. 우월한 도덕 체계와 열등한 도덕 체계를 객관적으로 구분할 수 있다면 을의 주장은 약화되지 않는다.

ㄷ. 현재의 관습과 신념 체계가 과거의 것보다 퇴보한 사회가 있다면 병의 주장은 약화된다.

---

① ㄱ
② ㄴ
③ ㄱ, ㄷ
④ ㄴ, ㄷ
⑤ ㄱ, ㄴ, ㄷ

정답해설

을에 따르면 도덕 상대주의가 맞다면 다른 사회의 관습을 평가할 수 없고, 침묵해야 한다. 결국 도덕 상대주의는 도덕 절대주의를 수용해야 하는 역설에 빠지게 되므로 도덕 상대주의는 옳지 않게 된다.

오답해설

ㄱ. 갑은 에스키모와 로마인의 관습상 차이는 하나의 도덕 원리가 각기 다른 상황에 적용되어 서로 다른 관습을 나타낸 것이라고 보기 때문에 약화되지 않는다.

ㄷ. 병은 도덕 상대주의를 받아들이면 사회 관습의 진보를 말할 수 없으므로 도덕 상대주의는 받아들일 수 없다고 하였다. 이때의 진보는 과거와 달라진 것만을 말하는 것이 아니라 '더 낫거나 못하다고 말할 수 있는 것'을 의미하므로 약화되지 않는다.

답 ②

1 유형의 이해

종합 유형은 19～20번과 39～40번에 배치되며 한 지문을 읽고 두 문항을 푸는 유형이다. 19번과 39번은 주로 일치부합 또는 추론 형식의 문항이 출제되어 난도가 평이한 반면, 20번과 40번은 지문을 보다 구체적으로 적용하는 형식의 문제가 출제되어 앞선 문항에 비해서는 어려운 문항이 자주 출제된다. 최근 기출의 경향을 살펴볼 때, 논리나 확률을 소재로 한 지문이 자주 출제되고 있다.

2 발문 유형

- 윗글에서 추론할 수 있는 것은?
- 윗글에서 알 수 있는 것은?
- 윗글을 토대로 할 때, 〈실험결과〉에 대한 분석으로 적절한 것은?
- 윗글의 ㉠과 ㉡에 대한 평가로 적절한 것만을 〈보기〉에서 고르면?

3 접근법

종합 유형에서는 여러 가지 유형들이 혼합되어 나오기 때문에 일률적인 방도는 없다. 또 하나의 글을 토대로 두 문제를 병렬적으로 해결하는 것이기 때문에 한 문제에서 다른 문제를 풀기 위한 힌트를 얻을 수 있는 경우가 많지 않다. 따라서 종합 유형에서는 앞선 유형들의 접근 방식을 숙지하여 문항별로 달리 접근할 필요가 있다.

4 생각해 볼 부분

종합 유형을 언제 풀 것인지 개인별 전략을 세워두어야 한다. 다른 두 문제를 푸는 것보다 시간을 단축할 수 있으므로 자신의 전략에 따라 순차적으로 풀 것인지, 마지막에 풀 것인지 등을 정해두자.

※ 다음 글을 읽고 물음에 답하시오.

　갑은 ⊙ 환원 개념을 통해 과학 이론들의 통일과 진보를 설명할 수 있다고 제안한다. 그에 따르면, 이론 S1이 이론 S2로 환원된다는 것은 S1을 구성하는 모든 법칙을 S2를 구성하는 법칙들로 설명할 수 있다는 것이다. 여기서 설명 가능성이란 환원되는 이론 S1의 법칙들이 환원하는 이론 S2의 법칙들로부터 연역적으로 도출될 수 있어야 한다는 도출 가능성을 의미한다.

　연역적 도출로서의 환원은 과학 이론들의 통일에 대해 설득력 있는 그림을 제공한다. 통일 과학을 구성하는 다양한 과학 분야들은 층위를 달리하는 계층 질서를 형성하게 되고, 이 계층 질서의 위쪽에 있는 상부 과학은 기저 역할을 하는 하부 과학으로 환원된다. 즉, 　(가)　 과학의 법칙들로부터 　(나)　 과학의 법칙들이 연역적으로 도출되는 것이다. 연역적 도출이라는 관계를 부분과 전체의 관계로 이해하면, 전체에서 부분이 도출되어야 하므로 　(다)　 과학은 　(라)　 과학의 부분이 된다. 또한 이런 그림을 시차를 두고 등장한 과학 이론들에 적용함으로써 과학의 진보를 설명할 수도 있다. 역사 속의 선행 이론과 후행 이론 사이에 연역적 도출로서의 환원 관계가 성립함으로써 과학 변동의 형태가 선행 이론이 후행 이론에 포함되는 관계를 드러낼 때, 그것을 과학의 진보라 부를 수 있다는 것이다.

　환원되는 이론 S1과 환원하는 이론 S2 사이에 일부 공유되지 않는 이론적 어휘가 있어서 온전한 포함관계가 성립할 수 없어 보이는 경우도 이런 환원 개념을 적용할 수 있을까? 갑은 그런 경우에는 　(마)　 에서는 사용하지 않지만 　(바)　 에서는 사용하는 용어를 연결해 주는 소위 '교량 원리'를 도입하면 된다고 주장한다. 예를 들어, 고전역학을 양자역학으로 환원할 때, 양자역학에서 사용하지 않는 고전역학 용어인 '입자'를 양자역학에서 사용하는 '양자 파동함수'라는 용어로 바꾸어주는 가교 역할로서 '입자란 양자 파동함수가 뭉쳐 있는 상태이다.'라는 교량 원리를 도입하면 된다는 것이다.

　하지만 을은 ⓒ 위와 같은 환원 개념으로는 과학의 통일과 진보를 온전히 설명할 수 없다고 비판한다. 그에 따르면, 갑처럼 어떤 이론을 다른 이론으로 환원한다고 할 때 후자의 법칙으로부터 전자의 법칙을 연역적으로 도출해 낸 결과물이 전자의 법칙과 같아 보이지만, 실은 결코 같을 수가 없다. 연역적 도출은 단지 형식 논리에 따른 계산의 결과물일 뿐이기 때문이다. 예를 들어, 뉴턴 역학의 법칙에서 갈릴레오의 자유 낙하 운동 법칙이 연역적으로 도출된다고 하더라도 그 둘이 같은 것은 아니다. 갈릴레오의 자유 낙하 운동 법칙에서는 가속도가 일정하다고 간주하지만, 뉴턴 역학의 법칙으로부터 도출되는 자유 낙하 운동 법칙에서는 낙하 과정에서 가속도가 미세하나마 꾸준히 변화하는 것으로 간주하기 때문이다. 두 법칙에 따른 계산 결과의 차이가 측정하기 어려울 정도로 미세하다 할지라도 두 법칙의 개념적 내용은 엄연히 다른 것이다. 을에 따르면, 교량 원리에도 마찬가지 문제가 있다. '입자란 양자 파동함수가 뭉쳐 있는 상태이다.'와 같은 모범적인 교량 원리가 제시되더라도, 고전역학의 입자 개념과 양자 파동함수가 뭉쳐 있는 상태로 정의되는 입자 개념이 결코 동일시될 수 없다는 것이다. 심지어 두 이론이 공유하는 용어들도 저마다 그 의미가 다를 수 있다. 예를 들어, 고전역학과 상대성이론은 '질량'이라는 용어를 공유하지만, 질량은 고전역학에서는 각 물체가 지닌 고유한 상수인 반면, 상대성이론에서는 물체의 운동에 따라 바뀌는 변수이기 때문이다.

윗글의 (가) ~ (바)에 들어갈 말을 적절하게 나열한 것은?

	(가)	(나)	(다)	(라)	(마)	(바)
①	하부	상부	상부	하부	S1	S2
②	하부	상부	하부	상부	S1	S2
③	상부	하부	하부	상부	S1	S2
④	하부	상부	상부	하부	S2	S1
⑤	상부	하부	하부	상부	S2	S1

합격 가이드

무려 6개의 빈칸이 제시되었다. 빈칸의 수가 많은 경우는 빈칸들을 유형별로 그룹화시키는 것이 필요한데, 이 문제의 경우는 (가)~(라)/(마)~(바)의 두 그룹으로 나눌 수 있다. 이 제시문의 경우는 S1과 S2에 대한 기본적인 설명을 첫 문단에서 정리한 뒤 이를 두 번째 문단에서 장황하게 설명하고 있다. 즉, 첫 문단을 확실하게 파악했다면 일단 바로 세 번째 문단으로 넘어가 (마)와 (바)를 판단할 수 있는지를 먼저 판단해보는 것도 하나의 전략이다. 특히 시간이 부족해서 이 문제를 찍어야 하는 상황이라면 더더욱 그렇다.

정답해설

(가) : S1이 S2로 환원된다는 것은 S1을 구하는 모든 법칙을 S2를 구성하는 법칙들로 설명할 수 있다는 것이다. 이는 S1의 법칙들이 환원하는 이론인 S2의 법칙들로부터 연역적으로 도출된다는 것이다. 따라서 계층 질서의 위쪽에 있는 상부 과학이 하부 과학으로 환원된다면 하부 과학의 법칙들로부터 상부 과학의 법칙들이 연역적으로 도출된다. 따라서 (가)는 '하부'이다.

(나) : (가) 설명에 따라 (나)는 '상부'이다.

(다) : 전체에서 부분이 도출되는 것이므로 하부에서 상부가 도출되었다는 것을 이해하면 상부 과학은 하부 과학의 부분이 된다. 따라서 (다)는 '상부'이다.

(라) : (다) 설명에 따라 (라)는 '하부'이다.

(마) : 교량 원리에 대한 설명을 보면, 양자역학에서 사용하지 않는 고전역학 용어인 '입자'를 설명한다. 고전역학(S1)을 양자역학(S2)으로 환원한다고 하였으므로 고전역학은 환원되는 이론, 양자역학은 환원하는 이론이다. 따라서 (마)는 'S2'이다.

(바) : (마)의 설명에 따라 (바)는 'S1'이다.

답 ④

윗글의 ㉠과 ㉡에 대한 평가로 적절한 것만을 〈보기〉에서 모두 고르면?

난도 상

> **보 기**
>
> ㄱ. 두 이론 사이에 연역적 도출을 통한 환원 관계가 성립했다는 판단은 그 두 이론이 공유하는 용어들의 개념적 내용이 같다는 것을 함축한다는 주장이 받아들여지면, ㉠은 강화되고 ㉡은 약화된다.
>
> ㄴ. 뉴턴 역학에는 중세 운동 이론에 등장하는 '임페투스'라는 용어를 연결할 수 있는 원리가 존재하지 않음에도 불구하고 후행 이론인 뉴턴 역학을 선행 이론인 중세 운동 이론으로부터의 과학적 진보로 평가한다는 주장이 받아들여지면, ㉠은 약화되고 ㉡은 강화된다.
>
> ㄷ. 원래는 별개의 영역을 다루는 것으로 알려져 있던 두 이론이 나중에 교량 원리를 이용한 제3의 이론으로부터 둘 다 연역적으로 도출됨으로써 그 세 이론 사이에 포함 관계를 형성하게 된 역사적 사례가 다수 존재한다는 주장이 받아들여지면, ㉠은 강화되고 ㉡은 약화된다.

① ㄱ
② ㄷ
③ ㄱ, ㄴ
④ ㄴ, ㄷ
⑤ ㄱ, ㄴ, ㄷ

합격 가이드

고난도의 강화·약화 문제가 출제되었다. 해당 문제를 깊게 고민하여 시간을 소비하기보다 다른 모든 문제를 빠르게 풀 수 있도록 시간을 배분하는 것이 중요할 것이다.

정답해설

ㄱ. ㉠은 환원 개념을 통해 과학 이론들의 통일과 진보를 설명할 수 있다고 한다. 이때 두 이론 사이에 공유하는 용어의 개념적 내용이 같다는 것이 함축된다면 과학 이론의 연역적 도출에 문제가 발생하지 않게 된다. 과학 변동의 형태가 선행 이론이 후행 이론에 포함되는 관계를 드러낼 수 있게 되므로 ㉠은 강화된다. 또한, ㉡은 환원 관계가 성립되었을 때 두 법칙에서의 용어 개념이 내용적으로 엄연히 다른 것이므로 환원 개념으로는 과학의 통일과 진보를 설명할 수 없다고 한다. 따라서 환원 관계가 성립되었을 때 두 이론 사이에 공유하는 용어의 개념적 내용이 같다는 것이 함축된다면 ㉡은 약화된다.

ㄴ. 후행 이론인 뉴턴 역학에서는 중세 운동 이론에서의 '임페투스'라는 용어를 연결할 수 있는 원리가 존재하지 않음에도 뉴턴 역학을 과학적 진보로 평가한다는 주장이 받아들여지면 ㉠은 약화된다. ㉠은 환원 관계에서 공유하지 않는 용어에 대해서는 교량 원리를 활용하여야 한다고 보았기 때문이다. 반면 환원 개념으로는 과학의 진보를 온전히 설명할 수 없다고 주장한 ㉡은 강화된다.

오답해설

ㄷ. 제3의 이론이 등장하는 것과 ㉠, ㉡은 무관하다.

답 ③

CHAPTER 02 자료해석 필수이론

01 단순확인(표·그림)

1 유형의 이해

단일 표 혹은 단수/복수의 그림을 제시하는 문제로, 자료해석 영역의 가장 기본적인 유형이다. 매년 8~10문항이 출제되기 때문에 자료해석의 여러 유형 중에서 빈도가 가장 높다고 볼 수 있다. 출제 경향 자체는 크게 바뀌는 추세가 아니기 때문에 기출문제 위주로 학습하면 실제 시험에 무리가 없을 것으로 보인다.

2 발문 유형

- 이에 대한 설명으로 옳은 것은?
- 이에 대한 설명으로 옳지 않은 것은?
- 이에 대한 〈보기〉의 설명 중 옳은 것만을 모두 고르면?

3 접근법

이 유형은 표 혹은 그림에 제시된 데이터를 선지에서 요구하는 수준까지 적절히 분석할 수 있는지를 평가한다. 가장 많은 비중을 차지하는 유형 중 하나로, 문제마다 정형화된 풀이법이 있기보다는 선지에서 요구하는 데이터를 찾아 선택적으로 빠르게 해석하는 능력이 필요하다. 일반적으로 문제에 주어진 표/그림의 데이터와 선지가 합치하는지를 묻는데, 주어진 데이터를 가공 없이 비교하기도 하지만 적어도 하나 이상의 보기는 데이터를 계산하도록 유도한다. 단순 표 혹은 그림 문제인 만큼 전체적인 난도는 평이하므로 빠르게 풀어 시간을 확보할 수 있어야 한다. 물론 데이터가 가공하기 까다롭거나 단순 계산을 넘어 추론하는 문제도 출제되지만 다른 유형들에 비해 쉬운 편이므로 놓쳐서는 안 된다.

또한 복잡하지 않은 유형이기 때문에 선지에서 요구하는 대로 따라가다 보면 정답을 유추하는 것은 어렵지 않다. 표나 그림의 제목 그리고 가로축 세로축이 의미하는 것을 먼저 파악한 후에 보기의 일치부합을 확인하도록 한다. 제한 시간 내에 문제를 풀기 위해서는 전부를 계산해서는 안 되며, 답을 찾는 데 필요한 부분만 캐치하여 계산하여야 한다.

4 생각해 볼 부분

표나 그래프의 '제목'을 가장 먼저 파악하여야 한다. 표 문제는 행과 열을, 그래프 문제는 가로축과 세로축이 무엇을 나타내는지부터 파악해야 문제 분석이 용이해진다. 이후에 선지들을 해결할 때는 모두를 계산해서는 안 되고 매력적인 후보군들만 선택적으로 계산하여야 한다. 눈대중으로 비율을 가늠하여 후보군들의 대소를 비교하면 전부를 계산하는 것 보다 훨씬 빠르게 문제를 해결할 수 있다. 보기에서 확신이 가는 정답을 찾았으면 그 뒤에 보기는 확인하지 않고 과감히 넘어갈 수 있어야 시간을 단축시킬 수 있다. 단순 비교와 같은 비교적 쉬운 선지부터 우선 정오를 판단하고 최종 정답과는 관계없는 선지는 넘어가도록 한다.

다음 〈표〉는 2019~2021년 '갑'국의 조세지출에 관한 자료이다. 이에 대한 〈보기〉의 설명 중 옳은 것만을 모두 고르면?

난도 중

합격 가이드

자료에서 제시되는 수치가 많으면 많을수록 복잡한 계산은 줄어든다. 절반이상의 선택지는 단순히 계산 없이 풀이가 가능하며, 나머지 선택지들도 간단한 어림산으로 해결이 가능하다. 이런 유형에서 가장 중요한 것은 버릴 것은 버려야 한다는 것이다. 즉, 국제자본거래, 기업도시, 수협구조개편 등의 수치들은 다른 것들에 비해 매우 작아서 영향을 주지 않는다. 따라서 처음 선택지를 판단할 때에는 이런 수치들은 그냥 없는 셈치고 큰 수치들 위주로 크게크게 읽어나가기 바란다.

〈표〉 2019~2021년 항목별 조세지출 현황

(단위 : 억 원, %)

연도 항목　　구분	2019		2020		2021	
	금액	비중	금액	비중	금액	비중
중소기업지원	24,176	6.09	26,557	6.34	31,050	6.55
연구개발	29,514	7.44	29,095	6.95	28,360	5.98
국제자본거래	24	0.01	5	0.00	4	0.00
투자촉진	16,496	4.16	17,558	4.19	10,002	2.11
고용지원	1,742	0.44	3,315	0.79	4,202	0.89
기업구조조정	921	0.23	1,439	0.34	1,581	0.33
지역균형발전	25,225	6.36	26,199	6.26	27,810	5.87
공익사업지원	5,006	1.26	6,063	1.45	6,152	1.30
저축지원	14,319	3.61	14,420	3.44	14,696	3.10
국민생활안정	125,727	31.69	134,631	32.16	142,585	30.07
근로·자녀장려	17,679	4.46	18,314	4.38	57,587	12.15
간접국세	94,455	23.81	97,158	23.21	104,071	21.95
외국인투자	2,121	0.53	1,973	0.47	2,064	0.44
국제도시육성	2,316	( )	2,149	0.51	2,255	( )
기업도시	75	0.02	54	0.01	56	0.01
농협구조개편	480	0.12	515	0.12	538	0.11
수협구조개편	44	0.01	1	0.00	0	0.00
기타	36,449	9.19	39,155	9.35	41,112	8.67
전체	396,769	100.00	418,601	100.00	474,125	100.00

보 기

ㄱ. 기타를 제외하고, 전년 대비 조세지출금액이 증가한 항목 수는 2020년이 2021년보다 많다.
ㄴ. 기타를 제외한 항목 중 조세지출금액 상위 3개 항목이 전체 조세지출에서 차지하는 비중의 합은 매년 60%를 초과한다.
ㄷ. 기타를 제외하고, 조세지출금액이 매년 증가한 항목은 10개이다.
ㄹ. 국제도시육성 항목의 비중은 매년 감소한다.

① ㄱ, ㄷ　　② ㄱ, ㄹ　　③ ㄴ, ㄷ　　④ ㄷ, ㄹ　　⑤ ㄴ, ㄷ, ㄹ

정답해설

ㄴ. 2019년 조세지출금액 상위 3개 항목은 국민생활안정, 간접국세, 연구개발이고, 2020년에는 국민생활안정, 간접국세, 연구개발, 2021년에는 국민생활안정, 간접국세, 근로·자녀장려이므로 이의 비중을 합해보면 매년 60%를 넘는다.
ㄷ. 기타를 제외하고 조세지출금액이 매년 증가한 항목은 중소기업지원, 고용지원, 기업구조조정, 지역균형발전, 공익사업지원, 저축지원, 국민생활안정, 근로·자녀장려, 간접국세, 농협구조개편의 10개이다.
ㄹ. 2020년 국제도시육성 항목의 조세지출금액은 전년 대비 감소했으나, 전체 조세지출금액은 증가하는 것으로 보아 비중은 감소했음을 알 수 있다. 2021년에는 국제도시육성 항목의 조세지출금액과 전체 조세지출금액이 모두 증가했으나, 국제도시육성 항목 금액은 약 5% 증가한 반면, 전체 조세지출금액은 10% 넘게 증가하였으므로, 국제도시육성 항목의 비중은 감소했다.

오답해설

ㄱ. 기타를 제외하고 전년 대비 조세지출금액이 증가한 항목 수는 2020년이 11개이고, 2021년이 13개이다.

답 ⑤

1 유형의 이해

표와 그림 문제는 매년 3~5문제씩 꼭 출제되는 유형이다. 보통 표와 그래프가 함께 제시되지만, 때로는 완전히 새로운 형태의 그림이 제시되기도 한다. 유형 자체의 난도는 그렇게 높지 않지만, 낯선 형태의 그림을 어떻게 해결하느냐에 따라 풀이 시간이 확연히 달라질 수 있다. 다양한 문제를 풀어보고, 각 그림별로 어떻게 접근하는 것이 빠른지 분석하는 훈련이 필요하다.

2 발문 유형

- 다음 〈그림〉은 〈표〉를 그래프로 나타낸 것이다. 〈보기〉의 설명 중 옳은 것을 모두 고르면?
- 다음 〈표〉와 〈그림〉에 대한 설명으로 옳은 것은?

3 접근법

표와 그림이 같은 주제에 대한 서로 다른 정보를 병렬적으로 제시한 경우는 자료의 표현 형태만 다를 뿐 문제를 해결하는 방식은 일반적인 표 해석 문제와 다르지 않다. 표와 그림의 제목에 유의하여 각 선지에서 요구하는 내용이 어떤 자료에 있는지를 빠르게 찾도록 한다.

표와 그림이 연계되어 서로 보완하는 경우 이 점을 적극적으로 활용해야 한다. 가령 표가 복잡한 경우 그림의 시각적 정보를 활용하여 표의 내용을 빠르게 이해할 수 있다. 일부 정보가 하나의 자료에만 제시되어 있다면, 이를 통해 나머지 자료에 제시되지 않은 정보를 추론하는 연습도 필요하다.

4 생각해 볼 부분

표와 그림이 상호 보완적인 경우, 각 선지별로 표를 활용할 것인지 그림을 활용할 것인지를 판단해야 한다. 동일한 정보를 다른 방식으로 표현하고 있기 때문에 풀이 결과는 같지만, 속도에서 차이가 날 수 있다. 계산을 시작하기 전에 표와 그림을 모두 보고 어떤 자료가 계산이 적은지 생각해보자. 실력이 쌓일수록 표와 그림을 훑어만 보고도 어떤 자료를 보아야 하는지 감이 생길 것이다.

다음 〈그림〉과 〈표〉는 2016∼2020년 '갑'국 대체육 분야의 정부 R&D 지원 규모에 관한 자료이다. 이에 대한 설명으로 옳은 것은?

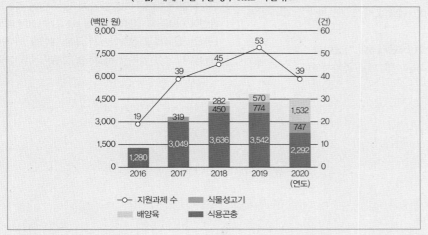

〈그림〉 대체육 분야별 정부 R&D 지원 규모

〈표〉 대체육 분야 연구유형별 정부 R&D 지원 금액

(단위 : 백만 원)

분야	연구유형	2016	2017	2018	2019	2020
배양육	기초연구	−	−	−	8	972
	응용연구	−	−	67	( )	0
	개발연구	−	−	215	383	( )
	기타	−	−	−	40	0
식물성고기	기초연구	−	−	−	−	100
	응용연구	−	78	130	221	70
	개발연구	−	241	320	553	577
	기타	−	−	−	−	−
식용곤충	기초연구	( )	75	( )	209	385
	응용연구	250	1,304	1,306	1,339	89
	개발연구	836	1,523	1,864	1,915	( )
	기타	127	147	127	79	37
전체		1,280	3,368	4,368	4,886	4,571

※ 1) 대체육 분야는 배양육, 식물성고기, 식용곤충으로만 구분됨
    2) '−'는 지원이 시작되지 않았음을 나타내며, 식용곤충 분야는 2016년부터 지원이 시작되었음

① 지원과제당 지원 금액은 2019년이 2017년보다 적다.
② 배양육 분야 지원 금액에서 응용연구 지원 금액이 차지하는 비중은 2018년이 2019년 보다 크다.
③ 대체육 전체 지원 금액에서 식물성고기 분야 지원 금액이 차지하는 비중은 2017년이 2018년보다 크다.
④ 식용곤충 분야 기초연구 지원 금액은 2018년이 2016년의 5배 이상이다.
⑤ 모든 분야에서 개발연구 지원 금액은 지원이 시작된 이후 매년 증가하였다.

합격 가이드

단순확인 문제이나 자잘한 숫자 값이 많이 주어져 계산에 어려움을 겪을 수 있다. 하지만 이러한 계산 문제는 신속하고 정확하게 필요한 계산을 해내는 정공법이 가장 빠르게 해결하는 방법이라고 생각한다.

정답해설

식용곤충 분야 기초연구 지원 금액은 2018년 식용곤충 값인 3,636백만 원에서 식용곤충 응용연구, 개발연구, 기타 값을 뺀 339백만 원이다. 2016년 또한 같은 방식으로 구하면 67백만 원이므로, 2018년이 2016년의 5배 이상(67×5=335)이다.

오답해설

① 지원과제당 지원 금액을 계산하면 2019년에 약 920이며, 2017년은 약 860이다.

② 2018년의 경우 $\frac{67}{282} \times 100 ≒ 23.8\%$이고, 2019년의 경우 $\frac{570-431}{570} = \frac{139}{570} \times 100 ≒ 24.4\%$이므로, 후자가 더 크다.

③ 그림에서 2017년은 $\frac{319}{3,368} \times 100 ≒ 9.47\%$, 2018년은 $\frac{460}{4,368} \times 100 ≒ 10.30\%$이므로, 후자가 더 크다.

⑤ 2020년 식용곤충 분야의 개발연구 지원 금액은 2,292−(385+89+37)=1,781이다. 따라서 2020년 식용곤충 분야 개발연구 지원 금액의 경우 전년도보다 감소하였다.

답 ④

1 유형의 이해

이 유형은 주어진 복수 표 간의 관계를 파악하는 능력을 평가한다. 표 간의 관계는 크게 하나의 표가 다른 표의 구체적 내용 혹은 그와 관계된 내용을 담는 유형(①), 각각의 표가 병렬적으로 이루어진 유형(②), 표의 형태이나 사실은 특정 조건을 나타내는 유형(③)으로 나타난다. 특히 표 간의 관계를 파악하는 것이 중요한데, 병렬적인 내용을 담는 ②의 경우라면 큰 문제가 되지 않으나, ①, ③ 유형의 경우 관계 파악을 하지 못하면 큰 실수를 범하게 되는 경우가 있다. 관계 파악을 위해선 표의 제목을 잘 보는 것이 매우 중요하다. 매년 꾸준히 나오는 유형이며, 표 3개 이상이 묶여 문제 난도를 높이는 역할도 종종하기 때문에, 표 간의 관계를 파악하는 연습을 미리 해두는 것이 중요하다.

2 발문 유형

- 다음 〈표〉에 대한 설명으로 옳지 않은 것은?
- 다음 〈표〉의 내용으로 옳은 것을 모두 고르면?

3 접근법

가장 중요한 것은 제목을 읽는 것이다. 이를 통해 관계를 찾는다면 큰 어려움이 없을 것이다. 특히 선지에서 물어보는 내용이 복수의 표 중 어느 곳에 있는지 역시, 표의 제목과 항들을 체크해 둔다면 쉽게 찾을 수 있어 시간이 단축된다.

4 생각해 볼 부분

①의 경우 표의 제목을 주의 깊게 보는 것이 중요하다. 특히 처음의 자료에서 복수의 연도 자료를 주고, 그 다음 표에서 특정 연도의 구체적 내용을 제시해주는 경우가 있다. 그리고 선지는 구체적 내용이 제시된 연도 외의 다른 연도의 구체적 내용을 알 수 있다고 나온다. 이러한 경우 당연히 해당 값은 우리가 알 수 없는 것으로 그 선지는 옳지 않은 것이 되나, 종종 이를 판단하기 어려운 경우가 있다. 따라서 이를 방지하기 위해 표의 제목을 주의 깊게 읽어야 한다. ② 유형은 각 표에 해당하는 선지를 찾아 지우면 되고 ③ 유형의 경우 조건과 공식에 해당하는 방식으로 풀면 된다. 이 경우에 각주가 있다면 반드시 이를 읽도록 한다.

다음 〈표〉는 2017~2021년 '갑'국의 불법체류외국인 현황에 관한 자료이다. 이에 대한 설명으로 옳은 것은?

〈표 1〉 연도별 체류외국인 현황

(단위 : 명, %)

구분 \ 연도	체류 외국인	불법체류 외국인	체류유형별 구성비			
			단기체류외국인	등록 외국인	외국국적 동포 국내거소 신고자	전체
2017	1,797,618	208,778	54.0	45.0	1.0	100.0
2018	1,899,519	214,168	59.8	39.7	0.5	100.0
2019	2,049,441	208,971	63.5	36.0	0.5	100.0
2020	2,180,498	251,041	66.6	33.0	0.4	100.0
2021	2,367,607	355,126	74.4	25.4	0.3	100.0

※ 체류외국인은 불법체류외국인과 합법체류외국인으로 구분됨

〈표 2〉 체류자격별 불법체류외국인 현황

(단위 : 명, %)

체류자격 \ 연도	2017	2018	2019	2020	2021	구성비
사증면제	46,117	56,307	63,319	85,196	162,083	45.6
단기방문	45,746	47,373	46,041	56,331	67,157	18.9
비전문취업	52,760	49,272	45,567	46,618	47,373	13.3
관광통과	15,899	19,658	19,038	20,662	30,028	8.5
일반연수	4,816	4,425	4,687	7,209	12,613	3.6
기타	43,440	37,133	30,319	35,025	35,872	10.1
전체	208,778	214,168	208,971	251,041	355,126	100.0

※ 체류자격은 불법체류외국인의 입국 당시 체류자격을 의미함

〈표 3〉 국적별 불법체류외국인 현황

(단위 : 명, %)

국적 \ 연도	2017	2018	2019	2020	2021	구성비
A	53,689	61,943	65,647	81,129	153,485	43.2
B	79,717	76,757	65,379	75,507	85,964	24.2
C	36,338	35,987	37,410	44,371	56,950	16.0
D	16,814	17,698	19,694	25,399	30,813	8.7
기타	22,220	21,783	20,841	24,635	27,914	7.9
전체	208,778	214,168	208,971	251,041	355,126	100.0

① 2020년 대비 2021년 불법체류외국인 증가인원 중에서 국적이 A인 불법체류외국인이 차지하는 비중은 60% 이상이다.

② 체류유형이 등록외국인인 불법체류외국인의 수는 매년 감소한다.

③ 불법체류외국인 수가 많은 상위 3개 체류자격을 그 수가 큰 것부터 순서대로 나열하면 사증면제, 단기방문, 비전문취업 순으로 매년 동일하다.

④ 체류외국인 대비 불법체류외국인 비중은 매년 증가한다.

⑤ 2021년 체류외국인은 전년 대비 10% 이상 증가하였다.

난도 중

합격 가이드

표가 2개 이상 주어지면 선지의 정오를 판단하는 데 필요한 정보를 어떠한 표에서 얻어야 하는지를 찾는 데도 시간이 많이 걸린다. 따라서 문제를 풀기 시작함과 동시에 표의 개략적인 정보를 파악하여 어떤 정보를 어떤 표에서 찾아야 하는지 생각하면서 풀어야 한다.

정답해설

2020년 대비 2021년 불법체류외국인 증가인원은 약 10만 명이고, 2020년 대비 2021년 국적이 A인 불법체류외국인의 증가인원은 약 7만 명이므로 60% 이상이다.

오답해설

② 불법체류외국인 중 체류유형이 등록외국인인 구성비는 2019년 36%에서 2020년 33%로 10%에도 못미치게 감소하나, 불법체류외국인 수는 약 20% 증가한다. 따라서 체류유형이 등록외국인인 불법체류외국인 수는 2020년에 전년 대비 증가한다.

③ 2017년과 2018년에는 순서가 다르다.

④ 2019년에는 체류외국인의 수가 전년보다 증가했지만, 불법체류외국인의 수는 오히려 감소하였으므로, 2019년 체류외국인 대비 불법체류외국인 비중은 전년 대비 감소한다.

⑤ 2021년 체류외국인 증가 수는 2,367,607명 − 2,180,498명 = 187,109명이다. 따라서 2021년 체류외국인의 전년 대비 증가율은 약 9%이다.

답 ①

1 유형의 이해

매년 적게는 1문제, 많게는 5문제까지 출제되는 유형이다. 단일 표에서 빈칸이 뚫려 출제되는 경우가 많고, 조금 더 정확하고 많은 양의 산수를 요하는 유형이다.

2 발문 유형

- 이에 대한 설명으로 옳은 것은?
- 이에 대한 〈보기〉의 설명 중 옳은 것만을 모두 고르면?

3 접근법

이 유형은 합, 평균, 조건 등을 이용하여 빈칸에 들어갈 데이터를 추론할 수 있는지를 평가한다. 그림보다는 표로서 데이터가 주어지는 경우가 대부분이며, 앞선 유형들과 비슷하지만 빈칸이 뚫려있어 필연적으로 계산스킬을 요구한다. 복잡한 계산이 수반되는 문제가 출제되기도 하지만 일반적으로는 적당한 수준의 계산을 요구하며 문제의 난도는 무난한 수준이다. 유형에 따른 특별한 풀이법보다는 전체적으로 적용되는 일반적인 스킬적용이 중요하다.

4 생각해 볼 부분

모든 빈칸을 채우려고 해서는 안 되며, 정답을 찾는 데 필요한 빈칸만을 선별적으로 계산하여야 한다. 따라서 어떤 빈칸을 먼저 채워야 하는지 판단하는 것이 문제풀이에서 가장 중요하다. 이 계산 역시도 정확함이 필수라기보다는 단지 정오를 판별할 수 있는 수준에서 계산하여도 충분하다.

표의 '제목'과 행과 열의 의미를 먼저 파악하는 것이 중요하다. 그 후 선지를 따라가며 문제풀이에 필요한 '빈칸'을 풀어내야 한다. 즉 어떤 빈칸이 문제풀이에 필수적인지를 파악하고 그 빈칸부터 해결해나가야 하며, 필요한 경우가 아니라면 시간 절약을 위해 완벽한 계산은 하지 않아야 한다.

다음 〈표〉는 2017년 기준 농림어업 생산액 상위 20개국의 GDP 및 농림어업 생산액에 관한 자료이다. 이에 대한 설명으로 옳지 않은 것은?

〈표〉 2017년 기준 농림어업 생산액 상위 20개국의 GDP 및 농림어업 생산액 현황

(단위 : 십억 달러, %)

국가 \ 구분	2017			2012		
	GDP	농림어업 생산액	GDP 대비 비율	GDP	농림어업 생산액	GDP 대비 비율
중국	12,237	( )	7.9	8,560	806	9.4
인도	2,600	( )	15.5	1,827	307	16.8
미국	( )	198	1.0	16,155	194	1.2
인도네시아	1,015	133	13.1	917	122	13.3
브라질	2,055	93	( )	2,465	102	( )
나이지리아	375	78	20.8	459	100	21.8
파키스탄	304	69	( )	224	53	( )
러시아	1,577	63	4.0	2,210	70	3.2
일본	4,872	52	1.1	6,230	70	1.1
터키	851	51	6.0	873	67	7.7
이란	454	43	9.5	598	45	7.5
태국	455	39	8.6	397	45	11.3
멕시코	1,150	39	3.4	1,201	38	3.2
프랑스	2,582	38	1.5	2,683	43	1.6
이탈리아	1,934	37	1.9	2,072	40	1.9
호주	1,323	36	2.7	1,543	34	2.2
수단	117	35	29.9	68	22	32.4
아르헨티나	637	35	5.5	545	31	5.7
베트남	223	34	15.2	155	29	18.7
스페인	1,311	33	2.5	1,336	30	2.2
전세계	80,737	3,351	4.2	74,993	3,061	4.1

① 2017년 농림어업 생산액 상위 5개국 중, 농림어업 생산액의 GDP 대비 비율이 전세계보다 낮은 국가는 미국뿐이다.

② 2017년 농림어업 생산액 상위 3개국의 GDP 합은 전세계 GDP의 50% 이상이다.

③ 2017년 농림어업 생산액 상위 20개국 중, 2012년 대비 2017년 농림어업 생산액의 GDP 대비 비율이 증가한 국가는 모두 2012년 대비 2017년 GDP가 감소하였다.

④ 2017년 농림어업 생산액은 중국이 인도의 2배 이상이다.

⑤ 파키스탄은 농림어업 생산액의 GDP 대비 비율이 2012년 대비 2017년에 감소하였다.

난도 중

합격 가이드

선지 ④, ⑤에 비해 선지 ②, ③은 계산이 많다. 계산이 적은 선지부터 보든지, 계산이 많은 선지부터 보든지는 수험생의 취향에 따라 다르다. 계산이 적은 선지부터 본다면 나중에 계산이 많은 선지를 계산할 때 힌트를 얻게 될 수 있고(④의 정보가 ②를 판단할 때 활용된다), 계산이 많은 선지부터 본다면 정답은 복합적인 계산을 요할 때가 많으므로 정답에 빠르게 접근할 수 있다는 장점이 있다.

정답해설

중국과 인도의 농림어업 생산액을 구하기 위해 GDP에 GDP 대비 비율을 곱하면, 약 966.7, 403이고, 미국의 GDP는 $\frac{198}{0.01}$ =19,800이다. 농림어업 생산액 상위 3개국은 중국, 인도, 미국이므로 3국의 GDP를 모두 더하면 34,637이 되며, 이는 전세계 GDP의 50% 미만이다.

오답해설

① 2017년 농림어업 생산액 상위 5개국은 중국, 인도, 미국, 인도네시아, 브라질이다. 브라질의 GDP 대비 비율은 $\frac{93}{2,055}$×100≒4.5%이다. 따라서 GDP 대비 비율이 전세계보다 낮은 국가는 미국뿐이다.

③ 2017년 농림어업 생산액 상위 20개국 중, 2012년 대비 2017년 농림어업 생산액의 GDP 대비 비율이 증가한 국가는 브라질, 러시아, 이란, 멕시코, 호주, 스페인이다. 해당 국가 모두 2012년 대비 2017년 GDP가 감소하였다.

④ 2017년 농림어업 생산액은 중국, 인도 각각 약 966.7, 403이므로, 중국이 인도의 2배 이상이다.

⑤ 파키스탄의 농림어업 생산액의 GDP 대비 비율은 2017년이 $\frac{69}{304}$×100≒22.7%, 2012년이 $\frac{53}{224}$×100≒23.7%이므로, 2012년 대비 2017년에 감소하였다.

답 ②

1 유형의 이해

매칭형은 주어진 조건들과 자료를 활용하여 드러나지 않은 대상과 자료를 연결하는 능력을 요구한다. 이 유형에 접근할 때 중요한 것은 모든 조건을 일일이 풀어서 정답을 내는 것을 지양해야 함을 명심하는 것이다. 모든 조건들을 일일이 풀어서 해당사항을 찾아낸다면 너무 많은 시간을 필요로 하기 때문에 해당 유형은 하나의 조건을 읽고 바로 보기로 넘어가서 해당하지 않는 것들을 소거해 나가는 방식으로 접근할 필요가 있다.

이 유형 역시 매년 나오는 유형이며, 익숙해진다면 시간 단축에 큰 도움이 되는 유형이다. 다만 간혹 유형 파악을 복수의 표와 연계하여 난도를 높이는 경우도 있으므로, 문제 선별에 유의해야 한다. 특히 매칭 후 사실 판단 정오를 묻는 문제는 보통 난도가 높은 경우가 많다.

2 발문 유형

- 다음 〈표〉와 〈조건〉에 근거하여 A~D에 해당하는 것을 바르게 나열한 것은?
- 다음 〈표〉와 〈조건〉을 근거로, A~D에 대한 설명 중 옳지 않은 것은?

3 접근법

각각을 모두 매칭한다는 생각을 버리는 것이 좋다. 우리의 목적은 답을 찾는 것이므로, 하나의 조건을 사용한 후, 해당하지 않는 선지를 지우는 것이 먼저다. 선지를 지운 뒤, 해당하는 것들 중에서만 답을 찾는다면 더 쉽게 찾을 수 있다. 즉 계속 매칭 – 소거를 반복하는 것이다. 그리고 확정적인 정보가 있거나 쉽게 찾을 수 있는 정보가 있다면 이를 먼저 검토해서 선지를 소거하는 것이 더 현명한 방법이다.

4 생각해 볼 부분

처음에는 익숙하지 않아서 소거 방법이 불편할 수 있으나, 노력을 통해 익숙해진다면 해당 유형은 시간을 단축하는 데 큰 도움이 된다. 매칭형은 소거법이란 것을 기억할 필요가 있으며 각주는 반드시 읽어야 한다. 이는 문제를 푸는 큰 힌트로 작용하기 때문이다.

위에도 언급했지만, 단순 매칭의 경우 시간 단축에 큰 도움이 된다. 우리가 주의해야 할 것은 매칭 후 정오를 판단하거나 매칭 후 추가적인 계산을 요구하는 문제들이다. 이 경우에는 쉽게 매칭이 될 것 같은지 파악한 후, 포기하든지 풀든지 선택할 필요가 있다. 우리의 적은 시간이란 것을 명심하도록 하자.

다음 〈표〉는 2015~2021년 '갑'국 4개 대학의 변호사시험 응시자 및 합격자에 관한 자료이다. 〈표〉와 〈조건〉에 근거하여 A~D에 해당하는 대학을 바르게 나열한 것은?

〈표〉 2015~2021년 대학별 변호사시험 응시자 및 합격자

(단위 : 명)

대학	연도 구분	2015	2016	2017	2018	2019	2020	2021
A	응시자	50	52	54	66	74	89	90
	합격자	50	51	46	51	49	55	48
B	응시자	58	81	94	98	94	89	97
	합격자	47	49	65	73	66	53	58
C	응시자	89	101	109	110	115	142	145
	합격자	79	83	94	88	75	86	80
D	응시자	95	124	152	162	169	210	212
	합격자	86	82	85	109	80	87	95

조건

• '우리대'와 '나라대'는 해당 대학의 응시자 수가 가장 많은 해에 합격률이 가장 낮다.
• 2021년 '우리대'의 합격률은 55% 미만이다.
• '푸른대'와 '강산대'는 해당 대학의 합격자 수가 가장 많은 해와 가장 적은 해의 합격자 수 차이가 각각 25명 이상이다.
• '강산대'의 2015년 대비 2021년 합격률 감소폭은 40%p 이하이다.

※ 합격률(%) = $\frac{합격자}{응시자}$ × 100

	A	B	C	D
①	니라대	강산대	우리대	푸른대
②	나라대	푸른대	우리대	강산대
③	우리대	강산대	나라대	푸른대
④	우리대	푸른대	나라대	강산대
⑤	푸른대	나라대	강산대	우리대

난도 하

합격 가이드

첫 번째 조건의 경우 확인할 정보가 많은데, '우리대'와 '나라대'는 무려 4개의 선지에서 A 또는 C에 분포되어 있는 것을 알 수 있다. 따라서 첫 번째 조건은 표의 숫자를 일일이 계산하지 않고, A대학과 C대학 중 하나가 '우리대' 또는 '나라대'인 것을 알 수 있어야 한다.

정답해설

첫 번째 조건을 통해 A대학과 C대학 중 하나가 '우리대' 또는 '나라대'인 것을 알 수 있다. 다음으로 두 번째 조건을 통해 2021년 합격률이 $\frac{48}{90}$ × 100≒53%인 A대학이 '우리대'인 것을 알 수 있으므로, C대학이 '나라대'가 된다. 마지막으로 네 번째 조건을 통해 2015년 합격률은 $\frac{47}{58}$ × 100≒81%, 2021년 합격률은 $\frac{88}{97}$ × 100 ≒59.8%로, 감소폭이 40%p 이하인 B대학이 '강산대'임을 알 수 있다.

目 ③

1 유형의 이해

전환형 유형은 보고서(줄글), 그림, 표 등 상이한 형태의 자료를 서로 전환할 수 있는지 평가한다. 보통 하나의 자료를 글, 그림 등 다른 형태로 전환했을 때 옳지 않은 것을 찾도록 한다. 2개의 자료를 제시하는 것이 일반적이지만, 때로는 보고서와 표, 그림이 모두 섞여 있는 경우도 있다. 유형 자체의 난도는 그렇게 높지는 않으나 계산이 복잡해서 자칫 많은 시간이 소요될 수 있으며 매년 2~4문제씩 출제되고 있다.

2 발문 유형

- 다음 〈표〉를 이용하여 작성한 그래프로 옳지 않은 것은?
- 다음 〈표〉를 정리한 것으로 옳지 않은 것은?

3 접근법

첫째, 해결하기 쉬운 선지부터 접근해야 한다. 전환형 문제는 각 선지가 일정 수준의 계산을 요구하는 경우가 많다. 그렇다면 어떤 선지부터 해결해 나갈지 선택하는 것이 매우 중요하다. 단순 확인, 덧셈과 뺄셈, 곱셈과 나눗셈 순으로 선지를 소거해 나가자.

둘째, 어림산을 통한 해결해야 한다. 5급 공채 PSAT에서는 오답을 명확하게 제시한다. 잘못 전환된 자료의 수치가 실제에 비해 지나치게 작거나 지나치게 크다. 가령, 실제 증가율이 5%라면 오답은 10~15% 정도로 현저히 다르게 제시되며, 6~7% 정도로 제시하는 경우는 없다. 따라서 정확하게 계산을 하기보다는 변화 경향이나 어림산을 통해 해결하면 된다.

셋째, 각 선지를 확실하게 해결해야 한다. 다른 유형도 마찬가지이지만, 전환형의 경우 하나의 선지를 잘못 판단하고(정답인데 아닌 것으로 판단하고) 다음 선지로 넘어갈 경우 엄청난 시간이 소요된다. 각 선지에 제시된 정보량이 많기 때문이다. 따라서 조금 시간이 걸리더라도 확실히 짚고 넘어가야 한다.

4 생각해 볼 부분

전환형은 오답이 매우 명확하기에 정답을 앞에 배치하지 않는다. 실제로 기출문제 중 ①이 정답인 경우는 단 한 번이었다. 따라서 선지를 볼 때 앞에서부터 풀기보다는 ④-⑤-③-②-① 순으로 확인하는 것이 시간 단축에 도움이 된다.

다음 〈표〉는 A~D마을로 구성된 '갑'지역의 가구수에 관한 자료이다. 〈표〉를 이용하여 작성한 그래프로 옳은 것은?

〈표 1〉 마을별 1인 가구 현황

(단위 : 가구, %)

연도＼마을	A	B	C	D
2018	90(18.0)	130(26.0)	200(40.0)	80(16.0)
2019	220(36.7)	60(10.0)	130(21.7)	190(31.7)
2020	305(43.6)	240(34.3)	80(11.4)	75(10.7)
2021	120(15.0)	205(25.6)	160(20.0)	315(39.4)

※ 괄호 안의 수치는 연도별 '갑'지역 1인 가구수 중 해당 마을 1인 가구수의 비중임

〈표 2〉 마을별 총가구수

(단위 : 가구)

마을	A	B	C	D
총가구수	600	550	500	500

※ A~D마을별 총가구수는 매년 변동 없음

① 연도별 '갑'지역 1인 가구수

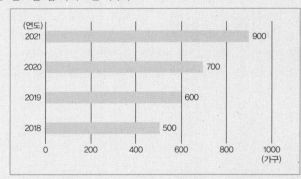

② 2021년 '갑'지역 2인 이상 가구의 마을별 구성비

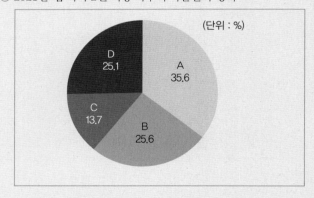

③ 연도별 A마을의 총가구수 대비 1인 가구수 비중

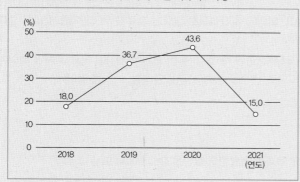

④ 연도별 B, C마을의 2인 이상 가구수와 1인 가구수 차이

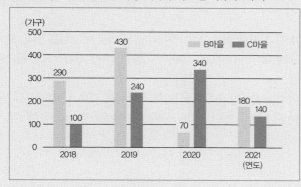

⑤ 연도별 D마을의 전년 대비 1인 가구수 증가율

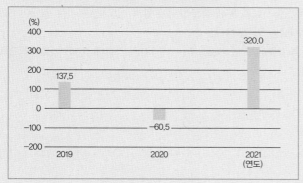

합격 가이드

③의 경우는 ①에서 연도별 1인 가구수 비중이 연도별로 지속적으로 상승함을 알 수 있다. 따라서 총가구수가 매년 같을 때, 계속 상승하는 추세여야 함을 파악한다면 구체적인 계산 없이 정오를 판단할 수 있다. ④의 경우 2인 이상 가구수를 구하고, 그것과 1인 가구수의 차이를 구한다면 계산이 많고 복잡해진다. $x+y=z$일 때, 양변에 x를 빼서 $y-x=z-2x$를 만드는 원리를 활용하였다.

오답해설

① 2021년 '갑'지역 1인 가구수는 120+205+160+315=800명이다.
② 2021년 '갑'지역 2인 이상 가구수는 '총가구수-1인 가구수'로 구한다. 이렇게 구한 2인 이상 가구수는 A, B, C, D 순으로 480가구, 345가구, 340가구, 185가구이므로, '갑'지역 2인 이상 가구수는 1,350가구이다. 따라서 각각의 구성비는 A마을 35.6%, B마을 25.6%, C마을 25.2%, D마을 13.7%이다.
③ 표 1을 보면 각주에서 괄호 안의 수치는 연도별 '갑'지역 1인 가구수 중 해당 마을 1인 가구수의 비중이라고 제시한다. 그러나 선지 ③의 그래프는 A마을의 총가구수 대비 1인 가구수의 비중을 나타내고자 하는데, 그래프의 수치는 표 1에 있는 괄호 안의 수치가 그대로 들어가 있다.
④ 2인 이상 가구수와 1인 가구수 차이는 총가구수에서 '(1인 가구수)×2'를 뺀 값과 같다. 2021년 B마을의 2인 이상 가구수와 1인 가구수 차이는 550-(205×2)=140가구이고, 마찬가지로 2021년 C마을 2인 이상 가구수와 1인 가구수 차이는 500-(160×2)=180가구이다.

답 ⑤

1 유형의 이해

이 유형은 표, 그림 등의 자료와 이를 토대로 작성한 보고서를 제시하고, 이외에 추가적으로 필요한 자료가 무엇인지를 찾도록 한다. 즉 보고서에는 나타나 있으나 문제에 제시되지 않은 자료를 파악해야 한다.

보통 매년 1문제 정도 출제되는데, 자료의 내용에 따라 문제의 난도가 크게 상승할 수 있다. 특히 보기에 제시된 자료 제목이 서로 비슷해서 자칫 오답을 고를 수 있다. 다만 문제를 구성하는 방식이 반복되므로, 연습을 통해 시간을 단축할 수 있을 것이다.

2 발문 유형

• 다음 〈표〉를 이용하여 〈보고서〉를 작성하였을 때, 제시된 〈표〉 이외에 추가로 필요한 자료만을 〈보기〉에서 모두 고르면?

3 접근법

이 유형의 문제는 우선 보고서의 내용을 훑으며 하나씩 소거해 나가야 한다. 표의 제목과 보기만 읽은 뒤 바로 보고서를 읽자. 표에 제시된 부분은 지워가면서 남은 부분을 보기에서 고르면 된다. 다만 표에 제시된 내용으로 추론이 가능한 경우, '추가적으로 필요한 자료'에 해당하지 않는다는 것을 유의하자.

또한 이 유형은 전혀 계산을 요하지 않는다는 것을 명심하자. 이 유형에서는 정확한 수치를 묻는 것이 아니라, 자료가 필요한지 유무를 묻는다. 따라서 자료의 수치가 올바르게 사용되었는지는 전혀 고려하지 않아도 된다. 마찬가지의 이유에서 표의 내용을 세세하게 살피지 않고, 표의 제목과 범주만 확인해도 무방하다.

4 생각해 볼 부분

문제를 풀면서 헷갈릴 수 있는 부분은 크게 2가지이다. 첫째, 이미 주어진 자료를 통해 충분히 추론할 수 있다면 추가로 필요한 자료가 아니다. 가령 A=50, B=30임이 주어져 있다면, A+B=80이라는 자료는 필요하지 않다.

반면 선지를 통해 보고서의 내용을 간접적으로 추론할 수 있는 경우 추가로 필요한 자료이다. 가령 기존 자료에 A+B=80이라고 제시되어 있다면, B=50이라는 자료를 통해 A=30임을 추론할 수 있다.

다음 〈표〉는 '갑'국 국세청의 행정소송 현황에 관한 자료이다. 제시된 〈표〉 이외에 〈보고서〉를 작성하기 위해 추가로 필요한 자료만을 〈보기〉에서 모두 고르면?

〈표 1〉 2017~2020년 행정소송 현황

(단위 : 건)

구분 연도	처리대상건수		처리완료건수				처리미완료건수		
	전년이월	당년제기	취하	각하	국가승소	국가패소	행정법원	고등법원	대법원
2017	2,093	1,679	409	74	862	179	1,279	647	322
2018	2,248	1,881	485	53	799	208	1,536	713	335
2019	2,584	1,957	493	78	749	204	2,043	692	282
2020	3,017	2,026	788	225	786	237	1,939	793	275

※ 미완료율(%) = $\dfrac{\text{처리미완료건수}}{\text{처리대상건수}} \times 100$

〈표 2〉 2020년 세목별 행정소송 현황

(단위 : 건)

구분 세목	처리대상건수		처리완료건수				처리미완료건수		
	전년이월	당년제기	취하	각하	국가승소	국가패소	행정법원	고등법원	대법원
종합소득세	305	249	85	7	103	33	227	74	25
법인세	443	347	54	6	108	44	396	123	59
부가가치세	645	405	189	13	162	42	400	183	61
양도소득세	909	447	326	170	240	39	378	167	36
상속세	84	52	14	1	28	9	50	20	14
증여세	429	282	70	12	96	49	272	157	55
기타	202	244	50	16	49	21	216	69	25

〈표 3〉 2020년 소송가액별 행정소송 현황

(단위 : 건)

구분 소송가액	처리대상건수		처리완료건수				처리미완료건수		
	전년이월	당년제기	취하	각하	국가승소	국가패소	행정법원	고등법원	대법원
3억 원 미만	1,758	1,220	599	204	540	102	1,028	414	91
3억 원 이상 10억 원 미만	542	375	129	15	133	56	374	156	54
10억 원 이상	717	431	60	6	113	79	537	223	130

난도 하

보고서

2017~2020년 '갑'국 국세청의 연도별 행정소송 현황을 살펴보면 전년 이월 처리대상건수와 당년 제기 처리대상건수는 매년 증가하였다. 한편 2017~2019년 미완료율은 매년 증가하였으나, 2020년에는 미완료율이 전년 대비 감소하였다. 2017~2020년 처리대상건수 대비 국가승소 건수의 비율은 매년 감소하였는데, 특히 2017년에는 전년 대비 20 %p 감소하여 가장 큰 폭으로 감소하였다. 2017~2020년 국가승소 건수 중 법인세 관련 행정소송 건수가 차지하는 비율 또한 매년 감소하였다.

2020년에 전년 이월 처리대상건수가 가장 많은 세목은 양도소득세였으며, 행정소송이 진행 중이어서 처리완료되지 못하고 2021년으로 이월된 행정소송 건수가 가장 많은 세목은 부가가치세였다.

2020년의 경우 소송가액 3억 원 미만인 국가승소 건수가 3억 원 이상인 국가승소 건수보다 많았다. 한편 2017~2020년 행정법원 소송 처리미완료건수 중 소송가액 10억 원 이상인 건수가 차지하는 비율은 2018년이 가장 높았으며 2020년이 가장 낮았다.

보기

ㄱ. 2016년 행정소송 처리대상건수 및 국가승소 건수
ㄴ. 2021년 소송가액별 행정소송 처리대상건수
ㄷ. 2017~2019년 국가승소 건수 중 법인세 관련 행정소송 건수
ㄹ. 2017~2019년 소송가액이 10억 원 이상인 행정법원 소송 처리미완료건수

① ㄱ, ㄴ
② ㄱ, ㄷ
③ ㄴ, ㄹ
④ ㄱ, ㄷ, ㄹ
⑤ ㄴ, ㄷ, ㄹ

합격 가이드

보고서가 주어지고 추가로 필요한 자료를 찾는 문제에서는 먼저 보고서를 차례대로 읽어 내려가며 표만 보고 해당 내용이 설명되는지 살펴보아야 한다. 문제의 경우 표 2와 표 3은 2020년 자료만 주어져 있다. 만약 2020년 이외의 내용이 작성되어 있다면 반드시 다른 자료를 필요로 할 것이다.

정답해설

ㄱ. "특히 2017년에는 전년 대비 20%p 감소하여 가장 큰 폭으로 감소하였다."를 판단하기 위하여 2016년 행정소송 처리대상건수 및 국가승소 건수가 필요하다.
ㄷ. 첫 번째 문단 마지막 문장을 위해 필요하다.
ㄹ. 세 번째 문단 마지막 문장을 위해 필요하다.

오답해설

ㄴ. 소송가액별 행정소송 처리대상건수와 관련된 언급은 세 번째 문단에 있다. 하지만 해당 내용은 제시된 자료와 보기 ㄹ이 추가로 제시된다면 알 수 있는 내용이므로, 2021년 소송가액별 행정소송 처리대상건수는 필요하지 않다.

답 ④

1 유형의 이해

이 유형은 문제에서 특정한 공식을 주고 해당하는 값을 구하게 하거나, 여러 조건을 주고 그 조건에 맞는 풀이를 요구한다. 주어진 조건을 적용하는 능력을 보는 것이므로 매우 다양한 유형이 존재하며 다른 유형들에 비해 난도가 높은 편이다.

조건과 공식을 주는 방식이 다양하여 일괄적으로 유형화하기 어렵지만, 일반적으로 해당 유형을 풀 때는 특정한 규칙을 찾거나 공식의 의미를 찾는 것이 중요하다. 예를 들어 특정한 값이 교차적으로 나온다던가, 일정 간격을 두고 순환을 한다던가, 주어진 규칙이 익숙한 값의 역수인 경우 등이 이에 해당된다. 주의할 점은 해당 문제를 풀기 위해 너무 많은 시간을 소요해선 안 되며, 완전한 답을 내기 보단 규칙 혹은 반례를 찾아 빠르게 문제를 푸는 것이 중요하다.

이 유형은 매년 나오며, 항상 문제의 난도를 높이는 주범이다. 한눈에 보기에 공식의 이해가 어려울 것 같다면, 이를 넘기고 다른 문제를 먼저 푸는 것도 좋은 방법이다.

2 발문 유형

- 다음 〈조건〉에 부합하는 것은?
- 다음 〈조건〉을 적용할 때 선출되는 것은?
- 다음 〈표〉를 통해 볼 때 알맞은 것은?

3 접근법

공식이 주어질 경우 해당 공식들이 어떤 관계가 있는지 볼 필요가 있다. 가장 많이 제시되는 것은 역수 관계이며, 연속적인 곱셈 과정에서 분모 분자가 소거되어 사실은 매우 쉽게 계산되는 관계가 많다.

도형이나 표가 제시되는 경우 대칭이거나 반복적인 요소가 있는 경우가 있다. 만약 잘 모르겠다면, 혹시 이런 관계가 아닐지 생각해 보고, 이에 대입해보는 것도 좋은 방법이다.

4 생각해 볼 부분

도형이나 관계도가 나올 경우, 해당 도형 혹은 관계도가 가지는 특성이 없는지 파악하는 것이 중요하다. 대부분의 경우 대칭이라던가, 시행 횟수에 따라 값의 대소가 일정하게 변한다던가 하는 규칙을 가지고 있다.

조건의 경우에는 다른 조건들과 무관하게 하나만 불만족하더라도 선정에서 제외되는 중요한 조건들이 종종 있다. 이들을 먼저 파악하고, 적용한다면 오답 소거에 걸리는 시간을 단축할 수 있다.

공식이 나올 경우 높은 확률로 공식들 사이의 관계에 의해 계산을 간단하게 바꿀 수 있다. 혹은 해당 공식의 특성상 답에 큰 영향을 미치는 항목이 존재하는 경우가 있다. 예를 들면, 공식 속 한 항목의 계수가 크기 때문에 순위를 결정할 때 다른 것들보다 그 항목의 영향이 지대한 경우가 있다.

위에도 언급했지만, 이러한 규칙을 찾지 못한다면 해당 유형은 후순위로 미루는 것이 효과적이다. 괜히 시간을 3분 이상 낭비하는 일이 없도록 하자.

다음 〈표〉는 '갑'국 소프트웨어 A~C의 개발에 관한 자료이다. 〈표〉와 〈개발비 및 생산성지수 산정 방식〉에 근거한 〈보기〉의 설명 중 옳은 것만을 모두 고르면?

〈표 1〉 소프트웨어 A~C의 기능유형별 기능 개수

(단위 : 개)

기능유형 / 소프트웨어	내부논리 파일	외부연계 파일	외부입력	외부출력	외부조회
A	10	5	5	10	4
B	15	4	6	7	3
C	3	2	4	6	5

〈표 2〉 기능유형별 가중치

기능유형	내부논리 파일	외부연계 파일	외부입력	외부출력	외부조회
가중치	7	5	4	5	3

〈표 3〉 소프트웨어 A~C의 보정계수, 이윤 및 공수

구분 / 소프트웨어	보정계수				이윤 (%)	공수
	규모계수	언어계수	품질 및 특성계수	애플리케이션 유형계수		
A	0.8	2.0	0.2	2.0	20	20
B	1.0	1.0	1.2	3.0	10	30
C	0.8	2.0	1.2	1.0	20	10

※ 공수는 1인의 개발자가 1개월 동안 일하는 노력의 양(man-month)을 의미함

개발비 및 생산성지수 산정 방식

- 개발비＝개발원가＋개발원가×이윤
- 개발원가＝기준원가×보정계수
- 기준원가＝기능점수×50만 원
- 보정계수＝규모계수×언어계수×품질 및 특성계수×애플리케이션유형계수
- 기능점수는 각 기능유형별 기능 개수에 해당 기능유형별 가중치를 곱한 값의 합으로 계산됨
- 생산성지수＝$\dfrac{기능점수}{공수}$

보 기

ㄱ. 기능점수는 B가 가장 높고 C가 가장 낮다.
ㄴ. 기준원가가 가장 낮은 소프트웨어와 개발비가 가장 적은 소프트웨어는 동일하다.
ㄷ. 개발원가와 기준원가의 차이는 B가 C의 5배 이상이다.
ㄹ. 기능점수가 가장 높은 소프트웨어가 생산성지수도 가장 크다.

① ㄱ, ㄴ
② ㄱ, ㄷ
③ ㄱ, ㄹ
④ ㄴ, ㄷ
⑤ ㄴ, ㄹ

난도 상

합격 가이드

ㄷ을 판단하기 위해 개발원가와 기준원가를 직접 구해 차감하는 실수를 해서는 안 된다. 해설과 같이 산식을 적절히 조합하면 복잡한 계산없이 판단이 가능하다. 여러 개의 산식이 주어진 경우 수치들을 곧바로 계산하지 말고 그 산식들을 적절히 조합하여 가능한 한 계산을 줄이는 노력이 필요하다.

정답해설

ㄱ. 각각의 기능점수를 구하면 다음과 같다.
- A : $(7 \times 10)+(5 \times 5)+(4 \times 5)+(5 \times 10)+(3 \times 4)=177$점
- B : $(7 \times 15)+(5 \times 4)+(4 \times 6)+(5 \times 7)+(3 \times 3)=193$점
- C : $(7 \times 3)+(5 \times 2)+(4 \times 4)+(5 \times 6)+(3 \times 5)=92$점

따라서 B가 가장 높고, C가 가장 낮다.

ㄷ. 개발원가－기준원가＝(기준원가×보정계수)－기준원가＝기준원가×(보정계수－1)이다.
- B의 기준원가＝193×50, B의 보정계수＝3.6
- C의 기준원가＝92×50, C의 보정계수＝1.92
- B의 차이＝193×50×2.6＝25,090＞C의 차이의 5배＝5×(92×50×0.92)＝21,160

오답해설

ㄴ. 기준원가가 가장 낮은 소프트웨어는 기능점수가 가장 낮은 C이다. 개발비와 관련해서는 이윤이 같은 A와 C의 개발비를 먼저 비교한다. A와 C는 이윤이 같으므로 개발원가만 비교하면 되는데, A의 보정계수는 0.64이므로 A의 개발원가는 177×50×0.64＝5,664이고, C의 개발원가는 92×50×1.92＝8,832로 C가 더 크다. 따라서 기준원가가 가장 낮은 소프트웨어인 C는 개발비가 가장 적지는 않기 때문에 기준원가가 가장 낮은 소프트웨어와 개발비가 가장 적은 소프트웨어는 동일하지 않다.

ㄹ. 기능점수가 가장 높은 소프트웨어는 B이다. 하지만 생산성지수는 A, B, C 순서대로 $\frac{177}{20}=8.85$, $\frac{193}{30}$≒ 6.43, $\frac{92}{10}=9.2$로, C가 가장 크다.

답 ②

1 유형의 이해

매년 똑같이 2세트, 총 4문제가 출제된다. 일반적으로 19~20번, 39~40번에 배치가 되지만, 세부 조합은 매년 바뀌기 때문에 모든 유형에 대한 대비가 필요하다.

2 발문 유형

- 다음 〈보기〉의 설명 중 옳은 것만을 모두 고르면?
- 위 〈표〉에 대한 〈보기〉의 설명 중 옳은 것만을 모두 고르면?
- 위 〈표〉와 〈그림〉에 대한 〈보기〉의 설명 중 옳은 것만을 모두 고르면?

3 접근법

여러 유형이 2문제로 엮어 나오는 종합 문제이다. 각 문제에 대해서는 해당 유형의 접근법대로 문제에 접근하면 된다. 2개의 문제가 엮여있다 보니 앞선 유형들보다 주어진 데이터의 양이 많고 조건이 까다로운 경우가 많다. 때문에 전체적인 난도는 높은 편이지만, 동일한 데이터를 가지고 2문제를 풀 수 있으므로 데이터 파악만 잘 이루어진다면 시간을 단축시킬 수도 있다. 시간이 부족한 상태에서 맞닥뜨릴 때가 많지만 고득점을 위해서 반드시 넘어야 할 관문이다.

종합 문제는 각 선지가 어느 데이터로부터 추출되었는지를 빠르게 분별할 수 있어야 한다. 지문도 많고 문항도 2개이므로 문항에서 다루는 내용이 우선 어느 표/그래프의 내용인지 아는 것이 중요하다. 그 부분만 잘 캐치한다면 각 유형의 풀이법대로 접근하기는 어렵지 않다.

4 생각해 볼 부분

순서대로 문제를 풀다보면 마지막에 만나는 것이 종합 문제이다. 시간도 부족하고 읽을거리가 많다고 해서 선지부터 파고들면 오히려 당황하여 잘 읽히지 않을 수 있다. 앞선 문제들과 마찬가지로 차분하게 표와 그래프의 '제목' 그리고 가로축과 세로축이 의미하는 것을 먼저 보아야 한다. 더불어 추가적으로 주어지는 '조건'을 잘 살펴본 후에 선지로 넘어가는 것이 오히려 정답률을 높이고 시간을 단축하는 데에 도움이 된다.

주어지는 표와 그림의 데이터가 많기 때문에 각 문항의 선지가 어느 데이터로부터 유추할 수 있는지를 빠르고 정확하게 파악하는 것이 중요하다. 그 외의 사항은 앞선 유형들의 풀이법을 참고하도록 하자.

※ 다음 〈표〉는 2021년 '갑'기관에서 출제한 1차, 2차 면접 문제의 문항별 점수 및 반영률과 면접에 참여한 지원자 A~F의 면접 점수 및 결과를 나타낸 자료이다. 다음 물음에 답하시오.

〈표 1〉 '갑'기관의 면접 문항별 점수 및 반영률

차수 \ 구분	평가 항목	문항 번호	문항 점수	기본 점수	명목 반영률	실질 반영률
1차	교양	1	20	10	( )	0.17
		2	30	10	0.25	( )
	전문성	3	30	20	( )	( )
		4	40	20	( )	( )
	합계		120	60	1.00	1.00
2차	창의성	1	20	10	0.22	( )
	도전성	2	20	10	0.22	( )
	인성	3	50	20	0.56	0.60
	합계		90	40	1.00	1.00

※ 1) 문항의 명목 반영률 = $\dfrac{문항점수}{해당차수\ 문항점수의\ 합계}$

2) 문항의 실질 반영률 = $\dfrac{문항점수 - 기본점수}{해당차수\ 문항별\ (문항점수 - 기본점수)의\ 합계}$

〈표 2〉 지원자 A~F의 면접 점수 및 결과

지원자 \ 차수	1차					2차				종합 점수	결과
평가 항목	교양		전문성		합계	창의성	도전성	인성	합계		
문항 번호	1	2	3	4		1	2	3			
A	18	26	30	38	112	20	18	46	84	( )	( )
B	20	28	28	38	114	18	20	46	84	93.0	합격
C	18	28	26	38	110	20	20	46	86	( )	( )
D	20	28	30	40	118	20	18	44	82	( )	불합격
E	18	30	30	40	118	18	18	50	86	95.6	( )
F	18	28	28	40	114	20	20	48	88	( )	( )

※ 1) 종합점수 = 1차 합계 점수×0.3 + 2차 합계 점수×0.7
2) 합격정원까지 종합점수가 높은 지원자부터 순서대로 합격시킴
3) 지원자는 A~F 뿐임

위 〈표〉에 근거하여 결과가 합격인 지원자를 종합점수가 높은 지원자부터 순서대로 모두 나열하면?

① E, F, B
② E, F, B, C
③ F, E, C, B
④ E, F, C, B, A
⑤ F, E, B, C, A

난도 중

합격 가이드

표에 빈칸이 있다고 하여 그 빈칸을 모두 채울 필요는 없다. 때에 따라 선지플레이를 통해 해설과 같이 빠른 경로로 정답을 도출하여야 시간을 절약할 수 있다.

정답해설

먼저 E와 F의 종합점수를 비교하면, E의 1차 점수는 F보다 4점 높고, E의 2차 점수는 F보다 2점 낮다. 종합점수는 $0.3 \times 4 + 0.7 \times (-2) = -0.2$이므로 E의 종합점수는 F보다 0.2점 낮다. 따라서 E, F 순으로 시작하는 ①, ②, ④가 소거된다.
다음으로 B와 C의 종합점수를 비교하면, B의 1차 점수는 C보다 4점 높고, B의 2차 점수는 C보다 2점 낮다. 종합점수는 $0.3 \times 4 + 0.7 \times (-2) = -0.2$이므로 B의 종합점수는 C보다 0.2점 낮다. 이에 따라 ⑤가 소거되므로 정답은 ③이다.

답 ③

위 〈표〉에 근거한 〈보기〉의 설명 중 옳은 것만을 모두 고르면?

[보 기]

ㄱ. 각 문항에서 명목 반영률이 높을수록 실질 반영률도 높다.

ㄴ. 1차 면접에서 문항별 실질 반영률의 합은 '교양'이 '전문성'보다 크다.

ㄷ. D가 1차 면접 2번 문항에서 1점을 더 받았다면, D의 결과는 합격이다.

ㄹ. 명목 반영률보다 실질 반영률이 더 높은 2차 면접 문항에서 지원자 중 가장 낮은 점수를 받은 지원자는 2차 합계 점수도 가장 낮다.

① ㄱ
② ㄹ
③ ㄱ, ㄹ
④ ㄴ, ㄷ
⑤ ㄷ, ㄹ

합격 가이드

선지의 정오를 판단하기 전에 표의 분석과 각주를 먼저 읽어 명목 반영률이나 실질 반영률이 어떻게 구해지는지 파악하여야 한다.

[정답해설]

ㄷ. B의 경우 면접 결과가 '합격'이다. D의 경우 1차 면접 2번 문항에서 1점을 더 받았다면 1차 면접 점수 합계는 119점으로, 그 결과 D는 B보다 1차 면접에서 5점 높고, 2차 면접에서 2점 낮게 된다. $0.3 \times 5 + 0.7 \times (-2) = 0.1$이므로 D가 B보다 종합점수가 0.1점 높아지기 때문에 D는 합격할 수 있다.

ㄹ. 2차 면접 문항별 실질 반영률은 1, 2번이 둘 다 $\frac{10}{50} = 0.20$이므로, 실질 반영률이 명목 반영률보다 높은 항목은 '인성'이다. '인성' 문항에서 지원자 중 가장 낮은 점수를 받은 지원자는 D이고, D는 2차 합계 점수도 가장 낮다.

[오답해설]

ㄱ. 1차수의 문항 번호별 명목 반영률은 1~4번 순서대로 $\frac{20}{120}$, $\frac{30}{120}$, $\frac{30}{120}$, $\frac{40}{120}$이다. 실질 반영률은 1~4번 순서대로 $\frac{10}{60}$, $\frac{20}{60}$, $\frac{10}{60}$, $\frac{20}{60}$이다. 따라서 명목 반영률이 높다고 실질 반영률이 높은 것은 아니다.

ㄴ. ㄱ에서 구한 바에 따르면, 문항별 실질 반영률의 합은 '교양'이 $\frac{30}{60}$, '전문성'이 $\frac{30}{60}$으로 동일하다.

답 ⑤

CHAPTER 03 상황판단 필수이론

01 법조문

1 유형의 이해

상황판단에서 출제되는 법조문 유형의 문제는 '법조문 이해'와 '법조문 적용'으로 나눌 수 있다. '법조문 이해'의 경우, 선지가 법조문에 대한 설명으로 옳은 것을 골라내는 것에 중점을 두기에 난도가 평이한 것이 대부분이다. 하지만 '법조문 적용'의 경우에는 주어진 상황에 해당 법조문이 올바르게 적용되었는지를 중점적으로 검토하기 때문에, 주어진 상황을 법학적으로 이해하는 것이 선행되어야 한다. 따라서 시간이 걸리거나 다소 까다로운 문제가 많다.

2 발문 유형

- 다음 글을 근거로 판단할 때 옳은 것은?
- 다음 글을 근거로 판단할 때 허용될 수 없는 것은?

3 접근법

법조문을 모두 읽은 뒤에 선지를 보게 되면, 기억에 남는 것이 없어 비효율적이다. 따라서 시간 절약을 위해서는 선지부터 보면서 해당하는 법조문을 찾아 읽는 것이 좋다. 또한 제00조 옆의 괄호는 해당 조문의 내용을 압축적으로 담고 있으므로 이를 활용하여 읽는 것도 좋은 방법이 될 수 있다.

법조문 적용 유형의 경우에는 상황부터 빠르게 읽으면서 해당 상황을 대략적으로 이해할 필요가 있다. 이후 법조문을 읽으면서 법조문에 나타난 법 용어로 상황을 머릿속으로 정리하는 습관이 필요하다.

4 생각해 볼 부분

법조문 유형에서는 권한 주체를 바꿔내거나, 단서를 이용하는 등 오답 유형이 일정하다. 따라서 선지에서 권한 주체나 예외적 상황에 관해서 묻고 있는 경우에는 먼저 정오 판단을 하는 것이 좋다.

다음 글을 근거로 판단할 때 옳은 것은?

제00조 ① 자신의 생명 또는 신체상의 위험을 무릅쓰고 급박한 위해에 처한 다른 사람의 생명·신체 또는 재산을 구하기 위한 구조행위로서 다음 각 호의 어느 하나의 경우에 대해서는 이 법을 적용한다. 다만 자신의 행위로 인하여 위해에 처한 사람에 대하여 구조행위를 하다가 사망하거나 부상을 입은 행위는 제외한다.

   1. 범죄행위를 제지하거나 그 범인을 체포하다가 사망하거나 부상을 입은 경우
   2. 운송수단의 사고로 위해에 처한 다른 사람의 생명·신체 또는 재산을 구하다가 사망하거나 부상을 입은 경우
   3. 천재지변, 수난(水難), 화재 등으로 위해에 처한 다른 사람의 생명·신체 또는 재산을 구하다가 사망하거나 부상을 입은 경우
   4. 물놀이 등을 하다가 위해에 처한 다른 사람의 생명 또는 신체를 구하다가 사망하거나 부상을 입은 경우

② 의사자(義死者)란 직무 외의 행위로서 구조행위를 하다가 사망하여 □□부장관이 의사자로 인정한 사람을 말한다.

③ 의상자(義傷者)란 직무 외의 행위로서 구조행위를 하다가 신체상의 부상을 입어 □□부장관이 의상자로 인정한 사람을 말한다.

제00조 ① 국가는 의사자·의상자가 보여준 살신성인의 숭고한 희생정신과 용기가 항구적으로 존중될 수 있도록 서훈(敍勳)을 수여하는 등 필요한 조치를 할 수 있다.

② 국가와 지방자치단체는 의사자를 추모하고 숭고한 뜻을 기리기 위한 동상 및 비석 등의 기념물을 설치하는 기념사업을 수행할 수 있다.

③ 국가는 다음 각 호의 기준에 따라 의상자 및 의사자 유족에게 보상금을 지급한다.

   1. 의상자의 경우에는 그 본인에게 지급한다.
   2. 의사자의 경우에는 그 배우자, 자녀, 부모, 조부모, 형제자매의 순으로 지급한다. 이 경우 같은 순위의 유족이 2인 이상인 때에는 보상금을 같은 금액으로 나누어 지급한다.

※ 서훈 : 공적의 등급에 따라 훈장을 내림

① 의사자 甲에게 배우자와 자녀가 있는 경우, 보상금은 전액 배우자에게 지급된다.
② 지방자치단체는 의상자 乙에게 서훈을 수여하거나 동상을 설치하는 기념사업을 수행할 수 있다.
③ 소방관 丙이 화재 현장에 출동하여 화재를 진압하던 중 부상을 입은 경우, 丙은 의상자로 인정될 수 있다.
④ 물놀이를 하던 丁이 물에 빠진 애완동물을 구조하던 중 부상을 입은 경우, 丁은 의상자로 인정될 수 있다.
⑤ 운전자 戊가 자신이 일으킨 교통사고의 피해자를 구조하던 중 다른 차량에 치여 부상당한 경우, 戊는 의상자로 인정될 수 있다.

난도 중

합격 가이드

법조문 문제에서는 각 조항의 주어(주체)를 표시하면서 읽어야 한다. ②와 같은 선지는 법조문 유형에서 반드시 출제되는 매력적인 오답 장치이기 때문에 주의해야 한다.

정답해설

두 번째 조 제3항 제2호에 의하면 의사자의 경우 보상금은 배우자, 자녀, 부모, 조부모, 형제자매의 순으로 지급한다. 배우자와 자녀가 있는 경우 보상금은 더 높은 순위인 배우자에게 전액 지급된다.

오답해설

② 두 번째 조 제1항에 의하면 서훈 수여의 주체는 국가이므로, 지방자치단체는 서훈 수여가 불가능하다.
③ 첫 번째 조 제3항에 의하면 의상자란 직무 외의 행위로 구조행위를 하였어야 한다. 소방관의 행위는 직무 행위이므로 의상자로 인정될 수 없다.
④ 첫 번째 조 제1항 제4호에 의하면 다른 사람의 생명 또는 신체를 구하다가 부상을 입었어야 한다. 애완동물의 구조는 의상자로 인정될 수 없다.
⑤ 첫 번째 조 단서에 의하면 자신의 행위로 인하여 위해에 처한 사람에 대한 구조행위는 제외한다고 하였으므로 戊는 의상자로 인정될 수 없다.

답 ①

1 유형의 이해

조건적용 유형은 주어진 조건을 모두 적용하여 정답을 고르는 유형으로 아이디어를 요하는 문제가 크게 없어, 시간이 충분하다면 어려움 없이 풀 수 있는 문제들이 대부분이다. 조건을 고려하여 가장 적합한 대상을 선정하는 문제가 대표적인 유형이다.

2 발문 유형

- 다음 글과 〈상황〉을 근거로 할 때, 〈보기〉에서 옳은 것만을 모두 고르면?
- 다음 〈조건〉을 근거로 판단할 때 〈보기〉에서 옳은 것만을 모두 고르면?

3 접근법

조건적용 유형의 경우 여러 조건을 동시에 고려해야 하기 때문에 실수하기 쉽다. 따라서 '결격사유'나 '우선조건' 등을 별도로 표시해 두고, 답을 고른 뒤에는 해당 조건들을 모두 사용하였는지를 재차 검토할 필요가 있다. 또한 조건이 지나치게 복잡하거나 적용할 때 날짜계산이 필요한 문제 등은 많은 시간이 걸릴 수 있기 때문에 적절한 판단 하에 넘기는 것도 요령이 될 수 있다.

4 생각해 볼 부분

결격사유에 해당하거나 가산점 요건에 해당하는 사람은 처음부터 처리하는 것이 좋다. 가령, 결격사유에 해당하는 사람을 먼저 제거한다면 이후의 조건을 고려하지 않고 판단을 끝내버릴 수 있기 때문에 시간 절약에 도움이 된다.

다음 글과 〈상황〉을 근거로 판단할 때, 甲소방서에서 폐기대상을 제외하고 가장 먼저 교체대상이 될 장비는?

- 〈소방장비 내용연수 기준〉에 따라 소방장비 구비목록의 소방장비를 교체해야 한다. 사용연수가 내용연수 기준을 초과한 소방장비는 폐기하고, 초과하지 않은 소방장비는 내용연수가 적게 남은 것부터 교체해야 한다.

〈소방장비 내용연수 기준〉

구분		내용연수
소방자동차		10
소방용로봇		7
구조장비	산악용 들것	5
	구조용 안전벨트	3
방호복	특수방호복	5
	폭발물방호복	10

※ 내용연수 : 소방장비의 내구성을 고려할 때, 최대 사용연수로 적절한 기준 연수

- 내용연수 기준을 초과한 소방장비의 기한을 연장하여 사용할 필요가 있는 경우에는 다음 기준에 따라 1회에 한해 연장 사용할 수 있으며, 이 경우 내용연수 기준을 초과하지 않은 것으로 본다.
  - 소방자동차 : 1년(단, 특수정비를 받은 경우에는 3년까지 가능)
  - 그 밖의 소방장비 : 1년
- 위의 내용연수 기준과 연장 사용 기준에도 불구하고 다음 어느 하나에 해당하는 경우에는 내용연수 기준을 초과한 것으로 본다.
  - 소방자동차의 운행거리가 12만km를 초과한 경우
  - 실사용량이 경제적 사용량을 초과한 경우

─ 상황 ─

- 甲소방서의 현재 소방장비 구비목록은 다음과 같다.

구분	사용연수	연장사용여부	비고
소방자동차1	12	2년 연장	운행거리 15만 km 특수정비 받음
소방자동차2	9	없음	운행거리 8만 km 특수정비 불가
소방용로봇	4	없음	
구조용 안전벨트	5	1년 연장	경제적 사용량 1,000회 실사용량 500회
폭발물방호복	9	없음	경제적 사용량 500회 실사용량 600회

① 소방자동차1
② 소방자동차2
③ 소방용로봇
④ 구조용 안전벨트
⑤ 폭발물방호복

난도 중

합격 가이드

정답이 아닌 선지를 빠르게 소거해나간다는 식으로 문제를 풀어가는 것은 조건적용 문제에서 항상 강조하는 내용이다. 이 문제에서는 마지막 조건을 보고 바로 소방자동차1과 폭발물방호복을 소거하여 그만큼 계산하여야 할 시간을 단축하였다.

정답해설

제시된 내용을 정리하면 다음과 같다.
- 소방자동차1 : 마지막 조건에 의해 운행거리가 12만km를 초과하여 내용연수 기준을 초과하므로 폐기한다.
- 소방자동차2 : 내용연수는 10년이고, 현재 사용연수는 9년이므로 교체대상까지 1년, 연장 사용한다면 2년이 남았다.
- 소방용로봇 : 내용연수는 7년이고, 현재 사용연수는 4년이므로 교체대상까지 3년이 남았다.
- 구조용 안전벨트 : 내용연수 기준으로 기본 3년이고, 1회 연장 사용시 최대 4년이므로, 내용연수 기준을 초과하여 폐기한다.
- 폭발물방호복 : 마지막 조건에 의해 실사용량이 경제적 사용량을 초과하여 내용연수 기준을 초과하므로 폐기한다.

따라서 가장 먼저 교체대상이 될 장비는 소방자동차2이다.

답 ②

1 유형의 이해

정보확인·추론 유형은 크게 ① 정보확인형, ② 정보추론형으로 구분된다. ① 정보확인형의 경우 제시문을 읽고 선지의 정오를 판단하는 비교적 평이한 난도의 문제가 주로 출제된다. ② 정보추론형의 경우 제시문을 읽고 숨은 의미를 파악하거나, 내용을 조합하여 제공되지 않은 정보를 유추·추론해야 하는 문제가 주로 출제되기 때문에 난도가 있는 편이다. 정보확인과 추론 유형이 각기 다른 유형으로 구분되기보다는 한 문제에서 정보확인을 요하는 선지와 정보추론을 요하는 선지가 복합적으로 제시된다.

2 발문 유형

• 다음 글을 근거로 판단할 때 옳지 않은 것은?
• 다음 글을 근거로 추론할 때 옳은 것은?
• 다음 글을 근거로 추론할 때, 〈보기〉에서 옳은 것만을 모두 고르면?

3 접근법

정보확인·추론 유형이 언어논리의 일치·부합 유형과 가장 크게 구분되는 것은 발췌독이 가능하다는 점이다. 따라서 시간이 부족할 경우 선지를 먼저 읽고 제시문에서 해당 정보가 서술된 부분을 찾아 정오 판정이 가능하다. 하지만 선지의 일부는 옳은 내용이지만 일부를 틀린 내용으로 구성하여 옳지 않은 선지가 되는 경우가 많으므로 섣불리 판단하지 않고 선지를 꼼꼼히 읽는 습관이 필요하다.

4 생각해 볼 부분

제시문과 선지의 정보를 정확하게 비교하고, 선지의 내용이 제시문을 통해 추론할 수 있는 내용인지 판단하는 능력이 필요하다. 언어논리의 일치·부합 유형처럼 글을 읽고 요구하는 정보를 확인하면 문제가 해결되는 경우도 있으나, 간단한 계산이나 수식을 통해 해결해야 하는 선지가 출제되는 것이 상황판단에서 정보확인·추론 유형의 특징이다. 따라서 필요한 정보를 정확하게 찾거나 추론하고, 계산에서 실수하지 않아야 한다.

다음 글을 근거로 판단할 때 옳은 것은?

> 커피에 함유된 카페인의 각성효과는 사람에 따라 다르다. 커피를 한 잔만 마셔도 각성효과가 큰 사람이 있고, 몇 잔을 연거푸 마셔도 거의 영향을 받지 않는 사람도 있다. 甲국 정부는 하루 카페인 섭취량으로 성인은 400mg 이하, 임신부는 300mg 이하, 어린이 · 청소년은 체중 1kg당 2.5mg 이하를 권고하고 있다.
>
> 카페인은 식물에서 추출한 알칼로이드 화학물질로 각성효과, 기억력, 집중력을 일시적으로 향상시킨다. 카페인의 효과는 '아데노신'과 밀접한 관련이 있다. 사람의 몸에서 생성되는 화학물질인 아데노신은 뇌의 각성상태를 완화시켜 잠들게 하는 신경전달물질이다. 이 아데노신이 뇌 수용체와 결합하기 전에 카페인이 먼저 뇌 수용체와 결합하면 각성효과가 나타나게 된다. 즉 커피 속의 카페인은 아데노신의 역할을 방해하는 셈이다.
>
> 몸에 들어온 카페인은 간에서 분해된다. 카페인의 분해가 잘 될수록 각성효과가 빨리 사라진다. 카페인이 간에서 분해되는 과정에는 카페인 분해 효소가 필요하다. 카페인 분해 효소의 효율이 유전적 · 환경적 요인에 따라 어떻게 달라지는지 확인하기 위해 조사를 진행하였다. 그 결과 흡연 또는 여성의 경구 피임약 복용 등도 카페인 분해 효율에 영향을 주지만 유전적 요인이 가장 큰 영향을 준다는 결론에 도달했다. 카페인 분해 효소의 효율을 결정하는 유전자는 15번 염색체에 있다. 이 유전자 염기서열 특정 부분의 변이가 A형인 사람을 '빠른 대사자', C형인 사람을 '느린 대사자'로 나누기도 한다. C형인 사람은 카페인 분해가 느려서 카페인이 일으키는 각성효과를 길게 받는다. "나는 낮에 커피 한 잔만 마셔도 밤에 잠이 안 와!"라고 말하는 사람은 느린 대사자일 가능성이 높다. 반면에 커피를 마셔도 잘 자는 사람은 빠른 대사자일 가능성이 높다.

① 甲국 정부가 권고하는 하루 카페인 섭취량 이하를 섭취하면 각성효과가 나타나지 않는다.

② 카페인은 각성효과를 돕는 아데노신 분비를 촉진시킨다.

③ 유전자 염기서열 특정 부분의 변이가 A형인 사람은 C형인 사람보다 카페인의 각성효과가 더 오래 유지된다.

④ 몸무게가 60kg인 성인 남성에 대해 甲국 정부가 권고하는 하루 카페인 섭취량은 최대 150mg이다.

⑤ 사람에 따라 커피의 각성효과가 달라지는 데 가장 큰 영향을 주는 것은 유전적 요인이다.

정답해설

카페인 분해 효소의 효율이 유전적 · 환경적 요인에 따라 어떻게 달라지는지 확인하기 위한 조사에서 유전적 요인이 가장 큰 영향을 준다는 결론에 도달했다.

오답해설

① 카페인에 따른 각성효과는 권고 섭취량과 관계없이 사람마다 다르다.

② 카페인은 아데노신의 역할을 방해한다.

③ A형이 '빠른 대사자', C형이 '느린 대사자'이다. C형인 사람이 A형인 사람보다 카페인의 각성효과가 더 오래 유지된다.

④ 성인에게는 몸무게와 관계없이 400mg 이하를 권고한다.

답 ⑤

1 유형의 이해

이 유형은 제시된 조건들을 기계적으로 적용하여 계산하면 답이 도출된다. 매년 2~4문제 정도 출제되는데, 크게 금액, 점수 등 최종적인 값을 계산하는 유형(①), 여러 대안들의 값을 비교하는 유형(②), 조건을 충족하는 선지만 가려내는 유형(③)이 출제된다. 빈출되는 것은 대표문항과 같은 ② 유형이며, 계산과정을 단순화하여 시간을 절약하기에 가장 쉬운 유형이기도 하다.

2 발문 유형

- 다음 글을 근거로 판단할 때 옳은 것은?
- 다음 〈상황〉을 근거로 판단할 때, 甲이 지불할 가격은?
- 다음 글과 〈표〉를 근거로 판단할 때, 甲이 선택할 상품으로 옳은 것은?

3 접근법

문항 형태 자체가 단순하고, 숨겨진 장치가 없는 경우가 많기 때문에 식을 쓰고 침착하게 계산하면 대부분 2분 안에 풀 수 있다. ① 유형은 계산을 줄일 여지는 많지 않으나, 계산과정 자체가 복잡하지 않게 나오는 경우가 많다. ② 유형은 식을 쓴 다음 겹치는 계산은 소거해서 계산하면 편하다. ③ 유형은 선지를 적극적으로 활용하여 풀이에 반드시 필요한 계산과정만 거치는 것이 핵심이다. 자료해석에서 사용되는 다양한 테크닉을 활용하여 풀이하면 점수를 올리는 데 크게 도움이 된다.

4 생각해 볼 부분

단순계산형 문항의 경우 풀이를 하는 데는 어려움이 없는 경우가 많으나, 시간이 오래 걸리거나 계산 실수를 하여 어려움을 느끼는 수험생이 많다. 상황판단에서는 퀴즈형 문항들을 넘기고 다른 유형에서 점수를 최대한 따는 것이 수험생 대부분의 전략이기 때문에 반드시 점수를 얻어가야 하는 유형이다. 따라서 실수를 줄이는 것이 최우선이 된다. 우선, 계산 실수를 줄이기 위해 계산 과정을 적어가면서 풀이하는 것을 추천한다. 이때 조건별로 계산식을 분리해서 적으면 헷갈릴 여지를 줄일 수 있다. 다만 계산과정을 적는데 걸리는 시간을 줄일 필요가 있으므로 숫자의 특성을 파악하여 생략할 수 있는 계산과정을 생략하며 문제를 풀이하면 된다.

다음 글을 근거로 판단할 때, 진로의 순위를 옳게 짝지은 것은?

- 甲은 A, B, C 3가지 진로에 대해 비용편익분석(편익−비용)을 통하여 최종 결과값이 큰 순서대로 순위를 정하려고 한다.
- 각 진로별 예상되는 편익은 다음과 같다.
  - 편익＝근속연수×평균연봉
  - 연금이 있는 경우 편익에 1.2를 곱한다.

구분	A	B	C
근속연수	25	35	30
평균연봉	1억 원	7천만 원	5천만 원
연금 여부	없음	없음	있음

- 각 진로별 예상되는 비용은 다음과 같다.
  - 비용＝준비연수×연간 준비비용×준비난이도 계수
  - 준비난이도 계수는 상 2.0, 중 1.5, 하 1.0으로 한다.
  - 연고지가 아닌 경우 비용에 2억 원을 더한다.

구분	A	B	C
준비연수	3	1	4
연간 준비비용	6천만 원	1천만 원	3천만 원
준비난이도	중	하	상
연고지 여부	연고지	비연고지	비연고지

- 평판도가 1위인 경우, 비용편익분석 결과값에 2를 곱한다.

구분	A	B	C
평판도	2위	3위	1위

	1순위	2순위	3순위
①	A	B	C
②	B	A	C
③	B	C	A
④	C	A	B
⑤	C	B	A

난도 중

합격 가이드

많은 자료가 주어진 것처럼 보이지만 산식이 2개 뿐이어서 실제 난도는 그리 높지 않은 문제이다. 주의할 것은, 계산의 편의를 위해 단위를 단순화 시키는 경우이다. 이 문제와 같이 수치의 실제 값이 큰 의미를 가지지 않는 경우(순서만을 비교하는 경우)라면 1억 원을 1, 7천만 원을 0.7과 같이 단순화 시켜도 무방하지만 실제 값을 이용해야 하는 경우라면 단위를 단순화 시키지 않는 것이 안전하다.

정답해설

- 각 진로의 편익은 다음과 같다.
  - A : 25×1억 원＝25억 원
  - B : 35×7천만 원＝24.5억 원
  - C : 30×5천만 원＝15억 원×연금(1.2)＝18억 원
- 각 진로의 비용은 다음과 같다.
  - A : 3×6천만 원×1.5＝2.7억 원
  - B : 1×1천만 원×1.0+2억 원(비연고지)＝2.1억 원
  - C : 4×3천만 원×2.0+2억 원(비연고지)＝4.4억 원

비용편익분석(편익−비용) 결과값은 A : 22.3억 원, B : 22.4억 원, C : 13.6억 원이다. 단, 평판도 1위인 C는 결과값에 2를 곱하여 27.2억 원이 된다. 따라서 진로의 순위는 1순위부터 C, B, A 순이다.

답 ⑤

1 유형의 이해

이 유형은 주어진 조건들을 모두 적용하여 문제를 해결하는 능력을 평가한다. 수리퀴즈(추론)형과 달리, 선지별로 주어진 문제 상황을 일일이 따져보는 것이 아니라 하나의 주어진 목표로 나아가면 되는 형태이다. 매년 2~3문제씩 출제되는데, 난도는 천차만별이기 때문에 지나치게 어려운 문제라면 풀지 않는 것이 낫다. 주어진 조건들이 지나치게 복잡한 경우 혹은 최종적인 값을 계산하기 위해 지나치게 다양한 경우의 수를 따져봐야 하는 경우에는 다른 문제들을 우선 푼 다음 마지막에 건드리도록 한다.

2 발문 유형

- 다음 글을 근거로 판단할 때, 옳은 것은?
- 다음 글을 근거로 판단할 때, 가능한 경우를 옳게 짝지은 것은?
- 다음 글을 근거로 판단할 때, 얻을 수 있는 최대 금액은?

3 접근법

문제의 주어진 조건에 맞게 식을 구성한 다음 풀면 된다. 대부분의 경우 미지수를 설정해서 식을 구성해야 한다. 따라서 난도가 낮은 문제가 아니라면 2분 내에 풀기에는 어려움이 있다. 조건에 맞게 식을 구성할 때, 경우의 수를 가장 많이 줄일 수 있는 조건부터 우선 적용해서 식을 구성한다. 또한 선지를 적극적으로 활용해서 주어진 조건과 모순이 되는 선지를 소거하는 방식도 활용하면 좋다.

다양한 경우의 수를 모두 따져보기보다는 문항의 풀이에 핵심이 되는 조건을 중심으로 문제의 상황을 단순화한다면 중간 난도 문항을 기준으로 2분 내에 풀이하기에는 어려움이 없다. 시간을 더 단축하고자 한다면 구체적인 계산과정에서 곱셈 비교, 차이값 비교 등 자료해석에서 사용되는 계산 방식들을 활용해볼 수 있다.

4 생각해 볼 부분

풀이의 핵심은 조건 간 관계를 활용하여 문제 속 숨겨진 장치를 포착하는 것이다. 숨겨진 장치는 주어진 숫자 간 관계를 따져보면 파악할 수 있다. 주로 홀수와 짝수, 제곱수, 소수 등의 특성이 활용된다. 문항별 테마는 다르더라도 결국 가장 큰 값이나 가장 작은 값을 도출하는 것이 목표인 경우가 많아 예제 풀이에서 볼 수 있는 방식을 유사하게 적용하는 것이 가능하다.

다음 글을 근거로 판단할 때 옳지 않은 것은?

> 도시 O, A, B, C는 순서대로 동일 직선상에 배치되어 있으며 도시 간 거리는 각각 30km로 동일하다. ($\overline{OA}$: 30km, $\overline{AB}$: 30km, $\overline{BC}$: 30km)
>
> A, B, C가 비용을 분담하여 O에서부터 A와 B를 거쳐 C까지 연결하는 직선도로를 건설하려고 한다. A, B, C 주민은 O로의 이동을 위해서만 도로를 이용한다. 도로 1km당 건설비용은 동일하다. 비용 분담안으로 다음 세 가지 안이 논의되고 있다.
> - I안 : 각 도시가 균등하게 비용을 부담
> - II안 : 각 도시가 이용 구간의 길이에 비례하여 비용을 부담
> - III안 : 도로를 $\overline{OA}$, $\overline{AB}$, $\overline{BC}$로 나누어 해당 구간을 이용하는 도시가 해당 구간 건설비용을 균등하게 부담

① A에게는 III안이 가장 부담 비용이 낮다.
② B의 부담 비용은 I안과 II안에서 같다.
③ II안에서 A와 B의 부담 비용의 합은 C의 부담 비용과 같다.
④ I안에 비해 부담 비용이 낮아지는 도시의 수는 II안보다 III안에서 더 많다.
⑤ C의 부담 비용은 III안이 I안의 2배 이상이다.

구체적인 건설비용이 주어져 있지 않은 상황이므로 임의의 수치를 이용해 판단하는 것이 더 효율적이다. 이때 문제가 되는 것이 '그럼 어떤 수치를 선택해야 하는가?'인데 이 문제와 같이 단위당 수치(건설비)로 풀이하는 문제라면 '단위당 1'로 놓고 풀이하는 것이 가장 깔끔하다. 이 문제에서는 'km당 1'로 놓고 풀이하라는 것이다. 물론 해설과 같이 분수식을 이용하는 것이 정석이겠지만 문제가 복잡해진다면 약분이 되지 않는 분수가 나타나는 경우가 대부분이므로 추천하지 않는다.

정답해설

C의 I안에서의 부담 비용은 전체 건설 비용의 1/30이다. C는 모든 도로 구간을 이용하므로 C의 III안에서의 부담비용은 OA 건설 비용의 1/3, AB 건설비용의 1/2, BC 건설비용 전부이다. 도로 1km당 건설비용이 동일하고 각 구간의 길이가 동일하기 때문에 C의 부담비용은 전체 건설비의 11/180이다. 그러므로 C의 부담 비용은 III안이 I안의 2배 미만이다.

오답해설

① A는 도로 구간 중 OA, 즉 30km만 이용한다. A의 III안에서의 부담비용은 OA 건설비용의 1/3인 전체 건설비의 1/90이다. 이는 I안의 경우 전체 건설비의 1/3, II안의 경우 전체 건설비의 1/6보다 낮다.
② B는 도로 구간 중 OA, AB, 즉 60km만 이용한다. B의 I안에서의 부담 비용은 전체 건설비의 1/30이다. B의 II안에서의 부담비용은 2/6인 전체 건설비의 1/30이다.

답 ⑤

1 유형의 이해

수리퀴즈(추론)형은 문제에서 주어진 상황이나 조건, 규칙, 예시 등을 활용하여 계산을 통해 문제를 해결하는 유형이다. 이 유형이 단순계산형이나 수리퀴즈(계산)형과 가장 크게 구별되는 점은 문제에서 요구하는 계산을 해나가면 하나의 답으로 귀결되는 것이 아니라 여러 가능성이 열려 있는 상황에 이른다는 점이다. 따라서 결과로 가능한 다양한 경우의 수를 모두 추론해야 한다. 특히 보기나 선지에서 여러 문제 상황이 주어지고 이를 수험생이 일일이 따져보도록 만드는 형태의 문제가 자주 출제되므로 시간이 많이 소요되는 경우가 많다.

2 발문 유형

- 다음 글을 근거로 판단할 때 옳은 것은?
- 다음 〈조건〉과 〈상황〉을 근거로 판단할 때 옳지 않은 것은?
- 다음 글을 근거로 판단할 때, 〈보기〉에서 옳은 것만을 모두 고르면?

3 접근법

이 유형은 문제에서 주어진 상황 이후에 도출해야 하는 결과의 모든 가능성을 고려하여 가능한 모든 상황을 추론하는 것이 핵심이다. 즉, 보기나 선지에서 제시하는 결과가 가능한지 불가능한지를 경우의 수와 확률을 통해 잘 따져보아야 한다. 기본적으로 계산이 요구되기 때문에 계산에서 실수하지 않는 것이 중요하며 곱셈 비교, 차이값 비교 등 자료해석에서 사용되는 계산 방식들을 활용하는 것이 도움이 된다. 또한 경우의 수를 빠뜨리지 않는 것이 중요하므로 표나 그림 등을 활용하여 자신만의 방식으로 문제 상황을 정리하는 것이 도움이 될 것이다.

4 생각해 볼 부분

수리퀴즈(추론)형의 경우 계산이 쉽게 되지 않거나, 여러 경우의 계산을 요하는 경우가 많아 시간이 오래 소요되는 경우가 많다. 특히 계산에 실수가 있는 경우 답이 나오지 않아 문제에 매몰될 가능성이 존재한다. 따라서 쉽게 답이 나오지 않는다면 우선 넘기는 것이 좋은 전략 중 하나이다.

다음 글을 근거로 판단할 때, 乙이 계산할 금액은?

> 甲~丁은 회전 초밥을 먹으러 갔다. 식사를 마친 후, 각자 먹은 접시는 각자 계산하기로 했다. 초밥의 접시당 가격은 다음과 같다.
>
> <초밥의 접시당 가격>
>
> (단위 : 원)
>
> | | |
> |---|---|
> | 빨간색 접시 | 1,500 |
> | 파란색 접시 | 1,200 |
> | 노란색 접시 | 2,000 |
> | 검정색 접시 | 4,000 |
>
> 이들은 각각 3가지 색의 접시만 먹었으며, 각자 먹지 않은 접시의 색은 서로 달랐다. 이들이 먹은 접시 개수를 모두 세어 보니 빨간색 접시 7개, 파란색 접시 4개, 노란색 접시 8개, 검정색 접시 3개였다. 이들이 먹은 접시에 대한 정보는 다음과 같다.
> - 甲은 빨간색 접시 4개, 파란색 접시 1개, 노란색 접시 2개를 먹었다.
> - 丙은 乙보다 파란색 접시를 1개 더 먹었으며, 노란색 접시는 먹지 않았다.
> - 丁은 모두 6개의 접시를 먹었으며, 이 중 빨간색 접시는 2개였고 파란색 접시는 먹지 않았다.

① 7,200원

② 7,900원

③ 9,400원

④ 11,200원

⑤ 13,000원

난도 중

합격 가이드

을의 접시 개수를 미지수로 놓는 것이 계산하기 편하다. 또한 변수가 2가지일 경우(이 문제의 경우 사람, 접시 수) 표를 그려 문제를 해결하도록 한다.

정답해설

문제의 조건을 정리하여 표로 나타내면 다음과 같다.

구분	빨	파	노	검	합계
甲	4	1	2	0	
乙	b	a	c		
丙	1-b	a+1	0		
丁	2	0	6-c	c-2	6
합계	7	4	8	3	

1) 파란색 접시는 총 4개이므로 a=1이다.
2) 모두 각각 3가지 색의 접시만 먹었으므로 병은 빨간색 접시를 1개 이상 먹었다. 1-b≥1이므로 b=0이다.
3) 검정색 접시는 총 3개인데, 甲을 제외한 모든 사람이 1개 이상 먹어야 하므로 丁의 검정색 접시는 c-2=1이다. 따라서 c=3이다.
4) 결론적으로 乙은 빨, 파, 노, 검 접시 순서대로 0개, 1개, 3개, 1개를 먹었다. 따라서 1,200원, 6,000원, 4,000원을 더하면 11,200원이다.

구분	빨	파	노	검	합계
甲	4	1	2	0	
乙	0	1	3	1	
丙	1	2	0	1	
丁	2	0	3	1	6
합계	7	4	8	3	

답 ④

1 유형의 이해

게임·규칙 유형은 제시된 게임의 규칙에 따라 게임을 전개하여 문제에서 요구하는 중간과정과 결과를 도출할 수 있는지 평가한다. 이 유형은 게임의 규칙 및 종류에 따라 여러 유형으로 구분되므로 유형에 따라 다른 접근법을 취해야 한다. 매년 1문제 이상은 반드시 출제되는 단골 유형으로 여러 유형의 문제를 풀어보면서 감을 익히는 것이 중요하다. 게임을 규칙에 따라 전개하기만 하면 특별한 아이디어나 새로운 접근법이 없이도 풀 수 있는 문제가 많아 시도는 해보는 것이 좋다.

2 발문 유형

- 다음 글을 근거로 판단할 때, 〈보기〉에서 옳은 것만을 모두 고르면?

3 접근법

① 규칙이 명확히 제시되는 게임이라면 규칙의 예외나 단서를 놓치지 않고 규칙을 정확히 파악하여 문제를 해결하는 것이 중요하다. 이 경우 규칙이 시키는 대로만 꼼꼼하게 게임을 전개하면 생각보다 간단히 문제를 해결할 수 있다.

② 규칙이 명확히 제시되지 않거나 숨어있는 게임이라면 제시된 사례를 통해 규칙을 직접 도출하고 문제에 적용하는 것이 중요하다. 규칙을 스스로 세워야 하므로 단순히 규칙을 적용하는 유형보다는 난도가 있는 편이다.

③ 게임의 결과가 여러 가지로 도출되는 게임이라면 그 결과로 가능한 모든 경우의 수를 빠뜨리지 않고 나열해야 한다. 이때 게임을 시행해보면서 게임의 결과가 하나로 한정지어지지 않고 다른 경우가 가능한지를 먼저 찾는 것이 핵심이다.

④ 게임을 많은 횟수 반복 시행한 결과를 묻는다면 게임의 결과에서 반복되는 패턴을 통해 규칙성을 파악하여 이를 이후 시행에 적용할 수 있어야 한다.

4 생각해 볼 부분

규칙성을 파악하는 것이 핵심이지만 문제를 빨리 풀겠다는 강박에 사로잡혀 억지로 규칙을 도출하려다 시간을 허비하는 경우도 잦다. 따라서 규칙성이 눈에 바로 들어오지 않는다면 일단은 게임을 규칙에 따라 몇 회 정도는 전개해 보는 시도가 중요하다. 만약 게임의 결과로 여러 경우의 수가 나온다면 내가 무엇을 빠뜨리지 않았는지 게임의 단서를 다시 체크하는 것이 실수를 방지할 수 있는 방법이다.

다음 글을 근거로 판단할 때, 5세트가 시작한 시점에 경기장에 남아 있는 관람객 수의 최댓값은?

- 총 5세트의 배구경기에서 각 세트를 이길 때마다 세트 점수 1점을 획득하여 누적 세트 점수 3점을 먼저 획득하는 팀이 승리한다.
- 경기 시작 전, 경기장에는 홈팀을 응원하는 관람객 5,000명과 원정팀을 응원하는 관람객 3,000명이 있었다.
- 각 세트가 끝날 때마다 누적 세트 점수가 낮은 팀을 응원하는 관람객이 경기장을 나가는데, 홈팀은 1,000명, 원정팀은 500명이 나간다.
- 경기장을 나간 관람객은 다시 들어오지 못하며, 경기 중간에 들어온 관람객은 없다.
- 경기는 원정팀이 승리했으나 홈팀이 두 세트를 이기며 분전했다.

① 6,000명
② 6,500명
③ 7,000명
④ 7,500명
⑤ 8,000명

합격 가이드

각 세트가 끝날 때마다 누적 세트 점수가 낮은 팀을 응원하는 관람객이 경기장을 나간다. 이때 누적 세트 점수가 동률이라면 홈팀이든 원정팀이든 아무도 나가지 않는다. 따라서 최대한 경기를 박빙으로 만들고, 동시에 홈팀이 먼저 많은 세트를 따는 경우가 바람직할 것이다. 이 포인트를 통해 홈-원정-홈-원정-원정 순으로 승리하는 경우를 충분히 생각해 낼 수 있을 것이다.

정답해설

5세트에서 원정팀이 승리하고, 홈팀이 두 세트를 이긴 경우를 모두 나열하면 다음과 같다. 이에 따르면 5세트는 반드시 원정팀이 승리한다는 것이다. 이를 계산하면 아래 표와 같은 6가지 경우가 나온다.

1세트	2세트	3세트	4세트	5세트	나간 관람객 수(명)
홈	홈	원정	원정	원정	(−500−500−500−0)=−1,500
홈	원정	홈	원정	원정	(−500−0−500−0)=−1,000
홈	원정	원정	홈	원정	(−500−0−1,000−0)=−1,500
원정	홈	홈	원정	원정	(−1,000−0−500−0)=−1,500
원정	홈	원정	홈	원정	(−1,000−0−1,000−0)=−2,000
원정	원정	홈	홈	원정	(−1,000−1,000−1,000−0)=−3,000

따라서 5세트가 시작한 시점에 남아 있는 관람객 수의 최댓값은 −1,000명인 7,000명이다.

目 ③

1 유형의 이해

이 유형은 크게 매칭형(①), 조건 조합형(②), 숨겨진 장치를 파악하는 유형(③)으로 나뉜다. 매년 4~6개의 문항이 나오는 것이 일반적이며, 각 유형이 골고루 나오는 편이다. ① 매칭형은 4~5명의 사람이 각각 무엇을 선택했는지 주어진 조건들을 통해 파악하는 문제인데, 각 사람들을 하나의 속성으로 연결시키는 단일 매칭형과 다양한 속성들로 각각 연결시키는 복수 매칭형으로 나뉜다. ② 조건 조합형은 주어진 조건들을 하나하나 대입해서 최종적인 결론으로 나아가는 형태로, 모든 조건들을 사용해야 답이 도출되기 때문에 시간 단축이 가장 어려운 유형이다. ③ 숨겨진 장치를 파악하는 유형은 문항의 핵심 장치를 파악하면 1분 내로도 풀 수 있지만, 장치를 파악하지 못하면 풀이에 지나치게 오랜 시간이 걸리기도 하는 유형이다.

2 발문 유형

- 다음 글을 근거로 판단할 때, 〈보기〉에서 옳은 것만을 모두 고르면?
- 다음 글을 근거로 판단할 때, 포함될 수 없는 것은?
- 다음 글을 근거로 판단할 때, 함께 갈 수 있는 조합으로 가능한 것은?

3 접근법

①의 경우 정형화된 풀이방법에 숙달되면 쉽게 풀 수 있다. 단일 매칭형은 ○× 매칭표를 그려 간단하게 풀면 된다. 반면 복수 매칭형은 주어진 조건들을 통해 속성별로 최대한 매칭을 시킨 이후에 각 사람과 매칭시키면 된다. ②는 조건들을 활용하여 가능한 경우의 수를 최대한 간추려 따져보되, 선지를 적극적으로 활용하여 확인해봐야 할 경우들만 확인하는 것이 핵심이다. 대표문항이 포함되는 ③ 숨겨진 장치를 파악하는 유형은 조건들을 읽어나가면서 문제의 가장 핵심이 되는 장치를 파악해야 한다. 장치를 파악할 경우 문제를 쉽게 풀 수 있지만, 파악하지 못하는 경우 일일이 따져봐야 한다.

4 생각해 볼 부분

세 유형 모두 기출문제를 활용한 지속적인 연습을 통해 점수를 올려야 한다. 특히 ①의 경우 문제 유형이 정형화되어 숙달되면 풀이가 어렵지 않다. ②는 선지를 소거하며 풀면 시간을 단축할 수 있다. ③ 숨겨진 장치를 파악하는 유형의 경우 장치를 파악하는 것이 핵심이지만 문제를 보자마자 장치를 파악하기가 쉽지 않다. 이때, 조건들을 구조화하는 연습이 도움이 된다.

논리퀴즈형 문제는 난도가 높아 시간이 오래 걸리는 경우가 많다. 이러한 문제들의 경우, 실전에서는 풀지 않는 것이 가장 유효한 전략이다. 따라서 논리퀴즈형 문항의 난도를 5초 내에 판별하는 연습도 점수 향상에 큰 도움이 된다.

다음 글과 〈상황〉을 근거로 판단할 때, 〈보기〉에서 옳은 것만을 모두 고르면?

> 퍼스널컬러(personal color)란 개인의 머리카락, 눈동자, 피부색 등을 종합하여 본인에게 가장 어울리는 색상을 말한다. 퍼스널컬러는 크게 웜(warm)톤과 쿨(cool)톤으로 나눠지는데, 웜톤은 따스하고 부드러운 느낌의 색인 반면에 쿨톤은 차갑고 시원한 느낌의 색이다. 웜톤은 봄타입과 가을타입으로, 쿨톤은 여름타입과 겨울타입으로 세분화된다.
>
> 퍼스널컬러는 각 타입의 색상 천을 얼굴에 대봄으로써 찾을 수 있다. 가장 잘 어울리는 타입의 천을 얼굴에 댔을 때 얼굴빛이 화사해지고 이목구비가 또렷해 보인다. 이를 '형광등이 켜졌다'라고 표현한다.

상 황

네 명(甲~丁)이 퍼스널컬러를 알아보러 갔다. 각 타입(봄, 여름, 가을, 겨울)마다 색상 천은 밝은 색과 어두운 색이 있어서 총 8장이 있다. 하나의 색상 천을 네 명에게 동시에 대보고 형광등이 켜지는지 확인하였다. 얼굴에 대보는 색상 천의 순서는 다음과 같다.

1. 첫 번째에서 네 번째까지 밝은 색 천을 대보고 다섯 번째부터 여덟 번째까지 어두운 색 천을 대본다.
2. 웜톤 천과 쿨톤 천을 교대로 대보지만, 첫 번째로 대보는 천의 톤은 알 수 없다.

진단 결과, 甲, 乙, 丙, 丁은 서로 다른 타입의 퍼스널컬러를 진단받았으며, 본인 타입의 천을 대보았을 때는 밝은 색과 어두운 색의 천 모두에서 형광등이 켜졌고, 그 외의 천을 대보았을 때는 형광등이 켜지지 않았다.

다음은 진단 후 네 명이 나눈 대화이다.

甲 : 나는 가을타입이었어. 마지막 색상 천에서는 형광등이 켜지지 않았어.
乙 : 나는 짝수 번째 천에서는 형광등이 켜진 적이 없어.
丙 : 나는 乙이랑 타입은 다르지만 톤은 같아. 그리고 나한테 형광등이 켜진 색상 천 순서에 해당하는 숫자를 합해보니까 6이야.
丁 : 나는 밝은 색 천을 대보았을 때, 乙보다 먼저 형광등이 켜졌어.

보 기

ㄱ. 네 명의 타입을 모두 알 수 있다.
ㄴ. 丙은 첫 번째 색상 천에서 형광등이 켜졌다.
ㄷ. 색상 천을 대본 순서별로 형광등이 켜진 사람이 누구인지 알 수 있다.
ㄹ. 형광등이 켜진 색상 천 순서에 해당하는 숫자의 합은 丙을 제외한 세 명이 같다.

① ㄱ, ㄴ
② ㄱ, ㄷ
③ ㄴ, ㄹ
④ ㄱ, ㄷ, ㄹ
⑤ ㄴ, ㄷ, ㄹ

난도 상

합격 가이드

여러 항목이 동시에 등장하는 경우 표를 어떻게 그려야 하는지에 대해 고민하는 수험생들이 많다. 결론적으로, 어떻게 그리더라도 문제는 풀린다. 자신은 이 해설과 다르게 표를 그렸다고 해서 그것이 잘못된 것이 아니며, 여기서 제시된 표가 더 맞다고 할 수도 없다. 그냥 모두 다 맞는 것이다. 따라서 가로항목과 세로항목에 어떤 항목들을 놓을 것인지에 대한 고민은 하지 말기 바란다. 다만, 이왕이면 항목 수가 많은 것을 가로에 놓는 것이 시험지 여백활용의 측면에서는 더 좋다.

정답해설

제시된 조건을 정리하면 다음과 같다.
- 甲 : 가을 타입이고, 8번째는 아니다.
- 乙 : 짝수 번째는 아니다.
- 丙 : 乙과 같은 톤이고, 순서의 숫자를 더하면 6이다.
- 丁 : 밝은 색 천일 때, 乙보다 먼저 형광등이 켜졌다.

여기서 8번째가 쿨톤이라고 가정한다면, 甲과 丁이 짝수번째여야 하는데, 이는 乙의 진술과 모순된다. 따라서 8번째는 웜톤이고, 봄임을 알 수 있다.

丁의 진술에 따라 밝은 색일 때 丁은 2번째에 형광등이 켜졌고, 丙의 진술에 따라 丙은 1번과 5번임을 알 수 있다.

이 조건들을 다시 표로 나타내면 다음과 같다.

구분	밝은 색				어두운 색			
순서	1	2	3	4	5	6	7	8
톤	쿨	웜	쿨	웜	쿨	웜	쿨	웜
타입		봄		가을		가을		봄
사람	丙	丁	乙	甲	丙	甲	乙	丁

ㄴ. 丙은 1번과 5번이므로 첫 번째에 형광등이 켜졌다.
ㄷ. 순서별로 형광등이 켜진 사람이 누구인지 알 수 있다.
ㄹ. 甲, 乙, 丁 모두 순서의 숫자를 더하면 합은 10으로 같다.

오답해설

ㄱ. 쿨톤의 경우 乙, 丙이 각각 무슨 타입인지는 알 수 없다.

目 ⑤

1 유형의 이해

시간·공간을 다루는 문제에 어려움을 느끼는 수험생들이 많아 해당 유형을 별도로 편제하였다. 매년 1~2문제씩 출제되지만 난도가 높아 풀이 시간이 오래 소요되는 유형이다. 시간 유형의 경우 시차, 시간을 계산하는 유형(①)과 날짜, 요일을 계산하는 유형(②)으로 나뉜다. 공간 유형은 자주 출제되지 않아 유형을 다시 분류하기에는 어려움이 있다. 대부분 난도가 높지 않고, 시각적 자료가 주어지기 때문에 기출문제 분석을 통해서 쉽게 점수를 끌어올릴 수 있다.

2 발문 유형

- 다음 글을 근거로 판단할 때, 빈칸에 들어갈 일시는?
- 다음 글을 근거로 판단할 때, 가장 멀리 떨어진 장소는?

3 접근법

시간 유형 중 ① 유형은 수험생들이 시차 체계에 익숙하지 않기 때문에 주어진 조건에 따라 계산할 수 있도록 출제된다. 이때 시간을 더해야 하는지 빼야 하는지 헷갈리지 않고 주어진 조건에 맞춰 계산하면 된다. ② 날짜, 요일을 계산하는 유형은 몇 년이 지난 후의 해당 날짜가 무슨 요일인지 계산하는 문항이 전형적인 형태인데, 요일 체계가 7일로 구성되어있기 때문에 해당 날짜까지의 기간을 7로 나누어 요일을 계산한다.

공간 유형 역시 주어진 조건에 맞춰 계산하면 된다. 시험지 지면의 남는 공간에 주어진 조건에 맞춰 그림을 그려가면서 풀면 된다.

4 생각해 볼 부분

① 유형의 경우, 그리니치 표준시(GMT)와 동경, 서경, 지구의 자전 등의 개념에 익숙해지면 도움이 된다. 시각을 24시 체계로 바꾸어 계산해보는 연습 역시 도움이 된다.

② 유형은 날짜 계산 체계를 외우고 있으면 도움이 된다. 일주일은 7일로 구성되므로, 30일이 지나면 +2요일이 되고, 31일이 지나면 +3요일이 된다. 마찬가지로, 365일이 지나면 +1요일이 되고, 366일이 지나면 +2요일이 된다. 한편, 연도가 4의 배수이면 윤년이다. 단, 100의 배수인 해는 평년이고, 400의 배수인 해는 다시 윤년이 된다.

28일	2월(단, 윤년은 29일)
30일	4, 6, 9, 11월
31일	1, 3, 5, 7, 8, 10, 12월

대표문항이 속하는 공간 유형의 경우, 시각적으로 도식화하여 푸는 것이 가장 간편하다. 최대한 경우의 수를 간추린 후, 각 경우의 수를 간단하게 그려보는 것이다. 〈보기〉에 예시를 주는 경우도 있는데, 그 경우에는 예시를 최대한 활용하여 선지를 판별하는 것도 방법이다.

다음 글을 근거로 판단할 때, 甲이 귀가했을 때의 정확한 시각은?

> 甲은 집에 있는 시계 X의 건전지가 방전되어 새 건전지로 갈아 끼웠다. 甲은 정확한 시각을 알 수 없어서 일단 X의 시각을 정오로 맞춘 직후 일정한 빠르기로 걸어 친구 乙의 집으로 갔다. 乙의 집에 당일 도착했을 때 乙의 집 시계 Y는 10시 30분을 가리키고 있었다. 甲은 乙과 1시간 동안 이야기를 나눈 후 집으로 출발했다. 집으로 돌아올 때는 갈 때와 같은 길을 2배의 빠르기로 걸었다. 집에 도착했을 때, X는 14시 정각을 가리키고 있었다. 단, Y는 정확한 시각보다 10분 느리게 설정되어 있다.

※ X와 Y는 시각이 부정확한 것 외에는 정상 작동하고 있다.

① 11시 40분
② 11시 50분
③ 12시 00분
④ 12시 10분
⑤ 12시 20분

합격 가이드

고장난 시계, 시차 등과 관련된 이런 유형의 문제들을 해결할 때는 시계에 나타난 시간보다 걸린 시간을 활용하는 것이 좀 더 쉬운 접근법이다. 나아가 발문에서 귀가했을 때의 시각을 묻고 있는 만큼 그에 맞춰서 10시 40분 이후의 시간만을 계산하는 것이 신속한 문제 풀이에 도움이 된다.

정답해설

甲이 출발했을 때 정오에 맞춰진 시계 X가 귀가 이후 2시간이 지난 14시 정각을 가리키고 있다. 그러므로 乙의 집까지 가는 시간, 이야기를 한 1시간, 돌아온 시간 모두 합쳐 2시간이라는 것을 알 수 있다. 또한 제시문에 따라 돌아온 시간이 乙의 집까지 가는 시간의 절반이라는 것을 알 수 있으므로, 甲이 乙의 집에서 귀가하는 데 20분이 걸렸다는 것을 알 수 있다. 그리고 Y의 부정확성을 고려하면 乙의 집에 도착했을 때의 정확한 시간은 10시 40분이다. 그러므로, 이후 1시간의 이야기 시간, 20분의 이동시간이 지났다는 것을 고려하면 甲이 귀가했을 때의 정확한 시각은 12시 00분이다.

답 ③

1 유형의 이해

종합 유형은 한 지문을 읽고 두 문제를 풀어야 하는 유형이다. 일반적으로는 한 문제는 정보확인·추론의 형태로, 한 문제는 조건적용이나 수리계산의 형태로 출제된다. 한 문제는 보통 평이한 난도로 출제되나 한 문제는 계산. 추론에 시간이 소요되는 경우가 많다. 하지만 최근 이런 종합형 문제가 다양한 방식으로 출제되고 있다. 종합형 문제의 지문이 법조문 형식으로 출제된 경우도 있었으며, 종합형 문제의 두 문제가 모두 지문에서 제시하는 조건을 선지나 보기의 사례에 적용하는 조건적용 유형으로 출제되기도 하였다. 따라서 대부분의 경우 정보확인·추론 유형. 조건적용. 수리계산 유형에 대한 문제 접근법을 활용하면 된다.

2 발문 유형

• 다음 글을 읽고 물음에 답하시오. [39~40]

3 접근법

정보확인·추론 유형이 출제된다면 발췌독하는 것이 효율적인 경우가 많다. 따라서 시간이 부족할 경우 선지를 먼저 읽고 제시문에서 해당 정보가 서술되는 부분을 찾아 정오 판정하는 것이 가능하다. 글에서 숫자와 수식을 설명하는 문단이 있으면 계산 문제가 출제될 것이라고 예측하고 해당 문제를 찾아 먼저 풀고 넘어간다. 이렇게 접근한다면 문제를 읽고 다시 수식이 있는 문단을 찾는 수고를 덜 수 있다. 계산 실수를 줄이기 위해 계산 과정을 적어가면서 풀이하는 것을 추천한다. 조건적용 유형의 문제의 경우 조건을 적용하는 과정에서 실수하지 않도록 유의한다.

4 생각해 볼 부분

한 지문을 읽고 두 문제를 해결할 수 있기 때문에 수험생들은 종합형에서 시간을 절약하는 전략을 택하는 경우가 많다. 하지만 두 문제를 모두 풀어야 한다는 강박에 사로잡히면 생각보다 많은 시간을 허비하게 되는 경우도 있다. 따라서 문제의 난도를 잘 판단하여 까다로운 문제의 경우 넘겨야 한다는 점을 항상 염두에 두어야 한다.

※ 다음 글을 읽고 물음에 답하시오.

하드디스크는 플래터와 헤드 등으로 구성되어 있다. '플래터'는 원반 모양이고 같은 크기의 플래터가 위아래로 여러 개 나란히 정렬되어 있다. 플래터의 양면은 각각 '표면'이라 불리는데, 데이터를 저장하기 위해 자기물질로 덮여 있다. '헤드'는 데이터를 표면에 저장하거나 저장된 데이터를 인식한다. 이를 위해 헤드는 회전하는 플래터의 중심부와 바깥 사이를 플래터 반지름 선을 따라 일정한 속도로 이동한다.

플래터의 표면은 폭이 일정한 여러 개의 '트랙'이 동심원을 이룬다. 플래터마다 트랙 수는 같으며, 트랙은 여러 개의 '섹터'로 나누어진다. 이 구분은 하드디스크상의 위치를 나타내고 파일(데이터)을 디스크 공간에 할당하기 위해 사용된다. 예를 들어 어떤 특정한 데이터는 '표면 3, 트랙 5, 섹터 7'에 위치하게 된다. 이때 표면은 위에서부터 차례로 번호가 부여된다. 트랙은 바깥쪽에서 안쪽으로 순서대로 번호가 부여되며, 섹터는 반시계방향으로 번호가 부여된다.

섹터는 하드디스크의 최소 저장 단위로 하나의 섹터에는 파일을 1개만 저장한다. 한 섹터는 512바이트까지 저장할 수 있지만, 10바이트 파일을 저장해도 섹터 한 개를 전부 차지한다. 초기 하드디스크는 모든 트랙마다 동일한 섹터 수를 가졌지만, 현재의 하드디스크에는 바깥쪽 트랙에 좀 더 많은 섹터가 있다. 섹터의 크기가 클수록 섹터의 저장 공간이 커지기 때문에 크기를 똑같이 하여 섹터당 저장 공간을 일정하게 유지하고 있다.

플래터 표면 중심에서 거리가 같은 모든 트랙을 수직으로 묶어 하나의 '실린더'라 한다. 표면마다 하나씩 있는 여러 개의 헤드가 동시에 이동하는데, 헤드가 한 트랙(실린더)에서 다른 트랙(실린더)으로 움직이는 데는 시간이 걸린다. 따라서 동시에 호출되는 데이터를 동일한 실린더 안에 있게 하면, 헤드의 추가 이동이 필요 없어져서 탐색 시간을 단축시킬 수 있다. 하지만 이런 저장 방식이 항상 가능한 것은 아니며, 하드디스크의 여러 곳(트랙과 섹터)에 분산되어 파일이 저장되기도 한다.

데이터 탐색 속도는 플래터 바깥쪽에 있던 헤드가 데이터를 읽고 쓴 후 다시 플래터 바깥쪽에 정확히 정렬하는 데까지 걸리는 시간을 가리킨다. 하드디스크가 성능이 좋을수록 플래터는 빠른 속도로 회전하는데, 일반적으로 회전속도는 5,400rpm(분당 5,400회전) 혹은 7,200rpm이다. 플래터 위를 이동하는 헤드의 속도는 1번 트랙의 바깥쪽 끝과 마지막 트랙의 안쪽 끝 사이를 초당 몇 번 왕복하는지를 나타내며, Hz로 표현된다. 예를 들어 1Hz는 1초에 헤드가 1번 왕복하는 것을 의미한다.

윗글을 근거로 판단할 때 옳은 것은?

① 플래터가 5개라면 표면의 개수는 최대 5개이다.

② 플래터가 5개, 플래터당 트랙이 10개, 트랙당 섹터가 20개라면, 실린더의 개수는 10개이다.

③ 플래터 안의 모든 섹터의 크기가 같다면, 각 트랙의 섹터 수는 같다.

④ 10바이트 파일 10개 저장에 필요한 최소 섹터 수와 100바이트 파일 1개 저장에 필요한 최소 섹터 수는 같다.

⑤ 파일 크기가 트랙 1개의 저장용량보다 작다면, 해당 파일은 항상 하나의 트랙에 저장된다.

난도 중

합격 가이드

시험지 여백에 하드디스크의 원반 모양을 그려 플래터와 헤드, 트랙과 실린더 등을 표시하면 이해하기 더 편하다. 실전에서는 이러한 사항들을 그려보는 시간도 아끼려는 수험생이 많은데, 가능하면 확실하게 풀고 넘어가는 방법을 찾아야 한다.

정답해설

플래터가 5개, 플래터당 트랙이 10개, 트랙당 섹터가 20개라면, 실린더의 개수는 10개이다. 플래터 표면 중심에서 거리가 같은 모든 트랙을 수직으로 묶어 하나의 실린더라고 하므로, 플래터당 트랙이 10개라면 실린더의 개수 또한 10개이다.

오답해설

① 플래터에는 양면으로 표면이 2개씩 있다. 플래터가 5개라면 표면의 개수는 최대 10개이다.

③ 모든 섹터의 크기가 같다면 바깥쪽 트랙일수록 더 많은 섹터가 있다.

④ 한 섹터는 512바이트를 저장하든, 10바이트를 저장하든 섹터 한 개를 전부 사용해야 한다.

⑤ 하드디스크의 여러 곳(트랙과 섹터)에 분산되어 파일이 저장되기도 한다.

답 ②

윗글을 근거로 판단할 때, 〈상황〉의 ㉠과 ㉡을 옳게 짝지은 것은?

> 상 황
>
> A하드디스크는 표면 10개, 표면당 트랙 20개, 트랙당 섹터 20~50개로 이루어져 있다. 현재 헤드의 위치는 1번 트랙의 바깥쪽 끝이며 헤드 이동경로에 처음 위치한 섹터는 1번이다. 플래터의 회전속도는 7,200rpm, 헤드의 이동속도는 5Hz이다. 플래터 1회전에 걸리는 시간은 (㉠)초이고, 헤드가 트랙 하나를 이동하는 데 걸리는 시간은 평균 (㉡)초이다.

	㉠	㉡
①	$\frac{1}{12}$	$\frac{1}{10}$
②	$\frac{1}{12}$	$\frac{1}{100}$
③	$\frac{1}{120}$	$\frac{1}{100}$
④	$\frac{1}{120}$	$\frac{1}{200}$
⑤	$\frac{1}{720}$	$\frac{1}{200}$

상황판단에서 자주 등장하는 단위 계산 문제이다. 단위 계산 문제를 푸는 정석적인 방법은 해당 단위에 대한 이해를 바탕으로 비례식을 세워 푸는 것임을 기억해둔다면 문제 풀이에 유용하게 쓰일 수 있을 것이다.

정답해설

플래터의 회전속도가 7,200rpm이라는 것은 분당 7,200번 회전한다는 것을 의미한다. 바꿔 말하면 60초에 7,200번 회전하므로 1초당 120번을 회전한다. 즉, 1회전에 $\frac{1}{120}$초가 걸리므로 ㉠은 $\frac{1}{120}$이다.

헤드의 이동속도가 5Hz라는 것은 1초에 헤드가 5번 왕복한다는 것을 의미한다. 표면당 트랙이 20개가 있으므로, 1번 왕복에 트랙을 40번 지나게 된다. 이를 비례식으로 나타내면 '1초 : 트랙(40×5개)=㉡초 : 트랙 1개'가 되므로 ㉡은 $\frac{1}{200}$이다.

답 ④

훌륭한 가정만한 학교가 없고,
덕이 있는 부모만한 스승은 없다.

– 마하트마 간디 –

PART 2

5급 PSAT 필수기출 300제

CHAPTER 01 언어논리 필수기출 100제

01 일치부합

1. 다음 글에서 알 수 없는 것은? 23년 행시(가) 7번

몬테카를로 방법은 무작위 추출된 난수를 이용하여 함수의 값을 추정하는 통계학적 방법으로, 물리학과 공학 등의 분야에서 수치 적분이나 최적화 문제 등을 해결하는 데 많이 쓰인다.

원의 넓이를 구하는 문제를 통해 몬테카를로 방법이 어떻게 적용되는지 알아보자. 종이에 한 변의 길이가 2인 정사각형을 그리고 그 안에 반지름이 1인 원을 그렸다고 하자. 다트를 무작위로 계속 던진다면, 원의 넓이는 π이고 정사각형의 넓이는 4이므로 우리가 그린 정사각형 안에 맞은 다트 중 원의 내부에 존재하는 다트의 상대 빈도는 $\pi/4$일 것이다. 따라서 정사각형 안에 있는 다트와 원 안에 있는 다트의 숫자를 비교한다면, 원의 넓이를 대략적으로 구할 수 있다.

이때 던진 다트의 수가 적다면 실제 원의 넓이와 이 방법으로 얻은 원의 넓이 사이에는 큰 차이가 있겠지만, 더 많은 다트를 던질수록 그 차이는 줄어들 것이다. 이런 식으로 무한히 많은 다트를 던진다면, 최종적으로는 올바른 원의 넓이를 알 수 있을 것이다. 그러나 무한히 많은 다트를 던질 수는 없으므로, 현실적으로는 오차가 일정 수준 이하가 될 때까지 다트를 던지고, 이때 원 내부에 있는 다트의 상대 빈도를 계산함으로써 원의 넓이를 적당한 오차 범위 내에서 추정한다. 해석학적으로 적분하기 극히 어려운 복잡한 도형의 넓이 산출 등에 이러한 추정 방법이 많이 사용된다.

몬테카를로 방법을 적용한 유명한 사례는 미국의 원자폭탄 개발 계획인 맨해튼 프로젝트로, 몬테카를로 방법이라는 이름이 명명된 계기이기도 했다. 핵분열 중 중성자가 원자핵과 충돌하는 과정을 이해하기 위해 사용된 새로운 수학적 방법을 카지노로 유명한 휴양지, 몬테카를로의 이름을 따서 명명한 것이다. 핵분열 과정에서 우라늄 원자핵에 중성자가 충돌하면, 이를 통해 2~3개의 중성자가 방출되고 이 중성자들이 또 다른 원자핵에 충돌하는 연쇄반응이 이어지는데, 이때 중성자의 경로는 매우 복잡해 예측하기 어렵다. 바로 이렇게 복잡한 경로를 추정하고 반응의 결과를 예측하는 데 몬테카를로 방법이 사용된 것이다.

① 핵분열에서 중성자의 경로를 추정하는 데 몬테카를로 방법이 사용되었다.

② 몬테카를로 방법은 무작위 추출된 난수를 이용하여 문제의 답을 찾는 방법이다.

③ 단순한 모양의 도형의 넓이를 추정할 때는 몬테카를로 방법을 적용할 수 없다.

④ 해석학적으로 적분을 통해 넓이를 계산하기 어려운 모양을 가진 도형의 넓이는 몬테카를로 방법으로 추정할 수 있다.

⑤ 몬테카를로 방법으로 원의 넓이를 추정할 경우, 무작위 시행 횟수가 늘어날수록 찾아낸 값이 정답에 가까워지는 경향이 있다.

2. 다음 글에서 알 수 있는 것은?

22년 행시(나) 21번

일본은 청일전쟁으로 타이완을 차지한 뒤 러일전쟁을 통해 조선과 남만주 일부를 지배하는 대륙국가가 되었다. 일본은 언제부터 대륙 침략의 길을 지향했을까? 이 문제에 대한 한·중·일 3국의 견해는 다음과 같다.

종래 일본에서는 일본의 근대화와 대륙 침략은 불가분의 것이었다고 보았다. 다만 조선으로의 팽창 정책이 기본 노선이었지 중국은 팽창 대상이 아니라고 보았다. 언제부터 대륙으로의 팽창을 기본 방침으로 삼았는지에 대해서는 류큐 분도 교섭 이후와 임오군란 이후로 견해가 나뉘어 있다. 그러나 최근에 청일전쟁까지만 하더라도 일본은 제국주의 국가의 길 말고도 다른 선택지가 있었다는 견해가 대두되었다. 즉 일본의 근대화에서 팽창주의·침략주의는 필연이 아니었는데 청일전쟁이 전환점이 되었다는 것이다.

이에 대해 중국은, 일본의 대륙 침략 목표는 처음부터 한반도와 만주를 차지하는 것이었으며, 이 정책을 수립하기까지 일련의 과정을 거쳤다고 본다. 그에 따르면 메이지 정부는 1868년 천황의 이름으로 대외 확장 의지를 표명하고, 기도 다카요시의 정한론, 오가와 마타지의 청국정벌책안 등에서 대륙 침략의 대상을 명확히 했다. 1890년에는 내각총리대신이 일본의 주권선은 일본 영토, 이익선은 일본과 긴밀한 관계를 갖는 구역인 조선이라고 규정하고, 곧이어 조선, 만주, 러시아 연해주를 영유해야 한다고 했다. 이러한 대륙 침략 방침이 제국의회와 내각의 인가를 얻어 일본의 침략 정책으로 이어졌으며, 청일전쟁, 러일전쟁, 한국병합, 만주사변, 중일전쟁에 이르는 과정은 모두 이 방침을 지속적이고 철저하게 실행에 옮긴 결과라는 것이다.

한편 한국은 일본의 대륙 침략에 있어 정한론에 주목하고 있다. 메이지 정부가 수차례에 걸쳐 조선에 보낸 국서에는 전통적인 교린 관계에서 볼 수 없던 '천황', '황실' 따위의 용어가 있었고, 조선은 규범에 어긋난다며 접수하지 않았다. 정한론은 이를 빌미로 널리 확산되고 주장되었는데, 이에는 자국의 내란을 방지하기 위해 조선과 전쟁을 벌이고 이를 통해 대외 팽창을 꾀하겠다는 메이지 정부의 의도가 담긴 것이라고 한국은 보았다. 1875년 운요호의 강화도 침공은 이를 구체적으로 실행에 옮긴 것이며, 이후로도 일본의 대한국 정책은 이전과 마찬가지로 한결같이 대륙 침략의 방침하에 수행되었다고 한국은 파악하고 있다.

① 한국과 중국은 일본의 대륙 침략이 메이지 정부 이래로 일관된 방침이었다고 본다.

② 최근 일본은 일본이 조선을 침략하지 않았어도 근대화된 대륙국가가 될 수 있었다고 본다.

③ 한국은 조선이 일본과의 전통적 교린 관계를 고수하자 일본 내에서 정한론이 발생했다고 본다.

④ 중국은 일본이 주권선으로 규정한 지역이 정한론에서 이미 침략 대상으로 설정되었다고 본다.

⑤ 기존 일본은 일본이 추진한 조선으로의 팽창 정책이 임오군란 이후 기본 노선으로 결정되었다고 본다.

3. 다음 글의 내용과 부합하지 <u>않는</u> 것은?

12년 행시(인) 7번

국가의 정체(政體)를 규명할 때 공화정과 민주제를 혼동하지 않으려면 다음 두 가지를 구분해야 한다. 첫째, 국가의 최고 권력을 갖고 있는 통치자, 다시 말해 주권자가 누구인가? 둘째, 국가의 최고 권력이 실행되는 방식이 무엇인가? 첫 번째 질문에 대한 답으로 세 가지 정체만을 말할 수 있다. 통치자가 단 한 명인 군주제, 일부 특정 소수가 통치자인 귀족제, 모든 사람이 통치자인 민주제이다. 두 번째 질문에 대한 답으로 정부의 두 가지 형태만을 말할 수 있다. 공화정과 전제정이다. 공화정에서는 입법부에서 정부의 집행권(행정권)이 분리된다. 전제정에서는 정부가 법률을 제정할 뿐만 아니라 그것을 독단적으로 집행한다. 전제정은 공적 의지에 따른 행정이지만, 사실상 통치자의 개인적 의지와 동일하다. 민주제는 '민주(民主)'라는 그 의미에서 알 수 있듯이 필연적으로 전제정이다. 민주제에서는 설사 반대의견을 가진 개인이 존재하더라도, 형식상 그 반대자를 포함한 국민 전체가 법률을 제정하여 집행하기 때문이다. 이 경우 국민 전체는 실제로 전체가 아니라 단지 다수일 뿐이다.

대의(代議) 제도를 따르지 않은 어떤 형태의 정부도 진정한 정체라 말할 수 없다. 군주제와 귀족제는 통치방식이 기본적으로 대의적이지는 않지만, 대의 제도에 부합하는 통치 방식을 따를 수 있는 여지가 있다. 그러나 민주제에서는 대의 제도가 실현되기 어렵다. 왜냐하면 민주제에서는 국민 모두가 통치자이기를 바라기 때문이다. 한 국가의 통치자의 수가 적으면 적을수록 그리고 그들이 국민을 실제로 대표하면 할수록 그 국가의 정부는 공화정에 접근할 수 있다. 그리고 점진적 개혁에 의해 공화정에 근접할 것으로 기대할 수도 있다. 이런 이유로 완벽하게 합법적 정체인 공화정에 도달하는 것이 군주제보다는 귀족제에서 더 어려우며 민주제에서는 폭력 혁명이 아니면 도달하는 것이 불가능하다.

국민에게는 통치 방식이 매우 중요하다. 정부의 형태가 진정한 정체가 되려면 대의 제도를 실현해야 하고 그 제도를 통해서만 공화정이 가능하다. 대의 제도가 없는 정부의 형태는 전제정이나 폭정이 된다. 고대의 어떤 공화정도 대의 제도의 의의를 알지 못했고, 따라서 필연적으로 한 개인이 권력을 독점하는 절대적 전제주의가 되었다.

① 민주제는 반드시 전제정이 될 수밖에 없다.

② 대의 제도는 공화정이 되기 위한 필요조건이다.

③ 공화정의 가능성은 통치자의 수가 적을수록 커진다.

④ 민주제는 귀족제나 군주제와는 다르게 점진적 개혁을 통해 대의 제도를 실현한다.

⑤ 입법부에서 정부의 집행권이 분리되는가의 여부에 따라 공화정과 전제정을 구분할 수 있다.

강화 학습 시스템은 현실의 다양한 문제를 자기 주도적으로 해결하는 프로그램을 실현하고자 한다. 대부분의 현실 문제는 매우 복잡하므로 정형화된 규칙에 한정되지 않는 방식으로 대처하는 매우 큰 유연성을 필요로 한다. 그런 유연성이 없는 프로그램은 결국 특정한 목적에만 사용된다. 강화 학습 시스템의 목적은 궁극적으로 자신의 목표를 유연하고도 창의적으로 성취할 수 있는, 다시 말해 자가 프로그래밍적인 시스템에 도달하는 것이다.

1980년대까지 강화 학습 시스템은 실제 세계의 문제를 해결하기에 너무 느렸고 이로 인해 이 시스템에 대한 연구를 지속할 필요가 있는지 의문이 제기되었다. 하지만 이 평가는 적절하지 않다. 그 어떤 학습 시스템도 아무런 가정 없이 학습을 시작할 수는 없는 법이다. 자신이 어떤 문제에 부딪히게 될지, 그 문제로부터 어떻게 학습할 수 있을지 등의 가정도 없는 시스템이라면 그 시스템은 결국 아무 것도 배울 수 없다. 생물계는 그런 가정을 가진 학습 시스템을 가장 잘 보여주는 사례이다. 생명체 모두는 각자의 DNA에 암호화된 생물학적 정보를 가지고 학습을 시작한다. 강화 학습 시스템이 가정을 거의 갖지 않은 상태로 문제를 해결하려고 할 경우, 그 시스템은 매우 느리게 학습하고 아주 간단한 문제조차 풀지 못하게 된다. 이는 생물학적 유기체인 경우에도 마찬가지다. 쥐의 경우 물 밑에 있는 조개를 어떻게 사냥해야 할지에 관해서는 아는 바가 거의 없지만, 어둡고 특히 공간적으로 복잡한 장소에서 먹이를 구하는 데 있어서는 행동에 관한 엄청난 정보를 지니고 있다. 따라서 쥐는 생존에 필수적인 문제들에 대해 풍부한 내적 모형을 사전에 갖고 있다고 봐야 한다. 이를 통해 볼 때 강화 학습 시스템에 대한 연구가 진행되어야 할 이유는 분명하다.

① 강화 학습 시스템의 유연성은 임기응변 능력과 관련이 있다.
② 강화 학습 시스템의 목적은 자율적인 시스템을 만드는 데에 있다.
③ 강화 학습 시스템이 무에서 유를 생성할 것으로 기대하기는 어렵다.
④ 강화 학습 시스템은 생명체의 분자 구조에 관한 정보를 가질 때 빠르게 문제를 생성할 수 있다.
⑤ 강화 학습 시스템이 현실에서 부딪히는 문제를 효율적으로 해결하기 위해서는 그 문제에 관한 배경 정보가 필요하다.

40여 년 전 이스라엘 농업 연구청에서는 농작물을 재배하는 들판에서 햇빛의 세기를 측정했다. 이를 기초로 관개시스템을 개발하기 위해서였다. 약 20년 뒤 시스템 점검을 위해 다시 데이터를 측정했을 때, 햇빛이 22% 정도 줄어든 것을 발견하게 되었다. 당시 과학계는 이러한 결과에 대해 냉소적이었다. 그러나 세계 여러 나라의 기후학자들은 비슷한 연구 결과를 내놓게 되었다. 1950년과 1990년 사이에 태양에너지가 남극에서 9%, 미국, 영국, 러시아에서 각각 10%, 16%, 30% 감소했다. 태양에서 지구에 도달하는 빛과 열이 줄어들고 있는 것이다. 기후학자들은 이 현상을 '글로벌 디밍(global dimming)'이라고 부른다.

미국 캘리포니아대 A교수는 인도양 중북부에 1,000개가 넘는 섬으로 이뤄진 몰디브 제도에서 4년 간 글로벌 디밍의 원인을 분석했다. 그는 몰디브 제도에서 인도와 가까운 북쪽 섬은 남쪽 섬보다 햇빛이 10% 이상 약하다는 사실을 발견했다. 북쪽 섬은 남쪽 섬보다 공기 중의 오염 입자가 10배나 많다. 공기 중의 오염 입자가 많을수록 구름은 물방울을 많이 머금게 된다. 이렇게 모인 물방울이 지구로 들어오는 태양광선을 반사시킨다.

글로벌 디밍이 글로벌 워밍(global warming)을 어느 정도 억제하는 효과가 있을 것으로 추측하는 과학자도 있다. 그렇다고 글로벌 디밍을 마냥 방치하고 있을 수는 없을 것이다. 화석연료를 태울 때 나오는 부산물인 재와 그을음, 그리고 이산화황 같은 오염 입자가 늘어나 글로벌 디밍을 일으키기 때문이다. 특히 이산화황은 산성비와 스모그를 유발하는 주범이다. 게다가 햇빛의 유입량이 감소하면 해수 온도가 낮아져서 강수량 패턴이 바뀌고 생태계에 큰 영향이 있게 된다.

한편 태양 자체도 수명을 다하면 빛을 잃게 될 것이다. 태양의 수명은 약 100억 년으로 추정되고 있다. 태양이 생긴 지 50억 년쯤 지났으니 지금 우리가 보는 태양은 일생의 절반을 산 셈이다. 태양 중심에서는 높은 온도와 압력으로 수소가 연소하여 헬륨으로 바뀌는 핵융합반응이 일어난다. 이때 나오는 어마어마한 에너지가 빛과 열의 형태로 지구로 오는 것이다. 내부에 헬륨이 점점 쌓이면 태양은 불안정해져 더 많은 빛과 열을 내게 된다. 그렇다면 태양은 계속 더 밝아지기만 하는 것일까? 태양 중심의 온도가 1억 도를 넘으면 헬륨이 탄소로 바뀌기 시작한다. 이때가 바로 태양이 빛을 잃기 시작하는 시기이다.

① 공기 중의 오염 입자가 늘어나면 해수 온도가 내려간다.
② 글로벌 디밍은 태양이 내는 빛과 열이 줄어드는 현상이다.
③ 글로벌 디밍은 환경오염을 심화시켜 생태계를 파괴한다.
④ 글로벌 워밍은 글로벌 디밍을 억제한다.
⑤ 태양이 불안정해지기 때문에 지구가 어두워지고 있다.

6. 다음 글에 나타난 대한민국정부와 일본정부의 주장으로 적절하지 <u>않은</u> 것은?

10년 행시(수) 25번

대한민국정부와 일본정부는 독도 문제와 관련해서 수많은 논쟁을 해왔다. 그동안 대한민국정부는 독도 영유권에 관한 일본정부의 견해를 신중히 검토하였다. 그러나 일본정부가 역사적 사실로서 각종 문헌과 사적을 이용한 것은 다 부정확하고, 또 독도소유에 대한 국제법상의 여러 조건을 충족시켰다는 일본정부의 주장도 역시 전혀 근거가 없다. 우선 울릉도나 독도를 가리키는 '우산국, 우산, 울릉'에 대한 오해와 왜곡이 풀려야 한다. 따라서 대한민국정부는 아래의 증거를 들어 일본정부가 제시한 의견이 독단적인 억측에 기초하고 있다는 것을 말하고자 한다.

우산도와 울릉도가 두 개의 섬이라는 것을 구구하게 설명할 필요가 없다. 그러나 다시 한 번 오해가 없도록 명확하게 하기 위해 이제 『세종실록지리지(世宗實錄地理志)』와 『신증동국여지승람(新增東國輿地勝覽)』에 수록된 다음의 기사를 인용하고자 한다. "우산과 울릉의 두 섬이 울진현의 정동쪽 바다 가운데 위치하고 또 이 두 섬이 거리가 그리 멀지 않기 때문에 일기가 청명한 때는 이 두 섬 서로 바라볼 수 있다." 여기에서 인용된 우산도와 울릉도 두 섬은 울진현의 정동쪽 바다에 위치한 별개의 섬이다. 이 두 섬은 떨어져 있으나 과히 멀지 않기 때문에 일기가 청명할 때는 서로 바라볼 수 있다고 기록되어 있다.

일본정부는 이와 같이 명확히 인정된 사실을 솔직하게 인정하지 않고 도리어 이 사실을 부인할 속셈으로 위 책의 본문에 기록되어 있는 다음 구절만을 맹목적으로 인용하고 있다. 즉 『세종실록지리지』에 기록되어 있는 "신라 때 칭하기를 우산국을 일러 울릉도"라고 한 대목과 『신증동국여지승람』에 기록되어 있는 "일설(一說)에 우산과 울릉은 본디 하나의 섬"이라고 한 대목이 그것이다. 그러나 『세종실록지리지』의 기사는 울릉도와 그 부속 도서를 포함하는 신라 시대의 우산국을 의미하는 것이지 우산도를 말하는 것이 아니다. 그리고 『신증동국여지승람』에서 말한 것은 막연한 일설에 지나지 않는다. 따라서 이 인용문들은 『세종실록지리지』와 『신증동국여지승람』이 편찬되었던 당시 두 섬이 두 개의 명칭으로 확인된 사실에 결코 영향을 미치지 못한다.

① 대한민국정부 : 우산도와 독도는 별개의 섬이다.
② 대한민국정부 : 울릉도와 우산도는 별개의 섬이다.
③ 일본정부 : 우산국과 우산도는 같은 섬이다.
④ 일본정부 : 우산국과 울릉도는 같은 섬이다.
⑤ 일본정부 : 울릉도와 우산도는 같은 섬이다.

7. 다음 글의 내용과 부합하지 <u>않는</u> 것은?

14년 행시(A) 13번

디지털 연산은 회로의 동작으로 표현되는 논리적 연산에 의해 진행되며 아날로그 연산은 소자의 물리적 특성에 의해 진행된다. 하지만 디지털 연산의 정밀도는 정보의 연산 과정에서 최종적으로 정보를 출력할 때 필요한 것보다 항상 같거나 높게 유지해야 하므로 동일한 양의 연산을 처리해야 하는 경우라면 디지털 방식이 아날로그 방식에 비해 훨씬 더 많은 소자를 필요로 한다. 아날로그 연산에서는 회로를 구성하는 소자 자체가 연산자이므로 온도 변화에 따르는 소자 특성의 변화, 소자 간의 특성 균질성, 전원 잡음 등의 외적 요인들에 의해 연산 결과가 크게 달라질 수 있다. 그러나 디지털 연산에서는 회로의 동작이 0과 1을 구별할 정도의 정밀도만 유지하면 되므로 회로를 구성하는 소자 자체의 특성 변화에 거의 영향을 받지 않는다. 또한 상대적으로 쉽게 변경 가능하고 프로그램하기 편리한 점도 있다.

사람의 눈이나 귀 같은 감각기관은 아날로그 연산에 바탕을 둔 정보 처리 조직을 가지고 있지만 이로부터 발생되는 정보는 디지털 정보이다. 감각기관에 분포하는 수용기는 특별한 목적을 가지는 아날로그-디지털 변환기로 볼 수 있는데, 이것은 전달되는 입력의 특정 패턴을 감지하여, 디지털 신호와 유사한 부호를 발생시킨다. 이 신호는 다음 단계의 신경세포에 입력되고, 이 과정이 거미줄처럼 연결된 무수히 많은 신경세포의 연결 구조 속에서 반복되면서 뇌의 다양한 인지 활동을 형성한다. 사람의 감각기관에서 일어나는 아날로그 연산은 감각되는 많은 양의 정보 중에서 필요한 정보만을 걸러 주는 역할을 한다. 그렇기 때문에 실제 신경세포를 통해 뇌에 전달되는 것은 지각에 꼭 필요한 내용만이 축약된 디지털 정보이다. 사람의 감각은 감각기관의 노화 등으로 인한 생체 조직 구조의 변화에 따라 둔화될 수 있다. 그럼에도 불구하고 노화된 사람의 감각기관은 여전히 아날로그 연산이 가지는 높은 에너지 효율을 얻을 수 있다.

① 사람의 신경세포는 디지털화된 정보를 뇌로 전달한다.
② 디지털 연산은 소자의 물리적 특성을 연산자로 활용한다.
③ 사람의 감각기관은 아날로그 연산을 기초로 정보를 처리한다.
④ 디지털 연산은 소자 자체의 특성 변화에 크게 영향을 받지 않는다.
⑤ 사람의 감각기관이 감지하는 것은 외부에서 전달되는 입력 정보의 패턴이다.

8. 다음 글에서 알 수 있는 것은?

16년 행시(5) 2번

고려 전기 문신 출신 문벌들의 정치적 특권과 경제적 풍요는 농민이나 무신 등에게 돌아가야 할 몫이 그들에게 집중된 결과였다. 이에 대해 농민들과 무신들은 강하게 반발하였고, 결국 농민 출신 병사들의 지지를 얻은 무신들이 문벌들을 몰아내고 권력을 장악하였다. 이 지배세력의 교체는 문화에서도 변화를 가져왔다. 예를 들어 청자의 형태에도 영향을 미쳤다. 문양을 새기지 않았던 순청자의 아름다운 비색 바탕에 문양을 더하여 상감청자가 만들어지게 된 것이다.

상감청자는 무신들의 생활 도구였다. 무신들은 상감청자의 하늘처럼 푸른 빛깔과 아름다운 문양에 한껏 매료되었다. 무신들을 주요 수요자로 하여 성행하던 상감청자는 13세기 전반 몽골과의 항쟁을 위하여 무신정권이 강화도로 피난한 시기에 전성기를 맞았으며, 몽골과의 강화 이후 친원세력이 집권하면서 쇠락하기 시작하였다.

도자기 생산에 상감기법이 등장하게 된 것은 문신의 문화가 청산되었기 때문이었다. 특권 의식과 사대 의식을 특징으로 삼던 문신의 문화는 무신집권으로 인하여 사라졌다. 문신의 문화를 대체하여 이전과는 다른 새로운 문화가 모색되었고, 중국의 영향에서 벗어나 자주적 문화를 창조하려는 시대적 분위기가 도자기 생산을 비롯한 여러 분야에 영향을 미쳤다.

상감기법의 기술적 배경이 된 것은 당시 전성기에 도달해 있던 나전기술의 이용이었다. 나전기술은 나무로 만든 생활용구 표면에 무늬를 음각하고 그 자리에다 자개를 박아 옻칠을 하는 것이다. 이러한 기술이 도자기 생산에도 적용되어, 독창적이고 고려화된 문양과 기법이 순청자에 적용된 것이다.

상감청자의 문양으로 자주 등장하는 것은 운학(雲鶴) 무늬이다. 운학 무늬는 그릇 표면에 학과 구름이 점점이 아로새겨진 무늬를 일컫는다. 학이 상서롭고 세속을 벗어난 고고한 동물이라는 점에서 고려 사람들은 이를 무늬로 즐겨 이용하였고 푸른 그릇 표면은 하늘로 생각했다. 하늘은 소란스러운 속세를 떠난, 정적만이 있는 무한한 공간이었다. 이러한 곳에서 속세를 벗어난 고고한 학처럼 살고 싶었던 무신들은 그들이 희구하던 세계를 그릇 위에 나타내도록 한 것이다.

① 나전기술이 무신집권기에 개발되어 상감청자를 만드는 데 적용되었다.
② 청자의 사용은 무신의 집권과 더불어 등장하게 된 자주적인 문화양상이다.
③ 몽골과의 전쟁이 발발하자 상감청자를 사용하는 문화는 쇠퇴하기 시작하였다.
④ 무신들은 최고 권력을 쟁취하고자 하는 꿈을 상감청자의 학 문양에 담았다.
⑤ 문벌에서 무신으로 고려의 지배층이 변함에 따라 청자의 형태도 영향을 받았다.

9. 다음 글의 내용과 부합하는 것만을 〈보기〉에서 모두 고르면?

14년 행시(A) 22번

지역 주민들로 이루어진 작은 집단에 국한된 고대 종교에서는 성찬을 계기로 신자들이 함께 모일 수 있었다. 그중에서도 특히 고대 셈족에게 성찬은 신의 식탁에 공동으로 참석해서 형제의 관계를 맺음을 의미했다. 사람들은 실제로 자신의 몫만을 배타적으로 먹고 마심에도 불구하고, 같은 것을 먹고 마신다는 생각을 통해서 공동의 피와 살을 만든다는 원시적인 표상이 만들어진다. 빵을 예수의 몸과 동일시한 기독교의 성찬식에 이르러서 신화의 토대 위에 비로소 '공동 식사'라는 것의 새로운 의미가 형성되고 이를 통해서 참가자들 사이에 고유한 연결 방식이 창출되었다. 이러한 공동 식사 중에는 모든 참가자가 각기 자기만의 부분을 차지하는 것이 아니라, 전체를 분할하지 않고 누구나 함께 공유한다는 생각을 함으로써 식사 자체의 이기주의적 배타성이 극복된다.

공동 식사는 흔히 행해지는 원초적 행위를 사회적 상호 작용의 영역과 초개인적 의미의 영역으로 고양시킨다는 이유 때문에 과거 여러 시기에서 막대한 사회적 가치를 획득했다. 식탁 공동체의 금지 조항들이 이를 명백히 보여 준다. 이를테면 11세기의 케임브리지 길드는 길드 구성원을 살해한 자와 함께 먹고 마시는 사람에게 무거운 형벌을 가했다. 또한 강한 반유대적 성향 때문에 1267년의 비엔나 공의회는 기독교인들은 유대인들과 같이 식사를 할 수 없다고 규정했다. 그리고 인도에서는 낮은 카스트에 속하는 사람과 함께 식사를 함으로써 자신과 자신의 카스트를 더럽히는 사람은 때로 죽임을 당하기까지 했다. 서구 중세의 모든 길드에서는 공동으로 먹고 마시는 일이 오늘날 우리가 상상할 수 없을 정도로 중요하였다. 아마도 중세 사람들은 존재의 불확실성 가운데서 유일하게 눈에 보이는 확고함을 같이 모여서 먹고 마시는 데에서 찾았을 것이다. 당시의 공동 식사는 중세 사람들이 언제나 공동체에 소속되어 있다는 확신을 얻을 수 있는 상징이었던 것이다.

───── 〈보 기〉 ─────

ㄱ. 개별 집단에서 각기 이루어지는 공동 식사는 집단 간의 배타적인 경계를 강화시켜 주는 역할을 한다.
ㄴ. 일반적으로 공동 식사는 성스러운 음식을 공유함으로써 새로운 종교가 창출되는 계기로 작용했다.
ㄷ. 공동 식사는 식사가 본질적으로 이타적인 행위임을 잘 보여 주는 사례이다.

① ㄱ
② ㄷ
③ ㄱ, ㄴ
④ ㄴ, ㄷ
⑤ ㄱ, ㄴ, ㄷ

10. 다음 글에서 알 수 있는 것은? 16년 행시(5) 24번

수명 연장의 꿈을 갖고 제안된 것들 중 하나로 냉동보존이 있다. 이는 낮은 온도에서는 화학적 작용이 완전히 중지된다는 점에 착안해, 지금은 치료할 수 없는 환자를 그가 사망한 직후 액화질소 안에 냉동한 후, 냉동 및 해동에 따른 손상을 회복시키고 원래의 병을 치료할 수 있을 정도로 의학기술이 발전할 때까지 보관한다는 생각이다. 그러나 인체 냉동보존술은 제도권 내에 안착하지 못했으며, 현재는 소수의 열광자들에 의해 계승되어 이와 관련된 사업을 알코어 재단이 운영 중이다.

그런데 시신을 냉동하는 과정에서 시신의 세포 내부에 얼음이 형성되어 심각한 세포 손상이 일어난다는 것이 밝혀졌다. 이를 방지하기 위하여 저속 냉동보존술이 제시 되었는데, 이는 주로 정자나 난자, 배아, 혈액 등의 온도를 1분에 1도 정도로 천천히 낮추는 방식이었다. 이 기술에서 느린 냉각은 삼투압을 이용해 세포 바깥의 물을 얼음 상태로 만들고 세포 내부의 물은 냉동되지 않도록 하는 방식이다. 그러나 이 또한 치명적이지는 않더라도 여전히 세포들을 손상시킨다. 최근에는 액체 상태의 체액을 유리질 상태로 변화시키는 방법을 이용해 세포들을 냉각시키는 방법이 개발되었다. 유리질 상태는 고체이지만 결정 구조가 아니다. 그것의 물 분자는 무질서한 상태로 남아있으며, 얼음 결정에서 보이는 것과 같은 규칙적인 격자 형태로 배열되어 있지 않다. 알코어 재단은 시신 조직의 미시적 구조가 손상되는 것을 줄이기 위해 최근부터 유리질화를 이용한 냉동방법을 활용하고 있다.

하지만 뇌과학자 A는 유리질화를 이용한 냉동보존에 대해서 회의적인 입장이다. 그에 따르면 우리의 기억이나 정체성을 이루고 있는 것은 신경계의 뉴런들이 상호 연결되어 있는 연결망의 총체로서의 커넥톰이다. 냉동보존된 인간을 다시 살려냈을 때, 그 사람이 냉동 이전의 사람과 동일한 사람이라고 할 수 있기 위해서는 뉴런들의 커넥톰이 그대로 보존되어 있어야 한다. 그러나 A는 이러한 가능성에 대해서 회의적이다. 인공호흡기로 연명하던 환자를 죽은 뒤에 부검해보면, 신체의 다른 장기들은 완전히 정상으로 보이지만 두뇌는 이미 변색이 일어나고 말랑하게 되거나 부분적으로 녹은 채로 발견되었다. 이로부터 병리학자들은 두뇌가 신체의 나머지 부분보다 훨씬 이전에 죽는다고 결론을 내렸다. 알코어 재단이 냉동보존할 시신을 수령할 무렵 시신의 두뇌는 최소한 몇 시간 동안 산소 결핍 상태에 있었으며, 살아있는 뇌세포는 하나도 남아있지 않았고 심하게 손상된 상태였다.

① 냉동보존술이 제도권 내에 안착하지 못한 원인은 높은 비용 때문이다.

② 유리질화를 이용한 냉동보존술은 뉴런들의 커넥톰 보존을 염두에 둔 기술이다.

③ 저속 냉동보존술은 정자나 난자, 배아, 혈액을 냉각시킬 때 세포를 손상시키지 않는다.

④ 뇌과학자 A에 따르면, 알코어 재단이 시신을 보존하기 시작하는 시점에 뉴런들의 커넥톰은 이미 정상 상태에 있지 않았다.

⑤ 뇌과학자 A에 따르면, 머리 이외의 신체 보존 방식은 저속 냉동보존술이나 유리질화를 이용한 냉동보존술이나 차이가 없다.

11. 다음 글에서 알 수 있는 것은? 17년 행시(가) 3번

1965년 노벨상 수상자 게리 베커는 '시간의 비용'이 시간을 소비하는 방식에 따라 변화한다고 주장했다. 예를 들어 수면이나 식사활동은 영화 관람에 비해 단위 시간당 시간의 비용이 작다. 그 이유는 수면과 식사가 생산적인 활동에 기여하기 때문이다. 잠을 못 자거나 식사를 제대로 하지 못해 체력이 떨어진다면, 생산적인 활동에 제약을 받기 때문에 수면과 식사활동에 들어가는 시간의 비용이 영화 관람에 비해 작다고 볼 수 있다. 베커는 "주말이나 저녁에는 회사들이 문을 닫기 때문에 활용할 수 있는 시간의 길이가 길어지고 이에 따라 특정 행동의 시간의 비용이 줄어든다"고도 지적한다. 시간의 비용이 가변적이라는 개념은, 기대 수명이 늘어나서 사람들에게 더 많은 시간이 주어지는 것이 시간의 비용에 영향을 미칠 수 있다는 점에서 의미가 있다.

시간의 비용이 가변적이라고 생각한 이는 베커만이 아니었다. 스웨덴의 경제학자 스테판 린더는 서구인들이 엄청난 경제 성장을 이루고도 여유를 누리지 못하는 이유를 논증한다. 경제가 성장하면 사람들의 시간을 쓰는 방식도 달라진다. 임금이 상승하면 직장 밖 활동에 들어가는 시간의 비용이 늘어난다. 일하는 데 쓸 수 있는 시간을 영화나 책을 보는 데 소비하면 그만큼의 임금을 포기하는 것이다. 따라서 임금이 늘어난 만큼 일 이외의 활동에 들어가는 시간의 비용도 함께 늘어난다는 것이다.

베커와 린더는 사람들에게 주어진 시간을 고정된 양으로 전제했다. 1965년 당시의 기대수명은 약 70세였다. 하루 24시간 중 8시간을 수면에 쓰고 나머지 시간에 활동이 가능하다면, 평생 408,800시간의 활동가능 시간이 주어지는 셈이다. 하지만 이 방정식에서 변수 하나가 바뀌면 어떻게 될까? 기대수명이 크게 늘어난다면 시간의 가치 역시 달라져서, 늘 시간에 쫓기는 조급한 마음에도 영향을 주게 되지 않을까?

① 베커에 따르면, 2시간의 수면과 1시간의 영화 관람 중 시간의 비용은 후자가 더 크다.

② 베커에 따르면, 평일에 비해 주말에 단위 시간당 시간의 비용이 줄어드는데, 그 감소폭은 수면이 영화 관람보다 더 크다.

③ 린더에 따르면, 임금이 삭감되었는데도 노동의 시간과 조건이 이전과 동일한 회사원의 경우, 수면에 들어가는 시간의 비용은 이전보다 줄어든다.

④ 베커와 린더 모두 개인이 느끼는 시간의 비용이 작아질수록 주관적인 시간의 길이가 길어진다고 생각한다.

⑤ 베커와 린더 모두 시간의 비용이 가변적이라고 생각했지만, 기대수명이 시간의 비용에 영향을 미치는지 여부에 관해서는 서로 다른 견해를 가지고 있었다.

'인간'이란 말의 의미는 '호모 속(屬)에 속하는 동물'이고, 호모 속에는 사피엔스 외에도 여타의 종(種)이 존재했다. 불을 가졌던 사피엔스는 선조들에 비해 치아와 턱이 작았고 뇌의 크기는 우리와 비슷한 수준이었다. 사피엔스는 7만 년 전 아라비아 반도로 퍼져나갔고, 이후 다른 지역으로 급속히 퍼져나가 번성했다. 기술과 사회성이 뛰어난 사피엔스는 이미 그 지역에 정착해 있었던 다른 종의 인간들을 멸종시키기 시작하였다.

사피엔스의 확산은 인지혁명 덕분이었다. 이 혁명은 약 7만 년 전부터 3만 년 전 사이에 출현한 사고방식의 변화와 의사소통 방식의 변화를 가리킨다. 이와 같은 변화의 중심에는 그들의 언어가 있었다. 그렇다면, 사피엔스의 언어에 어떤 특별한 점이 있었기에 그들이 세계를 정복할 수 있었을까?

사피엔스는 제한된 개수의 소리와 기호를 연결해 각기 다른 의미를 지닌 무한한 개수의 문장을 만들 수 있었다. 곧 그들의 언어는 유연성을 지녔다. 이로써 그들은 자기 주변 환경에 대한 막대한 양의 정보를 공유할 수 있었다. 사피엔스가 다른 종의 인간들을 내몰 수 있었던 까닭이 공유된 정보의 양 때문이었다는 이론이 널리 알려져 있기는 하다. 그러나 공유된 정보의 양이 성공의 직접적 원인은 아니라는 이론 또한 존재한다. 이에 따르면 사피엔스가 세계를 정복할 수 있었던 원인은 오히려 그들의 언어가 사회적 협력을 다른 언어보다 더 원활하게 해주었다는 데 있다. 사피엔스는 주변 환경에 대한 담화를 할 수 있었을 뿐 아니라 다른 사회 구성원에 대한 담화도 할 수 있었다. 그런 담화는 상호 간의 관계를 더욱 긴밀하게 했고 협력을 증진시켰다. 작은 무리의 사피엔스는 이렇게 더욱 긴밀한 협력 관계를 유지할 수 있었다.

위의 두 이론, 곧 유연성 이론과 담화 이론은 사피엔스의 정복을 부분적으로는 설명해 줄 수 있을 것이다. 하지만 그 직접적 원인은 그들이 사용한 언어만이 존재하지도 않는 것에 대한 정보를 공유할 수 있게끔 해주었다는 데 있다. 직접 보거나 만지거나 냄새 맡지 못한 것에 대해 이야기할 수 있었던 존재는 사피엔스뿐이었다. 그들이 지닌 언어의 이와 같은 특성 때문에 사피엔스는 개인적인 상상을 집단적으로 공유할 수 있게 되었으며 공통의 신화들을 짜낼 수 있었다. 그 덕분에 그들의 사회는 서로 모르는 구성원들 사이에서도 협력 관계를 유지하고 복잡한 거대 사회로 발전될 수 있었다.

① 사피엔스의 뇌 크기는 인지혁명 이후에야 현재 인류의 그것과 비슷해졌다.

② 유연성 이론과 담화 이론에 따르면 공유한 정보의 양이 사피엔스 성공의 직접적 원인이었다.

③ 사피엔스가 다른 인간 종을 몰아내기 시작한 것은 그들이 이주를 시도한 때부터 약 4만 년 후였다.

④ 담화 이론에 따르면, 자기 주변 환경에 대한 정보가 사회 구성원들에 대한 정보보다 사피엔스에게 더 중요하였다.

⑤ 사피엔스가 다른 인간 종을 멸종시킬 수 있었던 원인은 상상이나 신화와 같은 허구를 사회적으로 공유할 수 있는 능력에 있었다.

정도전은 불교와 도교를 이단으로 배척하며 이른바 벽이단론(闢異端論)의 실천운동과 이론적 체계화에 앞장섰다. 『심기리편(心氣理篇)』은 이단 배척에 대한 그의 대표작 중의 하나이다.

『심기리편』에서 정도전은 불교와 도교 및 유교의 중심 개념을 각각 마음[心], 기운[氣], 이치[理]로 표출시키고, 그 개념이 지니는 가치의식의 정당성을 평가하였다. 그에 따르면 불교에서는 '마음'을 신령하며 무궁한 변화에 대응하는 것이라고 보지만, '기운'은 물질의 욕망일 뿐이라고 하였다. 이에 반해 도교에서는 기운은 천진하고 자연스러운 것이지만, 마음은 타산적이고 근심에 사로잡힌 것이라고 하였다. 이에 대해 유교에서는 '이치'를 마음과 기운의 근거로 보고, 이치가 없이는 마음도 욕심에 빠지고 기운도 동물적인 데로 빠진다고 보았다. 정도전은 『심기리편』에서, 불교의 마음과 도교의 기운이 서로 비난하게 하면서 유교의 이치가 양자를 올바르게 주재해야 한다고 주장하였으며, 이를 통해 불교와 도교에 대한 유교의 우월함을 강조하였다.

정도전은 『심기리편』에서 불교와 도교에 대해 날카로운 비판을 이어갔다. 그는 정념이 일어나는 것을 두려워하여 적멸(寂滅)에로 돌아가려 한다고 불교를 비판하였다. 동시에 "어린 아이가 우물로 기어가는 것을 보면 측은히 여기는 감정[인(仁)의 단서]이 일어나니, 유교는 정념이 일어나는 것을 두려워하지 않는다."라고 하면서 정념에 대한 유교의 긍정적 인식을 제기하였다. 정도전은 수련을 통해 장생(長生)을 꾀하는 도교도 비판하였다. 그는 "죽어야 할 때 죽는 것은 의리가 신체보다 소중하기 때문이니, 군자는 자기 몸을 죽여서 인을 이룬다."라고 하며, 유교에는 신체의 죽음을 넘어선 의리(義理)가 있음을 말하였다. "의롭지 못하면서 장수하는 것[도교의 양생(養生)]은 거북이나 뱀과 같으며, 졸면서 앉아 있는 것[불교의 좌선(坐禪)]은 흙이나 나무와 같다."라는 정도전의 말은 도교와 불교의 기본 수양방법을 비판한 것이다. 정도전은 "마음을 간직하면 맑고 밝게 될 것이요, 기운을 기르면 호연한 기상이 일어날 것이다."라고 하면서 유교적인 마음과 기운의 배양을 통해 도교와 불교의 이상이 올바르게 성취될 수 있음을 강조하였다.

① 정도전은 보편적인 이치가 성립하려면 감정을 배제할 것을 주장하였다.

② 정도전은 불교와 도교를 모두 비판하였지만 상대적으로 불교를 더 비판하였다.

③ 정도전은 도교를 비판하면서 살신성인(殺身成仁)을 가치있는 일로 간주하였다.

④ 정도전은 불교와 도교의 가치의식이 잘못된 근본 이유를 수행 방법에서 찾았다.

⑤ 정도전은 도교와 불교가 서로의 장점을 흡수할 때 자신들의 이상을 성취할 수 있다고 보았다.

14. 다음 글에서 알 수 있는 것은?

19년 행시(가) 22번

조선 시대에는 농지에서 생산된 곡물의 일정량을 조세로 징수했는데, 건국 초에는 면적 단위 1결마다 거두도록 규정된 조세량이 일정했다. 하지만 이에 불만을 품은 사람들이 많았다. 생산성이 좋은 농지를 가진 자는 정해진 액수만 내면 남은 양에 상관없이 그 모두를 가질 수 있었던 반면, 생산성이 낮은 농지를 가진 자는 수확량이 적어 정해진 세액도 못 낼 수 있기 때문이었다. 이는 모든 농지를 결이라는 동일한 크기의 면적으로 나누고 결마다 같은 액수의 조세를 받기 때문에 생긴 문제였다. 조선 왕조는 이런 문제점을 완화하고자 작황을 살핀 후 적당히 세액을 깎아주는 '답험손실법'이라는 제도를 시행하였다.

답험손실법에 따라 작황을 살펴보는 행위를 '답험'이라고 불렀다. 답험 실행 주체는 농지의 성격에 따라 달랐다. 국가에 조세를 내야 하는 땅은 그 농지가 위치한 곳의 지방관이 답험을 했다. 또 과전법의 적용을 받아 국가 대신 조세를 받는 사람이 지정된 땅의 경우에는 권리 수급자가 직접 답험을 했다. 그런데 답험 과정에서 지방관이 납세 의무자로부터 뇌물을 받거나 제대로 답험을 하지 않는 문제가 자주 일어났다.

세종은 이러한 문제점을 없애고자 조세 개혁에 관한 초안을 만들었다. 이 초안에는 이전에 했던 방식대로 결당 세액을 고정하는 대신, 중앙 관청이 모든 토지의 작황을 일괄으로 답험하겠다는 내용이 담겼다. 세종은 이 초안에 대해 백성들이 어떻게 생각하는지 알아보았다. 그 결과 함경도 농민들은 1결마다 부과할 세액을 고정하는 데 반대하지만, 전라도 농민들은 환영한다는 것을 알게 되었다. 전라도 농민들은 생산성이 높은 농지가 많았기 때문에 찬성한 것이고, 함경도 농민들은 생산성이 낮은 농지가 많았기 때문에 반대한 것이다. 이처럼 찬반이 엇갈리자 세종은 1결당 세액을 동일한 액수로 고정하되, 전국의 농지를 비옥도에 따라 6개의 등급으로 나누고 등급에 따라 결의 면적을 달리하였다. 6등전과 1등전의 절대 면적을 기준으로 비교할 때, 6등전 1결의 절대 면적이 1이라면 1등전 1결은 0.4였다. 한편 세종은 도 관찰사로 하여금 관할 도 안에 있는 모든 농지의 작황을 매년 조사한 후 그에 따라 결당 세액을 군현별로 조정하는 정책을 시행하였다. 이와 같이 세종 때 농지의 생산성과 연도별 작황을 감안해 세액과 결을 조정한 제도를 '공법'이라고 부른다.

① 공법에 따르면 같은 군현 안에 있고 농지 절대 면적의 총합이 동일한 마을들 중 1등전만 있는 마을 주민들이 내는 조세의 총액이 2등전만 있는 마을의 조세 납부 총액보다 많아진다.

② 공법 시행 후에 같은 등급에 속한 농지들은 1결의 크기가 같아지므로 지역에 상관없이 매년 같은 액수의 조세를 냈다.

③ 절대 면적이 동일한 경우라도 공법 시행 후에는 1등전만 있는 마을이 2등전만 있는 마을보다 결의 수가 더 적어졌다.

④ 과전법에 의해 조세를 국가 대신 받는 개인은 공법 시행으로 매년 그 땅의 작황을 조사해 중앙 관청에 보고해야 했다.

⑤ 세종의 초안대로라면 함경도 주민들이 내는 조세의 총액은 전라도 주민들이 내는 조세의 총액보다 많아진다.

15. 다음 글에서 알 수 있는 것은?

18년 행시(나) 21번

조선시대에는 변경의 급보를 전할 때 봉수를 이용하는 경우가 많았다. 봉수의 '봉'은 횃불을 의미하며, '수'는 연기라는 뜻을 지닌다. 봉수란 밤에는 횃불, 낮에는 연기를 사용해 릴레이식으로 신호를 보내는 것이다.

봉수 제도는 삼국시대부터 있었다. 그러나 그것이 체계적으로 정비된 것은 조선시대 세종 때의 일이다. 세종은 병조 아래에 무비사(武備司)라는 기구를 두어 봉수를 관할하도록 하는 한편, 각 지방에 봉수대를 설치하였다. 봉수대는 연변봉수대, 내지봉수대, 경봉수대로 나뉘어져 있었다. 연변봉수대에서는 외적이 접근할 때 곧바로 연기나 불을 올려 급보를 전했다. 그러면 그 소식이 여러 곳의 봉수대를 거쳐 한양으로 전해지도록 되어 있었다.

봉수로는 다섯 개 노선으로 나뉘어져 있었다. 제1로는 함경도 경흥에서 출발하여 각지의 봉수대를 거친 다음 한양의 경봉수대로 이어졌다. 제2로는 동래에서 출발하는 노선이었고, 제3로와 제4로는 평안도 강계와 의주에서 각각 출발하는 노선이었다. 제5로도 순천에서 시작하여 경봉수대까지 연결되어 있었다. 봉수대에서는 봉수를 다섯 개까지 올릴 수 있었다. 평상시에는 봉수를 1개만 올렸고, 적이 멀리서 접근하는 것이 보이면 2개를 올렸다. 적이 국경에 거의 다가왔을 때에는 3개, 국경을 침범하면 4개를 올렸다. 또 조선군이 외적과 전투를 시작할 때 5개를 올려 이를 알려야 했다.

연변봉수대가 외적의 접근을 알리는 봉수를 올리면 그 소식이 하루 안에 한양으로 전달되었다고 한다. 그러나 아무리 봉수를 올려도 어떤 내지봉수대에서는 앞 봉수대의 신호가 잘 보이지 않는 경우가 있었다. 날씨 때문에 앞 봉수대에서 봉수가 몇 개 올라갔는지 분간하기 어려울 수 있었던 것이다. 그때에는 봉수군이 직접 그 봉수대까지 달려가서 확인해야 했다.

봉수대를 지키는 봉수군에게는 매일 올리는 봉수를 꺼지지 않도록 할 의무가 있었다. 그러나 그 일이 너무 고되었기 때문에 의무를 다하지 않고 도망가 버리는 경우가 적지 않았다. 이 때문에 을묘왜변 때에는 연변봉수대의 신호가 내지봉수대들에게 제대로 전달되지 못했다. 선조는 선왕이 을묘왜변 당시 발생한 이 문제를 시정하지 못했다는 점을 인지하고, 봉수가 원활하게 전달되지 않을 때를 대비하여 파발 제도를 운영하였다.

① 선조는 내지봉수대가 제 기능을 하지 않자 을묘왜변 때 봉수 제도를 폐지하고 파발을 운영하였다.

② 햇빛이 강한 날에는 정해진 규칙에 따라 봉수를 올리지 않고 봉수군이 다음 봉수대로 달려가 소식을 전했다.

③ 연변봉수대는 군사적으로 긴급한 상황이 발생할 때 낮에 횃불을 올리고 밤에는 연기를 올려 경봉수대에 알려야 했다.

④ 연변봉수대는 평상시에 1개의 봉수를 올렸지만, 외적이 국경을 넘으면 바로 2개의 봉수를 올려 위급한 상황을 알렸다.

⑤ 조선군이 국경을 넘은 외적과 싸우기 시작할 때 연변봉수대는 5개의 봉수를 올려 이 사실을 내지봉수대로 전해야 했다.

16. 다음 글에서 추론할 수 있는 것만을 〈보기〉에서 모두 고르면?

23년 행시(가) 35번

동물은 에너지원으로 탄수화물과 지방을 주로 사용한다. 탄수화물을 에너지원으로 많이 사용하면 혈중 젖산 농도가 증가하고, 지방을 에너지원으로 많이 사용하면 혈중 트리글리세리드(TG) 농도가 증가한다.

곰이 계절에 따라 주로 사용하는 에너지원이 무엇인지 알아보기 위해, 곰의 혈액과 배설물을 사용하여 두 건의 연구를 수행했다. 장내 미생물군은 배설물 안에 보존되어 있고, 장내 미생물군의 구성 비율은 미생물군이 에너지원으로 사용할 수 있는 물질이 얼마나 있는지에 따라 변할 수 있다. 장내 미생물군 중 어떤 것은 에너지원으로 탄수화물을 주로 사용하고, 다른 어떤 것은 에너지원으로 지방을 주로 사용한다. 체내환경에서 탄수화물이 많아지면 그것을 주로 사용하는 미생물군의 비율이 증가하고 지방의 경우도 마찬가지다. 이 미생물군들의 작용으로 젖산 또는 TG가 개체의 혈액에 추가로 제공된다.

첫 번째 연구에서 총 10마리의 곰 각각으로부터 여름과 겨울에 혈액을 채취하여 혈중 물질의 농도를 분석하였다. 이 연구로부터 혈중 평균 TG 농도는 겨울이 여름보다 높고, 혈중 평균 젖산 농도는 여름이 겨울보다 높다는 결과를 얻었다. 이로부터 곰이 에너지원으로 주로 사용하는 물질의 종류는 여름과 겨울에 다르다는 것을 알 수 있었다.

두 번째 연구에서 장내 미생물이 없는 무균 쥐를 이용한 실험을 수행하였다. 무균 쥐는 고지방 음식을 섭취하더라도 혈중 TG 농도가 변하지 않고 $50\mu M$로 유지된다. 20마리의 무균 쥐를 10마리씩 두 그룹으로 나누어, 그룹 1의 쥐에는 여름에 곰으로부터 채취한 배설물을, 그룹 2의 쥐에는 겨울에 곰으로부터 채취한 배설물을 같은 양만큼 이식하였다. 이후 같은 양의 고지방 음식을 먹였다. 2주 후 쥐의 혈중 TG 농도를 분석하였고, 그룹 1과 그룹 2에서 쥐의 혈중 평균 TG 농도는 각각 $70\mu M$과 $110\mu M$이었다. 이로부터 곰의 배설물에 있는 장내 미생물이 쥐의 혈중 TG 농도를 높였다는 것을 알 수 있었다.

〈보 기〉
ㄱ. 곰은 에너지원으로 여름보다 겨울에는 탄수화물을, 겨울보다 여름에는 지방을 더 많이 사용한다.
ㄴ. 여름에 곰으로부터 채취한 배설물을 이식한 무균 쥐는 탄수화물을 충분히 섭취해도 혈중 젖산 농도가 증가하지 않는다.
ㄷ. 곰의 경우 전체 장내 미생물군 중 에너지원으로 지방을 주로 사용하는 미생물군이 차지하는 비율은 여름보다 겨울에 더 높다.

① ㄱ ② ㄷ
③ ㄱ, ㄴ ④ ㄴ, ㄷ
⑤ ㄱ, ㄴ, ㄷ

17. 다음 글에서 추론할 수 있는 것만을 〈보기〉에서 모두 고르면?

22년 행시(나) 8번

기계식 한글 타자기를 구현하는 것이 어려운 이유는 크게 두 가지이다.

첫째, 영문 타자기는 한 알파벳을 찍을 때마다 종이가 한 칸씩 움직인다. 그러나 한글은 자음과 모음을 조합하여 초성, 중성, 종성을 한 음절로 모아쓰는 문자이므로 타자기가 하나의 자음 또는 모음을 찍을 때마다 종이가 한 칸씩 움직인다면 받침을 제자리에 찍을 수 없다. 따라서 한글 타자기는 영문 타자기처럼 하나의 자음이나 모음을 찍을 때마다 종이가 움직이는 '움직글쇠'로만 구성되어서는 안 되며, 글쇠 중 일부는 자음 또는 모음이 찍혀도 종이가 움직이지 않는 '안움직글쇠'여야 한다.

둘째, 모아쓰는 과정에서 낱글자들의 모양이 조금씩 바뀌는 문제이다. 'ㄱ'이 초성으로 쓰일 때, 종성으로 쓰일 때는 물론, 어떤 모음과 어울려 쓰는지, 받침이 있는지 없는지에 따라 다른 모양을 갖는다. 중성에서 쓰이는 모음도 두 가지 이상의 다른 모양을 갖는다. 이러한 모양을 다 구현하는 타자기를 만들려면 적어도 300여 개의 글쇠가 필요하다.

이런 문제로 인해 한글 타자기는 적절한 글쇠의 수를 결정할 필요가 있었다. 다섯벌식 타자기의 경우, 'ㅗ'나 'ㅜ'처럼 가로로 긴 모음과 어울려 쓰는 초성 자음 한 벌, 나머지 모음('ㅣ'나 'ㅏ'처럼 세로로 긴 모음과 이 모음이 들어간 이중모음)과 어울려 쓰는 초성 자음 한 벌, 받침이 있을 때 쓰는 모음 한 벌, 받침이 없을 때 쓰는 모음 한 벌, 종성 자음 한 벌이 있다.

네벌식의 경우, 세로로 긴 모음과 어울려 쓰는 초성 자음 한 벌, 세로로 긴 모음이 들어간 이중모음과 어울려 쓰는 초성 자음 한 벌, 모음 한 벌이 있다. 가로로 긴 모음과 어울려 쓰는 초성 자음 한 벌은 다섯벌식 타자기와 같은 글쇠를 사용한다. 종성 자음은 가로로 긴 모음과 어울려 쓰는 초성 자음 글쇠를 기계적인 방법을 통해 글쇠가 찍히는 위치를 조정하는 방식으로 활용한다.

〈보 기〉
ㄱ. 한글 타자기의 받침이 있는 글자의 모음에 대한 글쇠는 움직글쇠이다.
ㄴ. 다섯벌식 한글 타자기에서 '밤'이라는 글자의 'ㅏ'를 쓰기 위해 사용하는 글쇠와 '나'라는 글자의 'ㅏ'를 쓰기 위해 사용하는 글쇠는 다르다.
ㄷ. 다섯벌식 한글 타자기에서 '꿈'이라는 글자의 'ㅁ'을 쓰기 위해 사용하는 글쇠와 '목'이라는 글자의 'ㅁ'을 쓰기 위해 사용하는 글쇠는 다르지만, 네벌식 한글 타자기에서는 같다.

① ㄱ ② ㄴ
③ ㄱ, ㄷ ④ ㄴ, ㄷ
⑤ ㄱ, ㄴ, ㄷ

18. 다음 글의 두 경우에 관한 〈보기〉의 대화에서 추론할 수 있는 것은?

11년 행시(수) 18번

다음과 같은 두 경우를 생각해 보자. 첫째 경우, 임신 중인 한 여성이 간단한 치료로 완치될 수 있지만 그냥 놔두면 태아가 위태롭게 되는 어떤 질병에 걸렸다. 둘째 경우는 이와 비슷하지만 중요한 차이점이 있다. 결혼 직후 한 아이만을 임신할 계획을 갖고 있는 한 여성이 어떤 질병에 걸렸다. 이 상태에서 치료를 미루고 임신을 한다면 태어날 아이는 기형아가 될 가능성이 높다. 만일 이 여성이 임신하려는 계획을 반년 정도 미루고 치료를 받는다면 이 질병 역시 완치될 수 있다. 첫째 경우라면 우리는 통상적으로 임신 중인 여성은 치료를 받아야 한다고 생각한다. 왜냐하면 그 선택이 태아의 보다 나은 삶을 보장하기 때문이다. 하지만 둘째 경우는 이와 동일한 이유로 치료를 받아야 한다고 주장할 수 없다.

― 〈보 기〉 ―

갑 : 두 경우 모두 질병을 치료하는 시점이 임신부의 건강에는 아무런 영향을 주지 않는다는 것이 암묵적으로 전제되어 있군.

을 : 맞아. 그렇다면 질병을 언제 치료하는가의 문제는 임신된 아이든 계획대로라면 태어날 아이든 간에 아이의 삶을 보장하는 방식으로 결정해야겠군.

갑 : 그래. 그렇지만 반 년을 미루어 아이를 갖는다 하더라도 원래 가지려 했던 아이가 달라졌다고는 볼 수 없어.

을 : 이 문제는 '계획대로라면 태어날 아이'의 관점에서 보아야 해. 이 관점에서 보자면, 건강하지 않더라도 태어나는 것이 태어나지 않은 것보다는 더 나아. 태어나지 않는다면 보장받을 삶도 없는 셈이니까.

갑 : 그럴까? 언제 출산을 하든 '첫째 아이'라는 점에서 동일하다고 해야 하지 않을까?

을 : 특정한 시점에 특정한 정자와 난자가 결합한다는 점을 생각해봐. 시점이 다르다면 같은 사람이라고 할 수 없지.

① 갑은 첫째 경우의 여성이 치료를 미뤄야 한다고 주장할 것이다.

② 을은 첫째 경우의 여성이 치료를 미뤄야 한다고 주장할 것이다.

③ 갑은 둘째 경우의 여성이 계획대로 임신을 하는 것이 옳다고 주장할 것이다.

④ 을은 둘째 경우의 여성이 계획대로 임신을 하는 것이 옳다고 주장할 것이다.

⑤ 갑과 을은 두 경우 모두 태아의 건강을 우선시하여 치료 시기가 결정되어야 한다고 주장할 것이다.

19. 다음 글로부터 올바른 추론을 하고 있는 사람을 〈보기〉에서 모두 고르면?

11년 행시(수) 34번

아리스토텔레스가 얼마나 위대한지는 삼단논법의 타당성을 증명한 그의 방식만 보아도 알 수 있다. 가령 다음과 같은 삼단논법을 생각해보자.

(가) 여학생은 모두 화장을 한다.
(나) 우리반 학생 가운데 일부는 화장을 하지 않는다.
따라서 (다) 우리반 학생 가운데 일부는 여학생이 아니다.

그는 이 삼단논법의 전제가 모두 참이라면 결론도 참일 수밖에 없음을 다음과 같이 증명한다. 우선 논의를 위해 이 논증의 전제는 모두 참인데 결론은 거짓이라고 가정해보자. 결론 (다)가 거짓이라면, (다)와 모순인 □(라)□가 참임을 추리해 낼 수 있다. 또한 (라)와 (가)로부터 우리는 □(마)□가 참이라는 것도 알아낼 수 있다. 그런데 (마)는 (나)와 모순이므로, 결국 이는 (나)가 참이라는 애초 가정과 모순된다.

또 다른 예로 다음 삼단논법의 타당성을 증명해보자.

(바) 화장을 하는 학생 가운데 일부는 여학생이 아니다.
(사) 화장을 하는 학생은 모두 우리반 학생이다.
따라서 (아) 우리반 학생 가운데 일부는 여학생이 아니다.

앞서처럼 이 논증의 전제는 모두 참인데 결론은 거짓이라고 가정해보자. 결론 (아)가 거짓이라면, (아)와 모순인 □(자)□가 참임을 알 수 있다. 그리고 (사)와 (자)가 참이라는 것으로부터 □(차)□가 참이라는 사실도 알아낼 수 있다. 그런데 (차)는 (바)와 모순이므로, 결국 이는 (바)가 참이라는 우리의 애초 가정과 모순된다.

― 〈보 기〉 ―

지훈 : (라)와 (자)에는 같은 명제가 들어가는군.

연길 : (마)와 (차)에 들어갈 각 명제가 참이라면 (라)에 들어갈 명제도 참일 수밖에 없겠군.

혁진 : (라)와 (마)에 들어갈 각 명제가 참이라면 (차)에 들어갈 명제도 참일 수밖에 없겠군.

① 연길

② 혁진

③ 지훈, 연길

④ 지훈, 혁진

⑤ 지훈, 연길, 혁진

20. 다음 글에서 추론할 수 있는 것을 〈보기〉에서 모두 고르면?

13년 행시(인) 9번

부족 A의 사람들의 이름은 살면서 계속 바뀔 수 있다. 사용하는 이름의 종류는 '고유명'과 '상명(喪名)'이다. 태어나면 먼저 누구나 고유명을 갖는다. 그러다 친척 중 누군가가 죽으면 고유명을 버리고 상명을 갖는다. 또 다른 친척이 죽으면 다시 새로운 상명을 갖는다. 이런 방식으로 친척 누군가가 죽을 때마다 계속 이름이 바뀐다. 만약 친척 두 명 이상이 동시에 죽을 경우에는 두 개 이상의 상명을 다 갖게 된다.

부족 B의 사람들도 이름이 계속 바뀔 수 있다. 예를 들어 손자의 이름을 지어 준 조부가 죽으면 그 손자는 새로운 이름을 받을 때까지 이름 없이 그대로 있어야 한다. 이렇게 어떤 사람이 죽으면 그 사람이 지어 준 이름은 쓸 수 없다. 한편 여성이 재혼하면 새 남편은 전남편과의 사이에서 낳은 아이에게 새로운 이름을 붙여준다. 부족 B의 여자는 일찍 결혼하는 데 반해 남자는 35세 이전에 결혼하는 경우가 매우 드물다. 그래서 일반적으로 남편이 아내보다 빨리 죽는다. 더구나 부족 B에는 여자가 부족하기 때문에 여자는 반드시 재혼한다.

〈보 기〉

ㄱ. 부족 A의 어떤 사람이 죽을 때까지 가졌던 상명의 수는 그와 친척이었던 모든 사람의 수보다 많지 않다.

ㄴ. 부족 B의 사람들은 모친이 죽으면 비로소 최종적인 이름을 갖게 된다.

ㄷ. 부족 B와 마찬가지로 부족 A에도 이름 없이 지내는 사람이 있을 수 있다.

① ㄱ
② ㄴ
③ ㄱ, ㄴ
④ ㄱ, ㄷ
⑤ ㄴ, ㄷ

21. 다음 글에서 추론할 수 있는 것은?

13년 행시(인) 29번

우리의 선택은 상대방의 선택에 어떤 영향을 받을까? 상대방이 무엇을 선택하든 상관없이 나에게 가장 높은 이익을 가져다주는 전략을 'D전략'이라고 하고, 상대방이 무엇을 선택하든 상관없이 나에게 가장 낮은 이익을 가져다주는 전략을 'S전략'이라고 하자. 예를 들어, 두 사람 갑, 을이 각각 상대방의 선택에 따라 자신에게 유리한 전략을 세우려고 한다. 두 사람은 P와 Q 중에서 어떤 선택을 할지 고려하고 있다. 갑은 을이 P를 선택 할 경우 Q보다 P를 선택하는 것이 더 높은 이익을 얻고, 을이 Q를 선택할 경우에도 Q보다 P를 선택하는 것이 더 높은 이익을 얻는다면, P를 선택하는 것이 갑의 D전략이 된다. 또한 을이 P나 Q 어떤 것을 선택하든지 갑은 P보다 Q를 선택하는 것이 더 낮은 이익을 얻는다면, Q는 갑의 S전략이 된다. 이를 일상적 상황에 적용해서 설명해 보자.

두 스마트폰 회사가 있다. 각 회사는 TV 광고를 해야 할지를 결정해야 한다. 각 회사가 선택할 수 있는 전략에는 TV 광고를 자제하는 전략과 대대적으로 TV 광고를 하는 공격적인 전략 두 가지가 있다. 두 회사 모두 광고를 하지 않을 경우 각 회사는 5억 원의 순이익을 올린다. 한 회사가 광고를 하는데 다른 회사는 하지 않을 경우, 광고를 한 회사는 6억 원의 순이익을 올릴 수 있다. 반면 광고를 하지 않은 회사의 매출은 대폭 감소하여 단지 2억 원의 순이익을 올릴 수 있다. 두 회사가 모두 경쟁적으로 TV 광고를 할 경우 상대방 회사에 비해 판매를 더 늘릴 수 없는 반면 막대한 광고비를 지출해야하므로 각자의 순이익은 3억 원에 머문다.

또 다른 예를 생각해 보자. 어떤 지역에 경쟁관계에 있는 두 병원이 있다. 각 병원에는 우수한 의료장비가 완비되어 있으며, 현재 구준한 이익을 내고 있다. 각 병원은 값비싼 첨단 의료장비의 구입을 고려하고 있다. 주민들은 첨단 의료장비를 갖춘 병원을 더 신뢰하여 감기만 걸려도 첨단 장비를 갖춘 병원으로 달려간다. 한 병원이 다른 병원에는 없는 첨단 장비를 구비한 경우를 가정해 보자. 첨단 장비를 갖춘 병원은 총수입이 늘어나며, 첨단 장비를 사는 데 드는 비용을 제하고 최종적으로 4억 원의 순이익을 확보하여 이전보다 순이익이 증가할 것이다. 반면에 첨단 장비를 갖추지 못한 병원은 환자를 많이 잃게 되어 순이익이 1억 원에 머물게 된다. 한편 두 병원이 모두 첨단 장비를 도입할 경우, 환자는 반반씩 차지할 수 있지만 값비싼 장비의 도입 비용으로 인하여 각 병원의 순이익은 2억 원이 된다.

① 각 회사의 광고 자제와 각 병원의 첨단 장비 구입은 S전략이다.
② 각 회사의 공격적인 광고와 각 병원의 기존 장비 유지는 S전략이다.
③ 각 회사의 공격적인 광고와 각 병원의 기존 장비 유지는 D전략이다.
④ 각 회사의 공격적인 광고와 각 병원의 첨단 장비 구입은 D전략이다.
⑤ 각 회사의 공격적인 광고는 D전략이고, 각 병원의 첨단 장비 구입은 S전략이다.

22. 다음 글에서 추론할 수 없는 것은? 14년 행시(A) 3번

악기에서 나오는 복합음은 부분음이 여러 개 중첩된 형태이다. 이 부분음 중에서 가장 낮은 음을 '기음'이라고 부르며 다른 부분음은 이 기음이 가지고 있는 진동수의 정수배 값인 진동수를 갖는다. 헬름홀츠는 공명기라는 독특한 장치를 사용하여 부분음이 물리적으로 존재한다는 것을 입증하였다.

헬름홀츠는 이 공명기를 이용하여 복합음 속에서 특정한 부분음만을 선택하여 들을 수 있었다. 이는 공명기의 내부에 존재하는 공기의 양에 따라 특정한 진동수를 갖는 부분음에 대해서만 공명이 일어나고 다른 진동수의 음에 대해서는 공명이 일어나지 않기 때문이었다. 그는 이 특정한 공명 진동수를 공명기의 '고유 진동수'라고 불렀다. 공명기의 이러한 특성은 추후에 음향학 연구에서 널리 활용되었다.

헬름홀츠는 공명기를 활용하여 악기에서 이러한 부분음이 어떻게 발생하는지를 탐구하였다. 헬름홀츠가 우선적으로 선택한 악음은 다양한 현에서 나오는 음이었다. 현은 일정한 장력으로 양단이 고정되었을 때 일정한 음을 내는데, 현이 진동할 때 진폭이 0이 되어 진동이 일어나지 않는 곳을 '마디'라 하고 진폭이 가장 큰 곳을 '배'라 한다. 현은 하나의 배를 갖는 진동부터 여러 개의 배를 갖는 진동이 모두 가능하다. 가령, 현의 중앙을 가볍게 퉁기면 그 위치가 배가 되고 현의 양단이 마디가 되는 1배 진동을 하게 된다. 1배 진동에서는 기음이 발생한다. 그렇지만 현의 중앙을 퉁길 때 현은 1배 진동만 하는 것이 아니라 퉁긴 위치를 배로 하는, 배가 3개인 진동, 5개인 진동, 7개인 진동도 동시에 일어난다. 이와 함께 기음의 진동수의 3배, 5배, 7배 등의 진동수를 갖는 부분음도 발생하게 된다. 3배 진동의 경우, 현의 길이가 L이면 한쪽 끝에서 거리가 0, $\frac{1}{3}$L, $\frac{2}{3}$L, L인 위치에 마디가 생기고 한쪽 끝에서 거리가 $\frac{1}{6}$L, $\frac{3}{6}$L, $\frac{5}{6}$L인 위치에 배가 형성된다.

이렇게 현을 퉁기면 여러 배의 진동이 동시에 형성되면서 현에 형성된 파형은 여러 배의 진동이 중첩되어 나타나는 복잡한 형태를 띠게 된다. 이러한 현으로부터 나오는 음도 현의 파형처럼 복잡한 형태를 띠게 된다.

① 양단이 고정된 현의 양단은 항상 마디이다.
② 진동하는 현의 배의 수가 증가하면 그 현의 기음이 갖는 진동수도 커진다.
③ 양단이 고정된 현의 중앙을 퉁겼을 때 발생하는 배의 수는 마디의 수보다 항상 작다.
④ 현을 진동시킬 때 나오는 복합음은 기음을 포함한 여러 개의 부분음이 중첩되어 나온 것이다.
⑤ 헬름홀츠의 공명기에 의해 분석할 수 있는 특정한 부분음의 진동수는 공명기 내에 있는 공기의 양에 따라 다르다.

23. 다음 글에서 추론할 수 있는 것만을 〈보기〉에서 모두 고르면? 15년 행시(인) 36번

수정란은 모체의 자궁에서 발생과정을 거친다. 수정란의 발생과정은 수정란으로부터 태아가 형성되는 과정이다. 수정란의 발생과정 중에 생식샘, 생식관, 외생식기 각각이 남성형 또는 여성형으로 분화되는 성 분화가 일어난다. 수정란의 발생과정이 시작될 때까지는 남성이 될 수정란과 여성이 될 수정란의 차이는 Y염색체를 가지는가의 여부 이외에는 없다. 발생과정 중 수정란은 분열하여 배아가 되고 배아는 발생과정이 진행되면서 태아가 된다. 발생과정을 시작하면서 남성이 될 수정란에서는 Y염색체로부터 나오는 성 결정인자가 만들어진다. 이 수정란이 배아가 되면, 생식샘은 만들어진 성 결정인자에 의해 남성 호르몬인 테스토스테론을 분비하는 고환으로 발달한다. 반면 여성이 될 수정란에서는 Y염색체가 없기 때문에 성 결정인자가 만들어지지 않아 배아가 되어도 생식샘은 고환으로 발달하지 못하고 여성 호르몬인 에스트로겐을 분비하는 난소로 발달한다.

고환에서 생성된 테스토스테론은 남성형 외생식기와 생식관의 발달을 유도하고, 이런 과정을 거친 임신 10~12주경 태아는 외생식기의 해부학적 모양을 통해 성 구분이 가능해진다. 이런 생식관의 발달은 배아의 원시 생식관의 분화로 시작된다. 배아의 성별과 관계없이 배아는 원시 생식관인 볼프관과 뮐러관을 모두 가지고 있다. 생식샘이 고환으로 발달한 경우 고환에서 분비되는 테스토스테론은 볼프관의 분화를 일으켜 부고환과 정관을 형성한다. 그리고 고환에서 또 다른 물질인 뮐러관 억제인자가 분비되어 뮐러관이 퇴화하게 된다. 반면 생식샘이 난소로 발달한 경우 테스토스테론이 분비되지 않아 뮐러관이 퇴화하지 않고 분화한다. 이는 여성형 생식관인 난관과 자궁을 형성하게 한다. 볼프관은 테스토스테론이 없으면 퇴화한다.

〈보 기〉

ㄱ. 수정란 발생과정이 시작될 때, 여성이 될 수정란에 Y염색체를 가지게 하면 이 수정란의 정상적인 발생과정 중에 뮐러관 억제인자가 분비된다.
ㄴ. 외생식기의 해부학적 모양을 통해 어떤 태아의 성 구분이 가능하다면 이 태아를 형성한 수정란에서 성 결정인자가 만들어졌다.
ㄷ. 볼프관과 뮐러관을 모두 가지고 있는 배아는 Y염색체를 가지지 않는다.

① ㄱ
② ㄷ
③ ㄱ, ㄴ
④ ㄴ, ㄷ
⑤ ㄱ, ㄴ, ㄷ

24. 다음 글에서 추론할 수 있는 것만을 〈보기〉에서 모두 고르면?

19년 행시(가) 27번

가상의 동전 게임을 하나 생각해 보자. 이 게임의 규칙은 동전을 던져서 제일 높은 점수를 얻는 사람이 이기는 것이다. 게임 참여자는 A, B 두 그룹으로 구분된다. 두 그룹의 인원수는 100명으로 같지만, 각 참여자에게 같은 수의 동전을 주지 않는다. A그룹에는 한 사람당 동전을 10개씩 주고, B그룹에는 한 사람당 100개씩 준다. 모든 동전은 1개당 한 번씩 던지는 것으로 한다.

〈게임 1〉에서는 앞면이 나온 동전 1개당 1점씩 점수를 준다고 하자. 이때 게임의 승자는 B 그룹에서 나올 가능성이 매우 높다. B그룹 사람들 중 상당수는 50점쯤 얻을 텐데, 그것은 A그룹 사람들 중에서 누구도 이길 수 없는 점수이다. A그룹 인원을 아무리 늘리더라도 최고 점수는 10점일 것이기 때문이다.

〈게임 2〉에서는 〈게임 1〉과 달리 앞면이 나오는 동전의 개수가 아니라 앞면이 나온 비율로 점수를 매겨 가장 높은 점수를 받은 사람이 이긴다고 하자. A그룹 중에서 한 명쯤은 동전 10개 중 앞면이 8개 나올 것이다. 이 경우 그는 80점을 얻는다. B그룹은 어떨까? B그룹 사람 100명 중에서 누구도 80점을 받기는 어려울 것이다. 물론 그런 일이 물리적으로 불가능하지는 않겠지만, 현실에서는 거의 벌어지지 않을 것이다. 동전을 더 많이 던질수록 앞면과 뒷면의 비율은 50대 50에 더 가깝게 수렴되기 때문이다. B그룹에서 80점을 받는 사람이 한 명쯤 나오려면, B그룹 인원수는 100명이 아니라 그보다 훨씬 더 커야 한다. 이처럼 동전 개수가 증가했을 때 80점을 받는 사람이 한 명쯤 나오려면 그 동전 개수의 증가에 맞춰 그룹 인원수도 크게 증가해야 한다.

─────〈보 기〉─────

ㄱ. 〈게임 1〉에서 A그룹 참가자와 B그룹 참가자의 동전 개수를 각각 절반으로 줄일 경우, 게임의 승자가 나올 그룹은 바뀔 것이다.

ㄴ. 〈게임 2〉에서 B그룹만 인원을 늘릴 경우, 그 수를 아무리 늘리더라도 90점을 받는 사람은 A그룹에서만 나올 것이다.

ㄷ. 〈게임 2〉에서 A그룹만 참가자 각각의 동전 개수를 1,000개로 늘릴 경우, A그룹에서 80점을 받는 사람이 한 명쯤 나오기 위해 필요한 A그룹 인원수는 80점을 받는 사람이 한 명쯤 나오기 위해 필요한 B그룹 인원수보다 훨씬 더 커야 할 것이다.

① ㄱ
② ㄷ
③ ㄱ, ㄴ
④ ㄴ, ㄷ
⑤ ㄱ, ㄴ, ㄷ

---

25. 다음 글에서 알 수 있는 것만을 〈보기〉에서 모두 고르면?

17년 행시(가) 5번

골격근에서 전체근육은 근육섬유를 뼈에 연결시키는 주변 조직인 힘줄과 결합조직을 모두 포함한다. 골격근의 근육섬유가 수축할 때 전체근육의 길이가 항상 줄어드는 것은 아니다. 근육 수축의 종류 중 근육섬유가 수축함에 따라 전체근육의 길이가 변화하는 것을 '등장수축'이라 하는데, 등장수축은 근육섬유 수축과 함께 전체근육의 길이가 줄어드는 '동심 등장수축'과 전체근육의 길이가 늘어나는 '편심 등장수축'으로 나뉜다.

반면에 근육섬유가 수축함에도 불구하고 전체근육의 길이가 변하지 않는 수축을 '등척수축'이라고 한다. 예를 들어 아령을 손에 들고 팔꿈치의 각도를 일정하게 유지하고 있는 상태에서 위팔의 이두근 근육섬유는 끊임없이 수축하고 있지만, 이 근육에서 만드는 장력이 근육에 걸린 부하량 즉 아령의 무게와 같아 전체근육의 길이가 변하지 않기 때문에 등척수축을 하는 것이다. 등척수축은 골격근의 주변 조직과 근육섬유 내에 있는 탄력섬유의 작용에 의해 일어난다. 근육에 부하가 걸릴 때, 이 부하를 견디기 위해 탄력섬유가 늘어나기 때문에 근육섬유는 수축하지만 전체 근육의 길이는 변하지 않는 등척수축이 일어날 수 있다.

아래 그래프는 근육이 최대 장력으로 수축운동을 하는 동안 해당 근육에 걸린 초기 부하량이 전체근육의 수축 속도에 어떤 영향을 미치는지를 나타내고 있다. 그래프의 Y축에서 양의 값은 전체근육의 길이가 줄어드는 속도를 나타내고, 음의 값은 근육에 최대 장력을 초과하는 부하가 걸리면 근육섬유는 수축하지만 전체 근육의 길이가 늘어나는 속도를 나타낸다.

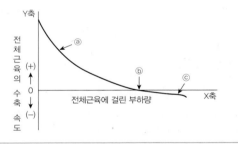

─────〈보 기〉─────

ㄱ. ⓐ에서 일어나는 근육 수축은 편심 등장수축이다.

ㄴ. ⓑ는 탄력섬유의 작용에 의해 일어나는 근육 수축에 해당한다.

ㄷ. 최대 장력이 10kg인 이두근이 있는 팔의 팔꿈치가 일정한 각도를 유지하고 있을 때, 이두근에 10kg을 초과하는 부하를 걸어주면 ⓒ가 발생할 수 있다.

① ㄱ
② ㄴ
③ ㄱ, ㄷ
④ ㄴ, ㄷ
⑤ ㄱ, ㄴ, ㄷ

---

26. 다음 글의 (가)~(라)에 들어갈 말을 적절하게 나열한 것은?

23년 행시(가) 9번

영화는 이미지와 사운드를 결합하여 의미와 감동을 만들어 낸다. 이미지와 사운드의 결합은 대개 다음과 같이 구분된다. 먼저, 사운드가 발생한 원천을 화면을 통해 확인할 수 있는 것을 '인(in) 음향'이라고 한다. 예를 들어, 화면에 배우가 보이면서 그의 대사가 동시에 들리거나 등장인물이 문을 여는 장면이 보이면서 그 문에서 발생한 소리가 동시에 들리는 것이다. 이때의 사운드는 화면에 보이는 피사체로부터 직접 발생하는 것이다.

두 번째는 사운드가 발생한 원천이 화면에 보이지 않는 경우이다. A와 B 두 명의 배우가 대화 중인데, 화면에는 A의 말을 듣고 있는 B만 보인다거나, 어떤 장면의 배경음악으로 기성의 음악이 깔리는 것을 예로 들 수 있다. 이 두 사례는 사운드가 발생한 원천이 화면에 보이지 않는다는 점에서는 동일하지만 그 원천까지 동일하지는 않다. 후자는 사운드의 원천이 화면에서 전개되는 시공간에 속하지 않는 경우로, 이를 '오프(off) 음향'이라고 한다. 전자는 사운드의 원천이 직접적으로 화면에 보이지는 않지만, 화면에 보이는 장면과 동일한 공간에 있다는 것을 앞뒤 맥락을 통해 알 수 있는 경우로, 이를 '화면 밖 음향'이라 한다. 다시 말해, [(가)]은 보이지 않는 사운드의 원천이 화면 속의 현실 공간 안에 동시에 존재한다고 추정할 수 있는 것이고, [(나)]은 배경음악이나 내레이션과 같이 화면에 보이는 장면과는 다른 시공간의 원천으로부터 나온 것이라고 할 수 있다.

세 종류의 음향을 적절히 활용함으로써 연출자는 자신이 재현하고자 하는 극적 효과를 달성할 수 있다. 화면 속의 어린 아이가 피아노를 연주하고 있고 그 아이가 연주하는 어설픈 피아노 소리가 흘러나오다가 장면이 전환된다. 전환된 장면에는 어른이 된 주인공이 팔짱을 낀 채 말없이 피아노를 바라보고 있고, 유명한 피아니스트의 연주곡이 배경음악으로 깔린다. 여기서 음향은 [(다)]에서 [(라)]으로 바뀐 것인데, 이를 통해 연출자는 피아노와 관련된 주인공의 복잡한 내면을 효과적으로 그려낼 수 있다.

	(가)	(나)	(다)	(라)
①	오프 음향	화면 밖 음향	인 음향	오프 음향
②	오프 음향	화면 밖 음향	오프 음향	화면 밖 음향
③	화면 밖 음향	오프 음향	인 음향	화면 밖 음향
④	화면 밖 음향	오프 음향	인 음향	오프 음향
⑤	화면 밖 음향	오프 음향	오프 음향	인 음향

27. 다음 글의 ㉠과 ㉡에 들어갈 말로 적절한 것은?

22년 행시(나) 7번

우리말의 어휘는 그 기원에 따라 가장 아래에 고유어가 있고, 그 위를 한자어가 덮고 있으며, 맨 위에는 한자어 이외의 외래어가 얹혀 있다. 토박이말이라고도 하는 고유어는 말 그대로 바깥에서 들어온 말이 아닌 한국어 고유의 말이다. 하늘·아들·나라 따위의 낱말들이 그 예이다. 고유어는 기초 어휘에 속하는 말들이 많고, 한자어나 외래어에 견주어 정서적 호소력이 크다. 그러나 낱말의 기원이 분명하지 않은 경우가 많아 그 범위를 엄밀하게 확정하기 힘들다는 문제도 있다. 그래서 현실적으로 고유어는 한자어와 외래어를 뺀 나머지 어휘 전체를 범위로 삼는다.

이렇게 느슨하게 정의된 고유어에는 많은 차용어들이 포함된다. 예컨대 보라매의 '보라'는 몽골어에서, '스라소니'는 여진어에서 차용한 것이다. 이보다 더 흔한 것은 한자어에서 차용한 낱말들이다. [㉠]. 벼락·서랍·썰매 같은 낱말들은 지금은 고유어가 맞지만 처음부터 고유어는 아니었고, 벽력(霹靂)·설합(舌盒)·설마(雪馬) 같은 한자어를 사용하다 형태가 변한 것들이다. 이런 유형의 낱말 가운데는 괴이하고 흉악하기 짝이 없다는 '괴악(怪惡)하다'에서 온 '고약하다'처럼 그 형태뿐 아니라 의미가 달라진 것들도 있다.

한국어 어휘의 두 번째 층인 한자어는 한자로 표기될 수 있다는 점에서 고유어와 구분된다. [㉡]. 한자어에는 신체(身體)·처자(妻子)처럼 중국에서 차용한 말들 이외에, 철학(哲學)·분자(分子)처럼 일본에서 만들어져 수입된 한자어도 있고, 또 어중간(於中間)·양반(兩班)처럼 우리나라에서 만들어진 한자어도 포함된다.

① ㉠ : 본디 한자어였던 것이 고유어의 발음과 유사해서 고유어로 바뀐 것이다
  ㉡ : 한자어가 한자로 표기된다고 해서 모두 중국에서 유래된 것은 아니다
② ㉠ : 본디 한자어였던 것이 고유어의 발음과 유사해서 고유어로 바뀐 것이다
  ㉡ : 언어 간 차용 이후 우리말에 동화된 정도는 낱말의 기원이 어디인지에 따라 다르다
③ ㉠ : 본디 한자어였던 것이 형태가 바뀌어 한자 표기를 할 수 없게 된 것이다
  ㉡ : 한자어가 한자로 표기된다고 해서 모두 중국에서 유래된 것은 아니다
④ ㉠ : 본디 한자어였던 것이 형태가 바뀌어 한자 표기를 할 수 없게 된 것이다
  ㉡ : 언어 간 차용 이후 우리말에 동화된 정도는 낱말의 기원이 어디인지에 따라 다르다
⑤ ㉠ : 본디 한자어였던 것이 기존의 고유어를 밀어내고 고유어의 지위를 차지한 것이다
  ㉡ : 한자어가 한자로 표기된다고 해서 모두 중국에서 유래된 것은 아니다

어느 시대든 사람들은 원인이 무엇인지 알고 있다고 믿었다. 사람들은 그런 앎을 어디서 얻는가? 원인을 안다고 믿는 사람들의 믿음은 어디서 생기는 것일까?

새로운 것, 체험되지 않은 것, 낯선 것은 원인이 될 수 없다. 알려지지 않은 것에서는 위험, 불안정, 걱정, 공포감이 뒤따라 나오기 때문이다. 우리 마음의 불안한 상태를 없애고자 한다면, 우리는 알려지지 않은 것을 알려진 것으로 환원해야 한다. 이러한 환원은 우리 마음을 편하게 해주고 안심시키며 만족하게 하고 힘을 느끼게 한다. 이 때문에 우리는 이미 알려진 것, 체험된 것, 기억에 각인된 것을 원인으로 설정하게 된다. '왜?'라는 물음의 답으로 나온 것은 그것이 진짜 원인이기 때문에 우리에게 떠오른 것이 아니다. 그것이 우리에게 떠오른 것은 그것이 우리를 안정시켜주고 성가신 것을 없애주며 무겁고 불편한 마음을 가볍게 해주기 때문이다. 따라서 원인을 찾으려는 우리의 본능은 위험, 불안정, 걱정, 공포감 등에 의해 촉발되고 자극받는다.

우리는 '설명이 없는 것보다 설명이 있는 것이 언제나 더 낫다'고 믿는다. 우리는 특별한 유형의 원인만을 써서 설명을 만들어낸다. [   ] 그래서 특정 유형의 설명만이 점점 더 우세해지고, 그러한 설명들이 하나의 체계로 모아져 결국 그런 설명이 우리의 사고방식을 지배하게 된다. 기업인은 즉시 이윤을 생각하고, 기독교인은 즉시 원죄를 생각하며, 소녀는 즉시 사랑을 생각한다.

① 이것은 우리의 호기심과 모험심을 자극한다.
② 이것은 인과관계에 대한 우리의 지식을 확장시킨다.
③ 이것은 우리가 왜 불안한 심리 상태에 있는지를 설명해준다.
④ 이것은 낯설고 체험하지 않았다는 느낌을 가장 빠르고 가장 쉽게 제거해 버린다.
⑤ 이것은 새롭고 낯선 것에서 원인을 발견하려는 우리의 본래 태도를 점차 약화시키고 오히려 그 반대의 태도를 우리의 습관으로 굳어지게 한다.

다음 세대에 유전자를 남기기 위해서는 반드시 암수가 만나 번식을 해야 한다. 그런데 왜 이성이 아니라 동성에게 성적으로 끌리는 사람들이 낮은 빈도로나마 꾸준히 존재하는 것일까? 진화심리학자들은 이 질문에 대해서 여러 가지 가설로 동성애 성향이 유전자를 통해 다음 세대로 전달된다고 설명한다. 그중 캄페리오-치아니는 동성애 유전자가 X염색체에 위치하고, 동성애 유전자가 남성에게 있으면 자식을 낳아 유전자를 남기는 번식이 감소하지만, 동성애 유전자가 여성에게 있으면 여타 조건이 동일한 상황에서 자식을 많이 낳아 유전자를 많이 남기기 때문에 동성애 유전자가 계속 유지된다고 주장하였다. 인간은 23쌍의 염색체를 갖는데, 그중 한 쌍이 성염색체로 남성은 XY염색체를 가지며 여성은 XX염색체를 가진다. 한 쌍의 성염색체는 아버지와 어머니로부터 각각 하나씩 받아서 쌍을 이룬다. 즉 남성 성염색체 XY의 경우 X염색체는 어머니로부터 Y염색체는 아버지로부터 물려받고, 여성 성염색체 XX는 아버지와 어머니로부터 각각 한 개씩의 X염색체를 물려받는다. 만약에 동성애 남성이라면 동성애 유전자가 X염색체에 있고 그 유전자는 어머니로부터 물려받은 것이다. 따라서 캄페리오-치아니의 가설이 맞다면 확률적으로 동성애 남성의 [㉠] 한 명이 낳은 자식의 수가 이성애 남성의 [㉡] 한 명이 낳은 자식의 수보다 [㉢].

	㉠	㉡	㉢
①	이모	이모	많다
②	고모	고모	많다
③	이모	고모	적다
④	고모	고모	적다
⑤	이모	이모	적다

30. 다음 글의 문맥상 (가)와 (나)에 들어가기에 가장 적절한 것을 〈보기〉에서 골라 알맞게 짝지은 것은? 14년 행시(A) 26번

자연발생설이란 적당한 유기물과 충분한 공기가 있는 환경이라면 생명이 없는 물질로부터 생명체가 생겨날 수 있다는 학설을 말한다. 17세기 이후 자연발생설에 대한 비판은 주로 실험을 통해서 진행되었다. 18세기 생물학자 스팔란차니는 우유나 나물죽과 같은 유기 물질을 충분히 끓이면 그 속에 있는 미생물들이 모두 파괴될 것이라고 가정했다. 그리고 끓인 유기 물질을 담은 플라스크를 금속으로 용접하여 밀폐한 뒤 유기 물질이 부패하는지 관찰하였다. 실험 결과 유기 물질의 부패를 관찰할 수 없었던 스팔란차니는 미생물이 없는 유기 물질에서는 새로운 미생물이 발생할 수 없다고 결론 내렸다. 하지만 이 결과가 자연발생설 지지자들의 주장을 결정적으로 논박한 것은 아니었다. 왜냐하면 자연발생설 지지자들은 [(가)]고 할 수 있었기 때문이다.

이 문제에 직면한 몇몇 19세기 생물학자들은 새로운 실험을 진행하였다. 그들은 우선 스팔란차니의 가정을 받아들였다. 즉 당시 자연발생설 지지자들이나 비판자들 모두 유기 물질을 끓이면 그 속의 미생물은 모두 파괴된다는 것을 받아들였다. 따라서 스팔란차니의 실험과 마찬가지로 유기 물질을 담은 플라스크를 가열하여 유기 물질을 끓였다. 이때 플라스크 안의 공기는 전부 밖으로 빠져나가도록 장치하였다. 그리고 수은을 이용해 정화된 공기를 플라스크에 충분히 주입하였다. 그 뒤 플라스크에 미생물이 발생하는지 관찰하였다. 그러나 이런 실험들의 결과는 엇갈렸다. 어떤 실험에서는 미생물이 발견되기도 하였고, 어떤 실험에서는 미생물이 발견되지 않기도 하였던 것이다. 이런 실험 결과에 대해서 자연발생설의 지지자들과 비판자들은 자신들에게 유리한 방향으로 각각의 실험 결과들을 해석하였다. 가령, 미생물이 발견되지 않은 실험에 대해서 자연발생설의 지지자들은 [(나)]고 결론 내렸으며, 미생물이 발견된 실험에 대해서 자연발생설의 비판자들은 공기를 정화하는 데 사용된 수은이 미생물에 오염되어 있었다고 결론 내렸다.

〈 보 기 〉

ㄱ. 유기 물질을 부패하게 만들지 않는 미생물도 존재한다
ㄴ. 플라스크 속에는 생명체의 발생에 필요한 만큼의 공기가 없었다
ㄷ. 유기 물질을 끓일 때 유기물 중 미생물의 발생에 필요한 성분도 파괴되었다
ㄹ. 유기 물질을 끓인다고 하더라도 그 속에 있던 미생물은 사멸하지 않는다

	(가)	(나)
①	ㄱ	ㄷ
②	ㄱ	ㄹ
③	ㄴ	ㄱ
④	ㄴ	ㄷ
⑤	ㄹ	ㄴ

31. 다음 글의 ㉠에 들어갈 진술로 가장 적절한 것은? 19년 행시(가) 6번

흔히들 과학적 이론이나 가설을 표현하는 엄밀한 물리학적 언어만을 과학의 언어라고 생각한다. 그러나 과학적 이론이나 가설을 검사하는 과정에는 이러한 물리학적 언어 외에 우리의 감각적 경험을 표현하는 일상적 언어도 사용될 수밖에 없다. 그런데 우리의 감각적 경험을 표현하는 일상적 언어에는 과학적 이론이나 가설을 표현하는 물리학적 언어와는 달리 매우 불명료하고 엄밀하게 정의될 수 없는 용어들이 포함되어 있다. 어떤 학자는 이러한 용어들을 '발룽엔'이라고 부른다.

이제 과학적 이론이나 가설을 검사하는 과정에 발룽엔이 개입된다고 해보자. 이 경우 우리는 증거와 가설 사이의 논리적 관계가 무엇인지 결정할 수 없게 될 것이다. 즉, 증거가 가설을 논리적으로 뒷받침하고 있는지 아니면 논리적으로 반박하고 있는지에 관해 미결정적일 수밖에 없다는 것이다. 그 이유는 증거를 표현할 때 포함될 수밖에 없는 발룽엔을 어떻게 해석할 것인지에 따라 증거와 가설 사이의 논리적 관계에 대한 다양한 해석이 나오게 될 것이기 때문이다. 발룽엔의 의미는 본질적으로 불명료할 수밖에 없다. 즉, 발룽엔을 아무리 상세하게 정의하더라도 그것의 의미를 정확하고 엄밀하게 규정할 수는 없다는 것이다.

논리실증주의자들이나 포퍼는 증거와 가설 사이의 관계를 논리적으로 정확하게 판단할 수 있고 이를 통해 가설을 정확히 검사할 수 있다고 생각했다. 그러나 증거와 가설이 상충하면 가설이 퇴출된다는 식의 생각은 너무 단순한 것이다. 증거와 가설의 논리적 관계에 대한 판단을 위해서는 증거가 의미하는 것이 무엇인지 파악하는 것이 선행되어야 하기 때문이다. 따라서 우리가 발룽엔의 존재를 염두에 둔다면, ' [㉠] '라고 결론지을 수 있다.

① 과학적 가설과 증거의 논리적 관계를 정확하게 판단할 수 있다는 생각은 잘못된 것이다.
② 과학적 가설을 정확하게 검사하기 위해서는 우리의 감각적 경험을 배제해야 한다.
③ 과학적 가설을 검사하기 위한 증거를 표현할 때 발룽엔을 사용해서는 안 된다.
④ 과학적 가설을 표현하는 데에도 발룽엔이 포함될 수밖에 없다.
⑤ 증거가 의미하는 것이 무엇인지 정확히 파악해야 한다.

32. 다음 괄호에 들어갈 내용을 〈보기〉에서 찾아 순서대로 나열한 것은?
08년 행시(꿈) 2번

실학을 과연 근대정신이라 부를 수 있는 것인가? 현재와 동일한 생활 및 시대 형태를 가진 시대를 근대라 한다면, ( ). 실학은 그 비판적인 입장에서 봉건사회의 본질을 해부하고, 노동하지 않는 계급을 비방하였을 뿐만 아니라, 신분 세습과 대토지 사유화를 비판·부인하였다. 그러나 그 비판의 기조는 당우(唐虞) 삼대*에 속하는 것이었으며, ( ). 이에 반해 서양의 문예부흥은 고대 희랍에서 확립되었던 시민의 자유를 이상으로 하고, 또 강제·숙명·신비·인습 등의 봉건적 가치를 완전히 척결하였다. 이것은 실학과 좋은 대조를 이룬다. 실학은 봉건사회의 제 현상에 대한 회의와 반항이기는 하였다. 그러나 ( ). 또 사실상 보수적 행동으로 이를 따랐던 것이다. 다만 ( ). 실학은 근대정신의 내재적인 태반(胎盤)의 역할을 담당하였던 것이다.

※ 당우(唐虞) 삼대 : 유교에서 말하는 중국 고대의 이상적인 태평시대

〈보 기〉

ㄱ. 비판의 입장도 역사적 한계를 넘어설 만큼 질적으로 다르지 않았다

ㄴ. 실학은 이러한 정체된 봉건사회를 극복하고, '근대'라는 별개의 역사와의 접촉을 준비하는 한 시기의 사상이었다

ㄷ. 실학은 여전히 유교를 근저로 하는 봉건사회의 규범 안에서 생겨난 산물이었다

ㄹ. 실학은 결코 근대의 의식도 근대의 정신도 아니다

① ㄱ, ㄴ, ㄹ, ㄷ
② ㄷ, ㄱ, ㄴ, ㄹ
③ ㄷ, ㄴ, ㄱ, ㄹ
④ ㄹ, ㄱ, ㄷ, ㄴ
⑤ ㄹ, ㄷ, ㄱ, ㄴ

33. 다음 글의 내용으로 볼 때 밑줄 친 '이 문제'가 가리키는 것은?
06년 행시 28번

미합중국 역사만큼이나 유서 깊은 이 문제는, 대중 정부의 본성에 관한 깊이 있는 연구들을 촉발했다. '미국헌법의 아버지'라고 불렸던 제임스 매디슨 역시 이 문제를 연구한 사람 중의 하나였다. 그에 따르면 민주주의란 기본적으로 다수의 의견에 따르는 정치 체제이다. 그런데 매디슨은 이 다수가 민주주의의 최대 위협이 될 수 있다는 딜레마를 지적한다. 다수는 자신들에 속하지 않는 타인들의 권리나 전체의 장기적 이익보다 자신들의 권익을 우선적으로 고려할 수 있다. 이 때 다수는 개인들의 집합을 넘어 하나의 '파벌'을 형성한다. 소수로 이루어진 파벌도 공화국 정부에 혼란을 일으킬 수 있다. 그러나 다수로 이루어진 파벌이 공화국 정부에 미치는 영향은 훨씬 더 위협적이다. 다수로 이루어진 파벌은 자신의 의지대로 정부 기관을 통제할 수 있기 때문이다.

매디슨은 이러한 위협을 해소하는 두 가지 방안을 고려했다. 첫 번째 방안은 다수 파벌이 아예 형성되지 못하도록 막는 것이었고, 두 번째 방안은 다수 파벌의 형성 및 활동을 허용하되 그로부터 비롯되는 결과들을 통제하는 방안이었다. 매디슨은 후자가 더 낫다고 보았다. 매디슨의 관점에서 볼 때, 민주주의 정치 체제 속에서 개인들이 파벌을 형성하고 이를 통해 자신들의 의지를 관철하고자 노력하는 근본적 동인은 자유였다. 그는 이 원인을 제거하는 것이 다수 파벌의 폐해보다도 더 나쁘다고 보았다. 따라서 그는 파벌들의 활동 결과를 적절하게 관리할 수 있는 방안을 모색했다. 그는 당시 검토 중이던 헌법 초안에서 그 해법을 구했다. 헌법의 초안자들은 자의적 권력을 행사할 수 없도록 하는 장치를 마련했다. 그것은 어떤 집단도 다수의 통제되지 않는 힘을 행사하지 못하게 하는 것이었다. 이것은 국가의 통치 영역을 확대하고 국가의 이익을 증진할 수 있다고 여겨졌다. 매디슨은 "야망은 야망을 견제하도록 해야 한다."고 선언하고, "그런 장치들이 필요하다는 것은 인간 본성의 반영"이라고 말했다.

① 어떻게 하면 다수 파벌의 형성 원인을 제거할 것인가?
② 어떻게 하면 다수 파벌들 간의 갈등을 최소화할 것인가?
③ 어떻게 하면 민주주의를 다수 파벌의 횡포로부터 보호할 수 있는가?
④ 어떻게 하면 다수 파벌의 존재가 인간 본성을 위협하지 않도록 할 것인가?
⑤ 어떻게 하면 효과적으로 국가의 통치 영역을 확대하고 국익을 증진할 수 있는가?

34. 다음 글의 ㉠에 근거한 추론으로 옳은 것만을 〈보기〉에서 모두 고르면?

19년 행시(가) 8번

우리는 믿음과 관련하여 여러 종류의 태도를 가질 수 있다. 예를 들어, 우리는 내일 비가 온다는 명제가 참이라고 믿을 수도 있고, 거짓이라고 믿을 수도 있다. 또한 그 명제가 참이라고 믿지도 않고 거짓이라고 믿지도 않을 수 있다. 이렇게 거칠게 세 가지 종류로만 구분된 믿음 태도는 '거친 믿음 태도'라고 불린다.

한편, 우리의 믿음 태도는 아주 섬세하게 구분될 수도 있다. 우리는 내일 비가 온다는 명제가 참이라는 것을 0.2의 확률로 믿을 수도 있고 0.5의 확률로 믿을 수도 있고 0.8의 확률로 믿을 수도 있다. 말하자면, 그 명제가 참일 확률에 따라 우리의 믿음 태도는 섬세하게 구분될 수도 있다는 것이다. 이렇게 확률에 따라 구분된 믿음 태도는 '섬세한 믿음 태도'라고 불린다.

이 두 종류의 믿음 태도는 ㉠'믿음의 문턱'이라는 개념을 이용한 규정을 통해 서로 연결될 수 있다. 그 규정은 이렇다. '어떤 명제를 참이라고 믿기 위한 필요충분조건은 그 명제가 참이라는 것을 특정 확률 값 k보다 크게 믿는 것이다. 그리고 어떤 명제를 거짓이라고 믿기 위한 필요충분조건은 그 명제가 거짓이라는 것을 그 확률 값 k보다 크게 믿는 것이다. 단, k의 값은 0.5보다 작지 않다.' 이때 확률 값 k를 믿음의 문턱이라고 부른다.

이제 이러한 규정을 적용해 보기 위해 일단 당신의 믿음의 문턱이 0.8이라고 해보자. 그리고 당신은 내일 비가 온다는 명제가 참이라는 것을 0.9의 확률로 믿고 있다고 하자. 이 경우 우리는 '당신은 내일 비가 온다는 명제를 참이라고 믿고 있다.'고 말할 수 있다. 이번에는 당신이 내일 비가 온다는 명제가 거짓이라는 것을 0.9의 확률로 믿고 있다고 해 보자. 그럼 우리는 당신의 믿음의 문턱이 0.8이라는 점을 고려하여 '당신은 내일 비가 온다는 명제가 거짓이라고 믿고 있다.'고 말할 수 있다.

그럼, 당신이 내일 비가 온다는 명제가 참이라는 것도 0.5의 확률로 믿고 있고, 그 명제가 거짓이라는 것도 0.5의 확률로 믿고 있는 경우는 어떨까? 이 경우 우리는 당신의 믿음의 문턱이 0.8이라는 점을 고려하여 '당신은 내일 비가 온다는 명제를 참이라고 믿지도 않고 거짓이라고 믿지도 않는다.'고 말할 수 있다.

〈보 기〉

ㄱ. 철수의 믿음의 문턱이 0.5인 경우, 철수는 모든 명제를 참이라고 믿지도 않고 거짓이라고 믿지도 않는다.

ㄴ. 영희의 믿음의 문턱이 고정되어 있을 경우, 내일 비가 온다는 명제에 대한 영희의 섬세한 믿음 태도가 변한다고 하더라도 그 명제에 대한 영희의 거친 믿음 태도는 변하지 않는 경우도 있다.

ㄷ. 철수와 영희가 동일한 수치의 믿음의 문턱을 가지고 있을 경우, 두 사람 모두 내일 비가 온다는 명제를 참이라고 믿고 있지 않다면 두 사람 모두 내일 비가 온다는 명제를 거짓이라고 믿고 있다.

① ㄱ
② ㄴ
③ ㄱ, ㄷ
④ ㄴ, ㄷ
⑤ ㄱ, ㄴ, ㄷ

---

35. 다음 글의 문맥상 빈칸에 들어갈 진술로 가장 적절한 것은?

15년 행시(인) 6번

오늘날 프랑스 영토의 윤곽은 9세기 샤를마뉴 황제가 유럽 전역을 평정한 후, 그의 후손들 사이에 벌어진 영토 분쟁의 결과로 만들어졌다. 제국 분할을 둘러싸고 그의 후손들 사이에 빚어진 갈등은 제국을 독차지하려던 로타르의 군대와, 루이와 샤를의 동맹군 사이의 전쟁으로 확대되었다. 결국 동맹군의 승리로 전쟁이 끝나면서 왕자들 사이에 제국의 영토를 분할하는 원칙을 명시한 베르됭 조약이 체결되었다. 영토 분할을 위임받은 로마 교회는 조세 수입이나 영토 면적보다는 '세속어'를 그 경계의 기준으로 삼는 것이 더 공정하다는 결론을 내렸다. 그래서 게르만어를 사용하는 지역과 로망어를 사용하는 지역을 각각 루이와 샤를에게 할당했다. 그리고 힘없는 로타르에게는 이들 두 국가를 가르는 완충지대로서, 이탈리아 북부 롬바르디아 지역으로부터 프랑스의 프로방스 지방, 스위스, 스트라스부르, 북해로 이어지는 긴 복도 모양의 영토가 주어졌다.

루이와 샤를은 베르됭 조약 체결에 앞서 스트라스부르에서 서로의 동맹을 다지는 서약 문서를 상대방이 분할 받은 영토의 세속어로 작성하여 교환하고, 곧이어 각자 자신의 군사들로부터 자신이 분할 받은 영토의 세속어로 충성 맹세를 받았다. 학자들은 두 사람이 서로의 동맹에 충실할 것을 상대측 영토의 세속어로 서약했다는 점에 주목한다. 또한 역사적 자료에 의해 [   ] 그러므로 루이와 샤를 중 적어도 한 명은 서약 문서를 자신의 모어로 작성한 것이 아니다. 게다가 그들의 군대는 필요에 따라 여기저기서 수시로 징집된 다양한 언어권의 병사들로 구성되어 있었으므로 세속어의 사용이 군사들의 이해를 목적으로 한다는 설명도 설득력이 없다. 결국 학자들은 상대측 영토의 세속어 사용이 상대 국민의 정체성과 그에 따른 권력의 합법성을 상호 인정하기 위한 상징행위로서 의미를 갖는다고 결론을 내렸다.

① 게르만어와 로망어는 세속어가 아니었다는 사실이 알려져 있다.

② 루이와 샤를 모두 게르만어를 모어로 사용하였다는 사실이 알려져 있다.

③ 스트라스부르의 세속어는 루이와 샤를의 모어와 달랐다는 사실이 알려져 있다.

④ 루이와 샤를의 모어는 각각 상대방이 분할 받은 영토의 세속어와 일치하였다는 사실이 알려져 있다.

⑤ 각자 자신의 모어로 서약 문서를 작성하는 것은 서로의 동맹에 충실하겠다는 상징행위라는 사실이 알려져 있다.

36. 다음 글의 물음에 대하여 아래 〈조건〉에 따라 옳게 답한 것은?

11년 행시(수) 9번

슈미트라는 수학자가 수학의 불완전성을 증명했지만 그는 이 증명을 발표하기 전에 죽었다. 그런데 그의 동료 수학자 쿠르트가 이 증명을 마치 자신의 성과인 양 세상에 발표했다. 그러나 이러한 역사적 진실은 알려지지 않았다.

이제 우리는 쿠르트에 대해 이야기할 때 '수학의 불완전성 정리를 증명한 사람'이라고 말할 것이다. 분명 '수학의 불완전성 정리를 증명한 사람'은 세계의 무수한 사물들 중에서 어느 한 사람을 가리킬 것이다. 그런데 이 표현이 가리키는 사람이 쿠르트인지 슈미트인지 판단하기 어렵다.

다음과 같은 물음을 생각해보자. 어제 상규는 "쿠르트는 수학의 불완전성 정리를 증명한 수학자이다."라고 주장했다. 오늘 상규는 "쿠르트는 수학의 불완전성 정리를 증명한 수학자가 아니다."라고 주장했다. 상규가 어제 말한 '쿠르트'와 오늘 말한 '쿠르트'는 각각 쿠르트와 슈미트 중 누구를 가리킬까?

〈조 건〉

• 주장은 역사적 진실과 일치하면 참이고 일치하지 않으면 거짓이다.
• '쿠르트'가 가리키는 대상은 쿠르트나 슈미트 중 한 명이다.

① 상규의 어제 주장과 오늘 주장이 둘 다 참이라고 가정하면, 상규의 두 '쿠르트'는 모두 쿠르트를 가리킬 것이다.
② 상규의 어제 주장은 거짓이고 오늘 주장이 참이라고 가정하면, 상규의 두 '쿠르트'는 모두 쿠르트를 가리킬 것이다.
③ 상규의 어제 주장은 거짓이고 오늘 주장이 참이라고 가정하면, 상규의 두 '쿠르트'는 모두 슈미트를 가리킬 것이다.
④ 상규의 어제 주장은 참이고 오늘 주장이 거짓이라고 가정하면, 상규의 어제 '쿠르트'는 슈미트를 가리키고, 오늘 '쿠르트'는 쿠르트를 가리킬 것이다.
⑤ 상규의 어제 주장은 참이고 오늘 주장이 거짓이라고 가정하면, 상규의 어제 '쿠르트'는 쿠르트를 가리키고, 오늘 '쿠르트'는 슈미트를 가리킬 것이다.

37. 다음 글에 나타난 배분원칙이 적용된 것을 〈보기〉에서 모두 고르면?

11년 행시(수) 10번

신장이식의 경우, 지금까지는 기증된 신장이 대기 순번에 따라 배분되었다. 하지만 이것은 각 수요자의 개별적 특성을 고려하지 못한 비효율적인 배분이다. 환자의 수술 성공 확률, 수술 성공 후 기대 수명, 병의 위중 정도 등을 고려할 필요가 있다.

〈보 기〉

ㄱ. 시립 유치원에 취학을 신청한 아동들은 그 시 주민들의 자녀이고 각자 취학의 권리를 가지고 있으므로 취학 연령 아동들은 모두 동등한 기회를 가져야 한다. 유치원에 다니는 기간을 한정해서라도 모든 아이들에게 같은 기간 동안 유치원에 다닐 수 있는 기회를 제공해야 한다는 것이다. 그러기 위해서는 추첨으로 선발하는 방법이 유용하다.
ㄴ. 국고는 국민들의 세금으로 충당되고 모든 국민은 동등한 주권을 가지며 모든 유권자는 동등한 선거권을 가지므로 선거자금 지원의 대상은 후보가 아니라 유권자다. 유권자는 이 자금을 사용해 자신의 이해관계를 대변할 대리인으로서 후보를 선택하는 것이다. 따라서 유권자 한 명 당 동일한 지원액을 산정해 유권자 개인에게 분배하고 유권자들이 후보에게 이 지원금을 직접 기부하게 해야 한다. 그 결과 특정 후보들에게 더 많은 자금 지원이 이루어질 수는 있다.
ㄷ. 이해 당사자들이 한정되어 있고 그 이해관계의 연관성과 민감도가 이해 당사자마다 다른 사회문제에 있어서는 결정권을 달리 할 필요가 있다. 예를 들어 혐오시설 유치를 결정하는 투표에서 그 유치 지역 주민들이 각자 한 표씩 행사하는 것이 아니라, 혐오시설 유치 장소와 거주지의 거리 및 생업의 피해 정도를 기준으로 이해관계가 클수록 더 많은 표를 행사할 수 있어야 한다.

① ㄱ
② ㄴ
③ ㄷ
④ ㄱ, ㄴ
⑤ ㄴ, ㄷ

38. 다음 글의 ㉠의 부정적 측면을 해소하기 위한 방안으로 적절한 것은?

12년 행시(인) 24번

1960년대 말 조나단 콜의 연구는 엘리트 과학자 집단의 활동을 조망할 수 있게 해주었다. 당시 미국에서는 가장 많이 인용되는 논문을 발표하는 물리학자들의 분포가 최상위 아홉 개 물리학과에 집중되는 경향이 있었고, 동시에 이 물리학자들은 국립과학아카데미의 회원인 경우가 많았다. 이런 상황은 일종의 '후광 효과'로 이어진다. 그것은 엘리트 과학자의 손길이 닿은 흔적만으로도 연구논문이 빛나 보이는 현상이다. 문제는 이것이 연구의 공헌도에 대한 사회적 인정을 잘못 배당하는 결과를 낳기도 한다는 점이다. 이미 명성을 얻은 과학자는 덜 알려진 젊은 과학자를 희생시켜서 특정 아이디어에 대한 공로를 인정받는 경향이 있다. 그런 희생을 의도하지 않았더라도 마찬가지다. 이런 현상은 공동연구 프로젝트에서 특히 두드러진다. 무명의 과학자와 노벨상을 받은 그의 지도교수가 공동으로 논문을 게재한 경우, 실질적인 공헌과는 무관하게 대개 노벨상 수상자에게 그 공로가 돌아간다. 이런 현상을 과학사회학자 머튼은 "있는 자는 받아 넉넉하게 되되 없는 자는 그 있는 것도 빼앗기리라."라는 마태복음의 구절을 인용하며 ㉠ '마태 효과'라고 불렀다.

게재 논문의 수가 급증하는 상황에서, 소수 엘리트 연구자의 논문에 전문가들의 관심을 집중시키는 편이 효율적일 것이다. 이것은 마태 효과의 긍정적 측면이다. 하지만 마태 효과가 연구 프로젝트 선정이나 논문 심사 단계부터 나타날 경우 부정적 측면이 생기게 된다. 엘리트 과학자들의 명성을 우상화한 나머지 그들의 제안서나 투고 논문의 질은 따지지 않고 높이 평가하는 반면, 신진 과학자의 것은 상대적으로 과소평가될 것이다. 더욱이 연구비의 수혜자나 심사위원도 대개 엘리트 집단에 속한 사람들이고, 이번 연구비 수혜자는 다음번 심사의 심사위원이 될 확률이 높다. 이는 보편적이고도 객관적인 지식을 추구해야 할 과학의 진보를 왜곡할 위험이 있다.

① 소수 엘리트 과학자로 심사 위원을 구성하여 심사 절차를 간소화한다.

② 우수 게재 논문에 대한 포상금 제도를 신설하여 신진 과학자의 투고율을 높인다.

③ 신진 연구자의 투고 논문에 대한 심사 절차를 까다롭게 하여 학술지의 하향 평준화를 막는다.

④ 엘리트 과학자가 참여한 논문의 경우 연구의 공헌이 뚜렷하더라도 저자 명단에 포함시키지 않는다.

⑤ 심사의 공정성을 확보하기 위해 연구 프로젝트나 논문의 심사가 완료되기까지 심사자와 피심사자의 익명성을 유지한다.

39. 다음 글을 읽고 〈사례〉에 등장하는 가희와 나영에 대해서 옳게 추론한 것은?

12년 행시(인) 35번

부러움과 질투심은 일반적으로 비슷한 감정 상태로 이해되기도 하지만 이 둘을 구별하는 사람들도 있다. 갑과 을, 두 사람이 어떤 종류의 물건 X를 소유하거나 소유하지 않은 경우들을 생각해보자. 이때 가능한 상황은 다음 네 가지다.

(1) 갑과 을 모두 X를 소유한 경우
(2) 갑은 X를 소유하지만, 을은 그렇지 않은 경우
(3) 을은 X를 소유하지만, 갑은 그렇지 않은 경우
(4) 갑과 을 모두 X를 소유하지 않은 경우

이런 경우들을 이용해서, 'X와 관련해 갑은 을을 부러워한다.'와 'X와 관련해 갑은 을을 질투한다.'는 다음과 같이 정의될 수 있다.

〈부러움에 대한 정의〉
X와 관련해 갑이 을을 부러워한다면, 다음 두 가지가 성립한다.
• 갑은 (1), (2), (4) 중에서 (2)를 가장 선호하고 (1)을 가장 덜 선호한다.
• 갑은 (2), (3), (4) 중에서 (2)를 가장 선호하고 (3)을 가장 덜 선호한다.

〈질투심에 대한 정의〉
X와 관련해 갑이 을을 질투한다면, 다음 두 가지가 성립한다.
• 갑은 (3)보다는 (1)을 선호한다.
• 갑은 (2)와 (4) 중 어떤 것을 더 선호하지는 않는다.

━━━━ 〈사 례〉 ━━━━

설을 맞아 가희는 어머니로부터 새 옷을 받았지만 나영은 아무 것도 받지 못했다. 슬퍼하던 나영에게 먼 친척 할아버지가 찾아와 가희가 얻은 옷과 똑같은 종류의 옷 한 벌을 선물해 주었다. 옷과 관련해, 가희는 나영을 질투하지만 나영은 가희를 부러워한다. 단, 가희의 질투와 나영의 부러움은 위의 정의를 따른다.

① 가희는 나영의 새 옷이 없어지길 바랄 것이다.

② 나영은 가희의 새 옷이 없어지길 바랄 것이다.

③ 나영은 자신과 가희의 새 옷 모두 없어지길 가장 바랄 것이다.

④ 나영은 둘 다 새 옷을 갖고 있는 것이 모두 새 옷을 잃는 것보다 낫다고 생각할 것이다.

⑤ 가희는 자신의 새 옷이 없어지는 한이 있더라도, 나영의 새 옷이 없어지길 바랄 것이다.

40. 다음 연구 결과를 각각 활용하고자 할 때, 〈보기〉의 분야와 적절하게 연결된 것은?

08년 행시(꿈) 9번

A. 한국의 한 연구자는 심하게 말을 더듬고 그것을 매우 부끄럽고 수치스럽게 여기는 25명의 사람들을 대상으로 실험하였다. 연구자는 피실험자들에게 이어폰을 주고 자신이 말하는 목소리가 들리지 않을 정도로 시끄러운 음악을 들려주었다. 그리고 책을 큰 소리로 읽게 했다. 실험 결과 심하게 말을 더듬던 사람들이 눈에 띄게 읽기와 말하기 능력이 개선되었다. 연구자는 이러한 결과가 말하는 소리를 스스로 들을 수 없는 것뿐만 아니라, 말을 더듬는 자신에 대한 낮은 평가와 관련이 있다고 발표했다.

B. 미국의 한 연구자는 뇌졸중으로 한 쪽 팔이 마비된 환자 222명을 두 집단으로 나누었다. 이때 한 집단은 표준 물리치료를 실시하였고, 나머지 한 집단은 성한 팔을 부목으로 묶어 사용하지 못하게 한 채 마비된 팔만을 사용하게 하는 재활 훈련을 실시했다. 그 결과 성한 팔을 묶어 놓고 재활 훈련을 한 집단이 회복 정도가 훨씬 높다는 것을 알게 되었다. 연구자는 이 결과가 뇌의 회로 재구성이 촉진되어 보다 많은 회복 신호를 보냈기 때문이라고 발표했다.

───── 〈보 기〉 ─────

ㄱ. 자신에 대한 철저한 관리만이 능사는 아니라고 말하는 상담 심리사

ㄴ. 자신의 사소한 게으름을 너무 심각하게 고민하는 학생에게 완벽한 자기통제가 능사가 아니라고 설명하는 학생상담센터 연구원

ㄷ. 상처나 두려움 때문에 정신적 장애를 그대로 둔다면, 자기 변화가 있을 수 없다고 주장하는 자기계발 프로그램 운영자

ㄹ. 자기비판과 감시가 강화되면 표현능력이 개선된다고 말하는 웅변학원 강사

ㅁ. 회복을 위해 깁스를 막 푼 왼쪽 팔을 자주 움직이라고 환자에게 말하는 정형외과 의사

	A	B
①	ㄱ	ㄷ
②	ㄱ	ㅁ
③	ㄴ	ㄷ
④	ㄴ	ㄹ
⑤	ㄴ	ㅁ

41. 다음 원칙들에 따를 때, 합헌인 것만을 〈사례〉에서 모두 고르면?

14년 행시(A) 14번

• 합헌 원칙 : 법률이 관련 가치관에 대해 중립이면 그 법률은 합헌이고, 그렇지 않으면 위헌이다.

한 법률이 관련 가치관에 대해 다음 '중립 원칙'들 가운데 적어도 하나를 어긴다면 그 법률은 관련 가치관에 대해 중립이지 않다. 모두를 준수한다면 그 법률은 관련 가치관에 대해 중립이다.

• 법률을 정당화할 때 특정 관련 가치관에만 의존해서는 안 된다.
• 법률은 시민들을 차별하는 가치관이 아닌 한, 특정 관련 가치관을 억제해서는 안 된다.
• 법률은 관련 가치관 중에서 하나만 장려하려는 의도를 가져서는 안 된다.

───── 〈사 례〉 ─────

• 초·중등 교육과정에 관한 법률 A는 교과서에서 인종차별을 옹호하는 내용을 강화하도록 장려한다. 이 법률의 관련 가치관은 인종차별 찬성과 반대뿐이다.

• 인간 배아 연구를 합법화하는 법률 B의 입법을 정당화하면서 여러 주요 종교와 생태주의에 관련된 근거를 모두 사용했다. 이 법률의 관련 가치관은 여러 주요 종교에 담긴 가치관과 생태주의에 담긴 가치관뿐이다.

• 법률 C는 특정 단체가 시가행진을 통해 동물실험을 옹호하는 것을 허용하고 동물실험에 반대하는 다른 단체가 반대 집회를 하는 것도 허용한다. 이 법률의 관련 가치관은 동물실험 찬성과 반대뿐이다.

① 법률 A
② 법률 C
③ 법률 A, 법률 B
④ 법률 B, 법률 C
⑤ 법률 A, 법률 B, 법률 C

42. 다음 A~E에 해당하는 것을 〈보기〉에서 골라 알맞게 짝지은 것은?

14년 행시(A) 24번

심리적 장애의 하나인 성격 장애는 다음과 같이 몇 가지 유형으로 구분할 수 있다.

A는 타인에 대한 강한 불신과 의심으로 적대적인 태도를 나타내는 성격 장애이다. 이런 사람은 과도한 의심과 적대감으로 인해 반복적인 불평, 격렬한 논쟁, 공격적인 행동을 보인다. 자신에 대한 타인의 위협 가능성을 지나치게 경계하기 때문에 행동이 조심스럽고 비밀이 많으며 미래를 치밀하게 계획하는 경향이 있다.

B는 타인과의 친밀한 관계 형성에 관심이 없고 감정 표현이 부족하여 사회적 적응에 어려움을 나타내는 성격 장애이다. 이런 사람은 타인의 칭찬이나 비판에 신경 쓰지 않고 반응하지 않는다. 이들은 흔히 대인관계가 요구되는 업무는 제대로 수행하지 못하지만 혼자서 하는 일에서는 능력을 발휘하기도 한다.

C는 타인의 애정과 관심을 끌기 위해 지나친 노력과 과도한 감정 표현을 하는 성격 장애이다. 이런 사람은 마치 연극을 하듯이 자신의 경험과 감정을 과장되게 표현한다. 그러나 이들은 감정 기복이 심하며 거절에 대한 두려움으로 자신의 요구가 관철될 수 있도록 타인을 조정한다.

D는 지나치게 완벽을 추구하고 세부적인 사항에 집착하며 과도한 성취 의욕과 인색함을 보이는 성격 장애이다. 이런 사람은 상황을 자기 뜻대로 조절할 수 없게 되었을 때 불안해하거나 분노를 느낀다. 또한 씀씀이가 매우 인색하여 상당한 경제적 여유가 있음에도 만일의 상황에 대비해야 한다는 생각으로 가족들과 자주 갈등을 빚는다.

E는 무한한 성공과 권력에 대한 공상에 집착하고 자신의 성취나 재능을 근거 없이 과장하며 특별대우를 바라는 성격 장애이다. 이런 사람은 불합리한 기대감을 갖고 거만하고 방자한 태도를 보이기 쉽다.

─────〈보 기〉─────

ㄱ. 타인에 무관심하여 사람을 사귀려는 노력을 하지 않으며, 개인 업무는 잘하나 공동 업무는 못함

ㄴ. 자신이 해고당할 것에 대비하여 회사의 비리에 대한 증거를 모아 놓고 항상 법적 소송에 대비함

ㄷ. 타인의 호감을 얻기 위해 자신의 경험을 과장하거나 극적으로 표현하며, 자신이 주목받지 못하면 우울해 함

ㄹ. 자신이 동료들보다 우월하다는 자만심에 빠져 있고, 자신의 승진은 이미 예정된 것처럼 행동함

ㅁ. 친척들이 집을 어지럽힐까봐 집에 오지 못하게 하며, 재난에 대비하여 비상 물품을 비축해 놓고 늘 점검함

① A - ㄱ
② B - ㄴ
③ C - ㄷ
④ D - ㄹ
⑤ E - ㅁ

43. 다음 ㉠의 사례로 가장 적절한 것은?

17년 행시(가) 10번

보통 '관용'은 도덕적으로 바람직한 것으로 간주된다. 관용은 특정 믿음이나 행동, 관습 등을 잘못된 것이라고 여김에도 불구하고 용인하거나 불간섭하는 태도를 의미한다. 여기서 관용이란 개념의 본질적인 두 요소를 발견할 수 있다. 첫째 요소는 관용을 실천하는 사람이 관용의 대상이 되는 믿음이나 관습을 거짓이거나 잘못된 것으로 여긴다는 점이다. 이런 요소가 없다면, 우리는 '관용'을 말하고 있는 것이 아니라 '무관심'이나 '승인'을 말하는 셈이다. 둘째 요소는 관용을 실천하는 사람이 관용의 대상을 용인하거나 최소한 불간섭해야 한다는 점이다. 하지만 관용을 이렇게 이해하면 역설이 발생할 수 있다.

자국 문화를 제외한 다른 문화는 모두 미개하다고 생각하는 사람을 고려해보자. 그는 모든 문화가 우열 없이 동등하다는 생각이 틀렸다고 확신하고 있다. 하지만 그는 그런 자신의 믿음에도 불구하고 전략적인 이유로, 예를 들어 동료들의 비난을 피하기 위해 자신이 열등하다고 판단하는 문화를 폄하하려는 욕구를 억누르고 있다고 하자. 다른 문화를 폄하하고 싶은 그의 욕구가 크면 클수록, 그리고 그가 자신의 이런 욕구를 성공적으로 자제하면 할수록, 우리는 그가 더 관용적이라고 말해야 할 것 같다. 하지만 이는 받아들이기 어려운 역설적 결론이다.

이번에는 자신이 잘못이라고 믿는 수많은 믿음을 모두 용인하는 사람을 생각해 보자. 이 경우 이 사람이 용인하는 믿음이 많으면 많을수록 우리는 그가 더 관용적이라고 말해야 할 것 같다. 그런데 그럴 경우 우리는 인종차별주의처럼 우리가 일반적으로 잘못인 것으로 판단하는 믿음까지 용인하는 경우에도 그 사람이 더 관용적이라고 말해야 한다. 하지만 도덕적으로 잘못된 것을 용인하는 것은 그 자체가 도덕적으로 잘못이라고 보는 것이 마땅하다. 결국 우리는 관용적일수록 도덕적으로 잘못을 저지르게 될 가능성이 높아지게 되는데 이는 역설적이다.

이상의 논의를 고려하면 종교에 대한 관용처럼 비교적 단순해 보이는 사안에 대해서조차 ㉠ 역설이 발생한다. 이로부터 우리는 관용의 맥락에서, 용인하는 믿음이나 관습의 내용에 일정한 한계가 있어야 함을 알 수 있다.

① 종교적 문제에 대해 별다른 의견이 없는 사람을 관용적이라고 평가하게 된다.

② 모든 종교적 믿음은 거짓이라고 생각하고 배척하는 사람을 관용적이라고 평가하게 된다.

③ 자신의 종교가 주는 가르침만이 유일한 진리라고 믿는 사람일수록 덜 관용적이라고 평가하게 된다.

④ 보편적 도덕 원칙에 어긋나는 가르침을 주장하는 종교까지 용인하는 사람을 더 관용적이라고 평가하게 된다.

⑤ 자신이 유일하게 참으로 믿는 종교 이외의 다른 종교적 믿음에 대해서도 용인하는 사람일수록 더 관용적이라고 평가하게 된다.

44. 다음 글의 ㉠에 해당하는 사례만을 〈보기〉에서 모두 고르면?

19년 행시(가) 9번

'부재 인과', 즉 사건의 부재가 다른 사건의 원인이라는 주장은 일상 속에서도 쉽게 찾아볼 수 있다. 인과 관계가 원인과 결과 간에 성립하는 일종의 의존 관계로 분석될 수 있다면 부재 인과는 인과 관계의 한 유형을 표현한다. 예를 들어, 경수가 물을 주었더라면 화초가 말라죽지 않았을 것이므로 '경수가 물을 줌'이라는 사건이 부재하는 것과 '화초가 말라죽음'이라는 사건이 발생하는 것 사이에는 의존 관계가 성립한다. 인과 관계를 이런 의존 관계로 이해할 경우 화초가 말라죽은 것의 원인은 경수가 물을 주지 않은 것이며 이는 상식적 판단과 일치한다. 하지만 화초가 말라죽은 것은 단지 경수가 물을 주지 않은 것에만 의존하지 않는다. 의존 관계로 인과 관계를 이해하려는 견해에 따르면, 경수의 화초와 아무 상관없는 영희가 그 화초에 물을 주었더라도 경수의 화초는 말라죽지 않았을 것이므로 영희가 물을 주지 않은 것 역시 그 화초가 말라죽은 사건의 원인이라고 해야 할 것이다. 그러나 상식적으로 경수가 물을 주지 않은 것은 그가 키우던 화초가 말라죽은 사건의 원인이지만, 영희가 물을 주지 않은 것은 그 화초가 말라죽은 사건의 원인이 아니다. 인과 관계를 의존 관계로 파악해 부재 인과를 인과의 한 유형으로 받아들이면, 원인이 아닌 수많은 부재마저도 원인으로 받아들여야 하는 ㉠문제가 생겨난다.

─── 〈보 기〉 ───

ㄱ. 어제 영지는 늘 타고 다니던 기차가 고장이 나는 바람에 지각을 했다. 그 기차가 고장이 나지 않았다면 영지는 지각하지 않았을 것이다. 하지만 영지가 새벽 3시에 일어나 직장에 걸어갔더라면 지각하지 않았을 것이다. 그러므로 어제 영지가 새벽 3시에 일어나 직장에 걸어가지 않은 것이 그가 지각한 원인이라고 보아야 한다.

ㄴ. 영수가 야구공을 던져서 유리창이 깨졌다. 영수가 야구공을 던지지 않았더라면 그 유리창이 깨지지 않았을 것이다. 하지만 그 유리창을 향해 야구공을 던지지 않은 사람들은 많다. 그러므로 그 많은 사람 각각이 야구공을 던지지 않은 것을 유리창이 깨어진 사건의 원인이라고 보아야 한다.

ㄷ. 햇빛을 차단하자 화분의 식물이 시들어 죽었다. 하지만 햇빛을 과다하게 쪼이거나 지속적으로 쪼였다면 화분의 식물은 역시 시들어 죽었을 것이다. 그러므로 햇빛을 쪼이는 것은 식물의 성장 원인이 아니라고 보아야 한다.

① ㄱ
② ㄴ
③ ㄱ, ㄷ
④ ㄴ, ㄷ
⑤ ㄱ, ㄴ, ㄷ

45. ㉠~㉢의 예로서 옳게 연결하지 못한 것은?

09년 행시(경) 6번

옛날이나 지금이나 치세와 난세가 없을 수 없소. 치세에는 왕도정치와 패도정치가 있소. 군주의 재능과 지혜가 출중하여 뛰어난 영재들을 잘 임용하거나, 비록 군주의 재능과 지혜가 모자라더라도 현자를 임용하여, 인의의 도를 실천하고 백성을 교화하는 것은 ㉠왕도(王道)정치입니다. 군주의 지혜와 재능이 출중하더라도 자신의 총명만을 믿고 신하를 불신하며, 인의의 이름만 빌려 권모술수의 정치를 행하여 백성들로 하여금 자신의 사익만 챙기고 도덕적 교화를 이루게 하지 못하는 것은 ㉡패도(覇道)정치라오.

나아가 난세에는 세 가지 경우가 있소. 속으로는 욕심 때문에 마음이 흔들리고 밖으로는 유혹에 빠져서 백성들의 힘을 모두 박탈하여 자기 일신만을 받들고 신하의 진실한 충고를 배척하면서 자기만 성스러운 체하다가 자멸하는 자는 ㉢폭군(暴君)의 경우이지요. 정치를 잘해보려는 뜻은 가지고 있으나 간사한 이를 분별하지 못하고 등용한 관리들이 재주가 없어 나라를 망치는 자는 ㉣혼군(昏君)의 경우이지요. 심지가 나약하여 뜻이 굳지 못하고 우유부단하며 구습만 고식적으로 따르다가 나날이 쇠퇴하고 미약해지는 자는 ㉤용군(庸君)의 경우이지요.

① ㉠ – 상(商)의 태갑(太甲)과 주(周)의 성왕(成王)은 자질이 오제, 삼황에 미치지 못했지요. 만약 성스러운 신하의 도움이 없었다면 법률과 제도가 전복된다 한들 누가 구제할 수 있었겠소. 필시 참소하는 사람들이 서로 난을 일으켰을 것이오. 그러나 태갑은 이윤(伊尹)에게 정사를 맡겨 백성을 교화하고 성왕은 주공에게 정사를 맡김으로써 인의의 도를 기르고 닦아 결국 대업을 계승했지요.

② ㉡ – 진(晋) 문공(文公)과 한(漢) 고조(高祖)는 황제의 대업을 성취하여 나라를 부강하게 하고 백성을 부유하게 하였소. 다만 아쉬운 점은 인의의 도를 체득하지 못하고 권모술수에 능하였을 뿐, 백성을 교화시키지 못했다는 것이오.

③ ㉢ – 당의 덕종(德宗)은 현명하지 못해 인자와 현자들을 알아보지 못했소. 자신의 총명에 한계가 있음을 깨닫지 못하여 때때로 유능한 관리의 충언을 들었으나 곧 그들을 멀리했기에 간사한 소인배들이 그 틈을 타 아첨할 경우 쉽게 빠져들었소.

④ ㉣ – 송의 신종(神宗)은 유위(有爲)정치의 뜻을 크게 발하여 왕도정치를 회복하고자 했소. 그러나 왕안석(王安石)에게 빠져서 그의 말이라면 모두 따르고 그의 정책이라면 모두 채택하여 재리(財利)를 인의(仁義)로 알고, 형법전서를 시경(詩經), 서경(書經)으로 알았지요. 사악한 이들이 뜻을 이뤄 날뛰는 반면 현자들은 자취를 감춰 백성들에게 그 해독이 미쳤고 전란의 조짐까지 야기했소.

⑤ ㉤ – 주의 난왕(赧王), 당의 희종(僖宗), 송의 영종(寧宗) 등은 무기력하고 나태하여 구습만을 답습하면서 한 가지 폐정도 개혁하지 못하고, 한 가지 선책도 제출하지 못한 채 묵묵히 앉아서 나라가 망하기를 기다리고 있던 자들이오.

46. 다음 글의 내용이 참일 때 반드시 참인 것은?

23년 행시(가) 16번

영어 회화가 가능한 갑순과 을돌, 중국어 회화가 가능한 병수와 정희를 다음 〈배치 원칙〉에 따라 총무부, 인사부, 영업부, 자재부에 각 한 명씩 모두 배치하기로 하였다. 네 명 중 병수를 제외한 나머지는 신입사원이고, 갑순만 공인노무사 자격증을 갖고 있다.

〈배치 원칙〉

• 총무부와 인사부 중 한 곳에는 공인노무사 자격증을 갖고 있는 사원을 배치한다.
• 영업부와 자재부 중 한 곳에만 중국어 회화 가능자를 배치한다.
• 정희를 인사부에도 자재부에도 배치하지 않는다면, 영업부에 배치한다.
• 영업부와 자재부 중 한 곳에만 신입사원을 배치한다.

이 원칙에 따라 부서를 배치한 결과 일부 사원의 부서만 결정되었다. 이에 다음의 원칙을 추가하였다.

〈추가 원칙〉

• 인사부와 영업부에 같은 외국어 회화를 할 수 있는 사원들을 배치한다.

그 결과 〈배치 원칙〉을 어기지 않으면서 위 네 명의 배치를 다 결정할 수 있었다.

① 〈배치 원칙〉만으로 배치된 갑순의 부서는 영업부이다.
② 〈배치 원칙〉만으로 배치된 을돌의 부서는 자재부이다.
③ 〈배치 원칙〉과 〈추가 원칙〉에 따라 최종적으로 배치된 병수의 부서는 자재부이다.
④ 〈배치 원칙〉과 〈추가 원칙〉에 따라 최종적으로 배치된 정희의 부서는 인사부이다.
⑤ 〈배치 원칙〉과 〈추가 원칙〉에 따라 최종적으로 배치된 갑순의 부서도 을돌의 부서도 총무부가 아니다.

47. 다음 글의 내용이 참일 때, 반드시 참인 것은?

20년 행시(나) 12번

호텔 A에서 살인 사건이 발생했고, 손님 중에 범인(들)이 있다. 이 사건에 대하여 갑, 을, 병 세 사람이 각각 다음과 같이 두 개씩 진술을 했다. 이 세 사람 중 한 사람의 진술은 모두 참이고 다른 한 사람의 진술은 모두 거짓이며, 또 다른 한 사람의 진술은 하나는 참이고 다른 하나는 거짓이다.

갑 : • 이 사건의 범인은 단독범이고, 그는 이 호텔의 2층에 묵고 있다.
　　• 이 호텔 2층의 방은 모두 손님이 투숙하고 있어 2층에는 빈방이 없다.

을 : • 이 사건이 단독범의 소행이라면, 그 범인은 이 호텔의 5층에 투숙하고 있다.
　　• 이 사건의 범인은 단독범이 아니고 그들은 같은 방에 투숙하고 있지도 않다.

병 : • 이 사건이 단독범의 소행이 아니라면, 범인들은 같은 방에 투숙하고 있다.
　　• 이 호텔의 모든 방은 손님이 투숙하고 있어 빈방이 없다.

① 갑의 진술 둘 다 거짓일 수 있다.
② 2층에는 빈방이 없지만, 다른 층에는 빈방이 있다.
③ 병의 진술이 둘 다 거짓이라면, 갑의 진술 중 하나는 거짓이다.
④ 을의 진술이 둘 다 거짓이라면, 이 사건은 단독범의 소행이 아니다.
⑤ 갑의 진술 중 하나만 참이라면, 이 사건의 범인은 단독범이 아니다.

48. 다음 글의 내용이 참이라고 할 때 반드시 참인 것을 〈보기〉에서 모두 고르면?

12년 행시(인) 34번

인간은 누구나 건전하고 생산적인 사회에서 타인과 함께 평화롭게 살아가길 원한다. 도덕적이고 문명화된 사회를 가능하게 하는 기본적인 사회 원리를 수용할 경우에만 인간은 생산적인 사회에서 평화롭게 살 수 있다. 기본적인 사회 원리를 수용한다면, 개인의 권리는 침해당하지 않는다. 인간의 본성에 의해 요구되는 인간 생존의 기본 조건, 즉 생각의 자유와 자신의 이성적 판단에 따라 행동할 수 있는 자유가 인정되지 않는다면, 개인의 권리는 침해당한다.

물리적 힘의 사용이 허용되는 경우에만 개인의 권리는 침해당한다. 어떤 사람이 다른 사람의 삶을 빼앗거나 그 사람의 의지에 반하는 것을 강요하기 위해서는 물리적 수단을 사용할 수밖에 없기 때문이다. 이성적인 수단인 토론이나 설득을 사용하여 다른 사람의 의견이나 행동에 영향을 미친다면, 개인의 권리는 침해당하지 않는다.

인간이 생산적인 사회에서 평화롭게 사는 것은 매우 중요하다. 왜냐하면 인간이 생산적인 사회에서 평화롭게 살 수 있을 경우에만 인간은 지식 교환의 가치를 사회로부터 얻을 수 있기 때문이다.

―――――――〈보 기〉―――――――

ㄱ. 생각의 자유와 자신의 이성적 판단에 따라 행동할 수 있는 자유가 인정될 경우에만 인간은 생산적인 사회에서 평화롭게 살 수 있다.

ㄴ. 물리적 힘이 사용되는 것이 허용되지 않는다면, 인간은 생산적 사회에서 평화롭게 살 수 있다.

ㄷ. 물리적 힘이 사용되는 것이 허용된다면, 생각의 자유와 자신의 이성적 판단에 따라 행동할 수 있는 자유가 인정되지 않는다.

ㄹ. 개인의 권리가 침해당한다면, 인간은 지식 교환의 가치를 사회로부터 얻을 수 없다.

① ㄱ, ㄷ
② ㄱ, ㄹ
③ ㄴ, ㄷ
④ ㄴ, ㄹ
⑤ ㄷ, ㄹ

49. A, B, C, D 네 사람만 참여한 달리기 시합에서 동순위 없이 순위가 완전히 결정되었다. A, B, C는 각자 아래와 같이 진술하였다. 이들의 진술이 자신보다 낮은 순위의 사람에 대한 진술이라면 참이고, 높은 순위의 사람에 대한 진술이라면 거짓이라고 하자. 반드시 참인 것은?

11년 행시(수) 12번

A : C는 1위이거나 2위이다.
B : D는 3위이거나 4위이다.
C : D는 2위이다.

① A는 1위이다.
② B는 2위이다.
③ D는 4위이다.
④ A가 B보다 순위가 높다.
⑤ C가 D보다 순위가 높다.

50. 다음 글을 읽고 반드시 참인 것을 〈보기〉에서 모두 고르면?

12년 행시(인) 10번

시험관 X에 어떤 물질이 들어 있는지 검사하기 위해 아래와 같은 네 가지 검사방법을 사용하고자 한다. 이 시험관에 물질 D가 들어 있지 않다는 것은 이미 알려져 있다. 검사 방법의 사용 순서에 따라 양성과 음성이 뒤바뀔 가능성도 있다.

• 알파 방법 : 시험관에 물질 A와 C가 둘 다 들어있을 때 양성이 나온다. 그렇지 않을 때 음성이 나온다.
• 베타 방법 : 시험관에 물질 C는 들어 있지만 B는 들어있지 않을 때 양성이 나온다. 그렇지 않을 때 음성이 나온다.
• 감마 방법 : 베타 방법을 아직 쓰지 않았으며 시험관에 물질 B도 D도 들어 있지 않을 때 음성이 나온다. 그렇지 않을 때 양성이 나온다.
• 델타 방법 : 감마 방법을 이미 썼으며 시험관에 물질 D와 E 둘 가운데 적어도 하나가 들어 있을 때 양성이 나온다. 그렇지 않을 때 음성이 나온다.

이 시험관 X에 알파, 베타, 감마, 델타 방법을 한 번씩 사용한 결과 모두 양성이 나왔다. 하지만 어떤 순서로 이 방법들을 사용했는지는 기록해두지 않았다.

─────〈보기〉─────

ㄱ. 시험관 X에 물질 E가 들어 있다.
ㄴ. 시험관 X에 적어도 3가지 물질이 들어 있다.
ㄷ. 시험관 X에 가장 마지막으로 사용한 방법은 베타 방법이 아니다.

① ㄱ
② ㄷ
③ ㄱ, ㄴ
④ ㄴ, ㄷ
⑤ ㄱ, ㄴ, ㄷ

51. 다음 글에서 추론할 수 있는 것은?

13년 행시(인) 12번

다문화 자녀들이 한국생활에 잘 적응하도록 돕기 위해서는 이들과 문화적으로 교류할 수 있는 인재가 필요하다. 이에 정부는 다문화 자녀들과 문화적으로 소통할 수 있는 대학인재를 양성하기로 하였다. 이를 위해 장학제도가 마련되었는데, 올해 다문화 모집분야는 이해, 수용, 확산, 융합, 총 4분야이고, 각 분야마다 한 명씩 선정되었다.

최종심사에 오른 갑, 을, 병, 정, 무는 심사결과에 대해 다음과 같이 추측하였는데, 이 중 넷은 옳았지만 하나는 틀렸다.

갑 : "을이 이해분야에 선정되었거나, 정이 확산분야에 선정되었다."
을 : "무가 수용분야에 선정되었거나, 정이 확산분야에 선정되지 않았다."
병 : "을은 이해분야에 선정되지 않았고, 무는 수용분야에 선정되지 않았다."
정 : "갑은 융합분야에 선정되었고, 무는 수용분야에 선정되었다."
무 : "병을 제외한 나머지 학생들이 선정되었고, 정이 확산분야에 선정되었다."

① 갑은 선정되지 않았다.
② 을이 이해분야에 선정되었다.
③ 병이 확산분야에 선정되었다.
④ 정이 수용분야에 선정되었다.
⑤ 무가 융합분야에 선정되었다.

52. 다음 정보가 모두 참일 때, 대한민국이 반드시 선택해야 하는 정책은? 14년 행시(A) 12번

- 대한민국은 국무회의에서 주변국들과 합동 군사훈련을 실시하기로 확정 의결하였다.
- 대한민국은 A국 또는 B국과 상호방위조약을 갱신하여야 하지만, 그 두 국가 모두와 갱신할 수는 없다.
- 대한민국이 A국과 상호방위조약을 갱신하지 않는 한, 주변국과 합동 군사훈련을 실시할 수 없거나 또는 유엔에 동북아 안보 관련 안건을 상정할 수 없다.
- 대한민국은 어떠한 경우에도 B국과 상호방위조약을 갱신해야 한다.
- 대한민국이 유엔에 동북아 안보 관련 안건을 상정할 수 없다면, 6자 회담을 올해 내로 성사시켜야 한다.

① A국과 상호방위조약을 갱신한다.
② 6자 회담을 올해 내로 성사시킨다.
③ 유엔에 동북아 안보 관련 안건을 상정한다.
④ 유엔에 동북아 안보 관련 안건을 상정하지 않는다면, 6자 회담을 내년 이후로 연기한다.
⑤ A국과 상호방위조약을 갱신하지 않는다면, 유엔에 동북아 안보 관련 안건을 상정한다.

53. 다음 대화의 내용이 참일 때, <u>거짓인</u> 것은? 17년 행시(가) 31번

상학 : 위기관리체계 점검 회의를 위해 외부 전문가를 위촉해야 하는데, 위촉 후보자는 A, B, C, D, E, F 여섯 사람이야.

일웅 : 그건 나도 알고 있어. 그런데 A와 B 중 적어도 한 명은 위촉해야 해. 지진 재해와 관련된 전문가들은 이들 뿐이거든.

상학 : 나도 동의해. 그런데 A는 C와 같이 참여하기를 바라고 있어. 그러니까 C를 위촉할 경우에만 A를 위촉해야 해.

희아 : 별 문제 없겠는데? C는 반드시 위촉해야 하거든. 회의 진행을 맡을 사람이 필요한데, C가 적격이야. 그런데 C를 위촉하기 위해서는 D, E, F 세 사람 중 적어도 한 명은 위촉해야 해. C가 회의를 진행할 때 도움이 될 사람이 필요하거든.

일웅 : E를 위촉할 경우에는 F도 반드시 위촉해야 해. E는 F가 참여하지 않으면 참여하지 않겠다고 했거든.

희아 : 주의할 점이 있어. B와 D를 함께 위촉할 수는 없어. B와 D는 같은 학술 단체 소속이거든.

① 총 3명만 위촉하는 방법은 모두 3가지이다.
② A는 위촉되지 않을 수 있다.
③ B를 위촉하기 위해서는 F도 위촉해야 한다.
④ D와 E 중 적어도 한 사람은 위촉해야 한다.
⑤ D를 포함하여 최소인원을 위촉하려면 총 3명을 위촉해야 한다.

54. 다음 글의 내용이 참일 때, 반드시 참인 것만을 〈보기〉에서 모두 고르면?　14년 행시(A) 35번

이번에 우리 공장에서 발생한 화재사건에 대해 조사해 보았습니다. 화재의 최초 발생 장소는 A지역으로 추정됩니다. 화재의 원인에 대해서는 여러 가지 의견이 존재합니다.

첫째, 화재의 원인을 새로 도입한 기계 M의 오작동으로 보는 견해가 존재합니다. 만약 기계 M의 오작동이 화재의 원인이라면 기존에 같은 기계를 도입했던 X공장과 Y공장에서 이미 화재가 났을 것입니다. 확인 결과 이미 X공장에서 화재가 났었다는 것을 파악할 수 있었습니다.

둘째, 방화로 인한 화재의 가능성이 존재합니다. 만약 화재의 원인이 방화일 경우 감시카메라에 수상한 사람이 찍히고 방범용 비상벨이 작동했을 것입니다. 또한 방범용 비상벨이 작동했다면 당시 근무 중이던 경비원 갑이 B지역과 C지역 어느 곳으로도 화재가 확대되지 않도록 막았을 것입니다. B지역으로 화재가 확대되지는 않았고, 감시카메라에서 수상한 사람을 포착하여 조사 중에 있습니다.

셋째, 화재의 원인이 시설 노후화로 인한 누전일 가능성도 제기되고 있습니다. 화재의 원인이 누전이라면 기기관리자 을 또는 시설관리자 병에게 화재의 책임이 있을 것입니다. 만약 을에게 책임이 있다면 정에게는 책임이 없습니다.

─〈보 기〉─

ㄱ. 이번 화재 전에 Y공장에서 화재가 발생했어도 기계 M의 오작동이 화재의 원인은 아닐 수 있다.

ㄴ. 병에게 책임이 없다면, 정에게도 책임이 없다.

ㄷ. C지역으로 화재가 확대되었다면, 방화는 이번 화재의 원인이 아니다.

ㄹ. 정에게 이번 화재의 책임이 있다면, 시설 노후화로 인한 누전이 이번 화재의 원인이다.

① ㄱ, ㄷ
② ㄱ, ㄹ
③ ㄴ, ㄹ
④ ㄱ, ㄴ, ㄷ
⑤ ㄴ, ㄷ, ㄹ

55. 다음 글의 (가)와 (나)에 들어갈 진술을 〈보기〉에서 골라 알맞게 짝지은 것은?　15년 행시(인) 14번

자동차 회사인 ○○사는 신차를 개발할 것이다. 그 개발은 ○○사의 연구개발팀들 중 하나인 A팀이 담당한다.

그런데 [　　(가)　　] 그리고 A팀에서는 독신이거나 여성인 사원은 모두 다른 팀으로 파견을 나간 경력이 없다. 또한 다른 팀으로 파견을 나간 경력이 없거나 자동차 관련 박사학위를 지닌 A팀원은 모두 여성이다. 그러므로 A팀에는 독신이면서 여성인 사원이 한 명 이상 있다.

그런데 ○○사 내의 또 다른 경쟁 연구개발팀인 B팀에는 남성이면서 독신인 사원이 여럿 있다. 그리고 ○○사의 모든 독신 사원들은 어떤 이유에서인지는 몰라도 사내의 이성과 연인이 되기를 갈망한다. 그러므로 [　　(나)　　] 그래서 B팀의 누군가는 A팀의 신차 개발 프로젝트로 파견을 나가고 싶어할지도 모르겠다고 많은 사원들이 추측하고 있는 것도 그다지 이상한 일은 아니다.

─〈보 기〉─

ㄱ. A팀에는 독신인 사원이 한 명 이상 있다.

ㄴ. 독신인 A팀원은 누구도 다른 팀으로 파견을 나간 경력이 없다.

ㄷ. B팀에는 사내의 이성과 연인이 되기를 갈망하는 남성 사원이 한 명 이상 있다.

ㄹ. B팀에서 사내의 이성과 연인이 되기를 갈망하지 않는 남성 사원은 모두 독신이다.

	(가)	(나)
①	ㄱ	ㄷ
②	ㄱ	ㄹ
③	ㄴ	ㄷ
④	ㄴ	ㄹ
⑤	ㄷ	ㄴ

56. 다음 글의 내용이 참일 때, 외부 인사의 성명이 될 수 있는 것은?

15년 행시(인) 33번

사무관들은 지난 회의에서 만났던 외부 인사 세 사람에 대해 얘기하고 있다. 사무관들은 외부 인사들의 이름은 모두 정확하게 기억하고 있다. 하지만 그들의 성(姓)에 대해서는 그렇지 않다.

혜민 : 김지후와 최준수와는 많은 대화를 나눴는데, 이진서와는 거의 함께 할 시간이 없었어.
민준 : 나도 이진서와 최준수와는 시간을 함께 보낼 수 없었어. 그런데 지후는 최씨였어.
서현 : 진서가 최씨였고, 다른 두 사람은 김준수와 이지후였지.

세 명의 사무관들은 외부 인사에 대하여 각각 단 한 명씩의 성명만을 올바르게 기억하고 있으며, 외부 인사들의 가능한 성씨는 김씨, 이씨, 최씨 외에는 없다.

① 김진서, 이준수, 최지후
② 최진서, 김준수, 이지후
③ 이진서, 김준수, 최지후
④ 최진서, 이준수, 김지후
⑤ 김진서, 최준수, 이지후

57. 다음 글의 내용이 참이라고 할 때 반드시 참인 것은?

10년 행시(수) 31번

바이러스의 감염방식은 두 가지인데 바이러스는 그 둘 중 하나의 감염방식으로 감염된다. 첫 번째 감염방식은 뮤-파지 방식이라고 불리는 것이고, 다른 하나는 람다-파지라고 불리는 방식이다. 바이러스 감염 경로는 다양하다. 가령 뮤-파지 방식에 의해 감염되는 바이러스는 주로 호흡기와 표피에 감염되지만 중추신경계에는 감염되지 않는다. 반면 람다-파지 방식으로 감염되는 바이러스는 주로 중추신경계에 감염되지만 호흡기와 표피에 감염되는 종류도 있다.

바이러스의 형태는 핵산을 둘러싸고 있는 캡시드의 모양으로 구별하는데 이 형태들 중에서 많이 발견되는 것이 나선형, 원통형, 이십면체형이다. 나선형 바이러스는 모두 뮤-파지 방식으로 감염되고, 원통형 바이러스는 모두 람다-파지 방식으로 감염된다. 그러나 이십면체형 바이러스는 때로는 뮤-파지 방식으로, 때로는 람다-파지 방식으로 감염된다. 작년 가을 유행했던 바이러스 X는 이십면체형이 아닌 것으로 밝혀졌고, 람다-파지 방식으로 감염되었다. 올해 기승을 부리면서 우리를 위협하고 있는 바이러스 Y는 바이러스 X의 변종인데 그 형태와 감염방식은 X와 동일하다.

① 바이러스 X는 원통형이다.
② 바이러스 X는 호흡기에 감염되지 않는다.
③ 바이러스 Y는 호흡기에 감염된다.
④ 바이러스 Y는 나선형이 아니다.
⑤ 나선형이면서 중추신경계에 감염되는 바이러스가 있다.

58. 다음 글의 내용이 참일 때, 반드시 참인 것은?

17년 행시(가) 11번

전 세계적 금융위기로 인해 그 위기의 근원지였던 미국의 경제가 상당한 피해를 입었다. 미국에서는 경제 회복을 위해 통화량을 확대하는 양적완화 정책을 실시할 것인지를 두고 논란이 있었다. 미국의 양적완화는 미국 경제회복에 효과가 있겠지만, 국제경제에 적지 않은 영향을 줄 수 있기 때문이다.

미국이 양적완화를 실시하면, 달러화의 가치가 하락하고 우리나라의 달러 환율도 하락한다. 우리나라의 달러 환율이 하락하면 우리나라의 수출이 감소한다. 우리나라 경제는 대외 의존도가 높기 때문에 경제의 주요지표들이 개선되기 위해서는 수출이 감소하면 안 된다.

또 미국이 양적완화를 중단하면 미국 금리가 상승한다. 미국 금리가 상승하면 우리나라 금리가 상승하고, 우리나라 금리가 상승하면 우리나라에 대한 외국인 투자가 증가한다. 또한 우리나라 금리가 상승하면 우리나라의 가계부채 문제가 심화된다. 가계부채 문제가 심화되는 나라의 국내소비는 감소한다. 국내소비가 감소하면, 경제의 전망이 어두워진다.

① 우리나라의 수출이 증가했다면 달러화 가치가 하락했을 것이다.
② 우리나라의 가계부채 문제가 심화되었다면 미국이 양적 완화를 중단했을 것이다.
③ 우리나라에 대한 외국인 투자가 감소하면 우리나라 경제의 전망이 어두워질 것이다.
④ 우리나라 경제의 주요지표들이 개선되었다면 우리나라의 달러 환율이 하락하지 않았을 것이다.
⑤ 우리나라의 국내소비가 감소하지 않았다면 우리나라에 대한 외국인 투자가 감소하지 않았을 것이다.

59. 윗마을에 사는 남자는 참말만 하고 여자는 거짓말만 한다. 아랫마을에 사는 남자는 거짓말만 하고 여자는 참말만 한다. 이 마을들에 사는 이는 남자거나 여자다. 윗마을 사람 두 명과 아랫마을 사람 두 명이 다음과 같이 대화하고 있을 때, 반드시 참인 것은?

18년 행시(나) 34번

갑 : 나는 아랫마을에 살아.
을 : 나는 아랫마을에 살아. 갑은 남자야.
병 : 을은 아랫마을에 살아. 을은 남자야.
정 : 을은 윗마을에 살아. 병은 윗마을에 살아.

① 갑은 윗마을에 산다.
② 갑과 을은 같은 마을에 산다.
③ 을과 병은 다른 마을에 산다.
④ 을, 병, 정 가운데 둘은 아랫마을에 산다.
⑤ 이 대화에 참여하고 있는 이들은 모두 여자다.

60. 다음 글의 내용이 참일 때, 영희가 들은 수업의 최소 개수와 최대 개수는?

19년 행시(가) 14번

심리학과에 다니는 가영, 나운, 다선, 라음은 같은 과 친구인 영희가 어떤 수업을 들었는지에 대해 이야기했다. 이들은 영희가 〈인지심리학〉, 〈성격심리학〉, 〈발달심리학〉, 〈임상심리학〉 중에서만 수업을 들었다는 것은 알고 있지만, 구체적으로 어떤 수업을 듣고 어떤 수업을 듣지 않았는지에 대해서는 잘 알지 못했다. 그들은 다음과 같이 진술했다.

• 영희가 〈성격심리학〉을 듣지 않았다면, 영희는 대신 〈발달심리학〉과 〈임상심리학〉을 들었다.
• 영희가 〈임상심리학〉을 들었다면, 영희는 〈성격심리학〉 또한 들었다.
• 영희가 〈인지심리학〉을 듣지 않았다면, 영희는 〈성격심리학〉도 듣지 않았고 대신 〈발달심리학〉을 들었다.
• 영희는 〈인지심리학〉도 〈발달심리학〉도 듣지 않았다.

추후 영희에게 확인해 본 결과 이들 진술 중 세 진술은 옳고 나머지 한 진술은 그른 것으로 드러났다.

	최소	최대
①	1개	2개
②	1개	3개
③	1개	4개
④	2개	3개
⑤	2개	4개

61. 다음 갑과 을의 논쟁에 대한 평가로 적절한 것만을 〈보기〉에서 모두 고르면?　　　　　　　23년 행시(가) 18번

갑 : 유전자는 자신의 복제본을 더 많이 남기기 위하여 유기체를 활용한다. 그러므로 유기체는 유전자를 실어 나르는 운반체에 불과하다. 유기체는 유전자의 이익을 위하여 행동한다. 유기체의 행동 방식은 유전자를 최대한으로 퍼뜨리기 위한 전략적 선택에 의해 정해지는 것이다. 유기체가 바꿀 수 있는 것이 있다고 해도 이는 본질적이지 않다. 유전자에 의해 결정되는 형질은 인간이 환경이나 행동을 바꾼다고 해서 개선될 수 있는 것이 아니다. 고혈압과 심장병 같은 신체적인 질병뿐 아니라 중독과 행동장애, 대부분의 정신 질환도 그것들을 유발하는 유전자가 있다.

을 : 유전자 결정론은 인간에게 희망보다는 절망을 더 많이 안겨 주었다. 모든 것을 유전자가 결정해 버린다면 인간이 바꿀 수 있는 영역은 협소해질 수밖에 없다. 사실 우리가 마음먹고 행동하는 것에 따라 유전자가 반응하며 그것이 우리의 미래 목적을 이루는 데 기여할 수 있다. 중요한 것은 어떤 유전자를 타고났느냐가 아니라 한 사람 한 사람의 삶 속에서 유전자의 활동이 어떻게 조절되느냐의 문제이다. 우리가 먹는 음식과 주거 환경, 생활양식이 모두 유전자의 활동을 조절하여 다른 신체 상태를 유발할 수 있다. 가령 동일한 유전자를 지닌 일란성 쌍둥이라도 신체를 어떤 환경에 노출시키느냐에 따라 치명적인 질병에 걸릴 수도 있고 무병장수할 수도 있다. 우리는 저마다의 행동과 실천으로 삶을 바꿀 수 있다.

〈보 기〉

ㄱ. 유전자가 작동되는 방식은 정해져 있어 다른 신체 조건이 변경되어도 바뀔 수 없다는 것이 사실이라면, 갑의 주장이 약화된다.

ㄴ. 고혈압을 유발하는 유전자를 갖고 있더라도 생활환경에 따라 고혈압이 발병하지 않는 것이 사실이라면, 을의 주장이 강화된다.

ㄷ. 대부분의 질병은 특정 유전자가 있어서 생기는 것이 아니라 유전자의 활동이 조절되는 양상에 따라 발병한다는 것이 사실이라면, 갑의 주장은 약화되지만 을의 주장은 강화된다.

① ㄱ
② ㄷ
③ ㄱ, ㄴ
④ ㄴ, ㄷ
⑤ ㄱ, ㄴ, ㄷ

62. 다음 논쟁에 대한 분석으로 가장 적절한 것은?　　　　　　　20년 행시(나) 34번

갑 : 무게 중심이 어느 쪽으로도 치우치지 않은 동전 c가 있다. 그럼 'c를 던졌을 때 앞면이 나올 확률은 50%이다.'라는 진술 A가 뜻하는 바는 무엇인가? 이는 분명 참이다. 하지만 형태, 색, 무게 등 c의 물리적 특징을 조사한다고 하더라도, '50%의 확률'에 대응하는 특징을 찾을 수 없다. 도대체 진술 A의 의미가 무엇이길래 참이라고 말할 수 있는가?

을 : c를 여러 번 던져 진술 A의 의미를 결정할 수 있다. c를 같은 방식으로 여러 번 던지면 일부는 앞면이 나오고 일부는 뒷면이 나올 것이다. 이런 실제 동전 던지기 결과를 통해 진술 A의 의미가 결정된다. 즉 진술 A는 'c를 같은 방식으로 던진 실제 결과들 중 앞면이 나온 빈도가 50%이다.'를 뜻한다.

병 : c를 같은 방식으로 여러 번 던지는 것이 실제로 가능한가? 아무리 비슷하게 던지려 하더라도 언제나 미세한 차이가 있을 것이다. 따라서 c를 같은 방식으로 던지는 것은 거의 불가능하고, 가능하더라도 그 수는 매우 작을 것이다. 극단적으로, 그런 경우가 단 한 번밖에 없다면 앞면이 나온 빈도는 0% 또는 100%일 수밖에 없다. 이런 경우, 우리는 진술 A가 거짓이라고 말해야 한다. 하지만 이는 받아들일 수 없다.

정 : c가 같은 방식으로 던져진 실제 세계 사례의 수는 무척 작을 것이다. 하지만 진술 A는 실제 세계에서 일어난 일에 대한 것이 아니다. 오히려 그와 유사한 가상 상황에서 일어난 일에 관련된다. 진술 A는 '실제 세계와 유사한 가상 상황에서 c를 같은 방식으로 수없이 던졌을 때, 앞면이 나온 빈도는 50%에 근접한다.'를 뜻한다.

① 갑은 A가 참이라고 생각하지만, 병은 거짓이라고 생각한다.

② 을은 c를 같은 방식으로 여러 차례 던질 수 없다고 주장하지만, 병은 그렇지 않다.

③ 병은 c를 다양한 방식으로 던진 동전 던지기의 결과가 A의 진위에 영향을 끼친다고 주장하지만, 정은 그렇지 않다.

④ 병과 정은 실제 세계에서 c를 같은 방식으로 던지는 사례의 수가 매우 작을 수 있다는 것에 동의한다.

⑤ 갑, 을, 정 모두 c의 물리적 특징을 안다면 A의 뜻을 결정할 수 있다는 것에 동의한다.

63. 다음 글의 갑~병의 견해에 대한 분석으로 가장 적절한 것은?

16년 행시(5) 32번

갑 : 현대 사회에 접어들어 구성원들의 이해관계는 더욱 복잡해졌으며, 그 이해관계 사이의 충돌은 심각해졌다. 그리고 현대 사회에서 발생하는 다양한 범죄는 바로 이런 문제에서 비롯되었다고 말할 수 있다. 이에 범죄자에 대한 처벌 여부와 처벌 방식의 정당성은 그의 범죄 행위뿐만 아니라 현대 사회의 문제점도 함께 고려하여 확립되어야 한다. 처벌은 사회 전체의 이득을 생각해서, 다른 사회 구성원들을 교육하고 범죄자를 교화하는 기능을 수행해야 한다.

을 : 처벌 제도는 종종 다른 사람들의 공리를 위해 범죄자들을 이용하곤 한다. 이는 범죄자를 다른 사람들의 이익을 위한 수단으로 대우하는 것이다. 하지만 사람의 타고난 존엄성은 그런 대우에 맞서 스스로를 보호할 권리를 부여한다. 따라서 처벌 여부와 처벌 방식을 결정하는 데 있어 처벌을 통해 얻을 수 있는 사회의 이익을 고려해서는 안 된다. 악행을 한 사람에 대한 처벌 여부와 그 방식은 그 악행으로도 충분히, 그리고 그 악행에 의해서만 정당화되어야 한다.

병 : 범죄자에 대한 처벌의 교화 효과에 대해서는 의문의 여지가 있다. 처벌의 종류에 따라 교화 효과는 다른 양상을 보인다. 가령 벌금형이나 단기 징역형의 경우 충분한 교화 효과가 있는 것처럼 보이기도 하지만, 장기 징역형의 경우 그 효과는 불분명하고 복잡하다. 특히, 범죄사회학의 연구 결과는 장기 징역형을 받은 죄수들은 처벌을 받은 이후에 보다 더 고도화된 범죄를 저지르며 사회에 대한 강한 적개심을 가지게 되는 경향이 있다는 것을 보여준다.

① 처벌의 정당성을 확립하기 위한 고려사항에 대해 갑과 을의 의견은 양립 가능하다.

② 갑과 달리 을은 현대 사회에 접어들어 구성원들 간 이해 관계의 충돌이 더욱 심해졌다는 것을 부정한다.

③ 을과 달리 갑은 사람에게는 타고난 존엄성이 있다는 것을 부정한다.

④ 병은 처벌이 갑이 말하는 기능을 수행하지 못할 수도 있다는 것을 보여준다.

⑤ 병은 처벌이 을이 말하는 방식으로 정당화될 수 없다는 것을 보여준다.

64. 다음 글의 (가)와 (나)에 대한 설명으로 옳은 것만을 〈보기〉에서 모두 고르면?

15년 행시(인) 24번

(가) 오늘날 권력에서 소외된 대중은 자발적으로 자신의 영역에서 투쟁을 시작한다. 그러한 투쟁에서 지식인이 갖는 역할에 대해 재고해 보자. 과거 지식인들은 궁극적인 투쟁의 목표와 전반적인 가치기준을 제시하면서 대중의 현실 인식과 그들의 가치판단에 큰 영향을 미쳤다. 그러나 세계의 모든 기준을 독점하고 대중을 이끌던 지식인의 시대는 지나갔다. 나는 지식인의 역할이 과거처럼 자신의 현실 인식과 가치기준에 맞춰 대중의 의식을 일깨우고 투쟁의 방향을 제시하는 것을 목표로 삼아서는 안 된다고 본다. 오늘날의 대중은 과거와 달리 지식인이 정해준 기준과 예측, 방향성을 피동적으로 받아들이는 존재가 아니다. 그들은 자신들의 가치기준과 투쟁 목표를 스스로 설정한다. 그러므로 진정한 지식인은 대중과 함께 사회의 여러 영역에서 구체적인 변화를 위한 투쟁에 참여해야 하며, 그러한 투쟁이야말로 현실 사회의 문제점을 해결할 수 있는 것이다.

(나) 진정한 지식인의 역할은 무엇인가. 이를 알기 위해서 먼저 지난 2세기 동안 나타난 지식인의 병폐를 지적해 보자. 과거 지식인들은 현실을 올바로 인식하고 바람직한 가치기준을 제시하고 선도한다고 확신하면서 대중 앞에서 전혀 현실에 맞지 않는 기준을 쏟아내는 병폐를 보여 왔다. 과거 지식인들은 실제 현실에 대해 연구도 하지 않고 현실을 제대로 파악하지도 못하면서 언론에 장단을 맞추어 설익은 현실 인식과 가치기준의 틀을 제시하여 대중을 호도했다. 그 결과 대중은 현실을 제대로 파악하지 못했고 그로 인해 실제 삶에 맞는 올바른 가치판단을 내리지 못했다. 진정한 지식인은 과거 지식인의 병폐로부터 벗어나 무엇보다 실제 현실의 문제와 방향성, 가치기준에 대한 진지한 고민과 탐색을 게을리 하지 않아야 한다. 또한 대중은 지금도 여전히 현실을 제대로 반영할 수 있는 올바른 인식과 가치기준을 스스로 찾지 못하기에, 진정한 지식인은 사회 전체를 올바르게 바라볼 수 있는 기준과 틀을 대중에게 제공하기 위해 노력해야 한다.

───── 〈보 기〉 ─────

ㄱ. (가)는 오늘날의 대중을 과거의 대중에 비해 능동적인 존재라고 본다.

ㄴ. (나)는 과거 지식인이 현실을 올바르게 인식하였음에도 불구하고 대중을 잘못된 방식으로 인도하였다고 본다.

ㄷ. (가)와 (나)는 과거 지식인이 대중의 현실 인식과 가치 판단에 영향을 미쳤다고 본다.

① ㄱ

② ㄴ

③ ㄷ

④ ㄱ, ㄷ

⑤ ㄱ, ㄴ, ㄷ

65. 다음 ㉠~㉣에 대한 판단으로 가장 적절한 것은?

17년 행시(가) 33번

동물실험이란 교육, 시험, 연구 및 생물학적 제제의 생산 등 과학적 목적을 위해 동물을 대상으로 실시하는 실험 및 그 절차를 말한다. 동물실험은 오랜 역사를 가진 만큼 이에 대한 찬반 입장이 복잡하게 얽혀있다.

인간과 동물의 몸이 자동 기계라고 보았던 근대 철학자 ㉠ 데카르트는 동물은 인간과 달리 영혼이 없어 쾌락이나 고통을 경험할 수 없다고 믿었다. 데카르트는 살아있는 동물을 마취도 하지 않은 채 해부 실험을 했던 것으로 악명이 높다. 당시에는 마취술이 변변치 않았을 뿐더러 동물이 아파하는 행동도 진정한 고통의 반영이 아니라고 보았기 때문에, 그는 양심의 가책을 느끼지 않았을 것이다. ㉡ 칸트는 이성 능력과 도덕적 실천 능력을 가진 인간은 목적으로서 대우해야 하지만, 이성도 도덕도 가지지 않는 동물은 그렇지 않다고 보았다. 그는 동물을 학대하는 일은 옳지 않다고 생각했는데, 동물을 잔혹하게 대하는 일이 습관화되면 다른 사람과의 관계에도 문제가 생기고 인간의 품위가 손상된다고 보았기 때문이다.

동물실험을 옹호하는 여러 입장들은 인간은 동물이 가지지 않은 언어 능력, 도구 사용 능력, 이성 능력 등을 가진다는 점을 근거로 삼는 경우가 많지만, 동물들도 지능과 문화를 가진다는 점을 들어 인간과 동물의 근본적 차이를 부정하는 이들도 있다. 현대의 ㉢ 공리주의 생명윤리학자들은 이성이나 언어 능력에서 인간과 동물이 차이가 있더라도 동물실험이 정당화되는 것은 아니라고 본다. 이들에게 도덕적 차원에서 중요한 기준은 고통을 느낄 수 있는지 여부이다. 인종이나 성별과 무관하게 고통은 최소화되어야 하듯, 동물이 겪고 있는 고통도 마찬가지이다. 이들이 문제 삼는 것은 동물실험 자체라기보다는 그것이 초래하는 전체 복지의 감소에 있다. 따라서 동물에 대한 충분한 배려 속에서 전체적인 복지를 증대시킬 수 있다면, 일부 동물실험은 허용될 수 있다.

이와 달리, 현대 철학자 ㉣ 리건은 몇몇 포유류의 경우 각 동물 개체가 삶의 주체로서 갖는 가치가 있다고 주장하면서, 이 동물에게는 실험에 이용되지 않을 권리가 있다고 본다. 이러한 고유한 가치를 지닌 존재는 존중되어야 하며 결코 수단으로 취급되어서는 안 된다. 따라서 개체로서의 가치와 동물권을 지니는 대상은 그 어떤 실험에도 사용되지 않아야 한다.

① ㉠과 ㉡은 이성과 도덕을 갖춘 인간의 이익을 우선시하기 때문에 동물실험에 찬성한다.

② ㉠과 ㉢은 동물이 고통을 느낄 수 있는지 여부에 관해 견해가 서로 다르다.

③ ㉡과 ㉣은 인간과 동물의 근본적 차이로 인해 동물을 인간과 다르게 대우해도 좋다고 본다.

④ ㉢은 언어와 이성 능력에서 인간과 동물이 차이가 있음을 부정한다.

⑤ ㉣은 동물이 고통을 느낄 수 있는 존재이기 때문에 각 동물 개체가 삶의 주체로서 가치를 지닌다고 본다.

---

66. 다음 대화에 대한 분석으로 적절하지 않은 것은?

16년 행시(5) 12번

가영 : 확보된 증거에 비추어볼 때 갑과 을 두 사람 중 적어도 한 사람에게 사고의 책임이 있을 개연성이 무척 높기는 하지만, 갑에게 책임이 없다고 밝혀진 것만으로는 을의 책임 관계를 확정할 수 없습니다.

나정 : 책임소재에 관한 어떤 증거도 없는 경우라면 모르지만, 둘 중 한 사람에게 사고의 책임이 있다는 것을 꽤 지지하는 증거가 확보된 경우에는 그렇게 말할 수 없습니다. '갑 아니면 을이다. 그런데 갑이 아니다. 그렇다면 을이다.'라고 추론해야지요.

가영 : 그 논리적 추론이야 물론 당연합니다. 하지만 문제는 우리가 지금 토론하고 있는 상황이 그 추론의 결론을 반드시 수용해야 하는 경우가 아니라는 것입니다. '갑 아니면 을이다.'가 확실히 참이라고 말할 수 없기 때문이지요.

나정 : 앞에서 증거에 의해 '갑, 을 두 사람 중 적어도 한 사람에게 사고의 책임이 있을 개연성이 무척 높다.'라고 전제하지 않았습니까? 그런 경우에 '갑 아니면 을이다.'를 참이라고 수용해야 하는 것 아닌가요?

가영 : 그렇지 않습니다. 아무리 개연성이 높은 판단이라고 할지라도 결국에는 거짓으로 밝혀지는 경우가 드물지 않습니다. 가령, 나중에 을에게 책임이 없음을 확실히 입증하는 증거가 나타나는 상황을 배제할 수 없습니다. 그런 증거가 나타나는 경우, 둘 중 적어도 한 사람에게 책임이 있다고 보았던 최초의 전제의 개연성이 흔들리고 그 전제를 참이라고 수용할 수 없게 됩니다.

나정 : 여러 가지 상황 때문에 우리가 취할 수 있는 증거는 제한적일 수밖에 없으며, 이에 제한된 증거만으로 책임 관계의 판단을 확정하는 것은 쉽지 않습니다. 하지만 그렇다고 언제까지 판단을 미룰 수는 없습니다. 우리는 확보된 증거를 이용해 전제들의 개연성을 파악해야 하고 그 전제들로부터 논리적으로 추론하여 결론을 이끌어 내야합니다. 나타나지도 않은 증거를 기다릴 일이 아니라, 확보된 증거를 충분히 고려해 을에게 사고의 책임을 물어야 한다는 것입니다.

① 가영과 나정은 모두 책임 소재의 규명에서 증거의 역할을 부정하지 않는다.

② 가영은 책임 소재를 규명하는 과정에서 사용되는 전제의 개연성은 달라질 수 있다고 주장한다.

③ 가영과 달리 나정은 어떤 판단의 개연성이 충분히 높다면 그 판단을 수용할 수 있다고 주장한다.

④ 나정은 가영의 견해에 따를 경우 책임 소재에 관한 판단이 계속 미결 상태로 표류할 수도 있다고 주장한다.

⑤ 나정과 달리 가영은 참인 전제들로부터 논리적 추론을 이용해서 도출된 결론이 거짓일 수 있다고 주장한다.

67. 다음 글에 나타난 견해들의 관계에 대한 진술로 적절하지 않은 것은?

14년 행시(A) 38번

엘베시우스는 말했다. "사람은 누구나 똑같이 태어난다고 가정하자. 하지만 어떤 환경에서 자라고 어떤 교육을 받느냐에 따라서 누구는 영재가 되고, 누구는 평범한 사람, 심지어는 바보가 된다. 환경과 교육이 똑같은 재능을 갖고 태어난 사람들을 영재나 바보로 만든다." 자녀 교육에 관심 많은 사람이 금과옥조로 여길만한 말이다. 그렇다면 어떤 아이라 하더라도 좋은 환경에서 키우면 모두 영재로 키울 수 있을까?

예로부터 교육계에는 영재를 바라보는 두 가지 대립적인 관점이 존재했다. 루소는 재미난 비유를 했다. "한 어미에서 태어난 강아지가 같은 곳에서 같은 교육을 받아도 그 결과는 천차만별이다. 어떤 강아지는 똑똑하고 기민한데 비해 또 다른 강아지는 멍청하고 둔한데, 이런 차이는 타고난 능력이 서로 다르기 때문이다. 특별한 교육을 받아도 멍청한 강아지가 똑똑한 강아지가 되지는 않는다." 반면에 페스탈로치는 다른 관점의 우화를 내놓았다. "타고난 능력이 같은 쌍둥이 망아지 두 마리가 각각 어리석고 가난한 사람과 현명한 부자에게 보내져 자랐다. 가난한 사람에게 보내진 망아지는 어릴 때부터 돈벌이에 이용돼 결국 보잘 것 없는 말이 되었다. 하지만 현명한 부자에게 보내진 망아지는 주인의 정성어린 보살핌으로 명마가 되었다."

두 우화는 영재에 관한 서로 다른 관점을 잘 보여준다. 학계에서는 루소의 관점에 동의하는 사람이 많은 편이다. 자신의 독특한 조기 교육으로 자식을 영재로 키운 비테는 다음과 같은 교육론을 피력했다. "아이들은 서로 다른 재능을 타고 태어난다. 편의상 좋은 재능을 100, 바보가 될 재능을 10 이하, 평범한 재능을 50이라고 하자. 이 경우 모든 아이들이 똑같이 교육받으면 재능에 따라서 운명이 달라질 것이다. 하지만 실제 교육 현실 속에서 많은 아이들은 타고난 재능의 절반도 발휘하지 못한다. 따라서 아이들의 잠재력을 개발할 수 있는 교육을 실시하여 재능의 90%까지 발휘하게 하면 50의 재능을 타고난 평범한 아이도 80의 재능을 타고난 아이보다 더 뛰어날 수 있다고 결론 내릴 수 있다."

① 루소는 비테의 결론에 동의하지 않을 것이다.
② 엘베시우스는 페스탈로치의 주장에 동의할 것이다.
③ 비테는 엘베시우스의 가정에 동의하지 않을 것이다.
④ 페스탈로치의 주장과 루소의 주장은 양립 가능하지 않다.
⑤ 페스탈로치의 주장과 비테의 주장은 양립 가능하지 않다.

68. 다음 글에 나타난 견해들 간의 관계를 바르게 서술한 것은?

13년 행시(인) 7번

고대 그리스의 원자론자 데모크리토스는 자연의 모든 변화를 원자들의 운동으로 설명했다. 모든 자연현상의 근거는, 원자들, 빈 공간 속에서의 원자들의 움직임, 그리고 그에 따른 원자들의 배열과 조합의 변화라는 것이다.

한편 데카르트에 따르면 연장, 즉 퍼져있음이 공간의 본성을 구성한다. 그런데 연장은 물질만이 가지는 속성이기 때문에 물질 없는 연장은 불가능하다. 다시 말해 아무 물질도 없는 빈 공간이란 원리적으로 불가능하다. 데카르트에게 운동은 물속에서 헤엄치는 물고기의 움직임과 같다. 꽉 찬 물질 속에서 물질이 자리바꿈을 하는 것이다.

뉴턴에게 3차원 공간은 해체할 수 없는 튼튼한 집 같은 것이었다. 이 집은 사물들이 들어올 자리를 마련해주기 위해 비어 있다. 사물이 존재한다는 것은 어딘가에 존재한다는 것인데 그 '어딘가'가 바로 뉴턴의 절대 공간이다. 비어 있으면서 튼튼한 구조물인 절대공간은 그 자체로 하나의 실체는 아니지만 '실체 비슷한 것'으로서, 객관적인 것, 영원히 변하지 않는 것이었다.

라이프니츠는 빈 공간을 부정한다는 점에서 데카르트와 의견을 같이했다. 그러나 데카르트가 뉴턴과 마찬가지로 공간을 정신과 독립된 객관적 실재로 보았던 반면, 라이프니츠는 공간을 정신과 독립된 실재라고 보지 않았다. 그가 보기에는 '동일한 장소'라는 관념으로부터 '하나의 장소'라는 관념을 거쳐 모든 장소들의 집합체로서의 '공간'이라는 관념이 나오는데, '동일한 장소'라는 관념은 정신의 창안물이다. 결국 '공간'은 하나의 거대한 관념적 상황을 표현하고 있을 뿐이다.

① 만일 공간의 본성에 관한 뉴턴의 견해가 옳다면, 라이프니츠의 견해도 옳다.
② 만일 공간의 본성에 관한 데카르트의 견해가 옳다면, 데모크리토스의 견해도 옳다.
③ 만일 공간의 본성에 관한 라이프니츠의 견해가 옳다면, 데카르트의 견해는 옳지 않다.
④ 만일 빈 공간의 존재에 관한 데카르트의 견해가 옳다면, 뉴턴의 견해도 옳다.
⑤ 만일 빈 공간의 존재에 관한 데모크리토스의 견해가 옳다면, 뉴턴의 견해는 옳지 않다.

69. 다음 갑과 을의 견해에 대한 분석으로 가장 적절한 것은?

17년 행시(가) 13번

> 갑 : 좋아. 우리 둘 다 전지전능한 신이 존재한다는 가정에서 시작하는군. 이제 철수가 t시점에 행동 A를 할 것이라고 해볼까? 신은 전지전능하니까 철수가 t시점에 행동 A를 할 것임을 알겠지. 그런데 신은 전지전능하므로, 철수가 t시점에 행동 A를 한다는 것은 필연적이야. 그리고 필연적으로 발생하는 것은 자유로운 것이 아니지. 따라서 철수의 행동 A는 자유롭지 않아.
>
> 을 : 비록 어떤 행동이 필연적이더라도 그 행동에 누군가의 강요가 없다면 자유로운 행동이 될 수 있어. 그러므로 철수가 t시점에 행동 A를 할 것임이 필연적이라 하더라도, 그것만으로부터 행동 A가 자유롭지 않다고 판단할 수는 없지. 신이나 다른 누군가가 그 행동을 철수에게 강요했는지의 여부를 확인해야 해. 만약 신이 철수가 t시점에 행동 A를 할 것임을 안다면 철수의 행동 A가 필연적이라는 것은 나도 인정해. 하지만 그로부터 신이 철수의 그 행동을 강요했음이 곧바로 도출되지는 않아. 따라서 철수의 행동은 여전히 자유로울 수 있지.
>
> 갑 : 필연적인 행동이 자유롭지 않은 이유는 다른 행동을 할 가능성이 차단되었기 때문이야. 만일 전지전능한 신이 존재하고 그 신이 철수가 t시점에 행동 A를 할 것임을 안다면, 철수가 t시점에 행동 A를 할 것이 필연적이라는 것은 너도 인정했지? 그것이 필연적이라면 철수가 t시점에 행동 A 외에 다른 행동을 할 가능성은 없지. 신의 강요가 없을지라도 말이야.
>
> 을 : 맞아. 그렇지만 신이 강요하지 않는 한, 철수의 행동 A에는 A에 대한 철수 자신의 의지가 반영되어 있어. 즉, 철수의 행동 A는 철수 자신의 판단에 의한 행동이라는 것이지. 그렇기 때문에 철수의 행동 A는 자유로울 수 있어. 반면에 철수의 행동 A가 강요된 것이라면 행동 A에는 철수 자신의 의지가 반영되어 있지 않겠지만 말이야. 그러니까 철수의 행동 A가 필연적인지의 여부는 그 행동이 자유로운 것인지의 여부를 가리는 데 결정적인 게 아니야.

① 갑과 을은 전지전능한 신이 존재할 경우 철수의 행동에 철수의 의지가 반영될 수 없다는 데 동의한다.

② 갑은 강요에 의한 행동을 자유로운 것으로 생각하지 않지만, 을은 그것을 자유로운 것으로 생각한다.

③ 갑은 필연적인 행동에는 다른 행동의 가능성이 차단된다고 생각하지만, 을은 필연적인 행동에도 다른 행동의 가능성이 있다고 생각한다.

④ 갑은 만약 전지전능한 신이 존재하지 않는다면 철수의 행동은 자유로울 것이라고 생각하지만, 을은 그러한 신이 존재하더라도 철수의 행동은 자유로울 수 있다고 생각한다.

⑤ 갑은 다른 행동을 할 가능성이 없으면 행동의 자유가 없다고 생각하지만, 을은 그런 가능성이 없다는 것으로부터 행동의 자유가 없다는 것이 도출된다고 생각하지 않는다.

70. 다음 글의 A~D에 대한 분석으로 적절한 것만을 〈보기〉에서 모두 고르면?

19년 행시(가) 36번

> A : '정격연주'란 음악을 연주할 때 그것이 작곡된 시대에 연주된 느낌을 정확하게 구현하는 것을 목표로 하는 연주이다. 그럼 어떻게 정격연주가 가능할까? 그 방법은 옛 음악을 작곡 당시에 공연된 것과 똑같이 재연하는 것이다. 이런 연주는 가능하며, 그렇다면 우리는 음악이 작곡되었던 때와 똑같은 느낌을 구현할 수 있을 것이다.
>
> B : 옛 음악을 작곡 당시에 연주된 것과 똑같이 재연하는 것은 이상일 뿐이지 현실화할 수 없다. 18세기 오페라 공연에서 거세된 사람만 할 수 있었던 카스트라토 역을 오늘날에는 도덕적인 이유에서 여성 소프라노가 맡아서 노래한다. 따라서 과거와 현재의 연주 관습상 차이 때문에, 옛 음악을 작곡 당시와 똑같이 재연하는 것은 불가능하다.
>
> C : 똑같이 재연하지 못한다고 해서 정격연주가 불가능한 것은 아니다. 작곡자는 명확히 하나의 의도를 갖고 작품을 창작한다. 작곡자가 자신의 작품이 어떻게 들리기를 의도했는지 파악해 연주하면, 작곡된 시대에 연주된 느낌을 정확하게 구현할 수 있다. 따라서 작곡자의 의도를 파악할 수 있다면 정격연주를 할 수 있다.
>
> D : 작곡자의 의도대로 한 연주가 작곡된 시대에 연주된 느낌을 정확하게 구현하지 못할 수 있다. 작곡된 시대에 연주된 느낌을 정확하게 구현하려면 작곡자의 의도뿐만 아니라 당시의 연주 관습도 고려해야 한다. 전근대 시대에 악기 구성이나 프레이징 등은 작곡자의 의도만이 아니라 연주자와 연주 상황에 따라 관습적으로 결정되었다. 따라서 작곡자의 의도와 연주 관습을 모두 고려하지 않는다면 정격연주를 실현할 수 없다.

〈보 기〉

ㄱ. A와 C는 옛 음악을 과거와 똑같이 재연한다면 과거의 연주 느낌이 구현될 수 있다는 것을 부정하지 않는다.

ㄴ. B는 어떤 과거 연주 관습은 현대에 똑같이 재연될 수 없다는 것을 인정하지만 D는 그렇지 않다.

ㄷ. C와 D는 작곡자의 의도를 파악한다면 정격연주가 가능하다는 것에 동의한다.

① ㄱ

② ㄴ

③ ㄱ, ㄷ

④ ㄴ, ㄷ

⑤ ㄱ, ㄴ, ㄷ

71. 다음 글의 논지로 가장 적절한 것은? 14년 행시(A) 10번

아! 이 책은 붕당의 분쟁에 관한 논설을 실었다. 어째서 '황극(皇極)'으로 이름을 삼았는가? 오직 황극만이 붕당에 대한 옛설을 혁파할 수 있기에 이로써 이름 붙인 것이다.

내가 생각하기에 옛날에는 붕당을 혁파하는 것이 불가능했다. 왜 그러한가? 그때는 군자는 군자와 더불어 진붕(眞朋)을 이루고 소인은 소인끼리 무리지어 위붕(僞朋)을 이루었다. 만약 현부(賢否), 충사(忠邪)를 살피지 않고 오직 붕당을 제거하기에 힘쓴다면 교활한 소인의 당이 뜻을 펴기 쉽고 정도(正道)로 처신하는 군자의 당은 오히려 해를 입기 마련이었다. 이에 구양수는 『붕당론』을 지어 신하들이 붕당을 이루는 것을 싫어하는 임금의 마음을 경계하였고, 주자는 사류(士類)를 고르게 보합하자는 범순인의 주장을 비판하였다. 이들은 붕당이란 것은 어느 시대에나 있는 것이니, 붕당이 있는 것을 염려할 것이 아니라 임금이 군자당과 소인당을 가려내는 안목을 지니는 것이 관건이라고 하였다. 군자당의 성세를 유지시킨다면 정치는 저절로 바르게 되기 때문이다. 이것이 옛날에는 붕당을 없앨 수 없었던 이유이다.

그러나 지금 붕당을 만드는 것은 군자나 소인이 아니다. 의논이 갈리고 의견을 달리하여 저편이 저쪽의 시비를 드러내면 이편 또한 이쪽의 시비로 대응한다. 저편에 군자와 소인이 있으면 이편에도 군자와 소인이 있다. 따라서 붕당을 그대로 둔다면 군자를 모을 수 없고 소인을 교화시킬 수 없다. 이제는 붕당이 아닌 재능에 따라 인재를 등용하는 정책을 널리 펴야 한다. 그런 까닭에 영조대왕은 황극을 세워 탕평정책을 편 것을 50년 재위 기간의 가장 큰 치적으로 삼았다.

① 군자들만으로 이루어진 붕당을 만들어야 한다.

② 붕당을 혁파하고 유능한 인재를 등용하여야 한다.

③ 옛날의 붕당과 현재의 붕당 사이의 조화를 도모해야 한다.

④ 강력한 왕권을 확립하여 붕당 간의 대립을 조정해야 한다.

⑤ 붕당마다 군자와 소인이 존재하므로 한쪽 붕당만을 등용하거나 배격하는 것은 옳지 않다.

72. 다음 글의 실험 결과를 가장 잘 설명하는 가설은? 13년 행시(인) 13번

오래 전에 미생물학자들은 여러 세균에 필요한 영양 조건을 알아내어 실험실에서 세균을 키울 수 있는 배양액을 개발하였다. 정상 세균은 최소배양액에 있는 단순한 성분을 사용하여 생장과 생식에 필요한 모든 필수 분자를 합성할 수 있음을 알았다. 최소배양액은 탄소원, 질소, 비타민, 그리고 그 밖의 이온과 영양물질만을 포함하는 것이다. 하지만 특정한 필수 분자를 합성하는 유전자가 있는데 이 유전자에 변형이 일어나 그 특정한 필수 분자를 합성하지 못하는 돌연변이 세균은 최소배양액에 그 특정한 필수 분자가 추가되어 만들어진 완전배양액에서만 생장과 생식을 할 수 있음을 알았다.

20세기 중반에 과학자들은 다양한 돌연변이 세균을 이용하여 다음과 같은 실험을 하였다. 첫 번째 연구에서는, 필수 분자 A를 합성하는 유전자에 돌연변이가 일어나 A를 합성하지 못하는 세균과 필수 분자 B를 합성하는 유전자에 돌연변이가 생겨 B를 합성하지 못하는 세균을 최소배양액 내에서 함께 섞었다. 그 후, 일정 시간이 지났더니 최소배양액 내에서 생장과 생식을 하는 정상 세균이 발견되었다.

두 번째 연구에서는 최소배양액으로 채워진 U자 형태의 시험관의 중간에 필터가 있어, 필터의 한 쪽에는 필수 분자 A를 합성하지 못하는 돌연변이 세균을 넣었고 다른 한 쪽에는 필수 분자 B를 합성하지 못하는 돌연변이 세균을 넣었다. 중간에 있는 필터의 구멍 크기는 세균의 크기보다 작아서 필터를 통해 배양액 내에 있는 이온과 영양물질의 이동은 가능하였지만 세균의 이동은 가능하지 않았다. 이 상태에서 오랫동안 세균을 배양하였지만 생장하는 세균을 발견하지 못했다.

① 정상 세균의 생식과 생장을 위해서는 완전배양액에 필수 분자가 필요하지 않다.

② 돌연변이 세균의 생식과 생장을 위해서는 정상 세균의 유전자 변형이 필요하다.

③ 특정 유전자에 돌연변이가 생긴 세균은 완전배양액에서만 생식과 생장을 할 수 있다.

④ 세균의 생식과 생장을 위해서는 완전배양액과 최소배양액 사이에 지속적인 흐름이 필요하다.

⑤ 돌연변이 세균이 정상 세균으로 변이하기 위해서는 서로 다른 유형의 세균들 간의 직접적인 접촉이 필요하다.

73. 다음 글에 제시된 초파리 실험의 결과를 가장 잘 설명할 수 있는 가설은?
08년 행시(꿈) 27번

초파리는 물리적 자극에 의해 위로 올라가는 성질이 있다. 그런데 파킨슨씨병에 걸린 초파리는 운동성이 결여되어 물리적 자극을 주어도 위로 올라가지 않는다. 이번 실험은 파킨슨씨병에 관련이 있다고 추정되는 유전자 A와 약물 B를 이용하였다. 먼저 정상 초파리와 유전자 A가 돌연변이 된 초파리를 준비하여 각각 약물 B가 들어 있는 배양기와 들어 있지 않은 배양기에 일정 시간 동안 두었다. 이후 물리적 자극을 주어 이들의 운동성을 테스트한 결과, 약물 B가 들어 있는 배양기의 정상 초파리와 약물 B가 들어 있지 않은 배양기의 정상 초파리 모두 위로 올라가는 성질을 보였다. 반면, 유전자 A가 돌연변이 된 초파리는 약물 B를 넣은 배양기에서 위로 올라가지 못하고, 약물 B를 넣지 않은 배양기에서는 위로 올라가는 것을 관찰할 수 있었다.

① 약물 B를 섭취한 초파리의 유전자 A는 돌연변이가 된다.
② 유전자 A가 돌연변이 된 초파리는 약물 B를 섭취하면 파킨슨씨병에 걸린다.
③ 유전자 A가 돌연변이 된 초파리는 약물 B를 섭취하지 않으면 운동성이 결여된다.
④ 물리적 자극에 대한 운동성이 정상인 초파리는 약물 B를 섭취하면 운동성이 결여된다.
⑤ 물리적 자극에 대한 운동성이 비정상인 초파리는 약물 B를 섭취하면 파킨슨씨병에 걸린다.

74. (가)와 (나)가 공통으로 받아들이고 있는 전제로 가장 적절한 것은?
10년 행시(수) 27번

(가) 한갓 오랑캐의 풍속으로써 중국의 아름다운 문화를 변화시키고, 사람을 금수로 타락시키면서도 이를 잘하는 일이라고 여기며 개화(開化)라는 이름을 붙입니다. 그러니 이 개화라는 말은 너무도 쉽게 나라를 망치고 집안을 뒤엎는 글자입니다. 간혹 자주(自主)라는 이름을 붙이기도 하는데 실상은 나라를 왜놈에게 주고서 모든 정사와 법령에 대해 반드시 자문을 구합니다. 또 예의를 무너뜨리고 오랑캐로 타락하면서 억지로 문명이라고 부릅니다. 지금 비록 하나하나 따질 수는 없지만 특히 의복 제도를 변경하는 일은 도리를 매우 심하게 해치고 있으므로 시급하게 먼저 복구하지 않을 수 없습니다. 물론 우리나라 의복 제도가 옛 법에 완전히 부합하지는 않지만 여기에는 중국의 문물(文物)이 내재되어 있습니다. 중국이 비록 외국이라도 중국의 문물은 선왕들께서 일찍이 강론하여 밝혀 준수해 온 것이며, 천하의 모든 나라들이 일찍이 우러러 사모하며 찬탄한 것입니다. 이러한데도 버린다면 요·순·문·무(堯舜文武)를 통해 전승해 온 문화의 한줄기를 찾을 수가 없게 되고, 기자(箕子) 및 선대의 우리 임금들이 중국의 아름다운 문화를 가져오신 훌륭한 덕과 큰 공로를 후세에 밝힐 수 없게 될 것입니다. 어찌 차마 이렇게 할 수 있겠습니까.

(나) 지금 조선이 이렇게 약하고 가난하며 백성은 어리석고 관원이 변변치 못한 이유는, 다름이 아니라 다 학문이 없기 때문이다. 조선이 강하고 부유해지며 관민이 외국 사람들에게 대접을 받기 위해서는 배워서 구습을 버리고 개화한 자주독립국 백성과 같이 되어야 한다. 그렇게 하면 나라의 문화는 활짝 꽃 필 것이다. 사람들이 정부에서 정치도 의논하게 되며, 각종의 물화(物貨)를 제조하게 되며, 외국 물건을 수입하거나 내국 물건을 수출하게 되며, 세계 각국에 조선 국기를 단 상선과 군함을 바다마다 띄우게 될 것이다. 또 백성들은 무명옷을 입지 않고 모직과 비단을 입게 되며, 김치와 밥을 버리고 우육(牛肉)과 브레드를 먹게 되며, 남에게 붙잡히기 쉬운 상투를 없애어 세계 각국의 인민들처럼 우선 머리가 자유롭게 될 것이다. 또 나라 안에 법률과 규칙이 바로 서서 애매한 사람이 형벌당하는 일이 없어지고, 약하고 무식한 백성들이 강하고 유식한 사람들에게 무리하게 욕보일 일도 없어지며, 정부 관원들이 법률을 두렵게 여김으로써 협잡이 없어지며, 인민이 정부를 사랑하여 국내에서 동학(東學)과 의병이 다시 일어나지 않을 것이다.

① 개화의 목적은 백성들의 물질적 풍요에 있다.
② 민족의 독립은 자주적인 정부를 통해 실현된다.
③ 외래문명의 추구와 민족의 자존(自尊)은 상충한다.
④ 자주독립국이 되기 위해서는 제도가 개선되어야 한다.
⑤ 외국문물의 수용과 자국문화의 발전은 별개의 문제가 아니다.

75. 다음 글의 '나'의 암묵적 전제로 볼 수 있는 것만을 〈보기〉에서 모두 고르면? 19년 행시(가) 30번

나는 최근에 수집한 암석을 분석하였다. 암석의 겉껍질은 광물이 녹아서 엉겨 붙어 있는 상태인데, 이것은 운석이 대기를 통과할 때 가열되면서 나타나는 대표적인 현상이다. 암석은 유리를 포함하고 있었고 이 유리에는 약간의 기체가 들어있었다. 이 기체는 현재의 지구나 원시 지구의 대기와 비슷하지 않지만 바이킹 화성탐사선이 측정한 화성의 대기와는 흡사하였다. 특히 암석에서 발견된 산소는 지구의 암석에 있는 것과 동위원소 조성이 달랐다. 그러나 화성에서 기원한 다른 운석에서 나타나는 동위원소 조성과는 일치하였다.

놀랍게도 이 암석에서는 박테리아처럼 보이는 작은 세포 구조가 발견되었다. 그 크기는 100나노미터였고 모양은 둥글거나 막대기 형태였다. 이 구조는 매우 정교하여 살아 있는 세포처럼 보였다. 추가 분석으로 이 암석에서 탄산염 광물을 발견하였고 이 탄산염 광물은 박테리아가 활동하는 곳에서 형성된 지구의 퇴적물과 닮았다는 것을 알게 되었다. 이 탄산염 광물에서는 특이한 자철석 결정이 발견되었다. 지구에서 발견되는 A 종류의 박테리아는 자체적으로 합성한, 특이한 형태와 높은 순도를 지닌 자철석 결정의 긴 사슬을 이용해 방향을 감지한다. 이 자철석은 지층에 퇴적될 수 있다. 자성을 띤 화석은 지구상에 박테리아가 나타나기 시작한 20억 년 전의 암석에서도 발견된다. 내가 수집한 암석에서 발견된 자철석은 A 종류의 박테리아에 의해 생성되는 것과 같은 결정형과 높은 순도를 지니고 있었다.

따라서 나는 최근에 수집한 암석이 생명체가 화성에서 실재하였음을 나타내는 증거라고 확신한다.

─── 〈보 기〉 ───
ㄱ. 크기가 100나노미터 이하의 구조는 생명체로 볼 수 없다.
ㄴ. 산소의 동위원소 조성은 행성마다 모두 다르게 나타난다.
ㄷ. A 종류의 박테리아가 없었다면 특이한 결정형의 자철석이 나타나지 않는다.

① ㄱ
② ㄴ
③ ㄱ, ㄷ
④ ㄴ, ㄷ
⑤ ㄱ, ㄴ, ㄷ

08 글의 문맥·구조

76. 다음 글의 ㉠~㉤을 문맥에 맞게 수정한 것으로 가장 적절한 것은? 23년 행시(가) 10번

제2차 세계대전 직후 전쟁과 잔혹 행위에 대한 독일 민족의 죄와 책임을 두고서 논의가 분분할 때, 야스퍼스는 모든 독일인들에게 동일한 책임을 부과하는 것을 경계했다. 그는 ㉠ 부과되는 책임의 성격이 전쟁 범죄에 가담한 정도에 따라 달라야 한다고 생각했는데, 이에 기반하여 전쟁 범죄와 직간접적으로 연관되어 있는 이들이 감당해야 할 책임을 네 가지로 구분했다.

첫째, 법적 책임이다. 이것은 전쟁에 관한 국제법과 인류의 보편적 자연법에 입각한 것으로, 전범자들이 ㉡ 나치 독일이 제정한 실정법을 지켰느냐 지키지 않았느냐의 문제는 아니다. 모든 독재자들은 법을 만들어서 합법적으로 통치한다. 문제는 그 법이 자연법의 정신에 어긋나는데도 그 법에 따라 범죄를 저질렀다는 점이다. 이러한 범죄들에 대한 책임은 법정에서 부과될 것이다.

둘째, 정치적 책임이다. 여기서 정치적 책임이란 자신이 ㉢ 나치 정권의 집권에 반대표를 던졌다고 해서 모면할 수 있는 성질의 것이 아니다. 반대자이건 기권자이건 간에 합법적 절차를 통해 집권한 정권 아래에서 정상적으로 생활한 사람이라면 그 정권이 져야 하는 정치적 책임으로부터 자유로울 수 없다.

셋째, 도의적 책임이다. 이것은 개인의 양심의 법정에서 행해지는 판결로, 법적 책임에 해당하지는 않지만 작위이든 부작위이든 개인이 저지른 도덕적 과오를 의미한다. ㉣ 마음 속으로 동조하지 않았지만 나쁜 일에 직접 가담했다거나 눈앞에서 벌어지는 불법적인 행위들을 묵과한 경우가 이에 해당한다. 물론, 이것은 어느 누구도 판단할 수 없으며 당사자 자신만이 알 수 있는 것이다.

넷째, 형이상학적 책임이다. 나쁜 일이 행해지는 자리에 있었거나 나쁜 일이 행해졌다는 사실을 알고 있는 사람이 있다. 그는 이 일에 가담한 적이 없고, ㉤ 마음 속으로 동조한 적도 없으며 오히려 피해자가 될 뻔하기도 했지만, 다행히 그는 나쁜 일의 피해자가 되는 것은 피할 수 있었다. 끔찍한 순간이 지나고 난 후 운 좋게 살아남은 사람이 죽은 사람에 대해 느끼는 죄책감, 즉 살아남은 자의 죄의식을 야스퍼스는 형이상학적 책임이라고 했다.

① ㉠을 "전쟁 범죄에 가담한 정도에 관계없이 모든 이에게 공평한 책임이 부과되어야 한다"로 고친다.
② ㉡을 "나치 독일이 제정한 실정법을 지켰다면 면책될 수 있는 문제이다"로 고친다.
③ ㉢을 "나치 정권의 집권에 반대표를 던졌다면 모면할 수 있는 성질의 것이다"로 고친다.
④ ㉣을 "나쁜 일에 직접 가담하지는 않았더라도 마음 속으로 동조했다거나"로 고친다.
⑤ ㉤을 "마음 속으로 동조했음에도 오히려 피해자가 될 뻔하기도 했지만"으로 고친다.

영혼이 영원한 존재라는 것을 증명하기 위해서는 먼저 소멸 가능한 존재에 관해 생각해 볼 필요가 있다. 예를 들어, 종이나 연필은 소멸 가능한 존재이다. 그것들을 소멸시키는 방법은 아주 간단하다. 그것들을 구성요소들로 해체시키면 된다. 소멸 가능한 존재는 여러 구성요소들로 이루어져 있다. 이제 소멸 불가능한, 즉 영원한 존재에 대해 생각해 보자. 예를 들어, 칠판에 적힌 숫자 '3'과는 달리 수 3은 절대로 소멸되지 않는다. 그 이유는 무엇일까? 그것은 바로 수 3은 구성요소들로 이루어진 결합물이 아니기 때문이다. 따라서 ⓐ 구성요소들로 이루어진 결합물일 경우에만 소멸 가능하다고 할 수 있다. 결합물에 대해서는 그 구성요소들을 해체한 상태를 상상할 수 있지만, 수 3과 같은 존재는 해체를 통한 소멸을 상상할 수 없다. 그것은 해체할 수 있는 구성요소들이 없는 단순한 존재이기 때문이다. 여기서 '단순한 존재'란 구성요소들로 이루어져 있지 않은 존재를 의미한다.

어떤 것이 결합물인지 단순한 존재인지를 가릴 수 있는 객관적 기준은 무엇일까? 그것은 바로 '변화'라고 할 수 있다. 예를 들어, 우리가 쇠막대기를 구부린다고 해보자. 쇠막대기를 파괴한 것은 아니고 단지 변화시켰을 뿐이다. 우리는 이렇게 어떤 존재를 구성하고 있는 요소들 사이의 관계를 새롭게 형성하는 방식으로 그 존재를 변화시킬 수 있다. 따라서 ⓑ 어떤 존재가 변화하지 않는다면, 그 존재는 구성요소들로 이루어진 결합물이 아니다.

변화하는 존재들에는 무엇이 있을까? 종이, 연필 등 우리가 일상적으로 볼 수 있는 모든 것들이다. 반면에 ⓒ 우리가 일상적으로 볼 수 없는 것들은 변화하지 않는다. 수 3을 다시 생각해 보자. 칠판에 적힌 숫자 '3'과는 달리 수 3은 절대로 변화하지 않는다. 어제도 홀수였고 내일도 모레도 홀수로 남아 있을 것이다. 수 3이 짝수가 될 가능성은 없다. 영원한 홀수이다. 우리는 영혼에 대해서도 똑같이 말할 수 있다. ⓓ 영혼은 일상적으로 볼 수 있는 것이 아니다. 우리가 일상적으로 볼 수 있는 것은 영혼을 가진 사람의 육체와 그것의 움직임일 뿐이다. 이제 우리는 다음과 같은 결론에 다다랐다. ⓔ 영혼은 소멸하지 않는 존재이다.

〈보 기〉

ㄱ. ⓐ, ⓑ, ⓒ를 모두 받아들인다고 해도, 일상적으로 볼 수 없는 것들은 소멸하지 않는다는 것은 도출되지 않는다.

ㄴ. ⓒ에 대한 정당화가 충분하지 않다. 비록 수 3과 같은 수학적 대상이 변화하지 않는다는 것을 받아들인다고 해도, 일상적으로 볼 수 없는 모든 것이 변화하지 않는다는 것을 반드시 받아들일 필요는 없다.

ㄷ. ⓐ, ⓑ, ⓒ, ⓓ를 모두 받아들인다고 해도, ⓔ는 도출되지 않는다.

① ㄱ 　　　　　② ㄴ

③ ㄱ, ㄷ 　　　④ ㄴ, ㄷ

⑤ ㄱ, ㄴ, ㄷ

"1 더하기 1은 2이다."와 "대한민국의 수도는 서울이다."는 둘 다 참인 명제이다. 이 중 앞의 명제는 수학 영역에 속하는 반면에 뒤의 명제는 사회적 규약 영역에 속한다. 그리고 위 두 명제 모두 진리 표현 '~는 참이다'를 부가하여, "1 더하기 1은 2라는 것은 참이다.", "대한민국의 수도는 서울이라는 것은 참이다."와 같이 바꿔 말할 수 있다. 이 '~는 참이다'라는 진리 표현에 대한 이론들 중에는 진리 다원주의와 진리 최소주의가 있다.

진리 다원주의에 의하면 ㉠ 수학과 사회적 규약이라는 서로 다른 영역에 속한 위 두 명제들의 진리 표현은 서로 다른 진리를 나타낸다. 한편, ㉡ 진리 표현은 명제가 속한 영역에 따라서 다른 진리를 나타낸다는 주장은 진리가 진정한 속성일 때에만 성립한다. 만약 진리가 진정한 속성이 아니라면 영역의 차이에 따라 진리를 구별하는 것은 무의미할 것이기 때문이다. 그러므로 진리 다원주의는 ㉢ 진리가 진정한 속성이라는 것을 받아들여야 한다. 한편, ㉣ 언어 사용을 통해 어떤 속성에 대한 모든 것을 알 수 있다면, 그것은 진정한 속성이 아니다. 진리가 진정한 속성이라면 언어 사용을 통해 진리에 관한 모든 것을 알 수 있는 것은 아니다. 진리 최소주의자들은 ㉤ 우리는 언어 사용을 통해 진리에 관한 모든 것을 알 수 있다고 주장한다. 그러므로 만약 진리 최소주의가 옳다면 어떤 결론이 따라 나오는지는 명확하다.

〈보 기〉

ㄱ. ㉠과 ㉡은 함께 ㉢을 지지한다.

ㄴ. ㉣과 ㉤은 함께 ㉢을 반박한다.

ㄷ. ㉠, ㉡, ㉣은 함께 ㉤을 반박한다.

① ㄱ

② ㄷ

③ ㄱ, ㄴ

④ ㄴ, ㄷ

⑤ ㄱ, ㄴ, ㄷ

79. 다음 ㉠~㉨에 대한 분석으로 가장 적절한 것은?

18년 행시(나) 31번

우리의 사고는 구조를 가지고 있을까? 이를 알아보기 위해 한국어 문장 "철수는 영희를 사랑한다."에서 출발해 보자. ㉠ 이 문장에 포함되어 있는 고유명사 '철수'와 '영희'가 지시하는 대상이 존재한다면, 이 문장이 유의미하다는 점을 부정할 사람은 없을 것이다. 그런데 ㉡ 이 문장이 유의미하다면, 두 고유명사의 위치를 서로 바꾼 문장 "영희는 철수를 사랑한다."도 유의미하다. 언어의 이러한 속성을 체계성이라고 한다. ㉢ 언어의 체계성은 해당 언어의 문장이 구조를 가질 경우에만 보장된다.

이번에는 언어의 생산성에 관해 생각해 보자. 한 언어가 생산적이라는 말의 의미는, 그 언어 내의 임의의 문장을 이용하여 유의미한 문장을 새롭게 구성할 수 있다는 것이다. 예를 들어, "철수는 귀엽다."와 "영희는 씩씩하다."는 문장들을 가지고 새로운 문장 "철수는 귀엽고 영희는 씩씩하다."를 얻을 수 있다. 또한 여기에다가 "영희는 철수를 사랑한다."를 덧붙여서 "철수는 귀엽고 영희는 씩씩하고 영희는 철수를 사랑한다."를 얻을 수 있다. 이러한 과정은 끝없이 확대될 수 있다. ㉣ 언어의 이러한 특성 역시 해당 언어의 문장이 구조를 가질 경우에만 보장된다.

이제 우리는 ㉤ 언어의 체계성과 생산성은 언어가 구조를 가질 경우에만 보장된다고 결론지을 수 있다. 이러한 결론은 우리의 사고에 대해서도 성립할 가능성이 있다. 왜냐하면 ㉥ 우리의 사고가 체계성과 생산성을 가지고 있다는 것은 부정할 수 없는 사실이기 때문이다. ㉦ 우리는 A가 B를 사랑한다고 생각할 수 있다면, B가 A를 사랑한다고 생각할 수도 있다. 뿐만 아니라 ㉧ 우리는 A가 귀엽다고 생각하고 B가 씩씩하다고 생각할 수 있다면, A는 귀엽고 B는 씩씩하다고 생각할 수 있다. 언어의 경우와 유사하게 사고의 경우도 이처럼 체계성과 생산성을 가지고 있다. 결국 언어와 마찬가지로 ㉨ 우리의 사고도 구조를 가지고 있다는 유추가 가능하다.

① ㉠은 ㉡을 지지한다.

② ㉥은 ㉤을 지지한다.

③ ㉢과 ㉣이 참이라고 할지라도 ㉤은 거짓일 수 있다.

④ ㉤과 ㉥이 참이라고 할지라도 ㉨은 거짓일 수 있다.

⑤ ㉥이 참이라고 할지라도 ㉦과 ㉧은 거짓일 수 있다.

---

80. 다음 글의 ㉠~㉣의 관계에 대한 설명으로 옳지 않은 것은?

13년 행시(인) 33번

천재성에 대해서는 두 가지 서로 다른 직관이 존재한다. 개별 과학자의 능력에 입각한 천재성과 후대의 과학발전에 끼친 결과를 고려한 천재성이다. 개별 과학자의 천재성은 일반 과학자의 그것을 뛰어넘는 천재적1인 지적 능력을 의미한다. 후자의 천재성은 과학적 업적을 수식한다. 이 경우 천재적2인 과학적 업적이란 이전 세대 과학을 혁신적으로 바꾼 정도나 그 후대의 과학에 끼친 영향의 정도를 의미한다.

다음과 같은 두 주장을 생각해 보자. 첫째, ㉠ 과학적으로 천재적2인 업적을 낸 사람은 모두 천재적1인 능력을 소유하고 있다. 둘째, ㉡ 천재적1인 능력을 소유한 과학자는 모두 반드시 천재적2인 업적을 낸다. 역사적으로 볼 때 ㉢ 천재적1인 능력을 갖추고도 천재적2인 업적을 내지 못한 과학자는 많다. 이는 천재적1인 능력을 갖고 태어난 사람들의 수에 비해서 천재적2인 업적을 낸 과학자의 수가 상대적으로 적다는 사실만 보아도 쉽게 알 수 있다. 실제로 많은 나라에서 영재학교를 운영하고 있으며, 이들 학교에는 정도의 차이는 있지만 평균보다 탁월한 지적 능력을 보이는 학생들이 많이 있다. 그러나 이들 가운데 단순히 뛰어난 과학적 업적이 아니라 과학의 발전과정을 혁신적으로 바꿀 혁명적 업적을 내는 사람은 매우 드물다. 그러므로 천재적1인 과학자라고 해서 반드시 천재적2인 업적을 남기는 것은 아니라고 할 수 있다. 천재적2인 업적을 내기 위해서는 반드시 천재적1이어야 하는가? 다행스럽게도 그렇지 않다. ㉣ 천재적2인 업적을 남긴 사람임에 분명한 코페르니쿠스나 멘델은 모두 뛰어난 지적 능력을 갖추었지만, 그 당시 사람들을 압도할 만한 능력을 갖춘 사람은 아니었다. 그러므로 우리는 천재적1인 지적 능력과 과학의 발전에서 매우 중요한 전환점을 마련해주는 천재적2인 업적 사이에는 절대적인 상관관계가 없다고 결론내릴 수 있다.

① ㉠과 ㉡은 양립 가능하다.

② ㉠과 ㉢은 양립 가능하다.

③ ㉠과 ㉣은 양립 불가능하다.

④ ㉡과 ㉢은 양립 불가능하다.

⑤ ㉡과 ㉣은 양립 불가능하다.

81. 다음 대화에 대한 평가로 적절한 것만을 〈보기〉에서 모두 고르면?
23년 행시(가) 38번

갑 : 어떤 동물들은 대단한 기술을 지닌 것 같아. 비버가 만든 댐은 정말 굉장하지 않아?

을 : 그런 것을 '기술'이라고 부를 수 있을까? 기술이라고 부를 수 있는 것은 오직 인간이 만든 인공물로 한정되는 거야. 기술은 부자연스러움을 낳는데, 비버가 본성에 따라 만든 댐은 부자연스러움을 낳지 않거든. 인공물은 언제나 부자연스러움을 가져오지.

갑 : 성냥으로 피운 난롯불은 부자연스럽고 번개로 붙은 산불은 자연스럽다고? 도대체 자연스러움과 부자연스러움의 경계선을 어떻게 그을 수 있어? 인간이 만든 것이든 동물이 만든 것이든, 자연을 변화시키고 자연과 맞서기 위해 만들어졌다면, 그것만으로 기술이 되기에 충분해. 그리고 그 만듦이 본성에 따른 것인지는 기술인가의 여부를 결정하는 데 무관해. 비버가 댐을 만드는 것이 비버가 지닌 본성에 따른 것처럼, 인간이 비행기를 만드는 것도 인간의 본성에 따른 것일 수 있거든.

을 : 그래, 나도 인간의 기술이 인간 본성에서 비롯했다는 점에 동의할 수 있어. 하지만 어떤 것이 기술이라면, 그 사용에는 그 기술의 기초가 되는 원리에 대한 이해가 반드시 있어. 비버는 그런 이해가 없지. 그리고 어떤 것의 사용에 원리에 대한 이해가 있다면, 그 사용은 반드시 부자연스러움을 낳아.

갑 : 너는 부자연스러움이 모호한 개념이라는 비판을 받아들이지 않는구나. 너의 오류는 인공물과 자연물 사이의 경계가 분명하다는 전제로부터 비롯해. 그 경계를 자연스러움과 부자연스러움 사이의 경계로 투사하고 있는 것이지. 하지만 씨 없는 수박을 생각해 봐. 그것은 완전히 인공적인 것도 완전히 자연적인 것도 아니거든.

─────〈보 기〉─────

ㄱ. 만들어진 모든 것이 본성의 소산이라는 것은, 갑의 입장도 을의 입장도 약화하지 않는다.

ㄴ. 자연을 변화시킨 인공물이지만 부자연스러움을 낳지 않는 물건이 있다는 것은, 을의 입장을 강화하지 않는다.

ㄷ. 부자연스러움을 낳는 것 중에 원리에 대한 이해 없이 생겨난 물건이 있다는 것은, 을의 입장을 약화한다.

① ㄱ
② ㄷ
③ ㄱ, ㄴ
④ ㄴ, ㄷ
⑤ ㄱ, ㄴ, ㄷ

82. 다음 글의 〈논증〉을 강화하는 것만을 〈보기〉에서 모두 고르면?
21년 행시(가) 18번

우리에게는 어떤 행위를 해야만 하는지에 관한 도덕적 의무가 있는 것으로 보인다. 그럼, 어떤 믿음을 믿어야만 하는지에 관한 인식적 의무도 있을까? 이 물음을 해결하기 위해 먼저 도덕적 의무에 대해 생각해 보자. 우리가 어떤 행위 A에 대해 도덕적 의무를 갖는다면 우리는 A를 자신의 의지만으로 행할 수 있어야 한다. 물론 A는 행하기 힘든 것일 수도 있고, A를 행하지 않고 다른 행위를 했다고 비난받을 수도 있다. 그러나 우리에게 그 행위를 행할 능력이 아예 없다면 우리는 그 행위에 대해 의무를 갖지 않을 것이다. 인식적 의무의 경우도 마찬가지이다. 우리가 어떤 믿음에 대해 옳고 그름을 판단해야 하는 인식적 의무를 갖는다면 우리는 의지만으로 그 믿음을 가질 수도 있고 갖지 않을 수도 있어야 한다. 우리가 그 믿음을 갖는다면 인식적 의무를 다한 것이고, 갖지 않는다면 인식적 의무를 다하지 않은 것이다. 이런 생각에 기초해 우리에게 인식적 의무가 없다는 것을 다음과 같이 논증할 수 있다.

〈논 증〉

전제 1 : 만약 우리에게 인식적 의무가 있다면, 종종 우리는 자신의 의지만으로 어떤 믿음을 가질지 정할 수 있다.

전제 2 : 대부분의 경우 우리는 자신의 의지만으로 결코 어떤 믿음을 가질지 정할 수 없다.

결론 : 우리에게 인식적 의무가 없다.

─────〈보 기〉─────

ㄱ. 인간에게 인식적 의무가 없다는 것과 어떤 경우에는 자신의 의지만으로 어떤 믿음을 가질지 정할 수 있다는 것은 양립할 수 없다. 가령 내 의지만으로 오늘 눈이 온다고 믿을 수 있다면, 그 믿음을 가져야 하는지 그렇게 하지 않아도 되는지를 나는 구분해야 한다.

ㄴ. 내 의지로는 믿고 싶지 않음에도 불구하고 믿을 수밖에 없는 경우들이 있다. 가령 나의 가장 친한 친구가 나의 차를 훔쳤다는 것을 증명하는 강력한 증거를 내가 확보했다고 하자. 이러한 상황에서 나는 나의 가장 친한 친구가 나의 차를 훔쳤다는 것을 믿고 싶지 않겠지만 결국 믿을 수밖에 없다. 왜냐하면 나에게는 그것을 증명하는 강력한 증거가 있기 때문이다.

ㄷ. 인간에게 인식적 의무가 있다는 것과 항상 우리가 자신의 의지만으로 어떤 믿음을 가질지 정할 수 있다는 것은 양립할 수 없다. 가령 오늘 나의 우울한 감정을 해소하기 위해 다음 주에 승진한다는 믿음을 가질 수 있다는 주장과 그러한 믿음에 대해 옳고 그름을 따져야 한다는 주장이 동시에 참일 수는 없다.

① ㄱ
② ㄴ
③ ㄱ, ㄴ
④ ㄱ, ㄷ
⑤ ㄴ, ㄷ

83. 다음 글의 ㉠에 대한 두 비판을 평가한 것으로 적절한 것만을 〈보기〉에서 모두 고르면? 16년 행시(5) 14번

경제 불평등은 어떻게 해결할 수 있을까? '㉠ 로빈후드 각본'이라고 불리는 방법은 막대한 부를 소유한 사람에게 세금을 통해 돈을 걷어 가난한 사람에게 나눠주는 것을 말한다. 가령 수조 원대의 자산가에게 10억 원을 받아 형편이 어려운 100명에게 천만 원씩 나눠준다고 가정해보자. 그 자산가에게 10억 원이라는 돈은 크게 아쉽지 않지만, 형편이 어려운 사람들에게 천만 원이라는 돈은 무척 소중하다. 따라서 이런 재분배 방식을 통해 사회 전체의 공리는 상승하여 최대화될 것이다.

이런 로빈후드 각본은 두 가지 방식으로 비판받을 수 있다. 첫 번째는 자산가들에게 많은 세금을 부과해 재분배하는 방식이 자산가의 일과 투자에 대한 의욕을 꺾어 생산성의 감소로 이어질 수 있다는 것이다. 이렇게 생산성이 감소한다면, 사회 전체의 경제 이익이 줄어 전체 공리도 감소할 것이다. 따라서 로빈후드 각본은 사회 전체의 공리를 최대화 하는 데 적합하지 않다. 두 번째는 부자에게 세금을 부과해 가난한 사람들을 돕는 행위가 기본권을 침해할 수 있다는 것이다. 자산가가 동의하지 않은 상태에서 그의 돈을 가져가는 행위는 자산가의 자유를 침해하는 강압 행위이다. 자유는 조금도 침해될 수 없는 절대적 가치이며 다수를 위해 소수의 희생을 강요하는 것은 절대 불가하다. 따라서 로빈후드 각본에 의한 부의 재분배는 인간의 기본권을 훼손하는 것이다.

───〈보 기〉───

ㄱ. 세금을 통한 재분배 방식이 생산성을 감소시킬 뿐만 아니라 빈부격차를 심화시킨다면, 첫 번째 비판은 강화된다.

ㄴ. 부의 재분배가 기본권의 침해보다 투자 의욕 감소에 더 큰 영향을 준다면, 두 번째 비판은 약화된다.

ㄷ. 행복한 삶을 추구할 수 있는 권리를 보호하기 위한 부의 재분배가 사회 갈등을 해소시켜 생산성이 증가한다면, 첫 번째 비판은 약화되지만 두 번째 비판은 약화되지 않는다.

① ㄱ
② ㄴ
③ ㄱ, ㄷ
④ ㄴ, ㄷ
⑤ ㄱ, ㄴ, ㄷ

84. 다음 글의 내용에 대한 평가로 가장 적절한 것은? 17년 행시(가) 16번

우리나라는 눈부신 경제 성장을 이룩하였고 일 인당 국민 소득도 빠른 속도로 증가해왔다. 소득이 증가하면 더 행복해질 것이라는 믿음과는 달리, 한국사회 구성원들의 전반적인 행복감은 높지 않은 실정이다. 전반적인 물질적 풍요에도 불구하고 왜 한국 사람들의 행복감은 그만큼 높아지지 않았을까? 이 물음에 대한 다음과 같은 두 가지 답변이 있다.

(가) 일반적으로 소득이 일정한 수준에 도달한 이후에는 소득의 증가가 반드시 행복의 증가로 이어지지는 않는다. 인간이 살아가기 위해서는 물질재와 지위재가 필요하다. 물질재는 기본적인 의식주의 욕구를 충족시키는 데 필요한 재화이며, 경제 성장에 따라 공급이 늘어난다. 지위재는 대체재의 존재 여부나 다른 사람들의 요구에 따라 가치가 결정되는 비교적 희소한 재화나 서비스이며, 그 효용은 상대적이다. 경제 성장의 초기 단계에서는 물질재의 공급을 늘리면 사람들의 만족감이 커지지만, 경제가 일정 수준 이상으로 성장하면 점차 지위재가 중요해지고 물질재의 공급을 늘려서는 해소되지 않는 불만이 쌓이게 되는 이른바 '풍요의 역설'이 발생한다. 따라서 한국 사람들이 경제 수준이 높아진 만큼 행복하지 않은 이유는 소득 증가에 따른 자연스러운 현상이다.

(나) 한국 사회의 행복 수준은 단순히 풍요의 역설로 설명할 수 없다. 행복에 대한 심리학적 연구에 따르면 타인과 비교하는 성향이 강한 사람일수록 행복감이 낮아지게 된다. 비교 성향이 강한 사람은 사회적 관계에서 자신보다 우월한 사람들을 준거집단으로 삼아 비교하기 쉽고 이로 인해 상대적 박탈감이 커질 수 있기 때문이다. 한국과 같은 경쟁 사회에서는 진학이나 구직 등에서 과열 경쟁이 벌어지고 등수에 의해 승자와 패자가 구분된다. 이 과정에서 비교 우위를 차지하지 못한 사람들은 좌절을 경험하기 쉬운데, 비교 성향이 강할수록 좌절감은 더 크다. 따라서 한국 사회의 행복감이 낮은 이유는 한국 사람들이 다른 사람들과 비교하는 성향이 매우 높은 데에서 찾을 수 있다.

① 지위재에 대한 경쟁이 치열한 국가일수록 전반적인 행복감이 높다는 사실은 (가)를 강화한다.

② 경제적 수준이 비슷한 나라들과 비교하여 한국의 지위재가 상대적으로 풍부하다는 사실은 (가)를 강화한다.

③ 한국 사회는 일 인당 소득 수준이 비슷한 다른 나라들과 비교하더라도 행복감의 수준이 상당히 낮다는 조사 결과는 (가)를 강화한다.

④ 한국보다 소득 수준이 높고 대학 입학을 위한 입시 경쟁이 매우 치열한 나라가 있다는 사실은 (나)를 약화한다.

⑤ 자신보다 우월한 사람들을 준거집단으로 삼는 경향이 한국보다 강함에도 불구하고 행복감이 더 높은 나라가 있다는 사실은 (나)를 약화한다.

85. 다음 글의 논지를 약화하는 것만을 〈보기〉에서 모두 고르면?

16년 행시(5) 16번

M이 내린 인가처분은 학교법인 B가 법학전문대학원 설치 인가를 받기 위해 제출한 입학전형 계획을 그대로 인정함으로써 청구인 A의 헌법상의 기본권인 직업선택의 자유를 제한하는 것처럼 보인다. 그러나 학교법인 B는 헌법 제31조 제4항에 서술된 헌법상의 기본권인 '대학의 자율성'의 주체이다. 이 사건처럼 두 기본권이 충돌하는 경우, 헌법의 통일성을 유지한다는 취지에서, 상충하는 기본권이 모두 최대한 그 기능과 효력을 발휘할 수 있도록 하는 조화로운 방법이 모색되어야 한다. 따라서 해당 인가처분이 청구인 A의 직업선택의 자유를 제한하는 정도와 대학의 자율성을 보호하는 정도 사이에 적정한 비례를 유지하고 있는지를 살펴본다.

청구인 A는 해당 인가처분으로 인하여 청구인이 전체 법학전문대학원중 B대학교 법학전문대학원 정원인 100명만큼 지원할 수 없게 되어 법학전문대학원에 진학할 기회가 줄어든다고 주장하고 있다. 그러나 여자대학이 아닌 법학전문대학원의 경우에도 여학생의 비율이 평균 40%에 달하고 있는 점으로 미루어, B대학교 법학전문대학원이 여성과 남성을 차별 없이 모집하였을 경우를 상정하더라도 청구인 A가 이 인가처분으로 인해 받는 직업선택의 자유의 제한 정도가 어느 정도인지 산술적으로 명확하게 계산하기는 어렵지만 청구인이 주장하는 2,000분의 100에는 미치지 못할 것으로 보인다. 반면 청구인 A는 B대학교 이외에 입학정원 총 1,900명의 전국 24개 여타 법학전문대학원에 지원할 수 있고 입학하여 소정의 교육을 마친 후 변호사시험을 통해 법조인이 될 수 있는 충분한 가능성이 있으므로, 이 인가처분으로 청구인이 받는 불이익이 과도하게 크다고 보기 어렵다. 따라서 이 인가처분은 청구인 A의 직업선택의 자유와 B대학교의 대학의 자율성 사이에서 적정한 비례 관계를 유지하고 있다 할 것이다.

학생의 선발, 입학의 전형도 사립대학의 자율성의 범위에 속한다는 점, 여성 고등교육 기관이라는 B대학교의 정체성에 비추어 여자대학교라는 정책의 유지 여부는 대학 자율성의 본질적인 부분에 속한다는 점, 이 사건 인가처분으로 인하여 청구인 A가 받는 불이익이 크지 않다는 점 등을 고려하면, 이 사건 인가처분은 청구인의 직업선택의 자유와 대학의 자율성이라는 두 기본권을 합리적으로 조화시킨 것이며 양 기본권의 제한에 있어 적정한 비례를 유지한 것이라고 할 것이다. 따라서 이 사건 인가처분은 청구인 A의 직업선택의 자유를 침해하지 않고, 그러므로 헌법에 위반된다고 할 수 없다.

〈보 기〉

ㄱ. 청구인의 불이익은 사실상의 불이익에 불과하고 기본권의 침해에 해당하지 않는다.

ㄴ. 권리를 향유할 주체가 구체적 자연인인 경우의 기본권은 그 주체가 무형의 법인인 경우보다 우선하여 고려되어야 한다.

ㄷ. 상이한 기본권의 제한 간에 적정한 비례관계가 성립하는지를 평가하기 위해서는 비교되는 두 항을 계량할 공통의 기준이 먼저 제시되어야 한다.

① ㄱ
② ㄷ
③ ㄱ, ㄴ
④ ㄴ, ㄷ
⑤ ㄱ, ㄴ, ㄷ

86. 다음 글에 대한 비판으로 가장 적절한 것은?

12년 행시(인) 38번

철학이 현실 정치에서 꼭 필요한 것이라고 생각하는 사람은 드물 것이다. 인간 사회는 다양한 개인들이 모여 구성한 것이며 현실의 다양한 이해와 가치가 충돌하는 장이다. 이 현실의 장에서 철학은 비현실적이고 공허한 것으로 보이기 쉽다. 그렇다면 올바른 정치를 하기 위해 통치자가 해야 할 책무는 무엇일까? 통치자는 대립과 갈등의 인간 사회를 조화롭고 평화롭게 만들기 위해서 선과 악, 옳고 그름을 명확히 판단할 수 있는 기준을 제시해야 할 것이다.

개인들은 자신의 입장에서 자신의 이해관계를 관철시키기 위해 의견을 개진한다. 의견들을 제시하여 소통함으로써 사람들은 합의를 도출하기도 하고 상대방을 설득하기도 한다. 이렇게 보면 의견의 교환과 소통은 선과 악, 옳고 그름을 판단하는 기준을 마련해 줄 수 있을 것처럼 보인다. 하지만 의견을 통한 합의나 설득은 사람들로 하여금 일시적으로 옳은 것을 옳다고 믿게 할 수는 있지만, 절대적이고 영원한 기준을 찾을 수는 없다.

절대적이고 영원한 기준은 현실의 가변적 상황과는 무관한, 진리 그 자체여야 한다. 따라서 인간 사회의 판단 기준을 제시할 수 있는 사람은 바로 철학자이다. 철학자야말로 진리와 의견의 차이점을 분명히 파악할 수 있으며 절대적 진리를 궁구할 수 있기 때문이다. 따라서 철학자가 통치해야 인간 사회의 갈등을 완전히 해소하고 사람들의 삶을 올바르게 이끌 수 있다.

① 인간 사회의 판단기준이 가변적이라 해도 개별 상황에 적합한 합의 도출을 통해 사회 갈등을 완전히 해소할 수 있다.

② 다양한 의견들의 합의를 이루기 위해서는 개별 상황 판단보다 높은 차원의 판단 능력과 기준이 필요하다.

③ 인간 사회의 판단 기준이 현실의 가변적 상황과 무관하다고 해서 비현실적인 것은 아니다.

④ 정치적 의견은 이익을 위해 왜곡될 수 있지만 철학적 의견은 진리에 순종한다.

⑤ 철학적 진리는 일상 언어로 표현된 의견과 뚜렷이 구분된다.

쾌락주의자들은 우리가 쾌락을 욕구하고, 이것이 우리 행동의 원인이 된다고 주장한다. 하지만 반쾌락주의자들은 쾌락을 느끼기 위한 우리 행동의 원인은 음식과 같은 외적 대상에 대한 욕구이지 다른 것이 아니라고 말한다. 이에, 외적 대상에 대한 욕구 이외의 것, 가령, 쾌락에 대한 욕구는 우리 행동의 원인이 될 수 없다. 그럼 반쾌락주의자들이 말하는 욕구에서 행동, 그리고 쾌락으로 이어지는 인과적 연쇄는 다음과 같을 것이다.

음식에 대한 욕구 → 먹는 행동 → 쾌락

이런 인과적 연쇄를 보았을 때 쾌락이 우리 행동의 원인이 아니라는 것은 분명하다. 왜냐하면 쾌락은 행동 이후 생겨났고, 나중에 일어난 것이 이전에 일어난 것의 원인일 수 없기 때문이다. 그러나 이런 반쾌락주의자들의 주장은 두 개의 욕구, 즉 음식에 대한 욕구와 쾌락에 대한 욕구 사이의 관계를 고려하지 않고 있다. 즉 무엇이 음식에 대한 욕구의 원인인지를 고려하지 않은 것이다. 하지만 ㉠ 쾌락주의자들의 주장에 따르면 위의 인과적 연쇄에 음식에 대한 욕구의 원인인 쾌락에 대한 욕구를 추가해야 한다.

사람들이 음식을 원하는 이유는 그들이 쾌락을 욕구하기 때문이다. 반쾌락주의자들의 주장이 범하고 있는 실수는 두 개의 사뭇 다른 사항들, 즉 욕구가 만족되어 경험하는 쾌락과 쾌락에 대한 욕구를 혼동하는 데에서 기인한다. 쾌락의 발생이 행위자가 쾌락 이외의 어떤 것을 원했기 때문이더라도, 쾌락에 대한 욕구는 다른 어떤 것에 대한 욕구를 발생시키는 원인이다.

① 어떤 욕구도 또 다른 욕구의 원인일 수 없다.

② 사람들은 쾌락에 대한 욕구가 없더라도 음식을 먹는 행동을 하기도 한다.

③ 음식에 대한 욕구로 인해 쾌락에 대한 욕구가 생겨야만 행동으로 이어진다.

④ 외적 대상에 대한 욕구는 다른 것에 의해서 야기되지 않고 그저 주어진 것일 뿐이다.

⑤ 맛없는 음식보다 맛있는 음식을 욕구하는 것은 맛있는 음식을 먹어 얻게 될 쾌락에 대한 욕구가 맛없는 음식을 먹어 얻게 될 쾌락에 대한 욕구보다 강하기 때문이다.

민주주의 국가의 국민은 주권자의 입장에 서서 헌법을 제정하고 헌법을 수호하는 가장 중요한 소임을 가지므로, 이러한 국민이 개인 지위를 넘어 집단이나 집단 유사의 결집을 이루어 헌법을 수호하는 역할을 일정한 시점에서 담당할 경우에는 이러한 국민의 결집을 적어도 그 기간 중에는 헌법기관에 준하여 보호하여야 할 것이다. 이러한 국민의 결집을 강압으로 분쇄한 행위는 헌법기관을 강압으로 분쇄한 것과 마찬가지로 국헌문란에 해당한다.

헌법상 아무런 명문 규정이 없음에도 불구하고, 국민이 헌법의 수호자로서 지위를 가진다는 것만으로 헌법수호를 목적으로 집단을 이룬 시위국민들을 가리켜 형법 제91조 제2호에서 규정하고 있는 '헌법에 의하여 설치된 국가기관'에 해당하는 것이라고 말하기는 어렵다할 것이다. 따라서 위 법률 조항에 관한 법리를 오해하여 헌법수호를 위하여 시위하는 국민의 결집을 헌법기관으로 본 원심의 조처는 결국 유추해석에 해당하여 죄형법정주의의 원칙을 위반한 것이어서 허용될 수 없다고 할 것이다.

① 헌법상의 지위와 소임을 다하려고 시위하는 국민들을 헌법기관으로 보는 것은 경우에 따라 허용된다.

② 헌법수호를 위하여 결집된 국민들을 강압으로 분쇄한 행위는 국헌문란죄로 처벌받아야 한다.

③ 헌법수호를 위하여 싸우는 국민의 집단은 헌법기관에 준하여 보호되어야 한다.

④ 대한민국 국민 한 사람 한 사람은 헌법을 제정하고 수호하는 주권자이다.

⑤ 헌법수호를 위하여 결집된 국민들은 헌법기관이 아니다.

89. 다음 ㉠을 약화하는 것만을 〈보기〉에서 모두 고르면?

17년 행시(가) 37번

2001년 인간 유전체 프로젝트가 완료된 후, 영국의 일요신문 『옵저버』는 "드디어 밝혀진 인간 행동의 비밀, 열쇠는 유전자가 아니라 바로 환경"이라는 제목의 기사를 실었다. 유전체 연구 결과, 인간의 유전자 수는 애당초 추정치인 10만 개에 크게 못 미치는 3만 개로 드러났다. 해당 기사는 인간 유전체 프로젝트의 핵심 연구자였던 크레이그 벤터 박사의 ㉠ 주장을 다음과 같이 인용하였다. "유전자 결정론이 옳다고 보기에는 유전자 수가 턱없이 부족합니다. 인간 행동과 형질의 놀라운 다양성은 우리의 유전자 속에 들어있지 않다는 것이죠. 환경에 그 열쇠가 있습니다. 우리의 행동 양식은 유전자가 환경과 상호작용함으로써 비로소 결정되죠. 인간은 유전자의 지배를 받는 존재가 아닌 것이죠. 우리는 자유의지를 발휘할 수 있는 존재인 것입니다." 여러 신문들이 같은 기사를 실었다. 이를 계기로, 본성 대 양육이라는 해묵은 논쟁은 인간의 행동을 결정하는 것이 유전인지 아니면 환경인지 하는 논쟁의 형태로 재점화되었다. 인간이란 결국 신체를 구성하는 물질에 의해 구속받는 존재인지 아니면 인간에게 자유의지가 허락되는지를 놓고도 열띤 토론이 벌어졌다.

〈보 기〉

ㄱ. 자유의지가 없는 동물 중에는 인간보다 더 많은 유전자 수를 가지고 있는 경우도 있다.

ㄴ. 유전자에게 지배되지 않더라도 인간의 행동이 유전자와 환경의 상호작용으로 결정된다면, 그 행동은 인간 스스로의 자유로운 의지에 따라 행한 것이라고 볼 수 없다.

ㄷ. 다양한 인간 행동은 일정한 수의 유형화된 행동 패턴들의 중층적 조합으로 분석될 수 있고, 발견된 인간 유전자의 수는 유형화된 행동 패턴들을 모두 설명하기에 적지 않다.

① ㄱ
② ㄴ
③ ㄱ, ㄷ
④ ㄴ, ㄷ
⑤ ㄱ, ㄴ, ㄷ

90. 다음 논증에 대한 분석으로 적절한 것은?

13년 행시(인) 37번

최근 라이너스 폴링은 α-케로틴 분자가 나선 구조를 가지고 있음을 밝혀냈다. DNA가 α-케로틴과 흡사한 화학적 특성들을 지녔다는 점을 고려할 때, DNA 분자 역시 나선 구조일 것이다. 그리고 그런 가정 하에 DNA의 X선 회절사진을 볼 때 나선 가닥의 수는 둘 아니면 셋이다. 나선 구조 속에 염기가 배열될 수 있는 위치는 두 가지이다. 중추가 안쪽에 있고 염기가 바깥쪽에 있거나, 아니면 염기들이 중추의 안쪽에 배열되어 있을 것이다. 따라서 DNA의 가능한 구조는 모두 네 가지다. 이 가운데 염기가 바깥쪽에 있는 삼중나선 구조는 문제를 가지고 있다. 왜냐하면 자연 상태의 DNA 분자는 많은 수의 물 분자와 결합하고 있음이 분명한 반면, 이 삼중나선 모형이 옳다면 DNA 분자와 결합할 수 있는 물 분자의 개수가 너무 적게 되기 때문이다. 따라서 DNA 분자가 이와 같은 구조일 가능성은 배제된다. 거의 모든 중요한 생물학적 대상이 쌍을 이루고 있음을 고려한다면 DNA 분자 역시 쌍을 이루고 있다고 생각할 수 있다. DNA 분자가 이중나선 구조라면 염기들은 안쪽에 있는가, 바깥쪽에 있는가? 여기서 우리는 DNA의 X선 회절사진에 다시 한 번 주목해야 한다. 로잘린드 프랭클린이 DNA에 X선을 쪼여 얻은 이미지는 염기들이 나선 구조의 중추 안쪽에 있지 않다면 설명될 수 없는 것이었다. 이리하여 우리는 DNA 분자가 염기들이 안쪽에 있는 이중나선 구조라는 결론에 도달할 수 있다.

① DNA 분자의 구조가 염기가 안쪽에 배열된 삼중나선 형태일 가능성은 논박되지 않았다.

② 화학적 특성이 유사한 경우 분자의 구조도 유사하다는 전제를 부정해도 논증은 약화되지 않는다.

③ DNA 분자의 염기가 중추 안쪽에 있다는 사실이 DNA 분자가 이중나선 구조라는 주장의 근거로 사용되었다.

④ DNA 분자의 X선 회절사진 이미지는 DNA 분자의 구조가 삼중나선이 아니라는 판단의 근거로 사용되었다.

⑤ DNA 분자의 X선 회절사진이 판단의 근거로 인정되지 않는다면 DNA 분자의 구조가 나선형이라는 주장이 약화된다.

※ 다음 글을 읽고 물음에 답하시오. [91~92]

갑 : 외계에 지성적 존재가 있다면 지구의 인간들은 그들과 의사소통할 수 있을까요? 우주를 보편적으로 지배하는 원리를 포함하는 이론을 외계인이 지니지 않는다면, 그 외계인은 은하계를 누빌 수 있는 우주선 제작과 같은 기술력을 갖추지 못할 것입니다. 외계인이 지닌 이론은 비록 우리의 것과 다른 방식으로 서술될 수는 있지만 그 내용은 동일할 것입니다. 그런 이론이 포함하는 원리는 우주를 보편적으로 지배합니다. 그리고 그런 이론을 지닌 외계인이 있다고 볼 충분한 이유가 있습니다. 그러므로 외계인이 그런 이론을 지닌다면, 그 외계인과 지구인 사이에는 의사소통이 가능할 것입니다.

을 : 상호 의사소통은 오직 공통된 생활양식을 함께했을 때에만 가능합니다. 그런데 원숭이나 고래 혹은 흰개미처럼 우리와 같은 환경 속에서 진화해 온 존재들조차 우리와 생활양식이 엄청나게 다르지요. 그러니 외계의 환경에서 발생하여 근본적으로 다른 진화 경로를 거쳐 온 이들, 즉 외계인들은 우리와 공통된 생활양식을 절대 함께할 수 없습니다.

병 : 지구에서든 우주 어디에서든, 행성의 운행이나 화학반응을 지배하는 원리는 동일하고 그런 원리를 포함하는 이론을 지닌 외계인이 있을 수 있다고 생각합니다. 하지만 그것으로는 의사소통이 이루어지기에 충분하지 않습니다. 그런 원리를 포함하는 이론을 표현하는 일상 언어를 사용하는 것이 추가되어야 합니다. 왜냐하면 그런 이론을 지니고 있더라도 일상 언어의 결여로 인해 의사소통에 실패하는 경우가 있을 수 있기 때문입니다. 결론적으로, 만약 어떤 외계인이 우주의 보편적 원리를 포함하는 이론을 지니고 그런 이론을 표현하는 일상 언어를 사용한다면, 설령 우리와 그들의 일상 언어가 다르더라도 그런 이론을 표현하는 일상 언어를 사용하는 지구인과 의사소통이 가능할 것입니다.

정 : 우주의 보편 원리를 포함하는 이론을 지니고 그것을 표현하는 일상 언어를 사용하는 외계인과 지구인이 있다고 합시다. 우주의 보편 원리를 포함하는 이론과 그것을 표현하는 일상 언어만으로는 이들 사이에 의사소통이 이루어지는 데 충분하지 않습니다. 그에 더해서 생물학적 유사성까지 충족된다면 의사소통이 가능할 것입니다. 생물학적 유사성을 갖기 위해서는 몇 가지 조건이 만족되어야 합니다. 그 중 한 가지는 신체 구조의 유사성입니다. 우리 지구를 방문한 외계인이 우리 인간과 전혀 다른 신체 구조를 지닌다면 우리는 그들의 행동을 우리 행동과 비교할 수 없고 그로 인해 이해도 할 수 없습니다. 그 점에서 신체 구조의 유사성은 생물학적 유사성을 갖기 위해 필요합니다.

91. 위 글에 대한 분석으로 적절한 것만을 〈보기〉에서 모두 고르면?
23년 행시(가) 39번

― 〈보 기〉 ―

ㄱ. 갑에 따르면, 외계인이 은하계를 누빌 수 있는 우주선 제작과 같은 기술력을 갖추었다면 그 외계인과 지구인 사이에는 의사소통이 가능하다.

ㄴ. 을의 주장들과 병의 결론이 참이라면, "지구인과 의사소통이 불가능한 외계인은 우주의 보편적 원리를 포함하는 이론도 지니지 않고 그런 이론을 표현하는 일상 언어도 사용하지 않는다."도 참이다.

ㄷ. 갑~정 중에서, "외계인과 지구인 사이에 의사소통이 가능하다면 그 외계인은 보편적 원리를 포함하는 이론을 표현하는 일상 언어를 사용한다."라고 주장하는 사람은 없다.

① ㄱ

② ㄴ

③ ㄱ, ㄷ

④ ㄴ, ㄷ

⑤ ㄱ, ㄴ, ㄷ

92. 다음 〈사례〉가 발생했을 때, 위 글의 갑~정의 입장을 적절하게 평가한 것만을 〈보기〉에서 모두 고르면?
23년 행시(가) 40번

― 〈사 례〉 ―

지구인 김박사는 우주의 보편 원리를 포함하는 이론을 표현하는 일상 언어를 사용한다. 그는 우주선을 타고 안드로메다에 있는 한 행성에 도착했다. 거기서 만난 외계인 A는 지구인과 전혀 다른 신체 구조를 가지고 있으며 생활양식도 지구인과 매우 다르다. 또한 A는 우주의 보편 원리를 포함하는 이론을 갖고 있지 않다. 그는 지구인의 일상 언어를 쓰지 않고 그 행성의 일상 언어만을 사용한다.

― 〈보 기〉 ―

ㄱ. 김박사가 A와 의사소통이 가능하다면, 을의 입장은 약화된다.

ㄴ. 김박사가 A와 의사소통이 가능하다면, 정의 입장은 강화되지 않는다.

ㄷ. 김박사가 A와 의사소통이 불가능하다면, 갑의 입장도 병의 입장도 약화되지 않는다.

① ㄱ

② ㄷ

③ ㄱ, ㄴ

④ ㄴ, ㄷ

⑤ ㄱ, ㄴ, ㄷ

※ 다음 글을 읽고 물음에 답하시오. [93~94]

90개의 구슬이 들어 있는 항아리가 있다. 이 항아리에는 붉은색 구슬이 30개 들어 있다. 나머지 구슬은 검은색이거나 노란색이지만, 그 이외에는 어떤 정확한 정보도 주어져 있지 않다. 내기1은 다음의 두 선택 중 하나를 택한 후 항아리에서 구슬을 하나 꺼내 그 결과에 따라서 상금을 준다.

선택1 : 꺼낸 구슬이 붉은색이면 1만 원을 받고, 그 이외의 경우에는 아무것도 받지 못한다.

선택2 : 꺼낸 구슬이 검은색이면 1만 원을 받고, 그 이외의 경우에는 아무것도 받지 못한다.

최악의 상황을 피하고자 한다면, 당신은 둘 중에서 선택1을 택해야 한다. 꺼낸 구슬이 붉은색일 확률은 1/3로 고정되어 있지만, 꺼낸 구슬이 검은색일 확률은 0일 수도 있고 그 경우 당신은 돈을 받지 못할 것이기 때문이다. 그럼 이번에는 다음의 내기2를 생각해보자.

선택3 : 꺼낸 구슬이 붉은색이거나 노란색이면 1만 원을 받고, 그 이외의 경우에는 아무것도 받지 못한다.

선택4 : 꺼낸 구슬이 검은색이거나 노란색이면 1만 원을 받고, 그 이외의 경우에는 아무것도 받지 못한다.

위에서와 마찬가지로 최악의 상황을 피하고자 한다면, 당신은 선택3이 아닌 선택4를 택해야 한다. 꺼낸 구슬이 붉은색이거나 노란색일 확률의 최솟값은 1/3이지만, 검은색이거나 노란색일 확률은 2/3로 고정되어 있기 때문이다.

최악의 상황을 피하는 결정은 합리적이다. 즉, 선택1과 선택4를 택하는 것은 합리적이다. 그런데 이 결정은 여러 선택지들 중에서 한 가지를 합리적으로 선택하기 위해서는 기댓값이 가장 큰 선택지를 선택해야 한다는 '기댓값 최대화 원리'를 위반한다. 기댓값은 모든 가능한 사건들에 대해, 각 사건이 일어날 확률과 그 사건이 일어났을 때 받게 되는 수익의 곱들을 모두 합한 값이다. 우리는 꺼낸 구슬이 붉은색일 확률은 1/3이라는 것을 알고 있지만 꺼낸 구슬이 검은색일 확률은 모르고 있다. 하지만 그 확률이 0과 2/3 사이에 있는 어떤 값이라는 것은 알고 있다. 그 값을 b라고 하자. 그렇다면 선택1의 기댓값은 1/3만 원, 선택2는 b만 원, 선택3은 1 − b만 원, 선택4는 2/3만 원이다.

당신은 선택1과 선택2 중에서 선택1을 택했다. 이 선택이 기댓값 최대화 원리에 따라 이루어진 것이라면, b는 1/3보다 작아야 한다. 한편, 당신은 선택3과 선택4 중에서 선택4를 택했다. 이 선택이 기댓값 최대화 원리에 따라 이루어진 것이라면, 1 − b는 2/3보다 작아야 한다. 즉 b는 1/3보다 커야 한다. 결국, 당신의 두 선택 중 하나는 기댓값 최대화 원리에 따른 선택이 아니다.

이처럼 ㉠ 항아리 문제는 정확한 정보가 주어지지 않은 상태에서 우리의 합리적 선택이 기댓값 최대화 원리와 충돌하는 경우가 있다는 것을 보여준다.

---

93. 윗글에 대한 분석으로 적절한 것만을 〈보기〉에서 모두 고르면?
21년 행시(가) 39번

― 〈보 기〉 ―

ㄱ. 항아리 문제에서 붉은색 구슬이 15개로 바뀐다고 하더라도 ㉠이라는 결론은 따라 나온다.

ㄴ. 항아리 문제에서 최악의 상황을 피하고자 내기1에서 선택1을, 내기2에서 선택4를 택한 것이 합리적인 결정이 아니라는 것을 받아들인다면, ㉠이라는 결론은 따라 나오지 않는다.

ㄷ. 꺼낸 구슬이 검은색일 확률이 얼마인가에 대한 정확한 정보가 주어지지 않은 경우에는 기댓값 사이의 크기를 비교할 수 없다는 것을 받아들인다면, ㉠이라는 결론은 따라 나오지 않는다.

① ㄱ
② ㄷ
③ ㄱ, ㄴ
④ ㄴ, ㄷ
⑤ ㄱ, ㄴ, ㄷ

---

94. 윗글을 토대로 할 때, 다음 〈사례〉에서 추론할 수 있는 것만을 〈보기〉에서 모두 고르면?
21년 행시(가) 40번

― 〈사 례〉 ―

갑과 을이 선택1과 선택2 중에서 하나, 그리고 선택3과 선택4 중에서 하나를 고른다. 그 후, 항아리에서 각자 구슬을 한 번만 뽑아 자신이 뽑은 구슬의 색깔에 따라서 두 선택에 따른 상금을 받는다고 해 보자. 갑은 선택1과 선택3을 택했다. 을은 선택1과 선택4를 택했다.

― 〈보 기〉 ―

ㄱ. 갑과 을이 같은 액수의 상금을 받았다면, 갑이 꺼낸 구슬은 노란색이었을 것이다.

ㄴ. 항아리에 검은색 구슬의 개수가 20개 미만이라면, 갑의 선택은 기댓값이 가장 큰 선택지이다.

ㄷ. 갑과 을이 아닌 사회자가 구슬을 한 번만 뽑아 그 구슬의 색깔에 따라서 갑과 을에게 상금을 주는 것으로 규칙을 바꾼다면, 갑이 을보다 더 많은 상금을 받을 확률과 그렇지 않을 확률은 같다.

① ㄱ
② ㄷ
③ ㄱ, ㄴ
④ ㄴ, ㄷ
⑤ ㄱ, ㄴ, ㄷ

재산보다 더 많은 빚을 진 사람이 세상을 떠나면 채권자들은 이 재산을 어떻게 나눠 가져야 할까? 예를 들어 채권자 1, 채권자 2, 채권자 3에게 각각 100만 원, 200만 원, 300만 원을 빚진 이가 죽었다고 하자. 그의 유산이 600만 원보다 적을 경우, 돈을 어떻게 나눠야 할까? 탈무드에 나오는 현자는 다음과 같은 해결 방안을 제안한다.

- 유산이 100만 원이라면, 모두 똑같이 3분의 1씩 나눠 가진다.
- 유산이 200만 원이라면, 채권자 1이 50만 원, 채권자 2와 채권자 3은 각각 75만 원씩 가진다.
- 유산이 300만 원이라면, 채권자 1이 50만 원, 채권자 2가 100만 원, 채권자 3이 150만 원을 가진다.

이와 같은 분배의 원리는 무엇인가? 히브리대학의 아우만과 매슐러는 '탈무드의 물병'이라는 개념을 가지고 이와 같은 분배를 일관성 있게 해석해 냈다. 아래와 같이 생긴 물병에 물을 채운다고 생각해보자. 물이 바닥부터 차츰 차면서 수면이 점점 올라온다. 부어지는 물을 유산이라고 보자. 예를 들어 100만 원에 해당하는 물을 부으면 물은 바닥에 고른 높이로 퍼질 것이고, 그 높이는 100만 원의 3분의 1에 해당하게 된다. 이는 채권자들이 각각 대략 33만 원씩 가져야 한다는 것을 의미한다. 유산이 200만 원이라면 어떨까? 그 경우 먼저 물병에 부어진 150만 원은 세 채권자의 부분을 50만 원씩 고루 채우겠지만, 남은 50만 원은 더 이상 채권자 1의 부분을 채울 수 없기 때문에 채권자 2와 채권자 3에게 25만 원씩 추가로 배분될 것이다. 이런 식으로 다른 경우에도 일관된 분배가 가능하다.

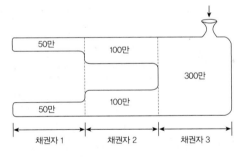

그런데, 설령 일관성이 있다고 해도, 사람들은 이런 분배를 과연 올바른 분배라고 생각할까? 실제로 채권자들을 모아 놓고 서로 충분히 의논하여 재산을 나누라고 해 보면 어떨까? 흥미롭게도, "의견 합일에 이르지 못하면 아무도 돈을 받을 수 없다." 등의 적절한 협상 규칙이 주어진 심리학 실험에서 사람들은 대략 '탈무드의 물병'이 제안하는 분배와 일치하는 결론에 도달하는 것으로 나타났다.

95. '탈무드의 물병'을 활용한 해법에 따를 때, 유산이 400만 원인 경우 세 명의 채권자에게 각각 분배될 금액은?

14년 행시(A) 19번

	채권자 1	채권자 2	채권자 3
①	50만 원	100만 원	250만 원
②	50만 원	125만 원	225만 원
③	75만 원	100만 원	225만 원
④	75만 원	125만 원	200만 원
⑤	75만 원	150만 원	175만 원

96. '탈무드의 물병'이 함축하는 분배 원칙에 대한 서술로 적절하지 않은 것은?

14년 행시(A) 20번

① 유산을 빌려준 돈의 비율대로 분배하게 되는 경우도 있다.
② 채권자가 여럿인 경우, 어떤 채권자도 유산 전부를 가져갈 수 없다.
③ 유산이 가장 큰 빚보다 작은 경우, 유산을 채권자 수로 나누어 똑같이 분배한다.
④ 가장 많은 돈을 빌려준 채권자가 빌려준 돈을 모두 가져간다면, 나머지 채권자도 그래야 한다.
⑤ 가장 많은 돈을 빌려준 채권자가 가장 적은 돈을 빌려준 채권자보다 적은 돈을 가져가게 해서는 안 된다.

양자역학은 이론과 인간 경험 사이의 간극을 잘 보여준다. 입자 하나가 가상의 선을 기준으로 오른쪽에 있거나 왼쪽에 있다고 하자. 오른쪽에 있는 입자를 관측하면 우리는 그 위치를 '오른쪽'이라고 하고, 왼쪽에 있는 입자를 관측하면 그 위치를 '왼쪽'이라고 할 것이다. 반면 양자역학에 따르면 입자는 오른쪽과 왼쪽의 '중첩' 상태에 놓일 수 있다. 하지만 우리는 결코 이 중첩 상태를 경험하지 못하며, 언제나 '오른쪽' 또는 '왼쪽'이라고 관측한다. 입자의 위치를 측정하고 나면, 우리는 '오른쪽'과 '왼쪽' 가운데 오직 하나를 경험하며, 다른 경험은 결코 하지 못한다.

양자역학과 우리의 경험을 조화시키기 위해 양자역학에 대한 여러 해석이 제안되었다. 시간이 지남에 따라 우주가 여러 가지로 쪼개진다고 상상하고 여러 가지로 쪼개진 각각을 '가지'라고 하자. 이제 양자역학의 해석으로 다음 두 해석만 있다고 가정한다. 하나는 가지 치는 것을 허용하지 않는 ST 해석이고, 다른 하나는 이를 허용하는 MW 해석이다. 오직 두 해석만 있기 때문에 한 해석이 참이면 다른 해석은 거짓이다. 우리의 경험은 두 해석 중 무엇을 확증하는가?

알려졌듯이, 입자의 위치를 관측할 때 '오른쪽'이 관측될 확률과 '왼쪽'이 관측될 확률은 1/2로 동일하다. 이는 다음과 같이 표현될 수 있다.

	가지1	가지2
ST	'오른쪽' 또는 '왼쪽'이 관측되지만, 둘 다 동시에 관측될 수는 없다.	
MW	'오른쪽'이 관측된다.	'왼쪽'이 관측된다.

입자를 관측한 결과 '오른쪽'이 관측되었다고 가정하자. 이는 다음과 같은 증거 R이 주어졌음을 뜻한다.

R : 관측된 입자의 위치가 '오른쪽'인 가지가 존재한다.

이제 다음 정의를 받아들이자. '증거 E가 가설 H를 확증한다'는 것은 '가설 H가 참인 조건에서 증거 E가 참일 확률이 가설 H가 거짓인 조건에서 증거 E가 참일 확률보다 더 크다'는 것을 의미한다.

ST 해석과 MW 해석을 가설로 간주할 때 증거 R이 이들 가설을 각각 확증하는지 따져보자. ST가 참인 조건에서 R이 참일 확률은 1/2이다. 왜냐하면 ST가 참인 조건에서는 가지가 하나밖에 없고, 가지가 하나밖에 없는 우주에서 '오른쪽'이 관측될 확률은 1/2이기 때문이다. 반면 ST가 거짓인 조건, 즉 MW가 참인 조건에서 R이 참일 확률은 1이다. 왜냐하면 MW가 참이라는 조건에서는 두 개의 가지가 있고 이 중 하나에서는 반드시 '오른쪽'이 관측되기 때문이다. 비슷한 방식으로 우리는 MW가 거짓인 조건에서 R이 참일 확률이 얼마인지도 알아낼 수 있다. 따라서 _____

이제 '왼쪽'이 관측되었다면 어떻게 될까? 이는 다음과 같은 증거 L이 주어졌음을 뜻한다.

L : 관측된 입자의 위치가 '왼쪽'인 가지가 존재한다.

ST가 참인 조건에서 증거 L이 참일 확률은 1/2이다. 왜냐하면 ST가 참인 조건에서는 가지가 하나밖에 없고, 가지가 하나밖에 없는 우주에서 '왼쪽'이 관측될 확률은 1/2이기 때문이다. 반면 ST가 거짓인 조건, 즉 MW가 참인 조건에서 L이 참일 확률은 1이다. 왜냐하면 MW가 참인 조건에서는 가지가 두 개 있고, 두 가지 가운데 하나에서는 반드시 '왼쪽'이 관측되기 때문이다.

지금까지의 논의를 종합할 때 우리는 ㉠ 흥미로운 결론에 도달한다.

97. 윗글의 빈칸에 들어갈 진술로 가장 적절한 것은?

17년 행시(가) 39번

① R은 ST와 MW를 모두 확증한다.
② R은 ST와 MW 중 어느 것도 확증하지 못한다.
③ R은 ST를 확증하지 못하지만 MW는 확증한다.
④ R은 ST를 확증하지만 MW는 확증하지 못한다.
⑤ R이 ST와 MW 중 하나를 확증하지만 어느 것인지는 알 수 없다.

98. 윗글의 ㉠으로 가장 적절한 것은? 17년 행시(가) 40번

① 양자역학의 한 해석이 확증되면 다른 해석도 확증된다.
② 우리의 모든 경험이 확증하는 양자역학의 해석은 없다.
③ 우리의 경험이 다르면 그 경험이 확증하는 양자역학의 해석도 다르다.
④ 특정한 경험은 양자역학의 두 해석을 모두 확증하거나 모두 확증하지 못한다.
⑤ 어떤 경험을 하든지 우리의 경험은 양자역학의 특정한 해석 하나만을 확증한다.

윤지는 여행길에서 처음 만난 송 씨 아저씨와 가족 이야기를 나누었다. 아저씨는 다음과 같은 물음을 던졌다.

- 물음1 : 저에겐 아이가 둘 있습니다. 이 가운데 적어도 하나는 딸입니다. 제 아이 둘 다가 딸일 확률은 얼마일까요?

윤지는 다음과 같은 풀이를 따라 그 답이 1/3이어야 한다고 생각한다.

- 풀이1 : 두 아이를 성별과 나이 순으로 나열할 때, 있을 수 있는 경우는 (딸, 딸), (딸, 아들), (아들, 딸), (아들, 아들), 이렇게 네 가지이다. 이 네 가지 가운데 하나가 이루어질 각각의 확률은 똑같다고 보아야 한다. 아저씨는 두 아이 가운데 적어도 하나가 딸이라고 말했다. 그렇다면 네 가지 가운데 (아들, 아들)의 경우는 배제해야 한다. 그래서 아저씨의 두 아이는 (딸, 딸)이거나 (딸, 아들)이거나 (아들, 딸)인 것이 분명하다. 이들 세 가지 가운데 하나가 이루어질 각각의 확률은 여전히 똑같다고 보아야 한다. 따라서 아저씨의 두 아이가 (딸, 딸)일 확률은 1/3이고, (딸, 아들)일 확률은 1/3이고, (아들, 딸)일 확률은 1/3이다. 결국 아저씨의 두 아이 모두가 딸일 확률은 1/3이다.

윤지가 첫째 물음에 1/3이라고 답하자, 아저씨는 다른 물음을 던졌다. 첫째 물음에 한 문장이 덧붙여졌을 뿐이다.

- 물음2 : 저에겐 아이가 둘 있습니다. 이 가운데 적어도 하나는 딸입니다. (지갑에서 사진을 꺼내 보여 주며) 이 아이가 제 딸입니다. 제 아이 둘 다가 딸일 확률은 얼마일까요?

윤지는 다음과 같은 풀이를 따라 그 답이 1/2이어야 한다고 생각한다.

- 풀이2 : 사진에서 내가 보았던 아이는 아저씨의 딸이었다. 나는 아저씨의 다른 아이의 얼굴을 모르고 그가 딸인지 아들인지 모른다. 사진으로도 보지 못한 바로 그 아이가 딸일 확률은 아저씨의 두 아이 모두가 딸일 확률과 같다. 사진으로도 보지 못한 바로 그 아이는 딸이거나 아들이다. 그 아이가 딸일 확률과 아들일 확률은 같다. 따라서 사진으로도 보지 못한 바로 그 아이가 딸일 확률은 1/2이다. 결국 아저씨의 두 아이 모두가 딸일 확률은 1/2이다.

위의 물음들에 대해 왜 서로 다른 답변이 나오는가 하는 문제를 '두 딸의 수수께끼'라고 한다. 송 씨가 윤지에게 지갑에서 사진을 꺼내 보여주면서 "이 아이가 제 딸입니다."라고 말할 때 윤지가 받은 정보를 A라고 하자. 정보 A는 송 씨의 두 아이가 모두 딸일 확률을 바꿀 만한 정보일까?

송 씨는 아까 본 딸의 사진을 고려하지 말라고 하면서 셋째 물음을 던졌다. 이 물음도 첫째 물음에 한 문장이 덧붙여졌을 뿐이다.

- 물음3 : 저에겐 아이가 둘 있습니다. 이 가운데 적어도 하나는 딸입니다. 제 딸의 이름은 서현입니다. 제 아이 둘 다가 딸일 확률은 얼마일까요?

송 씨는 이 물음에 대해 다음과 같은 풀이를 제안했다.

- 풀이3 : 물음3의 답변을 구하기 위해 다음과 같은 표본 조사를 해보자. 우선 아이가 둘 있는 부부들을 무작위로 고른다. 이들 가운데 두 아이가 모두 아들인 부부들은 제외한다. 나머지 부부들 가운데서 딸아이의 이름이 '서현'인 경우를 찾는다. 표본조사 결과 다음과 같은 통계 값들을 얻었다. 두 아이를 둔 부부 100만 쌍 중에서 딸아이를 적어도 한 명 둔 부부는 750,117쌍이었다. 750,117쌍 중에서 '서현'이란 이름의 딸아이가 있는 부부는 101쌍이었고, '서현'이란 이름의 딸아이가 있는 부부 중 두 아이가 모두 딸인 부부는 49쌍이었다. '서현'이라는 이름을 가진 딸을 둔 부부들 가운데서 두 아이가 모두 딸인 부부가 차지하는 비율은 거의 1/2이다. 물음3의 답변은 1/2이다.

99. 윗글의 정보 A에 대한 판단으로 적절한 것은?

16년 행시(5) 19번

① 정보 A가 송 씨의 두 아이가 모두 딸일 확률을 바꿀 만한 정보라면, 물음2의 답변은 1/2이 아니다.

② 정보 A가 송 씨의 두 아이가 모두 딸일 확률을 바꿀 만한 정보라면, 풀이1은 물음1의 올바른 답변이 아니거나 풀이2는 물음2의 올바른 답변이 아니다.

③ 정보 A가 송 씨의 두 아이가 모두 딸일 확률을 바꿀 만한 정보가 아니라면, 물음1과 물음2의 답변은 둘 다 똑같이 1/2이다.

④ 풀이1과 풀이2가 각각 물음1과 물음2의 올바른 답변이라면, 정보 A는 송 씨의 두 아이가 모두 딸일 확률을 바꿀만한 정보이다.

⑤ 풀이1은 물음1의 올바른 답변이 아니지만 풀이2는 물음2의 올바른 답변이라면, 정보 A는 송 씨의 두 아이가 모두 딸일 확률을 바꿀 만한 정보이다.

100. 다음 두 전제가 모두 참이라고 할 때, 윗글에서 추론할 수 있는 것은? 16년 행시(5) 20번

> 전제 1 : 만일 물음3의 올바른 답변이 1/2이라면, 물음2의 올바른 답변도 1/2이어야 한다.
> 전제 2 : 풀이3은 물음3에 대한 올바른 답변이다.

① 물음1의 답변과 물음2의 답변은 같아야 한다.

② 물음1의 답변과 물음2의 답변을 모두 수정해야 한다.

③ 물음1의 답변을 유지하는 대신에 물음2의 답변을 수정해야 한다.

④ 물음2의 답변을 유지하는 대신에 물음1의 답변을 수정해야 한다.

⑤ 이름을 알려주는 것이 확률을 바꾸는 정보를 주는 것이 아니라면, 물음1의 답변을 수정해야 한다.

CHAPTER
02

자료해석 필수기출 100제

1. 다음 〈표〉는 '갑'국 △△고속도로의 A~I휴게소 현황에 관한 자료이다. 이에 대한 〈보기〉의 설명 중 옳은 것만을 모두 고르면?

23년 행시(가) 8번

〈표〉 △△고속도로 휴게소 현황

(단위 : m², 면, 백만 원)

진행 방향	휴게소	준공년월	면적	주차면수	사업비
동쪽	A	1997년 6월	104,133	313	9,162
	B	2003년 12월	88,196	292	9,800
	C	1999년 9월	63,846	283	15,358
	D	2008년 10월	39,930	193	14,400
서쪽	E	2003년 12월	53,901	277	9,270
	F	1999년 12월	9,033	145	9,330
	G	2010년 8월	40,012	193	14,522
	H	1997년 12월	85,560	313	11,908
	I	2004년 1월	72,564	225	10,300

─── 〈보 기〉 ───

ㄱ. 2000년 이후 준공된 휴게소 중 면적당 사업비가 가장 큰 휴게소는 E휴게소이다.

ㄴ. 진행 방향별 휴게소 주차면수의 합은 '동쪽'이 '서쪽'보다 적다.

ㄷ. 면적당 주차면수가 가장 많은 휴게소는 F휴게소이다.

ㄹ. 주차면수당 사업비는 G휴게소가 A휴게소의 2배 이상이다.

① ㄱ, ㄴ
② ㄱ, ㄹ
③ ㄴ, ㄷ
④ ㄷ, ㄹ
⑤ ㄴ, ㄷ, ㄹ

2. 다음 〈표〉는 2024년 예상 매출액 상위 10개 제약사의 2018년, 2024년 매출액에 관한 자료이다. 이에 대한 〈보기〉의 설명 중 옳은 것만을 고르면?

21년 행시(가) 11번

〈표〉 2024년 매출액 상위 10개 제약사의 2018년, 2024년 매출액

(단위 : 억 달러)

2024년 기준 매출액 순위	기업명	2024년	2018년	2018년 대비 2024년 매출액 순위변화
1	Pfizer	512	453	변화없음
2	Novartis	498	435	1단계 상승
3	Roche	467	446	1단계 하락
4	J&J	458	388	변화없음
5	Merck	425	374	변화없음
6	Sanofi	407	351	변화없음
7	GSK	387	306	5단계 상승
8	AbbVie	350	321	2단계 상승
9	Takeda	323	174	7단계 상승
10	AstraZeneca	322	207	4단계 상승
매출액 소계		4,149	3,455	
전체 제약사 총매출액		11,809	8,277	

※ 2024년 매출액은 예상 매출액임

─── 〈보 기〉 ───

ㄱ. 2018년 매출액 상위 10개 제약사의 2018년 매출액 합은 3,700억 달러 이상이다.

ㄴ. 2024년 매출액 상위 10개 제약사 중, 2018년 대비 2024년 매출액이 가장 많이 증가한 기업은 Takeda이고 가장 적게 증가한 기업은 Roche이다.

ㄷ. 2024년 매출액 상위 10개 제약사의 매출액 합이 전체 제약사 총매출액에서 차지하는 비중은 2024년이 2018년보다 크다.

ㄹ. 2024년 매출액 상위 10개 제약사 중, 2018년 대비 2024년 매출액 증가율이 60 % 이상인 기업은 2개이다.

① ㄱ, ㄴ
② ㄱ, ㄷ
③ ㄱ, ㄹ
④ ㄴ, ㄷ
⑤ ㄴ, ㄹ

3. 다음 〈그림〉은 2004~2017년 '갑'국의 엥겔계수와 엔젤계수를 나타낸 자료이다. 이에 대한 설명으로 옳은 것은?

18년 행시(나) 3번

〈그림〉 2004~2017년 엥겔계수와 엔젤계수

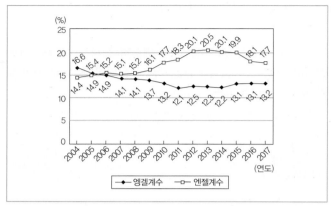

※ 1) 엥겔계수(%) = $\frac{식료품비}{가계지출액}$ × 100

2) 엔젤계수(%) = $\frac{18세\ 미만\ 자녀에\ 대한\ 보육 \cdot 교육비}{가계지출액}$ × 100

3) 보육 · 교육비에는 식료품비가 포함되지 않음

① 2008~2013년 동안 엔젤계수의 연간 상승폭은 매년 증가한다.

② 2004년 대비 2014년 엥겔계수 하락폭은 엔젤계수 상승폭보다 크다.

③ 2006년 이후 매년 18세 미만 자녀에 대한 보육 · 교육비는 식료품비를 초과한다.

④ 2008~2012년 동안 매년 18세 미만 자녀에 대한 보육 · 교육비 대비 식료품비의 비율은 증가한다.

⑤ 엔젤계수는 가장 높은 해가 가장 낮은 해에 비해 7.0%p 이상 크다.

4. 다음 〈그림〉은 '갑'제품의 제조사별 매출액에 대한 자료이다. '갑'제품의 제조사는 A, B, C만 존재한다고 할 때, 〈보기〉 중 옳은 것을 모두 고르면?

10년 행시(인) 4번

〈그림〉 제조사별 매출액

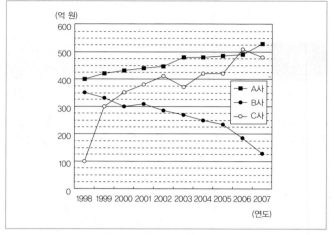

※ 시장규모와 시장점유율은 매출액 기준으로 산정함

─〈보 기〉─

ㄱ. 1999~2007년 사이 '갑'제품의 시장규모는 매년 증가하였다.

ㄴ. 2004~2007년 사이 B사의 시장점유율은 매년 하락하였다.

ㄷ. 2003년 A사의 시장점유율은 2002년에 비해 상승하였다.

ㄹ. C사의 시장점유율은 1999~2002년 사이 매년 상승하였으나 2003년에는 하락하였다.

① ㄱ, ㄴ

② ㄴ, ㄷ

③ ㄷ, ㄹ

④ ㄱ, ㄴ, ㄹ

⑤ ㄴ, ㄷ, ㄹ

5. 다음 〈표〉는 중학생의 주당 운동시간 현황을 조사한 자료이다. 이에 대한 〈보기〉의 설명 중 옳은 것만을 모두 고르면?

17년 행시(가) 4번

〈표〉 중학생의 주당 운동시간 현황

(단위 : %, 명)

구분		남학생			여학생		
		1학년	2학년	3학년	1학년	2학년	3학년
1시간 미만	비율	10.0	5.7	7.6	18.8	19.2	25.1
	인원수	118	66	87	221	217	281
1시간 이상 2시간 미만	비율	22.2	20.4	19.7	26.6	31.3	29.3
	인원수	261	235	224	312	353	328
2시간 이상 3시간 미만	비율	21.8	20.9	24.1	20.7	18.0	21.6
	인원수	256	241	274	243	203	242
3시간 이상 4시간 미만	비율	34.8	34.0	23.4	30.0	27.3	14.0
	인원수	409	392	266	353	308	157
4시간 이상	비율	11.2	19.0	25.2	3.9	4.2	10.0
	인원수	132	219	287	46	47	112
합계	비율	100.0	100.0	100.0	100.0	100.0	100.0
	인원수	1,176	1,153	1,138	1,175	1,128	1,120

〈보 기〉

ㄱ. '1시간 미만' 운동하는 3학년 남학생 수는 '4시간 이상' 운동하는 1학년 여학생 수보다 많다.

ㄴ. 동일 학년의 남학생과 여학생을 비교하면, 남학생 중 '1시간 미만' 운동하는 남학생의 비율이 여학생 중 '1시간 미만' 운동하는 여학생의 비율보다 각 학년에서 모두 낮다.

ㄷ. 남학생과 여학생 각각, 학년이 높아질수록 3시간 이상 운동하는 학생의 비율이 낮아진다.

ㄹ. 모든 학년별 남학생과 여학생 각각에서, '3시간 이상 4시간 미만' 운동하는 학생의 비율이 '4시간 이상' 운동하는 학생의 비율보다 높다.

① ㄱ, ㄴ
② ㄱ, ㄹ
③ ㄴ, ㄷ
④ ㄷ, ㄹ
⑤ ㄱ, ㄴ, ㄷ

6. 다음 〈그림〉은 2015~2018년 사용자별 사물인터넷 관련 지출액에 관한 자료이다. 이에 대한 설명으로 옳지 <u>않은</u> 것은?

19년 행시(가) 22번

〈그림〉 사물인터넷 관련 지출액

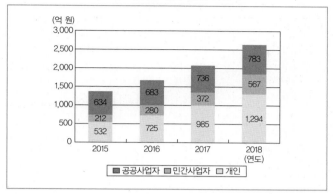

※ 사용자는 공공사업자, 민간사업자, 개인으로만 구성됨

① 2016~2018년 동안 '공공사업자' 지출액의 전년대비 증가폭이 가장 큰 해는 2017년이다.

② 2018년 사용자별 지출액의 전년대비 증가율은 '개인'이 가장 높다.

③ 2016~2018년 동안 사용자별 지출액의 전년대비 증가율은 매년 '공공사업자'가 가장 낮다.

④ '공공사업자'와 '민간사업자'의 지출액 합은 매년 '개인'의 지출액보다 크다.

⑤ 2018년 모든 사용자의 지출액 합은 2015년 대비 80% 이상 증가하였다.

7. 다음 〈표〉는 건강행태 위험요인별 질병비용에 대한 자료이다. 이에 대한 설명으로 옳은 것은?
11년 행시(인) 32번

〈표〉 건강행태 위험요인별 질병비용

(단위 : 억 원)

위험요인 \ 연도	2007	2008	2009	2010
흡연	87	92	114	131
음주	73	77	98	124
과체중	65	72	90	117
운동부족	52	56	87	111
고혈압	51	62	84	101
영양부족	19	35	42	67
고콜레스테롤	12	25	39	64
계	359	419	554	715

※ 질병비용이 클수록 순위가 높음

① '위험요인'별 질병비용의 순위는 매년 변화가 없다.

② 2008~2010년의 연도별 질병비용에서 '영양부족' 위험요인이 차지하는 비율은 전년대비 매년 증가한다.

③ 2008~2010년의 연도별 질병비용에서 '운동부족' 위험요인이 차지하는 비율은 전년대비 매년 증가한다.

④ '고혈압' 위험요인의 경우 2008년부터 2010년까지 질병비용의 전년대비 증가율이 가장 큰 해는 2009년이다.

⑤ 연도별 질병비용에서 '과체중' 위험요인이 차지하는 비율이 가장 높은 해는 2010년이다.

8. 다음 〈그림〉은 2010년과 2011년의 갑 회사 5개 품목(A~E)별 매출액, 시장점유율 및 이익률을 나타내는 그래프이다. 이에 대한 〈보기〉의 설명 중 옳은 것을 모두 고르면?
13년 행시(인) 4번

〈그림 1〉 2010년 A~E의 매출액, 시장점유율, 이익률

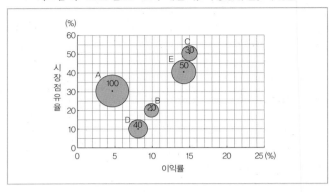

〈그림 2〉 2011년 A~E의 매출액, 시장점유율, 이익률

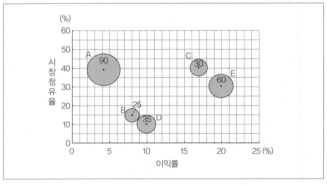

※ 1) 원의 중심좌표는 각각 이익률과 시장점유율을 나타내고, 원 내부 값은 매출액(억 원)을 의미하며, 원의 면적은 매출액에 비례함

2) 이익률(%) = $\frac{이익}{매출액} \times 100$

3) 시장점유율(%) = $\frac{매출액}{시장규모} \times 100$

─── 〈보 기〉 ───

ㄱ. 2010년보다 2011년 매출액, 이익률, 시장점유율 3개 항목이 모두 큰 품목은 없다.

ㄴ. 2010년보다 2011년 이익이 큰 품목은 3개이다.

ㄷ. 2011년 A품목의 시장규모는 2010년보다 크다.

ㄹ. 2011년 시장규모가 가장 큰 품목은 전년보다 이익이 작다.

① ㄱ, ㄴ

② ㄱ, ㄷ

③ ㄴ, ㄹ

④ ㄷ, ㄹ

⑤ ㄱ, ㄴ, ㄷ

9. 다음 〈그림〉은 2000~2009년 A국의 수출입액 현황을 나타낸 자료이다. 이에 대한 설명으로 옳지 <u>않은</u> 것은?

14년 행시(A) 30번

〈그림〉 A국의 수출입액 현황(2000~2009년)

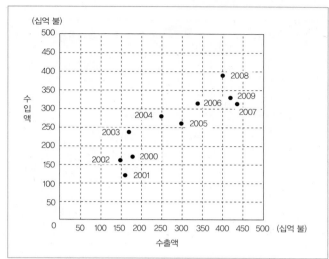

※ 1) 무역규모＝수출액＋수입액
　2) 무역수지＝수출액－수입액

① 무역규모가 가장 큰 해는 2008년이고, 가장 작은 해는 2001년이다.
② 수출액 대비 수입액의 비율이 가장 높은 해는 2003년이다.
③ 무역수지 적자폭이 가장 큰 해는 2003년이며, 흑자폭이 가장 큰 해는 2007년이다.
④ 2001년 이후 전년대비 무역규모가 감소한 해는 수출액도 감소하였다.
⑤ 수출액이 가장 큰 해는 2007년이고, 수입액이 가장 큰 해는 2008년이다.

10. 다음 〈표〉는 2016년 10월, 2017년 10월 순위 기준 상위 11개국의 축구 국가대표팀 순위 변동에 관한 자료이다. 이에 대한 설명으로 옳은 것은?

18년 행시(나) 20번

〈표〉 축구 국가대표팀 순위 변동

| 구분 | 2016년 10월 | | | 2017년 10월 | | |
순위	국가	점수	등락	국가	점수	등락
1	아르헨티나	1,621	−	독일	1,606	↑1
2	독일	1,465	↑1	브라질	1,590	↓1
3	브라질	1,410	↑1	포르투갈	1,386	↑3
4	벨기에	1,382	↓2	아르헨티나	1,325	↓1
5	콜롬비아	1,361	−	벨기에	1,265	↑4
6	칠레	1,273	−	폴란드	1,250	↓1
7	프랑스	1,271	↑1	스위스	1,210	↓3
8	포르투갈	1,231	↓1	프랑스	1,208	↑2
9	우루과이	1,175	−	칠레	1,195	↓2
10	스페인	1,168	↑1	콜롬비아	1,191	↓2
11	웨일스	1,113	↑1	스페인	1,184	−

※ 1) 축구 국가대표팀 순위는 매월 발표됨
　2) 등락에서 ↑, ↓, −는 전월 순위보다 각각 상승, 하락, 변동없음을 의미하고, 옆의 숫자는 전월대비 순위의 상승폭 혹은 하락폭을 의미함

① 2016년 10월과 2017년 10월에 순위가 모두 상위 10위 이내인 국가 수는 9개이다.
② 2017년 10월 상위 10개 국가 중, 2017년 9월 순위가 2016년 10월 순위보다 낮은 국가는 높은 국가보다 많다.
③ 2017년 10월 상위 5개 국가의 점수 평균이 2016년 10월 상위 5개 국가의 점수 평균보다 높다.
④ 2017년 10월 상위 11개 국가 중 전년 동월 대비 점수가 상승한 국가는 전년 동월 대비 순위도 상승하였다.
⑤ 2017년 10월 상위 11개 국가 중 2017년 10월 순위가 전월 대비 상승한 국가는 전년 동월 대비 상승한 국가보다 많다.

11. 다음 〈표〉는 18세기 부여 지역의 토지 소유 및 벼 추수 기록을 나타낸 자료이다. 이에 대한 〈보기〉의 설명 중 옳은 것만을 모두 고르면?

15년 행시(인) 2번

〈표〉 18세기 부여 지역의 토지 소유 및 벼 추수 기록

위치	소유주	작인	면적(두락)	계약량	수취량
도장동	송득매	주서방	8	4석	4석
도장동	자근노음	검금	7	4석	4석
불근보	이풍덕	막산	5	2석 5두	1석 3두
소삼	이풍덕	동이	12	7석 10두	6석
율포	송치선	주적	7	4석	1석 10두
부야	홍서방	주적	6	3석 5두	2석 10두
잠방평	쾌득	명이	7	4석	2석 1두
석을고지	양서방	수양	10	7석	4석 10두
계			62	36석 5두	26석 4두

※ 작인 : 실제로 토지를 경작한 사람

〈보 기〉

ㄱ. '석'을 '두'로 환산하면 1석은 15두이다.
ㄴ. 계약량 대비 수취량의 비율이 가장 높은 토지의 위치는 '도장동', 가장 낮은 토지의 위치는 '불근보'이다.
ㄷ. 작인이 '동이', '명이', '수양'인 토지 중 두락당 계약량이 가장 큰 토지의 작인은 '수양'이고, 가장 작은 토지의 작인은 '동이'이다.

① ㄱ
② ㄴ
③ ㄱ, ㄷ
④ ㄴ, ㄷ
⑤ ㄱ, ㄴ, ㄷ

12. 다음 〈표〉는 A 자치구가 관리하는 전체 13개 문화재 보수 공사 추진현황을 정리한 자료이다. 이에 대한 설명 중 옳은 것은?

10년 행시(인) 34번

〈표〉 A 자치구 문화재 보수공사 추진현황

(단위 : 백만 원)

문화재 번호	공사내용	사업비				공사기간	공정
		국비	시비	구비	합		
1	정전 동문보수	700	300	0	1,000	2008. 1. 3 ~2008. 2.15	공사 완료
2	본당 구조보강	0	1,106	445	1,551	2006.12.16 ~2008.10.31	공사 완료
3	별당 해체보수	0	256	110	366	2007.12.28 ~2008.11.26	공사중
4	마감공사	0	281	49	330	2008. 3. 4 ~2008.11.28	공사중
5	담장보수	0	100	0	100	2008. 8.11 ~2008.12.18	공사중
6	관리실 신축	0	82	0	82	계획중	
7	대문 및 내부담장 공사	17	8	0	25	2008.11.17 ~2008.12.27	공사중
8	행랑채 해체보수	45	45	0	90	2008.11.21 ~2009. 6.19	공사중
9	벽면보수	0	230	0	230	2008.11.10 ~2009. 9. 6	공사중
10	방염공사	9	9	0	18	2008.11.23 ~2008.12.24	공사중
11	소방· 전기공사	0	170	30	200	계획중	
12	경관조명 설치	44	44	0	88	계획중	
13	단청보수	67	29	0	96	계획중	

※ 공사는 제시된 공사기간에 맞추어 완료하는 것으로 가정함

① 이 표가 작성된 시점은 2008년 11월 10일 이전이다.
② 전체 사업비 중 시비와 구비의 합은 전체 사업비의 절반 이하이다.
③ 사업비의 80% 이상을 시비로 충당하는 문화재 수는 전체의 50% 이상이다.
④ 공사중인 문화재 사업비 합은 공사완료된 문화재 사업비 합의 50% 이상이다.
⑤ 국비를 지원받지 못하는 문화재 수는 구비를 지원받지 못하는 문화재 수보다 적다.

13. 다음 〈표〉는 농구대회의 중간 성적에 대한 자료이다. 이에 대한 설명 중 옳지 <u>않은</u> 것은?

12년 행시(인) 14번

〈표〉 농구대회 중간 성적(2012년 2월 25일 현재)

순위	팀	남은 경기수	전체		남은 홈 경기수	홈경기		최근 10경기		최근 연승연패
			승수	패수		승수	패수	승수	패수	
1	A	6	55	23	2	33	7	9	1	1패
2	B	6	51	27	4	32	6	6	4	3승
3	C	6	51	27	3	30	9	9	1	1승
4	D	6	51	27	3	16	23	5	5	1승
5	E	5	51	28	2	32	8	7	3	1패
6	F	6	47	31	3	28	11	7	3	1패
7	G	6	47	31	4	20	18	8	2	2승
8	H	6	46	32	3	23	16	6	4	2패
9	I	6	40	38	3	22	17	4	6	2승
10	J	6	39	39	2	17	23	3	7	3패
11	K	5	35	44	3	16	23	2	8	4패
12	L	6	27	51	3	9	30	2	8	6패
13	M	6	24	54	3	7	32	1	9	8패
14	N	6	17	61	3	7	32	5	5	1승
15	O	6	5	73	3	1	38	1	9	3패

※ 1) '최근 연승 연패'는 최근 경기까지 몇 연승(연속으로 이김), 몇 연패(연속으로 짐)를 했는지를 뜻함. 단, 연승 또는 연패하지 않은 경우 최근 1경기의 결과만을 기록함
　2) 각 팀은 홈과 원정 경기를 각각 42경기씩 총 84경기를 하며, 무승부는 없음
　3) 순위는 전체 경기 승률이 높은 팀부터 1위에서 15위까지 차례로 결정되며, 전체 경기 승률이 같은 경우 홈 경기 승률이 낮은 팀이 해당 순위보다 하나 더 낮은 순위로 결정됨
　4) 전체(홈 경기) 승률 = $\dfrac{\text{전체(홈 경기) 승수}}{\text{전체(홈 경기) 승수} + \text{전체(홈 경기) 패수}}$

① A팀은 최근에 치른 1경기만 지고 그 이전에 치른 9경기를 모두 이겼다.

② I팀의 최종 순위는 남은 경기 결과에 따라 8위가 될 수 있다.

③ L팀과 M팀은 각 팀이 치른 최근 5경기에서 서로 경기를 치르지 않았다.

④ 남은 경기 결과에 따라 1위 팀은 변경될 수 있다.

⑤ 2012년 2월 25일 현재 순위 1~3위인 팀의 홈 경기 승률은 각각 0.8 이상이다.

---

14. 다음 〈표〉는 성별, 연령대별 전자금융서비스 인증수단 선호도에 관한 자료이다. 이에 대한 설명으로 옳지 <u>않은</u> 것은?

19년 행시(가) 33번

〈표〉 성별, 연령대별 전자금융서비스 인증수단 선호도 조사결과

(단위 : %)

구분	인증수단	휴대폰 문자 인증	공인 인증서	아이핀	이메일	전화 인증	신용 카드	바이오 인증
성별	남성	72.2	69.3	34.5	23.1	22.3	21.1	9.9
	여성	76.6	71.6	27.0	25.3	23.9	20.4	8.3
연령대	10대	82.2	40.1	38.1	54.6	19.1	12.0	11.9
	20대	73.7	67.4	36.0	24.1	25.6	16.9	9.4
	30대	71.6	76.2	29.8	15.7	28.0	22.3	7.8
	40대	75.0	77.7	26.7	17.8	20.6	23.3	8.6
	50대	71.9	79.4	25.7	21.1	21.2	26.0	9.4
전체		74.3	70.4	30.9	24.2	23.1	20.8	9.2

※ 1) 응답자 1인당 최소 1개에서 최대 3개까지의 선호하는 인증수단을 선택했음
　2) 인증수단 선호도는 전체 응답자 중 해당 인증수단을 선호한다고 선택한 응답자의 비율임
　3) 전자금융서비스 인증수단은 제시된 7개로만 한정됨

① 연령대별 인증수단 선호도를 살펴보면, 30대와 40대 모두 아이핀이 3번째로 높다.

② 전체 응답자 중 선호 인증수단을 3개 선택한 응답자 수는 40% 이상이다.

③ 선호하는 인증수단으로, 신용카드를 선택한 남성 수는 바이오인증을 선택한 남성 수의 3배 이하이다.

④ 20대와 50대 간의 인증수단별 선호도 차이는 공인인증서가 가장 크다.

⑤ 선호하는 인증수단으로, 이메일을 선택한 20대 모두가 아이핀과 공인인증서를 동시에 선택했다면, 신용카드를 선택한 20대 모두가 아이핀을 동시에 선택한 것이 가능하다.

15. 다음 〈그림〉은 2003년과 2013년 대학 전체 학과수 대비 계열별 학과수 비율과 대학 전체 입학정원 대비 계열별 입학정원 비율을 나타낸 자료이다. 이에 대한 설명으로 옳은 것은?

15년 행시(인) 24번

〈그림 1〉 대학 전체 학과수 대비 계열별 학과수 비율

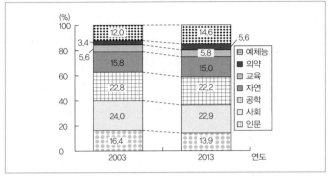

※ 대학 전체 학과수는 2003년 9,500개, 2013년 11,000개임

〈그림 2〉 대학 전체 입학정원 대비 계열별 입학정원 비율

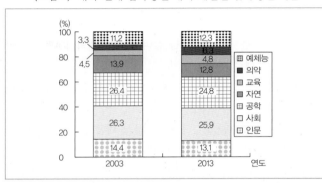

※ 대학 전체 입학정원은 2003년 327,000명, 2013년 341,000명임

① 2013년 인문계열의 입학정원은 2003년 대비 5% 이상 감소하였다.

② 계열별 입학정원 순위는 2003년과 2013년에 동일하다.

③ 2003년 대비 2013년 학과수의 증가율이 가장 높은 계열은 예체능이다.

④ 2013년 예체능, 의약, 교육 계열 학과수는 2003년에 비해 각각 증가하였으나 나머지 계열의 학과수의 합계는 감소하였다.

⑤ 2003년과 2013년을 비교할 때, 계열별 학과수 비율의 증감방향과 계열별 입학정원 비율의 증감방향은 일치하지 않는다.

---

16. 다음 〈표〉와 〈그림〉은 '갑'국의 2019~2021년 신재생 에너지원별 발전소 현황 및 2022년 A~Q지역별 신재생 에너지 발전소 현황에 관한 자료이다. 이에 대한 설명으로 옳지 않은 것은?

23년 행시(가) 20번

〈표〉 에너지원별 발전소 현황

(단위 : 개소, MW)

연도		2019		2020		2021	
에너지원	구분	발전소 수	발전 용량	발전소 수	발전 용량	발전소 수	발전 용량
태양광		1,901	386	5,501	869	6,945	986
비태양광	풍력	6	80	7	66	14	227
	수력	7	3	17	18	10	3
	연료전지	14	104	5	35	4	14
	바이오	14	299	26	705	12	163
	기타	3	26	13	53	10	31
전체		1,945	898	5,569	1,746	6,995	1,424

〈그림 1〉 2022년 지역별 태양광 발전소 현황

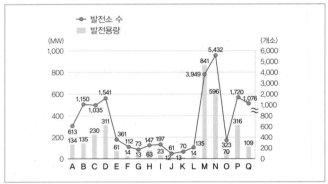

※ '갑'국에는 A~Q 지역만 있음

〈그림 2〉 2022년 지역별 비태양광 발전소 현황

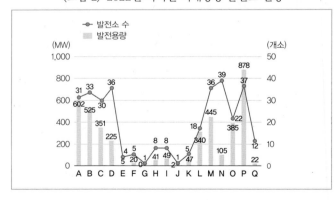

① 2022년 발전용량이 가장 큰 지역은 M이다.

② 태양광 발전소 수는 2022년이 2021년의 2배 이상이다.

③ 전체 발전용량 중 태양광이 차지하는 비중은 2019~2021년 동안 매년 증가하였다.

④ 2021년 발전소 수의 전년 대비 증가율은 풍력이 태양광의 3배 이상이다.

⑤ 기타를 제외하고, 2021년 발전소 1개소당 발전용량이 큰 에너지원부터 순서대로 나열하면 풍력, 바이오, 연료전지, 태양광, 수력이다.

---

17. 다음 〈그림〉과 〈표〉는 2014~2018년 A~C국의 GDP 및 조세부담률을 나타낸 자료이다. 이에 대한 설명으로 옳지 않은 것은? 21년 행시(가) 23번

〈그림〉 연도별 A~C국 GDP

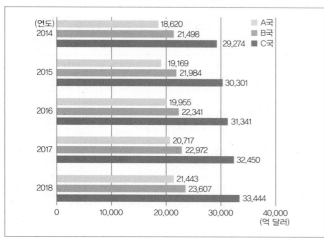

〈표〉 연도별 A~C국 조세부담률

(단위 : %)

연도	구분	A	B	C
2014	국세	24.1	16.4	11.4
	지방세	1.6	5.9	11.3
2015	국세	24.4	15.1	11.3
	지방세	1.6	6.0	11.6
2016	국세	24.8	15.1	11.2
	지방세	1.6	6.1	12.1
2017	국세	25.0	15.9	11.1
	지방세	1.6	6.2	12.0
2018	국세	25.0	15.6	11.4
	지방세	1.6	6.2	12.5

※ 1) 조세부담률＝국세부담률＋지방세부담률

2) 국세(지방세)부담률(%)＝$\dfrac{\text{국세(지방세) 납부액}}{\text{GDP}} \times 100$

① 2016년에는 전년 대비 GDP 성장률이 가장 높은 국가가 조세부담률도 가장 높다.

② B국은 GDP가 증가한 해에 조세부담률도 증가한다.

③ 2017년 지방세 납부액은 B국이 A국의 4배 이상이다.

④ 2018년 A국의 국세 납부액은 C국의 지방세 납부액보다 많다.

⑤ C국의 국세 납부액은 매년 증가한다.

---

18. 다음 〈그림〉과 〈표〉는 2001~2006년 생활체육 참여 현황에 대한 자료이다. 이에 대한 설명 중 옳은 것은? 10년 행시(인) 36번

〈그림〉 생활체육 참여율

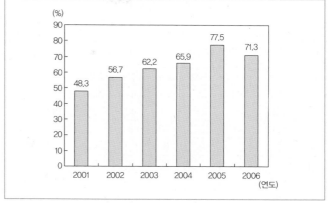

※ 1) 전국 만 18세 이상 남녀 1,000명을 대상으로 매년 12월 31일 조사함

2) 생활체육 참여율(%)＝$\dfrac{\text{해당연도 생활체육 참여자수}}{\text{해당연도 전체 조사대상자수}} \times 100$

3) 해당연도 생활체육 참여자 : 해당연도에 월평균 2~3회 이상 생활체육에 참여한 사람

〈표 1〉 생활체육 참여자의 참여빈도 유형별 비중

(단위 : %)

연도	주6~7회	주4~5회	주2~3회	주1회	월2~3회
2001	20.9	18.5	27.5	20.0	13.1
2002	30.5	7.9	27.9	19.8	13.9
2003	19.4	15.1	27.8	21.6	16.1
2004	14.5	10.8	25.3	24.0	25.4
2005	14.6	11.0	25.7	25.2	23.5
2006	11.4	16.8	33.6	19.5	18.7

〈표 2〉 참여종목 선호도

연도	1순위	2순위	3순위	4순위	5순위	6순위
2001	줄넘기	축구	조깅	등산	농구	배드민턴
2002	조깅	줄넘기	등산	볼링	농구	테니스
2003	등산	농구	줄넘기	배드민턴	수영	볼링
2004	등산	줄넘기	농구	축구	보디빌딩	수영
2005	조깅	등산	보디빌딩	줄넘기	수영	축구
2006	등산	축구	조깅	배드민턴	보디빌딩	줄넘기

① 전년에 비해 2006년의 보디빌딩 참여자 수는 감소하였다.

② 2001년 이후 줄넘기, 테니스의 선호도 순위는 매년 하락하였다.

③ 2001년 이후 등산, 배드민턴, 축구의 선호도 순위는 매년 상승하였다.

④ 2002~2006년 사이 생활체육 참여율이 전년보다 증가한 해는 주 2~3회 참여자 집단의 비중도 증가하였다.

⑤ 2006년의 생활체육 참여자의 '참여빈도 유형' 중 비중의 전년 대비 증가율이 가장 높은 집단은 주4~5회 참여자이다.

19. 다음 〈표〉와 〈그림〉은 볼거리 발병 환자 수에 관한 자료이다. 이에 대한 〈보기〉의 설명 중 옳은 것을 모두 고르면?

11년 행시(인) 4번

〈표〉 지역별 볼거리 발병 환자 수 추이

(단위 : 명)

지역	2001년	2002년	2003년	2004년	2005년	2006년	2007년	2008년 (1~2월)
서울	345	175	348	384	224	239	299	33
부산	72	22	25	23	42	221	191	5
대구	34	31	79	73	43	205	2,128	119
인천	222	41	137	262	194	182	225	23
광주	103	20	18	6	10	35	128	3
대전	54	9	6	45	66	9	65	1
울산	33	49	57	121	114	114	137	9
경기	344	175	272	389	701	569	702	36
강원	53	44	53	107	94	126	130	3
충북	36	27	118	110	217	94	152	12
충남	27	24	38	33	16	33	92	3
전북	127	22	23	34	18	47	36	0
전남	85	42	11	6	7	23	66	2
경북	33	38	227	63	33	45	111	4
경남	34	7	29	61	31	35	57	7
제주	20	40	80	26	38	29	23	1
계	1,622	766	1,521	1,743	1,848	2,006	4,542	261

※ 2008년의 자료는 2월말까지 집계된 환자 수임

〈그림〉 2007년 전국 볼거리 발병 환자 수의 월별 분포

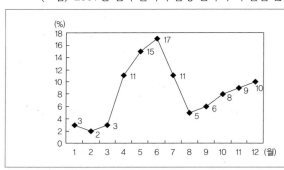

※ 소수점 아래 첫째자리에서 반올림한 값임

─── 〈보 기〉 ───

ㄱ. 2007년 대구 지역의 볼거리 발병 환자 수는 전년의 10배 이상이다.

ㄴ. 2007년에 볼거리 발병 환자 수가 전년대비 3배 이상인 지역은 대구, 광주, 대전이다.

ㄷ. 2008년 대구 지역 볼거리 발병 환자 수의 월별 분포가 2007년 전국 볼거리 발병 환자 수의 월별 분포와 같다면, 대구 지역에서는 2007년보다 2008년에 볼거리 발병 환자 수가 더 많다.

ㄹ. 2001년에 지역 인구당 볼거리 발병 환자 비율이 가장 낮은 지역은 제주이다.

① ㄱ, ㄴ   ② ㄱ, ㄹ
③ ㄷ, ㄹ   ④ ㄱ, ㄴ, ㄷ
⑤ ㄴ, ㄷ, ㄹ

---

20. 다음 〈그림〉과 〈표〉는 2011~2020년 세계 에너지 부문 투자 관련 자료이다. 이에 대한 〈보기〉의 설명 중 옳지 않은 것을 모두 고르면?

10년 행시(인) 10번

〈그림〉 세계 에너지 부문별 투자 예상액

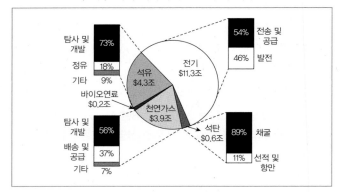

〈표〉 지역별 에너지 부문 투자 예상액

(단위 : 10억 달러)

구분	석탄	석유	천연가스	전기	합
OECD	156	1,149	1,745	4,241	7,291
북미	80	856	1,189	1,979	4,104
유럽	34	246	417	1,680	2,377
태평양지역	42	47	139	582	810
구소련지역	33	639	589	590	1,851
러시아	15	478	440	263	1,196
개발도상국	331	2,223	1,516	6,446	10,516
아시아	298	662	457	4,847	6,264
중국	238	351	124	3,007	3,720
인도	38	48	55	967	1,108
인도네시아	13	49	86	187	335
중동	1	698	381	396	1,476
아프리카	20	485	413	484	1,402
라틴아메리카	12	378	265	719	1,374
브라질	1	138	48	252	439
지역간 이전	45	256	76	–	377
계	565	4,267	3,926	11,277	20,196

※ 세계 합계에는 바이오연료 부문의 1,610억 달러가 포함된 것임

─── 〈보 기〉 ───

ㄱ. 전기 부문에 11조 달러 이상의 투자가 예상되며, 이는 전체 에너지 부문 투자의 60%가 넘는다.

ㄴ. 전기 부문 투자 예상액의 50% 이상이 전송 및 공급과 관련되어 있고 그 규모는 6.3조 달러를 넘는다.

ㄷ. 석유 부문 투자 예상액의 70% 이상이 석유의 탐사 및 개발에 책정되었다.

ㄹ. 에너지 부문 투자 예상액의 지역별 분포에 따르면 가장 많은 투자액이 예상되는 곳은 개발도상국이다.

ㅁ. 개발도상국에서 에너지분야에 가장 많은 투자가 예상되는 국가는 중국으로 약 3.7조 달러가 투자될 것으로 예상되며, 이는 전세계 에너지 분야 투자 예상액의 20% 이상을 차지한다.

① ㄱ, ㄴ, ㄹ   ② ㄱ, ㄴ, ㅁ
③ ㄱ, ㄷ, ㄹ   ④ ㄴ, ㄷ, ㅁ
⑤ ㄷ, ㄹ, ㅁ

21. 다음 〈표〉와 〈그림〉은 2011~2015년 국가공무원 및 지방자치단체공무원 현황에 관한 자료이다. 이에 대한 설명으로 옳지 않은 것은?

17년 행시(가) 32번

〈표〉 국가공무원 및 지방자치단체공무원 현황

(단위 : 명)

구분＼연도	2011	2012	2013	2014	2015
국가공무원	621,313	622,424	621,823	634,051	637,654
지방자치단체공무원	280,958	284,273	287,220	289,837	296,193

〈그림〉 국가공무원 및 지방자치단체공무원 중 여성 비율

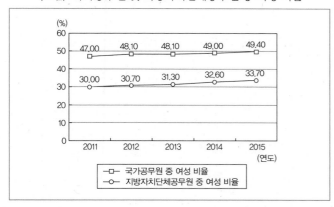

① 매년 국가공무원 중 여성 수는 지방자치단체공무원 중 여성 수의 3배 이상이다.

② 지방자치단체공무원 중 여성 수는 매년 증가하였다.

③ 매년 국가공무원 중 여성 수는 지방자치단체공무원 수보다 많다.

④ 국가공무원 중 남성 수는 2013년이 2012년보다 적다.

⑤ 국가공무원 중 여성 비율과 지방자치단체공무원 중 여성 비율의 차이는 매년 감소한다.

22. 다음 〈표〉와 〈그림〉은 소나무재선충병 발생지역에 대한 자료이다. 이를 이용하여 계산할 때, 고사한 소나무 수가 가장 많은 발생지역은?

14년 행시(A) 1번

〈표〉 소나무재선충병 발생지역별 소나무 수

(단위 : 천 그루)

발생지역	소나무 수
거제	1,590
경주	2,981
제주	1,201
청도	279
포항	2,312

〈그림〉 소나무재선충병 발생지역별 감염률 및 고사율

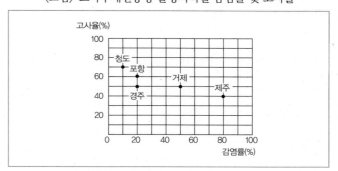

※ 1) 감염률(%)= $\dfrac{\text{발생지역의 감염된 소나무 수}}{\text{발생지역의 소나무 수}} \times 100$

2) 고사율(%)= $\dfrac{\text{발생지역의 고사한 소나무 수}}{\text{발생지역의 감염된 소나무 수}} \times 100$

① 거제

② 경주

③ 제주

④ 청도

⑤ 포항

23. 다음 〈그림〉과 〈표〉는 어느 나라의 이동통신시장 추이에 대한 자료이다. 이에 대한 〈보기〉의 설명 중 옳지 <u>않은</u> 것을 모두 고르면?

12년 행시(인) 27번

〈그림〉 이동통신 서비스 유형별 매출액

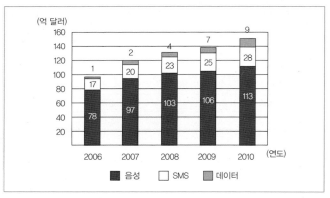

〈표 1〉 4대 이동통신사업자 매출액

(단위 : 백만 달러)

구분	A사	B사	C사	D사	합계
2008년	3,701	3,645	2,547	2,958	12,851
2009년	3,969	3,876	2,603	3,134	13,582
2010년	3,875	4,084	2,681	3,223	13,863
2011년 1~9월	2,709	3,134	1,956	2,154	9,953

〈표 2〉 이동전화 가입대수 및 보급률

(단위 : 백만 대, %)

구분	2006년	2007년	2008년	2009년	2010년
가입대수	52.9	65.9	70.1	73.8	76.9
보급률	88.8	109.4	115.5	121.0	125.3

※ 보급률(%) = $\frac{\text{이동전화 가입대수}}{\text{전체 인구}} \times 100$

───── 〈보 기〉 ─────

ㄱ. 2007~2010년 동안 이동통신 서비스 유형 중 데이터 매출액의 전년대비 증가율은 매년 50% 이상이다.

ㄴ. 2010년 이동전화 보급률은 가입대수의 증가와 전체 인구의 감소에 따라 125.3%에 달한다.

ㄷ. 2007~2010년 동안 이동전화 가입대수의 전년대비 증가율은 매년 감소한다.

ㄹ. 2011년 10~12월 동안 4대 이동통신사업자의 월별 매출액이 당해년도 1~9월까지의 월평균 매출액을 유지한다면 2011년 매출액 합계는 전년도보다 감소할 것이다.

① ㄱ, ㄴ
② ㄱ, ㄷ
③ ㄱ, ㄹ
④ ㄴ, ㄹ
⑤ ㄷ, ㄹ

---

24. 다음 〈표〉와 〈그림〉은 우리나라의 에너지 유형별 1차에너지 생산과 최종에너지 소비에 관한 자료이다. 이에 대한 〈보기〉의 설명으로 옳지 <u>않은</u> 것은?

19년 행시(가) 16번

〈표 1〉 2008~2012년 1차에너지의 유형별 생산량

(단위 : 천 TOE)

유형 / 연도	석탄	수력	신재생	원자력	천연가스	합
2008	1,289	1,196	5,198	32,456	236	40,375
2009	1,171	1,213	5,480	31,771	498	40,133
2010	969	1,391	6,064	31,948	539	40,911
2011	969	1,684	6,618	33,265	451	42,987
2012	942	1,615	8,036	31,719	436	42,748

※ 국내에서 생산하는 1차에너지 유형은 제시된 5가지로만 구성됨

〈그림〉 2012년 1차에너지의 지역별 생산량 비중(TOE 기준)

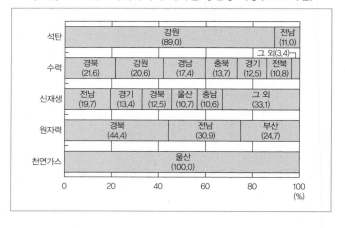

〈표 2〉 유형별 최종에너지 소비 추이(2008~2012년)와 지역별 최종에너지 소비(2012년)

(단위 : 천 TOE)

유형 / 연도·지역	석탄	석유제품	천연 및 도시가스	전력	열	신재생	합
2008	26,219	97,217	19,765	33,116	1,512	4,747	182,576
2009	23,895	98,370	19,459	33,925	1,551	4,867	182,067
2010	29,164	100,381	21,640	37,338	1,718	5,346	195,587
2011	33,544	101,976	23,672	39,136	1,702	5,833	205,863
2012	31,964	101,710	25,445	40,127	1,751	7,124	208,121
서울	118	5,863	4,793	4,062	514	218	15,568
부산	62	3,141	1,385	1,777	−	104	6,469
대구	301	1,583	970	1,286	80	214	4,434
인천	54	6,798	1,610	1,948	−	288	10,698
광주	34	993	630	699	−	47	2,403
대전	47	945	682	788	−	51	2,513
울산	451	19,357	2,860	2,525	−	336	25,529
경기	335	10,139	5,143	8,625	1,058	847	26,147
강원	1,843	1,875	312	1,368	−	644	6,042
충북	1,275	2,044	752	1,837	59	471	6,438
충남	5,812	17,184	1,454	3,826	5	143	28,424
전북	27	2,177	846	1,846	−	337	5,233
전남	11,675	21,539	975	2,450	−	2,251	38,890
경북	9,646	3,476	1,505	3,853	−	879	19,359

경남	284	3,873	1,515	2,839	35	266	8,812
제주	–	721	13	332	–	28	1,094
기타	–	2	–	66	–	–	68

※ 국내에서 소비하는 최종에너지 유형은 제시된 6가지로만 구성됨

① 2008년 대비 2012년의 생산량 증가율이 가장 큰 1차에너지 유형은 천연가스이다.

② 2012년 1차에너지를 가장 많이 생산한 지역에서는 같은 해 최종에너지 중 석유제품을 가장 많이 소비하였다.

③ 2012년 석탄 1차에너지 생산량은 2012년 경기 지역의 신재생 1차에너지 생산량보다 적다.

④ 2012년에 1차에너지 생산량이 최종에너지 소비량의 합보다 많은 지역이 존재한다.

⑤ 2008년 대비 2012년의 소비량 증가율이 가장 큰 최종에너지 유형은 신재생이다.

---

25. 다음 〈표〉와 〈그림〉은 A항구의 수입·수출·환적·연안화물의 품목별 처리량 순위와 처리화물 현황에 대한 자료이다. 이에 대한 〈보기〉의 설명 중 옳지 **않은** 것만을 모두 고르면?

14년 행시(A) 34번

〈표〉 2012년 수입·수출·환적·연안화물의 품목별 처리량 순위

(단위 : 만 톤)

구분 순위	수입화물		수출화물		환적화물		연안화물	
	품목	처리량	품목	처리량	품목	처리량	품목	처리량
1	원유 석유류	8,192	원유 석유류	3,953	화학 제품	142	원유 석유류	1,518
2	화학 제품	826	차량 부품	1,243	원유 석유류	93	화학 제품	285
3	광석류	384	화학 제품	811	차량 부품	20	시멘트	183
4	철강 제품	255	시멘트	260	광석류	2	철강 제품	148
5위 이하		707		522		3		151
계	–	10,364	–	6,789	–	260	–	2,285

※ A항구의 처리화물은 수입화물, 수출화물, 환적화물, 연안화물로만 구성됨

〈그림〉 2009~2012년 처리화물 현황

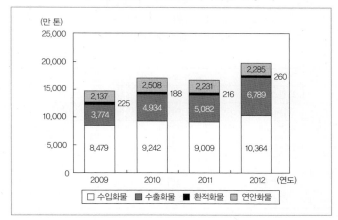

― 〈보 기〉 ―

ㄱ. 2012년 광석류의 수입화물 처리량 대비 광석류의 수출화물 처리량은 80% 이하이다.

ㄴ. 수입화물 처리량은 매년 전체 처리량의 절반 이하이다.

ㄷ. 2011년 대비 2012년의 처리량 증가율은 수출화물이 수입화물보다 크다.

ㄹ. 2012년 차량부품의 전체 처리량은 화학제품의 전체 처리량보다 많다.

① ㄱ, ㄷ

② ㄱ, ㄹ

③ ㄴ, ㄹ

④ ㄱ, ㄴ, ㄷ

⑤ ㄴ, ㄷ, ㄹ

26. 다음 〈표〉는 1936~2022년 필즈상 수상자의 최종 박사학위 취득 대학에 관한 자료이다. 필즈상 수상자의 최종 박사학위 취득 대학 중 수상자가 1명인 대학의 수는? 23년 행시(가) 38번

〈표 1〉 필즈상 수상자의 최종 박사학위 취득 대학의
소속 국가별 현황

(단위 : 개, 명)

순위	대학 소속 국가	대학 수	필즈상 수상자 수
1	미국	7	21
2	프랑스	7	12
3	영국	4	8
4	러시아	3	6
5	독일	2	4
6	스위스	1	3
…	…	…	…
전체		34	65

※ 1) 필즈상 수상자 수가 많을수록 순위가 높음
2) 필즈상 수상자는 모두 박사학위자이며, 중복수상자는 없음

〈표 2〉 최종 박사학위 기준 필즈상 수상자를
3명 이상 배출한 대학 현황

(단위 : 명)

대학명	대학 소속 국가	필즈상 수상자 수
프린스턴	미국	7
하버드	미국	6
모스크바	러시아	4
케임브리지	영국	4
본	독일	3
제네바	스위스	3
ENS	프랑스	3

① 16
② 17
③ 18
④ 19
⑤ 20

27. 다음 〈표〉는 '갑'국의 친환경 농작물 생산 현황에 대한 자료이다. 이에 대한 〈보기〉의 설명 중 옳은 것만을 모두 고르면? 20년 행시(나) 40번

〈표 1〉 연도별 친환경 농작물 재배농가, 재배면적, 생산량

(단위 : 천 호, 천 ha, 천 톤)

구분\연도	2016	2017	2018	2019
재배농가	53	135	195	221
재배면적	53	106	174	205
생산량	798	1,786	2,188	2,258

〈표 2〉 연도별 친환경 농작물 생산방법별 재배면적

(단위 : 천 ha)

생산방법\연도	2016	2017	2018	2019
유기농	9	11	13	17
무농약	14	37	42	69
저농약	30	58	119	119

※ 친환경 농작물 생산방법은 유기농, 무농약, 저농약으로 구성됨.

〈표 3〉 2019년 친환경 농작물별 생산량의 생산방법별 구성비

(단위 : %)

생산방법\친환경 농작물	곡류	과실류	채소류
유기농	11	27	18
무농약	17	67	28
저농약	72	6	54
합계	100	100	100

※ 친환경 농작물은 곡류, 과실류, 채소류로 구성됨.

─────〈보 기〉─────

ㄱ. 재배농가당 재배면적은 매년 감소한다.
ㄴ. 친환경 농작물 재배면적 중 '무농약'의 비중은 매년 증가한다.
ㄷ. 2019년 친환경 농작물 생산방법별 재배면적당 생산량은 '유기농'이 '저농약'보다 많다.
ㄹ. 2019년 친환경 농작물별 생산량 비(곡류 : 과실류 : 채소류)가 1 : 2 : 3이라면, 친환경 농작물 생산방법 중 '저농약'의 생산량이 가장 많다.

① ㄱ
② ㄹ
③ ㄱ, ㄴ
④ ㄴ, ㄷ
⑤ ㄷ, ㄹ

28. 다음 〈표〉는 2008~2012년 한국을 포함한 OECD 주요국의 공공복지예산에 관한 자료이다. 이에 대한 〈보기〉의 설명 중 옳은 것만을 모두 고르면?

16년 행시(5) 12번

〈표 1〉 2008~2012년 한국의 공공복지예산과 분야별 GDP 대비 공공복지예산 비율

(단위 : 십억 원, %)

구분 연도	공공복지 예산	분야별 GDP 대비 공공복지예산 비율					
		노령	보건	가족	실업	기타	합
2008	84,466	1.79	3.28	0.68	0.26	1.64	7.65
2009	99,856	1.91	3.64	0.74	0.36	2.02	8.67
2010	105,248	1.93	3.74	0.73	0.29	1.63	8.32
2011	111,090	1.95	3.73	0.87	0.27	1.52	8.34
2012	124,824	2.21	3.76	1.08	0.27	1.74	9.06

〈표 2〉 2008~2012년 OECD 주요국의 GDP 대비 공공복지예산 비율

(단위 : %)

연도 국가	2008	2009	2010	2011	2012
한국	7.65	8.67	8.32	8.34	9.06
호주	17.80	17.80	17.90	18.20	18.80
미국	17.00	19.20	19.80	19.60	19.70
체코	18.10	20.70	20.80	20.80	21.00
영국	21.80	24.10	23.80	23.60	23.90
독일	25.20	27.80	27.10	25.90	25.90
핀란드	25.30	29.40	29.60	29.20	30.00
스웨덴	27.50	29.80	28.30	27.60	28.10
프랑스	29.80	32.10	32.40	32.00	32.50

─── 〈보 기〉 ───

ㄱ. 2011년 한국의 실업 분야 공공복지예산은 4조 원 이상이다.

ㄴ. 한국의 공공복지예산 중 보건 분야 예산이 차지하는 비중은 2011년과 2012년에 전년대비 감소한다.

ㄷ. 매년 한국의 노령 분야 공공복지예산은 가족 분야 공공복지예산의 2배 이상이다.

ㄹ. 2009~2012년 동안 OECD 주요국 중 GDP 대비 공공복지예산 비율이 가장 높은 국가와 가장 낮은 국가 간의 비율 차이는 전년대비 매년 증가한다.

① ㄱ, ㄹ

② ㄴ, ㄷ

③ ㄴ, ㄹ

④ ㄱ, ㄴ, ㄷ

⑤ ㄱ, ㄷ, ㄹ

---

29. 다음 〈표〉는 수자원 현황에 대한 자료이다. 이를 바탕으로 작성한 〈보고서〉의 내용 중 옳은 것만을 모두 고르면?

15년 행시(인) 23번

〈표 1〉 지구상 존재하는 물의 구성

구분		부피(백만km³)	비율(%)
총량		1,386.1	100.000
해수(바닷물)		1,351.0	97.468
담수	빙설(빙하, 만년설 등)	24.0	1.731
	지하수	11.0	0.794
	지표수(호수, 하천 등)	0.1	0.007

〈표 2〉 세계 각국의 강수량

구분	한국	일본	미국	영국	중국	캐나다	세계 평균
연평균 강수량 (mm)	1,245	1,718	736	1,220	627	537	880
1인당 강수량 (m³/년)	2,591	5,107	25,022	4,969	4,693	174,016	19,635

〈표 3〉 주요 국가별 1인당 물사용량

국가	독일	덴마크	프랑스	영국	일본	이탈 리아	한국	호주
1인당 물 사용량 (ℓ/일)	132	246	281	323	357	383	395	480

─── 〈보고서〉 ───

급격한 인구증가와 지구온난화로 인하여 인류가 사용할 수 있는 물의 양이 줄어들면서 물 부족 문제가 심화되고 있다. ㉠ 지구상에 존재하는 물의 97% 이상이 해수이고, 나머지는 담수의 형태로 존재한다. ㉡ 담수의 3분의 2 이상은 빙하, 만년설 등의 빙설이고, 나머지도 대부분 땅속에 있어 손쉽게 이용 가능한 지표수는 매우 적다.

최근 들어 강수량 및 확보 가능한 수자원이 감소되고 있는 실정이다. UN 조사에 따르면 이러한 상황이 지속될 경우 20년 후 세계 인구의 3분의 2는 물 스트레스 속에서 살게 될 것으로 전망된다. ㉢ 한국의 경우, 연평균 강수량은 세계평균의 1.4배 이상이지만, 1인당 강수량은 세계평균의 12% 미만이다. 또한 연강수량의 3분의 2가 여름철에 집중되어 수자원의 계절별, 지역별 편중이 심하다.

이와 같이 수자원 확보의 어려움에 직면하고 있으나 ㉣ 한국의 1인당 물사용량은 독일의 2.5배 이상이며, 프랑스의 1.4배 이상으로 오히려 다른 나라에 비해 높은 편이다.

① ㄱ, ㄴ

② ㄱ, ㄷ

③ ㄷ, ㄹ

④ ㄱ, ㄴ, ㄹ

⑤ ㄴ, ㄷ, ㄹ

30. 다음 〈표〉는 2010년 지역별 등산사고 발생현황에 대한 자료이다. 이에 대한 〈보기〉의 설명 중 옳지 <u>않은</u> 것을 모두 고르면?

13년 행시(인) 21번

〈표 1〉 2010년 월별 등산사고 발생현황

(단위 : 건)

월\지역	1	2	3	4	5	6	7	8	9	10	11	12	합
서울	133	135	72	103	134	104	112	112	124	125	126	74	1,354
부산	3	0	0	4	0	2	0	3	3	0	6	5	26
대구	6	5	3	4	3	4	5	2	5	5	6	5	53
인천	19	11	6	11	22	5	8	16	12	20	11	6	147
광주	2	4	3	4	2	2	3	3	10	9	8	7	57
대전	13	9	4	8	13	9	9	11	6	13	9	4	108
울산	9	6	5	6	10	10	17	16	17	15	23	6	140
경기	7	14	9	20	20	15	14	26	23	30	13	7	198
강원	36	19	12	16	38	38	42	27	51	43	24	12	358
충북	3	7	7	13	11	2	2	5	15	24	13	4	106
충남	1	1	2	1	2	2	0	0	0	3	0	2	14
전북	18	13	10	12	32	12	17	15	9	22	22	6	188
전남	13	12	11	14	15	8	18	16	18	31	24	3	183
경북	0	2	1	0	0	1	0	1	1	1	0	0	7
경남	11	7	2	9	11	10	11	15	32	18	20	20	166
제주	2	1	0	0	2	0	0	1	0	0	0	1	9
전체	276	246	147	225	315	224	260	269	326	359	305	162	3,114

〈표 2〉 2010년 발생원인별 등산사고 발생현황

(단위 : 건)

발생원인\지역	조난	개인질환	실족·추락	안전수칙불이행	기타	합
서울	232	124	497	0	501	1,354
부산	4	4	10	2	6	26
대구	18	7	6	15	7	53
인천	30	6	31	0	80	147
광주	0	7	50	0	0	57
대전	13	22	36	1	36	108
울산	0	18	43	0	79	140
경기	12	13	120	21	32	198
강원	91	36	109	18	104	358
충북	22	14	40	7	23	106
충남	0	4	4	0	6	14
전북	8	5	116	10	49	188
전남	28	11	33	65	46	183
경북	2	2	2	0	1	7
경남	25	19	15	21	86	166
제주	0	0	9	0	0	9
전체	485	292	1,121	160	1,056	3,114

※ 등산사고 1건당 발생원인은 1개로 한정함

〈보 기〉

ㄱ. 2010년 3월, 9월, 10월에 발생한 등산사고건수의 합은 전체 등산사고건수의 30% 이상이다.

ㄴ. 2010년 서울에서 발생한 등산사고건수는 2월에 가장 많으며, 12월에 가장 적다.

ㄷ. 2010년 등산사고 발생원인 중 조난이 해당지역 전체 등산사고건수의 25% 이상인 지역의 수는 3개이다.

ㄹ. 기타를 제외하고, 2010년 발생원인별 전체 등산사고건수는 실족·추락이 가장 많고 안전수칙불이행이 가장 적다.

ㅁ. 2010년 매월 등산사고가 발생한 지역의 수는 13개이다.

① ㄱ, ㄴ, ㄷ
② ㄱ, ㄴ, ㅁ
③ ㄱ, ㄹ, ㅁ
④ ㄴ, ㄷ, ㄹ
⑤ ㄷ, ㄹ, ㅁ

31. 다음 〈표〉는 미국의 942개 기업의 임원 9,950명에 대해 조사한 자료이다. 이에 대한 설명으로 옳지 <u>않은</u> 것은?

12년 행시(인) 35번

〈표 1〉 기업 내 여성임원 수에 따른 기업 수 분포

기업 내 여성임원 수(명)	기업 수(개)	비율(%)
0	450	( )
1	276	29.30
2	148	15.71
3	44	4.67
4	12	1.27
5	6	0.64
6	4	0.42
7	1	0.11
8	1	0.11
계	942	100.00

〈표 2〉 기업의 성별 임원 근무 현황

구분		평균	최솟값	최댓값
남성	연령(세)	51.07	26	91
	회사근속기간(년)	10.70	0	72
	현직위 근무기간(년)	3.45	0	53
	기업당 임원 수(명)	9.69	2	50
여성	연령(세)	46.70	29	78
	회사근속기간(년)	8.08	0	46
	현직위 근무기간(년)	2.62	0	17
	기업당 임원 수(명)	0.87	0	8

〈표 3〉 임원직급별 인원 수 현황

임원 직급	직급별 인원 수(명)			임원의 직급별 비중(%)	
	전체	남성	여성	남성	여성
1	1,119	1,112	7	12.18	0.85
2	424	417	7	4.57	0.85
3	2,955	2,766	189	30.30	23.02
4	3,385	3,032	353	33.21	43.00
5	1,719	1,499	220	16.42	26.80
6	326	287	39	3.14	4.75
7	22	16	6	0.18	0.73
계	9,950	9,129	821	100.00	100.00

※ 임원직급은 '1'이 최상위직급이며, '7'이 최하위직급임

① 여성임원이 없는 기업 수는 조사대상 기업 수의 절반 이하이다.
② 조사대상 기업 중 임원 수가 가장 적은 기업은 임원이 2명이다.
③ 조사대상 임원 중에서 가장 연령이 낮은 임원은 남성이지만, 평균 연령은 남성임원이 여성임원보다 높다.
④ 각 직급에서 직급별 전체임원 수 대비 여성임원 수 비율이 가장 높은 직급은 7급이며, 가장 낮은 직급은 1급이다.
⑤ 임원의 직급별 비중은 남녀 모두 4급이 가장 크다.

32. 다음 〈표〉는 서울 및 수도권 지역의 가구를 대상으로 난방방식 현황 및 난방연료 사용현황에 대해 조사한 자료이다. 이에 대한 〈보기〉의 설명 중 옳은 것을 모두 고르면?

10년 행시(인) 26번

〈표 1〉 난방방식 현황

(단위 : %)

종류	서울	인천	경기남부	경기북부	전국평균
중앙난방	22.3	13.5	6.3	11.8	14.4
개별난방	64.3	78.7	26.2	60.8	58.2
지역난방	13.4	7.8	67.5	27.4	27.4

〈표 2〉 난방연료 사용현황

(단위 : %)

종류	서울	인천	경기남부	경기북부	전국평균
도시가스	84.5	91.8	33.5	66.1	69.5
LPG	0.1	0.1	0.4	3.2	1.4
등유	2.4	0.4	0.8	3.0	2.2
열병합	12.6	7.4	64.3	27.1	26.6
기타	0.4	0.3	1.0	0.6	0.3

— 〈보 기〉 —

ㄱ. 경기북부 지역의 경우, 도시가스를 사용하는 가구수가 등유를 사용하는 가구수의 20배 이상이다.
ㄴ. 서울과 인천 지역에서는 다른 난방연료보다 도시가스를 사용하는 비율이 높다.
ㄷ. 지역난방을 사용하는 가구수는 서울이 인천의 2배 이하이다.
ㄹ. 경기 지역은 남부가 북부보다 지역난방을 사용하는 비율이 낮다.

① ㄱ, ㄴ
② ㄱ, ㄷ
③ ㄱ, ㄹ
④ ㄴ, ㄹ
⑤ ㄷ, ㄹ

33. 다음 〈표〉는 2016년과 2017년 추석교통대책기간 중 고속도로 교통현황에 관한 자료이다. 이에 대한 〈보고서〉의 내용 중 옳은 것만을 모두 고르면?　18년 행시(나) 2번

〈표 1〉 일자별 고속도로 이동인원 및 교통량

(단위 : 만 명, 만 대)

연도	2016		2017	
일자 \ 구분	이동인원	교통량	이동인원	교통량
D−5	–	–	525	470
D−4	–	–	520	439
D−3	–	–	465	367
D−2	590	459	531	425
D−1	618	422	608	447
추석 당일	775	535	809	588
D+1	629	433	742	548
D+2	483	346	560	433
D+3	445	311	557	440
D+4	–	–	442	388
D+5	–	–	401	369
계	3,540	2,506	6,160	4,914

※ 2016년, 2017년 추석교통대책기간은 각각 6일(D−2~D+3), 11일(D−5~D+5)임

〈표 2〉 고속도로 구간별 최대 소요시간 현황

연도	서울–대전		서울–부산		서울–광주		서서울–목포		서울–강릉	
	귀성	귀경	귀성	귀경	귀성	귀경	귀성	귀경	귀성	귀경
2016	4:15	3:30	7:15	7:20	7:30	5:30	8:50	6:10	5:00	3:40
2017	4:00	4:20	7:50	9:40	7:00	7:50	7:00	9:50	4:50	5:10

※ 'A:B'에서 A는 시간, B는 분을 의미함. 예를 들어, 4:15는 4시간 15분을 의미함

─── 〈보고서〉 ───

　㉠ 2017년 추석교통대책기간 중 총 고속도로 이동인원은 6,160만 명으로 전년대비 70% 이상 증가하였으나, ㉡ 1일 평균 이동인원은 560만 명으로 전년대비 10% 이상 감소하였다. 2017년 추석 당일 고속도로 이동인원은 사상 최대인 809만 명으로 전년대비 약 4.4% 증가하였다. 2017년 추석연휴기간의 증가로 나들이 차량 등이 늘어 추석교통대책기간 중 1일 평균 고속도로 교통량은 약 447만 대로 전년대비 6% 이상 증가하였다. 특히 ㉢ 추석 당일 고속도로 교통량은 588만 대로 전년대비 9% 이상 증가하였다. ㉣ 2017년 고속도로 최대 소요시간은 귀성의 경우, 제시된 구간에서 전년보다 모두 감소하였으며, 특히 서서울–목포 7시간, 서울–광주 7시간이 걸려 전년대비 각각 1시간 50분, 30분 감소하였다. 반면 귀경의 경우, 서서울–목포 9시간 50분, 서울–부산 9시간 40분으로 전년대비 각각 3시간 40분, 2시간 20분 증가하였다.

① ㉠, ㉡
② ㉠, ㉢
③ ㉡, ㉢
④ ㉡, ㉣
⑤ ㉢, ㉣

---

34. 다음 〈표〉는 서울시 10개구의 대기 중 오염물질 농도 및 오염물질별 대기환경지수 계산식에 관한 것이다. 이에 대한 〈보기〉의 설명 중 옳은 것만을 모두 고르면?　18년 행시(나) 9번

〈표 1〉 대기 중 오염물질 농도

오염물질 \ 지역	미세먼지 ($\mu g/m^3$)	초미세먼지 ($\mu g/m^3$)	이산화질소 (ppm)
종로구	46	36	0.018
중구	44	31	0.019
용산구	49	35	0.034
성동구	67	23	0.029
광진구	46	10	0.051
동대문구	57	25	0.037
중랑구	48	22	0.041
성북구	56	21	0.037
강북구	44	23	0.042
도봉구	53	14	0.022
평균	51	24	0.033

〈표 2〉 오염물질별 대기환경지수 계산식

오염물질 \ 계산식	조건	계산식
미세먼지 ($\mu g/m^3$)	농도가 51 이하일 때	0.9×농도
	농도가 51 초과일 때	1.0×농도
초미세먼지 ($\mu g/m^3$)	농도가 25 이하일 때	2.0×농도
	농도가 25 초과일 때	1.5×(농도−25)+51
이산화질소 (ppm)	농도가 0.04 이하일 때	1,200×농도
	농도가 0.04 초과일 때	800×(농도−0.04)+51

※ 통합대기환경지수는 오염물질별 대기환경지수 중 최댓값임

─── 〈보 기〉 ───

ㄱ. 용산구의 통합대기환경지수는 성동구의 통합대기환경지수보다 작다.

ㄴ. 강북구의 미세먼지 농도와 초미세먼지 농도는 각각의 평균보다 낮고, 이산화질소 농도는 평균보다 높다.

ㄷ. 중랑구의 통합대기환경지수는 미세먼지의 대기환경지수와 같다.

ㄹ. 세 가지 오염물질 농도가 각각의 평균보다 모두 높은 구는 2개 이상이다.

① ㄱ, ㄴ
② ㄱ, ㄷ
③ ㄷ, ㄹ
④ ㄱ, ㄴ, ㄹ
⑤ ㄴ, ㄷ, ㄹ

35. 다음 〈표〉는 조선시대 부산항의 1881~1890년 무역현황에 대한 자료이다. 이에 대한 설명으로 옳지 않은 것은?

14년 행시(A) 35번

〈표 1〉 부산항의 연도별 무역규모

(단위 : 천 원)

연도	수출액(A)	수입액(B)	무역규모(A+B)
1881	1,158	1,100	2,258
1882	1,151	784	1,935
1883	784	731	1,515
1884	253	338	591
1885	184	333	517
1886	205	433	638
1887	394	659	1,053
1888	412	650	1,062
1889	627	797	1,424
1890	1,908	1,433	3,341

〈표 2〉 부산항의 연도별 수출액 비중 상위(1~3위) 상품 변화 추이

(단위 : %)

연도	1위	2위	3위
1881	쌀(32.8)	우피(15.1)	대두(14.3)
1882	대두(25.1)	우피(16.4)	면포(9.0)
1883	대두(24.6)	우피(21.2)	금(7.7)
1884	우피(31.9)	금(23.7)	대두(17.9)
1885	우피(54.0)	대두(12.4)	해조(8.5)
1886	우피(52.9)	대두(23.4)	쌀(5.8)
1887	대두(44.2)	우피(28.5)	쌀(15.5)
1888	대두(44.2)	우피(23.3)	생선(7.3)
1889	대두(45.3)	우피(14.4)	쌀(8.1)
1890	쌀(61.7)	대두(20.8)	생선(3.0)

※ (   ) 안의 수치는 해당년도의 부산항 전체 수출액에서 상품별 수출액이 차지하는 비중을 나타냄

〈표 3〉 부산항의 연도별 수입액 비중 상위(1~3위) 상품 변화 추이

(단위 : %)

연도	1위	2위	3위
1881	금건(44.7)	한냉사(30.3)	구리(6.9)
1882	금건(65.6)	한냉사(26.8)	염료(5.7)
1883	금건(33.3)	한냉사(24.3)	구리(12.2)
1884	금건(34.0)	한냉사(9.9)	쌀(7.5)
1885	금건(58.6)	한냉사(8.1)	염료(3.2)
1886	금건(53.4)	쌀(15.0)	한냉사(5.3)
1887	금건(55.4)	면려(10.1)	소금(5.0)
1888	금건(36.1)	면려(24.1)	쌀(5.1)
1889	금건(43.3)	면려(9.5)	쌀(6.7)
1890	금건(38.0)	면려(16.5)	가마니(3.7)

※ (   ) 안의 수치는 해당년도의 부산항 전체 수입액에서 상품별 수입액이 차지하는 비중을 나타냄

① 각 연도의 무역규모에서 수입액이 차지하는 비중이 50% 이상인 연도의 횟수는 총 6번이다.

② 1884년의 우피 수출액은 1887년 쌀의 수출액보다 적다.

③ 수출액 비중 상위(1~3위) 내에 포함된 횟수가 가장 많은 상품은 대두이다.

④ 1882년 이후 수출액의 전년대비 증감방향과 무역규모의 전년대비 증감방향은 매년 동일하다.

⑤ 무역규모 중 한냉사 수입액이 차지하는 비중은 1887년에 1884년보다 감소하였다.

36. 다음 〈표〉는 2012년 ○○방송 A개그프로그램의 코너별 시청률과 시청률 순위에 관한 자료이다. 이에 대한 설명으로 옳은 것은? 13년 행시(인) 13번

〈표 1〉 코너별 시청률 및 시청률 순위(7월 마지막 주)

코너명	시청률(%)		시청률 순위	
	금주	전주	금주	전주
체포왕자	27.6	–	1	–
세가지	27.5	22.2	2	13
멘붕학교	27.2	23.2	3	10
생활의 문제	26.9	30.7	4	1
비겁한 녀석들	26.5	26.3	5	4
아이들	26.4	30.4	6	2
편한 진실	25.8	25.5	7	6
비극배우들	25.7	24.5	8	7
엄마와 딸	25.6	23.9	9	8
김여사	24.7	23.6	10	9
예술성	19.2	27.8	11	3
어색한 친구	17.7	–	12	–
좋지 아니한가	16.7	22.7	13	11
합기도	14.6	18.8	14	14

〈표 2〉 코너별 시청률 및 시청률 순위(10월 첫째 주)

코너명	시청률(%)		시청률 순위	
	금주	전주	금주	전주
험담자	27.4	–	1	–
생활의 문제	27.0	19.6	2	7
김여사	24.9	21.9	3	3
엄마와 딸	24.5	20.4	4	5
돼지의 품격	23.4	23.2	5	1
비극배우들	22.7	22.5	6	2
편한 진실	21.6	21.1	7	4
체포왕자	21.4	16.5	8	12
멘붕학교	21.4	19.6	8	7
비겁한 녀석들	21.1	19.1	10	9
어색한 친구	20.7	19.0	11	10
세가지	19.8	19.9	12	6
아이들	18.2	17.8	13	11
합기도	15.1	12.6	14	14

※ 1) A개그프로그램은 매주 14개의 코너로 구성됨
   2) '–'가 있는 코너는 금주에 신설된 코너를 의미함

① 7월 마지막 주~10월 첫째 주 동안 신설된 코너는 3개이다.

② 신설 코너를 제외하고, 10월 첫째 주에는 전주보다 시청률이 낮은 코너가 없다.

③ 7월 마지막 주와 10월 첫째 주 시청률이 모두 20% 미만인 코너는 '합기도' 뿐이다.

④ 신설된 코너와 폐지된 코너를 제외하고, 7월 마지막 주와 10월 첫째 주의 전주 대비 시청률 상승폭이 가장 큰 코너는 동일하다.

⑤ 시청률 순위 상위 5개 코너의 시청률 산술평균은 10월 첫째 주가 7월 마지막 주보다 높다.

37. 다음 〈표〉는 2014~2018년 '갑'국의 예산 및 세수 실적과 2018년 세수항목별 세수 실적에 관한 자료이다. 이에 대한 설명으로 옳지 않은 것은? 19년 행시(가) 13번

〈표 1〉 2014~2018년 '갑'국의 예산 및 세수 실적

(단위 : 십억 원)

구분 연도	예산액	징수결정액	수납액	불납결손액
2014	175,088	198,902	180,153	7,270
2015	192,620	211,095	192,092	8,200
2016	199,045	208,745	190,245	8
2017	204,926	221,054	195,754	2,970
2018	205,964	237,000	208,113	2,321

〈표 2〉 2018년 '갑'국의 세수항목별 세수 실적

(단위 : 십억 원)

구분 세수항목	예산액	징수결정액	수납액	불납결손액
총 세수	205,964	237,000	208,113	2,321
내국세	183,093	213,585	185,240	2,301
교통·에너지·환경세	13,920	14,110	14,054	10
교육세	5,184	4,922	4,819	3
농어촌특별세	2,486	2,674	2,600	1
종합부동산세	1,281	1,709	1,400	6

※ 1) 미수납액 = 징수결정액 − 수납액 − 불납결손액
   2) 수납비율(%) = $\frac{수납액}{예산액} \times 100$

① 미수납액이 가장 큰 연도는 2018년이다.

② 수납비율이 가장 높은 연도는 2014년이다.

③ 2018년 내국세 미수납액은 총 세수 미수납액의 95% 이상을 차지한다.

④ 2018년 세수항목 중 수납비율이 가장 높은 항목은 종합부동산세이다.

⑤ 2018년 교통·에너지·환경세 미수납액은 교육세 미수납액보다 크다.

38. 다음 〈보고서〉와 〈표〉는 2015년 '갑'국의 수출입 현황에 대한 자료이다. 이에 대한 설명으로 옳지 <u>않은</u> 것은?

19년 행시(가) 36번

― 〈보고서〉 ―

- 2015년 '갑'국의 총 수출액에서 전자제품은 29.9%, 석유제품은 16.2%, 기계류는 11.2%, 농수산물은 6.3%를 차지한다.
- 2015년 '갑'국의 총 수입액에서 전자제품은 23.7%, 농수산물은 12.5%, 기계류는 11.2%, 플라스틱은 3.8%를 차지한다.

〈표 1〉 '갑'국의 수출입액 상위 10개 국가 현황

(단위 : 억 달러, %)

순위	수출			수입		
	국가명	수출액	'갑'국의 총 수출액에 대한 비율	국가명	수입액	'갑'국의 총 수입액에 대한 비율
1	싱가포르	280	14.0	중국	396	18.0
2	중국	260	13.0	싱가포르	264	12.0
3	미국	188	9.4	미국	178	8.1
4	일본	180	9.0	일본	161	7.3
5	태국	114	5.7	태국	121	5.5
6	홍콩	100	5.0	대만	106	4.8
7	인도	82	4.1	한국	97	4.4
8	인도네시아	76	3.8	인도네시아	86	3.9
9	호주	72	3.6	독일	70	3.2
10	한국	64	3.2	베트남	62	2.8

※ 무역수지는 수출액에서 수입액을 뺀 값으로, 이 값이 양(+)이면 흑자, 음(−)이면 적자임

〈표 2〉 '갑'국의 대(對) '을'국 수출입액 상위 5개 품목 현황

(단위 : 백만 달러, %)

순위	수출			수입		
	품목명	금액	전년대비 증가율	품목명	금액	전년대비 증가율
1	천연가스	2,132	33.2	농수산물	1,375	305.2
2	집적회로 반도체	999	14.5	집적회로 반도체	817	19.6
3	농수산물	861	43.0	평판 디스플레이	326	45.6
4	개별소자 반도체	382	40.6	기타정밀 화학원료	302	6.6
5	컴퓨터부품	315	14.9	합성고무	269	5.6

① 2015년 '갑'국의 수출액 상위 10개 국가 중 2015년 '갑'국과의 교역에서 무역수지 흑자를 기록한 국가는 4개국이다.

② 2014년 '갑'국의 대(對) '을'국 집적회로반도체 수출액은 수입액보다 크다.

③ 2015년 '갑'국의 무역수지는 적자이다.

④ 2015년 '갑'국의 전체 농수산물 수출액에서 '을'국에 대한 농수산물 수출액이 차지하는 비율은 2015년 '갑'국의 전체 농수산물 수입액에서 '을'국으로부터의 농수산물 수입액이 차지하는 비율보다 작다.

⑤ 2015년 '갑'국의 전자제품 수출액은 수입액보다 크다.

39. 다음 〈표〉는 A~D지역으로만 이루어진 '갑'국의 2015년 인구 전입·전출과 관련한 자료이다. 이에 대한 〈보고서〉의 내용 중 옳은 것만을 모두 고르면?

17년 행시(가) 35번

〈표 1〉 2015년 인구 전입·전출

(단위 : 명)

전출지\전입지	A	B	C	D
A		190	145	390
B	123		302	260
C	165	185		110
D	310	220	130	

※ 1) 전입·전출은 A~D지역 간에서만 이루어짐
2) 2015년 인구 전입·전출은 2015년 1월 1일부터 12월 31일까지 발생하며, 동일인의 전입·전출은 최대 1회만 가능함
3) 예시 : 〈표 1〉에서 '190'은 A지역에서 190명이 전출하여 B지역으로 전입하였음을 의미함

〈표 2〉 2015, 2016년 지역별 인구

(단위 : 명)

지역\연도	2015	2016
A	3,232	3,105
B	3,120	3,030
C	2,931	( )
D	3,080	( )

※ 1) 인구는 매년 1월 1일 0시를 기준으로 함
2) 인구변화는 전입·전출에 의해서만 가능함

― 〈보고서〉 ―

'갑'국의 지역 간 인구 이동을 파악하기 위해 2015년의 전입·전출을 분석한 결과 총 2,530명이 주소지를 이전한 것으로 파악되었다. '갑'국의 4개 지역 가운데 ㉠ 전출자 수가 가장 큰 지역은 A이다. 반면, ㉡ 전입자 수가 가장 큰 지역은 A, B, D지역으로부터 총 577명이 전입한 C이다. 지역 간 인구 이동은 지역경제 활성화에 따른 일자리 수요와 밀접하게 연관된다. 2015년 인구이동 결과, ㉢ 2016년 인구가 가장 많은 지역은 D이며, ㉣ 2015년과 2016년의 인구 차이가 가장 큰 지역은 A이다.

① ㄱ, ㄴ

② ㄱ, ㄷ

③ ㄴ, ㄹ

④ ㄷ, ㄹ

⑤ ㄱ, ㄷ, ㄹ

40. 다음 〈표〉는 A시의 주택재정비사업대상지구의 거주세대 현황 및 주택공급계획에 대한 자료이다. 아래 〈A시 주택재정비사업 시행에 관한 조례〉에 따를 때, 〈보기〉의 설명 중 옳은 것을 모두 고르면? 11년 행시(인) 28번

〈표 1〉 사업대상지구 거주세대 현황

(단위 : 세대)

사업대상 지구	사업대상 구역	거주세대		
		전체	자가	세입
'갑'지구	갑1구역	1,323	602	721
	갑2구역	2,470	1,200	1,270
	소계	3,793	1,802	1,991
'을'지구	을1구역	1,545	287	1,258
	을2구역	603	254	349
	을3구역	1,832	452	1,380
	소계	3,980	993	2,987
총계		7,773	2,795	4,978

〈표 2〉 주택재정비사업을 통한 주택공급계획

(단위 : 호)

사업대상 지구	사업대상 구역	전용면적별 공급호수			
		전체	60m^2 이하	60m^2 초과 85m^2 이하	85m^2 초과
'갑'지구	갑1구역	4,660	1,560	1,387	1,713
	갑2구역	5,134	1,373	2,176	1,585
	소계	9,794	2,933	3,563	3,298
'을'지구	을1구역	1,705	508	857	340
	을2구역	1,136	359	557	220
	을3구역	2,101	317	122	1,662
	소계	4,942	1,184	1,536	2,222
총계		14,736	4,117	5,099	5,520

※ 공급되는 주택에는 호당 한 세대씩 입주함

〈A시 주택재정비사업시행에 관한 조례〉

• 제1조 : 각 사업대상구역별로 주택 공급호수의 10분의 1 이상을 '임대주택'으로 공급하여야 한다. 단, 1,500호 미만을 공급하는 사업대상구역은 제외한다.

• 제2조 : 2,000호 미만을 공급하는 사업대상구역에서는 전용면적 85m^2 초과인 주택을 해당 사업대상구역 공급호수의 5분의 1 미만으로 공급하여야 한다.

• 제3조 : 모든 사업대상구역에서는 사업 완료 이후 기존 세입세대가 모두 재정착할 수 있는 만큼의 공급량 이상을 전용면적 60m^2 이하의 주택에 배정하여야 한다.

〈보 기〉

ㄱ. '을'지구에 공급되는 '임대주택'의 조례상 최소 공급량은 495호이다.

ㄴ. 갑2구역에는 해당 사업대상구역 거주세대 수의 3배 이상의 주택공급이 계획되어 있다.

ㄷ. 모든 사업대상지구의 주택공급계획에는 조례 제2조에 위배되는 사업대상구역이 없다.

ㄹ. 조례 제3조에 따라 주택공급계획을 수정해야 하는 사업대상구역은 2개이다.

ㅁ. 각 사업대상구역의 거주세대 중 세입세대 비율은 모두 50% 이상이다.

① ㄱ, ㄷ
② ㄴ, ㄹ
③ ㄹ, ㅁ
④ ㄱ, ㄴ, ㅁ
⑤ ㄷ, ㄹ, ㅁ

41. 다음 〈표〉는 2018~2021년 '갑'국의 가구수 및 반려동물 보유가구 현황과 관련 시장 매출액에 관한 자료이다. 이에 대한 〈보기〉의 설명 중 옳은 것만을 모두 고르면? 23년 행시(가) 33번

〈표 1〉 '갑'국 가구수 및 반려동물 보유가구 현황

(단위 : 천 가구, %, 마리/가구, 천 마리)

구분		2018	2019	2020	2021
가구수		17,495	18,119	19,013	19,524
개	보유가구 비중	16.3	16.0	19.1	24.2
	보유가구당 마릿수	1.47	1.38	1.28	1.34
	총보유 마릿수	4,192	( )	( )	6,318
고양이	보유가구 비중	1.7	3.4	5.2	8.5
	보유가구당 마릿수	1.92	1.70	1.74	1.46
	총보유 마릿수	571	1,047	1,720	2,425
전체	보유가구 비중	17.4	17.9	21.8	29.4
	보유가구당 마릿수	1.56	1.56	1.54	1.52
	총보유 마릿수	4,763	5,048	6,369	8,743

※ 1) '갑'국의 반려동물은 개와 고양이뿐임

2) 반려동물 보유가구 비중(%)= $\dfrac{\text{반려동물 보유가구수}}{\text{가구수}} \times 100$

〈표 2〉 2018~2021년 반려동물 관련 시장 매출액

(단위 : 백만 원)

구분 \ 연도	2018	2019	2020	2021
사료	385,204	375,753	422,807	494,089
수의 서비스	354,914	480,696	579,046	655,077
동물 관련 용품	287,408	309,876	358,210	384,855
장묘 및 보호 서비스	16,761	19,075	25,396	33,848
보험	352	387	405	572
전체	1,044,639	1,185,787	1,385,864	1,568,441

〈보 기〉

ㄱ. 개의 총보유 마릿수는 2019년에 전년 대비 감소하였다가 2020년에 전년 대비 증가하였다.

ㄴ. 반려동물 보유가구수는 매년 증가하였다.

ㄷ. 2018년 대비 2021년 매출액 증가율이 가장 높은 반려동물 관련 시장은 '수의 서비스'이다.

ㄹ. 2019년 반려동물 한 마리당 '동물 관련 용품' 매출액은 7만 원 이상이다.

① ㄱ, ㄴ

② ㄱ, ㄹ

③ ㄴ, ㄷ

④ ㄱ, ㄷ, ㄹ

⑤ ㄴ, ㄷ, ㄹ

---

42. 다음 〈표〉는 '갑'국의 2021학년도 중등교사 임용시험 과목별 접수인원 및 경쟁률 현황에 대한 자료이다. 이에 대한 〈보기〉의 설명 중 옳은 것만을 고르면? 21년 행시(가) 7번

〈표〉 2021학년도 중등교사 임용시험 과목별 접수 현황

(단위 : 명)

구분 \ 과목	모집정원	접수인원	경쟁률	2020학년도 경쟁률
국어	383	6,493	16.95	19.55
영어	( )	4,235	15.92	19.10
중국어	31	819	26.42	23.98
도덕윤리	297	1,396	4.70	( )
일반사회	230	1,557	6.77	7.06
지리	150	1,047	( )	6.83
역사	229	3,268	14.27	15.22
수학	( )	4,452	12.54	14.20
물리	133	( )	7.46	7.10
화학	142	1,122	7.90	8.10
생물	159	1,535	( )	11.14
지구과학	115	795	6.91	7.25
가정	141	1,048	7.43	8.03
기술	144	424	( )	2.65
정보컴퓨터	145	( )	6.26	5.88
음악	193	2,574	( )	11.33
미술	209	1,998	9.56	10.62
체육	425	4,046	9.52	9.46

※ 경쟁률= $\dfrac{\text{접수인원}}{\text{모집정원}}$

〈보 기〉

ㄱ. 2021학년도 경쟁률이 전년 대비 하락한 과목 수는 상승한 과목 수보다 많다.

ㄴ. 2021학년도 경쟁률 상위 3과목과 접수인원 상위 3과목은 일치한다.

ㄷ. 2021학년도 경쟁률이 5.0미만인 과목의 모집정원은 각각 150명 이상이다.

ㄹ. 2021학년도 과목별 모집정원은 수학이 영어보다 많다.

① ㄱ, ㄴ

② ㄱ, ㄷ

③ ㄱ, ㄹ

④ ㄴ, ㄷ

⑤ ㄴ, ㄹ

43. 어느 기업에서 3명의 지원자(종현, 유호, 은진)에게 5명의 면접위원(A, B, C, D, E)이 평가점수와 순위를 부여하였다. 비율점수법과 순위점수법을 적용한 결과가 〈표〉와 같을 때, 이에 대한 설명으로 옳은 것은?　13년 행시(인) 5번

〈표 1〉 비율점수법 적용 결과

(단위 : 점)

면접위원 지원자	A	B	C	D	E	전체합	중앙3합
종현	7	8	6	6	1	28	19
유호	9	7	6	3	8	( )	( )
은진	5	8	7	2	6	( )	( )

※ 중앙3합은 5명의 면접위원이 부여한 점수 중 최곳값과 최젓값을 제외한 3명의 점수를 합한 값임

〈표 2〉 순위점수법 적용 결과

(단위 : 순위, 점)

면접위원 지원자	A	B	C	D	E	순위점수 합
종현	2	1	2	1	3	11
유호	1	3	3	2	1	( )
은진	3	2	1	3	2	( )

※ 순위점수는 1순위에 3점, 2순위에 2점, 3순위에 1점을 부여함

① 순위점수합이 가장 큰 지원자는 '종현'이다.
② 비율점수법 중 중앙3합이 가장 큰 지원자는 순위점수합도 가장 크다.
③ 비율점수법 적용 결과에서 평가점수의 전체합과 중앙3합이 큰 값부터 등수를 정하면 지원자의 등수는 각각 같다.
④ 비율점수법 적용 결과에서 평가점수의 전체합이 가장 큰 지원자는 '은진'이다.
⑤ 비율점수법 적용 결과에서 중앙3합이 높은 값부터 등수를 정하면 2등은 '유호'이다.

44. 다음 〈표〉는 세조 재위기간 중 지역별 흉년 현황을 나타낸 것이다. 이에 대한 설명으로 옳지 않은 것은?　17년 행시(가) 28번

〈표〉 세조 재위기간 중 지역별 흉년 현황

지역 재위년	경기	황해	평안	함경	강원	충청	경상	전라	흉년 지역 수
세조1	×	×	×	×	×	○	×	×	1
세조2	○	×	×	×	×	○	○	×	3
세조3	○	×	×	(×)	×	○	○	○	4
세조4	○	( )	( )	( )	×	( )	×	( )	4
세조5	○	( )	○	×	×	×	×	×	( )
세조8	×	×	×	×	○	×	×	×	1
세조9	×	○	×	( )	○	×	×	×	2
세조10	○	×	×	○	○	×	×	×	4
세조12	○	○	○	○	○	×	×	×	5
세조13	○	×	( )	×	○	×	×	( )	3
세조14	○	○	×	×	○	( )	( )	×	4
흉년 빈도	8	5	( )	2	7	6	( )	1	

※ 1) ○(×) : 해당 재위년 해당 지역이 흉년임(흉년이 아님)을 의미함
　 2) 〈표〉에 제시되지 않은 재위년에는 흉년인 지역이 없음

① 흉년 빈도가 네 번째로 높은 지역은 평안이다.
② 흉년 지역 수는 세조5년이 세조4년보다 많다.
③ 경기, 황해, 강원 3개 지역의 흉년 빈도 합은 흉년 빈도 총합의 55% 이상이다.
④ 충청의 흉년 빈도는 경상의 2배이다.
⑤ 흉년 지역 수가 5인 재위년의 횟수는 총 2번이다.

45. 다음 〈표〉는 조선시대 화포인 총통의 종류별 제원에 관한 자료이다. 이에 대한 설명으로 옳지 <u>않은</u> 것은? 15년 행시(인) 17번

〈표〉 조선시대 총통의 종류별 제원

제원 \ 종류		천자총통	지자총통	현자총통	황자총통
전체길이(cm)		129.0	89.5	79.0	50.4
약통길이(cm)		35.0	25.1	20.3	13.5
구경	내경(cm)	17.6	10.5	7.5	4.0
	외경(cm)	22.5	15.5	13.2	9.4
사정거리		900보 ( )	800보 (1.01km)	800보 (1.01km)	1,100보 (1.39km)
사용되는 화약무게		30냥 (1,125g)	22냥 (825g)	16냥 (600g)	12냥 (450g)
총통무게		452근 8냥 (271.5kg)	155근 (93.0kg)	89근 (53.4kg)	36근 ( )
제조년도		1555	1557	1596	1587

① 전체길이가 짧은 총통일수록 사용되는 화약무게가 가볍다.

② 황자총통의 총통무게는 21.0kg 이하이다.

③ 제조년도가 가장 늦은 총통이 내경과 외경의 차이가 가장 크다.

④ 전체길이 대비 약통길이의 비율이 가장 큰 총통은 지자총통이다.

⑤ 천자총통의 사정거리는 1.10km 이상이다.

46. 다음 〈표〉는 2016년 1~6월 월말종가기준 A, B사의 주가와 주가지수에 대한 자료이다. 이에 대한 〈보기〉의 설명 중 옳은 것만을 모두 고르면? 17년 행시(가) 6번

〈표〉 A, B사의 주가와 주가지수(2016년 1~6월)

구분		1월	2월	3월	4월	5월	6월
주가 (원)	A사	5,000	( )	5,700	4,500	3,900	( )
	B사	6,000	( )	6,300	5,900	6,200	5,400
주가지수		100.00	( )	109.09	( )	91.82	100.00

※ 1) 주가지수 = $\dfrac{\text{해당 월 A사의 주가} + \text{해당 월 B사의 주가}}{\text{1월 A사의 주가} + \text{1월 B사의 주가}} \times 100$

2) 해당 월의 주가 수익률(%) = $\dfrac{\text{해당 월의 주가} - \text{전월의 주가}}{\text{전월의 주가}} \times 100$

─── 〈보 기〉 ───

ㄱ. 3~6월 중 주가지수가 가장 낮은 달에 A사와 B사의 주가는 모두 전월 대비 하락하였다.

ㄴ. A사의 주가는 6월이 1월보다 높다.

ㄷ. 2월 A사의 주가가 전월 대비 20% 하락하고 B사의 주가는 전월과 동일하면, 2월의 주가지수는 전월 대비 10% 이상 하락한다.

ㄹ. 4~6월 중 A사의 주가 수익률이 가장 낮은 달에 B사의 주가는 전월 대비 하락하였다.

① ㄱ, ㄴ

② ㄱ, ㄷ

③ ㄴ, ㄷ

④ ㄴ, ㄹ

⑤ ㄷ, ㄹ

47. 다음 〈표〉는 1908년 대한제국의 내각 직원 수에 관한 자료이다. 〈조건〉의 설명에 근거하여 〈보기〉의 내용 중 옳은 것만을 모두 고르면?

16년 행시(5) 14번

〈표〉 1908년 대한제국의 내각 직원 수

(단위 : 명)

구분			직원 수
경비국			(A)
본청	대신관방	문서과	7
		비서과	3
		회계과	4
		소계	14
	법제국	총무과	1
		관보과	3
		기록과	(B)
		법제과	5
		소계	( )
	외사국	총무과	(C)
		번역과	3
		외사과	3
		소계	7
법전조사국	경비과		(D)
	서무과		(E)
	회계과		5
	조사과		12
	소계		( )
표훈원	경비과		1
	제장과		6
	서무과		4
	소계		( )
문관전고소			9
전체			99

※ 내각은 본청, 법전조사국, 표훈원, 문관전고소만으로 구성되어 있음

─〈조 건〉─

· 본청 경비국 직원 수(A)는 법전조사국 서무과 직원 수(E)의 1.5배이다.
· 법전조사국 경비과 직원 수(D)는 본청 경비국 직원 수(A)에 본청 법제국 기록과 직원 수(B)를 합한 것과 같다.
· 법전조사국 경비과 직원 수(D)는 본청 법제국 기록과 직원 수(B)의 3배와 본청 외사국 총무과 직원 수(C)를 합한 것과 같다.
· 법전조사국 서무과 직원 수(E)는 본청 외사국 총무과 직원 수(C)의 2배와 본청 법제국 기록과 직원 수(B)를 합한 것과 같다.

─〈보 기〉─

ㄱ. 표훈원 직원 수는 내각 전체 직원 수의 $\frac{1}{9}$이다.

ㄴ. 법전조사국 서무과 직원 수와 표훈원 서무과 직원 수의 합은 법전조사국 조사과 직원 수보다 크다.

ㄷ. 법전조사국 직원 수는 내각 전체 직원 수의 30% 미만이다.

ㄹ. A+B+C+D의 값은 27이다.

① ㄱ, ㄴ   ② ㄱ, ㄷ
③ ㄱ, ㄹ   ④ ㄴ, ㄷ
⑤ ㄴ, ㄹ

---

48. 다음 〈표〉는 코스닥 IT 기업의 실적을 분석한 자료이다. 이에 대한 〈보기〉의 설명 중 옳지 <u>않은</u> 것을 모두 고르면?

09년 행시(기) 29번

〈표 1〉 코스닥 전체기업과 코스닥 IT 기업의 매출액 비교

(단위 : 조 원, %)

구분	2005년	2006년	2007년
코스닥 전체기업 매출액(a)	62.7	68.2	73.6
전년대비 증가율	6.7	8.8	7.9
코스닥 IT 기업 매출액(b)	29.5	32.4	34.6
전년대비 증가율	7.3	9.8	( )
성장기여율	51.3	( )	40.7
(b/a)×100	( )	47.5	47.0

〈표 2〉 코스닥 IT 기업의 업종별 매출액 추이

(단위 : 조 원)

구분	2005년	2006년	2007년
제조업	18.7	19.5	19.6
전자부품, 영상 및 통신장비	15.1	15.9	( )
컴퓨터 및 사무용 기기	1.4	1.3	1.2
반도체 제조기계	1.8	1.9	1.7
기타	0.4	0.4	0.4
서비스 및 유통업	10.8	12.9	15.0
정보처리 및 컴퓨터 운영 관련업	4.8	6.1	7.3
통신업	5.4	6.2	( )
도매 및 상품중개업	0.6	( )	0.7
코스닥 IT 기업 매출액	29.5	32.4	34.6

※ 성장기여율(%) = $\frac{\text{특정부문의 매출 증가액}}{\text{전체 매출 증가액}}$ × 100

─〈보 기〉─

ㄱ. 2006년 코스닥 전체기업에 대한 코스닥 IT 기업의 성장기여율은 50% 이상이었다.

ㄴ. 전년대비 2007년 서비스 및 유통업 각 부문의 매출액 증가율은 전년대비 2007년 코스닥 전체기업 매출액 증가율의 2배 이상이었다.

ㄷ. 2005~2007년 동안 코스닥 전체기업 매출액에 대한 코스닥 IT 기업 매출액의 비율은 지속적으로 감소하였다.

ㄹ. 2007년에 코스닥 전체기업에 대한 성장기여율은 서비스 및 유통업이 제조업보다 더 크다.

① ㄱ, ㄴ
② ㄴ, ㄷ
③ ㄷ, ㄹ
④ ㄱ, ㄴ, ㄹ
⑤ ㄴ, ㄷ, ㄹ

49. 다음 〈표〉는 A~E마을 주민의 재산상황을 나타낸 자료이다. 이에 대한 〈보기〉의 설명 중 옳은 것을 모두 고르면?

13년 행시(인) 26번

〈표〉 A~E마을 주민의 재산상황

(단위 : 가구, 명, ha, 마리)

마을	가구 수	주민 수	재산유형					
			경지		젖소		돼지	
			면적	가구당 면적	개체 수	가구당 개체 수	개체 수	가구당 개체 수
A	244	1,243	( )	6.61	90	0.37	410	1.68
B	130	572	1,183	9.10	20	0.15	185	1.42
C	58	248	( )	1.95	20	0.34	108	1.86
D	23	111	( )	2.61	12	0.52	46	2.00
E	16	60	( )	2.75	8	0.50	20	1.25
전체	471	2,234	( )	6.40	150	0.32	769	1.63

※ 소수점 아래 셋째 자리에서 반올림한 값임

―― 〈보 기〉 ――

ㄱ. C마을의 경지면적은 D마을과 E마을 경지면적의 합보다 크다.

ㄴ. 가구당 주민 수가 가장 많은 마을은 가구당 돼지 수도 가장 많다.

ㄷ. A마을의 젖소 수가 80% 감소한다면, A~E마을 전체 젖소 수는 A~E마을 전체 돼지 수의 10% 이하가 된다.

ㄹ. 젖소 1마리당 경지면적과 돼지 1마리당 경지면적은 모두 D마을이 E마을보다 좁다.

① ㄱ, ㄴ

② ㄱ, ㄷ

③ ㄱ, ㄹ

④ ㄴ, ㄷ

⑤ ㄷ, ㄹ

---

50. 다음 〈표〉는 A시의 제조업 주요 업종별 현황에 관한 자료이다. 이에 대한 〈보기〉의 설명 중 옳은 것을 모두 고르면?

09년 행시(기) 20번

〈표 1〉 2004~2005년 제조업 주요 업종별 생산액 현황

(단위 : 십억 원, %)

제조업 업종 구분	2004년 생산액			2005년 생산액		
	전국 (a)	A시 (b)	A시의 비율 (b/a× 100)	전국 (c)	A시 (d)	A시의 비율 (d/c× 100)
제조업 전체	702,487	24,374	3.47	868,318	28,989	3.34
음식료품	42,330	1,602	3.78	42,895	1,472	( )
섬유제품	24,915	1,617	( )	24,405	( )	7.13
가죽·가방 및 신발	4,739	953	20.11	3,858	773	20.04
화합물 및 화학제품	65,360	698	1.07	70,332	739	( )
자동차 및 트레일러	66,545	2,855	( )	91,925	3,375	3.67
기타 운송장비	25,907	1,087	4.20	35,730	1,867	5.23
재생용 가공원료	902	32	3.55	1,677	69	4.11

〈표 2〉 2004~2005년 A시의 제조업 주요 업종별 입지상계수

제조업 업종 구분	2004년 LQ	2005년 LQ
제조업 전체	1.00	1.00
음식료품	1.09	1.03
섬유제품	1.87	( )
가죽·가방 및 신발	( )	6.00
화합물 및 화학제품	0.31	0.31
자동차 및 트레일러	1.24	1.10
기타 운송장비	1.21	1.57
재생용 가공원료	1.02	1.23

※ 1) 입지상계수(LQ : Location Quotient)는 지역의 특정 업종이 전국에 비해 특화되어 있는 정도를 나타내는 지표임

2) $LQ = \dfrac{S_{jk}/S_k}{S_j/S}$

S=전국 제조업 전체 생산액, Sj=전국 j업종 생산액

Sk=k지역 제조업 전체 생산액, Sjk=k지역 j업종 생산액

3) LQ>1 : 특화산업, LQ=1 : 자급산업, LQ<1 : 비특화산업

―― 〈보 기〉 ――

ㄱ. 2005년 음식료품 업종의 전국 생산액에서 A시가 차지하는 비율은 전년에 비하여 증가하였다.

ㄴ. 2004년 LQ 값이 가장 큰 업종은 해당 업종의 전국 생산액에서 A시가 차지하는 비율도 가장 크다.

ㄷ. 2005년 LQ 값이 전년에 비해 증가한 업종은 해당 업종의 전국 생산액에서 A시가 차지하는 비율도 증가한다.

ㄹ. 섬유제품 업종의 2005년 LQ 값은 2.0 이상이다.

① ㄱ, ㄴ　　　　　② ㄱ, ㄷ

③ ㄴ, ㄷ　　　　　④ ㄴ, ㄹ

⑤ ㄷ, ㄹ

51. 다음 〈표〉와 〈설명〉은 2020년 '갑'국 A~H지역의 코로나19 지원금에 관한 자료이다. 이에 근거하여 A~H지역 중 현금 방식의 지급 가구수가 세 번째로 많은 지역과 다섯 번째로 많은 지역을 바르게 연결한 것은? 23년 행시(가) 39번

〈표 1〉 A~H지역별 전체 가구수와 코로나19 지원금 지급총액

(단위 : 천 가구, 억 원)

구분 \ 지역	A	B	C	D	E	F	G	H
전체 가구수	4,360	1,500	1,040	1,240	620	640	470	130
지급총액	25,700	9,200	6,600	7,900	3,900	4,000	3,100	900

〈표 2〉 지급 방식별 코로나19 지원금 지급 가구수

(단위 : 천 가구)

지급 방식 \ 지역	상품권	선불카드	신용·체크카드	현금	합
A	20	570	3,050	( )	( )
B	10	270	920	240	1,440
C	90	140	( )	( )	1,010
D	( )	0	810	( )	1,210
E	110	0	410	( )	( )
F	10	20	500	70	600
G	0	80	330	( )	450
H	0	10	( )	( )	130

※ 각 가구는 1가지 지급 방식으로만 코로나19 지원금을 지급받음

─── 〈설 명〉 ───

• A는 전체 가구수 대비 코로나19 지원금 지급 가구수 비율이 92.9%이다.
• 지역별 코로나19 지원금 지급 가구수 대비 신용·체크카드 방식의 지급 가구수 비율은 H가 84.6%로 가장 높고, C가 62.4%로 가장 낮다.
• D는 코로나19 지원금 지급 가구수 대비 상품권 방식의 지급 가구수 비율이 21.5%이다.
• E는 코로나19 지원금 지급 가구의 평균 지원금이 65만 원이다.

	세 번째로 많은 지역	다섯 번째로 많은 지역
①	B	E
②	B	F
③	C	E
④	C	F
⑤	D	E

52. 다음 〈표〉는 A~D지역의 면적, 동 수 및 인구 현황에 관한 자료이다. 〈표〉와 〈조건〉을 근거로 A~D에 해당하는 지역을 바르게 나열한 것은? 22년 행시(나) 24번

〈표〉 A~D지역의 면적, 동 수 및 인구 현황

(단위 : km², %, 개, 명)

구분 \ 지역	면적	구성비				동 수		행정동 평균 인구
		주거	상업	공업	녹지	행정동	법정동	
A	24.5	35.0	20.0	10.0	35.0	16	30	9,175
B	15.0	65.0	35.0	0.0	0.0	19	19	7,550
C	27.0	40.0	2.0	3.0	55.0	14	13	16,302
D	21.5	30.0	3.0	45.0	22.0	11	12	14,230

※ 1) 각 지역은 용도에 따라 주거, 상업, 공업, 녹지로만 구성됨.
   2) 지역을 동으로 구분하는 방법에는 행정동 기준과 법정동 기준이 있음. 예를 들어, A지역의 동 수는 행정동 기준으로 16개이지만 법정동 기준으로 30개임.

─── 〈조 건〉 ───

• 인구가 15만 명 미만인 지역은 '행복'과 '건강'이다.
• 주거 면적당 인구가 가장 많은 지역은 '사랑'이다.
• 행정동 평균 인구보다 법정동 평균 인구가 많은 지역은 '우정'이다.
• 법정동 평균 인구는 '우정' 지역이 '행복' 지역의 3배 이상이다.

	A	B	C	D
①	건강	행복	사랑	우정
②	건강	행복	우정	사랑
③	사랑	행복	건강	우정
④	행복	건강	사랑	우정
⑤	행복	건강	우정	사랑

53. 다음 〈표〉는 2010~2012년 남아공, 멕시코, 브라질, 사우디, 캐나다, 한국의 이산화탄소 배출량에 대한 자료이다. 다음 〈조건〉을 근거로 하여 A~D에 해당하는 국가를 바르게 나열한 것은? 16년 행시(5) 22번

〈표〉 2010~2012년 국가별 이산화탄소 배출량

(단위 : 천만 톤, 톤/인)

국가	구분 \ 연도	2010	2011	2012
한국	총배출량	56.45	58.99	59.29
	1인당 배출량	11.42	11.85	11.86
멕시코	총배출량	41.79	43.25	43.58
	1인당 배출량	3.66	3.74	3.75
A	총배출량	37.63	36.15	37.61
	1인당 배출량	7.39	7.01	7.20
B	총배출량	41.49	42.98	45.88
	1인당 배출량	15.22	15.48	16.22
C	총배출량	53.14	53.67	53.37
	1인당 배출량	15.57	15.56	15.30
D	총배출량	38.85	40.80	44.02
	1인당 배출량	1.99	2.07	2.22

※ 1인당 배출량(톤/인) = $\dfrac{\text{총배출량}}{\text{인구}}$

〈조 건〉
- 1인당 이산화탄소 배출량이 2011년과 2012년 모두 전년대비 증가한 국가는 멕시코, 브라질, 사우디, 한국이다.
- 2010~2012년 동안 매년 인구가 1억 명 이상인 국가는 멕시코와 브라질이다.
- 2012년 인구는 남아공이 한국보다 많다.

	A	B	C	D
①	남아공	사우디	캐나다	브라질
②	남아공	브라질	캐나다	사우디
③	캐나다	사우디	남아공	브라질
④	캐나다	브라질	남아공	사우디
⑤	캐나다	남아공	사우디	브라질

54. 다음 〈표〉는 스마트폰 기종별 출고가 및 공시지원금에 대한 자료이다. 〈조건〉과 〈정보〉를 근거로 A~D에 해당하는 스마트폰 기종 '갑'~'정'을 바르게 나열한 것은? 16년 행시(5) 13번

〈표〉 스마트폰 기종별 출고가 및 공시지원금

(단위 : 원)

기종 \ 구분	출고가	공시지원금
A	858,000	210,000
B	900,000	230,000
C	780,000	150,000
D	990,000	190,000

〈조 건〉
- 모든 소비자는 스마트폰을 구입할 때 '요금할인' 또는 '공시지원금' 중 하나를 선택한다.
- 사용요금은 월정액 51,000원이다.
- '요금할인'을 선택하는 경우의 월 납부액은 사용요금의 80%에 출고가를 24(개월)로 나눈 월 기기값을 합한 금액이다.
- '공시지원금'을 선택하는 경우의 월 납부액은 출고가에서 공시지원금과 대리점보조금(공시지원금의 10%)을 뺀 금액을 24(개월)로 나눈 월 기기값에 사용요금을 합한 금액이다.
- 월 기기값, 사용요금 이외의 비용은 없고, 10원 단위 이하 금액은 절사한다.
- 구입한 스마트폰의 사용기간은 24개월이고, 사용기간 연장이나 중도해지는 없다.

〈정 보〉
- 출고가 대비 공시지원금의 비율이 20% 이하인 스마트폰 기종은 '병'과 '정'이다.
- '공시지원금'을 선택하는 경우의 월 납부액보다 '요금할인'을 선택하는 경우의 월 납부액이 더 큰 스마트폰 기종은 '갑' 뿐이다.
- '공시지원금'을 선택하는 경우 월 기기값이 가장 작은 스마트폰 기종은 '정'이다.

	A	B	C	D
①	갑	을	정	병
②	을	갑	병	정
③	을	갑	정	병
④	병	을	정	갑
⑤	정	병	갑	을

55. 다음 〈표〉는 어느 해 12월말 기준 '가' 지역의 개설 및 등록 의료기관 수에 대한 자료이다. 〈표〉와 〈조건〉을 근거로 하여 A~D에 해당하는 의료기관을 바르게 나열한 것은?

14년 행시(A) 32번

〈표〉 '가' 지역의 개설 및 등록 의료기관 수

(단위 : 개소)

의료기관	개설 의료기관 수	등록 의료기관 수
A	2,784	872
B	( )	141
C	1,028	305
D	( )	360

※ 등록률(%) = 등록 의료기관 수 / 개설 의료기관 수 × 100

─── 〈조 건〉 ───
- 등록률이 30% 이상인 의료기관은 '종합병원'과 '치과'이다.
- '종합병원' 등록 의료기관 수는 '안과' 등록 의료기관 수의 2.5배 이상이다.
- '치과' 등록 의료기관 수는 '한방병원' 등록 의료기관 수보다 작다.

	A	B	C	D
①	한방병원	종합병원	안과	치과
②	한방병원	종합병원	치과	안과
③	종합병원	치과	안과	한방병원
④	종합병원	치과	한방병원	안과
⑤	종합병원	안과	한방병원	치과

56. 다음 〈표〉와 〈그림〉은 조선총독부자료와 박은식의 『한국독립운동지혈사』에서 발췌한 3·1 운동 관련 자료이다. 이에 대해 〈조건〉을 적용할 때, 각 지역에 대한 설명으로 옳은 것은?

11년 행시(인) 10번

〈표〉 지역별 3·1 운동 현황(조선총독부자료)

(단위 : 회, 명)

지역	횟수	3·1 운동 참여자 중 사상자		3·1 운동 관련 일제관헌 사상자	
		사망	부상	사망	부상
가	225	72	240	2	22
나	26	14	17	0	0
다	102	67	171	0	28
라	134	231	515	6	26
마	131	79	205	0	31

〈그림〉 지역별 3·1 운동 참여자 및 사망자 현황
(박은식, 『한국독립운동지혈사』)

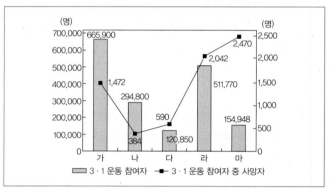

─── 〈조 건〉 ───
- 『한국독립운동지혈사』에 따르면 경기도의 3·1 운동 참여자 수는 충청도의 5배 이상이다.
- 『한국독립운동지혈사』에 따르면 '3·1 운동 참여자' 수 대비 '3·1 운동 참여자 중 사망자' 수의 비율은 경상도가 평안도보다 크다.
- 조선총독부자료의 '3·1 운동 참여자 중 사상자' 수와 『한국독립운동지혈사』의 '3·1 운동 참여자 중 사망자' 수의 차이는 경상도가 전라도보다 크다.
- 조선총독부자료에 따르면 3·1 운동 관련 일제관헌 사망자가 발생한 곳은 경기도와 평안도이다.

① 조선총독부자료에 따르면 가장 많은 횟수의 3·1 운동이 일어난 지역은 경상도이다.

② 『한국독립운동지혈사』에 따르면 3·1 운동 참여자 수가 두 번째로 적은 지역은 전라도이다.

③ 조선총독부자료에 따르면 일제관헌 부상자가 가장 많이 발생한 지역은 경기도이다.

④ 조선총독부자료에 따르면 일제관헌 사상자 수가 가장 많은 지역은 평안도이다.

⑤ 『한국독립운동지혈사』에 따르면 충청도의 3·1 운동 참여자 수 대비 사망자 수의 비율은 0.5%를 초과한다.

57. 다음 〈보고서〉에 부합하는 유아집단을 고르면?

10년 행시(인) 28번

───── 〈보고서〉 ─────

　어느 국가에서 사교육의 효과를 알아보기 위해, 사교육 경험이 없는 4세 유아들을 대상으로 언어논리적 사고능력과 창의적 사고능력을 측정하였다. 그리고 이 유아들을 두 집단으로 나누어 한 집단에는 사교육을 실시하고 다른 집단에는 사교육을 실시하지 않은 후, 6세 때 다시 두 능력을 측정하였다.

　그 결과, 연령과 사교육의 유무에 따라 다음과 같은 점들이 발견되었다. 첫째, 언어논리적 사고능력과 창의적 사고능력 둘 다 사교육 경험 유무와 상관없이 연령의 증가에 따라 평가점수가 높아졌다. 둘째, 6세 유아들의 언어논리적 사고능력은 사교육 유무에 따라 차이가 나타났다. 즉, 언어논리적 사고능력의 평가점수는 사교육 경험이 있는 6세 유아들이 그렇지 않은 6세 유아들보다 높았다. 셋째, 4세에서 6세 사이 사교육 경험 유무에 따른 언어논리적 사고능력의 증가율 차이는 50%p 이상이었으나, 같은 시기 사교육 경험 유무에 따른 창의적 사고능력의 증가율 차이는 1%p 미만이었다. 본 조사에 따르면, 언어논리적 사고능력의 발달은 사교육에 따른 형식적 훈련에 영향을 받으나 창의적 사고능력은 사교육에 근거한 형식적 교육보다는 연령의 증가에 따른 일상적 경험으로 자연스럽게 발달한다는 것을 알 수 있다.

〈표〉 사교육 경험 유무에 따른 연령별 사고능력 평가점수

(단위 : 점)

사교육 경험		없음 → 없음				없음 → 있음			
사고능력 종류		언어논리력		창의력		언어논리력		창의력	
연령		4세	6세	4세	6세	4세	6세	4세	6세
유아 집단	ㄱ	39	45	48	69	40	71	47	68
	ㄴ	38	70	46	66	38	41	49	70
	ㄷ	45	54	46	80	40	48	47	77
	ㄹ	40	60	45	85	35	70	48	72
	ㅁ	36	51	59	51	35	49	45	73

① ㄱ

② ㄴ

③ ㄷ

④ ㄹ

⑤ ㅁ

58. 다음 〈표〉와 〈그림〉은 2015년과 2016년 '갑'~'무'국의 경상수지에 관한 자료이다. 이와 〈조건〉을 이용하여 A~E에 해당하는 국가를 바르게 나열한 것은?

18년 행시(나) 15번

〈표〉 국가별 상품수출액과 서비스수출액

(단위 : 백만 달러)

국가	연도 항목	2015	2016
A	상품수출액	50	50
	서비스수출액	30	26
B	상품수출액	30	40
	서비스수출액	28	34
C	상품수출액	60	70
	서비스수출액	40	46
D	상품수출액	70	62
	서비스수출액	55	60
E	상품수출액	50	40
	서비스수출액	27	33

〈그림 1〉 국가별 상품수지와 서비스수지

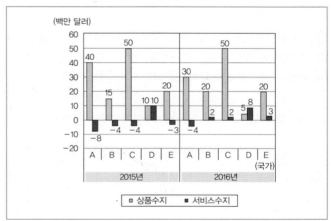

※ 상품(서비스)수지＝상품(서비스)수출액－상품(서비스)수입액

〈그림 2〉 국가별 본원소득수지와 이전소득수지

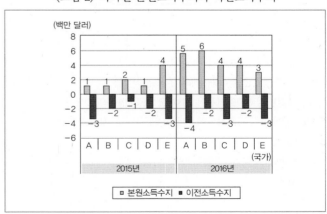

〈조 건〉

- 2015년 대비 2016년의 상품수입액 증가폭이 동일한 국가는 '을'국과 '정'국이다.
- 2015년과 2016년의 서비스수입액이 동일한 국가는 '을'국, '병'국, '무'국이다.
- 2015년 본원소득수지 대비 상품수지 비율은 '병'국이 '무'국의 3배이다.
- 2016년 '갑'국과 '병'국의 이전소득수지는 동일하다.

	A	B	C	D	E
①	을	병	정	갑	무
②	을	무	갑	정	병
③	정	갑	을	무	병
④	정	병	을	갑	무
⑤	무	을	갑	정	병

59. 다음 〈표〉는 2011년 국내 6개 유망 벤처기업의 매출액과 CEO 연봉에 대한 자료이다. 〈표〉와 〈보기〉를 근거로 하여 (A)~(E)에 해당하는 벤처기업을 바르게 나열한 것은?

12년 행시(인) 9번

〈표〉 2011년 국내 6개 유망 벤처기업의 매출액과 CEO 연봉

(단위 : 억 원)

벤처기업	매출액	CEO 연봉
(A)	( )	9.5
(B)	155	7.5
(C)	445	( )
(D)	600	( )
(E)	290	8.5
TB기술	185	5.0

〈보 기〉

ㄱ. GF환경의 매출액은 6개 기업 중 매출액 하위 3개 기업의 매출액 합과 동일하다.

ㄴ. GF환경 CEO는 매출액의 2.5%를 연봉으로 받는다.

ㄷ. 과천파밍 CEO 연봉은 TB기술 CEO 연봉의 2배이다.

ㄹ. OH케미컬 CEO는 블루테크 CEO보다 매출액 대비 연봉이 높다.

ㅁ. KOREDU와 TB기술의 매출액 합은 과천파밍의 매출액과 동일하다

	(A)	(B)	(C)	(D)	(E)
①	KOREDU	OH케미컬	과천파밍	GF환경	블루테크
②	KOREDU	과천파밍	GF환경	블루테크	OH케미컬
③	KOREDU	블루테크	과천파밍	GF환경	OH케미컬
④	OH케미컬	블루테크	GF환경	과천파밍	KOREDU
⑤	OH케미컬	블루테크	GF환경	KOREDU	과천파밍

60. 다음 〈그림〉은 다양한 직급의 구성원으로 이루어진 어느 회사의 개인 간 관계를 도식화한 것이며, '관계 차별성'은 〈정의〉와 같이 규정된다. 아래 직급의 조합 중, A와 C의 관계 차별성과 B와 D의 관계 차별성이 같은 것은?

11년 행시(인) 37번

〈그 림〉

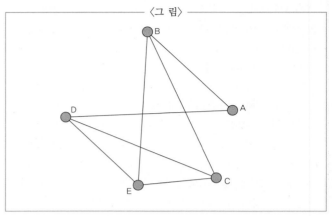

※ 점 A~E는 개인을 나타내며, 하나의 직선은 하나의 직접적인 관계를 의미함

〈정 의〉

- 관계 차별성 : 두 개인이 공통적으로 직접적인 관계를 맺고 있는 사람(들)의 직급 종류 수
  - 예를 들어 P, Q, R, S 4명으로 구성된 조직의 개인 간 관계가 다음과 같을 때, P와 Q의 관계 차별성은 1임

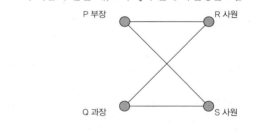

	A	B	C	D	E
①	부장	차장	사원	사원	과장
②	과장	과장	차장	부장	부장
③	과장	사원	부장	사원	과장
④	사원	과장	부장	과장	차장
⑤	사원	과장	과장	차장	사원

61. 다음 〈표〉는 2017~2021년 '갑'국의 청년 창업 현황에 관한 자료이다. 〈표〉를 이용하여 작성한 자료로 옳지 않은 것은?

23년 행시(가) 36번

〈표 1〉 연도별 청년 창업건수 현황

(단위 : 건)

연도	2017	2018	2019	2020	2021
청년 전체	228,460	215,819	208,260	218,530	226,082
남성	150,341	140,362	120,463	130,532	150,352
여성	78,119	75,457	87,797	87,998	75,730

〈표 2〉 2021년 청년 창업건수 상위 10개 업종의 성별 창업건수 현황

(단위 : 건)

순위	업종	남성 창업건수	여성 창업건수	합
1	통신판매업	30,352	20,351	50,703
2	숙박 · 음식점업	29,352	9,162	38,514
3	상품중개업	18,341	6,365	24,706
4	온라인광고업	6,314	5,348	11,662
5	정보통신업	5,291	4,871	10,162
6	부동산업	5,433	4,631	10,064
7	운송 및 창고업	3,316	2,201	5,517
8	교육서비스업	3,021	2,472	5,493
9	여가 관련 서비스업	1,053	1,377	2,430
10	제조업	992	472	1,464
	계	103,465	57,250	160,715

〈표 3〉 2017~2020년 10개 업종별 청년 창업건수 현황

(단위 : 건)

업종＼연도	2017	2018	2019	2020
통신판매업	42,123	51,321	55,123	47,612
숙박 · 음식점업	31,428	39,212	46,121	49,182
상품중개업	18,023	14,921	10,982	20,761
온라인광고업	9,945	8,162	9,165	8,172
정보통신업	8,174	7,215	6,783	6,943
부동산업	9,823	7,978	7,152	6,987
운송 및 창고업	7,122	6,829	6,123	5,931
교육서비스업	6,119	5,181	5,923	4,712
여가 관련 서비스업	3,089	2,987	3,621	4,981
제조업	1,891	1,523	2,012	1,723
합계	137,737	145,329	153,005	157,004

① 연도별 성별 청년 창업건수

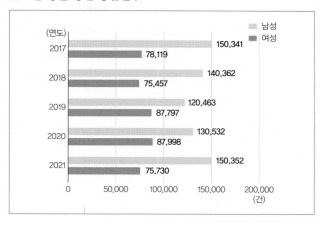

② 2021년 청년 창업건수 상위 10개 업종의 2017년 대비 창업건수 증감폭

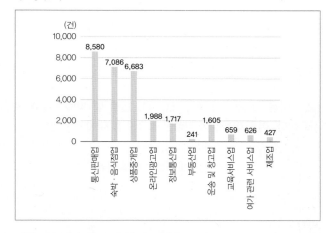

③ 여성 창업건수의 전년 대비 증가율 추이

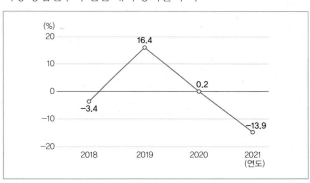

④ 2021년 청년 창업건수 상위 10개 업종의 성별 창업건수 구성비

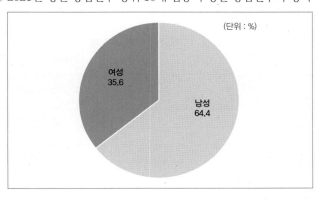

⑤ 2021년 청년 창업건수 상위 3개 업종의 성별 창업건수 구성비

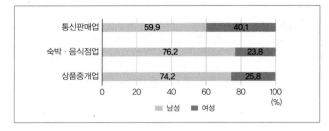

① 연도별 전체 재난사고 인적피해 중 부상 비율

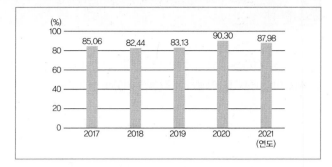

62. 다음 〈표〉는 '갑'국의 재난사고 발생 및 피해 현황에 관한 자료이다. 이를 이용하여 작성한 것으로 옳지 않은 것은?

22년 행시(나) 25번

〈표 1〉 재난사고 발생 현황

(단위 : 건, 명)

유형 \ 구분 \ 연도		2017	2018	2019	2020	2021
전체	발생건수	14,879	24,454	17,662	15,313	12,413
	피해인원	9,819	13,189	14,959	16,109	16,637
화재	발생건수	1,527	1,296	1,552	1,408	1,594
	피해인원	138	46	148	111	178
붕괴	발생건수	2	8	2	6	14
	피해인원	4	6	2	4	14
폭발	발생건수	6	2	2	5	3
	피해인원	3	1	3	1	6
도로교통사고	발생건수	12,805	23,115	13,960	12,098	9,581
	피해인원	9,536	13,097	14,394	14,560	15,419
기타	발생건수	539	33	2,146	1,796	1,221
	피해인원	138	39	412	1,433	1,020

※ '피해인원'은 재난사고로 인해 인적피해 또는 재산피해를 본 인원임

③ 연도별 전체 재난사고 발생건수 중 도로교통사고 발생건수 비중

(단위 : %)

연도	2017	2018	2019	2020	2021
비중	86.06	94.52	79.04	79.00	77.19

② 연도별 전체 재난사고 발생건수 및 피해인원

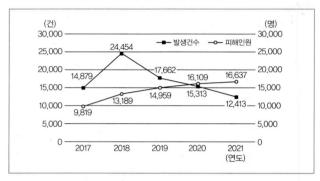

〈표 2〉 재난사고 피해 현황

(단위 : 명, 백만 원)

연도 \ 구분	인적피해		재산피해액
	사망	부상	
2017	234	8,352	14,629
2018	224	10,873	20,165
2019	222	12,435	52,654
2020	215	14,547	20,012
2021	292	14,637	40,981

※ 인적피해는 사망과 부상으로만 구분됨

④ 연도별 전체 재난사고 발생건수당 재산피해액

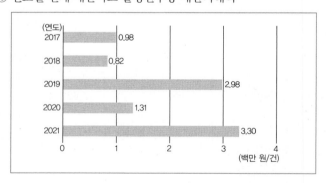

⑤ 연도별 화재 및 도로교통사고 발생건수당 피해인원

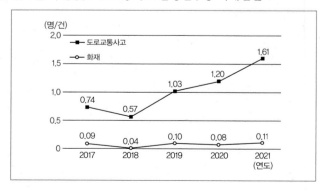

63. 다음 〈보고서〉는 2017년과 2018년 청소년활동 참여 실태에 관한 자료이다. 〈보고서〉의 내용과 부합하는 자료만을 〈보기〉에서 모두 고르면?

19년 행시(가) 23번

〈보고서〉

2018년 청소년활동 9개 영역 중 '건강 · 보건활동'의 참여경험(93.6%)이 가장 높게 나타났고, 다음으로 '문화예술활동'(85.2%), '모험개척활동'(57.8%) 순으로 높게 나타났다. 반면, 2017년과 2018년 모두 '교류활동'의 참여경험 비율이 가장 낮게 나타났다. 이와 더불어 2018년 향후 가장 참여를 희망하는 청소년활동으로는 '문화예술활동'(22.5%), '진로탐색 · 직업체험활동'(21.5%)의 순으로 높게 조사되었다.

2018년 청소년활동 참여형태에 대한 9개 항목 중 '학교에서 단체로 참여'라는 응답(46.0%)이 가장 높게 나타났으며, 다음으로 '교내 동아리활동으로 참여', '개인적으로 참여'의 순으로 높게 나타났다. 2018년 청소년활동을 가장 희망하는 시간대는 '학교 수업시간 중'(43.7%)으로 조사되었고, '기타'를 제외하고는 '방과 후'가 가장 낮은 비율로 조사되었다.

2018년 청소년활동에 대한 '전반적 만족도'는 3.37점으로 2017년보다 상승한 것으로 확인되었고, '지도자 만족도'가 '활동 내용 만족도'보다 더 높은 것으로 나타났다. 또한, 2018년 청소년활동 정책 인지도 점수는 최소 1.15점에서 최대 1.42점으로 나타났다.

〈보 기〉

ㄱ. 청소년활동 영역별 참여경험 및 향후 참여희망 비율(2017~2018년)

(단위 : %)

구분	연도	건강 · 보건 활동	과학 정보 활동	교류 활동	모험 개척 활동	문화 예술 활동	봉사 활동	진로 탐색 · 직업 체험 활동	환경 보존 활동	자기 계발 활동
참여 경험	2017	93.7	53.6	26.5	55.7	79.7	55.4	63.8	42.4	41.3
	2018	93.6	61.2	33.9	57.8	85.2	62.9	72.5	48.8	50.8
향후 참여 희망	2017	9.7	11.6	3.6	16.4	21.1	5.0	21.0	1.7	4.7
	2018	8.2	11.1	3.0	17.0	22.5	5.4	21.5	1.8	3.5

ㄴ. 청소년활동 희망시간대(2018년)

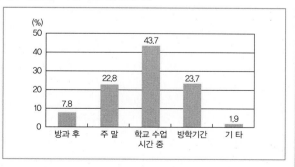

ㄷ. 청소년활동 참여형태(2017~2018년)

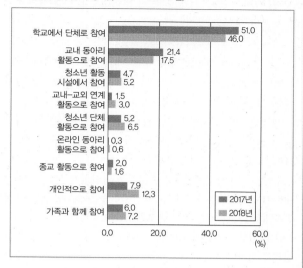

ㄹ. 청소년활동 정책 인지도 점수(2017~2018년)

(단위 : 점)

항목 \ 연도	2017	2018
청소년수련활동인증제	1.24	1.27
국제청소년성취포상제	1.14	1.15
청소년어울림마당	1.40	1.42
청소년특별회의	1.28	1.30
청소년참여위원회	1.35	1.37
청소년운영위원회	1.41	1.44
청소년활동정보서비스	1.31	1.32
대한민국청소년박람회	1.29	1.28
청소년수련활동신고제	1.18	1.20

※ 점수가 높을수록 인지도가 높음

① ㄴ, ㄷ
② ㄴ, ㄹ
③ ㄷ, ㄹ
④ ㄱ, ㄴ, ㄷ
⑤ ㄱ, ㄷ, ㄹ

64. 다음 〈보고서〉는 2009~2012년 A국의 근로장려금에 관한 조사 결과이다. 〈보고서〉의 내용과 부합하지 <u>않는</u> 자료는?

14년 행시(A) 31번

─── 〈보고서〉 ───

정부는 2009년부터 근로자 가구를 대상으로 부양자녀 수와 총급여액에 따라 산정된 근로장려금을 지급함으로써 근로유인을 제고하고 실질소득을 지원하고 있다.

2009년 이후 근로장려금 신청가구 중에서 수급가구가 차지하는 비율은 매년 80% 이상을 기록하여 신청한 가구의 대부분이 혜택을 받고 있는 것으로 조사되었다.

수급가구를 가구구성별로 부부가구와 단독가구로 구분할 때, 수급가구 중 부부가구가 차지하는 비중은 2009년 이후 계속 70%대를 유지하다가 2012년 80%를 돌파하였다.

2012년부터 지급대상이 확대되어 60대 이상 1인 가구도 근로장려금 신청이 가능해졌다. 이에 따라 2012년 60대 이상 수급가구는 전년의 25배 이상이 되었다.

근로형태별 근로장려금 수급가구는 상용근로자 수급가구보다 일용근로자 수급가구가 더 많았으며, 일용근로자 수급가구가 전체 수급가구에서 차지하는 비율은 2009년부터 매년 65% 이상을 차지했다.

2009년에는 수급가구 중 자녀 2인 가구의 비율이 가장 높았으나 2010년과 2011년에는 자녀 1인 가구의 비율이 가장 높았던 것으로 조사되었다.

① 연도별 근로장려금 신청 및 수급가구 현황

(단위 : 천 가구)

구분	2009년	2010년	2011년	2012년
신청가구	724	677	667	913
수급가구	591	566	542	735
미수급가구	133	111	125	178

② 가구구성별 근로장려금 수급가구 분포

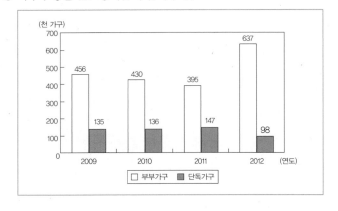

③ 연령대별 근로장려금 수급가구 분포

(단위 : 천 가구)

구분	합	30대 미만	30대	40대	50대	60대 이상
2009년	591	44	243	260	41	3
2010년	566	39	223	254	46	4
2011년	542	34	207	249	48	4
2012년	735	23	178	270	160	104

④ 근로형태별 근로장려금 수급가구 분포

(단위 : 천 가구)

구분	합	상용근로자	일용근로자
2009년	591	235	356
2010년	566	228	338
2011년	542	222	320
2012년	735	259	476

⑤ 부양자녀수별 근로장려금 수급가구 비중

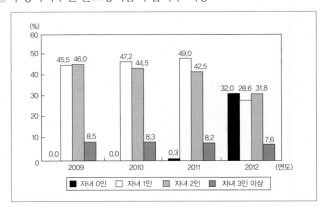

65. 다음 〈보고서〉는 일제강점기 경기도 인구 변화에 관한 것이다. 〈보기〉에서 아래 〈보고서〉를 작성하는 데 있어서 잘못 인용된 자료를 모두 고르면?　　12년 행시(인) 11번

〈보고서〉

- 일제강점기 경기도 인구는 1910년 142만 3,051명, 1931년 206만 160명, 1942년 322만 3,856명으로 조사 연도마다 매번 증가하였다. 경기도 인구가 전국 인구에서 차지하는 비중은 1910년 13% 미만에서 1942년에는 15% 이상으로 증가하였다.
- 1910~1942년 동안 5차례 실시된 인구조사 결과에 따르면 각 조사 연도마다 전국 인구는 증가추세였으나, 남녀인구는 각각 1,500만 명에는 이르지 못하였다. 조사 연도 대부분 남성인구가 여성인구에 비해 많았으나 1942년 조사에서 여성인구가 남성인구를 초과하였다.
- 경기도 내 일본인 수는 1910년 5만 4,760명, 1931년 10만 323명, 1942년 20만 6,627명으로, 1910년 대비 1942년의 경기도 전체 인구의 증가율보다 경기도 내 일본인의 증가율이 더 큰 것으로 나타났다. 1942년 경기도 내 일본인의 인구는 경기도 내 중국인의 인구와 비교할 때 2배 이상으로 조사되었다.
- 1912년, 1931년, 1942년 경기도 내 조선인들이 가장 많이 종사하였던 업종은 농축산업이었으며, 1912년 대비 1942년의 공업종사자 수는 9배 이상이었다.

〈보 기〉

ㄱ. 일제강점기 경기도 인구 변화

(단위 : 명)

구분	1910년	1931년	1942년
경기도 인구	1,423,051	2,060,160	3,223,856
전국 인구	13,313,017	20,262,958	26,361,401

ㄴ. 일제강점기 전국 인구 및 성별인구 변화

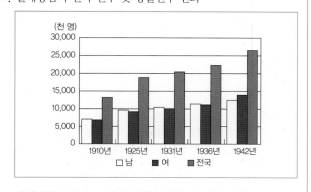

ㄷ. 일제강점기 경기도 내 일본인과 중국인 인구 변화

(단위 : 명)

구분	1910년	1931년	1942년
경기도 내 일본인	54,760	100,323	206,627
경기도 내 중국인	70,342	94,206	100,756
경기도 인구	1,423,051	2,060,160	3,223,856

ㄹ. 일제강점기 경기도 내 업종별 조선인 종사자 수

(단위 : 명)

구분	1912년	1931년	1942년
농축산업	1,096,971	1,282,133	1,483,718
공업	31,933	81,646	310,895
상업	150,328	226,319	492,545
광업	0	0	28,972
기타	126,286	148,783	333,236
계	1,405,518	1,738,881	2,649,366

① ㄱ
② ㄱ, ㄴ
③ ㄱ, ㄹ
④ ㄴ, ㄷ
⑤ ㄴ, ㄷ, ㄹ

66. 다음 〈표〉는 블로그 이용자와 트위터 이용자를 대상으로 설문조사한 결과이다. 이를 정리한 〈보기〉의 그림 중 옳은 것을 모두 고르면?

13년 행시(인) 31번

〈표〉 블로그 이용자와 트위터 이용자 대상 설문조사 결과

(단위 : %)

구분		블로그 이용자	트위터 이용자
성	남자	53.4	53.2
	여자	46.6	46.8
연령	15～19세	11.6	13.1
	20～29세	23.3	47.9
	30～39세	27.4	29.5
	40～49세	25.0	8.4
	50～59세	12.7	1.1
교육수준	중졸 이하	2.0	1.6
	고졸	23.4	14.7
	대졸	66.1	74.4
	대학원 이상	8.5	9.3
소득수준	상	5.5	3.6
	중	74.2	75.0
	하	20.3	21.4

※ 15세 이상 60세 미만의 1,000명의 블로그 이용자와 2,000명의 트위터 이용자를 대상으로 하여 동일시점에 각각 독립적으로 조사하였으며 무응답과 응답자의 중복은 없음

─〈보 기〉─

ㄱ. 트위터와 블로그의 성별 이용자 수

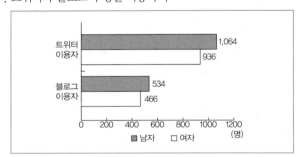

ㄴ. 교육수준별 트위터 이용자 수 대비 블로그 이용자 수

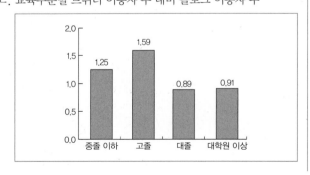

ㄷ. 블로그 이용자와 트위터 이용자의 소득수준별 구성비

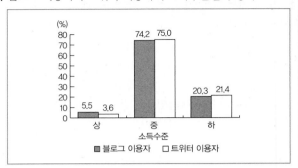

ㄹ. 연령별 블로그 이용자와 트위터 이용자의 구성비

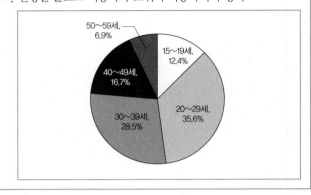

① ㄱ, ㄴ
② ㄱ, ㄷ
③ ㄴ, ㄷ
④ ㄴ, ㄹ
⑤ ㄷ, ㄹ

67. 다음 〈표〉는 2002년부터 2006년까지 우리나라가 미국, 호주와 유럽에 투자한 금융자산과 환율을 나타낸 자료이다. 〈표〉를 정리한 것 중 옳지 <u>않은</u> 것은?

09년 행시(기) 26번

〈표 1〉 지역별 금융자산 투자규모

지역 연도	미국(억 US$)	호주(억 AU$)	유럽(억 €)
2002	80	70	70
2003	100	65	75
2004	105	60	85
2005	120	80	90
2006	110	85	100

〈표 2〉 외국 통화에 대한 환율

환율 연도	₩/US$	₩/AU$	₩/€
2002	1,000	900	800
2003	950	950	850
2004	900	1,000	900
2005	850	950	1,100
2006	900	1,000	1,000

※ ₩/US$는 1미국달러당 원화, ₩/AU$는 1호주달러당 원화, ₩/€는 1유로당 원화

① AU$/US$의 변화 추이

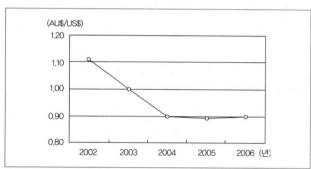

② 원화로 환산한 대호주 금융자산 투자규모 추이

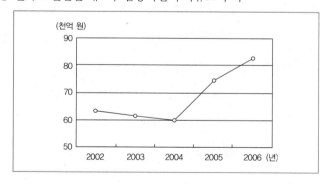

③ 원화로 환산한 2006년 각 지역별 금융자산 투자비중

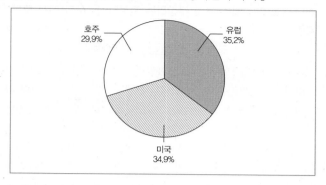

④ 원화로 환산한 대미 금융자산 투자규모 추이

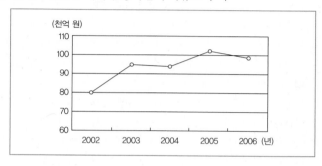

⑤ €/AU$의 변화 추이

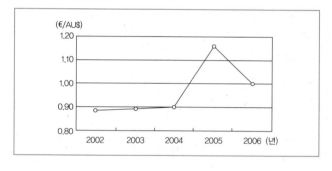

68. 다음 〈보고서〉는 2015년 A국의 노인학대 현황에 관한 것이다. 〈보고서〉의 내용과 부합하는 자료만을 〈보기〉에서 모두 고르면?

18년 행시(나) 26번

─〈보고서〉─

2015년 1월 1일부터 12월 31일까지 한 해 동안 전국 29개 지역의 노인보호전문기관에 신고된 전체 11,905건의 노인학대 의심사례 중에 학대 인정사례는 3,818건으로 나타났다. 이는 전년 대비 학대 인정사례 건수가 8% 이상 증가한 것이다.

학대 인정사례 3,818건을 신고자 유형별로 살펴보면 신고의무자에 의해 신고된 학대 인정사례는 707건, 비신고의무자에 의해 신고된 학대 인정사례는 3,111건이었다. 신고의무자에 의해 신고된 학대 인정사례 중 사회복지전담 공무원의 신고에 의한 학대 인정사례가 40% 이상으로 나타났다. 비신고의무자에 의해 신고된 학대 인정사례 중에서는 관련기관 종사자의 신고에 의한 학대 인정사례가 48% 이상으로 가장 높았고, 학대 행위자 본인의 신고에 의한 학대 인정사례의 비율이 가장 낮았다.

또한 3,818건의 학대 인정사례를 발생장소별로 살펴보면 기타를 제외하고 가정 내 학대가 85.8%로 가장 높게 나타났으며, 다음으로 생활시설 5.4%, 병원 2.3%, 공공장소 2.1%의 순으로 나타났다. 학대 인정사례 중 병원에서의 학대 인정사례 비율은 2012~2015년 동안 매년 감소한 것으로 나타났다.

한편, 학대 인정사례를 가구형태별로 살펴보면 2012~2015년 동안 매년 학대 인정사례 건수가 가장 많은 가구형태는 노인단독 가구였다.

─〈보 기〉─

ㄱ. 2015년 신고자 유형별 노인학대 인정사례 건수

(단위 : 건)

신고자 유형	건수
신고의무자	707
의료인	44
노인복지시설 종사자	178
장애노인시설 종사자	16
가정폭력 관련 종사자	101
사회복지전담 공무원	290
노숙인 보호시설 종사자	31
구급대원	9
재가장기요양기관 종사자	38
비신고의무자	3,111
학대피해노인 본인	722
학대행위자 본인	8
친족	567
타인	320
관련기관 종사자	1,494

ㄴ. 2014년과 2015년 노인보호전문기관에 신고된 노인 학대 의심사례 신고 건수와 구성비

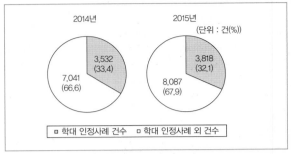

※ 구성비는 소수점 아래 둘째 자리에서 반올림한 값임

ㄷ. 발생장소별 노인학대 인정사례 건수와 구성비

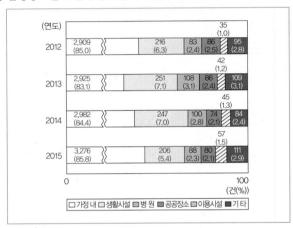

※ 구성비는 소수점 아래 둘째 자리에서 반올림한 값임

ㄹ. 가구형태별 노인학대 인정사례 건수

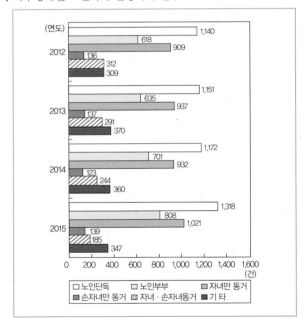

① ㄱ, ㄹ
② ㄴ, ㄷ
③ ㄱ, ㄴ, ㄷ
④ ㄱ, ㄴ, ㄹ
⑤ ㄴ, ㄷ, ㄹ

69. 다음 〈표〉는 1997년도부터 2007년도까지 A국의 주식시장의 현황을 나타낸 자료이다. 이를 바탕으로 작성한 그래프 중 옳지 않은 것은?

09년 행시(기) 18번

〈표〉 A국 주식시장 현황

연도	주가지수	수익률(%)	종목수(종목)	주식수(억 주)	시가총액(조원)	거래량(억 주)	거래대금(조원)	거래건수(백만건)
1997	376	-	958	90	71	121	162	15
1998	562	49.5	925	114	138	285	193	33
1999	1,028	82.8	916	173	350	694	867	108
2000	505	-50.9	902	196	188	738	627	106
2001	694	37.4	884	196	256	1,164	491	90
2002	628	-9.5	861	265	259	2,091	742	111
2003	811	29.1	856	237	355	1,339	548	87
2004	896	10.5	844	234	413	929	556	83
2005	1,379	53.9	858	232	655	1,164	786	96
2006	1,434	4.0	885	250	705	689	848	107
2007	1,897	32.3	906	282	952	895	1,363	181

① 당해년도 초과수익률

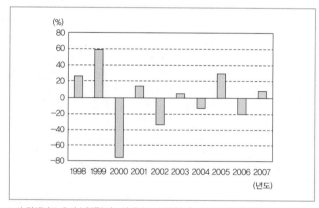

※ 1) 당해년도 초과수익률(%)=당해년도 수익률(%)-연평균 수익률(%)
   2) 연평균 수익률은 23.9%임

② 종목당 평균 주식수

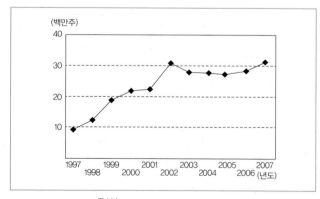

※ 종목당 평균 주식수 = $\dfrac{주식수}{종목수}$

③ 시가총액회전율과 주가지수의 관계

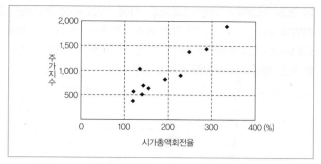

※ 시가총액회전율(%)= $\dfrac{거래대금}{시가총액}$ ×100

④ 1거래당 거래량

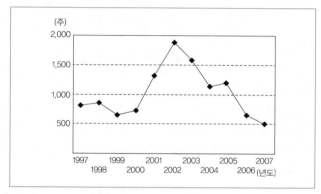

※ 1거래당 거래량 = $\dfrac{거래량}{거래건수}$

⑤ 주식 1주당 평균가격

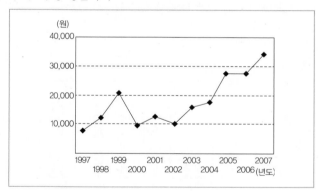

※ 주식 1주당 평균가격 = $\dfrac{시가총액}{주식수}$

70. 다음 〈그림〉은 2013~2017년 '갑' 기업의 '가', '나' 사업장의 연간 매출액에 대한 자료이고, 다음 〈보고서〉는 2018년 '갑' 기업의 '가', '나' 사업장의 직원 증원에 대한 내부 검토 내용이다. 〈그림〉과 〈보고서〉를 근거로 2018년 '가', '나' 사업장의 증원인원별 연간 매출액을 추정한 결과로 옳은 것은? 18년 행시(나) 11번

〈그림〉 2013~2017년 '갑' 기업 사업장별 연간 매출액

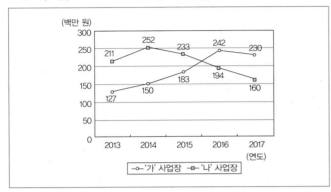

〈보고서〉

- 2018년 '가', '나' 사업장은 각각 0~3명의 직원을 증원할 계획임
- 추정 결과, 직원을 증원하지 않을 경우 '가', '나' 사업장의 2017년 대비 2018년 매출액 증감률은 각각 10% 이하일 것으로 예상됨
- 직원 증원이 없을 때와 직원 3명을 증원할 때의 2018년 매출액 차이는 '나' 사업장이 '가' 사업장보다 클 것으로 추정됨
- '나' 사업장이 2013~2017년 중 최대 매출액을 기록했던 2014년보다 큰 매출액을 기록하기 위해서는 2018년에 최소 2명의 직원을 증원해야 함

①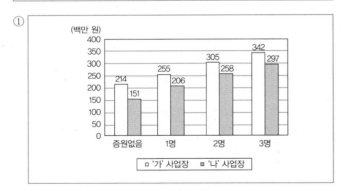

②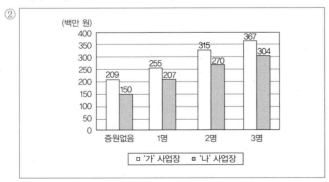

③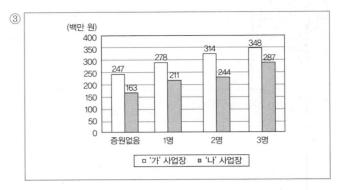

④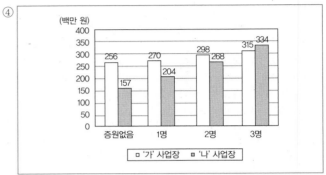

⑤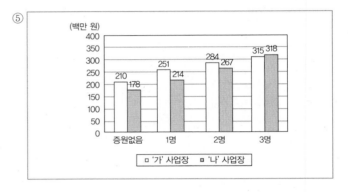

71.　다음 〈표〉와 〈그림〉은 '갑'국의 전국 학교급식 운영 및 예산 현황에 관한 자료이다. 제시된 〈표〉와 〈그림〉 이외에 〈보고서〉를 작성하기 위해 추가로 필요한 자료만을 〈보기〉에서 모두 고르면?

23년 행시(가) 14번

〈표〉 전국 학교급별 학교급식 현황

(단위 : 천 명, 개교)

학교급	학교급식 참여 학생 수	학교급식 운영 학교 수		
			직영운영	위탁운영
초등학교	2,688	6,044	6,042	2
중학교	1,384	3,213	3,179	34
고등학교	1,646	2,373	2,154	219
특수학교	24	170	167	3
전체	5,742	11,800	11,542	258

〈그림〉 전국 학교급식 예산 재원별 구성비

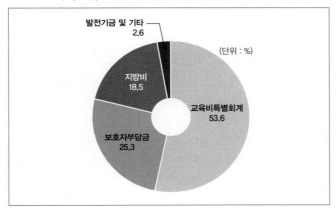

발전기금 및 기타 2.6
(단위 : %)
지방비 18.5
교육비특별회계 53.6
보호자부담금 25.3

〈보 기〉

ㄱ. 전국 학교급식 재원별 예산액
ㄴ. 전국 학교급별 학교급식 직영운영 학교 수
ㄷ. 전국 학교급별 총학생 수
ㄹ. 전국 학교급별 단독조리 학교급식 운영 학교 수

① ㄱ
② ㄱ, ㄴ
③ ㄷ, ㄹ
④ ㄱ, ㄷ, ㄹ
⑤ ㄴ, ㄷ, ㄹ

〈보고서〉

　'갑'국에서 급식에 참여하는 학생은 초등학생 268만 8천 명, 중학생 138만 4천 명, 고등학생 164만 6천 명, 특수학교 학생 2만 4천 명으로, 학교급별 총학생 중 학교급식에 참여하는 학생의 비중은 각각 초등학생 99.9%, 중학생 100%, 고등학생 99.5%, 특수학교 학생 98.5%였다.

　학교급식 운영형태는 직영운영 또는 위탁운영으로 구분되는데, 전체 학교급식 운영 학교 11,800개교 중 학교급식을 직영으로 운영하는 학교는 11,542개교였다. 학교급식을 운영하는 학교 중 직영으로 운영하는 학교의 비율을 학교급별로 알아보면, 초등학교는 99.9%(6,042개교), 중학교는 98.9%(3,179개교), 고등학교는 90.8%(2,154개교), 특수학교는 98.2%(167개교)로 고등학교의 학교급식 직영운영 비율이 상대적으로 낮았다. 학교급식을 위탁으로 운영하는 학교는 258개교였다.

　학교급식 조리 형태는 단독조리 또는 공동조리로 구분되는데, 단독조리 학교급식 운영 학교가 78.1%로 공동조리 학교급식 운영 학교의 3배 이상이었다.

　전체 학교급식 예산액은 5조 9,088억 원으로 재원별로는 교육비특별회계 3조 1,655억 원, 보호자부담금 1조 4,972억 원, 지방비 1조 925억 원, 발전기금 및 기타 1,536억 원이었다.

72. 다음 〈표〉는 2020년 4분기(10~12월) 전국 아파트 입주 물량에 관한 자료이다. 제시된 〈표〉 이외에 〈보고서〉를 작성하기 위해 추가로 필요한 자료만을 〈보기〉에서 모두 고르면?

22년 행시(나) 1번

〈표 1〉 월별 아파트 입주 물량

(단위 : 세대)

구분 \ 월	10월	11월	12월	합
전국	21,987	25,995	32,653	80,635
수도권	13,951	15,083	19,500	48,534
비수도권	8,036	10,912	13,153	32,101

〈표 2〉 규모 및 공급주체별 아파트 입주 물량

(단위 : 세대)

구분	규모			공급주체	
	60m² 이하	60m² 초과 85m² 이하	85m² 초과	공공	민간
전국	34,153	42,528	3,954	23,438	57,197
수도권	21,446	24,727	2,361	15,443	33,091
비수도권	12,707	17,801	1,593	7,995	24,106

─── 〈보고서〉 ───

2020년 4분기(10~12월) 전국 아파트 입주 물량은 80,635세대로 집계되었다. 수도권은 48,534세대로 전년 동기 및 2015~2019년 4분기 평균 대비 각각 37.5%, 1.7% 증가했고, 비수도권은 32,101세대로 전년 동기 및 2015~2019년 4분기 평균 대비 각각 47.6 %, 46.8 % 감소하였다. 시도별로 살펴보면, 서울은 12,097세대로 전년 동기 대비 7.9% 증가하였다. 그 외 인천·경기 36,437세대, 대전·세종·충남 8,015세대, 충북 3,835세대, 강원 646세대, 전북 0세대, 광주·전남·제주 5,333세대, 대구·경북 5,586세대, 부산·울산 5,345세대, 경남 3,341세대였다. 주택 규모별로는 60m² 이하 34,153세대, 60m² 초과 85m² 이하 42,528세대, 85m² 초과 3,954세대로, 85m² 이하 중소형주택이 전체의 95.1%를 차지하여 중소형주택의 입주 물량이 많았다. 공급주체별로는 민간 57,197세대, 공공 23,438세대로, 민간 입주 물량이 공공 입주 물량의 2배 이상이었다.

─── 〈보 기〉 ───

ㄱ. 2015~2019년 4분기 수도권 및 비수도권 아파트 입주 물량
ㄴ. 2015~2019년 공급주체별 연평균 아파트 입주 물량
ㄷ. 2019~2020년 4분기 시도별 아파트 입주 물량
ㄹ. 2019년 4분기 규모 및 공급주체별 아파트 입주 물량

① ㄱ, ㄴ
② ㄱ, ㄷ
③ ㄱ, ㄹ
④ ㄴ, ㄷ
⑤ ㄴ, ㄹ

---

73. 다음 〈표〉는 '갑'국 맥주 수출 현황에 관한 자료이다. 〈보고서〉를 작성하기 위해 〈표〉 이외에 추가로 필요한 자료만을 〈보기〉에서 모두 고르면?

17년 행시(가) 11번

〈표〉 주요 국가에 대한 '갑'국 맥주 수출액 및 증가율

(단위 : 천 달러, %)

구분	2013년	전년 대비 증가율	2014년	전년 대비 증가율	2015년	전년 대비 증가율	2016년 상반기	전년 동기간 대비 증가율
맥주 수출 총액	72,251	6.5	73,191	1.3	84,462	15.4	48,011	3.7
일본	33,007	12.4	32,480	-1.6	35,134	8.2	19,017	0.8
중국	8,482	35.9	14,121	66.5	19,364	37.1	11,516	21.8
이라크	2,881	35.3	4,485	55.7	7,257	61.8	4,264	-15.9
싱가포르	8,641	21.0	3,966	-54.1	6,790	71.2	2,626	-31.3
미국	3,070	3.6	3,721	21.2	3,758	1.0	2,247	26.8
호주	3,044	4.2	3,290	8.1	2,676	-18.7	1,240	-25.1
타이	2,119	9.9	2,496	17.8	2,548	2.1	1,139	-12.5
몽골	5,465	-16.4	2,604	-52.4	1,682	-35.4	1,005	-27.5
필리핀	3,350	-49.9	2,606	-22.2	1,558	-40.2	2,257	124.5
러시아	740	2.4	886	19.7	771	-13.0	417	-10.6
말레이시아	174	144.0	710	308.0	663	-6.6	1,438	442.2
베트남	11	-	60	445.5	427	611.7	101	-57.5

─── 〈보고서〉 ───

중국으로의 수출 증가에 힘입어 2015년 '갑'국의 맥주 수출액이 맥주 수출을 시작한 1992년 이래 역대 최고치를 기록하였다. 또한 2016년 상반기도 역대 동기간 대비 최고치를 기록하고 있다. 2015년 맥주 수출 총액은 약 8천 4백만 달러로 전년대비 15.4% 증가하였다. 2013년 대비 2015년 맥주 수출 총액은 16.9% 증가하여, 같은 기간 '갑'국 전체 수출액이 5.9% 감소한 것에 비하면 주목할 만한 성과이다. 2016년 상반기 맥주 수출 총액은 약 4천 8백만 달러로 전년 동기간 대비 3.7% 증가하였다.

2015년 '갑'국의 주요 맥주 수출국은 일본(41.6%), 중국(22.9%), 이라크(8.6%), 싱가포르(8.0%), 미국(4.4%) 순으로, 2012년부터 '갑'국의 맥주 수출액이 가장 큰 상대 국가는 일본이다. 2015년 일본으로의 맥주 수출액은 약 3천 5백만 달러로 전년대비 8.2% 증가하였다. 특히 중국으로의 맥주 수출액은 2013년부터 2015년까지 매년 두 자릿수 증가율을 기록하여, 2014년부터 중국이 싱가포르를 제치고 '갑'국 맥주 수출 대상국 중 2위로 자리매김하였다. 또한, 베트남으로의 맥주 수출액은 2013년 대비 2015년에 약 39배로 증가하여 베트남이 새로운 맥주 수출 시장으로 부상하고 있다.

─── 〈보 기〉 ───

ㄱ. 1992~2012년 연도별 '갑'국의 연간 맥주 수출 총액
ㄴ. 1992~2015년 연도별 '갑'국의 상반기 맥주 수출액
ㄷ. 2015년 상반기 '갑'국의 국가별 맥주 수출액
ㄹ. 2013~2015년 연도별 '갑'국의 전체 수출액

① ㄱ, ㄴ   ② ㄱ, ㄷ

③ ㄴ, ㄹ   ④ ㄱ, ㄴ, ㄹ

⑤ ㄴ, ㄷ, ㄹ

74. 다음 〈표〉는 방한 중국인 관광객에 관한 자료이다. 〈보고서〉를 작성하기 위해 〈표〉 이외에 추가로 필요한 자료만을 〈보기〉에서 모두 고르면?   <small>18년 행시(나) 5번</small>

〈표 1〉 2016~2017년 월별 방한 중국인 관광객수

(단위 : 만 명)

월\년	1	2	3	4	5	6	7	8	9	10	11	12	계
2016	60	47	80	80	78	95	87	102	107	106	55	54	951
2017	15	15	18	17	17	20	15	21	13	19	12	13	195

※ 2017년 자료는 추정값임

〈표 2〉 2016년 방한 중국인 관광객 1인당 관광 지출액

(단위 : 달러)

구분	쇼핑	숙박 · 교통	식음료	기타	총지출
개별	1,430	422	322	61	2,235
단체	1,296	168	196	17	1,677
전체	1,363	295	259	39	1,956

※ 전체는 방한 중국인 관광객 1인당 관광 지출액임

───── 〈보고서〉 ─────

2017년 3월부터 7월까지 5개월간 전년 동기간 대비 방한 중국인 관광객수는 300만 명 이상 감소한 것으로 추정된다. 해당 규모에 2016년 기준 전체 방한 중국인 관광객 1인당 관광 지출액인 1,956달러를 적용하면 중국인의 한국 관광 포기로 인한 지출 감소액은 약 65.1억 달러로 추정된다.

2017년 전년대비 연간 추정 방한 중국인 관광객 감소 규모는 약 756만 명이며, 추정 지출 감소액은 약 147.9억 달러로 나타난다. 이는 각각 2016년 중국인 관광객을 제외한 연간 전체 방한 외국인 관광객수의 46.3%, 중국인 관광객 지출액을 제외한 전체 방한 외국인 관광객 총 지출액의 55.8% 수준이다.

2017년 산업부문별 추정 매출 감소액을 살펴보면, 도소매업의 매출액 감소가 전년대비 108.9억 달러로 가장 크고, 다음으로 식음료업, 숙박업 순으로 나타났다.

───── 〈보 기〉 ─────

ㄱ. 2016년 방한 외국인 관광객의 국적별 1인당 관광 지출액

ㄴ. 2016년 전체 방한 외국인 관광객수 및 지출액 현황

ㄷ. 2016년 산업부문별 매출액 규모 및 구성비

ㄹ. 2017년 산업부문별 추정 매출액 규모 및 구성비

① ㄱ, ㄷ   ② ㄴ, ㄷ

③ ㄴ, ㄹ   ④ ㄱ, ㄴ, ㄹ

⑤ ㄴ, ㄷ, ㄹ

75. 다음 〈그림〉과 〈표〉를 이용하여 〈보고서〉를 작성하였다. 제시된 〈그림〉과 〈표〉 이외에 추가로 필요한 자료만을 〈보기〉에서 모두 고르면?   <small>16년 행시(5) 23번</small>

〈그림〉 박사학위 취득자의 성별, 전공계열별 고용률 현황

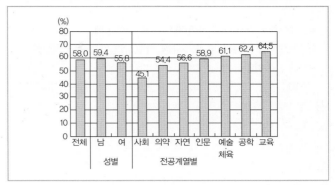

〈표〉 박사학위 취득자 중 취업자의 고용형태별 직장유형 구성 비율

(단위 : %)

고용형태\직장유형	전체	정규직	비정규직
대학	54.2	9.3	81.1
민간기업	24.9	64.3	1.2
공공연구소	10.3	8.5	11.3
민간연구소	3.3	6.4	1.5
정부 · 지자체	1.9	2.4	1.7
기타	5.4	9.1	3.2
계	100.0	100.0	100.0

───── 〈보고서〉 ─────

박사학위 취득자의 전체 고용률은 58.0%이었다. 전공 계열 중 교육계열의 고용률이 가장 높고 그 다음으로 공학계열, 예술 · 체육계열, 인문계열의 순으로 나타났으며, 사회계열, 의약계열과 자연계열의 고용률은 상대적으로 낮았다.

박사학위 취득자 중 취업자의 직장유형 구성비율을 살펴보면 대학이 가장 높았고, 그 다음으로 민간기업, 공공연구소 등의 순이었다.

박사학위 취득자 중 취업자의 고용형태를 살펴보면, 여성 취업자 중 비정규직 비율은 75% 이상이었다. 전공계열별로는 인문계열의 비정규직 비율이 가장 높고, 그 다음으로 예술 · 체육계열, 의약계열, 사회계열, 자연계열, 교육계열, 공학계열 순으로 나타났다. 정규직은 과반수가 민간기업에 소속된 반면, 비정규직은 80% 이상이 대학에 소속된 것으로 나타났다.

박사학위 취득자 중 취업자의 고용형태에 따라 평균 연봉 차이가 큰 것으로 나타났다. 정규직 취업자의 직장 유형을 기타를 제외하고 평균 연봉이 높은 것부터 순서대로 나열하면 민간기업, 민간연구소, 공공연구소, 대학, 정부 · 지자체 순이었다. 또한, 비정규직 내에서도 직장유형별 평균 연봉의 편차가 크게 나타났다.

<보 기>

ㄱ. 박사학위 취득자 중 취업자의 전공계열별 고용형태

ㄴ. 박사학위 취득자 중 취업자의 성별, 전공계열별 평균 연봉

ㄷ. 박사학위 취득자 중 취업자의 고용형태별, 직장유형별 평균 연봉

ㄹ. 박사학위 취득자 중 취업자의 성별 고용형태

ㅁ. 박사학위 취득자 중 비정규직 여성 취업자의 전공계열별 평균 근속기간

① ㄱ, ㄴ, ㄷ

② ㄱ, ㄷ, ㄹ

③ ㄱ, ㄷ, ㅁ

④ ㄴ, ㄷ, ㄹ

⑤ ㄴ, ㄹ, ㅁ

---

08 공식·조건

76. 다음 〈표〉는 '갑'국 A~J지역의 시의원 후보자 및 당선자에 관한 자료이다. 이에 대한 설명으로 옳지 않은 것은?

23년 행시(가) 34번

〈표〉 '갑'국 시의원 지역별 성별 후보자 및 당선자 수

(단위 : 명)

구분 지역 \ 성별	후보자 여성	후보자 남성	당선자 여성	당선자 남성
전체	120	699	17	165
A	37	195	8	36
B	12	64	1	18
C	7	38	1	11
D	9	50	2	12
E	5	34	0	10
F	4	19	0	6
G	34	193	4	47
H	7	43	0	12
I	3	50	1	10
J	2	13	0	3

※ 1) 여성(남성) 당선율 = $\dfrac{\text{여성(남성) 당선자 수}}{\text{여성(남성) 후보자 수}}$

2) 후보자(당선자) 성비 = $\dfrac{\text{남성 후보자(당선자) 수}}{\text{여성 후보자(당선자) 수}}$

3) 후보자(당선자) 성비는 여성 후보자(당선자)가 있는 지역만 대상으로 산출함

① 전체 남성 당선율은 전체 여성 당선율의 2배 이하이다.

② 여성 당선율이 남성 당선율보다 높은 지역은 2개이다.

③ 당선자 성비가 가장 낮은 지역은 A이다.

④ 후보자 성비가 10 이상인 지역은 I뿐이다.

⑤ 여성 후보자가 가장 많은 지역의 여성 당선율은 남성 후보자가 가장 적은 지역의 남성 당선율보다 높다.

77. 다음 〈표〉는 어느 학술지의 우수논문 선정대상 논문 I~V에 대한 심사자 '갑', '을', '병'의 선호순위를 나열한 것이다. 〈표〉와 〈규칙〉에 근거한 〈보기〉의 설명 중 옳은 것만을 모두 고르면?

21년 행시(가) 15번

〈표〉 심사자별 논문 선호순위

논문 심사자	I	II	III	IV	V
갑	1	2	3	4	5
을	1	4	2	5	3
병	5	3	1	4	2

※ 선호순위는 1~5의 숫자로 나타내며 숫자가 낮을수록 선호가 더 높음

―――――――― 〈규 칙〉 ――――――――

• 평가점수 산정방식

　가. [(선호순위가 1인 심사자 수×2) + (선호순위가 2인 심사자 수×1)]의 값이 가장 큰 논문은 1점, 그 외의 논문은 2점의 평가점수를 부여한다.

　나. 논문별 선호순위의 중앙값이 가장 작은 논문은 1점, 그 외의 논문은 2점의 평가점수를 부여한다.

　다. 논문별 선호순위의 합이 가장 작은 논문은 1점, 그 외의 논문은 2점의 평가점수를 부여한다.

• 우수논문 선정방식

　A. 평가점수 산정방식 가, 나, 다 중 한 가지만을 활용하여 평가점수가 가장 낮은 논문을 우수논문으로 선정한다. 단, 각 산정방식이 활용될 확률은 동일하다.

　B. 평가점수 산정방식 가, 나, 다에서 도출된 평가점수의 합이 가장 낮은 논문을 우수논문으로 선정한다.

　C. 평가점수 산정방식 가, 나, 다에서 도출된 평가점수에 가중치를 각각 $\frac{1}{6}$, $\frac{1}{3}$, $\frac{1}{2}$을 적용한 점수의 합이 가장 낮은 논문을 우수논문으로 선정한다.

※ 1) 중앙값은 모든 관측치를 크기 순서로 나열하였을 때, 중앙에 오는 값을 의미함. 예를 들어, 선호순위가 2, 3, 4인 경우 3이 중앙값이며, 선호순위가 2, 2, 4인 경우 2가 중앙값임
　2) 점수의 합이 가장 낮은 논문이 2편 이상이면, 심사자 '병'의 선호가 더 높은 논문을 우수논문으로 선정함

―――――――― 〈보 기〉 ――――――――

ㄱ. 선정방식 A에 따르면 우수논문으로 선정될 확률이 가장 높은 논문은 I이다.

ㄴ. 선정방식 B에 따르면 우수논문은 II이다.

ㄷ. 선정방식 C에 따르면 우수논문은 III이다.

① ㄴ

② ㄱ, ㄴ

③ ㄱ, ㄷ

④ ㄴ, ㄷ

⑤ ㄱ, ㄴ, ㄷ

78. 다음 〈표〉는 A~F로만 구성된 '갑'반 학생의 일대일채팅방 참여 현황을 표시한 자료이다. 〈보기〉의 설명 중 〈표〉와 〈규칙〉에 근거하여 옳은 것만을 모두 고르면?

17년 행시(가) 10번

〈표〉 '갑'반의 일대일채팅방 참여 현황

학생	F	E	D	C	B
A	0	1	0	0	1
B	1	1	0	1	
C	1	0	1		
D	0	1			
E	0				

※ 학생들이 참여할 수 있는 모든 일대일채팅방의 참여 여부를 '0'과 '1'로 표시함

―――――――― 〈규 칙〉 ――――――――

• 서로 다른 두 학생이 동일한 일대일채팅방에 참여하고 있으면 '1'로, 그 이외의 경우에는 '0'으로 나타내며, 그 값을 각 학생이 속한 행 또는 열이 만나는 곳에 표시한다.

• 학생 수가 n일 때 학생들이 참여할 수 있는 모든 일대일채팅방의 개수는 $\frac{n(n-1)}{2}$이다.

• 일대일채팅방 밀도＝
　$\frac{\text{학생들이 참여하고 있는 일대일채팅방의 개수}}{\text{학생들이 참여할 수 있는 모든 일대일채팅방의 개수}}$

―――――――― 〈보 기〉 ――――――――

ㄱ. 참여하고 있는 일대일채팅방의 수가 가장 많은 학생은 B이다.

ㄴ. A는 C와 일대일채팅방에 참여하고 있지 않지만, A는 B와, B는 C와 일대일채팅방에 참여하고 있다.

ㄷ. '갑'반의 일대일채팅방 밀도는 0.6 이상이다.

ㄹ. '갑'반으로 전학 온 새로운 학생 G가 C, D와만 각각 일대일채팅방에 참여한다면, '갑'반의 일대일채팅방 밀도는 낮아진다.

① ㄱ, ㄴ

② ㄱ, ㄷ

③ ㄴ, ㄹ

④ ㄷ, ㄹ

⑤ ㄱ, ㄴ, ㄹ

79. 다음 〈표〉는 A제품을 생산·판매하는 '갑'사의 1~3주차 A제품 주문량 및 B부품 구매량에 관한 자료이다. 〈조건〉에 근거하여 매주 토요일 판매완료 후 남게 되는 A제품의 재고량을 주차별로 바르게 나열한 것은? 17년 행시(가) 27번

〈표〉 A제품 주문량 및 B부품 구매량

(단위 : 개)

구분 \ 주	1주차	2주차	3주차
A제품 주문량	0	200	450
B부품 구매량	500	900	1,100

※ 1) 1주차 시작 전 A제품과 B부품의 재고는 없음
   2) 한 주의 시작은 월요일임

〈조 건〉

• A제품은 매주 월요일부터 금요일까지 생산하고, A제품 1개 생산 시 B부품만 2개가 사용된다.

• B부품은 매주 일요일에 일괄구매하고, 그 다음 주 A제품 생산에 남김없이 모두 사용된다.

• 생산된 A제품은 매주 토요일에 해당주차 주문량만큼 즉시 판매되고, 남은 A제품은 이후 판매하기 위한 재고로 보유한다.

	1주차	2주차	3주차
①	0	50	0
②	0	50	50
③	50	50	50
④	250	0	0
⑤	250	50	50

80. 교수 A~C는 주어진 〈조건〉에서 학생들의 보고서를 보고 공대생 여부를 판단하는 실험을 했다. 아래 〈그림〉은 각 교수가 공대생으로 판단한 학생의 집합을 나타낸 벤다이어그램이며, 〈표〉는 실험 결과에 따라 교수 A~C의 정확도와 재현도를 계산한 것이다. 이에 대한 〈보기〉의 설명 중 옳은 것만을 모두 고르면? 15년 행시(인) 19번

〈조 건〉

• 학생은 총 150명이며, 이 중 100명만 공대생이다.

• 학생들은 모두 1인당 1개의 보고서를 제출했다.

• 실험에 참가하는 교수 A~C는 150명 중 공대생의 비율을 알지 못한다.

〈그림〉 교수 A~C가 공대생으로 판단한 학생들의 집합

(단위 : 명)

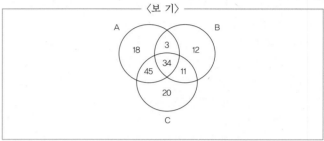

〈표〉 교수 A~C의 정확도와 재현도

교수	정확도	재현도
A	( )	( )
B	1	( )
C	$\frac{8}{11}$	$\frac{4}{5}$

※ 1) 정확도 = $\frac{\text{공대생으로 판단한 학생 중에서 공대생 수}}{\text{공대생으로 판단한 학생 수}}$

2) 재현도 = $\frac{\text{공대생으로 판단한 학생 중에서 공대생 수}}{\text{전체 공대생 수}}$

〈보 기〉

ㄱ. A, B, C 세 교수 모두가 공대생이 아니라고 공통적으로 판단한 학생은 7명이다.

ㄴ. A, C 두 교수 모두가 공대생이라고 공통적으로 판단한 학생들 중에서 공대생의 비율은 60% 이상이다.

ㄷ. A교수의 재현도는 $\frac{1}{2}$ 이상이다.

① ㄱ

② ㄴ

③ ㄱ, ㄴ

④ ㄴ, ㄷ

⑤ ㄱ, ㄴ, ㄷ

81. 다음 〈표〉는 연간 유지보수 비용을 산정하기 위한 TMP (Total Maintenance Point) 계산 기준과 유지보수 대상 시스템 (A~D)의 특성 및 소프트웨어 개발비에 대한 자료이다. 이 〈표〉와 〈공식〉에 근거하여 연간 유지보수 비용이 높은 시스템부터 순서대로 바르게 나열한 것은? 14년 행시(A) 13번

〈표 1〉 TMP 계산 기준

구분 유지보수 대상 시스템의 특성	기준	점수(점)
연간 유지보수 횟수	5회 미만	0
	5회 이상 12회 미만	20
	12회 이상	35
연간 자료처리 건수	10만 건 미만	0
	10만 건 이상 50만 건 미만	10
	50만 건 이상	25
타 시스템 연계 수	없음	0
	1개	5
	2개 이상	10
실무지식 필요 정도	별도 지식 불필요	0
	기초지식 필요	5
	전문실무능력 필요	10
분산처리 유형	실시 않음	0
	통합 하의 분산 처리	10
	순수 분산 처리	20

〈표 2〉 유지보수 대상 시스템의 특성 및 소프트웨어 개발비

시스템	유지보수 대상 시스템의 특성					소프트웨어 개발비 (백만 원)
	연간 유지 보수 횟수	연간 자료 처리 건수	타 시스템 연계 수	실무지식 필요 정도	분산 처리 유형	
A	3회	30만 건	없음	별도 지식 불필요	통합 하의 분산 처리	200
B	4회	20만 건	3개	별도 지식 불필요	통합 하의 분산 처리	100
C	2회	8만 건	없음	별도 지식 불필요	실시 않음	210
D	13회	60만 건	3개	전문실무 능력 필요	순수 분산 처리	100

───── 〈공 식〉 ─────
- TMP는 유지보수 대상 시스템의 각 특성별 점수의 합
- 유지보수 난이도 $= \left(10 + \dfrac{TMP}{20}\right) \times \dfrac{1}{100}$
- 연간 유지보수 비용 = 유지보수 난이도 × 소프트웨어 개발비

① A, C, B, D
② A, C, D, B
③ B, C, D, A
④ B, D, C, A
⑤ B, D, A, C

82. 다음 〈모형〉은 작물의 재배범위를 결정하기 위한 것이다. 〈모형〉과 〈표〉를 참고하여 시장과의 거리(5km 미만)에 따른 작물의 재배범위를 바르게 설명한 것은? 11년 행시(인) 36번

───── 〈모 형〉 ─────
- 작물재배이윤 = 시장가격 - 생산비 - 운송비
- 운송비 = 단위거리당 운송비 × 시장과의 거리
- 해당 지점에서 작물재배이윤이 가장 높은 작물을 생산함. 단, 작물재배이윤이 같은 경우에는 시장가격이 높은 작물을 생산함

〈표〉 작물별 시장가격과 비용

구분 작물	시장가격(원)	생산비(원)	단위거리당 운송비(원/km)
A	1,200	200	400
B	1,000	200	200
C	900	400	100

※ 작물재배이윤, 시장가격, 생산비, 단위거리당 운송비는 1kg을 기준으로 함

① 시장에서 1km 이하 지점까지는 A, 1km 초과 5km 미만 지점까지는 B를 생산한다.
② 시장에서 1km 이하 지점까지는 A, 1km 초과 3km 이하 지점까지는 B, 3km 초과 5km 미만 지점까지는 C를 생산한다.
③ 시장에서 1km 이하 지점까지는 A, 1km 초과 4km 이하 지점까지는 B, 4km 초과 5km 미만 지점까지는 C를 생산한다.
④ 시장에서 2km 이하 지점까지는 A, 2km 초과 3km 이하 지점까지는 B, 3km 초과 5km 미만 지점까지는 C를 생산한다.
⑤ 시장에서 2km 이하 지점까지는 A, 2km 초과 5km 미만 지점까지는 C를 생산한다.

83. 다음 〈그림〉은 '갑' 노선(A~E역)의 무궁화호 운행 다이어그램이고, 〈정보〉는 무궁화호, 새마을호, 고속열차의 운행에 관련된 자료이다. 이에 대한 〈보기〉의 설명 중 옳은 것만을 모두 고르면?

18년 행시(나) 39번

〈그림〉 '갑' 노선의 무궁화호 운행 다이어그램

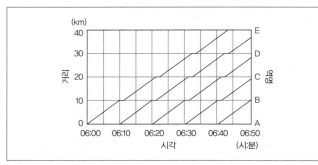

─── 〈정 보〉 ───

• 무궁화호, 새마을호, 고속열차는 시발역인 A역을 출발한 후 모든 역에 정차하며, 각 역에서 정차 시간은 1분이다.

• 새마을호의 역간 속력은 120km/시간이고 고속열차의 역간 속력은 240km/시간이다. 각 열차의 역간 속력은 일정하다.

• A역에서 06시 00분에 첫 무궁화호가 출발하고, 06시 05분에 첫 새마을호와 첫 고속열차가 출발한다.

• 무궁화호, 새마을호, 고속열차는 동일노선의 각각 다른 선로와 플랫폼을 이용하며 역간 운행 거리는 동일하다.

• 열차의 길이는 무시한다.

─── 〈보 기〉 ───

ㄱ. 첫 무궁화호가 C역에 도착하기 6분 전에 첫 고속열차는 D역에 정차해 있다.

ㄴ. 첫 새마을호의 D역 출발 시각과 06시 10분에 A역을 출발한 무궁화호의 C역 도착 시각은 같다.

ㄷ. 고속열차가 C역을 출발하여 E역에 도착하는 데 6분이 소요된다.

① ㄱ
② ㄴ
③ ㄷ
④ ㄱ, ㄷ
⑤ ㄱ, ㄴ, ㄷ

84. 다음 〈표〉는 2014년 정부3.0 우수사례 경진대회에 참가한 총 5개 부처에 대한 심사결과 자료이다. 〈조건〉을 적용하여 최종 심사점수를 계산할 때 다음 설명 중 옳은 것은?

15년 행시(인) 4번

〈표〉 부처별 정부3.0 우수사례 경진대회 심사결과

구분 \ 부처	A	B	C	D	E
서면심사 점수(점)	73	79	83	67	70
현장평가단 득표수(표)	176	182	172	145	137
최종심사 점수(점)	( )	( )	90	( )	55

※ 현장평가단 총 인원수는 200명임

─── 〈조 건〉 ───

• 최종심사점수=(서면심사 최종반영점수)+(현장평가단 최종반영점수)

• 서면심사 최종반영점수

점수순위	1위	2위	3위	4위	5위
최종반영 점수(점)	50	45	40	35	30

※ 점수순위는 서면심사점수가 높은 순서임

• 현장평가단 최종반영점수

득표율	90% 이상	80% 이상 90% 미만	70% 이상 80% 미만	60% 이상 70% 미만	60% 미만
최종반영 점수(점)	50	40	30	20	10

※ 득표율(%)= 현장평가단 득표수 / 현장평가단 총 인원수 ×100

① 현장평가단 최종반영점수에서 30점을 받은 부처는 E이다.

② E만 현장평가단으로부터 3표를 더 받는다면 최종심사점수의 순위가 바뀌게 된다.

③ A만 서면심사점수를 5점 더 받는다면 최종심사점수의 순위가 바뀌게 된다.

④ 서면심사점수가 가장 낮은 부처는 최종심사점수도 가장 낮다.

⑤ 서면심사 최종반영점수와 현장평가단 최종반영점수 간의 차이가 가장 큰 부처는 C이다.

85. 다음 〈표〉와 〈조건〉은 A시 버스회사 보조금 지급에 관한 자료이다. 이에 대한 〈보기〉의 설명 중 옳은 것을 모두 고르면?

13년 행시(인) 11번

〈표〉 대당 운송수입금별 버스회사 수

(단위 : 개)

대당 운송수입금	버스회사 수
600천 원 이상	24
575천 원 이상 600천 원 미만	6
550천 원 이상 575천 원 미만	12
525천 원 이상 550천 원 미만	9
500천 원 이상 525천 원 미만	6
475천 원 이상 500천 원 미만	7
450천 원 이상 475천 원 미만	10
425천 원 이상 450천 원 미만	5
400천 원 이상 425천 원 미만	11
375천 원 이상 400천 원 미만	4
350천 원 이상 375천 원 미만	13
325천 원 이상 350천 원 미만	15
300천 원 이상 325천 원 미만	9
275천 원 이상 300천 원 미만	4
250천 원 이상 275천 원 미만	4
250천 원 미만	11
계	150

───── 〈조 건〉 ─────

• 버스의 표준운송원가는 대당 500천 원이다.
• 대당 운송수입금이 표준운송원가의 80% 미만인 버스회사를 보조금 지급대상으로 한다.
• 대당 운송수입금이 표준운송원가의 50% 이상 80% 미만인 버스회사에는 표준운송원가와 대당 운송수입금의 차액의 50%를 대당 보조금으로 지급한다.
• 대당 운송수입금이 표준운송원가의 50% 미만인 버스회사에는 표준운송원가의 25%를 대당 보조금으로 지급한다.

───── 〈보 기〉 ─────

ㄱ. 보조금 지급대상 버스회사 수는 60개이다.
ㄴ. 표준운송원가를 625천 원으로 인상한다면, 보조금 지급대상 버스회사 수는 93개가 된다.
ㄷ. 버스를 30대 보유한 버스회사의 대당 운송수입금이 200천 원이면, 해당 버스회사가 받게 되는 총 보조금은 3,750천 원이다.
ㄹ. 대당 운송수입금이 각각 230천 원인 버스회사와 380천 원인 버스회사가 받게 되는 대당 보조금의 차이는 75천 원이다.

① ㄱ, ㄴ
② ㄴ, ㄷ
③ ㄷ, ㄹ
④ ㄱ, ㄴ, ㄷ
⑤ ㄱ, ㄷ, ㄹ

86. 다음 〈표〉는 A회사의 버스 종류별 1대당 1일 총운송비용과 승객 수를 나타낸 자료이다. 이에 대한 〈보기〉의 설명 중 옳은 것을 모두 고르면?

12년 행시(인) 34번

〈표 1〉 버스 종류별 1대당 1일 총운송비용 내역

(단위 : 원)

부문	항목	일반버스	굴절버스	저상버스
가동비	운전직 인건비	331,400	331,400	331,400
	연료비	104,649	160,709	133,133
	타이어비	3,313	8,282	4,306
	소계	439,362	500,391	468,839
보유비	관리직 인건비	42,638	42,638	42,638
	차량보험료	16,066	21,641	16,066
	차량 감가상각비	23,944	104,106	24,057
	차고지비	3,029	4,544	3,029
	기타관리비	40,941	40,941	40,941
	정비비	9,097	45,484	13,645
	소계	135,715	259,354	140,376
총운송비용		575,077	759,745	609,215

〈표 2〉 버스 종류별 1대당 1일 승객

(단위 : 명)

버스 종류	일반버스	굴절버스	저상버스
승객 수	800	1,000	900

※ 1) 버스 1대당 1일 순이익 = 버스 1대당 1일 승객 요금합 − 버스 1대당 1일 총운송비용
  2) 버스 1대당 1일 승객 요금합 = 버스 1대당 1일 승객 수 × 승객당 버스요금
  3) 승객당 버스요금은 900원임
  4) A회사는 일반버스, 굴절버스, 저상버스 각 1대씩만 보유·운행함

───── 〈보 기〉 ─────

ㄱ. 일반버스와 굴절버스 간의 운송비용 항목 중 비용 차이가 가장 큰 항목은 차량 감가상각비이다.
ㄴ. 버스 종류별로 1대당 1일 순이익이 30만 원이 안될 경우, 그 차액을 정부가 보전해 주는 정책을 시행한다면 A회사에서 가장 많은 보조금을 받는 버스 종류는 굴절버스이다.
ㄷ. 굴절버스는 다른 버스 종류에 비해 총운송비용에서 가동비가 차지하는 비중이 낮다.
ㄹ. 모든 버스 종류별로 정비비가 각각 10%씩 절감된다면, 총운송비용의 감소 비율이 가장 큰 버스 종류는 저상버스이다.

① ㄱ, ㄴ
② ㄴ, ㄹ
③ ㄱ, ㄴ, ㄷ
④ ㄱ, ㄷ, ㄹ
⑤ ㄴ, ㄷ, ㄹ

87. 다음 〈표〉는 '갑'국 축구 국가대표팀 코치(A~F)의 분야별 잠재능력을 수치화한 것이다. 각 코치가 맡은 모든 분야를 체크(✓)로 표시할 때, 〈표〉와 〈조건〉에 부합하는 코치의 역할 배분으로 가능한 것은?

19년 행시(가) 10번

〈표〉 코치의 분야별 잠재능력

코치 \ 분야	체력	전술	수비	공격
A	18	20	18	15
B	18	16	15	20
C	16	18	20	15
D	20	16	15	18
E	20	18	16	15
F	16	14	20	20

― 〈조 건〉 ―

• 각 코치는 반드시 하나 이상의 분야를 맡는다.

• 코치의 분야별 투입능력 = $\dfrac{\text{코치의 분야별 잠재능력}}{\text{코치가 맡은 분야의 수}}$

• 각 분야별로 그 분야를 맡은 모든 코치의 분야별 투입능력 합은 24 이상이어야 한다.

①

코치 \ 분야	체력	전술	수비	공격
A	✓	✓		✓
B		✓	✓	
C	✓			
D		✓	✓	
E	✓			✓
F			✓	✓

②

코치 \ 분야	체력	전술	수비	공격
A		✓		
B		✓	✓	✓
C	✓		✓	
D	✓	✓		✓
E	✓			✓
F			✓	

③

코치 \ 분야	체력	전술	수비	공격
A		✓	✓	
B				✓
C	✓	✓		✓
D	✓		✓	
E		✓		✓
F	✓		✓	

④

코치 \ 분야	체력	전술	수비	공격
A		✓	✓	
B		✓		✓
C			✓	
D	✓			✓
E	✓		✓	✓
F	✓	✓		

⑤

코치 \ 분야	체력	전술	수비	공격
A	✓			✓
B				✓
C	✓	✓	✓	
D		✓	✓	✓
E	✓			
F		✓	✓	

88. 다음 〈보고서〉와 〈표〉는 '갑'국의 부동산 투기 억제 정책과 세대유형별 주택담보대출에 관한 자료이다. 이에 대한 〈보기〉의 내용 중 옳은 것만을 모두 고르면? 19년 행시(가) 37번

〈보고서〉

'갑'국 정부는 심화되는 부동산 투기를 억제하고자 2017년 8월 2일에 부동산 대책을 발표하였다. 부동산 대책에 의해 투기지역의 주택을 구매할 때 구매 시점부터 적용되는 세대유형별 주택담보대출비율(LTV)과 총부채상환비율(DTI)은 2017년 8월 2일부터 〈표 1〉과 같이 변경 적용되며, 2018년 4월 1일부터는 DTI 산출방식이 변경 적용된다.

〈표 1〉 세대유형별 LTV, DTI 변경 내역

(단위 : %)

구분 세대유형	LTV		DTI	
	변경 전	변경 후	변경 전	변경 후
서민 실수요 세대	70	50	60	50
주택담보대출 미보유 세대	60	40	50	40
주택담보대출 보유 세대	50	30	40	30

※ 1) 구매하고자 하는 주택을 담보로 한 신규 주택담보대출 최대금액은 LTV에 따른 최대금액과 DTI에 따른 최대금액 중 작은 금액임

2) $LTV(\%) = \dfrac{\text{신규 주택담보대출 최대금액}}{\text{주택공시가격}} \times 100$

3) 2018년 3월 31일까지의 DTI 산출방식

$$DTI(\%) = \dfrac{\left(\begin{array}{c}\text{신규 주택담보대출}\\\text{최대금액의 연 원리금 상환액}\end{array} + \begin{array}{c}\text{기타 대출}\\\text{연 이자 상환액}\end{array}\right)}{\text{연간소득}} \times 100$$

4) 2018년 4월 1일까지의 DTI 산출방식

$$DTI(\%) = \dfrac{\left(\begin{array}{c}\text{신규 주택담보대출 최대금액의}\\\text{연 원리금 상환액}\end{array} + \begin{array}{c}\text{기 주택담보대출}\\\text{연원리금 상환액}\end{array} + \begin{array}{c}\text{기타 대출}\\\text{연 이자 상환액}\end{array}\right)}{\text{연간소득}} \times 100$$

〈표 2〉 A∼C 세대의 신규 주택담보대출 금액산출 근거

(단위 : 만 원)

세대	세대유형	기 주택담보대출 연 원리금 상환액	기타 대출 연 이자 상환액	연간소득
A	서민 실수요 세대	0	500	3,000
B	주택담보대출 미보유 세대	0	0	6,000
C	주택담보대출 보유 세대	1,200	100	10,000

※ 1) 신규 주택담보대출 최대금액의 연 원리금 상환액은 신규 주택담보대출 최대금액의 10%임

2) 기 주택담보대출 연 원리금 상환액, 기타 대출 연 이자상환액, 연간소득은 변동 없음

〈보 기〉

ㄱ. 투기지역의 공시가격 4억 원인 주택을 2017년 10월에 구매하는 A 세대가 구매 시점에 적용받는 신규 주택담보대출 최대금액은 2억 원이다.

ㄴ. 투기지역의 공시가격 4억 원인 주택을 2017년 10월에 구매하는 B 세대가 2017년 6월에 구매할 때와 비교하여 구매 시점에 적용받는 신규 주택담보대출 최대금액의 감소폭은 1억 원 미만이다.

ㄷ. 투기지역의 공시가격 4억 원인 주택을 구매하는 C 세대가 2018년 10월 구매 시점에 적용받는 신규 주택담보대출 최대금액은 2017년 10월 구매 시점에 적용받는 신규 주택담보대출 최대금액보다 작다.

① ㄱ

② ㄴ

③ ㄱ, ㄷ

④ ㄴ, ㄷ

⑤ ㄱ, ㄴ, ㄷ

89. 다음 〈정보〉와 〈표〉는 2014년 '부패영향평가' 의뢰기한 준수도 평가에 관한 자료이다. '갑'~'무' 기관을 평가한 결과 '무' 기관이 3위를 하였다면 '무' 기관의 G 법령안 '부패영향평가' 의뢰일로 가능한 날짜는? 16년 행시(5) 15번

─── 〈정 보〉 ───

- 각 기관은 소관 법령을 제정·개정하기 위하여 법령안을 제출하여 '부패영향평가'를 의뢰한다.
- 각 기관의 '부패영향평가' 의뢰기한 준수도는 각 기관이 의뢰한 법령안들의 의뢰시기별 평가점수 평균이고, 순위는 평가점수 평균이 높은 기관부터 순서대로 부여한다.
- 법령안의 의뢰시기별 평가점수
  - 관계기관 협의일 이전 : 10점
  - 관계기관 협의일 후 입법예고 시작일 이전 : 5점
  - 입법예고 시작일 후 입법예고 마감일 이전 : 3점
  - 입법예고 마감일 후 : 0점

〈표 1〉 2014년 '갑'~'무' 기관의 의뢰시기별
'부패영향평가' 의뢰현황

(단위 : 건)

구분 기관	의뢰시기별 법령안 건수				합
	관계기관 협의일 이전	관계기관 협의일 후 입법예고 시작일 이전	입법예고 시작일 후 입법예고 마감일 이전	입법예고 마감일 후	
갑	8	0	12	7	27
을	40	0	6	0	46
병	12	8	3	0	23
정	24	3	20	3	50
무	( )	( )	( )	( )	7

※ 예 '갑' 기관의 '부패영향평가' 의뢰기한 준수도 :

$$\frac{(8건×10점)+(0건×5점)+(12건×3점)+(7건×0점)}{27}=4.30$$

〈표 2〉 2014년 '무' 기관 소관 법령안별 관련
입법절차 일자 및 '부패영향평가' 의뢰일

법령안	관계기관 협의일	입법예고 시작일	입법예고 마감일	'부패영향평가' 의뢰일
A	1월 3일	1월 17일	2월 24일	1월 8일
B	2월 20일	2월 26일	4월 7일	2월 24일
C	3월 20일	3월 26일	5월 7일	3월 7일
D	3월 11일	3월 14일	4월 23일	3월 10일
E	4월 14일	5월 29일	7월 11일	5월 30일
F	7월 14일	7월 21일	8월 25일	8월 18일
G	9월 19일	10월 15일	11월 28일	( )

① 9월 17일

② 10월 6일

③ 11월 20일

④ 12월 1일

⑤ 12월 8일

---

90. 다음 〈표〉와 〈그림〉은 '갑' 국 스마트폰 단말기의 시장점유율과 스마트폰 사용자의 단말기 교체 현황을 나타낸 자료이다. 이에 대한 설명으로 옳지 않은 것은? 13년 행시(인) 28번

〈표〉 2011년 1월 스마트폰 단말기의 시장점유율

(단위 : %)

스마트폰 단말기	A	B	C
시장점유율	51	30	19

※ 1) 특정 스마트폰 단말기 시장점유율(%)= $\frac{특정\ 스마트폰\ 단말기\ 사용자\ 수}{전체\ 스마트폰\ 단말기\ 사용자\ 수}×100$

　2) 스마트폰 단말기는 A, B, C만 있음

〈그림〉 2011년 1~7월 동안 스마트폰 사용자의 단말기 교체 현황

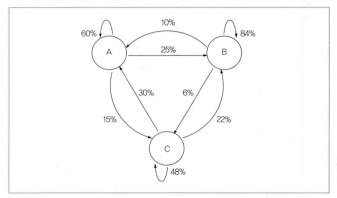

※ 1) (가) X% : '가' 사용자 중 X%가 '가'를 그대로 사용하는 것을 나타냄
　2) (가)→(나) X% : '가' 사용자 중 X%가 '나'로 교체하는 것을 나타냄
　3) 2011년 1~7월 동안 스마트폰 단말기 신규 사용자나 사용 중지자는 없음
　4) 모든 사용자는 동시에 두 개 이상의 스마트폰 단말기를 사용할 수 없으며 최대 1회만 교체 가능함

① 2011년 1월 '갑' 국 스마트폰 단말기 사용자가 150만 명이라면 2011년 1월 C스마트폰 단말기 사용자는 30만 명 이하이다.

② 2011년 7월 B스마트폰 단말기 사용자는 2011년 1월보다 증가하였다.

③ 2011년 1~7월 동안 C스마트폰 단말기에서 A로 교체한 사용자 수보다 A스마트폰 단말기에서 C로 교체한 사용자 수가 많았다.

④ 2011년 1월 '갑' 국 스마트폰 단말기 사용자가 150만 명이라면 2011년 1~7월 동안 B스마트폰 단말기에서 A로 교체한 사용자는 4만 5천 명이다.

⑤ 2011년 1~7월 동안 스마트폰 단말기 전체 사용자의 40% 이상이 다른 스마트폰 단말기로 교체하였다.

※ 다음 〈표〉는 A~D기업의 2022년 8월 첫째 주의 주간 소비자 불만 신고 건수에 대한 각 기업의 요일별 편차를 산출한 자료이다. 다음 물음에 답하시오. [91~92]

〈표〉 A~D기업의 주간 소비자 불만 신고 건수의 편차

(단위 : 건)

기업 \ 요일	월	화	수	목	금	토	일
A	-1	0	(가)	-1	-1	1	-1
B	-1	2	0	-1	(나)	0	(다)
C	1	(라)	2	-1	-2	(마)	1
D	(바)	2	1	-5	1	0	-1

※ 1) 편차=해당 기업의 해당 요일 신고 건수-해당 기업의 8월 첫째 주 하루 평균 신고 건수
2) 각 기업의 한 주간 편차의 합은 0임
3) 한 주간 편차 제곱의 합은 A기업과 B기업이 같고, C기업과 D기업이 같음

91. 위 〈표〉를 근거로 '가'~'바'에 들어갈 값 중 최솟값과 최댓값을 바르게 연결한 것은? 23년 행시(가) 31번

	최솟값	최댓값
①	-4	3
②	-4	4
③	-3	3
④	-3	4
⑤	-2	2

92. 위 〈표〉와 아래 〈조건〉에 근거한 〈보기〉의 설명 중 옳은 것만을 모두 고르면? 23년 행시(가) 32번

─〈조 건〉─

• A기업의 월요일 신고 건수는 2건이다.
• B기업의 화요일 신고 건수는 A기업의 토요일 신고 건수의 2배이다.
• C기업의 일요일 신고 건수와 D기업의 화요일 신고 건수는 같다.
• D기업의 신고 건수가 가장 적은 요일의 신고 건수와 B기업의 목요일 신고 건수는 같다.

─〈보 기〉─

ㄱ. A기업의 신고 건수가 4건 이상인 날은 3일 이상이다.
ㄴ. B기업의 하루 평균 신고 건수는 6건이다.
ㄷ. 하루 평균 신고 건수는 D기업이 C기업보다 많다.
ㄹ. A기업과 B기업의 하루 평균 신고 건수의 합은 D기업의 하루 평균 신고 건수보다 적다.

① ㄱ, ㄴ
② ㄱ, ㄷ
③ ㄴ, ㄷ
④ ㄴ, ㄹ
⑤ ㄷ, ㄹ

※ 다음 〈표〉와 〈그림〉은 2013~2019년 '갑'국의 건설업 재해에 관한 자료이다. 〈표〉와 〈그림〉을 보고 물음에 답하시오. [93~94]

〈표〉 연도별 건설업 재해 현황

(단위 : 명)

연도	근로자 수	재해자 수	사망자 수
2013	3,200,645	22,405	611
2014	3,087,131	22,845	621
2015	2,776,587	23,323	496
2016	2,586,832	( )	667
2017	3,249,687	23,723	486
2018	3,358,813	( )	493
2019	3,152,859	26,484	554

〈그림 1〉 연도별 전체 산업 및 건설업 재해율 추이

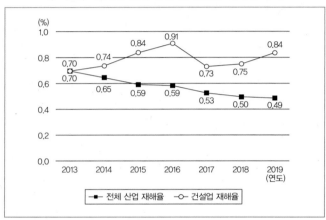

※ 재해율(%)＝$\dfrac{재해자 수}{근로자 수}$×100

〈그림 2〉 연도별 건설업의 환산도수율과 환산강도율

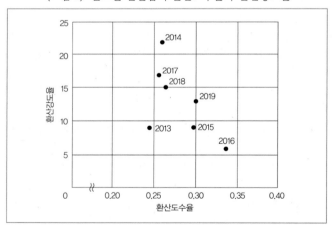

※ 1) 환산도수율＝$\dfrac{재해건수}{총 근로시간}$×100,000

2) 환산강도율＝$\dfrac{재해손실일수}{총 근로시간}$×100,000

93. 위 〈표〉와 〈그림〉에 근거한 설명으로 옳은 것은?

20년 행시(나) 33번

① 건설업 재해자 수는 매년 증가한다.

② 전체 산업 재해율과 건설업 재해율의 차이가 가장 큰 해는 2016년이다.

③ 2020년 건설업 재해자 수가 전년 대비 10 % 증가한다면, 건설업 재해율은 전년 대비 0.1 %p 증가할 것이다.

④ 2013년 건설업 근로자 수가 전체 산업 근로자 수의 20 %라면, 전체 산업 재해자 수는 건설업 재해자 수의 4배이다.

⑤ 건설업 사망자 수가 가장 많은 해는 건설업 환산강도율도 가장 높다.

94. 위 〈표〉와 〈그림〉을 바탕으로 건설업의 재해건당 재해손실일수가 가장 큰 연도와 가장 작은 연도를 바르게 나열한 것은?

20년 행시(나) 34번

	가장 큰 연도	가장 작은 연도
①	2013년	2014년
②	2013년	2016년
③	2014년	2013년
④	2014년	2016년
⑤	2016년	2014년

※ 다음 〈표〉는 2009년 8개 지역의 상·하수도 보급 및 하수도요금 현황에 대한 자료이다. 〈표〉를 보고 물음에 답하시오. [95～96]

〈표 1〉 지역별 상·하수도 보급 현황

구분\n지역	인구\n(천 명)	상수도			하수도	
		급수인구\n(천 명)	보급률\n(%)	1일급수량\n(천m³)	처리인구\n(천 명)	보급률\n(%)
전국	50,642	47,338	93.5	15,697	45,264	89.4
강원	1,526	1,313	86.0	579	1,175	( )
충북	1,550	1,319	85.1	477	1,208	77.9
충남	2,075	1,483	71.5	526	1,319	( )
전북	1,874	1,677	89.5	722	1,486	79.3
전남	1,934	1,426	73.7	497	1,320	( )
경북	2,705	2,260	83.5	966	1,946	71.9
경남	3,303	2,879	87.2	1,010	2,732	82.7
제주	568	568	100.0	196	481	84.7

※ 1) 상수도 보급률(%) = $\frac{상수도 급수인구}{인구} \times 100$

2) 하수도 보급률(%) = $\frac{하수도 처리인구}{인구} \times 100$

〈표 2〉 지역별 하수도요금 현황

구분\n지역	연간\n부과량\n(천m³)	연간\n부과액\n(백만 원)	부과량당\n평균요금\n(원/m³)	부과량당\n처리총괄\n원가(원/m³)	하수도요금\n현실화율\n(%)
전국	4,948,576	1,356,072	274.0	715.6	38.3
강원	110,364	21,625	195.9	658.5	( )
충북	124,007	40,236	324.5	762.6	42.6
충남	127,234	34,455	270.8	1,166.3	( )
전북	163,574	30,371	185.7	688.0	27.0
전남	155,169	22,464	144.8	650.6	( )
경북	261,658	61,207	233.9	850.9	27.5
경남	283,188	65,241	230.4	808.9	28.5
제주	50,029	13,113	262.1	907.4	28.9

※ 하수도요금 현실화율(%) = $\frac{부과량당 평균요금}{부과량당 처리총괄원가} \times 100$

95. 위 〈표〉의 8개 지역에 대한 〈보기〉의 설명 중 옳은 것만을 모두 고르면?　15년 행시(인) 12번

─── 〈보 기〉 ───

ㄱ. 상수도 보급률이 가장 낮은 지역이 하수도 보급률도 가장 낮다.

ㄴ. 하수도 보급률이 가장 높은 지역이 하수도요금 현실화율은 가장 낮다.

ㄷ. 하수도요금 부과량당 평균요금이 가장 높은 지역이 하수도요금 현실화율도 가장 높다.

ㄹ. 상수도 급수인구당 1일급수량이 가장 많은 지역이 상수도 급수인구는 가장 적다.

① ㄱ, ㄴ　　　　　② ㄱ, ㄷ

③ ㄴ, ㄹ　　　　　④ ㄱ, ㄷ, ㄹ

⑤ ㄴ, ㄷ, ㄹ

96. 다음 〈보고서〉를 작성하기 위해 위 〈표〉 이외에 추가로 필요한 자료만을 〈보기〉에서 모두 고르면?　15년 행시(인) 13번

─── 〈보고서〉 ───

• 2009년 전국의 상수도 보급률은 93.5%이며, 제주의 경우 상수도 보급률은 100%에 달한다. 전국의 상수도 급수인구당 1일급수량은 0.33m³ 수준인데, 강원, 전북, 경북의 상수도 급수인구당 1일급수량은 전국보다 0.07m³ 이상 많다. 한편, 전국 상수도요금은 m³당 610.2원인데, 경남이 m³당 760.4원으로 가장 비싸고, 충북이 m³당 476.9원으로 가장 저렴한 것으로 나타났다.

• 하수도요금의 부과량당 처리총괄원가의 경우 전남은 m³당 650.6원인 반면, 충남은 m³당 1,166.3원으로 지역적 편차가 매우 크다. 하수도요금과 처리총괄원가 간 격차는 하수도요금 현실화율을 낮추는 원인으로 해당 지역의 재정에 부정적인 영향을 미치고 있다. 예를 들어, 하수도요금 현실화율이 전국보다 낮은 전남의 재정자립도는 21.7%에 불과하며, 하수도 처리인구당 연간 부과액도 17,018.2원으로 전남이 전국보다 낮다.

• 2009년 전국의 상수도 연간 급수량 규모는 5,729,405천m³인데 비해 하수도 연간 부과량 규모는 4,948,576천m³로, 상수도 연간 급수량에서 하수도 연간 부과량이 차지하는 비중은 86.4%로 나타났다. 특히, 상수도 급수인구 대비 하수도 처리인구 비율이 전국보다 낮은 제주는 전체 주민의 15% 이상이 하수도처리 서비스를 받지 못하는 것으로 나타났다.

─── 〈보 기〉 ───

ㄱ. 지역별 상수도 급수인구당 1일급수량

ㄴ. 지역별 상수도요금

ㄷ. 광역지자체별 재정자립도

ㄹ. 하수도 처리인구당 연간 부과액

ㅁ. 지역별 상수도 급수인구 대비 하수도 처리인구 비율

① ㄱ, ㄴ

② ㄴ, ㄷ

③ ㄴ, ㄷ, ㄹ

④ ㄴ, ㄹ, ㅁ

⑤ ㄷ, ㄹ, ㅁ

※ 다음 〈표〉는 '갑' 국 호수 A와 B의 2013년 8월 10~16일 수온, 수질측정, 조류예보 및 해제 현황과 2008~2012년 조류예보 발령 현황에 대한 자료이다. 〈표〉를 보고 물음에 답하시오. [97~98]

〈표 1〉 호수별 수온, 수질측정, 조류예보 및 해제 현황
(2013년 8월 10~16일)

호수	측정월일	수온 (℃)	수질측정항목		조류예보 및 해제
			클로로필 농도 (mg/m³)	남조류 세포수 (개/mL)	
A	8월 10일	27.6	16.9	917	-
	8월 11일	27.5	29.4	4,221	주의보
	8월 12일	26.2	30.4	5,480	주의보
	8월 13일	25.2	40.1	8,320	경보
	8월 14일	23.9	20.8	1,020	주의보
	8월 15일	20.5	18.0	328	주의보
	8월 16일	21.3	13.8	620	해제
B	8월 10일	24.2	21.7	4,750	-
	8월 11일	25.2	28.5	1,733	주의보
	8월 12일	26.1	30.5	5,315	주의보
	8월 13일	23.8	21.5	1,312	( )
	8월 14일	22.1	16.8	389	( )
	8월 15일	18.6	10.3	987	( )
	8월 16일	17.8	5.8	612	( )

※ 수질측정은 매일 각 호수별로 동일시간, 동일지점, 동일한 방법으로 1회만 수행함

〈표 2〉 2008~2012년 호수별 조류예보 발령 현황

(단위 : 일)

호수	구분	2008년	2009년	2010년	2011년	2012년
A	주의보	7	0	21	14	28
	경보	0	0	0	0	0
	대발생	0	0	0	0	0
B	주의보	49	35	28	35	14
	경보	7	0	21	42	0
	대발생	7	0	0	14	0

97. 다음 〈보고서〉를 작성하기 위해 위 〈표〉 이외에 추가로 필요한 자료만을 〈보기〉에서 모두 고르면? 16년 행시(5) 39번

─〈보고서〉─

2013년 8월 10~16일 동안 호수 B의 수온이 호수 A의 수온보다 매일 낮았다. 그리고, 8월 10~12일 동안 호수 B의 클로로필 농도는 증가하다가 8월 13~16일 동안 감소하였다. 호수 B의 남조류 세포수는 8월 10~13일 동안 증감을 반복하다가 8월 14~16일 동안 1,000개/mL 이하로 유지되었다.

2008~2013년 호수 A와 B에서 클로로필 농도와 남조류 세포수의 월일별 증감 방향은 일치하지 않았으나, 호수 내 질소의 농도와 인의 농도를 월일별로 살펴보면 밀접한 상관관계가 있었다.

2008~2013년 조류예보 발령 현황을 보면 호수 A에는 2009년을 제외하면 매년 '주의보'가 발령되었고 호수 B에는 '경보'와 '대발생'도 발령되었다. '주의보'가 발령되는 시기는 주로 8월에서 10월까지 집중되어 있으며, 동절기인 12월에는 '주의보' 발령이 없었다.

─〈보 기〉─

ㄱ. 2008~2013년 호수 A와 B의 월일별 질소 및 인 농도 측정 현황
ㄴ. 2008~2013년 호수 A와 B의 월일별 수위측정 현황
ㄷ. 2008~2013년 호수 A와 B의 월일별 조류예보 발령 현황
ㄹ. 2008~2013년 호수 A와 B의 월일별 수온측정 현황
ㅁ. 2008~2013년 호수 A와 B의 월일별 클로로필 농도 및 남조류 세포수 측정 현황

① ㄱ, ㄷ
② ㄱ, ㄷ, ㅁ
③ ㄴ, ㄷ, ㅁ
④ ㄱ, ㄴ, ㄹ, ㅁ
⑤ ㄱ, ㄷ, ㄹ, ㅁ

98. 위 〈표〉와 다음 〈표 3〉 그리고 〈조류예보 및 해제 발령 절차〉를 이용하여 2013년 8월 13~15일 호수 B의 조류예보 및 해제 발령 결과를 바르게 나열한 것은?

16년 행시(5) 40번

〈표 3〉 조류예보 수질측정항목 수치의 단계별 기준

수질측정항목 \ 단계	주의보	경보	대발생
클로로필 농도 (mg/m³)	15 이상	25 이상	100 이상
남조류 세포수 (개/mL)	500 이상	5,000 이상	1,000,000 이상

※ '갑' 국에서는 조류예보 수질측정항목으로 '클로로필 농도'와 '남조류 세포수'만 사용함

─── 〈조류예보 및 해제 발령 절차〉 ───

• 예보 당일 및 전일 조류예보 수질측정항목 수치의 단계별 기준에 의거, 다음과 같이 조류예보 또는 '해제'를 발령함
• 예보 당일 및 전일의 수질측정항목(클로로필 농도와 남조류 세포수) 측정수치 4개를 획득함
• 아래 5개 조건 만족여부를 순서대로 판정하고 조건을 만족하면 해당 발령 후 예보 당일 '조류예보 및 해제 발령 절차'를 종료함
  1) 측정수치 4개가 모두 대발생 단계 기준을 만족하면 '대발생' 발령
  2) 측정수치 4개가 모두 경보 단계 기준을 만족하면 '경보' 발령
  3) 측정수치 4개가 모두 주의보 단계 기준을 만족하면 '주의보' 발령
  4) 측정수치 4개 중 2개 이상이 주의보 단계 기준을 만족하지 못하면 '해제' 발령
  5) 위 1)~4)를 만족하지 못하면 예보 전일과 동일한 발령을 유지

	8월 13일	8월 14일	8월 15일
①	경보	주의보	해제
②	경보	주의보	주의보
③	주의보	주의보	주의보
④	주의보	주의보	해제
⑤	주의보	경보	주의보

※ 다음 〈표〉와 〈그림〉은 2015~2017년 '갑'국 철강산업의 온실가스 배출량 및 철강 생산량에 관한 자료이다. 〈표〉와 〈그림〉을 보고 물음에 답하시오. [99~100]

〈표〉 업체별 · 연도별 온실가스 배출량

(단위 : 천tCO2eq.)

구분 \ 업체	배출량				예상 배출량
	2015년	2016년	2017년	3년 평균 (2015~2017년)	2018년
A	1,021	990	929	980	910
B	590	535	531	552	524
C	403	385	361	383	352
D	356	( )	260	284	257
E	280	271	265	272	241
F	168	150	135	151	132
G	102	101	100	( )	96
H	92	81	73	82	71
I	68	59	47	58	44
J	30	29	28	( )	24
기타	28	27	20	25	22
전체	3,138	2,864	( )	2,917	2,673

〈그림〉 업체 A~J의 3년 평균(2015~2017년) 철강 생산량과 온실가스 배출량

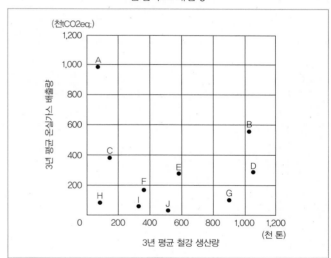

※ 온실가스 배출 효율성 = $\dfrac{\text{3년 평균 철강 생산량}}{\text{3년 평균 온실가스 배출량}} \times 100$

99. 위 〈표〉와 〈그림〉에 대한 〈보기〉의 설명 중 옳은 것만을 모두 고르면?

18년 행시(나) 29번

〈보 기〉

ㄱ. 2015~2017년 동안 매년 온실가스 배출량 기준 상위 2개 업체가 해당년도 전체 온실가스 배출량의 50% 이상을 차지하고 있다.

ㄴ. 2015~2017년 동안 철강산업의 전체 온실가스 배출량은 매년 감소하였다.

ㄷ. 업체 A~J 중 2015~2017년의 온실가스 배출 효율성이 가장 낮은 업체는 J이고, 가장 높은 업체는 A이다.

ㄹ. 2015~2017년 동안 업체 A~J 각각의 온실가스 배출량은 매년 감소하였다.

① ㄱ, ㄴ

② ㄱ, ㄷ

③ ㄱ, ㄴ, ㄷ

④ ㄱ, ㄴ, ㄹ

⑤ ㄴ, ㄷ, ㄹ

100. 위 〈표〉와 〈그림〉의 내용과 〈분배규칙〉을 바탕으로 작성한 〈보고서〉의 설명 중 옳은 것만을 모두 고르면?

18년 행시(나) 30번

〈분배규칙〉

• 해당년도 업체별 온실가스 배출권(천tCO2eq.)=
해당년도 온실가스 배출권 총량×
$\dfrac{\text{해당 업체의 직전 3년 평균 온실가스 배출량}}{\text{철강산업 전체의 직전 3년 평균 온실가스 배출량}}$

〈보고서〉

2015~2017년 동안 철강산업의 업체별 온실가스 배출량을 조사하였다. 조사결과 ㉠ 매년 온실가스 배출량 기준 상위 3개 업체의 순위에는 변화가 없었으며, 상위 10개 업체가 철강산업 전체 온실가스 배출량의 90% 이상을 차지하였다. 철강 생산량과 온실가스 배출량의 관계를 살펴보면, 3년 평균(2015~2017년)을 기준으로 할 때 ㉡ D 업체는 E 업체에 비하여 철강 1톤을 생산하는 데 50% 이상의 온실가스를 더 배출하는 등 업체별 온실가스 배출 효율성에 큰 차이가 있다.

현황 조사를 기반으로 온실가스배출권거래제도의 시행을 위하여 철강산업의 온실가스 배출량 기준 상위 10개 업체를 온실가스배출권거래제도 적용대상 업체로 선정하여 2018년도 온실가스 배출권 총량 2,600천tCO2eq.를 〈분배규칙〉에 따라 업체별로 분배하였다.

분배결과, ㉢ B 업체는 C 업체보다 더 많은 온실가스 배출권을 할당받았다. 온실가스배출권거래제도에서는 온실가스 배출권보다 더 많은 양의 온실가스를 배출한 업체는 거래시장에서 배출권 부족분을 구매해야 한다. 반대로, 배출권보다 적은 양을 배출한 업체는 배출권 잉여분을 시장에 판매하는 것이 가능하다. 2018년도 업체별 온실가스 예상 배출량을 기준으로 살펴보면, ㉣ G 업체의 예상 배출량은 온실가스 배출권보다 많아 배출권을 구매하는 것이 필요할 것으로 예상된다.

① ㄱ, ㄴ

② ㄱ, ㄹ

③ ㄱ, ㄴ, ㄷ

④ ㄱ, ㄷ, ㄹ

⑤ ㄴ, ㄷ, ㄹ

01 법조문

1. 다음 글과 〈상황〉을 근거로 판단할 때 옳은 것은?

23년 행시(가) 4번

제○○조(신고) 식품판매업을 하려는 자는 영업소 소재지를 관할하는 시장·군수·구청장(이하 '시장 등'이라 한다)에게 신고해야 한다.
제□□조(준수사항) ① 식품판매업자는 다음 각 호의 사항을 지켜야 한다.
　　1. 소비기한이 경과된 식품을 판매의 목적으로 진열·보관하거나 이를 판매하지 말 것
　　2. 식중독 발생 시 보관 또는 사용 중인 식품은 역학조사가 완료될 때까지 폐기하지 않고 원상태로 보존하여야 하며, 식중독 원인규명을 위한 행위를 방해하지 말 것
② 관할 시장 등은 식품판매업자가 제1항을 위반한 경우에는 6개월 이내의 기간을 정하여 그 영업의 전부 또는 일부를 정지하거나 영업소 폐쇄를 명할 수 있다.
③ 관할 시장 등은 다음 각 호의 행위를 신고한 자에게는 포상금을 지급한다.
　　1. 제1항 제1호에 위반되는 행위 : 7만 원
　　2. 제2항에 따른 영업정지 또는 영업소 폐쇄명령에 위반하여 영업을 계속하는 행위 : 20만 원
제◇◇조(제품교환 등) 식품판매업자는 소비자에게 다음 각 호에 따른 조처를 이행해야 한다.
　　1. 소비자가 소비기한이 경과한 식품을 구입한 경우: 제품교환 또는 구입가 환급
　　2. 소비자가 제1호의 식품을 섭취함으로써 신체에 부작용이 발생한 경우 : 치료비, 경비 및 일실소득 배상
제△△조(벌칙) 다음 각 호의 어느 하나에 해당하는 식품판매업자는 3년 이하의 징역 또는 3천만 원 이하의 벌금에 처한다.
　　1. 제□□조 제1항의 사항을 위반한 경우
　　2. 제□□조 제2항의 명령을 위반하여 영업을 계속한 경우

〈상 황〉

식품판매업자 甲은 A도 B군에 영업소를 두고 있다. 乙은 甲의 영업소에 진열되어 있는 C식품을 구입하였는데, 집에서 확인해 보니 구매 당시 이미 소비기한이 지나 있었고 이 사실을 친구 丙에게 알려 주었다.

① A도지사는 소비기한이 경과된 식품을 판매한 甲에 대해 1개월의 영업정지 명령을 내릴 수 있다.
② 甲에 대한 영업정지 또는 영업소 폐쇄명령 여부에 관계없이 甲은 3년 이하의 징역에 처해질 수 있다.
③ 乙이 C식품에 대해 제품교환을 요구하는 경우, 甲은 乙에게 제품교환과 함께 구입가 환급을 해 주어야 한다.
④ 丙이 甲의 소비기한 경과 식품 판매 사실을 신고한 경우, 乙과 丙은 각각 7만 원의 포상금을 지급받는다.
⑤ 乙이 C식품의 일부를 먹고 식중독에 걸렸는데 먹다 남은 C식품을 丙이 폐기함으로써 식중독 원인규명이 방해된 경우, 丙은 500만 원의 벌금에 처해질 수 있다.

2. 다음 글을 근거로 판단할 때 옳은 것은? 21년 행시(가) 1번

제00조 ① 특별시장·광역시장·특별자치시장·도지사 또는 특별자치도지사(이하 '시·도지사'라 한다)는 아이돌보미의 양성을 위하여 적합한 시설을 교육기관으로 지정·운영하여야 한다.
② 시·도지사는 교육기관이 다음 각 호의 어느 하나에 해당하는 경우 사업의 정지를 명하거나 그 지정을 취소할 수 있다. 다만 제1호에 해당하는 경우 지정을 취소하여야 한다.
　1. 거짓이나 그 밖의 부정한 방법으로 교육기관으로 지정을 받은 경우
　2. 교육과정을 1년 이상 운영하지 아니하는 경우
③ 제2항 제1호의 방법으로 교육기관 지정을 받은 자는 1년 이하의 징역 또는 1천만 원 이하의 벌금에 처한다.
④ 아이돌보미가 되려는 사람은 시·도지사가 지정·운영하는 교육기관에서 교육과정을 수료하여야 한다.
⑤ 아이돌보미가 되려는 사람은 여성가족부장관이 실시하는 적성·인성검사를 받아야 한다.
제00조 ① 아이돌보미는 다른 사람에게 자기의 성명을 사용하여 아이돌보미 업무를 수행하게 하거나 수료증을 대여하여서는 아니 된다.
② 아이돌보미가 아닌 사람은 아이돌보미 또는 이와 유사한 명칭을 사용할 수 없다.
③ 제1항, 제2항을 위반한 사람에게는 300만 원 이하의 과태료를 부과한다.
제00조 ① 여성가족부장관은 아이돌봄서비스의 질적 수준과 아이돌보미의 전문성 향상을 위하여 보수교육을 실시하여야 한다.
② 제1항에 따른 보수교육은 전문기관에 위탁하여 실시할 수 있다.

① 아이돌보미가 아닌 보육 관련 종사자도 아이돌보미 명칭을 사용할 수 있다.
② 시·도지사는 아이돌보미 양성을 위한 교육기관을 지정·운영하고 보수교육을 실시하여야 한다.
③ 아이돌보미가 되려는 사람은 시·도지사가 실시하는 적성·인성검사를 받아야 한다.
④ 서울특별시의 A기관이 부정한 방법을 통해 아이돌보미 양성을 위한 교육기관으로 지정을 받은 경우, 서울특별시장은 200만 원의 과태료를 부과할 수 있다.
⑤ 인천광역시의 B기관이 아이돌보미 양성을 위한 교육기관으로 지정된 후 교육과정을 1년간 운영하지 않은 경우, 인천광역시장은 그 지정을 취소할 수 있다.

3. 다음 글을 근거로 판단할 때 옳은 것은? 18년 행시(나) 4번

제00조 다음 각 호의 어느 하나에 해당하는 자는 감사원에 감사를 청구할 수 있다.
　1. 19세 이상으로서 300명 이상의 국민
　2. 상시 구성원 수가 300인 이상으로 등록된 공익 추구의 시민단체. 다만 정치적 성향을 띠거나 특정 계층 또는 집단의 이익을 추구하는 단체는 제외한다.
　3. 감사대상기관의 장. 다만 해당 감사대상기관의 사무처리에 관한 사항 중 자체감사기구에서 직접 처리하기 어려운 부득이한 사유가 있거나 자체감사기구가 없는 경우에 한한다.
　4. 지방의회. 다만 해당 지방자치단체의 사무처리에 한한다.
제00조 ① 감사청구의 대상은 공공기관에서 처리한 사무처리가 다음 각 호의 어느 하나에 해당하는 사항으로 한다.
　1. 주요 정책·사업의 추진과정에서의 예산낭비에 관한 사항
　2. 기관이기주의 등으로 인하여 정책·사업 등이 장기간 지연되는 사항
　3. 국가 행정 및 시책, 제도 등이 현저히 불합리하여 개선이 필요한 사항
　4. 기타 공공기관의 사무처리가 위법 또는 부당행위로 인하여 공익을 현저히 해한다고 판단되는 사항
② 제1항의 규정에 불구하고 다음 각 호의 어느 하나에 해당하는 사항은 감사청구의 대상에서 제외한다.
　1. 수사 중이거나 재판(헌법재판소 심판을 포함한다), 행정심판, 감사원 심사청구 또는 화해·조정·중재 등 법령에 의한 불복절차가 진행 중인 사항. 다만 수사 또는 재판, 행정심판 등과는 직접적인 관계없이 예산낭비 등을 방지하기 위한 긴급한 필요가 있다고 인정될 때에는 감사를 실시할 수 있다.
　2. 수사 결과, 판결, 재결, 결정 또는 화해·조정·중재 등에 의하여 확정되었거나 형 집행에 관한 사항

※ 공공기관 : 중앙행정기관, 지방자치단체, 정부투자기관을 의미함

① A시 지방의회는 A시가 주요 사업으로 시행하는 노후수도설비교체사업 중 발생한 예산낭비 사항에 대하여 감사를 청구할 수 있다.
② B정당의 사무총장은 C시청 별관신축공사 입찰 시 담당공무원의 부당한 업무처리에 대하여 단독으로 감사를 청구할 수 있다.
③ D정부투자기관의 장은 해당 기관 직원과 특정 기업 간 유착관계에 대하여 자체감사기구에서 직접 처리할 수 있더라도 감사를 청구할 수 있다.
④ E시 지방의회는 E시 시장의 위법한 사무처리에 대하여 판결이 확정되었더라도 감사를 청구할 수 있다.
⑤ 민간 유통업체 F마트 사장은 농산물의 납품대가로 과도한 향응을 받은 담당직원의 위법행위에 대하여 감사를 청구할 수 있다.

4. 다음 〈A국 사업타당성조사 규정〉을 근거로 판단할 때, 〈보기〉에서 옳은 것만을 모두 고르면? 17년 행시(가) 4번

───── 〈A국 사업타당성조사 규정〉 ─────

제○○조(예비타당성조사 대상사업) 신규 사업 중 총사업비가 500억 원 이상이면서 국가의 재정지원 규모가 300억 원 이상인 건설사업, 정보화사업, 국가연구개발사업에 대해 예비타당성조사를 실시한다.

제△△조(타당성조사의 대상사업과 실시) ① 제○○조에 해당하지 않는 사업으로서, 국가 예산의 지원을 받아 지자체·공기업·준정부기관·기타 공공기관 또는 민간이 시행하는 사업 중 완성에 2년 이상이 소요되는 다음 각 호의 사업을 타당성조사 대상사업으로 한다.

    1. 총사업비가 500억 원 이상인 토목사업 및 정보화사업

    2. 총사업비가 200억 원 이상인 건설사업

② 제1항의 대상사업 중 다음 각 호의 어느 하나에 해당하는 경우에는 타당성조사를 실시하여야 한다.

    1. 사업추진 과정에서 총사업비가 예비타당성조사의 대상 규모로 증가한 사업

    2. 사업물량 또는 토지 등의 규모 증가로 인하여 총사업비가 100분의 20 이상 증가한 사업

───── 〈보 기〉 ─────

ㄱ. 국가의 재정지원 비율이 50%인 총사업비 550억 원 규모의 신규 건설사업은 예비타당성조사 대상이 된다.

ㄴ. 민간이 시행하는 사업도 타당성조사 대상사업이 될 수 있다.

ㄷ. 지자체가 시행하는 건설사업으로서 사업완성에 2년 이상 소요되며 전액 국가의 재정지원을 받는 총사업비 460억 원 규모의 사업추진 과정에서, 총사업비가 10% 증가한 경우 타당성조사를 실시하여야 한다.

ㄹ. 총사업비가 500억 원 미만인 모든 사업은 예비타당성조사 및 타당성조사 대상사업에서 제외된다.

① ㄱ, ㄴ
② ㄱ, ㄷ
③ ㄴ, ㄷ
④ ㄴ, ㄹ
⑤ ㄷ, ㄹ

5. 다음 글을 근거로 판단할 때 허용될 수 <u>없는</u> 행위는?(단, 적법한 권한을 가진 자가 조회하는 것으로 전제한다) 16년 행시(5) 26번

제00조(범죄경력조회·수사경력조회 및 회보의 제한 등) 수사자료표에 의한 범죄경력조회 및 수사경력조회와 그에 대한 회보는 다음 각 호의 어느 하나에 해당하는 경우에 그 전부 또는 일부에 대하여 조회 목적에 필요한 범위에서 할 수 있다.

    1. 범죄 수사 또는 재판을 위하여 필요한 경우

    2. 형의 집행 또는 사회봉사명령, 수강명령의 집행을 위하여 필요한 경우

    3. 보호감호, 치료감호, 보호관찰 등 보호처분 또는 보안관찰 업무의 수행을 위하여 필요한 경우

    4. 수사자료표의 내용을 확인하기 위하여 본인이 신청하거나 외국 입국·체류 허가에 필요하여 본인이 신청하는 경우

    5. 외국인의 귀화·국적회복·체류 허가에 필요한 경우

    6. 각군 사관생도의 입학 및 장교의 임용에 필요한 경우

    7. 병역의무 부과와 관련하여 현역병 및 사회복무요원의 입영 (入營)에 필요한 경우

    8. 공무원 임용, 인가·허가, 서훈(敍勳), 대통령 표창, 국무총리 표창 등의 결격사유, 징계절차가 개시된 공무원의 구체적인 징계 사유(범죄경력조회와 그에 대한 회보에 한정한다) 또는 공무원연금지급 제한 사유 등을 확인하기 위하여 필요한 경우

※ 회보 : 신청인의 요구에 대하여 조회 후 알려주는 것

① 외국인 A의 귀화 허가를 위하여 A의 범죄경력을 조회하는 행위
② 회사원 B에 대한 사회봉사명령 집행을 위하여 B에 대한 수사경력을 조회하는 행위
③ 퇴직공무원 C의 공무원연금 지급 제한 사유를 확인하기 위해 C의 범죄경력을 조회하는 행위
④ 취업준비생 D의 채용에 참고하기 위하여 해당 사기업의 요청을 받아 D의 범죄경력을 조회하는 행위
⑤ 징계절차가 개시된 공무원 E의 구체적인 징계 사유를 확인하기 위하여 E의 범죄경력을 조회하는 행위

6. 다음 글을 근거로 판단할 때 옳지 <u>않은</u> 것은?

14년 행시(A) 7번

제00조(보증의 방식) ① 보증은 그 의사가 보증인의 기명날인 또는 서명이 있는 서면으로 표시되어야 효력이 발생한다.

② 보증인의 채무를 불리하게 변경하는 경우에도 제1항과 같다.

제00조(채권자의 통지의무 등) ① 채권자는 주채무자가 원본, 이자 그 밖의 채무를 3개월 이상 이행하지 아니하는 경우 또는 주채무자가 이행기에 이행할 수 없음을 미리 안 경우에는 지체 없이 보증인에게 그 사실을 알려야 한다.

② 제1항에도 불구하고 채권자가 금융기관인 경우에는 주채무자가 원본, 이자 그 밖의 채무를 1개월 이상 이행하지 아니할 때에는 지체 없이 그 사실을 보증인에게 알려야 한다.

③ 채권자는 보증인의 청구가 있으면 주채무의 내용 및 그 이행 여부를 보증인에게 알려야 한다.

④ 채권자가 제1항부터 제3항까지의 규정에 따른 의무를 위반한 경우에는 보증인은 그로 인하여 손해를 입은 한도에서 채무를 면한다.

제00조(보증기간 등) ① 보증기간의 약정이 없는 때에는 그 기간을 3년으로 본다.

② 보증기간은 갱신할 수 있다. 이 경우 보증기간의 약정이 없는 때에는 계약체결 시의 보증기간을 그 기간으로 본다.

③ 제1항 및 제2항에서 간주되는 보증기간은 계약을 체결하거나 갱신하는 때에 채권자가 보증인에게 고지하여야 한다.

※ 보증계약은 채무자(乙)가 채권자(甲)에 대한 금전채무를 이행하지 아니하는 경우에 보증인(丙)이 그 채무를 이행하기로 하는 채권자와 보증인 사이의 계약을 말하며, 이때 乙을 주채무자라 함

① 보증인 丙이 주채무자 乙의 甲에 대한 금전채무를 보증하기 위해 채권자 甲과 보증계약을 서면으로 체결하지 않으면 그 계약은 무효이다.

② 보증인 丙이 주채무자 乙의 甲에 대한 금전채무를 보증하기 위해 채권자 甲과 보증계약을 체결하면서 보증기간을 약정하지 않으면 그 기간은 3년이다.

③ 주채무자 乙이 원본, 이자 그 밖의 채무를 2개월 이상 이행하지 아니하는 경우, 금융기관이 아닌 채권자 甲은 지체 없이 보증인 丙에게 그 사실을 알려야 한다.

④ 보증인 丙의 청구가 있는데도 채권자 甲이 주채무의 내용 및 그 이행 여부를 丙에게 알려주지 않으면, 丙은 그로 인하여 손해를 입은 한도에서 채무를 면하게 된다.

⑤ 보증인 丙이 주채무자 乙의 甲에 대한 금전채무를 보증하기 위해 채권자 甲과 기간을 2년으로 약정한 보증계약을 체결한 다음, 그 계약을 갱신하면서 기간을 약정하지 않으면 그 기간은 2년이다.

7. 다음 규정에 근거할 때, 옳지 <u>않은</u> 것을 〈보기〉에서 모두 고르면?

12년 행시(인) 24번

제00조 행정기관의 장은 민원사항을 접수·처리함에 있어서 민원인에게 소정의 구비서류 외의 서류를 추가로 요구하여서는 아니 된다.

제00조 행정기관의 장은 민원인의 편의를 위하여 그 행정기관이 접수·교부하여야 할 민원사항을 다른 행정기관 또는 특별법에 의하여 설립되고 전국적 조직을 가진 법인 중 대통령령이 정하는 법인으로 하여금 접수·교부하게 할 수 있다.

제00조 행정기관의 장은 정보통신망을 이용하여 다른 행정기관 소관의 민원사무를 접수·교부할 수 있다.

제00조 행정기관의 장은 민원사항을 처리한 결과(다른 행정기관 소관의 민원사항을 포함한다)를 무인민원발급창구를 이용하여 교부할 수 있다.

제00조 행정기관의 장은 민원사무 처리상황의 확인·점검 등을 위하여 소속 공무원 중에서 민원사무심사관을 지정하여야 한다.

제00조 행정기관의 장은 민원 1회 방문 처리제의 원활한 운영을 위하여 민원사무의 처리에 경험이 많은 소속공무원을 민원후견인으로 지정하여 민원인 안내 및 민원인과의 상담에 응하도록 할 수 있다.

제00조 민원인은 대규모의 경제적 비용이 수반되는 민원 사항의 경우에 한하여 행정기관의 장에게 정식으로 민원서류를 제출하기 전에 약식서류로 사전심사를 청구할 수 있다.

─── 〈보 기〉 ───

ㄱ. A시 시장은 B시 소관의 민원사항에 관해서는 무인민원발급창구를 통해 그 처리결과를 교부할 수 없다.

ㄴ. C시 시장은 정보통신망을 이용하여 D시 소관의 민원사무를 접수·교부할 수 있다.

ㄷ. 민원인은 소액의 경제적 비용이 소요되고 신속히 처리할 사안에 대하여 약식서류로 사전심사를 청구할 수 있다.

ㄹ. E시 시장은 민원인의 편의를 위하여 당해 시에만 소재하는 유명 서점을 지정하여 소관 민원사항을 접수·교부하게 할 수 있다.

ㅁ. F시 시장은 민원인에게 소정의 구비서류 이외의 서류 제출을 요구할 수 없다.

① ㄱ, ㄴ

② ㄱ, ㄹ

③ ㄱ, ㄷ, ㄹ

④ ㄴ, ㄷ, ㅁ

⑤ ㄴ, ㄹ, ㅁ

8. 다음 글을 근거로 판단할 때, 〈보기〉에서 옳은 것만을 모두 고르면?

19년 행시(가) 23번

- 정부ㅁㅁ청사 신축 시 〈화장실 위생기구 설치기준〉에 따라 위생기구(대변기 또는 소변기)를 설치하고자 한다.
- 남자 화장실에는 위생기구 수가 짝수인 경우 대변기와 소변기를 절반씩 나누어 설치하고, 홀수인 경우 대변기를 한 개 더 많게 설치한다. 여자 화장실에는 모두 대변기를 설치한다.

〈화장실 위생기구 설치기준〉

기준	각 성별 사람 수(명)	위생기구 수(개)
A	1~9	1
	10~35	2
	36~55	3
	56~80	4
	81~110	5
	111~150	6
B	1~15	1
	16~40	2
	41~75	3
	76~150	4
C	1~50	2
	51~100	3
	101~150	4

― 〈보 기〉 ―

ㄱ. 남자 30명과 여자 30명이 근무할 경우, A기준과 B기준에 따라 설치할 위생기구 수는 같다.

ㄴ. 남자 50명과 여자 40명이 근무할 경우, B기준에 따라 설치할 남자 화장실과 여자 화장실의 대변기 수는 같다.

ㄷ. 남자 80명과 여자 80명이 근무할 경우, A기준에 따라 설치할 소변기는 총 4개이다.

ㄹ. 남자 150명과 여자 100명이 근무할 경우, C기준에 따라 설치할 대변기는 총 5개이다.

① ㄱ, ㄴ
② ㄴ, ㄷ
③ ㄷ, ㄹ
④ ㄱ, ㄴ, ㄹ
⑤ ㄱ, ㄷ, ㄹ

9. 다음 글을 근거로 판단할 때 옳지 <u>않은</u> 것은?

16년 행시(5) 5번

제00조(예비이전후보지의 선정) ① 종전부지 지방자치단체의 장은 군 공항을 이전하고자 하는 경우 국방부장관에게 이전을 건의할 수 있다.

② 제1항의 건의를 받은 국방부장관은 군 공항을 이전하고자 하는 경우 군사작전 및 군 공항 입지의 적합성 등을 고려하여 군 공항 예비이전후보지(이하 '예비이전후보지'라 한다)를 선정할 수 있다.

제00조(이전후보지의 선정) 국방부장관은 한 곳 이상의 예비이전후보지 중에서 군 공항 이전후보지를 선정함에 있어서 군 공항 이전부지 선정위원회의 심의를 거쳐야 한다.

제00조(군 공항 이전부지 선정위원회) ① 군 공항 이전후보지 및 이전부지의 선정 등을 심의하기 위해 국방부에 군 공항 이전부지 선정위원회(이하 '선정위원회'라 한다)를 둔다.

② 위원장은 국방부장관으로 하고, 당연직위원은 다음 각 호의 사람으로 한다.

  1. 기획재정부차관, 국토교통부차관

  2. 종전부지 지방자치단체의 장

  3. 예비이전후보지를 포함한 이전주변지역 지방자치단체의 장

  4. 종전부지 및 이전주변지역을 관할하는 특별시장·광역시장 또는 도지사

③ 선정위원회는 다음 각 호의 사항을 심의한다.

  1. 이전후보지 및 이전부지 선정

  2. 종전부지 활용방안 및 종전부지 매각을 통한 이전 주변지역 지원방안

제00조(이전부지의 선정) ① 국방부장관은 이전후보지 지방자치단체의 장에게 「주민투표법」에 따라 주민투표를 요구할 수 있다.

② 제1항의 지방자치단체의 장은 주민투표 결과를 충실히 반영하여 국방부장관에게 군 공항 이전 유치를 신청한다.

③ 국방부장관은 제2항에 따라 유치를 신청한 지방자치단체 중에서 선정위원회의 심의를 거쳐 이전부지를 선정한다.

※ 1) 종전부지 : 군 공항이 설치되어 있는 기존의 부지
  2) 이전부지 : 군 공항이 이전되어 설치될 부지

① 종전부지를 관할하는 광역시장은 이전부지 선정 심의에 참여한다.

② 국방부장관은 선정위원회의 심의를 거치지 않고 예비이전후보지를 선정할 수 있다.

③ 선정위원회는 군 공항이 이전되고 난 후에 종전부지를 어떻게 활용할 것인지에 대한 사항도 심의한다.

④ 종전부지 지방자치단체의 장은 주민투표를 거치지 않으면 국방부장관에게 군 공항 이전을 건의할 수 없다.

⑤ 예비이전후보지가 한 곳이라고 하더라도 선정위원회의 심의를 거쳐야 이전후보지로 선정될 수 있다.

10. 다음 글과 〈상황〉을 근거로 판단할 때 옳은 것은?

15년 행시(인) 7번

제00조(포상금의 지급) 국세청장은 체납자의 은닉재산을 신고한 자에게 그 신고를 통하여 징수한 금액에 다음 표의 지급률을 적용하여 계산한 금액을 포상금으로 지급할 수 있다. 다만 포상금이 20억 원을 초과하는 경우, 그 초과하는 부분은 지급하지 아니한다.

징수금액	지급률
2,000만 원 이상 2억 원 이하	100분의 15
2억 원 초과 5억 원 이하	3,000만 원+2억 원 초과 금액의 100분의 10
5억 원 초과	6,000만 원+5억 원 초과 금액의 100분의 5

제00조(고액 · 상습체납자 등의 명단 공개) 국세청장은 체납발생일부터 1년이 지난 국세가 5억 원 이상인 체납자의 인적사항, 체납액 등을 공개할 수 있다. 다만 체납된 국세가 이의신청 · 심사청구 등 불복청구 중에 있거나 그 밖에 대통령령으로 정하는 사유가 있는 경우에는 그러하지 아니하다.

제00조(관허사업의 제한) ① 세무서장은 납세자가 국세를 체납하였을 때에는 허가 · 인가 · 면허 및 등록과 그 갱신(이하 '허가 등'이라 한다)이 필요한 사업의 주무관서에 그 납세자에 대하여 그 허가 등을 하지 아니할 것을 요구할 수 있다.
② 세무서장은 허가 등을 받아 사업을 경영하는 자가 국세를 3회 이상 체납한 경우로서 그 체납액이 500만 원 이상일 때에는 그 주무관서에 사업의 정지 또는 허가 등의 취소를 요구할 수 있다.
③ 제1항 또는 제2항에 따른 세무서장의 요구가 있을 때에는 해당 주무관서는 정당한 사유가 없으면 요구에 따라야 하며, 그 조치결과를 즉시 해당 세무서장에게 알려야 한다.

제00조(출국금지 요청 등) 국세청장은 정당한 사유 없이 5,000만 원 이상 국세를 체납한 자에 대하여 법무부장관에게 출국금지를 요청하여야 한다.

〈상 황〉
- 甲은 허가를 받아 사업을 경영하고 있음
- 甲은 법령에서 정한 정당한 사유 없이 국세 1억 원을 1회 체납하여 법령에 따라 2012. 12. 12. 체납액이 징수되었음
- 甲은 국세인 소득세(납부기한 : 2013. 5. 31.) 2억 원을 법령에서 정한 정당한 사유 없이 2015. 2. 7. 현재까지 체납하고 있음
- 甲은 체납국세와 관련하여 불복청구 중이거나 행정소송이 계류 중인 상태가 아니며, 징수유예나 체납처분유예를 받은 사실이 없음

① 국세청장은 甲의 인적사항, 체납액 등을 공개할 수 있다.
② 세무서장은 법무부장관에게 甲의 출국금지를 요청하여야 한다.
③ 국세청장은 甲에 대하여 허가의 갱신을 하지 아니할 것을 해당 주무관서에 요구할 수 있다.
④ 2014. 12. 12. 乙이 甲의 은닉재산을 신고하여 국세청장이 甲의 체납액을 전액 징수할 경우, 乙은 포상금으로 3,000만 원을 받을 수 있다.

⑤ 세무서장이 甲에 대한 사업허가의 취소를 해당 주무관서에 요구하면 그 주무관서는 요구에 따라야 하고, 그 조치결과를 즉시 해당 세무서장에게 알려야 한다.

11. 다음 규정을 근거로 판단할 때 기간제 근로자로 볼 수 있는 경우를 〈보기〉에서 모두 고르면?(단, 아래의 모든 사업장은 5인 이상의 근로자를 고용하고 있다)

11년 행시(발) 9번

제00조 ① 이 법은 상시 5인 이상의 근로자를 사용하는 모든 사업 또는 사업장에 적용한다. 다만 동거의 친족만을 사용하는 사업 또는 사업장과 가사사용인에 대하여는 적용하지 아니한다.
② 국가 및 지방자치단체의 기관에 대하여는 상시 사용하는 근로자의 수에 관계없이 이 법을 적용한다.

제00조 ① 사용자는 2년을 초과하지 아니하는 범위 안에서(기간제 근로계약의 반복갱신 등의 경우에는 계속 근로한 총 기간이 2년을 초과하지 아니하는 범위 안에서) 기간제 근로자*를 사용할 수 있다. 다만 다음 각 호의 어느 하나에 해당하는 경우에는 2년을 초과하여 기간제 근로자로 사용할 수 있다.
　1. 사업의 완료 또는 특정한 업무의 완성에 필요한 기간을 정한 경우
　2. 휴직 · 파견 등으로 결원이 발생하여 당해 근로자가 복귀할 때까지 그 업무를 대신할 필요가 있는 경우
　3. 전문적 지식 · 기술의 활용이 필요한 경우와 박사 학위를 소지하고 해당 분야에 종사하는 경우
② 사용자가 제1항 단서의 사유가 없거나 소멸되었음에도 불구하고 2년을 초과하여 기간제 근로자로 사용하는 경우에는 그 기간제 근로자는 기간의 정함이 없는 근로계약을 체결한 근로자로 본다.

※ 기간제 근로자라 함은 기간의 정함이 있는 근로계약을 체결한 근로자를 말함

〈보 기〉
ㄱ. 甲회사가 수습기간 3개월을 포함하여 1년 6개월간 A를 고용하기로 근로계약을 체결한 경우
ㄴ. 乙회사는 근로자 E의 휴직으로 결원이 발생하여 2년간 B를 계약직으로 고용하였는데, E의 복직 후에도 B가 계속해서 현재 3년 이상 근무하고 있는 경우
ㄷ. 丙국책연구소는 관련 분야 박사학위를 취득한 C를 계약직(기간제) 연구원으로 고용하여 C가 현재 丙국책연구소에서 3년간 근무하고 있는 경우
ㄹ. 국가로부터 도급받은 3년간의 건설공사를 완성하기 위해 丁건설회사가 D를 그 기간 동안 고용하기로 근로계약을 체결한 경우

① ㄱ, ㄴ
② ㄴ, ㄷ
③ ㄱ, ㄷ, ㄹ
④ ㄴ, ㄷ, ㄹ
⑤ ㄱ, ㄴ, ㄷ, ㄹ

12. 다음 글과 〈상황〉을 근거로 판단할 때, 甲과 乙에게 부과된 과태료의 합은?

19년 행시(가) 26번

A국은 부동산 또는 부동산을 취득할 수 있는 권리의 매매계약을 체결한 경우, 매도인이 그 실제 거래가격을 거래계약 체결일부터 60일 이내에 관할관청에 신고하도록 신고의무를 ○○법으로 규정하고 있다. 그리고 이를 위반할 경우 다음의 기준에 따라 과태료를 부과한다.

○○법 제00조(과태료 부과기준) ① 신고의무를 게을리 한 경우에는 다음 각 호의 기준에 따라 과태료를 부과한다.

1. 신고기간 만료일의 다음 날부터 기산하여 신고를 하지 않은 기간(이하 '해태기간'이라 한다)이 1개월 이하인 경우
   가. 실제 거래가격이 3억 원 미만인 경우 : 50만 원
   나. 실제 거래가격이 3억 원 이상인 경우 : 100만 원
2. 해태기간이 1개월을 초과한 경우
   가. 실제 거래가격이 3억 원 미만인 경우 : 100만 원
   나. 실제 거래가격이 3억 원 이상인 경우 : 200만 원

② 거짓으로 신고를 한 경우에는 다음 각 호의 기준에 따라 과태료를 부과한다. 단, 과태료 산정에 있어서의 취득세는 매수인을 기준으로 한다.

1. 부동산의 실제 거래가격을 거짓으로 신고한 경우
   가. 실제 거래가격과 신고가격의 차액이 실제 거래가격의 20% 미만인 경우
     – 실제 거래가격이 5억 원 이하인 경우 : 취득세의 2배
     – 실제 거래가격이 5억 원 초과인 경우 : 취득세의 1배
   나. 실제 거래가격과 신고가격의 차액이 실제 거래가격의 20% 이상인 경우
     – 실제 거래가격이 5억 원 이하인 경우 : 취득세의 3배
     – 실제 거래가격이 5억 원 초과인 경우 : 취득세의 2배
2. 부동산을 취득할 수 있는 권리의 실제 거래가격을 거짓으로 신고한 경우
   가. 실제 거래가격과 신고가격의 차액이 실제 거래가격의 20% 미만인 경우 : 실제 거래가격의 100분의 2
   나. 실제 거래가격과 신고가격의 차액이 실제 거래가격의 20% 이상인 경우 : 실제 거래가격의 100분의 4

③ 제1항과 제2항에 해당하는 위반행위를 동시에 한 경우 해당 과태료는 병과한다.

─── 〈상 황〉 ───

• 매수인의 취득세는 실제 거래가격의 100분의 1이다.
• 甲은 X토지를 2018. 1. 15. 丙에게 5억 원에 매도하였으나, 2018. 4. 2. 거래가격을 3억 원으로 신고하였다가 적발되어 과태료가 부과되었다.
• 乙은 공사 중인 Y아파트를 취득할 권리인 입주권을 2018. 2. 1. 丁에게 2억 원에 매도하였으나, 2018. 2. 5. 거래가격을 1억 원으로 신고하였다가 적발되어 과태료가 부과되었다.

① 1,400만 원 ② 2,000만 원
③ 2,300만 원 ④ 2,400만 원
⑤ 2,500만 원

13. 다음 글과 〈상황〉을 근거로 판단할 때, 2016년 정당에 지급할 국고보조금의 총액은?

16년 행시(5) 7번

제00조(국고보조금의 계상) ① 국가는 정당에 대한 보조금으로 최근 실시한 임기만료에 의한 국회의원선거의 선거권자 총수에 보조금 계상단가를 곱한 금액을 매년 예산에 계상하여야 한다.
② 대통령선거, 임기만료에 의한 국회의원선거 또는 동시 지방선거가 있는 연도에는 각 선거(동시지방선거는 하나의 선거로 본다)마다 보조금 계상단가를 추가한 금액을 제1항의 기준에 의하여 예산에 계상하여야 한다.
③ 제1항 및 제2항에 따른 보조금 계상단가는 전년도 보조금 계상단가에 전전년도와 대비한 전년도 전국소비자물가 변동률을 적용하여 산정한 금액을 증감한 금액으로 한다.
④ 중앙선거관리위원회는 제1항의 규정에 의한 보조금(이하 '경상보조금'이라 한다)은 매년 분기별로 균등분할하여 정당에 지급하고, 제2항의 규정에 의한 보조금(이하 '선거보조금'이라 한다)은 당해 선거의 후보자등록마감일 후 2일 이내에 정당에 지급한다.

─── 〈상 황〉 ───

• 2014년 실시된 임기만료에 의한 국회의원선거의 선거권자 총수는 3천만 명이었고, 국회의원 임기는 4년이다.
• 2015년 정당에 지급된 국고보조금의 보조금 계상단가는 1,000원이었다.
• 전국소비자물가 변동률을 적용하여 산정한 보조금 계상단가는 전년 대비 매년 30원씩 증가한다.
• 2016년에는 5월에 대통령선거가 있고 8월에 임기만료에 의한 동시지방선거가 있다. 각 선거의 한 달 전에 후보자 등록을 마감한다.
• 2017년에는 대통령선거, 임기만료에 의한 국회의원선거 또는 동시지방선거가 없다.

① 309억 원 ② 600억 원
③ 618억 원 ④ 900억 원
⑤ 927억 원

14. 다음 글을 근거로 판단할 때 옳은 것은? 15년 행시(인) 27번

제00조 이 법에서 '외국인'이란 다음 각 호의 어느 하나에 해당하는 개인·법인 또는 단체를 말한다.
1. 대한민국의 국적을 보유하고 있지 않은 개인
2. 다음 각 목의 어느 하나에 해당하는 법인 또는 단체
  가. 외국 법령에 따라 설립된 법인 또는 단체
  나. 사원 또는 구성원의 2분의 1 이상이 제1호에 해당하는 자인 법인 또는 단체
  다. 임원(업무를 집행하는 사원이나 이사 등)의 2분의 1 이상이 제1호에 해당하는 자인 법인 또는 단체
제00조 ① 외국인이 대한민국 안의 토지를 취득하는 계약(이하 '토지취득계약'이라 한다)을 체결하였을 때에는 계약체결일부터 60일 내에 토지 소재지를 관할하는 시장·군수 또는 구청장에게 신고하여야 한다.
② 제1항에도 불구하고 외국인이 취득하려는 토지가 다음 각 호의 어느 하나에 해당하는 구역·지역 등에 있으면 토지취득계약을 체결하기 전에 토지 소재지를 관할하는 시장·군수 또는 구청장으로부터 토지취득의 허가를 받아야 한다.
1. 군사시설 및 군사시설보호법에 따른 군사기지 및 군사시설 보호구역
2. 문화재보호법에 따른 지정문화재와 이를 위한 보호물 또는 보호구역
3. 자연환경보전법에 따른 생태·경관보전지역
③ 제2항을 위반하여 체결한 토지취득계약은 그 효력이 발생하지 아니한다.
제00조 외국인은 상속·경매로 대한민국 안의 토지를 취득한 때에는 토지를 취득한 날부터 6개월 내에 토지소재지를 관할하는 시장·군수 또는 구청장에게 신고하여야 한다.
제00조 대한민국 안의 토지를 가지고 있는 대한민국 국민이나 대한민국 법령에 따라 설립된 법인 또는 단체가 외국인으로 변경된 경우, 그 외국인이 해당 토지를 계속 보유하려는 경우에는 외국인으로 변경된 날부터 6개월 내에 토지 소재지를 관할하는 시장·군수 또는 구청장에게 신고하여야 한다.

① 대한민국 국적을 보유하지 않은 甲이 전남 무안군에 소재하는 토지를 취득하는 계약을 체결한 경우, 전라남도지사에게 신고하여야 한다.

② 충북 보은군에 토지를 소유하고 있는 乙이 대한민국 국적을 포기하고 외국국적을 취득한 경우, 그 토지를 계속 보유하려면 외국국적을 취득한 날부터 6개월 내에 보은군수의 허가를 받아야 한다.

③ 사원 50명 중 대한민국 국적을 보유하지 않은 자가 30명인 丙법인이 사옥을 신축하기 위해 서울 금천구에 있는 토지를 경매로 취득한 경우, 경매를 받은 날부터 60일 내에 서울특별시장에게 신고하여야 한다.

④ 외국 법령에 따라 설립된 丁법인이 자연환경보전법에 따른 생태·경관보전지역 내의 토지(강원 양양군 소재)를 취득하는 계약을 체결한 경우, 계약체결 전에 양양군수의 허가를 받지 않았다면 그 계약은 무효이다.

⑤ 대한민국 법령에 따라 설립된 戊법인의 임원 8명 중 5명이 2012. 12. 12. 외국인으로 변경된 후, 戊법인이 2013. 3. 3. 경기 군포시에 있는 토지를 취득하는 계약을 체결한 경우, 戊법인은 2013. 9. 3.까지 군포시장에게 신고하여야 한다.

15. 다음 규정을 근거로 판단할 때 옳은 것을 〈보기〉에서 모두 고르면?

제00조 평온[1)]·공연[2)]하게 동산을 양수[3)]한 자가 선의[4)]이며 과실 없이 그 동산을 점유한 경우에는 양도인이 정당한 소유자가 아닌 때에도 즉시 그 동산의 소유권을 취득한다.

제00조 전조(前條)의 경우에 그 동산이 도품(盜品)이나 유실물(遺失物)인 때에는 피해자 또는 유실자는 도난 또는 유실한 날로부터 2년 내에 그 물건의 반환을 청구할 수 있다. 그러나 도품이나 유실물이 금전인 때에는 그러하지 아니하다.

제00조 양수인이 도품 또는 유실물을 경매나 공개시장에서 또는 같은 종류의 물건을 판매하는 상인으로부터 선의로 매수한 때에는 피해자 또는 유실자는 양수인이 지급한 대가를 변상하고 그 물건의 반환을 청구할 수 있다.

제00조 유실물은 법률에 정한 바에 의하여 공고한 후 1년 내에 그 소유자가 권리를 주장하지 않으면 습득자가 그 소유권을 취득한다.

※ 1) 평온(平穩) : 평상시의 상태
  2) 공연(公然) : 불특정 또는 다수의 사람이 알 수 있는 상태
  3) 양수(讓受) : 권리·재산 및 법률상의 지위 등을 남에게서 넘겨받음 ↔ 양도(讓渡)
  4) 선의(善意) : 당해 사실을 모르고 있는 경우

〈보 기〉

ㄱ. A가 밤늦게 길을 가다가 MP3기기를 주웠는데 MP3기기의 소유자를 알 수 없는 경우, 습득자인 A가 공고 없이 MP3기기의 소유권을 취득한다.

ㄴ. A가 한 달 전에 잃어버린 자전거를 B가 평온·공연하게 선의이며 과실 없이 중고 자전거판매점에서 구입하여 타고 다니는 것을 알았을 경우, A는 B가 지급한 대가를 변상하고 자전거의 반환을 청구할 수 있다.

ㄷ. A가 3년 전에 도난당한 시계를 B가 정육점 주인 C로부터 선의취득한 경우, A는 B가 지급한 대가를 변상하고 시계의 반환을 청구할 수 있다.

ㄹ. A가 B소유의 카메라를 빌려 사용하고 있는 C로부터 평온·공연하게 선의이며 과실 없이 그 카메라를 구입하여 사용하고 있는 경우, A는 카메라의 소유자가 된다.

---

① ㄱ, ㄴ
② ㄱ, ㄷ
③ ㄴ, ㄷ
④ ㄴ, ㄹ
⑤ ㄷ, ㄹ

---

02 조건적용

16. 다음 글을 근거로 판단할 때, A시 예산성과금을 가장 많이 받는 사람은?

〈A시 예산성과금 공고문〉

• 제도의 취지
  – 예산의 집행방법과 제도 개선 등으로 예산을 절감하거나 수입을 증대시킨 경우 그 일부를 기여자에게 성과금(포상금)으로 지급함으로써 예산의 효율적 사용 장려

• 지급요건 및 대상
  – 자발적 노력을 통한 제도 개선 등으로 예산을 절감하거나 세입원을 발굴하는 등 세입을 증대한 경우
  – 예산절감 및 수입증대 발생시기: 2020년 1월 1일~2020년 12월 31일
  – A시 공무원, A시 사무를 위임(위탁) 받아 수행하는 기관의 임직원
  – 예산낭비를 신고하거나, 지출절약이나 수입증대에 관한 제안을 제출하여 A시의 예산절감 및 수입증대에 기여한 국민

• 지급기준
  – 1인당 지급액

구분	예산절감		수입증대
	주요사업비	경상적 경비	
지급액	절감액의 20 %	절약액의 50 %	증대액의 10 %

  – 타 부서나 타 사업으로 확산 시 지급액의 30 %를 가산하여 지급

---

① 사업물자 계약방법을 개선하여 2019년 12월 주요사업비 8천만 원을 절약한 A시 사무관 甲

② 제도 개선을 통해 2020년 5월 주요사업비 3천 5백만 원을 절약하여 개선된 제도가 A시청 전 부서에 확대 시행되는 데 기여한 A시 사무관 乙

③ A시 지역축제에 관한 제안을 제출하여 2020년 7월 8천만 원의 수입증대에 기여한 국민 丙

④ A시 위임사무를 수행하면서 제도 개선을 통해 2020년 8월 경상적 경비 1천 8백만 원을 절약한 B기관 이사 丁

⑤ A시장의 지시를 받아 사무용품 조달방법을 개선하여 2020년 9월 경상적 경비 1천만 원을 절약한 A시 사무관 戊

17. 다음 글을 근거로 판단할 때, 甲이 구매하게 될 차량은?

18년 행시(나) 29번

甲은 아내 그리고 자녀 둘과 함께 총 4명이 장거리 이동이 가능하도록 배터리 완전충전 시 주행거리가 200km 이상인 전기자동차 1대를 구매하려고 한다. 구매와 동시에 집 주차장에 배터리 충전기를 설치하려고 하는데, 배터리 충전시간(완속 기준)이 6시간을 초과하지 않으면 완속 충전기를, 6시간을 초과하면 급속 충전기를 설치하려고 한다.

한편 정부는 전기자동차 활성화를 위하여 전기자동차 구매 보조금을 구매와 동시에 지원하고 있는데, 승용차는 2,000만 원, 승합차는 1,000만 원을 지원하고 있다. 승용차 중 경차는 1,000만 원을 추가로 지원한다. 배터리 충전기에 대해서는 완속 충전기에 한하여 구매 및 설치 비용을 구매와 동시에 전액 지원하며, 2,000만 원이 소요되는 급속 충전기의 구매 및 설치 비용은 지원하지 않는다.

이러한 상황을 감안하여 甲은 차량 A~E 중에서 실구매 비용(충전기 구매 및 설치 비용 포함)이 가장 저렴한 차량을 선택하려고 한다. 단, 실구매 비용이 동일할 경우에는 아래의 '점수 계산 방식'에 따라 점수가 가장 높은 차량을 구매하려고 한다.

차량	A	B	C	D	E
최고속도 (km/h)	130	100	120	140	120
완전충전 시 주행거리(km)	250	200	250	300	300
충전시간 (완속 기준)	7시간	5시간	8시간	4시간	5시간
승차 정원	6명	8명	2명	4명	5명
차종	승용	승합	승용 (경차)	승용	승용
가격(만 원)	5,000	6,000	4,000	8,000	8,000

• 점수 계산 방식
  − 최고속도가 120km/h 미만일 경우에는 120km/h를 기준으로 10km/h가 줄어들 때마다 2점씩 감점
  − 승차 정원이 4명을 초과할 경우에는 초과인원 1명당 1점씩 가점

① A
② B
③ C
④ D
⑤ E

18. 다음 글을 근거로 판단할 때, 〈보기〉에서 인증이 가능한 경우만을 모두 고르면?

16년 행시(5) 28번

○○국 친환경농산물의 종류는 3가지로, 인증기준에 부합하는 재배방법은 각각 다음과 같다. 1) 유기농산물의 경우 일정 기간(다년생 작물 3년, 그 외 작물 2년) 이상을 농약과 화학비료를 사용하지 않고 재배한다. 2) 무농약농산물의 경우 농약을 사용하지 않고, 화학비료는 권장량의 2분의 1 이하로 사용하여 재배한다. 3) 저농약농산물의 경우 화학 비료는 권장량의 2분의 1 이하로 사용하고, 농약은 살포 시기를 지켜 살포 최대횟수의 2분의 1 이하로 사용하여 재배한다.

〈농산물별 관련 기준〉

종류	재배기간 내 화학비료 권장량 (kg/ha)	재배기간 내 농약살포 최대횟수	농약 살포시기
사과	100	4	수확 30일 전까지
감귤	80	3	수확 30일 전까지
감	120	4	수확 14일 전까지
복숭아	50	5	수확 14일 전까지

※ 1ha = 10,000m2, 1t = 1,000kg

〈보 기〉

ㄱ. 甲은 5km^{2}의 면적에서 재배기간 동안 농약을 전혀 사용하지 않고 20t의 화학비료를 사용하여 사과를 재배하였으며, 이 사과를 수확하여 무농약농산물 인증신청을 하였다.

ㄴ. 乙은 3ha의 면적에서 재배기간 동안 농약을 1회 살포하고 50kg의 화학비료를 사용하여 복숭아를 재배하였다. 하지만 수확시기가 다가오면서 병충해 피해가 나타나자 농약을 추가로 1회 살포하였고, 열흘 뒤 수확하여 저농약농산물 인증신청을 하였다.

ㄷ. 丙은 지름이 1km인 원 모양의 농장에서 작년부터 농약을 전혀 사용하지 않고 감귤을 재배하였다. 작년에는 5t의 화학비료를 사용하였으나, 올해는 전혀 사용하지 않고 감귤을 수확하여 유기농산물 인증신청을 하였다.

ㄹ. 丁은 가로와 세로가 각각 100m, 500m인 과수원에서 감을 재배하였다. 재배기간 동안 총 2회(올해 4월 말과 8월 초) 화학비료 100kg씩을 뿌리면서 병충해 방지를 위해 농약도 함께 살포하였다. 丁은 추석을 맞아 9월 말에 감을 수확하여 저농약농산물 인증신청을 하였다.

① ㄱ, ㄹ
② ㄴ, ㄷ
③ ㄱ, ㄴ, ㄹ
④ ㄱ, ㄷ, ㄹ
⑤ ㄴ, ㄷ, ㄹ

19. 다음 글을 근거로 할 때, 생태계보전협력금의 1회분 분할납부금액으로 가장 적은 것은?(단, 부과금을 균등한 액수로 최대한 분할납부하며, 甲~戊의 사업은 모두 생태계보전협력금 납부대상 사업이다) 13년 행시(인) 18번

─────〈생태계보전협력금 부과·징수 방법〉─────

1. 부과·징수 대상
   - 자연환경 또는 생태계에 미치는 영향이 현저하거나 생물다양성의 감소를 초래하는 사업을 하는 사업자
2. 부과금액 산정 방식
   - 생태계보전협력금＝생태계훼손면적×단위면적당 부과금액×지역계수
   - 단위면적($1m^2$)당 부과금액 : 250원
   - 단, 총 부과금액은 10억 원을 초과할 수 없다.
3. 토지용도 및 지역계수
   - 토지의 용도는 생태계보전협력금 부과대상 사업의 인가·허가 또는 승인 등 처분시 토지의 용도(부과대상 사업의 시행을 위하여 토지의 용도를 변경하는 경우에는 변경 전의 용도를 말한다)에 따른다.
   - 지역계수
     가. 주거지역 : 1
     나. 상업지역 : 2
     다. 녹지지역 : 3
     라. 농림지역 : 4
     마. 자연환경보전지역 : 5
4. 분할납부
   - 생태계보전협력금의 부과금액은 3년 이내의 기간을 정하여 분할납부한다.
   - 분할납부의 횟수는 부과금액이 2억 원 이하인 경우 2회, 2억 원을 초과하는 경우 3회로 한다. 다만 국가·지방자치단체 및 공공기관의 분할납부의 횟수는 2회 이하로 한다.

※ 사업대상 전 지역에서 생태계 훼손이 발생하는 것으로 가정함

① 상업지역 35만m^2에 레저시설을 설치하려는 개인사업자 甲
② 농림지역 20만m^2에 골프장 사업을 추진 중인 건설회사 乙
③ 녹지지역 30만m^2에 관광단지를 조성하려는 공공기관 丙
④ 주거지역 20만m^2와 녹지지역 20만m^2를 개발하여 새로운 복합주거상업지구를 조성하려는 지방자치단체 丁
⑤ 주거지역 25만m^2와 자연환경보전지역 25만m^2를 묶어 염전체험박물관을 건립하려는 개인사업자 戊

20. 다음 글과 〈상황〉에 근거할 때, 〈보기〉에서 옳은 것만을 모두 고르면? 14년 행시(A) 10번

A시에서는 친환경 건축물 인증제도를 시행하고 있다. 이는 건축물의 설계, 시공 등의 건설과정이 쾌적한 거주환경과 자연환경에 미치는 영향을 점수로 평가하여 인증하는 제도로, 건축물에 다음 〈표〉와 같이 인증등급을 부여한다.

〈표〉 평가점수별 인증등급

평가점수	인증등급
80점 이상	최우수
70점~80점 미만	우수
60점~70점 미만	우량
50점~60점 미만	일반

또한 친환경 건축물 최우수, 우수 등급이면서 건축물 에너지효율 1등급 또는 2등급을 추가로 취득한 경우, 다음 〈표〉와 같은 취·등록세액 감면 혜택을 얻게 된다.

〈표〉 취·등록세액 감면 비율

구 분	최우수 등급	우수 등급
에너지효율 1등급	12%	8%
에너지효율 2등급	8%	4%

─────〈상 황〉─────

- 甲은 A시에 건물을 신축하고 있다. 현재 이 건물의 예상되는 친환경 건축물 평가점수는 63점이고 에너지효율은 3등급이다.
- 친환경 건축물 평가점수를 1점 높이기 위해서는 1,000만 원, 에너지효율 등급을 한 등급 높이기 위해서는 2,000만 원의 추가 투자비용이 든다.
- 甲이 신축하고 있는 건물의 감면 전 취·등록세 예상액은 총 20억 원이다.
- 甲은 경제적 이익을 극대화하고자 한다.

※ 1) 경제적 이익 또는 손실＝취·등록세 감면액－추가 투자액
   2) 기타 비용과 이익은 고려하지 않음

─────〈보 기〉─────

ㄱ. 추가 투자함으로써 경제적 이익을 얻을 수 있는 최소 투자금액은 1억 1,000만 원이다.
ㄴ. 친환경 건축물 우수 등급, 에너지효율 1등급을 받기 위해 추가 투자할 경우 경제적 이익이 가장 크다.
ㄷ. 에너지효율 2등급을 받기 위해 추가 투자하는 것이 3등급을 받는 것보다 甲에게 경제적으로 더 이익이다.

① ㄱ
② ㄷ
③ ㄱ, ㄴ
④ ㄴ, ㄷ
⑤ ㄱ, ㄴ, ㄷ

21. 다음 글과 〈상황〉을 근거로 판단할 때 옳은 것은?

23년 행시(가) 6번

교부금은 중앙정부가 지방정부에 제공하는 재정지원의 한 종류이다. 중앙정부가 지방정부에 일정 금액의 교부금을 지급하면 이는 지방정부의 예산이 그만큼 증가한 것과 같은 결과를 가져온다. 따라서 교부금 지급이 해당 지역의 공공서비스 공급에 미치는 영향은 지방정부의 자체예산이 교부금과 동일한 금액만큼 증가한 경우의 영향과 같을 것으로 예상된다.

그런데 지방재정에 관한 실증연구 결과를 보면 이러한 예상은 잘 들어맞지 않는다. 현실에서는 교부금 형태로 발생한 추가적 재원 중 공공서비스의 추가적 공급에 사용되는 비중이 지방정부의 자체예산 증가분 중 공공서비스의 추가적 공급에 사용되는 비중보다 높다. 자체예산을 공공서비스와 기타사업에 항상 절반씩 투입하는 甲국 A시에서는 자체예산 증가분의 경우, 그 50%를 공공서비스의 추가적 공급에 투입하고 나머지는 기타사업에 투입한다. 그런데 중앙정부로부터 교부금을 받은 경우에는 그중 80%를 공공서비스의 추가적 공급에 투입하고 나머지를 기타사업에 투입한다.

— 〈상 황〉 —

甲국 A시의 올해 예산은 100억 원이었으며, 모두 자체예산이었다. 중앙정부는 내년에 20억 원의 교부금을 A시에 지급하기로 하였다. A시의 내년도 자체예산은 올해와 마찬가지로 100억 원이다.

① A시가 내년에 기타사업에 지출하는 총 금액은 60억 원일 것이다.

② A시는 내년에 기타사업에 지출하는 총 금액을 올해보다 4억 원 증가시킬 것이다.

③ A시는 내년에 공공서비스 공급에 지출하는 총 금액을 올해와 동일하게 유지할 것이다.

④ A시는 내년에 공공서비스 공급에 지출하는 총 금액을 올해보다 50% 증가시킬 것이다.

⑤ A시는 내년에 공공서비스 공급에 지출하는 총 금액을 올해보다 10억 원 증가시킬 것이다.

22. 다음 글을 근거로 판단할 때 옳은 것은?

21년 행시(가) 24번

상속에는 혈족상속과 배우자상속이 있다. 혈족상속인은 피상속인(사망자)과의 관계에 따라 피상속인의 직계비속(1순위), 피상속인의 직계존속(2순위), 피상속인의 형제자매(3순위), 피상속인의 4촌 이내 방계혈족(4순위) 순으로 상속인이 된다. 후순위 상속인은 선순위 상속인이 없는 경우에 상속재산을 상속할 수 있다. 같은 순위의 혈족상속인이 여럿인 경우, 그 법정상속분은 균분(均分)한다.

피상속인의 배우자는 언제나 상속인이 된다. 그 배우자의 법정상속분은 직계비속과 공동으로 상속하는 때에는 직계비속 상속분의 5할을 가산하고, 직계존속과 공동으로 상속하는 때에는 직계존속 상속분의 5할을 가산한다. 피상속인에게 배우자만 있고 직계비속도 직계존속도 없는 때에는 배우자가 단독으로 상속한다.

한편 개인은 자신의 재산을 증여하거나 유언(유증)으로 자유롭게 처분할 수 있다. 그런데 이러한 자유를 무제한 허용한다면 상속재산의 전부가 타인에게 넘어가 상속인의 생활기반이 붕괴될 우려가 있다. 그래서 법률은 일정한 범위의 상속인에게 유류분을 인정하고 있다. 유류분이란 법률상 상속인에게 귀속되는 것이 보장되는 상속재산에 대한 일정비율을 의미한다.

피상속인이 유류분을 침해하는 유증이나 증여를 하는 경우, 유류분 권리자는 자기가 침해당한 유류분에 대해 반환을 청구할 수 있다. 유류분 권리자는 피상속인의 직계비속, 배우자, 직계존속 및 형제자매이다. 유류분은 피상속인의 배우자 또는 직계비속의 경우 그 법정상속분의 2분의 1, 피상속인의 직계존속 또는 형제자매의 경우 그 법정상속분의 3분의 1이다.

유류분반환청구권의 행사는 반드시 소에 의한 방법으로 하여야 할 필요는 없고, 유증을 받은 자 또는 증여를 받은 자에 대한 의사표시로 하면 된다. 유류분반환청구권은 유류분 권리자가 상속의 개시(피상속인의 사망시)와 반환하여야 할 증여 또는 유증을 한 사실을 안 때부터 1년 내에 행사하지 않거나, 상속이 개시된 때부터 10년이 경과하면 시효에 의하여 소멸한다.

① 피상속인이 유언에 의해 재산을 모두 사회단체에 기부한 경우, 그의 자녀는 유류분 권리자가 될 수 없다.

② 피상속인의 자녀에게는 법정상속분 2분의 1의 유류분이 인정되며, 유류분 산정액은 피상속인의 배우자의 그것과 같다.

③ 피상속인의 부모는 피상속인의 자녀와 공동으로 상속재산을 상속할 수 있다.

④ 상속이 개시한 때부터 10년이 경과하였다면, 소에 의한 방법으로 유류분반환청구권을 행사해야 한다.

⑤ 피상속인에게 3촌인 방계혈족만 있는 경우, 그 방계혈족은 상속인이 될 수 있지만 유류분 권리자는 될 수 없다.

23. 다음 글을 근거로 판단할 때, 〈보기〉에서 옳은 것만을 모두 고르면? 18년 행시(나) 27번

하와이 원주민들이 사용하던 토속어는 1898년 하와이가 미국에 병합된 후 미국이 하와이 학생들에게 사용을 금지하면서 급격히 소멸되었다. 그러나 하와이 원주민들이 소멸한 토속어를 부활시키기 위해 1983년 '아하푸나나 레오'라는 기구를 설립하여 취학 전 아동부터 중학생까지의 원주민들을 대상으로 집중적으로 토속어를 교육한 결과 언어 복원에 성공했다.

이러한 언어의 다양성을 지키려는 노력뿐만 아니라 언어의 통일성을 추구하려는 노력도 있었다. 안과의사였던 자멘호프는 유태인, 폴란드인, 독일인, 러시아인들이 서로 다른 언어를 사용함으로써 갈등과 불화가 생긴다고 판단하고 예외와 불규칙이 없는 문법과 알기 쉬운 어휘에 기초해 국제공통어 에스페란토를 만들어 1887년 발표했다. 그의 구상은 '1민족 2언어주의'에 입각하여 같은 민족끼리는 모국어를, 다른 민족과는 중립적이고 배우기 쉬운 에스페란토를 사용하자는 것이었다.

에스페란토의 문자는 영어 알파벳 26개 문자에서 Q, X, W, Y의 4개 문자를 빼고 영어 알파벳에는 없는 Ĉ, Ĝ, Ĥ, Ĵ, Ŝ, Ŭ의 6개 문자를 추가하여 만들어졌다. 문법의 경우 가급적 불규칙 변화를 없애고 각 어간에 품사 고유의 어미를 붙여 명사는 −o, 형용사는 −a, 부사는 −e, 동사원형은 −i로 끝낸다. 예를 들어 '사랑'은 amo, '사랑의'는 ama, '사랑으로'는 ame, '사랑하다'는 ami이다. 시제의 경우 어간에 과거형은 −is, 현재형은 −as, 미래형은 −os를 붙여 표현한다.

또한 1자 1음의 원칙에 따라 하나의 문자는 하나의 소리만을 내고, 소리 나지 않는 문자도 없으며, 단어의 강세는 항상 뒤에서 두 번째 모음에 있기 때문에 사전 없이도 쉽게 읽을 수 있다. 특정한 의미를 갖는 접두사와 접미사를 활용하여 많은 단어를 파생시켜 사용하므로 단어 암기를 위한 노력이 크게 줄어드는 것도 중요한 특징이다. 아버지는 patro, 어머니는 patrino, 장인은 bopatro, 장모는 bopatrino인 것이 그 예이다.

※ 에스페란토에서 모음은 A, E, I, O, U이며 반모음은 Ŭ임

─── 〈보 기〉 ───
ㄱ. 에스페란토의 문자는 모두 28개로 만들어졌다.
ㄴ. 미래형인 '사랑할 것이다'는 에스페란토로 amios이다.
ㄷ. '어머니'와 '장모'를 에스페란토로 말할 때 강세가 있는 모음은 같다.
ㄹ. 자멘호프의 구상에 따르면 동일한 언어를 사용하는 하와이 원주민끼리도 에스페란토만을 써야 한다.

① ㄱ, ㄷ
② ㄱ, ㄹ
③ ㄴ, ㄹ
④ ㄱ, ㄴ, ㄷ
⑤ ㄴ, ㄷ, ㄹ

24. 다음 글을 근거로 판단할 때 옳은 것은? 16년 행시(5) 21번

조선시대 신문고(申聞鼓)가 처음으로 등장한 것은 태종 1년인 1401년의 일이다. 태종과 신하들은 신문고가 백성들의 생각을 국왕에게 전달할 수 있는 통로로서 기능할 것으로 기대하였다. 그리고 신문고를 설치한 구체적인 이유로 2가지를 제시하였다. 하나는 억울한 일을 당한 백성들이 국왕에게 호소할 수 있는 길을 열어주는 것이었다. 다른 하나는 백성들이 신문고로 국왕에게 직접 호소할 수 있다는 점을 수령들이 두려워하여 마음을 다해 상세히 백성들의 호소를 살피도록 하기 위함이었다.

백성들이 신문고를 치는 이유는 무엇보다도 원통함과 억울함 때문이었다. 국왕이 신문고를 설치하면서 제시한 이유도 원통함과 억울함을 풀어주는 데 있었다. 『조선왕조실록』에 기록된 사례를 보면 자신이 소유한 노비를 위세 있는 사람에게 빼앗겼다고 신문고를 쳐서 호소하기도 하고, 노비 소유와 관련된 소송에서 관원이 잘못된 판결을 내렸다고 신문고를 두드리기도 하였다.

재상 하륜(河崙)은 신문고를 운영하는 몇 가지 원칙을 제시하였다. 그는 백성들의 호소가 '사실이면 들어주고, 거짓이면 벌을 내린다'는 점을 강조하였다. 그리고 신문고를 치려면 일정한 단계를 거쳐야 하는데 이를 건너뛰어도 벌을 주어야 한다고 하였다.

신문고를 치기 위한 단계는 다음과 같다. 우선, 한성부에 살고 있는 자는 한성부의 주무관청에 호소하고, 지방에 살고 있는 자는 수령에게 호소하는 단계를 거쳐야 했다. 그렇게 하여도 원통하고 억울함이 있으면 사헌부(司憲府)에 고소하고, 그래도 또 원통하고 억울함이 있으면 신문고를 칠 수 있었다. 신문고를 친 사람이 호소한 내용은 의금부의 당직 관리가 잘 정리하여 국왕에게 보고하였다. 그러나 역모를 꾀하여 장차 종묘사직(宗廟社稷)을 위태롭게 하거나 종친 등을 모해(謀害)하여 화란(禍亂)을 일으키려는 자를 고발하는 것이라면, 곧바로 신문고를 치는 것이 가능하였다.

① 노비 소유와 관련된 사적 분쟁 문제도 신문고를 통해 호소할 수 있었다.
② 한성부에 살고 있는 甲은 신문고를 치기 전까지 최소 3번의 단계를 거쳐야 했다.
③ 종묘사직의 안위에 대한 문제를 고발할 때에는 더욱 엄격한 단계를 거쳐야만 신문고를 칠 수 있었다.
④ 백성이 수령에게 억울함을 직접 호소할 수 있는 길을 열어주기 위해 태종 때 신문고가 모든 관아에 설치되었다.
⑤ 하륜은 백성들이 신문고를 적극 활용할 수 있도록 억울함을 호소하는 내용이 거짓이더라도 불이익을 주지 않아야 한다고 강조하였다.

25. 다음 글을 근거로 판단할 때, 〈보기〉에서 옳은 것만을 모두 고르면?

16년 행시(5) 1번

무릇 오곡이란 백성들이 생존의 양식으로 의존하는 것이기에 군주는 식량 증산에 힘쓰지 않을 수 없고, 재물을 쓰는 데 절약하지 않을 수 없다.

오곡 가운데 한 가지 곡식이 제대로 수확되지 않으면 이것을 근(饉)이라 하고, 두 가지 곡식이 제대로 수확되지 않으면 이것을 한(旱)이라고 한다. 세 가지 곡식이 제대로 수확되지 않으면 이것을 흉(凶)이라고 한다. 또 네 가지 곡식이 제대로 수확되지 않으면 이것을 궤(饋)라고 하고, 다섯 가지 곡식 모두 제대로 수확되지 않으면 이것을 기(饑)라고 한다. 근이 든 해에는 대부(大夫) 이하 벼슬하는 사람들은 모두 봉록의 5분의 1을 감봉한다. 한이 든 해에는 5분의 2를 감봉하고, 흉이 든 해에는 5분의 3을 감봉하고, 궤가 든 해에는 5분의 4를 감봉하며, 기가 든 해에는 아예 봉록을 주지 않고 약간의 식량만을 지급할 뿐이다.

곡식이 제대로 수확되지 않으면 군주는 먹던 요리의 5분의 3을 줄이고, 대부들은 음악을 듣지 않으며, 선비들은 농사에 힘쓸 뿐 배우러 다니지 않는다. 군주는 조회할 때 입는 예복이 낡아도 고쳐 입지 않고, 사방 이웃 나라의 사신들에게도 식사만을 대접할 뿐 성대한 잔치를 베풀지 않는다. 또 군주가 행차할 때 수레를 끄는 말의 수도 반으로 줄여 두 마리만으로 수레를 끌게 한다. 길을 보수하지 않고, 말에게 곡식을 먹이지 않으며, 궁녀들은 비단옷을 입지 않는다. 이것은 식량이 부족함을 백성들에게 인식시키고자 함이다.

〈보 기〉

ㄱ. 대부 이하 벼슬하는 사람이 근(饉)이 들었을 때 받을 수 있는 봉록은 궤(饋)가 들었을 때 받을 수 있는 봉록의 4배일 것이다.

ㄴ. 오곡 모두 제대로 수확되지 않으면 대부 이하 벼슬하는 사람들은 봉록과 식량을 전혀 지급받지 못했을 것이다.

ㄷ. 곡식이 제대로 수확되지 않으면 군주가 행차할 때 탄 수레는 곡식을 먹인 말 두 마리가 끌었을 것이다.

ㄹ. 곡식이 제대로 수확되지 않으면 군주는 먹던 요리를 5분의 4로 줄였을 것이다.

① ㄱ
② ㄷ
③ ㄱ, ㄴ
④ ㄴ, ㄹ
⑤ ㄱ, ㄷ, ㄹ

26. 다음 글을 근거로 판단할 때, 〈보기〉에서 옳은 것만을 모두 고르면?

15년 행시(인) 22번

조선시대 궁녀가 받는 보수에는 의전, 선반, 삭료 세 가지가 있었다. 『실록』에서 "봄, 가을에 궁녀에게 포화(布貨)를 내려주니, 이를 의전이라고 한다."라고 한 것처럼 '의전'은 1년에 두 차례 지급하는 옷값이다. '선반'은 궁중에서 근무하는 사람들에게 제공하는 식사를 의미한다. '삭료'는 매달 주는 봉급으로 곡식과 반찬거리 등의 현물이 지급되었다. 궁녀들에게 삭료 이외에 의전과 선반도 주었다는 것은 월급 이외에도 옷값과 함께 근무 중의 식사까지 제공했다는 것으로, 지금의 개념으로 본다면 일종의 복리후생비까지 지급한 셈이다.

삭료는 쌀, 콩, 북어 세 가지 모두 지급되었는데 그 항목은 공상과 방자로 나뉘어 있었다. 공상은 궁녀들에게 지급되는 월급 가운데 기본급에 해당하는 것이다. 공상은 모든 궁녀에게 지급되었으나 직급과 근무연수에 따라 온공상, 반공상, 반반공상 세 가지로 나뉘어 차등 지급되었다. 공상 중 온공상은 쌀 7두 5승, 콩 6두 5승, 북어 2태 10미였다. 반공상은 쌀 5두 5승, 콩 3두 3승, 북어 1태 5미였고, 반반공상은 쌀 4두, 콩 1두 5승, 북어 13미였다.

방자는 궁녀들의 하녀 격인 무수리를 쓸 수 있는 비용이었으며, 기본급 이외에 별도로 지급되었다. 방자는 모두에게 지급된 것이 아니라 직급이나 직무에 따라 일부에게만 지급되었으므로, 일종의 직급수당 또는 직무수당인 셈이다. 방자는 온방자와 반방자 두 가지만 있었는데, 온방자는 매달 쌀 6두와 북어 1태였고 반방자는 온방자의 절반인 쌀 3두와 북어 10미였다.

〈보 기〉

ㄱ. 조선시대 궁녀에게는 현물과 포화가 지급되었다.

ㄴ. 삭료로 지급되는 현물의 양은 온공상이 반공상의 2배, 반공상이 반반공상의 2배였다.

ㄷ. 반공상과 온방자를 삭료로 받는 궁녀가 매달 받는 북어는 45미였다.

ㄹ. 매달 궁녀가 받을 수 있는 가장 적은 삭료는 쌀 4두, 콩 1두 5승, 북어 13미였다.

① ㄱ, ㄴ
② ㄱ, ㄹ
③ ㄴ, ㄷ
④ ㄱ, ㄷ, ㄹ
⑤ ㄴ, ㄷ, ㄹ

27. 다음 글을 근거로 추론할 때, 〈보기〉에서 옳지 않은 것만을 모두 고르면?

14년 행시(A) 2번

봉수대 위에서 생활하면서 근무하는 요원으로 봉군(烽軍)과 오장(伍長)이 있었다. 봉군은 주야(晝夜)로 후망(喉望)을 게을리 해서는 안 되는 고역을 직접 담당하였고, 오장은 대상(臺上)에서 근무하면서 봉군을 감시하는 임무를 맡았다.

경봉수는 전국의 모든 봉수가 집결하는 중앙봉수로서 서울에 위치하였고, 연변봉수는 해륙변경(海陸邊境)의 제1선에 설치한 것으로 그 임무수행이 가장 힘들었다. 내지봉수는 연변봉수와 경봉수를 연결하는 중간봉수로 수적으로 대다수였다.

『경국대전』에 따르면 연변봉수와 내지봉수의 봉군 정원은 매소(每所) 6인이었다. 오장의 정원은 연변봉수·내지봉수·경봉수 모두 매소 2인이었다. 봉군은 신량역천(身良役賤), 즉 신분상으로는 양인(良人)이나 국역담당에 있어서는 천인(賤人)이었다.

『대동지지』에 수록된 파발(擺撥)의 조직망을 보면, 서발은 의주에서 한성까지 1,050리의 직로(直路)에 기마통신(騎馬通信)인 기발로 41참(站)을 두었고, 북발은 경흥에서 한성까지 2,300리의 직로에 도보통신인 보발로 64참을 설치하였다. 남발은 동래에서 한성까지 920리의 직로에 보발로 31참을 설치하였다. 발군(撥軍)은 양인(良人)인 기보병(騎步兵)으로만 편성되었다. 파발은 긴급을 요하기 때문에 주야로 달렸다. 기발의 속도가 1주야(24시간)에 약 300리 정도로 중국의 400~500리보다 늦은 것은 산악이 많은 지형 때문이었다.

봉수는 경비가 덜 들고 신속하게 전달할 수 있는 장점이 있으나 적의 동태를 오직 봉수의 개수로만 전하기 때문에 그 내용을 자세히 전달할 수 없고 또한 비와 구름·안개로 인하여 판단이 곤란하고 중도에 단절되는 결점이 있었다. 반면에 파발은 경비가 많이 소요되고 봉수보다는 전달속도가 늦은 결점이 있으나 문서로 전달되기 때문에 보안유지는 물론 적의 병력수·장비·이동상황 그리고 아군의 피해상황 등을 상세하게 전달할 수 있는 장점이 있었다.

─〈보 기〉─

ㄱ. 『경국대전』에 따를 때 연변봉수의 근무자 정원은 총 6명이었을 것이다.
ㄴ. 발군의 신분은 봉군의 신분보다 낮았을 것이다.
ㄷ. 파발을 위한 모든 직로에 설치된 참과 참 사이의 거리는 동일했을 것이다.
ㄹ. 의주에서 한성까지 기발로 문서를 전달하는 데 통상 2주야가 걸렸을 것이다.

① ㄱ
② ㄴ, ㄷ
③ ㄱ, ㄴ, ㄹ
④ ㄴ, ㄷ, ㄹ
⑤ ㄱ, ㄴ, ㄷ, ㄹ

28. 다음 글을 근거로 추론할 때, 〈보기〉에서 옳은 것을 모두 고르면?

13년 행시(인) 22번

물은 공기와 더불어 생명을 유지하는 데 필요한 가장 기본적인 요소로서 성인의 경우 체중의 약 60%를 차지하고 있다. 체내에서 물은 여러 가지 생리기능을 담당하는 용매로서 영양소를 운반하고, 체온조절을 하는 등 여러 기능을 수행한다.

사람은 물이 일정 비율 이상 부족하면 생명을 유지할 수 없다. 사람은 체내에 수분이 2%가 부족하면 심한 갈증을 느끼고, 5%가 부족하면 혼수상태에 빠지며, 12%가 부족하면 사망하게 된다. 따라서 우리의 몸은 항상 일정한 양의 수분을 보유하기 위해 수분배출량과 섭취량이 균형을 이루어야 한다. 성인의 경우, 1일 기준으로 700ml를 호흡으로, 200ml를 땀으로, 1,500ml를 소변으로, 100ml를 대변으로 수분을 배출하므로 우리는 그만큼의 수분을 매일 섭취하여야 한다.

일반적으로 1일 수분섭취량의 약 30%는 음식을 통해 공급받는다. 우리가 매일 섭취하는 음식은 종류에 따라 수분함량이 다르다. 예를 들어 상추는 수분함량이 96%나 되지만 감자는 80%, 쌀밥은 66%, 버터는 20%이며 김은 10%에 불과하다.

※ 단, 물 1,000ml의 무게는 1,000g임

─〈보 기〉─

ㄱ. 60kg 성인의 경우, 체내에서 차지하는 수분의 무게는 약 36kg이다.
ㄴ. 80kg 성인의 경우, 체내에서 약 4,760ml의 수분이 부족하면 사망하게 된다.
ㄷ. 70kg 성인의 경우, 성인 1일 기준 수분배출량만큼의 수분이 부족하면 혼수상태에 빠질 수 있다.
ㄹ. 성인 1일 기준 수분배출량의 30%를 상추와 쌀밥만으로 섭취한다고 할 때, 상추 400g과 쌀밥 300g이면 충분하다.

① ㄱ, ㄴ
② ㄱ, ㄷ
③ ㄴ, ㄷ
④ ㄴ, ㄹ
⑤ ㄱ, ㄷ, ㄹ

29. 다음 글에 근거할 때, 옳게 추론한 것을 〈보기〉에서 모두 고르면?

12년 행시(인) 2번

클래식 음악에는 보통 'Op.'로 시작하는 작품번호가 붙는다. 이는 '작품'을 의미하는 라틴어 Opus의 약자에서 비롯되었다. 한편 몇몇 작곡가들의 작품에는 다른 약자로 시작하는 작품 번호가 붙기도 한다. 예를 들면 하이든의 작품에는 통상적으로 'Hob.'로 시작하는 작품번호가 붙는다. 이는 네덜란드의 안토니 판 호보켄이 1957년과 1971년 하이든의 음악을 정리하여 낸 두 권의 카탈로그에서 유래한 것이다.

'RV.'는 Ryom-Verzeichnis(리옹번호를 뜻하는 독일어)의 약자이다. 이는 1977년 프랑스의 피터 리옹이 비발디의 방대한 작품들을 번호순으로 정리하여 출판한 목록에서 비롯되었다. 비발디의 작품에 대해서는 그전에도 마르크 핀케를(P.)이나 안토니오 파나(F.)에 의한 번호목록이 출판되었으나, 리옹의 작품번호가 가장 포괄적이며 많이 쓰인다.

바흐 역시 작품마다 고유의 작품번호가 붙어 있는데 이것은 바흐의 작품을 구분하여 정리한 볼프강 슈미더에 의한 것이다. 'BWV'는 Bach-Werke-Verzeichnis(바흐의 작품번호를 뜻하는 독일어)의 첫 글자를 따온 것으로, 정리한 순서대로 아라비아 숫자가 붙어서 바흐의 작품번호가 되었다. 'BWV'는 총 1,080개의 바흐의 작품에 붙어 있다.

모차르트의 작품에 가장 빈번히 사용되는 'K.'는 오스트리아의 모차르트 연구가 루드비히 폰 쾨헬의 이니셜을 딴 것이다. 그는 총 626곡의 모차르트 작품에 번호를 매겼다. 'K.'는 종종 '쾨헬번호'라는 의미의 Köchel-Verzeichnis의 약자인 'KV.'로 표기되기도 한다.

'D.'로 시작하는 작품번호는 슈베르트에 관한 권위자인 오토 에리히 도이치의 이름을 따서 붙여진 것이다. 오스트리아의 음악 문헌학자이며 전기작가인 도이치는 연대순으로 총 998개의 슈베르트 작품에 번호를 매겼다.

─── 〈보 기〉 ───

ㄱ. 작품번호만 보아도 누구의 곡인지 알 수 있는 경우가 있다.

ㄴ. 비발디의 작품번호를 최초로 정리하여 출판한 사람은 피터 리옹이다.

ㄷ. 몇몇 작곡가들의 작품번호는 작품들을 정리한 사람 이름의 이니셜을 사용하기도 한다.

ㄹ. BWV293과 D.759라는 작품이 있다면 그것은 각각 바흐와 슈베르트의 작품일 것이다.

① ㄱ, ㄴ

② ㄱ, ㄹ

③ ㄴ, ㄷ

④ ㄱ, ㄷ, ㄹ

⑤ ㄴ, ㄷ, ㄹ

30. 다음 글에 근거할 때, 옳은 것을 〈보기〉에서 모두 고르면?

12년 행시(인) 23번

종묘(宗廟)는 조선시대 역대 왕과 왕비, 그리고 추존(追尊)된 왕과 왕비의 신주(神主)를 봉안하고 제사를 지내는 왕실의 사당이다. 신주는 사람이 죽은 후 하늘로 돌아간 신혼(神魂)이 의지하는 것으로, 왕과 왕비의 사후에도 그 신혼이 의지할 수 있도록 신주를 제작하여 종묘에 봉안했다.

조선 왕실의 신주는 우주(虞主)와 연주(練主) 두 종류가 있는데, 이 두 신주는 모양은 같지만 쓰는 방식이 달랐다. 먼저 우주는 묘호(廟號), 상시(上諡), 대왕(大王)의 순서로 붙여서 썼다. 여기에서 묘호와 상시는 임금이 승하한 후에 신위(神位)를 종묘에 봉안할 때 올리는 것으로서, 묘호는 '태종', '세종', '문종' 등과 같은 추존칭호이고 상시는 8글자의 시호로 조선의 신하들이 정해 올렸다.

한편 연주는 유명증시(有明贈諡), 사시(賜諡), 묘호, 상시, 대왕의 순서로 붙여서 썼다. 사시란 중국이 조선의 승하한 국왕에게 내려준 시호였고, 유명증시는 '명나라 왕실이 시호를 내린다'는 의미로 사시 앞에 붙여 썼던 것이었다. 하지만 중국 왕조가 명나라에서 청나라로 바뀐 이후에는 연주의 표기 방식이 바뀌었는데, 종래의 표기 순서 중에서 유명증시와 사시를 빼고 표기하게 되었다. 유명증시를 뺀 것은 더 이상 시호를 내려줄 명나라가 존재하지 않았기 때문이었고, 사시를 뺀 것은 청나라가 시호를 보냈음에도 불구하고 조선이 청나라를 오랑캐의 나라로 치부하여 그것을 신주에 반영하지 않았기 때문이었다.

〈조선 왕조와 중국의 명·청 시대 구분표〉

조선	태조 (太祖)	정종 (定宗)	태종 (太宗)	…	인조 (仁祖)	…	숙종 (肅宗)	…
중국	명(明)					청(淸)		

─── 〈보 기〉 ───

ㄱ. 중국이 태종에게 내린 시호가 '공정(恭定)'이고 태종의 상시가 '성덕신공문무광효(聖德神功文武光孝)'라면, 태종의 연주에는 '유명증시공정태종성덕신공문무광효대왕(有明贈諡恭定太宗聖德神功文武光孝大王)'이라고 쓰여 있을 것이다.

ㄴ. 중국이 태종에게 내린 시호가 '공정(恭定)'이고 태종의 상시가 '성덕신공문무광효(聖德神功文武光孝)'라면, 태종의 우주에는 '태종성덕신공문무광효대왕(太宗聖德神功文武光孝大王)'이라고 쓰여 있을 것이다.

ㄷ. 중국이 인조에게 내린 시호가 '송창(松窓)'이고 인조의 상시가 '헌문열무명숙순효(憲文烈武明肅純孝)'라면, 인조의 연주에는 '송창인조헌문열무명숙순효대왕(松窓仁祖憲文烈武明肅純孝大王)'이라고 쓰여 있을 것이다.

ㄹ. 숙종의 우주와 연주는 다르게 표기되어 있을 것이다.

① ㄱ, ㄴ   ② ㄴ, ㄹ

③ ㄷ, ㄹ   ④ ㄱ, ㄴ, ㄷ

⑤ ㄱ, ㄷ, ㄹ

31. 다음 글을 읽고 옳게 추론한 것을 〈보기〉에서 모두 고르면?

11년 행시(발) 1번

기후변화란 자연적인 요인과 인위적인 요인에 의해 기후계가 점차 변화하는 것을 의미한다. IPCC※는 최근의 기후변화가 인간 활동에 의한 지구온난화 때문에 발생했을 가능성이 90%이며, 그 주요 원인은 화석연료의 과도한 사용으로 인한 온실가스 농도의 증가라고 밝히고 있다. 지구온난화에 가장 큰 영향을 미치는 6대 온실가스로는 이산화탄소(CO_2), 메탄(CH_4), 아산화질소(N_2O), 과불화탄소(PFC_S), 수불화탄소(HFC_S), 육불화황(SF_6)이 있다. 이 중 이산화탄소의 평균 농도는 산업혁명 전에는 약 280ppm이었으나, 2005년에는 379ppm으로 약 35.4%가 증가하였다.

한편 인공위성 관측자료(1979~2005년)에 의하면, 남극해 및 남극대륙 일부를 제외하고 전 지표면에서 온난화가 나타나고 있으며, 지난 20년 동안 육지의 온난화가 해양보다 빠르게 진행되어 왔다. 특히 온난화의 진행 정도는 북반구가 남반구에 비하여 훨씬 심하며, 북극지방의 평균온도 증가율은 지구 평균온도 증가율의 약 2배에 이르고 있다. 지난 43년 간(1961~2003년) 해수면은 연평균 0.17 ± 0.05m, 해수온은 약 0.1℃ 상승한 것으로 관측되었다. 해수면 상승의 주요 원인으로는 해수 열팽창과 빙하 해빙을 들 수 있다. 강수의 경우 눈보다는 비가 많으며 폭우가 전 지역에서 증가하였고, 가뭄과 홍수 발생지역도 증가하는 추세이다

※ IPCC(Intergovernmental Panel on Climate Change : 기후변화에 관한 정부간협의체)는 1988년 설립된 UN 산하 국제기구로 지구적인 환경문제에 대처하기 위해 세계 각국 3,000여명의 전문가로 구성된 모임임

―――――― 〈보 기〉 ――――――

ㄱ. 현재와 같은 온난화 추세가 지속되는 한, 북반구의 평균온도 변화는 남반구의 평균온도변화보다 더 클 수 있다.

ㄴ. 기후변화로 인한 육지의 생태계 변화는 해양의 생태계 변화보다 심하지 않을 것이다.

ㄷ. 산업혁명 이후 6대 온실가스 중에서 이산화탄소 농도의 증가율이 가장 크다.

ㄹ. 남극해의 평균온도 증가율은 지구 평균온도 증가율의 약 2배에 이르고 있다.

① ㄱ

② ㄱ, ㄷ

③ ㄴ, ㄹ

④ ㄷ, ㄹ

⑤ ㄱ, ㄴ, ㄹ

32. 다음 글과 〈보기〉의 내용이 부합하는 것만을 모두 고르면?

10년 행시(발) 21번

해양환경보호를 위한 전문가 그룹의 최근 보고서에 의하면 전 세계 해양오염의 발생원인은 육상기인(起因) 77%, 해상기인 12%, 육상폐기물의 해양투기 10% 등이다. 육상기인의 약 60%는 육상으로부터의 직접유입이고, 약 40%는 대기를 통한 유입이다. 육상폐기물 해양투기의 대부분은 항로 확보 및 수심유지를 위한 준설물질이 차지하고 있다. 반면에 우리나라의 경우에는 하수오니(오염물질을 포함한 진흙), 축산분뇨 등 유기물질의 해양투기량이 준설물질의 투기량을 훨씬 능가하고 있는 실정이다.

국제사회는 1970년대부터 이미 육상폐기물 해양투기규제협약과 선박으로부터의 해양오염방지협약 등 국제협약을 발효하여 해양오염에 대한 문제의식을 고취시켰다. 또한 1990년대에 접어들면서 육상기인 오염에 대하여 그 중요성을 인식하고 '육상활동으로부터 해양환경보호를 위한 범지구적 실천기구'를 발족하여 육상기인 오염에 대한 관리를 강화하고 있다.

우리나라에서는 1977년 「해양오염방지법」을 제정하여 주로 선박 및 해양시설로부터의 해양오염을 규제해 왔으며, 1995년 씨 프린스 호 사고 이후로는 선박기름 유출사고 등에 대비한 방제능력을 강화해 왔다. 1996년 해양수산부 설치 이후에는 보다 적극적인 해양환경보호활동에 나섰다. 또한 「해양환경관리법」을 제정하여 해양환경의 종합적 관리기반을 구축할 수 있도록 입법체계 정비를 추진하였으며, 오염된 해역에 대한 오염총량관리제의 도입도 추진하였다.

―――――― 〈보 기〉 ――――――

ㄱ. 우리나라의 육상폐기물 해양투기 중 항로 확보 등을 위한 준설물질의 해양투기 비율이 높으므로 이에 대한 대책 마련이 우선적으로 필요하다.

ㄴ. 세계적으로 해양오염을 야기하는 오염원을 보면, 대기를 통해 해양으로 유입되는 육상기인의 비율이 육상폐기물 해양투기의 비율보다 크다.

ㄷ. 우리나라에서는 해양수산부 설치 이전에는 관련법이 없었으므로 선박으로부터의 해양오염방지협약 등 국제협약을 직접 적용하여 해양환경을 관리했다.

ㄹ. 우리나라에서는 육상기인 해양오염이 유류오염사고로 인한 해양오염보다 심하다.

① ㄱ

② ㄴ

③ ㄱ, ㄴ

④ ㄴ, ㄹ

⑤ ㄷ, ㄹ

33. 다음 제시문에 근거하여 판단할 때 〈보기〉에서 옳은 것을 모두 고르면?

09년 행시(극) 23번

중위값(median)은 관찰값을 크기 순서로 나열했을 경우 가장 중앙에 위치하게 되는 값을 말하며, 평균(mean)은 관찰값의 합을 관찰값의 개수로 나눈 값을 말한다. 만일 관찰값의 분포가 좌우대칭의 종모양인 경우 중위값과 평균은 일치한다. 그러나 분포가 좌 또는 우로 치우쳐 있는 경우에는 평균이 극단값에 민감하게 영향을 받기 때문에 중위값과 평균은 일치하지 않는다.

경제 관련 자료의 경우 분포가 대칭인 것보다는 비대칭인 경우가 대부분을 차지하고 있다. 대표적 예로서 소득분포의 경우에는, 어느 나라에서나 분포의 봉우리가 가운데보다 왼쪽(소득이 적은 쪽)에 치우치게 되어 평균소득이 중위소득보다 크게 된다. 이 경우 다수의 인구(또는 가구)가 평균소득에 훨씬 못 미치는 소득수준에 머무르게 되기 때문에 이 평균소득을 근거로 한 국가의 후생수준을 평가하는 것은 문제가 있다. 이 같은 이유로 미국에서는 오래 전부터 지역주민들의 경제적 능력을 대표하는 수치로 평균소득이 아닌 중위소득을 공개하였다.

통계학적으로 중위값과 평균을 구하는 데는 동일한 양의 정보가 필요하기 때문에 지금까지 정부통계로 평균을 발표하던 것을 중위값으로 대체하거나 또는 중위값을 추가로 공개하더라도 추가적인 노력이나 비용이 필요없다. 그러나 정부가 정책을 입안할 때 어느 수치를 기준으로 하느냐에 따라 정책효과나 정책으로 인해 영향을 받게 되는 지역이나 주민은 달라질 가능성이 매우 크다. 해당 변수의 분포가 비대칭일수록 그 영향은 당연히 더욱 커지게 된다.

─── 〈보 기〉 ───

ㄱ. 정부는 신뢰성 있는 정보의 전달을 위해 추가비용이 들겠지만 평균과 중위값 정보를 동시에 제공해야 한다.

ㄴ. 각 국가별 무역수지를 조사하고 정책을 결정할 경우 중위값을 사용하더라도 평균값을 사용하는 경우와 같이 극단값의 영향을 크게 받는다.

ㄷ. 전국 주택가격의 가격 분포가 대칭적이라면 굳이 중위값을 사용할 필요가 없다.

ㄹ. 평균소득과 중위소득의 차이가 클 경우 평균소득으로 후생수준을 판단하는 것은 적정한 방법이라 할 수 없다.

ㅁ. 특정 경제변수의 분포가 우측(경제변수의 크기가 큰 쪽)으로 치우친 경우 중위값이 평균보다 좌측에 있다.

① ㄱ, ㄴ
② ㄴ, ㄹ
③ ㄷ, ㄹ
④ ㄱ, ㄴ, ㅁ
⑤ ㄷ, ㄹ, ㅁ

---

34. 다음 글을 근거로 판단할 때, 〈보기〉에서 옳은 것만을 모두 고르면?

14년 행시(A) 23번

A4(210mm×297mm)를 비롯한 국제표준 용지 규격은 독일 물리학자 게오르크 리히텐베르크에 의해 1786년에 처음으로 언급되었다. 이른바 A시리즈 용지들의 면적은 한 등급 올라갈 때마다 두 배로 커진다. 한 등급의 가로는 그 위 등급의 세로의 절반이고, 세로는 그 위 등급의 가로와 같으며, 모든 등급들의 가로 대 세로 비율은 동일하기 때문이다. 용지들의 가로를 W, 세로를 L이라고 하면, 한 등급의 가로 대 세로 비율과 그 위 등급의 가로 대 세로의 비율이 같아야 한다는 것은 등식 $W/L = L/2W$이 성립해야 한다는 것과 같다. 다시 말해 $L^2 = 2W^2$이 성립해야 하므로 가로 대 세로 비율은 1대 $\sqrt{2}$가 되어야 한다. 요컨대 세로가 가로의 $\sqrt{2}$배여야 한다. $\sqrt{2}$는 대략 1.4이다.

이 비율 덕분에 우리는 A3 한 장을 축소복사하여 A4 한 장에 꼭 맞게 출력할 수 있다. A3를 A4로 축소할 때의 비율은 복사기의 제어판에 70%로 표시된다. 왜냐하면 그 비율은 길이를 축소하는 비율을 의미하고, $1/\sqrt{2}$은 대략 0.7이기 때문이다. 이 비율로 가로와 세로를 축소하면 면적은 1/2로 줄어든다.

반면 미국과 캐나다에서 쓰이는 미국표준협회 규격용지들은 가로와 세로가 인치 단위로 정해져 있으며, 레터용지(8.5인치×11.0인치), 리걸용지(11인치×17인치), 이그제큐티브용지(17인치×22인치), D레저용지(22인치×34인치), E레저용지(34인치×44인치)가 있다. 미국표준협회 규격 용지의 경우, 한 용지와 그보다 두 등급 위의 용지는 가로 대 세로 비율이 같다.

─── 〈보 기〉 ───

ㄱ. 국제표준 용지 중 A2 용지의 크기는 420mm×594mm이다.

ㄴ. A시리즈 용지의 경우, 가장 높은 등급의 용지를 잘라서 바로 아래 등급의 용지 두 장을 만들 수 있다.

ㄷ. A시리즈 용지의 경우, 한 등급 위의 용지로 확대복사할 때 복사기의 제어판에 표시되는 비율은 130%이다.

ㄹ. 미국표준협회 규격 용지의 경우, 세로를 가로로 나눈 값은 $\sqrt{2}$이다.

① ㄱ
② ㄱ, ㄴ
③ ㄴ, ㄹ
④ ㄱ, ㄴ, ㄷ
⑤ ㄱ, ㄷ, ㄹ

35. 다음 글에 근거하여 5행(行)−5수(數)−5상(常)−4신(神)을 바르게 짝지은 것은?

10년 행시(발) 22번

가. 음양오행론(陰陽五行論)은 상생(相生)과 상극(相克)의 두 작용을 통해 생명이 창출된다고 본다. 오행은 5상(常)[인(仁)·의(義)·예(禮)·지(智)·신(信)]과 5수(數)[5·6·7·8·9]로 연결되어 해석된다.

나. 상생은 물(水)이 나무를 낳고, 나무(木)가 불을 낳고, 불(火)이 흙을 낳고, 흙(土)이 금을 낳고, 금(金)이 물을 낳는다는 원리이다. 신라, 고려, 조선의 순서로 왕조가 교체된 것은 상생원리로 해석할 수 있다. 정감록에 따르면 조선 다음에는 불의 기운을 가진 정씨가 새로운 세상을 연다고 한다. 불의 숫자는 7이다.

다. 신라, 고려, 조선은 오행에 대응하는 5수를 선호하여 그에 따른 특징을 가지고 있었다. 그래서 조선은 전국을 8도로 나누었고, 고려는 6구역(5도＋양계)으로 나누었으며, 신라는 9층탑을 세우고 전국을 9주로 나누었다.

라. 5상과 방위를 연결하여 4대문[돈의문(敦義門), 소지문(炤智門), 숭례문(崇禮門), 흥인문(興仁門)]과 중앙에 보신각(普信閣)이 건립되었다. 흥인문과 돈의문, 숭례문과 소지문이 서로 마주 보고 있다. 이는 4신(神 : 청룡, 백호, 주작, 현무)과도 연결된다. 고구려 고분벽화의 사신도에는 청룡 맞은편에 백호, 주작 맞은편에 현무가 4방(方)에 각각 위치해 그려져 있다. 이 중 주작은 붉은[火] 봉황을 의미하며, 숭례문과 연결된다. 흥인문은 청룡을 뜻하고 인(仁)은 목(木)과 연결된다.

마. 4대문과 4신의 배치에는 상극의 원리를 적용하여, 물(水)이 불(火)을, 금(金)이 나무(木)를 마주 보게 하였다.

	5행	5수	5상	4신
①	수	6	지	현무
②	화	7	의	주작
③	목	9	인	청룡
④	금	8	예	백호
⑤	토	5	신	백호

04 단순계산

36. 다음 글과 〈상황〉을 근거로 판단할 때, □□연구지원센터가 지급할 연구비 총액은?

23년 행시(가) 17번

□□연구지원센터는 최대 3개의 연구팀을 선정하여 연구비를 지급하고자 한다. 선정 및 연구비 지급 기준은 아래와 같다.

• 평가 항목은 연구실적 건수, 피인용 횟수, 연구계획서 평가결과, 특허출원 건수이며, 항목별 점수는 다음과 같다.
　– 연구실적 건수 : 1건당 15점
　– 피인용 횟수 : 5회마다 1점
　– 연구계획서 평가결과 : '우수' 25점, '보통' 20점, '미흡' 15점
　– 특허출원 건수 : 1건당 3점

• 합계 점수 상위 3개 팀을 고르되, 합계 점수가 80점 미만인 팀은 3위 안에 들더라도 선정에서 제외한다.

• 선정된 연구팀에게 지급할 연구비는 다음과 같다.
　– 1위 : 10억 원, 2위 : 7억 원, 3위 : 4억 원
　– 단, 선정된 연구팀 가운데 연구계획서 평가에서 '우수'를 받은 연구팀은 1억 원을 증액 지급하고, 특허출원이 3건 미만인 연구팀은 1억 원을 감액 지급한다.

〈상 황〉

다음은 연구팀 A~E에 대한 평가 자료이다.

구분	연구실적 건수	피인용 횟수	연구계획서 평가결과	특허출원 건수
A	2	45	보통	3
B	3	62	우수	4
C	2	88	미흡	5
D	4	37	보통	2
E	1	165	우수	2

① 17억 원
② 18억 원
③ 19억 원
④ 21억 원
⑤ 22억 원

37. 다음 글을 근거로 판단할 때, 창렬이가 결제할 최소 금액은?

20년 행시(나) 8번

- 창렬이는 이번 달에 인터넷 면세점에서 가방, 영양제, 목베개를 각 1개씩 구매한다. 각 물품의 정가와 이번 달 개별 물품의 할인율은 다음과 같다.

구분	정가(달러)	이번 달 할인율(%)
가방	150	10
영양제	100	30
목베개	50	10

- 이번 달 개별 물품의 할인율은 자동 적용된다.
- 이번 달 구매하는 모든 물품의 결제 금액에 대해 20 %를 일괄적으로 할인받는 '이달의 할인 쿠폰'을 사용할 수 있다.
- 이번 달은 쇼핑 행사가 열려, 결제해야 할 금액이 200달러를 초과할 때 '20,000원 추가 할인 쿠폰'을 사용할 수 있다.
- 할인은 '개별 물품 할인 → 이달의 할인 쿠폰 → 20,000원 추가 할인 쿠폰' 순서로 적용된다.
- 환율은 1달러 당 1,000원이다.

① 180,000원
② 189,000원
③ 196,000원
④ 200,000원
⑤ 210,000원

---

38. 다음 글과 〈설립위치 선정 기준〉을 근거로 판단할 때, A사가 서비스센터를 설립하는 방식과 위치로 옳은 것은? 17년 행시(가) 30번

- 휴대폰 제조사 A는 B국에 고객서비스를 제공하기 위해 1개의 서비스센터 설립을 추진하려고 한다.
- 설립방식에는 (가)방식과 (나)방식이 있다.
- A사는 {(고객만족도 효과의 현재가치) − (비용의 현재가치)}의 값이 큰 방식을 선택한다.
- 비용에는 규제비용과 로열티비용이 있다.

구분		(가)방식	(나)방식
고객만족도 효과의 현재가치		5억 원	4.5억 원
비용의 현재가치	규제 비용	3억 원(설립 당해년도만 발생)	없음
	로열티 비용	없음	− 3년간 로열티비용을 지불함 − 로열티비용의 현재가치 환산액 : 설립 당해년도는 2억 원, 그 다음 해부터는 직전년도 로열티비용의 1/2씩 감액한 금액

※ 고객만족도 효과의 현재가치는 설립 당해년도를 기준으로 산정된 결과임

〈설립위치 선정 기준〉

- 설립위치로 B국의 甲, 乙, 丙 3곳을 검토 중이며, 각 위치의 특성은 다음과 같다.

위치	유동인구(만 명)	20~30대 비율(%)	교통혼잡성
甲	80	75	3
乙	100	50	1
丙	75	60	2

- A사는 {(유동인구) × (20~30대 비율)/(교통혼잡성)} 값이 큰 곳을 선정한다. 다만 A사는 제품의 특성을 고려하여 20~30대 비율이 50% 이하인 지역은 선정대상에서 제외한다.

	설립방식	설립위치
①	(가)	甲
②	(가)	丙
③	(나)	甲
④	(나)	乙
⑤	(나)	丙

39. 다음 글을 근거로 판단할 때, ⬚①⬚에 해당하는 값은?
(단, 소수점 이하는 반올림한다)
14년 행시(A) 4번

> 한 남자가 도심 거리에서 강도를 당했다. 그는 그 강도가 흑인이라고 주장했다. 그러나 사건을 담당한 재판부가 당시와 유사한 조건을 갖추고 현장을 재연했을 때, 피해자가 강도의 인종을 정확하게 인식한 비율이 80% 정도밖에 되지 않았다. 강도가 정말로 흑인일 확률은 얼마일까?
>
> 물론 많은 사람들이 그 확률은 80%라고 말할 것이다. 그러나 실제 확률은 이보다 상당히 낮을 수 있다. 인구가 1,000명인 도시를 예로 들어 생각해보자. 이 도시 인구의 90%는 백인이고 10%만이 흑인이다. 또한 강도짓을 할 가능성은 두 인종 모두 10%로 동일하며, 피해자가 백인을 흑인으로 잘못 보거나 흑인을 백인으로 잘못 볼 가능성은 20%로 똑같다고 가정한다. 이 같은 전제가 주어졌을 때, 실제 흑인강도 10명 가운데 (   )명만 정확히 흑인으로 인식될 수 있으며, 실제 백인강도 90명 중 (   )명은 흑인으로 오인된다. 따라서 흑인으로 인식된 (   )명 가운데 (   )명만이 흑인이므로, 피해자가 범인이 흑인이라는 진술을 했을 때 그가 실제로 흑인에게 강도를 당했을 확률은 겨우 (   )분의 (   ), 즉 약 ⬚①⬚%에 불과하다.

① 18
② 21
③ 26
④ 31
⑤ 36

---

40. 다음 글을 근거로 판단할 때, 평가대상기관(A~D) 중 최종순위 최상위기관과 최하위기관을 고르면?
18년 행시(나) 8번

> 〈공공시설물 내진보강대책 추진실적 평가기준〉
> • 평가요소 및 점수부여
>
> - 내진성능평가지수 $= \dfrac{\text{내진보강공사실적건수}}{\text{내진보강대상건수}} \times 100$
>
> - 내진보강공사지수 $= \dfrac{\text{내진성능평가실적건수}}{\text{내진보강대상건수}} \times 100$
>
> - 산출된 지수 값에 따른 점수는 아래 표와 같이 부여한다.
>
> | 구분 | 지수 값 최상위 1개 기관 | 지수 값 중위 2개 기관 | 지수 값 최하위 1개 기관 |
> |---|---|---|---|
> | 내진성능 평가점수 | 5점 | 3점 | 1점 |
> | 내진보강 공사점수 | 5점 | 3점 | 1점 |
>
> • 최종순위 결정
> - 내진성능평가점수와 내진보강공사점수의 합이 큰 기관에 높은 순위를 부여한다.
> - 합산 점수가 동점인 경우에는 내진보강대상건수가 많은 기관을 높은 순위로 한다.
>
> 〈평가대상기관의 실적〉
>
> (단위 : 건)
>
> | 구분 | A | B | C | D |
> |---|---|---|---|---|
> | 내진성능 평가실적 | 82 | 72 | 72 | 83 |
> | 내진보강 공사실적 | 91 | 76 | 81 | 96 |
> | 내진보강 대상 | 100 | 80 | 90 | 100 |

	최상위기관	최하위기관
①	A	B
②	B	C
③	B	D
④	C	D
⑤	D	C

41. 다음 〈지원계획〉과 〈연구모임 현황 및 평가결과〉를 근거로 판단할 때, 연구모임 A~E 중 두 번째로 많은 총지원금을 받는 모임은? 17년 행시(가) 8번

〈지원계획〉

- 지원을 받기 위해서는 한 모임당 6명 이상 9명 미만으로 구성되어야 한다.
- 기본지원금
  한 모임당 1,500천 원을 기본으로 지원한다. 단, 상품개발을 위한 모임의 경우는 2,000천 원을 지원한다.
- 추가지원금
  연구 계획 사전평가결과에 따라,
  '상' 등급을 받은 모임에는 구성원 1인당 120천 원을,
  '중' 등급을 받은 모임에는 구성원 1인당 100천 원을,
  '하' 등급을 받은 모임에는 구성원 1인당 70천 원을 추가로 지원한다.
- 협업 장려를 위해 협업이 인정되는 모임에는 위의 두 지원금을 합한 금액의 30%를 별도로 지원한다.

〈연구모임 현황 및 평가결과〉

모임	상품개발 여부	구성원 수	연구 계획 사전평가결과	협업 인정 여부
A	○	5	상	○
B	×	6	중	×
C	×	8	상	○
D	○	7	중	×
E	×	9	하	×

① A
② B
③ C
④ D
⑤ E

---

42. 〈여성권익사업 보조금 지급 기준〉과 〈여성폭력피해자 보호시설 현황〉을 근거로 판단할 때, 지급받을 수 있는 보조금의 총액이 큰 시설부터 작은 시설 순으로 바르게 나열된 것은?(단, 4개 보호시설의 종사자에는 각 1명의 시설장(長)이 포함되어 있다) 15년 행시(인) 12번

〈여성권익사업 보조금 지급 기준〉

1. 여성폭력피해자 보호시설 운영비
   - 종사자 1~2인 시설 : 240백만 원
   - 종사자 3~4인 시설 : 320백만 원
   - 종사자 5인 이상 시설 : 400백만 원
   ※ 단, 평가등급이 1등급인 보호시설에는 해당 지급액의 100%를 지급하지만, 2등급인 보호시설에는 80%, 3등급인 보호시설에는 60%를 지급한다.
2. 여성폭력피해자 보호시설 사업비
   - 종사자 1~3인 시설 : 60백만 원
   - 종사자 4인 이상 시설 : 80백만 원
3. 여성폭력피해자 보호시설 종사자 장려수당
   - 종사자 1인당 50백만 원
   ※ 단, 종사자가 5인 이상인 보호시설의 경우 시설장에게는 장려수당을 지급하지 않는다.
4. 여성폭력피해자 보호시설 입소자 간식비
   - 입소자 1인당 1백만 원

〈여성폭력피해자 보호시설 현황〉

보호시설	종사자 수(인)	입소자 수(인)	평가등급
A	4	7	1
B	2	8	1
C	4	10	2
D	5	12	3

① A - C - D - B
② A - D - C - B
③ C - A - B - D
④ D - A - C - B
⑤ D - C - A - B

43. 다음 조건에서 2010년 5월 중에 스킨과 로션을 1병씩 살 때, 총 비용이 가장 적게 드는 경우는?(다만 2010년 5월 1일 현재 스킨과 로션은 남아있으며, 다 썼다는 말이 없으면 그 화장품은 남아있다고 가정한다)

10년 행시(발) 17번

- 화장품 정가는 스킨 1만 원, 로션 2만 원이다.
- 화장품 가게에서는 매달 15일에 전 품목 20% 할인 행사를 한다.
- 화장품 가게에서는 달과 날짜가 같은 날(1월 1일, 2월 2일 등)에 A사 카드를 사용하면 정가의 10%를 할인해 준다.
- 총 비용이란 화장품 구매 가격과 체감 비용(화장품을 다 써서 느끼는 불편)을 합한 것이다.
- 체감 비용은 스킨과 로션 모두 하루에 500원씩이다.
- 체감 비용을 계산할 때, 화장품을 다 쓴 당일은 포함하고 구매한 날은 포함하지 않는다.
- 화장품을 다 쓴 당일에 구매하면 체감 비용은 없으며, 화장품이 남은 상태에서 새 제품을 구입할 때도 체감 비용은 없다.

① 3일에 스킨만 다 써서, 5일에 A사 카드로 스킨과 로션을 살 경우

② 13일에 로션만 다 써서 당일 로션을 사고, 15일에 스킨을 살 경우

③ 10일에 스킨과 로션을 다 써서 15일에 스킨과 로션을 같이 살 경우

④ 3일에 스킨만 다 써서 당일 스킨을 사고, 13일에 로션을 다 써서, 15일에 로션만 살 경우

⑤ 3일에 스킨을 다 써서 5일에 B사 카드로 스킨을 사고, 14일에 로션을 다 써서 이튿날 로션을 살 경우

44. 다음 〈상황〉을 근거로 판단할 때, 〈대안〉의 월 소요 예산 규모를 비교한 것으로 옳은 것은?

18년 행시(나) 32번

――――――〈상 황〉――――――

- 甲사무관은 빈곤과 저출산 문제를 해결하기 위한 대안을 분석 중이다.
- 전체 1,500가구는 자녀 수에 따라 네 가지 유형으로 구분할 수 있는데, 그 구성은 무자녀 가구 300가구, 한 자녀 가구 600가구, 두 자녀 가구 500가구, 세 자녀 이상 가구 100가구이다.
- 전체 가구의 월 평균 소득은 200만 원이다.
- 각 가구 유형의 30%는 맞벌이 가구이다.
- 각 가구 유형의 20%는 빈곤 가구이다.

――――――〈대 안〉――――――

A안 : 모든 빈곤 가구에게 전체 가구 월 평균 소득의 25%에 해당하는 금액을 가구당 매월 지급한다.

B안 : 한 자녀 가구에는 10만 원, 두 자녀 가구에는 20만 원, 세 자녀 이상 가구에는 30만 원을 가구당 매월 지급한다.

C안 : 자녀가 있는 모든 맞벌이 가구에 자녀 1명당 30만 원을 매월 지급한다. 다만, 세 자녀 이상의 맞벌이 가구에는 일률적으로 가구당 100만 원을 매월 지급한다.

① A < B < C
② A < C < B
③ B < A < C
④ B < C < A
⑤ C < A < B

45. A대학 B학과에 5명(甲~戊)이 지원하였다. B학과는 〈수능 최저학력기준〉을 통과한 지원자 중에서 학교생활기록부 전학년평균등급 최상위자 1명을 선발할 예정이다. 학교생활기록부 반영교과는 국어, 영어, 수학이다. 다음 〈자료〉에 근거할 때, B학과에 합격할 수 있는 지원자는?

12년 행시(인) 38번

전학년 평균등급 $= \dfrac{\Sigma[\text{교과별 평균등급} \times \text{교과별 보정계수}]}{\text{반영교과의 수}}$

※ 보정계수 : 해당 교과의 과목을 많이 이수하면 유리하도록 교과별 평균등급에 곱하는 계수

〈보정계수 산출방법〉

반영 교과의 보정계수 $= 1.2 - \left(0.6 \times \dfrac{N_{\text{교과}}}{60}\right)$

(단, $N_{\text{교과}} \geqq 60$이면 보정계수는 0.6)

※ $N_{\text{교과}} =$ 해당 교과의 이수단위 합

〈수능최저학력기준〉

언어, 외국어, 수리, 사회탐구 중 상위 3개 영역 수능등급의 평균이 2등급 이내

— 〈자 료〉 —

구분	학교생활기록부						수능등급			
	국어		영어		수학		언어	외국어	수리	사회탐구
	평균등급	이수단위합	평균등급	이수단위합	평균등급	이수단위합				
甲	1	30	2	40	2	40	1	4	2	5
乙	1.2	40	1	60	2	30	3	1	1	4
丙	2	30	1.5	20	1	50	1	2	4	4
丁	2	30	1.5	40	1.2	60	1	1	1	3
戊	2	80	1	50	1.5	20	1	2	3	4

① 甲
② 乙
③ 丙
④ 丁
⑤ 戊

---

46. 다음 글과 〈상황〉을 근거로 판단할 때, 가원이가 A무인세탁소 사업자로부터 받을 총액은?

23년 행시(가) 38번

A무인세탁소의 사업자가 사업장 내 기기의 관리상 주의를 소홀히 하여 세탁물이 훼손된 경우, 아래와 같은 배상 및 환급 기준을 적용한다.

• 훼손된 세탁물에 대한 배상액은 '훼손된 세탁물의 구입가격 × 배상비율'로 산정한다. 배상비율은 물품의 내구연한과 사용일수에 따라 다르며 아래 〈배상비율표〉에 따른다.
• 물품의 사용일수는 사용개시일에 상관없이 구입일부터 세탁일까지의 일수이다.
• 사업자는 훼손된 세탁물에 대한 배상과는 별도로 고객이 지불한 이용요금 전액을 환급한다.

〈배상비율표〉

내구연한	배상비율			
	80%	60%	40%	20%
1년	0~44일	45~134일	135~269일	270일 ~
2년	0~88일	89~268일	269~538일	539일 ~
3년	0~133일	134~403일	404~808일	809일 ~

— 〈상 황〉 —

가원이는 2022. 12. 20. A무인세탁소에서 셔츠, 조끼, 치마를 한꺼번에 세탁하였다. 그런데 사업자의 세탁기 관리 소홀로 인하여 세탁물 모두가 훼손되었다.

A무인세탁소의 이용요금은 세탁 1회당 8,000원이며, 가원이의 세탁물 정보는 다음과 같다.

구분	내구연한	구입일	사용개시일	구입가격
셔츠	1년	2022. 10. 10.	2022. 11. 15.	4만 원
조끼	3년	2021. 1. 20.	2022. 1. 22.	6만 원
치마	2년	2022. 12. 1.	2022. 12. 10.	7만 원

① 124,000원
② 112,000원
③ 104,000원
④ 96,000원
⑤ 88,000원

47. 다음 글을 근거로 판단할 때, 태은이의 만족도 점수의 합은?

20년 행시(나) 18번

태은이는 모처럼의 휴일을 즐길 계획을 세우고 있다. 예산 10만 원을 모두 사용하여 외식, 전시회 관람, 쇼핑을 한 번씩 한다. 태은이는 만족도 점수의 합이 최대가 되도록 항목별로 최대 6만 원까지 1만 원 단위로 지출한다. 다음은 항목별 지출에 따른 태은이의 만족도 점수이다.

구분	1만 원	2만 원	3만 원	4만 원	5만 원	6만 원
외식	3점	5점	7점	13점	15점	16점
전시회 관람	1점	3점	6점	9점	12점	13점
쇼핑	1점	2점	6점	8점	10점	13점

① 23점

② 24점

③ 25점

④ 26점

⑤ 27점

48. 다음 글에 근거할 때, 옳은 것을 〈보기〉에서 모두 고르면?

12년 행시(인) 13번

- 숫자판은 아래와 같이 6개의 전구를 켜거나 끌 수 있게 되어 있다.

〈숫자판〉

32	16	8	4	2	1
○	○	○	○	○	○

- 숫자판은 전구가 켜진 칸에 있는 숫자를 더하여 결과값을 표현한다. 예를 들어 아래의 숫자판은 결과값 '19'를 표현한다.

32	16	8	4	2	1
○	☼	○	○	☼	☼

(☼ : 불이 켜진 전구, ○ : 불이 꺼진 전구)

- 전구는 6개까지 동시에 켜질 수 있으며, 하나도 켜지지 않을 수도 있다.

〈보 기〉

ㄱ. 이 숫자판을 사용하면 1부터 63까지의 모든 자연수를 결과값으로 표현할 수 있다.

ㄴ. 숫자판에 한 개의 전구를 켜서 표현한 결과값은 두 개 이상의 전구를 켜서도 표현할 수 있다.

ㄷ. 숫자 1의 전구가 고장 나서 안 켜질 때 표현할 수 있는 결과값의 갯수가 숫자 32의 전구가 고장 나서 안 켜질 때 표현할 수 있는 결과값의 갯수보다 많다.

ㄹ. 숫자판에서 하나의 전구가 켜진 경우의 결과값은, 숫자판에서 그 외 다섯 개의 전구가 모두 켜진 경우의 결과값보다 클 수 있다.

① ㄱ, ㄷ

② ㄱ, ㄹ

③ ㄴ, ㄷ

④ ㄱ, ㄴ, ㄹ

⑤ ㄴ, ㄷ, ㄹ

49. 다음 글을 근거로 판단할 때, 〈보기〉에서 옳은 것만을 모두 고르면?

18년 행시(나) 12번

- 甲국의 1일 통관 물량은 1,000건이며, 모조품은 1일 통관 물량 중 1%의 확률로 존재한다.
- 검수율은 전체 통관 물량 중 검수대상을 무작위로 선정해 실제로 조사하는 비율을 뜻하는데, 현재 검수율은 10%로 전문 조사 인력은 매일 10명을 투입한다.
- 검수율을 추가로 10%p 상승시킬 때마다 전문 조사인력은 1일당 20명이 추가로 필요하다.
- 인건비는 1인당 1일 기준 30만 원이다.
- 모조품 적발 시 부과되는 벌금은 건당 1,000만 원이며, 이 중 인건비를 차감한 나머지를 세관의 '수입'으로 한다.

※ 검수대상에 포함된 모조품은 모두 적발되고, 부과된 벌금은 모두 징수된다.

〈보 기〉

ㄱ. 1일 평균 수입은 700만 원이다.
ㄴ. 모든 통관 물량에 대해 전수조사를 한다면 수입보다 인건비가 더 클 것이다.
ㄷ. 검수율이 40%면 1일 평균 수입은 현재의 4배 이상일 것이다.
ㄹ. 검수율을 30%로 하는 방안과 검수율을 10%로 유지한 채 벌금을 2배로 인상하는 방안을 비교하면 벌금을 인상하는 방안의 1일 평균 수입이 더 많을 것이다.

① ㄱ, ㄴ
② ㄴ, ㄷ
③ ㄱ, ㄴ, ㄹ
④ ㄱ, ㄷ, ㄹ
⑤ ㄴ, ㄷ, ㄹ

50. 다음 글과 〈상황〉을 근거로 판단할 때 옳은 것은?

15년 행시(인) 33번

- 춘향이와 몽룡이는 첫 만남을 가졌다.
- 첫 만남 이후 헤어질 당시, 춘향이가 몽룡이에 대해 느끼는 호감도는 70, 몽룡이가 춘향이에 대해 느끼는 호감도는 60이다.
- 헤어진 후 시간이 지날수록 만남의 여운이 옅어져, 헤어진 지 10분 이후부터는 1분이 지날 때마다 서로에 대한 호감도가 1씩 하락한다.
- 헤어진 지 10분 안에 문자메시지를 받게 되면, 참을성이 없어 보여 문자메시지를 먼저 보낸 사람에 대한 호감도가 10 하락한다.
- 문자메시지를 받은 사람은 먼저 문자메시지를 보낸 사람에 대한 호감도가 20 상승한다.
- 문자메시지 내용이 다음 만남을 제안하는 내용이거나, 하트 기호(♡)를 포함할 경우 호감도가 두 사람 모두 10 상승한다.
- 최종 호감도는 문자메시지를 받은 시점을 기준으로 한다.

※ 위의 각 조건은 해당 사항이 있을 경우 중복 적용됨

〈상 황〉

A : 헤어지고 15분 뒤, "다음 주말에 우리 함께 영화 볼래요?"라는 몽룡이의 문자메시지를 춘향이가 받음
B : 헤어지고 5분 뒤, "오늘 정말 즐거웠어요♡"라는 춘향이의 문자메시지를 몽룡이가 받음
C : 헤어지고 20분 뒤, "몽룡씨는 저와 참 잘 맞는 사람인 것 같아요"라는 춘향이의 문자메시지를 몽룡이가 받음

① 몽룡이가 춘향이에게 느끼는 최종 호감도는 상황 C가 가장 높다.
② 춘향이가 몽룡이에게 느끼는 최종 호감도는 상황 B가 가장 높다.
③ 몽룡이가 춘향이에게 느끼는 최종 호감도는 상황 B가 상황 C보다 15 높다.
④ 몽룡이가 춘향이에게 느끼는 최종 호감도는 상황 C가 상황 A보다 5 높다.
⑤ 상황 B의 경우 몽룡이가 춘향이에게 느끼는 최종 호감도가 춘향이가 몽룡이에게 느끼는 최종 호감도보다 높다.

51. 다음 〈그림〉은 데이터의 흐름도이다. 주어진 〈조건〉을 바탕으로 A에서 1이 입력되었을 때 F에서의 결과가 가장 크게 되는 값은?

08년 행시(조) 18번

〈그 림〉

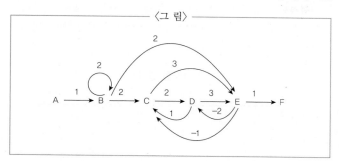

〈조 건〉

- 데이터는 화살표 방향으로만 이동할 수 있으며, 같은 경로를 여러 번 반복해서 이동할 수 있다.
- 화살표 위의 숫자는 그 경로를 통해 데이터가 1회 이동할 때마다 데이터에 곱해지는 수치를 의미한다.
- 각 경로를 따라 데이터가 이동할 때, 1회 이동 시간은 1시간이며, 데이터의 총 이동시간은 10시간을 초과할 수 없다.
- 데이터의 대소 관계는 [음수 < 0 < 양수]의 원칙에 따른다.

① 256
② 384
③ 432
④ 864
⑤ 1296

---

52. 다음 글을 근거로 판단할 때 옳지 않은 것은?

19년 행시(가) 16번

A구와 B구로 이루어진 신도시 甲시에는 어린이집과 복지회관이 없다. 이에 甲시는 60억 원의 건축 예산을 사용하여 아래 〈건축비와 만족도〉와 〈조건〉 하에서 시민 만족도가 가장 높도록 어린이집과 복지회관을 신축하려고 한다.

〈건축비와 만족도〉

지역	시설 종류	건축비(억 원)	만족도
A구	어린이집	20	35
	복지회관	15	30
B구	어린이집	15	40
	복지회관	20	50

〈조건〉
1) 예산 범위 내에서 시설을 신축한다.
2) 시민 만족도는 각 시설에 대한 만족도의 합으로 계산한다.
3) 각 구에는 최소 1개의 시설을 신축해야 한다.
4) 하나의 구에 동일 종류의 시설을 3개 이상 신축할 수 없다.
5) 하나의 구에 동일 종류의 시설을 2개 신축할 경우, 그 시설 중 한 시설에 대한 만족도는 20% 하락한다.

① 예산은 모두 사용될 것이다.
② A구에는 어린이집이 신축될 것이다.
③ B구에는 2개의 시설이 신축될 것이다.
④ 甲시에 신축되는 시설의 수는 4개일 것이다.
⑤ 〈조건〉 5)가 없더라도 신축되는 시설의 수는 달라지지 않을 것이다.

53. 다음 글을 근거로 판단할 때 옳지 않은 것은?

23년 행시(가) 27번

승화는 100원 단위로 가격이 책정되어 있는 아이스크림을 5개 샀다. 5개 아이스크림 가운데 1개의 가격은 다른 4개의 아이스크림 가격을 합한 것과 같았다. 승화가 산 아이스크림 중 두 번째로 비싼 아이스크림 가격은 1,500원이었고, 이는 승화가 산 어떤 한 아이스크림 가격의 3배였다. 승화가 산 5개 아이스크림 가격의 합은 5,000원이었다.

① 승화는 500원짜리 아이스크림을 샀다.

② 승화는 400원짜리 아이스크림을 샀을 수도 있다.

③ 승화는 가격이 같은 아이스크림을 2개 샀을 수도 있다.

④ 승화가 산 아이스크림 가운데 가장 비싼 아이스크림의 가격은 2,500원이었다.

⑤ 승화가 산 가장 비싼 아이스크림의 가격은 승화가 산 가장 싼 아이스크림 가격의 20배를 넘었을 수도 있다.

54. 다음 글을 근거로 판단할 때 옳은 것은?

19년 행시(가) 32번

○○기업은 5명(甲~戊)을 대상으로 면접시험을 실시하였다. 면접시험의 평가기준은 가치관, 열정, 표현력, 잠재력, 논증력 5가지 항목이며 각 항목 점수는 3점 만점이다. 이에 따라 5명은 항목별로 다음과 같은 점수를 받았다.

〈면접시험 결과〉

(단위 : 점)

구분	甲	乙	丙	丁	戊
가치관	3	2	3	2	2
열정	2	3	2	2	2
표현력	2	3	2	2	3
잠재력	3	2	2	3	3
논증력	2	2	3	3	2

종합점수는 각 항목별 점수에 항목가중치를 곱하여 합산하며, 종합점수가 높은 순으로 등수를 결정했다. 결과는 다음과 같다.

〈등수〉

1등	乙
2등	戊
3등	甲
4등	丁
5등	丙

① 잠재력은 열정보다 항목가중치가 높다.

② 논증력은 열정보다 항목가중치가 높다.

③ 잠재력은 가치관보다 항목가중치가 높다.

④ 가치관은 표현력보다 항목가중치가 높다.

⑤ 논증력은 잠재력보다 항목가중치가 높다.

55. 다음 글을 근거로 판단할 때, 〈보기〉에서 옳은 것만을 모두 고르면? 18년 행시(나) 17번

- 甲회사는 A기차역에 도착한 전체 관객을 B공연장까지 버스로 수송해야 한다.
- 이때 甲회사는 아래 표와 같이 콘서트 시작 4시간 전부터 1시간 단위로 전체 관객 대비 A기차역에 도착하는 관객의 비율을 예측하여 버스를 운행하고자 한다. 단, 콘서트 시작 시간까지 관객을 모두 수송해야 한다.

시각	전체 관객 대비 비율(%)
콘서트 시작 4시간 전	a
콘서트 시작 3시간 전	b
콘서트 시작 2시간 전	c
콘서트 시작 1시간 전	d
계	100

- 전체 관객 수는 40,000명이다.
- 버스는 한 번에 대당 최대 40명의 관객을 수송한다.
- 버스가 A기차역과 B공연장 사이를 왕복하는 데 걸리는 시간은 6분이다.

※ 관객의 버스 승·하차 및 공연장 입·퇴장에 소요되는 시간은 고려하지 않음

〈보 기〉

ㄱ. a=b=c=d=25라면, 甲회사가 전체 관객을 A기차역에서 B공연장으로 수송하는 데 필요한 버스는 최소 20대이다.

ㄴ. a=10, b=20, c=30, d=40이라면, 甲회사가 전체 관객을 A기차역에서 B공연장으로 수송하는 데 필요한 버스는 최소 40대이다.

ㄷ. 만일 콘서트가 끝난 후 2시간 이내에 전체 관객을 B공연장에서 A기차역까지 버스로 수송해야 한다면, 이때 甲회사에게 필요한 버스는 최소 50대이다.

① ㄱ
② ㄴ
③ ㄱ, ㄴ
④ ㄱ, ㄷ
⑤ ㄴ, ㄷ

---

56. 다음 글과 〈2014년 아동안전지도 제작 사업 현황〉을 근거로 판단할 때, 〈보기〉에서 옳은 것만을 모두 고르면? 15년 행시(인) 32번

가. 아동안전지도 제작은 학교 주변의 위험·안전환경 요인을 초등학생들이 직접 조사하여 지도화하는 체험교육과정이다. 관할행정청은 각 시·도 관내 초등학교의 30% 이상이 아동안전지도를 제작하도록 권장하는 사업을 실시하고 있다.

나. 각 초등학교는 1개의 아동안전지도를 제작하며, 이 지도를 활용하여 학교 주변의 위험환경을 개선한 경우 '환경개선학교'로 등록된다.

다. 1년 동안의 아동안전지도 제작 사업을 평가하기 위한 평가점수 산식은 다음과 같다.

$$평가점수 = 학교참가도 \times 0.6 + 환경개선도 \times 0.4$$

- 학교참가도 $= \dfrac{제작학교 수}{관내 초등학교 수 \times 0.3} \times 100$

  ※ 단, 학교참가도가 100을 초과하는 경우 100으로 간주

- 환경개선도 $= \dfrac{환경개선학교 수}{제작학교 수} \times 100$

〈2014년 아동안전지도 제작 사업 현황〉

(단위 : 개)

시	관내 초등학교 수	제작학교 수	환경개선학교 수
A	50	12	9
B	70	21	21
C	60	20	15

〈보 기〉

ㄱ. A시와 C시의 환경개선도는 같다.

ㄴ. 아동안전지도 제작 사업 평가점수가 가장 높은 시는 C시이다.

ㄷ. 2014년에 A시 관내 3개 초등학교가 추가로 아동안전지도를 제작했다면, A시와 C시의 학교참가도는 동일했을 것이다.

① ㄱ
② ㄴ
③ ㄷ
④ ㄱ, ㄴ
⑤ ㄱ, ㄷ

57. 다음 〈감독의 말〉과 〈상황〉을 근거로 판단할 때, 甲~戊 중 드라마에 캐스팅되는 배우는?
19년 행시(가) 11번

─── 〈감독의 말〉 ───

안녕하세요 여러분. '열혈 군의관, 조선시대로 가다!' 드라마 오디션에 지원해 주셔서 감사합니다. 잠시 후 오디션을 시작할 텐데요. 이번 오디션에서 캐스팅하려는 역은 20대 후반의 군의관입니다. 오디션 실시 후 오디션 점수를 기본 점수로 하고, 다음 채점 기준의 해당 점수를 기본 점수에 가감하여 최종 점수를 산출하며, 이 최종 점수가 가장 높은 사람을 캐스팅합니다.

첫째, 28세를 기준으로 나이가 많거나 적은 사람은 1세 차이당 2점씩 감점하겠습니다. 둘째, 이전에 군의관 역할을 연기해 본 경험이 있는 사람은 5점을 감점하겠습니다. 시청자들이 식상해 할 수 있을 것 같아서요. 셋째, 저희 드라마가 퓨전 사극이기 때문에, 사극에 출연해 본 경험이 있는 사람에게는 10점의 가점을 드리겠습니다. 넷째, 최종 점수가 가장 높은 사람이 여럿인 경우, 그중 기본 점수가 가장 높은 한 사람을 캐스팅하도록 하겠습니다.

─── 〈상 황〉 ───

- 오디션 지원자는 총 5명이다.
- 오디션 점수는 甲이 76점, 乙이 78점, 丙이 80점, 丁이 82점, 戊가 85점이다.
- 각 배우의 오디션 점수에 각자의 나이를 더한 값은 모두 같다.
- 오디션 점수가 세 번째로 높은 사람만 군의관 역할을 연기해 본 경험이 있다.
- 나이가 가장 많은 배우만 사극에 출연한 경험이 있다.
- 나이가 가장 적은 배우는 23세이다.

① 甲
② 乙
③ 丙
④ 丁
⑤ 戊

58. 다음 글과 〈반 편성 기준〉을 근거로 판단할 때, 〈보기〉에서 옳은 것만을 모두 고르면?
17년 행시(가) 35번

- 학생 6명(A~F)의 외국어반 편성을 위해 쓰기, 읽기, 듣기, 말하기 등 4개 영역에 대해 시험을 실시한다.
- 영역별 점수는 시험 결과에 따라 1점 이상 10점 이하로 부여한다.
- 다음 〈반 편성 기준〉에 따라 등수를 매겨 상위 3명은 심화반에, 하위 3명은 기초반에 편성한다.
- 동점자가 발생할 경우, 듣기 점수가 더 높은 학생을 상위 등수로 간주하고, 듣기 점수도 같은 경우에는 말하기 점수, 말하기 점수도 같은 경우에는 읽기 점수, 읽기 점수도 같은 경우에는 쓰기 점수가 더 높은 학생을 상위 등수로 간주한다.
- A~F의 영역별 점수는 다음과 같고, F의 쓰기와 말하기 영역은 채점 중이다.

(단위 : 점)

학생	쓰기	읽기	듣기	말하기
A	10	10	6	3
B	7	8	7	8
C	5	4	4	3
D	5	4	4	6
E	8	7	6	5
F	?	6	5	?

─── 〈반 편성 기준〉 ───

아래 두 가지 기준 중 하나를 채택하여 반을 편성한다.
- (기준1) 종합적 외국어능력을 반영하기 위해 4개 영역의 점수를 합산한 총점을 기준으로 편성한다.
- (기준2) 수업 중 원어민 교사와의 원활한 소통을 위해 듣기와 말하기 점수의 합을 기준으로 편성한다.

─── 〈보 기〉 ───

ㄱ. B와 D는 어떤 경우에도 같은 반이 될 수 없다.
ㄴ. 채점 결과 F의 말하기 점수가 5점 이하라면, 어떤 기준에 따라 반을 편성하더라도 F는 기초반에 편성된다.
ㄷ. 채점 결과 F의 말하기 점수가 6점 이상이라면, 어떤 기준에 따라 반을 편성하더라도 C와 D는 같은 반에 편성된다.

① ㄱ
② ㄷ
③ ㄱ, ㄴ
④ ㄱ, ㄷ
⑤ ㄴ, ㄷ

59. 다음 〈숫자를 만드는 규칙〉과 〈놀이규칙〉에 따라 놀이를 할 때, 〈보기〉에서 가장 높은 점수를 받게 되는 경우부터 순서대로 나열한 것은? 13년 행시(인) 38번

───── 〈숫자를 만드는 규칙〉 ─────

• 막대를 활용해 숫자를 만든다.

• 각 숫자를 만들 때는 아래 정해진 형태로만 만들어야 하며 정해진 개수만큼의 막대를 사용해야 한다.

1234567890

• 각 숫자를 만드는 데 필요한 막대의 개수는 아래의 〈표〉와 같다.

숫자	1	2	3	4	5	6	7	8	9	0
필요한 막대 개수	2	5	5	4	5	6	4	7	6	6

───── 〈놀이규칙〉 ─────

공식 : □□ − □□ = ?

(두 자리수 빼기 두 자리수의 값)

• 주어진 개수의 막대를 사용하여 □ 안에 들어갈 4개의 숫자를 만든다.

• 주어진 개수의 막대를 모두 활용하여야 하며 막대를 남기거나 더 사용하면 안 된다.

• 각 □ 안에는 하나의 숫자만 들어가야 하며 각 숫자는 1회만 사용해야 한다.

• 두 자리수를 만들어야 하므로 각 숫자의 앞자리에는 0이 들어갈 수 없다.

• 공식에 의하여 나온 가장 높은 값을 점수로 매긴다.

───── 〈보 기〉 ─────

ㄱ. 18개의 막대 사용
ㄴ. 19개의 막대 사용
ㄷ. 20개의 막대 사용
ㄹ. 21개의 막대 사용

① ㄱ > ㄴ > ㄷ > ㄹ

② ㄱ > ㄹ > ㄴ > ㄷ

③ ㄹ > ㄱ > ㄴ > ㄷ

④ ㄹ > ㄱ > ㄷ > ㄴ

⑤ ㄹ > ㄷ > ㄴ > ㄱ

---

60. 다음 글을 근거로 판단할 때, 색칠된 사물함에 들어 있는 돈의 총액으로 가능한 것은? 17년 행시(가) 18번

• 아래와 같이 생긴 25개의 사물함 각각에는 200원이 들어 있거나 300원이 들어 있거나 돈이 아예 들어 있지 않다.

• 그림의 우측과 아래에 쓰인 숫자는 그 줄의 사물함에 든 돈의 액수를 모두 합한 금액이다. 예를 들어, 1번, 2번, 3번, 4번, 5번 사물함에 든 돈의 액수를 모두 합하면 900원이다.

• 11번 사물함에는 200원이 들어 있고, 25번 사물함에는 300원이 들어 있으며, 전체 사물함 중 200원이 든 사물함은 4개뿐이다.

1	2	3	4	5	900
6	7	8	9	10	700
11	12	13	14	15	500
16	17	18	19	20	300
21	22	23	24	25	500
500	400	900	600	500	

① 600원

② 900원

③ 1,000원

④ 1,200원

⑤ 1,400원

61. 다음 글과 〈상황〉을 근거로 판단할 때, 甲이 얻을 수 있는 득점 총합의 최댓값과 최솟값을 옳게 짝지은 것은?

23년 행시(가) 29번

두 선수가 겨루는 어느 스포츠 종목의 경기 규칙은 다음과 같다.

- 한 경기는 최대 3세트까지 진행되며, 한 선수가 두 세트를 이기면 그 선수가 승자가 되고 경기가 종료된다.
- 1~2세트는 15점을 먼저 득점하는 선수가 이기며, 3세트는 10점을 먼저 득점하는 선수가 이긴다.
- 단, 1~2세트는 점수가 14 : 14가 되면 점수가 먼저 2점 앞서거나 20점에 먼저 도달하는 선수가 이기며, 3세트는 점수가 9 : 9가 되면 점수가 먼저 2점 앞서거나 15점에 먼저 도달하는 선수가 이긴다.
- 경기 결과(세트 스코어)에 따른 승자와 패자의 승점은 다음과 같다.

경기 결과	승점	
(세트 스코어)	경기 승자	경기 패자
2 : 0	3	0
2 : 1	2	1

───── 〈상 황〉 ─────

甲은 두 경기를 하여 승점 4점을 얻었다.

	최댓값	최솟값
①	93	45
②	93	50
③	108	45
④	108	50
⑤	111	52

62. 다음 글을 근거로 판단할 때, 〈보기〉에서 옳은 것만을 모두 고르면?

20년 행시(나) 13번

甲과 乙은 시계와 주사위를 이용한 게임을 하며, 규칙은 다음과 같다.

- 1~12시까지 적힌 시계 문자판을 말판으로 삼아, 1개의 말을 12시에 놓고 게임을 시작한다.
- 주사위를 던져 짝수가 나오면 말을 시계 방향으로 1시간 이동시키며, 홀수가 나오면 말을 반시계 방향으로 1시간 이동시킨다.
- 甲과 乙이 번갈아 주사위를 각 12번씩 총 24번 던져 말의 최종 위치로 게임의 승자를 결정한다.
- 말의 최종 위치가 1~5시이면 甲이 승리하고, 7~11시이면 乙이 승리한다. 6시 또는 12시이면 무승부가 된다.

───── 〈보 기〉 ─────

ㄱ. 말의 최종 위치가 3시일 확률은 $\frac{1}{12}$이다.

ㄴ. 말의 최종 위치가 4시일 확률과 8시일 확률은 같다.

ㄷ. 乙이 마지막 주사위를 던질 때, 홀수가 나오는 것보다 짝수가 나오는 것이 甲에게 항상 유리하다.

ㄹ. 乙이 22번째 주사위를 던져 말을 이동시킨 결과 말의 위치가 12시라면, 甲이 승리할 확률은 무승부가 될 확률보다 낮다.

① ㄱ, ㄷ
② ㄴ, ㄷ
③ ㄴ, ㄹ
④ ㄷ, ㄹ
⑤ ㄱ, ㄴ, ㄹ

63. 다음 〈보기〉와 같이 하나의 주사위를 던져 나온 수에 따라 꽃 위를 이동한다. 주사위를 7번 던진 결과 최종 도착지의 숫자가 가장 큰 것은?

10년 행시(발) 38번

― 〈보 기〉 ―

• 출발은 0에서 시작
 앞으로 이동시 0 → 1 → 2 순
 뒤로 이동시 0 → 9 → 8 순
• 주사위 숫자별 이동방법

  ⚀ , ⚁ : 뒤로 2칸 이동

  ⚂ : 뒤로 1칸 이동

  ⚃ : 앞으로 1칸 이동

  ⚄ , ⚅ : 앞으로 2칸 이동

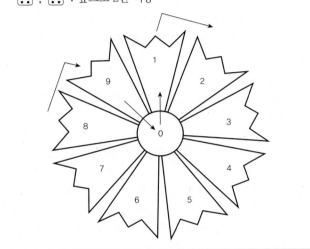

※ 그림의 화살표는 앞으로 이동하는 경우의 예임

① ⚀ – ⚂ – ⚄ – ⚃ – ⚀ – ⚀ – ⚅

② ⚁ – ⚃ – ⚀ – ⚃ – ⚀ – ⚂ – ⚄

③ ⚄ – ⚁ – ⚃ – ⚂ – ⚃ – ⚅ – ⚀

④ ⚄ – ⚃ – ⚄ – ⚄ – ⚄ – ⚃ – ⚅

⑤ ⚅ – ⚁ – ⚀ – ⚃ – ⚃ – ⚄ – ⚄

64. 다음 글을 근거로 판단할 때, 〈보기〉에서 옳은 것만을 모두 고르면?

18년 행시(나) 33번

• 甲과 乙은 책의 쪽 번호를 이용한 점수 게임을 한다.
• 책을 임의로 펼쳐서 왼쪽 면 쪽 번호의 각 자리 숫자를 모두 더하거나 모두 곱해서 나오는 결과와 오른쪽 면 쪽 번호의 각 자리 숫자를 모두 더하거나 모두 곱해서 나오는 결과 중에 가장 큰 수를 본인의 점수로 한다.
• 점수가 더 높은 사람이 승리하고, 같은 점수가 나올 경우 무승부가 된다.
• 甲과 乙이 가진 책의 시작 면은 1쪽이고, 마지막 면은 378쪽이다. 책을 펼쳤을 때 왼쪽 면이 짝수, 오른쪽 면이 홀수 번호이다.
• 시작 면이나 마지막 면이 나오게 책을 펼치지는 않는다.

※ 1) 쪽 번호가 없는 면은 존재하지 않음
 2) 두 사람은 항상 서로 다른 면을 펼침

― 〈보 기〉 ―

ㄱ. 甲이 98쪽과 99쪽을 펼치고, 乙은 198쪽과 199쪽을 펼치면 乙이 승리한다.
ㄴ. 甲이 120쪽과 121쪽을 펼치고, 乙은 210쪽과 211쪽을 펼치면 무승부이다.
ㄷ. 甲이 369쪽을 펼치면 반드시 승리한다.
ㄹ. 乙이 100쪽을 펼치면 승리할 수 없다.

① ㄱ, ㄴ

② ㄱ, ㄷ

③ ㄱ, ㄹ

④ ㄴ, ㄷ

⑤ ㄴ, ㄹ

65. 다음 글을 근거로 판단할 때, 〈보기〉에서 옳은 것만을 모두 고르면?

17년 행시(가) 14번

- 甲과 乙은 다음 그림과 같이 번호가 매겨진 9개의 구역을 점령하는 게임을 한다.

1	2	3
4	5	6
7	8	9

- 게임 시작 전 제비뽑기를 통해 甲은 1구역, 乙은 8구역으로 최초 점령 구역이 정해졌다.
- 甲과 乙은 가위바위보를 해서 이길 때마다, 자신이 이미 점령한 구역에 상하좌우로 변이 접한 구역 중 점령되지 않은 구역 1개를 추가로 점령하여 자신의 구역으로 만든다.
- 만약 가위바위보에서 이겨도 더 이상 자신이 점령할 수 있는 구역이 없으면 이후의 가위바위보는 모두 진 것으로 한다.
- 게임은 모든 구역이 점령될 때까지 계속되며, 더 많은 구역을 점령한 사람이 게임에서 승리한다.
- 甲과 乙은 게임에서 승리하기 위하여 최선의 선택을 한다.

〈보 기〉

ㄱ. 乙이 첫 번째, 두 번째 가위바위보에서 모두 이기면 게임에서 승리한다.

ㄴ. 甲이 첫 번째, 두 번째 가위바위보를 이겨서 2구역과 5구역을 점령하고, 乙이 세 번째 가위바위보를 이겨서 9구역을 점령하면, 네 번째 가위바위보를 이긴 사람이 게임에서 승리한다.

ㄷ. 甲이 첫 번째, 세 번째 가위바위보를 이겨서 2구역과 4구역을 점령하고, 乙이 두 번째 가위바위보를 이겨서 5구역을 점령하면, 게임의 승자를 결정하기 위해서는 최소 2번 이상의 가위바위보를 해야 한다.

① ㄴ
② ㄷ
③ ㄱ, ㄴ
④ ㄱ, ㄷ
⑤ ㄴ, ㄷ

66. 甲과 乙이 가위바위보 경기를 했다. 다음 〈규칙〉과 〈상황〉을 근거로 판단할 때, 〈보기〉에서 옳은 것만을 모두 고르면?

15년 행시(인) 18번

〈규 칙〉

- A규칙은 일반적인 가위바위보 규칙과 같다.
- B규칙은 가위, 바위, 보를 숫자에 대응시켜 더 큰 숫자 쪽이 이기며, 숫자가 같으면 비긴다. 이때 가위는 2, 바위는 0, 보는 5를 나타낸다.
- C규칙은 가위, 바위, 보를 숫자에 대응시켜 더 작은 숫자 쪽이 이기며, 숫자가 같으면 비긴다. 이때 가위는 2, 바위는 0, 보는 5를 나타낸다.

〈상 황〉

- 甲과 乙은 총 3번 경기를 하였고, 3번의 경기가 모두 끝날 때까지는 각 경기에 어떤 규칙이 적용되었는지 알 수 없었다.
- 모든 경기가 종료된 후에 각 규칙이 한 번씩 적용되었음을 알 수 있었다.
- 甲은 보를 3번 냈으며, 乙은 가위-바위-보를 순서대로 냈다.

〈보 기〉

ㄱ. 甲이 1승 1무 1패를 한 경우, 첫 번째 경기에 A규칙 또는 C규칙이 적용되었다.

ㄴ. 甲이 2승 1무를 한 경우, 두 번째 경기에 A규칙이 적용되었다.

ㄷ. 甲은 3번의 경기 중 최소한 1승은 할 수 있다.

ㄹ. 만약 乙이 세 번째 경기에서 보가 아닌 가위나 바위를 낸다고 해도 甲은 3승을 할 수 없다.

① ㄱ, ㄷ
② ㄴ, ㄷ
③ ㄴ, ㄹ
④ ㄱ, ㄴ, ㄹ
⑤ ㄱ, ㄷ, ㄹ

67. 다음 글을 근거로 판단할 때, 〈보기〉에서 옳은 것만을 모두 고르면?

17년 행시(가) 34번

- 甲~丁은 다음 그림과 같은 과녁에 각자 보유한 화살을 쏜다. 과녁은 빨간색, 노란색, 초록색, 파란색의 칸으로 4등분이 되어 있다. 화살은 반드시 4개의 칸 중 하나의 칸에 명중하며, 하나의 칸에 여러 개의 화살이 명중할 수 있다.

- 화살을 쏜 사람은 그 화살이 명중한 칸에 쓰인 점수를 받는다.
- 화살의 색깔과 화살이 명중한 칸의 색깔이 일치하면 칸에 쓰인 점수보다 1점을 더 받는다.
- 노란색 화살이 파란색 칸에 명중하는 경우에만 칸에 쓰인 점수보다 1점을 덜 받는다.
- 甲~丁이 보유한 화살은 다음과 같으며, 각자가 보유한 화살을 전부 쏘아 얻은 점수를 합하여 최종 점수를 계산한다. 단, 각 화살은 한 번씩만 쏜다.

사람	보유 화살
甲	빨간색 화살 1개, 노란색 화살 1개
乙	초록색 화살 2개
丙	노란색 화살 1개, 초록색 화살 1개
丁	초록색 화살 1개, 파란색 화살 1개

〈보 기〉

ㄱ. 乙의 최종 점수의 최댓값과 丁의 최종 점수의 최댓값은 같다.

ㄴ. 甲과 丙의 최종 점수가 10점으로 같았다면, 노란색 화살들은 모두 초록색 칸에 명중한 것이다.

ㄷ. 乙의 최종 점수의 최솟값은 甲의 최종 점수와는 다를 것이다.

ㄹ. 丙과 丁의 화살 4개가 모두 같은 칸에 명중했고 최종 점수가 같았다면, 그 칸은 파란색일 수 있다.

① ㄱ, ㄷ

② ㄴ, ㄷ

③ ㄴ, ㄹ

④ ㄱ, ㄴ, ㄹ

⑤ ㄱ, ㄷ, ㄹ

---

68. 5명(A~E)이 순서대로 퀴즈게임을 해서 벌칙 받을 사람 1명을 선정하고자 한다. 위의 〈게임 규칙과 결과〉에 근거할 때, 항상 옳은 것을 〈보기〉에서 모두 고르면?

12년 행시(인) 16번

〈게임 규칙과 결과〉

〈규칙〉

- A → B → C → D → E 순서대로 퀴즈를 1개씩 풀고, 모두 한 번씩 퀴즈를 풀고 나면 한 라운드가 끝난다.
- 퀴즈 2개를 맞힌 사람은 벌칙에서 제외되고, 다음 라운드부터는 게임에 참여하지 않는다.
- 라운드를 반복하여 맨 마지막까지 남는 한 사람이 벌칙을 받는다.
- 벌칙을 받을 사람이 결정되면 라운드 중이라도 더 이상 퀴즈를 출제하지 않는다.
- 게임 중 동일한 문제는 출제되지 않는다.

〈결과〉

3라운드에서 A는 참가자 중 처음으로 벌칙에서 제외되었고, 4라운드에서는 오직 B만 벌칙에서 제외되었으며, 벌칙을 받을 사람은 5라운드에서 결정되었다.

〈보 기〉

ㄱ. 5라운드까지 참가자들이 정답을 맞힌 퀴즈는 총 9개이다.

ㄴ. 게임이 종료될 때까지 총 22개의 퀴즈가 출제되었다면, E는 5라운드에서 퀴즈의 정답을 맞혔다.

ㄷ. 게임이 종료될 때까지 총 21개의 퀴즈가 출제되었다면, 퀴즈를 푸는 순서가 벌칙을 받을 사람 선정에 영향을 미친 것으로 볼 수 있다.

① ㄱ

② ㄴ

③ ㄱ, ㄷ

④ ㄴ, ㄷ

⑤ ㄱ, ㄴ, ㄷ

69. 다음 글을 근거로 판단할 때, 〈보기〉에서 옳은 것만을 모두 고르면?

19년 행시(가) 10번

A부족과 B부족은 한쪽 손의 손모양으로 손가락 셈법(지산법)을 사용하여 셈을 한다.
- A부족의 손가락 셈법에 따르면, 손모양을 보아 손바닥이 보이면 펴져 있는 손가락 개수만큼 더하고, 손등이 보이면 펴져 있는 손가락 개수만큼을 뺀다.
- B부족의 손가락 셈법에 따르면, 손모양을 보아 엄지가 펴져 있으면 엄지를 제외하고 펴져 있는 손가락 개수만큼 더하고, 엄지가 접혀 있으면 펴져 있는 손가락 개수만큼 뺀다.

〈보 기〉

ㄱ. 손바닥이 보이는 채로, 손가락 다섯 개가 세 번 모두 펴져 있으면, 셈의 합은 A부족이 15이고 B부족은 12일 것이다.

ㄴ. B부족의 셈법에 따르면, 세 번 다 엄지만이 펴져 있는 것의 셈의 합과 세 번 다 주먹이 쥐어져 있는 것의 셈의 합은 동일하다.

ㄷ. 손바닥이 보이는 채로, 첫 번째는 엄지·검지·중지만이 펴져 있고, 두 번째는 엄지가 접혀 있고 검지·중지만 펴져 있고, 세 번째는 다른 손가락은 접혀 있고 엄지만 펴져 있다. 이 경우 셈의 합은 A부족이 6이고 B부족은 3일 것이다.

ㄹ. 세 번 동안 손가락이 몇 개씩 펴져 있는지는 알 수 없으나 세 번 내내 엄지는 꼭 펴져 있었다. 이를 A부족, B부족 각각의 셈법에 따라 셈을 하였을 때, 셈의 합이 똑같이 9가 나올 수 있다.

① ㄱ, ㄴ
② ㄴ, ㄷ
③ ㄷ, ㄹ
④ ㄱ, ㄴ, ㄹ
⑤ ㄱ, ㄷ, ㄹ

70. 다음 글을 근거로 판단할 때, 〈보기〉에서 옳은 것만을 모두 고르면?

18년 행시(나) 36번

- 甲, 乙, 丙은 12장의 카드로 게임을 하고 있다.
- 12장의 카드 중에는 봄, 여름, 가을, 겨울 4가지 종류의 계절 카드가 각각 3장씩 있는데, 카드 뒷면만 보고는 어느 계절 카드인지 알 수 없다.
- 참가자들은 게임을 시작할 때 무작위로 4장씩 카드를 나누어 갖는다.
- 참가자들은 자신의 카드를 확인한 후 1대 1로 카드를 각자 2장씩 맞바꿀 수 있다. 맞바꿀 카드는 상대방의 카드 뒷면만 보고 무작위로 동시에 선택한다.
- 가장 먼저 봄, 여름, 가을, 겨울 카드를 모두 갖게 된 사람이 우승한다.
- 게임을 시작하여 4장의 카드를 나누어 가진 직후에 참가자들은 자신들이 가진 카드에 대해 아래와 같이 사실을 말했다.
  甲 : 겨울 카드는 내가 모두 갖고 있다.
  乙 : 나는 봄과 여름 2가지 종류의 계절 카드만 갖고 있다.
  丙 : 나는 여름 카드가 없다.

〈보 기〉

ㄱ. 게임 시작 시 3가지 종류의 계절 카드를 받은 사람은 1명이다.

ㄴ. 게임 시작 시 참가자 모두 봄 카드를 받았다면, 가을 카드는 모두 丙이 갖고 있다.

ㄷ. 첫 번째 맞바꾸기에서 甲과 乙이 카드를 맞바꿔서 甲이 바로 우승했다면, 게임 시작 시 丙은 봄 카드를 2장 받았다.

① ㄱ
② ㄴ
③ ㄱ, ㄴ
④ ㄱ, ㄷ
⑤ ㄴ, ㄷ

71. 다음 글을 근거로 판단할 때, 〈보기〉에서 옳은 것만을 모두 고르면?

23년 행시(가) 28번

나이는 현재 연도에서 출생 연도를 뺀 '연 나이'와, 태어난 날을 0살로 하여 매해 생일에 한 살씩 더하는 '만 나이'로 구분된다. 연 나이와 만 나이에 따라 甲~丁이 각각 존댓말 사용 여부를 결정하는 방식은 다음과 같다.

甲 : 만 나이 기준으로 자신보다 나이가 많으면 존댓말을 쓰고, 그렇지 않으면 존댓말을 쓰지 않는다.

乙 : 연 나이 기준으로 자신보다 두 살 이상 많으면 존댓말을 쓰고, 그렇지 않으면 존댓말을 쓰지 않는다.

丙 : 연 나이 기준으로 자신보다 두 살 이상 많거나 만 나이 기준으로 한 살 이상 많으면 존댓말을 쓰고, 그렇지 않으면 존댓말을 쓰지 않는다.

丁 : 연 나이, 만 나이 모두 자신과 같으면 존댓말을 쓰지 않고, 그렇지 않으면 존댓말을 쓴다.

甲은 1995년 10월 21일에, 乙은 1994년 7월 19일에, 丙은 1994년 7월 6일에, 丁은 1994년 11월 22일에 태어났다.

〈보 기〉

ㄱ. 甲은 乙에게 항상 존댓말을 쓴다.

ㄴ. 乙과 丙은 서로에게 존댓말을 쓰지 않는다.

ㄷ. 2022년 9월 26일에 丁은 甲에게 존댓말을 쓰지 않는다.

ㄹ. 乙은 丁에게 존댓말을 쓰지 않지만, 丁은 乙에게 존댓말을 쓰는 경우가 있다.

① ㄱ, ㄴ

② ㄴ, ㄷ

③ ㄷ, ㄹ

④ ㄱ, ㄴ, ㄹ

⑤ ㄱ, ㄷ, ㄹ

72. 다음 글과 〈대화〉를 근거로 판단할 때 옳지 않은 것은?

21년 행시(가) 15번

- A부서의 소속 직원(甲~戊)은 법령집, 백서, 판례집, 민원 사례집을 각각 1권씩 보유하고 있었다.
- A부서는 소속 직원에게 다음의 기준에 따라 새로 발행된 도서(법령집 3권, 백서 3권, 판례집 1권, 민원 사례집 2권)를 나누어 주었다.
  - 법령집 : 보유하고 있던 법령집의 발행연도가 빠른 사람부터 1권씩 나누어 주었다.
  - 백서 : 근속연수가 짧은 사람부터 1권씩 나누어 주었다.
  - 판례집 : 보유하고 있던 판례집의 발행연도가 가장 빠른 사람에게 주었다.
  - 민원 사례집 : 민원업무가 많은 사람부터 1권씩 나누어 주었다.

※ 甲~戊는 근속연수, 민원업무량에 차이가 있고, 보유하고 있던 법령집, 판례집은 모두 발행연도가 다르다.

〈대 화〉

甲 : 나는 책을 1권만 받았어.

乙 : 나는 4권의 책을 모두 받았어.

丙 : 나는 법령집은 받았지만 판례집은 받지 못했어.

丁 : 나는 책을 1권도 받지 못했어.

戊 : 나는 丙이 받은 책은 모두 받았고, 丙이 받지 못한 책은 받지 못했어.

① 법령집을 받은 사람은 백서도 받았다.

② 甲은 丙보다 민원업무가 많다.

③ 甲은 戊보다 많은 도서를 받았다.

④ 丁은 乙보다 근속연수가 길다.

⑤ 乙이 보유하고 있던 법령집은 甲이 보유하고 있던 법령집보다 발행연도가 빠르다.

73. 다음 글을 근거로 판단할 때, 〈보기〉에서 철수가 구매한 과일바구니를 확실히 맞힐 수 있는 사람만을 모두 고르면?

19년 행시(가) 13번

- 철수는 아래 과일바구니(A~E) 중 하나를 구매하였다.
- 甲, 乙, 丙, 丁은 각자 철수에게 두 가지 질문을 하여 대답을 듣고 철수가 구매한 과일바구니를 맞히려 한다.
- 모든 사람은 〈과일바구니 종류〉와 〈과일의 무게 및 색깔〉을 정확히 알고 있으며, 철수는 거짓말을 하지 않는다.

〈과일바구니 종류〉

종류	바구니 색깔	바구니 구성
A	빨강	사과 1개, 참외 2개, 메론 1개
B	노랑	사과 1개, 참외 1개, 귤 2개, 오렌지 1개
C	초록	사과 2개, 참외 2개, 귤 1개
D	주황	참외 1개, 귤 2개
E	보라	사과 1개, 참외 1개, 귤 1개, 오렌지 1개

〈과일의 무게 및 색깔〉

구분	사과	참외	메론	귤	오렌지
무게	200g	300g	1,000g	100g	150g
색깔	빨강	노랑	초록	주황	주황

─── 〈보 기〉 ───

甲 : 바구니에 들어 있는 과일이 모두 몇 개니? 바구니에 들어 있는 과일의 무게를 모두 합치면 1kg 이상이니?

乙 : 바구니의 색깔과 같은 색깔의 과일이 포함되어 있니? 바구니에 들어 있는 과일이 모두 몇 개니?

丙 : 바구니에 들어 있는 과일이 모두 몇 개니? 바구니에 들어 있는 과일의 종류가 모두 다르니?

丁 : 바구니에 들어 있는 과일의 종류가 모두 다르니? 바구니에 들어 있는 과일의 무게를 모두 합치면 1kg 이상이니?

① 甲, 乙
② 甲, 丁
③ 乙, 丙
④ 甲, 乙, 丁
⑤ 乙, 丙, 丁

74. 다음 글을 근거로 판단할 때, 〈보기〉에서 옳은 것만을 모두 고르면?(단, 주어진 조건 외에 다른 조건은 고려하지 않는다)

17년 행시(가) 12번

A회사의 모든 직원이 매일 아침 회사에서 요일별로 제공되는 빵을 먹었다. 직원 가운데 甲, 乙, 丙, 丁 네 사람은 빵에 포함된 특정 재료로 인해 당일 알레르기 증상이 나타났다. A회사는 요일별로 제공된 빵의 재료와 甲, 乙, 丙, 丁에게 알레르기 증상이 나타난 요일을 아래와 같이 표로 정리했으나, 화요일에 제공된 빵에 포함된 두 가지 재료가 확인되지 않았다. 甲, 乙, 丙, 丁은 각각 한 가지 재료에 대해서만 알레르기 증상을 보였다.

구분	월	화	수	목	금
재료	밀가루, 우유	밀가루, ?, ?	옥수수가루, 아몬드, 달걀	밀가루, 우유, 달걀	밀가루, 우유, 달걀, 식용유
알레르기 증상 발생자	甲	丁	乙, 丁	甲, 丁	甲, 丙, 丁

※ 알레르기 증상은 발생한 당일 내에 사라진다.

─── 〈보 기〉 ───

ㄱ. 甲이 알레르기 증상을 보인 것은 밀가루 때문이다.

ㄴ. 甲, 乙, 丙은 서로 다른 재료에 대하여 알레르기 증상을 보였다.

ㄷ. 화요일에 제공된 빵의 확인되지 않은 재료 중 한 가지는 달걀이다.

ㄹ. 만약 화요일에 제공된 빵에 포함된 재료 중 한 가지가 아몬드였다면, 乙의 알레르기 증상은 옥수수가루 때문이다.

① ㄱ, ㄷ
② ㄴ, ㄹ
③ ㄷ, ㄹ
④ ㄱ, ㄴ, ㄹ
⑤ ㄴ, ㄷ, ㄹ

75. 다음 글을 근거로 〈점심식단〉의 빈칸을 채워 넣을 때 옳지 않은 것은? 15년 행시(인) 16번

- 한 끼의 식사는 밥, 국, 김치, 기타 반찬, 후식 각 종류 별로 하나의 음식을 포함하며, 요일마다 다양한 색의 음식으로 이번 주의 점심식단을 짜고자 한다.
- 밥은 4가지, 국은 5가지, 김치는 2가지, 기타 반찬은 5가지, 후식은 4가지가 준비되어 있다.

색 종류	흰색	붉은색	노란색	검은색
밥	백미밥	–	잡곡밥	흑미밥, 짜장덮밥
국	북엇국	김칫국, 육개장	된장국	미역국
김치	–	배추김치, 깍두기	–	–
기타 반찬	–	김치전	계란찜, 호박전, 잡채	돈육장조림
후식	숭늉, 식혜	수정과	단호박 샐러드	–

- 점심식단을 짜는 조건은 아래와 같다.
  - 총 20가지의 음식은 이번 주 점심식단에 적어도 1번씩은 오른다.
  - 붉은색과 흰색 음식은 각각 적어도 1가지씩 매일 식단에 오른다.
  - 하루에 붉은색 음식이 3가지 이상 오를 시에는 흰색 음식 2가지가 함께 나온다.
  - 목요일에만 검은색 음식이 없다.
  - 금요일에는 노란색 음식이 2가지 나온다.
  - 일주일 동안 2번 나오는 후식은 식혜뿐이다.
  - 후식에서 같은 음식이 이틀 연속 나올 수 없다.

〈점심식단〉

요일 종류	월요일	화요일	수요일	목요일	금요일
밥	잡곡밥	백미밥			짜장덮밥
국		된장국	김칫국	육개장	
김치	배추김치	배추김치	깍두기		
기타 반찬			호박전	김치전	잡채
후식		수정과			

① 월요일의 후식은 숭늉이다.
② 화요일의 기타 반찬은 돈육장조림이다.
③ 수요일의 밥은 흑미밥이다.
④ 목요일의 밥은 백미밥이다.
⑤ 금요일의 국은 북엇국이다.

76. 다음 〈조건〉과 〈정보〉를 근거로 판단할 때, 곶감의 위치와 착한 호랑이, 나쁜 호랑이의 조합으로 가능한 것은? 14년 행시(A) 35번

— 〈조 건〉 —

- 착한 호랑이는 2마리이고, 나쁜 호랑이는 3마리로 총 5마리의 호랑이(甲~戊)가 있다.
- 착한 호랑이는 참말만 하고, 나쁜 호랑이는 거짓말만 한다.
- 곶감은 꿀단지, 아궁이, 소쿠리 중 한 곳에만 있다.

— 〈정 보〉 —

甲 : 곶감은 아궁이에 있지.
乙 : 여기서 나만 곶감의 위치를 알아.
丙 : 甲은 나쁜 호랑이야.
丁 : 나는 곶감이 어디 있는지 알지.
戊 : 곶감은 꿀단지에 있어.

	곶감의 위치	착한 호랑이	나쁜 호랑이
①	꿀단지	戊	丙
②	소쿠리	丁	乙
③	소쿠리	乙	丙
④	아궁이	丙	戊
⑤	아궁이	甲	丁

77. 다음 〈조건〉과 같이 토핑(피자 위에 얹는 재료)을 올린 피자 10조각이 있다. 이때 5명(甲~戊)의 식성에 따라 각각 2조각씩 나누어 먹을 수 있는 방법은 총 몇 가지인가? _{12년 행시(인) 17번}

─────〈조 건〉─────

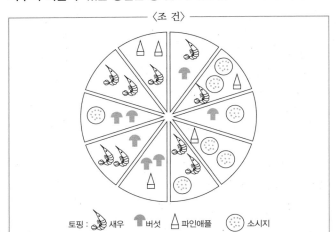

토핑: 🦐 새우 🍄 버섯 △ 파인애플 ⊙ 소시지

- 甲 : 해산물을 먹지 않는다.
- 乙 : 소시지가 들어간 피자만 먹는다.
- 丙 : 소시지가 들어있는 피자는 먹지 않지만, 소시지가 새우와 함께 들어있으면 먹는다.
- 丁 : 파인애플이 들어간 피자만 먹지만, 버섯이 함께 들어간 피자는 먹지 않는다.
- 戊 : 똑같은 토핑이 2개 들어간 것은 먹지 않는다.

① 0가지
② 1가지
③ 2가지
④ 3가지
⑤ 4가지

78. 다음 글과 〈자기소개〉를 근거로 판단할 때, 대학생, 성별, 학과, 가면을 모두 옳게 짝지은 것은? _{19년 행시(가) 33번}

대학생 5명(A~E)이 모여 주말에 가면파티를 하기로 했다.
- 남학생이 3명이고 여학생이 2명이다.
- 5명은 각각 행정학과, 경제학과, 식품영양학과, 정치외교학과, 전자공학과 재학생이다.
- 5명은 각각 늑대인간, 유령, 처녀귀신, 좀비, 드라큘라 가면을 쓸 것이다.
- 본인의 성별, 학과, 가면에 대해 한 명은 모두 거짓만을 말하고 있고 나머지는 모두 진실만을 말하고 있다.

─────〈자기소개〉─────

A : 식품영양학과와 경제학과에 다니지 않는 남학생인데 드라큘라 가면을 안 쓸 거야.
B : 행정학과에 다니는 남학생인데 늑대인간 가면을 쓸 거야.
C : 식품영양학과에 다니는 남학생인데 처녀귀신 가면을 쓸 거야.
D : 정치외교학과에 다니는 여학생인데 좀비 가면을 쓸 거야.
E : 전자공학과에 다니는 남학생인데 드라큘라 가면을 쓸 거야.

	대학생	성별	학과	가면
①	A	여	행정학과	늑대인간
②	B	여	경제학과	유령
③	C	남	식품영양학과	좀비
④	D	여	정치외교학과	드라큘라
⑤	E	남	전자공학과	처녀귀신

79. 다음 글을 근거로 판단할 때, 사과 사탕 1개와 딸기 사탕 1개를 함께 먹은 사람과 戊가 먹은 사탕을 옳게 짝지은 것은?

18년 행시(나) 13번

사과 사탕, 포도 사탕, 딸기 사탕이 각각 2개씩 있다. 다섯 명의 사람(甲~戊) 중 한 명이 사과 사탕 1개와 딸기 사탕 1개를 함께 먹고, 다른 네 명이 남은 사탕을 각각 1개씩 먹었다. 이 사실만을 알고 甲~戊는 차례대로 다음과 같이 말했으며, 모두 진실을 말하였다.

甲 : 나는 포도 사탕을 먹지 않았어.

乙 : 나는 사과 사탕만을 먹었어.

丙 : 나는 사과 사탕을 먹지 않았어.

丁 : 나는 사탕을 한 종류만 먹었어.

戊 : 너희 말을 다 듣고 아무리 생각해봐도 나는 딸기 사탕을 먹은 사람 두 명 다 알 수는 없어.

① 甲, 포도 사탕 1개

② 甲, 딸기 사탕 1개

③ 丙, 포도 사탕 1개

④ 丙, 딸기 사탕 1개

⑤ 戊, 사과 사탕 1개와 딸기 사탕 1개

---

80. 다음 글을 근거로 판단할 때, 하이디와 페터가 키우는 양의 총 마리 수와 ㉠~㉣ 중 옳게 기록된 것만을 짝지은 것은?

18년 행시(나) 15번

• 하이디와 페터는 알프스의 목장에서 양을 키우는데, 목장은 4개의 구역(A~D)으로 이루어져 있다. 양들은 자유롭게 다른 구역을 넘나들 수 있지만 목장을 벗어나지 않는다.

• 하이디와 페터는 양을 잘 관리하기 위해 구역별 양의 수를 파악하고 있어야 하는데, 양들이 계속 구역을 넘나들기 때문에 양의 수를 정확히 헤아리는 데 어려움을 겪고 있다. 고민 끝에 하이디와 페터는 시간별로 양의 수를 기록하되, 하이디는 특정 시간 특정 구역의 양의 수만을 기록하고, 페터는 양이 구역을 넘나들 때마다 그 시간과 그때 이동한 양의 수를 기록하기로 하였다.

• 하이디와 페터가 같은 날 오전 9시부터 오전 10시 15분까지 작성한 기록표는 다음과 같으며, ㉠~㉣을 제외한 모든 기록은 정확하다.

하이디의 기록표			페터의 기록표		
시간	구역	마리 수	시간	구역 이동	마리 수
09:10	A	17마리	09:08	B → A	3마리
09:22	D	21마리	09:15	B → D	2마리
09:30	B	8마리	09:18	C → A	5마리
09:45	C	11마리	09:32	D → C	1마리
09:58	D	㉠ 21마리	09:48	A → C	4마리
10:04	A	㉡ 18마리	09:50	D → B	1마리
10:10	B	㉢ 12마리	09:52	C → D	3마리
10:15	C	㉣ 10마리	10:05	C → B	2마리

※ 구역 이동 외의 양의 수 변화는 고려하지 않는다.

① 59마리, ㉡, ㉣

② 59마리, ㉢, ㉣

③ 60마리, ㉠, ㉢

④ 61마리, ㉠, ㉡

⑤ 61마리, ㉡, ㉣

81. 다음 글을 근거로 판단할 때, 甲사무관이 선택할 경로는?

23년 행시(가) 18번

- 甲사무관은 차를 운전하여 A부처에서 B연구소로 출장을 가려고 한다.
- 甲사무관은 회의 시작 시각까지 회의 장소에 도착하려고 한다.
- 출발 시각은 오전 11시이며, 회의 시작 시각은 당일 오후 1시 30분이다.
- 甲사무관은 A부처에서 B연구소 주차장까지 갈 경로를 다음 5가지 중에서 선택하려고 한다.

경로	주행 거리	소요시간	통행요금	피로도
최적경로	128 km	1시간 34분	2,600원	4
최소시간경로	127 km	1시간 6분	7,200원	2
최단거리경로	116 km	2시간 6분	0원	2
무료도로경로	132 km	1시간 31분	0원	5
초보자경로	129 km	1시간 40분	4,600원	1

※ 피로도 수치가 작을수록 피로가 덜한 것을 의미함

- 甲사무관은 통행요금이 5,000원을 넘으면 해당 경로를 이용하지 않으며, 통행요금이 5,000원을 넘지 않으면 피로가 가장 덜한 경로를 선택한다.
- 甲사무관은 B연구소 주차장에 도착한 후, 도보 10분 거리의 음식점으로 걸어가 점심식사(30분 소요)를 마치고 다시 주차장까지 걸어온 뒤, 주차장에서 5분 걸려 회의 장소에 도착할 예정이다.

① 최적경로
② 최소시간경로
③ 최단거리경로
④ 무료도로경로
⑤ 초보자경로

82. 다음 글을 근거로 판단할 때, 18시에서 20시 사이에 보행신호가 점등된 횟수는?

21년 행시(가) 12번

- A시는 차량통행은 많지만 사람의 통행은 적은 횡단보도에 보행자 자동인식시스템을 설치하였다.
- 보행자 자동인식시스템이 횡단보도 앞에 도착한 보행자를 인식하면 1분 30초의 대기 후에 보행신호가 30초간 점등되며, 이후 차량통행을 보장하기 위해 2분간 보행신호는 점등되지 않는다. 점등 대기와 보행신호 점등, 차량통행 보장 시간 동안에는 보행자를 인식하지 않는다.

점등 대기	→	보행신호 점등	→	차량통행 보장
1분 30초		30초		2분

- 보행신호가 점등되기 전까지 횡단보도 앞에 도착한 사람만 모두 건넌다.
- 다음은 17시 50분부터 20시까지 횡단보도 앞에 도착한 사람의 수와 도착 시각을 정리한 것이다.

도착 시각	인원	도착 시각	인원
18 : 25 : 00	1	18 : 44 : 00	3
18 : 27 : 00	3	18 : 59 : 00	4
18 : 30 : 00	2	19 : 01 : 00	2
18 : 31 : 00	5	19 : 48 : 00	4
18 : 43 : 00	1	19 : 49 : 00	2

① 6
② 7
③ 8
④ 9
⑤ 10

83. 다음 글과 〈자료〉를 근거로 판단할 때, 甲이 여행을 다녀온 시기로 가능한 것은?

16년 행시(5) 11번

- 甲은 선박으로 '포항 → 울릉도 → 독도 → 울릉도 → 포항' 순으로 여행을 다녀왔다.
- '포항 → 울릉도' 선박은 매일 오전 10시, '울릉도 → 포항' 선박은 매일 오후 3시에 출발하며, 편도 운항에 3시간이 소요된다.
- 울릉도에서 출발해 독도를 돌아보는 선박은 매주 화요일과 목요일 오전 8시에 출발하여 당일 오전 11시에 돌아온다.
- 최대 파고가 3m 이상인 날은 모든 노선의 선박이 운항되지 않는다.
- 甲은 매주 금요일에 술을 마시는데, 술을 마신 다음 날은 멀미가 심해 선박을 탈 수 없다.
- 이번 여행 중 甲은 울릉도에서 호박엿 만들기 체험을 했는데, 호박엿 만들기 체험은 매주 월·금요일 오후 6시에만 할 수 있다.

〈자 료〉

㉠ : 최대 파고(단위 : m)

일	월	화	수	목	금	토
16	17	18	19	20	21	22
㉠ 1.0	㉠ 1.4	㉠ 3.2	㉠ 2.7	㉠ 2.8	㉠ 3.7	㉠ 2.0
23	24	25	26	27	28	29
㉠ 0.7	㉠ 3.3	㉠ 2.8	㉠ 2.7	㉠ 0.5	㉠ 3.7	㉠ 3.3

① 16일(일)~19일(수)
② 19일(수)~22일(토)
③ 20일(목)~23일(일)
④ 23일(일)~26일(수)
⑤ 25일(화)~28일(금)

---

84. 다음 〈상황〉과 〈조건〉을 근거로 판단할 때 옳은 것은?

14년 행시(A) 37번

─── 〈상 황〉 ───

A대학교 보건소에서는 4월 1일(월)부터 한 달 동안 재학생을 대상으로 금연교육 4회, 금주교육 3회, 성교육 2회를 실시하려는 계획을 가지고 있다.

─── 〈조 건〉 ───

- 금연교육은 정해진 같은 요일에만 주 1회 실시하고, 화, 수, 목요일 중에 해야 한다.
- 금주교육은 월요일과 금요일을 제외한 다른 요일에 시행하며, 주 2회 이상은 실시하지 않는다.
- 성교육은 4월 10일 이전, 같은 주에 이틀 연속으로 실시한다.
- 4월 22일부터 26일까지 중간고사 기간이고, 이 기간에 보건소는 어떠한 교육도 실시할 수 없다.
- 보건소의 교육은 하루에 하나만 실시할 수 있고, 토요일과 일요일에는 교육을 실시할 수 없다.
- 보건소는 계획한 모든 교육을 반드시 4월에 완료하여야 한다.

① 금연교육이 가능한 요일은 화요일과 수요일이다.
② 금주교육은 같은 요일에 실시되어야 한다.
③ 금주교육은 4월 마지막 주에도 실시된다.
④ 성교육이 가능한 일정 조합은 두 가지 이상이다.
⑤ 4월 30일에도 교육이 있다.

85. '홀로섬'에 사는 석봉이는 매일 삼치, 꽁치, 고등어 중 한 가지 생선을 먹는다. 다음 1월 달력과 〈조건〉에 근거할 때, 〈보기〉에서 옳은 것을 모두 고르면? 13년 행시(인) 14번

1월						
일	월	화	수	목	금	토
			1	2	3	4
5	6	7	8	9	10	11
12	13	14	15	16	17	18
19	20	21	22	23	24	25
26	27	28	29	30	31	

───── 〈조 건〉 ─────
- 같은 생선을 연속해서 이틀 이상 먹을 수 없다.
- 매주 화요일은 삼치를 먹을 수 없다.
- 1월 17일은 꽁치를 먹어야 한다.
- 석봉이는 하루에 1마리의 생선만 먹는다.

───── 〈보 기〉 ─────
ㄱ. 석봉이가 1월 한 달 동안 먹을 수 있는 꽁치는 최대 15마리이다.
ㄴ. 석봉이가 1월 한 달 동안 먹을 수 있는 삼치는 최대 14마리이다.
ㄷ. 석봉이가 1월 한 달 동안 먹을 수 있는 고등어는 최대 14마리이다.
ㄹ. 석봉이가 1월 6일에 꽁치를 먹어야 한다는 조건을 포함하면, 석봉이는 1월 한 달 동안 삼치, 꽁치, 고등어를 1마리 이상씩 먹는다.

① ㄱ, ㄴ
② ㄱ, ㄷ
③ ㄴ, ㄷ
④ ㄴ, ㄹ
⑤ ㄷ, ㄹ

86. 다음 글과 〈상황〉을 근거로 추론할 때 옳지 않은 것은? (단, 월·일은 양력 기준이다) 13년 행시(인) 2번

절기(節氣)는 태양의 주기에 기초해서 1개월에 2개씩 지정되는 것으로 1년에 총 24개의 절기가 있다. 24절기는 12절기와 12중기로 이루어져 있는데, 각 달의 첫 번째는 절기, 두 번째는 중기라 한다. 절기를 정하는 방법으로 정기법이 있다. 정기법은 황도상의 해당 지점인 태양황경을 기준으로 태양이 동쪽으로 15도 간격으로 이동할 때마다, 즉 15도씩 증가할 때마다 절기와 중기를 매겨 나가는 방법이다. 황경은 지구에서 태양을 보았을 때, 태양이 1년 동안 하늘을 한 바퀴 도는 길인 황도를 지나가는 각도이다. 춘분은 황경의 기점이 되며, 황경이 0도일 때이다.

양력	절기	중기	양력	절기	중기
1월	소한	대한	7월	소서	대서
2월	입춘	우수	8월	입추	처서
3월	경칩	춘분	9월	백로	추분
4월	청명	곡우	10월	한로	상강
5월	입하	소만	11월	입동	소설
6월	망종	하지	12월	대설	동지

계절은 3개월마다 바뀌고, 각 계절마다 6개의 절기가 있다. 입춘, 입하, 입추, 입동은 봄, 여름, 가을, 겨울이 시작되는 첫날이다. 절기 사이에는 15일의 간격이 있다. 그런데 일부 절기 사이의 간격은 하루가 늘거나 줄기도 한다.

───── 〈상 황〉 ─────
- 올해는 입하, 망종, 하지, 대서, 입추, 백로, 한로가 앞 절기와 16일 간격이고, 대한과 대설은 앞 절기와 14일 간격이다.
- 올해 춘분은 3월 21일이다.
- 올해 2월은 28일까지 있다.

① 올해 여름의 첫날은 5월 5일이다.
② 절기의 양력 날짜는 매년 고정적인 것은 아니다.
③ 올해 태양황경이 60도가 되는 날은 5월 중기인 소만이다.
④ 올해 7월 24일은 태양황경이 120도에서 135도 사이에 있는 날이다.
⑤ 올해 입춘부터 곡우까지의 날짜 간격은 한로부터 동지까지의 날짜 간격보다 길다.

87. 다음 글을 근거로 판단할 때, ○○백화점이 한 해 캐롤 음원이용료로 지불해야 하는 최대 금액은? 19년 행시(가) 17번

○○백화점에서는 매년 크리스마스 트리 점등식(11월 네 번째 목요일) 이후 돌아오는 첫 월요일부터 크리스마스(12월 25일)까지 백화점 내에서 캐롤을 틀어 놓는다(단, 휴점일 제외). 이 기간 동안 캐롤을 틀기 위해서는 하루에 2만 원의 음원이용료를 지불해야 한다. ○○백화점 휴점일은 매월 네 번째 수요일이지만, 크리스마스와 겹칠 경우에는 정상영업을 한다.

① 48만 원
② 52만 원
③ 58만 원
④ 60만 원
⑤ 66만 원

88. 다음 글을 근거로 판단할 때, ㉠에 들어갈 일시는?
18년 행시(나) 38번

- 서울에 있는 甲사무관, 런던에 있는 乙사무관, 시애틀에 있는 丙사무관은 같은 프로젝트를 진행하면서 다음과 같이 영상업무회의를 진행하였다.
- 회의 시각은 런던을 기준으로 11월 1일 오전 9시였다.
- 런던은 GMT+0, 서울은 GMT+9, 시애틀은 GMT-7을 표준시로 사용한다(즉, 런던이 오전 9시일 때, 서울은 같은 날 오후 6시이며 시애틀은 같은 날 오전 2시이다).

甲 : 제가 프로젝트에서 맡은 업무는 오늘 오후 10시면 마칠 수 있습니다. 런던에서 받아서 1차 수정을 부탁드립니다.

乙 : 네, 저는 甲사무관님께서 제시간에 끝내 주시면 다음날 오후 3시면 마칠 수 있습니다. 시애틀에서 받아서 마지막 수정을 부탁드립니다.

丙 : 알겠습니다. 저는 앞선 두 분이 제시간에 끝내 주신다면 서울을 기준으로 모레 오전 10시면 마칠 수 있습니다. 제가 업무를 마치면 프로젝트가 최종 마무리 되겠군요.

甲 : 잠깐, 다들 말씀하신 시각의 기준이 다른 것 같은데요? 저는 처음부터 런던을 기준으로 이해하고 말씀드렸습니다.

乙 : 저는 처음부터 시애틀을 기준으로 이해하고 말씀드렸는데요?

丙 : 저는 처음부터 서울을 기준으로 이해하고 말씀드렸습니다. 그렇다면 계획대로 진행될 때 서울을 기준으로 (㉠)에 프로젝트를 최종 마무리할 수 있겠네요.

甲, 乙 : 네, 맞습니다.

① 11월 2일 오후 3시
② 11월 2일 오후 11시
③ 11월 3일 오전 10시
④ 11월 3일 오후 3시
⑤ 11월 3일 오후 7시

89. 다음 글을 근거로 판단할 때, 2015년 9월 15일이 화요일이라면 2020년 이후 A국 ○○축제가 처음으로 18일 동안 개최되는 해는?(단, 모든 날짜는 양력 기준이다) 16년 행시(5) 14번

1년의 개념은 지구가 태양을 한 바퀴 도는 데에 걸리는 시간으로, 그 시간은 정확히 365일이 아니다. 실제 그 시간은 365일보다 조금 긴 약 365.2422일이다. 따라서 다음과 같은 규칙을 순서대로 적용하여 1년이 366일인 윤년을 정한다.

규칙1 : 연도가 4로 나누어 떨어지는 해는 윤년으로 한다.
(2004년, 2008년,…)
규칙2 : '규칙1'의 연도 중에서 100으로 나누어 떨어지는 해는 평년으로 한다.
(2100년, 2200년, 2300년,…)
규칙3 : '규칙2'의 연도 중에서 400으로 나누어 떨어지는 해는 윤년으로 한다.
(1600년, 2000년, 2400년,…)

※ 평년 : 윤년이 아닌, 1년이 365일인 해

A국 ○○축제는 매년 9월 15일이 지나고 돌아오는 첫 번째 토요일에 시작하여 10월 첫 번째 일요일에 끝나는 일정으로 개최한다. 다만 10월 1일 또는 2일이 일요일인 경우, 축제를 A국 국경일인 10월 3일까지 연장한다. 따라서 축제는 최단 16일에서 최장 18일 동안 열린다.

① 2021년
② 2022년
③ 2023년
④ 2025년
⑤ 2026년

90. 다음 〈지도〉와 〈조건〉에 근거할 때, 옳은 것은?

12년 행시(인) 11번

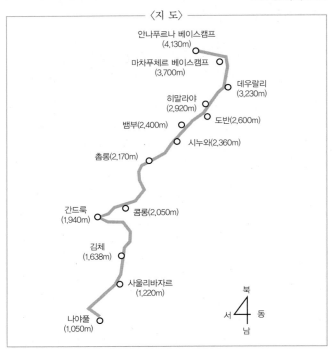

─────〈지 도〉─────

안나푸르나 베이스캠프
(4,130m)

마차푸체르 베이스캠프
(3,700m)

데우랄리
(3,230m)

히말라야
(2,920m)

도반(2,600m)

뱀부(2,400m)

시누와(2,360m)

촘롱(2,170m)

간드룩
(1,940m)

콤롱(2,050m)

김체
(1,638m)

사울리바자르
(1,220m)

나야풀
(1,050m)

북
서 4 동
남

※ 괄호 안의 수치는 해발고도를 나타낸다.

─────〈조건1〉─────

〈구간별 트래킹 소요시간(h : 시간)〉

• 올라가는 경우
 − 나야풀 → 사울리바자르 : 3h
 − 사울리바자르 → 김체 : 2h
 − 김체 → 간드룩 : 2h
 − 간드룩 → 콤롱 : 2h
 − 콤롱 → 촘롱 : 3h
 − 촘롱 → 시누와 : 2h
 − 시누와 → 뱀부 : 1h
 − 뱀부 → 도반 : 3h
 − 도반 → 히말라야 : 2h
 − 히말라야 → 데우랄리 : 2h
 − 데우랄리 → 마차푸체르 베이스캠프 : 2h
 − 마차푸체르 베이스캠프 → 안나푸르나 베이스캠프 : 2h
• 내려오는 경우, 구간별 트래킹 소요시간은 50% 단축된다.

─────〈조건2〉─────

• 트래킹은 도보로만 이루어지며, 트래킹 코스는 나야풀에서 시작하여 안나푸르나 베이스캠프에 도달한 다음 나야풀로 돌아오는 것이다.
• 하루에 가능한 트래킹의 최대시간은 6시간이며, 모든 트래킹 일정을 최대한 빨리 완료해야 한다.
• 하루 트래킹이 끝나면 반드시 숙박을 해야 하고, 숙박은 지도에 ○표시가 된 지역에서만 가능하다.
• 해발 2,500m 이상에서는 고산병의 위험 때문에 당일 수면고도를 전날 수면고도에 비해 600m 이상 높일 수 없다.

※ 수면고도는 취침하는 지역의 해발고도를 의미함

① 1일차에는 간드룩에서 숙박을 한다.
② 반드시 마차푸체르 베이스캠프에서 숙박을 해야 한다.
③ 5일차에는 안나푸르나 베이스캠프에서 숙박 가능하다.
④ 하루 6시간을 걷는 경우는 총 이틀이다.
⑤ 트래킹은 8일차에 완료된다.

※ 다음 글을 읽고 물음에 답하시오. [91~92]

다음은 ○○국가의 민원인 질의에 대한 챗봇의 답변내용 중 일부이다.

Q : 산지전용은 무엇이며 허가권자는 누구인가요?

A : 산지전용이란 산지를 본래의 용도(조림(造林), 입목의 벌채 등) 외로 사용하기 위해 그 형질을 변경하는 것을 말합니다. 산지전용을 하려는 사람은 산지의 종류 및 면적 등의 구분에 따라 허가권자의 허가를 받아야 합니다. 허가권자는 보전산지인지 그렇지 않은 산지인지에 따라 다릅니다. 보전산지는 산림청장이 임업생산과 공익을 위해 지정하는 산지로서 산림청장 소관입니다. 보전산지에는 산림자원의 조성 등 임업생산 기능의 증진을 위해 지정하는 임업용산지와 재해방지, 국민보건휴양 증진 등 공익 기능을 위하여 지정하는 공익용산지가 있습니다. 산지전용 허가권자는 다음과 같습니다.

- 산지면적 200만 m^2 이상(보전산지의 경우 100만 m^2 이상) : 산림청장
- 산지면적 50만 m^2 이상 200만 m^2 미만(보전산지의 경우 3만 m^2 이상 100만 m^2 미만)
  - 산림청장 소관인 국유림의 산지인 경우 : 산림청장
  - 산림청장 소관이 아닌 국유림, 공유림 또는 사유림의 산지인 경우 : 시 · 도지사
- 산지면적 50만 m^2 미만(보전산지의 경우 3만 m^2 미만) : 시장 · 군수 · 구청장

Q : 산지전용 허가를 받기 위해서는 어떤 서류를 제출해야 하나요?

A : 산지전용허가신청서와 사업계획서, 도면을 제출하여야 합니다. 도면으로는 지적도와 임야도를 제출하는데, 이것은 지도나 지형도와는 개념이 다릅니다. 지적도와 임야도를 보면 해당 필지의 모양, 주변 필지와의 경계를 알 수 있습니다. 물론 지도와 마찬가지로 지적도와 임야도에도 축척을 사용합니다. 1/1,200의 대축척 도면은 좁은 지역을 상세하게 표시하고, 1/6,000의 소축척 도면은 넓은 지역을 간략하게 표시합니다. 지적도는 1/1,200 축척을 사용하고, 임야도는 1/6,000 축척을 사용합니다. 임야는 다른 지목의 토지보다 넓어서 1/1,200 축척의 도면에 전체 면적을 담기 어렵기 때문입니다.

Q : 산지면적을 표시할 때 여러 단위를 쓰지 않나요?

A : 토지의 면적은 미터법(m^2)으로 표기하는 것이 원칙이나, 일상에서 '평'으로 표기하기도 합니다. 1평은 3.3m^2입니다. 그런데 산지는 면적이 넓어 편리하게 'ha(헥타르)'나 '정보(町步)'로 표기하기도 합니다. 1ha는 가로와 세로가 각각 100m인 정사각형의 면적을 말하며 1정보는 3,000평입니다.

91. 윗글을 근거로 판단할 때, 〈보기〉에서 옳은 것만을 모두 고르면? 23년 행시(가) 39번

〈보 기〉

ㄱ. 임야도의 경우 넓은 지역의 전체 면적을 담기 위해 대축척을 사용한다.

ㄴ. 보전산지의 지정권자는 면적에 관계없이 산림청장이다.

ㄷ. 산지전용 허가를 받기 위해서는 지도와 지형도를 제출하여야 한다.

ㄹ. 산림청장 소관이 아닌 사유림의 소유자가 그 산지에서 입목의 벌채를 하려는 경우 산지전용 허가를 받아야 한다.

① ㄱ

② ㄴ

③ ㄱ, ㄷ

④ ㄴ, ㄹ

⑤ ㄷ, ㄹ

92. 윗글과 〈상황〉을 근거로 판단할 때, X임야와 Y임야의 산지전용 허가권자를 옳게 짝지은 것은? 23년 행시(가) 40번

〈상 황〉

개발업자 甲은 X임야와 Y임야에 대한 산지전용 허가를 받고자 한다. X임야는 산림청장이 국민보건휴양 증진을 위해 보전산지로 지정한 국유림으로서 산지면적이 100정보이며, Y임야는 甲의 소유로서 산지면적이 50ha이다.

	X임야	Y임야
①	시 · 도지사	시장 · 군수 · 구청장
②	산림청장	산림청장
③	산림청장	시 · 도지사
④	시 · 도지사	시 · 도지사
⑤	산림청장	시장 · 군수 · 구청장

※ 다음 글을 읽고 물음에 답하시오. [93~94]

도지(賭地)란 조선 후기에 도지권을 가진 소작농이 일정한 사용료, 즉 도조(賭租)를 내고 빌려서 경작했던 논밭을 말한다. 지주는 도지를 제공하고 그 대신 도조를 받았다. 도지권을 가진 소작농은 농작물을 수확하여 도조를 치른 후 나머지를 차지하였다. 도지계약은 구두로 하는 것이 보통이고, 문서를 작성하는 경우는 드물었다.

도조를 정하는 방법에는 수확량을 고려하지 않고 미리 일정액을 정하는 방식과 매년 농작물을 수확하기 직전에 지주가 간평인(看坪人)을 보내어 수확량을 조사하고 그 해의 도조를 결정하는 방식이 있었다. 후자의 경우에 수확량에 대한 도조의 비율은 일정하였다. 특히 논밭을 경작하기 전에 도조를 미리 지급하고 경작하는 경우의 도지를 선도지(先賭地)라고 하였다.

도지권을 가진 소작농은 그 도지를 영구히 경작할 수 있었고, 지주의 승낙이 없어도 임의로 도지권을 타인에게 매매, 양도, 임대, 저당, 상속할 수 있었다. 도지권의 매매 가격은 지주의 소유권 가격의 1/2이었으며, 도지의 전체 가격은 소작농의 도지권 가격과 지주의 소유권 가격의 합이었다. 도조는 수확량의 약 1/4에서 1/3 정도에 불과하여 일반적인 소작지의 소작료보다 훨씬 저렴하였기 때문에, 도지권을 가진 소작농은 도지를 다른 소작농에게 빌려주고 그로부터 일반 소작료를 받아 지주에게 납부해야 할 도조를 제외한 다음 그 차액을 가지기도 하였다. 지주가 이러한 사실을 알더라도 그것은 당연한 도지권의 행사이기 때문에 간섭하지 않았다.

지주가 도지권을 소멸시키거나 다른 소작농에게 이작(移作)시키려고 할 때에는 도지권을 가진 소작농의 동의를 구하고 도지권의 가격만큼을 지급하여야 하였다. 다만 도지권을 가진 소작농이 도조를 납부하지 않는 상황에는 지주가 소작농의 동의를 얻은 뒤 도지권을 팔 수 있었다. 이 경우 지주는 연체된 도조를 빼고 나머지는 소작농에게 반환하여야 하였다.

도지권은 일제가 실시한 토지조사사업에 의하여 그 권리가 부정됨으로써 급격히 소멸하게 되었다. 일제의 토지조사사업으로 부분적 소유권으로서의 소작농의 도지권은 부인되었고 대신 소작기간 20년 이상 50년 이하의 소작권이 인정되었다. 이것은 원래의 도지권 성격과는 크게 다른 것이었으므로 도지권을 소유한 소작농들은 도지권 수호운동을 전개하였으나, 일제의 무력탄압으로 모두 좌절되고 말았다.

─── 〈보 기〉 ───

ㄱ. 지주의 사전 승낙이 없어도 도지권을 매입한 소작농이 있었을 수 있다.

ㄴ. 지주가 간평인을 보내어 도조를 결정하였다면, 해당 도지는 선도지가 아니었을 것이다.

ㄷ. 도지권을 가진 소작농들은 일제의 토지조사사업으로 소작을 할 수 없게 되었다.

ㄹ. 도지권을 가진 소작농이 도지권을 매매하려면, 그 소작농은 지주의 동의를 얻어야 했다.

① ㄱ, ㄴ
② ㄱ, ㄹ
③ ㄴ, ㄷ
④ ㄷ, ㄹ
⑤ ㄱ, ㄴ, ㄷ

94. 윗글을 근거로 판단할 때, 〈상황〉의 ㉠~㉣에 들어갈 수의 합은?(단, 쌀 1말의 가치는 5냥이며, 주어진 조건 외에는 고려하지 않는다)
19년 행시(가) 20번

─── 〈상 황〉 ───

甲 소유의 논 A는 1년에 한 번 수확하고 수확량은 매년 쌀 20말이다. 소작농乙은 A 전부를 대상으로 매년 수확량의 1/4을 甲에게 도조로 납부하는 도지계약을 甲과 체결한 상태이다. A의 전체 가격은 甲, 乙의 도지계약 당시부터 올해 말까지 변동 없이 900냥이다.

재작년 乙은 수확 후 甲에게 정해진 도조 액수인 (㉠)냥을 납부하였다.

작년 초부터 큰 병을 얻은 乙은 더 이상 농사를 지을 수 없게 되자, 乙은 매년 (㉡)냥을 받아 도조 납부 후 25냥을 남길 생각으로 丙에게 A를 빌려주었다.

그러나 乙은 약값에 허덕여 작년과 올해분의 도조를 甲에게 납부하지 못했다. 결국 甲은 乙의 동의를 얻어 丁에게 A에 대한 도지권을 올해 말 (㉢)냥에 매매한 후, 乙에게 (㉣)냥을 반환하기로 하였다.

① 575
② 600
③ 625
④ 750
⑤ 925

측우기는 1440년을 전후하여 발명되어 1442년(세종 24년)부터 1907년 일제의 조선통감부에 의해 근대적 기상관측이 시작될 때까지 우량(雨量) 관측기구로 사용되었다. 관측된 우량은 『승정원일기(承政院日記)』에 기록되었다. 우량을 정량적으로 측정하여 보고하는 제도는 측우기 도입 이전에도 있었는데, 비가 온 뒤 땅에 비가 스민 깊이를 측정하여 이를 조정에 보고하는 방식이었다. 『세종실록(世宗實錄)』의 기록에 의하면, 왕세자 이향(李珦, 훗날의 문종 임금)은 우량을 정확하게 측정하기 위해 그릇에 빗물을 받아 그 양을 측정하는 방식을 연구하였다. 빗물이 땅에 스민 깊이는 토양의 습도에 따라 달라지므로 기존 방법으로는 빗물의 양을 정확히 측정하기 어렵기 때문이었다.

측우기라는 이름이 사용된 것도 이때부터이다. 일반적으로 측우기는 주철(鑄鐵)로 된 원통형 그릇으로, 표준규격은 깊이 1자 5치, 지름 7치(14.7cm)였다. 이 측우기를 돌로 만든 측우대(測雨臺) 위에 올려놓고 비가 온 뒤 그 안에 고인 빗물의 깊이를 주척(周尺 : 길이를 재는 자의 한 가지)으로 읽는데, 푼(2.1mm) 단위까지 정밀하게 측정할 수 있었다.

세종대(代)에는 이상과 같은 표준에 맞게 제작된 측우기와 주척을 중앙의 천문관서인 서운관(書雲觀)과 전국 팔도의 감영(監營)에 나누어 주고, 그 이하 행정 단위의 관아에서는 자기(磁器) 또는 와기(瓦器)로 측우기를 만들어 설치하도록 하였다. 서운관의 관원과 팔도 감사 및 각 고을의 수령들에게 비가 오면 주척으로 푼 단위까지 측정한 빗물의 수심을 기록하여 조정에 보고하고 훗날에 참고하기 위해 그 기록을 남겨두도록 하였다.

그렇지만 임진왜란과 병자호란의 혼란을 겪으면서, 측우 관련 제도는 더 이상 지속되지 못했다. 측우 제도가 부활한 것은 1770년(영조 46년) 5월이다. 영조는 특히 세종대에 갖추어진 천문과 기상 관측 제도를 부흥시키는 데 깊은 관심을 보였는데, 측우 제도 복원 사업도 그 일환이었다. 영조는 『세종실록』에 기록된 측우기의 규격과 관측 및 보고 제도를 거의 그대로 따랐다. 한 가지 차이가 있다면, 전국의 모든 고을에까지 측우기를 설치했던 세종대와는 달리 영조대에는 서울의 궁궐과 서운관, 팔도감영, 강화와 개성의 유수부(留守府)에만 설치했다는 것이다.

95. 윗글을 근거로 판단할 때, 〈보기〉에서 옳은 것만을 모두 고르면?
17년 행시(가) 39번

〈보 기〉

ㄱ. 세종대에는 중앙의 천문관서와 지방의 감영에 표준에 맞게 제작된 측우기를 설치하여 전국적으로 우량 관측 및 보고 체계를 갖추었다.

ㄴ. 측우기를 이용한 관측 및 보고 제도는 1907년 일제의 조선통감부에 의해 근대적 기상관측이 도입될 때까지 지속적으로 유지되었다.

ㄷ. 세종대에 서울과 지방에서 우량을 관측했던 측우기는 모두 주철로 제작되었다.

ㄹ. 세종대에는 영조대보다 전국적으로 더 많은 곳에서 측우기를 통해 우량을 측정하여 보고하도록 하였다.

① ㄱ, ㄴ
② ㄱ, ㄹ
③ ㄴ, ㄷ
④ ㄱ, ㄷ, ㄹ
⑤ ㄴ, ㄷ, ㄹ

96. 세종대 甲지역에서 오전 10시부터 오후 1시까지 시간당 51mm의 비가 내렸다고 가정해보자. 측우기를 사용하여 甲지역의 감사가 보고한 우량으로 옳은 것은?(단, 주어진 조건 외에 다른 조건은 고려하지 않는다)
17년 행시(가) 40번

① 약 7치
② 약 7치 1푼
③ 약 7치 3푼
④ 약 7치 5푼
⑤ 약 7치 7푼

'알파고'는 기존 인공지능의 수읽기 능력뿐만 아니라 정책망과 가치망이라는 두 가지 인공신경망을 통해 인간 고수 못지않은 감각적 예측 능력(정책망)과 형세판단 능력(가치망)을 구현한 바둑 인공지능이다. 인간의 지능활동은 물리적인 차원에서 보면 뇌 안의 시냅스로 연결된 뉴런들이 주고받는 전기신호의 상호작용으로 인해 나타난다. 인공신경망은 인간의 뇌가 작동하는 방식에서 착안하여 만든 것이다.

'학습'을 거치지 않은 인공신경망은 무작위로 설정한 다수의 가중치를 갖고 있다. 이를 갖고 입력값을 처리했을 때 옳지 않은 출력값이 나온 경우, 올바른 결과를 도출하기 위해 가중치를 조절하는 것이 인공신경망의 학습과정이다. 따라서 오답에 따른 학습을 반복할수록 인공신경망의 정확도는 향상된다.

알파고의 첫 번째 인공신경망인 '정책망'은 "인간 고수라면 다음 수를 어디에 둘까?"를 예측한다. 입력(현 바둑판의 상황)과 출력(그 상황에서의 인간 고수의 착점) 사이의 관계를 간단한 함수로 표현할 수는 없다. 하지만 알파고는 일련의 사고가 단계별로 진행되므로 인공신경망의 입력과 출력 사이에 13개의 중간층을 둔 심층신경망을 통해 다음 수를 결정한다. 이 복잡한 인공신경망은 인간의 뇌에서 뉴런들이 주고받는 전기신호의 세기에 해당하는 가중치를 최적화해 나아간다. 이를 위해 인터넷 바둑 사이트의 6~9단 사용자의 기보 16만 건에서 추출된 약 3,000만 건의 착점을 학습했다. 3,000만 개의 예제를 학습하여 입력값을 넣었을 때 원하는 출력값이 나오게끔 하는 가중치를 각종 최적화 기법으로 찾는 방식이다.

이러한 '지도학습'이 끝나면 '강화학습'이 시작된다. 지도학습으로 찾아낸 각 가중치를 조금씩 바꿔보는 것이다. 예를 들어 지도학습 결과 어떤 가중치가 0.3이었다면, 나머지 모든 조건은 동일한 상태에서 그 가중치만 0.4로 바꾼 인공신경망과 가중치가 0.3인 기존의 인공신경망을 여러 번 대국시켰을 때, 주로 이긴 인공신경망의 가중치를 선택하게 된다. 모든 가중치에 대해 이와 같은 과정을 반복하여 최적의 가중치를 찾게 되는 것이다.

알파고의 두 번째 인공신경망인 '가치망'은 바둑의 대국이 끝날 때까지 시뮬레이션을 해보고 결과를 판단하는 대신에, 현재 장면으로부터 앞으로 몇 수만 진행시켜보고 그 상황에서 형세를 판단하는 것이다. 현대 바둑 이론으로도 형세의 유불리를 판단하는 기준이 몇 집인지 정량적으로 환산하기는 어렵다. 마찬가지로 정확한 평가 함수를 프로그래머가 알아야 할 필요가 없다. 평가 함수의 초깃값을 임의로 설정해놓고 정책망의 강화학습 때와 같이 두 가지 버전의 인공신경망을 대국시킨다. 만약 변경된 버전이 주로 이겼다면 그 다음 실험에서는 변경된 버전을 채택하는 과정을 무수히 반복한다. 이런 식으로 아주 정확한 평가 함수를 찾아갈 수 있는 것이다.

97. 윗글을 근거로 판단할 때 옳은 것은? 20년 행시(나) 39번

① 오답을 통한 학습과정을 더 많이 거칠수록 인공신경망의 정확도는 떨어진다.

② 알파고는 가중치를 최적화하는 과정에서 기보 한 건당 1,000건 이상의 착점을 학습했다.

③ 알파고는 빠른 데이터 처리 능력 덕분에 인터넷 기보를 이용한 지도학습만으로도 정확한 형세판단 능력의 평가 함수를 찾을 수 있었다.

④ 알파고가 바둑의 형세를 판단하도록 하기 위해서 프로그래머는 정확한 평가 함수를 알아야 한다.

⑤ 최초에는 동일한 인공신경망이라고 해도 강화학습의 유무에 따라 인공신경망의 가중치는 달라질 수 있다.

98. 윗글과 다음 〈상황〉을 근거로 판단할 때, 최종적으로 선택할 알파고의 가중치 A와 B를 옳게 짝지은 것은? 20년 행시(나) 40번

─── 〈상 황〉 ───

• 다른 모든 조건이 동일한 상태에서 가중치 A, B만을 변경한다.

• 가중치 A가 0.4이고 가중치 B가 0.3인 인공신경망이 가중치 A가 0.3이고 가중치 B가 0.3인 인공신경망을 주로 이겼다.

• 가중치 A가 0.5이고 가중치 B가 0.3인 인공신경망이 가중치 A가 0.3이고 가중치 B가 0.3인 인공신경망을 주로 이겼다.

• 가중치 A가 0.4이고 가중치 B가 0.4인 인공신경망은 가중치 A가 0.4이고 가중치 B가 0.3인 인공신경망에게 주로 졌다.

• 가중치 A가 0.5이고 가중치 B가 0.3인 인공신경망은 가중치 A가 0.4이고 가중치 B가 0.3인 인공신경망에게 주로 졌다.

• 가중치 A가 0.4이고 가중치 B가 0.3인 인공신경망이 가중치 A가 0.4이고 가중치 B가 0.2인 인공신경망을 주로 이겼다.

	가중치 A	가중치 B
①	0.3	0.3
②	0.4	0.2
③	0.4	0.3
④	0.4	0.4
⑤	0.5	0.3

경연(經筵)이란 신하들이 임금에게 유학의 경서를 강론하는 것으로서, 경악(經幄) 또는 경유(經帷)라고도 하였다. 임금에게 경사(經史)를 가르쳐 유교의 이상정치를 실현하려는 것이 그 목적이었으나, 실제로는 왕권의 행사를 규제하는 중요한 기능을 수행하였다. 경연에서는 『사서』와 『오경』 및 역사책인 『자치통감』 등에 대한 강의가 이루어졌고, 강의가 끝난 후에는 정치문제도 협의하였다.

기록에 따르면 경연은 고려 예종이 처음 도입하였고, 조선시대에 들어와 숭유(崇儒)정책을 실시하면서 비약적으로 발전하였다. 조선시대 태조는 경연청을 설치했고, 정종과 태종도 각각 경연을 실시하였다. 세종은 즉위한 뒤 약 20년 동안 매일 경연에 참석했으며, 집현전을 정비해 경연관(經筵官)을 강화하였다. 특히 성종은 재위 25년 동안 매일 세 번씩 경연에 참석하여 여러 정치 문제를 협의하였다. 경연이 바야흐로 정치의 심장부가 된 것이다.

조선시대 경연관은 당상관(堂上官)과 낭청(郎廳)으로 구성되었다. 당상관은 영사(領事) 3인, 지사(知事) 3인, 동지사(同知事) 3인, 참찬관(參贊官) 7인이다. 영사는 삼정승이 겸하고 지사와 동지사는 정2품과 종2품에서 각각 적임자를 임명하였다. 참찬관은 여섯 승지와 홍문관 부제학이 겸직하였다. 그 밖에 성종 말년에 특진관을 두었는데, 1·2품의 대신 중에서 임명했으며, 정원은 없었다. 낭청으로는 시강관·시독관·검토관이 있었는데 모두 홍문관원이 겸임하였다. 시강관은 직제학·전한·응교·부응교가 겸했고, 시독관은 교리·부교리가 겸했으며, 검토관은 수찬·부수찬이 겸임하였다.

강의 방식도 세종과 성종 때에 대체로 확립되었다. 세종 때는 승지 1인, 낭청 2인, 사관(史官) 1인이 참석하였다. 성종은 어린 나이로 왕이 되었을 때부터 하루에 세 번 조강(朝講)·주강(晝講)·석강(夕講)에 참석했는데, 성년이 된 후에도 계속되었다. 조강에는 영사·지사(또는 동지사)·참찬관 각 1인, 낭청 2인, 대간(臺諫) 각 1인, 사관 1인, 특진관 2인 등 모두 10인 이상의 신하들이 참석하였다. 주강과 석강의 참석자는 세종 때와 같았다. 좌석의 배치는 왕이 북쪽에 남향해 앉고, 1품은 동편에 서향, 2품은 서편에 동향, 3품 이하는 남쪽에 북향해 부복하였다.

※ 1) 승지 : 조선시대 승정원의 도승지·좌승지·우승지·좌부승지·우부승지·동부승지의 총칭
2) 경연관 : 고려·조선시대 국왕의 학문지도와 치도강론을 위하여 설치한 관직
3) 대간 : 사헌부의 대관과 사간원의 간관을 합칭한 말
4) 부복 : 고개를 숙이고 엎드림

99. 윗글을 근거로 판단할 때 옳은 것은? 16년 행시(5) 39번

① 조선시대 성종 때 조강에 참석했던 인원은 최소 11인이었을 것이다.
② 삼정승 중 으뜸인 영의정은 경연관 중 동지사에 해당한다.
③ 지사와 동지사는 동편에 서향해 부복하였을 것이다.
④ 경연 시 다루어진 주제에 역사는 포함되지 않았을 것이다.
⑤ 경연은 조선시대에 처음 시작되어 유교의 이상정치 실현에 기여하였다.

100. 윗글을 근거로 판단할 때, 조선시대 성종 대의 강의 시간과 경연 참석자의 관직으로 구성될 수 없는 것은? 16년 행시(5) 40번

	강의 시간	당상관	낭청
①	조강	우의정	부응교
②	조강	도승지	직제학
③	주강	도승지	부제학
④	주강	우승지	직제학
⑤	석강	좌승지	전한

나에 대한 자신감을 잃으면
온 세상이 나의 적이 된다.

— 랄프 왈도 에머슨(Ralph Waldo Emerson) —

PSAT

PART3

기출심화 모의고사

기출심화 모의고사

1. 다음 글에서 알 수 없는 것은?   23년 행시(가) 6번

1982년에 오스트레일리아의 워렌과 마셜 연구팀은 사람의 위장에서 서식하는 세균을 배양하려 시도하였지만 실패를 거듭했다. 그들은 '캠필로박터' 세균을 배양할 때처럼 산소와 이산화탄소를 저농도로 유지하면서 까다로운 조건으로 영양분을 공급하는 특수한 배양법을 채택하고 있었다. 마셜의 조수는 휴가를 보내느라 보통 이틀 정도로 끝내던 배양을 5일 동안 지속하게 되었다. 휴가가 끝났을 때 연구팀은 배양지에 세균의 군집이 형성된 것을 발견하게 되었다. 1987년에 연구팀은 광학 현미경으로 관찰된 형태와 대기 중 산소 농도보다 낮은 산소 농도에서 자라는 특성을 근거로 이 균을 캠필로박터 속에 속한다고 판단하여 이 균을 '캠필로박터 파일로리'라고 명명하였다. 그러나 그 후, 전자 현미경에 의해 이 균의 미세 구조가 캠필로박터와 차이가 있음이 관찰되었고, 1989년에는 유전자 분석에 따라 이 균이 캠필로박터와 다른 집단임이 판명되었다. 이에 따라 헬리코박터 속이 신설되고 균의 명칭이 '헬리코박터 파일로리'로 변경되었다.

마셜은 강한 산성 환경인 인간의 위장 속에서 살 수 있는 이 세균에 의해 대부분의 위장 질환이 발생한다는 내용의 가설을 담은 논문을 발표했다. 하지만, "어떤 세균도 위산을 오래 견뎌내지 못한다."라는 학설과 "스트레스나 자극적인 식품을 자주 섭취하는 식습관이 위궤양과 위염을 일으킨다."라는 학설 때문에 이 가설은 쉽게 받아들여지지 않았다. 결국 마셜은 시험관에 배양한 균을 스스로 마셔서 위궤양을 만들어냈고, 그 위궤양을 항생제로 치료하는 데 성공했다. 그제야 학계는 마셜의 가설을 받아들였고, 미국의 국립 보건원은 위궤양의 대부분이 헬리코박터 파일로리에 의한 것이므로 항생제를 처방할 것을 권고하는 의견서를 발표하였다. 오늘날 헬리코박터 파일로리는 세계에서 가장 흔한 만성적인 감염의 원인균으로 알려지게 되었고, 위암의 원인균으로도 인정받았다. 2005년 워렌과 마셜은 이 발견으로 노벨 생리의학상을 수상했다.

① 마셜의 실험은 위궤양과 위염이 스트레스나 자극적인 식품을 자주 섭취하는 식습관에 의해 생길 수 없음을 보여주었다.
② 마셜의 연구팀은 어떤 세균도 위산을 오래 견뎌내지 못한다는 학설이 틀렸음을 증명하였다.
③ 헬리코박터 파일로리는 캠필로박터처럼 저농도의 산소에서 자라는 특성을 갖는다.
④ 헬리코박터 파일로리의 감염은 위암을 일으킬 수 있다는 것이 인정되었다.
⑤ 헬리코박터 파일로리는 캠필로박터와 다른 별개의 속에 속한다.

『승정원일기』는 조선시대 왕의 비서 기관인 승정원의 업무 일지이다. 승정원에서 처리한 업무는 당시 최고의 국가 기밀이었으므로 『승정원일기』에는 중앙과 지방에서 수집된 주요한 정보와 긴급한 국정 사항이 생생하게 기록되었다. 『승정원일기』가 왕의 통치 기록으로서 주요한 자리를 차지할 수 있었던 것은 조선의 통치 구조와 관련이 있다. 조선은 모든 국가 조직이 왕을 중심으로 짜여 있는 중앙집권제 국가였다. 국가 조직은 크게 여섯 분야로 나뉘어져 이, 호, 예, 병, 형, 공의 육조가 이를 담당하였다. 승정원도 육조에 맞추어 육방으로 구성되었고, 육방에는 담당 승지가 한 명씩 배치되었다. 중앙과 지방의 모든 국정 업무는 육조를 통해 수합되었고, 육조는 이를 다시 승정원의 해당 방의 승지에게 보고하였다. 해당 승지는 이를 다시 왕에게 보고하였고, 왕의 명령이 내려지면 담당 승지가 받아 해당 부서에 전하였다.

승정원에 보고된 육조의 모든 공문서는 승정원의 주서가 받아서 기록하였는데, 상소문이나 탄원서 등의 문서도 마찬가지였다. 만약 사헌부, 사간원, 홍문관 등에서 특정 관료나 사안에 대해 비판하는 경우 주서가 그 내용을 기록하였으며, 왕과 신료가 만나 국정을 의논하거나 경연을 할 때 주서는 반드시 참석하여 그 대화 내용을 기록하였다. 즉 주서는 사관의 역할도 겸하였으며, 주서가 사관으로서 기록한 것을 사초라 하였다. 하루 일과가 끝나면 주서는 자신이 기록한 사초를 정리하여 이것을 승정원에서 처리한 공문서나 상소문과 함께 모두 모아 매일 『승정원일기』를 작성하였다. 한 달이 되면 이를 한 책으로 엮어 왕에게 보고하였고, 왕의 결재를 받은 다음 자신이 근무하는 승정원 건물에 보관하였다.

『승정원일기』는 오직 한 부만 작성되었으므로 궁궐의 화재로 원본 자체가 소실되기도 하였다. 임진왜란 전에 승정원은 경복궁 근정전 서남쪽에 위치하였는데, 왜란으로 경복궁이 불타면서 『승정원일기』도 함께 소실되었다. 이후에도 여러 차례 궁궐에 화재가 발생하였다. 영조 23년에는 창덕궁에 불이 나 『승정원일기』가 거의 타버렸으나 영조는 이를 복원하도록 하였다.

① 주서는 사초에 근거하여 육조의 국정 업무 자료를 선별해 수정한 뒤 책으로 엮어 왕에게 보고하였다.

② 형조에서 수집한 지방의 공문서는 승정원의 형방 승지를 통해 왕에게 보고되었다.

③ 왕이 사간원에 내리는 공문서는 사간원에 배치된 승지를 통해 전달되었다.

④ 사관의 역할을 겸하였던 주서와 승지는 함께 『승정원일기』를 작성하였다.

⑤ 경복궁에 보관되어 있던 『승정원일기』는 영조 대의 화재로 소실되었다.

15~16세기에 이질은 사람들을 괴롭히는 가장 주요한 질병이 되었다. 조선은 15세기부터 냇둑을 만들어 범람원(汎濫原)을 개간하기 시작하였고, 『농사직설』을 편찬하여 적극적으로 벼농사를 보급하였다. 이질은 이처럼 벼농사를 중시하여 냇가를 개간한 조선이 감당하여야 하는 숙명이었다.

벼농사를 짓는 논은 밭 위에 물을 가두어 농사를 짓는 농업 시설이었다. 새로 생긴 논 주변의 구릉에는 마을들이 생겨났다. 하지만 사람들이 쏟아내는 오물이 도랑을 통해 논으로 흘러들었고, 사람의 눈에 보이지 않는 미생물 중 수인성(水因性) 병균이 번성하였다. 그중 위산을 잘 견디는 시겔라균은 사람의 몸에 들어오면 적은 양이라도 대장까지 곧바로 도달하였고, 어김없이 이질을 일으켰다.

이질은 15세기 초반 급증하기 시작하여 17세기 이후에는 크게 감소하였다. 이러한 변화의 원인은 생태환경의 측면에서 찾을 수 있다. 15~16세기 냇둑에 의한 농지 개간은 범람원을 논으로 바꾸었다. 장마나 강우에 의해 일시적으로 범람하여 발생하는 짧은 침수 기간을 제외하면 범람원은 나머지 대부분의 시간 동안 건조한 상태를 유지하는 벌판을 형성한다. 이곳은 홍수에 잘 견디는 나무로 구성된 숲이 발달하였던 곳이다. 한반도의 하천 변에 분포하는 넓은 범람원의 숲이 논으로 개발되면서 뜨거운 여름 동안 습지로 바뀌었고 건조한 환경에 적합한 미생물 생태계가 습한 환경에 적합한 새로운 미생물 생태계로 바뀌었다. 수인성 세균인 병원성 살모넬라균과 시겔라균은 이러한 습지의 생태계에서 번성하여 장티푸스와 이질의 발병률을 크게 높였다.

그런데 17세기 이후 농지 개간의 중심축이 범람원 개간에서 산간 지역 개발로 이동하였다. 이는 수인성 전염병 발생을 크게 줄이는 결과를 낳았다. 농법의 측면에서도 17세기 이후에는 남부지역의 벼농사에서 이모작과 이앙법이 확대되었고, 이는 마을에 인접한 논의 사용법을 변화시켰다. 특히 논에 물을 가둬두는 기간이 줄어서 이질 등 수인성 질병 발생의 감소를 가져왔다.

① 『농사직설』을 통한 벼농사 보급 이전의 조선에는 수인성 병균에 의한 질병이 발견되지 않았다.

② 15~16세기 조선의 하천에서 번성하던 시겔라균이 17세기 이후 감소하였다.

③ 17세기 이후 조선에서는 논의 미생물 생태계가 변화되어 이질 감소에 기여하였다.

④ 17세기 이후 조선에서 개간 대상 지역이 바뀌어 인구 밀집지역이 점차 하천 주변에서 산간 지역으로 바뀌었다.

⑤ 17세기 이후 조선 농법의 변화는 건조한 지역에도 농지를 개간할 수 있도록 하여 이질과 장티푸스 발병률을 낮추었다.

조선 시대에는 국왕의 부모에 대한 제사를 국가의례로 거행했다. 하지만 국왕의 생모가 후궁이라면, 아무리 왕을 낳았다고 해도 그에 대한 제사를 국가의례로 간주하지 않는 것이 원칙이었다. 그런데 이 원칙은 영조 때부터 무너지기 시작했다. 영조는 왕이 된 후에 자신의 생모인 숙빈 최씨를 위해 육상궁이라는 사당을 세웠다. 또 국가의례에 관한 규례가 담긴 『국조속오례의』를 편찬할 때, 육상궁에 대한 제사를 국가의례로 삼아 그 책 안에 수록해 두었다. 영조는 선조의 후궁이자, 추존왕 원종을 낳은 인빈 김씨의 사당도 매년 방문했다. 이 사당의 이름은 저경궁이다. 원종은 인조의 생부로서, 아들 인조가 국왕이 되었으므로 사후에 왕으로 추존된 인물이다. 한편 영조의 선왕이자 이복형인 경종도 그 생모 희빈 장씨를 위해 대빈궁이라는 사당을 세웠지만, 영조는 단 한 번도 대빈궁을 방문하지 않았다.

영조의 뒤를 이은 국왕 정조는 효장세자의 생모인 정빈 이씨의 사당을 만들어 연호궁이라 불렀다. 잘 알려진 바와 같이 정조는 사도세자의 아들이다. 그런데 영조는 아들인 사도세자를 죽인 후, 오래전 사망한 자기 아들인 효장세자를 정조의 부친으로 삼겠다고 공포했다. 이런 연유로 정조는 정빈 이씨를 조모로 대우하고 연호궁에서 매년 제사를 지냈다. 정조는 연호궁 외에도 사도세자의 생모인 영빈 이씨의 사당도 세워 선희궁이라는 이름을 붙이고 제사를 지냈다. 정조의 아들로서, 그 뒤를 이어 왕이 된 순조 역시 자신의 생모인 수빈 박씨를 위해 경우궁이라는 사당을 세워 제사를 지냈다.

이처럼 후궁의 사당이 늘어났으나 그 위치가 제각각이어서 관리하기가 어려웠다. 이에 순종은 1908년에 대빈궁, 연호궁, 선희궁, 저경궁, 경우궁을 육상궁 경내로 모두 옮겨 놓고 제사를 지내게 했다. 1910년에 일본이 대한제국의 국권을 강탈했으나, 이 사당들에 대한 제사는 유지되었다. 일제 강점기에는 고종의 후궁이자 영친왕 생모인 엄씨의 사당 덕안궁도 세워졌는데, 이것도 육상궁 경내에 자리 잡게 되었다. 이로써 육상궁 경내에는 육상궁을 포함해 후궁을 모신 사당이 모두 7개에 이르게 되었으며, 이때부터 그곳을 칠궁이라 부르게 되었다.

① 경종은 선희궁과 연호궁에서 거행되는 제사에 매년 참석했다.

② 『국조속오례의』가 편찬될 때 대빈궁, 연호궁, 선희궁, 경우궁에 대한 제사가 국가의례에 처음 포함되었다.

③ 영빈 이씨는 영조의 후궁이었던 사람이며, 수빈 박씨는 정조의 후궁이었다.

④ 고종이 대빈궁, 연호궁, 선희궁, 저경궁, 경우궁을 육상궁 경내로 이전해 놓음에 따라 육상궁은 칠궁으로 불리게 되었다.

⑤ 조선 국왕으로 즉위해 실제로 나라를 다스린 인물의 생모에 해당하는 후궁으로서 일제 강점기 때 칠궁에 모셔져 있던 사람은 모두 5명이었다.

WTO 설립협정은 GATT 체제에서 관행으로 유지되었던 의사결정 방식인 총의 제도를 명문화하였다. 동 협정은 의사결정 회의에 참석한 회원국 중 어느 회원국도 공식적으로 반대하지 않는 한, 검토를 위해 제출된 사항은 총의에 의해 결정되었다고 규정하고 있다. 또한 이에 따르면 회원국이 의사결정 회의에 불참하더라도 그 불참은 반대가 아닌 찬성으로 간주된다.

총의 제도는 회원국 간 정치·경제적 영향력의 차이를 보완하기 위하여 도입되었다. 그러나 회원국 수가 확대되고 이해관계가 첨예화되면서 현실적으로 총의가 이루어지기 쉽지 않았다. 이로 인해 WTO 체제 내에서 모든 회원국이 참여하는 새로운 무역협정이 체결되는 것이 어려웠고 결과적으로 무역자유화 촉진 및 확산이 저해되고 있다. 이러한 문제의 해결 방안으로 '부속서 4 복수국간 무역협정 방식'과 '임계질량 복수국간 무역협정 방식'이 모색되었다.

'부속서 4 복수국간 무역협정 방식'은 WTO 체제 밖에서 복수국간 무역협정을 체결하고 이를 WTO 설립협정 부속서 4에 포함하여 WTO 체제로 편입하는 방식이다. 복수국간 무역협정이 부속서 4에 포함되기 위해서는 모든 WTO 회원국 대표로 구성되는 각료회의의 승인이 있어야 한다. 현재 부속서 4에의 포함 여부가 논의 중인 전자상거래협정은 협정 당사국에게만 전자상거래시장을 개방하고 기술이전을 허용한다. '부속서 4 복수국간 무역협정 방식'은 협정상 혜택을 비당사국에 허용하지 않음으로써 해당 무역협정의 혜택을 누리고자 하는 회원국들의 협정 참여를 촉진하여 결과적으로 자유무역을 확산하는 기능을 한다.

'임계질량 복수국간 무역협정 방식'은 WTO 체제 밖에서 일부 회원국 간 무역협정을 채택하되 해당 협정의 혜택을 보편적으로 적용하여 무역자유화를 촉진하는 방식이다. 즉, 채택된 협정의 혜택은 최혜국대우원칙에 따라 협정 당사국뿐 아니라 모든 WTO 회원국에 적용되는 반면, 협정의 의무는 협정 당사국에만 부여된다. 다만, 해당 협정이 발효되기 위해서는 협정 당사국들의 협정 적용대상 품목의 무역량이 해당 품목의 전세계 무역량의 90% 이상을 차지하여야 한다. '임계질량 복수국간 무역협정 방식'의 대표적인 사례는 정보통신기술(ICT)제품의 국제무역 활성화를 위해 1996년 채택되어 1997년 발효된 정보기술협정이다.

① '임계질량 복수국간 무역협정 방식'에 따라 채택된 협정의 혜택을 받는 국가는 해당 협정의 의무를 부담하는 국가보다 적을 수 없다.

② WTO의 의사결정 회의에 제안된 특정 안건을 지지하는 경우, 총의 제도에 따르면 그 회의에 불참하더라도 해당 안건에 대한 찬성의 뜻을 유지할 수 있다.

③ WTO 회원국은 전자상거래협정에 가입하지 않는다면 동 협정의 법적 지위에 영향을 미칠 수 없다.

④ WTO 각료회의가 총의 제도를 유지한다면 '부속서 4 복수국간 무역협정 방식'의 도입 목적은 충분히 달성하기 어렵다.

⑤ 1997년 발효 당시 정보기술협정 당사국의 ICT제품 무역규모량의 총합은 해당 제품의 전세계 무역량의 90% 이상일 것으로 추정할 수 있다.

6. 다음 글의 ㉠과 ㉡에 들어갈 내용을 〈보기〉에서 골라 적절하게 짝지은 것은?
21년 행시(가) 26번

경제가 어려울수록 사람들은 경제적 재화가 똑같이 분배되는 사회를 소망한다. 하지만 이러한 단순 평등 사회가 달성된다고 하더라도 그 상태는 유지될 수 없다. 처음에 경제적 재화를 똑같이 분배받는다고 하더라도 사람들은 자신의 선택에 따라 재화를 자유롭게 사용할 것이고, 그렇게 되면 시간이 지남에 따라 결국 다시 불평등한 사회가 될 것이기 때문이다. 이러한 불평등을 반복적으로 제거하면 다시 단순 평등 사회로 되돌아갈 수 있을지도 모른다. 하지만 그것은 오직 국가의 개입과 통제가 있어야만 가능한 일이다. 문제는 누구도 개인의 자유를 억압하는 사회를 원치 않는데, 국가의 개입과 통제가 필연적으로 개인의 자유를 억압한다는 것이다. 따라서 단순 평등 사회는 [㉠   ]. 그렇다면 우리는 어떤 의미의 평등 사회를 지향해야 할까? 어떤 사람들이 비싼 물건을 살 능력이 있고 어떤 사람들은 그렇지 못하다는 경제적 불평등은 부정할 수 없는 현실이다. 하지만 우리는 경제적 재화 이외에도 자유, 사회적 지위, 정치권력 등의 다양한 사회적 가치들을 유용하다고 인정한다. 그래서 더욱 심각한 문제는 경제적 재화와 같은 하나의 사회적 가치가 불평등하게 분배되는 것이 정당한 이유 없이 다른 사회적 가치의 분배 문제에서까지 불평등을 유발할 수 있다는 것이다. 이런 결과를 초래하는 것은 바람직하지 않다. 재산이 많다고 정당한 이유 없이 정치권력을 소유하게 되거나, 정치권력을 가졌다고 정당한 이유 없이 높은 사회적 지위를 갖게 되는 것이 그런 예이다. 따라서 평등한 사회를 달성하기 위해서는 [㉡   ].

─── 〈보 기〉 ───

ㄱ. 개인의 자유를 억압하지 않는다면 지속 가능한 것이다

ㄴ. 지속 가능하지도 않고 개인의 자유를 희생하면서까지 원하는 것이 아니다

ㄷ. 모든 사회적 가치 각각을 공정하게 분배하는 것이 중요하다

ㄹ. 하나의 사회적 가치에 대한 불평등이 다른 영역에서의 불평등으로 이어지는 것을 막는 것이 중요하다

ㅁ. 다양한 사회적 가치를 공정하게 분배하는 방법의 출발점으로 하나의 사회적 가치를 공정하게 분배하는 것부터 시작해야 한다

	㉠	㉡
①	ㄱ	ㄹ
②	ㄱ	ㅁ
③	ㄴ	ㄷ
④	ㄴ	ㄹ
⑤	ㄴ	ㅁ

7. 다음 글의 ㉠에 들어갈 말로 가장 적절한 것은?
11년 행시(수) 7번

최근 미국 국립보건원은 벤젠 노출과 혈액암 사이에 연관이 있다고 보고했다. 직업안전보건국은 작업장에서 공기 중 벤젠 노출 농도가 1ppm을 넘지 말아야 한다는 한시적 긴급 기준을 발표했다. 당시 법규에 따른 기준은 10ppm이었는데, 직업안전보건국은 이 엄격한 새 기준이 영구적으로 정착되길 바랐다. 그런데 벤젠 노출 농도가 10ppm 이상인 작업장에서 인명피해가 보고된 적은 있지만, 그보다 낮은 노출 농도에서 인명피해가 있었다는 검증된 데이터는 없었다. 그럼에도 불구하고 직업안전보건국은 벤젠이 발암물질이라는 이유를 들어, 당시 통용되는 기기로 쉽게 측정할 수 있는 최소치인 1ppm을 기준으로 삼아야 한다고 주장했다. 직업안전보건국은 직업안전보건법의 구체적 실행에 관여하는 핵심 기관인데, 이 법은 "직장생활을 하는 동안 위험물질에 업무상 주기적으로 노출되더라도 그로 인해 어떤 피고용인도 육체적 손상이나 작업 능력의 손상을 입어서는 안 된다."고 규정하고 있다.

이후 대법원은 직업안전보건국이 제시한 1ppm의 기준이 지나치게 엄격하다고 판결하였다. 대법원은 "직업안전보건법이 비용 등 다른 조건은 무시한 채 전혀 위험이 없는 작업장을 만들기 위한 표준을 채택하도록 직업안전보건국에게 무제한의 재량권을 준 것은 아니다."라고 밝혔다. [㉠   ] 직업안전보건국은 과학적 불확실성에도 불구하고 사람의 생명이 위험에 처할 수 있는 경우에는 더욱 엄격한 기준을 시행하는 것이 옳다면서, 자신들에게 책임을 전가하는 것에 반대했다. 직업안전보건국은 노동자를 생명의 위협이 될 수 있는 화학물질에 노출시키는 사람들이 그 안전성을 입증해야 한다고 보았다.

① 여러 가지 과학적 불확실성으로 인해, 직업안전보건국의 기준이 합당하다는 것을 대법원이 입증할 수 없으므로 이를 수용할 수 없다는 것이다.

② 대법원은 벤젠의 노출 수준이 1ppm을 초과할 경우 노동자의 건강에 실질적으로 위험하다는 것을 직업안전보건국이 입증해야 한다고 주장했다.

③ 대법원은 재량권의 범위가 클수록 그만큼 더 신중하게 사용해야 한다는 점을 환기시키면서, 10ppm 수준의 벤젠 농도가 노동자의 건강에 정확히 어떤 손상을 가져오는지를 직업안전보건국이 입증해야 한다고 주장했다.

④ 직업안전보건국은 발암물질이 함유된 공기가 있는 작업장들 가운데서 전혀 위험이 없는 환경과 미미한 위험이 있는 환경을 구별해야 한다고 주장했는데, 대법원은 이것이 무익하고 무책임한 일이라고 지적했다.

⑤ 국립보건원의 최근 보고를 바탕으로, 직업안전보건국은 벤젠이 인체에 미치는 위해 범위가 엄밀한 의미에서 과학적으로 불확실하다는 점을 강조하면서, 자신들이 비용에 대한 고려를 간과하고 있다는 대법원의 언급은 근거 없는 비방이라고 맞섰다.

18년 행시(나) 30번

사람들은 모국어의 '음소'가 아닌 소리를 들으면, 그 소리를 변별적으로 인식하지 못한다. 가령, 물리적으로 다르지만 유사하게 들리는 음성 [x]와 [y]가 있다고 가정해 보자. 이때 우리는 [x]와 [y]가 서로 다르다고 인식할 수도 있고 다르다는 것을 인식하지 못할 수도 있다. [x]와 [y]가 다르다고 인식할 때 우리는 두 소리가 서로 변별적이라고 하고, [x]와 [y]가 다르다는 것을 인식하지 못할 때 두 소리가 서로 비변별적이라고 한다. 변별적으로 인식하는 소리를 음소라고 하고, 변별적으로 인식하지 못하는 소리를 이음 또는 변이음이라고 한다. 우리가 [x]와 [y]를 변별적으로 인식한다면, [x]와 [y]는 둘 다 음소로서의 지위를 갖는다. 반면 [x]와 [y] 가운데 하나는 음소이고 다른 하나가 음소가 아니라면, [x]와 [y]를 서로 변별적으로 인식하지 못한다. 다시 말해 ⟨_____⊙_____⟩

여기서 변별적이라는 것은 달리 말하면 대립을 한다는 것을 뜻한다. 어떤 소리가 대립을 한다는 말은 그 소리가 단어의 뜻을 갈라내는 기능을 한다는 것을 의미한다. 비변별적이라는 것은 대립을 하지 못한다는 것을 뜻한다. 그러므로 대립을 하는 소리는 당연히 변별적이고, 대립을 하지 못하는 소리는 비변별적이다.

인간이 발성 기관을 통해 낼 수 있는 소리의 목록은 비록 언어가 다르더라도 동일하다고 가정하지만, 변별적으로 인식하는 소리 즉, 음소의 수와 종류는 언어마다 다르다. 언어가 문화적 산물이라는 사실을 이해하면, 이는 당연한 일이다. 나라마다 문화가 다르듯이 언어 역시 문화적 산물이므로 차이가 나는 것은 당연하고, 언어를 구성하는 가장 작은 단위인 음소의 수와 종류에도 차이가 나는 것은 당연하다. 우리가 다른 문화권의 사람이라는 것을 인지하는 가장 기본적인 요소 중의 하나가 언어라면, 언어가 다르다고 인지하는 가장 핵심적인 요소 중의 하나가 바로 음소 목록의 차이이다. 그렇기 때문에 모국어의 음소 목록에 포함되어 있지 않은 소리를 들었다면, ⟨_____ⓒ_____⟩

① ⊙ : [x]를 들어도 [y]로 인식한다면 [x]는 음소이다.
　 ⓒ : 소리는 들리지만 그 소리가 무슨 소리인지 알 수 없다.

② ⊙ : [y]를 들어도 [x]로 인식한다면 [y]는 음소이다.
　 ⓒ : 그 소리를 모국어에 존재하는 음소 중의 하나로 인식하게 된다.

③ ⊙ : [x]를 들어도 [y]로 인식한다면 [x]는 [y]의 변이음이다.
　 ⓒ : 그 소리를 모국어에 존재하는 음소 중의 하나로 인식하게 된다.

④ ⊙ : [x]를 들어도 [y]로 인식한다면 [x]는 [y]의 변이음이다.
　 ⓒ : 그 소리를 듣고 모국어에 존재하는 유사한 음소들의 중간음으로 인식하게 된다.

⑤ ⊙ : [y]를 들어도 [x]로 인식한다면 [x]는 [y]의 변이음이다.
　 ⓒ : 그 소리를 듣고 모국어에 존재하는 유사한 음소들의 중간음으로 인식하게 된다.

---

9. 다음 글에서 추론할 수 있는 것만을 〈보기〉에서 모두 고르면?

21년 행시(가) 11번

물질을 구성하는 작은 입자들의 배열 상태는 어떻게 생겼을까? 이것은 '부피를 최소화시키려면 입자들을 어떻게 배열해야 하는가?'의 문제와 관련이 있다. 모든 입자들이 구형이라고 가정한다면 어떻게 쌓는다고 해도 사이에는 빈틈이 생긴다. 문제는 이 빈틈을 최소한으로 줄여서 쌓인 공이 차지하는 부피를 최소화시키는 것이다.

이 문제를 해결하기 위해 케플러는 여러 가지 다양한 배열 방식에 대하여 그 효율성을 계산하는 방식으로 연구를 진행하였다. 그가 제안했던 첫 번째 방법은 인접입방격자 방식이었다. 이것은 수평면(제1층) 상에서 하나의 공이 여섯 개의 공과 접하도록 깔아 놓은 후, 움푹 들어간 곳마다 공을 얹어 제1층과 평행한 면 상에 제2층을 쌓는 방식이다. 이 경우 제2층의 배열 상태는 제1층과 동일하지만 단지 전체적인 위치만 약간 이동하게 된다. 이러한 방식의 효율성은 74%이다.

다른 방법으로는 단순입방격자 방식이 있다. 이것은 공을 바둑판의 격자 모양대로 쌓아가는 방식으로, 이 배열에서는 수평면 상에서 하나의 공이 네 개의 공과 접하도록 배치된다. 그리고 제2층의 배열 상태를 제1층과 동일한 상태로 공의 중심이 같은 수직선 상에 놓이도록 배치한다. 이 방식의 효율성은 53%이다. 이 밖에 6각형격자 방식이 있는데, 이것은 각각의 층을 인접입방격자 방식에 따라 배열한 뒤에 층을 쌓을 때는 단순입방격자 방식으로 쌓는 것이다. 이 방식의 효율성은 60%이다.

이러한 규칙적인 배열 방식에 대한 검토를 통해, 케플러는 인접입방격자 방식이 알려진 규칙적인 배열 중 가장 효율이 높은 방식임을 주장했다.

〈 보 기 〉
ㄱ. 배열 방식 중에서 제1층만을 따지면 인접입방격자 방식의 효율성이 단순입방격자 방식보다 크다.
ㄴ. 단순입방격자 방식에서 하나의 공에 접하는 공은 최대 6개이다.
ㄷ. 어느 층을 비교하더라도 단순입방격자 방식이 6각형격자 방식보다 효율성이 크다.

① ㄱ
② ㄷ
③ ㄱ, ㄴ
④ ㄴ, ㄷ
⑤ ㄱ, ㄴ, ㄷ

10. 다음 글에서 추론할 수 있는 것만을 〈보기〉에서 모두 고르면?

20년 행시(나) 9번

란체스터는 한 국가의 상대방 국가에 대한 군사력 우월의 정도를, 전쟁의 승패가 갈린 전쟁 종료 시점에서 자국의 손실비의 역수로 정의했다. 예컨대 전쟁이 끝났을 때 자국의 손실비가 1/2이라면 자국의 군사력은 적국보다 2배로 우월하다는 것이다. 손실비는 아래와 같이 정의된다.

$$\text{자국의 손실비} = \frac{\text{자국의 최초 병력 대비 잃은 병력 비율}}{\text{적국의 최초 병력 대비 잃은 병력 비율}}$$

A국과 B국이 전쟁을 벌인다고 하자. 전쟁에는 양국의 궁수들만 참가한다. A국의 궁수는 2,000명이고, B국은 1,000명이다. 양국 궁수들의 숙련도와 명중률 등 개인의 전투 능력, 그리고 지형, 바람 등 주어진 조건은 양국이 동일하다고 가정한다. 양측이 동시에 서로를 향해 1인당 1발씩 화살을 발사한다고 하자. 모든 화살이 적군을 맞힌다면 B국의 궁수들은 1인 평균 2개의 화살을, A국 궁수는 평균 0.5개의 화살을 맞을 것이다. 하지만 화살이 제대로 맞지 않거나 아예 안 맞을 수도 있으니, 발사된 전체 화살 중에서 적 병력의 손실을 발생시키는 화살의 비율은 매번 두 나라가 똑같이 1/10이라고 하자. 그렇다면 첫 발사에서 B국은 200명, A국은 100명의 병력을 잃을 것이다. 따라서 ㉠ 첫 발사에서의 B국의 손실비는 $\frac{200/1,000}{100/2,000}$ 이다.

마찬가지 방식으로, 남은 A국 궁수 1,900명은 두 번째 발사에서 B국에 190명의 병력 손실을 발생시킨다. 이제 B국은 병력의 39%를 잃었다. 이런 손실을 당하고도 버틸 수 있는 군대는 많지 않아서 전쟁은 B국의 패배로 끝난다. B국은 A국에 첫 번째 발사에서 100명, 그 다음엔 80명의 병력 손실을 발생시켰다. 전쟁이 끝날 때까지 A국이 잃은 궁수는 최초 병력의 9%에 지나지 않는다. 이로써 ㉡ B국에 대한 A국의 군사력이 명확히 드러난다.

──────── 〈보 기〉 ────────

ㄱ. 다른 조건이 모두 같으면서 A국 궁수의 수가 4,000명으로 증가하면 ㉠은 16이 될 것이다.

ㄴ. ㉡의 내용은 A국의 군사력이 B국보다 4배 이상으로 우월하다는 것이다.

ㄷ. 전쟁 종료 시점까지 자국과 적국의 병력 손실이 발생했고 그 수가 동일한 경우, 최초 병력의 수가 적은 쪽의 손실비가 더 크다.

① ㄱ
② ㄷ
③ ㄱ, ㄴ
④ ㄴ, ㄷ
⑤ ㄱ, ㄴ, ㄷ

11. 다음 글에 비추어 볼 때, 〈실험〉에서 추론한 것으로 적절한 것만을 〈보기〉에서 모두 고르면?

21년 행시(가) 10번

A식물은 머리카락 모양의 털을 잎 표피에서 생산한다. 어떤 A식물은 털에서 당액을 분비하여 잎이 끈적하다. 반면 다른 A식물의 잎은 털의 모양은 비슷하지만 당액이 분비되지 않으므로 매끄럽다. 만약 자연에서 두 표현형이 같은 장점을 갖고 있다면 끈적한 A식물과 매끄러운 A식물은 1 : 1의 비율로 나타나야 한다. 하지만 A식물의 잎을 갉아먹는 B곤충이 있는 환경에서는 끈적한 식물과 매끄러운 식물이 1 : 1로 발견되는 반면, B곤충이 없는 환경에서는 끈적한 식물보다 매끄러운 식물이 더 많이 발견된다. 끈적한 식물은 종자 생산에 사용해야 할 광합성 산물의 일정량을 끈적한 당액의 분비에 소모한다. B곤충이 잎을 갉아먹으면 A식물의 광합성 산물의 생산량이 줄어든다. A식물이 만들어 내는 종자의 수는 광합성 산물의 양에 비례한다. 한 표현형이 다른 표현형보다 종자를 많이 생산하면 그 표현형을 가진 개체가 더 많이 나타난다.

──────── 〈실 험〉 ────────

B곤충으로부터 보호되는 환경에서 끈적한 A식물과 매끄러운 A식물을, 종자를 생산할 수 있을 만큼 성장시킨다. 그렇게 기른 두 종류의 A식물을 각각 절반씩 나누어, 절반은 B곤충의 침입을 허용하는 환경에, 나머지 절반은 B곤충을 차단하는 환경에 두었다. B곤충이 침입하는 조건에서 매끄러운 개체는 끈적한 개체보다 잎이 더 많이 갉아먹혔다. 매끄러운 개체와 끈적한 개체가 생산한 종자의 수 사이에 의미 있는 차이는 나타나지 않았다. 한편 B곤충이 없는 조건에서는 끈적한 개체가 매끄러운 개체보다 종자를 45% 더 적게 생산했다.

──────── 〈보 기〉 ────────

ㄱ. B곤충이 없는 환경에 비해 B곤충이 있는 환경에서, 매끄러운 식물의 종자 수가 감소한 정도는 끈적한 식물의 종자 수가 감소한 정도보다 컸다.

ㄴ. B곤충이 있는 환경에서 매끄러운 식물이 생산하는 광합성 산물은, B곤충이 없는 환경에서 매끄러운 식물이 생산하는 광합성 산물보다 양이 더 많았다.

ㄷ. B곤충이 있는 환경에서, 끈적한 식물이 매끄러운 식물보다 종자 생산에 소모한 광합성 산물의 양이 더 많았다.

① ㄱ
② ㄴ
③ ㄱ, ㄷ
④ ㄴ, ㄷ
⑤ ㄱ, ㄴ, ㄷ

12. 다음 글의 내용이 참일 때, 반드시 참인 것은?

16년 행시(5) 28번

> 만일 A정책이 효과적이라면, 부동산 수요가 조절되거나 공급이 조절된다. 만일 부동산 가격이 적정 수준에서 조절된다면, A정책이 효과적이라고 할 수 있다. 그리고 만일 부동산 가격이 적정 수준에서 조절된다면, 물가 상승이 없다는 전제 하에서 서민들의 삶이 개선된다. 부동산 가격은 적정 수준에서 조절된다. 그러나 물가가 상승한다면, 부동산 수요가 조절되지 않고 서민들의 삶도 개선되지 않는다. 물론 물가가 상승한다는 것은 분명하다.

① 서민들의 삶이 개선된다.

② 부동산 공급이 조절된다.

③ A정책이 효과적이라면, 물가가 상승하지 않는다.

④ A정책이 효과적이라면, 부동산 수요가 조절된다.

⑤ A정책이 효과적이라도, 부동산 가격은 적정 수준에서 조절되지 않는다.

13. 다음 글의 내용이 모두 참일 때 반드시 참인 것만을 〈보기〉에서 모두 고르면?

18년 행시(나) 14번

> A부서에서는 올해부터 직원을 선정하여 국외 연수를 보내기로 하였다. 선정 결과 가영, 나준, 다석이 미국, 중국, 프랑스에 한 명씩 가기로 하였다. A부서에 근무하는 갑~정은 다음과 같이 예측하였다.
>
> 갑 : 가영이는 미국에 가고 나준이는 프랑스에 갈 거야.
>
> 을 : 나준이가 프랑스에 가지 않으면, 가영이는 미국에 가지 않을 거야.
>
> 병 : 나준이가 프랑스에 가고 다석이가 중국에 가는 그런 경우는 없을 거야.
>
> 정 : 다석이는 중국에 가지 않고 가영이는 미국에 가지 않을 거야.
>
> 하지만 을의 예측과 병의 예측 중 적어도 한 예측은 그르다는 것과 네 예측 중 두 예측은 옳고 나머지 두 예측은 그르다는 것이 밝혀졌다.

〈보 기〉

ㄱ. 가영이는 미국에 간다.

ㄴ. 나준이는 프랑스에 가지 않는다.

ㄷ. 다석이는 중국에 가지 않는다.

① ㄱ 　　　　　　② ㄴ

③ ㄱ, ㄷ 　　　　④ ㄴ, ㄷ

⑤ ㄱ, ㄴ, ㄷ

14. 다음 글의 ⊙과 ⓒ에 들어갈 말을 가장 적절하게 나열한 것은?

20년 행시(나) 5번

> 축산업은 지난 50여 년 동안 완전히 바뀌었다. 예를 들어, 1967년 미국에는 약 100만 곳의 돼지 농장이 있었지만, 2005년에 들어서면서 전체 돼지 농장의 수는 10만을 조금 넘게 되었다. 이러는 가운데 전체 돼지 사육 두수는 크게 증가하여 ⟨　　⊙　　⟩ 밀집된 형태에서 대규모로 돼지를 사육하는 농장이 출현하기 시작하였다. 이러한 농장은 경제적 효율성을 지녔지만, 사육 가축들의 병원균 전염 가능성을 높인다. 이러한 농장에서 가축들이 사육되면, 소규모 가축 사육 농장에 비해 벌레, 쥐, 박쥐 등과의 접촉으로 병원균들의 침입 가능성은 높아진다. 또한 이러한 농장의 가축 밀집 상태는 가축 간 접촉을 늘려 병원균의 전이 가능성을 높임으로써 전염병을 쉽게 확산시킨다.
>
> 축산업과 관련된 가축의 가공 과정과 소비 형태 역시 변화하였다. 과거에는 적은 수의 가축을 도축하여 고기 그 자체를 그대로 소비할 수밖에 없었다. 그러나 현대에는 소수의 대규모 육류가공기업이 많은 지역으로부터 수집한 수많은 가축의 고기를 재료로 햄이나 소시지 등의 육류가공제품을 대량으로 생산하여 소비자에 공급한다. 이렇게 되면 오늘날의 개별 소비자들은 적은 양의 육류가공제품을 소비하더라도, 엄청나게 많은 수의 가축과 접촉한 결과를 낳는다. 이는 소비자들이 감염된 가축의 병원균에 노출될 가능성을 높인다.
>
> 정리하자면 ⟨　　ⓒ　　⟩ 결과를 야기하기 때문에, 오늘날의 변화된 축산업은 소비자들이 가축을 통해 전염병에 노출될 가능성을 높인다.

① ⊙ : 농장당 돼지 사육 두수는 줄고 사육 면적당 돼지의 수도 줄어든

　　ⓒ : 가축 사육량과 육류가공제품 소비량이 증가하는

② ⊙ : 농장당 돼지 사육 두수는 줄고 사육 면적당 돼지의 수도 줄어든

　　ⓒ : 가축 간 접촉이 늘고 소비자도 많은 수의 가축과 접촉한

③ ⊙ : 농장당 돼지 사육 두수는 늘고 사육 면적당 돼지의 수도 늘어난

　　ⓒ : 가축 사육량과 육류가공제품 소비량이 증가하는

④ ⊙ : 농장당 돼지 사육 두수는 늘고 사육 면적당 돼지의 수도 늘어난

　　ⓒ : 가축 간 접촉이 늘고 소비자도 많은 수의 가축과 접촉한

⑤ ⊙ : 농장당 돼지 사육 두수는 늘고 사육 면적당 돼지의 수도 늘어난

　　ⓒ : 가축 간 접촉이 늘고 소비자는 적은 수의 가축과 접촉한

15. 다음 글의 A와 B에 대한 분석으로 가장 적절한 것은?

21년 행시(가) 29번

A는 근대화란 곧 산업화이고, 산업화는 농촌을 벗어난 농민들이 도시의 임금노동자가 되어가는 과정이라고 생각했다. 토지에 얽매이지 않으며 노동력 말고는 팔 것이 없는 이들을 '자유로운 노동자'라고 불렀다. 이들 중에서 한 사람의 임금으로 가족 전부를 부양할 수 있을 만큼의 급여를 확보한 특권적인 노동자가 나타난다. 이 노동자가 한 집안의 가장 혹은 '빵을 벌어오는 사람'이다. 이렇게 자신과 가족의 생활을 유지할 만큼 급여를 받는 피고용자를 정규직이라 불러왔다. 그 급여 수준이 어느 정도인지, 일주일에 몇 시간을 노동해야 하는지에 대해서는 역사적으로 각 사회의 '건강하고 문화적인' 생활수준과 노사협의를 통해서 결정된다. A는 산업화가 지속적으로 진전되면 세상의 모든 사람은 정규직 임금노동자가 된다고 예측했다.

이에 이의를 제기한 B는 산업화가 진전됨에 따라 노동자들이 크게 핵심부, 반주변부, 주변부로 나뉜다고 주장했다. 핵심부에 속하는 노동자들은 혼자 벌어 가정을 유지할 만큼의 급여를 확보하는 정규직 노동자들인데, 이들의 일자리는 사회적 희소재로서 앞으로는 늘어나지 않을 것으로 예측되었다. 그 대신에 반주변부에는 정규직보다 급여가 낮은 비정규직을 포함하는 일반 노동자들이, 그리고 시장 바깥의 주변부에는 실업자를 포함해서 반주변부보다 열악한 상황에 놓인 노동자들이 계속해서 남아돌게 될 것이라고 했다. 그의 예측은 적중했다.

산업화가 진전된 선진국에서는 고용의 파이가 더 이상 확대되지 않거나 축소되었다. 일반적으로 노조가 발달한 선진국에는 노동자에게 '선임자 특권'이라는 것이 있다. 이로 인해 이미 고용된 나이 많은 노동자를 해고하는 것이 어려워져 신규 채용을 회피하게 된다. 그 결과 국제적으로 정규직의 파이는 거의 모든 사회에서 축소되는 경향을 낳았다. 그러한 바탕 위에 노동시장에서 고용의 비정규직화는 지속적으로 강화되었으며 청년 실업률 또한 높아졌다.

① A는 정규직 노동자의 실질 급여 수준이 산업화가 진전됨에 따라 지속적으로 하락할 것으로 보았다.

② B는 산업화가 진전됨에 따라 기존의 주변부 노동자들과는 다른 새로운 형태의 주변부 노동자들이 계속해서 생성될 것이라고 보았다.

③ A와 B는 모두 선임자 특권이 청년 실업률을 높이는 데 기여한다고 보았다.

④ A와 B는 모두 산업화가 진전되면 궁극적으로 한 사회의 노동자들의 급여가 다양한 수준에서 결정된다고 보았다.

⑤ A는 정규직 노동자가, B는 핵심부 노동자가 한 사람의 노동자 급여로 가족을 부양할 수 있다고 보았다.

16. 다음 갑～병의 견해에 대한 분석으로 적절한 것만을 〈보기〉에서 모두 고르면?

20년 행시(나) 13번

갑 : 현대 사회에서 '기술'이라는 용어는 낯설지 않다. 이 용어는 어떻게 정의될 수 있을까? 한 가지 분명한 사실은 우리가 기술이라고 부를 수 있는 것은 모두 물질로 구현된다는 것이다. 기술이 물질로 구현된다는 말은 그것이 물질을 소재 삼아 무언가 물질적인 결과물을 산출한다는 의미이다. 나노기술이나 유전자조합기술도 당연히 이 조건을 만족하는 기술이다.

을 : 기술은 반드시 물질로 구현되는 것이어야 한다는 말은 맞지만 그렇게 구현되는 것들을 모두 기술이라고 부를 수는 없다. 가령, 본능적으로 개미집을 만드는 개미의 재주 같은 것은 기술이 아니다. 기술로 인정되려면 그 안에 지성이 개입해 있어야 한다. 나노기술이나 유전자조합기술을 기술이라 부를 수 있는 이유는 둘 다 고도의 지성의 산물인 현대과학이 그 안에 깊게 개입해 있기 때문이다. 더 나아가 기술에 대한 우리의 주된 관심사가 현대 사회에 끼치는 기술의 막강한 영향력에 있다는 점을 고려할 때, '기술'이란 용어의 적용을 근대 과학혁명 이후에 등장한 과학이 개입한 것들로 한정하는 것이 합당하다.

병 : 근대 과학혁명 이후의 과학이 개입한 것들이 기술이라는 점을 부인하지 않는다. 하지만 그런 과학이 개입한 것들만 기술로 간주하는 정의는 너무 협소하다. 지성이 개입해야 기술인 것은 맞지만 기술을 만들어내기 위해 과학의 개입이 꼭 필요한 것은 아니다. 오히려 기술은 과학과 별개로 수많은 시행착오를 통해 발전해 나가기도 한다. 이를테면 근대 과학혁명 이전에 인간이 곡식을 재배하고 가축을 기르기 위해 고안한 여러 가지 방법들도 기술이라고 불러야 마땅하다. 따라서 우리는 '기술'을 더 넓게 적용할 수 있도록 정의할 필요가 있다.

───── 〈보 기〉 ─────

ㄱ. '기술'을 적용하는 범위는 셋 중 갑이 가장 넓고 을이 가장 좁다.

ㄴ. 을은 '모든 기술에는 과학이 개입해 있다.'라는 주장에 동의하지만, 병은 그렇지 않다.

ㄷ. 병은 시행착오를 거쳐 발전해온 옷감 제작법을 기술로 인정하지만, 갑은 그렇지 않다.

① ㄱ

② ㄴ

③ ㄱ, ㄷ

④ ㄴ, ㄷ

⑤ ㄱ, ㄴ, ㄷ

17. 다음 글의 A와 B에 대한 평가로 적절한 것만을 〈보기〉에서 모두 고르면?

19년 행시(가) 37번

> 지구중심설을 고수하던 프톨레마이오스의 추종자 A와 B는 '지구가 태양 주위를 1년 주기로 공전하고 있다'는 지구 공전 가설에 대하여 나름의 논증으로 대응한다.
>
> A : 오른쪽 눈을 감고 본 세상과 왼쪽 눈을 감고 본 세상은 사물의 상대적 위치가 미묘하게 다르다. 지구 공전 가설이 옳다면, 지구의 공전 궤도 상에서 서로 가장 멀리 떨어진 두 위치에서 별을 관측한다면 별의 위치가 다르게 보일 것이다. 그러나 별은 늘 같은 위치에 있는 것으로 관측된다. 그러므로 지구 공전 가설은 틀렸다.
>
> B : 바람과 반대 방향으로 빠르게 달리는 마차에서 보면 빗방울은 정지한 마차에서 볼 때보다 더 비스듬하게 떨어지는 것으로 보이지만 마차가 같은 속도로 바람과 같은 방향으로 달릴 때에는 그보다는 덜 비스듬하게 떨어지는 것으로 보인다. 지구 공전 가설이 옳다면 지구의 운동 속도는 상당히 빠를 것이고 반년이 지나면 운동 방향이 반대가 될 것이다. 그러므로 지구의 운동 방향에 따라 별빛이 기울어지는 정도가 변할 것이고 별의 가시적 위치가 달라질 것이다. 그러나 별은 늘 같은 위치에 있는 것으로 관측된다. 그러므로 지구 공전 가설은 틀렸다.

〈보 기〉

> ㄱ. A와 B 모두 일상적 경험에 착안하여 얻은 예측과 별을 관측한 결과를 근거로 지구 공전 가설을 평가했다.
>
> ㄴ. A와 B 모두 당시 관측 기술의 한계로 별의 위치 변화가 관측되지 않았을 가능성을 고려하지 않았다.
>
> ㄷ. 지구가 공전하면 별의 위치가 달라져 보일 이유를, A는 관측자의 관측 위치가 달라진 것에서, B는 관측자의 관측 대상에 대한 운동 방향이 뒤바뀐 것에서 찾았다.

① ㄱ
② ㄷ
③ ㄱ, ㄴ
④ ㄴ, ㄷ
⑤ ㄱ, ㄴ, ㄷ

18. 다음 글의 흐름에 맞지 않는 곳을 ㉠~㉤에서 찾아 수정할 때 가장 적절한 것은?

21년 행시(가) 7번

> 진화 과정에서 빛을 방출하는 일부 원생생물은 그렇지 않은 원생생물보다 어떤 점에서 생존에 더 유리했을까? 요각류라고 불리는 동물이 밤에 발광하는 원생생물인 와편모충을 먹는다는 사실은 이러한 의문을 풀어줄 실마리를 제공한다. 와편모충이 만든 빛은 요각류를 잡아먹는 어류를 유인할 수 있다. 이때 ㉠ 발광하는 와편모충을 잡아먹는 요각류가 발광하지 않는 와편모충만을 잡아먹는 요각류보다 그들의 포식자인 육식을 하는 어류에게 잡아먹힐 위험성이 더 높아질 것이다.
>
> 연구자들은 실험실의 커다란 수조 속에 요각류와 요각류의 포식자 중 하나인 가시고기를 같이 두어 이 가설을 검증하였다. 수조의 절반에는 발광하는 와편모충을 넣고 다른 절반에는 발광하지 않는 와편모충을 넣었다. 연구자들은 방을 어둡게 한 상태에서 요각류는 와편모충을, 그리고 가시고기는 요각류를 잡아먹게 하였다. 몇 시간 후 ㉡ 연구자들은 수조 속 살아남은 요각류의 수를 세었다.
>
> 그 결과는 예상과 같았다. 가시고기는 수조에서 ㉢ 빛을 내지 않는 와편모충이 있는 쪽보다 빛을 내는 와편모충이 있는 쪽에서 요각류를 더 적게 먹었다. 이러한 결과는 원생생물이 자신을 잡아먹는 동물에게 포식 위협을 증가시킴으로써 잡아먹히는 것을 회피할 수 있음을 시사한다. ㉣ 요각류에게는 빛을 내는 와편모충을 계속 잡는 것보다 도망치는 편이 더 이익이다. 이때 발광하는 와편모충은 요각류의 저녁 식사가 될 확률이 낮아지므로, 자연선택은 이들 와편모충에서 생물발광이 유지되도록 하였다.
>
> 만약 우리가 생물발광하는 원생생물이 자라고 있는 해변을 밤에 방문한다면 원생생물이 내는 불빛을 보게 될 것이다. 원생생물이 내는 빛은 ㉤ 포식자인 육식동물들에게 원생생물을 잡아먹는 동물이 근처에 있을 수 있다는 신호가 된다.

① ㉠을 "발광하지 않는 와편모충을 잡아먹는 요각류가 발광하는 와편모충만을 잡아먹는 요각류보다"로 고친다.

② ㉡을 "연구자들은 수조 속 살아남은 와편모충의 수를 세었다."로 고친다.

③ ㉢을 "빛을 내지 않는 와편모충이 있는 쪽보다 빛을 내는 와편모충이 있는 쪽에서 요각류를 더 많이 먹었다."로 고친다.

④ ㉣을 "요각류에게는 도망치는 것보다 빛을 내는 와편모충을 계속 잡는 편이 더 이익이다."로 고친다.

⑤ ㉤을 "포식자인 육식동물들에게 자신들의 먹이가 되는 원생생물이 많이 있음을 알려주는 신호가 된다."로 고친다.

어떤 사람들은 강한 존재가 약한 존재를 먹고 산다는 것을 의미하는 '약육강식'에 근거하여 동물을 잡아먹는 것을 도덕적으로 정당화하고자 한다. 그들의 논증은 다음과 같다. ⓐ 약육강식은 자연법칙이다. 그러므로 ⓑ 생태계 피라미드에서 상층의 존재들은 하층의 존재들을 마음대로 이용해도 된다. 그런데 ⓒ 인간은 생태계 피라미드에서 가장 높은 위치에 있는 존재이다. 결론적으로 ⓓ 인간은 다른 동물들을 얼마든지 잡아먹어도 된다. 그런데 이러한 논증에는 여러 문제점이 있고, 그것들에 대해서 다음과 같이 지적할 수 있다.

(가) 자연법칙이란 보편적으로 받아들여지는 것이다. 설령 약육강식을 자연법칙으로 받아들이던 시기가 있었다고 할지라도 오늘날에 그것을 자연법칙으로 받아들이는 사람은 거의 없다.

(나) 어떤 행동이 자연법칙에 따르는 것이라고 해서 그 행동이 도덕적으로 옳은 것이라는 결론으로 나아갈 수는 없다. 사실에 대한 판단에서 도덕적인 판단을 이끌어내는 것은 오류이기 때문이다.

(다) 물론 인간은 지금 자신의 지능을 활용하여 다른 동물들을 잡아먹거나 포획할 수 있다. 하지만 먼 옛날에는 오히려 인간이 육식동물들의 좋은 먹잇감이었다. 이런 점만 생각해 보아도 생태계 피라미드라는 것은 인간의 입장에서 만들어 놓은 일종의 형식이지 그러한 피라미드가 실제로 존재하는 것은 아니라는 것을 알 수 있다.

(라) 인간이 생태계에서 가장 높은 위치에 있다는 이유로 다른 존재를 잡아먹는 것이 도덕적으로 허용된다고 해보자. 그렇다면, 생태계에서 인간보다 높은 위치에 있는 존재가 나타날 경우 그들이 인간을 잡아먹는 것도 도덕적인 잘못이 아니라고 결론지어야 한다. 그러나 이러한 결론에 동의할 사람은 없다. 즉, 생태계에서 인간보다 높은 위치의 존재가 나타났다고 할지라도 그들이 인간을 잡아먹는 것을 도덕적으로 허용하는 사람은 없다는 것이다.

─────── 〈보 기〉 ───────
ㄱ. (가)의 주장이 참이면, ⓐ는 거짓이다.
ㄴ. (나)의 주장은, ⓑ에서 ⓓ를 이끌어내는 것이 오류라는 것이다.
ㄷ. (다)의 주장이 참이면, ⓒ가 거짓이다.
ㄹ. (라)의 주장은, ⓑ와 ⓒ를 받아들일 경우 우리가 받아들이기 힘든 결론이 도출된다는 것이다.

① ㄱ, ㄴ
② ㄱ, ㄷ
③ ㄷ, ㄹ
④ ㄱ, ㄷ, ㄹ
⑤ ㄴ, ㄷ, ㄹ

A : '거문고'라는 이름은 어디에서 유래했다고 생각하니?
B : 흥미로운 쟁점이야. 그에 관해서는 여러 가지 설이 있지만, 그 가운데 어느 것이 옳은가에 대해선 지금도 논란이 분분하지.
A : 내 주장은 '거문고'에서 '거문'은 색깔을 가리키는 말에서 유래했다는 것이야. '거문'은 '검다'로 해석되고, 한자로는 '玄'이라 쓰지. 김부식의 『삼국사기』에 따르면, 고구려의 왕산악이 진나라의 칠현금을 개량해 새 악기를 만들고, 겸해서 백여 곡을 지어 연주했다고 해. 그러자 현학(玄鶴) 즉 검은 학이 날아와 춤을 추었고, 이로부터 악기의 이름을 '현학금'이라고 지었대. '현학금'이 훗날 '현금'으로 변했고, 다시 우리말 '검은고(거문고)'로 바뀐 것이지.
B : 내 주장은 '거문고'에서 '거문'은 나라 이름을 가리키는 말에서 유래했다는 것이야. 원래 '거문'은 '거무' 혹은 'ㄱㅁ'로 발음되기도 하는데, 옛날에는 '고구려'를 '거무'나 'ㄱㅁ'라고 불렀고, 이 말들은 '개마'라는 용어와도 쓰임이 같거든. '개마'는 고대 한민족이 부족사회를 세웠던 장소의 명칭이잖아. 일본인들은 고구려를 '고마'라고 발음하기도 해. 따라서 '거문고'는 '고구려 현악기' 혹은 '고구려 악기'라고 정의될 수 있어.

─────── 〈보 기〉 ───────
ㄱ. '단군왕검'에서 '검'이 '신(神)'을 뜻하는 옛말로 '금', '감' 등과 통용되었다는 사실은 A와 B의 주장을 모두 강화한다.
ㄴ. 현악기를 지칭할 때 '고'와 '금(琴)'을 혼용하였다는 사실은 B의 주장을 약화한다.
ㄷ. '가얏고(가야+고)'의 사례에서 보듯이 악기의 이름 맨 앞에 국명을 붙이는 관습이 있었다는 사실은 A의 주장을 강화하지 않는다.

① ㄴ
② ㄷ
③ ㄱ, ㄴ
④ ㄱ, ㄷ
⑤ ㄱ, ㄴ, ㄷ

21. 다음은 조선 현종(顯宗) 10년, 부안 김씨 가문의 재산분배 문서이다. 이 글의 내용과 부합하는 것을 〈보기〉에서 모두 고르면?

09년 행시(경) 2번

종가에서 제사를 받드는 법은 예제(禮制)를 다룬 글에 소상히 적혀 있듯이 제사를 종가(宗家)에서만 지내고 여러 자손에게는 윤행(輪行)시키지 않도록 되어 있다. 그런데 우리나라에서는 종가의 법이 제대로 지켜지지 않은 지 오래되어 제사를 여러 자식들에게 윤행시켜 사대부 양반가의 집에서 모두 관례가 되었으니 이를 바꿀 수는 없다. 그러나 출가한 딸자식의 경우 다른 집안의 사람이 되어 남편을 따라야 하는 의리가 있으므로 성인(聖人)의 예제에서도 딸은 그 등급을 낮추었다.

세상의 사대부 양반집에서는 이를 가볍게 보고, 사위집에 제사를 윤행시키는 경우가 수없이 많다. 그러나 일찍이 사위와 외손을 보건대, 핑계를 대고 제사를 지내지 않고 거르는 경우가 많았다. 예(禮)에도 정성과 공경함이 들어가지 않으면 오히려 제사를 지내지 않음이 차라리 낫다고 했다.

우리 가문에서는 일찍이 아버님께 아뢰고 우리 형제들이 직접 합의하여 사위와 외손에게 제사를 윤행시키지 않음을 정식으로 하여 대대로 준행토록 하였다. 정리(情理)상으로 보면 비록 아들과 딸 사이에 차이가 없지만 딸은 부모가 살아있을 때에 봉양할 길이 없고 죽은 후에는 제사를 지내지 않게 되니 어찌 재산인 토지와 노비를 아들과 똑같이 줄 수 있겠는가?

딸자식에게는 아들에게 물려줄 재산의 3분의 1만 주어도 정리상 조금도 불가함이 없을 것이니, 딸자식과 외손이 어찌 감히 이를 어기고 서로 다툴 마음을 낼 것인가? 이 글을 보고 그 뜻을 헤아린다면 잘한 조처임을 알 수 있을 것이니 누가 일반 관례와 달라 안 된다고 하겠는가?

─────〈보기〉─────

ㄱ. 딸과 아들의 구별 없이 재산을 분배하는 것이 관행이었다.
ㄴ. 다른 집안에서는 일반적으로 아들만 제사를 지냈다.
ㄷ. 부안 김씨 가문에서는 종가에서만 제사를 지내도록 했다.
ㄹ. 재산의 상속과 제사의 상속은 밀접한 관계가 있었다.

① ㄱ, ㄴ
② ㄱ, ㄷ
③ ㄱ, ㄹ
④ ㄴ, ㄷ
⑤ ㄴ, ㄹ

---

22. 다음 글의 내용과 부합하는 것은?

12년 행시(인) 9번

역사 속에서 유대인들은 엄청난 대가를 치르면서도, 그들의 동질성을 유지하고 정체성을 지켜온 것으로 유명하다. 따라서 유대인이 자신들의 언어를 소중하게 지켜왔으리라고 여기는 일은 자연스럽다. 그러나 이는 사실과 크게 다르다. 유대인들은 별다른 고민이나 갈등 없이 자신들의 언어를 여러 번 바꾸었다.

기원전 6세기경 팔레스타인에 살던 유대인들은 바빌로니아에 종속되었고 이어 페르시아의 지배를 받았다. 그 이후 유대인들은 전통적 언어인 히브리어 대신 바빌로니아 상인들의 국제어였고 페르시아 제국의 공용어였던 아람어를 점점 더 많이 사용하게 되었다. 기원전 2세기경 유대인들은 마침내 아람어를 일상어로 쓰기 시작했고 히브리어는 지식인 계층만 사용하는 언어가 되었다. 성서의 『느헤미야』는 기원전 3세기 전반에 편집되었다. 이는 히브리어가 살아있는 언어였을 때 만들어진 마지막 책이다. 대부분의 유대인들이 히브리어를 잊었으므로 그들을 위한 아람어 성서가 나왔다. 이 성서는 번역을 뜻하는 아람어 '탈굼'으로 불렸는데, 구전으로는 기원전 6세기 말엽부터 그리고 기록된 것은 기원후 1세기부터 나오기 시작했다.

알렉산더 대왕의 정복 후 팔레스타인은 프톨레마이오스왕조가 집권한 이집트에 종속되었다. 알렉산드리아를 중심으로 하는 이집트의 유대인들은 아람어를 버리고 그리스어를 쓰게 되었다. 자연히 히브리어도 아람어도 모르는 유대인들을 위해 그리스어로 번역된 성서가 필요해졌다. 그래서 기원전 3세기에서 2세기에 걸쳐 알렉산드리아의 학술원에서 번역판을 냈다. 이 성서가 바로 이후 기독교도들의 경전이 된 '칠십인역'이다.

로마 제국이 득세했을 때 유대인들은 로마에 대항했다가 참담한 피해를 입고 뿔뿔이 흩어졌다. 이제 유대인들은 아람어나 그리스어를 버리고 그들이 이민 가서 정착한 곳의 언어를 쓰거나 이디시어, 라디노어와 같은 혼성어를 공용어로 썼다. 히브리어는 유대교 학자들에 의해 명맥이 이어지는 학자들의 언어가 되었다.

그 동안에도 히브리어를 되살리려는 노력은 꾸준히 이어졌다. 그런 노력은 근세에 특히 활발하여 히브리어를 글로 쓰일 뿐 아니라 말해지기도 하는 언어로 만들려는 움직임까지 나왔다. 1948년에 이스라엘이 세워지면서 그런 노력은 성공했다. 세계 곳곳에서 모여들어 여러 언어를 쓰는 사람들이, 일부 지식층의 주도 하에 그리고 순전히 정치적인 이유만으로, 2천 년 이상 오직 학자들의 언어에 불과했던 언어를 공용어로 채택했던 것이다. 히브리어의 부활은 언어의 끈질긴 생명력을 드러내는 사건인 것처럼 보이지만, 역설적으로 사람들이 쉽게 언어를 버리고 채택한다는 것을 보여준다.

① 히브리어 성서가 보존될 수 있었던 것은 이 책이 유럽 기독교도들의 경전이 되었기 때문이다.
② 그리스어로 된 칠십인역 성서는 유대인들의 일상어가 바뀌었음을 보여주는 역사적 증거이다.
③ 아람어 성서 탈굼은 유대인의 성서가 바빌로니아인과 페르시아인에게도 널리 읽혔다는 역사적 증거이다.

④ 다양한 지역의 유대인들에게 지속적으로 사용되었기 때문에 히브리어가 현대 이스라엘의 공용어가 될 수 있었다.

⑤ 알렉산더 대왕의 정복은 전통적 언어였던 히브리어를 유대인 중 특정 계층만이 사용하는 언어로 만든 역사적 계기였다.

23. 다음 글에서 알 수 있는 것은?

13년 행시(인) 23번

어떤 사람이 러시아 여행을 가려고 하는데 러시아어를 전혀 모른다. 그래서 그는 러시아 여행 시 의사소통을 하기 위해 특별한 그림책을 이용할 계획을 세웠다. 그 책에는 어떠한 언어적 표현도 없고 오직 그림만 들어 있다. 그는 그 책에 있는 사물의 그림을 보여줌으로써 의사소통을 하려고 한다. 예를 들어 빵이 필요하면 상점에 가서 빵 그림을 보여주는 것이다. 그 책에는 다양한 종류의 빵 그림뿐 아니라 여행할 때 필요한 것들의 그림이 빠짐없이 담겨 있다. 과연 이 여행자는 러시아 여행을 하면서 의사소통을 성공적으로 할 수 있을까? 유감스럽게도 그럴 수 없을 것이다. 예를 들어 그가 자전거 상점에 가서 자전거 그림을 보여준다고 해보자. 자전거 그림을 보여주는 게 자전거를 사겠다는 의미로 받아들여질 것인가, 아니면 자전거를 팔겠다는 의미로 받아들여질 것인가? 결국 그는 자신이 뭘 원하는지 분명하게 전달할 수 없는 곤란한 상황에 처하게 될 것이다.

구매자를 위한 그림과 판매자를 위한 그림을 간단한 기호로 구별하여 이런 곤란을 극복하려고 해볼 수도 있다. 예컨대 자전거 그림 옆에 화살표 기호를 추가로 그려서, 오른쪽을 향한 화살표는 구매자를 위한 그림임을, 왼쪽을 향한 화살표는 판매자를 위한 그림임을 나타내는 것이다. 하지만 이런 방법은 의사소통에 여전히 도움이 되지 않는다. 왜냐하면 기호가 무엇을 의미하는지는 약속에 의해 결정되기 때문이다. 상대방은 어떤 것이 판매를 의미하는 화살표이고, 어떤 것이 구매를 의미하는 화살표인지 전혀 알 수 없을 것이다. 설령 상대방에게 화살표가 의미하는 것을 전달했다 하더라도, 자전거를 사려는 사람이 책을 들고 있는 여행자의 바로 옆에 있는 사람이 아니라 바로 여행자 자신이라는 것은 또 무엇을 통해 전달할 수 있을까? 여행자가 사고 싶어하는 물건이 자전거를 그린 그림이 아니라 진짜 자전거라는 것은 또 어떻게 전달할 수 있을까?

① 언어적 표현의 의미는 확정될 수 없다.

② 약속에 의해서도 기호의 의미는 결정될 수 없다.

③ 한 사물에 대한 그림은 여러 의미로 이해될 수 있다.

④ 의미가 확정된 표현이 없어도 성공적인 의사소통은 가능하다.

⑤ 상이한 사물에 대한 그림들은 동일한 의미로 이해될 수 없다.

24. 다음 글의 내용과 부합하는 것을 〈보기〉에서 모두 고르면?

11년 행시(수) 24번

20세기 후반 국제 정치경제 이슈는 통상과 금융이라는 핵심 의제와 환경, 노동, 부패, 인권이라는 부수 의제로 나뉘어 국제사회의 주목을 끌었다. 냉전기에 국제적 관심은 주로 핵심 의제에만 머물렀으나 탈냉전기에는 부수 의제에도 쏠리기 시작한 것이다.

오늘날 국제사회에서 부패 문제는 선진국 주도하에 논의되고 있으며, 그 내용도 보편적 부패 문제에 대한 해결을 중심으로 하기보다는 결국 통상문제와 직결되는 뇌물거래 방지를 위한 논의에 초점이 모아지고 있다. 이는 국가경쟁력 문제와 연결되는 이슈로, 전 세계적 차원의 해결의 실마리를 찾기가 쉽지는 않으나 보다 실효성 있는 결과를 얻어낼 가능성은 크다고 볼 수 있다.

국제사회는 최근 급속도로 세계화를 진전시키고 있다. 문제는 개도국이 겪고 있는 심각한 부패 상황이다. 이들 국가에서 시급히 요구되는 것은 실질적 정치 민주화와 근대적 경제 발전이다. 정치 민주화와 경제 발전이 부패 척결의 필요조건이기 때문이다. 정치 민주화를 통한 시민사회의 성숙과 정치 엘리트의 투명성 제고가 반부패의 요건이며 경제 발전이 그 토양이 되는 것이다. 따라서 개도국의 실질적 민주화와 경제 근대화 및 이에 따른 부패 척결을 위해 국제사회의 관심 및 이들 국가의 노력이 요구된다고 할 수 있다.

국제사회에서 보편적인 분야의 부패 척결을 목표로 하는 국가윤리 차원의 '윤리 레짐' 형성이 가까운 장래에는 어려울지 모른다. 하지만 투명한 국제 경제관계를 위한 뇌물거래 방지 및 돈세탁 방지를 목표로 하는 국가경쟁력 차원의 '반부패 레짐' 형성은 가능하며 달성해야 한다. 세계화와 민주화의 흐름을 가속화시키며 개도국이 이에 동참할 수 있는 환경적 요인을 제공한다면 투명한 국제사회는 현실로 다가올 것이다.

〈보 기〉

ㄱ. 반부패 레짐의 목표는 핵심 의제와 부수 의제에 모두 관련된다.

ㄴ. 과거 국제정치경제의 핵심 의제인 통상과 금융은 이제 부수 의제가 되고 있다.

ㄷ. 개도국의 부패 척결은 정치적 민주화 및 경제적 근대화 없이 이룩할 수 없다.

ㄹ. 오늘날 국제사회의 부패 척결 문제는 개도국의 요구에 의해 국가경쟁력 차원으로 다뤄지고 있다.

① ㄱ, ㄷ

② ㄱ, ㄹ

③ ㄴ, ㄷ

④ ㄱ, ㄴ, ㄹ

⑤ ㄴ, ㄷ, ㄹ

25. 다음 글에서 알 수 있는 것은? 20년 행시(나) 23번

함경도 경원부의 두만강 건너편 북쪽에 살던 여진족은 조선을 자주 침략하다가 태종 때 서쪽으로 이동해 명이 다스리는 요동의 봉주라는 곳까지 갔다. 그곳에 정착한 여진족은 한동안 조선을 침략하지 않았다. 한편 명은 봉주에 나타난 여진족을 통제하고자 건주위라는 행정단위를 두고, 여진족 추장을 책임자로 임명했다. 그런데 1424년에 봉주가 북쪽의 이민족에 의해 침략받는 일이 벌어졌다. 이에 건주위 여진족은 동쪽으로 피해 아목하라는 곳으로 이동했다. 조선의 국왕 세종은 이들이 또 조선을 침입할 가능성이 있다고 생각하고, 그 침입에 대비하고자 압록강변 중에서 방어에 유리한 곳을 골라 여연군이라는 군사 거점을 설치했다.

세종의 예상대로 건주위 여진족은 1432년 12월에 아목하로부터 곧바로 동쪽으로 진격해 압록강을 건너 여연군을 침략했다. 이 소식을 들은 세종은 최윤덕을 지휘관으로 삼아 이듬해 3월, 건주위 여진족을 정벌하게 했다. 최윤덕의 부대는 여연군에서 서남쪽으로 수백 리 떨어진 지점에 있는 만포에서 압록강을 건넌 후 아목하까지 북진해 건주위 여진족을 토벌했다. 이후에 세종은 만포와 여연군 사이의 거리가 지나치게 멀어 여진족이 그 중간 지점에서 압록강을 건너올 경우, 막기 힘들다고 판단했다. 이에 만포의 동북쪽에 자성군을 두어 압록강을 건너오는 여진에 대비하도록 했다. 이로써 여연군의 서남쪽에 군사 거점이 하나 더 만들어지게 되었다. 자성군은 상류로부터 여연군을 거쳐 만포 방향으로 흘러가는 압록강이 보이는 요충지에 자리 잡고 있다. 세종은 자성군의 지리적 이점을 이용해 강을 건너오는 적을 공격하기 좋은 위치에 군사 기지를 만들도록 했다.

국경 방비가 이처럼 강화되었으나, 건주위 여진족은 다시 강을 넘어 여연군을 침략했다. 이에 세종은 1437년에 이천이라는 장수를 보내 재차 여진 정벌에 나섰다. 이천의 부대는 만포에서 압록강을 건너 건주위 여진족을 토벌했다. 이후 세종은 국경 방비를 더 강화하고자 여연군과 자성군 사이의 중간 지점에 우예군을 설치했으며, 여연군에서 동남쪽으로 멀리 떨어진 곳에 무창군을 설치했다. 이 네 개의 군은 4군이라 불렸으며, 조선이 북쪽 변경에 대한 방비를 강화하는 데 중요한 역할을 했다.

① 여연군이 설치되어 있던 곳에서 동쪽 방면으로 곧장 나아가면 아목하에 도착할 수 있었다.

② 최윤덕은 여연군과 무창군을 잇는 직선 거리의 중간 지점에서 강을 건너 여진족을 정벌했다.

③ 이천의 두 번째 여진 정벌이 끝난 직후에 조선은 북쪽 국경의 방비를 강화하고자 자성군과 우예군, 무창군을 신설했다.

④ 세종은 여진의 침입에 대비하기 위해 경원부를 여연군으로 바꾸고, 최윤덕을 파견해 그곳 인근에 3개 군을 더 설치하게 했다.

⑤ 4군 중 하나인 여연군으로부터 압록강 물줄기를 따라 하류로 이동하면 이천의 부대가 왕명에 따라 여진을 정벌하고자 압록강을 건넜던 지역에 이를 수 있었다.

26. 다음 글에서 추론할 수 있는 것만을 〈보기〉에서 모두 고르면? 20년 행시(나) 27번

'공립학교 인종차별 금지 판결의 준수를 종용하면서, 어떤 법률에 대해서는 의도적으로 그 준수를 거부하니 이는 기괴하다.'라고 할 수 있습니다. '어떤 법률은 준수해야 한다고 하면서도 어떤 법률에 대해서는 그를 거부하라 할 수 있습니까?'라고 물을 수도 있습니다. 하지만 이에는 '불의한 법률은 결코 법률이 아니다.'라는 아우구스티누스의 말을 살펴 답할 수 있습니다. 곧, 법률에는 정의로운 법률과 불의한 법률, 두 가지가 있습니다.

이 두 가지 법률 간 차이는 무엇입니까? 법률이 정의로운 때가 언제이며, 불의한 때는 언제인지 무엇을 보고 결정해야 합니까? 우리 사회에서 통용되는 법률들을 놓고 생각해 봅시다. 우리 사회에서 지켜야 할 법률이라는 점에서 정의로운 법률과 불의한 법률 모두 사람에게 적용되는 규약이기는 합니다. 하지만 정의로운 법률은 신의 법, 곧 도덕법에 해당한다는 데에 동의할 것으로 믿습니다. 그렇다면 불의한 법률은 그 도덕법에 배치되는 규약이라 할 것입니다. 도덕법을 자연법이라 표현한 아퀴나스의 말을 빌리면, 불의한 법률은 결국 사람끼리의 규약에 불과합니다. 사람끼리의 규약이 불의한 이유는 그것이 자연법에 기원한 것이 아니기 때문입니다.

인간의 성품을 고양하는 법률은 정의롭습니다. 인간의 품성을 타락시키는 법률은 물론 불의한 것입니다. 인종차별을 허용하는 법률은 모두 불의한 것인데 그 까닭은 인종차별이 영혼을 왜곡하고 인격을 해치기 때문입니다. 가령 인종을 차별하는 자는 거짓된 우월감을, 차별당하는 이는 거짓된 열등감을 느끼게 되는데 여기서 느끼는 우월감과 열등감은 영혼의 본래 모습이 아니라서 올바른 인격을 갖추지 못하도록 합니다.

따라서 인종차별은 정치·사회·경제적으로 불건전할 뿐 아니라 죄악이며 도덕적으로 그른 것입니다. 분리는 곧 죄악이라 할 것인데, 인간의 비극적인 분리를 실존적으로 드러내고, 두려운 소외와 끔찍한 죄악을 표출하는 상징이 인종차별 아니겠습니까? 공립학교 인종차별 금지 판결이 올바르기에 그 준수를 종용할 수 있는 한편, 인종차별을 허용하는 법률은 결단코 그르기에 이에 대한 거부에 동참해달라고 호소하는 바입니다.

───── 〈보 기〉 ─────

ㄱ. 인간의 성품을 고양하는 법률은 도덕법에 해당한다.

ㄴ. 사람끼리의 규약에 해당하는 법률은 자연법이 아니다.

ㄷ. 인종차별적 내용을 포함하지 않는 모든 법률은 신의 법에 해당한다.

① ㄱ

② ㄷ

③ ㄱ, ㄴ

④ ㄴ, ㄷ

⑤ ㄱ, ㄴ, ㄷ

27. 다음 글로부터 추론할 수 있는 것을 〈보기〉에서 모두 고르면?

10년 행시(수) 35번

K씨는 막대한 재산을 탄자니아 남부에 있는 한 가난한 마을의 복지 개선에 쓰기로 결심했다. 이 작은 마을에는 100명의 사람들이 살고 있다. K씨의 요청에 따라 국제원조기구가 계획 A와 계획 B를 마련했다. 계획 A는 산아 제한 정책을 포함하지 않는 계획이고, 계획 B는 산아 제한 정책을 포함한다. 계획 A를 채택하면 이 마을의 인구는 100명에서 150명으로 증가할 것이지만, 계획 B를 채택하면 인구는 100명으로 유지될 것이다.

두 계획 중 어느 것을 채택하더라도 '삶의 질 지수'는 증가한다. 한 사람의 '삶의 질 지수'는 실수로 나타나는데, 이 지수가 클수록 삶의 질이 높다. 이 지수가 1.0 미만인 경우에만 사람들은 살아갈 가치가 없다고 생각한다.

삶의 질 지수가 얼마나 증가할지는 어떤 계획을 취하느냐에 따라 달라진다. 계획 A를 채택하면 이 마을 구성원의 삶의 질 지수 평균이 2.4에서 3.2로 증가할 것이고, 계획 B를 채택하면 삶의 질 지수 평균이 2.4에서 4.0으로 증가할 것이다. 또한 삶의 질 지수가 1.0 미만인 사람의 수는, 계획 A를 채택하면 현재 30명에서 40명으로 늘고, 계획 B를 채택하면 현재 30명에서 20명으로 줄 것이다. 이런 상황에서 K씨는 계획 A와 계획 B 중 어떤 것이 옳은가를 놓고 고민을 하고 있다.

〈보 기〉

ㄱ. 인구 수에 삶의 질 지수 평균을 곱한 값이 더 높은 마을이 더 좋은 마을이라고 한다면, 계획 A를 채택하는 것이 옳다.

ㄴ. 살아갈 가치가 있다고 생각하는 사람들의 수가 더 많은 마을이 더 좋은 마을이라면, 계획 B를 채택하는 것이 옳다.

ㄷ. 삶의 질 지수가 1.0 미만인 사람이 차지하는 비율이 더 작은 마을이 더 좋은 마을이라고 한다면, 계획 B를 채택하는 것이 옳다.

ㄹ. 삶의 질 지수가 가장 높은 사람과 가장 낮은 사람 사이의 삶의 질 지수 차이가 더 작은 마을이 더 좋은 마을이라면, 계획 A를 채택하는 것이 옳다.

① ㄱ, ㄴ
② ㄱ, ㄷ
③ ㄱ, ㄴ, ㄷ
④ ㄱ, ㄷ, ㄹ
⑤ ㄴ, ㄷ, ㄹ

28. 다음 글의 미첼의 이론에서 추론할 수 있는 것은?

19년 행시(가) 7번

1783년 영국 자연철학자 존 미첼은 빛은 입자라는 생각과 뉴턴의 중력이론을 결합한 이론을 제시하였다. 그는 우선 별들이 어떻게 보일 것인지 사고 실험을 통해 예측하였다.

별의 표면에서 얼마간의 초기 속도로 입자를 쏘아 올려 아무런 방해 없이 위로 올라간다고 가정해보자. 만약에 초기 속도가 충분히 빠르지 않으면 별의 중력은 입자의 속도를 점점 느리게 할 것이며, 결국 그 입자를 별의 표면으로 되돌아가게 할 것이다. 만약 초기 속도가 충분히 빠르면 입자는 중력을 극복하고 별을 탈출할 수 있을 것이다. 이렇게 입자가 별을 탈출할 수 있는 최소한의 초기 속도는 '탈출 속도'라고 불린다. 미첼은 뉴턴의 중력이론을 이용해서 탈출 속도를 계산할 수 있었으며, 그 속도가 별 질량을 별의 둘레로 나눈 값의 제곱근에 비례한다는 것을 유도하였다.

이를 바탕으로 미첼은 '임계 둘레'라는 것도 추론해냈다. 임계 둘레란 탈출 속도와 빛의 속도를 같게 만드는 별의 둘레를 말한다. 빛 입자는 다른 입자들처럼 중력의 영향을 받는다. 그로 인해 빛은 임계 둘레보다 작은 둘레를 가진 별에서는 탈출할 수 없다. 그런 별에서 약 30만km/s의 초기 속도로 빛 입자를 쏘아 올렸을 때 입자는 우선 위로 날아갈 것이다. 그런 다음 멈출 때까지 느려지다가, 결국 별의 표면으로 되돌아갈 것이다. 미첼은 임계 둘레를 쉽게 계산할 수 있었다. 태양과 동일한 질량을 가진 별의 임계 둘레는 약 19km로 계산되었다. 이러한 사고 실험을 통해 미첼은 임계 둘레보다 작은 둘레를 가진 암흑의 별들이 무척 많을 테고, 그 별들에선 빛 입자가 빠져나올 수 없기에 지구에서는 볼 수 없을 것으로 추측했다.

① 임계 둘레 이하의 둘레를 가진 별에 사는 존재는 임계 둘레보다 큰 둘레를 가진 별에서 오는 빛을 관찰할 수 없다.

② 빛보다 빠른 초기 속도로 쏘아 올린 입자가 있다면, 그 입자는 모두 별에서 탈출할 수 있다.

③ 별의 질량이 커지더라도 별의 둘레가 변하지 않는다면 탈출속도는 빨라지지 않는다.

④ 임계 둘레 이하의 둘레를 가진 별의 표면에서는 빛을 쏘아 올릴 수 없다.

⑤ 별의 질량이 커질수록 그 별의 임계 둘레는 커진다.

사실 진술로부터 당위 진술을 도출할 수 없다는 것을 명시적으로 주장한 최초의 인물은 영국의 철학자 데이비드 흄이었다. 그의 주장은 논리적으로 타당하다고 할 수 있다. 그 이유를 이해하기 위해 일단 명제 P와 Q가 있는데 Q는 P로부터 도출될 수 있는 것이라 가정해 보자. 즉, P가 Q를 논리적으로 함축하는 경우를 생각해보자. 가령, "비가 오고 구름이 끼어 있다."는 "비가 온다."를 논리적으로 함축한다. 이제 이 두 문장이 다음과 같이 결합되는 경우를 생각해 보자.

"비가 오고 구름이 끼어 있지만, 비가 오지 않는다."

이 명제는 분명히 자기모순적인 명제이다. 왜냐하면 "비가 오고 비가 오지 않는다."라는 자기모순적인 명제를 포함하고 있기 때문이다. 이러한 결과를 바탕으로, 우리는 이제 다음과 같이 결론지을 수 있다.

┌─────────── (가) ───────────┐

우리는 이러한 결론을 이용하여, 사실 진술로부터 당위 진술을 도출할 수 없다고 하는 흄의 주장을 이해해 볼 수 있다. 예를 들어, 명제 A를 "타인을 돕는 행동은 행복을 최대화한다."라고 해보자. 이것은 사실 진술로 이루어진 명제이다. 명제 B를 "우리는 타인을 도와야 한다."라고 해보자. 이것은 당위 진술로 이루어진 명제이다. 물론 "B가 아니다."는 "우리는 타인을 돕지 않아도 된다."가 될 것이다. 이제 우리는 이러한 명제들에 대해 앞의 논리를 그대로 적용시켜 볼 수 있다. 즉, "A이지만 B가 아니다."는 자기모순적인 명제가 아니라는 것이다. 따라서 B는 A로부터 도출되지 않는다. 이 점을 일반화시켜 말하자면 다음과 같다.

┌─────────── (나) ───────────┐

─────────── 〈보 기〉 ───────────

ㄱ. Q가 P로부터 도출될 수 있다면, "P이지만 Q는 아니다."라는 명제는 자기모순적인 명제이다.

ㄴ. Q가 P로부터 도출될 수 없다면, "P이지만 Q는 아니다."라는 명제는 자기모순적인 명제가 아니다.

ㄷ. 어떤 행동이 행복을 최대화한다는 것으로부터 그 행동을 행하여야만 한다는 것을 도출할 수 없다.

ㄹ. 어떤 행동을 행하여야만 한다는 것으로부터 그 행동이 행복을 최대화한다는 것을 도출할 수 없다.

ㅁ. "어떤 행동이 행복을 최대화한다."라는 명제와 "그 행동을 행하여야만 한다."라는 명제는 둘 다 참일 수 있다.

	(가)	(나)
①	ㄱ	ㄷ
②	ㄱ	ㅁ
③	ㄴ	ㄷ
④	ㄴ	ㄹ
⑤	ㄴ	ㅁ

인지부조화는 한 개인이 가지는 둘 이상의 사고, 태도, 신념, 의견 등이 서로 일치하지 않거나 상반될 때 생겨나는 심리적인 긴장상태를 의미한다. 인지부조화는 불편함을 유발하기 때문에 사람들은 이것을 감소시키려고 한다. 인지부조화를 감소시키는 방법은 서로 모순관계에 있어서 양립할 수 없는 인지들 가운데 하나 이상의 인지가 갖는 내용을 바꾸어 양립할 수 있게 만들거나, 서로 모순되는 인지들 간의 차이를 좁힐 수 있는 새로운 인지를 추가하여 부조화된 인지상태를 조화된 상태로 전환하는 것이다.

그런데 실제로 부조화를 감소시키는 행동은 비합리적인 면이 있다. 그 이유는 그러한 행동들이 사람들로 하여금 중요한 사실을 배우지 못하게 하고 자신들의 문제에 대해서 실제적인 해결책을 찾지 못하도록 할 수 있기 때문이다. 부조화를 감소시키려는 행동은 자기방어적인 행동이고, 부조화를 감소시킴으로써 우리는 자신의 긍정적인 이미지, 즉 자신이 선하고 현명하며 상당히 가치 있는 인물이라는 긍정적인 측면의 이미지를 유지하게 된다. 비록 자기방어적인 행동이 유용한 것으로 생각될 수 있지만, 이러한 행동은 부정적 결과를 초래할 수 있다.

한 실험에서 연구자는 인종차별 문제에 대해서 확고한 입장을 보이는 사람들을 선정하였다. 일부는 차별에 찬성하였고, 다른 일부는 차별에 반대하였다. 선정된 사람들에게 인종차별에 대한 찬성과 반대 의견이 실린 글을 모두 읽게 하였는데, 어떤 글은 지극히 논리적이고 그럴듯하였고, 다른 글은 터무니없고 억지스러운 것이었다. 실험에서는 참여자들이 과연 어느 글을 기억할 것인지에 관심이 있었다. 인지부조화 이론에 따르면, 사람들은 현명한 사람을 자기 편, 우매한 사람을 다른 편이라 생각할 때 마음이 편안해질 것이다. 그렇다면 이 실험에서 인지부조화 이론은 다음과 같은 ㉠ 결과를 예측할 것이다.

① 참여자들은 자신의 의견에 동의하는 논리적인 글과 반대편의 의견에 동의하는 논리적인 글을 기억한다.

② 참여자들은 자신의 의견에 동의하는 모든 글을 기억하고 반대편의 의견에 동의하는 모든 글을 기억하지 않는다.

③ 참여자들은 자신의 의견에 동의하는 논리적인 글과 반대편의 의견에 동의하는 터무니없고 억지스러운 글을 기억한다.

④ 참여자들은 자신의 의견에 동의하는 터무니없고 억지스러운 글과 반대편의 의견에 동의하는 논리적인 글을 기억한다.

⑤ 참여자들은 자신의 의견에 동의하는 모든 글을 기억하고 반대편의 의견에 동의하는 논리적인 글은 기억하지 않는다.

31. 다음 A, B 두 사람의 논쟁에 대한 분석으로 가장 적절한 것은?
17년 행시(가) 14번

A1 : 최근 인터넷으로 대표되는 정보통신기술 혁명은 과거 유례를 찾을 수 없을 정도로 세상이 돌아가는 방식을 근본적으로 바꿔놓았다. 정보통신기술 혁명은 물리적 거리의 파괴로 이어졌고, 그에 따라 국경 없는 세계가 출현하면서 국경을 넘나드는 자본, 노동, 상품에 대한 규제가 철폐될 수밖에 없는 사회가 되었다. 이제 개인이나 기업 혹은 국가는 과거보다 훨씬 더 유연한 자세를 견지해야 하고, 이를 위해서는 강력한 시장 자유화가 필요하다.

B1 : 변화를 인식할 때 우리는 가장 최근의 것을 가장 혁신적인 것으로 생각하는 경향이 있다. 인터넷 혁명의 경제적, 사회적 영향은 최소한 지금까지는 세탁기를 비롯한 가전제품만큼 크지 않았다. 가전제품은 집안일에 들이는 노동시간을 대폭 줄여줌으로써 여성들의 경제활동을 촉진했고, 가족 내의 전통적인 역학관계를 바꾸었다. 옛것을 과소평가해서도 안 되고 새것을 과대평가해서도 안 된다. 그렇게 할 경우 국가의 경제정책이나 기업의 정책은 물론이고 우리 자신의 직업과 관련해서도 여러 가지 잘못된 결정을 내리게 된다.

A2 : 인터넷이 가져온 변화는 가전제품이 초래한 변화에 비하면 전 지구적인 규모이고 동시적이라는 점에 주목해야 한다. 정보통신기술이 초래한 국경 없는 세계의 모습을 보라. 국경을 넘어 자본, 노동, 상품이 넘나들게 됨으로써 각 국가의 행정 시스템은 물론 세계 경제 시스템에도 변화가 불가피하게 되었다. 그런 점에서 정보통신기술의 영향력은 가전제품의 영향력과 비교될 수 없다.

B2 : 최근의 기술 변화는 100년 전에 있었던 변화만큼 혁명적이라고 할 수 없다. 100년 전의 세계는 1960~1980년에 비해 통신과 운송 부문에서의 기술은 훨씬 뒤떨어졌으나 세계화는 오히려 월등히 진전된 상태였다. 사실 1960~1980년 사이에 강대국 정부가 자본, 노동, 상품이 국경을 넘어 들어오는 것을 엄격하게 규제했기에 세계화의 정도는 그리 높지 않았다. 이처럼 세계화의 정도를 결정하는 것은 정치이지 기술력이 아니다.

① 이 논쟁의 핵심 쟁점은 정보통신기술 혁명과 가전제품을 비롯한 제조분야 혁명의 영향력 비교이다.

② A1은 최근의 정보통신기술 혁명으로 말미암아 자본, 노동, 상품이 국경을 넘나드는 것이 보편적 현상이 되었다는 점을 근거로 삼고 있다.

③ B1은 A1이 제시한 근거가 다 옳다고 하더라도 A1의 주장을 받아들일 수 없다고 주장하고 있다.

④ B1과 A2는 인터넷의 영향력에 대한 평가에는 의견을 달리 하지만 가전제품의 영향력에 대한 평가에는 의견이 일치한다.

⑤ B2는 A2가 원인과 결과를 뒤바꾸어 해석함으로써 현상에 대한 잘못된 진단을 한다고 비판하고 있다.

32. 다음 A, B 학파에 대한 판단으로 적절하지 않은 것은?
18년 행시(나) 6번

비정규 노동은 파트타임, 기간제, 파견, 용역, 호출 등의 근로 형태를 의미한다. IMF 외환위기 이후 정규직과 비정규직 사이의 차별이 사회문제로 대두되었는데 그중 가장 심각한 문제가 임금차별이다. 정규직과 비정규직 사이의 임금수준 격차는 점차 커져 비정규직 임금이 2001년에는 정규직의 63% 수준이었다가 2016년에는 53.5% 수준으로 떨어졌다. 이 문제를 어떻게 해결할 것인가를 놓고 크게 두 가지 시각이 대립한다.

A학파는 차별적 관행을 고수하는 기업들은 비차별적 기업들과의 경쟁에서 자연적으로 도태되기 때문에 기업 간 경쟁이 임금차별 완화의 핵심이라고 이야기한다. 기업이 노동자 개인의 능력 이외에 다른 잣대를 바탕으로 차별하는 행위는 비합리적이기 때문에, 기업들 사이의 경쟁이 강화될수록 임금차별은 자연스럽게 줄어들 수밖에 없다는 것이다. 예를 들어 정규직과 비정규직 가릴 것 없이 오직 능력에 비례하여 임금을 결정하는 회사는 정규직 또는 비정규직이라는 이유만으로 무능한 직원들을 임금 면에서 우대하고 유능한 직원들을 홀대하는 회사보다 경쟁에서 앞서 나갈 것이다.

B학파는 실제로는 고용주들이 비정규직을 차별한다고 해서 기업 간 경쟁에서 불리해지지는 않는 현실을 근거로 A학파를 비판한다. B학파에 따르면 고용주들은 오직 사회적 비용이라는 추가적 장애물의 위협에 직면했을 때에만 정규직과 비정규직 사이의 임금차별 관행을 근본적으로 재고한다. 여기서 말하는 사회적 비용이란, 국가가 제정한 법과 제도를 수용하지 않음으로써 조직의 정당성이 낮아짐을 뜻한다. 기업의 경우엔 조직의 정당성이 낮아지게 되면 조직의 생존 가능성 역시 낮아지게 된다. 그래서 기업은 임금차별을 줄이는 강제적 제도를 수용함으로써 사회적 비용을 낮추는 선택을 하게 된다는 것이다. 따라서 B학파는 법과 제도에 의한 규제를 통해 임금차별이 줄어들 것이라고 본다.

① A학파에 따르면 경쟁이 치열한 산업군일수록 근로형태에 따른 임금 격차는 더 적어진다.

② A학파는 시장에서 기업 간 경쟁이 약화되는 것을 방지하기 위한 보완 정책이 수립되어야 한다고 본다.

③ A학파는 정규직과 비정규직 사이의 임금차별이 어떻게 줄어드는가에 대해 B학파와 견해를 달리한다.

④ B학파는 기업이 자기 조직의 생존 가능성을 낮춰가면서까지 임금차별 관행을 고수하지는 않을 것이라고 전제한다.

⑤ B학파에 따르면 다른 조건이 동일할 때 기업의 비정규직에 대한 임금차별은 주로 강제적 규제에 의해 시정될 수 있다.

33. 다음 글에 대한 설명으로 적절하지 <u>않은</u> 것은?

12년 행시(인) 14번

> A : 사람과 동물의 본성은 모두 똑같이 오상[五常 : 仁義禮智信]의 전부를 구비하고 있다. 오행[五行 : 金木水火土]이 갖추어진 뒤에라야 조화(造化)가 이루어지고 만물이 생(生)하는 것이다. 인간과 동물은 모두 오행인 다섯 가지 기(氣)를 얻어 태어나므로 오행의 이치[理]인 오상을 동일하게 얻었음은 재론의 여지가 없다. 다만 인간과 동물이 오상을 발휘하는데 차이가 없다는 의미는 아니다. 동물도 오상의 전부를 갖추었지만, 인간과 동물 사이에는 순수함[粹]과 불순함[不粹]이라는 차이가 있다. 인간의 본성은 순수하지만 동물의 본성은 불순한데, 이러한 차이는 바로 부여받은 기에 달려 있다. 인간이 부여 받은 기는 정통(正通)한 것인 반면, 동물이 부여받은 기는 편색(偏塞)한 것이다. 그러므로 인간은 오상 즉 인·의·예·지·신의 다섯 가지의 덕을 모두 발휘할 수 있지만, 동물은 그 일부밖에 발휘하지 못하는 것이다.
>
> B : 사람과 사람의 본성은 같지만 사람과 동물의 본성은 다르다. 오행인 기 가운데서도 뛰어난 기의 이치만 오상이 되는 것이다. 사람은 다섯 가지 뛰어난 기를 얻었으므로 오상을 모두 갖추었지만 동물은 뛰어난 기를 하나 둘밖에는 얻지 못하므로 오상을 전부 갖추었다고는 말할 수 없다. 그러므로 호랑이와 이리의 본성에 인(仁)이 있고, 벌과 개미의 본성에 의(義)가 있지만, 오상 가운데에서 겨우 하나의 덕을 얻은 것이며 나머지의 덕은 얻지 못한 것이다. 그래서 사람과 동물이 오행인 기를 부여받은 것은 마찬가지라 하더라도 그 본성에 있어서는 차이가 있다고 말하는 것이다.

① A, B 모두 오상을 기의 이치로 본다.

② A, B 모두 인간과 동물이 오행인 기를 부여받았다고 본다.

③ A에 따르면, 인간과 동물은 오상을 발휘하는 데 차이가 있다.

④ B에 따르면, 인간과 동물 모두 오상의 일부만을 구비하고 있다.

⑤ A, B 모두 기의 차이를 통해 인간과 동물 간 오상의 차이를 설명하고 있다.

34. 다음 글의 대화 내용이 참일 때, 갑수보다 반드시 나이가 적은 사람만을 모두 고르면?

16년 행시(4) 10번

> 갑수, 을수, 병수, 철희, 정희 다섯 사람은 어느 외국어 학습 모임에서 서로 처음 만났다. 이후 모임을 여러 차례 갖게 되었지만 그들의 관계는 형식적인 관계 이상으로는 발전하지 않았다. 이 모임에서 주도적인 역할을 하고 있는 갑수는 서로 더 친하게 지냈으면 좋겠다는 생각에 뒤풀이를 갖자고 제안했다. 갑수의 제안에 모두 동의했다. 그들은 인근 맥줏집을 찾아갔다. 그 자리에서 그들이 제일 먼저 한 일은 서로의 나이를 묻는 것이었다.
>
> 먼저 갑수가 정희에게 말했다. "정희 씨, 나이가 몇 살이에요?" 정희는 잠시 머뭇거리더니 다음과 같이 말했다. "나이 묻는 것은 실례인 거 아시죠? 저는요, 갑수 씨 나이는 알고 있거든요. 어쨌든 갑수 씨보다는 나이가 적어요." 그리고는 "그럼 을수 씨 나이는 어떻게 되세요?"라고 을수에게 물었다. 을수는 "정희 씨, 저는 정희 씨와 철희 씨보다는 나이가 많지 않아요."라고 했다.
>
> 그때 병수가 대뜸 갑수에게 말했다. "그런데 저는 정작 갑수 씨 나이가 궁금해요. 우리들 중에서 리더 역할을 하고 있잖아요. 진짜 나이가 어떻게 되세요?" 갑수가 "저요? 음, 많아야 병수 씨 나이죠."라고 하자, "아, 그렇군요. 그럼 제가 대장해도 될까요? 하하……."라고 병수가 너털웃음을 웃으며 대꾸했다.
>
> 이때, "그럼 그렇게 하세요. 오늘 술값은 리더가 내시는 거 아시죠?"라고 정희가 끼어들었다. 그리고 "그런데 철희 씨는 좀 어려 보이는데, 몇 살이에요?"라고 물었다. 철희는 다소 수줍은 듯이 고개를 숙였다. 그리고는 "저는 병수 씨와 한 살 차이밖에 나지 않아요. 보기보다 나이가 많죠?"라고 대답했다.

① 정희

② 철희, 을수

③ 정희, 을수

④ 철희, 정희

⑤ 철희, 정희, 을수

35. 다음 대화의 ㉠에 들어갈 말로 가장 적절한 것은?

20년 행시(나) 32번

> 서의 : 이번에 사내 연수원에 개설된 과목인 경제, 법률, 철학, 행정에 대한 수강신청결과가 나왔는데, 경제를 신청한 사람은 모두 법률도 신청했다고 해.
>
> 승민 : 그래? 나도 그 결과를 보았는데, 행정을 신청한 사람 중에 법률을 신청한 사람은 아무도 없었어. 그리고 경제와 법률은 신청하지 않고 철학은 신청한 사람도 있었다더군.
>
> 승범 : 나도 그 결과에 대해 몇 가지 얘기를 들었는데, 법률을 신청한 사람 중에 철학을 신청한 사람도 있었대. 그리고 철학은 신청했으나 행정과 경제는 신청하지 않은 사람도 있었다는 거야.
>
> 승민 : 그런데 _____㉠_____
>
> 서의 : 정말? 그러면 철학 한 과목만 신청한 사람이 적어도 한 명은 있겠구나.
>
> 승범 : 맞아. 그리고 적어도 한 명은 행정만 빼고 나머지 세 과목 전부 신청했다는 것도 알 수 있어.

① 경제와 법률 두 과목만을 신청한 사람은 한 명도 없어.

② 행정과 철학 두 과목만을 신청한 사람은 한 명도 없어.

③ 법률과 철학 두 과목만을 신청한 사람은 한 명도 없어.

④ 경제와 법률을 둘 다 신청한 사람은 모두 철학을 신청했어.

⑤ 법률과 철학을 둘 다 신청한 사람 중에 행정을 신청한 사람은 없어.

36. 다음 진술들이 참일 때, 반드시 참인 것은?

11년 행시(수) 38번

> • 범인의 머리카락이 갈색이거나 키가 크다.
> • 만약 범인의 머리카락이 갈색이라면, 그는 안경을 쓴다.
> • 범인은 안경을 쓰거나 왼손잡이다.
> • 만약 범인의 머리카락이 갈색이라면, 그는 안경을 쓰지 않는다.
> • 만약 범인이 안경을 쓰지 않는다면, 그는 키가 크지 않다.

① 범인은 왼손잡이고 키가 크다.

② 범인은 키가 크고 안경을 쓴다.

③ 범인은 안경을 쓰고 왼손잡이다.

④ 범인의 머리카락이 갈색인지는 확실히 알 수 없지만 키는 크다.

⑤ 범인이 왼손잡이인지도 확실히 알 수 없고 키가 큰지도 확실히 알 수 없다.

37. 다음 글의 ㉠에 대한 평가로 적절하지 <u>않은</u> 것은?

16년 행시(5) 13번

> 중생대의 마지막 시기인 백악기(K)와 신생대의 첫 시기인 제3기(T) 사이에 형성된, 'K/T경계층'이라고 불리는 점토층이 있다. 이 지층보다 아래쪽에서는 공룡의 화석이 발견되지만 그 위에서는 전혀 발견되지 않는다. 도대체 그 사이에 무슨 일이 벌어진 것일까? 우리는 물리학자 앨버레즈가 1980년에 『사이언스』에 게재한 논문 덕분에 이 물음에 대한 유력한 답을 알게 되었다.
>
> 앨버레즈는 동료들과 함께 지층이 퇴적된 시간을 정확히 읽어내는 방법을 연구하고 있었다. 일반적으로 지층의 두께는 퇴적 시간과 비례하지 않는다. 얇은 지층이 수백 년에 걸쳐 서서히 퇴적된 것일 수도 있고, 수십 미터가 넘는 두께의 지층이라도 며칠, 심지어 몇 시간의 격변에 의해 형성될 수 있기 때문이다. 앨버레즈는 이 문제를 이리듐 측정을 통해 해결하려 했다. 이리듐은 아주 무거운 금속으로, 지구가 생성되던 때 핵 속으로 가라앉아 지구 표면에는 거의 남아 있지 않다. 오늘날 지표면에서 미량이나마 검출되는 이리듐은 우주 먼지나 운석 등을 통해 오랜 시간에 걸쳐 지구 표면에 내려앉아 생긴 것이다. 앨버레즈는 이리듐 양의 이러한 증가 속도가 거의 일정하다고 보고, 이리듐이 지구 표면에 내려앉는 양을 기준으로 삼아 지층이 퇴적되는 데 걸린 시간을 측정하려 했다.
>
> 조사 결과 지표면의 평균 이리듐 농도는 0.3ppb이었고 대체로 일정했다. 그런데 이탈리아 북부의 어느 지역을 조사했을 때 그곳의 K/T경계층에서 특이한 점이 발견되었다. 평균보다 무려 30배나 많은 이리듐이 검출된 것이다. 원래 이 경우 다른 지층이 형성될 때보다 K/T경계층의 퇴적이 30분의 1 정도의 속도로 아주 느리게 진행되었다고 결론을 내려야 했지만, 다른 증거들을 종합할 때 이 지층의 형성이 그렇게 오래 걸렸다고 볼 이유가 없었다. 그래서 이들은 다른 결론을 선택했다. 이 시기에 지구 밖에서 한꺼번에 대량의 이리듐이 왔다는 것이었다. 이리듐의 농도를 가지고 역산한 결과, 앨버레즈는 ㉠ <u>약 6,500만 년 전 지름 10킬로미터 크기의 소행성이 지구와 충돌했고 이 충돌에서 생긴 소행성과 지각의 무수한 파편들이 대기를 떠돌며 지구 생태계를 교란함으로써 대멸종이 일어나 공룡이 멸종했다는 결론에 도달했다.</u> 공룡 멸종의 원인에 대한 이런 견해는 오늘날 과학계가 수용하고 있는 최선의 가설이다.

① 만일 신생대 제3기(T) 이후에 형성된 지층에서 공룡 화석이 대량으로 발견될 경우 약화된다.

② 고생대 페름기에 일어난 대멸종이 소행성 충돌과 무관하게 진행되었다는 사실이 입증되더라도 강화되지 않는다.

③ 동일한 시간 동안 우주먼지로 지구에 유입되는 이리듐의 양이 일정하지 않고 큰 변화폭을 지닌다는 사실이 입증되면 약화된다.

④ 앨버레즈가 조사한 이탈리아 북부의 지층이 K/T경계층이 아니라 다른 시기에 형성된 지층이었음이 밝혀질 경우 약화된다.

⑤ K/T경계층 형성 시기 이외에 공룡이 존재했던 다른 시기에도 지름 10킬로미터 규모의 소행성이 드물지 않게 지구에 충돌했음이 입증될 경우 강화된다.

38. 다음 글의 주장을 약화하는 것만을 〈보기〉에서 모두 고르면?

15년 행시(인) 37번

베이즈주의는 확률을 이용해서 과학의 다양한 가설들을 평가하는 과학 방법론의 한 분야이다. 그것은 새로운 정보의 유입에 따른 과학적 가설의 확률 변화 메커니즘을 제시한다. 새로운 정보가 유입되기 전 확률을 사전확률, 유입된 후의 확률을 사후확률이라고 한다. 따라서 베이즈주의가 제시하는 메커니즘은 사전확률과 새로운 정보로부터 사후확률을 결정하는 것이라고 할 수 있다. 베이즈주의자들이 사전확률을 결정할 때 고려해야 할 기준은, "A가 참일 확률과 A가 거짓일 확률의 합이 1이어야 한다."는 것과 같은 확률론의 기본 규칙을 준수해야 한다는 것뿐이다. 그럼 동일한 가설에 대해서 두 과학자가 극단적으로 다른 사전확률을 부여하는 것도 단지 확률론의 기본 규칙을 어기지 않는다는 이유로 허용될 수 있는가? 그렇다고 할 때 베이즈주의는 주관적이고 임의적인 사전확률을 허용하는 것으로 볼 수 있다. 바로 이 점에서 베이즈주의 과학 방법론은 과학의 객관성을 확보할 수 없다고 비판받는다.

하지만 동일한 가설에 부여하는 사전확률이 다르다는 것이, 그 사전확률의 결정이 완전히 임의적이라는 것을 함축하진 않는다. 물론 개개의 과학자들이 동일한 가설에 다른 사전확률을 부여할 때 가설에 대한 느낌에 의존할 수 있다. 이때 그 느낌은 가설을 제시한 사람에 대한 판단에서 비롯된 것일 수 있다. 하지만 과학자들이 사전확률을 부여할 때 의존하는 것은 느낌과 같은 것이 아니다. 그보다는 과학 공동체가 공유하고 있는 배경지식이 사전확률을 결정하는 데 있어 결정적인 역할을 한다.

베이즈주의 비판자들이 문제 삼는 주관적인 사전확률이란 배경지식을 고려한 것이 아니라, 가설을 제시한 사람에 대한 느낌과 같은 요소만 고려한 경우이다. 하지만 현실 과학자들의 사전확률은 언제나 배경지식을 토대로 한다. 만약 동일 가설에 대해서 두 과학자가 극단적으로 다른 사전확률을 가지고 있다면, 아마도 그 둘은 완전히 다른 배경지식을 가지고 있기 때문일 것이다. 그렇지만 동시대 과학자들이 완전히 다른 배경지식을 가지고 있는 경우는 거의 없다. 따라서 과학자들은 동일한 가설에 대해서 비슷한 사전확률을 부여하게 될 것이며, 이에 사전확률의 주관성 문제는 크게 완화될 것이다. 그러므로 베이즈주의 과학 방법론이 객관성을 확보할 수 없다는 주장은 성급하다.

〈보 기〉

ㄱ. 동일한 배경지식을 가졌다는 것보다는 느낌과 같은 요소가 사전확률 결정에 더 중요한 영향을 미친다.

ㄴ. 특정 가설에 대해 동일한 사전확률을 부여한 사람들이 다른 느낌을 가지는 경우가 있다.

ㄷ. 동일한 배경지식을 가지고 있는 개개의 과학자들이 베이즈주의의 확률 변화 메커니즘을 따라 확률을 수정한다면, 그들 각각이 동일한 가설에 부여하는 확률들은 점차 일치할 것이다.

① ㄱ
② ㄴ
③ ㄱ, ㄷ
④ ㄴ, ㄷ
⑤ ㄱ, ㄴ, ㄷ

※ 다음 글을 읽고 물음에 답하시오. [39~40]

(가) 우리나라의 고분, 즉 무덤은 크게 나누어 세 가지 요소로 구성되어 있다. 첫째는 목관(木棺), 옹관(甕棺)과 같이 시신을 넣어두는 용기이다. 둘째는 이들 용기를 수용하는 내부 시설로 광(壙), 곽(槨), 실(室) 등이 있다. 셋째는 매장시설을 감싸는 외부 시설로 이에는 무덤에서 지상에 성토한, 즉 흙을 쌓아 올린 부분에 해당하는 분구(墳丘)와 분구 주위를 둘러 성토된 부분을 보호하는 호석(護石) 등이 있다.

일반적으로 고고학계에서는 무덤에 대해 '묘(墓) － 분(墳) － 총(塚)'의 발전단계를 상정한다. 이러한 구분은 성토의 정도를 기준으로 삼은 것이다. 매장시설이 지하에 설치되고 성토하지 않은 무덤을 묘라고 한다. 묘는 또 목관묘와 같이 매장시설, 즉 용기를 가리킬 때도 사용된다. 분은 지상에 분명하게 성토한 무덤을 가리킨다. 이 중 성토를 높게 하여 뚜렷하게 구분되는 대형 분구를 가리켜 총이라고 한다.

고분 연구에서는 지금까지 설명한 매장시설 이외에도 함께 묻힌 피장자(被葬者)와 부장품이 그 대상이 된다. 부장품에는 일상품, 위세품, 신분표상품이 있다. 일상품은 일상생활에 필요한 물품들로 생산 및 생활 도구 등이 이에 해당한다. 위세품은 정치, 사회적 관계를 표현하기 위해 사용된 물품이다. 당사자 사이에만 거래되어 일반인이 입수하기 어려운 물건으로, 피장자가 착장(着裝)하여 위세를 드러내던 것을 착장형 위세품이라고 한다. 생산도구나 무기 및 마구 등은 일상품이기도 하지만 물자의 장악이나 군사력을 상징하는 부장품이기도 하다. 이것들은 피장자의 신분이나 지위를 상징하는 물건으로 일상품적 위세품이라고 한다. 이러한 위세품 중에 6세기 중엽 삼국의 국가체제 및 신분질서가 정비되어 관등(官等)이 체계화된 이후 사용된 물품을 신분표상품이라고 한다.

(나) 영희는 삼국 시대를 연구하고 있다. 그녀는 (가)의 글을 읽고 다음의 세 가설을 세웠다.

A : 시신을 넣어두는 용기는 목관, 옹관뿐이다.

B : 삼국 모두 묘 － 분 － 총의 발전단계를 보이며 성토가 높은 것은 신분의 높음을 상징한다.

C : 관리들의 의관(衣冠)에 관련된 부장품은 신분표상품이다.

그리고 자료 조사를 통해 가설들을 약화하는 근거가 발견되지 않으면 해당 가설을 수용할 생각이다. 영희가 최근 얻은 근거는 다음과 같다.

a. 신라의 황남대총은 왕릉이다.

b. 백제는 총에 해당하는 분이 없다.

c. 부여 가증리에서 석관(石棺)이 있는 초기 백제 유적이 발견되었다.

d. 삼국의 체제 정립 이전인 원삼국 시대 유물인 세발토기(土器)가 부장품으로 발견되었다.

39. 위 글의 (가)에서 추론할 수 없는 것은? 15년 행시(인) 19번

① 묘에는 분구와 호석이 발견되지 않는다.

② 묘는 무덤의 구성요소뿐 아니라 무덤 발전단계를 가리킬 때에도 사용되는 말이다.

③ 피장자의 정치, 사회적 신분 관계를 표현하기 위해 장식한 칼을 사용하였다면 이는 위세품에 해당한다.

④ 생산도구가 물자의 장악이나 군사력을 상징하는 부장품에 사용되었다면, 이는 위세품이지 일상품은 아니다.

⑤ 성토를 높게 할수록 신분이 높다면, 같은 시대 같은 지역에 묻힌 두 피장자 중 분보다는 총에 묻힌 피장자의 신분이 높다.

40. 위 글의 (나)에서, 영희의 가설과 근거 사이의 관계에 대한 평가로 적절하지 않은 것은? 15년 행시(인) 20번

① 근거 a는 가설 B를 강화한다.

② 근거 c는 가설 A를 약화한다.

③ 근거 d는 가설 C를 강화한다.

④ 근거 b와 c에 비추어 수용될 수 있는 가설은 한 개이다.

⑤ 근거 a~d에 비추어 수용될 수 있는 가설은 한 개다.

1. 다음 〈표〉는 2020년과 2021년 각각 '갑'국의 교원 2,000명(중학교 1,000명, 고등학교 1,000명)을 대상으로 진로체험 편성·운영 시 학생 의사 반영에 관해 조사한 자료이다. 이를 근거로 작성한 〈보고서〉의 내용 중 옳은 것만을 모두 고르면?

23년 행시(가) 2번

〈표 1〉 진로체험 편성·운영 시 학생 의사 반영 정도별 응답 비율

(단위 : %)

학생 의사 반영 정도	학교급 연도	중학교		고등학교	
		2020	2021	2020	2021
전부 반영		13.0	15.4	26.4	29.2
일부 반영		72.1	70.8	59.0	58.3
미반영		14.9	13.8	14.6	12.5
계		100.0	100.0	100.0	100.0

※ 무응답과 중복 응답은 없음

〈표 2〉 2021년 진로체험 편성·운영 시 학생 의사 미반영 이유별 응답 비율

(단위 : %)

미반영 이유	학교급	중학교	고등학교
수요 기반 체험처 미확보		26.1	38.4
체험처 수용 인원 규모 초과		27.5	18.4
운영 인력 부족		18.1	16.8
이동 시간 부족		8.0	8.0
예산상의 제약		11.6	8.0
기타		8.7	10.4
계		100.0	100.0

※ 1) 2021년 조사에서 학생 의사 반영 정도를 '미반영'으로 응답한 교원을 대상으로 조사함
2) 무응답과 중복 응답은 없음

〈보고서〉

2021년 조사 결과 진로체험 편성·운영 시 학생 의사 반영 정도를 살펴보면, ㉠ '일부 반영'으로 응답한 비율이 중학교와 고등학교 각각 70.8%, 58.3%로 가장 높았다. ㉡ '전부 반영'으로 응답한 비율은 전년 대비 중학교가 2.8%p, 고등학교가 2.4%p 증가하였다.

2021년 진로체험 편성·운영 시 학생 의사 미반영 이유를 살펴보면, ㉢ 중학교는 '체험처 수용 인원 규모 초과', 고등학교는 '수요 기반 체험처 미확보'로 응답한 비율이 가장 높았다. 기타를 제외하고, '이동 시간 부족'이라고 응답한 비율은 중학교와 고등학교 모두 가장 낮게 나타났다. 한편, ㉣ 학생 의사 미반영 이유를 '이동 시간 부족'으로 응답한 교원의 수는 중학교와 고등학교가 동일하였다.

① ㄱ, ㄷ
② ㄱ, ㄹ
③ ㄴ, ㄷ
④ ㄴ, ㄹ
⑤ ㄱ, ㄷ, ㄹ

2. 다음 〈표〉는 성인 A~F의 일일 영양소 섭취량에 관한 자료이다. 〈표〉와 〈조건〉을 근거로 〈에너지 섭취 권장기준〉에 부합하는 남성과 여성을 바르게 나열한 것은?

21년 행시(가) 10번

〈표〉 성인 A~F의 일일 영양소 섭취량

(단위 : g)

성인	영양소	탄수화물	단백질	지방
A		375	50	60
B		500	50	60
C		300	75	50
D		350	120	70
E		400	100	70
F		200	80	90

〈조 건〉

· 에너지 섭취량은 탄수화물 1g당 4kcal, 단백질 1g당 4kcal, 지방 1g당 9kcal이다.
· 에너지는 탄수화물, 단백질, 지방으로만 섭취하며, 섭취하는 과정에서 손실되는 에너지는 없다.
· 〈에너지 섭취 권장기준〉에 부합하는 남성과 여성은 1명씩 존재한다.

〈에너지 섭취 권장기준〉

· 일일 총에너지 섭취량 중 55~65%를 탄수화물로, 7~20%를 단백질로, 15~30%를 지방으로 섭취한다.
· 일일 에너지 섭취 권장량은 성인 남성이 2,600~2,800kcal이며, 성인 여성이 1,900~2,100kcal이다.

	남성	여성
①	A	F
②	B	C
③	B	F
④	E	C
⑤	E	F

3. 다음 〈표〉는 2020년 1~4월 애니메이션을 등록한 회사의 애니메이션 등록 현황에 관한 자료이다. 이에 대한 〈보기〉의 설명 중 옳은 것만을 모두 고르면?　21년 행시(가) 20번

〈표 1〉 월별 애니메이션 등록 회사와 유형별 애니메이션 등록 현황

(단위 : 개사, 편)

월 ＼ 유형／회사	국내단독	국내합작	해외합작	전체
1 / 13	6	6	2	14
2 / 6	4	0	2	6
3 / ( )	6	4	1	11
4 / 7	3	5	0	8

※ 애니메이션 1편당 등록 회사는 1개사임

〈표 2〉 1~4월 동안 2편 이상의 애니메이션을 등록한 회사의 월별 애니메이션 등록 현황

(단위 : 편)

회사 ＼ 월／유형	1	2	3	4
아트팩토리 / 국내단독	0	1	1	0
꼬꼬지 / 국내단독	1	1	0	0
코닉스 / 국내단독	0	0	1	1
제이와이제이 / 국내합작	1	0	0	1
유이락 / 국내단독	2	0	3	1
한스튜디오 / 국내합작	1	0	1	2

─〈보 기〉─

ㄱ. 1~4월 동안 1편의 애니메이션만 등록한 회사는 20개사 이상이다.

ㄴ. 1월에 국내단독 유형인 애니메이션을 등록한 회사는 5개사이다.

ㄷ. 3월에 애니메이션을 등록한 회사는 9개사이다.

① ㄱ
② ㄴ
③ ㄱ, ㄴ
④ ㄴ, ㄷ
⑤ ㄱ, ㄴ, ㄷ

4. 다음 〈표〉는 '갑'국의 2020년 5월, 6월 음원차트 상위 15위 현황에 대한 자료이다. 이에 대한 〈보기〉의 설명 중 옳은 것만을 모두 고르면?　21년 행시(가) 34번

〈표 1〉 2020년 6월 음원차트 상위 15위 현황

순위	전월 대비 순위변동	음원	GA점수
1	―	( )	147,391
2	( )	알로에	134,098
3	( )	미워하게 될 줄 알았어	127,995
4	신곡	LESS & LESS	117,935
5	▽[2]	매우 화났어	100,507
6	신곡	Uptown Baby	98,506
7	신곡	땅 Official Remix	91,674
8	( )	개와 고양이	80,927
9	▽[2]	( )	77,789
10	△[100]	나에게 넌, 너에게 난	74,732
11	△[5]	Whale	73,333
12	▽[2]	( )	68,435
13	△[18]	No Memories	67,725
14	△[3]	화려한 고백	67,374
15	▽[10]	마무리	65,797

〈표 2〉 2020년 5월 음원차트 상위 15위 현황

순위	전월 대비 순위변동	음원	GA점수
1	신곡	세븐	203,934
2	▽[1]	알로에	172,604
3	△[83]	( )	135,959
4	신곡	개와 고양이	126,306
5	▽[3]	마무리	93,295
6	△[4]	럼더덤	90,637
7	△[6]	좋은 사람 있으면 만나	88,775
8	▽[5]	첫사랑	87,962
9	신곡	Sad	87,128
10	▽[6]	흔들리는 풀잎 속에서	85,957
11	▽[6]	아는 노래	78,320
12	―	Blue Moon	73,807
13	▽[4]	METER	69,182
14	▽[3]	OFF	68,592
15	신곡	미워하게 될 줄 알았어	66,487

※ 1) GA점수는 음원의 스트리밍, 다운로드, BGM 판매량에 가중치를 부여하여 집계한 것으로 GA점수가 높을수록 순위가 높음
2) ― : 변동없음, △[ ] : 상승[상승폭], ▽[ ] : 하락[하락폭], 신곡 : 해당 월 발매 신곡

<보기>

ㄱ. 2020년 4~6월 동안 매월 상위 15위에 포함된 음원은 모두 4곡이다.

ㄴ. 'Whale'의 2020년 6월 GA점수는 전월에 비해 6,000 이상 증가하였다.

ㄷ. 2020년 6월 음원차트 상위 15위 음원 중 6월 발매 신곡을 제외하고 전월 대비 순위 상승폭이 세 번째로 큰 음원의 GA점수는 전월 GA점수의 두 배 이상이다.

ㄹ. 2020년 6월 음원차트 상위 15위 음원 중 6월 발매 신곡을 제외하고 전월 대비 순위가 상승한 음원은 전월 대비 순위가 하락한 음원보다 많다.

① ㄱ, ㄴ

② ㄴ, ㄹ

③ ㄷ, ㄹ

④ ㄱ, ㄴ, ㄷ

⑤ ㄱ, ㄷ, ㄹ

5. 다음 〈표〉는 어느 미독립 분단국가의 국민들을 상대로 독립과 통일에 관한 견해를 설문조사한 결과이다. 이 〈표〉에 대한 해석 중 옳은 것을 〈보기〉에서 모두 고르면? 05년 행시(5) 6번

〈표〉 독립과 통일에 관한 견해

(단위 : %)

구분		통일에 대한 견해			
		무조건 찬성	조건부 찬성	반대	계
독립에 대한 견해	무조건 찬성	2.7	9.0	15.7	27.4
	조건부 찬성	9.3	25.4	11.3	46.0
	반대	8.5	13.6	4.5	26.6
	계	20.5	48.0	31.5	100.0

※ 찬성은 무조건 찬성과 조건부 찬성을 모두 포함함

<보기>

ㄱ. 독립에 무조건 찬성하는 사람의 비율이 통일에 무조건 찬성하는 사람의 비율보다 높다.

ㄴ. 독립에 찬성하거나 통일에 찬성하는 사람의 비율은 46.4%이다.

ㄷ. 통일에 찬성하는 사람들 중에서, 독립에 찬성하는 사람의 비율이 독립에 반대하는 사람의 비율보다 높다.

ㄹ. 독립에는 찬성하지 않지만 통일에는 찬성하는 사람의 비율은 22.1%이다.

① ㄱ, ㄹ

② ㄴ, ㄷ

③ ㄱ, ㄴ, ㄷ

④ ㄱ, ㄷ, ㄹ

⑤ ㄴ, ㄷ, ㄹ

6. 다음 〈표〉는 2020년 '갑'시의 오염물질 배출원별 배출량에 대한 자료이다. 이에 대한 〈보기〉의 설명 중 옳은 것만을 모두 고르면?

21년 행시(가) 33번

〈표〉 2020년 오염물질 배출원별 배출량 현황

(단위 : 톤, %)

오염물질 구분 배출원	PM10 배출량	PM10 배출비중	PM2.5 배출량	PM2.5 배출비중	CO 배출량	CO 배출비중	NOx 배출량	NOx 배출비중	SOx 배출량	SOx 배출비중	VOC 배출량	VOC 배출비중
선박	1,925	61.5	1,771	64.0	2,126	5.8	24,994	45.9	17,923	61.6	689	1.6
화물차	330	10.6	304	11.0	2,828	7.7	7,427	13.6	3	0.0	645	1.5
건설장비	253	8.1	233	8.4	2,278	6.2	4,915	9.0	2	0.0	649	1.5
비산업	163	5.2	104	3.8	2,501	6.8	6,047	11.1	8,984	30.9	200	0.5
RV	134	4.3	123	4.5	1,694	4.6	1,292	2.4	1	0.0	138	0.3
계	2,805	( )	2,535	( )	11,427	( )	44,675	( )	26,913	( )	2,321	( )

※ 1) PM10 기준 배출량 상위 5개 오염물질 배출원을 선정하고, 6개 오염물질 배출량을 조사함

2) 배출비중(%)= $\dfrac{해당\ 배출원의\ 배출량}{전체\ 배출원의\ 배출량}$×100

〈보 기〉

ㄱ. 오염물질 CO, NOx, SOx, VOC 배출량 합은 '화물차'가 '건설장비'보다 많다.

ㄴ. PM2.5 기준 배출량 상위 5개 배출원의 PM2.5 배출비중 합은 90% 이상이다.

ㄷ. NOx의 전체 배출원 중에서 '건설장비'는 네 번째로 큰 배출비중을 차지한다.

ㄹ. PM10의 전체 배출량은 VOC의 전체 배출량보다 많다.

① ㄱ, ㄴ

② ㄱ, ㄷ

③ ㄴ, ㄹ

④ ㄱ, ㄴ, ㄷ

⑤ ㄴ, ㄷ, ㄹ

7. 다음 〈그림〉은 2020년 A기관의 조직 및 운영에 관한 자료이다. 이에 대한 〈보기〉의 설명 중 옳은 것만을 모두 고르면?

21년 행시(가) 36번

〈그림〉 2020년 A기관의 조직 및 운영 현황

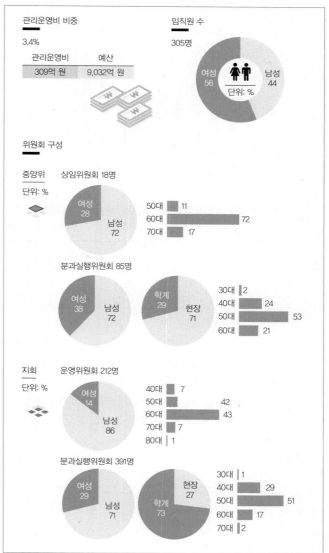

※ 중앙회는 상임위원회와 분과실행위원회로만 구성되고, 지회는 운영위원회와 분과실행위원회로만 구성됨

〈보 기〉

ㄱ. 2020년 임직원당 관리운영비는 1억 원 이상이다.

ㄴ. 분과실행위원회의 현장 위원 수는 중앙회가 지회보다 많다.

ㄷ. 중앙회 상임위원회의 모든 여성 위원이 동시에 중앙회 분과실행위원회 위원이라면, 중앙회 여성 위원 수는 총 32명이다.

ㄹ. 지회 분과실행위원회의 50대 학계 위원은 80명 이상이다.

① ㄱ, ㄴ

② ㄱ, ㄹ

③ ㄴ, ㄷ

④ ㄴ, ㄹ

⑤ ㄱ, ㄷ, ㄹ

8. 다음 〈그림〉과 〈표〉는 창업보육센터의 현황에 대한 자료이다. 이에 대한 〈보기〉의 설명 중 옳지 <u>않은</u> 것을 모두 고르면?

13년 행시(인) 16번

〈그림〉 연도별 창업보육센터 수 및 지원금액

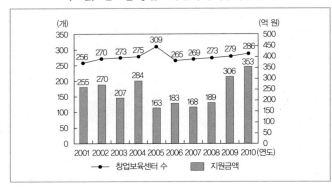

〈표〉 연도별 창업보육센터당 입주업체 수 및 매출액

(단위 : 개, 억 원)

구분 \ 연도	2008	2009	2010
창업보육센터당 입주업체 수	16.6	17.1	16.8
창업보육센터당 입주업체 매출액	85.0	91.0	86.7

※ 한 업체는 1개의 창업보육센터에만 입주함

───── 〈보 기〉 ─────

ㄱ. 2010년 전년대비 창업보육센터 지원금액 증가율은 2010년 전년대비 창업보육센터 수 증가율의 5배 이상이다.

ㄴ. 2010년 창업보육센터의 전체 입주업체 수는 전년보다 적다.

ㄷ. 창업보육센터당 지원금액이 가장 적은 해는 2005년이며 가장 많은 해는 2010년이다.

ㄹ. 창업보육센터 입주업체의 전체 매출액은 2008년 이후 매년 증가하였다.

① ㄱ, ㄴ

② ㄱ, ㄷ

③ ㄴ, ㄷ

④ ㄴ, ㄹ

⑤ ㄷ, ㄹ

9. 다음 〈표〉와 〈그림〉은 조선시대 A군의 조사시기별 가구 수 및 인구 수와 가구 구성비에 대한 자료이다. 이에 대한 〈보기〉의 설명 중 옳은 것만을 모두 고르면?

16년 행시(5) 21번

〈표〉 A군의 조사시기별 가구 수 및 인구 수

(단위 : 호, 명)

조사시기	가구 수	인구 수
1729년	1,480	11,790
1765년	7,210	57,330
1804년	8,670	68,930
1867년	27,360	144,140

〈그림〉 A군의 조사시기별 가구 구성비

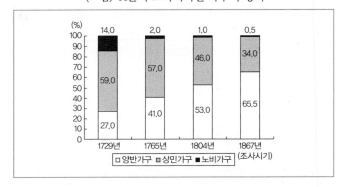

───── 〈보 기〉 ─────

ㄱ. 1804년 대비 1867년의 가구당 인구 수는 증가하였다.

ㄴ. 1765년 상민가구 수는 1804년 양반가구 수보다 적다.

ㄷ. 노비가구 수는 1804년이 1765년보다는 적고 1867년보다는 많다.

ㄹ. 1729년 대비 1765년에 상민가구 구성비는 감소하였고 상민가구 수는 증가하였다.

① ㄱ, ㄴ

② ㄱ, ㄷ

③ ㄴ, ㄹ

④ ㄱ, ㄷ, ㄹ

⑤ ㄴ, ㄷ, ㄹ

10. 다음 〈표〉는 '갑'국의 A지역 어린이집 현황에 대한 자료이다. 이에 대한 〈보기〉의 설명 중 옳은 것만을 모두 고르면?

20년 행시(나) 20번

〈표 1〉 A지역 어린이집 현재 원아수 및 정원

(단위 : 명)

구분 어린이집	현재 원아수						정원
	만 1세 이하	만 2세 이하	만 3세 이하	만 4세 이하	만 5세 이하	만 5세 초과	
예그리나	9	29	71	116	176	62	239
이든샘	9	49	91	136	176	39	215
아이온	9	29	57	86	117	33	160
윤빛	9	29	50	101	141	40	186
올고운	6	26	54	104	146	56	210
전체	42	162	323	543	756	230	–

※ 각 어린이집의 원아수는 정원을 초과할 수 없음

〈표 2〉 원아 연령대별 보육교사 1인당 최대 보육가능 원아수

(단위 : 명)

연령대 구분	만 1세 이하	만 1세 초과 만 2세 이하	만 2세 초과 만 3세 이하	만 3세 초과 만 4세 이하	만 4세 초과
보육교사 1인당 최대 보육가능 원아수	3	5	7	15	20

※ 1) 어린이집은 최소인원의 보육교사를 고용함
2) 보육교사 1인은 1개의 연령대만을 보육함

─〈보 기〉─

ㄱ. '만 1세 초과 만 2세 이하'인 원아의 33% 이상은 '이든샘' 어린이집 원아이다.
ㄴ. '올고운' 어린이집의 현재 보육교사수는 18명이다.
ㄷ. 정원 대비 현재 원아수의 비율이 가장 낮은 어린이집은 '아이온'이다.
ㄹ. '윤빛' 어린이집은 보육교사를 추가로 고용하지 않고도 '만 3세 초과 만 4세 이하'인 원아를 최대 5명까지 더 충원할 수 있다.

① ㄱ, ㄴ
② ㄱ, ㄷ
③ ㄴ, ㄹ
④ ㄱ, ㄷ, ㄹ
⑤ ㄴ, ㄷ, ㄹ

11. 다음 〈표〉는 '갑'지역 조사 대상지에 대한 A, B 두 기관의 토지피복 분류 결과를 상호비교한 것이다. 이에 대한 설명으로 옳은 것은?

20년 행시(나) 30번

〈표〉 토지피복 분류 결과

(단위 : 개소)

		B기관						
	대분류	농업지역		산림지역			수체 지역	소계
	세부 분류	논	밭	침엽 수림	활엽 수림	혼합림	하천	
A 기 관 농업 지역	논	840	25	30	55	45	35	1,030
	밭	50	315	20	30	30	15	460
산림 지역	침엽 수림	85	50	5,230	370	750	20	6,505
	활엽 수림	70	25	125	3,680	250	25	4,175
	혼합림	40	30	120	420	4,160	20	4,790
수체 지역	하천	10	15	0	15	20	281	341
	소계	1,095	460	5,525	4,570	5,255	396	17,301

① A기관이 밭으로 분류한 대상지 중 B기관이 혼합림으로 분류한 대상지의 비율은, B기관이 밭으로 분류한 대상지 중 A기관이 혼합림으로 분류한 대상지의 비율과 같다.
② B기관이 침엽수림으로 분류한 대상지 중 10% 이상을 A기관은 다른 세부분류로 분류하였다.
③ B기관이 논으로 분류한 대상지 중 A기관도 논으로 분류한 대상지의 비율은, A기관이 논으로 분류한 대상지 중 B기관도 논으로 분류한 대상지의 비율과 같다.
④ 두 기관 모두 산림지역으로 분류한 대상지 중 두 기관 모두 활엽수림으로 분류한 대상지가 차지하는 비율은 30% 이상이다.
⑤ 두 기관 모두 농업지역으로 분류한 대상지 중 두 기관이 서로 다른 세부분류로 분류한 대상지가 차지하는 비율은, A 또는 B기관이 하천으로 분류한 대상지 중 두 기관 모두 하천으로 분류한 대상지의 비율보다 크다.

12. 다음 〈표〉는 2006~2007년 제조업의 1992년 각 동일 분기 대비 노동시간, 산출, 인건비의 비율에 대한 자료이다. 이에 대한 〈보기〉의 설명 중 옳은 것만을 모두 고르면? 14년 행시(A) 18번

〈표〉 1992년 각 동일 분기 대비 제조업의
노동시간, 산출, 인건비의 비율

(단위 : %)

연도	분기	노동시간 비율	노동시간당 산출 비율	노동시간당 인건비 비율	1인당 인건비 비율
2006	1	85.3	172.4	170.7	99.0
	2	85.4	172.6	169.5	98.2
	3	84.8	174.5	170.3	97.6
	4	84.0	175.4	174.6	98.3
2007	1	83.5	177.0	176.9	100.0
	2	83.7	178.7	176.4	98.7
	3	83.7	180.6	176.4	97.6
	4	82.8	182.5	179.7	98.5

〈보 기〉

ㄱ. 1992년 노동시간당 산출은 매 분기 증가하였다.

ㄴ. 2007년 2분기의 1인당 인건비는 2007년 1분기에 비해 감소하였다.

ㄷ. 2007년 각 분기별 노동시간당 산출은 2006년 동기에 비해 모두 증가하였다.

ㄹ. 2007년 3분기의 노동시간당 인건비는 2006년 동기에 비해 6.1% 증가하였다.

① ㄱ
② ㄷ
③ ㄱ, ㄴ
④ ㄴ, ㄹ
⑤ ㄷ, ㄹ

13. 다음 〈표〉는 A국 제조업체의 이익수준과 적자보고율에 대한 자료이다. 이에 대한 〈보기〉의 설명 중 옳은 것을 모두 고르면? 11년 행시(인) 22번

〈표〉 연도별 이익수준과 적자보고율

| 연도 | 조사 대상 기업수 (개) | 이익수준 | | | | | 적자 보고율 |
| | | 전체 | | 구간 | | | |
		평균	표준 편차	하위 평균	중위 평균	상위 평균	
2002	520	0.0373	0.0907	0.0101	0.0411	0.0769	0.17
2003	540	0.0374	0.0923	0.0107	0.0364	0.0754	0.15
2004	580	0.0395	0.0986	0.0107	0.0445	0.0818	0.17
2005	620	0.0420	0.0975	0.0140	0.0473	0.0788	0.15
2006	530	0.0329	0.1056	0.0119	0.0407	0.0792	0.18
2007	570	0.0387	0.0929	0.0123	0.0414	0.0787	0.17

※ 1) 적자보고율 = $\dfrac{\text{적자로 보고한 기업수}}{\text{조사대상기업수}}$

2) 이익수준 = $\dfrac{\text{이익}}{\text{총자산}}$

〈보 기〉

ㄱ. 조사대상 기업 중에서 적자로 보고한 기업수는 2005년에 최대, 2003년에 최소이다.

ㄴ. 이익수준의 전체 평균 대비 하위 평균의 비율이 가장 큰 해와 이익수준의 전체 표준편차가 가장 큰 해는 동일하다.

ㄷ. 이익수준의 상위 평균이 가장 높은 해는 전체 평균이 가장 높은 2004년이다.

ㄹ. 2003년부터 2007년까지 적자보고율과 이익수준 상위 평균의 전년대비 증감 방향은 매년 일치한다.

① ㄱ, ㄷ
② ㄴ, ㄹ
③ ㄱ, ㄴ, ㄷ
④ ㄱ, ㄷ, ㄹ
⑤ ㄴ, ㄷ, ㄹ

14. 다음 〈표〉는 '갑'회사의 생산직 근로자 133명과 사무직 근로자 87명이 직무스트레스 조사에 응답한 결과이다. 이에 대한 〈보기〉의 설명 중 옳은 것만을 모두 고르면? 20년 행시(나) 27번

〈표 1〉 생산직 근로자의 직무스트레스 수준 응답 구성비

(단위 : %)

스트레스 수준 항목	상위		하위	
	매우 높음	높음	낮음	매우 낮음
업무과다	9.77	67.67	22.56	0.00
직위불안	10.53	64.66	24.06	0.75
관계갈등	10.53	67.67	20.30	1.50
보상부적절	10.53	60.15	27.82	1.50

〈표 2〉 사무직 근로자의 직무스트레스 수준 응답 구성비

(단위 : %)

스트레스 수준 항목	상위		하위	
	매우 높음	높음	낮음	매우 낮음
업무과다	10.34	67.82	20.69	1.15
직위불안	12.64	58.62	27.59	1.15
관계갈등	10.34	64.37	24.14	1.15
보상부적절	10.34	64.37	20.69	4.60

───────〈보 기〉───────
ㄱ. 항목별 직무스트레스 수준이 '상위'에 해당하는 근로자의 비율은 각 항목에서 사무직이 생산직보다 높다.
ㄴ. '직위불안' 항목에서 '낮음'으로 응답한 근로자는 생산직이 사무직보다 많다.
ㄷ. '관계갈등' 항목에서 '매우 높음'으로 응답한 생산직 근로자는 '매우 낮음'으로 응답한 생산직 근로자보다 11명 많다.
ㄹ. '보상부적절' 항목에서 '높음'으로 응답한 근로자는 사무직이 생산직보다 적다.

① ㄱ
② ㄹ
③ ㄱ, ㄷ
④ ㄴ, ㄷ
⑤ ㄴ, ㄹ

15. 다음 〈표〉는 수면제 A~D를 사용한 불면증 환자 '갑'~'무'의 숙면시간을 측정한 결과이다. 이에 대한 〈보기〉의 설명 중 옳은 것만을 모두 고르면? 19년 행시(가) 25번

〈표〉 수면제별 숙면시간

(단위 : 시간)

환자 수면제	갑	을	병	정	무	평균
A	5.0	4.0	6.0	5.0	5.0	5.0
B	4.0	4.0	5.0	5.0	6.0	4.8
C	6.0	5.0	4.0	7.0	( )	5.6
D	6.0	4.0	5.0	5.0	6.0	( )

───────〈보 기〉───────
ㄱ. 평균 숙면시간이 긴 수면제부터 순서대로 나열하면 C, D, A, B 순이다.
ㄴ. 환자 '을'과 환자 '무'의 숙면시간 차이는 수면제 C가 수면제 B보다 크다.
ㄷ. 수면제 B와 수면제 D의 숙면시간 차이가 가장 큰 환자는 '갑'이다.
ㄹ. 수면제 C의 평균 숙면시간보다 수면제 C의 숙면시간이 긴 환자는 2명이다.

① ㄱ, ㄴ
② ㄱ, ㄷ
③ ㄴ, ㄹ
④ ㄱ, ㄴ, ㄷ
⑤ ㄴ, ㄷ, ㄹ

※ 다음 〈표〉는 2001~2006년 한·중·일 3국간 무역관계를 나타낸 것이고 〈그림〉은 2006년 한·중·일 3국의 상호간 무역관계를 나타낸 것이다(단, 〈표〉와 〈그림〉에 나타나지 않은 타국과의 무역관계는 고려하지 않는다). [16~17]

〈표〉 한·중·일 3국간 무역관계

(단위 : 억 불)

구분 \ 연도	한국		중국		일본	
	수출	수입	수출	수입	수출	수입
2001	797	812	965	1,473	1,307	784
2002	759	786	959	1,457	1,379	854
2003	814	(A)	1,021	1,557	1,421	897
2004	867	890	1,215	1,705	1,456	943
2005	845	865	1,164	1,633	1,478	989
2006	858	870	( )	1,423	(B)	( )

※ 무역수지는 수출에서 수입을 뺀 값으로, 이 값이 양(+)이면 흑자, 음(−)이면 적자임

〈그림〉 2006년 한·중·일 3국의 상호간 무역관계

(단위 : 억 불)

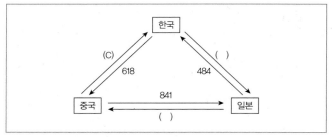

※ 화살표는 수출이 이루어지는 방향을 의미함

16. 〈표〉와 〈그림〉의 A, B, C에 들어갈 숫자로서 옳은 것을 고르면?

10년 행시(인) 7번

	A	B	C
①	802	1,289	386
②	802	1,489	386
③	802	1,281	492
④	826	1,281	492
⑤	826	1,289	386

17. 〈표〉와 〈그림〉을 보고 〈보기〉에서 옳지 않은 것을 모두 고르면?

10년 행시(인) 8번

─── 〈보 기〉 ───

ㄱ. 2001~2006년 사이 한국의 무역수지 적자가 가장 큰 해는 2003년이다.

ㄴ. 중국은 2001~2006년 사이 매년 무역수지 적자를 기록하였다.

ㄷ. 2006년 한·중·일 3국의 수출액의 합은 수입액의 합보다 크다.

ㄹ. 2006년 일본은 한국 및 중국과의 교역 모두에서 무역수지 흑자를 보이고 있으며, 한국과의 교역에서 발생한 흑자 규모가 중국과의 교역에서 발생한 흑자 규모보다 크다.

① ㄱ, ㄴ
② ㄱ, ㄷ
③ ㄴ, ㄹ
④ ㄱ, ㄷ, ㄹ
⑤ ㄴ, ㄷ, ㄹ

18. 다음 〈그림〉과 〈표〉는 H 공기업의 부채 및 통행료 수입 등에 관한 자료이다. 〈보기〉의 내용 중 옳은 것을 모두 고르면?

09년 행시(기) 19번

〈그림〉 연도말 부채잔액 및 연간 차입 규모

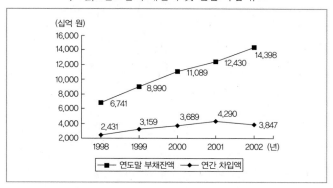

〈표〉 연간 부채 지급이자, 통행료 수입 및 유료도로 길이

(단위 : 십억 원, km)

구분＼연도	1998	1999	2000	2001	2002
연간 부채 지급이자	603	748	932	926	953
통행료 수입	1,264	1,443	1,687	1,826	2,200
유료도로 길이	1,893	1,898	1,996	2,041	2,600

※ 1) 통행료는 H 공기업의 유일한 수입원이라고 가정함
2) 부채의 당해년도 원금상환액＝전년도말 부채잔액－당해년도말 부채잔액＋당해년도 연간 차입액

──── 〈보 기〉 ────

ㄱ. 1999년도부터 2002년도까지 유료도로 1km당 통행료 수입은 매년 증가하고 있다.

ㄴ. 2002년도 연도말 부채잔액 대비 당해년도 지급이자 비율은 전년도에 비하여 낮아졌다.

ㄷ. 통행료 수입의 전년대비 증가율은 2000년도에 가장 높다.

ㄹ. 2002년도 부채 원리금상환액(부채 원금상환액＋부채 지급이자)은 당해년도 통행료 수입을 초과한다.

① ㄱ, ㄴ
② ㄱ, ㄷ
③ ㄴ, ㄷ
④ ㄴ, ㄹ
⑤ ㄷ, ㄹ

19. 다음 〈표〉와 〈그림〉은 '가' 국의 수출입액 현황에 관한 자료이다. 이에 대한 〈보기〉의 설명 중 옳지 <u>않은</u> 것을 모두 고르면?

12년 행시(인) 17번

〈표〉 '가' 국의 대상 지역별 수출입액 현황(2010~2011년)

(단위 : 억 원, %)

구분	2010년			2011년			2011년 수출입액의 전년대비 증감률
	수출액	수입액	수출입액	수출액	수입액	수출입액	
아시아	939,383	2,320,247	3,259,630 (88.4)	900,206	2,096,471	2,996,677 (89.8)	-8.1
유럽	67,648	89,629	157,277 (4.3)	60,911	92,966	153,877 (4.6)	-2.2
미주	83,969	153,112	237,081 (6.4)	60,531	103,832	164,363 (4.9)	-30.7
아프리카	12,533	19,131	31,664 (0.9)	13,266	7,269	20,535 (0.7)	-35.1
전체	1,103,533	2,582,119	3,685,652 (100.0)	1,034,914	2,300,538	3,335,452 (100.0)	-9.5

※ 수출입액＝수출액＋수입액

〈그림 1〉 '가' 국의 대 유럽 수출입액 상위 6개(2010년)

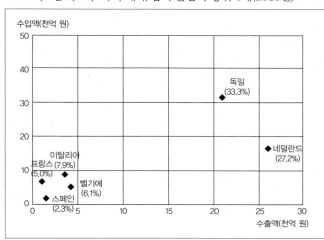

〈그림 2〉 '가' 국의 대 유럽 수출입액 상위 6개국(2011년)

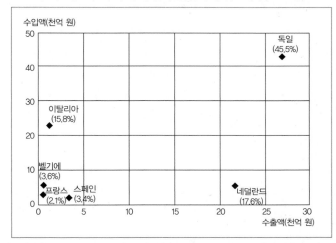

※ 1) '가' 국의 유럽에 대한 전체 수출입액 중 해당국이 차지하는 수출입액의 비중이 큰 순서에 따라 상위 6개국을 선정함
2) ( ) 안의 수치는 '가' 국의 유럽에 대한 전체 수출입액 중 해당국이 차지하는 수출입액의 비중을 나타냄

<보 기>

ㄱ. 2011년 '가' 국의 아시아에 대한 수출입액은 전년대비 1.4%p 증가하여 2011년 전체 수출입액의 89.8%를 차지하였다.

ㄴ. 2011년 '가' 국의 아시아, 유럽, 미주, 아프리카에 대한 수출입액은 각각 전년대비 감소하였다.

ㄷ. 2011년 '가' 국의 유럽에 대한 수출입액은 전년대비 2.2% 감소하였고, 수출액은 전년대비 5.9% 감소하였으나, 수입액은 전년대비 3.7% 증가하였다.

ㄹ. 2011년 '가' 국의 유럽에 대한 전체 수출입액 중 수출입액 상위 5개국이 차지하는 수출입액은 85.0% 이상이었다.

ㅁ. 2011년 '가' 국의 네덜란드에 대한 수입액 대비 수출액 비율은 전년에 비해 감소하였고, 네덜란드에 대한 수출입액은 유럽에 대한 전체 수출입액의 17.6%를 차지하였다.

① ㄱ, ㄴ, ㄹ
② ㄱ, ㄷ, ㄹ
③ ㄱ, ㄷ, ㅁ
④ ㄴ, ㄷ, ㅁ
⑤ ㄴ, ㄹ, ㅁ

20. 다음 〈그림〉과 〈표〉는 2010년과 2011년 8개 기업 간의 직접거래관계와 직접거래액을 표시한 것이다. 이에 대한 〈보기〉의 설명 중 옳은 것을 모두 고르면? 13년 행시(인) 33번

〈그림 1〉 2010년 직접거래관계

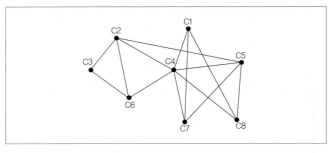

〈그림 2〉 2011년 직접거래관계

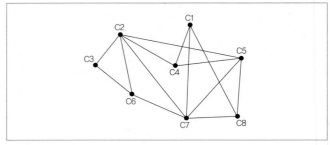

※ 1) 점 C1, C2, …, C8은 8개 기업을 의미함
  2) 두 점 사이의 직선은 두 기업이 직접거래관계에 있음을 나타냄

〈표 1〉 2010년 직접거래액

(단위 : 억 원)

구분	C1	C2	C3	C4	C5	C6	C7	C8	합
C1		0	0	10	0	0	6	4	20
C2	0		6	5	6	5	0	0	22
C3	0	6		0	0	4	0	0	10
C4	10	5	0		3	5	7	2	32
C5	0	6	0	3		0	5	6	20
C6	0	5	4	5	0		0	0	14
C7	6	0	0	7	5	0		0	18
C8	4	0	0	2	6	0	0		12

〈표 2〉 2011년 직접거래액

(단위 : 억 원)

구분	C1	C2	C3	C4	C5	C6	C7	C8	합
C1		0	0	10	0	0	7	3	20
C2	0		6	7	7	6	2	0	28
C3	0	6		0	0	4	0	0	10
C4	10	7	0		3	0	0	0	20
C5	0	7	0	3		0	5	10	25
C6	0	6	4	0	0		4	0	14
C7	7	2	0	0	5	4		3	21
C8	3	0	0	0	10	0	3		16

18년 행시(나) 18번

〈보 기〉
ㄱ. 2010년에 비해 2011년 직접거래관계의 수가 가장 많이 증가한 기업은 C7이고, 가장 많이 감소한 기업은 C4이다.
ㄴ. 2010년에 비해 2011년 직접거래액의 합이 가장 많이 증가한 기업은 C2이고, 가장 많이 감소한 기업은 C4이다.
ㄷ. 2010년과 2011년 직접거래관계의 수가 동일한 기업은 총 4개이다.
ㄹ. 2010년에 비해 2011년 총 직접거래관계의 수와 총 직접거래액은 모두 증가하였다.

① ㄱ, ㄴ
② ㄱ, ㄷ
③ ㄴ, ㄷ
④ ㄱ, ㄴ, ㄹ
⑤ ㄴ, ㄷ, ㄹ

21. 다음 〈표〉는 특별·광역·특별자치시의 도로현황이다. 이를 바탕으로 〈조건〉을 모두 만족하는 두 도시 A, B를 비교한 것으로 옳은 것은?

〈표〉 특별·광역·특별자치시의 도로현황

구분	면적 (km²)	인구 (천 명)	도로 연장 (km)	포장 도로 (km)	도로 포장률 (%)	면적당 도로 연장 (km/ km²)	인구당 도로 연장 (km/ 천 명)	자동차 대수 (천 대)	자동차당 도로 연장 (km/ 천 대)	도로 보급률
서울	605	10,195	8,223	8,223	100.0	13.59	0.81	2,974	2.76	3.31
부산	770	3,538	3,101	3,022	97.5	4.03	0.88	1,184	2.62	1.88
대구	884	2,506	2,627	2,627	100.0	2.97	1.05	1,039	2.53	1.76
인천	1,041	2,844	2,743	2,605	95.0	2.63	0.96	1,142	2.40	1.59
광주	501	1,469	1,806	1,799	99.6	3.60	1.23	568	3.18	2.11
대전	540	1,525	2,077	2,077	100.0	3.85	1.36	606	3.43	2.29
울산	1,060	1,147	1,760	1,724	98.0	1.66	1.53	485	3.63	1.60
세종	465	113	412	334	81.1	0.89	3.65	53	7.77	1.80
전국	100,188	50,948	106,440	87,798	82.5	1.06	2.09	19,400	5.49	1.49

〈조 건〉
• 자동차당 도로연장은 A시와 B시 모두 전국보다 짧다.
• A시 인구는 B시 인구의 2배 이상이다.
• A시는 B시에 비해 면적이 더 넓다.
• A시는 B시에 비해 도로포장률이 더 높다.

① 자동차 대수 : A < B
② 도로보급률 : A < B
③ 면적당 도로연장 : A > B
④ 인구당 도로연장 : A > B
⑤ 자동차당 도로연장 : A > B

22. 다음 〈표〉는 2009년 주요 환경영향인자별 등급을 정하기 위한 자료이다. 아래 〈등급산정방식〉에 따라 등급을 산정할 때, 각 〈표〉의 (A)~(C)를 바르게 짝지은 것은? 12년 행시(인) 19번

— 〈등급산정방식〉 —

- '전문가순위값'은 전문가들의 투표를 거쳐 득표 수가 많은 인자 순서대로 1부터 7까지 부여한다.
- '평균중요도 순위값'은 인자별 4년(2005~2008년)간 중요도의 평균 값이 큰 순서대로 1부터 7까지 부여한다.
- '최종등급'은 인자별로 '종합순위값'을 구한 후, 작은 값부터 1부터 7까지 차례로 등급을 부여하되, '종합순위값'이 동일하면 '평균중요도순위값'이 작은 인자부터 등급을 부여한다.

※ 종합순위값＝전문가순위값＋평균중요도순위값－7

〈표 1〉 환경영향인자별 전문가 투표 결과

인자	득표 수	전문가순위값
수질	25	( )
지형·지질	11	( )
대기질	13	( )
(A)	27	1
자연경관	6	7
소음	10	( )
(B)	8	( )
합계	100	

〈표 2〉 환경영향인자별 연도별 중요도

인자	연도				평균중요도 순위값
	2005	2006	2007	2008	
지형·지질	70	50	70	60	1
동식물상	30	30	20	30	( )
자연경관	50	70	50	70	( )
대기질	60	40	60	40	( )
수질	40	60	40	50	( )
소음	20	20	30	10	( )
문화재	10	10	10	20	7

〈표 3〉 환경영향인자별 최종등급

인자	최종등급
지형·지질	1
동식물상	( )
자연경관	( )
대기질	(C)
수질	( )
소음	6
문화재	( )

	(A)	(B)	(C)
①	동식물상	문화재	2
②	문화재	동식물상	2
③	동식물상	문화재	3
④	문화재	동식물상	3
⑤	동식물상	문화재	4

23. 다음 〈보고서〉는 우리나라 광물자원 현황에 관한 내용이다. 〈보고서〉의 내용과 부합하지 <u>않는</u> 것을 〈보기〉에서 모두 고르면? 12년 행시(인) 30번

— 〈보고서〉 —

2006년 말 우리나라 광물자원 매장량을 살펴보면 비금속광이 국내 광물자원 매장량의 85.0% 이상을 차지하고 있다. 비금속광 중에는 5대 광종의 매장량이 비금속광 매장량의 95.0% 이상을 점유하고 있다.

주요 비금속광 중 석회석, 백운석, 대리석은 매장량 가운데 가채매장량이 차지하는 비중이 각각 70.0%를 초과하고 있다. 백운석의 가채매장량은 석회석 가채매장량의 5.0%에 미달하고 있다.

이들 광물 매장량의 지역별 분포를 살펴보면 석회석의 경우 강원도에 매장량의 79.5%가 집중되어 있다. 강원도에 이어 석회석이 많이 매장된 지역은 충북이며, 그 다음은 경북이다. 백운석과 대리석의 지역별 매장량도 각각 강원, 충북, 경북 순으로 많았다.

이와 같이 석회석 자원이 지역적으로 편재되어 있어 광산도 강원도에 집중되어 있다. 석회석 광산 수는 강원도가 전체 석회석 광산 수의 50.0%를 초과하고 품위 별로도 강원도가 고품위, 저품위 광산 수의 50.0%를 각각 초과한다.

※ 가채매장량 : 매장량(확정매장량＋추정매장량) 중 채굴할 수 있는 매장량

〈보기〉

ㄱ. 2006년 말 국내 광물자원 매장량 및 가채매장량 현황

(단위 : 백만 톤, %)

구분		매장량		가채매장량	
			구성비		구성비
금속광		115	0.9	90	1.0
비금속광	5대 광종	11,548	87.7	8,671	94.4
	기타	132	1.0	96	1.0
	소계	11,680	88.7	8,767	95.4
석탄광		1,367	10.4	331	3.6
계		13,162	100.0	9,188	100.0

ㄴ. 2006년 말 국내 석회석, 백운석, 대리석 매장량 및 가채매장량 현황

(단위 : 천 톤)

구분	매장량		가채매장량
	확정	추정	
석회석	515,815	8,941,163	9,456,978	7,146,062
백운석	2,353	448,574	450,927	340,136
대리석	0	65,709	65,709	47,566
계	518,168	9,455,446	9,973,614	7,533,764

ㄷ. 2006년 말 석회석, 백운석, 대리석의 지역별 매장량 현황

(단위 : 천 톤, %)

구분	석회석			백운석	대리석	합	구성비
	고품위	저품위	소계				
강원	1,346,838	6,343,016	7,689,854	212,315	29,080	7,931,249	79.5
경기	0	410	410	13,062	2,970	16,442	0.2
경북	129,833	34,228	164,061	118,626	420	283,107	2.8
전남	0	2,492	2,492	0	0	2,492	0.0
전북	9,563	7,992	17,555	11,566	0	29,121	0.3
충남	12,740	5,866	18,606	6,952	598	26,156	0.3
충북	163,006	1,400,994	1,564,000	88,406	32,641	1,685,047	16.9
계	1,661,980	7,794,998	9,456,978	450,927	65,709	9,973,614	100.0

ㄹ. 2006년 말 석회석의 품위별 지역별 광산 수 현황

(단위 : 개)

품위	지역	광산 수
고품위	강원	48
	경북	14
	전북	5
	충남	6
	충북	25
	소계	98
저품위	경기	1
	강원	47
	경북	8
	전남	4
	전북	5
	충남	3
	충북	18
	소계	86
전체		184

① ㄱ
② ㄴ
③ ㄷ
④ ㄴ, ㄹ
⑤ ㄷ, ㄹ

---

24. 다음 〈표〉는 A시의 2016~2020년 버스 유형별 노선 수와 차량대수에 관한 자료이다. 이에 대한 〈보고서〉의 내용 중 옳은 것만을 고르면?

21년 행시(가) 35번

〈표〉 2016~2020년 버스 유형별 노선 수와 차량대수

(단위 : 개, 대)

유형 / 연도	간선버스		지선버스		광역버스		순환버스		심야버스	
	노선 수	차량 대수	노선 수	차량 대수	노선 수	차량 대수	노선 수	차량 대수	노선 수	차량 대수
2016	122	3,703	215	3,462	11	250	4	25	9	45
2017	121	3,690	214	3,473	11	250	4	25	8	47
2018	122	3,698	211	3,474	11	249	3	14	8	47
2019	122	3,687	207	3,403	10	247	3	14	9	70
2020	124	3,662	206	3,406	10	245	3	14	11	78

※ 버스 유형은 간선버스, 지선버스, 광역버스, 순환버스, 심야버스로만 구성됨

―〈보고서〉―

㉠ 2017~2020년 A시 버스 총노선 수와 총차량대수는 각각 매년 감소하고 있으며, ㉡ 전년 대비 감소폭은 총노선 수와 총차량대수 모두 2019년이 가장 크다. 이는 A시 버스 이용객의 감소와 버스 노후화로 인한 감차가 이루어져 나타난 결과로 볼 수 있다. ㉢ 2019년 심야버스는 버스 유형 중 유일하게 전년에 비해 차량대수가 증가하였고 전년 대비 차량대수 증가율은 45%를 상회하였다. 이는 심야시간 버스 이용객의 증가로 인해 나타난 것으로 볼 수 있다. ㉣ 2016~2020년 동안 노선 수 대비 차량대수 비는 간선버스가 매년 가장 크다. 이는 간선버스가 차량운행거리가 길고 배차시간이 짧다는 특성이 반영된 것으로 볼 수 있다. 마지막으로 ㉤ 2016~2020년 동안 노선 수 대비 차량대수 비는 심야버스가 순환버스보다 매년 크다.

① ㄱ, ㄴ, ㄷ
② ㄱ, ㄹ, ㅁ
③ ㄴ, ㄷ, ㄹ
④ ㄴ, ㄷ, ㅁ
⑤ ㄷ, ㄹ, ㅁ

25. 다음 〈표〉는 S시 공공기관 의자 설치 사업에 참여한 '갑'~'무'기업의 소요비용에 대한 자료이다. 이에 대한 〈보기〉의 설명 중 옳은 것만을 모두 고르면? 21년 행시(가) 39번

〈표〉 기업별 의자 설치 소요비용 산출근거

| 기업 | 의자 제작비용 (천 원/개) | 배송거리 (km) | 배송차량당 배송비용 (천 원/km) | | 배송차량의 최대 배송량 (개/대) |
			배송업체 A	배송업체 B	
갑	300	120	1.0	1.2	30
을	250	110	1.1	0.9	50
병	320	130	0.7	0.9	70
정	400	80	0.8	1.0	40
무	270	150	0.5	0.3	25

※ 1) 소요비용=제작비용+배송비용
   2) '갑'~'무' 기업은 배송에 필요한 최소대수의 배송차량을 사용함

〈보 기〉

ㄱ. 배송업체 A를 이용하여 의자 500개를 설치할 때, 소요비용이 가장 적은 기업은 '을'이다.

ㄴ. 배송업체 A를 이용하여 의자 300개를 설치할 때, 소요비용이 1억 원 미만인 기업이 있다.

ㄷ. 배송업체 B를 이용하여 의자 300개를 설치할 때, 소요비용이 가장 적은 기업은 '무'이다.

ㄹ. 배송업체 B를 이용하여 의자 590개를 설치할 때, 소요비용이 1억 5천만 원 미만인 기업이 있다.

① ㄱ, ㄴ

② ㄱ, ㄹ

③ ㄴ, ㄷ

④ ㄱ, ㄴ, ㄹ

⑤ ㄴ, ㄷ, ㄹ

26. 다음 〈표〉는 2007~2011년 A연구기관의 직종별 인력 현황에 관한 자료이다. 이를 정리한 것으로 옳지 않은 것은? 13년 행시(인) 20번

〈표〉 A연구기관의 직종별 인력 현황

구분	연도	2007	2008	2009	2010	2011
정원 (명)	연구 인력	80	80	85	90	95
	지원 인력	15	15	18	20	25
	계	95	95	103	110	120
현원 (명)	연구 인력	79	79	77	75	72
	지원 인력	12	14	17	21	25
	계	91	93	94	96	97
박사 학위 소지자 (명)	연구 인력	52	53	51	52	55
	지원 인력	3	3	3	3	3
	계	55	56	54	55	58
평균 연령 (세)	연구 인력	42.1	43.1	41.2	42.2	39.8
	지원 인력	43.8	45.1	46.1	47.1	45.5
평균 연봉 지급액 (만 원)	연구 인력	4,705	5,120	4,998	5,212	5,430
	지원 인력	4,954	5,045	4,725	4,615	4,540

① 연도별 지원 인력의 충원율

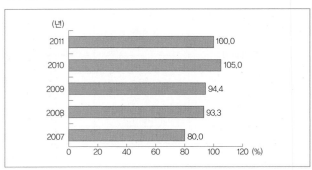

※ 충원율(%)=$\frac{현원}{정원}$×100

② 직종별 현원의 구성비율

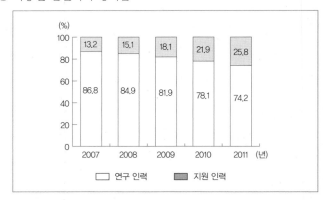

③ 지원 인력(현원) 중 박사 학위 소지자 비율

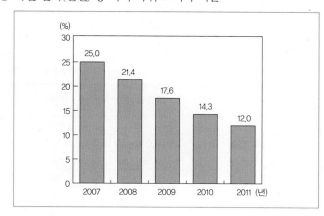

④ 직종별 현원의 평균 연령

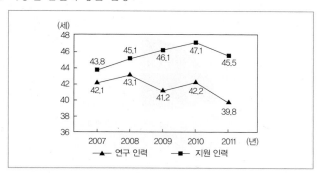

⑤ 연봉 지급 총액(현원)의 직종별 구성비율

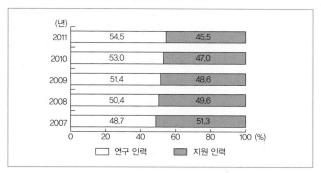

27. 다음 〈표〉는 2014~2018년 '갑'국의 범죄 피의자 처리 현황에 대한 자료이다. 이에 대한 설명으로 옳은 것은?

19년 행시(가) 11번

〈표〉 범죄 피의자 처리 현황

(단위 : 명)

구분 연도	처리	처리 결과		기소 유형	
		기소	불기소	정식재판 기소	약식재판 기소
2014	33,654	14,205	( )	( )	12,239
2015	26,397	10,962	15,435	1,972	( )
2016	28,593	12,287	( )	( )	10,050
2017	31,096	12,057	19,039	2,619	( )
2018	38,152	( )	( )	3,513	10,750

※ 1) 모든 범죄 피의자는 당해년도에 처리됨
2) 범죄 피의자에 대한 처리 결과는 기소와 불기소로만 구분되며, 기소 유형은 정식재판기소와 약식재판기소로만 구분됨
3) 기소율(%) = $\dfrac{기소\ 인원}{처리\ 인원} \times 100$

① 2015년 이후 처리 인원이 전년대비 증가한 연도에는 기소 인원도 전년대비 증가한다.

② 2018년 기소 인원과 기소율은 2014년보다 모두 증가하였다.

③ 2017년 불기소 인원은 2018년보다 많다.

④ 2014년 불기소 인원은 정식재판기소 인원의 10배 이상이다.

⑤ 처리 인원 중 정식재판기소 인원과 약식재판기소 인원의 합이 차지하는 비율은 매년 50% 미만이다.

28. 다음 〈보고서〉는 2017년 '갑'국의 공연예술계 시장 현황에 관한 자료이다. 〈보고서〉의 내용과 부합하는 자료만을 〈보기〉에서 모두 고르면?

20년 행시(나) 25번

─── 〈보고서〉 ───

2017년 '갑'국의 공연예술계 관객수는 410만 5천 명, 전체 매출액은 871억 5천만 원으로 집계되었다. 이는 매출액 기준 전년 대비 100% 이상 성장한 것으로, 2014년 이후 공연예술계 매출액과 관객수 모두 매년 증가하는 추세이다.

2017년 '갑'국 공연예술계의 전체 개막편수 및 공연횟수를 월별로 분석한 결과, 월간 개막편수가 전체 개막편수의 10% 이상을 차지하는 달은 3월뿐이고 월간 공연횟수가 전체 공연횟수의 10% 이상을 차지하는 달은 8월뿐인 것으로 나타났다.

반면, '갑'국 공연예술계 매출액 및 관객수의 장르별 편차는 매우 심한 것으로 나타났는데, 2017년 기준 공연예술계 전체 매출액의 60% 이상이 '뮤지컬' 한 장르에서 발생하였으며 또한 관객수 상위 3개 장르가 공연예술계 전체 관객수의 90% 이상을 차지하는 것으로 조사되었다.

2017년 '갑'국 공연예술계 관객수를 입장권 가격대별로 살펴보면 가장 저렴한 '3만 원 미만' 입장권 관객수가 절반 이상을 차지하였고, 이는 가장 비싼 '7만 원 이상' 입장권 관객수의 3.5배 이상이었다.

─── 〈보 기〉 ───

ㄱ. 2014~2017년 매출액 및 관객수

ㄴ. 2017년 개막편수 및 공연횟수

(단위 : 편, 회)

월 \ 구분	개막편수	공연횟수
1	249	4,084
2	416	4,271
3	574	4,079
4	504	4,538
5	507	4,759
6	499	4,074
7	441	5,021
8	397	5,559
9	449	3,608
10	336	3,488
11	451	3,446
12	465	5,204
전체	5,288	52,131

ㄷ. 2017년 장르별 매출액 및 관객수

(단위 : 백만 원, 천 명)

장르 \ 구분	매출액	관객수
연극	10,432	808
뮤지컬	56,014	1,791
클래식	13,580	990
무용	5,513	310
국악	1,611	206
전체	87,150	4,105

ㄹ. 2017년 입장권 가격대별 관객수 구성비

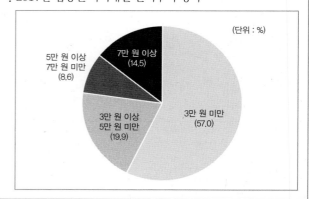

① ㄱ, ㄷ
② ㄴ, ㄷ
③ ㄴ, ㄹ
④ ㄱ, ㄴ, ㄹ
⑤ ㄱ, ㄷ, ㄹ

29. 다음 〈표〉는 A~E 리조트의 1박 기준 일반요금 및 회원할 인율에 관한 자료이다. 이에 대한 〈보기〉의 설명 중 옳은 것만을 모두 고르면?

18년 행시(라) 36번

〈표 1〉 비수기 및 성수기 일반요금(1박 기준)

(단위 : 천 원)

구분 \ 리조트	A	B	C	D	E
비수기 일반요금 '	300	250	200	150	100
성수기 일반요금	500	350	300	250	200

〈표 2〉 비수기 및 성수기 회원할인율(1박 기준)

(단위 : %)

구분	회원유형 \ 리조트	A	B	C	D	E
비수기 회원할인율	기명	50	45	40	30	20
	무기명	35	40	25	20	15
성수기 회원할인율	기명	35	30	30	25	15
	무기명	30	25	20	15	10

※ 회원할인율(%)= $\dfrac{\text{일반요금} - \text{회원요금}}{\text{일반요금}} \times 100$

───── 〈보 기〉 ─────
ㄱ. 리조트 1박 기준, 성수기 일반요금이 낮은 리조트일수록 성수기 무기명 회원요금이 낮다.
ㄴ. 리조트 1박 기준, B 리조트의 회원요금 중 가장 높은 값과 가장 낮은 값의 차이는 125,000원이다.
ㄷ. 리조트 1박 기준, 각 리조트의 기명 회원요금은 성수기가 비수기의 2배를 넘지 않는다.
ㄹ. 리조트 1박 기준, 비수기 기명 회원요금과 비수기 무기명 회원요금 차이가 가장 작은 리조트는 성수기 기명 회원요금과 성수기 무기명 회원요금 차이도 가장 작다.

① ㄱ, ㄴ
② ㄱ, ㄷ
③ ㄷ, ㄹ
④ ㄱ, ㄴ, ㄹ
⑤ ㄴ, ㄷ, ㄹ

※ 다음 〈표〉는 1901~2010년 동안 A상의 수상 결과와 1981~2010년 동안 분야별 수상자 현황을 나타낸 자료이다. [30~31]

〈표 1〉 1901~2010년 기간별·분야별 A상의 수상 결과

(단위 : 회, %)

구분 \ 기간	전체 수상 횟수	분야별 공동 수상 횟수				공동 수상 비율
		생리·의학상	물리학상	화학상	합	
1901~1910	30	2	3	0	5	16.7
1911~1920	15	0	1	1	2	13.3
1921~1930	27	3	2	1	6	22.2
1931~1940	24	3	3	4	10	41.7
1941~1950	24	6	0	2	8	33.3
1951~1960	30	6	8	3	17	56.7
1961~1970	( )	9	5	4	18	60.0
1971~1980	30	9	9	5	23	76.7
1981~1990	30	8	8	6	22	73.3
1991~2000	30	8	8	6	22	73.3
2001~2010	( )	9	10	8	27	90.0
계	300	63	57	40	160	( )

※ 1) 공동 수상 비율(%)= $\dfrac{\text{공동 수상 횟수}}{\text{전체 수상 횟수}} \times 100$
  2) 공동 수상 비율은 소수점 아래 둘째 자리에서 반올림한 값임
  3) 모든 수상자는 연도 및 분야에 관계없이 1회만 수상함

〈표 2〉 1901~2010년 분야별 A상의 공동 수상 결과

(단위 : 회)

구분		수상분야			합
		생리·의학상	물리학상	화학상	
전체 수상 횟수		100	100	100	300
공동 수상 횟수	2인 공동 수상	31	29	22	82
	3인 공동 수상	32	28	18	78
	소계	63	57	40	160

〈표 3〉 1981~2010년 기간별·분야별 A상의 수상자 현황

(단위 : 명)

구분 \ 기간	분야별 수상자 수			합
	생리·의학상	물리학상	화학상	
1981~1990	23	23	19	65
1991~2000	21	22	20	63
2001~2010	27	29	25	81
계	71	74	64	209

30. 〈표〉의 내용을 바탕으로 〈보기〉의 ㄱ~ㄷ에 해당하는 값을 바르게 나열한 것은?

13년 행시(인) 17번

─── 〈보 기〉 ───

ㄱ. 1981~1990년 동안 전체 공동 수상자 수
ㄴ. 2001~2010년 동안 전체 단독 수상자 수
ㄷ. 1901~2010년 동안 물리학상 전체 수상자 수

	ㄱ	ㄴ	ㄷ
①	55	3	189
②	57	5	185
③	55	5	189
④	57	3	189
⑤	57	3	185

31. 〈표〉에 대한 〈보기〉의 설명 중 옳은 것을 모두 고르면?

13년 행시(인) 18번

─── 〈보 기〉 ───

ㄱ. 1901~2010년 동안 생리·의학상 분야의 2인 공동 수상 횟수는 생리·의학상 분야 전체 수상 횟수의 30% 이상이다.
ㄴ. 1901~2010년 동안 화학상 분야의 단독 수상자 수는 물리학상 분야 단독 수상자 수의 1.5배 이상이다.
ㄷ. 1901~2010년 동안 전체 수상자 중 단독 수상자의 비율은 50% 이상이다.
ㄹ. 1921~1930년 동안 전체 단독 수상 횟수는 1941~1950년 동안 전체 단독 수상 횟수보다 5회 더 많다.
ㅁ. 2001~2010년 동안 전체 단독 수상 횟수는 1901~2010년 동안 전체 단독 수상 횟수의 3% 이하이다.

① ㄱ, ㄷ
② ㄱ, ㄴ, ㅁ
③ ㄱ, ㄹ, ㅁ
④ ㄴ, ㄷ, ㄹ
⑤ ㄷ, ㄹ, ㅁ

32. 다음 〈표〉는 1930년 각 도의 경작유형별 춘궁농가 호수와 춘궁농가 비율을 나타낸 것이다. 이에 대한 〈보기〉의 설명 중 옳은 것을 모두 고르면?

07년 행시(인) 6번

〈표〉 1930년 각 도의 경작유형별 춘궁농가 호수와 춘궁농가 비율

(단위 : 호, %)

구분	춘궁농가				춘궁농가 비율			
	경작유형			전체	경작유형			전체
	자작농	자소작농	소작농		자작농	자소작농	소작농	
경기도	2,407	22,233	97,001	121,641	13.1	33.3	69.8	54.3
충청북도	3,564	17,891	54,435	75,890	19.9	40.3	76.3	56.8
충청남도	4,438	24,104	83,764	112,306	30.9	45.2	89.6	69.7
경상북도	13,477	47,129	84,289	144,895	20.0	36.1	57.8	42.1
경상남도	8,354	33,892	87,626	129,872	21.2	37.2	63.1	48.2
전라북도	3,098	23,191	110,469	136,758	28.7	42.6	71.5	62.2
전라남도	14,721	52,028	103,588	170,337	23.2	46.9	81.2	56.4
황해도	4,159	22,017	75,511	101,687	12.2	34.0	63.0	46.5
평안남도	4,733	17,209	33,557	55,499	14.3	28.0	58.4	36.5
평안북도	3,279	9,001	36,015	48,295	8.8	19.4	42.1	28.5
강원도	10,363	26,885	45,895	83,143	20.5	37.9	76.9	45.9
함경남도	15,003	22,383	21,950	59,336	20.7	42.2	72.3	38.1
함경북도	4,708	5,507	3,411	13,626	10.5	35.6	55.2	20.5
전국	92,304	323,470	837,511	1,253,285	18.4	37.5	68.1	48.3

※ 1) 춘궁농가 비율(%) = $\frac{춘궁농가 호수}{농가호수} \times 100$

2) 경작유형별 춘궁농가 비율(%) = $\frac{해당유형 춘궁농가 호수}{해당유형 농가 호수} \times 100$

3) 1930년 당시 제주도는 행정구역상 전라남도에 소속되었음

─── 〈보 기〉 ───

ㄱ. 춘궁농가 비율이 가장 높은 도는 충청남도였으며 가장 낮은 도는 함경북도였다.
ㄴ. 모든 도에서 경작유형별 춘궁농가 비율은 소작농이 가장 높았다.
ㄷ. 경상북도는 전라남도에 비해 농가 호수가 더 많았다.
ㄹ. 경상남북도 춘궁농가 호수의 합은 전라남북도 춘궁농가 호수의 합보다 컸다.
ㅁ. 전국 농가의 절반 이상이 춘궁농가였다.

① ㄱ, ㄴ, ㄷ
② ㄱ, ㄴ, ㄹ
③ ㄱ, ㄷ, ㄹ
④ ㄴ, ㄹ, ㅁ
⑤ ㄷ, ㄹ, ㅁ

33. 다음 〈표〉는 A무역회사 해외지사의 수출 상담실적에 관한 자료이다. 이에 대한 설명으로 옳지 <u>않은</u> 것은? 13년 행시(인) 10번

〈표〉 A무역회사 해외지사의 수출 상담실적

(단위 : 건, %)

연도 해외지사	2008	2009	2010	2011년 1~11월	
					전년동기 대비증감률
칠레	352	284	472	644	60.4
싱가포르	136	196	319	742	154.1
독일	650	458	724	810	22.4
태국	3,630	1,995	1,526	2,520	80.0
미국	307	120	273	1,567	526.8
인도	0	2,333	3,530	1,636	−49.4
영국	8	237	786	12,308	1,794.1
합계	5,083	5,623	7,630	20,227	197.3

① 2010년 12월 태국지사 수출 상담실적은 100건 이상이다.

② 전년대비 2010년 수출 상담실적 건수가 가장 많이 늘어난 해외지사는 인도지사이다.

③ 2009~2011년 동안 A무역회사 해외지사의 수출 상담실적 건수 합계는 매년 증가하였다.

④ 2008~2010년 동안 매년 싱가포르지사와 미국지사의 수출 상담실적 건수의 합은 독일지사의 수출 상담실적 건수보다 적다.

⑤ 2011년 12월 칠레지사 수출 상담실적이 256건이라면, 2011년 연간 칠레지사 수출 상담실적 건수는 전년대비 100% 이상 증가한다.

34. 다음 〈표〉는 2013~2015년 A국의 13대 수출 주력 품목에 관한 자료이다. 이에 대한 〈보기〉의 설명 중 옳은 것만을 모두 고르면? 17년 행시(가) 21번

〈표 1〉 전체 수출액 대비 13대 수출 주력 품목의 수출액 비중

(단위 : %)

연도 품목	2013	2014	2015
가전	1.83	2.35	2.12
무선통신기기	6.49	6.42	7.28
반도체	8.31	10.04	11.01
석유제품	9.31	8.88	6.09
석유화학	8.15	8.35	7.11
선박류	10.29	7.09	7.75
섬유류	2.86	2.81	2.74
일반기계	8.31	8.49	8.89
자동차	8.16	8.54	8.69
자동차부품	4.09	4.50	4.68
철강제품	6.94	6.22	5.74
컴퓨터	2.25	2.12	2.28
평판디스플레이	5.22	4.59	4.24
계	82.21	80.40	78.62

〈표 2〉 13대 수출 주력 품목별 세계수출시장 점유율

(단위 : %)

연도 품목	2013	2014	2015
가전	2.95	3.63	2.94
무선통신기기	6.77	5.68	5.82
반도체	8.33	9.39	8.84
석유제품	5.60	5.20	5.18
석유화학	8.63	9.12	8.42
선박류	24.55	22.45	21.21
섬유류	2.12	1.96	1.89
일반기계	3.19	3.25	3.27
자동차	5.34	5.21	4.82
자동차부품	5.55	5.75	5.50
철강제품	5.47	5.44	5.33
컴퓨터	2.23	2.11	2.25
평판디스플레이	23.23	21.49	18.50

───── 〈보 기〉 ─────

ㄱ. 13대 수출 주력 품목 중 2014년 수출액이 큰 품목부터 차례대로 나열하면 반도체, 석유제품, 자동차, 일반기계, 석유화학, 선박류 등의 순이다.

ㄴ. 13대 수출 주력 품목 중 2013년에 비해 2015년에 전체 수출액 대비 수출액 비중이 상승한 품목은 총 7개이다.

ㄷ. 13대 수출 주력 품목 중 세계수출시장 점유율 상위 5개 품목의 순위는 2013년과 2014년이 동일하다.

① ㄱ   ② ㄴ

③ ㄱ, ㄴ   ④ ㄴ, ㄷ

⑤ ㄱ, ㄴ, ㄷ

35. 다음 〈표〉는 '갑' 아파트 '가' 세대의 관리비 부과내역, 전기, 수도, 온수 사용량과 세대별 일반관리비 산출근거를 나타낸 자료이다. 이에 대한 설명으로 옳지 <u>않은</u> 것은? 14년 행시(A) 10번

〈표 1〉 2013년 8월, 9월 '가' 세대의 관리비 상세 부과내역

(단위 : 원)

항목	8월	9월
전기료	93,618	52,409
수도료	17,595	27,866
일반관리비	33,831	36,187
경비비	30,760	33,467
장기수선충당금	20,502	20,502
급탕비	15,816	50,337
청소비	11,485	12,220
기타	18,413	17,472
합계	242,020	250,460

〈표 2〉 '가' 세대의 관리비 부과액 및 전기, 수도, 온수 사용량 추이

연월	관리비(원)	전기(kWh)	수도(톤)	온수(톤)
2012년 9월	211,040	269	34	9
2012년 10월	231,380	241	29	12
2012년 11월	352,700	316	33	18
2012년 12월	469,260	379	30	16
2013년 1월	494,550	340	32	18
2013년 2월	464,080	336	35	21
2013년 3월	387,820	290	37	21
2013년 4월	301,640	306	34	20
2013년 5월	265,010	349	34	19
2013년 6월	252,160	316	35	16
2013년 7월	251,430	374	35	15
2013년 8월	242,020	483	29	8
2013년 9월	250,460	391	42	15
합계	4,173,550	4,390	439	208

〈표 3〉 세대별 관리비 상세 부과내역 중 일반관리비 산출근거 자료

세대유형	세대별 면적(m²)	세대 수	세대유형 총 면적(m²)
A	76.3	390	( )
B	94.9	90	( )
C	104.8	210	( )
D	118.9	90	10,701
E	146.4	180	( )
합계	–	960	97,359

※ 1) 세대유형 총 면적(m²)=(해당 세대유형)세대별 면적×(해당 세대유형)세대 수

2) 단위면적당 일반관리비(원/m²)= $\dfrac{\text{아파트일반관리비 총액}}{\text{세대유형 총 면적의 합계}}$

3) 세대별 일반관리비(원)=단위면적당 일반관리비×세대별 면적

4) 세대별 면적은 소수점 아래 둘째 자리에서 반올림함

① 2013년 8월 '가' 세대 관리비 전체에서 전기료가 차지하는 비중은 40% 이하이다.

② 2013년 9월 '갑' 아파트 일반관리비 총액이 24,065,198원이면, '가' 세대의 세대유형은 D이다.

③ 2013년 2월부터 8월까지 '가' 세대의 관리비는 매월 감소한다.

④ '가' 세대의 2012년 10월부터 2013년 9월까지의 월평균 온수 사용량보다 온수 사용량이 많은 달은 6개이다.

⑤ C의 세대유형 총 면적은 세대유형 총 면적의 합계의 25% 이하이다.

36. 다음 〈표〉는 25~54세 기혼 비취업여성 현황과 기혼여성의 경력단절 사유에 관한 자료이다. 이를 이용하여 작성한 그래프로 옳지 **않은** 것은? 15년 행시(인) 11번

〈표 1〉 연령대별 기혼 비취업여성 현황

(단위 : 천 명)

연령대	기혼여성	기혼 비취업여성	실업자	비경제활동 인구
25~29세	570	306	11	295
30~34세	1,403	763	20	743
35~39세	1,818	862	23	839
40~44세	1,989	687	28	659
45~49세	2,010	673	25	648
50~54세	1,983	727	20	707
계	9,773	4,018	127	3,891

※ 기혼여성은 취업여성과 비취업여성으로 분류됨

〈표 2〉 기혼 경력단절여성의 경력단절 사유 분포

(단위 : 천 명)

연령대		개인·가족 관련 이유				육아	가사	합
		결혼	임신· 출산	자녀 교육	기타			
25~29세	179	85	68	1	25	58	9	246
30~34세	430	220	137	10	63	189	21	640
35~39세	457	224	107	29	97	168	55	680
40~44세	339	149	38	24	128	71	74	484
45~49세	322	113	14	12	183	32	80	434
50~54세	323	88	10	7	218	20	78	421
계	2,050	879	374	83	714	538	317	2,905

※ 1) 기혼 경력단절여성은 기혼 비취업여성 중에서 개인·가족 관련 이유, 육아, 가사 등의 이유로 인해 직장을 그만둔 상태에 있는 여성임
2) 경력단절 사유에 복수로 응답한 경우는 없음

① 연령대별 기혼여성 중 경제활동인구

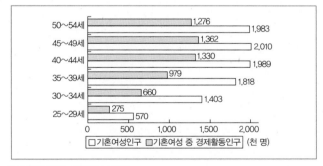

※ 경제활동인구＝취업자＋실업자

② 연령대별 기혼여성 중 비취업여성과 경력단절여성

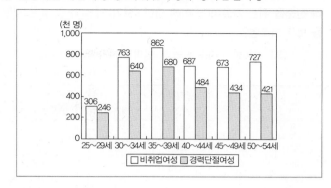

③ 25~54세 기혼 취업여성의 연령대 구성비

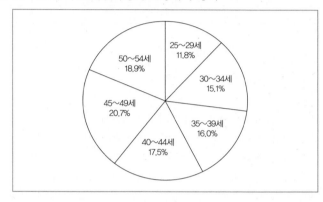

④ 30~39세 기혼 경력단절여성의 경력단절 사유 분포

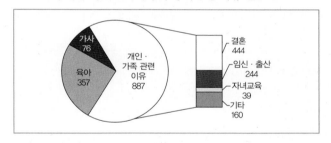

⑤ 25~54세 기혼 경력단절여성의 연령대 구성비

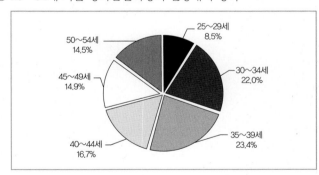

37. 다음 〈표〉는 6개 지목으로 구성된 A지구의 토지수용 보상비 산출을 위한 자료이다. 이에 대한 〈보기〉의 설명 중 옳은 것만을 모두 고르면? 20년 행시(나) 12번

〈표〉 지목별 토지수용 면적, 면적당 지가 및 보상 배율

(단위 : m², 만 원/m²)

지목	면적	면적당 지가	보상 배율	
			감정가 기준	실거래가 기준
전	50	150	1.8	3.2
답	50	100	1.8	3.0
대지	100	200	1.6	4.8
임야	100	50	2.5	6.1
공장	100	150	1.6	4.8
창고	50	100	1.6	4.8

※ 1) 총보상비는 모든 지목별 보상비의 합임
2) 보상비=용지 구입비+지장물 보상비
3) 용지 구입비=면적×면적당 지가×보상 배율
4) 지장물 보상비는 해당 지목 용지 구입비의 20%임

〈보 기〉

ㄱ. 모든 지목의 보상 배율을 감정가 기준에서 실거래가 기준으로 변경하는 경우, 총보상비는 변경 전의 2배 이상이다.

ㄴ. 보상 배율을 감정가 기준에서 실거래가 기준으로 변경하는 경우, 보상비가 가장 많이 증가하는 지목은 '대지'이다.

ㄷ. 보상 배율이 실거래가 기준인 경우, 지목별 보상비에서 용지 구입비가 차지하는 비율은 '임야'가 '창고'보다 크다.

ㄹ. '공장'의 감정가 기준 보상비와 '전'의 실거래가 기준 보상비는 같다.

① ㄱ, ㄷ
② ㄱ, ㄹ
③ ㄴ, ㄷ
④ ㄴ, ㄹ
⑤ ㄱ, ㄴ, ㄹ

38. 다음 〈표〉는 Z리그 A~G족구팀의 경기 결과이다. 〈표〉와 〈조건〉에 근거한 〈보기〉의 설명 중 옳은 것만을 모두 고르면? 20년 행시(나) 39번

〈표〉 Z리그 족구팀 세트 스코어와 최종 승점

구분\n팀	1경기	2경기	3경기	4경기	5경기	6경기	승패	최종 승점
A	0:2	0:2	( )	( )	( )	0:2	2승 4패	6
B	2:1	2:0	0:2	1:2	0:2	1:2	2승 4패	7
C	1:2	2:0	0:2	2:1	2:0	2:1	4승 2패	11
D	2:0	1:2	2:0	2:0	2:0	2:1	5승 1패	15
E	( )	( )	1:2	0:2	( )	0:2	3승 3패	( )
F	0:2	0:2	2:0	2:0	2:0	2:0	4승 2패	12
G	1:2	2:0	0:2	0:2	0:2	1:2	1승 5패	5

※ 세트 스코어에서 앞의 수가 해당 팀이 획득한 세트 수임

〈조 건〉

• 한 팀이 다른 모든 팀과 각각 1번씩 경기한다.
• 한 경기에서 2세트를 먼저 획득한 팀이 승리한다.
• 세트 스코어가 2:0인 경우 승리팀에 승점 3점 및 패배팀에 승점 0점을 부여하고, 세트 스코어가 2:1인 경우 승리팀에 승점 2점 및 패배팀에 승점 1점을 부여한다.
• 경기한 총 세트 수는 A와 G가 같다.

〈보 기〉

ㄱ. 모든 팀 최종 승점의 합은 60점 이상이다.
ㄴ. E가 승리한 경기의 세트 스코어는 모두 2:1이다.
ㄷ. A가 2:0으로 승리한 경기 수는 1개이다.

① ㄱ
② ㄱ, ㄴ
③ ㄱ, ㄷ
④ ㄴ, ㄷ
⑤ ㄱ, ㄴ, ㄷ

39. 다음 〈표〉는 '갑'국의 인구 구조와 노령화에 대한 자료이다. 이에 대한 〈보기〉의 설명 중 옳은 것만을 모두 고르면?

18년 행시(나) 38번

〈표 1〉 인구 구조 현황 및 전망

(단위 : 천 명, %)

연도	총인구	유소년인구 (14세 이하)		생산가능인구 (15~64세)		노인인구 (65세 이상)	
		인구수	구성비	인구수	구성비	인구수	구성비
2000	47,008	9,911	21.1	33,702	71.7	3,395	7.2
2010	49,410	7,975	( )	35,983	72.8	5,452	11.0
2016	51,246	( )	( )	( )	( )	8,181	16.0
2020	51,974	( )	( )	( )	( )	9,219	17.7
2030	48,941	5,628	11.5	29,609	60.5	( )	28.0

※ 2020년, 2030년은 예상치임

〈표 2〉 노년부양비 및 노령화지수

(단위 : %)

구분 \ 연도	2000	2010	2016	2020	2030
노년부양비	10.1	15.2	( )	25.6	46.3
노령화지수	34.3	68.4	119.3	135.6	243.5

※ 1) 노년부양비(%)=$\frac{노인인구}{생산가능인구}$×100

2) 노령화지수(%)=$\frac{노인인구}{유소년인구}$×100

─── 〈보 기〉 ───

ㄱ. 2020년 대비 2030년의 노인인구 증가율은 55% 이상으로 예상된다.

ㄴ. 2016년에는 노인인구가 유소년인구보다 많다.

ㄷ. 2016년 노년부양비는 20% 이상이다.

ㄹ. 2020년 대비 2030년의 생산가능인구 감소폭은 600만 명 이상일 것으로 예상된다.

① ㄱ, ㄷ

② ㄴ, ㄷ

③ ㄴ, ㄹ

④ ㄱ, ㄴ, ㄷ

⑤ ㄴ, ㄷ, ㄹ

---

40. 다음 〈표〉는 종합체전 10개 종목의 입장권 판매점수 관련 자료이다. 〈표〉와 〈조건〉에 근거한 〈보기〉의 설명 중 옳은 것만을 모두 고르면?

20년 행시(나) 19번

〈표〉 종합체전 종목별 입장권 판매점수

(단위 : 점)

종목	국내 판매점수	해외 판매점수	판매율 점수	총점
A	506	450	290	1,246
B	787	409	160	1,356
C	547	438	220	1,205
D	2,533	1,101	( )	4,104
E	( )	( )	170	3,320
F	194	142	120	456
G	74	80	140	294
H	1,030	323	350	( )
I	1,498	638	660	( )
J	782	318	510	( )

※ 소수점 아래 첫째 자리에서 반올림한 값임

─── 〈조 건〉 ───

• 국내판매점수=$\frac{해당 종목 입장권 국내 판매량}{입장권 국내 판매량}$×10,000

• 해외판매점수=$\frac{해당 종목 입장권 해외 판매량}{입장권 해외 판매량}$×5,000

• 판매율점수=$\frac{해당 종목 입장권(국내+해외) 판매량}{해당 종목 입장권 발행량}$×1,000

• 총점=국내판매점수+해외판매점수+판매율점수

─── 〈보 기〉 ───

ㄱ. E종목의 '국내판매점수'는 '해외판매점수'의 1.5배 이상이다.

ㄴ. '입장권 국내 판매량'이 14만 매이고 '입장권 해외 판매량'이 10만 매라면, 입장권 판매량이 국내보다 해외가 많은 종목 수는 4개이다.

ㄷ. '해당 종목 입장권 발행량'이 가장 적은 종목은 G이다.

① ㄱ

② ㄴ

③ ㄱ, ㄴ

④ ㄱ, ㄷ

⑤ ㄱ, ㄴ, ㄷ

1. 다음 글과 〈상황〉을 근거로 판단할 때, 〈보기〉에서 A가 가맹금을 반환해야 하는 것만을 모두 고르면? 23년 행시(가) 5번

제○○조(정보공개서의 제공의무) 가맹본부는 가맹희망자에게 정보공개서를 제공하지 아니하였거나 제공한 날부터 14일이 지나지 아니한 경우에는 다음 각 호의 행위를 하여서는 아니 된다.
　1. 가맹희망자로부터 가맹금을 수령하는 행위
　2. 가맹희망자와 가맹계약을 체결하는 행위
제□□조(허위·과장된 정보제공의 금지) 가맹본부는 가맹희망자나 가맹점사업자에게 정보를 제공함에 있어서 다음 각 호의 행위를 하여서는 아니 된다.
　1. 사실과 다르게 정보를 제공하거나 사실을 부풀려 정보를 제공하는 행위
　2. 계약의 체결·유지에 중대한 영향을 미치는 사실을 은폐하거나 축소하는 방법으로 정보를 제공하는 행위
제△△조(가맹금의 반환) 가맹본부는 다음 각 호의 어느 하나에 해당하는 경우에는 가맹희망자나 가맹점사업자가 서면으로 요구하면 가맹금을 반환하여야 한다.
　1. 가맹본부가 제○○조를 위반한 경우로서 가맹희망자 또는 가맹점사업자가 가맹계약 체결 전 또는 가맹계약의 체결일부터 4개월 이내에 가맹금의 반환을 요구하는 경우
　2. 가맹본부가 제□□조를 위반한 경우로서 가맹희망자가 가맹계약 체결 전에 가맹금의 반환을 요구하는 경우
　3. 가맹본부가 정당한 사유 없이 가맹사업을 일방적으로 중단한 경우로서 가맹희망자 또는 가맹점사업자가 가맹사업의 중단일부터 4개월 이내에 가맹금의 반환을 요구하는 경우

───── 〈상 황〉 ─────
甲, 乙, 丙은 가맹본부 A에게 지급했던 가맹금의 반환을 2023. 2. 27. 서면으로 A에게 요구하였다.

───── 〈보 기〉 ─────
ㄱ. 2023. 1. 18. A가 甲에게 정보공개서를 제공하고, 2023. 1. 30. 가맹계약을 체결한 경우
ㄴ. 2022. 9. 27. 가맹계약을 체결한 乙이 건강상의 이유로 2023. 1. 3. 가맹점사업을 일방적으로 중단한 경우
ㄷ. 2023. 3. 7. 가맹계약을 체결할 예정인 가맹희망자 丙에게 A가 2023. 2. 10. 제공하였던 정보공개서상 정보의 내용이 사실과 다른 경우

① ㄱ
② ㄷ
③ ㄱ, ㄴ
④ ㄱ, ㄷ
⑤ ㄴ, ㄷ

2. 다음 글을 근거로 판단할 때 옳은 것은? 18년 행시(나) 3번

제00조 이 법에서 말하는 폐기물이란 쓰레기, 연소재, 폐유, 폐알칼리 및 동물의 사체 등으로 사람의 생활이나 사업활동에 필요하지 않게 된 물질을 말한다.
제00조 ① 도지사는 관할 구역의 폐기물을 적정하게 처리하기 위하여 환경부장관이 정하는 지침에 따라 10년마다 '폐기물 처리에 관한 기본계획'(이하 '기본계획'이라 한다)을 세워 환경부장관의 승인을 받아야 한다. 승인사항을 변경하려 할 때에도 또한 같다. 이 경우 환경부장관은 기본계획을 승인하거나 변경승인하려면 관계 중앙행정기관의 장과 협의하여야 한다.
② 시장·군수·구청장은 10년마다 관할 구역의 기본계획을 세워 도지사에게 제출하여야 한다.
③ 제1항과 제2항에 따른 기본계획에는 다음 각 호의 사항이 포함되어야 한다.
　1. 관할 구역의 지리적 환경 등에 관한 개황
　2. 폐기물의 종류별 발생량과 장래의 발생 예상량
　3. 폐기물의 처리 현황과 향후 처리 계획
　4. 폐기물의 감량화와 재활용 등 자원화에 관한 사항
　5. 폐기물처리시설의 설치 현황과 향후 설치 계획
　6. 폐기물 처리의 개선에 관한 사항
　7. 재원의 확보계획
제00조 ① 환경부장관은 국가 폐기물을 적정하게 관리하기 위하여 전조 제1항에 따른 기본계획을 기초로 '국가 폐기물 관리 종합계획'(이하 '종합계획'이라 한다)을 10년마다 세워야 한다.
② 환경부장관은 종합계획을 세운 날부터 5년이 지나면 그 타당성을 재검토하여 변경할 수 있다.

① 재원의 확보계획은 기본계획에 포함되지 않아도 된다.
② A도 도지사가 제출한 기본계획을 승인하려면, 환경부장관은 관계 중앙행정기관의 장과 협의를 거쳐야 한다.
③ 환경부장관은 국가 폐기물을 적정하게 관리하기 위하여 10년마다 기본계획을 수립하여야 한다.
④ B군 군수는 5년마다 종합계획을 세워 환경부장관에게 제출하여야 한다.
⑤ 기본계획 수립 이후 5년이 경과하였다면, 환경부장관은 계획의 타당성을 재검토하여 계획을 변경하여야 한다.

3. 다음 글을 근거로 판단할 때 옳은 것은? 21년 행시(가) 3번

제00조 ① 농림축산식품부장관은 채소류 등 저장성이 없는 농산물의 가격안정을 위하여 필요하다고 인정할 때에는 생산자 또는 생산자단체로부터 농산물가격안정기금으로 해당 농산물을 수매할 수 있다. 다만 가격안정을 위하여 특히 필요하다고 인정할 때에는 도매시장에서 해당 농산물을 수매할 수 있다.
② 제1항에 따라 수매한 농산물은 판매 또는 수출하거나 사회복지단체에 기증하는 등 필요한 처분을 할 수 있다.
③ 농림축산식품부장관은 제1항과 제2항에 따른 수매 및 처분에 관한 업무를 농업협동조합중앙회·산림조합중앙회(이하 '농림협중앙회'라 한다) 또는 한국농수산식품유통공사에 위탁할 수 있다.
제00조 ① 농림축산식품부장관은 농산물(쌀과 보리는 제외한다. 이하 이 조에서 같다)의 수급조절과 가격안정을 위하여 필요하다고 인정할 때에는 농산물가격안정기금으로 농산물을 비축하거나 농산물의 출하를 약정하는 생산자에게 그 대금의 일부를 미리 지급하여 출하를 조절할 수 있다.
② 제1항에 따른 비축용 농산물은 생산자 또는 생산자단체로부터 수매할 수 있다. 다만 가격안정을 위하여 특히 필요하다고 인정할 때에는 도매시장에서 수매하거나 수입할 수 있다.
③ 농림축산식품부장관은 제1항과 제2항에 따른 사업을 농림협중앙회 또는 한국농수산식품유통공사에 위탁할 수 있다.
④ 농림축산식품부장관은 제2항 단서에 따라 비축용 농산물을 수입하는 경우, 국제가격의 급격한 변동에 대비하여야 할 필요가 있다고 인정할 때에는 선물거래(先物去來)를 할 수 있다.

① 한국농수산식품유통공사는 가격안정을 위해 수매한 저장성이 없는 농산물을 외국에 수출할 수 없다.
② 채소류의 가격안정을 위해서 특히 필요하다고 인정되어 수매할 경우, 농림협중앙회는 소매시장에서 수매하여야 한다.
③ 농림협중앙회는 보리의 수급조절을 위하여 보리 생산자에게 대금의 일부를 미리 지급하여 출하를 조절할 수 있다.
④ 농림축산식품부장관은 개별 생산자로부터 비축용 농산물을 수매할 수 있다.
⑤ 농림축산식품부장관은 비축용 농산물 국제가격의 급격한 변동에 대비하여야 할 필요가 있다고 인정할 경우에도 선물거래를 할 수 없다.

4. 다음 글을 근거로 판단할 때, 〈보기〉에서 민원을 정해진 기간 이내에 처리한 것만을 모두 고르면? 20년 행시(나) 5번

제00조 ① 행정기관의 장은 '질의민원'을 접수한 경우에는 다음 각 호의 기간 이내에 처리하여야 한다.
   1. 법령에 관해 설명이나 해석을 요구하는 질의민원 : 7일
   2. 제도·절차 등에 관해 설명이나 해석을 요구하는 질의민원 : 4일
② 행정기관의 장은 '건의민원'을 접수한 경우에는 10일 이내에 처리하여야 한다.
③ 행정기관의 장은 '고충민원'을 접수한 경우에는 7일 이내에 처리하여야 한다. 단, 고충민원의 처리를 위해 14일의 범위에서 실지조사를 할 수 있고, 이 경우 실지조사 기간은 처리기간에 산입(算入)하지 아니한다.
④ 행정기관의 장은 '기타민원'을 접수한 경우에는 즉시 처리하여야 한다.
제00조 ① 민원의 처리기간을 '즉시'로 정한 경우에는 3근무시간 이내에 처리하여야 한다.
② 민원의 처리기간을 5일 이하로 정한 경우에는 민원의 접수시각부터 '시간' 단위로 계산한다. 이 경우 1일은 8시간의 근무시간을 기준으로 한다.
③ 민원의 처리기간을 6일 이상으로 정한 경우에는 '일' 단위로 계산하고 첫날을 산입한다.
④ 공휴일과 토요일은 민원의 처리기간과 실지조사 기간에 산입하지 아니한다.

※ 1) 업무시간은 09:00~18:000이다. (점심시간 12:00~13:00 제외)
   2) 3근무시간 : 업무시간 내 3시간
   3) 광복절(8월 15일, 화요일)과 일요일은 공휴일이고, 그 이외에 공휴일은 없다고 가정한다.

─── 〈보 기〉 ───
ㄱ. A부처는 8.7(월) 16시에 건의민원을 접수하고, 8.21(월) 14시에 처리하였다.
ㄴ. B부처는 8.14(월) 13시에 고충민원을 접수하고, 10일간 실지조사를 하여 9.7(목) 10시에 처리하였다.
ㄷ. C부처는 8.16(수) 17시에 기타민원을 접수하고, 8.17(목) 10시에 처리하였다.
ㄹ. D부처는 8.17(목) 11시에 제도에 대한 설명을 요구하는 질의민원을 접수하고, 8.22(화) 14시에 처리하였다.

① ㄱ, ㄴ
② ㄱ, ㄷ
③ ㄴ, ㄹ
④ ㄱ, ㄷ, ㄹ
⑤ ㄴ, ㄷ, ㄹ

5. 다음 글을 근거로 판단할 때, 〈보기〉에서 옳은 것만을 모두 고르면? 20년 행시(나) 7번

甲국은 출산장려를 위한 경제적 지원 정책으로 다음과 같은 세 가지 안(A~C)을 고려 중이다.

- A안 : 18세 이하의 자녀가 있는 가정에 수당을 매월 지급하되, 자녀가 둘 이상인 경우에 한한다. 18세 이하의 자녀에 대해서 첫째와 둘째는 각각 15만 원, 셋째는 30만 원, 넷째부터는 45만 원씩의 수당을 해당 가정에 지급한다.
- B안 : 18세 이하의 자녀가 있는 가정에 수당을 매월 지급한다. 다만 자녀가 18세를 초과하더라도 재학 중인 경우에는 24세까지 수당을 지급한다. 첫째와 둘째는 각각 20만 원, 셋째는 22만 원, 넷째부터는 25만 원씩의 수당을 해당 가정에 지급한다.
- C안 : 자녀가 중학교를 졸업할 때(상한 연령 16세)까지만 해당 가정에 수당을 매월 지급한다. 우선 3세 미만의 자녀가 있는 가정에는 3세 미만의 자녀 1명 당 10만 원을 지급한다. 3세부터 초등학교를 졸업할 때까지는 첫째와 둘째는 각각 8만 원, 셋째부터는 10만 원씩 해당 가정에 지급한다. 중학생 자녀의 경우, 일률적으로 1명 당 8만 원씩 해당 가정에 지급한다.

〈보 기〉

ㄱ. 18세 이하 자녀 3명만 있는 가정의 경우, 지급받는 월 수당액은 A안보다 B안을 적용할 때 더 많다.

ㄴ. A안을 적용할 때 자녀가 18세 이하 1명만 있는 가정은 월 15만 원을 수당으로 지급받는다.

ㄷ. C안의 수당을 50% 증액하더라도 중학생 자녀 2명(14세, 15세)만 있는 가정은 A안보다 C안을 적용할 때 더 적은 월 수당을 지급받는다.

ㄹ. C안을 적용할 때 한 자녀에 대해 지급되는 월 수당액은 그 자녀가 성장하면서 지속적으로 증가하는 특징이 있다.

① ㄱ, ㄷ
② ㄱ, ㄹ
③ ㄴ, ㄹ
④ ㄱ, ㄴ, ㄷ
⑤ ㄴ, ㄷ, ㄹ

---

6. 아래의 정보만으로 판단할 때 기초생활수급자로 선정할 수 없는 경우는? 07년 행시(무) 25번

가. 기초생활수급자 선정기준
- 부양의무자가 없거나, 부양의무자가 있어도 부양능력이 없거나 또는 부양을 받을 수 없는 자로서 소득인정액이 최저생계비 이하인 자
  ※ 부양능력 있는 부양의무자가 있어도 부양을 받을 수 없는 경우란, 부양의무자가 교도소 등에 수용되거나 병역법에 의해 징집·소집되어 실질적으로 부양을 할 수 없는 경우와 가족관계 단절 등을 이유로 부양을 거부하거나 기피하는 경우 등을 가리킨다.

나. 매월 소득인정액 기준
- 소득인정액=소득평가액+재산의 소득환산액
- 소득평가액=실제소득－가구특성별 지출비용
  1) 실제소득 : 근로소득, 사업소득, 재산소득
  2) 가구특성별 지출비용 : 경로연금, 장애수당, 양육비, 의료비, 중·고교생 입학금 및 수업료

다. 가구별 매월 최저생계비

(단위 : 만 원)

1인	2인	3인	4인	5인	6인
42	70	94	117	135	154

라. 부양의무자의 범위
- 수급권자의 배우자, 수급권자의 1촌의 직계혈족 및 그 배우자, 수급권자와 생계를 같이 하는 2촌 이내의 혈족

① 유치원생 아들 둘과 함께 사는 A는 재산의 소득환산액이 12만 원이고, 구멍가게에서 월 100만 원의 수입을 얻고 있으며, 양육비로 월 20만 원씩 지출하고 있다.

② 부양능력이 있는 근로소득 월 60만 원의 조카와 살고 있는 B는 실제소득 없이 재산의 소득환산액이 36만 원이며, 의료비로 월 30만 원을 지출한다.

③ 중학생이 된 두 딸을 혼자 키우고 있는 C는 재산의 소득환산액이 24만 원이며, 근로소득으로 월 80만 원이 있지만, 두 딸의 수업료로 각각 월 11만 원씩 지출하고 있다.

④ 외아들을 잃은 D는 어린 손자 두 명과 부양능력이 있는 며느리와 함께 살고 있다. D는 근로소득이 월 80만 원, 재산의 소득환산액이 48만 원이며, 의료비로 월 15만 원을 지출하고 있다.

⑤ 군대 간 아들 둘과 함께 사는 고등학생 딸을 둔 E는 재산의 소득환산액이 36만 원이며, 월 평균 60만 원의 근로소득을 얻고 있지만, 딸의 수업료로 월 30만 원을 지출하고 있다.

7. 다음 글을 근거로 판단할 때, 〈보기〉에서 옳은 것만을 모두 고르면?

19년 행시(가) 7번

보다 많은 고객을 끌어들일 수 있는 이상적인 점포 입지를 결정하기 위한 상권분석이론에는 'X가설'과 'Y가설'이 있다. X가설에 의하면, 소비자는 유사한 제품을 판매하는 점포들 중 한 점포를 선택할 때 가장 가까운 점포를 선택한다. 그러나 이동거리가 점포 선택에 큰 영향을 미치기는 하지만, 소비자가 항상 가장 가까운 점포를 찾는다는 X가설이 적용되기 어려운 상황들이 있다. 가령, 소비자들은 먼 거리에 위치한 점포가 보다 나은 구매기회를 제공함으로써 이동에 따른 추가 노력을 보상한다면 기꺼이 먼 곳까지 찾아간다.

한편 Y가설은 다른 조건이 동일하다면 두 도시 사이에 위치하는 어떤 지역에 대한 각 도시의 상거래 흡인력은 각 도시의 인구에 비례하고, 각 도시로부터의 거리 제곱에 반비례한다고 본다. 즉, 인구가 많은 도시일수록 더 많은 구매기회를 제공할 가능성이 높으므로 소비자를 끌어당기는 힘이 크다고 본 것이다.

예를 들어, 일직선상에 A, B, C 세 도시가 있고, C시는 A시와 B시 사이에 위치하며, C시는 A시로부터 5km, B시로부터 10km 떨어져 있다. 그리고 A시 인구는 50만 명, B시의 인구는 400만 명, C시의 인구는 9만 명이다. 만약 A시와 B시가 서로 영향을 주지 않고, C시의 모든 인구가 A시와 B시에서만 구매한다고 가정하면, Y가설에 따라 A시와 B시로 구매활동에 유인되는 C시의 인구 규모를 계산할 수 있다. A시의 흡인력은 20,000(=50만÷25), B시의 흡인력은 40,000(=400만÷100)이다. 따라서 9만 명인 C시의 인구 중 1/3인 3만 명은 A시로, 2/3인 6만 명은 B시로 흡인된다.

─────〈보 기〉─────

ㄱ. X가설에 따르면, 소비자가 유사한 제품을 판매하는 점포들 중 한 점포를 선택할 때 소비자는 더 싼 가격의 상품을 구매하기 위해 더 먼 거리에 있는 점포에 간다.

ㄴ. Y가설에 따르면, 인구 및 다른 조건이 동일할 때 거리가 가까운 도시일수록 이상적인 점포 입지가 된다.

ㄷ. Y가설에 따르면, C시로부터 A시와 B시가 떨어진 거리가 5km로 같다고 가정할 때 C시의 인구 중 8만 명이 B시로 흡인된다.

① ㄱ
② ㄴ
③ ㄱ, ㄷ
④ ㄴ, ㄷ
⑤ ㄱ, ㄴ, ㄷ

8. 다음 글을 근거로 판단할 때, 甲이 구매해야 할 재료와 그 양으로 옳은 것은?

19년 행시(가) 8번

甲은 아내, 아들과 함께 짬뽕을 만들어 먹기로 했다. 짬뽕요리에 필요한 재료를 사기 위해 근처 전통시장에 들른 甲은 아래 〈조건〉을 만족하도록 재료를 모두 구매한다. 다만 짬뽕요리에 필요한 각 재료의 절반 이상이 냉장고에 있으면 그 재료는 구매하지 않는다.

〈조건〉
• 甲과 아내는 각각 성인 1인분, 아들은 성인 0.5인분을 먹는다.
• 매운 음식을 잘 먹지 못하는 아내를 고려하여 '고추'라는 단어가 들어간 재료는 모두 절반만 넣는다.
• 아들은 성인 1인분의 새우를 먹는다.

─────〈냉장고에 있는 재료〉─────

면 200g, 오징어 240g, 돼지고기 100g, 양파 100g, 청양고추 15g, 고추기름 100ml, 대파 10cm, 간장 80ml, 마늘 5g

─────〈짬뽕요리 재료(성인 1인분 기준)〉─────

면 200g, 해삼 40g, 소라 30g, 오징어 60g, 돼지고기 90g, 새우 40g, 양파 60g, 양송이버섯 50g, 죽순 40g, 고추기름 20ml, 건고추 8g, 청양고추 10g, 대파 10cm, 마늘 10g, 청주 15ml

① 면 200g
② 양파 50g
③ 새우 100g
④ 건고추 7g
⑤ 돼지고기 125g

9. 다음 글을 근거로 판단할 때, 甲이 얻을 수 있는 최대 이윤과 이때 채굴한 원석의 개수로 옳게 짝지은 것은?(단, 원석은 정수 단위로 채굴한다) 19년 행시(가) 18번

> 보석 가공업자인 甲은 원석을 채굴하여 목걸이용 보석과 반지용 보석으로 1차 가공한다. 원석 1개를 1차 가공하면 목걸이용 보석 60개와 반지용 보석 40개가 생산된다.
>
> 이렇게 생산된 보석들은 1차 가공 직후 판매할 수 있지만, 2차 가공을 거쳐서 판매할 수도 있다. 목걸이용 보석 1개는 2차 가공을 통해 목걸이 1개로, 반지용 보석 1개는 2차 가공을 통해 반지 1개로 생산된다. 甲은 보석 용도별로 2차 가공 여부를 판단하는데, 2차 가공하여 판매할 때의 이윤이 2차 가공을 하지 않고 판매할 때의 이윤보다 큰 경우에만 2차 가공하여 판매한다.
>
> 〈생산단계별 비용 및 판매가격〉
> • 원석 채굴 : 최초에 원석 1개를 채굴할 때에는 300만 원의 비용이 들고, 두 번째 채굴 이후부터는 원석 1개당 채굴 비용이 100만 원씩 증가한다. 즉, 두 번째 원석의 채굴 비용은 400만 원이 되어 원석 2개의 총 채굴 비용은 700만 원이다.
> • 1차 가공 : 원석의 1차 가공 비용은 개당 250만 원이며, 목걸이용 보석은 개당 7만 원에, 반지용 보석은 개당 5만 원에 판매된다.
> • 2차 가공 : 목걸이용 보석의 2차 가공 비용은 개당 40만 원이며, 목걸이는 개당 50만 원에 판매된다. 반지용 보석의 2차 가공 비용은 개당 20만 원이며, 반지는 개당 15만 원에 판매된다.

	최대 이윤	원석의 개수
①	400만 원	2개
②	400만 원	3개
③	450만 원	3개
④	450만 원	4개
⑤	500만 원	4개

10. 甲은 2월 15일(일요일)부터 4일간 A도시의 관광명소를 관람하려고 한다. A도시는 주요 관광명소를 관람할 수 있는 자유이용권인 시티 투어 패스(City Tour Pass)를 판매하고 있다. 다음 〈관광정보〉와 〈조건〉에 근거할 때, 甲이 아래 7곳의 관광명소(a~g)를 모두 관람하는 데 필요한 최소 금액은? 12년 행시(인) 32번

〈관광 정보〉

구분		관람료(€)	휴관	패스 사용 가능 여부
a박물관		9	화요일	가능
b미술관		8	월요일	가능
c박물관		9	없음	불가능
d미술관		8	없음	가능
e타워		7	일요일	불가능
f타워		8	없음	가능
g궁전	본궁	13	없음	가능(단, 정원에는 사용불가)
	정원	8		
	별궁	10		

〈시티 투어 패스 가격〉

구분	가격(€)/매
2일 패스	32
4일 패스	48
6일 패스	64

─── 〈조 건〉 ───
• 하루에 2곳의 관광명소까지만 관람할 수 있다.
• g궁전 관람에는 1일이 소요되며 궁전의 일부만 관람하는 경우에도 소요시간은 동일하다.
• 시티 투어 패스는 개시일로부터 연속적으로 사용해야 한다.
• g궁전의 경우 본궁·정원·별궁 모두 관람해야 하며, 세 곳 모두 관람이 가능한 1일권을 판매하고 있다(월~금 : 21€, 토~일 : 25€).

① 64
② 69
③ 70
④ 72
⑤ 73

11. 다음 글을 근거로 판단할 때, 〈보기〉에서 옳은 것만을 모두 고르면?

16년 행시(5) 34번

- 9명의 참가자는 1번부터 9번까지의 번호 중 하나를 부여받고, 동시에 제비를 뽑아 3명은 범인, 6명은 시민이 된다.
- '1번의 오른쪽은 2번, 2번의 오른쪽은 3번, …, 8번의 오른쪽은 9번, 9번의 오른쪽은 1번'과 같이 번호 순서대로 동그랗게 앉는다.
- 참가자는 본인과 바로 양 옆에 앉은 사람이 범인인지 시민인지 알 수 있다.
- "옆에 범인이 있다"라는 말은 바로 양 옆에 앉은 2명 중 1명 혹은 2명이 범인이라는 뜻이다.
- "옆에 범인이 없다"라는 말은 바로 양 옆에 앉은 2명 모두 범인이 아니라는 뜻이다.
- 범인은 거짓말만하고, 시민은 참말만 한다.

───── 〈보 기〉 ─────

ㄱ. 1, 4, 6, 7, 8번의 진술이 "옆에 범인이 있다"이고, 2, 3, 5, 9번의 진술이 "옆에 범인이 없다"일 때, 8번이 시민임을 알면 범인들을 모두 찾아낼 수 있다.
ㄴ. 만약 모두가 "옆에 범인이 있다"라고 진술한 경우, 범인이 부여받은 번호의 조합은 (1, 4, 7)/(2, 5, 8)/(3, 6, 9) 3가지이다.
ㄷ. 한 명만이 "옆에 범인이 없다"라고 진술할 경우는 없다.

① ㄴ
② ㄷ
③ ㄱ, ㄴ
④ ㄱ, ㄷ
⑤ ㄱ, ㄴ, ㄷ

12. 다음 글을 근거로 판단할 때, 〈보기〉에서 옳은 것만을 모두 고르면?

15년 행시(인) 35번

甲은 정육면체의 각 면에 점을 새겨 게임 도구를 만들려고 한다. 게임 도구는 다음의 규칙에 따라 만든다.
- 정육면체의 모든 면에는 반드시 점을 1개 이상 새겨야 한다.
- 한 면에 새기는 점의 수가 6개를 넘어서는 안 된다.
- 각 면에 새기는 점의 수가 반드시 달라야 할 필요는 없다.

───── 〈보 기〉 ─────

ㄱ. 정육면체에 새긴 점의 총 수가 10개라면 점 6개를 새긴 면은 없다.
ㄴ. 정육면체에 새긴 점의 총 수가 21개인 방법은 1가지밖에 없다.
ㄷ. 정육면체에 새긴 점의 총 수가 24개라면 각 면에 새긴 점의 수는 모두 다르다.
ㄹ. 정육면체에 새긴 점의 총 수가 20개라면 3개 이하의 점을 새긴 면이 4개 이상이어야 한다.

① ㄱ
② ㄱ, ㄴ
③ ㄴ, ㄷ
④ ㄷ, ㄹ
⑤ ㄱ, ㄷ, ㄹ

13. 다음 글을 근거로 판단할 때, 가장 먼저 교체될 시계와 가장 나중에 교체될 시계를 옳게 짝지은 것은? 21년 행시(가) 13번

甲부서에는 1~12시 눈금표시가 된 5개의 벽걸이 시계(A~E)가 있다. 그런데 A는 시침과 분침이 모두 멈춰버려서 더 이상 작동하지 않는 상태다. B는 정확한 시계보다 하루에 1분씩 느려지는 시계다. C는 정확한 시계보다 하루에 1시간씩 느려지는 시계다. D는 정확한 시계보다 하루에 2시간씩 느려지는 시계다. E는 정확한 시계보다 하루에 5분씩 빨라지는 시계다.

甲부서는 5개의 시계를 순차적으로 교체하려고 한다. 앞으로 1년 동안 정확한 시계와 일치하는 횟수가 적을 시계부터 순서대로 교체한다.

※ B~E는 각각 일정한 속도로 작동한다.

	가장 먼저 교체될 시계	가장 나중에 교체될 시계
①	A	C
②	B	A
③	B	D
④	D	A
⑤	D	E

14. 다음 글과 〈조건〉을 근거로 판단할 때, A부에서 3인 4각 선수로 참가해야 하는 사람만을 모두 고르면? 15년 행시(인) 34번

甲사에서는 부서 대항 체육대회를 개최한다. 甲사의 A부는 종목별로 아래 인원이 참가하기로 했다.

오래달리기	팔씨름	3인 4각	공굴리기
1명	4명	3명	4명

A부는 종목별 선수 명단을 확정하려고 한다. 선수 후보는 가영, 나리, 다솜, 라임, 마야, 바다, 사랑이며, 개인별 참가 가능 종목은 아래와 같다.

종목 \ 선수 후보	가영	나리	다솜	라임	마야	바다	사랑
오래달리기	○	×	○	×	×	×	×
팔씨름	○	×	○	○	○	×	×
3인 4각	×	○	○	○	○	×	○
공굴리기	○	×	○	×	○	○	○

※ ○ : 참가 가능, × : 참가 불가능
※ 어떤 종목도 동시에 진행되지 않는다.

〈조 건〉

• 한 사람이 두 종목까지 참가할 수 있다.
• 모든 사람이 한 종목 이상 참가해야 한다.

① 가영, 나리, 바다
② 나리, 다솜, 마야
③ 나리, 다솜, 사랑
④ 나리, 라임, 사랑
⑤ 다솜, 마야, 사랑

15. 다음 글을 근거로 판단할 때, 甲이 조립한 상자의 개수는?

20년 행시(나) 35번

甲, 乙, 丙은 상자를 조립하는 봉사활동을 하였다. 이들은 상자 조립을 동시에 시작하여 각각 일정한 속도로 조립하였다. 그리고 '1분당 조립한 상자 개수', '조립한 상자 개수', '조립한 시간'에 대하여 아래와 같이 말하였다. 단, 2명은 모두 진실만을 말하였고 나머지 1명은 거짓만을 말하였다.

甲 : 나는 乙보다 1분당 3개 더 조립했는데, 乙과 조립한 상자 개수는 같아. 丙보다 10분 적게 일했어.

乙 : 나는 甲보다 40분 오래 일했어. 丙보다 10개 적게 조립했고 1분당 2개 적게 조립했어.

丙 : 나는 甲보다 1분당 1개 더 조립했어. 조립한 시간은 乙과 같은데 乙보다 10개 적게 조립했어.

① 210
② 240
③ 250
④ 270
⑤ 300

16. 다음 글을 근거로 판단할 때 옳지 <u>않은</u> 것은?

21년 행시(가) 4번

A협회는 매년 12월 열리는 정기총회에서 다음해 협회장을 선출한다. 협회장의 선출은 ① 입후보자가 1인인 경우에는 '찬반투표'로 이루어지고, ② 입후보자가 2인 이상인 경우에는 '선거'를 통해 이루어진다.

'찬반투표'에 참여할 수 있는 회원의 자격은 투표일 현재까지 A협회의 정회원인 사람으로 한정한다. A협회의 정회원은 A협회의 준회원으로 만 1년 이상을 활동한 후 정회원 가입 신청을 하고 연회비를 납부한 자를 말한다. 기준에 따라 정회원 가입을 신청하고 연회비를 납부한 그 날부터 정회원 자격이 부여된다. 정회원은 정회원 자격을 획득한 다음해부터 매해 1월 30일까지 연회비를 납부하여야 그 자격이 유지된다. 기한 내에 연회비를 납부하지 않은 정회원은 그 자격이 유보되어 권리를 행사할 수 없고, 정회원 자격을 회복하기 위해서는 그 다음해 연회비 납부일까지 연회비의 3배를 납부하여야 한다. 2년 연속 연회비를 납부하지 않은 사람은 A협회의 회원 자격이 영구히 박탈된다.

한편 '선거'에 참여할 수 있는 회원의 자격은 선거일을 기준으로 정회원 자격을 얻은 후 만 1년을 경과한 정회원으로 한정한다. 연회비 미납부로 정회원 자격이 유보된 사람도 정회원 자격을 회복한 후 만 1년을 경과하여야 선거에 참여할 수 있다.

① 2019년 10월 A협회 정회원 자격을 얻은 甲은 '2020년 협회장' 선출을 위한 '선거'에 참여할 수 있었다.

② 2018년 10월 A협회 정회원 자격을 얻은 乙은 2019년 연회비 납부 여부와 관계없이 '2019년 협회장' 선출을 위한 '찬반투표'에 참여할 수 있었다.

③ 2017년 10월 A협회 정회원 자격을 얻은 丙이 연회비 미납부로 자격이 유보되었다가 2019년에 정회원 자격을 회복하였더라도 '2020년 협회장' 선출을 위한 '선거'에 참여할 수 없었다.

④ 2017년 10월 A협회 준회원 활동을 시작한 丁이 최소 요구 연한 경과 직후에 정회원 자격을 획득하였다면 '2019년 협회장' 선출을 위한 '찬반투표'에 참여할 수 있었다.

⑤ 2016년 10월 처음으로 A협회 정회원 자격을 얻은 戊가 2017년부터 연회비를 계속 납부하지 않았다면 협회장 선출을 위한 '선거'에 한 번도 참여할 수 없었다.

17. 다음 글과 〈조건〉을 근거로 판단할 때, A 매립지에서 8월에 쓰레기를 매립할 셀은? 17년 행시(가) 33번

A 매립지는 셀 방식으로 쓰레기를 매립하고 있다. 셀 방식은 전체 매립부지를 일정한 넓이의 셀로 나누어서 각 셀마다 쓰레기를 매립한다. 이 방식에 따르면 쓰레기를 매립할 셀을 지정해서 개방한 후, 해당 셀이 포화되면 순차적으로 다른 셀을 개방한다. 이는 쓰레기를 무차별적으로 매립하는 것을 방지하고 매립과정을 쉽게 감시하기 위한 것이다.

───── 〈조 건〉 ─────

• A 매립지는 4×4 셀로 구성되어 있다.

• 각 행에는 1, 2, 3, 4 중 서로 다른 숫자 1개가 각 셀에 지정된다.

• A 매립지는 효율적인 관리를 위해 한 개 이상의 셀로 이루어진 구획을 설정하고, 조감도에 두꺼운 테두리로 표현한다.

• 두 개 이상의 셀로 구성되는 구획에는 각 구획을 구성하는 셀에 지정된 숫자들을 모두 곱한 값이 다음 예와 같이 표현되어 있다.

예
(24*)		

'(24*)'는 구획을 구성하는 셀에 지정된 숫자를 모두 곱하면 24가 된다는 의미이다. 1, 2, 3, 4 중 서로 다른 숫자를 곱하여 24가 되는 3개의 숫자는 2, 3, 4밖에 없으므로 위의 셀 안에는 2, 3, 4가 각각 하나씩 들어가야 한다.

• A 매립지는 하나의 셀이 한 달마다 포화되고, 개방되는 셀은 행의 순서와 셀에 지정된 숫자에 의해 결정된다. 즉 1월에는 1행의 1이 쓰인 셀, 2월에는 2행의 1이 쓰인 셀, 3월에는 3행의 1이 쓰인 셀, 4월에는 4행의 1이 쓰인 셀에 매립이 이루어진다. 5월에는 1행의 2가 쓰인 셀, 6월에는 2행의 2가 쓰인 셀에 쓰레기가 매립되며, 이와 같은 방식으로 12월까지 매립이 이루어지게 된다.

〈A 매립지 조감도〉

(24*)	3	㉤	(3*) 1
(4*) ㉣	1	(12*) 4	3
1	㉢	3	(8*) 4
3	(4*) 4	㉡	㉠

① ㉠

② ㉡

③ ㉢

④ ㉣

⑤ ㉤

---

18. 다음 글과 〈표〉에 근거할 때, 〈보기〉에서 옳게 추론한 것을 모두 고르면? 13년 행시(인) 16번

• 한 국가의 선거제도를 평가함에 있어 '비례성'이라는 개념이 있다. 대의기관인 의회를 구성하는 데 있어 선거제도가 유권자의 의사를 잘 반영할수록 그 제도의 비례성은 높다고 할 수 있다.

• 학자 X는 한 정당이 획득한 득표율과 그 정당의 의회 내 의석률이 근접하도록 하는 선거제도는 비례성이 높다고 주장했다. 즉, 각 정당들의 득표율과 의석률 차이의 절대값의 합인 x지수가 작다면, 그 선거제도의 비례성이 높다고 평가할 수 있다는 것이다. 반면 x지수가 크다면 그 선거제도의 비례성은 낮을 것이라고 한다.

$$x지수 = \Sigma \,|득표율 - 의석률|$$

• 학자 Y는 의회 내에서의 정당 수와 정당 크기에 기초하여 의회 내 유효 정당 수를 측정하는 y지수를 개발했으며, 그 공식은 다음과 같다.

$$y지수 = \frac{1}{의회\ 내\ 각\ 정당의\ 의석률을\ 제곱한\ 값의\ 합}$$

그에 따르면 y지수가 큰 국가일수록 비례성이 높은 선거제도를 운용하고 있을 가능성이 높고, 반면 y지수가 작은 국가일수록 비례성이 낮은 선거제도를 운용하고 있을 가능성이 높다.

〈표〉 각 국 의회 내 정당의 득표율(%)과 의석률(%)

구분	A정당		B정당		C정당		D정당	
	득표율	의석률	득표율	의석률	득표율	의석률	득표율	의석률
甲국	30	30	30	25	20	25	20	20
乙국	20	10	25	10	15	20	40	60
丙국	40	50	20	10	20	20	20	20
丁국	30	40	30	40	20	10	20	10

※ 甲, 乙, 丙, 丁국의 각 정당명은 A~D로 동일하다고 가정한다.

───── 〈보 기〉 ─────

ㄱ. x지수에 의하면 丙국보다 丁국 선거제도의 비례성 정도가 낮을 것이다.

ㄴ. y지수에 의하면 甲국보다 丙국 선거제도의 비례성 정도가 높을 것이다.

ㄷ. 甲국은 x, y지수 모두에서 선거제도의 비례성 정도가 4개국 중 가장 높을 것이다.

ㄹ. 乙국은 x, y지수 모두에서 선거제도의 비례성 정도가 4개국 중 가장 낮을 것이다.

① ㄱ, ㄴ

② ㄱ, ㄹ

③ ㄴ, ㄷ

④ ㄱ, ㄷ, ㄹ

⑤ ㄴ, ㄷ, ㄹ

※ 다음 글을 읽고 물음에 답하시오. [19~20]

조선 시대의 상례(喪禮)에는 오복(五服)이라는 상복(喪服)제도가 있었다. 상을 당했을 때 어떤 상복을 입고 얼마 동안의 상기(喪期)를 지키느냐는 두 가지를 기준으로 정하였다.

첫째는 망자(亡者)와의 친소(親疎) 정도였는데, 촌수 등에 따라 친소관계가 정해졌다. 상을 당했을 때 상복을 입어야 하는 범위는 친가와 외가 및 처가가 서로 달랐다. 친가의 직계는 위로 4대(부모·조부모·증조부모·고조부모), 아래로 4대(자·손·증손·현손), 친가의 방계는 8촌까지였다. 그러나 외가는 4촌까지였고, 처가는 처의 부모에 국한되었다. 한편 입양을 간 남성은 양부모와 양부모의 친족에 대하여 친자와 똑같은 상례를 지켰다.

둘째는 남존여비(男尊女卑)사상에 근거한 남녀의 차별이었다. 출가하기 전의 여성은 집안의 남성과 동등하게 상복을 입었다. 그러나 혼인한 여성은 단지 시집의 구성원으로서 남성 중심의 친족관계에 편입되었다. 부부 상호간의 상례에서 아내는 남편과 동등한 대우를 받지 못하고 보다 중(重)한 상례를 지켜야 했다.

오복은 참최·자최·대공·소공·시마 다섯 가지였다. 오복 중에서 가장 높은 등급인 참최는 3년 동안 상복을 입고 대나무 지팡이를 짚었다. 그 다음 등급인 자최는 다시 상기에 따라 3년·1년·5개월·3개월로 나뉜다. 자최 3년은 오동나무나 버드나무 지팡이를 짚었고, 자최 1년은 지팡이를 짚는 장기(杖朞)와 지팡이를 짚지 않는 부장기(不杖朞)로 나뉘었다. 자최 5개월 이하 및 대공에서 시마까지는 지팡이를 쓰지 않았다. 자최의 다음 등급인 대공은 상기가 9개월이었고, 소공은 5개월이었으며, 최하 등급인 시마는 3개월이었다. 각 등급에 해당하는 예시는 다음과 같다.

1. 참최 : 아버지의 상을 당한 아들
2. 자최 3년 : 어머니의 상을 당한 아들
3. 자최 1년의 장기 : 시집 안 간 고모의 상을 당한 조카
4. 자최 1년의 부장기 : 아내의 상을 당한 남편
5. 자최 5개월 : 증조부모의 상을 당한 증손자
6. 자최 3개월 : 고조부모의 상을 당한 고손자
7. 대공 : 친가 4촌 형제의 상을 당한 경우
8. 소공 : 외조부모의 상을 당한 외손
9. 시마 : 친가 8촌 형제의 상을 당한 경우

참고로, 이상의 오복 외에 20세가 안 된 자식을 잃은 경우는 삼상(三殤)이라 하는데, 죽은 자식의 나이에 따라 16~19세의 장상(長殤), 12~15세의 중상(中殤), 8~11세의 하상(下殤)으로 구분하였다. 삼상은 상복을 입지 않고 두건만 쓰는 일이 많았지만, 장상과 하상은 각각 대공과 소공에 해당하는 상기를 지켰고, 중상의 상기는 하상보다 2개월 길었다.

※ 특별한 지정이 없는 한 상을 당한 주체가 남자라고 전제한다.
※ 상례에 관한 제도는 위의 경우로 한정한다.

19. 윗글을 근거로 옳게 추론한 것을 〈보기〉에서 모두 고르면?

11년 행시(발) 39번

─── 〈보 기〉 ───
ㄱ. 외사촌 형의 상을 당한 경우는 대공에 해당할 것이다.
ㄴ. 조부의 상을 당한 경우 손자의 상기는 1년 이상일 것이다.
ㄷ. 당숙(아버지의 사촌)의 상을 당한 경우에는 지팡이를 짚지 않을 것이다.
ㄹ. 남편의 상을 당한 아내는 상례를 치를 때 지팡이를 짚어야 할 것이다.

① ㄱ
② ㄹ
③ ㄱ, ㄹ
④ ㄴ, ㄷ
⑤ ㄴ, ㄷ, ㄹ

20. 〈보기〉의 甲~丙을 상기가 긴 순서대로 옳게 나열한 것은?

11년 행시(발) 40번

─── 〈보 기〉 ───
• 甲은 아직 미혼인 17세와 14세의 두 아들을 두었는데 어제 저녁 불의의 사고로 차남을 잃었다.
• 乙은 어제 이종사촌 형의 부고를 접하였는데, 작년 친가 8촌 남동생의 상을 당했을 때와 같은 상기를 지키게 되었다.
• 丙은 10살 때 양자로 가서 양부모를 모시고 사는데 어제 양부의 조모가 돌아가셔서 초상을 치르게 되었다.

① 甲－乙－丙
② 甲－丙－乙
③ 乙－丙－甲
④ 丙－甲－乙
⑤ 丙－乙－甲

21. 다음 글과 〈상황〉을 근거로 판단할 때 옳은 것은?

17년 행시(가) 5번

저작자는 미술저작물, 건축저작물, 사진저작물(이하 "미술 저작물 등"이라 한다)의 원본이나 그 복제물을 전시할 권리를 가진다. 전시권은 저작자인 화가, 건축물 설계자, 사진작가에게 인정되므로, 타인이 미술저작물 등을 전시하기 위해서는 저작자의 허락을 얻어야 한다. 다만 전시는 일반인에 대한 공개를 전제로 하는 것이므로, 예컨대 가정 내에서 진열하는 때에는 저작자의 허락이 필요 없다. 또한 저작자는 복제권도 가지기 때문에 타인이 미술저작물 등을 복제하기 위해서는 저작자의 허락을 얻어야 한다. 그런데 저작자가 미술저작물 등을 타인에게 판매하여 소유권을 넘긴 경우에는 저작자의 전시·복제권과 소유자의 소유권이 충돌하는 문제가 발생한다. 저작권법은 미술저작물 등의 전시·복제와 관련된 문제들을 다음과 같이 해결하고 있다.

첫째, 미술저작물 등의 원본의 소유자나 그의 허락을 얻은 자는 자유로이 미술저작물 등의 원본을 전시할 수 있다. 다만 가로·공원·건축물의 외벽 등 공중에게 개방된 장소에 항시 전시하는 경우에는 저작자의 허락을 얻어야 한다.

둘째, 개방된 장소에 항시 전시되어 있는 미술저작물 등은 제3자가 어떠한 방법으로든지 이를 복제하여 이용할 수 있다. 다만 건축물을 건축물로 복제하는 경우, 조각 또는 회화를 조각 또는 회화로 복제하는 경우, 미술 저작물 등을 판매목적으로 복제하는 경우에는 저작자의 허락을 얻어야 한다.

셋째, 화가 또는 사진작가가 고객으로부터 위탁을 받아 완성한 초상화 또는 사진저작물의 경우, 화가 또는 사진작가는 위탁자의 허락이 있어야 이를 전시·복제할 수 있다.

─── 〈상 황〉 ───

• 화가 甲은 자신이 그린 「군마」라는 이름의 회화를 乙에게 판매하였다.
• 화가 丙은 丁의 위탁을 받아 丁을 모델로 한 초상화를 그려 이를 丁에게 인도하였다.

① 乙이 「군마」를 건축물의 외벽에 잠시 전시하고자 할 때라도 甲의 허락을 얻어야만 한다.

② 乙이 감상하기 위해서 「군마」를 자신의 거실 벽에 걸어 놓을 때는 甲의 허락을 얻어야 한다.

③ A가 공원에 항시 전시되어 있는 「군마」를 회화로 복제하고자 할 때는 乙의 허락을 얻어야 한다.

④ 丙이 丁의 초상화를 복제하여 전시하고자 할 때는 丁의 허락을 얻어야 한다.

⑤ B가 공원에 항시 전시되어 있는 丁의 초상화를 판매목적으로 복제하고자 할 때는 丙의 허락을 얻을 필요가 없다.

---

22. 甲국은 곧 실시될 2011년 지역구국회의원선거에서 다음 규정과 〈상황〉에 근거하여 세 정당(A, B, C)에게 여성추천보조금을 지급하고자 한다. 각 정당이 지급받을 금액으로 옳은 것은?

11년 행시(발) 7번

제00조 ① 국가는 임기만료에 의한 지역구국회의원선거(이하 '국회의원선거'라 한다)에서 여성후보자를 추천하는 정당에 지급하기 위한 보조금(이하 '여성추천보조금'이라 한다)으로 직전 실시한 임기만료에 의한 국회의원선거의 선거권자 총수에 100원을 곱한 금액을 임기만료에 의한 국회의원선거가 있는 연도의 예산에 계상하여야 한다.

② 여성추천보조금은 국회의원선거에서 여성후보자를 추천한 정당에 대하여 다음 각 호의 기준에 따라 배분·지급한다. 이 경우 제1항의 규정에 의하여 당해 연도의 예산에 계상된 여성추천보조금의 100분의 50을 국회의원선거의 여성추천보조금 총액(이하 '총액'이라고 한다)으로 한다.

1. 여성후보자를 전국지역구총수의 100분의 30 이상 추천한 정당이 있는 경우

총액의 100분의 50은 지급 당시 정당별 국회의석수의 비율만큼, 총액의 100분의 50은 직전 실시한 임기만료에 의한 국회의원선거에서의 득표수의 비율만큼 배분·지급한다.

2. 여성후보자를 전국지역구총수의 100분의 30 이상 추천한 정당이 없는 경우

가. 여성후보자를 전국지역구총수의 100분의 15 이상 100분의 30 미만을 추천한 정당

제1호의 기준에 따라 배분·지급한다.

나. 여성후보자를 전국지역구총수의 100분의 5 이상 100분의 15 미만을 추천한 정당

총액의 100분의 30은 지급 당시 정당별 국회의석수의 비율만큼, 총액의 100분의 30은 직전 실시한 임기만료에 의한 국회의원선거에서의 득표수의 비율만큼 배분·지급한다. 이 경우 하나의 정당에 배분되는 여성추천보조금은 '가목'에 의하여 각 정당에 배분되는 여성추천보조금 중 최소액을 초과할 수 없다.

─── 〈상 황〉 ───

1. 직전 실시한 임기만료에 의한 지역구국회의원선거의 선거권자 총수는 4,000만 명이다.
2. 2011년 현재 전국지역구총수는 200개이다.
3. 2011년 지역구국회의원선거에서 여성후보자를 A정당은 50명, B정당은 30명, C정당은 20명을 추천했다.
4. 현재 국회의원 의석수의 비율은 A정당 50%, B정당 40%, C정당 10%이다.
5. 직전 실시한 임기만료에 의한 지역구국회의원선거의 득표수 비율은 A정당 40%, B정당 40%, C정당 20%였다.

	A	B	C
①	4억 5천만 원	4억 원	9천만 원
②	5억 4천만 원	4억 4천만 원	1억 6천 8백만 원
③	5억 4천만 원	4억 4천만 원	1억 8천만 원
④	9억 원	8억 원	1억 6천 8백만 원
⑤	9억 원	8억 원	1억 8천만 원

23. 다음 글을 근거로 판단할 때 옳은 것은? 20년 행시(나) 22번

제00조 ① 특별자치시장·특별자치도지사·시장·군수 또는 자치구의 구청장(이하 '시장·군수 등'이라 한다)은 빈집이 다음 각 호의 어느 하나에 해당하면 빈집정비계획에서 정하는 바에 따라 그 빈집 소유자에게 철거 등 필요한 조치를 명할 수 있다. 다만 빈집정비계획이 수립되어 있지 아니한 경우에는 지방건축위원회의 심의를 거쳐 그 빈집 소유자에게 철거 등 필요한 조치를 명할 수 있다.
   1. 붕괴·화재 등 안전사고나 범죄발생의 우려가 높은 경우
   2. 공익상 유해하거나 도시미관 또는 주거환경에 현저한 장애가 되는 경우
② 제1항의 경우 빈집 소유자는 특별한 사유가 없으면 60일 이내에 조치를 이행하여야 한다.
③ 시장·군수 등은 제1항에 따라 빈집의 철거를 명한 경우 그 빈집 소유자가 특별한 사유 없이 제2항의 기간 내에 철거하지 아니하면 직권으로 그 빈집을 철거할 수 있다.
④ 시장·군수 등은 제3항에 따라 철거할 빈집 소유자의 소재를 알 수 없는 경우 그 빈집에 대한 철거명령과 이를 이행하지 아니하면 직권으로 철거한다는 내용을 일간신문 및 홈페이지에 1회 이상 공고하고, 일간신문에 공고한 날부터 60일이 지난날까지 빈집 소유자가 빈집을 철거하지 아니하면 직권으로 철거할 수 있다.
⑤ 시장·군수 등은 제3항 또는 제4항에 따라 빈집을 철거하는 경우에는 정당한 보상비를 빈집 소유자에게 지급하여야 한다. 이 경우 시장·군수 등은 보상비에서 철거에 소요된 비용을 빼고 지급할 수 있다.
⑥ 시장·군수 등은 다음 각 호의 어느 하나에 해당하는 경우에는 보상비를 법원에 공탁하여야 한다.
   1. 빈집 소유자가 보상비 수령을 거부하는 경우
   2. 빈집 소유자의 소재불명(所在不明)으로 보상비를 지급할 수 없는 경우

※ 공탁이란 채무자가 변제할 금액을 법원에 맡기면 채무(의무)가 소멸하는 것을 말한다.

① A자치구 구청장은 주거환경에 현저한 장애가 되더라도 붕괴 우려가 없는 빈집에 대해서는 빈집정비계획에 따른 철거를 명할 수 없다.
② B군 군수가 소유자의 소재를 알 수 없는 빈집의 철거를 명한 경우, 일간신문에 공고한 날부터 60일 내에 직권으로 철거해야 한다.
③ C특별자치시 시장은 직권으로 빈집을 철거한 경우, 그 소유자에게 철거에 소요된 비용을 빼지 않고 보상비 전액을 지급해야 한다.
④ D군 군수가 빈집을 철거한 경우, 그 소유자가 보상비 수령을 거부하면 그와 동시에 보상비 지급의무는 소멸한다.
⑤ E시 시장은 빈집정비계획에 따른 빈집 철거를 명한 후 그 소유자가 특별한 사유 없이 60일 이내에 철거하지 않으면, 지방건축위원회의 심의 없이 직권으로 철거할 수 있다.

24. 다음 글을 근거로 판단할 때 옳은 것은? 18년 행시(나) 26번

보름달 중에 가장 크게 보이는 보름달을 슈퍼문이라고 한다. 크게 보이는 이유는 달이 평소보다 지구에 가까이 있기 때문이다. 슈퍼문이 되려면 보름달이 되는 시점과 달이 지구에 가장 가까워지는 시점이 일치하여야 한다. 달의 공전 궤도가 완벽한 원이라면 지구에서 달까지의 거리가 항상 똑같을 것이다. 하지만 실제로는 타원 궤도여서 달이 지구에 가까워지거나 멀어지는 현상이 생긴다. 유독 달만 그런 것은 아니고 태양계의 모든 행성이 태양을 중심으로 타원 궤도로 돈다. 이것이 바로 그 유명한 케플러의 행성운동 제1법칙이다.

지구와 달의 평균 거리는 약 38만km인 반면 슈퍼문일 때는 그 거리가 35만 7,000km 정도로 가까워진다. 달의 반지름은 약 1,737km이므로, 지구와 달의 거리가 평균 정도일 때 지구에서 보름달을 바라보는 시각도는 0.52도 정도인 반면, 슈퍼문일 때는 시각도가 0.56도로 커진다. 반대로 보름달이 가장 작게 보일 때, 다시 말해 보름달이 지구에서 제일 멀 때는 그 거리가 약 40만 km여서 보름달을 보는 시각도가 0.49도로 작아진다.

밀물과 썰물이 생기는 원인은 지구에 작용하는 달과 태양의 중력 때문인데, 달이 태양보다는 지구에 훨씬 더 가깝기 때문에 더 큰 영향을 미친다. 달이 지구에 가까워지면 평소 달이 지구를 당기는 힘보다 더 강하게 지구를 당긴다. 그리고 달의 중력이 더 강하게 작용하면, 달을 향한 쪽의 해수면은 평상시보다 더 높아진다. 실제 우리나라에서도 슈퍼문일 때 제주도 등 해안가에 바닷물이 평소보다 더 높게 밀려 들어와서 일부 지역이 침수 피해를 겪기도 했다.

한편 달의 중력 때문에 높아진 해수면이 지구와 함께 자전을 하다보면 지구의 자전을 방해하게 된다. 일종의 브레이크가 걸리는 셈이다. 이 때문에 지구의 자전 속도가 느려지게 되고 그 결과 하루의 길이에 미세하게 차이가 생긴다. 실제 연구 결과에 따르면 100만 년에 17초 정도씩 길어지는 효과가 생긴다고 한다.

※ 시각도 : 물체의 양끝에서 눈의 결합점을 향하여 그은 두 선이 이루는 각을 의미한다.

① 지구에서 태양까지의 거리는 1년 동안 항상 일정하다.
② 해수면의 높이는 지구와 달의 거리와 관계가 없다.
③ 달이 지구에서 멀어지면 궤도에서 벗어나지 않기 위해 평소보다 더 강하게 지구를 잡아당긴다.
④ 지구와 달의 거리가 36만km 정도인 경우, 지구에서 보름달을 바라보는 시각도는 0.49도보다 크다.
⑤ 지구가 자전하는 속도는 점점 빨라지고 있다.

25. 다음 글과 〈상황〉을 근거로 판단할 때, 〈보기〉에서 옳은 것만을 모두 고르면?

21년 행시(가) 21번

제00조 ① 급식은 유아의 교육을 위하여 설립·운영되는 국립·공립·사립 유치원을 대상으로 실시한다.

② 제1항에도 불구하고 원아수 50명 미만의 사립 유치원은 급식 대상에서 제외한다. 다만 교육감이 필요하다고 인정하는 경우 급식 대상에 포함시킬 수 있다.

③ 교육감은 제2항에 따라 급식 대상에서 제외되는 유치원의 명칭과 주소를 매년 1월말까지 공시하여야 한다.

제00조 ① 유치원에 두는 영양교사의 배치기준은 다음 각 호와 같다.

  1. 급식을 실시할 유치원에는 영양교사 1명을 둔다.
  2. 제1호에도 불구하고 같은 교육지원청의 관할구역에 있는 원아수 각 200명 미만인 유치원은 2개 이내의 유치원에 순회 또는 공동으로 영양교사를 둘 수 있다.

② 교육감은 급식을 위한 시설과 설비를 갖춘 유치원 중 원아수 100명 미만의 유치원에 대하여 영양관리, 식생활 지도 등의 업무를 지원하기 위하여 교육지원청에 전담직원을 둘 수 있다. 이 경우 교육지원청의 지원을 받는 유치원에는 영양교사를 둔 것으로 본다.

〈상 황〉

- 현재 유치원 현황은 다음과 같다.

유치원	분류	원아수	관할 교육지원청
A	공립	223	甲
B	사립	152	乙
C	사립	123	乙
D	사립	74	丙
E	공립	46	丙

〈보 기〉

ㄱ. A유치원은 급식을 실시하기 위하여 영양교사 1명을 배치해야 한다.

ㄴ. B유치원과 C유치원은 공동으로 영양교사 1명을 배치할 수 있다.

ㄷ. 급식을 위한 시설과 설비를 갖춘 D유치원이 丙교육지원청의 전담직원을 통하여 영양관리, 식생활 지도 등의 업무를 지원받고 있다면, D유치원은 영양교사를 둔 것으로 본다.

ㄹ. E유치원은 급식 대상에서 제외되는 유치원으로 그 명칭과 주소가 매년 1월말까지 공시되어야 한다.

---

① ㄱ, ㄴ

② ㄱ, ㄹ

③ ㄷ, ㄹ

④ ㄱ, ㄴ, ㄷ

⑤ ㄴ, ㄷ, ㄹ

26. 甲사무관은 최근에 사무실을 옮겼는데, 1번부터 82번까지 연이어 번호가 붙은 82개의 사물함 중 어느 것이 그의 것인지 몰랐다. 다른 정보가 없는 상태에서 甲은 그 사물함 번호를 아는 乙사무관에게 다음 〈질문〉을 이용하여 자신의 사물함 번호를 정확히 알아내었다. 이 때 사물함 번호를 정확히 알아냈던 질문의 조합이 될 수 있는 것은?

10년 행시(발) 10번

〈질 문〉

ㄱ. 내 사물함 번호가 41번보다 낮은 번호인가?

ㄴ. 내 사물함 번호가 4의 배수인가?

ㄷ. 내 사물함 번호가 정수의 제곱근을 갖는 숫자인가?

ㄹ. 내 사물함 번호가 홀수인가?

---

① ㄱ, ㄴ

② ㄱ, ㄷ

③ ㄱ, ㄴ, ㄷ

④ ㄱ, ㄴ, ㄹ

⑤ ㄴ, ㄷ, ㄹ

27. 다음 글과 〈선정 방식〉을 근거로 판단할 때, 〈보기〉에서 옳은 것만을 모두 고르면?

18년 행시(나) 14번

△△기업은 3개 신문사(甲~丙)를 대상으로 광고비를 지급하기 위해 3가지 선정 방식을 논의 중이다. 3개 신문사의 정보는 다음과 같다.

신문사	발행부수(부)	유료부수(부)	발행기간(년)
甲	30,000	9,000	5
乙	30,000	11,500	10
丙	20,000	12,000	12

※ 발행부수＝유료부수＋무료부수

─── 〈선정 방식〉 ───

• 방식 1 : 항목별 점수를 합산하여 고득점 순으로 500만 원, 300만 원, 200만 원을 광고비로 지급하되, 80점 미만인 신문사에는 지급하지 않는다.

평가항목	항목별 점수			
발행부수 (부)	20,000 이상	15,000~ 19,999	10,000~ 14,999	10,000 미만
	50점	40점	30점	20점
유료부수 (부)	15,000 이상	10,000~ 14,999	5,000~ 9,999	5,000 미만
	30점	25점	20점	15점
발행기간 (년)	15 이상	12~14	9~11	6~8
	20점	15점	10점	5점

※ 항목별 점수에 해당하지 않을 경우 해당 항목을 0점으로 처리한다.

• 방식 2 : A등급에 400만 원, B등급에 200만 원, C등급에 100만 원을 광고비로 지급하되, 등급별 조건을 모두 충족하는 경우에만 해당 등급을 부여한다.

등급	발행부수(부)	유료부수(부)	발행기간(년)
A	20,000 이상	10,000 이상	10 이상
B	10,000 이상	5,000 이상	5 이상
C	5,000 이상	2,000 이상	2 이상

※ 하나의 신문사가 복수의 등급에 해당할 경우, 그 신문사에게 가장 유리한 등급을 부여한다.

• 방식 3 : 1,000만 원을 발행부수 비율에 따라 각 신문사에 광고비로 지급한다.

─── 〈보 기〉 ───

ㄱ. 乙은 방식 3이 가장 유리하다.

ㄴ. 丙은 방식 1이 가장 유리하다.

ㄷ. 방식 1로 선정할 경우, 甲은 200만 원의 광고비를 지급받는다.

ㄹ. 방식 2로 선정할 경우, 丙은 甲보다 두 배의 광고비를 지급받는다.

① ㄱ, ㄴ

② ㄱ, ㄷ

③ ㄴ, ㄷ

④ ㄴ, ㄹ

⑤ ㄷ, ㄹ

28. 부서 체육대회를 준비하는 김사무관은 서로 비슷한 실력을 가진 네 개의 농구팀을 만들려고 한다. 김사무관은 20명을 초급 실력인 1점에서부터 선수급 실력인 5점까지 평가했다. 5점의 실력을 가진 사람은 두 명, 4점의 실력을 가진 사람은 세 명, 그리고 3점, 2점, 1점의 실력을 가진 사람은 각각 다섯 명이었다. 김사무관은 한 팀에 동일한 실력을 가진 사람들이 최대 1쌍까지만 포함되도록 하며, 총점으로 볼 때는 같은 점수를 지닌 네 팀을 만들었다. 특히 두 팀은 구성원의 개별점수가 완전히 똑같았다. 김사무관이 만들어 낸 농구팀의 특성으로 잘못된 것은?

06년 행시(제) 31번

① 어떤 팀은 2점 선수가 두 명이다.

② 어떤 팀은 3점 선수를 한 명도 가지지 않는다.

③ 모든 팀들은 적어도 한 명의 1점 선수를 가진다.

④ 어떤 팀은 5점 선수 한 명과 4점 선수 한 명씩을 가진다.

⑤ 팀 내에 같은 실력을 가진 선수들이 있는 경우는 세 팀이다.

29. 다음 글과 〈3년간 인증대학 현황〉을 근거로 판단할 때, 〈보기〉에서 옳은 것만을 모두 고르면?(단, 다른 조건은 고려하지 않는다)

16년 행시(5) 36번

- 대학의 외국인 유학생 관리·지원 체계 및 실적 등을 평가하여 인증을 부여하는 제도가 2013년에 처음 시행되었다.
- 신규 인증을 신청한 대학이 1단계 핵심지표평가 및 2단계 현장평가 결과 일정 기준을 충족할 경우, 신규 인증대학으로 선정되고 인증의 유효기간은 3년이다.
- 매년 2월 인증대학을 선정하며 인증은 당해 연도 3월 1일부터 유효하다.
- 기존 인증대학에 대해서는 매년 2월 핵심지표평가만을 실시하고, 기준을 충족하지 못하는 경우 당해 연도 3월 1일부터 인증이 취소된다.
- 인증이 취소된 대학은 그 다음 해부터 신규 인증을 신청하여 신규 인증대학으로 다시 선정될 수 있다.

〈3년간 인증대학 현황〉

구분	2013년 3월	2014년 3월	2015년 3월
신규 인증대학	12	18	21
기존 인증대학	–	10	25
합계	12	28	46

〈보 기〉

ㄱ. 2013년에 신규 인증대학으로 선정된 A대학이 2016년에 핵심지표평가만을 받는 경우는 없다.
ㄴ. 2015년 3월까지 인증대학으로 1번 이상 선정된 대학은 최대 51개이다.
ㄷ. 2015년 3월까지 인증대학으로 1번 이상 선정된 대학은 최소 46개이다.
ㄹ. 2016년 2월 현재 23개월 이상 인증을 유지하고 있는 대학은 25개이다.

① ㄱ, ㄷ
② ㄴ, ㄷ
③ ㄴ, ㄹ
④ ㄱ, ㄴ, ㄹ
⑤ ㄴ, ㄷ, ㄹ

---

30. 다음 〈상황〉을 근거로 판단할 때, 〈보기〉에서 옳은 것만을 모두 고르면?

18년 행시(나) 18번

〈상 황〉

- 체육대회에서 8개의 종목을 구성해 각 종목에서 우승 시 얻는 승점을 합하여 각 팀의 최종 순위를 매기고자 한다.
- 각 종목은 순서대로 진행하고, 3번째 종목부터는 각 종목 우승 시 받는 승점이 그 이전 종목들의 승점을 모두 합한 점수보다 10점 더 많도록 구성하였다.

※ 승점은 각 종목의 우승 시에만 얻을 수 있으며, 모든 종목의 승점은 자연수이다.

〈보 기〉

ㄱ. 1번째 종목과 2번째 종목의 승점이 각각 10점, 20점이라면 8번째 종목의 승점은 1,000점을 넘게 된다.
ㄴ. 1번째 종목과 2번째 종목의 승점이 각각 100점, 200점이라면 8번째 종목의 승점은 10,000점을 넘게 된다.
ㄷ. 1번째 종목과 2번째 종목의 승점에 상관없이 8번째 종목의 승점은 6번째 종목 승점의 네 배이다.
ㄹ. 만약 3번째 종목부터 각 종목 우승 시 받는 승점이 그 이전 종목들의 승점을 모두 합한 점수보다 10점 더 적도록 구성한다면, 1번째 종목과 2번째 종목의 승점에 상관없이 8번째 종목의 승점은 6번째 종목 승점의 네 배보다 적다.

① ㄱ, ㄷ
② ㄱ, ㄹ
③ ㄴ, ㄷ
④ ㄱ, ㄴ, ㄹ
⑤ ㄴ, ㄷ, ㄹ

---

31. 다음 글을 근거로 판단할 때, 오늘날을 기준으로 1석(石)은 몇 승(升)인가?

20년 행시(나) 9번

옛날 도량에는 두(斗), 구(區), 부(釜), 종(鍾) 등이 있었다. 1두(斗)는 4승(升)인데, 4두(斗)가 1구(區)이고, 4구(區)가 1부(釜)이며, 10부(釜)가 1종(鍾)이었다.

오늘날 도량은 옛날과 다소 달라졌다. 지금의 1승(升)이 옛날 1승(升)에 비해 네 배가 되어 옛날의 1두(斗)와 같아졌다. 오늘날 4구(區)는 1부(釜)로 옛날과 같지만, 4승(升)이 1구(區)가 되며, 1부(釜)는 1두(豆) 6승(升), 1종(鍾)은 16두(豆)가 된다. 오늘날 1석(石)은 1종(鍾)에 비해 1두(豆)가 적다.

① 110승
② 120승
③ 130승
④ 140승
⑤ 150승

32. 다음 글을 근거로 판단할 때, 도형의 모양으로 옳게 짝지은 것은?
16년 행시(4) 12번

5명의 학생은 5개 도형 A~E의 모양을 맞히는 게임을 하고 있다. 5개의 도형은 모두 서로 다른 모양을 가지며 각각 삼각형, 사각형, 오각형, 육각형, 원 중 하나의 모양으로 이루어진다. 학생들에게 아주 짧은 시간 동안 5개의 도형을 보여준 후 도형의 모양을 2개씩 진술하게 하였다. 학생들이 진술한 도형의 모양은 다음과 같고, 모두 하나씩만 정확하게 맞혔다.

지영 : C=삼각형, D=사각형
종형 : B=오각형, E=사각형
미석 : C=원, D=오각형
길원 : A=육각형, E=사각형
수연 : A=육각형, B=삼각형

① A=육각형, D=사각형

② B=오각형, C=삼각형

③ A=삼각형, E=사각형

④ C=오각형, D=원

⑤ D=오각형, E=육각형

---

33. 다음 〈경기 규칙〉에 따라 다섯 사람이 경기를 한 결과, 여섯 번째 순서인 甲이 벌칙을 받았다. 그런데 경기 기록지가 손상되어 〈기록지〉의 검정색으로 칠해진 곳은 알 수 없다. 〈보기〉에서 옳은 것을 모두 고르면?
11년 행시(발) 35번

─〈경기 규칙〉─

• 경기를 시작하면 첫 번째 사람은 손가락으로 1~5까지의 숫자 중 하나를 표현하고, 동시에 입으로도 1~5까지의 숫자 중 하나를 말한다. 단, 손가락으로 표현하는 숫자와 입으로 말하는 숫자는 달라야 한다.
• 두 번째 사람부터는 바로 전의 사람이 입으로 말한 숫자를 손가락으로 표현하고, 동시에 입으로는 손가락으로 표현하지 않은 숫자 중 하나를 골라 말해야 한다. 그 이후로도 같은 방법으로 진행한다.
• 위에서 말한 경기 규칙을 어기는 사람이 생기면 그 사람이 벌칙을 받는 것으로 경기가 종료된다.
• 경기는 甲 → 乙 → 丙 → 丁 → 戊 → 甲 → …의 순서로 진행된다.

─〈기록지〉─

순번	1번	2번	3번	4번	5번	6번
사람	甲	乙	丙	丁	戊	甲
입		넷			둘	둘
손가락	✌	✌			🖐	✌

─〈보 기〉─

ㄱ. 여섯 번째 순서인 甲이 한 것처럼, 바로 앞의 사람이 입으로 말한 숫자와 같은 숫자를 입으로 말하면 예외 없이 벌칙을 받는다.
ㄴ. 경기를 시작하고 甲이 처음으로 입으로 말한 숫자와 丙이 손가락으로 표현한 숫자를 합하면 6이다.
ㄷ. 丙이 입으로 말한 숫자는 '다섯'이다.
ㄹ. 丙이 입으로 말한 숫자가 '셋'이라면, 손가락으로 표현한 '1'은 이 경기에서 한 번도 나오지 않았다.

① ㄱ, ㄴ, ㄷ

② ㄱ, ㄴ, ㄹ

③ ㄱ, ㄷ, ㄹ

④ ㄴ, ㄷ, ㄹ

⑤ ㄱ, ㄴ, ㄷ, ㄹ

34. 다음 〈관람 위치 배정방식〉과 〈상황〉을 근거로 판단할 때 옳은 것은? 17년 행시(가) 37번

───── 〈관람 위치 배정방식〉 ─────

• 공연장의 좌석은 총 22개이며 좌측 6개석, 중앙 10개석, 우측 6개석으로 구성된다.

무대

		좌							우
앞줄				계단			A	계단	
뒷줄									B

• 입장은 공연일 정오에 마감되며, 해당 시점까지 공연장에 도착한 관람객을 대상으로 관람 위치를 배정한다.

• 좌석배정은 선착순으로 이루어지며, 가장 먼저 온 관람객부터 무대에 가까운 앞줄의 맨 좌측 좌석부터 맨 우측 좌석까지, 그 후 뒷줄의 맨 우측 좌석부터 맨 좌측 좌석까지 순서대로 이루어진다.

• 관람객이 22명을 초과할 경우, 초과인원 중 먼저 도착한 절반은 좌측 계단에, 나머지 절반은 우측 계단에 순서대로 앉힌다.

───── 〈상 황〉 ─────

• 공연장에 가장 먼저 온 관람객은 오전 2:10에 도착하였다.

• 오전 4:30까지는 20분 간격으로 관람객이 공연장에 도착하였다.

• 오전 4:30부터 오전 6:00까지는 10분 간격으로 관람객이 공연장에 도착하였다.

• 오전 6:00 이후에는 30분 간격으로 관람객이 공연장에 도착하였다.

• 공연장에 가장 마지막으로 온 관람객은 오전 11:30에 도착하였다.

• 관람객은 공연장에 한 명씩 도착하였다.

※ 위 상황은 모두 공연일 하루 동안 발생한 것이다.

① 우측 계단에 앉은 관람객이 중앙 좌석에 앉기 위해서는 지금보다 적어도 3시간, 최대 4시간은 일찍 도착해야 한다.

② 공연일 오전 9:00부터 공연일 오전 10:00까지 도착한 관람객은 모두 좌측 계단에 앉는다.

③ A에 앉은 관람객과 B에 앉은 관람객의 도착시간은 50분 차이가 난다.

④ 공연일 오전 6:00에 도착한 관람객은 앞줄 좌석에 앉는다.

⑤ 총 30명의 관람객이 공연장에 도착하였다.

---

35. 김 사무관은 소프트웨어(이하 S/W라 표기한다) '수출 중점 대상 국가'를 선정하고자 한다. 다음 〈국가별 현황〉과 〈평가기준〉에 근거할 때, 옳은 것을 〈보기〉에서 모두 고르면? 12년 행시(인) 18번

〈국가별 현황〉

국가명	시장매력도			정보화수준	접근가능성
	S/W시장규모 (백만 불)	S/W성장률 (%)	인구규모 (백만 명)	전자정부 순위	S/W수출액 (백만 원)
A국	550	13.6	232	106	9,103
B국	333	8.7	3	82	2,459
C국	315	8.7	87	91	2,597
D국	1,706	8.2	27	95	2,777
E국	1,068	7.2	64	64	2,158

───── 〈평가기준〉 ─────

• 국가별 종합점수는 시장매력도(30점 만점), 정보화수준(30점 만점), 접근가능성(40점 만점)의 합계(100점 만점)로 구하며, 종합점수가 높을수록 종합순위도 높다.

• 시장매력도 점수는 시장매력도가 가장 높은 국가에 30점, 가장 낮은 국가에 0점, 그 밖의 모든 국가에 15점을 부여한다. S/W시장규모가 클수록, S/W성장률이 높을수록, 인구규모가 클수록 시장매력도가 높다.

• 정보화수준 점수는 전자정부순위가 가장 높은 국가에 30점, 가장 낮은 국가에 0점, 그 밖의 모든 국가에 15점을 부여한다.

• 접근가능성 점수는 접근가능성이 가장 높은 국가에 40점, 가장 낮은 국가에 0점, 그 밖의 모든 국가에 20점을 부여한다. S/W수출액이 클수록 접근가능성이 높다.

───── 〈보 기〉 ─────

ㄱ. 정보화수준 점수는 E국이 30점, A국이 0점이고, 다른 국가들은 모두 15점이다.

ㄴ. 접근가능성 점수는 A국이 30점, E국이 0점이고, 다른 국가들은 모두 15점이다.

ㄷ. 시장매력도 점수를 S/W시장규모만을 고려하여 결정할 경우, A국과 D국의 종합점수는 동일하다.

ㄹ. S/W시장규모가 10억 불 이상이면서 동시에 인구가 5천만 명 이상인 국가가 가장 매력적 시장이라는 결론이 났을 경우, E국이 선정된다.

① ㄱ, ㄴ

② ㄱ, ㄷ

③ ㄱ, ㄹ

④ ㄴ, ㄷ

⑤ ㄷ, ㄹ

36. 甲사무관은 청사이전 공사를 위해 조달청 입찰시스템에 등록하고자 하는 A∼E업체 중 하나를 선택하여 계약을 맺으려 한다. 다음을 근거로 판단할 때 옳지 <u>않은</u> 것을 〈보기〉에서 모두 고르면?

11년 행시(발) 33번

— 〈조 건〉 —

- 甲사무관은 조달청 입찰시스템에 등록되지 않은 업체와는 계약할 수 없다.
- 甲사무관은 조달청 입찰시스템에 등록하려는 각 업체의 정보 (〈표 1〉)는 알 수 있지만 각 업체별 사전평가점수(〈표 2〉)는 모른다.
- 甲사무관은 순편익이 가장 높은 업체를 선택하며, 이 때 순편익은 청사이전 편익에서 공사비용을 뺀 값이다.
- 조달청은 사전평가점수 총점이 60점 이상인 업체만을 입찰시스템에 등록시키고, 평가항목 중 하나에서라도 분류배점의 40% 미만이 나올 경우에는 등록 자체를 허용하지 않는다.
- 공사 착공일은 3월 1일이며, 어떠한 일이 있어도 같은 해 7월 10일까지 공사가 완공되어야 한다.

〈표 1〉 업체의 정보

구분	A업체	B업체	C업체	D업체	E업체
공사소요기간(일)	120	100	140	125	130
공사비용(억 원)	16	10	18	13	11
청사이전 편익 (억 원)	18	12	25	17	16
안전성	上	中	上	中	下

〈표 2〉 입찰시스템에 등록하려는 업체별 사전평가점수

평가항목	분류 배점	A업체	B업체	C업체	D업체	E업체
가격	30	18	26	17	18	25
품질	20	17	16	15	13	12
수요기관 만족도	20	14	7	15	13	11
서비스	30	22	27	18	15	27
총점	100	71	76	65	59	75

— 〈보 기〉 —

ㄱ. 甲사무관은 E업체와 계약을 맺을 것이다.

ㄴ. 만약 D업체가 친환경인증으로 품질부문에서 가산점 2점을 얻는다면 甲사무관은 D업체와 계약을 맺을 것이다.

ㄷ. 만약 甲사무관이 순편익은 고려하지 않고 공사완공이 빨리 되는 것만 고려한다면 B업체와 계약을 맺을 것이다.

ㄹ. 만약 안전성이 下인 업체를 제외시킨다면 甲사무관은 A업체와 계약을 맺을 것이다.

ㅁ. 안전성이 上일 경우 2억 원의 청사이전 편익이 추가로 발생한다면 甲사무관은 A업체와 계약을 맺을 것이다.

① ㄱ, ㄴ, ㄷ

② ㄱ, ㄹ, ㅁ

③ ㄴ, ㄷ, ㄹ

④ ㄴ, ㄷ, ㅁ

⑤ ㄷ, ㄹ, ㅁ

---

37. 다음 제시문을 읽고 〈조건〉에 따라 추론할 때 〈보기〉에서 반드시 옳은 것을 고르면?

09년 행시(극) 15번

부산광역시 행정구역의 하나인 영도구는 2008년 1월 1일부터 신축되는 모든 건물의 주차장에 장애인을 위한 주차구역을 반드시 설치하도록 규정하였다. 또한 부산광역시는 2008년 1월 1일부터 신축되는 모든 건물의 출입구에 장애인을 위한 경사로를 설치할 것을 의무화하였다. 한편 경상남도는 2008년 1월 1일부터 신축되는 모든 건물의 엘리베이터 내에 장애인을 위한 점자 표시를 의무화하였다. 장애인을 위한 이러한 사회적 배려는 법으로 규정되기 이전부터 자율적으로 시행되어 왔다.

— 〈조 건〉 —

- 하위 행정구역에는 자신이 속해 있는 상위 행정구역의 규정이 적용된다.
- 건물 A는 출입구에 장애인을 위한 경사로가 설치되어 있다.
- 건물 A는 장애인을 위한 주차구역을 구비하고 있지 않다.
- 건물 A는 엘리베이터 내에 장애인을 위한 점자 표시가 되어 있다.
- 규정을 준수하지 않은 건물은 신축될 수 없다.

— 〈보 기〉 —

ㄱ. 만일 건물 A가 2008년 1월이 되기 전에 세워졌다면 그 건물은 영도구 안에 위치해 있다.

ㄴ. 만일 건물 A가 2008년 1월에 신축되었다면 위의 세 행정구역 중 어디에 위치해 있는지 알 수 없다.

ㄷ. 만일 건물 A가 2008년 3월에 신축되었다면 그 건물은 영도구 안에 위치해 있지 않다.

ㄹ. 영도구에 장애인을 위한 경사로가 설치되어 있는 건물은 2008년 1월 1일 이후에 신축된 것이다.

ㅁ. 영도구에서 2008년 1월 1일 이후에 신축된 모든 건물의 엘리베이터 내에는 점자 표시가 되어 있다.

① ㄱ, ㅁ

② ㄴ, ㄷ

③ ㄴ, ㄹ

④ ㄷ, ㄹ

⑤ ㄷ, ㅁ

38. 다음 〈국내 대학(원) 재학생 학자금 대출 조건〉을 근거로 판단할 때, 〈보기〉에서 옳은 것만을 모두 고르면?(단, 甲~丙은 국내 대학(원)의 재학생이다)

19년 행시(가) 3번

〈국내 대학(원) 재학생 학자금 대출 조건〉

구분		X학자금 대출	Y학자금 대출
신청 대상	신청 연령	• 35세 이하	• 55세 이하
	성적 기준	• 직전 학기 12학점 이상 이수 및 평균 C학점 이상(단, 장애인, 졸업학년인 경우 이수학점 기준 면제)	• 직전 학기 12학점 이상 이수 및 평균 C학점 이상(단, 대학원생, 장애인, 졸업학년인 경우 이수학점 기준 면제)
	가구소득 기준	• 소득 1~8분위	• 소득 9, 10분위
	신용 요건	• 제한 없음	• 금융채무불이행자, 저신용자 대출 불가
대출 한도	등록금	• 학기당 소요액 전액	• 학기당 소요액 전액
	생활비	• 학기당 150만 원	• 학기당 100만 원
상환 사항	상환 방식 (졸업 후)	• 기준소득을 초과하는 소득 발생 이전 : 유예 • 기준소득을 초과하는 소득 발생 이후 : 기준소득 초과분의 20%를 원천 징수 ※ 기준소득 : 연 천만 원	• 졸업 직후 매월 상환 • 원금균등분할상환과 원리금균등분할상환 중 선택

─── 〈보 기〉 ───

ㄱ. 34세로 소득 7분위인 대학생 甲이 직전 학기에 14학점을 이수하여 평균 B학점을 받았을 경우 X학자금 대출을 받을 수 있다.

ㄴ. X학자금 대출 대상이 된 乙의 한 학기 등록금이 300만 원일 때, 한 학기당 총 450만 원을 대출받을 수 있다.

ㄷ. 50세로 소득 9분위인 대학원생 丙(장애인)은 신용 요건에 관계없이 Y학자금 대출을 받을 수 있다.

ㄹ. 대출금액이 동일하고 졸업 후 소득이 발생하지 않았다면, X학자금 대출과 Y학자금 대출의 매월 상환금액은 같다.

① ㄱ, ㄴ

② ㄱ, ㄷ

③ ㄷ, ㄹ

④ ㄱ, ㄴ, ㄹ

⑤ ㄴ, ㄷ, ㄹ

※ 다음 글을 읽고 물음에 답하시오. [39~40]

15세기 후반 왕실의 도자기 수요량이 증가하자 국가가 도자기 제조를 직접 관리하게 되었다. 광주분원은 왕실에 필요한 도자기를 구워내기 위해 경기도 광주군에 설치한 관요(官窯)였다. 광주군 일대는 질 좋은 소나무 숲이 많았기 때문에 관요에 필요한 연료를 공급하는 시장절수처(柴場折受處)로 지정되었다.

예로부터 백자가마에서는 숯이나 재가 남지 않고 충분한 열량을 낼 수 있는 소나무를 연료로 사용했다. 불티가 남지 않는 소나무는 백자 표면에 입힌 유약을 매끄럽게 해 질 좋은 백자를 굽는 데 최상의 연료였다. 철분이 많은 참나무 종류는 불티가 많이 생겨서 백자 표면에 붙고, 그 불티가 산화철로 변하여 유약을 바른 표면에 원하지 않는 자국을 내기 때문에 예열할 때 외에는 땔감으로 사용하지 않았다. 도자기를 굽는 데는 많은 땔감이 필요하였다. 한 가마에서 백자 1,500개를 생산하기 위해서는 50짐의 소나무 장작이 필요했다. 장작 1거(車)는 5~6태(駄)를 말하며 1태는 2짐에 해당하는 분량이었다.

분원은 소나무 땔감을 안정적으로 공급받기 위하여 시장절수처 내의 수목이 무성한 곳을 찾아 약 10년에 한번 꼴로 그 장소를 이동하였다. 분원이 설치되어 땔감에 필요한 소나무를 다 채취한 곳은 소나무가 무성하게 될 때까지 기다렸다가 다시 그 곳에 분원을 설치하여 수목을 채취하는 것이 원칙이었다. 질 좋은 소나무 확보가 중요했기 때문에 시장절수처로 지정된 곳의 소나무는 관요에 필요한 땔감으로만 사용을 하고 다른 관청의 사용을 전면 금지하였다.

그러나 실제로는 한 번 분원이 설치되어 소나무를 채취한 곳은 화전으로 개간되었기 때문에 다시 그 곳에서 땔감을 공급받을 수 없게 되었다. 그리하여 17세기 말경에는 분원을 교통이 편리한 곳에 고정시켜 두고 땔감을 분원으로 운반하여 사용하자는 분원고정론(分院固定論)이 대두되었다. 이러한 논의는 당시에는 실현되지 못하였고, 경종 원년(1721년) 이후에야 분원을 고정시켜 시장절수처 이외의 장소에서 땔감을 구입하여 사용하게 되었다.

한편 17세기 후반부터는 분원에 소속된 공장(工匠)의 생계를 보조하기 위하여 그들에게 사경영(私經營)을 허용하였고, 이것이 점차 늘어나 18세기에 들어와서는 상인자본이 개입하기에 이르렀다. 19세기에는 그 규모가 더욱 늘어 결국 고종 21년(1884년)에는 관요의 기능을 상실하였다.

39. 위의 글에 근거하여 추론할 때 옳은 것은? 13년 행시(인) 39번

① 시장절수처의 소나무는 질이 좋아서 관청의 건축에 사용되었을 것이다.

② 17세기에는 시장절수처의 소나무 숲 상태를 고려하여 분원이 이동되었을 것이다.

③ 19세기에 양반들은 광주분원의 공장에게서 도자기를 구입할 수 없었을 것이다.

④ 소나무 확보가 어려워지자 분원을 고정하고 땔감을 구매하자는 주장이 제기되어, 17세기 말부터 분원이 고정되었을 것이다.

⑤ 광주군 일대는 질 좋은 소나무가 많아 19세기까지 광주분원은 정기적으로 순환하면서 시장절수처에서 땔감을 공급받았을 것이다.

40. 광주분원 2,000가마에서 300만 개의 백자를 생산하는 데 필요했던 장작의 양은?(단, 장작 1거는 5태로 계산한다)

13년 행시(인) 40번

① 1,000거

② 1,500거

③ 5,000거

④ 7,500거

⑤ 10,000거

교육이란 사람이 학교에서 배운 것을
잊어버린 후에 남은 것을 말한다.

– 알버트 아인슈타인 –

2025

5·7급 공채 | 국립외교원 | 지역인재 7급 | 5·7급 민간경력자

5급 PSAT
...
언어논리 · 자료해석 · 상황판단

전과목 단기완성
+ 필수기출 300제
정답 및 해설

편저 | SD PSAT연구소

시대에듀

PART 2

5급 PSAT 필수기출 300제 정답 및 해설

CHAPTER 01 언어논리 필수기출 100제 정답 및 해설

01	02	03	04	05	06	07	08	09	10
③	①	④	④	①	①	②	⑤	①	④
11	12	13	14	15	16	17	18	19	20
③	⑤	③	①	⑤	②	④	④	③	①
21	22	23	24	25	26	27	28	29	30
④	②	①	②	④	④	③	④	①	④
31	32	33	34	35	36	37	38	39	40
①	④	③	②	②	②	③	⑤	②	⑤
41	42	43	44	45	46	47	48	49	50
④	③	④	①	③	④	③	②	②	⑤
51	52	53	54	55	56	57	58	59	60
②	②	④	①	①	⑤	④	④	⑤	③
61	62	63	64	65	66	67	68	69	70
④	④	④	④	②	⑤	⑤	③	⑤	①
71	72	73	74	75	76	77	78	79	80
②	⑤	②	⑤	④	④	②	⑤	④	⑤
81	82	83	84	85	86	87	88	89	90
③	②	③	⑤	④	①	⑤	①	④	①
91	92	93	94	95	96	97	98	99	100
③	⑤	⑤	③	②	③	③	⑤	④	⑤

01 일치부합

01
정답 ③

난도 하

정답해설

몬테카를로 방법은 적분하기 어려운 복잡한 도형의 넓이를 산출할 때 주로 사용되지만, 지문에서와 같이 원의 넓이를 구할 때에도 사용될 수 있다.

오답해설

① 핵분열 시 중성자의 경로가 매우 복잡해 예측하기 어려워 몬테카를로 방법이 사용되었다고 하였다.

② 무작위 추출된 난수를 이용하여 함수의 값을 추정하는 통계학적 방법이다.

④ 해석학적으로 적분하기 극히 어려운 복잡한 도형의 넓이 산출 등에 사용된다고 하였다.

⑤ 더 많은 다트를 던질수록 실제 원의 넓이와 구한 원의 넓이의 차이가 줄어들 것이라고 하였다.

02
정답 ①

난도 중

정답해설

중국은 일본이 메이지 정부 이후로 대외 확장 의지를 표명하고 정한론, 청국정벌책안 등에서 대륙 침략의 대상을 명확히 했다는 입장이며 이러한 대륙침략 방침이 일본의 침략 정책으로 이어졌다고 보았다. 한국 역시 정한론에 메이지 정부의 대외 팽창 의도가 담겨 있으며 일본의 대한국 정책이 한결같이 대륙 침략의 방침 하에 수행되었다고 본다.

오답해설

② 최근 일본의 근대화에 있어 팽창주의·침략주의가 필연이 아니었다는 견해가 대두되었지만, 이것이 침략 없이도 근대화된 대륙국가가 될 수 있었다고 보는 견해라고 보기는 어렵다.

③ 조선의 교린관계 고수는 빌미일 뿐, 자국의 내란을 방지하기 위해 조선과 전쟁을 벌이고 이를 통해 대외 팽창을 꾀하려는 것이라고 본다.

④ 일본이 주권선으로 규정한 구역은 일본 영토이다.

⑤ 기존 일본은 조선으로의 팽창 정책이 기본 노선이었다. 언제부터 대륙 팽창을 기본 방침으로 삼았는지에 대해서는 류큐 분도 교섭 이후와 임오군란 이후로 견해가 나뉘어 있다고만 언급하고 있다.

03
정답 ④

난도 하

정답해설

민주제에서는 공화정에 도달하는 것이 폭력 혁명이 아니면 불가능하다고 하였다.

오답해설

① 민주제는 필연적으로 전제적이라고 하였다.

② 대의 제도를 실현해야 하고 그 제도를 통해서만 공화정이 가능하다고 하였다.

③ 두 번째 문단에서 한 국가의 통치자의 수가 적으면 적을수록 그 국가의 정부는 공화정에 접근할 수 있다고 하였다.

⑤ 공화정에서는 입법부에서 정부의 집행권이 분리되고, 전제정에서는 정부가 법률을 제정하고 그 법률을 독단적으로 집행한다고 하였다.

합격 가이드

지문에 나타난 내용을 거의 변경하지 않고 선지에서 그대로 제시한 비교적 쉬운 일치부합 문제 유형이다. 지문을 처음 읽을 때 각 문단에 어떤 내용이 포함되어 있는지 대략적으로 체크하고, 선지에 제시된 내용을 지문 내용과 대조하면서 지문 내용과 부합하지 않는 선지를 찾아내면 쉽게 정답을 찾을 수 있다.

04

난도 하

정답해설

지문의 내용은 강화 학습 시스템이 가정을 가지고 있는 경우 자율적인 학습을 통해 유연성을 가지고 문제를 해결할 수 있게 된다는 것이지, 강화 학습 시스템이 가진 정보와 문제 생성의 효율성 사이의 관계에 대해서는 알 수 없다.

오답해설

① '대부분의 현실 문제는 매우 복잡하므로 정형화된 규칙에 한정되지 않는 방식으로 대처하는 매우 큰 유연성을 필요로 한다.'고 하였다.

② 첫 번째 문단의 마지막 문장에서 확인 가능하다.

③ 그 어떤 시스템도 아무런 가정 없이 학습을 시작할 수는 없는 법이라고 하였고 가정이 없다면 그 시스템은 결국 아무 것도 배울 수 없다고 하였다.

⑤ 강화 학습 시스템과 생물학적 유기체는 배경 정보가 없는 경우 매우 간단한 문제조차 풀지 못하게 된다는 점에서 유사하다고 하였다.

> **합격 가이드**
>
> 지문에 있는 문장의 단어 등을 변경하여 선지를 구성한 문제로, 지문과 선지 내용이 완전히 동일하게 출제된 문제보다는 까다롭게 느껴질 수 있다. 이 문제의 경우, 다른 선지에서는 지문에 이미 언급된 단어나 개념들을 제시하고 있는 반면에 선지 ④만 지문에서 한 번도 언급되지 않았던 '문제 생성' 개념을 포함하고 있으므로, 선지 ④가 '강화 학습 시스템'에 대한 설명으로 적절하지 않은 내용일 가능성이 높음을 염두에 두고 문제를 풀이하면 쉽게 답을 찾을 수 있다.

05

난도 하

정답해설

공기 중 오염 입자가 늘어나면 글로벌 디밍이 발생하고, 글로벌 디밍이 발생하면 해수 온도가 내려간다.

오답해설

② 글로벌 디밍은 태양에서 지구에 도달하는 빛과 열이 줄어드는 현상이며, 태양이 내는 빛과 열이 줄어들지 않더라도 글로벌 디밍이 발생할 수 있다.

③ 환경오염이 글로벌 디밍의 원인이 될 수 있다는 것만 확인 가능하다.

④ 글로벌 디밍이 글로벌 워밍을 억제할 수 있다는 내용만 제시되어 있다.

⑤ 지문의 내용을 통해 확인할 수 없는 내용이다.

> **합격 가이드**
>
> ②와 ⑤의 경우 매력적인 오답이 될 수 있다. ②의 경우 글로벌 디밍의 개념과 원인을 정확하게 이해하고, ⑤는 지문을 통해 알 수 없는 정보라는 것을 파악할 수 있어야 한다.

06

난도 하

정답해설

우산도는 현재의 독도를 의미한다.

오답해설

② '우산도와 울릉도가 두 개의 섬이라는 것을 설명할 필요가 없다'라고 하였다.

③ 일본정부는 『세종실록지리지』를 인용하면서 우산국과 우산도는 같은 섬이라는 것을 전제하고 있다.

④ 일본정부는 『세종실록지리지』를 인용하며, 우산국과 울릉도가 같은 섬이라고 주장하고 있다.

⑤ 일본정부는 우산도와 우산국을 같은 섬으로 보았고, 『세종실록지리지』에 따라 우산도와 울릉도 역시 같은 섬이라고 주장하였다.

> **합격 가이드**
>
> 지문에서 대한민국정부의 핵심 주장은 우산도(현재의 독도)와 울릉도는 다른 섬이라는 것이고, 일본정부의 핵심 주장은 두 섬이 같은 섬이라는 것이다. 이러한 주장의 대비와 우산국, 우산도, 울릉도 사이의 관계를 이해해야 정답을 도출할 수 있다.

07

난도 하

정답해설

소자의 물리적 특성을 연산자로 활용하는 것은 아날로그 연산이다.

오답해설

① '실제 신경세포를 통해 뇌에 전달되는 것~디지털 정보이다'라고 하였다.

③ 마지막 문단 첫 번째 문장에서 알 수 있는 내용이다.

④ '그러나 디지털 연산에서는~소자 자체의 특성 변화에 거의 영향을 받지 않는다.'라고 하였다.

⑤ '감각기관에 분포하는~전달되는 입력의 특정 패턴을 감지하여'라고 하였다.

> **합격 가이드**
>
> 지문에 있는 문장과 선지 문장이 거의 유사하여 쉽게 답을 찾을 수 있는 일치부합 유형 문제이다. 이러한 유형의 경우, 선지를 먼저 읽은 다음 지문에서 선지에 제시된 내용이 나와 있는지 찾는 방식으로 풀이하는 것이 효율적이다.

08

난도 하

정답해설

지배세력의 교체로 고려의 청자 형태가 변화했다는 것이 지문의 핵심 내용이다.

오답해설

① 지문을 통해 알 수 없는 내용이다.

② 청자의 생산이 아닌 청자의 사용 역시 무신의 집권과 더불어 등장하게 된 문화양상인지는 알 수 없다.

③ 몽골과의 전쟁이 아닌 몽골과 강화 후 친원세력의 집권에 따라 상감청자가 쇠락하기 시작했다.

④ 무신들은 세속을 벗어난 삶을 살고자 했던 열망을 상감청자의 학문양에 담았다는 것을 알 수 있다.

지문의 핵심 내용을 파악하면 곧바로 정답을 찾을 수 있기 때문에 어렵지 않은 일치부합 문제였다. 청자의 생산과 청자의 사용이 선지에서 혼재되어 있어 헷갈릴 수 있으므로, 주의 깊게 읽을 필요가 있다.

---

09   정답 ①

난도 하

정답해설

공동 식사를 통해 참가자들이 공동체에 소속되어 있다는 확신을 얻게 되는 반면, 카스트와 유대인, 길드의 예시에 나타난 바와 같이 자신의 집단이 아닌 다른 집단에 대한 경계는 더욱 강화되는 것을 알 수 있다.

오답해설

ㄴ. 지문을 통해 알 수 없는 내용이다.
ㄷ. '이러한 공동 식사 중에는~식사 자체의 이기주의적 배타성이 극복된다.'는 내용을 통해 식사가 본질적으로 이타적인 행위가 아님을 알 수 있다.

합격 가이드

어렵지 않은 일치부합 문제이다. 이 문제와 같은 선지 구성의 경우, 보기 ㄱ, ㄴ과 지문과의 일치 여부를 옳게 판단했다면 보기 ㄷ을 읽어볼 필요 없이 정답을 찾을 수 있으므로 시간 절약이 가능하다.

---

10   정답 ④

난도 하

정답해설

알코어 재단이 시신을 수령할 무렵 이미 살아있는 뇌세포가 하나도 남아있지 않았다는 내용을 통해 알 수 있다.

오답해설

① 지문에서 냉동보존술이 제도권 내에 안착하지 못한 원인에 대해서는 알 수 없다.
② 유리질화를 이용한 냉동보존은 커넥톰 보존이 아니라 시신 조직의 미시적 구조 손상을 방지하기 위한 것이다.
③ 저속 냉동보존술이 세포의 손상을 줄여주나, 여전히 세포 손상이 존재한다는 사실을 지문을 통해 알 수 있다.
⑤ 뇌과학자 A가 머리 이외의 신체 보존 방식에 대해서 어떠한 견해를 가지고 있는지는 지문을 통해 알 수 없다.

합격 가이드

기존의 냉동보존 방식과 그 한계 → 새로운 냉동보존 방식 → 새로운 방식의 한계의 구조로 이루어져 있는 지문이다. 이러한 지문 구조의 경우, 기존의 방식이 가진 어떠한 한계를 극복하기 위해 새로운 방식이 등장했는지와 새로운 방식이 가지는 한계는 무엇인지에 주목하면서 지문을 읽어야 한다.

---

11   정답 ③

난도 하

정답해설

임금이 삭감되었는데도 노동과 시간의 조건이 이전과 동일하면 수면에 사용되는 시간 역시 이전과 동일하고 임금이 삭감되면 일 이외의 활동에 들어가는 시간의 비용이 감소할 것이므로, 수면에 들어가는 총시간의 비용 역시 이전보다 줄어들 것이다.

오답해설

① 영화 관람보다 수면의 시간 비용이 작다고 주장했으나 정확히 수면 몇 시간의 비용과 영화 몇 시간의 비용이 동일한지 제시되지 않았다.
② 주말당 단위 시간의 비용이 줄어드는 것은 맞으나 수면과 영화 관람의 상대적 감소폭 차이는 알 수 없다.
④ 지문에서 제시되지 않은 내용이다.
⑤ 린더와 베커 모두 시간의 비용이 가변적이라고 생각하였으나 베커와 린더는 사람들에게 주어진 시간을 고정된 양으로 전제했다. 이때 기대 수명이 시간의 비용에 영향을 미치는지 여부에 대한 두 사람의 견해는 지문을 통해 알 수 없다.

합격 가이드

①, ②의 경우 지문에서 제시된 내용은 맞으나 지문에서 구체적인 수치를 알려주지 않았기 때문에 알 수 없는 정보라는 점에 주의해야 한다. 이와 같이 'A>B이다' 등의 관계를 지문에서 제시하고, 구체적 수치가 주어지지 않은 경우 '~한 경우에도 A>B관계가 성립한다' 혹은 'A가 B에 비해 ~만큼 크다' 등의 내용을 포함하는 오답 선지의 정오 여부가 헷갈릴 수 있으므로 항상 주의하도록 하자.

---

12   정답 ⑤

난도 하

정답해설

마지막 문단에서 확인 가능한 내용이다.

오답해설

① 지문을 통해 알 수 없는 내용이다.
② 공유한 정보의 양이 아니라, 정보 공유 기능과 사회적으로 긴밀한 협력 기능이 사피엔스 성공의 직접적 원인이었다.
③ 사피엔스가 다른 인간 종을 몰아내기 시작한 정확한 시기는 알 수 없다.
④ 주변 환경과 사회 구성원에 대한 정보 중 어떤 것이 더 중요했는지 알 수 없다.

합격 가이드

지문에서 제시된 정보와 그렇지 않은 정보가 무엇인지 정확히 구별할 수 있어야 한다. 시간을 절약하기 위해 선지의 키워드만 대강 보고 지문에서 제시되지 않은 정보를 알 수 있는 정보로 착각하지 않도록 한다.

13

(난도) 중

(정답해설)

'죽어야 할 때 죽는 것은~군자는 자기 몸을 죽여서 인을 이룬다.'라고 하였다.

(오답해설)

① '유교는 정념이 일어나는 것을 두려워하지 않는다'고 하였다.

② 지문을 통해 알 수 없는 내용이다.

④ 정도전은 불교와 도교의 수양방법을 비판했으나 불교와 도교의 가치의식이 잘못된 근본 이유와 수양방법을 연관짓지는 않았다.

⑤ 정도전은 불교의 마음과 도교의 기운이 서로 비난하게 하고 유교가 양자의 이치를 올바르게 주재해야 한다고 주장하였다.

합격 가이드

생소하고 추상적인 개념들이 등장하여 어렵게 느껴질 수 있는 문제이나 정도전이 불교, 도교에 비해 유교의 우월성을 주장하는 근거들을 지문을 통해 이해하면 어렵지 않게 풀 수 있는 문제이다. 이처럼 특정 인물의 관점에서 다른 관점을 비판하거나 지지하는 글의 경우 그 근거와 관련한 선지가 제시될 가능성이 크므로, 주장의 근거에 집중하여 지문을 읽을 필요가 있다.

14

(난도) 중

(정답해설)

공법의 경우 토지의 비옥 정도에 따라 세금 부과의 기준이 되는 1결의 절대 면적이 달라지고, 1등전에 가까울수록 비옥한 땅이며 비옥한 토지일수록 세금 부과 기준이 되는 1결의 절대 면적이 작아진다. 따라서 공법에 따라 같은 군현에 있는 마을들이라면 같은 세액 정책을 적용받을 것이고, 1등전만 있는 마을이 세금 부과 기준이 되는 1결의 절대 면적이 더 작으므로, 두 마을의 농지 절대 면적의 총합이 동일하다면 1등전만 있는 마을 주민들이 내는 조세 총액이 더 크다.

(오답해설)

② 공법의 경우 결당 세액이 군현별로 조정되므로, 같은 등급이라고 하더라도 군현이 다르다면 내야 하는 조세의 액수가 다를 수 있다.

③ 절대 면적이 동일하다면, 1등전만 있는 마을이 2등전만 있는 마을보다 세금 부과 기준이 되는 1결의 절대 면적이 작아지므로, 결과적으로 총 결의 수가 더 많아질 것이다.

④ 공법 시행에 따라 세종은 도 관찰사로 하여금 매년 그 땅의 작황을 조사해 보고하도록 하였다.

⑤ 세종의 초안에 따라 결당 세액을 고정하는 경우 함경도 주민들이 내는 조세 총액이 전라도 주민들이 내는 조세 총액보다 많은지는 지문을 통해 알 수 없다.

합격 가이드

지문에서 토지의 절대 면적과 '결'이라는 세금 부과 기준이 되는 토지단위를 서로 혼동하지 않도록 한다. 공법이 세금 부과 기준이 되는 '결'의 절대적인 크기를 각 토지의 비옥도에 따라 달리 책정해서 기존 조세제도의 문제점을 해소하고자 했다는 것이 지문의 핵심 내용이므로, 같은 1결의 절대 면적이 토지마다 달라질 수 있다는 것을 이해할 수 있어야 한다.

15

(난도) 중

(정답해설)

연변봉수대에서 외적의 접근에 따라 급보를 전하면 그 소식이 내지봉수대에 전달되도록 되어 있었고, 조선군이 외적과 전투를 시작하는 경우 5개의 봉수를 올려야 했다.

(오답해설)

① · ② 지문을 통해 알 수 없는 내용이다.

③ 봉수란 밤에는 횃불, 낮에는 연기를 사용해 신호를 보내는 것이다.

④ 봉수대에서 외적이 국경을 넘는 경우는 봉수를 4개 올려야 했다.

합격 가이드

①과 같이 지문에 제시된 정보와 제시되지 않은 정보가 혼재하는 경우와 ⑤와 같이 지문의 내용들을 통해 보충적인 추론이 필요한 경우 정오판단에 어려움을 느낄 수 있다. ①과 같은 경우 지문에 제시되지 않은 정보를 지문에서 알 수 있는 것으로 착각하지 않도록 하고, ⑤와 같은 경우 지문에서 제시된 내용을 종합하여 정오판단을 정확히 할 수 있도록 한다.

02 추론

16 정답 ②

난도 하

정답해설

지방을 에너지원으로 많이 사용하면 혈중 트리글리세리드(TG) 농도가 증가하는데, 겨울의 평균 TG 농도는 여름보다 높았다.

오답해설

ㄱ. 곰은 에너지원으로 여름에는 탄수화물, 겨울에는 지방을 더 많이 사용한다.

ㄴ. 곰은 여름에는 탄수화물을 에너지원으로 많이 사용하며, 이로 인해 젖산 농도가 증가한다. 같은 원리로 탄수화물을 에너지원으로 사용하는 미생물균이 무균 쥐에 주입되었다면 역시 젖산 농도가 증가할 것이다.

17 정답 ④

난도 중

정답해설

ㄴ. 다섯벌식 타자기의 경우 모음 글쇠는 받침이 있을 때 쓰는 모음 한 벌과 받침이 없을 때 쓰는 모음 한 벌로 나뉜다. 따라서 '밤'은 받침이 있고, '나'는 받침이 없으므로 사용하는 모음 글쇠가 서로 다르다.

ㄷ. 다섯벌식 타자기의 경우 가로로 긴 모음과 어울려 쓰는 초성 자음 글쇠와 종성 자음 글쇠는 서로 다르다. 이는 네벌식 타자기에서도 동일하게 활용된다.

오답해설

ㄱ. 한글은 영문과 달리 자음과 모음을 조합하여 한 음절로 모아쓰는 문자이므로 타자기가 자음이나 모음을 찍을 때마다 종이가 움직인다면 받침을 제자리에 찍을 수 없다. 따라서 받침이 있는 글자의 모음에 대한 글쇠의 경우, 자음이나 모음이 찍혀도 종이가 움직이지 않는 안움직글쇠여야 한다.

> **합격 가이드**
>
> 한글 타자기가 영문 타자기와 왜 다른 구조를 보이는지에 대한 이해가 중요한 문제이다. 이후에는 다섯벌식 타자기와 네벌식 타자기의 구조를 비교하여 선지에 대입한다면 실수 없는 풀이가 가능하다. 예를 들어 다섯벌식 타자기에 활용된 5개의 서로 다른 글쇠가 어떻게 활용되는지 번호를 매겨가며 풀이할 수 있다.

18 정답 ④

난도 하

정답해설

보기의 대화를 통해 두 경우 모두 질병을 치료하는 시점이 임신부의 건강에는 아무런 영향을 주지 않는다는 것이 전제되어 있으므로 갑과 을 모두 '아이의 삶을 보장하는 방식으로' 질병을 언제 치료할지를 결정해야 한다는 데 동의한다는 것을 알 수 있다. 그러나 갑과 을 의견의 핵심적인 차이는 갑은 임신 시점이 달라지더라도 첫 번째로 임신하게 될 아이는 '첫째 아이'라는 점에서 동일하다고 보는 반면, 을은 임신 시점이 달라지면 그 아이는 원래 예정된 시점에 '계획대로라면 태어날 아이'였던 아이와 다른 아이가 되며, 임신 시점을 변경하는 것은 원래 태어날 아이가 태어나지 못하게 함으로써 원래 태어날 예정이었던 아이의 삶을 보장하지 않는 것이라고 본다는 데 있다.

둘째 경우에서 여성이 임신을 미루는 경우, 미뤄진 임신을 통해 태어날 태아는 '원래 계획대로라면 태어날 아이'였던 태아와 다른 존재이기에 임신을 미루는 행위는 '계획대로 태어날 태아'의 삶을 보장하지 않는 것이 된다고 생각할 것이므로, 여성이 계획대로 임신해야 한다고 주장할 것이다.

오답해설

① · ② 갑과 을은 모두 첫 번째 경우에서 여성이 치료를 받지 않으면 태아가 위태롭게 되기 때문에 치료를 미루지 말아야 한다는 것에 동의할 것이라고 추론할 수 있다.

③ 갑은 둘째 경우에서 여성이 치료를 미루고 계획대로 임신을 하는 경우 태어날 아이가 기형아가 될 가능성이 높고, 임신을 미룬 후 나중에 태어나게 될 아이 역시 '첫째 아이'라는 점에서 원래 태어날 예정이었던 아이와 동일한 아이이므로, 태아의 삶을 보장하기 위해 여성이 치료를 받고 임신을 미뤄야 한다고 주장할 것이다.

⑤ 첫 번째 경우에서는 갑과 을의 견해가 일치하겠지만 두 번째 경우는 갑은 태아의 건강을 우선시하여 치료 시기가 결정되어야 한다고 주장할 것이나, 을은 태아가 기형아로 태어나더라도 태어나지 않는 것보다는 나은 것이므로 치료를 미뤄야 한다고 주장할 것이다.

> **합격 가이드**
>
> 보기의 대화를 통해 갑과 을 주장의 공통점과 차이점을 정확히 파악해야 문제를 풀 수 있다. 이러한 유형의 경우 주로 두 주장의 차이점이 문제를 푸는 핵심 열쇠가 될 가능성이 높으므로, 두 가지 입장의 차이점이 무엇인지에 특히 주목하면서 대화를 읽도록 한다.

19 정답 ③

난도 하

정답해설

(라)에는 (다)와 모순인 '우리반 학생은 모두 여학생이다'가 들어가야 한다. (라)에 따라 우리반 학생은 모두 여학생이고, (가)에 따라 여학생은 모두 화장을 하므로 (마)에는 '우리반 학생은 모두 화장을 한다'가 들어가야 한다. (아)와 모순이려면 (자)에는 '우리반 학생은 모두 여학생이다'가 들어가야 한다. (사) '화장을 하는 학생은 모두 우리반 학생이다'와 (자) '우리반 학생은 모두 여학생이다'로부터 (차)에는 '화장을 하는 학생은 모두 여학생이다'가 들어가야 한다는 것을 알 수 있다.

• 지훈 : (라)와 (자)에 동일한 명제가 들어가므로 올바른 추론이다.

• 연길 : (마) '우리반 학생은 모두 화장을 한다'와 (차) '화장을 하는 학생은 모두 여학생이다'가 참이라면, 화장을 하는 학생 중 남학생은 존재하지 않고 우리반 학생은 모두 화장을 하므로 (라) '우리반 학생은 모두 여학생이다'는 참일 수밖에 없다. 따라서 올바른 추론이다.

오답해설

• 혁진 : (라) '우리반 학생은 모두 여학생이다'가 참이고, (마) '우리반 학생은 모두 화장을 한다'가 참이더라도, (차) '화장을 하는 학생은 모두 여학생이다'가 도출되지는 않는다. 예를 들어, 다른 반에 남학생이면서 화장을 하는 학생이 존재할 수 있다. 따라서 올바른 추론이 아니다.

> **합격 가이드**
>
> 빈칸 안에 들어가는 명제를 모두 논리적으로 추론해내야 하기 때문에 다른 추론 문제에 비해서 어렵게 느껴질 수 있으나, 지문에서 주어진 삼단논법의 논리적 구조가 단순하므로 막상 풀어보면 어렵지 않게 풀 수 있다. 논리 퀴즈 유형과 마찬가지로 반례를 생각하면서 풀이하면 정답이 아닌 내용을 쉽게 소거할 수 있다.

20

난도 하

정답해설

부족 A의 사람들은 친척이 한 명 죽을 때마다 상명을 한 가지 추가로 갖게 되는 것이므로, 부족 A의 어떤 사람이 죽을 때까지 가질 수 있는 상명의 수는 그의 친척이었던 모든 사람의 수보다 많을 수 없다.

오답해설

ㄴ. 부족 B의 어떤 사람의 모친이 죽어 모친의 재혼으로 인해 새로운 이름을 갖게 되는 일이 없더라도, 자신의 이름을 지어 준 사람이 모친의 죽음 이후에 죽게 되면 그 사람이 지어준 이름을 쓸 수 없기 때문에, 모친이 죽는다고 해서 기존의 이름이 최종적인 이름이 되는 것은 아니다.

ㄷ. 부족 A의 사람들은 고유명을 갖고 태어난 후 친척의 죽음에 따라 계속해서 다른 상명을 갖게 되지만, 이름이 없이 지내게 되는 경우는 존재하지 않는다.

> **합격 가이드**
>
> 부족 A의 이름 변화 조건과 부족 B의 이름 변화 조건을 정확하게 파악한다면 어렵지 않게 풀 수 있는 문제이다. 다만 보기 ㄴ의 경우, 모친이 죽는 경우 모친의 재혼을 통해 이름을 새롭게 부여받을 가능성이 사라지므로 기존의 이름이 최종적 이름이 된다고 착각하기 쉽다. 추론 문제에서는 항상 논리적으로 가능한 모든 반례를 고려해야 한다는 점을 기억하자.

21

난도 하

정답해설

지문에 제시된 스마트폰 회사 예시를 표로 나타내면 다음과 같다.

회사 A \ 회사 B	공격적 광고	광고 자제
공격적 광고	3/3	6/2
광고 자제	2/6	5/5

회사 B가 공격적 광고를 하는 경우, 회사 A는 함께 공격적 광고를 하는 경우가 광고를 자제하는 경우에 비해 큰 수익을 낼 수 있다. 회사 B가 광고를 자제하는 경우에도 마찬가지로 공격적 광고 전략을 취하는 경우가 광고를 자제하는 경우에 비해 더 큰 수익을 낼 수 있으므로, 회사 A에게 공격적인 광고 전략은 'D전략'에 해당한다. 반대로, 회사 A에게 광고 자제 전략은 'S전략'에 해당한다.

이러한 방식을 두 병원의 예시에 동일하게 적용하면, 각 병원은 자기 병원을 제외한 다른 한 병원이 어떤 전략을 취하는지와 상관없이 첨단 장비를 도입하는 전략이 더 큰 순이익을 가져다주므로, 첨단 장비 도입이 'D전략'에 해당한다는 것을 알 수 있다. 따라서 첫 번째 예시에서 각 회사의 공격적인 광고와, 두 번째 예시에서 각 병원의 첨단 장비 구입이 D전략에 해당한다.

오답해설

① 각 병원의 첨단 장비 구입은 D전략이다.
② 각 회사의 공격적인 광고는 D전략이다.
③ 각 병원의 기존 장비 유지는 S전략이다.
⑤ 각 병원의 첨단 장비 구입은 D전략이다.

> **합격 가이드**
>
> 이 문제와 같이 지문에서 다양한 경우를 포함하는 사례를 제시하는 경우, 해설과 같이 표를 그려가면서 지문 내용을 정리하는 방식으로 풀이하면 효과적이다. 표로 지문의 내용을 우선 정리하고, 정리한 내용을 바탕으로 각 사례에서 무엇이 D전략 혹은 S전략에 해당하는지 파악하면 정답 도출은 어렵지 않다.

22

난도 중

정답해설

지문을 통해 알 수 없는 내용이다.

오답해설

① 현이 진동하더라도 양단은 고정되어 있어 진동이 일어나지 않기 때문에 항상 마디에 해당한다.
③ 지문의 내용을 통해 n배 진동의 경우 n+1개의 마디가 생기고, n개의 배가 생긴다는 것을 알 수 있다. 따라서 양단이 고정된 현의 중앙을 뚱겼을 때 발생하는 배의 수는 마디 수보다 항상 작다.
④ 지문에서 현을 뚱기는 경우 1배, 3배, 5배, 7배 등을 진동수로 갖는 다양한 진동이 동시에 발생하고, 1배 진동에서 발생하는 기음을 포함한 다양한 진동수의 부분음들이 발생하고 중첩된다.
⑤ '이는 공명기의 내부에 존재하는 공기의 양에 따라 특정한 진동수를 갖는 부분음에 대해서만 공명이 일어나고~'라고 하였다.

> **합격 가이드**
>
> 지문에서 마디와 배의 위치가 분수와 기호로 제시되어 있어 복잡하게 느껴질 수 있다. 이 경우 진동수에 따른 배, 마디 위치를 대략적인 그림으로 나타내 보면 ①, ③과 같은 선지들의 정오판단을 쉽게 할 수 있다.

23

난도 중

정답해설

Y염색체가 있으면 생식샘이 고환으로 발달하고, 고환에서 뮐러관 억제인자가 분비된다.

오답해설

ㄴ. 태아의 성별과 관계없이 임신 10~12주경이면 외생식기의 해부학적 모양을 통해 성 구분이 가능해지는데, 이 중 여성이 될 수정란에서는 성 결정인자가 만들어지지 않는다.

ㄷ. 배아의 성별과 관계없이 배아는 원시 생식관인 볼프관과 뮐러관을 모두 가지고 있고, 이 중 남성으로 발달할 배아는 Y염색체를 가진다.

> **합격 가이드**
>
> 수정란에 Y염색체가 있는지의 여부가 성별 결정부터 수정란의 전반적인 발달과정에 미치는 영향이 지문의 핵심 내용이다. Y염색체가 있는 경우와 없는 경우 어떠한 차이가 있는지 지문에서 체크하거나 간단히 정리하면서 읽으면 보다 수월하게 문제를 풀 수 있다.

24

정답 ②

난도 중

정답해설

동전 개수가 증가했을 때 80점을 받는 사람이 한 명쯤 나오려면 동전 개수의 증가에 맞춰 그룹 인원수도 크게 증가해야 하므로, A그룹만 참가자 각각의 동전 개수가 1,000개로 증가한 경우 80점을 받는 사람이 한 명쯤 나오기 위해 B그룹보다 훨씬 많은 인원이 필요할 것이다.

오답해설

ㄱ. A그룹 참가자와 B그룹 참가자의 동전 개수를 각각 절반으로 줄이는 경우, 각 그룹의 동전 개수는 각각 5개, 50개가 되고, 이때 B그룹에서 5점 이상 얻는 사람들이 상당수 있을 것이고, 이는 A그룹 사람들 중에서 누구도 이길 수 없는 점수이므로 여전히 승자는 B그룹에서 나올 가능성이 높다.

ㄴ. B그룹만 인원을 매우 크게 늘린다면, 90점을 받는 사람이 한 명쯤 나올 가능성을 배제할 수 없다.

25

정답 ④

난도 상

정답해설

ㄴ. ⓑ에서 일어나는 근육 수축은 전체근육의 길이가 변하지 않는 등척수축에 해당하며, 이러한 등척수축은 골격근의 주변 조직과 근육섬유 내에 있는 탄력섬유의 작용에 의해 일어난다.

ㄷ. 최대 장력이 10kg인 이두근이 있는 팔의 팔꿈치가 일정한 각도를 유지하고 있다는 것은 현재 이두근이 정확히 10kg에 해당하는 장력을 만들고 있어 전체근육 길이가 변하지 않는 것이다. 이때 이두근에 10kg을 초과하는 부하를 걸면 이두근의 장력을 초과하는 부하가 걸려 전체근육의 길이가 늘어나게 되고, 이는 그래프에서 ⓒ에 해당한다.

오답해설

ㄱ. ⓐ에서 일어나는 근육 수축은 전체근육이 수축하는 동심 등장수축이다.

> **합격 가이드**
>
> 난도가 비교적 높은 추론 문제이다. 제시된 그래프의 Y축이 전체근육의 길이가 아니라 전체근육의 수축속도를 의미한다는 것에 주의해야 한다. 이러한 문제의 경우, 각 개념의 의미와 관계, 작용 메커니즘 등을 간단히 요약해 두고 풀이하는 것이 실수를 줄이는 방법이 될 수 있다.

---

03   밑줄·빈칸 채우기

26

정답 ④

난도 하

정답해설

(가) 사운드의 원천이 직접 보이지는 않지만 화면에 보이는 장면과 동일한 공간에 있는 것을 앞뒤 맥락을 통해 알 수 있는 것을 '화면 밖 음향'이라고 하였다.

(나) 사운드의 원천이 화면에서 전개되는 시공간에 속하지 않는 경우를 '오프 음향'이라고 하였다.

(다) · (라) 화면 속의 어린 아이가 피아노를 연주하고 있고, 그 아이가 연주하는 어설픈 피아노 소리가 흘러나온 것은 '인 음향', 배경음악으로 깔린 유명한 피아니스트의 연주곡은 '오프 음향'이다.

27

정답 ③

난도 하

정답해설

㉠ : 느슨하게 정의된 고유어에는 한자어에서 차용한 낱말들이 있으며, 이러한 낱말들 중 벼락, 서랍, 썰매 같은 낱말들은 한자어를 사용하다가 형태가 변한 것들이다.

㉡ : 한자어에는 중국에서 차용한 말들 이외에 일본에서 수입되거나 우리나라에서 만들어진 한자어도 있다.

> **합격 가이드**
>
> 빈칸에 적절한 문장을 넣는 문제이므로 글의 이해가 가장 중요하다. 또한 빈칸의 앞뒤 문장을 주의 깊게 살펴보아 빈칸에서 요구되는 논리상 연결고리나 문맥상 적절한 예시가 선지에 있는지 찾아야 한다.

28

정답 ④

난도 하

정답해설

빈칸의 앞 문장에서는 '우리는 설명이 있는 것이 낫다고 믿으므로 특정한 유형의 원인만을 써서 설명을 만들어 낸다.'는 내용이 제시되어 있고, 빈칸의 바로 뒤에서는 '그래서 특정 유형의 설명만이 점점 더 우세해지고, 그런 설명이 우리 사고를 지배하게 된다.'는 내용이 이어지고 있다. 따라서 빈칸 부분에 들어갈 문장은 '우리가 특정한 유형의 원인을 사용하여 설명을 만들어내는 경우, 왜 특정 유형의 설명만이 점점 더 우세해지게 되는지'의 이유를 포함하고 있어야 한다. 지문 내용을 통해 보면, 우리가 익숙한 것을 원인으로 삼는 것은 알려지지 않은 것을 알려진 것으로 치환함으로써 우리 마음의 불안을 제거하기 위한 것이다. 그러므로, 빈칸에는 ④와 같이 이것이 낯설고 체험하지 않았다는 느낌을 가장 빠르고 쉽게 제거해 버리기 때문이라는 원인 설명이 들어가야 한다.

> **합격 가이드**
>
> 지문의 핵심 주제를 파악했다면 어렵지 않게 풀이할 수 있는 문제이다. 정답인 ④ 외의 다른 선지들은 지문 내용과 거의 관련이 없는 내용들이므로, 쉽게 정답 후보에서 배제할 수 있다.

29
정답 ①

난도 하

정답해설

지문의 내용에서 동성애 성향이 유전자를 통해 다음 세대로 전달되며, 동성애 유전자가 X염색체에 위치하고, 동성애 유전자가 남성에게 있으면 자식을 낳아 유전자를 남기는 번식이 감소하지만, 동성애 유전자가 여성에게 있으면 여타 조건이 동일한 상황에서 자식을 많이 낳아 유전자를 많이 남긴다는 것을 알 수 있다. ⊙ 직전의 내용에서 만약 동성애 남성이라면 동성애 유전자를 어머니로부터 물려받은 것이라는 내용이 있으므로 이와 관련되는 것은 부계 혈통인 고모가 아닌 모계 혈통인 이모이다. 따라서 ⊙과 ⓒ 모두 이모가 들어가야 한다. ⓒ에는 앞선 내용에서 동성애 유전자가 여성에게 있는 경우 자식을 많이 낳는다는 내용이 제시되었으므로, 동성애 남성의 이모 한 명이 낳은 자식 수가 이성애 남성의 이모 한 명이 낳은 자식 수보다 많다는 내용이 들어가야 한다.

> **합격 가이드**
>
> 선지에 제시된 단어들과 빈칸의 위치를 먼저 보면, 문제에서 묻고자 하는 내용이 동성애 유전자와 생산 자녀 수 사이의 관계성과 관련될 것임을 예상할 수 있다. 이와 같이 문제에서 묻고자 하는 내용을 미리 짐작할 수 있는 경우, 지문에서도 해당 내용에만 집중해서 읽으면서 효율적으로 풀이하도록 한다.

30
정답 ④

난도 하

정답해설

자연발생설 지지자들은 적당한 유기물과 충분한 공기라는 조건이 갖추어진 경우, 생명이 없는 물질로부터 생명체가 생겨날 수 있다고 주장하였다. (가)의 바로 앞부분에서는 스팔란차니의 실험 결과 미생물이 없는 유기 물질에서 새로운 미생물이 발생할 수 없다는 것이 밝혀졌다는 주장이 제시되는데, (가)에는 이에 대해 자연발생설 지지자들이 반박하는 내용이 포함되어야 하므로 '적당한 유기물과 충분한 공기 중 한 가지 조건이 부정되어 미생물이 발생하지 않은 것'이라는 내용이 들어가야 한다.

(나) 이전에는 스팔란차니 실험의 한계를 보완하기 위해, 19세기 생물학자들이 공기를 주입하여 실험한 결과, 미생물이 발견되지 않는 경우가 있었다는 내용이 제시되어 있다. (나)에는 이에 대해 자연발생설의 지지자들이 반박하는 내용이 포함되어야 하므로, 공기 외의 다른 조건인 적당한 유기물의 존재라는 조건이 부정되었다는 내용이 들어가야 한다.

> **합격 가이드**
>
> 자연발생설 지지자들은 적당한 유기물과 충분한 공기라는 두 가지 조건이 갖추어진 경우에만 생명체가 생겨날 수 있다고 보았다는 첫 번째 문단의 내용으로부터, 이 두 가지 조건이 부정되는 경우 자연발생설에 따르더라도 생명체가 생겨날 수 없으므로 이것이 자연발생설 지지자들의 핵심적 반박 논거가 될 것임을 예상할 수 있다. 빈칸의 내용은 문상 각각의 실험 결과 생명체가 관찰되지 않은 이유에 대한 자연발생설 지지자들의 반박이 포함되어야 하므로, 위의 사실을 염두에 둔다면 보기 중 쉽게 정답을 도출할 수 있다.

31
정답 ①

난도 하

정답해설

지문에서 매우 불명료하고 엄밀하게 정의될 수 없는 용어들을 발룽엔이라고 하며, 발룽엔이 과학적 이론이나 가설을 검사하는 과정에 개입하는 경우 증거와 가설 사이의 논리적 관계가 무엇인지 결정하기 어려워진다고 하였다. 또한 마지막 문단에서 논리실증주의자들이나 포퍼는 증거와 가설 사이의 관계를 논리적으로 정확히 판단할 수 있다고 했으나, 지문의 필자는 그에 대해 반박하고 있다. 지문에 따르면 증거와 가설의 논리적 관계에 대한 판단을 위해서는 증거가 의미하는 것이 무엇인지 파악하는 것이 선행되어야 한다. 따라서 ⊙에는 발룽엔의 존재를 염두에 둔다면 이것이 불가능하다는 내용이 들어가는 것이 자연스럽다.

32
정답 ④

난도 하

정답해설

첫 번째 괄호의 바로 앞 문장을 보면 실학이 과연 근대정신에 해당하는지 의문을 제기하고 있으므로, 이어지는 내용으로는 실학이 근대정신에 해당하지 않는다는 주장이 들어가는 것이 자연스럽다. 따라서 ㄹ이 들어가야 한다. 두 번째 괄호의 경우, 실학의 비판 기조가 당우의 삼대와 같이 옛것에 근거한 것이었다는 내용 다음에 제시될 내용으로는 실학의 비판에 대한 평가와 관련된 내용인 ㄱ이 들어가는 것이 자연스럽다. 세 번째 괄호는 실학이 봉건사회의 제 현상에 대한 반항이기는 하였으나 사실상 보수적 행동으로 이를 따른 것이었으므로, 실학이 여전히 유교와의 밀접한 관련을 가진 것이었다는 내용인 ㄷ이 들어가야 한다. 마지막 괄호에는 앞선 내용에도 불구하고 실학은 근대정신의 내재적인 태반의 역할을 했다고 하였으므로, 실학이 근대정신에 대한 가교 역할을 했다는 ㄴ이 들어가는 것이 자연스럽다.

> **합격 가이드**
>
> 이 유형은 요즘 출제되는 밑줄·빈칸 채우기 유형은 아니므로, 이러한 유형에 따로 대비를 할 필요는 없다. 지문의 논리적 구조와 핵심 내용을 파악하는 연습을 하는 목적으로 간단히 풀어보도록 하자.

33
정답 ③

난도 하

정답해설

이 문제에 대해 연구한 제임스 매디슨의 고민과 대안이 지문의 핵심 내용을 이루고 있으므로, 매디슨의 주장을 이해하여 이 문제가 무엇이었을지 추론해야 한다. 매디슨은 다수가 파벌을 형성하여 공화국 정부에 미칠 악영향을 우려하였으며, 이에 대한 대책으로 다수 파벌의 형성 자체를 막거나 파벌의 형성 자체를 제한하지는 않더라도 파벌의 행동을 통제하는 것이 있다고 언급하였다. 이때 매디슨은 파벌 형성 자체를 억제하는 것은 또 다른 자유의 제한이므로, 후자의 방법을 택해야 하며 어떤 집단도 통제되지 않는 힘을 행사하지 못하도록 막는 장치를 고안해야 한다고 주장했다. 이러한 내용을 토대로 판단하면 매디슨이 해결하고자 고민했던 이 문제로 가장 적절한 것은 ③ '어떻게 하면 민주주의를 다수 파벌의 횡포로부터 보호할 수 있는가?'이다.

34

난도 중

정답해설

예를 들어 영희의 믿음의 문턱이 0.5라고 하고, 내일 비가 온다는 명제가 참이라고 영희가 기존에 0.6의 확률로 믿고 있었다면 영희는 내일 비가 온다는 명제가 참이라고 믿는 것이다. 이때 영희의 섬세한 믿음의 태도가 0.7로 변화하더라도 영희는 여전히 내일 비가 온다는 명제를 참이라고 믿는 것이므로, 영희의 거친 믿음 태도는 변하지 않았다.

오답해설

ㄱ. 철수의 믿음의 문턱이 0.5인 경우, 철수가 특정 명제를 0.5보다 큰 확률로 참 혹은 거짓이라고 믿기만 한다면 철수가 참 혹은 거짓이라고 믿는 명제가 존재할 수 있다.

ㄷ. 철수와 영희가 동일한 수치의 믿음의 문턱을 가지고 있고, 두 사람 모두 내일 비가 온다는 명제를 참이라고 믿고 있지 않다고 해도, 두 사람 모두 내일 비가 온다는 명제를 거짓이라고 믿는지는 알 수 없다. 지문의 내용에 따라 특정 명제를 참이라고 믿지도 않고 거짓이라고 믿지도 않는 경우도 가능하기 때문이다.

35

난도 중

정답해설

지문 내용에 따라 루이는 게르만어를 쓰는 지역을, 샤를은 로망어를 쓰는 지역을 할당받았다는 사실을 알 수 있다. 빈칸의 바로 앞 문장에서는 '서로 상대측 영토의 세속어로 서약했다는 점에 주목'했다는 내용이 제시되고, 빈칸 바로 뒤에서는 '그러므로 루이와 샤를 중 적어도 한 명은 서약 문서를 자신의 모어로 작성한 것이 아니다'라는 내용이 제시되어 있다. 따라서 루이는 로망어로, 샤를은 게르만어로 서약에 참여했는데, 주어진 선지 중 이 조건을 충족하면서 둘 중에 한 사람은 자신의 모어로 서약 문서를 작성하지 않았음을 추론해 낼 수 있는 것을 찾아야 한다.

루이와 샤를 모두 게르만어를 모어로 사용했다면, 적어도 로망어로 서약 문서를 작성한 루이는 자신의 모어가 아닌 언어로 서약 문서를 작성한 것이 되므로 빈칸에 들어가기에 적절한 내용이다.

오답해설

① 이 경우 샤를과 루이 둘 다 자신의 모어로 서약 문서를 작성하지 않았을 가능성이 발생한다.

③ 로타르가 분배받은 스트라스부르의 세속어는 빈칸에 들어갈 내용과 관계가 없다.

④·⑤ 이 경우 둘 다 자신의 모어로 작성했을 가능성이 생기므로, 적절하지 않다.

> **합격 가이드**
>
> 루이는 게르만어를 쓰는 지역을, 샤를은 로망어를 쓰는 지역을 할당받았다는 것과 빈칸 바로 앞뒤의 문장 내용만 파악해도 충분히 답을 찾을 수 있는 문제이다. 빈칸 유형 문제의 경우 정답 도출을 위해 항상 지문 전체를 읽을 필요는 없으므로, 빈칸 바로 앞뒤 내용을 보고도 답이 도출되지 않는 경우가 아니라면 굳이 지문을 끝까지 꼼꼼히 읽으면서 시간을 소모하지 않도록 하자.

04 사례찾기·적용

36

난도 하

정답해설

조건에서 주장은 역사적 진실과 일치하면 참이고 일치하지 않으면 거짓이라는 사실을 지문에서 실제로 수학의 불완전성 정리를 증명한 사람은 슈미트라는 사실을 각각 알 수 있다.

상규의 어제 주장은 거짓이고 오늘 주장이 참이려면, 어제의 '쿠르트'와 오늘의 '쿠르트' 모두 쿠르트여야 한다.

오답해설

① 상규의 어제 주장과 오늘 주장이 둘 다 참이려면, 어제의 '쿠르트'는 슈미트를, 오늘의 '쿠르트'는 쿠르트를 가리켜야 한다.

③ ②의 해설과 마찬가지로 오늘과 어제의 '쿠르트' 모두 쿠르트여야 한다.

④·⑤ 상규의 어제 주장은 참이고 오늘은 거짓이려면, 오늘과 어제의 '쿠르트'는 모두 슈미트여야 한다.

> **합격 가이드**
>
> 난도가 높은 문제는 아니나, 주어진 조건과 지문의 내용을 정확하게 파악하지 않으면 선지 구성이 모두 유사하기 때문에 헷갈릴 수 있다. 하지만 조건과 지문에서 주어진 사실을 정확히 파악한다면 오히려 선지 구성이 유사하므로 정답이 아닌 선지를 상대적으로 쉽게 배제할 수 있는 문제이다. 예를 들어, ②의 옳고 그름 여부를 가리기 위해 선지 내용에 지문과 조건의 내용을 대입하면, 자동적으로 ③이 정답에서 배제되는 형식이므로 문제 풀이에 소요되는 시간은 길지 않다.

37

난도 하

정답해설

지문에서 제시된 배분원칙의 핵심 내용은 특정 재화나 서비스를 배분할 때 수요자의 개별 특징에 따라 차등적으로 배분해야 한다는 것이다.

이해 당사자들 간 이해관계의 연관성과 민감도라는 개별 특성을 고려하여 사회 문제에 대한 결정권에 차등을 두자는 주장이므로, 지문에 나타난 배분원칙이 적용된 것으로 볼 수 있다.

오답해설

ㄱ. 취학 연령 아동들의 개별 특성을 고려하지 않고 추첨을 통해 무작위로 선발하는 방식이므로, 지문에 나타난 배분원칙이 적용되지 않았다.

ㄴ. 유권자 개인의 특성을 고려하지 않고 유권자 모두에게 동일한 지원액을 분배하자는 주장이므로, 지문의 배분원칙이 적용되지 않았다.

> **합격 가이드**
>
> 지문의 길이가 길지 않으므로 핵심 내용을 쉽게 파악할 수 있다. 지문에서 제시된 배분원칙의 핵심을 파악하고, 그에 부합하는 사례를 찾으면 된다. 최근에는 사례 적용 문제에서 주어지는 지문이 이 문제와 같이 짧은 경우는 많지 않으므로, 난도 상승에 대비할 필요가 있다.

38

난도 하

정답해설

지문에 따르면 마태 효과가 논문 심사, 연구 프로젝트 선정 단계부터 나타날 경우 논문의 질보다 과학자의 명성에 의해 심사 결과가 좌우되어 과학적 진보를 왜곡할 수 있다는 것이 핵심적인 부정적 측면이다. 따라서 익명성을 유지하여 심사의 공정성을 확보하는 것이 가장 적절한 해결책이 될 것이다.

오답해설

① 마지막 문단에 따르면 심사위원이 대개 엘리트로 구성되기 때문에 마태 효과의 부정적 측면이 발현되는 것이기도 하기 때문이다.

② 지문에 따르면 신진 과학자의 투고율이 낮은 것이 마태 효과의 부정적 측면을 발현시키는 핵심 문제가 아니다. 신진 과학자의 투고율이 높더라도 심사 구조 바꾸지 않으면 마태 효과의 부정적 측면 해소가 어렵다.

③ 신진 연구자에 대한 심사가 신진 연구자의 연구 질이나 공로를 평가절하하는 경향으로 인해 마태효과의 부정적 측면을 유발하는 것이므로, 신진 연구자에 대한 심사절차를 까다롭게 하는 것은 적절한 해결법이 될 수 없다.

④ 엘리트 과학자 역시 자신의 명성이 아니라 논문 자체의 질에 의해 평가받아야 한다는 것이 지문의 핵심 내용이며, 이들의 공헌도를 제대로 평가하지 않으면 오히려 다른 방식으로 과학적 진보를 왜곡할 수 있다.

> **합격 가이드**
>
> 지문 내용에 따라 마태 효과의 부정적 측면이 나타나게 되는 핵심 이유가 연구 프로젝트나 논문의 심사 과정에서 연구자의 명성 정도가 심사 결과에 영향을 미치게 되는 것이므로, 이를 배제하기 위해서는 연구자의 명성이 심사결과에 미치는 영향을 제거하기 위한 해결방법을 채택해야 한다는 것을 이해해야 한다.

39

난도 하

정답해설

나영은 가희를 부러워하므로, 부러움의 정의에 따라 (1)보다 (2)를 더 선호한다. 따라서 현재와 같이 가희와 자신 모두 새 옷을 가진 경우보다 자신은 새 옷을 가졌지만 가희는 새 옷을 갖지 못한 경우를 더 선호할 것이므로 가희의 새 옷이 없어지길 바랄 것이다.

오답해설

① 가희는 나영을 질투하므로, (1)과 (2)의 상황 중 어떤 것을 더 선호하는지 알 수 없다. 따라서 나영의 새 옷이 없어지길 바라는지 알 수 없다.

③ 나영은 (1), (2), (4) 중 (2)를 가장 선호하므로, 둘 모두의 옷이 없어지기보다 가희의 새 옷만 없어지기를 바랄 것이다.

④ 나영은 (1), (2), (4) 중 (1)을 가장 덜 선호하므로, 둘 다 새 옷을 잃는 것이 둘 다 새 옷을 갖고 있는 것보다 낫다고 생각할 것이다.

⑤ 가희는 나영을 질투하므로, 현재상황인 (1)과 둘 다 새옷을 잃는 (4)의 상황 중 어떤 것을 더 선호하는지 알 수 없다.

> **합격 가이드**
>
> 지문에서 제시된 '부러움'과 '질투심'의 정의를 정확히 이해하고, 선지의 사례에 적용할 수 있어야 한다. 이때, 부러움과 질투심에 대한 정의에서 명확하게 비교되지 않은 상황 간의 선호 순서는 알 수 없는 정보임에 주의하자.

40

난도 하

정답해설

A에서 제시된 연구 결과에 따라 말을 더듬는 사람들이 말을 심하게 더듬는 것은 자신이 말을 더듬는 것을 매우 수치스럽게 여기는 것과 관련이 있다는 것을 알 수 있다. 이는 결국 자신의 결점을 지나치게 부끄럽게 여기는 것이 상황을 악화시킬 수 있다는 것을 나타내고, 이러한 연구 결과와 적절하게 연결될 수 있는 사례는 ㄴ이다.

B에서 제시된 연구 결과에 따라 한 팔은 정상적이고, 다른 한 쪽 팔은 회복이 필요한 경우 정상적인 팔을 사용하지 못하도록 하고 회복이 필요한 팔만 사용하게 하면 회복이 빨라진다는 것을 알 수 있다. 이러한 연구 결과와 적절하게 연결될 수 있는 사례는 ㅁ이다.

41

난도 하

정답해설

각 법률의 합헌 여부를 따질 때 언급되지 않은 '중립 원칙'이 있다면, 해당 원칙들은 모두 준수되었다는 것을 의미한다.

- 법률 B : 법률 B의 입법을 정당화하면서 법률 B와 관련된 모든 가치관에 의존하였으므로 합헌이다.
- 법률 C : 법률 C는 관련된 가치관 중 어느 것도 억제하지 않았으므로 합헌이다.

오답해설

- 법률 A : 법률 A와 관련된 인종차별 찬성과 반대라는 두 가지 가치관 중 인종차별에 찬성하는 가치관 하나만 장려하는 의도를 가졌으므로 위헌이다.

> **합격 가이드**
>
> 이 문제와 같이 조건과 사례의 개수가 동일하게 제시되는 경우, 조건과 사례를 일대일로 매칭해서 판단해야 하는 문제일 가능성이 높다. 문제에서는 중립 원칙 모두를 준수하는 경우 중립으로 판단한다고 하였으나, 실질적으로 한 사례에서 문제가 되는 중립 원칙은 각각 한 가지씩이므로 이를 염두에 두고 중립 원칙 위반 여부를 판단하면 된다.

42

난도 하

정답해설

지문의 내용에 따라 A~E와 보기의 ㄱ~ㅁ을 짝지으면 다음과 같다.

ㄱ - B
ㄴ - A
ㄷ - C
ㄹ - E
ㅁ - D

따라서 선지 중 A~E와 보기의 ㄱ~ㅁ을 알맞게 짝지은 것은 ③ 'C - ㄷ'이다.

난도는 높지 않으나, 보기와 지문의 내용을 각각 매칭해야 하므로 시간이 많이 소요될 수 있는 문제이다. 각 유형의 특성이 비교적 명확하게 구별되므로 실전이라면 지문을 꼼꼼히 읽지 않고 핵심 특성만 파악한 후 매칭하는 방식으로 시간을 절약해야 한다.

43

정답 ④

[난도] 중

[정답해설]

지문에 제시된 관용의 본질적인 두 요소는 첫째, 관용을 실천하는 사람이 관용의 대상이 되는 믿음이나 관습을 거짓이거나 잘못된 것으로 여겨야 한다는 것이고, 둘째, 관용의 대상을 용인하거나 최소한 불간섭해야 한다는 것이다. 이로부터 발생하는 역설은 어떤 사람이 특정 의견을 폄하하고자 하는 욕구가 클수록 그리고 비난을 피해 이런 욕구를 성공적으로 자제할수록 관용적이라고 평가하게 된다는 것이다. 또 다른 역설은 어떤 사람이 용인하는 믿음의 수가 많을수록 더 관용적이라고 평가할 수 있다면, 도덕적으로 잘못된 것까지 용인하는 사람을 우리는 더 관용적이라고 평가해야 하므로 관용적일수록 도덕적으로 잘못을 저지르게 될 가능성이 높아진다는 것이다.

그 내용과 관계없이 단순히 더 많은 믿음들을 용인하는 경우 관용적으로 평가된다면, 그렇지 않은 사람에 비해 도덕적으로 잘못된 가르침을 주장하는 종교까지도 용인하는 사람을 더 관용적이라고 평가하게 될 우려가 있다는 것이 지문에서 나타난 '역설'의 내용이다.

44

정답 ①

[난도] 상

[정답해설]

기차의 정상 운행이라는 사건의 부재로 인해 영지가 지각하게 된 것을 인과의 한 유형으로 받아들임으로써 영지가 새벽 3시에 일어나 직장에 걸어가는 것이라는 사건의 부재 역시 영지가 지각하게 된 원인으로 받아들여야 하는 문제가 발생하게 된다는 것이므로 ㉠ 문제에 해당하는 적절한 사례이다.

[오답해설]

ㄴ. 영수가 아닌 다른 사람들이 야구공을 던졌다면 역시 유리창은 깨졌을 것이다. 따라서 이 경우, 많은 사람 각각이 야구공을 던지지 않은 것은 유리창이 깨어진 사건의 원인이라고 볼 수 없다.

ㄷ. 햇빛을 과다하게 쪼이거나 지속적으로 쪼였다면 화분의 식물이 역시 시들어 죽었을 것이라는 사실로부터 햇빛을 쪼이는 것 자체가 식물의 성장 원인이 아니라는 결론은 도출되지 않는다. 또한 이 보기는 부재 인과를 인과의 하나로 받아들이면 원인이 아닌 수많은 부재들을 원인으로 받아들여야 하는 문제가 생긴다는 지문 내용과도 부합하지 않는다.

45

정답 ③

[난도] 상

[정답해설]

폭군은 자기 일신만을 받들고 신하의 진실한 충고를 배척하고 자기만 성스러운 체하는 것인데, 덕종은 자신의 일신만을 받들었다고 보기 어렵고 때로 유능한 관리의 충언도 들었으므로 ㉢에 부합하는 예라고 보기는 어렵다.

[오답해설]

① 태갑과 성왕의 자질이 뛰어나지 못해도 이윤과 주공이라는 뛰어난 신하에게 정사를 맡겨 인의의 도를 실천할 수 있었으므로 ㉠에 부합한다.

② 문공과 고조는 나라를 부강하게 하였으나 권모술수의 정치를 행해 백성의 도덕적 교화를 이루지 못했으므로 ㉡에 부합한다.

④ 신종은 왕도정치를 회복하고자 했으나 왕안석 등 간사한 이들을 분별하지 못해 나라를 망친 경우이므로 ㉣에 부합한다.

⑤ 난왕, 희종, 영종 등은 무기력하고 나태하여 구습만 따르다 점차 나라가 망해 가는 것을 지켜보았으므로 ㉤에 부합한다.

46
정답 ④

난도 중

정답해설

해설의 편의를 위해 원칙의 나열 순서대로 원칙 1, 원칙 2, …로 표기한다.
먼저, 대상이 한 명인 원칙 1과 원칙 4를 정리하면 다음과 같다.

총무부	인사부	영업부	자재부
갑순		병수	

중국어 회화 가능자는 병수와 정희인데, 원칙 2에서 영업부와 자재부 모두에는 중국어 회화 가능자가 배치될 수 없다고 하였으므로 정희는 총무부나 인사부에 배치되어야 한다. 그런데 원칙 3을 통해 정희는 총무부에 배치될 수 없다. 따라서 이를 정리하면 다음과 같다.

총무부	인사부	영업부	자재부
갑순	정희	병수, 을돌	

여기에 추가 원칙을 적용하면 다음과 같이 배치를 결정할 수 있다.

총무부	인사부	영업부	자재부
갑순	정희	병수	을돌

따라서 최종적으로 배치된 정희의 부서는 인사부이다.

> **합격 가이드**
>
> 배치 유형의 문제에서 가장 먼저 해야 할 것은 하나의 항목만으로 적용되는 조건들을 추려내는 것이다. 이 문제의 경우는 공인노무사, 신입사원이 이에 해당한다.

47
정답 ③

난도 상

정답해설

	진술	경우 1	경우 2	경우 3
갑	단독∧2층	×	○	×
	~2층 빈방	○	○	○
을	if 단독 → 5층	○	×	×
	~단독∧~같은방	○	×	×
병	if ~단독 → 같은방	×	○	○
	~빈방	×	×	○

갑·을·병의 진술을 간단한 기호로 나타낸 후, 주어진 조건을 만족시키는 가능한 경우의 수들을 표로 나타내면 위와 같다.
병의 진술이 둘 다 거짓인 경우 갑의 진술이 둘 다 참인 경우를 가정하면 이는 을의 두 진술과 모두 충돌하므로 을의 진술이 둘 다 거짓이어야 한다. 이는 조건에 부합하지 않으므로 병의 진술이 둘 다 거짓이라면 갑의 진술 중 하나는 거짓이어야 한다.

오답해설

① 갑의 진술이 둘 다 거짓인 경우 2층에 빈방이 있어야 하므로 자동적으로 병의 두 번째 진술이 거짓이 되고, 병의 첫 번째 진술은 참이어야 한다. 그런데 이때 병의 첫 번째 진술은 을의 두 번째 진술과 모순되므로, 을의 두 번째 진

술이 거짓이어야 하는데 조건에 따라 을은 두 진술 모두 참을 말하는 사람이어야 하므로 모순이 발생한다. 따라서 갑의 진술이 둘 다 거짓인 경우는 불가능하다.
② 경우 3과 같이 2층과 전체 층에 빈방이 없는 경우가 가능하다.
④ 경우 2와 같이 을의 진술이 둘 다 거짓이면서 단독범의 소행인 경우가 가능하다.
⑤ 경우 3과 같이 갑의 진술 중 하나만 참이면서 단독범의 소행인 경우가 가능하다. 이 경우 단독범의 소행이지만 단독범이 2층 또는 5층에 묵지 않는 경우를 상상할 수 있고 모순이 발생하지 않는다.

> **합격 가이드**
>
> 이러한 유형의 경우 갑의 첫 번째 진술, 을의 두 번째 진술과 같이 명백하게 모순되는 선지들의 참 거짓 여부를 임의로 가정하여 시작하는 것이 유리하다. 다만 이 문제의 경우 고려사항이 많고 조건이 복잡하므로, 실전에서 시간을 많이 소모하고도 실수할 가능성이 높다. 이러한 유형에 자신이 있는 수험생이 아니라면 보류하고 다른 문제를 우선 풀이하는 것이 시험에서 유리할 것이다.

48
정답 ②

난도 하

정답해설

지문을 정리하면 다음과 같다.
1) 생산·평화 → 사회 원리
2) 사회 원리 → ~권리 침해
3) ~자유 → 권리 침해
4) 권리 침해 → 물리
5) 지식 교환 → 생산·평화

ㄱ. 보기 ㄱ을 논리 기호로 표현하면 생산·평화 → 자유이다. 1), 2)와 3)의 대우를 연결하면 도출 가능한 내용이다.
ㄹ. 보기 ㄹ를 논리 기호로 표현하면 권리 침해 → ~지식 교환이다. 조건 1), 2), 5) 각각의 대우를 연결하면 도출 가능한 내용이다.

오답해설

ㄴ. 보기 ㄴ을 논리 기호로 표현하면 ~물리 → 생산·평화이다. 지문이 조건들에 따라 도출할 수 없는 내용이다.
ㄷ. 보기 ㄷ을 논리 기호로 표현하면 물리 → ~자유이다. 지문의 조건 3과 4를 통해 이 명제의 역이 성립한다는 사실은 확인할 수 있으나, 그로부터 ㄷ 내용이 참인지는 알 수 없다.

> **합격 가이드**
>
> 이러한 유형의 논리퀴즈 문제의 경우, 지문에 주어진 긴 문장들을 해설과 같이 짧은 키워드로 치환하여 논리식으로 정확하게 정리하는 것이 문제 풀이의 핵심이다. 지문이 길어 보이더라도 막상 논리식으로 정리하면 어렵지 않은 문제인 경우가 많으므로, 평소 모의고사를 통해 지문 내용을 논리식으로 바꾸는 연습을 많이 해보아야 한다.

49 정답 ②

난도 중

정답해설

C의 진술이 참이라고 가정하면, D는 2위이고, C의 진술이 참이기 위해 C는 1위가 되어야 한다. 그러나 이 경우 A가 C보다 낮은 순위임에도 불구하고 A의 C에 대한 진술이 참이 되는 모순이 발생한다. 따라서 C의 진술은 거짓일 수밖에 없고 D는 2위가 아니면서 C보다 높은 순위라는 것을 알 수 있다. D가 3위이고 C가 4위인 경우를 가정하면, A가 C보다 높은 순위이므로 A의 진술은 참이 되어야 하나 C가 4위이므로 A의 C에 대한 진술은 거짓이 되어야 한다. 이는 모순이므로 D는 1위여야 한다는 것을 알 수 있다. 만약 C가 2위라면, A의 C에 대한 진술이 참이지만 A는 C보다 낮은 순위이므로 A의 C에 대한 진술은 거짓이어야 하는 모순이 발생한다. 따라서 C는 2위가 될 수 없으며, A의 진술이 거짓이어야 하기 때문에 A는 C보다 순위가 낮다는 것을 알 수 있다. 따라서 이 모든 조건을 만족하기 위해 B가 2위, C가 3위, A가 4위여야 한다.

> **합격 가이드**
>
> 주로 문제에서 주어진 진술 중 C의 진술과 같이 가장 단순한 진술을 우선적으로 참 또는 거짓으로 가정한 후 그에 따라 논리를 전개하는 경우 모순이 발생하는지를 체크하면서 문제를 풀어야 한다. 조건을 순차적으로 적용하면서 모순이 존재하는 상황을 배제하여 논리적으로 모순이 없는 상황을 찾아내고, 그 상황에 부합하는 선지를 골라낸다.

50 정답 ⑤

난도 중

정답해설

지문을 통해 알아낼 수 있는 정보들을 정리하면 다음과 같다.

- 시험관 X에 D는 포함되어 있지 않음

네 가지 방법에 의한 결과가 모두 양성이라는 사실로부터,

- 시험관 X에 A와 C가 포함되어 있음
- 시험관 X에 B는 포함되어 있지 않음
- 감마 방법보다 베타 방법을 먼저 사용했음(베타 방법이 마지막으로 사용한 방법이 아님)
- 감마 방법을 델타 방법보다 먼저 사용했고, 시험관 X에 D가 포함되지 않았으므로 E가 포함되어 있음

> **합격 가이드**
>
> 네 가지 검사 방법의 내용을 논리적 기호로 치환하여 풀이하면 간단히 풀 수 있는 문제이다. 감마 방법의 경우, 다른 방법과 달리 '~한 조건 하에서 음성이다'라는 형식으로 문장을 제시하여 사소한 변칙적 함정을 만든 듯하다. 실전에서는 이러한 디테일을 놓치기 쉬우므로, 평소 사소한 함정에 빠지지 않기 위해 지문을 꼼꼼하고 정확하게 읽는 연습을 해야 한다.

51 정답 ②

난도 중

정답해설

병은 무가 수용분야에 선정되지 않았다고 진술하고, 정은 무가 수용분야에 선정되었다고 진술하고 있으므로 병과 정의 진술이 동시에 참일 수는 없다. 따라서 네 사람 중 병 혹은 정이 틀린 진술을 한 사람이므로 둘 중 한 사람의 말이 참이고 다른 한 사람의 말은 거짓인 경우를 가정하여 접근해야 한다.

만약 병의 진술이 참이고 정의 진술이 거짓이라면, 을은 이해분야에 선정되지 않고 무는 수용분야에 선정되지 않아야 한다. 또한 갑, 을, 무의 진술 역시 참이어야 하므로 무의 진술에 따라 병은 선정되지 않고, 정은 확산분야에 선정되어야 한다. 이에 따르면 무는 수용분야에 선정되지 않고, 정은 확산분야에 선정되어야 하는데, 이는 을의 진술과 모순이다. 따라서 병의 진술이 거짓이고 갑, 을, 정, 무의 진술이 참이라는 것을 알 수 있다. 정의 진술이 참이므로 갑은 융합분야에, 무는 수용분야에 선정되고, 무의 진술에 따라 정은 확산 분야에 선정되며, 병을 제외한 네 명이 선정되어야 하므로 을은 이해분야에 선정되어야 한다.

> **합격 가이드**
>
> 병과 정의 진술과 같이 서로 모순되는 진술이 문제에서 제시되는 경우, 해당 진술들이 동시에 참일 수는 없으므로 한 진술이 참이고, 다른 진술이 거짓인 경우를 가정하여 문제에 접근하면 쉽게 풀 수 있다. 처음 가정한 상황에 따라 논리를 전개하다 모순이 발견되는 경우, 처음 가정에 반대되는 가정이 참이므로, 참인 가정에 따라 논리를 전개하며 정답을 찾으면 된다.

52 정답 ②

난도 중

정답해설

지문에서 주어진 정보들을 순서대로 1, 2, 3, 4, 5번 조건이라고 하자. 2, 4번 조건에 의해 대한민국은 B국과 상호방위조약을 갱신하고, A국과는 갱신하지 않는 것을 알 수 있다. 또한 1, 3번 조건으로부터 A국과 상호방위조약을 갱신하지 않고, 주변국과 합동 군사훈련을 실시한다는 사실이 확정되었으므로 동북아 안보 관련 안건을 상정할 수 없다는 사실을 알 수 있다.

이에 더해 조건 5로부터 대한민국이 동북아 안보 관련 안건을 상정할 수 없는 경우 6자 회담을 올해 내로 성사시켜야 한다는 사실을 알 수 있으므로, 대한민국은 6자 회담을 올해 내로 성사시켜야 한다.

이를 정리하면 대한민국이 반드시 선택해야 하는 정책은 B국과의 상호방위조약 갱신, 주변국과 합동군사훈련을 실시, 올해 내 6자 회담 성사이다.

> **합격 가이드**
>
> 주어진 조건이 여러 가지인 경우, 조건 2, 3, 5와 같이 '만약 ~라면, ~이다' 형태의 불확정적 조건보다는 조건 4 혹은 조건 1과 같이 이미 확정되어 있는 정보로부터 문제 풀이를 시작해야 한다. 확정되어 있는 정보를 다른 조건에 대입하여 논리적으로 도출해 낼 수 있는 정보들을 찾아내는 방식으로 풀이하면 쉽게 풀 수 있는 유형의 문제이다.

53

[난도] 중

[정답해설]
CFA와 같이 위촉하는 경우 D와 E 모두 위촉하지 않을 수 있다.

[오답해설]
① 총 3명만 위촉하는 방법은 CDA, CFA, CFB의 세 가지이다.
② CFB와 같이 위촉하는 경우 A는 위촉하지 않을 수도 있다.
③ B를 위촉하는 경우 C가 반드시 위촉된다는 사실은 이미 알려져 있으며, C를 위촉하기 위해서는 D, E, F 중 적어도 한 명을 위촉해야 한다. 이때, B가 위촉되었으므로 D를 위촉할 수는 없고, 따라서 E혹은 F가 위촉되어야 하는데 E를 위촉하는 경우에는 반드시 F도 위촉해야 하므로, 어떠한 경우를 가정하건 B가 위촉된다면 F도 위촉되어야 한다.
⑤ C는 반드시 위촉된다는 사실이 이미 알려져 있고, A와 B 중 한 사람은 필수적으로 위촉해야 하므로 D를 포함해서 최소인원을 위촉하는 방법은 CDA 한 가지밖에 없다. 따라서 총 3명을 위촉해야 한다.

> **합격 가이드**
>
> 이 문제의 경우, 선지 ①에서 생각해낼 수 있는 예시들을 그대로 활용하여 선지 ②, ④, ⑤의 정오를 쉽게 판단할 수 있다. 논리퀴즈 유형에서 반례를 찾아야 하는 문제의 경우, 한 가지 선지 혹은 보기에서 생각해낼 수 있는 사례를 가지고 다른 선지 혹은 보기들의 정오판별이 가능한 경우가 많다. 매 선지 혹은 보기마다 다른 사례를 생각해내려 하지 말고, 앞서 찾았던 사례를 우선적으로 활용하여 효율적으로 다른 선지들의 정오판단을 하도록 하자.

54

[난도] 중

[정답해설]
지문의 내용을 논리식 형태로 정리하면 다음과 같다.
M → X ∧ Y, X
방화 → 감시 ∧ 방범, 방범 → B ∧ ~C, ~B, 감시
누전 → 을 ∨ 병, 을 → ~정
ㄱ. 주어진 조건으로부터, X, Y공장에서 모두 화재가 발생했다고 해서 기계 M의 오작동이 화재의 원인이라고 단정할 수 없다.
ㄷ. 주어진 조건에서 C지역에 화재가 확대되었다면, 방범용 비상벨이 작동하지 않았을 것이고, 방법용 비상벨이 작동하지 않았다면 방화가 이번 화재의 원인이 아님을 알 수 있다.

[오답해설]
ㄴ. 병에게 책임이 없다고 해도 을에게 책임이 있는지 여부는 알 수 없으므로, 정의 책임 여부를 확정할 수 없다.
ㄹ. 정에게 이번 화재의 책임이 있다면 을에게는 이번 화재의 책임이 없지만, 을에게 이번 화재의 책임이 없다는 것만으로는 주어진 조건 하에서 누전이 화재의 원인이라고 단정할 수 없다.

> **합격 가이드**
>
> 지문의 내용을 간명한 논리식 형태로 정확하게 치환하는 것이 문제풀이의 핵심이다. 각 보기의 내용이 주어진 조건 내에서 논리적으로 도출 가능한 정보인지 아닌지를 잘 판단해야 한다.

55

[난도] 중

[정답해설]
A팀에서 독신인 사원은 모두 파견을 가지 않았고, 파견을 가지 않은 사원은 모두 여성이라는 점에서 독신이면서 여성인 사원이 존재하기 위해 충족되어야 하는 조건은 독신인 사원이 한 명이라도 존재해야 한다는 것이다. 따라서 (가)에는 ㄱ이 들어가야 한다.
B팀에는 남성이면서 독신인 사원이 여럿 있고, 모든 독신 사원들은 사내의 이성과 연인이 되기를 갈망하므로 남성이면서 독신인 사원은 모두 사내의 이성과 연인이 되기를 갈망할 것이다. 따라서 (나)에는 ㄷ이 들어가야 한다.

> **합격 가이드**
>
> A팀에서 '박사학위를 지닌 팀원' 조건이나 'B팀에서 A팀으로 파견을 가고 싶어 하는 사람이 있을지도 모른다'는 내용은 정답 도출과 관련이 없다. 논리 문제에서도 문제 풀이에 필요한 조건과 필요하지 않은 내용을 정확하게 분별하여 접근하지 않으면 쓸데없이 시간을 소모하게 되므로, 문제에서 찾아야 하는 것이 무엇인지 파악하고 정답 도출을 위해 필요한 조건이 무엇인지 선별해내야 한다.

56

[난도] 중

[정답해설]
세 명의 사무관들이 각각 외부 인사의 성명을 한 사람만 올바르게 기억해야 한다는 조건을 만족시키는 이름의 조합을 선지에서 찾아야 한다. 이에 따르면 ⑤가 옳다.

[오답해설]
① 혜민과 서현이 한 명의 성명도 올바르게 기억하지 못하는 것이 되므로 조건을 만족하는 조합이 될 수 없다.
② 서현이 모든 외부 인사의 성명을 올바르게 기억하는 것이 되므로 조건을 만족하는 조합이 될 수 없다.
③ 민준이 외부 인사 두 명의 성명을 올바르게 기억하는 것이 되므로 조건을 만족하는 조합이 될 수 없다.
④ 민준이 외부 인사 한 명의 성명도 올바르게 기억하지 못하는 것이 되므로 조건을 만족하는 조합이 될 수 없다.

57

[난도] 상

[정답해설]
나선형 바이러스는 항상 뮤-파지 방식으로 감염되므로, 바이러스 Y가 람다-파지 방식으로 감염된다는 것을 고려할 때 바이러스 Y는 나선형일 수 없다.

[오답해설]
① 두 번째 문단에서 '이 형태들 중에서 많이 발견되는 것이 나선형, 원통형, 이십면체형이다'라는 내용이 제시되었으므로 이 세 형태 이외에도 다른 형태가 존재할 수 있다. 따라서, 바이러스 X가 람다-파지 방식으로 감염되었더라도 원통형이 아닐 수 있다.
② 첫 번째 문단에서 람다-파지 방식의 경우 중추신경계와 호흡기에 감염이 가능하다는 것을 알 수 있다.

③ 바이러스 Y 역시 바이러스 X와 마찬가지로 람다–파지 방식으로 감염되므로, 중추신경계 또는 호흡기에 감염이 가능하고, 따라서 항상 호흡기에 감염된다고 할 수 없다.

⑤ 나선형 바이러스는 모두 뮤–파지 방식으로 감염되고, 뮤–파지 방식은 중추신경계를 감염시키지 않는다.

> **합격 가이드**
>
> 나선형 바이러스 → 뮤–파지 방식 감염의 관계는 성립하지만, 두 번째 문단에서 가장 많이 발견되는 세 유형 이외에 다른 유형들이 존재한다는 단서를 주었으므로 이 관계의 역은 성립하지 않을 수 있다는 것을 파악해야 한다. 이 단서를 놓치는 경우 ①과 ④ 모두 정답인 것으로 오인할 수 있으므로 긴 지문 형태로 주어지는 논리 문제의 경우 단서를 놓치지 않도록 주의하자.

58 정답 ④

난도 상

정답해설

지문에서 제시된 관계들을 간략하게 정리하면 다음과 같다.

1) 양적완화 → 달러화 가치 하락
2) 양적완화 → 달러 환율 하락 → 수출 감소 →～경제 주요지표 개선
3) ～양적완화 → 미국 금리 상승 → 우리 금리 상승 → 외국인 투자 증가
4) ～양적완화 → 미국 금리 상승 → 우리 금리 상승 → 가계부채 심화 → 국내 소비 감소 → 경제 전망 어두움

2)의 대우에 의해 우리나라 경제 주요지표가 개선되었다면 수출이 감소하지 않았을 것이고, 그에 따라 달러 환율도 하락하지 않았을 것임을 알 수 있다.

오답해설

① 2)로부터 우리나라 수출이 증가한 경우 달러 환율이 하락하지 않았으며 미국이 양적완화를 시행하지 않았다는 것은 알 수 있으나, 미국이 양적완화를 시행하지 않은 것으로부터 달러화 가치 하락 여부는 알 수 없다.

② 4)에 따라 미국이 양적완화를 중단하는 경우 우리나라의 가계부채 문제가 심화되나, 그 역의 관계가 성립하는지는 알 수 없다.

③ 3)에 따라 외국인투자가 감소하는 경우 미국이 양적완화를 중단하지 않은 것은 알 수 있으나, 이로부터 우리나라 경제전망이 어두워진다는 것을 도출할 수 없다.

⑤ 4)의 대우에 의해 우리나라의 국내소비가 감소하지 않았다는 것으로부터 우리나라의 금리가 상승하지 않았다는 것은 도출할 수 있으나, 외국인 투자가 감소하지 않았는지는 알 수 없다.

> **합격 가이드**
>
> 1)과 2) 그리고 3)과 4)의 경우 각각 미국이 양적완화를 시행하는 경우, 중단하는 경우로 시작하여 서로 연결되는 조건으로 착각하기 쉬우나, 서로 별개의 조건임을 인지해야 한다. 예를 들어 1)과 2)를 하나의 조건으로 착각하는 경우, 2)에 따라 수출이 감소하지 않는다면 달러 환율이 하락하지 않으며 달러화 가치 역시 하락하지 않는 것으로 착각하지 않도록 주의해야 한다.

59 정답 ⑤

난도 상

정답해설

만약 을의 말이 참이라고 가정해보면, 을은 아랫마을에 살고, 갑은 남자여야 한다. 이 말이 참이면 병의 진술 역시 모두 참이 되므로 을은 남자여야 한다. 그러나 아랫마을에 사는 남자는 거짓말만 하므로 을의 말은 참이 될 수 없다. 따라서 을의 진술은 거짓이어야 하므로 을은 윗마을에 살고, 여자이며, 갑도 여자라는 사실을 알 수 있다. 을이 윗마을에 살기 때문에 병의 진술은 거짓이 되고, 정의 진술은 참이 된다는 것을 알 수 있다. 따라서 병은 윗마을에 산다. 네 명 중 두 명은 아랫마을 사람이므로 갑과 정이 아랫마을 사람이 된다. 따라서 갑의 진술은 참이며 갑은 여자이다. 이때 정의 진술 역시 참이고, 정은 아랫마을 사람이므로 여자이다.

> **합격 가이드**
>
> 진술의 참 거짓을 가리는 문제 유형의 경우 항상 비교적 판단하기 쉬운 진술의 참 거짓 여부를 가정하는 것에서부터 시작해야 함을 잊지 말자. 또한 이 문제와 같이 진술과 함께 다른 조건이 추가적으로 주어지는 경우, 진술의 참 거짓을 판단하는 과정에서 다른 조건의 존재를 잊기 쉬우므로 주의해야 한다. 문제에서 주어진 조건을 모두 만족하면 가능한 경우의 수는 항상 한 가지 혹은 두 가지 등 소수로 좁혀질 수밖에 없다.

60 정답 ③

난도 상

정답해설

문제에서 주어진 조건을 요약하면 다음과 같다.

1) ～성격 → 발달 ∧ 임상
2) 임상 → 성격
3) ～인지 →～성격 ∧ 발달
4) ～인지 ∧～발달

우선 영희가 들은 수업의 최소 개수가 무엇인지 알아내기 위해 4)가 옳은 진술이라고 가정하고 모순이 발생하지 않는지 확인해본다. 4)에 따라 영희는 인지심리학과 발달심리학 모두 수강하지 않는다. 이 경우 1)의 대우에 따라 영희는 성격심리학은 수강해야 한다. 이때 3)이 그른 진술이라고 가정하면 영희가 인지심리학을 듣지 않고 성격심리학만 수강하더라도 모순이 발생하지 않는다. 따라서 영희가 성격심리학 1개의 수업만 듣는 경우가 가능하다. 다음으로 영희가 들은 수업의 최대 개수가 무엇인지 알아내기 위해 4)가 그른 진술이라고 가정해보자. 영희가 만약 인지심리학과 발달심리학을 모두 수강하고, 나머지 세 진술이 옳은 진술이라고 하면 성격심리학과 임상심리학을 모두 수강하더라도 모순이 발생하지 않는다. 따라서 영희가 4개의 수업을 모두 수강하는 경우가 가능하므로 영희가 수강할 수 있는 최대 수업 수는 4개이다.

61

난도 하

정답해설

ㄴ. 을은 개인의 활동이 어떻게 조절되느냐에 따라 유전자가 작동되는 방식이 바뀐다고 하였다. 따라서 선택지와 같은 사실이 밝혀진다면 을의 주장은 강화된다.

ㄷ. 갑은 유전자에 의해 결정되는 형질은 불변이라고 하였고, 을은 개인의 활동에 따라 변화할 수 있다고 하였다. 따라서 선택지와 같은 사실이 밝혀진다면 갑의 주장은 약화되고, 을의 주장은 강화된다.

오답해설

ㄱ. 갑은 유전자의 형질은 불변이라고 하였으므로 선택지와 같은 사실이 밝혀진다면 갑의 주장은 강화된다.

62

난도 중

정답해설

병은 c를 같은 방식으로 던지는 것이 거의 불가능하다고 보고, 정 역시 c를 같은 방식으로 던지는 실제 세계 사례의 수는 무척 작을 것이라는 데에 동의하고 있다.

오답해설

① 병이 진술 A의 참거짓 여부에 대해 어떻게 생각하는지는 확정할 수 없다.

② 병 역시 c를 같은 방식으로 여러 차례 던지는 것이 불가능하다는 것에 동의한다.

③ 정 역시 c를 던진 결과가 A의 진위에 영향을 끼친다고 본다.

⑤ 갑의 경우 c의 물리적 특징을 조사한다고 하더라도, 진술 A에 포함된 '50%의 확률'에 대응하는 특징을 찾을 수 없다고 주장하고 있다.

> **합격 가이드**
>
> 각 진술에서 발화자가 참 거짓에 대해 확실한 입장을 밝히고 있지 않은 부분은 알 수 없는 정보라는 점에 주의해야 한다. 가령 병의 진술에서 병이 '우리는 진술 A가 거짓이라고 말해야 한다. 하지만 이는 받아들일 수 없다'는 내용으로부터 병이 진술 A의 진위 여부에 대해 어떠한 견해를 가지고 있는지 확정할 수 있다고 착각하지 않아야 한다.

63

난도 하

정답해설

갑은 처벌이 다른 사회 구성원들을 교육하고 범죄자를 교화하는 기능을 수행해야 한다고 주장한다. 한편 병은 범죄자에 대한 처벌의 교화 효과가 나타나지 않는 사례를 제시하여 갑의 주장을 반박한다.

오답해설

① 처벌의 정당성을 확립하기 위한 고려사항으로 갑은 사회 전체의 이득을 고려한다. 반면 을은 사회 전체의 이득을 고려해서는 안 되며 처벌은 오로지 악

행 그 자체로만 정당화되어야 한다고 본다. 따라서 두 입장은 양립가능하지 않다.

② 갑은 '현대 사회에 접어들어 구성원들의 이해관계는 더욱 복잡해졌으며, 그 이해관계 사이의 충돌은 심각해졌다.'라고 주장한다. 한편 을은 이에 대해 특별히 언급하고 있지 않다. 따라서 을이 이를 부정한다고 보기 어렵다.

③ 을은 사람이 타고난 존엄성을 가진다고 본다. 한편 갑은 이에 대해 특별히 언급하고 있지 않다. 따라서 갑이 이를 부정한다고 보기 어렵다.

⑤ 병은 갑의 주장을 반박하고 있다. 을은 악행에 의해서만 처벌이 정당화될 수 있다고 주장하는데, 이에 대해 병은 특별히 언급하고 있지 않다.

> **합격 가이드**
>
> 이 글은 갑의 주장을 을과 병이 서로 다른 방식으로 반박하고 있다. 처음 글을 읽으면서 의견이 서로 상충하는 지점을 표시해두면 더욱 빠르게 문제를 해결할 수 있다.

64

난도 하

정답해설

ㄱ. (가)는 과거와 달리 오늘날의 대중은 지식인이 정해준 기준과 예측, 방향성을 피동적으로 받아들이는 존재가 아니라고 말한다. 대신 자신들의 가치기준과 투쟁 목표를 스스로 설정하는 능동적인 존재라고 본다.

ㄷ. (가)와 (나) 모두 과거 지식인들이 대중의 현실인식, 가치판단에 영향을 미쳤다는 점에 동의한다.

오답해설

ㄴ. (나)는 과거 지식인들이 실제 현실을 제대로 파악하지 못하면서 대중을 호도했다고 본다. 즉, 과거 지식인은 현실을 올바르게 인식하지 못했고 대중을 올바르게 인도하지도 못했다.

65

난도 하

정답해설

데카르트는 동물이 고통을 느끼지 못한다고 본다. 반면 공리주의 생명윤리학자들은 '인종이나 성별과 무관하게 고통은 최소화되어야 하듯, 동물이 겪고 있는 고통도 마찬가지이다.'라고 하여 동물이 고통을 느낄 수 있다고 본다.

오답해설

① 데카르트는 동물실험에 찬성하지만, 이는 동물이 영혼이 없어 고통을 느끼지 않는다고 보기 때문이다. 반면 칸트는 동물실험에 반대한다.

③ 칸트는 이성 능력과 도덕적 실천 능력을 가진 인간은 목적으로서 대우해야 하지만, 이성도 도덕도 가지지 않는 동물은 그렇지 않다고 본다. 한편 리건은 몇몇 포유류에 대해 권리를 인정하지만, 인간과 동물의 근본적 차이나 대우에 대해서는 언급하고 있지 않다.

④ 공리주의 생명윤리학자들은 '이성이나 언어 능력에서 인간과 동물이 차이가 있더라도'라고 하여 인간과 동물의 차이를 인정한다.

⑤ 리건의 견해는 동물이 고통을 느낄 수 있는지 여부와 무관하다. 그는 단지 몇몇 포유류의 경우 각 개체가 가치 및 동물권을 지닌다고 생각할 뿐이다.

난도 하

정답해설

가영의 견해는 참인지 분명하지 않은 전제에서 결론을 도출할 수 없다는 것이다. 가영 또한 전제가 확실히 참이라면 이를 통해 논리적 추론을 이용해 참인 결론을 얻을 수 있다고 본다. 가영의 두 번째 발언 중 '그 논리적 추론이야 물론 당연합니다.'에서도 확인할 수 있다.

오답해설

① 가영은 세 번째 발언, 나정은 첫 번째 · 세 번째 발언에서 책임 소재 규명에 대한 증거의 역할을 인정하고 있다.

② 가영의 세 번째 발언에서 새로운 증거가 나타난다면 최초 전제의 개연성이 흔들릴 수 있다고 주장한다.

③ 가영은 개연성이 높은 판단이라도 결국 거짓으로 밝혀질 수 있고, 따라서 이를 그대로 수용할 수 없다고 본다. 반면 나정은 세 번째 발언에서 제한된 증거하에서 개연성이 높은 판단을 수용해야 한다고 주장한다.

④ 가영의 견해는 개연성이 높은 판단을 그대로 수용할 수 없다는 것이다. 나정은 세 번째 발언에서 나타나지도 않은 증거를 기다리면서 언제까지 판단을 미룰 수 없다고 주장한다.

67

정답 ⑤

난도 중

정답해설

페스탈로치는 타고난 능력이 같은 쌍둥이 망아지의 비유를 통해 교육의 중요성을 설명하였다. 한편 비테는 타고난 재능이 적은 아이도 교육에 따라 더 뛰어날 수 있다고 하여 교육의 중요성을 강조하였다. 두 사람의 전제가 다르지만 이 전제가 상충되는 것은 아니다.

오답해설

① 루소는 '특별한 교육을 받아도 멍청한 강아지가 똑똑한 강아지가 되지는 않는다.'고 하여 영재는 타고나는 것이라고 보았다. 한편 비테는 교육을 통해 아이를 영재로 키울 수 있다고 보았다. 따라서 루소는 비테의 결론에 동의하지 않을 것이다.

② 엘베시우스는 교육의 중요성을 강조하였다. 페스탈로치도 쌍둥이 망아지의 비유를 통해 환경과 교육의 중요성을 강조하였다. 따라서 엘베시우스는 페스탈로치의 주장에 동의할 것이다.

③ 비테는 사람들이 서로 다른 재능을 가지고 태어난다는 전제하에 교육의 중요성을 강조하였다. 한편 엘베시우스는 사람들이 누구나 똑같이 태어난다고 가정하고 교육의 중요성을 강조하였다. 두 사람의 결론은 같지만 전제가 다르다.

④ 페스탈로치는 교육과 환경의 중요성을 강조한 반면, 루소는 타고나는 측면을 강조하였다.

합격 가이드

하나의 주제에 대해 여러 사람들의 관점이 제시되고 있다. 글을 읽으며 누구의 주장이 어디에 위치해 있는지를 표시해두자. 또 선지의 '양립 가능하지 않다.'라는 표현에 주의해야 한다. 이는 '동의하지 않을 것이다.'라는 표현보다 훨씬 강한 표현이다. 서로의 전제 혹은 결론이 모순될 때에만 양립 가능하지 않은 것이다. 서로 완전히 무관한 주제에 대해 이야기하거나 동시에 참일 수 있다면 양립 가능하다고 보아야 한다.

난도 중

정답해설

데카르트와 라이프니츠는 모두 빈 공간을 부정했다. 그러나 데카르트는 공간을 정신과 독립된 객관적 실재로 보았고, 라이프니츠는 공간을 정신과 독립된 실재라고 보지 않았다. 따라서 라이프니츠의 견해가 옳다면, 데카르트의 견해는 옳지 않은 것이 된다.

오답해설

① 뉴턴은 사물들이 들어올 자리를 마련해 주기 위한 빈 공간이 있다고 보았다. 또한 객관적이고 영원히 변하지 않는 절대공간 개념을 제시했다. 반면 라이프니츠는 빈 공간을 부정하고 공간을 정신과 독립된 실재라고 보지도 않았다. 따라서 공간의 본성에 관한 뉴턴의 견해가 옳다면, 라이프니츠의 견해는 틀린 것이 된다.

② 데카르트는 빈 공간을 부정하고 운동을 물질이 자리바꿈하는 것이라고 보았다. 반면 데모크리토스는 빈 공간을 인정하고 운동을 원자들이 빈 공간에서 움직이는 것이라고 보았다. 따라서 데카르트의 견해가 옳다면, 데모크리토스의 견해는 틀린 것이 된다.

④ 데카르트는 빈 공간이 존재하지 않는다고 보았다. 반면 뉴턴은 빈 공간을 인정했다. 따라서 데카르트의 견해가 옳다면 뉴턴의 견해는 틀린 것이 된다.

⑤ 데모크리토스는 빈 공간이 존재한다고 보았다. 뉴턴 또한 빈 공간을 인정했다. 따라서 빈 공간의 존재에 관한 데모크리토스의 견해가 옳다면 뉴턴의 견해는 틀린 것이 된다.

합격 가이드

'공간의 본성'은 '빈 공간의 존재'를 포함한다. 너무 어렵게 생각해서 둘을 구별해서 생각할 필요가 없다. '빈 공간의 존재'에 대한 견해가 다르다면 당연히 '공간의 본성'에 대한 견해가 다른 것이다.

69

정답 ⑤

난도 상

정답해설

갑은 세 번째 문단에서 '필연적인 행동이 자유롭지 않은 이유는 다른 행동을 할 가능성이 차단되었기 때문이다.'라고 주장한다. 반면 을은 마지막 문단에서 '철수의 행동 A가 필연적인지의 여부는 그 행동이 자유로운 것인지의 여부를 가리는 데 결정적인 게 아니야.'라고 주장한다.

오답해설

① 을은 마지막 문단에서 '철수의 행동 A에는 A에 대한 철수 자신의 의지가 반영되어 있어.'라고 하여 전지전능한 신이 존재하더라도 철수의 행동에 철수의 의지가 반영될 수 있다고 생각한다.

② 을은 두 번째 문단에서 '비록 어떤 행동이 필연적이더라도 그 행동에 누군가의 강요가 없다면 자유로운 행동이 될 수 있어.'라고 말한다. 따라서 을은 강요에 의한 행동을 자유로운 것으로 생각하지 않는다.

③ 갑과 을 모두 필연적인 행동에는 다른 행동의 가능성이 차단된다고 생각한다. 둘의 의견이 갈리는 부분은 필연성이 자유로움을 결정하는지에 대한 것이다.

④ 을은 전지전능한 신이 존재하더라도 철수의 행동이 자유로울 수 있다고 생각한다. 다만 갑은 전지전능한 신을 전제로 견해를 밝히고 있고, 전지전능한 신이 존재하지 않을 경우에 대한 갑의 견해는 나타나 있지 않다.

70

난도 상

정답해설

A는 옛 음악을 똑같이 재연하는 것이 가능하고, 이를 통해 당시와 똑같은 느낌을 구현할 수 있다고 본다. 한편 C는 똑같이 재연하지 못하더라도 정격연주가 가능하다고 보고 있다. 즉, 적어도 옛 음악을 과거와 똑같이 재연한다면 과거 연주 느낌이 구현될 수 있다는 것을 부정하는 것은 아니다.

오답해설

ㄴ. B는 과거와 현재의 연주 관습상 차이 때문에 옛 음악을 똑같이 재연하는 것이 불가능하다고 본다. 한편 D는 정격연주를 실현하려면 작곡자의 의도와 연주 관습을 모두 고려해야 한다고 말했을 뿐, 과거 연주 관습이 재현될 수 있는지 여부는 언급하지 않았다.

ㄷ. C는 명확히 작곡자의 의도를 파악할 수 있다면 정격연주를 할 수 있다고 본다. 한편 D는 '작곡자의 의도대로 한 연주가 작곡된 시대에 연주된 느낌을 정확하게 구현하지 못할 수 있다.'고 하여 작곡자의 의도뿐만 아니라 연주 관습을 강조하고 있다. 따라서 작곡자의 의도를 파악하는 것이 곧 정격연주를 가능하게 한다는 것에 동의하지 않는다.

합격 가이드

글 자체는 매우 쉽고 술술 읽힌다. '정격연주', '작곡자의 의도', '연주 관습' 등에 유의하며 읽도록 하자. 다만 선지의 표현을 조심해야 한다. 누가 무엇을 주장했는지, 각 주장을 과대해석하지는 않았는지 점검해보자. 헷갈린다면 논리 문제를 풀 때처럼 구조화하는 것도 도움이 된다.

---

07 전제·결론

71

난도 하

정답해설

지문의 논지는 붕당이 아닌 재능에 따라 인재를 등용해야 한다는 것이다. 과거와 달리 붕당을 만드는 것이 군자나 소인이 아니므로, 붕당을 없애야 한다고 말하고 있다.

오답해설

①·③·④ 지문은 붕당을 없애야 한다고 주장하고 있다.

⑤ 지문에 따르면 과거에는 군자당(진붕)과 소인당(위붕)이 있었다. 따라서 임금은 붕당을 모두 없애서는 안 되고, 군자당과 소인당을 잘 가려야 했다. 반면 오늘날에는 진붕도 위붕도 없이 의견 대립만 있을 뿐이다. 따라서 여러 붕당을 고루 등용하는 것이 아니라, 붕당 자체를 혁파하고 유능한 인재를 등용해야 한다는 것이 지문의 주장이다.

합격 가이드

단순히 글의 논지를 물어보는 문제는 매우 쉽다. 글을 전부 읽을 필요도 없고, 훑으면서 글의 인상만 확인하면 보통 답을 고를 수 있다. 너무 어렵게 생각하지 말자.

72

난도 하

정답해설

이 실험은 A를 합성하지 못하는 세균과 B를 합성하지 못하는 세균을 섞으면 정상 세균이 되지만 직접 접촉하지 못하면 정상 세균이 되지 못한다는 것을 보여준다. 결국 돌연변이 세균이 정상 세균이 되기 위해서는 직접적 접촉이 있어야 한다는 것을 알 수 있다.

오답해설

① 최소배양액만 있어도 정상 세균의 생식과 생장이 이뤄지는 것은 사실이다. 그러나 이는 글의 실험 결과와는 무관하게 확인된 내용이다.

② 정상 세균의 유전자가 변형된 것이 돌연변이 세균이며, 돌연변이 세균이 생식하기 위해 정상 세균의 유전자가 변형되어야 하는 것은 아니다.

③ 서로 다른 돌연변이 세균을 접촉시키면 최소배양액 내에서도 생식과 생장이 가능하다.

④ 완전배양액 없이도 서로 다른 돌연변이 세균을 접촉시켜 생식과 생장이 이뤄질 수 있다.

합격 가이드

발문은 '실험 결과를 가장 잘 설명하는 가설'을 묻고 있으나, 결국은 글의 결론을 묻는 것과 같다. 옳은 진술이라도 글 전체를 포괄하지 못한다면 답이 될 수 없다는 것에 유의하자.

73 정답 ②

난도 하

정답해설

정상 초파리는 약물 B 투여 여부와 무관하게 위로 올라가는 성질을 보였다. 반면 유전자 A가 돌연변이 된 초파리는 약물 B를 넣지 않는 경우에만 위로 올라갔다. 유전자 A가 돌연변이 된 초파리가 약물 B를 섭취한 경우에만 위로 올라가지 못했다. 이는 초파리가 파킨슨씨병에 걸린다는 가설로 설명할 수 있다.

오답해설

① 정상 초파리는 약물 B를 섭취하더라도 위로 올라갔다.
③ 유전자 A가 돌연변이 된 초파리가 약물 B를 섭취할 경우 운동성이 결여된다.
④ 정상 초파리는 약물 B를 섭취하더라도 운동성을 유지한다.
⑤ 유전자 A가 돌연변이 된 초파리가 약물 B를 섭취하면 파킨슨씨병에 걸리는 것이다. 물리적 자극에 대한 운동성이 비정상인 것은 파킨슨씨병의 증상이다.

74 정답 ⑤

난도 중

정답해설

(가)는 외국문물 수용이 자국문화에 부정적인 영향을 줄 것으로 본다. 한편 (나)는 외국문물을 수용함으로써 자국문화가 더욱 발전할 것이라고 본다.

오답해설

① (가)는 개화가 나라를 망칠 것이라고 주장한다. 또한 개화와 백성의 물질적 풍요에 대해서 언급하고 있지도 않다.
② (가)는 민족의 독립을 이야기하고 있지도 않고, 기존 중국 문화를 지켜야 한다는 것을 볼 때 자주적인 정부를 지향하는 것도 아니다.
③ (나)는 외래문명을 받아들임으로써 민족이 융성해질 수 있다고 주장하고 있다.
④ (가)는 기존 체제와 문화를 지키고자 한다. 자주독립국을 지향하거나 이를 위해 제도를 개선해야 한다고 말하고 있지 않다.

75 정답 ④

난도 상

정답해설

ㄴ. 수집한 암석에서 발견된 산소가 지구의 암석에 있는 것과 동위원소 조성이 다르고, 대신 화성에서 기원한 다른 운석에서 나타나는 동위원소 조성과 일치하였다. '나'는 이를 토대로 이 암석이 화성에서 온 것이라는 결론을 내린다. 이 논증이 타당하려면 산소의 동위원소 조성은 행성마다 달라서 산소의 동위원소 조성을 통해 암석의 출신지를 구별할 수 있어야 한다.
ㄷ. '나'는 지구에서 A 종류의 박테리아가 특이한 자철석 결정을 생성하고, 수집한 암석에서도 이와 같은 자철석이 발견된다는 것을 근거로 화성에서도 A 종류의 박테리아와 같은 생명체가 있을 것이라고 주장한다. 이 논증이 타당하려면 특이한 자철석 결정이 나타났다면 A 종류의 박테리아가 있는 것이라는 전제가 필요하다.

오답해설

ㄱ. 암석에서 발견된 작은 세포 구조의 크기가 100나노미터이다. 그러나 '나'는 이것이 생명체인지 여부를 판단할 때 그 크기를 전혀 고려하고 있지 않다. 오히려 '나'는 이 세포 구조를 생명체로 여기는 것처럼 보인다.

76 정답 ④

난도 하

정답해설

나쁜 일에 직접 가담했다면 다른 사람이 판단할 수 있으므로 외부에서는 알 수 없지만 자신의 내면에서만 일어나는 것의 의미인 ④로 바꿔주어야 한다.

> **합격 가이드**
>
> 틀린 부분을 수정하는 유형의 문제는 밑줄이 쳐진 바로 다음 문장을 주목해야 한다. 거의 모든 문제에서 밑줄 다음에 나오는 문장이 밑줄의 근거가 되기 때문이다. 이 문제의 경우도 바로 다음 문장에서 '당사자 자신만이 알 수 있는 것'이라는 명확한 힌트를 주었다.

77 정답 ②

난도 하

정답해설

이 글은 ⓒ를 정당화하는 사례로 숫자 '3'만을 들고 있다. 얼마든지 반례를 제시할 수 있으므로, 이러한 귀납 논증은 ⓒ를 충분히 정당화하지 못한다.

오답해설

ㄱ. ⓐ는 '소멸 가능하다면, 구성요소들로 이루어진 결합물이다.'로 바꾸어 표현할 수 있다. ⓐ의 대우 명제는 '구성요소들로 이루어진 결합물이 아니라면 소멸 가능하지 않다.'가 된다. 따라서 ⓐ, ⓑ, ⓒ를 모두 받아들인다면 우리가 일상적으로 볼 수 없는 것들은 소멸하지 않는다는 것이 도출된다.
ㄷ. ⓐ, ⓑ, ⓒ를 받아들이면 우리가 일상적으로 볼 수 없는 것들은 소멸하지 않는다는 것이 도출된다. 그리고 ⓓ를 받아들이면 영혼은 일상적으로 볼 수 있는 것이 아니므로, 결국 영혼은 소멸하지 않는다는 것이 도출된다.

78 정답 ⑤

난도 중

정답해설

ㄱ. ⓒ은 '진리 표현은 명제가 속한 영역에 따라서 다른 진리를 나타낸다면 진리가 진정한 속성이다(A이면 B이다).'라고 바꾸어 표현할 수 있다. ⓐ은 '서로 다른 영역에 속한 두 명제들의 진리 표현은 서로 다른 진리를 나타낸다(A이다).'로 바꾸어 표현할 수 있다. 따라서 ⓐ, ⓒ에서 ⓒ '진리가 진정한 속성이다(B이다).'가 도출된다.
ㄴ. 언어 사용을 통해 진리에 관한 모든 것을 알 수 있으므로, 진리는 진정한 속성이 아니다. 따라서 ⓓ, ⓔ은 진리가 진정한 속성이라는 ⓒ을 반박한다.
ㄷ. ⓐ, ⓒ에서 진리가 진정한 속성이라는 것이 도출된다(C이다). 한편 ⓔ의 대우 명제는 '진정한 속성이라면, 언어 사용을 통해 그 속성에 대한 모든 것을 알 수 없다(C이면 ～D이다).'가 된다. 따라서 ⓐ, ⓒ, ⓔ에서 '언어 사용을 통해 진리에 관한 모든 것을 알 수 없다(～D이다).'가 도출된다. 이는 ⓓ과 상충된다.

79 정답 ④

난도 상

정답해설

ⓓ은 언어에 대해 ⓕ은 사고에 대해 이야기하고 있다. 언어와 사고가 모두 체계성과 생산성을 가지고 있다고 해서 반드시 사고도 언어처럼 구조를 가진다고 볼 수 없다. 즉, ⓓ과 ⓕ에서 Ⓧ이 논리적으로 도출되지 않는다.

오답해설

① ⊙은 'A이면 B이다.'로, ⓒ은 'B이면 C이다.'로 치환할 수 있다. ⊙과 ⓒ은 지지나 반박 관계가 아니다.

② ⓓ은 언어에 대해 ⓕ은 사고에 대해 이야기하고 있다. ⓓ, ⓕ은 어떠한 논리적 관계를 가지고 있지 않다.

③ ⓒ은 언어의 체계성이 언어가 구조를 가지고 있을 때에만 보장됨을, ⓔ은 언어의 생산성이 언어가 구조를 가지고 있을 때에만 보장됨을 말하고 있다. 따라서 ⓒ, ⓔ에서 언어의 체계성과 생산성이 언어가 구조를 가지고 있을 때에만 보장된다는 것이 도출된다. 결국 ⓒ과 ⓔ이 참이면 ⓓ이 참이다.

⑤ Ⓐ과 ⓞ은 각각 사고의 체계성과 생산성을 보여준다. 따라서 ⓕ이 참이라면 Ⓐ과 ⓞ은 참이다.

80 정답 ⑤

난도 상

정답해설

천재적 능력을 A, 천재적 업적을 B로 두자. ⓔ은 B이면서~A인 경우를 제시하고 있다. ⓒ, ⓔ의 전제가 다르므로 둘은 양립 가능하다.

오답해설

① ⊙은 B이면 A임을, ⓒ은 A이면 B임을 주장한다. 따라서 A이면 B이고, B이면 A인 경우 ⊙과 ⓒ은 모두 참이 된다. 즉 천재적 업적과 천재적 능력이 동치가 되는 경우이다.

② ⓒ은 A이면서~B인 경우가 있음을 제시하고 있다. ⊙, ⓒ의 전제가 다르므로 둘은 양립 가능하다. ⓒ이 ⊙의 반례가 되려면 B이면서~A인 경우를 제시해야 한다.

③ ⓔ은 B이면서~A인 경우를 제시하고 있다. 이는 ⊙의 반례이므로 둘은 양립 가능하지 않다.

④ ⓒ은 A이면서~B인 경우를 제시하고 있다. 이는 ⓒ의 반례이므로 둘은 양립 가능하지 않다.

09 강화·약화

81 정답 ③

난도 상

정답해설

ㄱ. 갑과 을의 입장을 약화하기 위해서는 만들어진 모든 것 중 본성의 소산이 아닌 것에 대한 내용이 언급되어 있어야 한다. 그런데 갑과 을의 대화에서는 그 같은 언급이 없으므로 선택지의 내용은 갑과 을의 입장을 강화하지도 약화하지도 않는다.

ㄴ. 을은 인공물은 부자연스러움을 가져온다고 하였으므로 선택지의 내용은 을의 입장을 약화한다.

오답해설

ㄷ. 선택지의 내용이 을의 입장을 약화하기 위해서는 을이 '부자연스러움을 낳는 것 모두가 원리에 대한 이해가 있는 상태에서 만들어진 물건'이라는 내용을 언급해야 한다. 하지만 을은 그러한 언급을 하지 않았다.

82 정답 ②

난도 상

정답해설

- A : 인간에게 인식적 의무가 있다.
- B : 자신의 의지만으로 어떤 믿음을 가질지 정할 수 있다.

전제 1 : A → B

전제 2 : ~B

결론 : ~A

따라서 전제 2와 같은 주장을 내용으로 하는 선지이다.

오답해설

ㄱ. 선지의 내용은 '인간에게 인식적 의무가 있다는 명제와 자신의 의지만으로 어떤 믿음을 가질지 정할 수 없다는 명제가 거짓이라는 명제는 동시에 참일 수 없다.'라고 표현할 수 있다. 따라서 인간에게 인식적 의무가 있다고 주장하는 경우 논증을 약화한다.

ㄷ. 인식적 의무가 있다는 명제가 거짓인 경우 전제 1 또는 전제 2를 강화하지 않는다.

83 정답 ③

난도 하

정답해설

로빈후드 각본에 대한 두 가지 비판을 정리하면 다음과 같다.

- 첫 번째 비판 : 재분배는 생산성을 감소시켜 사회전체 공리도 감소한다.
- 두 번째 비판 : 재분배는 절대적 가치인 자유라는 기본권을 훼손한다.

ㄱ. 재분배가 생산성을 감소시키고 동시에 빈부격차를 심화시킨다면, 이는 재분배가 생산성을 감소시킨다는 첫 번째 비판을 포함하게 되어 첫 번째 비판은 강화된다.

ㄷ. 행복추구권을 위한 재분배가 생산성 증대를 초래한다면, 이는 재분배로 인해 생산성이 감소될 것이라는 첫 번째 비판과 상충한다. 따라서 첫 번째 비판은 약화된다. 하지만 이로부터 재분배가 기본권을 훼손한다는 것을 이끌어낼 수는 없으므로, 두 번째 비판과는 상충하지 않아 두 번째 비판은 약화되지 않는다.

오답해설

ㄴ. 부의 재분배가 기본권 침해보다 투자의욕감소에 더 큰 영향을 준다는 사실로부터 부의 재분배가 기본권을 침해하지 않는다는 것을 이끌어낼 수 없으므로 두 번째 비판과 충돌하지 않는다. 따라서 두 번째 비판을 약화하지 않는다.

합격 가이드

어떠한 주장과 무관하거나 양립가능한 진술이 그 주장을 강화하는 진술과 혼합되어 있는 경우에는, 전체 진술이 해당 주장을 결과적으로 강화하게 된다. 약화의 경우에도 마찬가지이다.

84
정답 ⑤

난도 하

정답해설

(나)에 따르면 자신보다 우월한 사람들을 준거집단으로 삼는 경향이 한국보다 강한나라는 상대적 박탈감과 좌절을 더욱 크게 느낄 것이고 그에 따라 한국보다 행복감이 낮아야한다. 따라서 해당 국가의 행복감이 한국보다 높다면 이는 (나)의 입장과 정면으로 배치되어 (나)를 약화한다.

오답해설

① (가)에 따를 때 만약 지위재에 대한 경쟁이 치열하여 지위재 획득이 어려워진다면 국가의 전반적인 행복감이 낮아질 것이다. 따라서 선지는 (가)에 부합하지 않는다.

② 지위재로 행복감을 설명하는 (가)의 입장에 따를 때 경제적 수준이 비슷한 나라들과 비교하여 지위재가 풍부하다면 행복감도 비교적으로 높아야할 것이다. 따라서 한국이 지위재가 풍부하지만 행복감이 낮다면 이는 (가)의 입장을 약화하는 사례가 된다.

③ (가)는 지위재로 행복을 설명하고 있으므로 지위재에 대한 정보가 있어야 행복감을 비교할 수 있다. 따라서 일인당 소득 수준이 한국과 비슷한 나라의 지위재가 한국과 비교하여 상대적으로 풍부한지를 알 수 없기 때문에 해당 조사결과는 (가)를 강화하지 않는다.

④ 이러한 사실에 대해 (나)는 해당 국가가 한국보다 행복감이 낮을 것이라는 해석을 제시할 수 있기 때문에 해당 사실은 (나)를 약화시키지 않는다.

합격 가이드

지문을 살펴봤을 때 우리나라의 행복감이 낮은 현상에 대해 (가)와 (나)가 서로 다른 이유를 제시하고 있음을 알 수 있다. 따라서 각각 그 원인을 어디서 찾고 있는지를 압축적으로 이해할 필요가 있다. (가)는 그 원인을 '지위재'에서 찾고 있으며 (나)는 그 원인을 '비교하는 성향'에서 찾고 있다. 따라서 (가) : 지위재↑ → 행복감↑, (나) : 비교성향↑ → 행복감↓ 이라고 간략히 도식화한 뒤 그에 따라 선지를 판단하면 쉽게 접근할 수 있다.

85
정답 ④

난도 하

정답해설

ㄴ. 무형의 법인의 기본권과 구체적 자연인의 기본권을 비교함에 있어 구체적 자연인의 기본권을 우선하여 고려한다면 지문은 더 이상 '적정한 비례를 유지'한 것이라고 할 수 없어 글의 논지가 약화된다.

ㄷ. 지문에서는 상이한 기본권 간의 제한을 비교하는 공통의 기준을 제시하고 있지 않고 있으므로 만약 공통의 기준이 없다면 두 기본권을 비교할 수 없다고 주장한다면 글의 논지는 약화된다.

오답해설

ㄱ. 지문의 마지막 문단에서 '청구인 A의 직업선택의 자유를 침해하지 않고'라고 하였으므로 글의 논지와 일치하여 논지를 약화하지 않는다.

합격 가이드

'학교법인 B의 대학의 자율성과 청구인 A의 직업선택의 자유는 기본권의 제한에 있어 적정한 비례를 유지하고 있다'는 주장을 펼치기 위하여 '청구인 A가 받는 불이익이 산술적으로 크지 않다는 점', '정책 유지여부는 대학 자율성의 본질적인 부분에 속한다는 점' 등을 근거로 채택하고 있다. 따라서 논지를 약화하는 가장 대표적인 방식은 채택된 근거가 타당하지 않다고 공격하는 것이다.

86
정답 ①

난도 하

정답해설

지문에서는 절대적인 진리를 궁구할 수 있는 철학자가 통치해야 인간 사회의 갈등을 완전히 해소할 수 있다고 주장하고 있다. 만약 절대적인 진리가 없더라도 합의를 통해 사회 갈등을 완전히 해소할 수 있다면 논지가 약화된다.

오답해설

② 이는 개별 상황을 벗어난 절대적인 진리가 필요하다는 지문의 맥락과 부합한다.

③ 지문에서는 현실의 가변적 상황과 무관한 진리를 통해서 사회의 갈등을 해소할 수 있다고 주장하고 있으므로, 이는 그러한 진리가 현실적으로 사용될 수 있음을 전제하고 있는 것이다.

④ 합의에 의해 도출된 기준보다 절대적인 진리가 사회갈등을 해소하는 것에 더 적합하다는 지문의 맥락과 부합한다.

⑤ 지문의 내용과 무관한 것으로 논지를 약화하지 않아 적절한 비판이라고 할 수 없다.

87
정답 ⑤

난도 중

정답해설

쾌락주의자들은 쾌락에 대한 욕구의 정도를 비교하고 있지 않으므로 선지는 ㉠과 무관하며 약화하지 않는다.

오답해설

① 세 번째 문단에서 쾌락주의자들은 쾌락에 대한 욕구가 음식에 대한 욕구의 원인이라고 주장하고 있으므로 어떤 욕구는 또 다른 욕구의 원인일 수 있다고 보고 있다.

② 첫 번째 문단에서 쾌락주의자들은 쾌락을 욕구하는 것이 우리 행동의 원인이 된다고 주장하므로 쾌락을 욕구하지 않았지만 행동이 발생했다면 ⊙은 약화된다.

③ 대상에 대한 욕구가 쾌락에 대한 욕구의 원인이라면 쾌락에 대한 욕구가 대상에 대한 욕구의 원인이라는 ⊙과 인과적 연쇄 방향이 달라지게 되어 약화된다.

④ 세 번째 문단에서 외적 대상에 대한 욕구는 쾌락에 대한 욕구를 원인으로 하기 때문에 ⊙은 약화된다.

88 정답 ①

난도 중

정답해설

두 번째 문단에서 '헌법수호를 목적으로 집단을 이룬 시위국민들을 가리켜 헌법에 의하여 설치된 국가기관에 해당하는 것이라고 말하기는 어렵다할 것이다'고 말하고 있다. 따라서 국민들을 헌법기관으로 볼 수 없음을 전제하고 있어 판결문과 양립할 수 없다.

오답해설

② 첫 번째 문단에서 '국민의 결집을 강압으로 분쇄한 행위는 국헌문란에 해당한다'고 하고 있어 판결문과 양립할 수 있다.

③ 첫 번째 문단에서 '국민의 결집을 적어도 그 기간 중에는 헌법기관에 준하여 보호하여야 할 것'이라고 하고 있어 판결문과 양립할 수 있다.

④ 첫 번째 문단에서 '국가의 국민은 헌법을 제정하고 헌법을 수호하는 중요한 소임'을 가진다고 하고 있어 판결문과 양립할 수 있다.

⑤ 두 번째 문단에서 '헌법수호를 목적으로 집단을 이룬 시위국민들을 가리켜 헌법기관에 해당하는 것이라고 말하기는 어렵다'고 하고 있어 판결문과 양립할 수 있다.

합격 가이드

글을 대충 읽은 경우, 첫 번째 문단과 두 번째 문단이 서로 모순되는 것처럼 보일 수 있다. 그로 인해 국민을 헌법기관으로 볼 수 있는지를 다루고 있는 ①, ③, ⑤ 중에 고민하다가 틀린 선지를 고른 경우도 있을 것이다. 두 문단이 모순되어 보였던 이유는 해당 판결문이 원심의 판결문을 반박하는 상급심 판결문이라는 것을 놓쳤기 때문이다. 두 번째 문단에서는 '원심에서 국민의 결집을 헌법기관으로 본 것은 유추해석에 해당하여 죄형법정주의원칙을 위반한 것'이라는 말을 통해 국민들을 헌법기관으로 볼 수 없음을 명확히 하고 있다.

또한 첫 번째 문단의 '준하여'라는 말은 양자가 동일하지 않음을 전제한 것임에도 불구하고 이를 확대하여 이해한 결과 ①을 양립할 수 있는 선지라고 판단하였다면, 이는 글을 이해함에 있어 배경지식이나 선입견이 개입된 경우에 해당한다. 따라서 글을 이해할 때에는 최대한 주관적 이해를 배제하고 읽을 수 있도록 연습할 필요가 있다.

89 정답 ④

난도 상

정답해설

박사의 주장을 도식화하여 정리하면 다음과 같다.

1) ~유전자 수 ↑

2) ∴ ~유전자 결정론 (1)과의 결합을 통해 '유전자 결정론 → 유전자 수 ↑'를 전제하고 있음을 알 수 있음)

3) 인간의 행동은 유전자와 환경의 상호작용에 의해 결정됨

4) ∴ 자유의지 (3)과의 결합을 통해, '유전자와 환경의 상호작용 결정 → 자유의지'를 전제하고 있음을 알 수 있음)

ㄴ. 유전자와 환경의 상호작용으로 결정된 행동은 자유의지에 따른 행동으로 볼 수 없다면, 이는 박사가 전제하고 있는 '유전자와 환경의 상호작용 결정 → 자유의지'와 부합하지 않아 ⊙을 약화한다.

ㄷ. 박사는 '유전자 결정론이 옳다고 보기에는 유전자 수가 턱없이 부족하다'고 하여 유전자 수를 근거로 유전자 결정론을 부정하고 있다. 하지만 만약 ㄷ 선지대로 인간의 유전자 수가 턱없이 부족한 것이 아니라면, 유전자 결정론이 옳을 가능성도 여전히 남게 된다. 따라서 유전자 결정론을 부정하는 ⊙을 약화한다.

오답해설

ㄱ. '유전자 결정론 → 유전자 수 ↑'가 거짓이 되는 유일한 경우는 전건인 유전자 결정론이 참이면서 후건인 유전자 수 ↑가 거짓인 경우다. 따라서 유전자 수 ↑인 해당 사례는 후건을 긍정하고 있기 때문에 박사의 주장을 거짓으로 만들 수 없다. 따라서 ⊙을 약화하지 않는다.

합격 가이드

강화 · 약화의 유형에서는 논증형식으로 된 문장이 많기 때문에 문장을 곧바로 이해하려고 하면 어렵고 헷갈리기 쉽다. 따라서 최대한 문장을 도식화하여 이해하려는 노력이 필요하다.

90 정답 ①

난도 상

정답해설

DNA의 가능한 구조는 네 가지이고, 이 중에서 염기가 바깥쪽에 있는 삼중나선 형태와 염기가 바깥쪽에 있는 이중나선 형태일 가능성은 논박되었다. 따라서 염기가 안쪽에 배열된 삼중나선 형태일 가능성은 여전히 남아있다.

오답해설

② DNA와 α−케로틴이 흡사한 화학적 특성을 지녔다는 점을 전제로 DNA 분자의 구조를 유추하고 있기 때문에 화학적 특성이 유사한 경우 분자의 구조도 유사하다는 전제가 부정된다면 논증은 약화된다.

③ DNA 분자가 이중나선 구조라는 주장은 '거의 모든 중요한 생물학적 대상이 쌍을 이루고 있음'을 근거로 성립하고 있으며 염기가 중추 안쪽에 있다는 사실은 해당 주장의 근거로 사용되지 않았다.

④ X선 회절사진 이미지는 염기들이 중추의 안쪽에 배열되어있음을 주장하는 근거로 사용되었을 뿐이며 DNA 분자의 구조에 대한 근거로는 사용되지 않았다.

⑤ X선 회절사진은 염기들이 중추의 안쪽에 배열되어있음을 주장하는 근거로 사용되었으므로 X선 회절사진이 판단의 근거로 인정되지 않는다고 하더라도 DNA 분자의 구조가 나선형이라는 주장은 약화되지 않는다.

합격 가이드

논증이 복잡한 경우, 선지와 글을 반복적으로 오가며 시간을 낭비하기 쉽다. 따라서 표나 그림을 그려서 이해한 내용들을 간략하게 정리하며 읽는 습관이 필요하다. 이번 문제에서도 DNA의 가능한 구조 네 가지를 2×2 표로 그려서 이해했다면 수월하게 풀 수 있었을 것이다.

91 정답 ③

난도 상

정답해설

ㄱ. 갑은 우주를 보편적으로 지배하는 원리를 포함하는 이론을 외계인이 지니지 않는다면 우주선 제작과 같은 기술력을 갖추지 못할 것이라고 하였다. 그런데 이러한 기술력을 갖추었다면 외계인이 우주를 보편적으로 지배하는 원리를 포함하는 이론을 지니고 있을 것이고(위의 대우명제). 그런 이론을 지닌 외계인과는 의사소통이 가능하다고 하였다.

ㄷ. 지문의 논증은 모두 'A이면 의사소통이 가능하다'로 되어있는 반면, 선택지의 논증은 '의사소통이 가능하다면 A이다'의 역명제 형식을 띠고 있어 타당하지 않다.

오답해설

ㄴ. 선택지의 명제를 정리하면 '~의사소통 → (~이론 보유∧~표현하는 일상 언어)'인데 병은 '(이론 보유∧표현하는 일상 언어) → 의사소통'을 주장하고 있다. 두 명제가 동치가 되기 위해서는 선택지의 명제가 병의 대우명제이어야 하는데 그렇지 않다. 또한 을은 병과는 중첩되는 내용이 없으므로 여기에 영향을 미치지 않는다.

합격 가이드

2023년에는 대우명제가 아니면서 마치 대우명제인 것 같은 옷을 입고 있는 선택지들이 몇몇 출제되었다. and와 or가 교묘하게 섞여 있는 경우가 많으니 꼭 주의하기 바란다.

92 정답 ⑤

난도 중

정답해설

ㄱ. 을은 공통된 생활양식을 함께했을 때에만 의사소통이 가능하다고 하였는데, 김박사와 외계인 A는 생활양식이 지구인과 매우 다르다고 하였다. 따라서 선택지는 을의 입장을 약화한다.

ㄴ. 정은 생물학적 유사성까지 충족해야 한다고 하였으나 외계인 A와 김박사는 전혀 다른 신체 구조를 가지고 있다. 따라서 선택지는 정의 입장을 강화하지 않는다.

ㄷ. 갑의 입장을 약화하기 위해서는 이론을 지니고 있지만 의사소통이 불가능한 경우가 제시되어야 하는데, 외계인 A는 이론을 지니고 있지 않으므로 약화되지 않는다. 또한 병은 갑의 견해에 더해 이론을 표현하는 일상 언어를 사용하는 것을 추가한다고 하였는데, 애초에 이론 자체를 지니고 있지 않은 상태이므로 역시 약화되지 않는다.

93 정답 ⑤

난도 하

정답해설

ㄱ. 붉은색 구슬이 15개로 바뀌는 경우 선택1의 확률은 1/6으로 감소한다. 이제 검은색을 뽑을 확률을 b라고 하자. 선택자는 합리적 선택의 경우 선택1을 택하고 기댓값 최대화 원리에 따라 같은 선택을 하게 된다면 (1/6>b)를 만족해야 한다. 선택3과 4에 있어서도 합리적 선택의 경우 선택4를 택하고 이

경우 기댓값 최대화 원리로 만족시키기 위해서는 (1-b<5/6)을 만족시켜야 한다. 그러나 두 조건은 양립 불가능하고 ㉠은 여전히 성립한다.

ㄴ. ㉠은 다섯 번째 문단의 선택이 합리적 선택임을 전제로 이루어진 경우라고 할 수 있다. 선지처럼 해당 선택들이 합리적인 결정이 아니라면 충돌의 대상이 될 합리적 결정이 무엇이고 충돌이 이루어지는지 알 수 없다.

ㄷ. 다섯 번째 문단은 임의의 확률 b를 바탕으로 기댓값 최대화 원리를 가정하여 적용하고 있다. 선지의 '정확한 정보가 주어지지 않은 경우에는 기댓값 사이의 크기를 비교할 수 없다'를 받아들인다면 항아리 문제는 결론을 도출하는 것이 가능하지 않다고 할 수 있다.

합격 가이드

확률의 크기에 대한 논의가 이루어지고 있지만, 가장 핵심적인 논쟁은 확률이 확정적이냐 불확정적이냐의 문제라는 것이다. ㄱ이 헷갈리는 경우 다섯 번째 문단의 논리적 구조를 따라 전개해본다면 쉽게 확인할 수 있다.

94 정답 ③

난도 중

정답해설

ㄱ. 내기1에서는 양자가 동일한 선택을 하므로 차이가 없다. 그러므로 갑과 을이 같은 액수의 상금을 받는 경우는 선택3과 선택4 역시 동일한 보상을 받는 경우인 노란색 구슬을 뽑았을 때 뿐이다.

ㄴ. 검은색 구슬이 뽑힐 확률이 b라고 가정하자. 다섯 번째 문단을 통해 판단해보면 갑의 선택이 가지는 기댓값은 4/3-b만 원이다. 이외에 가능한 조합은 1만 원, 2/3+b만 원이 있다. 이때 b는 1/3보다 작아야 한다. 첫 번째 문단에 따르면 전체 공의 개수가 90개이므로, 30개보다 적을 경우 갑의 선택은 기댓값이 가장 큰 선택지이다.

오답해설

ㄷ. 갑이 을보다 더 많은 상금을 받는 경우는 붉은색 공을 뽑아 2만 원을 받는 경우이다. 이때 확률은 1/30이며, 그렇지 않은 경우의 확률은 2/30이다.

합격 가이드

선택3과 선택4의 해석을 변형하는 것도 도움이 된다. 선택3을 '꺼낸 구슬이 붉은색이거나 노란색이면 1만 원을 받고, 그 이외의 경우에는 아무것도 받지 못한다.'에서 '꺼낸 구슬이 검은색이 아니면 1만 원을 받고, 그 이외의 경우에는 아무것도 받지 못한다.'로 바꾸고, 선택4를 '꺼낸 구슬이 검은색이거나 노란색이면 1만 원을 받고, 그 이외의 경우에는 아무것도 받지 못한다.'에서 '꺼낸 구슬이 붉은색이 아니면 1만 원을 받고, 그 이외의 경우에는 아무것도 받지 못한다.'로 바꾼다면 보다 쉽게 선지를 해결할 수 있다.

95 정답 ②

난도 하

정답해설

물병에 400만 원을 채워 넣는다고 상상해보자. 150만 원까지 넣었을 때, 세 명의 채권자는 50만 원씩을 가져가게 된다. 여기에서 추가적으로 돈을 넣는다고 하더라도 물병의 모양에 의해 채권자 1에게 분배되는 부분은 생기지 않고 채권자 2와 3에게만 분배된다. 이는 250만 원에 이를 때까지 지속된다. 그에 따라 채권자 1은 50만 원, 채권자 2는 100만 원, 채권자 3도 100만 원씩을 가져가게 된다. 이후 350만 원이 될 때까지의 금액은 채권자 3에게 모두 귀속되며 이후 나머지 50만 원은 채권자 2와 3에게 25만 원씩 균등하게 분배된다.

96

난도 하

정답해설

탈무드의 물병에서 유산이 150만 원보다 적을 때에는 채권자 간에 동일한 금액을 가져가게 되지만 유산이 그보다 많다면 채권자 간의 분배 몫이 달라지게 된다.

오답해설

① 유산이 총 빚과 동일한 경우 모든 채권자는 빌려준 돈을 모두 가져가게 된다. 이 경우에는 유산은 빌려준 돈의 비율만큼 분배된다.
② 탈무드의 물병에서 한 채권자가 모든 유산을 가져가는 경우는 존재하지 않는다.
④ 탈무드의 물병에서 채권자 3이 자신이 빌려준 돈을 모두 가져가는 경우는 물병이 모두 차는 경우뿐이다. 따라서 채권자 3이 빌려준 돈을 모두 가져간다면 채권자 1과 채권자 2도 빌려준 돈을 모두 가져가게 된다.
⑤ 탈무드의 물병에서 유산이 150만 원보다 적을 때에는 채권자 3이 채권자 1과 동일한 금액을 가져가지만, 150만 원보다 많아지면 채권자 3은 채권자 1보다 항상 더 많은 금액을 가져가게 된다. 따라서 가장 많은 돈을 빌려준 채권자가 가장 적은 돈을 빌려준 채권자보다 적은 돈을 가져가는 상황은 없다.

97

난도 중

정답해설

'증거 E가 가설 H를 확증한다'는 것은 '가설 H가 참인 조건에서 증거 E가 참일 확률이 가설 H가 거짓인 조건에서 증거 E가 참일 확률보다 더 크다'는 것을 의미한다. 증거 R이 두 해석을 확증하는지에 대해 살펴보면 다음과 같다.
- ST가 참인 조건에서 증거 R이 참일 확률＝1/2
  ST가 거짓인 조건에서 증거 R이 참일 확률＝1
  ∴ 증거 R은 ST를 확증하지 못한다.
- MW가 참인 조건에서 증거 R이 참일 확률＝1
  MW가 거짓인 조건에서 증거 R이 참일 확률＝1/2
  ∴ 증거 R은 MW를 확증한다.

따라서 빈칸에 들어갈 진술은 R은 ST를 확증하지 못하지만 MW를 확증한다는 ③번이다.

98

난도 중

정답해설

증거 L이 ST와 MW 중 어떤 것을 확증하는지를 살펴보면 다음과 같다.
- ST가 참인 조건에서 증거 L이 참일 확률＝1/2
  ST가 거짓인 조건에서 증거 L이 참일 확률＝1
  ∴ 증거 L은 ST를 확증하지 못한다.
- MW가 참인 조건에서 증거 L이 참일 확률＝1
  MW가 거짓인 조건에서 증거 L이 참일 확률＝1/2
  ∴ 증거 L은 MW를 확증한다.

합격 가이드

논의에 따르면 증거가 R일 때와 L일 때 모두 두 가지 해석 중 MW 하나만을 확증하고 있음을 알 수 있다. 따라서 어떤 경험을 하든지 우리의 경험은 하나의 해석만을 확증한다는 ⑤번이 정답이 된다.

99

난도 중

정답해설

정보 A가 송 씨의 두 아이가 모두 딸일 확률을 바꿀 만한 정보가 아니라면 풀이1과 풀이2의 확률은 달라선 안 된다. 따라서 상이한 확률이 모두 올바른 답변으로 인정된다면, 이는 정보 A가 송 씨의 두 아이가 모두 딸일 확률을 바꿀 만한 정보이기 때문이다.

오답해설

① 정보 A가 송 씨의 두 아이가 모두 딸일 확률을 바꿀 만한 정보라면, 물음2의 답변은 1/3이 아니다.
② 정보 A가 송 씨의 두 아이가 모두 딸일 확률을 바꿀 만한 정보라면, 둘 다 올바른 답변일 수 있다.
③ 정보 A가 송 씨의 두 아이가 모두 딸일 확률을 바꿀 만한 정보가 아니라면, 물음1과 물음2의 확률은 같아야 한다. 다만, 그 확률이 1/3로 같아도 되기 때문에 반드시 1/2라고 단정 할 수는 없다.
⑤ 정보 A가 송 씨의 두 아이가 모두 딸일 확률을 바꿀 만한 정보가 아니더라도 풀이1이 올바른 답변이 아니면서 동시에 풀이2가 올바른 답변이 될 수 있다.

합격 가이드

정보 A가 두 아이가 모두 딸일 확률을 바꿀 만한 정보라는 것은 물음1에 대한 답변과 물음2에 대한 답변이 달라야 함을 의미하며, 확률을 바꿀 만한 정보가 아니라면 물음1에 대한 답변과 물음2에 대한 답변이 같아야 함을 의미한다.

100

난도 중

정답해설

이름을 알려주는 것이 확률을 바꾸는 정보를 주는 것이 아니라면, 물음1과 물음3은 사실상 동일한 물음이 되며 그에 따른 답변도 같아야 한다. 따라서 물음1의 답변을 1/3에서 1/2로 수정해야 한다.

오답해설

① 물음1과 물음2 사이에는 정보 A가 주어졌는지 여부에 대한 차이가 여전히 존재하므로 두 물음의 답변이 같아야 할 이유가 없다.
② · ③ 물음2에 대해 1/2라고 답변하고 있으므로 답변을 수정할 필요가 없다.
④ 전제 1과 전제 2는 물음1과 무관하기 때문에 두 전제가 주어졌다고 하더라도 물음1의 답변을 수정할 필요가 없다.

CHAPTER 02 자료해석 필수기출 100제 정답 및 해설

01	02	03	04	05	06	07	08	09	10
⑤	①	③	⑤	①	②	④	①	④	②
11	12	13	14	15	16	17	18	19	20
①	⑤	⑤	⑤	①	⑤	②	⑤	④	②
21	22	23	24	25	26	27	28	29	30
⑤	①	①	④	②	③	④	⑤	②	②
31	32	33	34	35	36	37	38	39	40
②	①	②	①	②	③	⑤	④	⑤	⑤
41	42	43	44	45	46	47	48	49	50
①	③	①	④	②	④	③	②	④	④
51	52	53	54	55	56	57	58	59	60
③	⑤	①	③	③	④	①	④	①	⑤
61	62	63	64	65	66	67	68	69	70
②	①	②	④	②	②	⑤	④	③	①
71	72	73	74	75	76	77	78	79	80
④	②	④	⑤	②	⑤	③	⑤	②	⑤
81	82	83	84	85	86	87	88	89	90
②	②	④	②	②	③	④	②	①	⑤
91	92	93	94	95	96	97	98	99	100
①	④	①	④	②	②	②	④	①	④

01 단순확인(표·그림)

01
정답 ⑤

난도 하

정답해설

ㄴ. 주차면수가 같은 곳을 제외하면 동쪽이 292, 283면이고, 서쪽이 277, 145, 225면이므로 '동쪽'이 '서쪽'보다 적다.

ㄷ. 계산의 편의를 위해 선지를 변형하여 '주차면수당 면적'이 가장 작은 곳을 찾아보면, F휴게소의 경우 분모가 되는 주차면수는 다른 곳들에 비해 $\frac{1}{2}$ 정도 적은 반면, 분자가 되는 면적은 다른 곳들에 비해 $\frac{1}{2}$보다 훨씬 적다. 따라서 F휴게소가 가장 작으므로 면적당 주차면수가 가장 많은 휴게소는 F이다.

ㄹ. 주차면수당 사업비를 구하면 G휴게소는 $\frac{14,522}{193}$, A휴게소는 $\frac{9,162}{313}$이다. 이를 어림하면 G휴게소는 약 75백만 원인 반면, A휴게소는 약 30백만 원 정도이므로 2배 이상이다.

오답해설

ㄱ. E휴게소의 면적당 사업비는 $\frac{9,270}{53,901}$인 반면, G휴게소는 $\frac{14,522}{40,012}$이다. E휴게소보다 G휴게소의 분모가 작고 분자가 크므로 전체 분수의 값은 G휴게소가

크다. 따라서 E휴게소의 면적당 사업비가 가장 크지 않다.

합격 가이드

'~당 A'값을 구해야 하는 문제들의 대부분은 이 문제와 같이 분모의 숫자가 크고 분자가 작아 직관적으로 와닿지 않는 경우가 대부분이다. 그럴 때에는 이 문제의 해설과 같이 분모와 분자를 뒤집어서 배수관계로 놓고 판단하면 편하다. 물론, 이 경우는 최대와 최소가 반대로 뒤바뀌어야 함을 유의하자.

02
정답 ①

난도 중

정답해설

ㄱ. 2024년과 2018년 대비 2024년 매출액 순위변화를 이용하여 각 기업들의 순위를 구하면 2024년 기준 매출액 순위를 기준으로 2018년 기준 매출액 순위는 순서대로 1, 3, 2, 4, 5, 6, 12, 10, 16, 14등이 된다. 이때 2018년 10등인 ABBVIE의 매출액이 321억 원이 되므로 7등, 8등, 9등의 매출액이 321억 이상임을 알 수 있다. 이를 고려하면 3,455+(321-306)+(321-174)+(321-207)=3,731억 원이므로 3,700억 원 이상이다.

ㄴ. 2024년 매출액 상위 10개 제약사 중 2018년 대비 2024년 매출액이 가장 많이 증가한 기업은 Takeda로 149억 원이 증가했으며 가장 적게 증가한 기업은 Roche로 21억 원 증가했다.

오답해설

ㄷ. 2024년 매출액 상위 10개 제약사의 매출액 합이 전체 제약사 총 매출액에서 차지하는 비중을 어림하면 2024년이 약 35%이고, 2018년이 약 40%이므로 2024년이 2018년보다 작다.

ㄹ. 2024년 매출액 상위 10개 제약사 중 2018년 대비 2024년 매출액 증가율이 60% 이상인 기업은 Takeda 1개이다.

합격 가이드

보기 ㄱ이 약간 생소할 수 있으나 2024년 기준 매출액 상위 10개 제약사의 2018년 매출액 순위를 판단해본다면 문제 풀이 방법이 보일 것이다. 이러한 아이디어를 떠올리기만 한다면 정답을 쉽게 도출할 수 있다

03
정답 ③

난도 하

정답해설

2006년 이후 매년 엔젤계수는 엥겔계수보다 높다.

오답해설

① 2010년 엔젤계수의 상승폭은 1.6%p이지만 2011년 엔젤계수의 상승폭은 0.6%p에 그친다.

② 2004년 대비 2014년, 엥겔계수 하락폭은 4.4%이고 엔젤계수 상승폭은 5.7%이다. 따라서 엥겔계수 하락폭은 엔젤계수 상승폭보다 작다.

④ 엔젤계수 대비 엥겔계수 비율을 비교해보면 된다. 2008~2012년 동안 엔젤
계수 대비 엥겔계수 비율은 매년 감소한다.
⑤ 엥겔계수가 가장 높은 해는 2013년으로 20.5%, 가장 낮은 해는 2004년으로
14.4%이다. 둘의 차이는 6.1%p로 7.0%p보다 작다.

> **합격 가이드**
>
> 엥겔계수와 엔젤계수의 분모는 가계지출액으로 동일하다. 따라서 두 지수의
> 단순비교만으로 '식료품비'와 '18세 미만 자녀에 대한 보육·교육비'를 비교
> 할 수 있다. 이를 통해 아무런 계산 없이도 ③이 옳다는 것을 알 수 있다.

04
정답 ⑤

난도 하

정답해설

ㄴ. 2004~2007년 B사의 매출액은 매년 큰 폭으로 하락하여 시장점유율 역시
매년 하락하였다.
ㄷ. 2002년에 비해 2003년 시장규모는 줄어드는 데 반해, A사의 매출액은 상승
하였으므로 시장점유율도 상승하였다.
ㄹ. 1999~2002년 C사의 매출액은 큰 폭으로 증가하였으므로 그동안 C사의
시장점유율 역시 상승했다. 하지만 2003년에는 시장규모의 하락폭보다 더
큰 폭으로 매출액이 하락했으므로 시장점유율 역시 하락하였다.

오답해설

ㄱ. '갑'제품의 시장규모는 A, B, C사의 매출액을 모두 더함으로써 알 수 있다.
2007년의 시장규모는 2006년보다 하락한다.

> **합격 가이드**
>
> 정확한 계산을 한다면 분명 확실하게 계산할 수 있겠지만 애초에 그래프로
> 자료가 주어졌기 때문에 어림값으로 계산하여야 한다. 즉, 이런 유형의 문항
> 은 증가와 감소폭을 통해 전체적인 흐름을 파악함으로써 해결할 수 있어야
> 한다. 만약 해당 업체의 매출액이 떨어져도 전체 시장규모가 더 큰 폭으로
> 하락한다면 시장점유율은 오히려 상승하는 경우도 있을 수 있지만 해당 문
> 항에서 그런 점은 없다.

05
정답 ①

난도 하

정답해설

ㄱ. '1시간 미만' 운동하는 3학년 남학생 수는 87명으로, '4시간 이상' 운동하는
1학년 여학생 수인 46명보다 많다.
ㄴ. 표에서 '1시간 미만' 행만 확인하면 알 수 있다. '1시간 미만' 운동하는 남학
생의 비율은 1~3학년 각각 10.0%, 5.7%, 7.6%으로 여학생 중 '1시간 미만'
운동하는 여학생의 비율인 18.8%, 19.2%, 25.1%보다 각 학년에서 모두
낮다.

오답해설

ㄷ. 남학생의 경우 3시간 이상 운동하는 학생의 비율은 1학년 46.0%, 2학년
53.0%, 3학년 48.6%이므로 학년이 높아질수록 비율이 낮아지지 않는다.
ㄹ. 3학년 남학생의 경우, '3시간 이상 4시간 미만' 운동하는 학생의 비율은
23.4%으로 '4시간 이상' 운동하는 학생의 비율인 25.2%보다 낮다.

> **합격 가이드**
>
> 비율과 인원수 모두를 제공했기 때문에 어려운 계산 없이 풀 수 있는 문항
> 이다. 이때, 선지에서 묻는 것이 '비율'인지 혹은 '인원수'인지 실수하지 않아
> 야 하며, 3시간 이상은 '3시간 이상 4시간 미만'과 '4시간 이상'을 합해야 하
> 는 것을 잊지 말도록 하자.

06
정답 ②

난도 하

정답해설

2018년 사용자별 지출액의 전년대비 증가율을 계산해보면, '개인'의 경우 약
31.4%, '민간사업자'의 경우 약 52.4%, '공공사업자'의 경우 약 6.4%이다. 따라
서 '민간사업자'의 증가율이 가장 높다.

오답해설

① '공공사업자' 지출액의 전년대비 증가폭을 살펴보면 2016년은 49억 원,
2017년은 53억 원, 2018년은 47억 원이다. 따라서 2017년의 증가폭이 가
장 크다.
③ 연도별로 사용자별 지출액의 전년대비 증가율을 살펴보면 2016년은 '개인',
'민간사업자', '공공사업자' 순서대로 각각 약 36%, 32%, 8%이고, 2017년 역
시 같은 순서대로 약 36%, 33%, 8%, 2018년은 약 31%, 52%, 6%이다. 따라
서 매년 증가율은 '공공사업자'가 가장 낮다.
④ 매년 '공공사업자'와 '민간사업자'의 지출액 합을 계산하면 2015년부터 각각
846억 원, 963억 원, 1,108억 원, 1,350억 원으로 매년 '개인'의 지출액보다
크다.
⑤ 2018년 모든 사용자의 지출액 합은 2,644억 원으로, 2015년의 1,378억 원
대비 약 92% 증가하였다.

> **합격 가이드**
>
> 답을 찾기 위해서 정확하게 계산할 필요는 없다. ②의 경우, 2018년 사용자
> 별 지출액의 전년대비 증가율을 비교하는데 '민간사업자'의 경우 1.5배 이상
> 증가한 반면 '개인'은 1.5배까지 증가하지는 못했다는 것을 파악할 수 있다.

07
정답 ④

난도 하

정답해설

'고혈압' 위험요인의 전년대비 증가율은 2008~2010년에 각각 0.216, 0.355,
0.202로 2009년이 가장 높다.

오답해설

① 2007년 '운동부족'은 '고혈압'보다 순위가 높지만 2008년에는 '고혈압'이 '운
동부족'보다 순위가 높다.
② '영양부족' 위험요인이 차지하는 비율은 2008년 0.084에서 2009년 0.076으
로 감소한다.
③ '운동부족' 위험요인이 차지하는 비율은 2009년 0.157에서 2010년 0.155로
감소한다.
⑤ 연도별 질병비용에서 '과체중' 위험요인이 차지하는 비율은 0.242로 2008년
에 가장 높다.

08 정답 ①

난도 중

정답해설

ㄱ. 2010년보다 2011년 매출액, 이익률, 시장점유율 3개 항목이 모두 큰 품목은 없다.

ㄴ. 이익은 이익률에 매출액을 곱함으로써 쉽게 비교할 수 있다. 2010년보다 2011년 이익이 큰 품목은 C, D, E로 총 3개이다.

오답해설

ㄷ. 시장규모를 비교하기 위해서는 매출액을 시장점유율로 나누면 된다. 2011년 A품목의 시장규모는 90÷0.4=225억 원으로, 2010년 A품목의 시장규모인 100÷0.3=333억 원보다 작다.

ㄹ. 2011년 시장규모가 가장 큰 품목은 D로, 시장규모는 35÷0.1=350억 원이다. 2011년 D품목의 이익은 35×0.1=3.5억 원으로, 2010년 D품목의 이익인 40×0.08=3.2억 원보다 크다.

09 정답 ④

난도 중

정답해설

2009년에는 전년대비 무역규모가 감소했지만, 수출액은 증가하였다.

오답해설

① 무역규모＝수출액＋수입액으로, 주어진 그림의 가로축과 세로축을 더한 값이다. 2008년의 무역규모가 약 8,000억 불로 가장 크고 2001년의 무역규모가 약 2,700억 불로 가장 작다.

② 수출액 대비 수입액의 비율은 가로축 대비 세로축이므로 기울기를 비교해보면 된다. 원점과 2003년을 잇는 직선의 기울기가 가장 크므로 2003년의 비율이 가장 높다.

③ 무역수지 적자폭은 2003년에 약 700억 불로 가장 크고, 흑자폭은 2007년에 약 1,100억 불로 가장 크다. 기울기가 '1'인 직선으로부터 가장 멀리 떨어진 점을 찾으면 쉽다.

⑤ 수출액(가로축)이 가장 큰 해는 2007년이고, 수입액(세로축)이 가장 큰 해는 2008년이다.

10 정답 ②

난도 중

정답해설

우선 2017년 9월 순위를 알아보면 독일 2위, 브라질 1위, 포르투갈 6위, 아르헨티나 3위, 벨기에 9위, 폴란드 5위, 스위스 4위, 프랑스 10위, 칠레 7위, 콜롬비아 8위이다. 이 순위가 2016년 10월 순위보다 낮은 국가는 아르헨티나, 벨기에, 프랑스, 칠레, 콜롬비아 5개이고 높은 국가는 브라질, 포르투갈, 폴란드, 스위스 4개이다.

오답해설

① 2016년 10월과 2017년 10월에 순위가 모두 상위 10위 이내인 국가는 아르헨티나, 독일, 브라질, 벨기에, 콜롬비아, 칠레, 프랑스, 포르투갈로 총 8개이다.

③ 2017년 10월 상위 5개 국가의 점수 평균은 1,434.4점으로 2016년 10월 상위 5개 국가의 점수 평균인 1,447.8점보다 낮다.

④ 스페인의 경우 2016년 10월 1,168점에서 2017년 10월 1,184점으로 점수는 상승했지만 순위는 하락하였다.

⑤ 2017년 10월 순위가 전월 대비 상승한 국가는 독일, 포르투갈, 벨기에, 프랑스 4개이고, 순위가 전년 동월 대비 상승한 국가는 독일, 브라질, 포르투갈, 폴란드, 스위스 5개이다.

11 정답 ①

난도 중

정답해설

수취량을 모두 더하면 24석 34두인데, 이는 26석 4두와 같다. 즉 34두＝2석 4두이므로 1석은 15두이다.

오답해설

ㄴ. 계약량 대비 수취량의 비율은 '율포'에서 약 0.42로 가장 낮다.

ㄷ. 작인이 '동이', '명이', '수양'인 토지들의 두락당 계약량을 계산해보면, 순서대로 각각 9.58두/두락, 8.57두/두락, 10.5두/두락이다. 따라서 두락당 계약량이 가장 큰 토지의 작인은 '수양'이고, 가장 작은 토지의 작인은 '명이'이다.

12

난도 상

정답해설
국비가 0원인 문화재 수는 7개로 구비가 0원인 문화재 수인 9개보다 작다.

오답해설
① 문화재 번호 9번 '벽면보수'를 살펴보면 공사기간이 2008.11.10.~2009.9.6.인데 공사중이므로, 이 표가 작성된 시점은 2008년 11월 10일 이후이다.
② 문화재 번호 2번 '본당 구조보강'의 시비만 하더라도 전체 국비보다 크다. 따라서 시비와 구비의 합은 당연히 전체 사업비의 절반 이상이다.
③ 사업비의 80% 이상을 시비로 충당하는 문화재는 4번, 5번, 6번, 9번, 11번으로 5개이다. 이는 전체의 50% 이하이다.
④ 공사완료된 문화재 사업비의 합은 2,551백만 원, 공사중인 문화재 사업비 합은 1,159백만 원이다. 절반에 못미치는 수치이다.

> **합격 가이드**
> 사업비뿐 아니라 공사기간과 공정까지 자료로 주어져 다소 복잡해질 수 있는 문항이다. 하지만 계산을 필요로 하지 않는 선지부터 해결해 나갔다면, ⑤가 명확한 답이라는 것을 빠르게 캐치하여 오히려 시간을 단축시킬 수 있는 문항이기도 하다.

13

난도 상

정답해설
현재 순위 1~3위 중 홈 경기 승수가 가장 적은 팀을 살펴보면 된다. 홈 경기 승수가 가장 적은 팀은 C팀으로, 홈 경기 승률을 계산해보면 30÷(30+9)=0.77이므로 0.8보다 작다.

오답해설
① A팀은 최근 10경기에서 9승 1패를 거두었지만, 가장 최근에는 1패를 기록하였으므로 그 이전에 치른 9경기는 9연승을 거둔 것이다.
② H팀이 남은 6경기에서 모두 패배하고 I팀이 남은 6경기에서 모두 승리한다면 두 팀의 전체 승률은 같아진다. 이 경우 홈 경기 승률은 I팀이 H팀보다 높아지는데, 각주 3)에 의해 I팀이 8위가 될 수 있다.
③ L팀은 최근 6연패 중이고, M팀은 최근 8연패 중이다. 최근 5경기에서 서로 경기를 치렀다면 두 팀중 한 팀은 승리를 거뒀을 것이므로 각각 6연패와 8연패를 기록하지 못했을 것이다.
④ 남은 경기에서 A는 모두 패배하고 B가 모두 승리한다면 1위 팀은 변경될 수 있다.

> **합격 가이드**
> 각주의 조건도 많고 데이터 역시 한눈에 들어오지 않기 때문에 난도가 높은 문제이다. 하지만 전체 데이터를 활용하는 것이 아니므로 ①부터 차근차근 해결해 나간다면 의외로 쉽게 문제를 풀 수 있다.

14

난도 상

정답해설
이메일을 선택한 20대 응답자 수는 24.1%이고, 신용카드를 선택한 20대 응답자 수는 16.9%이다. 이 모두가 아이핀을 동시에 선택했다면 아이핀의 응답자 수는 24.1+16.9=41% 이상이어야 하지만 아이핀을 선택한 20대 응답자 수는 36%에 불과하다.

오답해설
① 연령대별 인증수단 선호도를 살펴보면 30대와 40대 모두 '공인인증서'-'휴대폰 문자 인증'-'아이핀' 순서로 선호하여 아이핀이 3번째로 선호도가 높다.
② 복수 응답이 가능하기 때문에 전체 응답자의 %를 모두 더하면 252.9이다. 인증수단을 3개 선택한 응답자가 40%이고, 나머지 60%가 인증수단을 2개 선택했다고 가정하면, 총비율은 40×3+60×2=240%로, 252.9에 미치치 못한다. 따라서 인증수단을 3개 선택한 응답자 수는 40% 이상이어야 한다.
③ 선호하는 인증수단으로 신용카드를 선택한 남성은 21.1%로, 바이오 인증을 선택한 남성인 9.9%의 3배 이하이다.
④ 20대와 50대간의 인증수단별 선호도 차이를 살펴보면 공인인증서가 12.0%p로 가장 크다.

> **합격 가이드**
> 복수 응답이 가능하기 때문에 문제풀이에 시간이 다소 소요되는 난도가 높은 문항이다. 표 아래에 나오는 각주를 놓치지 않고 선지를 순서대로 풀어나간다면 정답에 이르는 것은 어렵지 않지만, 당황하여 문제가 읽히지 않는다면 뒤로 미루는 것도 방법이 될 수 있다.

15

난도 상

정답해설
2013년 인문계열의 입학정원은 341,000×0.131=44,671명으로, 2003년 인문계열의 입학정원인 327,000×0.144=47,088명보다 약 5.13% 감소하였다.

오답해설
② 순위를 따지는 것이므로 계산없이 비율만 보면 된다. 2003년에는 공학계열이 가장 큰 비율을 차지하지만, 2013년에는 사회계열이 가장 큰 비율을 차지한다. 따라서 계열별 입학정원 순위는 2003년과 2013년에 다르다.
③ 2003년 대비 2013년 학과수의 증가율이 가장 높은 계열은 의약계열이다. 예체능은 약 21.7% 증가한 반면, 의약계열은 약 65% 증가율을 보인다.
④ 대학 전체 학과수를 고려하여야 함을 잊지 말자. 대학 전체 학과수는 2003년 9,500개, 2013년 11,000개이다. 예체능, 의약, 교육 계열을 제외한 나머지 계열의 학과수의 합계는 2003년 9,500×0.79=7,505개에서 2013년 11,000×0.74=8,140개로 증가하였다.
⑤ 2003년과 2013년을 비교할 때, 계열별 학과수 비율의 증감방향과 계열별 입학정원 비율의 증감방향은 일치한다.

> **합격 가이드**
> 비교적 어려운 계산을 거쳐야 하는 어려운 문항이다. 비율이 제시되는 문항에서는 반드시 전체 '수'가 제시되어 있는지 주의하도록 하자.

16 정답 ⑤

난도 중

정답해설

수력의 발전소 1개소당 발전용량은 0.3MW인 반면, 태양광은 그보다 훨씬 적다.

오답해설

① 2022년 M지역의 태양광 발전용량은 841MW, 비태양광 발전용량은 445MW이므로 전체 발전용량은 약 1,300MW이다. 그런데 나머지 지역은 눈으로 어림해보아도 이보다 크지 않다.

② 2021년의 태양광 발전소 수는 약 7,000개인데 2022년의 경우는 그림 1에서 800개 이상인 지역들만 더해보아도 2021년의 2배인 14,000개를 넘는다.

③ 어림해보면 2019년은 50% 이하, 2020년은 약 50%, 2021년은 50% 이상이므로 매년 증가하였다.

④ 풍력의 전년 대비 증가율은 100%인데, 태양광은 30% 이하로 증가하였다.

17 정답 ②

난도 하

정답해설

B국은 GDP가 매년 증가한 반면, 조세부담률은 2014년 22.3%에서, 2015년 21.1%로 낮아진다.

오답해설

① 2016년도에 전년 대비 GDP 성장률이 가장 높은 나라는 A국이다. 또한 조세부담률은 2016년에 A국이 26.4%로 B국 21.2%, C국 23.3%와 비교했을 때 가장 높다.

③ 2017년 B국의 지방세 납부액은 22,972×6.2≒1,424억 달러이며, A국의 지방세 납부액은 20,717×1.6≒331억 달러이다. 따라서 2017년 B국의 지방세 납부액은 A국의 지방세 납부액의 4배 이상이다.

④ 2018년 A국의 국세 납부액을 어림하면 5,000억 달러를 넘는 반면, C국의 지방세 납부액은 4,000억 달러를 조금 넘는 수준이다.

⑤ C국의 GDP는 매년 2~4% 증가하였으나 국세 부담률은 1%보다 작게 감소하였다. 따라서 국세 부담률과 GDP를 곱한 국세 납부액 역시 매년 증가한다.

18 정답 ⑤

난도 하

정답해설

참여빈도 유형 중 전년대비 비중이 증가한 집단은 주4~5회와 주2~3회 집단이다. 주4~5회 집단은 11.0에서 16.8로 50% 이상 증가한 반면, 주2~3회 집단의 증가율은 50%에 미치지 못한다.

오답해설

① 특정 참여종목의 참여자 순위는 알 수 있지만, 구체적인 참여자 수는 확인할 수 없다. 2006년의 보디빌딩 참여자 순위는 하락했으나 작년에 비해 참여자 수가 감소했다고 확신할 수 없다.

② 줄넘기는 2003년 3위에서 2004년 2위로 순위가 상승하였다. 테니스도 2001년 7위 이하에서 2002년 6위로 순위가 상승하였다.

③ 등산은 2003년과 2004년 모두 1위로 순위가 동일하다. 배드민턴은 2001년 6위에서 2002년 7위 이하로 순위가 하락했다. 축구는 2001년 2위에서 2002년 7위 이하로 순위가 하락했다.

④ 2002년부터 2005년까지 생활체육 참여율이 전년보다 증가했다. 그런데 2003년과 2004년에는 주2~3회 참여자 집단의 비중이 감소했다.

19 정답 ④

난도 하

정답해설

ㄱ. 대구의 볼거리 환자는 2006년 205명, 2007년 2,128명이다. 따라서 2007년에 전년대비 10배 이상 증가했다.

ㄴ. 대구, 광주, 대전을 제외하고 모든 지역에서 볼거리 환자 수가 감소했거나 3배 미만으로 증가했다.

ㄷ. 2007년 전국 볼거리 발병 환자 수의 월별 분포를 살펴보면, 1~2월에 5%의 환자가 발생했다. 대구의 2008년 1~2월 환자 수가 119명이므로, 여기에 20을 곱하면 대구의 2008년의 환자 수는 약 2,400여 명이 된다.

오답해설

ㄹ. 각 지역 인구는 제시되어 있지 않다. 따라서 지역 인구당 볼거리 발병 환자 비율은 제시된 자료로 도출할 수 없다.

20 정답 ②

난도 하

정답해설

ㄱ. 전체 에너지 부문 투자는 20.3조 달러이며, 전체의 60%는 12조 달러보다 크다. 따라서 전기 부문의 투자는 전체의 60%보다 작다.

ㄴ. 전기 부문 투자는 11.3조 달러이고, 전송 및 공급은 전기의 54%를 차지한다. 11.3조의 54%는 약 6.1조이므로, 전송 및 공급의 규모는 6.3조 달러 미만이다.

ㅁ. 전세계 에너지 분야 투자 예상액은 20,196십억 달러이다. 중국의 투자 예상액은 3,720십억 달러이다. 3,720십억 달러는 3.7조 달러가 맞지만, 전세계 에너지 분야 투자 예상액의 20%에는 미치지 못한다.

오답해설

ㄷ. 그림에 석유 부문 투자 예상액 구성이 명시적으로 제시되어 있다.

ㄹ. 개발도상국의 투자 예상액은 10,516으로 전체의 절반 이상이며, 가장 많은 투자액이 예상된다.

합격 가이드

ㅁ과 같이 단위를 변환하는 문제가 종종 출제된다. 천, 백만, 십억 등 숫자의 단위를 자유롭게 변환할 수 있도록 연습해두자.

21

난도 중

정답해설

2011년 여성공무원 비율 차이는 17.0%p였으나, 2012년 여성 비율 차이는 17.4%p로 증가하였다.

오답해설

① 매년 국가공무원 수는 지방자치단체공무원 수의 2배 이상이고, 국가공무원 중 여성 비율은 지방자치단체공무원 중 여성 비율의 약 1.5배이다. 따라서 매년 국가공무원 중 여성 수는 지방자치단체공무원 중 여성 수의 3배 이상이다.

② 지방자치단체공무원 수는 매년 증가했고, 지방자치단체공무원 중 여성 비율도 매년 증가했다. 따라서 지방자치단체공무원 중 여성 수는 매년 증가했다.

③ 매년 국가공무원 중 여성 비율은 50% 정도이다. 국가공무원 수가 지방자치단체 공무원 수보다 2배 이상 많으므로 국가공무원 중 여성 수는 지방자치단체공무원 수보다 많다.

④ 2012년과 2013년의 국가공무원 중 여성 비율이 동일하다. 따라서 2012년과 2013년의 국가공무원 중 남성 비율도 동일하다. 한편 국가공무원 수는 2012년에 비해 2013년에 감소하였다. 결국 국가공무원 중 남성 수는 2013년이 2012년보다 적다.

합격 가이드

①의 경우 정확한 값을 도출할 필요가 전혀 없다. 곱셈 비교 시에 동일한 수로 나눌 수 있는지 확인해보자. ⑤에서는 매년 비율 차이를 계산하기보다는 국가공무원 중 여성 비율과 지방자치단체공무원 중 여성 비율이 각각 얼마나 증가했는지를 비교하는 것이 낫다.

22

난도 중

정답해설

고사한 소나무 수는 고사율×감염률×발생지역의 소나무 수이다. 이 공식에 따라 지역별 고사한 소나무 수를 구하면 다음과 같다.

① 거제＝1,590×50×50＝397.5천 그루
② 경주＝2,981×50×20＝298.1천 그루
③ 제주＝1,201×40×80＝384.32천 그루
④ 청도＝279×70×10＝19.53천 그루
⑤ 포항＝2,312×60×20＝277.44천 그루

따라서 고사한 소나무 수가 가장 많은 지역은 거제이다.

합격 가이드

이러한 형태의 문제는 시간을 단축할 수 있는 요소가 많다. 첫째, 대부분의 자료해석 문제는 정확한 계산을 요하지 않는다. 이 문제도 어림산으로 충분하다. 따라서 거제의 소나무 수를 1,600, 경주의 소나무 수를 3,000 정도로 반올림하여 계산하면 된다. 둘째, 그림의 모양이 특이하다. 고사한 소나무 수는 고사율과 감염률, 발생지역 소나무 수를 곱하여 계산한다. 그런데 고사율과 감염률의 곱은 그림에서 직사각형 면적이다. 셋째, 절대적 크기가 중요한 것이 아니라 상대적 크기를 비교하는 문제이다. 소나무 수를 모두 200으로 나누어 거제를 8, 경주를 15로 나타낼 수 있다. 그림에서도 고사율과 감염률의 곱을 특정 지역이 다른 지역보다 얼마나 큰지 확인하면 된다. 넷째, 가장 큰 항목 혹은 가장 작은 항목을 구할 때에는 특징적인 항목 하나를 기준점으로 잡고 나머지와 비교한다. 이 문제의 경우 소나무 수 자체가 매우 많은 경주가 눈에 띈다. 그런데 거제는 고사율과 감염률의 곱이 경주의 2배 이상이므로 경주보다도 고사한 소나무 수가 많다.

23

난도 중

정답해설

ㄱ. 데이터 매출액은 2009년까지 매년 50% 이상 증가하지만, 2010년은 전년대비 증가율이 50% 미만이다.

ㄴ. 2010년에 가입대수가 증가하고 이동전화 보급률이 125.3%에 달한 것은 맞다. 그러나 전체 인구가 감소했다는 내용은 제시되어 있지 않다. 가입대수의 증가율이 전체 인구 증가율보다 더 커서 보급률이 증가할 수 있다.

오답해설

ㄷ. 2010년까지 가입대수 증가폭이 계속 감소한다. 증가율의 분모가 되는 가입대수는 계속 증가했으므로, 증가율 자체는 명백히 매년 감소한다.

ㄹ. 10～12월 동안 4대 이동통신사업자의 월별 매출액이 당해연도 1～9월까지의 월평균 매출액을 유지한다면 1～9월까지의 매출액에 1/3을 더하여 2011년 매출액 합계를 구할 수 있다. 2011년 1～9월 매출액을 10,000으로 올림하여 구하더라도 13,333으로 2010년 매출액보다 작다. 따라서 2011년 매출액 합계는 전년도보다 감소할 것이다.

24

난도 상

정답해설

2012년 1차에너지를 가장 많이 생산한 지역은 경북이다. 2012년에 가장 많이 생산된 1차에너지는 원자력으로, 2위인 신재생의 약 4배에 달한다. 따라서 원자력의 40% 이상을 생산한 경북이 1차에너지를 가장 많이 생산한 지역임을 쉽게 파악할 수 있다. 경북에서 가장 많이 소비한 1차에너지는 석탄이다.

오답해설

① 천연가스는 2008년 236에서 2012년 436으로 90% 정도 증가했다. 반면 석탄, 원자력은 생산량이 감소했다. 수력과 신재생은 생산량이 증가하기는 했으나 90%에 현저히 미치지 못한다.

③ 2012년 석탄의 생산량은 9420이다. 한편 2012년 경기 지역의 신재생 1차에너지 생산량은 8,036×13.4%이다. 어림산을 하면 8,000×13%＝1,040이다. 942 < 1,040 < 8,036×13.4%이므로 석탄 생산량이 더 적다.

④ 생산량은 많지만 소비량은 적은 지역부터 확인해야 한다. 생산량이 많은 지역으로 우선 원자력을 생산하는 지역을 확인해보자. 경북과 전남은 생산량이 많지만 소비량도 많다. 그런데 부산은 원자력의 약 1/4을 생산하는 반면, 소비량은 6,469에 불과하다. 즉, 부산의 경우 생산량이 소비량보다 많다.

⑤ 신재생 소비량은 2008년 4,747에서 2012년 7,124로 50%가량 증가했다. 다른 유형의 에너지도 소비량이 증가하였으나, 증가량이 50%에 현저히 미치지 못한다.

합격 가이드

②에서 원자력 생산량이 약 32,000이고, 경북은 원자력의 40% 이상을 생산한다. 따라서 경북의 최소 생산량은 12,000이다. 이는 2순위인 신재생의 총생산량보다 훨씬 크다. 1차에너지를 가장 많이 생산한 지역이 어디인지를 크게 고민하지 않아도 되는 것이다. ④는 예시를 찾도록 하는데, 이러한 유형의 선지는 어디부터 확인할 것인지에 대한 감각이 있어야 한다. 감각이 있더라도 시간이 많이 소요될 수 있으므로 다른 선지부터 확인하는 것도 좋은 전략이다.

25

난도 상

정답해설

ㄴ. 수입화물 처리량은 매년 전체 처리량의 절반 이상이다. 그림에서 나머지 처리량의 합과 수입화물 처리량을 비교하면 된다.

ㄹ. 표에서 화학제품 처리량은 수입화물 826, 수출화물 811, 환적화물 142, 연안화물 2850이다. 반면 차량부품 처리량은 수입화물 255 미만, 수출화물 1,243, 환적화물 20, 연안화물 148 미만이다. 차량부품 처리량을 최대치로 계산하더라도 화학제품 전체 처리량보다 적다.

오답해설

ㄱ. 광석류의 수입화물 처리량은 3840이다. 광석류의 수출화물 처리량은 구체적인 값은 나와 있지 않으나 5순위 이하이므로 260 미만이다. 따라서 광석류의 수입화물 처리량 대비 수출화물 처리량은 80% 이하이다.

ㄷ. 수출화물 처리량은 2011년 5,082에서 2012년 6,789로 20% 이상 증가했다. 한편 수입화물 처리량은 2011년 9,009에서 2012년 10,364로 15%가량 증가했다.

합격 가이드

이 문제의 표처럼 순위가 제시된 경우, 순위 밖에 해당하는 항목은 최댓값을 구할 수 있다. 항목의 이름이 명시적으로 나타나 있지 않다고 해서 도출할 수 없는 정보로 생각해서는 안 된다. 다만 순위 밖에 해당하는 항목의 정확한 값은 도출할 수 없다. ㄹ에서 차량부품의 전체 처리량은 최댓값만 구할 수 있으므로, 화학제품 전체 처리량보다 많다는 선지는 계산할 필요도 없이 당연히 옳지 않다. 또한 ㄷ에서 수출화물의 절대적인 증가량이 더 많은데, 분모가 되는 2011년 처리량은 훨씬 작으므로 계산할 필요도 없이 당연히 옳다.

---

03 복수의 표

26

난도 중

정답해설

제시된 자료를 정리하면 다음과 같다.

구분	1명(a)	2명(b)	3명 이상	합계
수상자 수	a+2b=35		30	65
배출 대학	a+b=27		7	34

두 식을 연립하면 a는 19, b는 8이 되어 수상자가 1명인 대학은 19개이다.

합격 가이드

아주 참신한 문제였으며, 이 문제에는 다양한 풀이법이 존재할 것이라고 생각한다. 하지만 이 해설이 출제자가 의도했던 풀이법이라고 생각하므로 그 구조를 잘 이해해두기 바란다. 이 유형은 앞으로도 얼마든지 변형되어 출제될 수 있다.

27

난도 상

정답해설

ㄷ. 재배면적은 '저농약'이 '유기농'의 7배이다. 그러나 생산방법별 구성비를 보면 가장 많은 차이가 나는 곡류에서도 '저농약'은 '유기농'의 7배 미만으로 생산했다. 이를 볼 때 '유기농'이 '저농약'보다 재배면적당 생산량이 많다.

ㄹ. 구성비에 농작물별 생산량 비를 곱하여 비교하면 된다. 이를 계산하면, '유기농'은 119, '무농약'은 235, '저농약'은 246으로, '저농약'의 생산량이 가장 많다.

오답해설

ㄱ. 재배농가당 재배면적은 2018년에 전년 대비 증가한다.

ㄴ. 2018년에 '저농약'은 2배 이상 증가했으나, '유기농'과 '무농약'은 소폭 증가하면서 비중이 오히려 감소하였다.

28

난도 하

정답해설

ㄴ. 전년 대비 2011년 GDP에서 실업 분야 공공복지예산이 차지하는 비중이 줄었는데, 공공복지예산이 차지하는 비중은 커졌으며, 2012년에는 GDP 대비 실업 분야 공공복지예산의 비중은 그대로이나 공공복지예산 비중은 늘었기 때문에 2011년, 12년 모두 공공복지예산 대비 실업 분야 공공복지예산이 차지하는 비중은 줄어들었다.

ㄷ. GDP 대비 공공복지예산 비율에서 노령이 항상 가족의 2배 이상이다.

오답해설

ㄱ. 실업 분야 공공복지예산이 GDP에서 차지하는 비율은 0.27이고, 총 공공복지예산이 GDP에서 차지하는 비중은 8.34이다. 이 둘은 약 30배 차이가 난다. 즉 실업 분야가 공공복지예산에서 차지하는 비율이 1/300이며, 이를 계산하면 4조 원이 되지 않는다.

ㄹ. 단위를 보면 가장 작은 국가는 한국, 가장 큰 국가는 프랑스이다. 증감 추세를 빠르게 파악하면 2011년에 프랑스는 비율이 감소하였는데 한국은 증가하여 양자 간의 차이가 줄어든 것을 확인할 수 있다.

합격 가이드

구체적인 계산보다는 주어진 표의 %를 활용하는 것이 필요하다.

29
정답 ④

난도 하

정답해설

ㄱ. 표 1의 해수 비율이 97%가 넘는다. 그 외에는 담수이다.

ㄴ. 지하수와 지표수의 비율을 합치면 0.80이 약간 넘으며 그 2배는 빙설의 비율인 1.731보다 작다.

ㄹ. 프랑스의 1인당 물사용량을 280으로 하여 계산을 간략히 하면 그 1.4배는 392이며, 사전에 제외한 1을 고려해도 한국의 395보다 작다.

오답해설

ㄷ. 12에 8을 곱해도 100이 되지 않는데, 한국의 1인당 강수량에 8배를 곱하면 20,000이 넘어 세계 평균 강수량보다 크다.

합격 가이드

1과 같이 작은 수는 계산하기 전에 제외한 후, 나중에 크기 비교할 때 추가적으로 고려해주는 것이 더 간단할 수 있다. 또한 100을 10 이하의 정수로 나눈 값을 암기한다면 ㄷ과 같은 선지를 쉽게 처리할 수 있다.

30
정답 ②

난도 하

정답해설

ㄱ. 표 1을 보면 3, 9, 10월의 등산사고건수 합은 832건이다. 총사고건수가 3,114건으로 3,000건이 넘는 바, 그 30%는 900건을 넘는다. 다른 방법으로도 풀어보면, 총사고건수가 3,000건이 넘기 때문에 3, 9, 10월에 평균적으로 300건이 넘는 사고가 발생해야 하나, 3월이 147건으로 이에 턱없이 모자라고 9, 10월의 사고 초과분으로도 이를 메꿀 수 없다. 이러한 것을 가평균이라고 하는데 실전에서는 편한 방법대로 풀면 된다.

ㄴ. 12월보다 3월에 서울에서 등산사고건수가 더 적다.

ㅁ. 표 1에서 0이 없는 지역을 세면 된다. 0이 있는 지역인 부산, 충남, 경북, 제주 4곳을 제외한 12곳이 매월 등산사고가 발생했다.

오답해설

ㄷ. 조난건수의 4배가 등산사고 합보다 큰 지역을 찾으면 된다. 이는 대구, 강원, 경북으로 3곳이다.

ㄹ. 실족 · 추락이 1,121건으로 가장 많고, 안전수칙 불이행이 160건으로 가장 적다.

합격 가이드

해당 문제는 표의 제목만 잘 읽는다면 쉽게 풀 수 있다. 표의 제목을 읽어둔다면, 선지를 보고 어떤 표를 읽어야 할지 바로 파악할 수 있기 때문에 표 제목은 항상 확인하도록 하자.

31
정답 ②

난도 하

정답해설

표 2에서 남성임원 수의 최솟값이 2이지만, 해당 기업이 곧 여성임원 수 최솟값인 0을 가진 기업이라는 보장이 없다.

오답해설

① 표 1로 보아 여성임원 수가 없는 기업 수 450의 2배인 900보다 전체 기업 수 942개가 더 많다.

③ 표 2에서 남성임원 연령의 최솟값이 26, 여성임원 연령의 최솟값이 29이며, 남성임원 평균 연령이 51.07세, 여성임원 평균 연령이 46.7세이다.

④ 선지가 맞다고 가정하고 7급을 보면 여성임원이 전체의 1/4보다 많다. 다른 곳에는 그렇지 않으므로 7급에서 여성임원 수 비율이 가장 높다. 1급의 경우 분모가 네 자릿수면서 분자가 한 자릿수인데, 이는 다른 직급에 비해 독보적이다.

⑤ 4급에서 남성 33.21, 여성 43%로 다른 직급에 비해 임원의 직급별 비중이 높다.

합격 가이드

②와 같은 함정에 주의하자. 항상 반례를 떠올리려는 노력이 필요하다.

32
정답 ①

난도 하

정답해설

ㄱ. 표 2에서 경기북부 지역 도시가스 사용 가구 비율은 66.1%로 3%인 등유 사용 가구수의 20배 이상이다.

ㄴ. 표 2에서 서울과 인천 도시가스 사용 가구 비율이 다른 연료 사용 가구들보다 월등히 높다.

오답해설

ㄷ. 표 1은 한 도시 내에서의 난방 방식 현황을 비중으로 나타낸 것으로 도시 간 비교는 불가능하여 알 수 없다.

ㄹ. 지역난방을 사용하는 비율은 경기남부에서 67.5%, 경기북부에서 27.4%로 경기남부가 더 높다.

합격 가이드

해당 문항에서는 표의 세로축, 비슷한 유형에서 표의 세로축과 가로축이 어떤 무엇을 의미하는지 파악하는 것이 중요하다. 쉽게 파악되지 않는다면 합쳐서 100%가 되는 축이 어떤 축인지 파악하는 것도 좋은 방법이다.

33
정답 ②

난도 중

정답해설

ㄱ. 3,540만 명의 70%는 2,478만 명이다. 이 둘을 더하면 6,018만 명으로 6,160만 명보다 작다.

ㄷ. 535만 대의 9%는 약 48만 대로 50만 대가 되지 않는다. 2017년의 교통량은 588만 대이므로 2016년과 53만 대 차이가 난다. 따라서 9% 이상 증가했다.

합격 가이드

해당 문항에서 보고서는 선지의 역할을 한다고 보면 된다. ㄱ의 경우 간단히 3,500의 70%를 계산하고 차이가 크다면 뒷자리는 계산하지 않아도 되며, 실전에서는 이러한 풀이가 적합하다.

합격 가이드

두 값을 곱해서 답이 나오는 경우 계산이 어렵다면 증가율을 비교하는 것도 좋은 방법이다. 증감방향의 경우 각각 표기하는 것보다 하나의 연도를 볼 때 수출액의 증감을 보고 바로 무역규모를 비교한다면 시간을 단축시킬 수 있다.

34
정답 ①

난도 중

정답해설

ㄱ. 통합대기환경지수는 오염물질별 대기환경지수 중 최댓값이므로 용산구, 성동구의 미세먼지, 초미세먼지, 이산화질소의 오염물질 별로 큰 값만 구해 비교하면 된다. 같은 오염물질에서 작을 경우, 애초에 해당 대기환경지수가 더 작을 것이기 때문이다. 미세먼지의 경우 성동구가 용산구보다 크므로, 대기환경지수는 67이다. 초미세먼지의 경우 용산구가 더 크며 대기환경지수는 66이다. 이산화질소의 경우 용산구가 더 크며 대기환경지수는 40.80이다. 따라서 용산구의 통합대기환경지수가 성동구보다 작다.

ㄴ. 평균과 중랑구의 각 오염물질 농도 비교하면 맞는 지문이다.

오답해설

ㄷ. 중랑구의 미세먼지 대기환경지수는 43.2, 초미세먼지 대기환경지수는 440이다. 따라서 미세먼지 대기환경지수는 통합대기환경지수보다 무조건 더 작다.

ㄹ. 농도가 모두 높은 구는 동대문구 한 곳이다.

합격 가이드

각주에서 통합대기환경지수의 의미를 파악한다면 쉽게 풀 수 있다. 또한 ㄹ의 경우 하나의 오염물질을 먼저 비교하여 조건에 맞지 않는 것을 소거해 간다면 쉽게 찾을 수 있다.

35
정답 ②

난도 중

정답해설

84년 수출액 중 우피의 비중과 87년 수출액 중 쌀의 비중은 2배 이상 차이난다. 반면 84년 수출액과 87년 수출액은 2배 차이가 나지 않는다. 따라서 84년 우피 수출액이 87년 쌀 수출액보다 크다.

오답해설

① 무역규모에서 수입액이 수출액보다 크거나 같은 연도를 찾으면 된다. 84, 85, 86, 87, 88, 89년으로 총 6번이다.

③ 대두는 모든 연도에 포함되어 있다. 따라서 가장 많이 포함되었을 수밖에 없다.

④ 실제로 비교해보면 증감방향이 같다.

⑤ 84년 한냉사 수입 비중은 9.9%이고 87년에는 나와 있지 않은 바(3위 이하), 최대 5%이다. 이는 약 2배 차이인데, 84년과 87년의 수입액은 2배 차이가 나지 않는다. 따라서 84년에 비해 87년에 한냉사 수입액 비중이 감소하였다.

36
정답 ③

난도 중

정답해설

합기도는 7월 마지막 주에 14.6%, 10월 첫째 주에 12.6%로 시청률이 모두 20% 미만이다.

오답해설

① 매주 코너가 있기 때문에 표가 주어진 기간 외 그 사이의 8주 간에 얼마나 많은 코너가 삭제되고 신설됐는지 알 수 없다.

② 세 가지 코너가 전주보다 시청률이 낮아졌다.

④ 폐지되거나 신설되지 않은 코너 중 7월 마지막 주의 경우 전주와 시청률 차이가 큰 코너는 5.3%p 변한 세 가지인 반면, 10월 첫째 주는 7.4%p 변화한 생활의 문제이다.

⑤ 7월 마지막 주의 경우 상위 다섯 코너가 27%대 3개, 26%대 2개인 반면, 10월 첫째 주의 경우 27%대 2개, 24%대 2개, 23%대 1개로 산술평균 시 7월 마지막 주가 더 크다.

합격 가이드

신설되거나 폐지된 코너에 체크를 해두면 문제를 보다 쉽게 풀 수 있다. 산술평균의 경우 ⑤의 접근법처럼 직접 평균을 구하지 않아도 그 구성 수치들을 통해 개략적으로 대소 비교가 가능하다. ①과 같이 특정 시점 두 개를 주고 변화 상황을 묻는 문항이 종종 출제되기 때문에 유의 깊게 볼 필요가 있다.

37
정답 ⑤

난도 상

정답해설

교육세의 미수납액은 1000이다. 교통·에너지·환경세의 수납액, 불납결손액에 100을 더하면 징수결정액보다 크다. 따라서 교육세의 미수납액이 더 크다.

오답해설

① 미수납액은 징수결정액 – 수납액 – 불납결손액이다. 불납결손액의 경우 단위가 작기 때문에 이럴 땐 징수결정액과 수납액 위주로 대략의 크기를 파악해야 한다. 선지가 맞다면 2018년이 미수납액이 가장 클 것이므로 이를 가정하고 문항을 본다. 2018년이 징수결정액이 가장 크며, 그 다음으로 큰 2017년과 징수결정액 차이가 대략 만 육천 정도 차이나는 반면, 수납액은 만 삼천 정도 밖에 나지 않아 2018년이 더 크다. 그리고 2016, 2017년은 수납액은 2018년과 비슷한 반면 징수결정액은 현저히 적으므로 비교할 필요가 없다. 2014년의 경우 수납액이 현저히 작으나, 이보다 징수결정액이 훨씬 더 작기 때문에 2018년의 미수납액이 가장 크다.

② 선지에서 2014년 수납 비율이 가장 높다 했으므로 이를 가정하고 출발한다. 분모가 작고 분자가 큰 것이 포인트이므로, 2015년과 2016년 중에서는 2015년만 비교하면 된다. 마찬가지로 2017년과 2018년 중에선 분모 증가율보다 분자 증가율이 현저히 큰 2018년만 비교하면 된다. 2014년과 2015년, 2018

년의 분자 분모 증가율을 비교할 때 수납비율은 2014년이 가장 크다.
③ 앞에 4자리만 계산하면 2018년 미수납액은 약 26,600이다. 내국세 미수납액의 경우 약 26,000이다. 26,600의 5%가 600보다 크므로, 내국세 미수납액이 총 세수 미수납액에서 차지하는 비율은 95% 이상이다.
④ 선지가 맞다고 가정하며 시작한다. 종합부동산세의 수납비율은 110%가 약간 되지 않는다. 수납비율이 100%가 넘는 것은 내국세, 교통·에너지·환경세, 농어촌 특별세이다. 그러나 이들은 110%에 한참 모자라기 때문에 종합부동산세가 수납비율이 가장 높다.

38 정답 ④

난도 상

정답해설

분자와 분모의 단위가 다르나 어차피 양자의 비교에선 차이가 없으므로 그대로 진행한다. 분자인 총수출액, 총수입액을 같은 비율로 나누어도 결과값 비교에 차이가 없다. 따라서 계산하기 쉬운 총수출액, 수입액의 5.5%로 을국 농수산물 수출액, 수입액을 나눌 것이다. 총수출액의 5%인 홍콩의 수출액 값에 1.1을 곱한 값으로 을국 농수산물 수출액을 나누면 861/1100이다. 총수입액의 5.5%인 태국의 수입액 값으로 을국 농수산물 수입액을 나누면 1375/121이다. 양자를 비교 시 수입액의 분자 증가율이 더 크므로 전체 농수산물 수입액에서 을국으로부터의 농수산물 수입액이 차지하는 비율이 수출액이 차지하는 비율보다 더 크다.

오답해설

① 수출액 상위 10개 국가 목록 중 수입액 상위 10개 국가에 없는 홍콩, 인도, 호주의 경우 수입액이 최대 62억 달러인 것을 고려하고 문제를 접근해야 한다. 해당 국가의 흑자를 묻고 있으므로, 갑국 수입액에서 수출액을 뺀 것이 양수인 국가를 찾으면 된다. 이는 중국, 태국, 한국, 인도네시아 4개국이다.
② 2015년 '갑'국의 대 '을'국 집적회로반도체 수출액이 999백만 달러, 수입액이 817백만 달러로 수출액이 더 큰데, 전년대비 증가율은 수출액이 14.5%, 수입액이 19.6%로 수출액이 더 적게 증가한다. 따라서 2014년에 수출액이 수입액보다 큼을 알 수 있다.
③ 갑국의 무역수지를 알기 위해 갑국의 총수출액, 수입액을 알아야 한다. 이는 총수출액에 대한 각국의 비율 중 계산하기 쉬운 것을 찾아 접근한다. 수출액에서 홍콩이 차지하는 비율이 5%이므로 홍콩 수출액의 20배가 총수출액이다. 수입액의 경우 독일이 3.2% 차지하므로 그 33배가 총수입액보다 약간 작다. 전자의 경우 2,000억 달러, 후자의 경우 2,240억 달러이므로 수입액이 더 크다. 따라서 무역수지 적자이다.
⑤ 수출액에서 전자제품이 차지하는 비율이 29.9%인데 이는 홍콩의 6배 보다 약간 작다. 따라서 약 600억 달러이다. 수입액에서 차지하는 비율은 23.7%인데 이는 4.8%인 대만의 5배보다 약간 작다. 따라서 약 530억 달러이다. 그러므로 전자제품 수출액이 수입액보다 더 크다. 또는 앞서 구한 총수출액, 수입액에서 전자제품의 비율을 곱해서 구해도 된다.

39 정답 ⑤

난도 상

정답해설

ㄱ. 각 지역의 전출자는 가로축을 더한 것이다. A지역 725명, B지역 685명, C지역 460명, D지역 660명이다. A지역이 가장 많다.
ㄷ. C지역은 117명 늘고, D지역은 100명 늘어서 이를 더하면 D지역 인구가 가장 많다.
ㄹ. C지역은 117명 증가했는데 A지역은 127명 감소해서 A지역이 가장 많이 변화했다.

오답해설

ㄴ. 각 지역의 전입자는 세로축을 더한 것이다. A지역 598명, B지역 595명, C지역 577명, D지역 760명이다. D지역이 가장 많다.

40 정답 ⑤

난도 상

정답해설

ㄷ. 2,000호 미만을 공급하는 구역은 을1구역, 을2구역이다. 이들은 85m² 초과인 주택을 각각 340, 220호 공급한다. 이들의 5배는 1,700, 1,100으로 전체 공급호수보다 작다.
ㄹ. 조례 제3조에 따르면 60m² 이하 공급호수가 기존 세입세대 이상이어야 한다. 이를 불만족시키는 구역은 을1구역, 을3구역 두 구역이다.
ㅁ. 거주세대에서 자가와 세입의 크기를 비교하여 세입의 크기가 큰지 확인하면 모든 구역에서 세입이 자가보다 크다.

오답해설

ㄱ. 조례 제1조에서 사업대상구역별로 10분의 1이라고 하였으므로, 을1구역 171, 을3구역 211호를 공급하므로 총 382호이다. 을2구역의 경우 조례 제1조의 단서에 의해 임대주택 공급에서 제외한다.
ㄴ. 갑2구역은 거주세대가 2,470 세대인데, 공급호수는 5,134이다. 2,470의 3배는 6,000이 넘기 때문에 공급호수는 기존 거주세대의 3배가 되지 않는다.

41

정답 ①

난도 중

정답해설

ㄱ. 개의 총보유 마릿수는 전체 총보유 마릿수에서 고양이의 총보유 마릿수를 빼면 구할 수 있다. 이에 따르면 2019년은 약 4,000천 마리이고, 2020년은 약 4,600천 마리이어서 전년 대비 증가하였다.

ㄴ. 전체 가구수와 보유가구 비중이 모두 매년 증가하고 있으므로 보유가구수 역시 매년 증가하였다.

오답해설

ㄷ. 2018년 대비 2021년 매출액이 수의 서비스는 2배가 되지 않는 반면, 장묘 및 보호 서비스는 2배를 넘는다.

ㄹ. $\frac{309,876백만}{5,048천}$을 구하는 문제이다. 먼저 단위 수를 약분하면 분자에 천이 남으며 $\frac{309,876}{5,048}$은 직접 계산하지 않아도 70은 될 수 없음을 알 수 있다. 따라서 7만 원보다 작다.

합격 가이드

자료가 주어지면 일단 어떤 구조로 되어있는지를 한번 스캔한 후에 선택지를 판단해야 한다. 평소 이 과정 없이 문제를 풀이했던 수험생이라면 ㄱ을 무조건 스킵했을 것이다. 만약 그렇지 않고 표의 구조를 파악했더라면 ㄱ, ㄴ만 판단하고 곧바로 다음 문제로 넘어갈 수 있었다.

42

정답 ③

난도 중

정답해설

ㄱ. 2021학년도 경쟁률이 전년 대비 하락한 과목은 국어, 영어, 일반사회, 역사, 수학, 화학, 생물, 지구과학, 가정, 미술로 총 10개이다. 반면, 2021학년도 경쟁률이 전년 대비 상승한 과목은 중국어, 지리, 물리, 기술, 정보컴퓨터, 음악, 체육으로 총 7개이다. 도덕윤리과목의 전년 대비 경쟁률이 상승했다고 하더라도 2021년 경쟁률이 전년 대비 하락한 과목수가 더 많다.

ㄹ. 2021학년도 수학의 모집정원을 어림하면 약 350명이고, 영어의 모집정원은 약 260명이다.

오답해설

ㄴ. 2021학년도 경쟁률 상위 3과목은 중국어와 영어, 국어이다. 반면, 접수인원 상위 3과목은 국어와 수학, 영어이다.

ㄷ. 2021학년도 경쟁률이 5.0 미만인 과목은 도덕윤리와 기술인데, 도덕윤리의 모집정원은 어림하면 150명 이상이나 기술과목의 경우 144명이다.

합격 가이드

각주에서 나오는 분수에서 모집정원이 분모이고 접수인원이 분자임을 정확하게 판단해야 한다. 이를 대충 보면 문제를 풀다 꼬여서 계산을 다시 한 번 해야 하는 실수를 범할 수 있다. 또한 맨 처음 풀 때 표를 먼저 채우려고 하지 말고 보기에서 물어볼 때 계산을 한다면 시간을 단축할 수 있을 것이다.

43

정답 ①

난도 하

정답해설

표의 빈칸을 정리하면 결과는 다음과 같다.

- 유호의 전체합은 33점, 중앙3합은 21점이다.
- 은진의 전체합은 28점, 중앙3합은 18점이다.
- 유호의 순위점수합은 10점, 은진의 순위점수합은 9점이다. 종현의 순위점수합은 11점으로 유호와 은진보다 높다.

오답해설

② 중앙3합이 가장 큰 지원자는 유호이지만, 순위점수합 최고점자는 종현이다.

③ 전체합의 등수에서는 종현과 은진이 동점이지만, 중앙3합에서는 종현이 앞선다.

④ 전체합이 가장 큰 지원자는 유호이다.

⑤ 2등은 종현이다.

44

정답 ①

난도 하

정답해설

흉년 빈도가 네 번째로 높은 지역은 황해이다.

오답해설

② 세조5년의 흉년 지역 수는 5로 세조4년보다 많다.

③ 흉년 빈도 총합은 36회이고, 경기, 황해, 강원 3개 지역의 흉년 빈도 합은 20회이다. 55.5%로 55% 이상을 차지한다.

④ 경상의 흉년 빈도는 3회로, 충청이 경상의 2배이다.

⑤ 흉년 지역 수가 5인 재위년은 세조5년과 세조12년으로 총 2번이다.

합격 가이드

차례대로 ○, ×를 넣으며 풀어나가면 어렵지 않게 풀 수 있다. 이때 흉년 빈도의 총합과 흉년 지역 수의 총합이 같다는 것을 이용하면 더블체크로 검산이 가능하다.

45

정답 ②

난도 하

정답해설

1근의 무게는 93÷155＝0.6kg이고, 황자총통의 총통무게는 36×0.6＝21.6kg이다.

오답해설

① 주어진 제원 중 전체길이와 화약무게를 비교하기만 하면 된다.

③ 제조년도가 가장 늦은 총통은 현자총통으로, 내경과 외경의 차이가 가장 크다.

④ 정확한 계산을 통해 풀어내면 지자총통의 약통길이 비율이 가장 크다.

⑤ 천자총통의 사정거리는 1.01×(900÷800)＝1.136km이다.

46

난도 중

정답해설

ㄴ. A사의 6월 주가는 11,000−5,400=5,600으로, 1월보다 높다.

ㄹ. 4~6월 중 A사의 주가 수익률이 가장 낮은 달은 4월이고, 4월 B사의 주가는 전월 대비 하락하였다.

오답해설

ㄱ. 3~6월 중 주가지수가 가장 낮은 달은 5월인데, 5월 B사의 주가는 4월에 비해 오히려 증가하였다.

ㄷ. 2월 A사의 주가가 4,000, B사의 주가는 6,000이 되면, 2월의 주가지수는 (4,000+6,000)÷(5,000+6,000)×100=90.9%이다. 10% 이하로 하락한다.

> **합격 가이드**
>
> 주가지수와 주가 수익률의 계산식을 통해 두 지표가 무엇을 의미하는지를 알면 빠르게 문제를 해결할 수 있다. 특히 주가지수의 경우 결국 해당 월의 A사 주가와 B사 주가를 합한 것에 대한 지표이므로, 쉬운 계산으로 치환할 수 있다.

47
정답 ③

난도 중

정답해설

주어진 조건을 방정식으로 나타내면 다음과 같다.

· A=1.5E, D=A+B, D=3B+C, E=2C+B

외사국의 직원 수는 총 7명이므로, C+3+3=7, 즉 C=1이다.

이를 방정식에 대입하여 A, B, C, D, E를 모두 구하면 다음과 같다.

· A=9, B=4, C=1, D=13, E=6

ㄱ. 표훈원 직원 수는 11명으로, 전체 직원 수의 1/9이다.

ㄹ. A+B+C+D=27이다.

오답해설

ㄴ. 법전조사국 서무과 직원 수 6명과 표훈원 서무과 직원 수 4명의 합은 10명으로, 법전조사국 조사과 직원 수인 12명과 다르다.

ㄷ. 법전조사국의 직원 수는 D+E+5+12=36이므로, 전체 직원 수의 30% 이상을 차지한다.

> **합격 가이드**
>
> 미지수는 총 5개, 조건을 통한 방정식은 4개이므로 추가적인 방정식 하나만 더 세운다면 연립방정식을 통해 5개의 미지수를 풀어낼 수 있다. A~E의 미지수만 풀면 문제 자체는 쉽게 풀 수 있다.

48
정답 ②

난도 상

정답해설

ㄴ. 2007년 코스닥 전체기업 매출액 증가율은 7.9%이다. 서비스 및 유통업 중 통신업의 매출액 증가율은 (7.0−6.2)÷6.2×100=12.9%로, 7.9%의 2배가 되지 않는다.

ㄷ. 표 1에서 2005년 (b/a)×100=47.00이다. 2006년이 2005년에 비해 증가하므로, 지속적으로 감소하지는 않았다.

오답해설

ㄱ. 2006년 코스닥 전체기업 매출 증가액은 5.5조 원, IT 기업 매출 증가액은 2.9조 원이므로, IT 기업의 성장기여율은 50% 이상이다.

ㄹ. 성장기여율의 분모는 전체 매출 증가액과 같으므로, 해당 부분의 매출 증가액이 클수록 성장기여율이 크다. 제조업의 매출 증가액은 0.1조 원, 서비스 및 유통업의 매출 증가액은 2.1조 원이다.

49
정답 ③

난도 상

정답해설

ㄱ. C마을의 경지면적은 58×1.95=113.1ha이고, D마을과 E마을 경지면적의 합은 (23×2.61)+(16×2.75)=104.03ha이다.

ㄹ. (가구당 면적)÷(가구당 개체 수)=(개체 수당 면적) 임을 이용한다. 값을 구해보면 젖소와 돼지 모두에서 E마을의 값이 D마을의 값보다 크다.

오답해설

ㄴ. 가구당 주민 수가 가장 많은 마을은 A마을이다. 하지만 가구당 돼지 수는 2.00으로 D마을에서 가장 많다.

ㄷ. A마을의 젖소 수가 80% 감소하면 18마리가 되고, A~E마을 전체 젖소 수는 78마리가 된다. 이는 A~E마을 전체 돼지 수인 769마리의 10% 이상을 차지한다.

> **합격 가이드**
>
> ㄹ의 경우, 면적을 구하고 개체 수로 나누어 계산하는 것은 주어진 데이터를 완벽히 활용하지 못하는 것이다. 가구당 면적은 (면적/가구)이고, 가구당 개체 수는 (개체 수/가구)이다. 따라서 가구당 면적을 가구당 개체 수로 나누면 (면적/개체 수)가 되어 1마리당 경지면적을 바로 구할 수 있게 된다.

50
정답 ④

난도 상

정답해설

ㄴ. LQ지수는 (해당 품목의 A시의 비율)÷(제조업 전체의 A시의 비율)로 치환할 수 있다. 2004년 가죽·가방 및 신발의 LQ 값은 5.80으로 가장 높으며, 해당 업종의 전국 생산액에서 A시가 차지하는 비율도 20.11로 가장 크다.

ㄹ. 7.13÷3.34=2.13으로 2.0 이상이다.

오답해설

ㄱ. 표 1에서 음식료품 행으로부터 알 수 있다. 2005년 음식료품의 전국 생산액은 증가한 반면 A시 생산액은 감소했으므로 2004년에 비해 감소한다.

ㄷ. 가죽·가방 및 신발의 LQ지수는 2005년에 증가했지만, 해당 업종의 전국 생산액에서 A시가 차지하는 비율은 20.04로 감소했다.

> **합격 가이드**
>
> LQ지수를 계산하기 편하게 치환할 수 있어야 한다. 위에 제시된 것처럼 LQ 값=(해당 품목의 A시의 비율)÷(제조업 전체의 A시의 비율)로 치환하면 더 쉽게 문제를 풀 수 있다.

51

정답 ③

난도 하

정답해설

단순히 표 1의 자료에 설명의 비율을 곱하면 되므로 빈칸을 채우면 다음과 같다.

구분	상품권	선불카드	신용·체크카드	현금	합
A	20	570	3,050	(410)	(4,050)
B	10	270	920	240	1,440
C	90	140	(630)	(150)	1,010
D	(260)	0	810	(140)	1,210
E	110	0	410	(80)	(600)
F	10	20	500	70	600
G	0	80	330	(40)	450
H	0	10	(110)	(10)	130

따라서 현금 방식의 지급 가구수가 세 번째로 많은 지역은 C(150)이고, 다섯 번째로 많은 지역은 E(80)이다.

52

정답 ⑤

난도 중

정답해설

첫 번째 조건을 통해 A, B가 '행복' 또는 '건강'임을 알 수 있다.

두 번째 조건을 통해 C와 D의 주거 면적당 인구를 비교하면, 다음과 같다.

- C : $\dfrac{14 \times 16,304}{27.0 \times 0.4} \fallingdotseq 21,132$(명)

- D : $\dfrac{11 \times 14,230}{21.5 \times 0.3} \fallingdotseq 24,268$(명)

D의 주거 면적당 인구가 더 많기 때문에 D는 '사랑'이고, 자동으로 C가 '우정'이다. → ①, ③, ④ 소거

네 번째 조건을 보면 법정동 평균인구는 A가 약 5,000명이고, B가 7,550명, C가 약 18,000명이다. 따라서 A가 '행복'이고, B가 '건강'이다.

합격 가이드

두 번째 조건의 경우 행정동 평균 인구에 행정동 수를 곱하여 전체 인구를 알아내고, 전체 면적에 주거 면적 구성비를 곱하여 주거 면적을 구한 후, 이를 주거 면적당 인구로 비교하여야 한다. 즉, 계산하여야 하는 정보가 매우 많으므로 실제 시험장에서는 이러한 문제의 경우 일단 스킵하고 최대한 나중에 확인하도록 한다.

53

정답 ①

난도 하

정답해설

첫 번째 조건에 따르면 A와 C는 브라질과 사우디가 될 수 없다. → ⑤ 소거

두 번째 조건에 따르면 D가 브라질이다. → ②, ④ 소거

세 번째 조건에 따르면 A가 남아공이다. → ③ 소거

따라서 답은 ①이 된다.

합격 가이드

인구를 계산할 때 구체적인 값을 구할 필요가 전혀 없다. 두 번째 조건의 경우 A~D 중 총배출량을 1인당 배출량으로 나눈 값이 가장 큰 국가를 찾으면 그것이 브라질이다. 마찬가지로 남은 A와 C 중에 인구가 더 큰 국가가 남아공이 된다.

54

정답 ③

난도 하

정답해설

첫 번째 정보에 따르면 A와 B는 병과 정이 될 수 없다. → ④, ⑤ 소거

두 번째 정보에 따르면 B가 갑이 된다. 요금할인은 기종과 상관없이 동일하게 적용되며, 공시지원금 혜택이 요금할인보다 크려면 공시지원금이 커야 하기 때문이다. → ①, ④, ⑤ 소거

세 번째 정보에 따르면 C가 정이다. → ② 소거

따라서 답은 ③이 된다.

합격 가이드

두 번째 정보를 확인하기 위해 각각의 월별 요금을 구할 필요가 없다. 해설에서 설명했듯이 요금할인은 기종과 상관없이 동일하게 적용되기 때문에 월별요금이 공시지원금일 때 더 적게 나오기 위해선 공시지원금이 커야하기 때문이다.

세 번째 정보의 경우에도 ②, ③만 비교하면 되는 상황이기 때문에 C와 D에 한정지어서 보면 되며, 공시지원금 차이는 4만 원밖에 나지 않음에도 불구하고 기종 가격차이가 월등히 많이 나기 때문에 쉽게 답을 찾을 수 있다.

55

정답 ③

난도 중

정답해설

첫 번째 조건에 따르면 C는 종합병원 또는 치과가 될 수 없다. → ② 소거

두 번째 조건에 따르면 B와 C는 종합병원이 될 수 없고 A, D는 안과가 될 수 없다. → ①, ②, ④ 소거

남은 선지를 통해 A가 종합병원임을 알 수 있다.

세 번째 조건에 따르면 남은 것들 중 등록 의료기관 수가 가장 많은 D는 치과가 될 수 없다. → ⑤ 소거

따라서 답은 ③이 된다.

합격 가이드

30%를 구할 때는 개설 의료기관 수에 3을 곱해서 앞에 두 자리 정도를 등록 의료기관 수와 비교하면 간단히 파악할 수 있다.

56

난도 중

정답해설

첫 번째 조건에 따르면 '가'가 경기도 '다'가 충청도다. 3·1 운동 참여자 수에 5배를 곱해 성립하는 관계가 이 둘밖에 없기 때문이다. 남은 조건들을 살펴볼 때 다른 것들은 불확실한 정보 2개를 나열하나, 네 번째 조건은 확실한 정보인 경기도와 불확실한 평안도를 이야기하므로 네 번째 조건을 먼저 푸는 것이 효율적이다.

네 번째 조건에 따르면 평안도는 '라'이다. 두 번째 조건은 경상도를 찾는 데 영향을 주지 못한다.

세 번째 조건에 따르면 남은 '나'와 '마' 중 경상도는 '마'가 되며 전라도는 '나'가 된다. 따라서, 일제관헌 사상자가 가장 많이 발생한 지역은 '라' 평안도이다.

오답해설

① 가장 많은 횟수의 3·1 운동이 일어난 곳은 '가' 경기도이다.

② 3·1 운동 참여자 수가 두 번째로 적은 지역은 '마' 경상도이다.

③ 일제관헌 부상자가 가장 많이 발생한 지역은 '다' 충청도이다.

⑤ 충청도 3·1 운동 참여자 수의 0.5%는 604명이나 사망자 수는 590명이다.

합격 가이드

해당 문제 역시 전형적인 매칭형과 다르며, 모든 매칭을 완료한 후에 선지를 풀 수 있다는 점에서 까다롭다. 다만 선지 자체는 쉬운 편이므로 난도 자체는 높지 않다.

매칭을 할 때 확실한 정보를 먼저 처리해야 한다. 첫 번째 조건과 같은 유형의 경우 가장 작은 값에 5배를 곱한 것이 얼마나 되는지를 파악해보는 것으로 간단히 해결 가능하다. 만약 이를 통해 해결되지 않는다면 불가능한 것들만 체크하고 다른 조건으로 넘어가야 한다. 그리고 자료가 두 개이므로 자료를 혼동하지 않도록 주의해야 한다.

57

난도 중

정답해설

첫 번째 조건에 따르면 언어논리적 사고능력과 창의적 사고능력은 사교육 경험과 무관하게 연령이 증가함에 따라 증가했다. → ㅁ 소거

두 번째 조건에 따르면 언어논리적 사고능력은 사교육 경험이 있는 유아가 더 높게 나타났다. → ㄴ, ㄷ 소거

세 번째 조건에 따르면 언어논리적 사고는 증가율이 50%p 이상 증가해야 하며 이는 ㄱ, ㄹ 둘 다 만족시킨다. 또한 창의적 사고능력은 증가율이 1%p 미만 차이가 나야한다. ㄱ의 경우 사교육 유무와 관계없이 창의력의 4세, 6세의 수치가 비슷하다. 반면 ㄹ의 경우 사교육 없이는 약 40% 증가했으며, 사교육을 받은 경우, 50% 증가하였으므로 소거된다. → ㄹ 소거

합격 가이드

모든 조건에 따라 각각을 확인하기보다는 조건별로 하나씩 소거해가는 것이 훨씬 효율적이다. 그리고 증가율의 경우 어림산으로 계산하는 것도 방법이나, 해당 문항에선 1%p 단위를 묻고 있으므로 어림산에 있어서 신중을 기할 필요가 있다.

58

난도 상

정답해설

첫 번째 조건에 따르면 수입액의 증가폭은 표의 2015년과 2016년 상품수출액 변화폭에서 그림 1의 2015년과 2016년 상품수지 변화폭을 빼서 구할 수 있다. A와 C의 증가폭이 10으로 동일하며, B, D, E는 을 또는 정이 될 수 없다. → ②, ⑤ 소거

두 번째 조건에 따르면 서비스수입액의 동일 여부는 표의 2015년과 2016년 서비스수출액 변화폭에서 그림 1의 2015년과 2016년 서비스수지 변화폭을 빼서 확인할 수 있다. 그 값이 0인 것은 B, C, E이며 따라서 A, D는 을, 병, 무가 될 수 없다. → ①, ②, ③ 소거

세 번째 조건에 따르면 A, C, D는 병 또는 무가 될 수 없다. → ③, ⑤ 소거

네 번째 조건에 따르면 A는 갑 또는 병이 될 수 없다.

합격 가이드

실전에서는 두 번째 조건까지만 하면 답을 알 수 있다. 그 이하 검토는 불필요요. PSAT은 시간싸움임을 기억해야 한다. 그리고 첫 번째, 두 번째 조건에서 직접 수입액을 구하는 것도 하나의 방법이다. 편한 방법을 선택하면 된다.

59

난도 상

정답해설

첫 번째, 두 번째 조건에 따르면 B, E는 GF환경이 될 수 없다.

세 번째 조건에 따르면 A, B, E는 과천파밍이 될 수 없다. → ②, ⑤ 소거

네 번째 조건에 따르면 ③이 소거된다. 각 선지의 구성이 맞다고 가정할 때 B가 블루테크, E가 OH케미컬인 것은 불가능하기 때문이다.

다섯 번째 조건에 따르면 KOREDU는 A가 된다. 다른 어떤 것과 TB기술의 매출액을 조합해도 과천파밍의 매출액이 나오지 않기 때문이다. → ④, ⑤ 소거

합격 가이드

문항에 빈칸이 많고 매칭시켜야 할 것들도 많아서 어려운 문제이다. 보통 매칭형은 시간을 단축시키기 좋으나 이처럼 확정적인 정보가 없는 경우 생각보다 오랜 시간이 걸릴 수 있다. 그러나 우리의 목적은 답을 찾는 것이지 각 알파벳이 정확히 어떤 기업인지 아는 것이 아니다. 따라서 이처럼 순서대로 소거하거나, 혹은 확정적인 정보로 알 수 있는 것들을 제거하고, 남은 선지들 각각이 맞다고 가정하고 하나씩 소거하는 방법 등으로 넘어가는 것이 효율적이다. 실전에서 쉽게 매칭되지 않을 것 같다면 넘어가는 것도 좋은 방법이다.

60 정답 ⑤

난도 상

정답해설

관계 차별성의 의미는 공통적으로 연결된 직급의 수이며, 이 정의를 기반으로 선지를 풀어야 한다. A와 C의 경우 B와 D에 공동으로 연결되어 있다. B와 D가 직급이 같다면 관계 차별성은 1이고, 다르다면 2다.

B와 D의 경우 A, C, E와 공통으로 연결되어 있다. B와 D의 직급이 같을 경우 A, C의 관계 차별성이 1이므로, B와 D의 관계 차별성이 1이어야 한다. 이를 위해선, A, C, E의 직급이 같아야 한다. → ③, ④ 소거

남은 것은 B, C의 직급이 다른 경우이므로 이때 A, C의 관계 차별성은 2다. 따라서 A, C, E 안에 직급이 2개 있어야 한다. → ①, ② 소거

> **합격 가이드**
>
> 해당 문제는 A, B, C, D, E의 매칭보다는 조건을 이해하는 것이 어려운 문제다. 다만 조건을 이해한다면, 이를 기반으로 각각의 선지를 쉽게 소거할 수 있다. 조건이 이해하기 어려울 때는 보통 주어진 예시를 보면 쉽게 이해할 수 있다. 자료해석에서 예시는 보통 문제 이해에 도움되는 유용한 재료임을 명심하자.

---

06 전환형

61 정답 ②

난도 중

정답해설

운송 및 창고업, 교육서비스업, 여가 관련 서비스업, 제조업은 모두 2017년 대비 창업건수가 감소하였는데 선지는 이들이 모두 증가하는 것으로 작성되어 있다.

---

62 정답 ①

난도 중

정답해설

연도별 전체 재난사고 인적피해 중 부상 비율은 표 2에서 $\dfrac{부상}{사망+부상}$으로 도출한다. 2017~2021년 값을 구해보면 모두 95% 이상임을 알 수 있다.

---

63 정답 ①

난도 하

정답해설

ㄴ. 보고서 두 번째 문단에서 밝힌 것처럼 2018년 청소년활동을 가장 희망하는 시간대가 '학교 수업시간 중'(43.7%)이고, '기타'를 제외하고 '방과 후'가 7.8%로 가장 낮다.

ㄷ. 보고서 두 번째 문단에서 밝힌 것처럼 2018년 청소년활동 참여형태는 '학교에서 단체로 참여'(46.0%), '교내 동아리활동으로 참여'(17.5%), '개인적으로 참여'(12.3%) 순이다.

오답해설

ㄱ. 2018년 청소년활동 9개 영역 중 3순위는 72.5%를 차지한 '진로탐색·직업체험활동'이다. 보고서 첫 번째 문단의 내용과 부합하지 않는다.

ㄹ. 2018년 청소년활동 정책 인지도 점수는 최대 1.44점이다.

> **합격 가이드**
>
> 보고서 세 번째 문단에서 '전반적 만족도', '지도자 만족도' 등에 대한 자료는 선지에 나타나 있지 않다. 여기에 현혹되지 말고 선지에서 묻는 것에만 집중하자.

---

64 정답 ④

난도 하

정답해설

일용근로자 수급가구가 전체에서 차지하는 비율이 65% 이상이려면, 일용근로자 수급가구 수가 상용근로자 수급가구의 수의 2배 이상이어야 한다. 그러나 2009년 이후 모든 연도에서 성립하지 않는다.

---

① 2009년 이후 매년 수급가구의 수가 미수급가구 수의 4배 이상이므로, 수급가구가 차지하는 비율이 매년 80% 이상임을 알 수 있다.

② 2009년, 2010년 부부가구의 수는 단독가구의 3배 이상 4배 이하이므로 부부가구가 차지하는 비중이 70%대이다. 2011년의 경우 전체 수급가구가 542(천가구)이므로 부부가구의 비중은 72.8%이다. 한편 2012년의 경우 부부가구의 수가 단독가구의 4배 이상이므로 부부가구의 비중은 80%를 넘는다.

③ 2012년 60대 이상 수급가구는 104(천가구)이므로 전년도 4(천가구)에 비해 25배 이상이 되었다.

⑤ 2009년에는 자녀 2인 가구의 비율이 46.0%로 가장 많으나, 2010년, 2011년에는 자녀 1인 가구가 각각 47.2%, 49.0%로 가장 많다.

비율을 어떻게 계산할 것인가를 봤을 때 가장 좋지 않은 방법은 분모와 분자를 가지고 정확히 계산하는 것이다. PSAT 자료해석은 누가 계산을 잘 하는지를 평가하는 시험이 아니다. 더 쉽고 간단하게 접근하는 방법을 계속해서 고민해보자.

65

정답 ①

1910년 경기도 인구가 전국 인구에서 차지하는 비중은 약 10.5%이다. 그러나 1942년 경기도 인구가 전국 인구에서 차지하는 비중은 약 12%이다.

ㄴ. 전국 인구는 증가하는 추세이나 남녀인구는 각각 15,000명에 미치지 못한다. 조사년도 중 유일하게 1942년에만 여성인구가 남성인구를 초과하였다.

ㄷ. 경기도 내 일본인은 1910년에 비해 1942년에 3배 이상 증가했다. 반면 1942년 경기도 전체 인구는 1910년 경기도 전체 인구의 3배 미만이다.

ㄹ. 경기도 내 공업 종사자수는 1912년에 비해 1942년에 약 9.7배 증가했다. 정확한 계산을 할 필요는 없다. ㄱ에서 1910년 비중을 14/133, 1942년 비중을 32/263 정도로 어림산해도 무방하다.

66

정답 ②

ㄱ. 블로그 이용자가 총 1,000명이고 블로그 이용자 중 남자는 53.4%이다. 한편 트위터 이용자는 총 2,000명이고 트위터 이용자 중 남자는 53.2%이다.

ㄷ. 표에서 그대로 확인할 수 있다.

ㄴ. 트위터 이용자 수가 블로그 이용자 수의 2배이다. 따라서 교육수준별 트위터 이용자 수 대비 블로그 이용자 수는 제시된 수준의 절반이 되어야 한다.

ㄹ. 제시된 구성비는 트위터와 블로그의 연령별 이용자 구성비를 평균한 것이다. 그러나 트위터 이용자 수가 블로그 이용자 수의 2배이므로, 평균이 아닌 가중평균을 해야 한다.

종종 발문이나 각주에 문제를 푸는 데 핵심적인 정보가 제시되는 경우가 있다. 이 문제의 경우 각주에 조사 대상자 수가 제시되어 있다. 급하게 문제를 푸느라 발문, 각주를 놓치는 경우 자칫 오답을 고르거나 문제 풀이시간이 길어질 수 있으니 주의하자.

67

정답 ⑤

€/AU\$의 변화 추이는 ₩/AU\$를 ₩/€로 나누어 구할 수 있다. 선지의 그래프는 ₩/€를 ₩/AU\$로 나눈 값이다.

① AU\$/US\$는 표 2에서 ₩/US\$를 ₩/AU\$로 나누어 구할 수 있다.

② 원화로 환산한 대호주 금융자산 투자규모 추이는 표 1의 호주 금융자산 투자규모와 표 2의 ₩/AU\$를 곱하여 도출할 수 있다.

③ 원화로 환산한 지역별 금융자산 투자규모는 표 1의 지역별 금융자산 투자규모와 표 2의 외국 통화에 대한 환율을 각각 곱하여 도출할 수 있다. 2006년 지역별 금융자산 투자규모는 미국 99(천억 원), 호주 85(천억 원), 유럽 100(천억 원)이다.

④ 원화로 환산한 대미 금융자산 투자규모 추이는 표 1의 미국 금융자산 투자규모와 표 2의 ₩/US\$를 곱하여 도출할 수 있다.

이 문제는 단순한 곱셈과 나눗셈만 할 수 있으면 쉽게 풀 수 있다. 다만 환율을 소재로 한 문제는 그 자체로 어렵게 느껴질 수 있고, 영역을 가리지 않고 고난도 문제로 종종 출제된다. 환율을 다루는 문제들을 풀면서 소재에 익숙해지도록 하자.

68

정답 ④

ㄱ. 신고의무자에 의해 신고된 학대 인정사례는 707건이고, 그 중 사회복지전담공무원의 신고에 의한 학대 인정사례는 290건으로 40%(282.8건) 이상이다. 비신고의무자에 의해 신고된 학대 인정사례는 3,111건이고, 그중 기관 종사자의 신고에 의한 학대 인정사례는 1,494건으로 50%에 약간 미치지 못한다. 학대행위자 본인의 신고에 의한 학대 인정사례는 8건으로 가장 적다.

ㄴ. 학대 인정사례는 2014년 3,532건에서 2015년 3,818건으로 약 8.1% 증가했다.

ㄹ. 노인단독가구는 2012~2015년 학대 인정사례 건수가 각각 1,140, 1,151, 1,172, 1,318건으로 가장 많다.

ㄷ. 학대 인정사례 중 병원에서의 학대 인정사례 비율은 2012년부터 2.4%에서 2015년 3.1%로 증가했다.

선지 구성상 ㄴ이 옳은지 무조건 확인해야 한다. 3,532의 8%를 구해야 하는데, 이렇게 계산하기 어려운 구체적인 수치를 제시하면 대개 옳은 선지이다. 시간이 정말 부족할 때, 선지에서 요구하는 계산이 지나치다고 생각되면 옳다고 고르고 넘기는 것도 방법이다.

69 정답 ③

난도 중

정답해설

주가지수가 가장 높은 연도는 2007년으로, 이때의 주가지수는 1,897이다. 그런데 2007년 시가총액회전율은 200% 이하이다.

오답해설

① 표에 제시된 연도별 수익률에 연평균 수익률 23.9%를 빼면 연도별 초과수익률을 도출할 수 있다. 20%, 40%, 60% 등 각 기준선보다 높은지(낮은지)만 확인하면 된다.
② 표에 제시된 연도별 주식수를 종목수로 나누어 구할 수 있다.
④ 표에 제시된 연도별 거래량을 거래건수로 나누어 구할 수 있다.
⑤ 표에 제시된 연도별 시가총액을 주식수로 나누어 구할 수 있다.

합격 가이드

이 문제는 각 항목의 단위가 서로 달라 이 점에 유의하여 접근해야 한다. 여기에서는 단위를 함정으로 사용하지는 않았지만, 난도를 높이려면 얼마든지 이를 활용할 수 있다.

②에서 표의 주식수 단위는 '억 주'이고, 그래프의 종목당 평균 주식수의 단위는 '백만 주'이다. 단위가 100배이므로 종목당 평균 주식수를 백분율로 치환하여 생각할 수 있다. 가령 1997년의 경우 종목수의 10%는 95.8이고, 주식수는 900이므로 종목당 평균 주식수는 10 미만이다.

④에서 표의 거래량의 단위는 '억 주'이고, 거래건수의 단위는 '백만 건'이다. 따라서 1거래당 거래량은 표에 제시된 거래량을 거래건수로 나눈 뒤 100을 곱해주어야 한다.

⑤에서 표의 시가총액 단위는 '조 원'이고, 주식수의 단위는 '억 주'이다. 따라서 주식 1주당 평균가격은 표에 제시된 시가총액을 주식수로 나눈 뒤 10,000을 곱해주어야 한다.

한편 ③은 어디에서부터 접근해야 할지 난감하다. 하지만 이런 유형의 선지는 옳고 그림이 확실하게 표현된다. 어느 한 점만 틀리게 하면 난도가 너무 높아지기 때문이다.

70 정답 ①

난도 상

정답해설

보고서의 두 번째 조건에 따르면 직원을 증원하지 않을 경우 '가' 사업장의 매출액은 252 이하, '나' 사업장의 매출액은 176 이하가 되어야 한다. → ④, ⑤ 소거
보고서의 세 번째 조건에 따르면 직원 증원이 없을 때와 직원 3명을 증원할 때의 2018년 매출액 차이는 '나' 사업장이 '가' 사업장보다 커야 한다. → ② 소거
보고서의 네 번째 조건에 따르면 '나' 사업장은 최소 2명을 증원할 때 매출액이 252보다 커진다. → ③ 소거

그림과 보고서의 내용을 종합하여 다시 그래프로 나타내야 한다. 보고서의 각 조건을 하나씩 적용해 보면서 오답 선지를 소거해 나가는 방식으로 접근하자. 조건을 반드시 순서대로 적용할 필요는 없다. 가령 세 번째 조건은 계산이 필요하지만 네 번째 조건은 단순히 확인만 하면 된다. 항상 복습하면서 좀 더 빠른 풀이가 없는지 고민해보자.

한편, 세 번째 조건을 확인할 때 일일이 계산하기보다는 그래프의 크기를 활용할 수 있다. 계산을 하는 경우에도 '증원없음'과 '3명'을 왔다 갔다 하면서 계산하기보다는 '증원없음'에서 '가'와 '나' 사업장의 매출액 차이를 구하고, 이를 '3명'에서 '가'와 '나' 사업장의 매출액 차이와 비교하는 방식이 한결 편하다.

71 정답 ④

난도 하

정답해설

ㄱ. 마지막 문단을 위해 필요한 자료이다.

ㄷ. 첫 번째 문단을 위해 필요한 자료이다.

ㄹ. 세 번째 문단을 위해 필요한 자료이다.

72 정답 ②

난도 하

정답해설

ㄱ. 수도권과 비수도권의 2015~2019년 4분기 평균을 2020년 4분기와 비교하고 있으므로, 2015~2019년 4분기 수도권 및 비수도권 아파트 입주 물량 자료가 필요하다.

ㄷ. 세 번째 문장을 판단하기 위해서는 시도별 아파트 입주 물량 자료가 필요하다. 또한 '전년 동기'와 비교하고 있으므로 2019~2020년 4분기가 적절하다.

> **합격 가이드**
>
> 추가로 필요한 자료 유형의 문제를 풀기 위해서는 이미 주어진 자료로 보고서의 내용을 작성할 수 있는 경우 추가로 자료가 필요하지 않다는 것을 주의하여야 한다. 그리고, 보고서에서 언급되지 않은 내용의 자료를 추가하는 것은 적절하지 않다.

73 정답 ④

난도 하

정답해설

ㄱ. 보고서의 첫 번째 문단에 맥주 수출이 1992년 이래 역대 최고치를 기록했다는 내용을 작성하기 위해서는 1992~2012년 연도별 '갑'국의 연간 맥주 수출 총액에 대한 자료가 필요하다. 표에는 2013~2016년에 대한 자료만 제시되어 있다.

ㄴ. 보고서의 첫 번째 문단에서 2016년 상반기 맥주 수출 총액을 2015년 동기간 매출 총액과 비교하고 있다.

ㄹ. 보고서의 첫 번째 문단에서 2015년 '갑'국 전체 수출액이 2013년 대비 5.9% 감소한 것으로 설명하고 있다.

오답해설

ㄷ. 보고서의 두 번째 문단에서 2015년 국가별 맥주 수출액에 대해 다루고 있으나, 이는 표에 제시되어 있다. 상반기 국가별 맥주 수출액은 필요하지 않다.

74 정답 ⑤

난도 중

정답해설

ㄴ. 보고서의 두 번째 문단에서 2016년 중국인 관광객을 제외한 외국인 관광객 수, 중국인 관광객 지출액을 제외한 외국인 관광객 총 지출액을 계산하기 위해서는 전체 방한 외국인 관광객수 및 지출액 현황이 필요하다. 표 1과 표 2에 중국인 관광객수 및 지출액에 대한 자료가 제시되어 있으므로 이를 고려하여 계산할 수 있다.

ㄷ. 보고서의 세 번째 문단에서 2016년 산업부문별 매출액과 2017년 산업부문별 추정 매출액을 비교하고 있다.

ㄹ. 보고서의 세 번째 문단에서 2016년 산업부문별 매출액과 2017년 산업부문별 추정 매출액을 비교하고 있다.

오답해설

ㄱ. 2016년 방한 외국인 관광객의 구체적인 국적까지 필요하지는 않다.

> **합격 가이드**
>
> 보고서의 두 번째 문단을 작성하기 위해서는 방한 외국인 관광객 수와 지출액에 대한 자료가 추가로 필요하다. ㄱ은 이와 유사하지만 국적별 관광객 수가 제시되어 있지 않다. 유사한 자료가 선지로 제시되었을 때 주의하자.

75 정답 ②

난도 상

정답해설

ㄱ. 보고서의 세 번째 문단에서 박사학위 취득자 중 취업자의 전공계열별 고용형태에 대해 살펴보고 있다. 표에서 박사학위 취득자 중 취업자의 고용형태별 직장유형 구성비율을 제시하고 있으나, 이를 통해서는 여성 취업자 중 비정규직 비율과 같은 정보는 확인할 수 없다.

ㄷ. 보고서의 네 번째 문단에서 고용형태별, 직장유형별 평균 연봉을 다루고 있다.

ㄹ. 보고서의 세 번째 문단에서 박사학위 취득자의 성별 고용형태에 대해 살펴보고 있다.

오답해설

ㄴ. 취업자의 성별, 전공계열별 평균 연봉은 보고서에서 다루고 있지 않다. 네 번째 문단에서 박사학위 취득자 중 취업자의 고용형태에 따른 평균 연봉을 제시하고 있을 뿐이다.

ㅁ. 보고서에서 근속기간에 대해 다루고 있지 않기 때문에 필요하지 않다.

> **합격 가이드**
>
> 고용률, 고용형태, 고용형태별 직장유형 구성비율, 전공계열별 고용형태 등 유사한 단어가 계속 반복된다. 그러나 이들은 완전히 다른 개념이다. 추가로 필요한 자료를 묻는 유형은 보통 쉽게 출제되어 방심할 수 있다. 반드시 맞히고 넘어간다는 생각으로 꼼꼼히 살펴보자.

합격 가이드

이러한 문제는 평가점수 산정방식과 우수논문 선정방식이 다양하다. 우선적으로 평가점수 산정방식을 통해 각 평가점수를 산정하고 그 다음 우수논문 선정방식에 따라 우수논문을 구하여야 한다.

76 정답 ⑤

난도 중

정답해설

여성 후보자가 가장 많은 지역은 A이며, 이 지역의 여성 당선율은 $\frac{8}{37}$이다. 그리고 남성 후보자가 가장 적은 지역은 J이며, 이 지역의 남성 당선율은 $\frac{3}{13}$이다. $\frac{8}{37}$과 $\frac{3}{13}$을 분수 비교하면 후자가 더 크다.

오답해설

① 전체 남성 당선율은 $\frac{165}{699}$이고, 전체 여성 당선율은 $\frac{17}{120}$이다. $\frac{165}{699} \leq \frac{17}{120}$ ×2의 관계가 성립하는지를 살펴보면 되는데 $\frac{165}{699}$는 20%를 넘는 반면, $\frac{17}{120}$은 15%에 약간 미치지 못한다.

② A와 I는 여성 당선율이 남성 당선율보다 높지만 나머지 지역은 그렇지 않다. 시간이 많이 걸리는 선택지이므로 다른 선택지를 먼저 판단해보고 그런 이후에도 답을 확정할 수 없으면 풀이하도록 하자.

③ A의 당선자 성비는 4.5인데, 나머지 지역은 모두 이보다 크다.

④ I의 후보자 성비는 10이 넘는데, 나머지 지역은 모두 10보다 작다.

78 정답 ⑤

난도 하

정답해설

ㄱ. 해당 문항에서 각 개인이 참여하고 있는 채팅방은 본인의 열과 행에 있는 숫자를 다 더하면 나오게 된다. B가 4개로 가장 많다.

ㄴ. A와 C의 숫자는 0이지만, 둘 다 B와는 1이다.

ㄹ. 한 명이 추가되면 참여할 수 있는 모든 일대일채팅방의 개수는 21개가 된다. G가 두 명과 채팅을 한다면 일대일 채팅방이 10개가 된다. 분모는 60% 증가했는데 분자는 25% 증가했으므로 밀도는 낮아진다.

오답해설

ㄷ. 학생들이 참여하고 있는 일대일채팅방은 8개이다. 참여할 수 있는 모든 일대일채팅방의 개수는 학생수가 6명이므로 공식에 따라 15개이다. 15의 0.6은 9이므로 밀도는 0.6보다 작다.

합격 가이드

실전에서 ㄷ은 검토할 필요가 없다. 해당 문제의 경우 열과 행을 살펴서 열과 행의 구성이 다름을 알아내는 것이 중요하다.

77 정답 ③

난도 상

정답해설

평가점수 산정방식 '가'의 경우, 논문의 값은 Ⅰ: 4, Ⅱ: 1, Ⅲ: 3, Ⅳ: 0, Ⅴ: 1이다. 따라서 평가점수는 논문 Ⅰ이 1점이고 나머지 논문들이 2점이다.

평가점수 산정방식 '나'의 경우, 각 논문의 중앙값은 Ⅰ: 1, Ⅱ: 3, Ⅲ: 2, Ⅳ: 4, Ⅴ: 3이다. 따라서 평가점수는 논문 Ⅰ이 1점이고 나머지 논문들이 2점이다.

평가점수 산정방식 '다'의 경우, 논문별 선호순위의 합은 Ⅰ: 7, Ⅱ: 9, Ⅲ: 6, Ⅳ: 13, Ⅴ: 10이다.

따라서 평가점수는 논문 Ⅲ이 1점이고 나머지 논문들이 2점이다.

ㄱ. 우수논문 선정방식 'A'에 따르면 논문 Ⅰ이 우수논문으로 선정될 확률이 $\frac{2}{3}$이며, 논문 Ⅲ이 우수논문으로 선정될 확률이 $\frac{1}{3}$이다.

ㄷ. 우수논문 선정방식 'C'에 따라 논문들의 평가점수 산정방식에 가중치를 각각 적용한 점수의 합은 Ⅰ: $\frac{3}{2}$, Ⅱ: 2, Ⅲ: $\frac{3}{2}$, Ⅳ: 2, Ⅴ: 2이다. 이때 논문 Ⅰ과 Ⅲ의 선정점수가 동일한데 각주 2에 따라 우수논문은 Ⅲ으로 선정된다.

오답해설

ㄴ. 우수논문 선정방식 'B'에 따라서 논문의 평가점수 산정방식 '가', '나', '다'에서 도출된 평가점수의 합은 Ⅰ: 4, Ⅱ: 6, Ⅲ: 5, Ⅳ: 6, Ⅴ: 6이다. 따라서 우수논문은 Ⅰ로 선정된다.

79 정답 ②

난도 하

정답해설

A제품을 만들기 위해선 B부품이 필요한데, B부품은 일요일에야 구매할 수 있다. 따라서 1주차에는 A제품을 만들지 못하고 재고가 0이 된다.

2주차에는 1주차 일요일에 구매한 B부품으로 250개의 A제품을 만들어서 주문량이 200개를 판매한다. A제품 재고는 토요일 기준 50개가 된다.

3주차에는 2주차에 구매한 B부품으로 450개의 A제품을 만들고, 450개를 판매한다. 따라서 50개가 남는다.

합격 가이드

부품을 구매하는 요일과 제품을 생산, 판매하는 요일을 잘 구분하여 적용하여야 한다. 문제 자체는 어렵지 않으나 이를 잘못 생각하면 답이 완전히 달라지기 때문이다.

80 정답 ⑤

난도 하

정답해설

ㄱ. 총학생이 150명인데 벤다이어그램 안에는 143명만 있으므로 A, B, C 3명이 모두 공대생이 아니라고 본 학생은 7명이다.

ㄴ. B의 정확도가 1이므로, B가 판단한 학생은 모두 공대생이다. 그리고 C가 정

확도가 $\frac{8}{11}$ 이므로 B와 겹치는 45명 외에 35명이 공대생이다. 따라서 이들이 전부 겹치지 않는 20명에 속한다 해도 15명은 A와 겹치는 구역에 들어가야 한다. 따라서 A, C가 함께 공대생이라 판단한 79명 중 최소한 49명은 공대생이다. 이는 80의 60%보다도 크다.

ㄷ. A교수는 현재 B와 겹치는 곳에서 37명, C하고만 겹치는 곳에서 최소 15명의 공대생을 옳게 판단했다. 이는 총 52명으로 재현도가 $\frac{1}{2}$을 넘는다.

> **합격 가이드**
>
> '적어도' 문제와 같은 방식으로 생각하면 된다. 이런 문제에서 A와 B에 공통적으로 들어간 수를 구할 때는 A와 B를 더한 후 총인원을 빼주는 방식으로 최소한 확신할 수 있는 A와 B의 교집합 수를 찾을 수 있다.

81

정답 ②

난도 하

정답해설

TMP의 경우 20으로 나눠지는 바, 시스템 간 차이가 크지 않다. 중요한 것은 소프트웨어 개발비. 즉 A와 C 간의 비교, B와 D 간의 비교만 하면 된다. A와 C사이에선 A가 연간 자료처리 건수에서 10점, 분산처리 유형에서 10점을 얻어 TMP에서 1점을 더 얻는다. A가 유지보수 난도가 C보다 10% 높은데, 210이 200보다 5% 높은 것을 고려할 때, A가 C보다 유지보수 비용이 크다. → ③, ④ 소거

B와 D의 경우 소프트웨어 개발비는 같고, 연간 유지보수 횟수에서 D가 35점, 연간 자료처리 건수에서 D가 15점, 실무지식 필요 정도에서도 10점, 분산처리 유형에서 10점 앞서므로 D가 비용이 더 높다. → ①, ⑤ 소거

> **합격 가이드**
>
> TMP가 실제로 미치는 영향이 작다는 걸 캐치하면 답을 찾기 쉽다. 이처럼 대소비교에 있어 변화율이 큰 것들을 위주로 보는 노력이 필요하다. 또한 사실 B와 D의 비교는 구체적 계산이 필요 없이 한눈에 D가 더 요구하는 것이 많은 것을 알 수 있다.

82

정답 ②

난도 하

정답해설

A, B, C 시장가격에서 생산비를 빼면 각각 기본 이득이 1000원, 800원, 500원이다. 여기서 운송비를 계산해서 양자가 같아지는 부분에서 판매 상품의 교체가 일어난다. A와 B는 1km 지점에서 같아지며, B와 C는 3km 지점에서 같아진다.

> **합격 가이드**
>
> 구체적인 방정식을 세울 필요는 없고 빠르게 풀고 나가는게 목표다. 선지에 나온 구체적인 수치를 대입하는 것도 좋은 방법이다.

83

정답 ④

난도 중

정답해설

무궁화호의 경우 10분 동안 10km를 가기 때문에 속력이 60km/h임을 확인할 수 있다. 새마을호는 무궁화호의 2배 속도이므로 역까지 가는 데 5분이 걸리고, 고속열차는 4배 속도이므로 2분 30초가 걸린다. 각 열차는 역에서 모두 1분씩 쉼을 숙지해야 한다.

ㄱ. 첫 무궁화호가 C역에 도착하는 것은 6:21이다. 고속열차의 경우 6:05에 출발하여 3역을 가는 데 7분 30초가 걸리고 B, C 역에서 1분을 쉬므로 총 9분 30초가 걸려 D역에 6:14분 30초에 도착한다. 그리고 1분 간 정차하므로 6:15분 30초까지 역에 머문다. 6:20의 6분 전인 6:15에는 역에 정차 중이다.

ㄷ. 고속열차가 2역을 지나면 주행시간 5분에 정차시간 1분이 걸려 6분이 소모된다.

오답해설

ㄴ. 6:05에 출발한 새마을호는 D역에 6:22에 도착한다. 그리고 6:23에 출발한다. 6:10에 A역을 출발한 무궁화호는 6:30이 넘어서 도착하기 때문에 옳지 않다.

> **합격 가이드**
>
> 정차 시간을 고려하지 않으면 틀리기 쉽다. 그림을 그려서 접근하는 것도 한 방법이나 이때에도 1분의 시간을 잘 고려해야 한다.

84

정답 ②

난도 중

정답해설

현장평가단의 최종반영점수는 득표율에 따라 달라진다. E의 경우 3표를 더 받으면 10점을 더 받게 된다. 이는 D와 현장평가단 최종반영점수에서 같은 점수를 받게 됨을 의미하는데, 둘의 서면심사점수가 이전에는 5점 차이로, D가 더 높은 순위였음을 고려하면, 둘의 순위가 바뀌게 된다.

오답해설

① 서면심사점수에서 30점을 받기 위해선 5위를 해야 한다. 그러나 D가 E보다 점수가 낮기 때문에 D는 30점을 받을 수 없다.

③ A는 5점을 더 받아도 서면심사점수 순위가 바뀌지 않아서 최종반영점수에도 영향을 주지 못한다.

④ 서면심사점수가 가장 낮은 것은 D인데 여기서 E와 5점차이가 나게 된다. 현장평가단 최종반영점수는 E가 D보다 10점 더 낮다. E가 최종심사점수가 가장 낮다.

⑤ C의 경우 두 점수의 차이가 10점이 난다. 반면 E는 15점이 난다. 따라서 C가 두 점수 차이가 가장 많이 나는 부처가 아니다.

> **합격 가이드**
>
> 각 부처의 점수를 구체적으로 구할 필요는 없다. 서면심사점수는 순위별로 5점 차이가 나고, 현장평가단의 최종반영점수는 단계별로 10점 차이가 남을 고려하면, 쉽게 선지들을 지워 정답을 찾을 수 있다. ⑤가 그나마 조금 어려울 수 있는데 이 경우에도 현장평가단 최종반영점수가 점수 간 격차가 큰 것을 생각할 때, 현장평가단 최종반영점수가 낮은 부처를 검토하면 쉽게 풀 수 있다.

85 정답 ④

난도 중

정답해설

ㄱ. 버스의 표준운송원가가 500천 원이므로, 보조금 지급대상은 대당 운송수입금이 400천 원 미만인 버스 회사들이다. 이는 60개이다.

ㄴ. 표준운송원가를 625천 원으로 인상하면, 보조금 지급대상은 대당 운송수입금이 500천 원 미만인 버스 회사들이다. 앞선 60개에 33개가 추가되어 93개가 된다.

ㄷ. 200천 원은 500천 원의 40%다. 따라서 네 번째 조건에 따라서 대당 125천 원의 보조금을 받으며 30대가 있으므로 3,750천 원을 보조금으로 받게 된다.

오답해설

ㄹ. 230천 원인 버스회사는 50% 미만이므로 대당 125천 원을 받는다. 380천 원인 버스회사는 500천 원과의 차액인 120천 원의 50%인 60천 원을 받는다. 그 차이는 65천 원이다.

합격 가이드

세 번째 조건과 네 번째 조건의 차이를 파악해야 한다. 그리고 실전이라면 ㄹ을 풀 필요가 없다.

86 정답 ③

난도 중

정답해설

ㄱ. 감가상각비의 차이는 약 80,000원으로 가장 크다. 이를 고려하면 단위가 십만이 되지 않는 항목들은 볼 필요가 거의 없다는 점을 기억할 경우 시간을 줄일 수 있다.

ㄴ. 일반버스는 순이익이 145,000원이 약간 되지 않으며, 굴절버스는 141,000원이 약간 되지 않는다. 저상버스는 200,000원이 넘는다. 굴절버스가 가장 많은 보조를 받는다.

ㄷ. 굴절버스는 가동비 소계에 15를 곱하면 총운송비용과 비슷해진다. 그러나 일반버스와 저상버스는 15를 곱하면 총운송비용을 훨씬 초과한다. 즉 굴절버스가 가동비 비중이 낮다.

오답해설

ㄹ. 정비비는 굴절버스가 가장 높고, 정비비 간 차이에 비해 총운송 비용의 차이는 크지 않기 때문에 결국 정비비 할인으로 총운송비용의 변화비율이 가장 큰 것은 굴절버스이다.

합격 가이드

ㄱ과 같이 차이가 가장 큰 것을 물어보면 단위를 먼저 보는 것이 중요하다. 기본적인 단위 값이 크면 차이가 클 가능성이 높기 때문이다. ㄴ은 저상버스의 경우 승객수는 일반버스보다 100명이나 많은데, 비용 차이는 크지 않기 때문에 굳이 계산할 필요가 없다. 참고로 이런 문제에서 중요한 것은 변화비율이다. 이를 명심하도록 하자.

87 정답 ④

난도 상

정답해설

표들의 형태를 보면 분야별로 코치들이 3명씩 참가한다. 세 번째 조건에 따라 투입 능력의 합이 24 이상이어야 하므로, 코치 한 명당 8의 투입능력을 차지해야 한다.

이후 A~F까지 가장 낮은 점수를 가진 분야를 체크한다. 이 분야에 투입될 경우 이들은 그들의 할당 투입능력을 채울 가능성이 낮기 때문에 취약 분야에 투입된 표부터 보면서 소거하는 방법이 필요하다.

A의 경우 공격, B의 경우 수비, C의 경우 공격, D의 경우 수비, E의 경우 공격, F의 경우 전술이 취약 분야이다.

①의 경우 A가 공격에 들어갔으므로 체크해보면 A는 공격에 5, E는 7.5, F는 10을 투입하므로 투입능력 24에 모자란다. → ① 소거

②의 경우 B가 수비에 들어갔으므로 체크해보면 B는 수비에 5, C는 수비에 10, F는 수비에 20 투입하여 수비 투입 요건을 만족시킨다. 그런데 ②는 E가 취약한 공격에도 투입되었으므로 공격도 검토해야 한다. 공격의 경우 B가 , D가 6, E가 7.5로 그 합이 24보다 작다. → ② 소거

③의 경우 C가 자신의 취약분야인 공격에 투입되었으므로 이를 검토한다. 공격에 있어 B가 20을 투입하므로, 뒤에 것들은 계산하지 않아도 24가 넘을 것임을 유추 가능하다. 또한 D가 취약 분야인 수비에 투입되었으므로 이도 검토가 필요하다. 수비의 경우 A가 9, D가 7.5, F가 10을 투입하므로 총투입이 24를 넘는다. 그런데 남은 분야를 살펴보면 체력이 C에서 , D에서 10, E에서 8로 24에 못미친다. → ③ 소거

⑤의 경우 전술과 수비에서 조건을 맞추지 못해 소거된다.

합격 가이드

문제의 난도가 어렵다기보다 시간을 잡아먹는 문제이다. 해당 해설의 경우 취약 부분을 살펴보는 방식으로 접근했다. 이런 유형은 자신만의 기준이 필요하다. 가장 먼저 봐야할 것은 가장 쉬운 조건인 각 코치가 하나 이상의 분야를 맡지 않은 것이 있냐이다. 그 다음부터는 항상 취약 부분을 위주로 살펴보는 것이 최선인 것은 아니며, 본인의 취향에 따라 다양한 기준을 적용할 수 있다. 그러나 일관된 기준으로 하는 것이 심리적 안정감을 줄 가능성이 높다.

88 정답 ②

난도 상

정답해설

B 세대는 2017년 6월에 LTV에 따르면 2억 4천만 원, DTI에 따르면 3억 원의 대출이 가능하다. 따라서 이때 대출 가능 최대금액은 2억 4천만 원이다. 이러한 LTV가 20%p 감소하게 되는데 이는 8천만 원에 해당한다. 따라서 1억 원 미만이다. 실전에서 ㄴ은 검토하지 않는다.

오답해설

ㄱ. A 세대는 서민 실수요 세대이므로 LTV 기준으로 최대 금액은 2억 원이다. 그러나 표 1의 각주1)에서 LTV와 DTI 중 작은 것을 선택한다고 명시되어 있다. DTI의 경우 연간소득의 50%는 1,500만 원이다. 이때 500만 원을 제외하면 1천만 원이 남는다. 표 2의 각주1)에 따르면 이는 신규주택담보 대출 최대금액의 10%이므로 신규 주택담보대출 최대금액은 1억 원이 된다. 따라서 더 작은 1억 원이 신규 주택담보대출 최대 금액이 된다.

ㄷ. C 세대는 주택담보대출 보유 세대이다. 2017년 10월의 경우 LTV에 따르면 1억 2천만 원, DTI에 따르면 2억 9천만 원이 신규 주택담보대출 최대금액이 된다. 따라서 LTV인 1억 2천만 원이 최대금액이다. DTI에 기 주택담보대출

연 원리금을 포함하더라도 이는 1억 7천만 원이 되어 LTV의 것 보다 크므로 C의 신규 주택담보대출 최대금액은 계속 1억 2천만 원이다.

> **합격 가이드**
>
> 처음에 신규 주택담보대출 최대금액의 의미를 이해하는 것이 어려울 수 있다. 이를 파악하면 쉬운 문제이나 그 과정이 오래 걸린다. 실전이라면 풀지 않고 넘어가는 것도 좋은 방법이다. 또한 이 문제의 경우 소위 선지 플레이를 할 경우 답을 맞힐 수 없었던 문제이다. 따라서 선지 플레이의 효용에 대해 고민해볼 필요가 있다.

89 정답 ①

난도 상

정답해설

갑의 점수는 각주에 나와 있는 것처럼 4.3이다. 을은 $(40 \times 10 + 6 \times 3) \div 46 = 9$가 넘는다. 병은 $(12 \times 10 + 8 \times 5 + 3 \times 3) \div 23 = 7$이 넘는다. 정은 $(24 \times 10 + 3 \times 5 + 20 \times 3) \div 50 = 6.3$이 나온다.

무가 3위가 되기 위해선 그 점수가 7점과 6.3점 사이에 있어야 한다. 무의 법령 중 관계기관 협의일 이전이 2개, 입법예고 시작일 이전이 2개, 입법예고 마감일 이전이 2개로 현재 점수의 합이 36점이다. 후에 7로 나눠야 함을 고려하면, 평가점수 10점을 더 받아야 하며, 따라서 관계기관 협의일 이전에 부패영향평가를 의뢰해야 한다.

> **합격 가이드**
>
> 특정 시기를 물어보는 것이기 때문에, 날짜가 가지는 의미가 같은 것들은 답이 될 수 없다. 즉, ④, ⑤의 경우 애초에 둘 다 입법예고 마감일 이후이기 때문에 고려할 필요가 없다. 그리고 점수를 구해서 7로 나누기보다는 애초에 필요로 하는 점수의 범위에 7을 곱해두는 것이 접근하기 편할 것이다.

90 정답 ⑤

난도 상

정답해설

A에서 30.6%, B에서 25.2%, C에서 약 8% 이상이 통신사를 유지했으므로, 바꾸지 않은 이용자가 60%가 넘는다. 따라서 바꾼 사용자가 40% 미만이다.

오답해설

① 150만 명의 20%가 30만 명이므로, 19%인 C스마트폰 단말기 사용자는 30만 명 이하이다.
② 1월 84%의 고객은 그대로 B를 이용했다. 즉 16%가 B에서 다른 단말기로 이동한 것인데, B보다 더 많은 점유율을 가진 A에서 더 많은 퍼센트인 25%가 이동해왔다. 따라서 B는 1월보다 7월에 이용자가 증가했다.
③ C에서 A로 교체한 사용자는 5.7%이며, A에서 C로 교체한 사용자는 7.5%가 넘는다.
④ 150만 명의 30%는 45만 명이고 그 10%는 4만 5천 명이다.

> **합격 가이드**
>
> 이런 유형을 처음 경험해본다면, 문제를 이해하는 데 다소 시간이 걸릴 수 있다. 또한 ②의 경우 구체적인 계산을 하기보다 변화한 값들 간의 크기비교를 하는 것이 편리하다. 결국에 중요한 것은 B에서 얼마나 빠져나가고 B로 얼마나 들어왔느냐이기 때문이다.

09 종합

91 정답 ①

난도 중

정답해설

먼저 각 기업의 한 주간 편차의 합이 0이라고 하였으므로 (가)와 (바)는 각각 3과 2가 된다. 그리고 B의 경우 (나)와 (다)를 제외한 나머지 편차의 합이 0이므로 (나)와 (다)는 부호만 다른 수가 들어와야 함을 알 수 있다. 그런데 A와 B의 편차의 제곱의 합이 같다고 하였으므로 (나)와 (다)는 순서에 관계없이 2와 −2가 될 것이다.

다음으로, C의 경우 (라)와 (마)를 제외한 나머지 편차의 합이 1이므로 (라)와 (마)의 편차의 합은 −1이 되어야 한다. 그런데, D의 편차의 제곱의 합이 36이고, (라)와 (마)를 제외한 C의 편차의 제곱의 합이 11이므로 (라)와 (마)의 제곱의 합은 25가 되어야 한다. 둘의 합이 −1이면서 제곱의 합이 25가 되는 수는 3과 −4이다. 따라서 최솟값은 (라), (마) 중 하나인 −4, 최댓값은 (가)의 3이다.

92 정답 ④

난도 중

정답해설

ㄴ. 첫 번째 조건을 통해 A기업의 하루 평균 신고 건수는 3건임을 알 수 있으므로 A의 토요일 신고 건수는 4건이며, 두 번째 조건에 따라 B기업의 화요일 신고 건수는 8건이 된다. 그런데 B기업의 화요일 편차가 2이므로 B기업의 하루 평균 신고 건수는 6건이다.
ㄹ. A기업과 B기업의 하루 평균 신고 건수의 합은 3+6=9건이다. 그리고 D기업의 신고 건수가 가장 적은 요일은 목요일인데, 네 번째 조건에 의해 이날의 신고 건수는 5건임을 알 수 있다. 따라서 D기업의 하루 평균 신고 건수는 10건이다.

오답해설

ㄱ. 수요일(6건), 토요일(4건)의 2일이 이에 해당한다.
ㄷ. D기업의 화요일 신고 건수는 12건이므로 세 번째 조건에 의해 C기업의 일요일 신고 건수도 12건이라는 것을 알 수 있다. 따라서 C기업의 하루 평균 신고 건수는 11건이 된다. 그리고 D기업의 하루 평균 신고 건수는 ㄹ해설에서 10건이라고 하였으므로 C가 더 많다.

93 정답 ①

난도 중

정답해설

재해자 수는 근로자 수와 재해율을 곱한 값이다. 2016년과 2018년의 재해자 수를 각각 구하면 약 23,500명, 25,200명이다.

오답해설

② 2016년 재해율 차이는 0.32%p이며, 2019년은 0.35%p이다.
③ 재해율을 계산하기 위해서는 재해자 수와 근로자 수를 모두 알아야 한다. 재해자 수가 10% 증가하더라도 근로자 수 증가율에 따라 재해율은 달라질 수 있다.
④ 건설업 근로자 수가 전체 산업 근로자 수의 20%라면, 전체 근로자 수는 건설업 근로자의 5배이다. 한편 전체 산업 재해율과 건설업 재해율이 같으므로,

전체 산업 재해자 수는 건설업 재해자 수의 5배가 된다.

⑤ 사망자 수가 가장 많은 해는 2016년이며, 건설업 환산강도율이 가장 높은 해는 2014년이다.

94

난도 하

정답해설

재해건당 재해손실일수는 환산강도율을 환산도수율로 나누어 구한다. 이는 그림 2에서 원점과 특정 연도를 이은 직선의 기울기와 같다. 따라서 가장 큰 연도는 2014년, 가장 작은 연도는 2016년이다.

합격 가이드

이번 문제처럼 기울기를 구할 때 x축이나 y축에 줄임표시(물결표시)가 없는지 잘 확인해야 한다. 이번 문제는 큰 상관이 없었으나, 이를 무시하고 원점에서 곧바로 직선을 그어 기울기를 비교하면 결과가 달라지는 경우가 있다. 안전한 방법은 줄임표시와 무관한 임의의 점을 찍어 이 점과 각 연도 점들을 잇는 것이다. 가령, 그림 2에서 (0,20,5)에서 직선을 그으면 된다.

95
정답 ②

난도 하

정답해설

ㄱ. 표 1만을 통해 알 수 있다. 상수도 보급률이 가장 낮은 지역은 충남이고, 충남에서의 하수도 보급률을 계산해보면 63.6%로 가장 낮다.

ㄷ. 표 2만으로 알 수 있다. 하수도요금 부과량당 평균요금은 충북에서 가장 높은데, 하수도요금 현실화율 역시 42.6%로 가장 높다.

오답해설

ㄴ. 표 1과 표 2를 모두 활용하여야 한다. 하수도 보급률이 가장 높은 지역은 제주이지만, 하수도요금 현실화율이 제주보다 더 낮은 지역들이 존재한다.

ㄹ. 표 1만으로 알 수 있다. 상수도 급수인구가 가장 적은 지역은 제주이지만, 제주 지역의 상수도 급수인구당 1일급수량이 가장 많지는 않다.

합격 가이드

ㄱ에서 충남의 보급률을 계산할 때 어림으로 70%가 되지 않는다는 것을 알 수 있다. 게다가 후보군인 전남의 경우 인구는 충남보다 적으면서 처리인구는 충남보다 많기 때문에 전남의 하수도 보급률은 충남의 그것보다 클 수밖에 없다. 즉 정확한 계산 없이도 빠르게 답을 찾을 수 있다.

ㄷ 역시 하수도요금 현실화율 빈칸을 계산하지 않더라도 분모와 분자의 대소비교를 통해 어림으로 계산이 가능하다.

ㄹ은 앞문장과 뒷문장을 바꾸면 아주 쉽게 풀이가 가능하다. 보기의 내용대로 상수도 급수인구당 1일급수량을 먼저 계산하려 하면 시간이 오래 걸리지만, 상수도 급수인구가 가장 적은 지역을 먼저 파악하고 해당 지역의 상수도 급수인구당 1일급수량을 보면 계산 없이도 정답 도출이 가능하다.

96

난도 하

정답해설

ㄴ. 보고서 첫 번째 문단에서 지역별 상수도요금이 필요하며, 주어진 자료에서 알 수 없기 때문에 추가적으로 필요하다.

ㄷ. 보고서 두 번째 문단에서 전남의 재정자립도를 다루고 있기 때문에 해당 내용이 추가적으로 필요하다.

오답해설

ㄱ. 지역별 상수도 급수인구당 1일급수량은 보고서에 들어간 내용이지만 표 1에서 추출할 수 있다.

ㄹ. 하수도 처리인구당 연간 부과액은 보고서에 제시되지 않는다.

ㅁ. 보고서 세 번째 문단에서 다루고 있지만, 주어진 자료로 파악이 가능한 데이터이다.

합격 가이드

보기를 먼저 보고 해당 내용이 보고서에 포함되어 있는지, 포함되어 있다면 표에서 이끌어 낼 수 있는 데이터인지 확인하는 순서로 접근한다.

97
정답 ②

난도 중

정답해설

ㄱ. 보고서 두 번째 문단에서 '호수 내 질소의 농도와 인의 농도를 월일별로 살펴보면 밀접한 상관관계가 있었다.'고 하였기 때문에 해당기간 호수 A와 B의 월일별 질소 및 인 농도가 추가적으로 필요하다.

ㄷ. 보고서 세 번째 문단에서 '2008~2013년 조류예보 발령 현황을 보면' 이라고 하였다. 해당 내용은 주어진 표만으로·파악할 수 없기 때문에 월일별 조류예보 발령 현황이 추가적으로 필요하다.

ㅁ. 보고서의 두 번째 문단에서 '클로로필 농도와 남조류 세포수의 월일별 증감 방향은 일치하지 않았으나'라고 하였고, 이는 표만으로는 추론할 수 없으므로 필요하다.

오답해설

ㄴ. 수위에 관한 내용은 보고서에 없다.

ㄹ. 보고서에 수온에 관한 내용이 있지만, 해당 내용은 제시된 표에서 찾을 수 있다.

합격 가이드

이런 유형의 문제는 보고서를 먼저 읽기보다는 보기를 먼저 읽고, 관련된 내용이 보고서에 제시되는지를 살펴보는 것이 좋다. 만약 보기의 내용이 보고서에 있다면 미리 주어진 표에서 그 내용을 추론할 수 있는지만 판별함으로써 문제를 해결할 수 있다.

(난도) 중

(정답해설)

8월 12~15일 호수 B의 수질측정항목을 표로 나타내면 다음과 같다.

구분	클로로필 농도	남조류 세포수	조류예보
8월 12일	경보	경보	주의보
8월 13일	주의보	주의보	?
8월 14일	주의보	–	?
8월 15일	–	주의보	?

• 8월 13일 : 조건3) 측정수치 4개가 모두 주의보 이상이므로 → 주의보
• 8월 14일 : 조건5) 측정수치 3개 주의보 이상 → 13일과 동일, 주의보
• 8월 15일 : 조건4) 측정수치 2개가 (2개도 2개 이상) 주의보 단계 기준을 만족하지 못함 → 해제

(난도) 중

(정답해설)

ㄱ. 표에서 알 수 있다. 2015~2017년 동안 A업체와 B업체의 온실가스 배출량은 매년 전체 배출량의 절반 이상을 차지한다.

ㄴ. 표의 자료를 통해 추론할 수 있다. 2017년 전체 배출량을 계산하면 2,917×3-3,138-2,864=2,749이므로, 2015~2017년 전체 온실가스 배출량은 매년 감소하였다.

(오답해설)

ㄷ. 그림을 활용하여야 한다. 온실가스 배출 효율성은 가로축을 세로축으로 나눈 값이므로, 기울기가 작을수록 온실가스 배출 효율성은 크다. 즉 J가 가장 크고, A가 가장 낮다.

ㄹ. 표의 자료를 통해 알 수 있다. D업체의 2016년 배출량을 계산하면, 284×3-356-260=236이다. 즉, D업체의 2017년 배출량은 2016년의 배출량보다 증가한다.

(합격 가이드)

4개의 보기에 대해 정오판단을 하는 문제로, 각각의 보기가 어느 자료에서 추출된 것인지를 파악한다면 어렵지 않다. ㄷ과 같이 그림을 활용하는 문제는 기울기와 관련된 것이 많으므로, 연습을 통해 빠르게 풀 수 있도록 하자. 단, 분모와 분자에 들어가는 데이터에 따라 기울기인지 혹은 기울기의 역수인지 달라질 수 있기 때문에 유의하여야 한다.

(난도) 중

(정답해설)

ㄱ. 표에서 쉽게 확인할 수 있다. 매년 온실가스 배출량 기준 상위 3개 업체의 순위는 1~3위 각각 A, B, C로 동일하다.

ㄷ. 업체별 온실가스 배출권 식에서 '해당년도 온실가스 배출권 총량'과 '철강산업 전체의 직전 3년 평균 온실가스 배출량'은 모든 업체에서 같은 값으로 적용되기 때문에, 결국은 업체별 온실가스 배출권은 '해당 업체의 직전 3년 평균 온실가스 배출량'에 따라 결정된다. B 업체의 2015~2017년 3년 평균 온실가스 배출량이 C 업체보다 크므로, 더 많은 온실가스 배출권을 할당받았다.

ㄹ. G 업체의 2018년 예상 배출량은 96으로, 2018년 온실가스 배출권인 2,600×101÷2,917=90보다 많다.

(오답해설)

ㄴ. 그림을 통해 확인할 수 있다. 그림의 기울기가 작을수록 온실가스 배출 효율성이 높고 이는 온실가스를 덜 배출하는 것을 의미한다. 그림에서 D 업체의 기울기가 E 업체의 기울기보다 작으므로, 철강 1톤을 생산하는 데 온실가스를 덜 배출한다.

(합격 가이드)

보고서 문제는 사실상 ㄱ, ㄴ, ㄷ, ㄹ의 정오 문제와 별반 다르지 않다. 보고서 전체를 읽지 않고 중간에 밑줄을 친 부분을 중심으로 독해하여 옳고 그름을 판단할 수 있는 문항이다.

CHAPTER 03 상황판단 필수기출 100제 정답 및 해설

01	02	03	04	05	06	07	08	09	10
②	⑤	①	③	④	③	③	④	④	④
11	12	13	14	15	16	17	18	19	20
③	④	⑤	④	④	②	①	①	①	③
21	22	23	24	25	26	27	28	29	30
②	⑤	①	①	①	④	⑤	②	④	①
31	32	33	34	35	36	37	38	39	40
①	②	③	②	①	①	④	②	④	⑤
41	42	43	44	45	46	47	48	49	50
④	①	④	②	②	②	④	②	③	④
51	52	53	54	55	56	57	58	59	60
④	②	③	②	⑤	⑤	④	②	④	⑤
61	62	63	64	65	66	67	68	69	70
③	③	⑤	⑤	④	③	①	④	①	⑤
71	72	73	74	75	76	77	78	79	80
④	③	①	③	⑤	①	②	④	①	⑤
81	82	83	84	85	86	87	88	89	90
①	②	④	⑤	④	①	③	⑤	③	⑤
91	92	93	94	95	96	97	98	99	100
②	③	①	③	②	③	⑤	③	①	③

01 법조문

01
정답 ②

난도 하

정답해설

네 번째 조에 의하면 징역 또는 벌금형은 폐쇄명령과 병과할 수 있다.

오답해설

① 두 번째 조 제2항에 의하면 영업정지 명령의 주체는 관할 시장 등인 B군수이다.

③ 세 번째 조에 의하면 제품교환 또는 구입가 환급의 조치를 이행해야 한다.

④ 두 번째 조 제3항에 의하면 행위를 신고한 자에게 포상금을 지급한다.

⑤ 두 번째 조 제1항을 준수해야 하는 것은 식품판매업자 甲이다. 丙은 그저 乙의 친구일 뿐이다.

> **합격 가이드**
>
> 이 문제가 쉬웠기에 큰 문제가 되지 않았지만 난도가 높아졌을 경우 ⑤와 같이 등장인물을 섞어놓는 경우 헷갈리기 쉽다. 등장인물이 세 명 이상이라면 나름대로의 등장인물표를 그려놓자.

02
정답 ⑤

난도 중

정답해설

첫 번째 조 제2항 제2호에 따르면 시 · 도지사는 '교육과정을 1년 이상 운영하지 아니하는 경우' 사업의 정지를 명하거나 그 지정을 취소할 수 있다.

오답해설

① 두 번째 조 제2항에 따르면 아이돌보미가 아닌 사람은 아이돌보미 또는 이와 유사한 명칭을 사용할 수 없다.

② 세 번째 조 제1항에 따르면 아이돌보미 양성을 위한 교육기관을 지정 · 운영하고 보수교육을 실시하는 주체는 시 · 도지사가 아닌 여성가족부 장관이다.

③ 첫 번째 조 제5항에 따르면 아이돌보미가 되려는 사람은 여성가족부장관이 실시하는 적성 · 인성검사를 받아야 한다.

④ 첫 번째 조 제2항 단서에 따르면 교육기관이 거짓이나 그밖에 부정한 방법으로 교육기관으로 지정을 받은 경우 필요적 취소 대상이다. 그러므로 선지의 '200만 원의 과태료를 부과'는 가능하지 않다.

> **합격 가이드**
>
> 지문과 같이 여러 가지 행정절차가 나타나는 법조문 문제에서는 행정절차를 진행하는 주체와 각 행정절차를 섞어 오답 선지를 구성하는 경우가 많다. 그러므로 조항별 주체를 미리 표시해서 정리해 두고 선지를 해결한다면 보다 정확한 문제 풀이가 가능하다.

03
정답 ①

난도 하

정답해설

A시 지방의회는 제1조 제4호에 따라 A시의 사무처리에 관하여 감사를 청구할 수 있다. 또한, A시가 주요사업으로 시행하는 노후수도 설비교체사업 중 발생한 예산낭비 사항은 제2조 제1항 제1호에 해당하여 감사청구의 대상에 해당한다.

오답해설

② B정당의 사무총장은 제1조의 각 호 요건에 해당함이 없어 감사청구를 할 수 없다.

③ 제1조 제3호에 따라 감사대상 기관의 장은 자체감사기구에서 직접 처리할 수 있는 경우에는 감사청구를 할 수 없다.

④ 제2조 제2항 제2호에 따라 판결이 확정된 사항에 대하여는 감사청구를 할 수 없다.

⑤ 민간 유통업체 F마트 사장은 제1조의 각 호에 해당하지 않으며, 농산물의 납품은 공공기관에서 처리한 사무도 아니므로 감사청구의 대상에도 해당하지 않는다.

04 　　　　　　　　　　　　　　　　　　　정답 ③

난도 하

정답해설

ㄴ. 민간이 시행하는 사업이라고 할지라도 제2조에 의하여 국가 예산의 지원을 받으며 완성에 2년 이상이 소요되고 동조 제1항의 각 호에 해당하는 사업이라면 타당성조사의 대상 사업이 될 수 있다.

ㄷ. 해당 사업의 총사업비가 10% 증가한 경우 총사업비 500억 원 이상이 된다. 따라서 제2조의 제2항 제1호의 사업에 해당하여 타당성조사를 실시하여야 한다.

오답해설

ㄱ. 국가의 재정지원 비율이 50%인 총사업비 550억 원 규모의 신규건설사업은 국가의 재정지원 규모가 300억 원 미만인 건설사업으로 제1조의 예비타당성조사 대상 사업에 해당하지 않는다.

ㄹ. 500억 미만이라고 하더라도 제2조 제1항 제2호의 사업이 동조 제2항에 해당하는 경우에는 타당성조사를 실시하여야 한다.

05 　　　　　　　　　　　　　　　　　　　정답 ④

난도 하

정답해설

제1조의 다음 각 호는 열거적인 것으로 이에 해당함이 없어 허용될 수 없다.

오답해설

① 제1조 제5호에 의한다.
② 제1조 제2호에 의한다.
③ 제1조 제8호에 의한다.
⑤ 제1조 제8호에 의한다.

06 　　　　　　　　　　　　　　　　　　　정답 ③

난도 하

정답해설

금융기관이 아닌 채권자 甲은 제2조 제1항의 적용을 받기 때문에 주채무자인 乙이 원본, 이자 그 밖의 채무를 3개월 이상 이행하지 아니하는 경우에 지체 없이 보증인 丙에게 그 사실을 알려야 한다.

오답해설

① 제1조 제1항에 의하여 보증인 丙의 보증의사는 기명날인 또는 서명이 있는 서면으로 표시되어야 효력이 발생한다. 따라서 서면으로 체결하지 않았다면 그 계약은 무효이다.

② 제3조 제1항에 의하여 보증기간을 약정하지 않았다면 그 기간은 3년으로 본다.

④ 제2조에 따른 채권자의 통지의무를 채권자 甲이 위반한 경우에는 동조 제4항에 의하여 보증인 丙은 그로 인하여 손해를 입은 한도에서 채무를 면하게 된다.

⑤ 제3조 제2항에 의하여 갱신 시에 보증기간을 약정하지 않은 때에는 계약체결 시의 보증기간을 그 기간으로 본다.

07 　　　　　　　　　　　　　　　　　　　정답 ③

난도 하

정답해설

ㄱ. 제4조에 따라 가능하다.

ㄷ. 제7조는 대규모의 경제적 비용이 수반되는 경우만을 규정하고 있으므로 소액의 경제적 비용이 소요되는 사안에 대하여 민원인은 약식서류로 사전심사를 청구할 수 없다.

ㄹ. 당해 시에만 소재하는 유명서점은 제2조의 전국적 조직을 가진 법인이라고 할 수 없으므로 E시장은 해당 서점을 지정하여 민원사항을 접수·교부하게 할 수 없다.

오답해설

ㄴ. 제3조에 따라 가능하다.

ㅁ. 제1조에 의하여 F시 시장은 민원인에게 소정의 구비서류 외의 서류를 추가로 요구하여서는 아니 된다.

08 　　　　　　　　　　　　　　　　　　　정답 ④

난도 중

정답해설

ㄱ. A기준에 따르면 각 성별 사람 수가 30명일 때 위생기구를 2개씩 설치하여 총 4개를 설치한다. B기준에도 동일하게 2개씩 설치하여 총 4개를 설치한다.

ㄴ. B기준에 따르면 남자가 50명일 때 총 3개의 위생기구를 설치해야 하며, 위생기구 수가 홀수인 경우에는 대변기를 소변기보다 한 개 더 설치한다. 따라서 2대의 대변기가 설치된다. 또한 여자 40명이 근무할 경우 2대의 대변기를 설치한다.

ㄹ. C기준에 따르면 남자가 150명일 때 총 4개의 위생기구가 설치되며 그 중 2개가 대변기이다. 또한 여자가 100명일 때 총 3개의 위생기구가 설치되며 이는 모두 대변기이므로 총 5개의 대변기가 설치된다.

오답해설

ㄷ. A기준에 따르면 남자가 80명일 때 총 4개의 위생기구가 설치되며 그 중 2대가 소변기이다. 여자 화장실에는 모두 대변기를 설치하므로 설치할 소변기는 총 2대이다.

09

난도 중

정답해설

제1조 제1항에 의하여 종전부지 지방자치단체의 장은 주민투표없이 국방부장관에게 군 공항 이전을 건의할 수 있다.

오답해설

① 제3조 제2항 제4조에 의하여 종전부지를 관할하는 광역시장은 선정위원이 되며 동조 제3항 제1호에 따른 이전부지 선정을 심의한다.

② 제1조 제2항에 의하여 제1항의 건의를 받은 국방부장관은 단독으로 예비이전후보지를 선정할 수 있다.

③ 제3조 제3항 제2호를 통해 알 수 있다.

⑤ 제2조에서는 한 곳 이상의 예비이전후보지 중에서 군 공항 이전후보지를 선정함에 있어서 선정위원회의 심의를 거쳐야 한다고 규정하고 있다. 따라서 한 곳이라고 하더라도 선정위원회를 거쳐야 이전후보지로 선정될 수 있다.

합격 가이드

심의를 거쳐야 하는지 아니면 단독으로 할 수 있는지를 구분하여 풀었다면 어렵지 않았을 것으로 생각된다. 또한 법조문에서 이전부지와 종전부지, 이전후보지와 예비이전후보지와 같은 비슷한 용어가 나오는 경우 이를 이용하여 오답 선지를 만들 가능성이 높기 때문에 이에 유의하여야 한다.

10

난도 중

정답해설

甲의 체납액은 2억 원으로 乙이 신고한다면 포상금 지급률은 징수금액의 100분의 15이다. 따라서 3,000만 원을 포상금으로 받을 수 있다.

오답해설

① 제2조에 따른 인적사항, 체납액 등의 공개대상은 체납된 국세가 5억 원 이상인 체납자이다.

② 제4조에 따른 출국금지 요청은 세무서장이 아니라 국세청장이 하는 것이다.

③ 제3조 제1항에 의하면 '허가 등'을 갱신하지 아니할 것을 요구할 수 있는 자는 세무서장이다.

⑤ 제3조 제2항의 사업허가의 취소는 국세를 3회 이상 체납한 경우에 요구할 수 있다. 甲의 경우에는 현재 2회 체납된 상태로서 세무서장은 甲에 대한 사업허가의 취소를 해당 주무관서에 요구할 수 없다.

11

난도 중

정답해설

ㄱ. A의 근로기간은 1년 6개월로, 2년을 초과하지 않아 기간제 근로자로 볼 수 있다.

ㄷ. C는 제2조 제1항 제3호에 해당하는 자로서 근로기간이 2년을 초과하였지만 단서에 해당하여 기간제 근로자로 볼 수 있다.

ㄹ. D는 제2조 제1항 제1호에 해당하는 자로서, 근로계약상의 근로기간이 2년을 초과하였지만 단서에 해당하여 기간제 근로자로 볼 수 있다.

오답해설

ㄴ. E의 복직 후에도 계속해서 B가 근무하여 고용기간이 총 3년이라면 제2조 제2항에 의하여 기간의 정함이 없는 근로계약을 체결한 근로자로 본다. 따라서 기간제 근로자로 볼 수 없다.

합격 가이드

근로기간이 2년이 넘는 근로자인 경우 제1조 제1항의 단서에 해당하는지를 중점으로 선지를 판단하였다면 빠르게 풀 수 있는 문제이다.

12

난도 상

정답해설

甲과 乙에게 부과된 과태료는 각각 다음과 같다.

• 甲 : 매도인 甲은 2018.1.15.에 매수인 丙에게 X토지를 5억 원에 매도하였고 그에 따라 甲은 5억 원을 2018.3.16. 이내에 관할관청에 신고할 신고의무를 부담한다. 하지만 2018.4.2.에 3억 원을 신고하였고 그에 따라 신고의무 해태에 따른 과태료와 거짓신고에 따른 과태료를 부담한다. 신고의무 해태에 따른 과태료는 제1항 제1호 나목에 해당하여 100만 원이다. 또한 거짓신고에 따른 과태료는 제2항 제1호 나목의 실제 거래가격이 5억 원 이하인 경우에 해당하여 취득세의 3배인 1,500만 원이다. 한편, 동조 제3항에 따라 해당 과태료는 병과되어 甲은 총 1,600만 원의 과태료를 부담한다.

• 乙 : 매도인 乙은 2018.2.1.에 매수인 丁에게 부동산을 취득할 수 있는 권리를 2억 원에 매도하였고 그에 따라 乙은 2억 원을 2018.3.31 이내에 관할관청에 신고할 신고의무를 부담한다. 하지만 乙은 2018.2.5.에 1억 원을 신고하였고 그에 따라 거짓신고에 따른 과태료만을 부담한다. 거짓신고에 따른 과태료는 제2항 제2호 나목에 해당하여 총 800만 원의 과태료를 부담한다. 따라서 甲과 乙에게 부과된 과태료의 합은 2,400만 원이다.

합격 가이드

상황이 주어진 법조문의 경우에는 먼저 상황을 읽은 후, 법조문을 처음부터 조금씩 읽어나가면서 법조문에 있는 용어로 상황을 재정의하는 것이 필요하다. 가령 이 문항에서는 甲과 乙은 매도인, 丙과 丁은 매수인, 5억 원과 2억 원은 실제 거래가격, 3억 원과 1억 원은 신고가격이 되는데, 이는 법조문을 읽고 상황을 재정의한 것에 해당한다. 상황을 법조문에 나타난 법용어로 재정의한 이후에는 법조문을 다 읽을 것이 아니라, 각 상황에 부합하는 항목을 찾아서 발췌하는 방식으로 읽는 것이 시간 절약에 바람직하다.

법조문의 길이가 길어 실전에서 시간압박이 상당하다는 점과 甲과 乙의 과태료 총계를 구해야하기 때문에 둘 중 한 명이라도 계산 오류가 나면 답이 달라진다는 점을 고려해볼 때 개인적으로는 일단 넘기고 와서 이후에 다시 푸는 것도 나쁘지 않다고 생각한다.

52 PART 2 5급 PSAT 필수기출 300제 정답 및 해설

13

난도 상

정답해설

국고보조금을 산정하는 기준은 다음과 같다.

국고보조금＝국회의원선거의 선거권자 총수×보조금 계상단가

최근 실시한 임기만료에 의한 국회의원선거의 선거권자 총수는 3천만 명이며, 물가 변동률을 적용한 2016년의 보조금 계상단가는 1,030원이다. 또한, 2016년에는 대통령선거와 임기만료에 의한 동시 지방선거가 있으므로 1,030원×2회＝2,060원의 보조금 계상단가를 추가하여야 한다. 따라서 2016년 정당에 지급할 국고보조금의 총액은 3,000만 원×(1,030원＋2,060원)＝927억 원이다.

합격 가이드

총국고보조금은 선거실시 여부와 관계없이 매년 계상되는 부분과 선거실시 여부에 따라 계상되는 부분으로 구분된다는 점을 인지하였다면 쉽게 풀 수 있었으나 법조문의 표현이 무엇을 의미하는지 이해하기가 까다로울 수 있었던 문항이다. 숫자를 계산해야 하는 법조문이 출제되었을 때는 글로 되어 있는 계산방식을 식으로 변형하여 적어둔 뒤, 해당하는 숫자를 대입하여 푼다면 실수를 줄일 수 있다.

14

난도 상

정답해설

외국인인 丁법인이 제2조 제2항 제3호의 토지를 취득하기 위해서는 토지취득계약을 체결하기 전에 양양군수의 토지취득의 허가를 받아야 한다. 허가를 받지 않았다면 동조 제3항에 의하여 그 계약은 무효이다.

오답해설

① 甲은 제1조 제1호에 의하여 '외국인'에 해당한다. 따라서 외국인이 전남 무안군에 소재하는 토지를 취득하는 계약을 체결한 경우에는 무안군수에게 신고하여야 한다.

② 乙은 대한민국 국적을 포기하고 외국국적을 취득한 자로서 대한민국 국민이 외국인으로 변경된 경우에 해당한다. 따라서 乙이 충북 보은군의 토지를 계속 보유하려면 제4조에 따라 외국인으로 변경된 날부터 6개월 내에 보은군수에게 신고하여야 한다.

③ 제1조 제2호 나목에 따라 丙법인은 외국인에 해당한다. 따라서 외국인이 경매로 서울 금천구에 있는 토지를 취득한 때에는 제3조에 의하여 토지를 취득한 날로부터 6개월 내에 금천구청장에게 신고하여야 한다.

⑤ 외국인인 戊법인이 경기 군포시에 있는 토지를 2013. 3. 3.에 취득한 경우, 제2조 제1항에 따라 60일 이내에 군포시장에게 신고하여야 한다. 따라서 2013. 5. 2.까지 신고하여야 한다.

합격 가이드

외국인에 해당하는지를 먼저 판단한 뒤 외국인이 새롭게 토지를 취득한 것인지 아니면 기존의 취득자가 외국인으로 변경된 것인지를 이후 검토하여야 한다. 새롭게 취득한 것이라면 일반적인 형태로 계약 형태로 취득한 것인지 아니면 상속, 경매로 취득한 것인지를 단계적으로 검토하여야 한다. 따라서 순차적으로 검토하였다면 무난하게 풀 수 있었을 것으로 보인다. 다만 ②와 관련하여 '신고'사항인지 '허가'사항인지를 구분할 수 있어야 하며 시장, 군수, 구청장에는 특별시장 및 광역시장이 포함되지 않는다는 것을 기억해야 한다.

15

난도 상

정답해설

ㄴ. 제3조에 따라 유실된 자전거를 양수인B가 자전거판매점에서 상인으로부터 선의로 매수한 때에는 유실자A는 양수인B가 지급한 대가를 변상하고 자전거의 반환을 청구할 수 있다.

ㄹ. 제1조에서는 양도인이 정당한 소유자인지와 관계없이 평온, 공연하게 동산을 양수한 자가 선의일 것을 요건으로 하고 있다. 따라서 평온, 공연하게 선의이며 과실 없이 그 카메라를 구입한 A는 카메라의 소유자가 된다.

오답해설

ㄱ. 제4조에 따라 유실물은 공고한 후 1년 내에 그 소유자가 권리를 주장하지 않아야 습득자가 그 소유권을 취득할 수 있다. 따라서 A가 공고 없이 소유권을 취득한다고 할 수 없다.

ㄷ. 제3조가 적용되기 위해서는 도품 또는 유실물과 같은 종류의 물건을 판매하는 상인으로부터 선의로 매수한 경우여야 한다. 시계와 정육점은 같은 종류의 물건이라고 할 수 없으므로 제3조가 적용되지 않는다.

16

정답 ②

난도 중

정답해설

乙은 주요사업비 예산을 3,500만 원 절약하였고, 乙의 기여는 전 부처로 확산되어 가산 지급 대상이다. 그러므로 乙의 예산성과금은 3,500×20×1.3=910만 원이다.

오답해설

① 지급요건에 따르면 발생시기가 2020년 1월 1일부터 2020년 12월 31일까지인 예산절감 및 수입증대가 예산성과금 지급 대상이다. 甲의 예산절감은 2019년에 이루어졌다.

③ 丙은 수입증대항목을 8,000만 원 증대시켰다. 그러므로 丙의 예산성과금은 8,000×10=800만 원이다.

④ 丁은 경상적 경비를 1800만 원 절감했다. 그러므로 丁의 예산성과금은 1,800×50=900만 원이다.

⑤ 戊는 경상적 경비를 1000만 원 절감했다. 그러므로 戊의 예산성과금은 1,000×50=500만 원이다.

> **합격 가이드**
>
> ①과 같이 계산 이외의 조건을 적용해서 제외하는 대상이 없는지 먼저 파악하자. 계산을 하나 더 하는 것이 조건을 찾아보는 시간보다 오래 걸리기 때문이다. 문제에서 제시된 '확산 시 가산 조건'과 같이 다른 선지와 구별되는 예외적 계산 사항에 대해 주의를 기울이자.

17

정답 ①

난도 중

정답해설

甲은 승차 정원이 4명 이상이고 주행거리가 200km 이상인 전기자동차를 구매하려고 한다. 따라서 승차 정원이 2명인 C는 제외된다. 이후의 조건을 정리하여 실구매비용을 정리하면 아래와 같다.

구분	가격	지원금(−)	충전기	총가격
A	5,000	2,000	2,000	5,000
B	6,000	1,000	0	5,000
C	8,000	2,000	0	6,000
D	8,000	2,000	0	6,000

따라서 실구매 비용이 동일한 A와 B가 남게 된다.

이때 점수 계산 방식에 따라 A는 승차 정원에서 +2점을 받아 총점 2점이 되고, B는 최고속도에서 −4점과 승차 정원에서 +4점을 받아 총점 0점이 된다. 따라서 최종적으로 甲은 A를 구매할 것이다.

> **합격 가이드**
>
> 조건적용 유형에서는 '어떠한 경우에도 선택될 수 없는 경우'와 '반드시 선택해야 하는 경우'를 유의하여 푸는 것이 중요하다. 이 문항에서는 첫 문단의 승차 정원과 주행거리가 이에 해당한다. 따라서 C를 먼저 제외하고 풀었다면 시간을 절약할 수 있었을 것이다.

18

정답 ①

난도 중

정답해설

ㄱ. 무농약농산물 인증을 받기 위해서는 농약을 사용하지 않고 화학비료는 권장량의 2분의 1 이하로 사용하여야 한다. 5km²은 500ha이므로 사과 재배기간 내 화학비료 권장량은 50t이다. 따라서 25t 이하로 사용한 甲은 무농약농산물 인증을 받을 수 있다.

ㄹ. 저농약농산물 인증을 받기 위해서는 화학비료는 권장량의 2분의 1 이하로 사용하여야 하고, 농약은 살포시기를 지켜 최대횟수의 2분의 1 이하로 사용하여야 한다. 丁의 재배면적은 5ha로 감 재배기간 내 화학비료의 권장량은 600kg이다. 따라서 총 300kg 이하로 뿌려야 한다. 또한, 농약은 수확 14일 전까지 2회 이하로 뿌려야 한다. 丁은 8월 초에 마지막으로 농약을 살포하여 9월 말에 수확하였으므로 모든 요건을 충족하여 저농약농산물 인증을 받을 수 있다.

오답해설

ㄴ. 저농약농산물 인증을 받기 위해서 농약은 살포 시기를 지켜 살포 최대횟수의 2분의 1 이하로 사용하여야 한다. 복숭아는 수확 14일전까지만 농약 살포가 허용되므로 수확 10일 전에 농약을 살포한 乙은 저농약농산물 인증을 받을 수 없다.

ㄷ. 유기농산물 인증을 받기 위해서는 일정기간 이상을 농약과 화학비료를 사용하지 않아야 한다. 丙은 작년에 화학비료를 사용하였으므로 유기농산물 인증을 받을 수 없다.

19

정답 ①

난도 중

정답해설

- 甲 : 35만 원×250원×2=1억 7,500만 원
  2억 원 이하이므로, 2회 분할하여 8,750만 원을 1회분 분할납부금액으로 한다.
- 乙 : 20만 원×250원×4=2억 원
  2억 원 이하이므로 2회 분할하여 1억 원을 1회분 분할납부금액으로 한다.
- 丙 : 30만 원×250원×3=2억 2,500만 원
  공공기관이므로 2회 분할하여 1억 1,250만 원을 1회분 분할납부금액으로 한다.
- 丁 : (20만 원×250원×1)+(20만 원×250원 ×3)=2억 원
  지방자치단체이므로 2회 분할하여 1억 원을 1회분 분할납부금액으로 한다.
- 戊 : (25만 원×250원×1)+(25만 원×250원 ×5)=3억 7,500만 원
  2억 원을 초과하므로 3회 분할하여 1억 2,500만 원을 1회분 분할납부금액으로 한다.

따라서 1회분 분할납부금액이 가장 적은 사람은 8,750만 원을 납부하는 甲이다.

> **합격 가이드**
>
> 이 문항에서의 예외적인 조건은 '총 부과금액은 10억 원을 초과할 수 없다'는 것과 '국가, 지방자치단체, 공공기관의 분할은 최대 2회'라는 것이다. 첫 번째 조건은 해당하는 선지가 없어 고려할 필요가 없었으나 두 번째 조건은 ③과 ④에 적용되므로 계산을 한 이후에 해당 조건을 제대로 고려하였는지를 한 번 더 검토하여야 한다.

20

난도 상

정답해설

갑의 친환경 건축물 평가점수는 63점으로 우량등급이며 에너지 효율은 3등급이다. 따라서 갑이 선택하여 얻을 수 있는 감면액과 그에 따른 투자비용을 표로 나타내면 아래와 같다.

(감면액, 투자액)(만 원)	최우수등급	우수등급
에너지효율 1등급	(24,000, 21,000)	(16,000, 11,000)
에너지효율 2등급	(16,000, 19,000)	(8,000, 9,000)

ㄱ. 경제적 이익이란 (감면액−투자액)이 0이상인 경우를 의미하므로, 경제적 이익이 발생하는 경우는 최우수등급이면서 동시에 에너지효율이 1등급인 경우와 우수등급이면서 동시에 에너지효율이 1등급인 경우 밖에 없다. 두 경우 중 투자금액이 적은 것은 우수등급이면서 에너지효율이 1등급인 경우이므로 최소 투자 금액은 1억 1,000만 원이다.

ㄴ. 경제적 이익이 가장 큰 경우는 인증등급이 우수등급이면서 에너지효율이 1등급인 경우이다. 이때의 경제적 이익은 5,000만 원이다.

오답해설

ㄷ. 에너지효율이 2등급이라면 건축물 인증등급이 무엇인지와 관계 없이 (감면액−투자액)의 값이 음수가 된다. 따라서 甲은 에너지효율 3등급을 유지하는 것이 경제적으로 더 이득이다.

합격 가이드

각주에서 경제적 이익과 경제적 손실을 구분하고 있으므로 감면액에서 투자액을 차감한 값이 0 이상일 때만이 경제적 이익이 된다. 즉, 음수라면 이는 경제적 손실에 해당하게 된다. 따라서 각주에서 정의식이 나온다면 이에 유의하여 문제를 풀어야 한다.

03 　 정보확인·추론

21

난도 하

정답해설

제시된 자료를 정리하면 다음과 같다.

구분	올해	교부금	내년
공공서비스	50	16	66
기타사업	50	4	54
합계	100	20	120

따라서 내년에 기타사업에 지출하는 금액은 올해보다 4억 원 늘어난다.

22

난도 중

정답해설

피상속인의 5촌 이내 방계혈족은 4순위 혈족상속인이고, 유류분 권리자는 피상속인의 직계비속, 배우자, 직계존속 및 형제자매이다. 따라서 3촌 방계혈족은 유류분 권리자가 될 수 없다.

오답해설

① 상속재산의 전부가 타인에게 넘어가 상속인의 생활기반이 붕괴될 우려를 고려해 유류분을 인정하고 있으며, 유류분 권리자는 피상속인의 직계비속, 배우자, 직계존속 및 형제자매이다.

② 유류분은 피상속인의 배우자 또는 직계비속의 경우 그 법정상속분의 2분의 1이다. 그리고 배우자의 법정상속분은 직계비속과 공동으로 상속하는 때에는 직계비속 상속분의 5할을 가산한다. 따라서 피상속인의 자녀와 배우자의 유류분 산정액은 같지 않다.

③ 후순위 상속인은 선순위 상속인이 없는 경우에 상속재산을 상속할 수 있다. 1순위 혈족상속인은 직계비속이며, 2순위 혈족 상속인은 직계존속이므로 피상속인의 직계존속인 부모는 1순위 혈족상속인인 피상속인의 자녀와 공동상속할 수 없다.

④ 유류분반환청구권은 상속이 개시된 때부터 10년이 경과하면 시효에 의하여 소멸한다.

합격 가이드

지문이 짧고 간단한 여러 문단으로 나누어져 있어 필요한 정보를 얻기 매우 쉽다. 혈족상속, 배우자상속, 유류분 청구 등 여러 제도와 그 설명이 서로 교차되어 오답선지가 구성될 것으로 예상되므로 각각의 특징에 집중하여 지문을 분석해야 한다.

23

난도 하

정답해설

ㄱ. 영어 알파벳 26개 문자에서 4개 문자를 빼고 알파벳에 없는 6개의 문자가 추가 되었으므로 26−4+6=28개의 문자로 만들어졌음을 알 수 있다.

ㄷ. 단어의 강세는 항상 뒤에서 두 번째 모음에 있기 때문에 어머니(patrino), 장 모(bopatrino) 모두 뒤에서 두 번째 모음인 i에 강세가 있다.

ㄴ. 에스페란토로 '사랑할 것이다'의 어간인 am에 미래형 어미인 −os를 붙이면 amos가 된다.

ㄹ. 자멘호프의 구상은 같은 민족끼리는 모국어를, 다른 민족과는 에스페란토를 사용하는 것이다. 따라서 같은 민족인 하와이 원주민끼리는 모국어를 사용하면 된다.

합격 가이드

보기 ㄴ에서 실수하기 쉽다. '사랑할 것이다'의 어간이 얼핏 생각하면 '사랑 (amo)'으로 보이기 때문이다. 하지만 '사랑(amo)' 역시 어간에 명사형 어미'−o'가 붙은 것이므로 어간은 am임을 간과해서는 안 된다.

24
정답 ①

난도 하

정답해설

「조선왕조실록」에 기록된 사례를 보면 자신이 소유한 노비를 다른 사람에게 빼앗겼다고 신문고를 통해 호소한 경우가 있다.

오답해설

② 우선 한성부의 주무관청에 호소하고, 그럼에도 원통함이 있으면 사헌부에 고소하고 그 다음에야 신문고를 칠 수 있으므로 신문고를 치기 전에 최소 2번의 단계를 거쳐야 한다.

③ 종묘사직을 위태롭게 하는 경우를 고발할 때에는 곧바로 신문고를 칠 수 있었다.

④ 태종 1년 때에 신문고가 처음으로 등장한 것은 사실이나 모든 관아에 설치되었다는 내용은 글에 나타나 있지 않다.

⑤ 하륜은 신문고를 운영하는 원칙 중 하나로 호소가 거짓이면 벌을 내린다는 점을 강조하였다.

합격 가이드

①에 해당하는 사례가 글에 명확하게 드러나므로 답을 쉽게 고를 수 있다. 이렇게 답이 명백한 경우에는 다른 선지의 정오를 판단하지 않는 것이 합리적인 시간 운용 방법이 될 것이다.

25
정답 ①

난도 하

정답해설

기본 봉록을 x라고 한다면 근이 들었을 때는 봉록의 5분의 1을 감봉하므로 봉록은 $\frac{4x}{5}$가 되고, 궤가 들었을 때는 봉록의 5분의 4를 감봉하므로 봉록은 $\frac{1x}{5}$가 된다. 따라서 근이 들었을 때 받을 수 있는 봉록은 궤가 들었을 때 받을 수 있는 봉록의 4배가 된다.

오답해설

ㄴ. 오곡이 모두 제대로 수확되지 않은 것을 기라고 하는데, 기가 든 해에는 봉록은 주지 않지만 약간의 식량은 지급한다.

ㄷ. 곡식이 제대로 수확되지 않으면 말에게 곡식을 먹이지 않는다. 따라서 군주가 행차할 때 탄 수레는 곡식을 먹지 않은 말 두 마리가 끌었을 것이다.

ㄹ. 곡식이 제대로 수확되지 않으면 군주는 먹던 요리의 5분의 3을 줄인다.

합격 가이드

근, 한, 흉, 궤, 기의 용어 적용에 있어 몇 가지 곡식이 제대로 수확되지 않은 경우인지 헷갈리지 않도록 주의한다. 또한 보기의 ㄱ을 판단할 때 분수로 계산하면 복잡하므로, 기본 봉록을 5로 두고 5분의 n을 감봉하여 자연수로 만든 뒤 계산하는 것이 편리하다. ㄷ을 판단할 때에는 말을 수식하는 '곡식을 먹인'을 놓치지 않도록 주의한다. 문장의 처음과 끝만 읽어 '곡식이 제대로 수확되지 않으면 말 두 마리가 수레를 끈다.'는 것만 보고 옳다고 판단하는 실수를 범할 수 있다.

26
정답 ④

난도 하

정답해설

ㄱ. 조선시대 궁녀에게는 의전, 선반, 삭료가 제공되었는데, 궁녀에게 내려주는 포화를 의전이라고 하였고, 삭료는 현물로 지급되었다.

ㄷ. 반공상으로는 북어 1태 5미를 받고, 온방자로는 북어 1태를 받으므로 총 북어 2태 5미를 받게 된다. 이때 북어 1태는 20미와 같으므로 총 북어는 45미이다.

ㄹ. 기본급인 공상은 모든 궁녀에게 지급되나, 방자는 일부에게만 지급되므로 방자를 받지 않는 궁녀가 존재할 수 있다. 따라서 가장 낮은 단계의 공상인 '반반공상'만을 받는다면 쌀 4두, 콩 1두 5승, 북어 13미를 받게 된다.

오답해설

ㄴ. 단위인 두와 승의 관계를 알 수 없으므로 현물의 양이 온공상이 반공상의 2배인지, 반공상이 반반공상의 2배인지는 알 수 없다.

합격 가이드

의전, 선반, 삭료, 포화 등의 용어가 생소하므로 정의를 잘 따라가면서 읽어야 한다. 마찬가지로 보기를 읽을 때, 온공상, 반공상, 반반공상, 온방자, 반방자 중 어디에 해당하는지 실수하지 않는 것이 중요하다. 또한 반방자가 온방자의 절반이라는 단서에서 '1태=20미'임을 알아챌 수 있어야 한다.

27
정답 ⑤

난도 하

정답해설

ㄱ. 연변봉수의 근무자는 봉군과 오장으로 구성되는데, 봉군의 정원은 6명, 오장의 정원은 2병이므로 근무자 정원은 총 8명이었을 것이다.

ㄴ. 봉군은 신량역천으로 그 신분은 양인이고, 발군의 신분 역시 양인이다.

ㄷ. 참과 참 사이의 거리는 직로 거리를 참의 수로 나누어 구할 수 있다. 서발의 참과 참 사이의 거리는 (1,050÷41≒25.6)인 반면, 북발의 참과 참 사이의 거리는 (2,300÷64≒35.9)로 서로 다르다.

ㄹ. 의주에서 한성까지는 1,050리이고, 기발의 속도는 1주야에 약 300리이다. 따라서 의주에서 한성까지 기발로 문서를 전달하는 데에는 3주야 이상이 걸렸을 것이다.

보기 ㄷ의 정오를 판정할 때 참과 참 사이의 거리를 직접 나누는 데에는 시간이 소요되기 때문에 비례식으로 푸는 것이 도움이 된다. 예를 들어 서발은 1,050리에 41참을 두었는데, 북발은 2,300리로 그 거리가 서발의 2배 이상인 반면 참의 수는 64참으로 2배 이하이다. 따라서 참과 참 사이의 거리가 동일할 수 없음을 추론할 수 있다.

28

난도 하

정답해설

ㄱ. 물은 성인 체중의 약 60%를 차지하므로, 60kg의 60%면 약 36kg가 된다.

ㄷ. 70kg 성인의 경우 체내에 수분을 약 42kg 가지고 있는데, 체내 수분의 5%가 부족하면 혼수상태에 빠진다. 42kg의 5%는 2.1kg(2100ml)이므로 성인 1일 기준 수분배출량인 2,500ml가 부족하면 혼수상태에 빠지게 된다.

오답해설

ㄴ. 80kg 성인의 체내 수분량은 약 48kg이다. 이때 체내에 수분이 12% 부족하게 되면 사망하게 되는데, 48kg의 12%는 5.76kg로 약 5,760ml이다.

ㄹ. 상추 400g에는 384g의 수분이 포함되어 있고, 쌀밥 300g에는 198g의 수분이 포함되어 있으므로 상추 400g과 쌀밥 300g을 섭취하게 되면 수분 582g을 섭취하게 된다. 성인 1일 기준 수분배출량의 30%는 2,500g×0.3=750g이므로, 상추 400g과 쌀밥 300g으로는 부족하다.

합격 가이드

문제 자체의 난이도는 어렵지 않으나, 모든 보기가 간단한 계산을 요하므로 시간이 소요된다. 우선 계산이 비교적 간단한 ㄱ부터 해결한다. ㄱ을 옳다고 판정하면 ①, ②, ⑤가 남는다. 이때 ②, ⑤가 ㄹ 포함 여부를 기준으로 갈리고 있으므로 ㄷ, ㄹ을 판단한다. ㄹ에서 성인 1일 기준 수분배출량의 30%인 750g은 상추 400g과 쌀밥 300g을 더한 것보다 많으므로 해설처럼 계산할 필요 없이 당연히 옳지 않음을 알 수 있다.

29

난도 하

정답해설

ㄱ. 특정한 작곡가의 작품에는 다른 약자로 시작하는 특정한 작품 번호가 붙기도 한다. 예를 들어, 바흐의 작품에는 BWV라는 고유의 작품번호가 붙으므로 바흐의 곡임을 알 수 있다.

ㄷ. 예를 들어 모차르트 작품에 빈번히 사용되는 작품번호 K는 작품을 정리한 쾨헬의 이니셜을 딴 것이고, 슈베르트 작품에 사용되는 작품번호 D는 번호를 매긴 도이치의 이니셜이다.

ㄹ. BWV는 바흐의 작품에 사용되는 작품번호이고, D는 슈베르트 작품에 사용되는 작품번호이다.

오답해설

ㄴ. 리옹 이전에도 비발디의 작품번호를 정리하여 출판한 사람이 있었다.

30

난도 하

정답해설

ㄱ. 태종은 중국이 명나라일 때의 왕이므로 연주는 유명증시, 사시, 묘호, 상시, 대왕의 순서로 붙여 쓴다. 따라서 태종의 연주에는 '유명증시공정태종성덕신공문무광효대왕'이라고 쓰여 있을 것이다.

ㄴ. 우주는 묘호, 상시, 대왕의 순서로 붙여 쓰므로 태종의 우주에는 '태종성덕신공문무광효대왕'이라고 쓰여 있을 것이다.

오답해설

ㄷ. 인조는 중국이 청나라가 된 뒤 승하하였으므로 연주를 표기할 때 유명증시와 사시를 빼고 표기하였을 것이다. 따라서 청나라가 '송창'이라는 시호를 보내도 이를 신주에 반영하지 않았을 것이다.

ㄹ. 숙종은 중국이 청나라일 때의 왕이므로 연주에서 유명증시와 사시를 빼고 표기하였을 것이다. 따라서 우주와 연주는 모두 묘호, 상시, 대왕으로 같게 표기되어 있을 것이다.

합격 가이드

글을 읽고 신주를 쓰는 방식을 모두 기억할 수 없으므로 보기를 먼저 읽고 글에서 해당 부분을 찾아 읽어 정오를 판정하는 방식으로 풀이한다. 이때 용어가 매우 생소하고 복잡하므로 실수하지 않도록 주의한다. ㄱ, ㄴ은 모두 태종의 시호를 묻고 있으므로 동시에 판단하는 것이 시간 절약에 도움이 된다. ㄷ 판단에 있어, 인조가 명나라와 청나라에 걸쳐있다는 점이 특수하므로 출제자는 이 부분에서 선지를 만들 것임을 예상할 수 있다. 따라서 우주는 건너뛰고, 명나라와 청나라로 바뀌는 것이 표기 방식에 변화를 미치는 연주를 먼저 판단하여 시간을 절약한다.

31

난도 하

정답해설

온난화의 진행 정도는 북반부가 남반구에 비하여 훨씬 심하고, 북극지방의 평균온도 증가율은 지구 평균온도 증가율의 약 2배이므로, 북반구의 평균온도 변화가 남반구의 그것보다 더 클 수 있다.

오답해설

ㄴ. 지난 20년 동안 육지의 온난화가 해양보다 빠르게 진행되어 왔으므로 육지의 생태계 변화가 해양의 그것보다 심하지 않다고 추론할 수 없다.

ㄷ. 6대 온실가스 중에서 이산화탄소 농도의 증가율만 글에 제시되어 있고, 다른 온실가스의 증가율을 알 수 없기 때문에 이산화탄소 농도의 증가율이 가장 큰지는 알 수 없다.

ㄹ. 북극지방의 평균온도 증가율이 지구 평균온도 증가율의 약 2배이고, 남극해의 평균온도 증가율은 알 수 없다.

합격 가이드

보기의 ㄴ, ㄷ, ㄹ은 알 수 없는 정보로, 옳지 않은 근거를 글에서 명확하게 찾을 수 없다. 따라서 틀린 근거를 찾기 위해 시간을 허비해서는 안 된다.

32

난도 하

정답해설

대기를 통해 해양으로 유입되는 육상기인의 비율은 24%로, 육상폐기물 해양투기 비율인 10%보다 크다.

오답해설

ㄱ. 우리나라의 육상폐기물 해양투기는 하수오니와 축산분뇨 등 유기물질의 해양투기비율이 준설물질의 해양투기비율을 능가하고 있다.
ㄷ. 우리나라는 1996년 해양수산부가 설치되기 이전인 1977년에도 「해양오염방지법」을 제정하여 선박으로부터 해양오염을 규제해 왔다.
ㄹ. 우리나라에서 육상기인 해양오염이 유류오염사고로 인한 해양오염보다 심하다는 정보는 나와 있지 않다.

합격 가이드

선지에서 ㄷ은 한 번만 등장하므로 ㄱ, ㄴ, ㄹ의 정오를 우선으로 판정한다. ㄱ을 판정하면 ②, ④만 남으므로 이후 ㄹ의 정오를 판정하는 것이 효율적이다.

33

정답 ③

난도 하

정답해설

ㄷ. 분포가 대칭적이라면 중위값과 평균은 일치하기 때문에 굳이 중위값을 사용할 필요가 없다.
ㄹ. 소득분포는 일반적으로 분포가 소득이 적은 쪽에 치우치므로 평균소득은 중위소득보다 크게 도출되고, 다수의 인구는 평균소득보다 낮은 소득수준을 가지고 있게 된다. 따라서 평균소득과 중위소득의 차이가 클 경우, 평균소득으로 후생수준을 판단하는 것은 실제의 소득분포와 괴리를 낳을 것이다.

오답해설

ㄱ. 평균과 중위값을 구하는 데는 동일한 양의 정보가 필요하기 때문에 평균과 중위값 정보를 동시에 제공하더라도 추가비용은 들지 않는다.
ㄴ. 평균은 극단값에 민감하게 영향을 받지만, 중위값이 극단값의 영향을 받는다는 정보는 나와 있지 않다.
ㅁ. 경제변수의 분포가 우측으로 치우친 경우 중위값은 평균보다 우측에 있다.

합격 가이드

선지 구성을 보면 ㄴ과 ㄷ이 함께 등장하지 않는다는 것을 확인할 수 있다. 따라서 둘 중에 정오 판정이 쉬운 것을 우선적으로 판단한다. ㄴ을 옳지 않다고 판단하거나 ㄷ을 옳다고 판단하고 나면, 이후 ㅁ의 정오만 판정하여 답을 도출할 수 있다.

34

정답 ②

난도 중

정답해설

ㄱ. A2 용지의 가로는 A4 용지 가로의 2배가 되고, 세로는 A4 용지 세로의 2배가 된다.
ㄴ. A시리즈 용지의 경우 W/L=L/2W의 관계가 성립한다. 다시 말해 바로 아래 등급 용지 면적은 그 위 등급 면적의 1/2이 된다는 것을 의미한다.

오답해설

ㄷ. 확대복사의 경우 복사기의 제어판에 표시되는 비율은 길이를 확대하는 비율을 의미하므로 2/1≒1.4 즉, 140%가 될 것이다.
ㄹ. 미국표준협회 규격 용지의 경우 한 용지와 그보다 두 등급 위의 용지의 가로 대 세로 비율이 같으므로, 한 용지와 바로 위 등급 용지의 세로를 가로로 나눈 값이 2로 일정할 수 없다.

합격 가이드

보기 ㄴ을 제외한 모든 보기가 계산을 요한다. 따라서 시간을 절약하기 위해서는 선지 구성을 보고 먼저 판단할 보기를 선택해야 한다. 우선 ㄱ은 선지 4개에 포함되므로 옳다고 가정한 뒤, 최종적으로 정오를 판별해야 문제 해결이 가능한 경우에만 푼다. ㄴ은 계산이 없으므로 간단하게 옳은 설명임을 확인할 수 있다. 이후 ㄷ이 옳지 않은 것을 확인하고 나면 정답은 ②로 도출된다. 여기서 풀이를 마쳐도 되지만, ㄱ이 옳지 않다면 ③ 역시 답이 될 수 있으므로 확실하게 하기 위해서는 ㄱ이나 ㄹ 중 하나의 정오만을 판정한다. 만일 ㄹ을 판정한다면 미국표준협회 규격 용지 중 아무 것이나 골라 나누어 보면 된다. 예를 들어 22÷17은 약 1.290이므로 ㄹ이 옳지 않음을 알 수 있다.

35

정답 ①

난도 상

정답해설

나. 수 → 목 → 화 → 토 → 금 → 수의 순환구조를 도출할 수 있다. 또한 신라 → 고려 → 조선이므로 신라-금, 고려-수, 조선-목을 도출할 수 있다. 화-7임을 알 수 있다.
다. 조선-8, 고려-6, 신라-90이다. '나'의 정보와 조합하여 수-6, 목-8, 금-9를 도출할 수 있다.
라. 주작-화-예, 청룡-목-인을 도출할 수 있다. 흥인문과 돈의문이 마주보고 있고, 청룡과 백호가 마주 보고 있으므로 백호-의를 도출할 수 있다. 숭례문과 소지문이 마주 보고 있고, 주작과 현무가 마주 보고 있으므로 현무-지를 도출할 수 있다.
마. 화와 수가 마주 보고, 목과 금이 마주 보고 있으므로 '라'의 정보와 조합하여 백호-금-의, 현무-수-지를 도출할 수 있다. 마지막으로 '라'와 '마'의 정보를 '나'와 '다'에서 도출한 5수와 매칭시키면 5행, 5수, 5상, 4신을 모두 짝지을 수 있다.

합격 가이드

이 문제를 풀 때 첫 번째로 중요한 것은 우리의 통상적인 관념처럼 '인, 의, 예, 지, 신'과 '5, 6, 7, 8, 9'가 위와 같은 순서로 연결되지 않는다는 것이다. 따라서 글에 충실하여 순서를 알려주는 것은 '수, 목, 화, 토, 금'밖에 없음을 명확히 하고 다음에 나타나는 정보를 조합해야 한다. 두 번째로 중요한 것은 '돈의문, 소지문, 숭례문, 흥인문'이 각각 '의, 지, 예, 인'을 나타낸다는 것을 캐치하는 것이다. 만일 이를 놓친다면 5행과 5상, 4신을 연결시키는 데에 어려움을 겪게 된다. 마지막으로는 가~마에 제시되는 정보를 가~마 안에서뿐 아니라 가~마 간에도 잘 조합하여야 한다. 정보가 많으므로 위치를 알려주는 라와 마를 활용하여 십(十)자 모양으로 배치한 뒤 각각 해당하는 정보를 적는다면 보다 쉽게 해결할 수 있을 것이다.

36

정답 ①

난도 하

정답해설

주어진 조건에 따라 각 연구팀이 받게 되는 점수를 정리하면 다음과 같다.

구분	연구실적 건수	피인용 횟수	연구계획서 평가결과	특허출원 건수	합계
A	30	9	20	9	68
B	45	12	25	12	94
C	30	17	15	15	77
D	60	7	20	6	93
E	15	33	25	6	79

이에 따르면 1위는 B이고, 2위는 D임을 알 수 있는데, B는 연구계획서 평가에서 '우수'를 받아 1억 원이 증액된 11억 원을 받게 되며, D는 특허출원이 3건 미만이어서 1억이 감액된 6억 원을 받게 된다.

따라서 지급할 연구비 총액은 17억 원이다.

37

정답 ④

난도 중

정답해설

개별 물품 할인은 자동 적용되므로 개별 물품 할인이 이루어진 이후의 모든 물품 결제 금액은 $(150×0.9)+(100×0.7)+(50×0.8)=250$달러이다. 이달의 할인 쿠폰을 적용한다면 모든 물품의 결제 금액은 $250×0.8=200$달러가 되므로 추가 할인 쿠폰을 사용할 수 없다. 이달의 할인 쿠폰을 사용하지 않고 추가 할인 쿠폰을 사용한다면 20,000원은 20달러이므로 모든 물품의 결제 금액은 $250-20=230$달러이다.

따라서 창렬이가 결제할 최소 금액은 200달러, 즉 200,000원이다.

> **합격 가이드**
>
> 필수적으로 적용해야 하는 조건을 모두 적용한 이후 경우의 수를 따진다. 이때, 선택의 여지가 있는 조건은 두 가지뿐이므로, 두 가지를 각각 적용한 후에 더 낮은 금액을 고르면 된다.

38

정답 ②

난도 하

정답해설

(가)방식은 $5-3=2$억 원, (나)방식은 $4.5-(2+1+0.5)=1$억 원의 가치가 발생하므로 (가)방식을 선택한다. 한편, 설립 위치는 우선 20∼30대 비율이 50%인 乙을 제외한다.

따라서 甲은 $80×0.75÷3=20$, 丙은 $75×0.6÷2=22.5$의 값을 가지므로 丙을 선택한다.

> **합격 가이드**
>
> 숫자의 특성을 고려하면 빠른 풀이가 가능하다. 설립 위치의 경우 甲은 $80×0.25$, 丙은 $75×0.3$으로 나타낼 수 있다. 그런데 80과 25, 75와 30은 합이 같으므로 두 숫자의 간격이 더 가까운 75와 30의 곱이 더 큼을 쉽게 판단할 수 있다. 따라서 丙의 값이 더 클 것임을 계산 없이도 도출해낼 수 있다(합이 같은 두 숫자의 곱셈은 두 숫자 간 차이가 작을수록 더 큼에 주목한다).

39

정답 ④

난도 하

정답해설

실제 흑인강도 10명 가운데 8명만 정확히 흑인으로 인식될 수 있으며, 실제 백인강도 90명 중 18명은 흑인으로 오인된다.

따라서 흑인으로 인식된 26명 가운데 8명만이 흑인이다. $\frac{8}{26}≒0.31$이다.

백인		흑인	
90%		10%	
백인으로 인식	흑인으로 오인	백인으로 오인	흑인으로 인식
72%	18%	8%	2%

> **합격 가이드**
>
> 통계학적 배경지식이 있다면 쉽지만, 그렇지 않다면 글의 빈칸을 차례대로 채워나가며 계산하면 된다. 한편, 다음과 같이 도식화해서 풀면 헷갈리지 않는다.

40

정답 ⑤

난도 중

정답해설

각 평가대상기관이 받는 점수는 다음과 같다.

- A : $3+3=6$점
- B : $5+3=8$점
- C : $1+1=2$점
- D : $3+5=8$점

B, D는 동점이지만 내진보강대상건수가 더 많은 기관은 D이다.

따라서 최상위기관은 D, 최하위기관은 C이다.

> **합격 가이드**
>
> 내진성능평가지수와 내진보강공사지수를 일일이 계산하지 않는다. 분수 비교를 통해 가장 높은 기관과 가장 낮은 기관만 판단하여 5점과 1점을 부여한 후, 나머지 기관에는 3점을 부여하면 된다. 최고점이나 최하점이 동점으로 나오지 않는다면 주어진 조건을 사용하지 못한 것이므로 실수가 없는지 의심해봐야 한다.

41
정답 ④

난도 중

정답해설

D는 2,000+700=2,700천 원을 받는다.

오답해설

① A는 구성원 수가 5명이므로 조건을 충족하지 못한다.
② B는 1,500+600=2,100천 원을 받는다.
③ C는 (1,500+960)×1.3=3,198천 원을 받는다.
⑤ E는 1,500+630=2,130천 원을 받는다.
A를 우선 배제하고, C는 구성원 수도 많고 연구 계획 사전평가결과도 '상' 등급을 받았는데 협업 인정 여부까지도 유일하게 인정받고 있으므로 가장 높은 지원금을 받을 것임을 유추 가능하다. 남은 선지들은 차이값을 활용하여 D만 500천 원 더 받고 있음을 포착한다면 더 빠른 풀이가 가능하다.

42
정답 ①

난도 중

정답해설

지급받을 수 있는 보조금을 계산하면 다음과 같다.
• A : 320+80+50×4+7=607백만 원
• B : 240+60+50×2+8=408백만 원
• C : 320×0.8+80+50×4+10=546백만 원
• D : 400×0.6+80+50×4+12=532백만 원
따라서 A>C>D>B가 성립한다.
우선 전체적인 보조금 지급 구조를 살펴보면, 입소자당 지원되는 간식비는 매우 작으므로 종사자 수를 기준으로 차이값을 비교한다. 이때, 종사자 수가 2명밖에 되지 않는 B 시설에 지급되는 보조금이 가장 작을 것임을 알 수 있다. A, C, D 시설에 지급되는 보조금은 차이값을 활용하여 계산하면 편리하게 비교가 가능하다.

43
정답 ④

난도 중

정답해설

10,000×(20,000×0.8)+(500×2)=27,000원으로 가장 적다.

오답해설

① (10,000+20,000)×0.9+(500×2)=28,000원이 든다.
② 20,000+(10,000×0.8)+(500×2)=29,000원이 든다.
③ (10,000+20,000)×0.8+(500×2×5)=29,000원이 든다.
⑤ 10,000+(20,000×0.8)+(500×2)+500=27,500원이 든다.

> **합격 가이드**
>
> 스킨과 로션을 모두 정가로 구매할 경우 드는 돈은 30,000원으로 일정하므로, 각 선지의 상황별로 할인되는 금액과 체감 비용만 계산하면 더 빠른 풀이가 가능하다. ④는 20,000×0.2=4,000원이 할인되고 500×2=1,000원의 체감비용이 발생하므로, 총 3,000원을 아낄 수 있어 총 비용이 가장 적게 든다.

44
정답 ②

난도 상

정답해설

• A안 : 1,500×0.2=300가구에 200×0.25=50만 원을 지급하므로 총 300×50=15,000만 원이 든다.
• B안 : 600가구에 10만 원, 500가구에 20만 원, 100가구에 30만 원을 지급하므로 총 6,000+10,000+3,000=19,000만 원이 든다.
• C안 : 한 자녀 가구에 600×30×0.3=5,400만 원, 두 자녀 가구에 500×60×0.3=9,000만 원, 100×100×0.3=3,000만 원을 지급하므로 총 5,400+9,000+3,000=17,400만 원이 든다.
따라서 A<C<B 순이다.

> **합격 가이드**
>
> 주어진 조건들을 묶어서 계산하면 더 빠른 풀이가 가능하다. 예컨대, C안은 한 자녀 가구와 두 자녀 가구를 묶어 30만 원×(600가구+500×2가구)×0.3으로 계산할 수 있다. 또한 맞벌이 가구와 빈곤 가구는 모든 가구 유형에 대해 동일한 비중을 차지하므로 0.3과 0.2는 가장 마지막에 곱해주면 계산이 편하다.

45
정답 ②

난도 상

정답해설

乙은 상위 3개 영역 수능등급의 평균이 $\frac{5}{3}$이므로 수능최저학력기준을 충족하고, 학교생활기록부 전학년 평균등급 $\frac{(1.2\times0.8)+(1\times0.6)+(2\times0.9)}{3}=1.120$이므로 乙이 합격한다.

오답해설

① 甲은 상위 3개 영역 수능등급의 평균이 $\frac{7}{3}$이므로 수능최저학력기준을 충족하지 못한다.
③ 丙은 상위 3개 영역 수능등급의 평균이 $\frac{7}{3}$이므로 수능최저학력기준을 충족하지 못한다.
④ 丁은 상위 3개 영역 수능등급의 평균이 1이므로 수능최저학력기준을 충족하지만 학교생활기록부 전학년 평균등급 $\frac{(2\times0.9)+(1.5\times0.8)+(1.2\times0.6)}{3}=1.240$이다.
⑤ 戊은 상위 3개 영역 수능등급의 평균이 2이므로 수능최저학력기준을 충족하지만 학교생활기록부 전학년 평균등급은 $\frac{(2\times0.6)+(1\times0.7)+(1.5\times1)}{3}≒1.130$이다.

> **합격 가이드**
>
> 수능최저학력기준을 통해 ①, ③을 빠르게 소거하고 시작한다. 반영 교과의 보정계수가 어떻게 결정되는지 포착하는 것이 핵심인데, 1.2−0.N교과로 계산된다고 생각하면 편하다.

05 수리퀴즈(계산)

46
정답 ②

난도 중

정답해설
배상비율을 구하기 위해서 구입일과 사용개시일 사이의 일수를 정확하게 구할 필요는 없고, 어느 구간에 속하는지만 판단하면 된다.
– 셔츠 : 1년 / 45~134일 구간 / 60% / 24,000원
– 조끼 : 3년 / 404~808일 구간 / 40% / 24,000원
– 치마 : 2년 / 0~88일 구간 / 80% / 56,000원
– 세탁비 : 8,000원
따라서 이들을 모두 합하면 112,000원이다.

합격 가이드
마지막의 세탁비는 놓치기 딱 좋다. 이 문제는 가장 후반부에 위치해 있기 때문에 심적으로나 육체적으로나 모든 에너지가 고갈된 상태에서 만나게 된다. 거의 모든 상황판단 후반부의 문제에는 이런 간단한 함정들이 숨어 있었다.

47
정답 ④

난도 중

정답해설
만족도 점수의 합을 최대로 하기 위해서는 외식에 4만 원, 전시회 관람에 5만 원, 쇼핑에 1만 원을 지출해야 한다. 이때의 만족도는 13+12+1=26점이다.

합격 가이드
1만 원을 추가해서 증가하는 만족도 점수의 폭에 주목한다. 이때, 증가하는 만족도 점수가 가장 큰 외식 4만 원, 전시회 관람 3만 원, 쇼핑 3만 원 조합에서 판단을 시작한다. 이제 항목별로 1만 원을 줄여 다른 항목을 추가했을 때 만족도 점수가 증가할 여지가 있는지 살펴본다. 마찬가지로 2만 원을 줄여 다른 항목에 추가했을 때 만족도 점수가 증가할 여지가 있는지 살펴보자. 이 경우 전시회 관람에 2만 원을 추가하고 쇼핑에 2만 원을 뺄 경우 만족도 점수가 증가한다는 점을 알 수 있다.

48
정답 ②

난도 하

정답해설
ㄱ. 모든 전구가 켜지면 63이고, 모든 전구가 꺼지면 0이며 그 사이의 값들은 한 자리씩 조정함으로써 표현할 수 있다.
ㄹ. 하나의 전구로 나올 수 있는 최대의 결과값은 32이다. 32 이외의 모든 전구가 켜져도 31이므로 32보다 클 수 없다.

오답해설
ㄴ. 나올 수 있는 수의 가짓수는 26=64가지인데, 0~63까지의 숫자를 모두 표현할 수 있으므로 특정 결과값은 한 가지의 방법으로만 표현할 수 있다.
ㄷ. 어느 전구가 고장나든 표현할 수 있는 수의 가짓수는 25=32가지로 동일하다.

합격 가이드
이진법 체계가 반영된 문제라는 점을 이해해야 한다. 모든 전구가 켜진 것은 $111111_{(2)}=63$이고, 모든 전구가 꺼진 것은 $000000_{(2)}=0$인 셈이다. 이 점을 포착한다면 ㄱ, ㄴ, ㄷ은 계산해보지 않아도 알 수 있다.

49
정답 ③

난도 중

정답해설
ㄱ. 현재 검수율이 10%이므로 1일 평균 벌금은 1,000만 원이고, 1일 인건비는 300만 원이다. 따라서 1일 평균 수입은 1,000-300=700만 원이다.
ㄴ. 전수조사를 하는 경우의 평균 벌금은 1,000×10=10,000만 원이고, 인건비는 300+(20×9×30)=5,700만 원이다. 따라서 평균 수입은 4,300만 원이며, 인건비보다 작다.
ㄹ. 검수율을 30%로 하는 방안을 선택하면, 1일 평균 벌금은 1,000×3=3,000만 원, 인건비는 300+(20×2×30)=1,500만 원으로 1일 평균 수입은 1,500만 원이다. 벌금을 2배로 인상하는 방안을 선택하면 1일 평균 수입은 700+1,000=1,700만 원이 되어 더 높다.

오답해설
ㄷ. 검수율이 40%일 때 1일 평균 벌금은 1,000×4=4,000만 원이고, 인건비는 300+(20×3×30)=2,100만 원이므로 평균 수입은 1,900만 원이다. 검수율이 10%일 때의 평균 수입은 700만 원이므로 4배에 달하지 못한다.

합격 가이드
수익구조를 파악해야 한다. 검수율이 10% 증가함에 따라 벌금은 1,000만 원, 인건비는 600만 원 증가하므로 1일 평균 수입은 400만 원 증가하는 구조이다. 따라서 ㄷ은 당연히 옳지 않음을 알 수 있으며, ㄹ은 차이값을 이용하면 600<1,000이므로 옳다는 것을 쉽게 알 수 있다.

50
정답 ④

난도 중

정답해설
상황 A에서 춘향이 느끼는 최종 호감도는 95, 몽룡이 느끼는 최종 호감도는 65이다. 상황 B에서 춘향이 느끼는 최종 호감도는 80, 몽룡이 느끼는 최종 호감도는 800이다. 상황 C에서 춘향이 느끼는 최종 호감도는 60, 몽룡이 느끼는 최종 호감도는 700이다. 몽룡이가 춘향이에게 느끼는 최종 호감도는 상황 C가 70, 상황 A가 65로 C가 A보다 5 높다.

오답해설
① 몽룡이가 춘향이에게 느끼는 최종 호감도는 상황 B가 가장 높다.
② 춘향이가 몽룡이에게 느끼는 최종 호감도는 상황 A가 가장 높다.
③ 몽룡이가 춘향이에게 느끼는 최종 호감도는 상황 B가 상황 C보다 10 높다.
⑤ 상황 B의 경우 춘향이가 느끼는 최종 호감도와 몽룡이가 느끼는 최종 호감도는 동일하다.

51

정답 ④

난도 중

정답해설

D → E 구간을 짝수 번 반복할 때 최대가 되며, 부족한 부분은 B를 반복해서 채워야 한다. A → B → B → B → C → E → D → E → D → E → F일 때 864로 최대이다.

합격 가이드

A → B, E → F는 필수적인 절차이고, 나머지 절차에서는 최소한 2씩 곱할 수 있으므로 3을 얼마나 곱할 수 있는지가 관건이다. 시간 대비 데이터에 곱해지는 수치가 2보다 큰 구간을 찾아야 한다. D → E 구간에서만 시간 대비 데이터에 곱해지는 수치가 2보다 크다는 점을 활용한다.

52

정답 ②

난도 상

정답해설

만족도가 가장 높은 조합은 A구에 복지회관을 2개, B구에 어린이집을 2개 신축하는 것이다. 따라서 A구에는 복지회관만 신설된다.

오답해설

① 총건축비는 15 + 15 + 15 + 15 = 60억 원이 사용된다.
③ B구에는 어린이집이 2개가 신설된다.
④ A구 2개, B구 2개 총 4개가 신설된다.
⑤ 조건에서 5)가 사라진다면 A구의 복지회관과 B구의 어린이집을 2번째 지었을 때 얻는 만족도는 오히려 증가한다. 따라서 따져볼 필요 없이 당연히 신축되는 시설은 그대로이다.

합격 가이드

각 시설은 최대 2개를 신설할 수 있으므로, 건축비 대비 만족도를 구해두고 따져본다. 이때 A구의 어린이집 건축비는 복지회관의 1/3만큼 더 높지만 만족도의 증가는 그에 미치지 못하므로 복지회관이 우선 신설된다. B구에서도 마찬가지로 어린이집이 하나 신설된다. 이제 남은 예산 30억 원으로 최대의 만족도를 얻는 조합을 찾는다.

06 수리퀴즈(추론)

53

정답 ③

난도 하

정답해설

아이스크림 5개 가격의 합이 5,000원이라고 하였는데, 1개의 가격이 다른 4개의 합과 같다고 하였으므로 그 1개의 가격은 2,500원이 되어야 한다. 그리고 두 번째로 비싼 것의 가격이 1,500원이라고 하였고, 이것은 다른 아이스크림 가격의 3배라고 하였으므로 500원짜리 아이스크림이 존재함도 알 수 있다. 지금까지 확인된 3개의 아이스크림 가격이 4,500원이므로 남은 2개의 가격의 합은 500원일 것이다. 그런데 이 아이스크림들의 가격은 100원 단위로 책정되어 있다고 하였으므로 이들의 조합은 (400원, 100원), (300원, 200원)의 두 가지임을 알 수 있다. 따라서 아이스크림 5개 가격의 조합은 (2,500원, 1,500원, 500원, 400원, 100원)과 (2,500원, 1,500원, 500원, 300원, 200원)의 2가지이며, 어떠한 경우에도 가격이 같은 경우는 존재하지 않는다.

합격 가이드

절반을 나타내는 표현은 여러 가지가 있는데, 그중 하나가 이 문제에서 등장한 '어느 하나는 나머지들을 모두 합한 것과 같다.'는 표현이다. 천천히 읽어보면 누구나 그 의미를 이해할 수 있지만 시험에서는 그럴만한 여유가 없으므로 관용적으로 자주 등장하는 표현들은 확실하게 정리해두자.

54

정답 ③

난도 하

정답해설

甲과 丙을 비교하면 잠재력이 논증력보다 가중치가 높다. 乙과 戊를 비교해보면 열정이 잠재력보다 가중치가 높다. 甲, 丁, 戊를 비교해보면 표현력, 가치관, 논증력 순으로 가중치가 높다. 丙과 丁을 비교해보면 잠재력이 가치관보다 가중치가 높다.

합격 가이드

모든 항목에서 최소한 2점씩 받고 있으므로 3점을 받은 항목 간 비교를 통해 어떤 항목에 높은 가중치가 부여되어 있는지 살펴본다. 5명 모두 서로 다른 두 항목에서 3점을 받았으므로, 동일한 항목에 3점을 받은 사람 간의 비교를 통해 항목 간 가중치의 비교가 가능하다.

55

정답 ⑤

난도 하

정답해설

ㄴ. d = 40이므로 한 시간에 16,000명의 승객을 수송할 수 있어야 하므로 16,000 ÷ 400 = 40대가 필요하다.
ㄷ. 평균 1시간 동안 20,000명의 승객을 수송해야 하므로 20,000 ÷ 400 = 50대가 필요하다.

오답해설

ㄱ. 버스 한 대는 1시간에 총 400명의 승객을 수송할 수 있다. a=b=c=d=25 라면 1시간 동안 수송해야 하는 승객의 수는 총 10,000명이므로 10,000÷ 400=25대가 필요하다.

> **합격 가이드**
>
> 버스 1대가 1시간 동안 수송할 수 있는 승객의 총수를 구하면 이후의 풀이 는 간단하다. 특히 ㄴ에서는 1시간 동안 운송해야 하는 승객의 수가 가장 큰 d=40만 고려하면 되고, a, b, c는 고려할 필요가 없다.

56 정답 ⑤

난도 하

정답해설

ㄱ. A시와 C시의 환경개선도는 75로 동일하다.

ㄷ. A시의 학교참가도는 (12+3)/15=100이고, C시의 학교참가도는 100을 초 과하므로 100으로 간주된다.

오답해설

ㄴ. A, B, C시의 학교참가도는 각각 80, 100, 100이고, 환경개선도는 각각 75, 100, 75이다. 따라서 평가점수는 각각 78, 100, 90이다. 따라서 B시의 평가 점수가 가장 높다.

> **합격 가이드**
>
> 숫자의 특성상 평가점수를 구체적으로 계산하지 않아도 가중평균의 원리에 따라 B시의 평가점수가 가장 높다는 점을 알 수 있다. 학교참가도가 100을 초과하면 100으로 간주한다는 장치에 유의한다.

57 정답 ④

난도 중

정답해설

戊의 나이가 23세이므로 甲, 乙, 丙, 丁의 나이는 각각 32세, 30세, 28세, 26세 이다. 오디션 점수가 세 번째로 높은 丙만이 군의관 역할을 연기해 본 경험이 있 고, 가장 나이가 많은 甲만 사극에 출연한 경험이 있다.
甲은 76-8+10=78점, 乙은 78-4=74점, 丙은 80-5=75점, 丁은 82-4= 78점, 戊는 85-10=75점이다.
따라서 甲과 丁 중 기본 점수가 가장 높은 丁이 캐스팅된다.

> **합격 가이드**
>
> 나이와 오디션 점수의 합이 모두 동일하다는 점이 핵심이다. 甲에서 戊로 갈수록 오디션 점수가 높아지기 때문에 甲에서 戊로 갈수록 나이는 줄어 든다. 이때 사극 경험으로 가점을 10점이나 받는 甲이 78점이므로 이미 기본점수가 78점인 乙은 캐스팅될 수 없다는 점 등 숫자의 특성을 활용하 면 좋다.

58 정답 ②

난도 중

정답해설

(기준1)을 적용하면 A~F의 총점은 29, 30, 16, 19, 26, 13~31점이다. 이때 A, B는 심화반에 편성되고 C, D는 기초반에 편성되며 E, F는 알 수 없다.
(기준2)를 적용하면 A~F의 총점은 9, 15, 7, 10, 11, 6~15점이다. 이때 B, E는 심화반에 편성되고 A, C는 기초반에 편성되며 D, F는 알 수 없다.
(기준1)을 적용하면 F의 점수와 관계없이 C, D는 기초반에 편성된다.
(기준2)를 적용하면 F의 총점은 최소 11점이므로 C, D는 기초반에 편성된다.

오답해설

ㄱ. (기준2)를 적용하면 B와 D는 함께 심화반에 편성된다.

ㄴ. (기준1)을 적용하면 F의 총점은 최대 26점으로 E와 같아질 수 있다. 듣기 점 수는 E가 더 높으므로 F는 기초반에 편성된다. (기준2)를 적용하면 F의 총점 은 최대 10점으로 D와 같아질 수 있다. 듣기 점수는 F가 더 높으므로 F는 심 화반에 편성된다.

> **합격 가이드**
>
> 점수를 알 수 없는 사람이 F 하나이므로 6명 중 4명은 어느 반에 편성될지 미리 결정할 수 있다. 따라서 F의 점수에 따라 (기준1)에서는 E만, (기준2)에 서는 D만 고려해보면 된다.

59 정답 ④

난도 중

정답해설

ㄱ. 97-10=87점이 최대 점수이다.

ㄴ. 95-10=85점이 최대 점수이다.

ㄷ. 98-12=86점 혹은 96-10=86점이 최대 점수이다.

ㄹ. 98-10=88점이 최대 점수이다.

따라서 ㄹ>ㄱ>ㄷ>ㄴ순이다.

> **합격 가이드**
>
> 주어진 개수의 막대로 숫자를 만드는 것이 아니라, 최대의 점수를 얻을 수 있는 조합을 찾은 후 그 조합에 필요한 막대의 수를 역으로 구해야 빠르게 풀 수 있다. 가장 큰 점수는 98-10=88점이고, 이때 막대가 21개 사용되므 로 ㄹ에서 가장 높은 점수를 얻게 된다.

60 정답 ⑤

난도 상

정답해설

상황을 정리해보면 다음과 같다.

300	0	300	300	0
0	200			200
200	0			0
0	0			0
0	200	0	0	300

이때, 남은 6개의 칸에 300원을 3개 채워 넣어야 한다. 각 열마다 하나의 칸에만 300원이 들어가야 하므로, 300원이 들어갈 수 있는 사물함 번호의 조합은 (8, 13, 19), (8, 14, 18), (9, 13, 18) 뿐이다.

이제 색칠된 사물함에 들어있는 돈의 총액은 800원, 1,100원, 1,400원 중 하나이지만 계산해보면 1,400원이 된다.

> **합격 가이드**
>
> 위와 같은 표를 정리하면 색칠한 사물함에 들어있는 돈의 총액은 800원에 300원의 배수를 더한 액수가 되어야 한다는 점을 알 수 있다. 따라서 구체적인 경우의 수를 구하지 않고도 ⑤만 답이 된다는 점도 알 수 있다

07 게임·규칙

61 정답 ③

난도 중

정답해설

甲이 승점 4점을 얻는 경우는 첫 경기와 두 번째 경기에서 모두 세트 스코어 2:1로 승리한 경우와 첫 경기에서는 2:0으로 승리하고, 두 번째 경기에서는 1:2로 패배한 경우이다. 그런데 경기 규칙상 많은 득점을 올리기 위해서는 세트 수 자체가 많아야 한다. 따라서 최대한의 득점을 얻는 경우는 두 경기 모두 2:1로 승리한 경우에서 발생하는데, 1세트에서 20점을 얻어 승리하고, 2세트에서는 19점을 얻어 패배한 뒤 3세트에서 15점을 얻어 승리하는 경우가 이에 해당한다(1세트와 2세트의 순서는 바뀌어도 됨). 두 경기 모두에서 같은 시나리오대로 득점하면 되므로 최댓값은 (20+19+15)×2=108이다.

최솟값이 발생하는 경우는 이와 반대로 세트 수가 작아야 하므로 한 경기는 2:0으로 승리하고, 다른 한 경기는 1:2로 패배한 경우에 발생하는데, 차이점은 이길 때는 딱 15점만 얻고, 질 때에는 1점도 얻지 못해야 최소한의 득점을 얻는다는 것이다. 이를 구체적으로 살펴보면 첫 경기에서는 두 세트 모두 15점을 얻어 승리하고, 두 번째 경기에서는 한 세트는 15점을 얻어 승리한 반면, 나머지 두 세트는 0점으로 패배하는 경우가 이에 해당한다. 이때의 점수가 최솟값이 되는데 계산해보면 (15+15)+15=45가 된다.

62 정답 ③

난도 상

정답해설

ㄴ. 말의 최종 위치가 4시가 되는 경우는 짝수가 4번 더 나오거나 16번 더 나온 경우, 홀수가 8번 더 나오거나 20번 더 나온 경우의 4가지이며, 8시가 되는 경우는 홀수가 4번 더 나오거나 16번 더 나온 경우, 짝수가 8번 더 나오거나 20번 더 나온 경우의 4가지이다. 4시와 8시는 대칭이므로 둘은 같을 수 밖에 없다.

ㄹ. 말의 위치가 12시일 때 주사위를 2번 더 던질 경우 말이 2나 10에 위치하게 될 확률이 각각 $\frac{1}{4}$이고 12에 위치하게 될 확률이 $\frac{1}{2}$이다. 따라서 甲이 승리할 확률은 $\frac{1}{4}$로, 무승부가 될 확률인 $\frac{1}{2}$보다 낮다.

오답해설

ㄱ. 짝수 번 주사위를 던질 경우 말의 최종 위치는 짝수 시만 가능하다. 따라서 말의 최종 위치가 3시일 확률은 0이다.

ㄷ. 乙이 마지막 주사위를 던지기 전에 말의 위치가 1이나 11에 있었을 경우 짝수가 나오는 것이 甲에게 유리하다. 그러나 말의 위치가 5나 7에 있었을 경우 짝수가 나오는 것이 甲에게 불리하며, 3이나 9에 있었을 경우 무차별하다.

> **합격 가이드**
>
> 주사위를 홀수 번 던질 경우 최종 위치는 홀수 시가 되고, 주사위를 짝수 번 던질 경우 최종 위치는 짝수 시가 된다는 점을 활용한다. 이때 ㄱ과 ㄴ은 계산 없이도 정오 판단이 가능하므로 우선적으로 판단하면 ㄷ과 ㄹ 중 하나만 풀어보아도 답을 도출할 수 있다.

63

난도 하

정답해설

① 뒤로 2칸>뒤로 1칸>앞으로 2칸>뒤로 2칸>앞으로 1칸>뒤로 2칸>앞으로 2칸 → 최종 뒤로 2칸, 최종 도착지 : 8

② 뒤로 2칸>앞으로 1칸>뒤로 2칸>뒤로 2칸>앞으로 1칸>뒤로 1칸>앞으로 2칸 → 최종 뒤로 3칸, 최종 도착지 : 7

③ 앞으로 2칸>뒤로 2칸>뒤로 2칸>뒤로 1칸>앞으로 2칸>앞으로 2칸>앞으로 1칸 → 최종 앞으로 2칸, 최종 도착지 : 2

④ 뒤로 1칸>앞으로 1칸>앞으로 2칸>앞으로 2칸>뒤로 2칸>앞으로 1칸>앞으로 2칸> → 최종 앞으로 5칸, 최종 도착지 : 5

⑤ 앞으로 2칸>앞으로 2칸>앞으로 1칸>뒤로 2칸>뒤로 2칸>뒤로 1칸>뒤로 1칸 → 최종 뒤로 1칸, 최종 도착지 : 9

따라서 최종 도착지의 숫자가 가장 큰 것은 9로 도착하는 ⑤번이다.

합격 가이드

게임의 규칙은 매우 간단하나 ①~⑤를 모두 판단해야 해서 시간이 소요될 수 있다. 이때, 주사위 규칙은 간단하게 숫자로 환산하고 계산하는 것이 빠르다. 뒤로 2칸은 -2, 뒤로 1칸은 -1, 앞으로 1칸은 +1, 앞으로 2칸은 +2로 환산한 뒤, 선지의 상황을 계산하면 된다. 이때 '-2+2'나 '-1+1'처럼 상쇄되는 경우는 지우면서 계산을 최소화한다. 즉, ⚁, ⚁이 ⚁, ⚄과 만나면 0이 되므로, 각 선지에서 ⚁, ⚁이 ⚁, ⚄과 같이 있는 경우는 지운다. 마찬가지로 ⚀와 ⚅가 만나면 0이 되므로, ⚀, ⚅이 같이 있는 경우는 지운다. 이후 남은 주사위만 계산하여 시간을 절약한다.

64

난도 중

정답해설

ㄴ. 甲이 120쪽과 121쪽을 펼치면 甲의 점수는 4점, 乙이 210쪽과 211쪽을 펼치면 乙의 점수는 4점으로 무승부이다.

ㄹ. 乙이 100쪽을 펼치면 오른쪽 면은 101이 되므로 乙의 점수는 2점이 된다. 따라서 乙이 승리하기 위해서는 甲이 1점이 되어야 한다. 하지만 1점이 나오는 경우는 존재하지 않으므로 乙이 100쪽을 펼치면 승리할 수 없다.

오답해설

ㄱ. 甲이 98쪽과 99쪽을 펼치면 甲의 점수는 81점, 乙이 198쪽과 199쪽을 펼치면 乙의 점수는 81점으로 무승부이다.

ㄷ. 甲이 369쪽을 펼치면 왼쪽 면은 368쪽이 되므로 甲의 점수는 162점이 된다. 하지만 乙이 299쪽을 펼치는 경우 162점이 되어 무승부가 될 수도 있다.

합격 가이드

보기 ㄱ과 ㄴ은 주어진 경우를 풀면 쉽게 정오를 판단할 수 있다. ㄷ과 ㄹ은 甲이 반드시 승리할 수 있는지, 乙이 승리할 수 없는지 주어지지 않은 상대방의 경우를 직접 찾아야 하기 때문에 시간이 소요된다. 따라서 반례를 찾는 방식으로 푸는 것이 좋다. 예를 들어 ㄷ을 풀 때는 乙이 162점 이상이 나오는 경우를 찾아야 한다. 따라서 큰 수끼리 곱해야 하므로 9, 8, 7, …끼리 곱할 수 있는 경우를 찾는다. 2×9×9의 경우가 가능한데, 이때 乙의 점수는 162점으로 반례가 되므로 ㄷ을 틀리다고 판단한다.

65

난도 중

정답해설

ㄱ. 乙은 게임에서 승리하기 위하여 최선의 선택을 하므로 甲의 점령 경로를 최대한 차단하는 방향으로 구역을 점령할 것이다. 따라서 乙이 첫 번째 가위바위보에서 이겨 5구역을 점령하고 두 번째 가위바위보에서 이겨 2구역을 점령하면, 乙은 게임에서 승리한다.

ㄷ. 주어진 상황에서 甲이 네 번째 가위바위보를 이겨서 3구역을 점령하고, 또 승리하여 6구역이나 7구역을 점령한다면 게임의 승자가 결정된다. 혹은 乙이 네 번째 가위바위보를 이겨서 6구역을 점령하고, 또 승리하여 3구역이나 7구역을 점령한다면 게임의 승자가 결정된다. 1번의 가위바위보로 게임의 승자가 결정되지는 않는다.

오답해설

ㄴ. 주어진 상황에서 乙이 네 번째 가위바위보를 이긴다 하더라도 乙이 점령할 수 있는 구역은 7구역이나 6구역 밖에 없고, 이후 가위바위보에서 승리한다 하더라도 4구역이나 3구역 외에는 더 이상 점령할 수 없으므로 乙은 승리할 수 없다.

합격 가이드

甲과 乙이 게임에서 승리하기 위하여 최선의 선택을 한다는 것이 중요한 단서가 된다. 모든 경우의 수를 고려할 필요 없이 자신에게 제일 유리한 경우만 고려하면서 게임을 진행하면 되기 때문이다.

66

난도 중

정답해설

ㄴ. 甲이 2승 1무를 하는 경우는 경기에 순서대로 B-A-C 규칙이 적용되는 경우뿐이다.

ㄹ. 乙이 세 번째 경기에서 가위나 바위를 냈을 때, 甲이 3승을 하기 위해서는 앞의 두 경기에서 승리했어야 한다. 甲이 앞의 두 경기에서 2승을 하게하는 규칙 적용 방식은 경기 순서대로 B-A-C이므로 세 번째 경기에 C규칙을 적용한다. 이 경우 乙이 세 번째 경기에서 가위나 바위를 내면 乙이 무조건 승리하므로 甲은 3승을 할 수 없다.

오답해설

ㄱ. 경기에 순서대로 B-C-A 규칙이 적용되는 경우 甲은 1승 1무 1패를 하게 된다. 따라서 첫 번째 경기에 B규칙이 적용되는 경우가 있다.

ㄷ. 경기에 순서대로 A-C-B 규칙이 적용되는 경우 甲은 2패 1무를 하게 된다. 가능한 경우를 빠뜨리지 않기 위해 다음과 같이 표를 그려 생각하는 것이 좋다.

구분	경기1	경기2	경기3
甲	보(5)	보(5)	보(5)
乙	가위(2)	바위(0)	보(5)

구분	경기1	경기2	경기(3)
A규칙 적용시 승자	乙	甲	무승부
B규칙 적용시 승자	甲	甲	무승부
C규칙 적용시 승자	甲	乙	무승부

이때 가능한 규칙의 조합은 A-B-C, A-C-B, B-A-C, B-C-A, C-A-B, C-B-A로 총 6가지이다. 이후 보기에서 상황이 주어지면, 규칙의 조합과 위의 표를 함께 보며 문제를 해결한다.

67

정답 ①

난도 중

정답해설

ㄱ. 乙의 최종 점수의 최댓값은 20점이고, 丁의 최종 점수의 최댓값은 20점이다.

ㄷ. 乙의 최종 점수의 최솟값은 8점인데, 甲은 4점에 두 번 명중하여도 7점을 받게 되므로 甲이 8점을 받을 수 있는 경우는 없다.

오답해설

ㄴ. 丙의 최종 점수가 10점인 경우로, 초록색 화살이 초록색 칸에 명중하고 노란색 화살이 파란색 칸에 명중한 경우가 가능하다.

ㄹ. 丙과 丁의 화살 4개가 모두 파란색 칸에 명중했다면, 丙은 최종점수로 7점을 받고, 丁은 최종 점수로 9점을 받는다. 따라서 丙과 丁의 화살 4개가 모두 같은 칸에 명중했고 최종 점수가 같았다면, 그 칸은 파란색일 수 없다.

> **합격 가이드**
>
> 화살과 명중한 칸의 색깔을 잘 구분해서 경우를 나누어야 한다. 보기 ㄴ같은 경우는 경우의 수를 따져봐야 하므로 나중에 판단하고, 다른 보기를 우선으로 판단한다. ㄱ은 두 화살이 10점에 명중하면 되므로 쉽게 판단할 수 있다. ㄹ도 화살 4개가 파란색에 명중했을 때 최종 점수가 같은지 판단하면 되므로 쉽게 판단할 수 있다. 본인이 판단하기 쉬운 보기를 우선으로 판단하고, 여러 경우의 수를 따져야 하거나, 반례를 찾아야 하는 보기는 시간도 오래 걸리고 실수할 가능성이 높으므로 판정해야 답을 고를 수 있는 경우에만 최종적으로 판단한다.

68

정답 ④

난도 상

정답해설

ㄴ. 게임이 종료될 때까지 총 22개의 퀴즈가 출제되었다는 것은 마지막 5라운드까지 C, D, E 세 명이 남아 있었고, E가 퀴즈를 풀었다는 것을 의미한다. 이때 E가 퀴즈를 풀었음에도 5라운드에서 벌칙을 받을 사람이 결정되기 위해서는 C, D 중 한 명이 퀴즈를 맞히지 못하고 E는 퀴즈를 맞혀야 한다.

ㄷ. 게임이 종료될 때까지 총 21개의 퀴즈가 출제되었다는 것은 마지막 5라운드까지 C, D, E 세 명이 남아 있었는데, D가 퀴즈를 풂으로써 E가 벌칙을 받을 사람으로 결정되었다는 것을 의미한다. 만약 E가 4라운드까지 한 문제를 맞힌 상태이고 C나 D보다 먼저 퀴즈를 풀었다면, C나 D 중 한 명이 벌칙을 받을 사람으로 결정되었을 수도 있다. 따라서 퀴즈를 푸는 순서가 벌칙을 받을 사람 선정에 영향을 미친 것으로 볼 수 있다.

오답해설

ㄱ. 벌칙을 받게 되는 사람이 그 전 4라운드까지 한 번도 퀴즈를 맞히지 못하였다면 5라운드까지 참가자들이 정답을 맞힌 퀴즈는 총 8개가 될 수도 있다.

> **합격 가이드**
>
> 게임이 종료될 때까지 퀴즈가 출제된 총 개수를 고려하는 것이 처음에 어렵게 느껴질 수 있다.
>
> | 1 | ABCDE | |
> |---|-------|---|
> | 2 | ABCDE | |
> | 3 | A(BCDE) | → A는 3라운드에서 처음으로 제외 |
> | 4 | B(CDE) | → B는 4라운드에서 유일하게 제외 |
> | 5 | CDE | |
>
> * 단, ( )안의 경우 총 퀴즈의 개수에 따라 구성이 달라질 수 있음
>
> 위와 같은 형식으로 표를 그리고 가능한 경우의 수를 따져보도록 한다.

69

정답 ①

난도 상

정답해설

ㄱ. A부족의 셈법에 따르면 손바닥이 보이는 채로 손가락 다섯 개가 세 번 모두 펴져있는 경우 펴져 있는 손가락 개수만큼 더하기 때문에 셈의 합은 15가 되고, B부족의 셈법에 따르면 세 번 모두 엄지가 펴져 있으므로 엄지를 제외하고 펴져 있는 손가락 개수만큼 더하기 때문에 셈의 합은 12가 된다.

ㄴ. B부족의 셈법에 따르면 세 번 다 엄지만 펴져 있는 경우 엄지를 제외하고 펴져 있는 손가락이 0개이므로 셈의 합은 0이 되고, 세 번 다 주먹이 쥐어져 있는 경우 엄지가 접혀 있고 펴져 있는 손가락이 0개이므로 셈의 합은 0이 된다.

오답해설

ㄷ. A부족의 셈법에 따르면 손바닥이 보이는 채로 세 손가락이 펴져있고, 두 손가락이 펴져 있고, 한 손가락이 펴져있으므로 셈의 합은 6이 되고, B부족의 셈법에 따르면 엄지가 펴져 있을 때 나머지 두 손가락을 더하고, 엄지가 접혀있을 때 두 손가락을 빼고, 엄지만 펴져 있을 때 0을 더하면 셈의 합은 0이 된다.

ㄹ. 세 번 내내 엄지가 펴져 있었다면 B부족의 셈법에 따르면 세 수를 더해서 9가 나와야 한다. 따라서 가능한 경우로는 엄지를 제외하고 펴져있는 손가락 수가 (ⅰ) 1+4+4, (ⅱ) 2+3+4, (ⅲ) 3+3+3인 경우가 있다.

위의 경우들을 A부족의 셈법으로 계산해보면 다음과 같다.

(ⅰ) 1+4+4인 경우 : 펴져있는 엄지의 수를 고려하면 2±5±5가 된다. 이를 더하거나 빼서 9를 도출할 수 없으므로 제외한다.

(ⅱ) 2+3+4인 경우 : 펴져있는 엄지의 수를 고려하면 3±4±5가 된다. 이를 더하거나 빼서 9를 도출할 수 없으므로 제외한다.

(ⅲ) 3+3+3인 경우 : 펴져있는 엄지의 수를 고려하면 4±4±4가 된다. 이를 더하거나 빼서 9를 도출할 수 없으므로 제외한다. 따라서 어떤 경우에도 A부족과 B부족 셈의 합이 똑같이 9가 나올 수 없다.

> **합격 가이드**
>
> 보기 ㄱ, ㄴ, ㄷ은 시키는 대로 셈을 하면 비교적 간단히 풀 수 있지만, ㄹ은 판단에 사고를 요한다. 하지만 ㄱ, ㄴ을 옳다고 도출하더라도 ㄹ을 반드시 판정해야만 정답을 고를 수 있기 때문에 ㄹ 판단에 시간이 많이 소요될 것 같다면 포기하는 것도 전략이다. 따라서 이런 경우 ①과 ④만을 남겨 놓고 남은 문제를 푼 뒤, OCR 답안지의 정답 선지 분포를 세고 적은 번호의 선지를 선택한다면 정답 확률을 높일 수 있을 것이다.

난도 상

정답해설

ㄴ. 게임 시작 시 참가자 모두 봄 카드를 받았다면 甲은 겨울, 겨울, 겨울, 봄 카드를 받은 것인데, 乙은 가을 카드를 받을 수 없으므로, 丙이 가을, 가을, 가을, 봄이 될 것이다.

ㄷ. 乙은 봄과 여름 카드만 가지고 있으므로 甲이 첫 번째 맞바꾸기 이후 우승하려면, 甲은 게임 시작 시 가을 카드를 가지고 있었어야 한다. 乙은 가을 카드를 받을 수 없으므로, 丙은 게임 시작 시 가을 카드를 2장 가지고 있었을 것이다. 이때 丙은 여름 카드를 받을 수 없으므로 봄 카드를 2장 받았을 것이다.

오답해설

ㄱ. 모든 경우에 게임 시작 시 두 명 이상의 참가자가 3가지 종류의 계절 카드를 받게 된다.

> **합격 가이드**
>
> 게임의 규칙을 잘 읽고 불가능한 경우를 제외하면서 가능한 모든 경우의 수를 나열해야 한다. 가능한 경우를 빠뜨리지 않는 것이 중요하다. 규칙을 정리하면 다음과 같다. 甲은 겨울 카드를 3장 가지고 있으므로, 丙은 봄과 가을 2가지 종류의 계절 카드만 가지고 있을 것이다. 따라서 乙이 봄을 3장 받을 수는 없으므로 乙이 (ⅰ) 봄 2장, 여름 2장을 받는 경우 또는 (ⅱ) 봄 1장, 여름 3장을 받는 경우로 나누어 경우의 수를 정리하는 것이 좋다.

난도 중

정답해설

ㄱ. 甲은 자신보다 만 나이가 많으면 존댓말을 쓰는데 乙과는 1년 이상 차이가 나므로 항상 존댓말을 쓴다.

ㄴ. 乙과 丙의 연 나이가 같으므로 乙은 존댓말을 쓰지 않으며, 丙은 생일이 더 빠르므로 존댓말을 쓰는 경우 자체가 없다.

ㄹ. 乙은 丁보다 생일이 더 빠르므로 존댓말을 쓰지 않으며, 丁과 乙의 생일 사이의 기간에는 乙의 만 나이가 한 살 더 많으므로 丁이 존댓말을 쓴다.

오답해설

ㄷ. 丁은 연 나이와 만 나이 중 하나라도 자신과 다른 사람에게는 존댓말을 쓰게 되는데 丁과 甲은 연 나이가 다르므로 존댓말을 쓴다.

> **합격 가이드**
>
> 일반적인 상식에 근거하여 문제를 풀면 안되는 이유가 丁에 잘 나타나 있다. 우리의 상식으로는 나이가 많은 사람에게 존댓말을 하고 적은 사람에게는 그렇지 않지만, 丁은 나이가 어리더라도 자신과 나이가 다르면 존댓말을 한다. 함정을 절묘하게 파놓은 문제이며 앞으로도 이런 함정은 얼마든지 나올 수 있다.

난도 중

정답해설

구분	甲	乙	丙	丁	戊	발행수량
법령집	×	○	○	×	○	3
백서	×	○	○	×	○	3
판례집	×	○		×	×	1
민원 사례집	○	○	×	×	×	2
교환 수	1	4	2	0	2	

오답해설

② 민원 사례집의 분배 기준은 민원업무가 많은 순이다. 甲은 민원 사례집을 받았지만, 丙은 민원 사례집을 받지 못했다. 그러므로 甲은 丙보다 민원업무가 많다.

④ 백서의 분배 기준은 근속연수가 짧은 순이다. 乙은 백서를 받았지만, 丁은 백서를 받지 못했다. 그러므로 乙은 丁보다 근속연수가 짧다.

⑤ 법령집의 분배 기준은 보유하고 있던 법령집의 발행연도가 빠른 순이다. 乙은 법령집을 받았지만 甲은 법령집을 받지 못했다. 그러므로 乙이 보유하고 있던 법령집은 甲이 보유하고 있던 법령집보다 발행연도가 빠르다.

73 정답 ①

난도 중

정답해설

- 甲 : '바구니에 들어 있는 과일이 모두 몇 개니?'라는 질문은 A와 E, B와 C, D를 구분한다. '바구니에 들어 있는 과일의 무게를 모두 합치면 1kg 이상이니?'라는 질문은 A와 C, B와 D와 E를 구분한다. 따라서 A, B, C, D, E를 모두 구분할 수 있다.
- 乙 : '바구니의 색깔과 같은 색깔의 과일이 포함되어 있니?'라는 질문은 A와 B와 D, C와 E를 구분한다. '바구니에 들어 있는 과일이 모두 몇 개니?'라는 질문은 A와 E, B와 C, D를 구분한다. 따라서 A, B, C, D, E를 모두 구분할 수 있다.

오답해설

- 丙 : '바구니에 들어 있는 과일이 모두 몇 개니?'라는 질문은 A와 E, B와 C, D를 구분한다. '바구니에 들어 있는 과일의 종류가 모두 다르니?'라는 질문은 A와 B와 C와 D, E를 구분한다. 따라서 B와 C를 구분할 수 없다.
- 丁 : '바구니에 들어 있는 과일의 종류가 모두 다르니?'라는 질문은 A와 B와 C와 D, E를 구분한다. '바구니에 들어 있는 과일의 무게를 모두 합치면 1kg 이상이니?'라는 질문은 A와 C, B와 D와 E를 구분한다. 따라서 A와 C, B와 D를 각각 구분할 수 없다.

합격 가이드

다음과 같은 표를 만들어 풀면 상황이 명확해진다.

구분	A	B	C	D	E
바구니에 들어 있는 과일이 모두 몇 개니?	4	5	5	3	4
바구니에 들어 있는 과일의 무게를 모두 합치면 1kg 이상이니?	○	×	○	×	×
바구니의 색깔과 같은 색깔의 과일이 포함되어 있니?	○	○	×	○	×
바구니에 들어있는 과일의 종류가 모두 다르니?	×	×	×	×	○

따라서 문항의 핵심은 '바구니에 들어 있는 과일이 모두 몇 개니?'라는 질문이다. 이 질문이 포함되어 있지 않은 선지는 답이 될 수 없다. 다른 질문들은 다섯 개의 바구니를 ○와 ×로만 나누기 때문에 두 질문만으로 모든 바구니를 다르게 분류해낼 수 없기 때문이다.

74 정답 ⑤

난도 중

정답해설

제시된 내용을 표로 정리하면 다음과 같다.

구분	甲	乙	丙	丁
밀가루	×	×	×	×
우유	○	×	×	×
옥수수가루	×	?	×	×
아몬드	×	?	×	×
달걀	×	×	×	○
식용유	×	×	○	×

- ㄴ. 甲은 우유, 乙은 옥수수가루나 아몬드, 丙은 식용유에 대하여 알레르기 증상을 보였다.
- ㄷ. 화요일에 제공된 빵의 확인되지 않은 재료 중 하나는 달걀이고, 나머지 하나는 옥수수가루, 아몬드 중 乙이 알레르기 증상을 보이지 않은 재료이다.

- ㄹ. 화요일에 제공된 빵에 포함된 재료 중 한 가지가 아몬드라면 乙의 알레르기 증상은 옥수수가루 때문이고, 재료가 옥수수가루라면 乙의 알레르기 증상은 아몬드 때문이다.

오답해설

- ㄱ. 甲이 알레르기 증상을 보인 것은 우유 때문이다.

합격 가이드

문항의 핵심은 해당 요일에 알레르기가 일어났다면 그날 제공된 빵에 들어간 재료에 의해 알레르기가 일어났다는 것을 알 수 있다는 점 그리고 해당 요일에 알레르기가 일어나지 않았다면 그날 제공된 빵에 들어간 재료들은 모두 알레르기를 일으키지 않는다는 것을 알 수 있다는 점으로, 총 두 가지이다. 후자를 놓치지 않도록 유의한다.

75 정답 ①

난도 중

정답해설

제시된 내용을 표로 정리하면 다음과 같다.

구분	월요일	화요일	수요일	목요일	금요일
밥	잡곡밥	백미밥	흑미밥	백미밥	짜장덮밥
국	미역국	된장국	김칫국	육개장	북엇국
김치	배추김치	배추김치	깍두기	?	?
기타반찬	계란찜	돈육장조림	호박전	김치전	잡채
후식	식혜	수정과	?	?	단호박샐러드

합격 가이드

경우의 수가 하나뿐인 정보를 우선적으로 적용해나가는 것이 핵심이다. 김치는 모두 붉은색이므로 매일 붉은색 음식이 최소한 하나 있으며, 목요일과 금요일 김치의 종류는 중요하지 않다. 목요일에 붉은색 음식이 3개 있으므로 목요일에는 백미밥이 나온다. 모든 음식이 한 번은 나와야 하므로 수요일에는 흑미밥이 나온다. 국은 북엇국과 미역국이 남는데, 노란색 음식이 하나 더 필요하므로 금요일에는 단호박샐러드가 나온다. 후식은 이틀 연속으로 같은 음식이 나올 수 없으므로 월요일에는 식혜가 나온다. 이와 같이 확정적인 정보들을 우선적으로 채워나가면 된다.

76 정답 ②

난도 중

정답해설

제시된 내용을 표로 정리하면 다음과 같다.

곶감의 위치	甲	乙	丙	丁	戊
꿀단지	나쁜	나쁜	착한	나쁜	착한
아궁이	착한	나쁜	나쁜	착한	나쁜
소쿠리	나쁜	착한	착한	나쁜	나쁜
소쿠리	나쁜	나쁜	착한	착한	나쁜

곶감이 소쿠리에 있다면 丁은 착한 호랑이이고, 乙은 나쁜 호랑이이거나 그 반대이다.

68 PART 2 5급 PSAT 필수기출 300제 정답 및 해설

합격 가이드

곶감의 위치에 따라 착한 호랑이와 나쁜 호랑이가 달라지므로 각 위치에 따라 개별적으로 살펴보아야 한다. 甲, 丙, 戊가 참을 말하는지 거짓을 말하는지는 곶감의 위치에 따라 바로 확정된다. 따라서 乙과 丁만 착한 호랑이와 나쁜 호랑이의 수에 맞춰서 판단해주면 된다.

---

77 정답 ④

난도 중

정답해설

12시 방향부터 시계방향으로 조각 1, 조각 2, …, 조각 10이라고 하자. 그렇다면 다음과 같이 정리할 수 있다.

구분	조각 1	조각 2	조각 3	조각 4	조각 5	조각 6	조각 7	조각 8	조각 9	조각 10
甲	×	×	×	?	×	?	×	?	×	×
乙	×	?	×	?	○	×	×	?	×	×
丙	×	×	×	×	×	×	○	×	○	×
丁	×	?	×	?	×	×	×	×	×	○
戊	○	×	○	×	×	×	×	×	×	×

따라서 甲, 乙, 丁이 각각 (조각 4, 조각 8, 조각 2), (조각 8, 조각 2, 조각 4), (조각 8, 조각 4, 조각 2)를 먹는 총 세 가지 경우의 수가 있다.

합격 가이드

확정된 정보와 확정되지 않은 정보의 분리가 가장 중요하다. 모든 조건을 적용해서 정리해보면, 戊가 먹는 피자가 조각 1, 조각 3으로 확정된다. 이후 해당 조각을 먹을 수 있는 사람이 한 명밖에 없다면 그 사람은 반드시 그 조각을 먹어야 한다는 점을 적용하면 조각 2, 조각 4, 조각 8을 제외하고는 모두 먹을 사람이 확정된다.

---

78 정답 ②

난도 상

정답해설

B는 여성이며, 경제학과에 다니고 유령 가면을 썼다.

오답해설

① A는 남성이며, 행정학과에 다니고 늑대인간 가면을 썼다.

③ C는 남성이며, 식품영양학과에 다니고 처녀귀신 가면을 썼다.

④ D는 여성이며, 정치외교학과에 다니고 좀비 가면을 썼다.

⑤ E는 남성이며, 전자공학과에 다니고 드라큘라 가면을 썼다.

합격 가이드

반드시 참인 정보에서 문제 풀이를 시작한다. 단 한 명만 거짓을 말하고 있으므로 유일하게 여학생이라고 주장하는 D는 반드시 참을 말하고 있다. 따라서 D는 여성이며, 정치외교학과에 다니고 좀비 가면을 썼다.

거짓을 말하는 사람의 모든 진술은 거짓이어야 한다는 점이 다음 단서가 된다. A가 거짓을 말하고 있다면 드라큘라 가면을 쓴 사람이 2명이 되므로 A는 진실만을 말하고 있다. 반대로 E가 거짓을 말하고 있다면 드라큘라 가면을 쓴 사람이 없게 되므로 E는 진실만을 말하고 있다. C가 거짓을 말하고 있다면 식품영양학과에 다니는 학생이 없게 되므로 C는 진실만을 말하고 있다. 결국 B가 거짓만을 말하고 있다는 것을 도출할 수 있다.

---

79 정답 ①

난도 상

정답해설

주어진 정보를 기반으로 표를 그리면 다음과 같게 나타난다.

구분	사과, 딸기	사과	딸기	포도	포도
甲		×		×	×
乙	×	○	×	×	×
丙	×	×			
丁	×	×			
戊		×			

즉, 이 상태에서 딸기 사탕을 먹은 사람 두 명을 모두 알 수 없는 상황을 도출해 내면 된다. 戊가 사과 사탕과 딸기 사탕을 모두 먹었다면 甲은 딸기 사탕, 丙과 丁은 포도 사탕을 먹은 상황이 확정되므로 답이 될 수 없다. 戊가 딸기 사탕만을 먹었다면 甲은 사과 사탕과 딸기 사탕, 丙과 丁은 포도 사탕을 먹은 상황이 확정되므로 답이 될 수 없다. 따라서 戊는 포도 사탕을 먹었다. 甲은 사과 사탕 1개와 딸기 사탕 1개, 乙은 사과 사탕 1개, 戊는 포도 사탕 1개를 먹었고, 丙과 丁이 먹은 사탕은 알 수 없다.

---

80 정답 ⑤

난도 상

정답해설

상황을 정리하면 다음과 같다.

구분	A	B	C	D
9:08	+3	−3		
9:10	17마리			
9:15		−2		+2
9:18	+5		−5	
9:22				21마리
9:30		8마리		
9:32			+1	−1
9:45			11마리	
9:48	−4		+4	
9:50		+1		−1
9:52			−3	+3
9:58				㉠마리
10:04	㉡마리			

10:05		+2	−2
10:10		ⓒ마리	
10:15			ⓔ마리

양의 총 마리 수는 61마리이다. 따라서 ㉠은 22마리, ㉡은 18마리, ㉢은 11마리, ㉣은 10마리이다.

합격 가이드

총 마리 수와 ㉠~㉣을 별개로 계산하면 편리하다. A, B, C, D의 시점별 마리 수가 모두 나오는 09:45를 기준으로 총 마리 수를 계산하면 A는 22마리, B는 8마리, C는 11마리, D는 20마리로 총 61마리임을 알 수 있다. 이후 ㉠~㉣는 09:45의 마리 수를 기준으로 각각 계산해주면 편리하다. 이때, 해당 구역에 몇 마리가 들어왔고 몇 마리가 나갔는지 보면 되므로 위와 같은 표를 그릴 필요 없이 이후의 증감만 고려해주면 된다. 예컨대, ㉡은 22−4로 계산한다.

09　시간·공간

81
정답 ①

난도 중

정답해설

통행요금이 5,000원을 넘으면 해당 경로를 이용하지 않는다고 하였으므로 '최소시간경로'는 이용하지 않는다. 그리고 마지막 조건을 정리하면 甲사무관은 12시 35분까지는 주차장에 도착해야 한다. 이제 경로별로 주차장에 도착하는 시간을 구해보면, 최적경로 : 12시 34분, 최단거리경로 : 13시 06분, 무료도로경로 : 12시 31분, 초보자경로 : 12시 40분인데, 최단거리경로와 초보자경로는 12시 35분까지 도착할 수 없으므로 제외한다. 이제 남은 2개의 경로 중에서는 최적경로가 피로도가 더 작으므로 甲사무관은 최적경로를 선택한다.

82
정답 ②

난도 중

정답해설

처음 점등된 이후 2분 30초 내에 새로운 인원이 도착한다면 보행신호가 끝난 이후 3분 30초가 지나 다시 보행신호가 점등된다. 그리고 2분 30초 내에 도착 인원이 없다면 다음 도착 시각으로부터 1분 30초 후 새롭게 점등된다. 이에 따라 횡단보도는 다음의 시각에 보행신호가 점등된다. (18:26:30~18:27:00), (18:30:30~18:31:00), (18:34:30~18:35:00), (18:44:30~18:45:00), (19:00:30~19:01:00), (19:04:30~19:05:00), (19:49:30~19:50:00)의 총 7회에 점등된다.

합격 가이드

보행신호 점등의 기준이 보행자가 도착한 시점에 따라 다르다는 점이 문제 해결의 핵심이다. 중요한 것은 보행신호인 만큼 점등 대기 시간과 차량통행 보장 시간을 최대한 간단하게 처리할 방법이 필요하다. 최초 점등 시간을 구한 이후 2분 30초씩 더해 보면서 해당 시간 동안 보행자가 도착하는지 여부를 확인한다면 일일이 다 시간을 구하지 않고도 점등 횟수를 도출할 수 있다.

83
정답 ④

난도 중

정답해설

23일(일)~26일(수) : 가능하다.

오답해설

① 16일(일)~19일(수) : 화요일에 파고가 높아 선박이 운행되지 않아 독도를 갈 수 없으므로 불가능하다.

② 19일(수)~22일(토) : 토요일엔 멀미로 인해 선박을 탈 수 없으므로 불가능하다.

③ 20일(목)~23일(일) : 목요일에 오전 8시 이후에 울릉도에 도착하면 독도를 갈 수 없으므로 불가능하다.

⑤ 25일(화)~28일(금) : 금요일 오후 3시에 출발하여 호박엿 만들기 체험을 할 수 없으므로 불가능하다.

84
정답 ⑤

난도 중

정답해설

월	화	수	목	금	토	일
1	2 : 금연	3	4 : 성	5 : 성		
8	9 : 금연	10	11	12		
15	16 : 금연	17	18	19		
22	23	24	25	26		
29	30 : 금연					

합격 가이드

우선 달력을 그리고, 주어진 조건을 대입해서 푼다. 22~26일에는 교육을 실시할 수 없으므로 지운다. 금연교육은 정해진 같은 요일에 주 1회, 총 4회를 실시해야 하므로, 금연교육이 가능한 요일은 화요일밖에 없다. 이때 성교육은 10일 이전에 이틀 연속으로 실시해야 하므로 생각해 볼 수 있는 조합은 3~4일과 4~5일이다. 하지만 금주교육은 월, 금에 실시할 수 없고 주 2회 이상 실시할 수 없으므로, 성교육을 3~4일에 실시하게 되면 금주교육을 총 3회 실시할 수 없게 된다. 따라서 성교육은 4~5일에 실시하게 된다. 결국, 3일에 금주교육을 1회 실시하게 되고, 이후 10~11일 중에 하루, 17~18일 중에 하루 금주교육을 실시할 수 있다.

85
정답 ④

난도 상

정답해설

ㄴ. 1일이나 2일부터 조건에 따라 삼치를 먹으면 최대 14마리를 먹을 수 있다.

ㄹ. 꽁치를 먹어야 하는 날이 짝수일과 홀수일이 되어 꽁치와 다른 생선을 번갈아 먹는다 하더라도 꽁치를 먹어야 하는 날 전후로 하루는 생선이 연속되기 때문에 또 다른 생선을 먹을 수밖에 없다.

오답해설

ㄱ. 석봉이가 홀수일마다 꽁치를 먹는다면, 1월 한 달 동안 먹을 수 있는 꽁치는 최대 16마리이다.

ㄷ. 석봉이가 짝수일마다 고등어를 먹는다면, 1월 한 달 동안 먹을 수 있는 고등어는 최대 15마리이다.

합격 가이드

보기 ㄹ의 판단이 어려우나 ㄱ과 ㄷ을 판단하면 문제를 해결할 수 있다. ㄱ과 ㄷ은 꽁치나 고등어를 격일로 먹는 경우를 떠올리면 되므로 어렵지 않게 해결할 수 있다. ㄹ의 경우도 마찬가지로 꽁치와 고등어 혹은 꽁치와 삼치를 번갈아 가면서 격일로 달력에 대입해본다. 대입하다보면 17일 전에 두 생선이 연속되는 경우가 발생하므로 제3의 생선을 반드시 먹어야 함을 확인할 수 있을 것이다.

86
정답 ①

난도 상

정답해설

올해 여름의 첫날은 5월 6일이다.

오답해설

② 절기는 정기법에 의해 정해지므로 양력 날짜가 매년 고정적이지는 않을 것이다.

③ 태양황경이 15도 증가할 때마다 절기가 매겨진다. 따라서 태양황경이 60도가 되는 날은 춘분으로부터 네 번째 절기인 소만이 되는 날이다.

④ 올해 7월 24일은 대서이다. 대서는 춘분으로부터 여덟 번째 절기이므로 대서는 15×8=120도가 되는 날 시작된다. 따라서 24일은 태양황경이 120도에서 135도 사이에 있는 날이다.

⑤ 올해 입춘부터 곡우까지의 날짜 간격은 75일이고, 한로부터 동지까지의 날짜 간격은 74일이다.

합격 가이드

앞 절기와 16일, 14일 간격이 되는 절기를 빠뜨리지 않고 고려하는 것이 계산에 있어서 중요하다. 하지만 각 월의 일수와 상황을 고려하여 절기의 시작일을 직접 계산해야 하므로 시간이 많이 소요된다. 따라서 그냥 풀지 않고 넘어가는 것이 좋은 전략이 될 수 있다.

87
정답 ③

난도 상

정답해설

백화점 영업일을 최대로 하기 위하여 11월 1일을 목요일로 두고 달력을 전개하면 다음과 같다.

월	화	수	목	금	토	일
11월						
			1			
		7	8			
			15			
			22			
			28	29	30	
12월						
					1	
		5			8	
					15	
					22	23
24	25	26				

백화점은 색칠된 칸만큼 캐롤을 튼다. 따라서 29일 동안 캐롤을 틀게 되므로 최대 58만 원을 지불해야 한다.

년도	15	16	17	18	19	20	21	22	23
요일	화	목	금	토	일	화	수	목	금

따라서 2020년 이후 축제가 처음으로 18일 동안 개최되는 해, 즉 9월 15일이 금요일인 해는 2023년이 된다.

합격 가이드

두 가지를 단서로 잡아 문제를 해결하는 것이 중요하다. 첫째는 축제가 18일 동안 개최되기 위한 조건이다. 10월 1일이 일요일인 해, 즉 9월 15일이 금요일인 해에 축제가 18일 동안 개최된다는 것을 기준으로 삼아야 한다. 둘째는 해가 지날 때 마다 같은 날짜에 해당하는 요일이 미뤄진다는 것이다. 평년인 경우는 한 요일이 뒤로 미뤄지고, 윤년인 경우는 두 요일이 뒤로 미뤄진다는 것을 찾아낼 수 있어야 한다. 따라서 앞서 도출한 9월 15일을 기준으로 삼아 요일을 계산하며 연도를 찾아야 한다.

합격 가이드

주어진 글에서 두 가지 단서를 잡고 문제를 풀어나가야 한다.

1. 네 번째 목요일 이후 돌아오는 첫 월요일부터 캐럴을 틀기 때문에 네 번째 목요일이 최대한 빠른 것이 좋다.
2. 백화점 휴점일이 네 번째 수요일이기 때문에 크리스마스는 네 번째 수요일 이전이거나 당일인 것이 좋다. 이를 기준으로 달력을 전개하면 해설과 같은 달력을 전개할 수 있다. 이때 주의해야 할 것은 백화점 수요일이 네 번째 수요일이기 때문에 11월 28일을 영업일에서 빼주어야 한다는 것이다. 또한 백화점 점등식과 휴점일이 넷째 주 수/목요일이 아니라, 네 번째 수/목요일이라는 것이다. 그리고 시간을 절약하기 위하여 달력의 일 숫자는 최소한으로 채운다.

달력 문제의 경우 고려해야 할 것이 많고, 실수하기도 쉬워 풀지 않는 것이 좋은 전략이지만, 만약 풀기로 마음먹었다면 달력을 그리되 최대한 시간을 절약할 수 있는 방향으로 전개한다.

---

88   정답 ⑤

[난도] 상

[정답해설]

갑, 을, 병 모두 하나의 지역을 기준으로 시각을 고려했다. 사실상 아무도 시차를 고려하지 않은 것이다. 갑이 말한 '런던 기준의 오후 10시'를 을은 '시애틀의 오후 10시'로 받아들였고, 13시간 후인 '시애틀의 오후 3시'에 업무를 마칠 수 있다고 판단한다. 하지만 모두 실제로는 처음에 제시된 기준인 런던의 시각이다. 즉, 을이 업무를 마치는 실제 시각은 '시애틀의 오후 3시'가 아니라 '런던의 오후 3시'인 것이다. 마찬가지로 병이 모든 업무를 마친 시각은 실제로는 '런던의 모레 오전 10시', 즉 11월 3일 오전 10시이고 이것은 서울을 기준으로 11월 3일 오후 7시가 된다.

업무에 걸리는 시간을 계산해도 답은 같을 수밖에 없다. 업무 시간을 계산해보면 갑은 오전 9시~오후 10시로 13시간, 을은 오후 10시~오후 3시로 17시간, 병은 오후 3시~오전 10시로 19시간이다. 총소요시간은 13+17+19=49시간으로, 회의 시각이 런던 기준으로 1일 오전 9시이므로 업무 종료 시간은 런던 기준으로 3일 오전 10시, 서울 기준으로는 3일 오후 7시가 된다.

합격 가이드

애초에 갑, 을, 병 모두 시차를 고려하지 않았다는 문제의 트릭을 알아채면 30초 만에도 문제를 풀 수 있지만, 시차의 함정에 빠져 계산을 일일이 하는 순간 절대로 시간 내에 풀 수 없는 고난도 문항이다. 해답이 빠르게 떠오르지 않는다면 뒤로 넘기고 다른 문제에 열중하는 것이 도움이 될 수 있다.

---

90   정답 ⑤

[난도] 상

[정답해설]

트래킹은 8일차에 촘롱부터 나야풀의 구간을 거쳐 완료된다.

[오답해설]

① 1일차에는 김체에서 숙박을 한다.
② 마차푸체르 베이스캠프에서 숙박을 하지 않고 내려온다.
③ 5일차에는 데우랄리에서 숙박을 한다.
④ 하루 6시간을 걷는 경우는 총 사흘이다.

합격 가이드

시간이 오래 걸리더라도 아래와 같이 조건에 따라 가능한 트래킹 일정을 모두 정리하는 것이 실수하지 않고 문제를 풀 수 있는 방법이다.

1일차	나야풀 → 김체(5h)	
2일차	김체 → 콤롱(4h)	
3일차	콤롱 → 뱀부(6h)	
4일차	뱀부 → 히말라야(5h)	
5일차	히말라야 → 데우랄리(2h)	*수면고도 제약
6일차	데우랄리 → 안나푸르나 → 데우랄리(6h)	*내려오는 경우 소요시간 50% 단축
7일차	데우랄리 → 촘롱(5h)	
8일차	촘롱 → 나야풀(6h)	

하지만 시간이 상당히 오래 소요되고, 고려해야 할 조건도 많아 트래킹 일정을 짜거나 계산에서 실수하기 쉽다. 이런 문항은 풀고도 틀릴 가능성이 높아 풀지 않고 넘어가는 것이 좋은 전략이 될 것이다.

---

89   정답 ③

[난도] 상

[정답해설]

축제가 18일 동안 개최되기 위한 조건을 생각한다. 10월 1일이 일요일인 경우에만 축제가 이틀 연장되므로 18일 동안 열릴 수 있다. 따라서 축제가 18일 동안 개최되는 해는 10월 1일이 일요일인 해일 것이다. 이를 기준으로 삼아 9월 15일까지 거슬러 올라가면, 결국 축제가 18일 동안 개최되는 해는 9월 15일이 금요일인 해가 된다. 이때 2015년 9월 15일은 화요일이고, 평년인 한 해가 될 때마다 9월 15일은 한 요일씩 미뤄진다. 윤년인 해가 될 때는 두 요일이 미뤄진다. 평년인 1년은 365일로 7로 나누었을 때 1이 남고, 윤년인 1년은 366일로 7로 나누었을 때 2가 남기 때문이다. 따라서 이를 기준으로 생각하면, 매년 9월

91

정답 ②

난도 하

정답해설

면적에 따라 소관이 달라지는 것은 산지전용의 허가에 관한 것이며, 보전산지를 지정하는 것은 오로지 산림청장뿐이다.

오답해설

ㄱ. 임야도는 1/6,000의 소축척 도면을 사용한다.

ㄷ. 산지전용 허가를 받기 위해서는 지적도와 임야도를 제출해야 한다.

ㄹ. 입목의 벌채는 산지를 본래의 용도에 따라 사용하는 것이어서 별도의 허가가 필요없다.

92

정답 ③

난도 하

정답해설

- X임야 : 100정보는 30만 평이며 이는 99만 m²와 같으므로, 소관에 따라 허가권자가 달라지는데 X임야는 산림청장의 소관이므로 허가권자 역시 산림청장이다.

- Y임야 : 50ha는 50만 m²와 같은데, 산림청장 소관이 아닌 사유림의 산지는 시·도지사가 허가권자이다.

93

정답 ①

난도 하

정답해설

ㄱ. 도지권을 가진 소작농은 지주의 승낙 없이 임의로 도지권을 타인에게 매매할 수 있었기 때문에, 다른 소작농이 도지권을 가진 소작농으로부터 도지권을 매입한 경우가 있을 수 있다.

ㄴ. 선도지는 경작 이전에 미리 일정액의 도조를 지급하는 경우의 도지이다. 따라서 수확량을 조사하기 위해 간평인을 보냈다면 선도지일 수 없다.

오답해설

ㄷ. 일제의 토지조사사업으로 도지권을 가진 소작농들의 도지권은 부인되었지만, 소작권이 인정되었으므로 소작은 할 수 있었다.

ㄹ. 도지권을 가진 소작농은 지주의 승낙 없이 임의로 도지권을 타인에게 매매할 수 있었다.

> **합격 가이드**
>
> ①과 ⑤가 ㄷ 포함 여부로 구분되므로 ㄷ을 우선적으로 판단한다. ㄷ을 옳지 않다고 판단하게 되면 ①, ②만 남으므로 ㄴ이나 ㄹ 중 하나만 판단하면 된다.

94

정답 ③

난도 하

정답해설

㉠ 정해진 도조 액수는 수확량인 쌀 20말의 1/4인 5말이 된다. 5말은 냥으로 환산하면 25냥이 된다.

㉡ 丙에게 A를 빌려주고 소작료를 받아 지주에게 도조인 25냥을 납부하고 그 차액인 25냥이 남는다면 丙에게 받는 소작료는 50냥이 된다.

㉢ 도지 A의 전체 가격은 도지권 가격과 지주의 소유권 가격의 합이다. 도지권의 매매 가격을 a라고 한다면, 소유권 가격은 도지권 가격의 2배이므로 A의 가격은 3a가 된다. 이때 A의 전체 가격(3a)은 900냥이므로 도지권의 매매 가격은 300냥이 된다.

㉣ 도지권을 가진 소작농이 도조를 납부하지 않는 경우, 지주는 연체된 도조를 빼고 나머지는 소작농에게 반환하여야 한다. 연체된 도조는 2년분인 50냥이므로, 甲은 乙에게 도지권의 매매 가격인 300냥에서 연체분인 50냥을 빼고 250냥을 반환해야 한다.

따라서 ㉠~㉣에 들어갈 수의 합은 25+50+300+250=625이다.

> **합격 가이드**
>
> 계산을 요하는 문제이므로 글에서 숫자가 나와 있는 문단을 찾아 읽으며, 글에 나타난 정보를 토대로 상황에 나타난 계산을 해나간다. 종합 유형에서 계산 문제의 경우, 보통 해당 문단을 발췌독해도 풀이에 문제가 없다. 따라서 글을 읽다가 계산과 관련된 내용이나 수식이 제시된다면 해당하는 계산 문제를 찾아 먼저 해결해도 무방하다. 이런 경우, 문제를 읽고 해당하는 문단을 찾는 시간을 절약할 수 있다.

95

정답 ②

난도 하

정답해설

ㄱ. 세종대에는 표준 규격에 맞게 제작된 측우기를 중앙의 천문관서인 서운관과 전국 팔도의 감영에 설치하여 우량을 측정하고 조정에 보고하도록 하였다.

ㄹ. 세종대에는 전국 모든 고을에까지 측우기를 설치한 반면, 영조대에는 서울의 궁궐과 서운관, 팔도 감영, 강화와 개성의 유수부에만 설치하였다.

오답해설

ㄴ. 측우기를 이용한 관측 및 보고 제도는 임진왜란과 병자호란을 겪으면서 지속되지 못하다가 영조대에 부활하였다. 따라서 1907년까지 지속적으로 유지된 것은 아니다.

ㄷ. 세종대에 서운관과 팔도 감영 이하 행정 단위의 관아에서는 자기 또는 와기로 측우기를 만들었다.

> **합격 가이드**
>
> 보기 ㄴ에서 등장하는 '지속적으로'라는 표현은 항상 주의하도록 한다. 지속성이 한 번이라도 깨진다면, 그러한 경우는 지속적이라고 할 수 없다. ㄷ에 등장하는 '모두'와 같은 표현도 마찬가지이다. 예외가 하나라도 있다면 '모두'라고 지칭할 수 없다. 예외를 허용하지 않는 이러한 표현들을 주의하도록 하자.

96 정답 ③

난도 하

정답해설

시간당 51mm의 비가 내렸으므로, 세 시간 동안 153mm의 비가 내렸음을 알 수 있다. 글에 따르면 7치는 147mm이고, 1푼은 2.1mm이다. 153−147＝6mm이고 6mm은 3푼에 근사하므로 이를 환산하면 약 7치 3푼이다.

합격 가이드

①~⑤ 모두 7치를 기준으로 하고 있으므로 153mm가 7치에 근사함을 단서로 삼고 이하를 계산한다. 7치는 14.7cm임이 표준규격에 제시되므로 쉽게 답을 찾을 수 있다.

97 정답 ⑤

난도 중

정답해설

강화학습이 시작되면 지도학습으로 찾아낸 각 가중치를 조금씩 바꿔보게 된다. 이때 주로 이긴 인공신경망의 가중치를 선택하게 되므로 인공신경망의 가중치는 강화학습 전과 달라질 수 있다.

오답해설

① 오답에 따른 학습을 반복할수록 인공신경망의 정확도는 향상된다.
② 알파고는 기보 16만 건에서 약 3000만 건의 착점을 학습했다. 따라서 기보 한 건당 187.5건의 착점을 학습한 것이다.
③ 우선, 알파고는 기존 인공지능의 수읽기 능력에 더하여 정책망과 가치망이라는 두 가지 인공신경망을 통해 감각적 예측 능력과 형세판단 능력을 구현했다. 또한, 형세판단 능력이 정확한 함수를 찾기 위해서는 정책망이 아니라 가치망을 이용한 시뮬레이션이 필요하다. 마지막으로, 알파고는 아주 정확한 평가 함수를 찾아갈 수 있는 것이라고 서술되어 있으므로 이미 정확한 형세판단 능력의 평가 함수를 찾았다고 말하기는 어렵다.
④ 정확한 평가 함수를 프로그래머가 알아야 할 필요가 없다. 평가 함수의 초깃값은 임의로 설정해 놓으면 되기 때문이다.

98 정답 ③

난도 중

정답해설

모든 조건은 동일한 상태에서 한 가중치만 바꾼 인공신경망과 기존의 인공신경망을 여러 번 대국시켰을 때, 주로 이긴 인공 신경망의 가중치를 선택한다.
상황에 따르면 5번의 가중치 변화에 따른 대국이 있었다. 1, 2, 4번째 가중치 변화 상황을 보면, 가중치 A는 0.4가 0.3보다 낮고, 0.5가 0.3보다 나으며 0.4가 0.5보다 낮다. 따라서 최종적으로 선택할 가중치 A는 0.4이다.
한편, 3, 5번째 가중치 변화 상황을 보면, 가중치 B는 0.30이 0.4보다 낮고, 0.30이 0.2보다 낮다. 따라서 최종적으로 선택할 가중치 B는 0.30이다.
최적의 가중치를 구하지 않고, 각 상황에 따라 배제되는 가중치를 선지에서 소거하는 방식으로 풀어도 좋다.

99 정답 ①

난도 중

정답해설

성종 때 조강에 참석했던 최소 인원은 영사·지사(동지사)·참찬관 각 1인으로 3인, 낭청 2인, 대간 2인, 사관 1인, 특진관 2인으로 총 10인에 성종을 더하여 11인이 된다.

오답해설

② 영의정은 삼정승으로 경연관 중 영사에 해당한다.
③ 지사와 동지사는 정2품과 종2품에서 임명되므로 서편에 동향해 부복하였을 것이다.
④ 경연에서는 역사책인 자치통감 등에 대한 강의가 이루어졌다.
⑤ 경연은 고려 예종이 처음 도입하였다.

합격 가이드

①에서 조강에 참석했던 인원을 셀 때 글에 나와 있는 것처럼 신하에 한정하여 생각한다면 성종을 빠뜨려 최소 인원이 10명이라고 도출하게 된다. 그렇다면 ①을 틀리다고 판단하여 정답을 못 찾고 시간을 소모하거나, 미처 판단하지 않은 남은 선지를 정답으로 고르고 넘어갈 수 있다. 이런 실수를 방지하기 위해서 계산이 필요한 선지는 마지막에 판단하는 것이 좋다. 이 전략은 시간을 절약하는 데에도 도움이 되고, 본인이 계산 실수로 인해 잘못 판단할 가능성을 줄이는 데에도 도움이 된다.

100 정답 ③

난도 하

정답해설

주강에는 도승지가 참석할 수 있으나, 낭청 중 부제학이 겸할 수 있는 역할은 없다. 따라서 부제학은 낭청으로 경연에 참석할 수 없다.

오답해설

① 조강에는 우의정이 겸하는 영사와 낭청 중 부응교가 겸하는 시강관이 참석할 수 있다.
② 조강에는 도승지가 겸하는 참찬관과 낭청 중 직제학이 겸하는 시강관이 참석할 수 있다.
④ 주강에는 우승지가 참석할 수 있고, 낭청 중 직제학이 겸하는 시강관이 참석할 수 있다.
⑤ 석강에는 좌승지가 참석할 수 있고, 낭청 중 전한이 겸하는 시강관이 참석할 수 있다.

합격 가이드

당상관은 삼정승이 겸하는 영사, 정2품과 종2품이 겸하는 지사·동지사, 여섯 승지와 홍문관 부제학이 겸하는 참찬관으로 구성된다. 낭청은 직제학·전한·응교·부응교가 겸하는 시강관, 교리·부교리가 겸하는 시독관, 수찬·부수찬이 겸하는 검토관으로 구성된다. 경연관의 이름과 경연관을 맡는 관직의 용어가 생소하여 연결시키는 데에 혼란스러움을 느끼기 쉬우므로 꼼꼼하게 읽어야 한다.

PSAT

PART 3

기출심화 모의고사
정답 및 해설

기출심화 모의고사 정답 및 해설

제1과목 ▶ 언어논리

01	02	03	04	05	06	07	08	09	10
①	②	③	③	③	④	②	③	③	⑤
11	12	13	14	15	16	17	18	19	20
①	②	①	④	⑤	②	⑤	③	④	②
21	22	23	24	25	26	27	28	29	30
③	②	③	①	⑤	③	②	⑤	①	③
31	32	33	34	35	36	37	38	39	40
②	②	④	③	③	②	⑤	①	④	③

01

정답 ①

난도 하

정답해설

헬리코박터균에 의해 대부분의 위장 질환이 발생한다는 것을 입증한 것일 뿐, 나머지 원인들을 부정한 것은 아니다.

오답해설

② 헬리코박터균을 직접 마셔서 위궤양을 만들어냈으므로 이 세균은 위산을 견뎌낸 것이다.

③ 헬리코박터균은 캠필로박터균을 배양할 때처럼 산소와 이산화탄소를 저농도로 유지하면서 배양하였다.

④ 헬리코박터 파일로리는 만성적인 감염의 원인균이며, 위암의 원인균으로 인정받았다.

⑤ 캠필로박터와 다른 집단임이 판명되어 헬리코박터 속이 신설되었다.

02

정답 ②

난도 중

정답해설

중앙과 지방의 모든 국정 업무는 육조를 통해 수합되었고, 육조는 이를 다시 승정원의 해당 방의 승지에게 보고하였다. 그리고 해당 승지는 이를 다시 왕에게 보고하였다.

오답해설

① 주서는 자신이 기록한 사초를 정리하여 이것을 승정원에서 처리한 공문서나 상소문과 함께 모두 모아 매일 『승정원일기』를 작성하였을 뿐, 이를 선별하여 수정하였다는 내용은 알 수 없다.

③ 사간원은 육조에 해당하지 않는데, 육조 이외의 보고체계에 대한 내용은 지문에 담겨 있지 않다.

④ 주서가 『승정원일기』를 작성한 것은 맞지만 승지에 대해서는 언급되어 있지 않다.

⑤ 영조 대의 화재로 소실된 『승정원일기』는 창덕궁의 화재와 관련이 있다는 것을 알 수 있으나 당시 어디에 보관되어 있었는지에 대한 정보는 알 수 없다. 그리고 경복궁에 보관되어 있다가 화재로 소실된 『승정원일기』는 임진왜란 대의 『승정원일기』이다.

> **합격 가이드**
>
> 『승정원일기』와 같이 하나의 주제어에 관한 지문을 다룰 경우, 각 문단이 담고 있는 내용에 따라 분류해가며 독해한다면 향후 선지를 해결함에 있어 용이하다. 이 지문의 경우 '첫 번째 문단—승정원', '두 번째 문단—승정원 일기의 작성', '세 번째 문단—승정원 일기의 소실' 정도로 정리하며 읽는다면 선지에 대응한 근거를 찾기 훨씬 수월하다.

03

정답 ③

난도 중

정답해설

17세기 이후 농지 개간의 중심축이 범람원 개간에서 산간 지역 개발로 이동하였고, 범람원에서 산간 지역으로 논의 환경이 변화함에 따라 다시 미생물 생태계가 변화하여 이질의 감소가 나타났다.

오답해설

① · ② · ⑤ 제시문을 통해서는 알 수 없는 내용이다.

④ 17세기 이후 조선에서 개간 대상 지역이 바뀌었다는 내용만 알 수 있을 뿐, 인구 밀집 지역에 대한 정보는 찾을 수 없다.

> **합격 가이드**
>
> 시대 또는 기간 간 비교가 이루어지는 지문의 경우 각 비교 대상의 특징에 유념하여 독해하는 것이 정확한 선지 해결에 도움을 준다. 15세기의 세 번째 문단과 17세기의 네 번째 문단을 중심으로 글의 내용을 파악한다면 ① · ②를 제외한 선지의 해결을 보다 용이하게 할 수 있을 것이다.

04

정답 ③

난도 상

정답해설

영빈 이씨는 사도세자의 생모이므로 영조의 후궁, 수빈 박씨는 순조의 생모이므로 정조의 후궁이었다.

오답해설

① 제시문을 통해서는 알 수 없는 내용이다.

② 『국조속오례의』 편찬 시에 육상궁에 대한 제사가 국가의례에 포함되었다는

사실만 알 수 있다.

④ 고종의 대빈궁, 연호궁, 선희궁, 저경궁, 경우궁 이전에 따라 육상궁이 칠궁으로 불리게 되었는지는 글을 통해 알 수 없다.

⑤ 조선 국왕으로 즉위해 실제로 나라를 다스린 인물의 생모에 해당하는 후궁으로서 일제 강점기 때 칠궁에 모셔져 있던 사람은 숙빈 최씨, 희빈 장씨, 수빈 박씨 3명이었다.

05 정답 ③

난도 중

정답해설

전자상거래협정에 가입하지 않더라도 각료회의의 일원으로서 해당 협정의 부속서 4의 포함 여부에 영향을 미칠 수 있다.

오답해설

① '임계질량 복수국간 무역협정 방식'에 따라 채택된 협정의 경우, 그 혜택은 모든 WTO 회원국에 적용되는 반면 협정의 의무는 협정 당사국에만 부여되므로 협정의 혜택을 받는 국가는 해당 협정의 의무를 부담하는 국가보다 적을 수 없다.

② 총의 제도의 경우 회의에 불참하면 찬성으로 간주된다.

④ 총의 제도가 무역자유화 촉진 및 확산이라는 목표를 충분히 달성하기 어려워져 '부속서 4 복수국간 무역협정 방식'이 도입된 것이므로 총의 제도가 유지된다면 이러한 목적이 충분히 달성되기 어려울 것이다.

⑤ 정보기술협정은 '임계질량 복수국간 무역협정 방식'의 사례로, 발효시 해당 협정 품목의 무역량이 전세계 무역량의 90% 이상이어야 발효 가능했을 것이므로 옳은 내용이다.

06 정답 ④

난도 중

정답해설

ㄴ. 단순 평등 사회에 대한 소망이 존재하지만 단순 평등 사회를 유지하기 위해서는 반복적인 국가의 개입과 통제가 필요한데, 이것은 '지속 가능하지도 않고'에 해당한다. 또한 누구도 개인의 자유를 억압하는 사회를 원치 않는다고 하였는데 이것은 '개인의 자유를 희생하면서까지 원하는 것이 아니다'에 해당한다.

ㄹ. 평등 사회 달성의 심각한 문제의 예로, 하나의 사회적 가치가 불평등하게 분배되는 것이 다른 사회적 가치의 분배 문제에서까지 불평등을 유발할 수 있다는 것을 제시하고 있다. 그러므로 이러한 심각한 문제에 대한 대응이 될

수 있는 '하나의 사회적 가치에 대한 불평등이 다른 영역에서의 불평등으로 이어지는 것을 막는 것'이 적절하다고 할 수 있다.

07 정답 ②

난도 중

정답해설

빈칸 직전에 대법원이 '직업안전보건법이 비용 등 다른 조건은 무시한 채 전혀 위험이 없는 작업장을 만들기 위한 표준을 채택하도록 직업안전보건국에 무제한의 재량권을 준 것은 아니'라고 밝혔다는 내용과, 빈칸 이후에 직업안전보건국이 '과학적 불확실성에도 불구'하고 '더욱 엄격한 기준을 시행해야 하며', '자신들에게 책임을 전가하는 것에 반대'했고 '노동자를 화학물질에 노출시키는 사람들이 안전성을 입증해야 한다'고 주장했다는 내용을 통해서 빈칸에 들어갈 내용을 추론해야 한다. 이때 빈칸에 들어갈 내용은 빈칸 앞뒤의 핵심적인 내용을 포함하면서, 앞 뒤 문장을 자연스럽게 연결하는 것이어야 한다.

빈칸 앞 뒤 내용을 통해 추론할 때, 빈칸에는 ②와 같이 비용 문제에도 불구하고 1ppm의 엄격한 기준을 적용하도록 하기 위해서는 노동자들을 벤젠 1ppm 이상에 노출시키는 경우 노동자들의 건강이 실질적으로 위협받는다는 것을 직업안전보건국이 입증하도록 대법원이 그 책임을 부여했다는 내용이 들어가야 한다.

오답해설

① 빈칸의 내용에는 1ppm이라는 기준이 지나치게 엄격하므로, 이것보다 많이 벤젠에 노출되면 인체에 반드시 해를 미친다는 사실을 입증할 책임을 대법원이 직업안전보건국에 부여했다는 내용이 포함되어야 한다.

③ 벤젠 노출 농도 제한 기준을 10ppm 수준에서 1ppm 수준으로 직업안전보건국이 강화한 것이므로, 이 선지 내용은 빈칸에 들어갈 내용과 무관하다.

④ 지문의 전반적인 내용을 통해 볼 때 직업안전보건국이 전혀 위험이 없는 환경과 미미한 위험이 있는 환경을 구별해야 한다고 주장했을 것으로 추론할 수 없다.

⑤ 직업안전보건국이 벤젠이 인체에 미치는 위해 범위가 과학적으로 불확실하다는 점을 강조했다면, 빈칸 다음 문장에서 과학적 불확실성에도 불구하고 더욱 엄격한 기준을 시행하는 것이 옳다고 주장하지 않았을 것이다.

08 정답 ③

난도 중

정답해설

㉠ : [x]를 들어도 [y]로 인식한다면 [x]는 [y]의 변이음이다.

지문의 내용에 따르면, 변별적으로 인식할 수 있는 소리를 음소, 변별적으로 인

식하지 못하는 소리를 이음 또는 변이음이라고 한다. ⑦의 바로 앞 문장에서, [x]와 [y] 가운데 하나는 음소이고 다른 하나가 음소가 아니라면, 두 가지를 서로 변별적으로 인식하지 못한다고 하였다. 이때 음소만이 변별적으로 인식될 수 있는 소리이므로, 서로 유사하게 들리는 변이음인 음성과 음소인 음성을 각각 듣게되면, 두 가지 소리 모두 동일한 음소인 음성으로 인식할 것이라고 예상할 수 있다. 따라서 ⑦에는 '[x]를 들어도 [y]로 인식한다면 [x]는 [y]의 변이음이다.'가 들어가야 한다.

ⓒ : 그 소리를 모국어에 존재하는 음소 중의 하나로 인식하게 된다.
ⓒ의 경우, '모국어의 음소 목록에 포함되어 있지 않은 소리를 들었다면' 이후에 들어갈 내용을 추측해야 한다. 지문의 내용에 따라, 모국어의 음소 목록에 포함되어 있지 않은 소리를 들었다면, 청자는 해당 소리를 변별하지 못할 것이고, 음소만이 변별적으로 인식될 수 있으므로, 그 소리를 자신이 알고 있는 음소 중 하나로 치환하여 듣게 될 것이다. 따라서 ⓒ에는 '그 소리를 모국어에 존재하는 음소 중의 하나로 인식하게 된다.'가 들어가야 한다.

09 정답 ③

난도 상

정답해설

ㄱ. 단순입방격자 방식에서 각층의 효율성은 같고, 단순입방격자 방식의 효율성은 53%이므로, 제1층만의 효율성 역시 53%이다. 그리고 6각형격자 방식의 효율성은 60%이라고 하였고, 제1층만을 따지면 인접입방격자 방식과 6각형격자 방식은 동일한 형태이므로, 제1층만을 고려한 인접입방격자 방식의 효율성은 60%이다.

ㄴ. 단순입방격자 방식에서 최대로 접할 수 있는 공의 개수는 1층이나 제일 높은 층이 아닌 임의의 층의 가운데 놓인 경우에 나타나며, 이 경우 동일 층에 위치한 4개와 위아래 하나씩 총 6개의 공과 접하는 것이 최대이다.

오답해설

ㄷ. 단순입방격자 방식에서 각층의 효율성은 53%이며, 6각형격자 방식에서 각층의 효율성은 60%이다. 그러므로 어느 층을 비교하더라도 단순입방격자 방식이 6각형격자 방식보다 효율성이 낮다.

10 정답 ⑤

난도 상

정답해설

ㄱ. 다른 조건이 모두 같으면서 A국 궁수의 수가 4,000명으로 증가하면 ⑦은
$\dfrac{400/1,000}{100/4,000} = 160$이 될 것이다.

ㄴ. 마지막 문단 내용을 통해 A국의 B국에 대한 손실비를 계산하면 1/4보다 작으므로, A국의 군사력이 B국보다 4배 이상 우월하다는 것을 알 수 있다.

ㄷ. 손실비는 최초 병력 대비 잃은 병력 비율을 통해 정의되므로, 전쟁 종료 시점까지 동일한 수의 병력 손실이 발생했다면 최초 병력의 수가 적은 쪽의 손실비율이 더 클 것이므로(주어진 수식에서 분자는 커지고 분모는 작아지므로) 손실비가 더 크다.

11 정답 ①

난도 상

정답해설

B곤충은 A식물의 잎을 갉아먹어 광합성 산물의 생산량을 감소시키며 A식물이 만들어내는 종자의 수는 광합성 산물의 양에 비례한다. 실험에 따르면 B곤충을 차단한 실험에서 '끈적한 개체가 매끄러운 개체보다 종자를 45% 더 적게 생산했으나 B곤충이 침입하는 실험에서는 매끄러운 개체와 끈적한 개체가 생산한 종자의 수 사이에 의미 있는 차이는 나타나지 않았다. 이를 종합하면 B곤충의 침입이라는 결과로 B곤충은 매끄러운 식물을 더 많이 갉아먹었고 그 결과 상대적으로 많은 양의 광합성 산물이 감소해 종자 수 역시 더 큰 폭으로 감소했다고 볼 수 있다.

오답해설

ㄴ. B곤충은 A식물의 잎을 갉아먹어 광합성 산물의 생산량을 감소시킨다. 실험의 'B곤충이 침입하는 조건에서 매끄러운 개체는 끈적한 개체보다 잎이 더 많이 갉아먹혔다.'에서 매끄러운 식물의 잎이 B곤충에게 갉아먹혔다는 사실을 알 수 있다. 그러므로 B곤충이 있는 환경에서 광합성 산물이 더 적다고 할 것이다.

ㄷ. A식물이 만들어내는 종자의 수는 광합성 산물의 양에 비례한다. 또한 끈적한 식물은 종자 생산에 사용해야 할 광합성 산물의 일정량을 끈적한 당액의 분비에 소모한다. 따라서 다른 모든 조건이 동일한 경우 끈적한 A식물이 생산한 종자 수는 매끈한 A식물이 생산한 종자 수보다 적다고 할 수 있다. 하지만 실험의 B곤충이 있는 환경에서는 위 관계가 성립하지 않는다. 오히려 매끄러운 개체와 끈적한 개체가 생산한 종자의 수 사이에 의미 있는 차이는 나타나지 않았으므로 종자 생산에 소모한 광합성 산물의 양이 유사하다는 사실을 알 수 있다.

12 정답 ②

난도 상

정답해설

1) A효과 → 수요 ∨ 공급
2) 가격 → A효과
3) 가격 ∧ ~ 물가 → 서민
4) 가격

5) 물가 → ~ 수요 ∧ ~ 서민
6) 물가

2)와 4)로부터 A정책이 효과적이라는 것을 알 수 있고, 5)와 6)으로부터 부동산 수요가 조절되지 않는다는 것을 알 수 있으므로, 1)에 따라 부동산 공급이 조절되어야 한다.

오답해설

① 물가가 상승한다는 것과, 부동산 가격이 적정 수준에서 조절된다는 조건이 확정되었으므로, 5)로부터 부동산 수요가 조절되지 않고, 서민의 삶이 개선되지 않는다는 것을 알 수 있다.

③ 6)으로부터 A정책의 효과성 여부와 관계없이 물가는 상승한다는 것을 알 수 있다.

④ 5)와 6)으로부터 A정책의 효과성 여부와 관계없이 부동산 수요가 조절되지 않는다는 것을 도출할 수 있다.

⑤ 4)로부터 A정책의 효과성 여부와 관계없이 부동산 가격은 적정수준에서 조정된다는 사실을 알 수 있다.

합격 가이드

지문을 논리식으로 치환하는 과정에서, 처음에 부동산 수요와 공급, 가격 조절을 각각 구분해야 하는지 헷갈릴 수 있다. 이와 같은 문제가 주어지는 경우, 각각의 명제를 정확하게 구분하여 치환해야 한다. 또한 이 문제와 같이 4)와 6)처럼 확정적인 조건을 제시해 주는 경우, 해당 조건을 가장 먼저 이용하여 문제를 풀어야 한다는 사실을 잊지 말자.

13
정답 ①

난도 상

정답해설

네 사람의 예측 중 갑의 예측이 옳았다고 가정해보자. 그렇다면 가영이는 미국에, 나준이는 프랑스에, 다석이는 중국에 간다. 이 말이 참이라면, 을의 예측은 자동으로 옳은 예측이 되고, 병과 정의 예측은 자동으로 그른 예측이 된다. 그리고 이 경우에 모순이 발생하지 않는다.

다음으로 갑의 예측이 그른 예측이었다고 가정해보자. 그렇다면 을과 병의 예측 중 적어도 한 예측은 그른 예측이므로, 을의 예측 역시 그르다고 가정하면, 가영이는 미국에 가고, 나준이는 중국에 가며, 다석이는 프랑스에 가야 한다. 그러나 이 경우 정의 예측 역시 그른 예측이 되므로 모순이 발생한다.

마찬가지로 을의 예측은 옳고 병의 예측은 그르다고 가정하면, 나준이는 프랑스에, 다석이는 중국에, 가영이는 미국에 가게 된다. 그러나 이 경우 갑의 예측이 옳은 예측이어야 하므로 앞서 가정한 것과 모순이 발생한다. 그러므로 지문의 내용을 토대로 볼 때 가능한 경우는 갑과 을의 예측이 옳은 예측이고, 병과 정의 예측이 그른 예측이며, 가영이는 미국, 나준이는 프랑스, 다석이는 중국에 가는 경우이다.

따라서 반드시 참인 것은 ㄱ뿐이다.

합격 가이드

이러한 유형의 경우 갑의 예측과 같이 확정적인 진술이 참, 혹은 거짓인 경우를 각각 가정하는 것으로부터 시작해야 한다. 내용이 비교적 단순하고 확정적인 진술을 참 혹은 거짓으로 우선 가정해놓고 다른 조건들에 맞게 논리를 전개하다가, 모순을 발견하면 해당 경우는 성립할 수 없으므로 가능한 사례 집합에서 배제한다.

14
정답 ④

난도 중

정답해설

㉠과 ㉡ 모두 글의 내용에 부합하는 내용이다.

오답해설

① ㉠의 경우 농장당 돼지 사육 두수와 사육 면적당 돼지 수 모두 증가하였다는 내용이 들어가야 하고, ㉡의 경우 육류가공제품 소비량 자체가 증가했는지는 알 수 없다.

② ㉠의 경우 농장당 돼지 사육 두수와 사육 면적당 돼지 수 모두 증가하였다는 내용이 들어가야 한다.

③ ㉡의 경우 육류가공제품 소비량 자체가 증가했는지는 알 수 없다.

⑤ ㉡의 경우 소비자가 더 많은 수의 가축과 접촉하게 되었다는 내용이 포함되어야 한다.

합격 가이드

이러한 유형의 경우 빈칸 바로 앞뒤에 제시되는 내용을 특히 주목하여 읽어야 한다. 대체로 핵심 주제가 명확한 글이 주어지는 경우가 많으므로 이러한 유형에서는 확실하게 글의 핵심 내용에 부합하지 않는 내용을 포함하는 선지들을 우선 배제하고 풀이하면 수월하다.

15
정답 ⑤

난도 중

정답해설

A에게 정규직 노동자란 '자신과 가족의 생활을 유지할 만큼 급여를 받는 피고용자'를 의미하며, B에게 핵심부 노동자란 '혼자 벌어 가정을 유지할 만큼의 급여를 확보하는 정규직 노동자'이다.

오답해설

① 실질 급여 수준의 변화 방향에 대한 정보는 제시되어 있지 않다.

② 산업화가 진행됨에 따라 비정규직화가 진행된다는 내용은 언급되어 있으나, 새로운 형태의 주변부 노동자들이 생성된다는 정보는 제시되어 있지 않다.

③ B는 선임자 특권에 의해 신규 채용을 회피하여 청년 실업률 상승이 나타날 것이라고 생각한다. 그러나 A의 선임자 특권에 대한 내용은 제시되어 있지 않다.

④ A는 산업화가 지속적으로 진전되면 세상의 모든 사람은 정규직 임금노동자가 된다고 예측했을 뿐이다.

합격 가이드

독해 과정에서 세 번째 문단이 A와 B의 공통적인 의견이라고 판단하지 않는 것이 중요하다. 내용만 비교하더라도 비정규직화 등은 A의 의견과 반대된다는 것을 알 수 있으나, 주장 하나당 문단이 하나씩 배치되었다고 생각하지 않아야 정확한 문제 해결이 가능할 것이다.

16

난도 중

정답해설

을은 근대 과학혁명 이후 등장한 과학이 개입한 것들만을 기술로 한정하며, 병은 기술을 만들어내기 위해 과학의 개입이 꼭 필요한 것이 아니라고 본다.

오답해설

ㄱ. 갑의 경우 물질로 구현된 것만을 기술로 인정하며, 병의 경우 지식이 개입된 것들을 과학으로 인정한다. 갑과 을의 경우 기술을 정의하는 기준 자체가 다르므로 둘 중 누구의 범위가 더 넓은지에 대해 정의할 수 없다.

ㄷ. 옷감 제작법의 경우 물질을 소재 삼아 물질적인 결과물을 산출하는 것에 해당하므로, 갑 역시 이를 기술로 인정할 여지가 있다.

> **합격 가이드**
>
> 이러한 유형의 경우 은연중에 세 가지 주장의 범주를 동일선상에서 비교하기 쉬우나, 갑과 병의 경우 기술을 정의함에 있어 다른 기준을 사용하고 있으므로, 둘 중 어느 쪽이 더 기술의 범주를 넓게 정의하고 있는지 동일선상에서의 비교가 불가능하다는 점에 주의해야 한다.

17

난도 하

정답해설

ㄱ. A는 오른쪽 눈을 감고 본 세상과 왼쪽 눈을 감고 본 세상은 사물의 위치가 미묘하게 다르다는 일상적 경험에 착안하여 얻은 예측과 별이 늘 같은 위치에 있는 것으로 관측된다는 관측 결과를 근거로 지구 공전 가설이 틀렸다고 평가했다. 한편 B는 달리는 마차와 정지한 마차에서 본 빗방울 모양이 다르다는 일상적 경험에 착안하여 얻은 예측과 별이 늘 같은 위치에 있는 것으로 관측된다는 관측 결과를 근거로 지구 공전 가설이 틀렸다고 평가했다.

ㄴ. A와 B 모두 별은 늘 같은 위치에 있는 것으로 관측된다고 주장했다. 이 주장에는 당시 관측 기술의 한계는 고려되지 않았다.

ㄷ. A는 "지구 공전 가설이 옳다면 지구 공전 궤도 상에서 가장 멀리 떨어진 두 위치에서 별을 관측한다면 별의 위치가 다르게 보일 것이다."라고 하여 관측자의 관측 위치가 달라지는 경우를 생각했다. 한편 B는 "지구 공전 가설이 옳다면 지구의 운동 속도는 상당히 빠를 것이고 반년이 지나면 운동방향이 반대가 될 것이다."라고 하여 운동 방향이 바뀌는 경우를 생각했다.

> **합격 가이드**
>
> 처음 읽을 때에는 A와 B의 주장이 생소하게 느껴질 수 있다. 다만 선지가 매우 평이하고, 각 주장을 정확하게 이해할 것을 요구하지 않는다. 선지를 훑어보고 글을 얼마나 꼼꼼히 읽을 것인지를 판단하자.

18

난도 중

정답해설

가시고기가 더 많은 요각류를 잡아먹을수록 와편모충의 생존에 유리하고, 빛을 내는 와편모충이 빛을 내지 않는 경우보다 생존에 유리할 것이라는 예상을 하고 있다.

① 발광하는 와편모충이 생존에 발광하지 않는 경우보다 유리하다는 내용이 적절하다.

② 실험은 와편모충의 포식자인 요각류와 요각류의 포식자인 가시고기를 활용해 와편모충의 생존률에 대한 분석이 목적이라고 할 수 있다. 따라서 요각류를 세는 내용이 나오는 것이 적절하다.

④ 원생생물이 자신을 잡아먹는 동물에게 포식 위협을 증가시킴으로써 잡아먹히는 것을 회피할 수 있으며, 발광하는 와편모충은 요각류의 저녁 식사가 될 확률이 낮아진다고 하였으므로 빛을 내는 와편모충의 생존에 유리한 내용이 들어가는 것이 적절하다.

⑤ 와편모충의 빛을 내는 행위는 요각류가 그 포식자에게 잡아먹힐 위험성을 높이기 위한 장치라고 할 수 있다. 따라서 원생생물의 포식자의 포식자에게 알리는 행위가 들어가는 것이 적절하다.

> **합격 가이드**
>
> 실험에 관련된 문제나 글의 맥락에 관련된 문제를 해결할 때는 문제의 답이 하나라는 사실을 유념할 필요가 있다. 특히나 하나의 적절한 선지를 고르는 이 문제의 경우 나머지 선지의 내용이 적절하지 않고, 오히려 지문의 내용이 적절하다는 것을 바탕으로 내용을 보다 쉽게 이해할 수 있다.

19

난도 상

정답해설

ㄱ. (가)의 주장은 약육강식이 오늘날에는 더 이상 자연법칙이 아니라는 것이다. 따라서 (가)의 주장이 참이면, ⓐ는 거짓이다.

ㄷ. (다)의 주장은 생태계 피라미드가 실제로 존재하지 않는다는 것이다. 따라서 (다)가 참이라면, 생태계 피라미드에서 인간이 가장 높은 위치에 있다는 ⓒ는 거짓이 된다. ⓒ는 생태계 피라미드가 존재함을 전제하고 있다.

ㄹ. (라)의 첫 문장에서 ⓑ와 ⓒ가 제시되어 있다. 이에 따르면 생태계에서 인간보다 높은 위치에 있는 존재가 나타날 경우 그들이 인간을 잡아먹는 것도 도덕적인 잘못이 아니라고 결론이 도출된다. 그러나 이는 우리들이 받아들이기 힘든 결론이다.

오답해설

ㄴ. (나)의 주장은 사실에 대한 판단에서 도덕적인 판단을 이끌어낼 수 없다는 것이다. 그러나 ⓑ와 ⓓ는 모두 일종의 도덕적 판단이므로, ⓑ에서 ⓓ를 이끌어내는 것은 (나)의 주장과 무관하다.

20

난도 하

정답해설

A는 '거문고'의 '거문'과 '현학금'의 '현학'을 모두 색상과 관련짓고 있다. 따라서 악기의 이름 맨 앞에 국명을 붙이는 관습은 A의 주장과 달라 A의 주장을 강화하지 않는다.

오답해설

ㄱ. A와 B는 '거문고'의 유례에 대해서 논쟁하고 있으며 '단군왕검'은 거문고와 관련 없는 사실이므로 무관하다. 따라서 A와 B의 주장을 강화하지 않는다.

ㄴ. B의 마지막 줄을 볼 때, B는 '고'가 현악기를 지칭한다는 사실을 받아들이고 있음을 알 수 있다. 또한 B는 '금'이 현악기를 지칭하는지에 대해 언급하고 있지 않으므로 B의 주장을 약화하지 않는다.

난도 중

정답해설

ㄱ. 지문에서는 딸과 아들의 재산 분배에 차등을 두어야 한다고 주장하고 있으며, 마지막 문장에서 '누가 일반 관례와 달라 안 된다고 하겠는가?'라는 내용을 통해 기존의 관례는 딸과 아들의 구별 없이 재산을 분배하는 것이었음을 알 수 있다.

ㄹ. '딸은 ~ 죽은 후에는 제사를 지내지 않게 되니 어찌 재산인 토지와 노비를 (제사를 지내는) 아들과 똑같이 줄 수 있겠는가?'라는 내용을 통해 제사를 상속하는지 여부에 따라 재산의 상속이 영향을 받을 수 있음을 알 수 있다.

오답해설

ㄴ. 다른 집안에서는 사위집에 제사를 윤행시키는 경우가 수없이 많다는 내용으로부터, 다른 집안에서는 아들 외에 사위 등도 제사를 지냈다는 것을 알 수 있다.

ㄷ. '우리나라에서는 종가의 법이 제대로 지켜지지 않은 지 오래되어 ~ 관례가 되었으니 이를 바꿀 수는 없다'는 내용을 통해 부안 김씨 가문에서도 종가에서만 제사를 지낸 것은 아니라는 것을 알 수 있다.

난도 하

정답해설

세 번째 문단에서 '히브리어도 아랍어도 모르는 유대인들을 위해 그리스어로 번역된 성서를 낸 것이고 그것이 곧 칠십인역이다'라는 내용을 확인할 수 있으므로, 칠십인역 성서는 유대인들의 일상어가 그리스어로 변화했음을 보여준다.

오답해설

① 히브리어 성서가 유럽 기독교들의 경전이 되었는지는 지문을 통해 알 수 없다.

③ 탈굼의 등장은 유대인들이 페르시아의 지배에 의해 아람어를 많이 사용하게 되었고 그에 따라 히브리어를 잊게 되었기 때문이지, 지문 내용을 통해 페르시아인과 바빌로니아인이 유대인의 성서를 많이 읽었는지는 알 수 없다.

④ 마지막 문단에서 히브리어를 공용어로 채택하게 된 배경에 대해 '2천 년 동안 오직 학자들의 언어에 불과했던 언어를 일부 지식층 주도하에 순전히 정치적 이유로 채택한 것'이라고 하였으므로, 히브리어를 다양한 지역의 유대인들이 지속적으로 사용했다고 보기 어렵다.

⑤ 지문을 통해 알렉산더 대왕의 정복으로 이집트 유대인들이 아람어를 버리고 그리스어를 쓰게 되었다는 내용은 알 수 있으나, 이 정복으로 히브리어가 유대인 중 특정 계층만이 사용하는 언어로 변화했는지는 알 수 없다.

> **합격 가이드**
>
> 첫 번째 문단에서 '역사적 흐름에 따라 유대인들이 자신들의 언어를 손쉽게 바꿔왔다'는 것이 지문의 핵심 내용임을 알 수 있다. 이를 참고하여 이하의 지문을 읽을 때 역사적 사건과 유대인 언어의 변천사에 집중하면서 읽어야 할 것임을 미리 예상할 수 있어야 한다.

난도 하

정답해설

동일한 자전거 그림이라도 자전거를 팔겠다는 것으로 이해될 수도 있고, 사겠다는 것으로 이해될 수도 있다는 지문 내용을 통해 확인할 수 있는 내용이다.

오답해설

① 언어적 표현의 의미와 지문의 내용은 관계가 없다.

② 기호가 무엇을 의미하는지는 약속에 의해 결정된다는 내용을 통해, 약속에 의해서는 기호의 의미가 결정될 수 있을 것임을 알 수 있다.

④ 의미가 확정된 표현이 없다면 지문 내용과 같이 자신이 무엇을 원하는지 분명히 전달할 수 없는 상황에 처하게 되어 성공적인 의사소통이 어려울 것임을 알 수 있다.

⑤ 지문 내용을 통해 동일한 사물 그림이 상이한 의미로 이해될 수 있다는 사실은 알 수 있으나, 상이한 사물에 대한 그림들이 동일한 의미로 이해될 수 있는지는 알 수 없다.

> **합격 가이드**
>
> ③을 제외하고는 지문에서 아예 언급되지 않은 내용을 포함하거나, 지문의 핵심 내용과 동떨어진 내용을 포함하고 있기 때문에 상대적으로 지문을 꼼꼼히 읽지 않더라도 정답을 쉽게 골라낼 수 있는 문제이다. 이런 유형의 문제가 나오는 경우 지문의 지엽적인 내용에 집착하지 않고 빨리 정답을 찾아내 시간을 절약하는 문제로 삼도록 해야 한다.

난도 하

정답해설

ㄱ. 두 번째 문단에서 뇌물거래 방지가 통상과 직결된다는 내용과 네 번째 문단에서 '반부패 레짐'은 뇌물거래 방지를 목표로 한다는 것을 확인할 수 있으므로 반부패 레짐은 핵심 의제인 '통상'과 부수 의제인 '부패'와 모두 관련된다는 것을 알 수 있다.

ㄷ. 세 번째 문단에서 정치 민주화와 경제 발전이 부패 척결의 필요조건이라는 내용과 같은 문단에서 '개도국의 실질적 민주화와 경제 근대화 및 이에 따른 부패 척결'이라는 내용을 통해 정치 민주화와 경제적 근대화가 이루어지지 않으면 개도국의 부패 척결을 이룰 수 없음을 알 수 있다.

오답해설

ㄴ. 냉전기에 국제적 관심이 핵심 의제에만 머물렀던 것과 달리 탈냉전기에 부수 의제에도 관심이 쏠리기 시작한 것이지, 핵심 의제인 통상과 금융이 현재 부수 의제가 되었는지는 알 수 없다.

ㄹ. 지문에 나타나 있지 않은 내용이다.

> **합격 가이드**
>
> 보기에 제시된 내용을 먼저 빠르게 훑어보고, 지문을 읽을 때 확인해야 하는 정보가 무엇인지 우선적으로 판단한 후 지문 읽기에 돌입하면 문제를 효율적으로 풀이할 수 있다. 이 문제와 같이 보기에서 알 수 있는 내용들을 골라내야 하는 일치부합 유형의 경우, 확실하게 답이 아님을 알 수 있는 보기가 포함되어 있는 선지를 우선 배제하고 남은 선지 중 정답을 도출하기 위해 확인해야 하는 보기가 무엇인지 판단하는 방식으로 풀어나가면 빠르게 정답을 찾을 수 있다.

25

난도 상

정답해설

이천의 부대는 만포에서 압록강을 건넜으며, 만포는 여연군으로부터 압록강 물줄기를 따라 서남쪽 하류에 위치해 있다.

오답해설

① 아목하는 여연군의 서쪽에 위치한다.

② 최윤덕이 강을 건넌 만포는 여연군에서 서남쪽에 위치하며, 무창군은 여연군의 동남쪽에 위치하므로 최윤덕이 여연군과 무창군을 잇는 직선 거리의 중간 지점에서 강을 건넜다고 볼 수 없다.

③ 자성군은 이천의 두 번째 여진 정벌이 끝나기 이전에 이미 존재했다.

④ 세종이 경원부를 여연군으로 바꾸었는지와 최윤덕을 통해 3개 군을 더 설치하게 하였는지는 알 수 없는 내용이다.

> **합격 가이드**
>
> 여러 지명이 등장하여 상당히 복잡하게 느껴질 수 있는 문제이다. 이러한 유형의 경우 글에서 등장하는 지역들 간의 위치 관계와 주요 사건들을 도식으로 나타낸 뒤 침착하게 풀이하도록 한다.

26

정답 ③

난도 상

정답해설

ㄱ. 인간의 성품을 고양하는 법률은 정의로우며, 정의로운 법률은 신의 법, 곧 도덕법에 해당한다.

ㄴ. 사람끼리의 규약에 해당하는 법률은 불의하며, 그것이 불의한 이유는 자연법에 기원한 것이 아니기 때문이다.

오답해설

ㄷ. 인종차별적 내용을 포함하는 법률은 불의한 법률로 도덕법에 배치되는 것이라는 사실로부터 인종차별적 내용을 포함하지 않는 모든 법률이 신의 법, 즉 도덕법에 해당한다는 내용이 도출되지는 않는다.

> **합격 가이드**
>
> 이와 같이 특정 개념들의 논리 관계를 서술식으로 풀어 놓은 문제 유형의 경우 논리식으로 치환하며 풀이하는 것이 좋다. 정의로운 법률과 불의한 법률, 도덕법에의 해당 여부 등 핵심 키워드들 간 논리적 관계를 도식으로 정리하면서 읽어나가면 문제를 보다 수월하게 풀어갈 수 있다.

27

정답 ②

난도 상

정답해설

ㄱ. 150×3.2>100×4.0이므로, 인구 수에 삶의 질 지수 평균을 곱한 값이 높은 마을이 더 좋은 마을이라는 기준에 따르면 계획 A를 채택하는 것이 옳다.

ㄷ. 40/150>20/1000이므로, 삶의 질 지수가 1.0 미만인 사람이 차지하는 비율이 더 작은 마을이 더 좋은 마을이라는 기준에 따르면 계획 B를 채택하는 것이 옳다.

오답해설

ㄴ. 계획 A의 경우 살아갈 가치가 있다고 생각하는 사람의 수는 150−40＝110명이고, 계획 B의 경우는 100−20＝80명이므로, 계획 A를 채택하는 것이 옳다.

ㄹ. 지문에서 제시된 것은 삶의 질 지수의 평균치이므로, 평균치와 인구 수만으로는 각 계획을 시행하는 경우 마을에서 삶의 질 지수가 가장 높은 사람과 가장 낮은 사람 사이의 삶의 질 지수 차이를 알 수 없다.

> **합격 가이드**
>
> 정답 도출에 요구되는 계산이 어렵지는 않으나 시간이 많이 소요될 수 있다. 선지 구성도 보기 ㄱ, ㄴ, ㄷ, ㄹ의 정오를 모두 판단하지 않으면 정답을 도출할 수 없도록 되어 있어 상당히 시간적 압박을 느낄 수 있는 문제이다. 평소 언어논리 과목에서 시간이 부족한 수험생이 실전에서 이러한 문제를 만난다면, 우선 보류하고 다른 문제로 넘어가는 것이 시간 활용상 효율적인 전략일 수 있다.

28

정답 ⑤

난도 상

정답해설

별의 질량이 커지면 탈출 속도도 커진다. 이때 빛의 속도는 고정되어 있으므로, 탈출 속도와 빛의 속도가 같게 만들려면 별의 둘레가 증가해서 탈출 속도를 감소시켜야 한다. 별의 질량이 커지면 임계 둘레가 커진다.

오답해설

① 임계 둘레보다 큰 둘레를 가진 별에서는 빛이 탈출할 수 있으므로, 임계 둘레 이하의 둘레를 가진 별에 사는 존재라도 다른 별로부터 탈출한 빛은 관찰할 수 있을 것이다.

② 초기 속도가 빛보다 빠르다고 해도, 해당 별의 둘레가 임계 둘레보다 매우 작아서 그 입자가 탈출하지 못할 수 있다.

③ 탈출 속도는 별 질량을 별의 둘레로 나눈 값의 제곱근에 비례하므로, 둘레가 변하지 않고 별 질량이 커진다면 탈출 속도는 빨라진다.

④ 임계 둘레 이하의 둘레를 가진 별의 표면에서 빛 입자를 쏘아 올릴 수 없는 것이 아니라, 쏘아 올릴 수 있더라도 빛이 그 별을 탈출하지 못하는 것이다.

29

정답 ①

난도 하

정답해설

제시된 내용을 정리하면 다음과 같다.

- P : 비가 오고 구름이 끼어 있다.
- Q : 비가 온다.
- P이지만 Q는 아니다 : 비가 오고 구름이 끼어 있지만, 비가 오지 않는다.

(가) 이전에 '이는 자기모순적인 명제이다.'라는 내용으로부터 (가)에는 ㄱ이 들어가야 함을 알 수 있다.

(나) 이전에 '명제 A이지만 명제 B가 아니다.'가 자기모순적인 명제가 아니라는 것으로부터 '명제 B는 명제 A로부터 도출되지 않는다.'는 것을 알 수 있다. 이때 명제 A는 '타인을 돕는 행동은 행복을 최대화한다.'이고, 명제 B는 '우리는 타인을 도와야 한다.'이므로, '명제 B는 명제 A로부터 도출되지 않는다.'는 내용을 명제 B와 명제 A의 내용으로 치환한 ㄷ이 (나)에 들어가야 한다.

30 정답 ③

난도 하

정답해설

마지막 문단에서 ㉠ 결과가 포함된 문장 바로 앞 문장의 '인지부조화 이론에 따라 현명한 사람을 자기 편, 우매한 사람을 다른 편이라 생각할 때 마음이 편안해질 것이다'라는 내용에 주목하면 쉽게 답을 찾을 수 있다. 이 내용으로부터 인종차별에 관한 글을 읽는 실험 결과 사람들은 논리적인 글이 자신의 입장과 동일한 경우, 그리고 억지스러운 글이 자신의 반대 입장과 동일한 경우에 마음이 편안해질 것이라는 것을 예상할 수 있다. 따라서 실험 결과로 올바른 것은 사람들이 자신의 입장에 동의하는 논리적인 글과, 반대편의 입장에 동의하는 터무니없고 억지스러운 글을 기억할 것이라는 ③의 내용이다.

오답해설

모든 글을 기억한다는 내용이 포함되어 있는 ②, ⑤의 경우 지문에서 제시된 내용과 관계가 없으므로 오답이며, ①, ④의 경우도 마지막 문단의 내용에 부합하지 않는 진술을 하고 있으므로 오답이다.

31 정답 ②

난도 상

정답해설

A1에서는 강력한 시장 자유화의 필요성을 역설하면서, 그 근거로 정보통신기술 혁명으로 인한 자본, 노동, 상품에 대한 규제가 철폐될 수밖에 없는 사회가 되었음을 들고 있다.

오답해설

① 이 논쟁의 핵심 쟁점은 정보통신기술 혁명 이후 개인, 기업, 국가가 취해야 할 자세이다. A1은 이에 대해 각 주체가 더욱 유연한 자세를 취해야 하고, 시장 자유화가 필요하다고 본다. 반면 B1은 A1의 전제를 비판하며, 각 주체들이 잘못된 결정을 내리게 될 것이라고 본다.

③ B1은 A1이 제시한 근거가 잘못되었고, 따라서 A1의 주장을 받아들일 수 없다고 주장하고 있다.

④ B1은 가전제품의 영향력을, A2는 인터넷의 영향력을 각각 강조하고 있다.

⑤ B2는 A2가 특정 결과(세계화)에 대해 잘못된 원인(정보통신기술혁명)을 들고 있다고 주장한다. 원인과 결과를 뒤바꾸어 해석한 것은 아니다.

32 정답 ②

난도 상

정답해설

지문은 임금 격차 문제에 대한 각 학파의 대응방안을 다루고 있다. A학파의 주장은 정규직과 비정규직의 임금 격차 문제는 경쟁을 통해 자연적으로 해소될 것이므로, 특별한 조치를 취할 필요가 없다는 것이다. A학파가 경쟁을 언급하기는 했으나, 시장에 개입하는 정책을 수립하는 것은 A학파의 입장에 반하는 것이다.

오답해설

① A학파는 경쟁을 통해 차별적 기업들이 자연적으로 도태될 것이라고 주장한다. 따라서 경쟁이 치열할수록 비차별적 기업들만이 생존할 것이고, 정규직과 비정규직의 비합리적 임금차별이 줄어들 것이다.

③ A학파는 경쟁을 통해, B학파는 강제적 제도를 통해 임금차별이 줄어든다고 주장한다.

④ B학파는 "기업의 경우엔 조직의 정당성이 낮아지게 되면 조직의 생존 가능성 역시 낮아지게 된다. 그래서 기업은 임금차별을 줄이는 강제적 제도를 수용함으로써 사회적 비용을 낮추는 선택을 하게 된다는 것이다."라고 주장한다. 여기에는 기업들이 생존 가능성을 위해 기업이 임금차별을 줄이는 강제적 제도를 수용한다는 전제가 내포되어 있다.

⑤ B학파는 임금차별을 법과 제도에 의한 규제를 통해 줄어들 것이라고 본다.

33 정답 ④

난도 상

정답해설

B에 따르면 동물은 오상을 전부 갖추지 못하였다. 그러나 인간은 다섯 가지 뛰어난 기를 얻어 오상을 모두 갖추었다.

오답해설

① A에 따르면 오행은 다섯 가지 기이고, 오상은 오행의 이치이다. 따라서 오상은 기의 이치이다. B에 따르면 오행인 기 가운데서도 뛰어난 기의 이치만 오상이 된다. B 또한 오상을 기의 이치로 보고 있는 것이다.

② A에 따르면 인간과 동물은 모두 오행인 다섯 가지 기를 얻어 태어났으나, 동물은 인간과 달리 본성이 불순하다. 한편 B에 따르면 사람과 동물이 오행인 기를 부여 받은 것은 마찬가지이나, 그 본성에 있어서 차이가 있다. 따라서 A와 B 모두 인간과 동물이 오행인 기를 부여받았다는 점에서는 동의하고 있다.

③ A에 따르면 인간은 다섯 가지의 덕을 모두 발휘할 수 있지만 동물은 그 일부밖에 발휘하지 못한다.

⑤ A에 따르면 인간과 동물의 차이는 부여받은 기에 달려 있다. 한편 B에 따르면 사람은 다섯 가지 뛰어난 기를 얻었으나 동물은 뛰어난 기를 하나 둘 밖에 얻지 못하였다. 결국, A, B 모두 기의 차이를 통해 인간과 동물 간 오상의 차이를 설명하고 있다.

34 정답 ③

난도 하

정답해설

지문에서 주어진 조건을 정리하면 다음과 같다.

1) 정희 < 갑수
2) 을수 ≤ 정희, 철희
3) 갑수 ≤ 병수
4) 철희 = 병수+1 or −1

1)과 2)로부터 '을수 ≤ 정희 < 갑수'의 관계를 확정할 수 있으므로, 을수와 정희는 갑수보다 반드시 나이가 적다. 3)에 따라 병수는 갑수와 나이가 같거나 갑수보다 나이가 많을 수 있으므로, 갑수보다 나이가 적은 사람에서 배제된다. 4)로부터 철희는 병수보다도 나이가 많을 가능성이 있다는 것을 알 수 있으므로, 철희 역시 갑수보다 반드시 나이가 적은 사람에서 배제된다. 따라서 답은 ③ 정희, 을수이다.

35 정답 ③

난도 상

정답해설

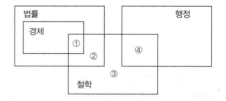

㉠ 이전의 대화에서 주어진 정보를 바탕으로 각 과목 신청자의 분포관계를 도식화하면 위의 그림과 같다. 또한 승민의 첫 번째 대사에서 경제와 법률은 신청하지 않고 철학은 신청한 사람이 있었고(③ 혹은 ④), 바로 이어지는 승범의 대사에서 법률을 신청한 사람 중에 철학을 신청한 사람도 있었고(①, ②), 철학은 신청했으나 행정과 경제는 신청하지 않은 사람이 있었으므로(② 혹은 ③) ㉠ 이후에 이어지는 대사에서 철학 한 과목만 신청한 사람(③)과 행정 외에 모든 과목을 신청한 사람(①)의 존재를 확정하려면, ②의 영역이 삭제되어야 한다.

이에 따르면 그림에서 ②의 영역을 삭제하면 철학 한 과목만 신청한 사람과 행정 외에 세 과목을 전부 신청한 사람의 존재를 확정할 수 있다.

36 정답 ②

난도 중

정답해설

주어진 진술에 순서대로 번호를 붙이고, 각 진술을 단순화하면 다음과 같다.

1. 갈색 ∨ 키가 큼
2. 갈색 → 안경 씀
3. 안경 씀 ∨ 왼손잡이
4. 갈색 → ~ 안경 씀
5. ~ 안경 → ~ 키가 큼

진술 2와 진술 4는 서로 모순관계이므로, 이 진술들이 모두 참이기 위해서는 범인의 머리카락이 갈색이 아니어야 한다는 사실을 알 수 있다. 진술 1에 따라 범인의 머리카락이 갈색이 아니므로 범인은 키가 크다. 진술 5의 대우는 '키가 큼 → 안경 씀'이므로, 범인은 안경을 쓴다는 것을 알 수 있다. 범인이 왼손잡이인지 여부는 주어진 진술들을 통해 도출할 수 없다.

37 정답 ⑤

난도 상

정답해설

K/T경계층 형성 시기가 아닌 다른 시기에도 소행성이 드물지 않게 지구에 충돌했다면, 소행성과 지각의 무수한 파편들도 빈번하게 나타났을 것이다. 따라서 소행성 충돌은 공룡 대멸종의 원인이라고 볼 수 없으며 그에 따라 ㉠은 약화된다.

오답해설

① 신생대 제3기(T) 이후에 형성된 지층은 K/T경계층 위에 위치한다. 해당 지층에서 공룡화석이 대량으로 발견되었다면, 이는 K/T경계층이 생성된 시기 이후에도 공룡이 있었다는 것을 의미한다. 따라서 K/T 경계층이 생성되던 시기에 공룡이 멸종했음을 전제하는 ㉠은 약화된다.

② ㉠은 중생대와 신생대 사이에 일어난 멸종이 소행성 충돌로 인해 발생하였다고 결론내리고 있으므로, 고생대에 일어난 멸종은 이와 무관하여 ㉠을 강화하지 않는다.

③ 앨버레즈는 이리듐의 증가 속도가 일정하다고 보아 이리듐의 양과 퇴적에 걸린 시간이 비례관계에 놓여있다는 것을 도출하였다. 따라서 이리듐의 증가 속도가 일정하지 않다면 앨버레즈의 전제가 틀린 것이 되며 그에 따라 도출된 ⊙도 약화된다.

④ 만약 이리듐의 농도가 다량으로 검출된 지층이 K/T경계층이 아니라 다른 지층이었다면, 공룡이 멸종된 시기도 K/T경계층 형성 시기가 아니라 다른 지층의 형성 시기라고 보아야할 것이다. 따라서 K/T경계층 형성 시기에 공룡이 멸종했다는 ⊙은 약화된다.

38
정답 ①

난도 상

정답해설

두 번째와 세 번째 문단을 볼 때 베이즈주의자들은 사전확률 결정에 있어 느낌이 아닌 과학공동체가 공유하고 있는 배경지식이 결정적인 역할을 한다는 것을 전제로 하고 있다. 따라서 사전확률 결정에 느낌과 같은 요소가 배경지식보다 더 중요한 영향을 미친다면 베이즈주의 과학방법론이 객관성을 확보하기가 어려워질 수 있어서 글의 주장이 약화된다.

오답해설

ㄴ. 다른 느낌을 가진 사람들이 동일한 사전확률을 부여했다면 이는 오히려 사전확률을 부여할 때 느낌에 의존하지 않았다는 것을 의미한다. 따라서 글의 주장과 부합하여 주장을 약화하지 않는다.

ㄷ. 세 번째 문단을 볼 때 동일한 배경지식을 가진 과학자들은 동일한 가설에 대해 비슷한 사전확률을 부여하게 될 것이라는 점을 알 수 있다. 따라서 글의 주장과 같은 맥락이므로 주장을 약화하지 않는다.

합격 가이드

이 글의 주장은 마지막 문장인 '베이즈주의 과학방법론은 객관성을 확보할 수 있다'는 것이다. 따라서 '베이즈주의 과학방법론은 주관적'이라는 내용의 선지는 이 글의 주장을 약화하는 것이 된다. 이를 기준으로 판단할 때 ㄱ 선지는 베이즈주의는 주관적이라는 맥락에 놓여있기 때문에 약화하는 선지가 된다.

39
정답 ④

난도 하

정답해설

생산도구는 일상품이기도 하지만 동시에 물자의 장악이나 군사력을 상징하는 부장품이기도 하다. 이것들은 일상품적 위세품이라고 부른다. 따라서 일상품이면서 동시에 위세품이 된다.

오답해설

① 묘는 성토하지 않은 무덤으로 성토된 부분에 해당하는 분구와 그를 보호하는 호석이 발견되지 않는다.

② 고고학계에서 발전단계를 상정할 때 '묘'를 사용하며 목관묘와 같이 매장시설을 가리킬 때도 사용된다.

③ 무기와 같은 것은 물자의 장악이나 군사력을 상징하는 부장품으로, 일상품적 위세품이라고 한다.

⑤ 분은 지상에 분명하게 성토한 무덤을 가리키며, 이 중에서도 성토를 높게 하여 뚜렷하게 구분되는 대형 분구를 가리켜 총이라고 한다. 따라서 성토를 더 높게 한 총에 묻힌 피장자의 신분이 분에 묻힌 피장자의 신분보다 높다.

40
정답 ③

난도 하

정답해설

근거 d는 원삼국 시대에 관한 근거로, 삼국시대에 대해 서술하고 있는 가설 C와 무관하다. 따라서 강화하지 않는다.

오답해설

① 성토가 높은 황남대총이 왕릉이라는 점은 가설 B를 강화한다.

② 목관과 옹관 외의 용기인 석관이 발견되었다면 이는 가설 A를 약화한다.

④ 백제에는 총에 해당하는 분이 없다면, 삼국 모두 묘-분-총의 발전단계를 보인다는 가설 B는 수용될 수 없다. 또한 석관이 발견되었다면 가설 A는 수용될 수 없다. 따라서 가설 C만이 근거 b와 c에 비추어 수용될 수 있는 가설이 된다.

⑤ 근거 b는 가설 B를 기각하며, 근거 c는 가설 A를 기각한다. 한편, 세 가설은 삼국 시대에 관련한 것으로 근거 d는 삼국 이전인 원삼국 시대에 관한 것으로 가설 C와 무관하다. 따라서 가설 C는 여전히 수용될 수 있는 가설이다.

01	02	03	04	05	06	07	08	09	10
①	④	⑤	①	④	①	⑤	④	③	④
11	12	13	14	15	16	17	18	19	20
①	②	②	⑤	②	①	④	④	③	①
21	22	23	24	25	26	27	28	29	30
③	①	⑤	③	④	⑤	⑤	④	④	⑤
31	32	33	34	35	36	37	38	39	40
③	①	⑤	③	②	③	⑤	⑤	⑤	⑤

01

정답 ①

난도 하

정답해설

ㄱ. 표 1에서 확인할 수 있는 내용이다.
ㄷ. 표 2에서 확인할 수 있는 내용이다.

오답해설

ㄴ. 순서가 바뀌었다. 고등학교가 2.8%p, 중학교가 2.4%p 증가하였다.
ㄹ. 두 항목 모두 8.0%로 동일하지만, '미반영'의 응답 비율이 중학교 13.8%, 고등학교 12.5%로 다르다. 특히, 교원수는 중학교와 고등학교가 각각 1,000명으로 동일한 상황이므로 '미반영'의 응답자 수가 다르다.

02

정답 ④

난도 중

정답해설

각 성인의 탄수화물, 단백질 및 지방 각각의 칼로리와 전체 칼로리를 우선 계산하면 다음과 같다.
- A : (375×4)+(50×4)+(60×9)=2,240kcal
- B : (500×4)+(50×4)+(60×9)=2,740kcal
- C : (300×4)+(75×4)+(50×9)=1,950kcal
- D : (350×4)+(120×4)+(70×9)=2,510kcal
- E : (400×4)+(100×4)+(70×9)=2,630kcal
- F : (200×4)+(80×4)+(90×9)=1,930kcal

우선 일일 에너지 섭취 권장량으로 적합한 사람을 구하면 남자는 B와 E가 되며, 여자는 C와 F가 된다. 그다음 일일 총에너지 섭취량 중 55~65%를 탄수화물로, 7~20%를 단백질로, 15~30%를 지방으로 섭취하는 조건에 적합한 사람을 구하면 남자는 E, 여자는 C가 된다.

합격 가이드

이런 유형의 문제는 영양소별로 칼로리를 직접 계산하는 것이 시간을 단축하는 데 도움이 된다. 단순 계산의 형태이므로 어렵지 않게 풀 수 있다.

03

정답 ⑤

난도 상

정답해설

ㄱ. 표 1에서 전체 등록 회사 수가 39개이고 이때 표 2에서 2편 이상을 등록한 회사가 18개이므로 이를 빼면 21개의 회사가 1편의 애니메이션만 등록하였다.
ㄴ. 1월에 국내단독 유형으로 등록한 회사 중 유이락이 2편을 등록하였다고 하였으므로 6-(2-1)=5개의 회사가 등록했다.
ㄷ. 3월에 유이락이 국내단독으로 3편의 애니메이션을 등록하였다. 따라서 전체 11편 중 1개의 회사가 3편을 등록했다는 것을 고려하면 11-(3-1)=9개의 회사가 등록했을 것이다.

합격 가이드

표 2에서 말하고자 하는 바가 무엇인지를 정확하게 파악해야 한다. 과거 기출문제에서도 회사가 중복되었던 경우가 있었는데 기출문제를 많이 풀었다면 그 아이디어를 살짝만 변형하여 풀 수 있었다.

04

정답 ①

난도 중

정답해설

ㄱ. 2020년 5월 음원차트 상위 15위를 기준으로 4월 음원차트에도 상위 15위에 포함되었는지를 확인하면 2020년 5월의 순위를 기준으로 2, 5, 6, 7, 8, 10, 11, 13, 14등이다. 다시 이 곡들이 2020년 6월 상위 15위에 있는지를 살펴보면 2, 7, 10, 5등이다. 즉, 알로에, 좋은 사람 있으면 만나, 흔들리는 풀잎 속에서, 마무리로 총 4곡이 2020년 4~6월간 매월 상위 15위에 포함된 음원이다.
ㄴ. 'Whale'은 2020년 5월 음원차트 상위 15위에 들지 못했으므로 GA의 최대 점수는 66,486일 것이다. 이는 6월에 73,333이 되었으므로 전월에 비해 6,000 이상 증가했다.

오답해설

ㄷ. 2020년 6월 음원차트 상위 15위 음원 중 6월 발매 신곡을 제외하고 전월 대비 순위 상승폭이 세 번째로 큰 음원은 '미워하게 될 줄 알았어'이다. 이 곡의 6월 GA 점수는 127,995이고 5월 GA 점수는 66,487이므로 두 배 이하이다.
ㄹ. 2020년 6월 음원차트 상위 15위 음원 중 6월 발매 신곡을 제외하고 전월 대비 순위가 상승한 음원은 4개이고 전월 대비 순위가 하락한 음원은 6개이다.

05

정답 ④

난도 하

정답해설

ㄱ. 독립에 무조건 찬성하는 사람의 비율은 27.4%로, 통일에 무조건 찬성하는 사람의 비율인 20.5%보다 높다.
ㄷ. 통일에 무조건 찬성과 조건부 찬성하는 경우 모두를 포함한 독립에 찬성하는 사람의 비율이 독립에 반대하는 사람의 비율보다 높다.

ㄹ. 독립에는 찬성하지 않지만 통일에는 찬성하는 사람의 비율은 8.5+13.6=22.1%이다.

오답해설

ㄴ. 찬성은 무조건 찬성과 조건부 찬성을 포함한다. 독립에 찬성하거나 통일에 찬성하는 사람의 비율은 둘 중 하나만 찬성하는 사람도 포함하므로 전체에서 독립과 통일에 모두 반대하는 사람을 빼면 된다. 이 비율은 100-4.5=95.5%이다.

합격 가이드

표에서 행과 열이 의미하는 것이 무엇인지 파악한다면 어렵지 않게 풀 수 있는 무난한 문항이다.

06
정답 ①

난도 중

정답해설

ㄱ. 화물차의 배출량 합 : 2,828+7,427+3+645=10,903
건설장비의 배출량 합 : 2,278+4,915+2+649=7,844

ㄴ. 상위 5개 배출원의 PM2.5의 배출비중의 합은 91.7%이다.

오답해설

ㄷ. NOx의 배출비중의 합은 82이므로 다른 산업에서 NOx의 배출비중이 9.0보다 클 가능성이 있다.

ㄹ. PM10의 전체 배출량은 $\frac{163}{5.2} \times 100 = 3,134.6$이다. 반면, VOC의 전체 배출량은 $\frac{200}{0.5} \times 100 = 40,000$이다.

07
정답 ⑤

난도 중

정답해설

ㄱ. 2020년 관리운영비는 309억 원이며 임직원 수는 305명이므로 임직원 당 관리운영비는 $\frac{309}{305} > 1$억 원 이상이다.

ㄷ. 중앙회 상임위원회의 여성 위원은 총 5명이며, 중앙회 분과실행 위원회의 여성 위원은 총 32명이다. 이들 모두가 동시에 중앙회 분과실행위원회 의원이기 때문에 중앙회의 여성 위원은 총 32명이다.

ㄹ. 지회 분과실행위원회의 50대 위원의 수는 총 199명이며, 지회 분과실행위원회의 학계 위원 수는 285명이다. 따라서 50대이며 동시에 학계 위원이 되는 최소 인원은 199+285-391=93명이다.

오답해설

ㄴ. 중앙회의 분과실행위원회의 현장위원은 85×71%=60명이며, 지회의 분과실행위원회의 현장위원은 391×27%=105명이다.

합격 가이드

중복하여 발생하는 인원의 숫자를 구하는 방법을 정확하게 아는지를 묻는 문제이다. 또한 사람이 나오는 문제의 경우에는 사람은 소수점으로 나눠지지 않기 때문에 소수점을 버림하고 인원을 정확하게 구해주는 것이 문제를 풀 때 틀리지 않는 방법이다.

08
정답 ④

난도 상

정답해설

ㄴ. 2009년 창업보육센터의 전체 입주업체 수는 279×17.1=4,770.9개이다. 2010년 창업보육센터의 전체 입주업체 수는 286×16.8=4,804.8개이다. 따라서 2010년 전체 입주업체 수가 더 많다.

ㄹ. 창업보육센터 입주업체의 전체 매출액은 창업보육센터 수와 창업보육센터당 입주업체 매출액을 곱하여 도출한다. 2009년은 2008년에 비해 전체 매출액이 확실히 증가했다. 그러나 2010년의 경우 창업보육센터 수는 279에서 286으로 소폭 증가한 반면, 창업보육센터당 입주업체 매출액은 91.0에서 86.7로 비교적 크게 감소하였다. 따라서 2010년 창업보육센터 입주업체의 전체 매출액은 전년에 비해 감소하였다.

오답해설

ㄱ. 2010년 전년대비 창업보육센터 지원금액은 306에서 353으로 증가했으므로 증가율은 15% 이상이다. 2010년 전년대비 창업보육센터 수는 279에서 286으로 증가했다. 증가율은 3% 미만이므로 총 5배 이상이다.

ㄷ. 2005년은 창업보육센터 수가 가장 많고, 지원금액은 가장 적으므로 계산할 필요 없이 창업보육센터당 지원금액이 가장 적다. 한편 2010년은 지원금액이 압도적으로 많아 창업보육센터당 지원금액이 1.2보다 크다. 1.2를 기준으로 다른 년도를 비교해보면 2009년을 제외하고 1 이하이며, 2009년도 1.2에 미치지 못하는 것을 확인할 수 있다.

합격 가이드

ㄴ에서 곱셈식을 나눗셈식으로 바꾸어 생각해보자. 즉, 279×17.1과 286×16.8의 비교가 아닌, $\frac{171}{168}$과 $\frac{286}{279}$로 비교해보자. 전자는 분모보다 분자가 3 크고, 후자는 7 크므로 2배 이상 차이가 난다. 그런데 각 분모 168과 279는 2배보다 적게 차이가 난다. 따라서 $\frac{286}{279}$이 더 크다. ㄹ도 마찬가지로 쉽게 계산할 수 있다.

09
정답 ③

난도 중

정답해설

ㄴ. 1765년 상민가구 수는 7,210×57.0%, 1804년 양반가구 수는 8,670×53.0%이다. 1765년에 비해 1804년 가구 수는 10% 이상 증가했다. 반면 1765년 상민가구 구성비에 비해 1804년 양반가구 구성비는 5% 미만 감소했으므로 1765년 상민가구 수가 1804년 양반가구 수보다 적다.

ㄹ. 1729년 대비 1765년에 상민가구 구성비는 59.0%에서 57.0%로 소폭 감소하였다. 한편 전체 가구 수는 1,480호에서 7,210호로 5배 가량 증가하였다. 따라서 상민가구 수는 증가하였다.

오답해설

ㄱ. 1804년 대비 1867년의 가구 수는 3배 이상 증가했다. 그러나 인구 수는 2배 정도 증가했다. 따라서 가구당 인구수는 감소하였다.

ㄷ. 노비가구 수는 1765년 7,210×2.0%, 1804년 8,670×1.0%, 1867년 27,360×0.5%이다. 따라서 1804년이 세 조사시기 중 가장 적다.

ㄷ에서는 가구 구성비가 0.5, 1.0, 2.0으로 2배씩 차이가 난다. 가구 구성비를 동일하게 맞추기 위해 양변에 2씩 곱해주면 비교가 훨씬 쉽다. 가령 1804년 8,670×1.0%, 1867년 27,360×0.5%를 비교하는 것보다, 8,670×2와 27,360을 비교하는 것이 빠르다.

---

10   정답 ④

난도 상

정답해설

ㄱ. '만 1세 초과 만 2세 이하'인 원아는 총 120명이다. 이 중 '이든샘' 어린이집 원아는 40명으로, 전체의 $\frac{1}{3}$이다.

ㄷ. 현재 원아수는 '만 5세 이하'인 원아와 '만 5세 초과'인 원아를 합하면 된다. '아이온'의 정원은 160명, 현재 원아수는 150명으로, 정원 대비 현재 원아수의 비율이 가장 낮다.

ㄹ. 현재 '윤빛' 어린이집의 '만 3세 초과 만 4세 이하'인 원아는 51명이다. 해당 연령의 보육교사 1인당 최대 보육가능 원아수는 15명으로, 현재 4명 고용되어 있다. 따라서 추가로 보육교사를 고용하지 않더라도 9명을 더 충원할 수 있다. 그러나 '윤빛'은 정원이 186명이고, 현재 원아수가 181명이므로 최대 5명까지만 받을 수 있다.

오답해설

ㄴ. '만 1세 이하'인 원아에 대해서는 보육교사가 2명, '만 1세 초과 만 2세 이하'인 원아에 대해서는 4명, '만 2세 초과 만 3세 이하'인 원아에 대해서는 4명, '만 3세 초과 만 4세 이하'인 원아에 대해서는 4명, '만 4세 초과'인 원아에 대해서는 5명이 필요하다. 따라서 '올고운' 어린이집의 현재 보육교사 수는 19명이다.

---

11   정답 ①

난도 상

정답해설

A기관이 밭으로 분류한 대상지 중 B기관이 혼합림으로 분류한 대상지 비율은 $\frac{30}{460}$이다. B기관이 밭으로 분류한 대상지 중 A기관이 혼합림으로 분류한 대상지의 비율 또한 같다.

오답해설

② B기관이 침엽수림으로 분류한 대상지 중 A기관 또한 침엽수림으로 분류한 대상지는 $\frac{5,230}{5,525}$이다. 이 비중은 90% 이상으로, B기관이 침엽수림으로 분류한 대상지 중 A기관이 다른 세부분류로 분류한 비중은 10%보다 작다.

③ B기관이 논으로 분류한 대상지 중 A기관도 논으로 분류한 대상지의 비율은 $\frac{840}{1,030}$이다. 한편 A기관이 논으로 분류한 대상지 중 B기관도 논으로 분류한 대상지의 비율은 $\frac{840}{1,030}$이다. 따라서 후자의 크기가 더 크다.

④ 두 기관 모두 삼림지역으로 분류한 대상지는 약 15,000개이다. 한편 두 기관 모두 활엽수림으로 분류한 대상지는 3,680개이다. 따라서 비율은 30% 미만이다.

---

⑤ 두 기관 모두 농업지역으로 분류한 대상지 중 두 기관이 서로 다른 세부분류로 분류한 대상지가 차지하는 비율은 $\frac{75}{1,230}$이다. 한편 A 또는 B기관이 하천으로 분류한 대상지는 341+396−281=456개, 두 기관이 모두 하천으로 분류한 대상지는 281개로 그 비율은 $\frac{271}{456}$이다. 따라서 후자가 압도적으로 크다.

---

12   정답 ②

난도 상

정답해설

2006년과 2007년 모두 1992년의 각 동일 분기 대비 비율을 보여주고 있으므로, 같은 분기의 자료는 크기 비교가 가능하다. 노동시간당 산출 비율을 살펴보면, 2007년의 각 분기에서 2006년 동기에 비해 모두 증가했음을 알 수 있다.

오답해설

ㄱ. 1992년의 자료는 확인할 수 없다.

ㄴ. 1992년 동기와 비교한 2007년 1인당 인건비 비율은 2분기가 1분기에 비해 감소했지만, 1992년의 1, 2분기의 1인당 인건비가 주어지지 않았기 때문에 절대적인 인건비가 줄었는지는 확인할 수 없다.

ㄹ. 비교대상이 같기 때문에 같은 3분기 내에서는 크기, 비율의 비교가 가능하다. 2007년 3분기의 노동시간당 인건비는 2006년 동기에 비해 (176.4−170.3)÷170.3×100÷3.58% 증가하였다.

주어진 자료는 1992년 각 동일 분기 대비 비율이라는 것을 명심해야 한다. 1992년의 노동시간, 산출, 인건비가 어땠는지는 전혀 알 수 없기 때문에, 비교 대상이 같은 동일 분기에서만 대소비교가 가능하다.

---

13   정답 ②

난도 상

정답해설

ㄴ. 이익수준의 전체 표준편차가 가장 큰 해는 2006년이므로, 2006년의 이익수준의 전체 평균 대비 하위 평균의 비율이 가장 큰지를 확인해보면 된다. 2006년의 해당 수치는 약 0.36으로 가장 크다.

ㄹ. 2003~2007년 적자보고율과 이익수준 상위 평균의 전년대비 증감방향은 매년 일치한다.

오답해설

ㄱ. 조사대상 기업 중에서 적자로 보고한 기업수는 2004년에 580×0.17=98.6개, 2005년에 620×0.15=93개이다. 조사대상 기업 중에서 적자로 보고한 기업수는 2005년에 최대가 아니다.

ㄷ. 이익수준의 상위 평균이 가장 높은 해는 2004년이지만, 전체 평균이 가장 높은 해는 2005년이다.

14 　　　　　　　　　　　　　　　　　　정답 ⑤

난도 중

정답해설

ㄴ. 생산직 근로자는 총 133명이고, 사무직 근로자는 총 87명이다. 총 인원이 1.5배 이상 차이나지만, '직위불안' 항목에서 '낮음'으로 응답한 근로자의 비율은 큰 차이가 없다. 따라서 생산직이 사무직보다 많다.

ㄹ. '보상부적절' 항목에서 '높음'으로 응답한 생산직 근로자는 60.15%, 사무직 근로자는 64.37%이다. 총 인원이 1.5배 이상 차이나지만 응답자 비율은 큰 차이가 없으므로, 생산직이 사무직보다 많다.

오답해설

ㄱ. '상위'에 해당하는 근로자의 비율은 '매우 높음'과 '높음' 비율을 합한 값이다. '관계갈등' 항목의 경우 생산직 근로자는 78.2%인 반면, 사무직 근로자는 74.71%이다.

ㄷ. '관계갈등' 항목에서 '매우 높음'으로 응답한 비율과 '매우 낮음'으로 응답한 비율의 차는 9%p 정도이다. 전체 생산직 근로자는 133명으로, 응답자의 차는 12명이다.

15 　　　　　　　　　　　　　　　　　　정답 ②

난도 하

정답해설

ㄱ. 수면제 D의 평균 숙면시간은 5.2시간으로 C-D-A-B 순서로 평균숙면시간이 긴 순서이다.

ㄷ. 수면제 B와 수면제 D의 숙면시간 차이가 가장 큰 환자는 2시간의 차이를 보인 환자 '갑'이다.

오답해설

ㄴ. 환자 '무'의 수면제 C에서의 숙면시간은 6시간이다. 환자 '을'과 환자 '무'의 숙면시간 차이는 수면제 C에서 1시간, 수면제 B에서 2시간이므로 B가 C보다 크다.

ㄹ. 수면제 C의 평균 숙면시간보다 수면제 C의 숙면시간이 긴 환자는 '갑', '정', '무'로 총 3명이다.

16 　　　　　　　　　　　　　　　　　　정답 ①

난도 하

정답해설

• A : 2003년도의 각 국가의 수출액 합과 수입액 합이 같아야 한다. 방정식을 세워보면, 814+1,021+1,421=A+1,557+897이고, A값은 802이다.

• B : 2006년 중국의 수입액은 1,423억불이므로, 일본에서 중국으로의 수출액은 1,423-618=805억불이다. 2006년 일본의 수출액 B는 한국으로의 수출액과 중국으로의 수출액의 합이므로 B=484+805=1,289이다.

• C : 2006년 한국의 수입액은 870억불이다. C+484=870이므로, C값은 386이다.

17 　　　　　　　　　　　　　　　　　　정답 ④

난도 하

정답해설

ㄱ. 2003년 한국의 수입액 A는 802억불이므로 해당 년도에 한국의 무역수지는 흑자를 기록하였다. 한국의 무역수지 적자가 가장 큰 해는 2002년으로, 27억불의 적자를 기록하였다.

ㄷ. 2006년 한·중·일 3국 수출액의 합은 수입액의 합과 같을 수밖에 없다. 타국과의 무역관계를 고려하지 않았기 때문이다.

ㄹ. 2006년 일본에서 중국으로의 수출액은 805억불로 중국으로부터의 수입액인 841억불보다 작다. 즉, 중국과의 무역에서 적자를 기록하였다.

오답해설

ㄴ. 2006년 중국의 수출액은 C+841=1,227억불이다. 중국은 2001~2006년 동안 매년 수출액보다 수입액이 크다. 즉, 매년 적자를 기록하였다.

18 　　　　　　　　　　　　　　　　　　정답 ④

난도 중

정답해설

ㄴ. 연도말 부채잔액 대비 당해년도 지급이자 비율은 2001년은 $\frac{926}{12,430}$, 2002년은 $\frac{953}{14,398}$이다. 분자는 10% 미만으로 증가한 반면 분모는 10% 이상 증가했으므로 비율은 전년도에 비해 낮아졌다.

ㄹ. 2002년도 부채 원금상환액은 (2001년도 말 부채잔액-2002년도 말 부채잔액+2002년도 연간 차입액)으로 계산한다. 이는 1,879이므로, 부채 원금상환액과 부채 지급이자를 더하면 2,832가 되므로 2002년도 통행료 수입인 2,200보다 크다.

오답해설

ㄱ. 유료도로 1km당 통행료 수입은 2001년 약 0.894에서 2002년 약 0.846으로 감소하였다.

ㄷ. 2000년도 통행료 수입의 전년대비 증가율은 20% 미만이다. 그러나 2002년도 통행료 수입의 전년대비 증가율은 20%보다 크다.

합격 가이드

ㄱ에서 가장 의심스러운 연도는 어디일까? 1998년부터 2001년까지는 유료도로 길이 증가분보다 통행료 수입 증가분이 더 많다. 그런데 2002년에는 유료도로 길이 증가분이 더 크다. ㄱ이 옳지 않은 것이 되려면 2002년이 반례가 되어야 하므로, 2002년만 확인해 보면 된다. ㄷ에서는 2002년이 가장 의심스럽다. 2000년에 전년대비 통행료 수입이 244가 증가했으므로, 2000년 이후에 통행료 수입 증가율이 더 높아지려면 통행료 수입 증가량이 244보다 커야 한다.

---

19 정답 ③

난도 중

정답해설

ㄱ. '가'국의 아시아에 대한 수출입액 비중은 1.4%p 증가한 것이다. 수출입액 자체는 2011년이 2010년에 비해 감소하였다.

ㄷ. '가'국의 유럽에 대한 수출입액이 전년대비 2.2% 감소한 것은 맞다. 그러나 수출액이 전년대비 5.9% 감소하고 수입액이 전년대비 3.7% 증가하였다면 수출입액이 전년대비 2.2% 감소할 수 없다.

ㅁ. 네덜란드에 대한 수출입액은 유럽 전체 수출입액의 17.6%를 차지한 것은 맞다. 그러나 네덜란드에 대한 수입액 대비 수출액 비율은 2011년이 2010년에 비해 감소하였다. 각 그림에서 네덜란드와 원점을 이은 직선의 기울기를 비교하면 된다. 2010년은 10/25보다 훨씬 크지만, 2011년은 10/25보다 작다.

오답해설

ㄴ. 표에서 2011년 수출입액의 전년대비 증감률이 모든 지역에서 음수인 것으로 확인할 수 있다.

ㄹ. 그림 2에서 '가'국의 대 유럽 수출입액 상위 5개국은 독일, 네덜란드, 이탈리아, 벨기에, 스페인이다. 이들의 수출입액 비중 합은 85.9%이다.

합격 가이드

자료해석에서 고득점을 얻기 위해서는 계산해야 할 선지와 계산하지 않고 풀어야 할 선지를 잘 구분해야 한다. ㄷ의 경우 수출입액이 전년대비 2.2% 감소하였다는 내용과, 수출액이 5.9% 감소하고 수입액이 전년대비 3.7% 증가했다는 내용이 모순된다. 이는 증가율과 감소율의 차이가 2.2%p라는 것에서 착안한 함정이다. 따라서 계산할 필요도 없이 옳지 않은 선지이다. ㅁ에서도 비율을 계산할 필요 없이 원점에서 직선을 그어 기울기를 비교하면 된다.

---

20 정답 ①

난도 하

정답해설

ㄱ. C7은 2010년 직접거래관계의 수가 3에서 2011년 5개로 가장 많이 증가하였다. 한편 C4는 2010년 직접거래관계의 수가 6개에서 2011년 3개로 가장 많이 감소하였다.

ㄴ. C2는 2010년 직접거래액의 합이 22에서 2011년 28로 가장 많이 증가하였다. 한편 C4는 2010년 직접거래액의 합이 32에서 20으로 가장 많이 감소하였다.

오답해설

ㄷ. 2010년과 2011년 직접거래관계의 수가 동일한 기업은 C1, C3, C5, C6, C8로 총 5개이다.

ㄹ. 2010년과 2011년 총 직접거래관계의 수는 동일하다.

합격 가이드

표 1과 표 2에서도 각 기업의 직접거래관계를 확인할 수 있다. 즉, 거래액이 0보다 크다면 그림 1과 그림 2에서도 실선으로 연결되어 있다. 이 문제에서는 직접거래관계 수를 그림을 통해 확인하는 것이 편하지만, 문제 구성에 따라 표와 같은 형식을 활용할 수 있음을 유의하자. 또한, 각 선지에 따라 일일이 계산하는 대신 그림에 기업별 직접거래관계 수를 표시해 두는 것도 좋은 방법이다.

---

21 정답 ③

난도 상

정답해설

해당 문항은 조건을 연속적으로 적용하는 방식으로 조합을 줄여나가야 한다.
첫 번째 조건을 적용하면, 세종은 A, B가 될 수 없다.
두 번째 조건을 적용하면, A가 서울일 때 B는 부산, 대구, 인천, 광주, 대전, 울산이 될 수 있으며, A가 부산일 때 B는 광주, 대전, 울산이 될 수 있다.
세 번째 조건을 적용하면, A가 서울일 때 B는 광주, 대전이 될 수 있으며 A가 부산일 때 광주, 대전이 될 수 있다.
네 번째 조건을 적용하면, A가 서울, B가 광주이다.
이를 바탕으로 수치를 비교하면 답은 ③이 된다.

합격 가이드

해당 문제는 보이는 것보다 더 어려운 문제이며, 새로운 매칭형 유형이다. 순서대로 단계를 적용해보면서 A와 B 조합을 소거해야 한다. 기존의 매칭형보다 까다롭기 때문에, 실전에서 이처럼 까다로운 신유형을 만난다면 풀지 않고 넘어가는 것도 좋은 전략이다.

---

22 정답 ①

난도 상

정답해설

선지를 봤을 때 A와 B가 동식물상, 문화재 둘 중 하나임을 알 수 있다. 표 1을 보면 B는 전문가순위에서 6등이다. 소음은 5등이며 7등은 자연경관이다. 그런데 최종등급을 보면 소음이 6등이며, 자연경관은 표 2의 평균중요도 순위를 고려하면 소음보다 등수가 높다. 따라서 7등은 평균중요도 순위에서 7등을 한 문화재가 되어야 한다. 이를 위해선 문화재가 B여야 한다. 그리고 자연스럽게 동식물상이 A가 된다.
대기질은 수질과 종합순위값이 같지만, 평균중요도 순위에서 더 높기 때문에 등급산정방식에 따라 2위가 된다. 따라서 답은 ①이 된다.

합격 가이드

해당 문제는 표 1, 표 2의 순위를 먼저 매기는 것이 그렇게 어렵지 않으므로 빠르게 순위를 매기고 매칭하는 것이 쉽다. 표 2가 순위를 매기기 다소 어려울 수 있는데, 가평균 개념을 활용한다면 신속하게 구할 수 있다.

난도 상

정답해설

ㄷ. 석회석, 백운석, 대리석 전체의 경우 강원도에 매장량이 79.5%가 집중되어 있다. 따라서 석회석의 매장량은 79.5%가 아닐 것이다. 한편, 백운석의 지역별 매장량은 강원, 경북, 충북 순으로 많다. 대리석의 지역별 매장량은 강원, 충북, 경기 순으로 많다.

ㄹ. 고품위 광산의 경우 강원도에 있는 광산이 48개로 50%에 미치지 못한다.

오답해설

ㄱ. 비금속광은 전체 매장량의 88.7%를 차지하고 있다. 한편 5대 광종의 매장량은 전체 매장량 87.7%를 차지하고 있으며, 이는 비금속광의 95.0%(전체의 84.2%) 이상이다.

ㄴ. 석회석, 백운석, 대리석의 가채매장량은 각 매장량의 70.0%를 초과한다. 각 매장량의 앞 3자리 수에 7을 곱하여 어림산하면 수월하다. 한편 석회석 가채매장량의 10%를 구한 뒤 2로 나누면 5.0%를 계산할 수 있다.

합격 가이드

이 문제는 자료해석에서 요구되는 여러 스킬들이 요구되는 좋은 문제이다. ㄱ과 ㄴ의 경우 얼마나 계산을 빠르게 할 수 있는지를 평가한다. 세밀한 계산을 하라는 것이 아니라, 어림산이나 5.0%와 같은 특징적인 비율을 쉽게 접근할 수 있는지를 묻는 것이다. ㄷ의 경우, 가장 좋지 않은 접근 방식은 79.5%를 직접 계산하는 것이다. 하지만 전체 구성비가 79.5%라는 것이 표에 제시되어 있으므로, ㄷ은 계산하지 않고도 틀린 선지라는 것을 알 수 있다. 또한 전체 구성비가 79.5%라는 것을 확인하지 못했다고 하더라도, 여전히 79.5%를 계산하는 것은 비효율적이다. 계산이 복잡하므로 우선 다음 문장으로 넘어가야 한다. 다음 문장에서는 백운석과 대리석의 지역별 매장량에 대해 언급하고 있는데, 이는 단순히 표에서 순서만 확인하면 된다. 백운석과 대리석 매장량 순서가 잘못되었으므로 ㄷ이 틀렸다는 것을 알 수 있다. 복잡한 계산은 최후의 수단임을 명심하자.

난도 중

정답해설

ㄴ. 총노선 수의 전년 대비 감소폭은 2017년 3개, 2018년 3개, 2019년 4개, 총차량대수의 전년 대비 감소폭은 2018년 3대, 2019년 61대, 2020년 16대이다. 따라서 전년 대비 감소폭은 2019년이 총노선 수와 총차량대수 모두 가장 크다.

ㄷ. 2019년 심야버스만 전년에 비해 차량대수가 23대 증가했고 전년 대비 차량대수 증가율은 $\frac{23}{47} \times 100 = 49\%$이다.

ㄹ. 2016~2020년 노선 수 대비 차량대수 비는 간선버스가 지속적으로 30에 가깝고 이는 지선버스와 광역버스보다 압도적으로 크다.

오답해설

ㄱ. A시 버스 총노선 수는 2019년에 351개에서 2020년에 354개로 증가한다.

ㅁ. 2016년 심야버스의 노선 수 대비 차량대수 비는 5인 반면, 순환버스는 6.25이다.

난도 상

정답해설

ㄱ. 배송업체 A를 이용한 경우의 비용은 다음과 같다(천 원단위 생략).
- 갑 : (300×500)+(120×17)=152,010
- 을 : (200×500)+(110×1.1×10)=126,210
- 병 : (320×500)+(130×0.7×8)=160,728
- 정 : (400×500)+(80×0.8×13)=200,832
- 무 : (270×500)+(150×0.5×20)=136,500

ㄴ. ㄱ에서 보았듯이 의자 제작비용이 저렴할수록 유리하다. 따라서 '을'을 기준으로 살펴보면 (250×300)+(110×1.1×6)=75,726천 원이므로 소요비용이 1억 원 미만이다.

ㄹ. '을'의 경우 의자를 590개 설치할 경우에 제작비용이 (250×590)+(110×0.9×12)=148,688천 원이므로 소요비용이 1.5억 원 미만이다.

오답해설

ㄷ. 제작비용이 차이가 많이 나는 것이지 배송비용은 차이가 많이 나지 않는 것을 고려하여 '을'과 '무'만 비교한다.
- 을 : (250×300)+(110×0.9×6)=75,594천 원
- 무 : (270×300)+(150×0.3×12)=81,540천 원

합격 가이드

단위를 주목하여 계산해야 한다. 또한 많은 계산을 요구하는 것처럼 보이나 동일한 개수의 의자를 설치하기 때문에 의자 제작비용이 가장 싼 기업이 당연히 유리할 것임을 고려하자.

난도 상

정답해설

표에 제시된 것은 평균 연봉 지급액이다. 연봉 지급 총액은 평균 연봉 지급액에 현원을 곱하여 도출해야 한다. 연구 인력과 지원 인력의 평균 연봉 지급액은 비슷하지만 인력 수는 크게 차이가 나므로, 연봉 지급 총액 구성비율도 그만큼 차이가 나야 한다.

오답해설

① 지원 인력 현원을 지원 인력 정원으로 나누어 지원 인력 충원율을 도출할 수 있다. 표는 오른쪽으로 갈수록, 그래프는 위로 갈수록 최근 수치를 나타낸다는 것에 유의하자.

② 연구 인력과 지원 인력 현원을 비교하여 도출할 수 있다. 직접 정확한 비율을 도출하기 보다는 첫 해만 계산해보고 지원 인력의 비중이 점점 늘어나는지만 확인하면 된다.

③ 지원 인력 중 박사학위 소지자는 매년 3명으로 동일하다. 지원 인력 현원은 계속 증가하므로 박사 학위 소지자 비율은 매년 감소해야 한다.

④ 표에서 그대로 확인할 수 있다. 때때로 지원 인력과 연구 인력을 바꾸어 표시하는 것과 같은 함정이 있을 수 있으니 이것만 확인하자.

합격 가이드

각 선지 모두 어느 정도 계산을 요한다. 이런 경우 앞에서부터 일일이 계산하기보다는 계산이 쉬운 선지부터 소거해 나가야 한다. 이때 가장 눈여겨보아야 할 것은 '계산할 필요도 없이 틀린 선지'가 있는가 이다. 이 문제에서는 ⑤가 계산할 필요도 없이 틀렸다.

27 정답 ⑤

난도 상

정답해설

정식재판기소 인원과 약식재판기소 인원의 합은 기소 인원인데, 매년 기소 인원은 처리 인원의 절반이 되지 않는다.

오답해설

① 2017년 처리 인원은 전년 대비 증가했지만, 기소 인원은 2016년에 비해 감소하였다.

② 2018년 기소 인원은 14,263명으로 2014년에 비해 증가했지만, 기소율은 오히려 감소하였다.

③ 2018년 불기소 인원은 23,889명으로 2017년의 19,039명보다 더 많다.

④ 2014년 불기소 인원은 19,449명이고, 정식재판기소 인원은 1,966명으로 10배가 되지 않는다.

28 정답 ④

난도 중

정답해설

ㄱ. 보고서의 첫 번째 문단에서 매출액 및 관객수를 제시하고 있다. 2018년 매출액은 전년 대비 2배 이상으로 증가했으며, 2014년 이후 매출액과 관객수 모두 매년 증가하고 있다.

ㄴ. 보고서의 두 번째 문단에서 2017년 개막편수 및 공연횟수를 제시하고 있다. 전체 개막편수는 5,288건으로, 유일하게 3월만 528건을 넘게 개막하였다. 또한 전체 공연횟수는 52,131건으로, 유일하게 8월만 5,213건 넘게 공연하였다.

ㄹ. 보고서의 네 번째 문단에서 입장권 가격대별 관객수를 제시하고 있다. '3만 원 미만' 입장권 관객수는 절반 이상(57%)을 차지하였으며, 이는 '7만 원 이상' 입장권 관객수 비율인 14.5%의 3.5배 이상이다.

오답해설

ㄷ. 보고서의 세 번째 문단에서 장르별 매출액 및 관객수를 제시하고 있다. 보고서에서는 관객수 상위 3개 장르가 공연예술계 전체 관객수의 90% 이상을 차지하는 것이라고 밝혔는데, 선지의 자료에서는 하위 2개 장르의 관객 수가 516명으로 전체의 10% 이상을 차지한다.

> **합격 가이드**
>
> 실전 문제를 풀면서, 또 복습을 하면서 항상 어떻게든 계산을 줄이려고 노력하자. ㄷ에서 상위 3개 장르 관객수가 90%를 넘는지 확인하는 것보다 하위 2개 장르 관객수가 10% 이하인지를 확인하는 것이 훨씬 빠르다.

29 정답 ④

난도 하

정답해설

ㄱ. 기명과 무기명 요금은 A~E리조트 순서로 구성되어 있다.

ㄴ. B리조트 회원요금 중 가장 높은 것은 성수기 무기명이며 가장 낮은 것은 비수기 기명이다. 계산하면 125,000원이 나온다.

ㄹ. 요금의 차이가 작기 위해선 기본 요금의 차이가 작아야 한다. E리조트가 기본요금도 작으며, 비수기 무기명과 기명의 할인율의 차이가 5%p로 작으므로 E리조트가 비수기 기명, 무기명 요금 차이가 가장 작은 리조트가 된다. 성

수기도 E리조트의 기본 비용이 적고 두 할인율 차이도 5%p 밖에 나지 않으므로, 이 역시 E리조트가 가장 작다.

오답해설

ㄷ. 해당 선지를 접근할 때는 비수기와 성수기의 요금, 할인율 차이가 큰 것들 위주로 접근해야 한다. A리조트와 B리조트가 기명 성수기, 비성수기 요금이 15%p로 차이가 가장 많이 난다. 이 중 A리조트가 비수기와 성수기 일반요금의 차이가 더 크다. 비수기 회원 요금이 150이 나오는데, 성수기는 300이 넘어가므로 2배가 넘는다.

> **합격 가이드**
>
> 실전에서 ㄷ은 풀 필요가 없다. ㄹ 역시 구체적 계산은 필요하지 않다. 가장 작기 위해선 기본적으로 요금이 작은게 중요하단 점을 명심하도록 하자.

30 정답 ⑤

난도 상

정답해설

ㄱ. 표 1과 표 3을 통해서 알 수 있다. 표 1만으로는 2인 공동 수상과 3인 공동 수상을 구분할 수 없기 때문에 표 3을 같이 활용한다. 표 1에서 1981~1990년 전체 수상 횟수는 30회이고 공동 수상 횟수는 22회이므로 단독 수상자 수는 8명인 것을 알 수 있고, 표 3에서 해당 기간 총 수상자는 65명인 것이 나와 있다. 따라서 1981~1990년 동안 전체 공동 수상자 수는 65-8=57명이다.

ㄴ. 표 1만으로 추론이 가능하다. ㄱ의 메커니즘을 알았다면 빠르게 파악할 수 있다. 2001~2010년 공동 수상 횟수는 총 27회이고, 공동 수상 비율이 90.0%이므로 전체 수상 횟수는 30회인 것을 알 수 있다. 따라서 해당 기간 전체 단독 수상자 수는 30-27=3명이다.

ㄷ. 표 2를 통해서 알 수 있다. 1901~2010년 물리학상 단독 수상 횟수는 100-57=43회로 수상자 역시 43명이고, 2인 공동 수상 횟수는 29회이므로 2인 공동 수상자는 29×2=58명이다. 마지막으로 3인 공동 수상 횟수는 28회이므로 3인 공동 수상자 수는 28×3=84명이다. 따라서 해당 기간 동안 물리학상 전체 수상자 수는 43+58+84=185명이다.

> **합격 가이드**
>
> 3개의 표 중에 어느 자료로부터 도출하는지 판단하기도 쉽지 않다. ㄱ을 파악하여 메커니즘을 알면 ㄴ과 ㄷ 역시 빠르게 알 수 있지만 실전에서 고난도 문제를 바로 파악하기는 쉽지 않다. 한 가지 방법이라면 ㄱ의 1981~1990년 기간이 주어진 자료는 표 1과 표 3 뿐이기 때문에 해당 자료에서만 데이터가 추출되어야 한다는 점을 안다면 조금이라도 빠르게 접근할 수 있을 것이다. 다만 쉬운 문제든 어려운 문제든 같은 점수이기 때문에 실전에서는 이러한 고난도 문제는 빠르게 넘기고 다른 문제부터 해결하는 것도 하나의 전략이 될 수 있다.

31

난도 상

정답해설

ㄱ. 표 2만으로 알 수 있다. 생리·의학상 분야 전체 수상 횟수는 100회, 2인 공동 수상 횟수는 31회로 31%를 차지한다.

ㄹ. 표 1만으로 알 수 있다. 1921~1930년 동안 단독 수상 횟수는 27-6=21회이므로, 1941~1950년 동안 단독 수상 횟수인 24-8=16회보다 5회 더 많다.

ㅁ. 표 1만으로 알 수 있다. 2001~2010년 동안 전체 단독 수상 횟수는 3회, 1901~2010년 동안 전체 단독 수상 횟수는 140회이다. 따라서 3% 이하이다.

오답해설

ㄴ. 표 2만으로 알 수 있다. 해당 기간 동안 화학상 분야의 단독 수상자 수는 100-40=60명, 물리학상 분야의 단독 수상자 수는 100-57=43명이다. 따라서 1.5배가 되지 않는다.

ㄷ. 표 2만으로 알 수 있다. 해당 기간 동안 단독 수상자 수는 300-160=140명으로, 50%가 되지 않는다.

합격 가이드

종합 문제의 전체적인 난도는 높지만 개별 문항만 놓고 보면 굉장히 쉬운 문제이다. 보기부터 보고 일치부합을 판별하면 어렵지 않게 접근이 가능하다.

32

난도 상

정답해설

ㄱ. 춘궁농가 비율은 충청남도에서 69.7%로 가장 높았고 함경북도에서 20.5%로 가장 낮았다.

ㄴ. 주어진 표에서 '춘궁농가 비율-경작유형' 열을 살펴보면, 모든 지역에서 소작농이 가장 높았다.

ㄷ. 농가호수는 (춘궁농가 호수)÷(춘궁농가 비율)×100이다. 경상북도의 농가호수는 144,895÷42.1×100=344,169호이고, 전라남도의 호수는 170,337÷56.4×100=302,016호이다. 따라서 경상북도의 농가호수가 더 많았다.

오답해설

ㄹ. 경상남북도 춘궁농가 호수의 합은 274,767호이고 전라남북도 춘궁농가 호수의 합은 307,095호이다. 즉 전라남북도의 춘궁농가 호수의 합이 더 크다.

ㅁ. 전국의 춘궁농가 비율은 48.3%이므로 절반 이하이다.

합격 가이드

꽤 까다로운 계산이 수반되는 문제이다. 어림으로 풀기에 쉽지 않은 문제이므로 정확한 계산의 주의를 요한다. ㄱ과 ㄴ을 쉽게 파악한 후에 ㄷ보다는 비교적 쉬운 ㄹ을 파악함으로써 문제를 조금 쉽게 해결할 수 있다.

33

난도 상

정답해설

2011년 12월 칠레지사 수출 상담실적이 256건이라면 2011년 총 칠레지사의 수출 상담실적은 900건이다. 전년대비 수출 상담실적 증가율은 약 90%로 100%에 미치지 못한다.

오답해설

① 2011년 1~11월 태국지사 수출 상담실적은 2,520건으로, 전년 동기 대비 80% 증가하였다. 즉, 2010년 1~11월 태국지사 수출 상담실적은 2,520÷180×100=1,400건이다. 따라서 2010년 12월 태국지사 수출 상담 실적은 126건으로 100건 이상이다.

② 전년 대비 2010년 수출 상담실적 건수가 가장 많이 늘어난 해외지사는 인도지사로, 전년대비 1,197건 증가하였다.

③ A무역회사 해외지사의 수출 상담실적 건수 합계는 2009년 5,623건, 2010년 7,630건, 2011년 최소 20,227건으로 매년 증가하였다.

④ 2008~2010년 동안 매년 싱가포르지사와 미국지사의 수출 상담실적 건수의 합은 독일지사의 건수보다 적다.

합격 가이드

①에서는 증가/감소된 후의 데이터에서 증감폭을 역으로 활용하여 그 전의 데이터를 이끌어낼 수 있어야 한다. 비율 계산에 있어 실수하지 않도록 하자. ⑤의 경우 정확한 계산은 필요 없다. 100% 증가율이란 2배 이상의 증가를 말하는데, 900의 절반은 450이므로 900은 472의 2배가 되지 못한다. 따라서 100% 이상 증가라고 하면 틀리게 된다.

34

난도 하

정답해설

ㄱ. 주어진 선지의 순서가 맞다고 가정하고 내려가며 더 큰 값이 있는지 확인한다. 반도체가 1등이고 그보다 큰 것이 없다면 다음 순서인 석유제품으로 내려가는 순서로 파악한다. 순서대로 반도체, 석유제품, 자동차, 일반기계, 석유화학, 선박류가 나열된다.

ㄴ. 2013년 대비 2015년 수출액 비중이 증가한 것은 가전, 무선통신기기, 반도체, 일반기계, 자동차, 자동차부품, 컴퓨터 7개 품목이다.

오답해설

ㄷ. 2013년 세계수출시장 점유율은 선박류, 평판 디스플레이, 석유화학, 반도체, 무선통신기기 순서이고, 2014년은 선박류, 평판디스플레이, 반도체, 석유화학, 자동차부품이다. 3위와 4위 순서가 역전되었고 5위가 바뀌었다.

합격 가이드

선지에서 순서를 줄 경우, 일일이 순서를 매기기보다 그것이 맞다고 가정하고 실제로 맞는지 확인하는 것이 더 효율적이다. 즉 1등으로 제시된 것보다 큰 것이 없다면 실제로 그것이 1등이고, 다음에 2등을 검증하는 식으로 진행한다. ㄷ과 같은 순서 찾기 및 변동 찾기의 경우 맨 앞자리 단위, 숫자를 비교하면 빨리 찾을 수 있으며 3위와 4위가 변동된 것을 알았음으로 실전에서 5위를 찾을 필요가 없다.

35

난도 상

정답해설

각주의 공식들을 활용하면 $\dfrac{\text{세대별 일반관리비}}{\text{세대별 면적}} = \dfrac{\text{아파트 일반관리비 총액}}{\text{세대유형별 총면적의 합계}}$ 의 관계를 도출할 수 있다.

이후 선지가 맞다고 가정하고 세대별 면적에 D의 값인 118.9를 대입하면 좌변은 약 304, 후변은 247이므로 같지 않다. 따라서 '가' 세대는 D 유형이 아니다.

오답해설

① 2013년 8월 '가' 세대 관리비는 242,020원인데 그 40%는 96,0000이고, 전기료는 그 이하이다.

③ 2013년 2월부터 8월까지 관리비는 매월 감소한다.

④ 주어진 온수 사용량 합계에서 9를 빼고 12로 나누는 것이 주어진 기간 동안 평균 온수 사용량이다. 200으로 어림하여 계산하면 약 16.6이다. 이보다 사용량이 큰 달은 2012년 11월, 2013년 1월, 2월, 3월, 4월, 5월로 6개이다.

⑤ 210의 105를 곱해도 22,050이며 그 4배는 97,359보다 작다.

합격 가이드

필요한 작업은 아니나 ②에서 '가' 세대는 E 유형이다. 그러나 이를 찾는 계산이 더 어려우므로 해설의 방법으로 접근함이 효율적이다. 또한 구체적인 수치를 구하기 보다 좌변이 약 300임을 알았다면 세대유형 총면적의 합계에 300을 곱해서 아파트 일반관리비 총액과 대소를 비교하여 쉽게 풀 수 있다. 핵심은 각주 공식들 간의 관계를 찾는 것이다. 관계를 찾기 힘들다면 다른 선지를 풀고 소거하여 답을 낼 수 있다. 그러나 기본적으로 관계를 찾기 어렵기 때문에 실전에서는 일단 풀지 않고 넘기는 것이 좋은 전략이다.

36

난도 중

정답해설

기혼 취업여성은 표 1의 기혼 여성에서 기혼 비취업여성 수를 빼서 구해야 한다. 전체 기혼 취업여성은 5,756명이고 25~29세 기혼 취업 여성은 264명이므로 약 4.5%에 불과하다.

오답해설

① 기혼여성 중 경제활동인구는 취업자와 실업자를 모두 포함하므로, 표 1의 기혼여성에서 비경제활동인구 수를 빼면 도출할 수 있다.

② 표 1에서 비취업여성 현황을, 표 2에서 경력단절여성 현황을 확인할 수 있다.

④ 표 2에는 30~34세, 35~39세가 나누어져 있으므로 30~39세 기혼 경력단절여성의 경력단절 사유는 두 항목을 각각 더하여 도출해야 한다.

⑤ 표 2에서 경력단절여성의 수가 연령대별로 나타나 있으므로 이를 통해 구성비를 도출할 수 있다.

합격 가이드

①에서 경제활동인구 수를 정확하게 계산할 필요는 없다. 전환형을 비롯한 자료해석 문제 대부분 틀린 선지가 매우 명확하다. 1의 자리 숫자만 계산하여 확인하는 것도 한 방법이다. 또한 ⑤와 같이 전체 비율을 구해야 하는 경우가 종종 있다. 이럴 때에는 각 항목의 비율을 일일이 계산하기 보다는 각 항목의 상대적 크기를 비교하는 것이 낫다. 가령, 25~29세와 50~54세의 구성비 합이 35~39세 구성비와 비슷하므로, 표 2에서도 25~29세와 50~54세 경력단절여성 수가 35~39세 경력단절여성 수와 비슷한지를 확인하면 된다.

37

난도 상

정답해설

지목	면적×면적당 지가	보상 배율	
		감정가 기준	실거래가 기준
전	3×2,500	1.8	3.2
답	2×2,500	1.8	3.0
대지	8×2,500	1.6	4.8
임야	2×2,500	2.5	6.1
공장	6×2,500	1.6	4.8
창고	2×2,500	1.6	4.8

보상비＝용지 구입비＋지장물 보상비
용지 구입비＝면적×면적당 지가×보상 배율
지장물 보상비＝용지 구입비×20%
∴ 보상비＝면적×면적당 지가×보상 배율×1.2

ㄱ. 감정가 기준 총보상비는 39.6×2,500×1.2, 실거래가 기준 총보상비는 104.6×2,500×1.2이므로 2배 이상이다.

ㄴ. 대지는 보상비가 8×2,500×3.2, 임야는 2×2,500×3.6, 공장은 6×2,500×3.2만큼 증가하여 모두 대지보다 증가폭이 작다.

ㄹ. '공장'의 감정가 기준 보상비는 6×2,500×1.6×1.2, '전'의 실거래가 기준 보상비는 3×2,500×3.2×1.2로 같다.

오답해설

ㄷ. 기준과 무관하게 지목별 보상비에서 용지 구입비가 차지하는 비율은 1/1.2로 일정하다.

합격 가이드

면적과 면적당 지가는 모두 50의 배수이므로, 일일이 계산하기보다 50으로 일률적으로 나누어 계산하면 편하다. 또한 이 문제와 같이 직접 곱셈을 하지 않고 판단이 가능한 경우가 상당히 많다는 점도 유의하자.

38

난도 상

정답해설

ㄱ. 한 경기에 양 팀이 받는 승점의 합은 3점이다. 총 7팀이 있고, 나머지 6팀과 한 경기씩 하므로 Z리그는 총 21경기가 열린다. 따라서 최종 승점 합은 63점이다.

ㄴ. E의 최종승점은 7점이고, 3경기에서 승점 1점을 얻었으므로, 승리한 세 경기에서 승점을 2점씩 얻어야 한다.

ㄷ. G가 경기한 총 세트 수는 14세트이다. A는 1, 2, 6경기에서 6세트를 했으므로, 3, 4, 5경기에서 8세트를 하고 2승 1패를 거두었다. 그리고 세 경기에서 승점 6점을 얻었다. 따라서 세 경기에서 치른 세트의 조합은 (3,3,2) 가 되어야 하고 2:0, 2:1, 1:2의 결과를 얻어야 한다.

39

난도 상

정답해설
ㄴ. 2016년 노령화지수는 119.3%로 100% 이상이므로, 노인인구가 유소년인구보다 많다는 것을 알 수 있다.

ㄷ. 2016년 유소년인구는 6,857.5천 명, 생산가능인구는 36,207.5천 명이고, 노년부양비는 8,181÷36,207.5×100=22.6%이다.

ㄹ. 2020년의 생산가능인구는 9,219÷25.6×100=36,011.7천 명으로 예상되므로, 2030년의 2020년 대비 생산가능인구 감소폭은 600만 명 이상일 것으로 예상된다.

오답해설
ㄱ. 2030년 노인인구 인구수는 48,941×0.28=13,703.5천 명으로, 2020년에 비해 약 48.6% 증가할 것으로 예상된다. 즉 증가율은 55%가 되지 않을 것이다.

> **합격 가이드**
>
> 노년부양비와 노령화지수의 계산식으로부터 인구수를 이끌어내야 하며, ㄱ, ㄷ, ㄹ은 어림 계산으로는 풀기 힘든 까다로운 문제이다. 다만 ㄴ의 경우는 노령화지수가 의미하는 바만 파악한다면 바로 풀 수 있기 때문에 ㄴ에서 시간을 줄여야 한다.

40

난도 상

정답해설
ㄱ. 각 종목의 '국내판매점수' 합은 10,000점, '해외판매점수' 합은 5,000점이 되어야 한다. 따라서 E의 '국내판매점수'는 약 3,000점, '해외판매점수'는 약 1,100점이다.

ㄴ. (국내판매점수×14만÷10,000)과 (해외판매점수×10만÷5,000)을 비교해야 한다. 두 식을 정리하면 국내판매점수×0.7과 해외판매점수를 비교하는 것이 된다. 이에 따르면, 후자가 더 높은 종목은 A, C, F, G로 4개이다.

ㄷ. 해당 종목 입장권 발행량 $= \dfrac{\text{해당 종목 입장권 판매량}}{\text{판매율점수}} =$

$$\dfrac{(\text{국내판매점수}\times\text{입장권 국내판매량}\div10{,}000)+(\text{해외판매점수}\times\text{입장권 해외판매량}\div5{,}000)}{\text{판매율점수}}$$

점수가 된다.

종목별로 공통된 부분을 소거하면, $\dfrac{\text{국내판매점수}+(\text{해외판매점수}\times2)}{\text{판매율점수}}$ 를 비교하면 된다. 이 값은 G의 경우 약 1.7로, 가장 적다.

> **합격 가이드**
>
> 언뜻 보기에 각 선지를 어떻게 접근해야 할지 난감할 수 있다. 이럴 때일수록 조건에 제시된 공식을 더욱 유심히 살펴보아야 한다. '국내판매점수'는 해당 종목 입장권 국내 판매량을 입장권 국내 판매량으로 나눈 값이므로, 각 종목별 '국내판매점수'를 모두 더하면 분모=분자의 합이 된다. 한편 ㄴ, ㄷ과 같이 두 식을 비교하는 경우 두 식에 적당한 수를 곱하거나 나누는 등으로 조작하여, 최대한 계산하기 편한 방향으로 유도해야 한다.

기출심화 모의고사 정답 및 해설 95

01	02	03	04	05	06	07	08	09	10
④	②	④	④	①	④	④	⑤	③	②
11	12	13	14	15	16	17	18	19	20
③	①	②	④	②	①	①	④	⑤	②
21	22	23	24	25	26	27	28	29	30
④	⑤	⑤	④	④	③	④	⑤	③	①
31	32	33	34	35	36	37	38	39	40
⑤	④	②	②	③	④	②	①	②	⑤

합격 가이드

'권한'에 관하여 규정하고 있는 법조문의 경우에는 권한과 해당 권한을 행사할 수 있는 주체가 제대로 연결되었는지, 기속규정인지 재량규정인지를 유념하여 풀어야 한다. ③번 선지와 ④번 선지는 권한과 해당 권한을 행사할 수 있는 주체가 부합하지 않는 오답 선지이고 ⑤번 선지는 재량규정을 기속으로 해석하여 틀린 선지이다. 따라서 이러한 유형의 문항에서는 선지부터 보면서 발췌해서 읽되, 해당 선지가 정형화되어 있는 오답유형에 속하는지를 고려하여 판단한다면 보다 정확하게 문항을 풀 수 있다.

01
정답 ④

난도 하

정답해설

ㄱ. 정보공개서를 제공한 날부터 14일이 지나지 않았고, 가맹계약의 체결일부터 4개월이 지나지 않았으므로 가맹금을 반환하여야 한다.

ㄷ. 정보의 내용이 사실과 다르므로 가맹계약 체결 전에 가맹금의 반환을 요구할 경우에는 그에 응해야 한다.

오답해설

ㄴ. 가맹본부가 가맹사업을 일방적으로 중단한 경우에 가맹금을 반환해야 하는 것이다.

합격 가이드

이 문제에서는 포인트가 되지 않았지만 세 번째 조의 '서면으로 요구'라는 부분은 얼마든지 출제의 포인트가 될 수 있다.

02
정답 ②

난도 하

정답해설

제2조 제1항에 따라 A도지사가 제출한 기본계획을 환경부장관이 승인하기 위해서는 관계 중앙행정기관의 장과 협의하여야 한다.

오답해설

① 제2조 제3항 제7호에 따라 기본계획에는 재원의 확보계획이 포함되어야 한다.

③ 제3조 제1항에 따라 환경부장관은 10년마다 종합계획을 수립하여야 한다.

④ 제2조 제2항에 따라 B군 군수는 10년마다 기본계획을 세워 도지사에게 제출하여야 한다.

⑤ 제3조 제2항에서는 계획변경에 대해 환경부장관의 재량을 인정하고 있다. 따라서 변경해야 할 의무는 없다.

03
정답 ④

난도 중

정답해설

두 번째 조 제2항에 따르면 비축용 농산물은 생산자 또는 생산자단체로부터 수매할 수 있다. 그리고 동조 제3항에 따르면 이 수매의 주체가 농림축산식품부장관인 사실을 확인할 수 있다.

오답해설

① 첫 번째 조 제1항에 따르면 저장성이 없는 농산물의 가격안정을 위해 해당 농산물을 수매할 수 있다. 그리고 동조 제3항에 따르면 해당 사업을 한국농수산식품유통공사가 위탁받을 수 있다. 그러나 수출 제한에 대한 정보는 제시되어 있지 않다.

② 첫 번째 조 제1항에 따르면 채소류 등 저장성이 없는 농산물의 가격안정을 위해 해당 농산물을 수매할 수 있다. 그리고 동조 제3항에 따르면 해당 사업을 농림협중앙회가 위탁받을 수 있다. 그러나 첫 번째 조 제1항 단서에 따르면 도매시장에서 수매하는 것도 가능하다.

③ 두 번째 조 제1항에 따르면 수급조절과 가격안정을 위한 비축용 농산물의 수매 대상에서 쌀과 보리는 제외하고 있다. 그러므로 보리는 대상이 될 수 없다.

⑤ 두 번째 조 제4항에 따르면 농림축산식품부장관은 비축용 농산물을 수입하는 경우, 국제가격의 급격한 변동에 대비하여야 할 필요가 있다고 인정할 때에는 선물거래를 할 수 있다.

합격 가이드

이 문제의 조문 구조상 첫 번째 조문은 저장성 없는 농산물, 두 번째 조문은 비축용 농산물에 대한 내용임을 파악하는 것이 중요하다. 각 조문의 단서나 괄호의 예외사항은 ② · ③과 같이 선지로 자주 이용되기 때문에 특별히 주의해서 정리해야 한다.

난도 상

정답해설

ㄱ. 첫 번째 조 제2항에 따라 '건의민원'은 10일 이내에 처리하여야 한다. 이때, 두 번째 조 제3항에 따라 처리기간이 6일 이상인 경우에는 '일' 단위로 계산하고 첫날은 산입하고 동조 제4항에 따라 공휴일과 토요일은 처리기간에 산입되지 않는다. 따라서 8.7(월)에 접수된 민원은 토요일, 일요일 각각 이틀과 광복절 하루를 감안하여 8.21(월)까지 처리되어야 한다.

ㄷ. 첫 번째 조 제4항에 따라 '기타민원'을 접수한 경우에는 업무시간 내 3시간 안에 처리하여야 한다. 업무시간은 09:00~18:00이므로 8.16(수) 17시에 접수된 기타민원은 8.17(목) 11시까지 처리되어야 한다.

ㄹ. 첫 번째 조 제1항 제2호에 따라 제도, 절차 등에 관한 설명을 요구하는 '질의민원'은 4일 이내에 처리하여야 한다. 이때, 두 번째 조 제2항에 따라 처리기간이 5일 이하인 경우에는 민원의 접수시각부터 '시간' 단위로 계산하며 이 경우 1일은 8시간의 근무시간을 기준으로 한다. 따라서 8.17(목) 11시에 접수된 질의민원은 32시간 이내인 8.23(목) 11시까지 처리되어야 한다.

오답해설

ㄴ. 첫 번째 조 제3항에 따라 '고충민원'은 7일 이내에 처리하여야 한다. 이때, 두 번째 조 제3항에 따라 6일 이상으로 정한 경우에는 '일' 단위로 계산하고 첫날을 산입한다. 따라서 B부처는 고충민원을 접수한 날로부터 총 17일 이내에 처리하여야 하며 이는 9.6(수)이다.

> **합격 가이드**
>
> 법조문에서는 초일 불산입이 원칙이다. 이 문항의 경우 예외적으로 초일 산입을 규정하고 있다. 초일 불산입일 때에는 해당 날짜에 정해진 기간만큼을 그대로 더해주면 되고 초일을 산입할 때에는 해당 날짜에 (정해진 기간 −1일) 만큼을 더해주면 된다.

난도 중

정답해설

ㄱ. 8세 이하 자녀 3명만 있는 경우, A안에 따라 지급받는 월 수당액은 15+15+30=60만 원이며, B안에 따라 지급받는 월 수당액은 20+20+22=62만 원이다.

ㄷ. 중학생 자녀 2명만 있는 가정은 A안에 따르면 매달 15+15=30만 원을 지급받는다. 한편, C안의 수당을 50% 증액하더라도 C안에 따라 받는 월 수당액은 12+12=24만 원이다.

오답해설

ㄴ. 자녀가 18세 이하 1명만 있는 가정은 '자녀가 둘 이상인 경우에 한한다'는 조건을 충족시키지 못하므로, A안에 따르면 수당을 지급받을 수 없다.

ㄹ. C안에 따르면 첫째와 둘째는 성장함에 따라 10만 원, 8만 원, 8만 원을 받게 되고, 셋째부터는 성장함에 따라 10만 원, 10만 원, 8만 원을 받게 된다. 따라서 C안을 적용하면 한 자녀에 대해 지급되는 월 수당액은 그 자녀가 성장하면서 오히려 감소한다.

> **합격 가이드**
>
> '옳지 않음'을 판단하기 위해 필요한 것은 하나의 예외 사례로 족하다. ㄹ은 첫째에 대해 거짓임이 판단된다면 바로 옳지 않은 선지라고 판단하고 넘기면 된다.

난도 상

정답해설

D의 며느리는 1촌인 아들의 배우자로서 부양의무자에 해당한다. 따라서 부양능력이 있는 부양의무자를 둔 D는 기초생활수급자로 선정할 수 없다.

오답해설

① 유치원생 아들은 부양의무자이지만 부양능력이 없는 자에 해당한다. A의 월 소득인정액은 (100만 원−20만 원+12만 원)으로 92만 원이다. 이는 3인 가구의 최저 생계비인 94만 원보다 적으므로 A를 기초생활수급자로 선정할 수 있다.

② 조카는 부양의무자의 범위에 속하지 않아 B는 부양의무자가 없는 경우에 해당한다. B의 월 소득인정액은 (36만 원−30만 원)으로 6만 원이다. 이는 2인 가구의 최저생계비인 70만 원보다 적으므로 B를 기초생활수급자로 선정할 수 있다.

③ 중학생인 딸은 부양의무자이지만 부양능력이 없는 자에 해당한다. C의 월 소득인정액은 (80만 원+24만 원−22만 원)으로 82만 원이다. 이는 3인 가구의 최저생계비인 94만 원보다 적으므로 C를 기초생활수급자로 선정할 수 있다.

⑤ E는 부양능력 있는 부양의무자가 있어도 부양을 받을 수 없는 경우에 해당한다. E의 소득인정액은 (60만 원+36만 원−30만 원)으로 66만 원이며 이는 2인 가구의 최저생계비인 70만 원 이하이므로 E를 기초생활수급자로 선정할 수 있다.

> **합격 가이드**
>
> 기초생활수급자가 되기 위해서는 선정기준을 만족하여야 한다. 이를 기호로 표현하면 다음과 같다.
> [~ 부양의무자 ∨ (부양의무자∧~부양능력) ∨ (부양의무자∧부양받을 수 없음)] ∧ 최저생계비 이하
> '가'에서 규정하고 있는 선정기준은 부양의무자와 관련된 세 가지 요건 중에서 적어도 하나를 충족하면서 동시에 소득인정액이 최저생계비 이하일 것을 요구한다. 이러한 요건규정이 나오면 요건을 모두 충족하여야 하는지, 아니면 요건 중 하나만을 충족해도 되는지를 반드시 검토하여야 한다. 따라서 부양의무자와 관련된 세 가지 요건에 속하지 않는 ④번이 정답이 된다.

난도 중

정답해설

ㄴ. Y가설에 따르면 흡인력은 각 도시로부터의 거리 제곱에 반비례하므로, 다른 모든 조건이 동일하다면 거리가 가까운 도시일수록 흡인력이 커진다. 흡인력은 소비자를 끌어당기는 힘이므로 흡인력이 클수록 이상적인 점포 입지가 된다.

ㄷ. Y가설에 따를 때, C시로부터 B시가 떨어진 거리가 10km에서 5km로 변한다면 B시의 흡인력은 기존 40,000의 4배인 160,000이 된다. 이때 A시의 흡인력은 20,000이므로 C시 인구의 8/9인 8만 명이 B시로 흡인된다.

오답해설

ㄱ. X가설에 따르면 소비자는 유사한 제품을 판매하는 점포들 중 한 점포를 선택할 때 항상 가장 가까운 점포를 선택한다. 즉, 선택에 영향을 미치는 유일한 요인은 거리이고 가격은 점포 선택에 영향을 미치지 않는다.

보기에서 X가설과 Y가설을 완전히 분리해서 묻고 있으므로 글에서 X가설을 읽은 뒤 바로 ㄱ을 판단하고, Y가설을 읽은 뒤 바로 ㄴ과 ㄷ을 판단하는 것이 시간 절약에 도움이 된다. 이때 사례 부분을 최대한 활용하여 계산을 최소화하는 것이 중요하다. 즉, ㄷ을 판단하는 데 있어 C시로부터 B시가 떨어진 거리가 1/2이 되면 흡인력은 4배가 된다는 것을 활용하여 시간을 절약할 수 있다.

08 정답 ⑤

난도 하

정답해설

돼지고기는 225−100＝125g을 준비해야 한다.

오답해설

① 면은 500−200＝300g을 준비해야 한다.
② 양파는 150−100＝50g을 준비해야 한다. 그런데 냉장고에 이미 있는 양이 더 많으므로 양파는 준비하지 않는다.
③ 새우는 120g을 준비해야 한다.
④ 건고추는 10g을 준비해야 한다.

총 2.5인분을 준비해야 하지만 예외적으로 '고추'가 들어간 재료는 1.25인분, 새우는 3인분을 준비해야 한다. 특수한 장치가 들어있는 경우, 해당 장치가 적용되는 선지를 우선 판단한다. ③, ④번 선지를 우선 판단한 이후에 다른 선지들을 풀이하면 실수의 여지를 줄일 수 있다.
매력적인 오답으로 ②번 선지가 제시되었는데, 문항에 필요한 각 재료의 절반 이상이 냉장고에 있으면 그 재료는 구매하지 않는다고 되어있다. 문항에 주어진 조건을 모두 적용하지 못한 경우에는 실수한 것이 없는지 의심해보아야 실수를 줄일 수 있다.

09 정답 ③

난도 중

정답해설

원석 채굴 비용은 300만 원, 400만 원, 500만 원 순으로 증가한다. 원석 1개 당 1차 가공의 비용은 250만 원이고, 수입은 목걸이용 보석은 7×60＝420만 원, 반지용 보석은 5×40＝200만 원이다. 목걸이용 보석을 2차 가공하면 50−40＝10만 원의 이익을 보고, 반지용 보석을 2차 가공하면 20−15＝5만 원의 손해를 본다. 따라서 목걸이용 보석은 2차 가공하고 반지용 보석은 1차 가공하여 판매할 때 이윤이 극대화된다.
원석 1개를 가공할 때의 수입은 (60×50)+(40×5)＝3,200만 원으로 일정하다. 원석 1개를 가공할 때의 비용은 300+250+(60×40)＝2,950만 원, 3,050만 원, 3,150만 원으로 증가한다. 결론적으로 원석을 3개 가공하면 최대 이윤을 얻을 수 있고, 이때의 이윤은 250+150+50＝450만 원이다.

판매를 위해서는 1차 가공은 반드시 해야 하므로, 2차 가공을 할 것인지 선택하는 것이 관건이다. 이때, 목걸이용 보석은 2차 가공을 할 때 양의 이윤을 얻고 반지용 보석은 2차 가공을 할 때 음의 이윤을 얻으므로, 목걸이용 보석은 2차 가공을 하여 판매하고 반지용 보석은 1차 가공을 하여 판매해야 한다는 결론을 얻을 수 있다.

10 정답 ②

난도 상

정답해설

패스 사용이 불가능한 c, e에 드는 16€는 고정비용이므로 나머지 관광명소를 가장 낮은 비용에 관람하는 방법을 찾는다. 일요일에 a, b, 월요일에 d, f, 화요일에 g, 수요일에 c, e를 관람하고 일요일과 월요일에 2일 패스를 사용하면 32+21+16＝69€가 최소 금액이다.

제약조건을 우선 검토한다. g를 관람하려면 하루가 소요되므로 4일 동안 두 곳, 두 곳, 두 곳, 그리고 g를 관람해야 한다. 또한 관람기간이 4일이므로 6일 패스는 배제하고 시작한다. 패스를 사용할 수 있는 관광명소는 a, b, d, f 그리고 g의 일부이다. g는 패스를 사용하는 것보다 1일권을 사용할 때 더 낮은 비용이 들기 때문에 2일 패스를 사용해 a, b, d, f를 관람하고, 평일에 g를 관람하는 방법을 찾아본다.

11 정답 ③

난도 상

정답해설

ㄱ. 8번이 시민인 경우 "옆에 범인이 있다"로 가능한 세 가지 경우를 따져본다.
• 7번과 9번이 모두 범인인 경우, 7번과 9번의 진술이 모두 거짓이므로 1번도 범인이 된다. 그렇다면 1번의 옆에는 범인이 없어야 하는데, 9번이 범인이므로 모순이 된다. 따라서 이 경우는 불가능하다.
• 9번이 범인이고, 7번이 시민인 경우도 첫 번째 경우와 마찬가지로 모순이 된다. 이 경우도 불가능하다.
• 7번이 범인이고, 9번이 시민인 경우, 2번과 3번이 범인이고, 나머지는 시민이 된다. 따라서 8번이 시민임을 알면 범인들을 모두 찾아낼 수 있다.
ㄴ. 모두가 "옆에 범인이 있다"라고 진술한 경우, 범인의 양 옆에는 시민이 있어야 한다. 따라서 '시민−범인−시민'을 하나의 그룹으로 놓으면 '시민−범인−시민−시민−범인−시민−시민−범인−시민'의 배치가 된다. 따라서 가능한 번호의 조합은 (1, 4, 7), (2, 5, 8), (3, 6, 9)가 된다.

오답해설

ㄷ. 예를 들어 1번과 4번과 6번이 범인이고, 나머지가 시민인 경우, 8번 한 명만이 "옆에 범인이 없다"라고 진술한다.

1 ~ 9의 숫자를 원 모양으로 배치하고 그 위에 범인을 O, 시민을 X로 표기하면서 가능한 경우의 수나 반례를 따져 보며 풀이한다. 하지만 이렇게 모든 보기에서 여러 경우의 수를 다 따지게 만드는 문제는 상당히 오랜 시간이 소요되고 실수하기도 쉬우므로, 자신 있지 않는 한 먼저 풀지 않는 것이 좋다.

12 정답 ①

난도 중

정답해설

정육면체에 점 6개를 새긴 면이 있다면, 점의 총수는 적어도 11개가 된다. 따라서 정육면체에 새긴 점의 총 수가 10개라면 점 6개를 새긴 면은 있을 수 없다.

ㄴ. 정육면체에 새긴 점의 총 수가 21개인 방법은 '6, 6, 6, 1, 1, 1', '6, 6, 5, 2, 1, 1', … 외에도 여러 방법이 있다.

ㄷ. '6, 6, 4, 4, 2, 2'처럼 각 면에 새긴 점의 수가 같은 경우에도 정육면체에 새긴 점의 총 수가 24개일 수 있다.

ㄹ. '6, 6, 5, 1, 1, 1'처럼 3개 이하의 점을 새긴 면이 3개인 경우에도 정육면체에 새긴 점의 총 수가 20개일 수 있다.

각 보기의 반례를 찾는 방식으로 풀이한다. 각 면에 새기는 점의 수가 반드시 달라야 할 필요는 없으므로 매우 다양한 경우가 존재할 수 있어 반례를 찾는 것이 어렵지 않기 때문이다.

13

정답 ②

고장난 시계가 정확한 시계와 일치하는 경우는 정확히 12시간의 오차가 발생하는 경우 뿐이다. 이를 바탕으로 각 시계가 1년 동안 각 정확한 시계와 일치하게 되는 횟수는 다음과 같다.

A(하루 2회) : 730회, B(720일에 1회) : 0회, C(12일에 1회) : 30회, D(6일에 1회) : 60회, E(144일에 1회) : 2회

따라서 가장 먼저 교체될 시계는 B이고, 가장 나중에 교체될 시계는 A이다.

고장난 시계도 하루에 두 번은 맞는다. 가장 나중에 교체될 시계를 바로 도출한다면 규칙성을 찾지 못하더라도 단순 비교를 통해 답을 도출할 수 있다. 느려지거나 빨라지는 기준이 모두 하루라는 점에 주목할 필요가 있다.

14

정답 ④

제시된 내용을 정리해보면 다음과 같이 두 가지 경우가 나온다.

구분	가영	나리	다솔	라임	마야	바다	사랑
오래달리기	×	×	○	×	×	×	×
팔씨름	○	×	○	○	○	×	×
3인 4각	×	○	×	×	×	×	○
공굴리기	○	×	×	×	○	○	○

구분	가영	나리	다솔	라임	마야	바다	사랑
오래달리기	○	×	×	×	×	×	×
팔씨름	○	×	○	○	○	×	×
3인 4각	×	○	×	○	×	×	○
공굴리기	×	×	○	×	○	○	○

따라서 나리, 라임, 사랑이 A부에서 3인 4각 선수로 참가해야 한다.

PSAT은 객관식 시험인데다 답이 하나뿐이므로 두 경우의 수가 있다고 해도 결국 동일한 답이 나오도록 설계되어 있다. 따라서 모순이 되지 않는 하나의 조합만 찾으면 다른 조합은 굳이 해보지 않아도 된다. 팔씨름을 하는 사람은 가영, 다솔, 라임, 마야 4명으로 바로 확정된다. 또한 모두 한 종목 이상은 참가해야 하므로 나리는 3인 4각, 바다는 공굴리기에 참가해야 한다. 이러한 정보를 기반으로 두 경우의 수를 따져보면 된다.

15

정답 ②

乙은 丙보다 10개 적게 조립했다고 말했고, 丙은 乙보다 10개 적게 조립했다고 말했으므로 두 사람의 말은 상충된다. 따라서 甲은 모두 진실만을 말하였다.

甲이 乙보다 1분당 3개 더 조립했음에도 乙과 조립한 상자 개수는 같으므로 乙이 甲보다 더 오랜 시간 조립했다. 또한 甲은 丙보다 10분 적게 일했다.

丙은 자신이 乙보다 10개 적게 조립했다고 말했다. 甲과 乙이 조립한 상자 개수가 같으므로 丙의 말이 사실이라면 丙은 甲보다 10개 적게 조립했어야 한다. 그런데, 丙은 甲보다 1분당 1개 더 조립했고, 甲보다 10분 많이 일했다. 그러므로 丙은 甲보다 조립한 상자 개수가 더 많아야 한다. 따라서 丙은 진실을 말하고 있는 것이 아니다.

이제 甲과 乙의 말이 모두 진실임을 확인하였으므로, 1분당 조립한 상자 개수와 조립한 시간을 통해 조립한 상자 개수를 구하면 다음과 같다.

구분	1분당 조립한 상자 개수	조립한 시간	조립한 상자 개수
甲	$x+3$	y	$(x+3)y$
乙	x	$y+40$	$x(y+40)$
丙	$x+2$	$y+10$	$(x+2)(y+10)$

이때, 甲은 乙과 조립한 상자 개수가 같으므로 $(x+3)y=x(y+40)$이 성립하고, 乙은 丙보다 10개 적게 조립했으므로 $x(y+40)=(x+2)(y+10)-10$이 성립한다. 이를 풀면, $x=3$, $y=400$이고, 甲이 조립한 상자의 개수는 $6×40=240$개이다.

두 사람은 참을 말하고, 다른 한 사람은 거짓을 말하고 있는 상황에서 두 사람의 진술이 상충된다면 다른 한 사람은 반드시 참을 말하고 있다는 점을 활용한다. 이 문제는 참 거짓을 판별한 후 방정식까지 풀기를 요구하고 있으므로 풀지 않는 것이 좋다.

16

정답 ①

'선거'에 참여할 수 있는 회원의 자격은 선거일을 기준으로 정회원 자격을 얻은 후 만 1년을 경과한 정회원으로 한정하며, 매년 12월 열리는 정기총회에서 다음 해의 협회장을 선출한다. 그러므로 '2020년 협회장' 선출을 위한 '선거'는 2019년 12월에 진행될 것이며, 2020년 10월이 지나야 만 1년이 경과하는 甲은 참여할 수 없을 것이다.

② '찬반투표'에 참여할 수 있는 회원의 자격은 투표일 현재까지 A협회의 정회원인 사람이다. 그리고 '2019년 협회장' 선출을 위한 '찬반투표'는 2018년 12월에 진행될 것이다. 그런데 2018년 10월 A협회 정회원 자격을 얻은 乙의 첫 연회비 납부는 2019년 1월 30일까지이므로 연회비 미납부로 정회원 자격이 유보될 가능성은 없을 것이다.

③ 연회비 미납부로 정회원 자격이 유보된 사람도 정회원 자격을 회복한 후 만 1년을 경과하여야 선거에 참여할 수 있다. 그러므로 '2020년 협회장' 선출을 위한 '선거' 진행시에 丙은 자격 회복 후 만 1년이 경과하지 않은 상태라고 할 수 있다.

④ A협회의 정회원은 A협회의 준회원으로 만 1년 이상을 활동한 후 정회원 가입 신청을 하고 연회비를 납부한 자를 말한다. 또한 정회원 가입을 신청하고 연회비를 납부한 그 날부터 정회원 자격이 부여된다. 그러므로 丁은 2018년 10월 정회원 자격을 획득했을 것이다. 2018년 12월에 진행될 '찬반투표'에 참여할 수 있는 회원의 자격은 투표일 현재까지 A협회의 정회원인 사람이다. 그러므로 丁은 참여할 수 있었다.

⑤ '선거'에 참여할 수 있는 회원의 자격은 선거일을 기준으로 정회원 자격을 얻은 후 만 1년을 경과한 정회원으로 한정한다. 戊는 2016년 10월 정회원 자격을 얻은 이후 2017년 1월 30일 이후부터 자격 유보 상태이므로, 만 1년을 유지하지 못해 '2017년 협회장' 선출을 위한 선거에 참여하지 못했을 것이다. 나아가 그 이후 선거에도 참여하지 못했을 것이다.

합격 가이드

매년 12월에 다음해 협회장을 선출한다는 것이 선지 해결의 핵심이라고 할 수 있다. 이처럼 단순한 발문으로 보이는 지문에도 조건을 제시하는 경우가 최근 기출에서 많이 늘어나고 있는 추세이다. 선지의 각 선거 혹은 찬반투표가 언제 이루어지는지를 정확히 파악하는 것이 필요하다.

17　　　　　　　　　　　　　　　　　　정답 ①

난도 하

정답해설

각 셀을 값을 구하면 다음과 같다.

⊙ : 4×⊙=8이므로 2로 확정된다.

ⓒ : 4×ⓒ=4이므로 1로 확정된다.

ⓒ : 3행에는 2가 없으므로 ⓒ은 2로 확정된다.

ⓔ : 2행에는 2가 없으므로 ⓔ은 2로 확정된다.

ⓜ : 2와 4 중에서 확정되지 않은 채 남아있다.

이후에 셀을 채우는 조건을 적용할 경우, 8월에는 4행의 2가 쓰인 셀에 쓰레기 매립이 이뤄짐을 알 수 있다. 따라서 8월에는 ⊙에 쓰레기가 매립된다.

18　　　　　　　　　　　　　　　　　　정답 ④

난도 상

정답해설

ㄱ. 丙국의 x지수는 10+10=20이고, 丁국의 x지수는 10+10+10+10=40이므로 x지수가 낮은 丙국의 비례성이 더 높다.

ㄷ. 甲국의 x지수는 20으로 乙국의 50, 丙국의 20, 丁국의 40 중 가장 작다. 또한 甲국의 y지수는 $\frac{1}{2,550}$로 乙국의 $\frac{1}{4,200}$, 丙국의 $\frac{1}{3,400}$, 丁국의 $\frac{1}{4,200}$ 중 가장 크다.

ㄹ. 乙국의 x지수는 50으로 가장 크고, y지수는 $\frac{1}{4200}$로 가장 작다.

오답해설

ㄴ. 甲국의 y지수는 $\frac{1}{30^2+25^2+25^2+20^2}=\frac{1}{2,550}$이고, 丙국의 y지수는 $\frac{1}{50^2+10^2+20^2+20^2}=\frac{1}{3,400}$이므로 y지수가 높은 甲국의 비례성이 더 높다.

합격 가이드

y지수의 계산이 관건이 되는 문제이다. 우선, 헷갈리는 것을 방지하기 위해 y지수의 역수가 작을수록 비례성이 크다고 생각하는 것이 편하다. 또한, y지수의 역수는 결국 총합이 100이 되는 네 숫자의 제곱의 합으로 구성된다. 숫자의 특성상 네 숫자의 크기가 비슷할수록 제곱의 합은 더 작아진다는 점을 활용하면 甲의 비례성이 가장 높고 乙의 비례성이 가장 낮을 것임을 쉽게 예측할 수 있다.

19　　　　　　　　　　　　　　　　　　정답 ⑤

난도 중

정답해설

ㄴ. 조부의 상은 참최의 다음 등급이되 자최 5개월보다는 중한 등급에 해당할 것이다. 따라서 손자의 상기는 1년 이상이 된다.

ㄷ. 당숙은 아버지의 4촌으로 5촌 방계에 해당한다. 지팡이를 짚어야 하는 가장 낮은 단계는 고모의 상을 포함하는 자최 1년의 장기인데, 당숙의 상은 적어도 자최 1년의 장기보다는 낮은 등급일 것이다.

ㄹ. 부부 상호간의 상례에서 아내는 보다 중한 상례를 지켜야 하므로, 자최 1년의 부장기보다 중한 상이라면 반드시 지팡이를 짚게 된다.

오답해설

ㄱ. 친가 4촌 형제의 상을 당한 경우가 대공에 해당하고, 외사촌의 경우는 알 수 없다.

합격 가이드

글을 읽고 오복과 상복 제도의 내용을 모두 기억할 수 없으므로 보기를 먼저 읽고 글의 해당 부분 찾아서 문제를 해결하는 식으로 접근한다. ㄱ의 외사촌 형, ㄴ의 조부, ㄷ의 당숙, ㄹ의 남편의 상을 당한 아내, 즉 보기의 모든 경우가 주어진 예시에 나와 있지 않으므로 글의 내용을 통해 추론해야 한다. 추론 문제의 경우, 본인의 능력에 맞게 본인이 판단하기 쉽거나, 확실하다고 생각하는 선지부터 해결해 나가는 것이 좋다.

20　　　　　　　　　　　　　　　　　　정답 ②

난도 하

정답해설

• 甲 : 14세인 아들을 잃었으므로 중상에 해당한다. 중상의 상기는 하상의 상기인 5개월보다 2개월이 기므로 甲의 상기는 7개월이 된다.

• 乙 : 친가 8촌 형제의 상은 3개월인 시마에 해당한다. 이와 같은 상기를 지키게 되었으므로 乙의 상기는 3개월이 된다.

- 丙 : 입양을 간 남성은 양부모의 친족에 대하여 친자와 똑같은 상례를 지킨다. 양부의 조모는 증조모로, 증조모의 상을 당한 증손자인 丙의 상기는 5개월이 된다.

따라서 甲~丙을 상기가 긴 순서대로 나열하면 甲(7개월) - 丙(5개월) - 乙(3개월)이 된다.

21

난도 상

정답해설

화가인 丙이 고객 丁으로부터 위탁을 받아 완성한 초상화의 경우, 丙은 丁의 허락이 있어야 이를 전시, 복제할 수 있다.

오답해설

① 공중에게 개방된 장소에 항시 전시하는 것이 아닌 한, 원본의 소유자인 乙은 자유로이 회화 원본을 전시할 수 있다.

② 거실은 공중에게 개방된 장소가 아니므로 소유자인 乙은 자유로이 원본을 전시할 수 있다.

③ 제3자인 A가 「군마」를 회화로 복제하는 것은 회화를 회화로 복제하는 경우에 해당하여 저작자인 甲의 허락을 얻어야 한다.

⑤ 제3자인 B가 초상화를 판매목적으로 복제하는 경우에는 저작자인 丙의 허락을 얻어야 한다.

합격 가이드

지문은 저작자와 소유자의 권리가 충돌하는 경우 어떻게 해결해야 하는지에 대해 설명하고 있다. 따라서 상황에서 저작자와 소유자가 누구인지부터 적어두고 접근하는 것이 바람직하다. 정리하면 아래와 같다.

- 甲 : 저작자, 乙 : 소유자
- 丙 : 저작자, 丁 : 위탁자, 소유자

이후에는 선지를 보면서 전시 혹은 복제하려는 상황인지, 위탁받은 작품에 관한 상황인지를 구분하여 접근한다면 실수 없이 판단할 수 있다.

22

난도 상

정답해설

제1조 제1항에 의하여 '여성추천보조금'은 4,000만 원×100원으로 40억 원이다. 동조 제2항에 의하여 여성추천보조금의 100분의 50인 20억이 '총액'이 된다.

한편 여성후보자를 전국지역구 총수(=200개)의 100분의 30(=60명) 이상 추천한 정당은 없다. 따라서 제2항의 제1호를 충족하는 정당이 없어 제2호로 넘어가게 된다.

가목의 여성후보자를 전국지역구총수의 100분의 15(=30명)이상 100분의 30(=60명) 미만을 추천한 정당은 50명을 추천한 A정당과 30명을 추천한 B정당이다. 따라서 두 정당은 제1호의 기준에 따라 지급받게 된다.

제1호 기준에 따라 총액의 100분의 50(=10억 원)은 정당별 국회의석수 비율만큼, 총액의 100분의 50(=10억 원)은 국회의원선거에서의 득표수의 비율만큼 배분하여 지급한다. 여기까지를 표로 나타내면 다음과 같다.

구분	A정당	B정당	C정당
의석률배분(가목)	5억 원 (10억 원×50%)	4억 원 (10억 원×40%)	0
득표율배분(가목)	4억 원 (10억 원×40%)	4억 원 (10억 원×40%)	0

나목의 여성후보자를 전국지역구총수의 100분의 5(=10명)이상 100분의 15(30명)미만을 추천한 정당은 20명을 추천한 C정당이다. 따라서 C정당은 총액의 100분의 30(=6억 원)은 정당별 국회의석수의 비율만큼, 총액의 100분의 30(=6억 원)은 국회의원선거에서의 득표수의 비율만큼 배분하여 지급한다. 따라서 C정당의 여성추천보조금까지 반영한 최종적인 표는 아래와 같다.

구분	A정당	B정당	C정당
의석률배분(가목)	5억 원 (10억 원×50%)	4억 원 (10억 원×40%)	0
득표율배분(가목)	4억 원 (10억 원×40%)	4억 원 (10억 원×40%)	0
의석률배분(나목)	0	0	0.6억 원 (6억 원×10%)
득표율배분(나목)	0	0	1.2억 원 (6억 원×20%)
총계	9억 원	8억 원	1.8억 원

23

난도 중

정답해설

제3항에 따라 시장은 제1항에 따라 빈집의 철거를 명한 경우 그 빈집 소유자가 특별한 사유 없이 제2항의 기간 내에 철거하지 아니하면 직권으로 그 빈집을 철거할 수 있다.

오답해설

① 제1항에 따라 자치구의 구청장은 제2호에 해당하면 빈집정비계획에서 정하는 바에 따라 철거를 명할 수 있다. 따라서 주거환경에 현저한 장애가 되는 경우 A자치구 구청장은 철거를 명할 수 있다.

② 제4항에 따라 군수는 철거할 빈집 소유자의 소재를 알 수 없는 경우 일간신문에 공고한 날부터 60일이 지난 날까지 빈집 소유자가 빈집을 철거하지 아니하면 직권으로 철거할 수 있다. 따라서 반드시 철거해야 하는 것은 아니다.

③ 제1항에 따라 특별자치시 시장은 '시장·군수 등'에 해당한다. 또한 제5항에 따라 특별자치시 시장은 보상비에서 철거에 소요된 비용은 빼고 지급할 수 있다. 따라서 반드시 보상비 전액을 지급해야 하는 것은 아니다.

④ 제6항 제1호에 따라 빈집 소유자가 보상비 수령을 거부하는 경우 보상비를 법원에 공탁해야 한다. 따라서 보상비 지급 의무는 공탁이 이루어져야 소멸한다.

합격 가이드

선지의 주체가 자치구 구청장, 군수, 특별자치시 시장 등으로 바뀌는 경우 해당 주체에게 권한이 있는지 우선 확인한 후에 구체적인 내용을 판단해야 함에 유의한다.

24

난도 하

정답해설

보름달이 지구에서 제일 멀 때의 거리는 약 40만km이고 이때의 시각도는 0.49도이다. 달이 지구와 가까워질수록 시각도가 커지므로 지구와 달의 거리가 36만km인 경우 지구에서 보름달을 바라보는 시각도는 0.49도보다 클 것이다.

합격 가이드

판단이 간단한 것부터 지워나가 시간을 절약한다. ④번 선지를 제외한 다른
선지의 경우 모두 글에 반대되는 내용이 그대로 나와 있다. 따라서 숫자가
들어가서 복잡해 보이는 ④번 선지를 굳이 판단하지 않고, 글과 선지를 비교
하는 방법만으로 나머지 선지를 다 지워 문항을 해결할 수 있다.

25
정답 ④

난도 중

정답해설

ㄱ. 두 번째 조 제1항 제1호에 따르면 원아수가 200명 이상인 경우 다른 고려
  없이 급식을 실시할 유치원에는 영양교사 1명을 둔다.
ㄴ. 두 번째 조 제1항 제2호에 따르면 같은 교육지원청의 관할구역에 있는 원아
  수 각 200명 미만인 유치원은 2개 이내의 유치원에 순회 또는 공동으로 영
  양교사를 둘 수 있다.
ㄷ. 두 번째 조 제2항에 따르면 교육감은 급식을 위한 시설과 설비를 갖춘 유치
  원 중 원아수 100명 미만의 유치원에 대하여 영양관리, 식생활 지도 등의 업
  무를 지원하기 위하여 교육지원청에 전담직원을 둘 수 있다.

오답해설

ㄹ. 첫 번째 조 제2항에 따라 원아수 50명 미만의 사립 유치원은 급식 대상에서
  제외한다. 다만 교육감이 필요하다고 인정하는 경우 급식 대상에 포함시킬
  수 있다.

합격 가이드

빠르게 읽다보면 공립유치원과 사립유치원을 분리해둔 이유인 ㄹ을 놓치는
경우가 생길 수 있다. 상황에서와 같이 얼핏 보기에 필요 없는 정보라도 일
단 문제에서 구별해서 나눠놨다면 쓰일 수 있겠다는 생각을 가지고 법조문
을 읽을 필요가 있다.

26
정답 ③

난도 상

정답해설

41보다 낮은 번호가 아니고, 4의 배수이며 정수의 제곱근을 갖는 숫자라면 64
로 특정 가능하다.

오답해설

① 최대한 경우의 수를 줄여 봐도 40 이하의 4의 배수, 혹은 41 이상의 4의 배
  수까지만 도출할 수 있다.
② 최대한 경우의 수를 줄여 봐도 49, 64, 81 중 하나라는 점만 알 수 있다.

④ 최대한 경우의 수를 줄여 봐도 40 이하의 4의 배수, 혹은 41 이상의 4의 배
  수까지만 도출할 수 있다.
⑤ 정수 제곱근을 갖는 숫자이면서 짝수라면 반드시 4의 배수여야 한다. 반면,
  홀수라면 당연히 4의 배수가 아니다. 따라서 최대한 경우의 수를 줄여 봐도
  4, 16, 36, 64 중 하나라는 점만 알 수 있다.

합격 가이드

ㄱ과 ㄹ은 전체 숫자를 반으로 쪼개는 질문이고, ㄴ은 전체 숫자를 25%,
75%로 쪼개는 질문이다. 따라서 9개의 숫자만 걸러낼 수 있는 ㄷ질문이 없
다면 하나의 숫자를 특정할 수 없다. 이제 ㄷ은 필수적이라는 점을 전제로
문제를 풀면 된다.

27
정답 ④

난도 중

정답해설

각 방식에 따른 광고비는 다음과 같다.
• 방식 1
  – 甲 : 50점+20점+0점=70점 → 지급대상 아님
  – 乙 : 50점+25점+10점=85점 → 300만 원
  – 丙 : 50점+25점+15점=90점 → 500만 원
• 방식 2
  – 甲 : B등급 → 200만 원
  – 乙 : A등급 → 400만 원
  – 丙 : A등급 → 400만 원
• 방식 3
  – 甲 : 1000×3/8=375만 원
  – 乙 : 1000×3/8=375만 원
  – 丙 : 1000×2/8=250만 원
ㄴ. 丙은 방식 1일 때 가장 유리하다.
ㄹ. 방식 2로 선정할 경우, 丙은 甲이 지급받는 200만 원의 두 배인 400만 원을
  지급받는다.

오답해설

ㄱ. 乙은 방식 2가 가장 유리하다.
ㄷ. 甲은 방식 1로 선정할 경우, 80점 미만에 해당하여 광고비를 지급받지 못
  한다.

합격 가이드

방식 1의 '80점 미만인 신문사에는 지급하지 않는다'는 조건은 예외적인 것
이므로 이를 표시해두고 정답 도출 후에는 표시해둔 조건을 사용하였는지
를 한 번 더 검토하여 실수를 줄일 필요가 있다.

28
정답 ⑤

난도 상

정답해설

점수의 총합은 52이므로 각 팀마다 5명을 배분하여 13점을 만들어야 한다. 각
팀의 구성원들의 점수는 (5, 4, 2, 1, 1), (5, 3, 2, 2, 1), (4, 3, 3, 2, 1), (4, 3, 3, 2,
1)이다. 따라서, 모든 팀이 팀 내에 같은 실력을 가진 선수가 있다.

합격 가이드

총점 13을 만들어야 하는데, 동일한 실력을 가진 사람은 최대 2명만 들어갈 수 있으므로 3점 선수가 두 명 들어가는 팀이 반드시 존재해야 한다. 13-(3+3)=7이므로 2와 1만으로는 7을 구성할 수 없다. 이제 5, 3, 3이 들어가는 팀의 구성이 가능한지, 4, 3, 3이 들어가는 팀의 구성이 가능한지 살펴보면 된다. PSAT 시험의 답은 하나뿐이므로 조건에 부합하는 사례를 찾으면 바로 답을 고르고 넘어간다.

29   정답 ③

난도 상

정답해설

ㄴ. 신규 인증대학의 수를 모두 합치면 51개이다.

ㄹ. 2014년 3월 이전부터 인증을 유지하고 있는 대학의 수를 세면 된다. 2014년 3월 인증대학 합계 28개 중 2015년 3월에 기존 인증대학으로 편입된 대학의 수는 25개이다.

오답해설

ㄱ. 2013년에 신규 인증대학으로 선정된 대학이 2014년 핵심지표평가를 탈락하고 2015년 다시 신규 인증대학으로 선정된다면 2016년에는 핵심지표평가만을 받을 수 있다.

ㄷ. 신규 인증대학에서 2013년에 인증을 받았지만 2014년 핵심지표평가를 탈락하고 2015년 다시 신규 인증대학으로 선정된 대학의 수를 빼주면 된다. 2014년 핵심지표평가를 탈락한 대학의 수는 2개이므로 최소 49개이다.

합격 가이드

신규 인증대학이 핵심지표평가를 탈락하면 다시 신규 인증대학의 지위를 취득해야 한다는 점이 핵심이다. 또한 전년도 총 인증대학의 수에서 이번년도 기존 인증대학의 수를 빼면 이번년도 핵심지표평가에서 탈락한 대학의 수를 구할 수 있다.

30   정답 ①

난도 중

정답해설

ㄱ. 1번째, 2번째 종목의 승점이 각각 10, 20점이라면 8번째 종목의 승점은 1,280점이므로 1,000점을 넘는다.

ㄷ. 6번째 종목의 승점은 1~5번째 종목의 승점의 합이다. 7번째 종목의 승점은 1~5번째 종목 승점의 합에 6번째 종목 승점의 합을 더한 것이므로 1~5번째 종목 승점의 합의 2배이다. 따라서 8번째 종목의 승점은 1~5번째 종목 승점의 합의 4배이다.

오답해설

ㄴ. 1번째, 2번째 종목의 승점이 각각 100, 200점이라면 8번째 종목의 승점은 9,920점이므로 10,000점을 넘지 못한다.

ㄹ. 10점을 더 주는 경우와 10점을 덜 주는 경우는 결국 본질에 있어서 같은 것이다. 따라서 8번째 종목의 승점은 6번째 종목의 승점의 4배이다.

합격 가이드

1~8번째 종목의 승점은 1번째, 2번째를 각각 a, b라고 했을 때 a, b, a+b+10, 2(a+b+10), 4(a+b+10), 8(a+b+10), 16(a+b+10), 32(a+b+10)이다. ㄱ을 판단하면서 4~5번째까지 계산해보면 a+b+10에 2의 제곱수를 곱하는 규칙이 있다는 점을 파악할 수 있다.

31   정답 ⑤

난도 상

정답해설

오늘날 4구(區)는 1부(釜)이고 4승(升)은 1구(區)이므로, 1부(釜)=4구(區)=16승(升)이다. 또한, 1부(釜)는 1두(豆) 6승(升)이므로, 1두(豆) 6승(升)=16승(升)이며, 이를 정리하면 1두(豆)=10승(升)이다. 이제, 1종(鐘)은 16두(豆)이고 1석(石)은 1종(鐘)에 비해 1두(豆)가 적으므로 1석(石)은 15두(豆)이다. 그러므로 1석(石)=15두(豆)=150승(升)이 된다.

합격 가이드

글의 전반부에 나오는 조건들은 문제의 풀이에 필요한 조건이 아니다. '오늘날을 기준으로' 1석(石)의 크기를 구하라는 문제이므로 오늘날의 도량형과 관련된 조건들을 우선 정리한 뒤, 필요한 경우에만 옛날 도량에 관한 조건도 고려한다.

32   정답 ④

난도 하

정답해설

이기면 5점, 지면 -1점, 비기면 1점을 얻으므로 총 30회의 게임 결과 받을 수 있는 최대 합산 점수는 150점이다. 이기는 경우와 비기는 경우의 점수차는 4점, 이기는 경우와 지는 경우의 점수차는 6점, 비기는 경우와 지는 경우의 점수차는 2점이므로 가능한 합산 점수는 150점, 146점, 144점, 142점, 140점 순으로 낮아진다. 따라서 빛나만 참말을 하고 있다.

합격 가이드

홀짝을 이용한다. 총 게임 횟수가 30회로 짝수이고, 1회 게임마다 얻을 수 있는 점수는 홀수이므로 합산 점수는 반드시 짝수가 되어야 한다.

33   정답 ②

난도 하

정답해설

ㄱ. 바로 앞의 사람이 입으로 말한 숫자를 손가락으로 표현하는 것이 경기의 규칙이므로, 바로 앞의 사람이 입으로 말한 숫자와 같은 숫자를 입으로 말하면, 손가락으로 표현하는 숫자와 입으로 말하는 숫자가 같아진다.

ㄴ. 경기 규칙에 따르면 甲이 처음으로 입으로 말한 숫자는 '둘'이고, 丙이 손가락으로 표현한 숫자는 '4'이므로 이 둘을 합하면 6이 된다.

ㄹ. 丙이 입으로 말한 숫자가 '셋'이라면 丁이 손가락으로 표현한 숫자도 '4'가 된다. 기록지의 나머지 부분은 甲이 처음으로 입으로 말한 숫자 '둘', 丙이 손가락으로 표현한 숫자 '4', 丁이 입으로 말한 숫자 '다섯'이므로, 손가락으로 표현한 '1'은 이 경기에서 한 번도 나오지 않았다.

오답해설

ㄷ. 丁이 입으로 말한 숫자는 '다섯'이 되므로 丁은 손가락으로 '5'를 표현할 수 없다. 따라서 丙이 입으로 말한 숫자도 '다섯'이 될 수 없다.

합격 가이드

게임의 규칙에 따라 기록지의 나머지 부분을 채우면 다음과 같다.

순번	1번	2번	3번	4번	5번	6번
사람	甲	乙	丙	丁	戊	甲
입	둘	넷		다섯	둘	둘
손가락	3	2	4		5	2

표만 만든다면 어렵지 않게 문제를 해결할 수 있다.

34

정답 ②

난도 상

정답해설

공연일 오전 8:30에 도착한 관람객까지 좌석에 앉고, 9:00부터 10:00까지 도착한 관람객은 9:00에 도착한 관람객, 9:30에 도착한 관람객, 10:00에 도착한 관람객으로 총 세 명이다. 이후 11:30까지 세 명의 관람객이 더 도착하므로, 초과인원 중 먼저 도착한 절반인 세 명은 좌측 계단에 앉는다.

오답해설

① 우측 계단에 앉은 관람객은 오전 10:30~11:30에 도착한 관람객이다. 이들이 중앙 좌석에 앉기 위해서는 오전 3:10~4:30에 도착하거나 오전 5:40~7:00에 도착하여야 한다. 따라서 우측 계단에 앉은 관람객이 중앙 좌석에 앉기 위해서는 적어도 3시간 30분, 최대 8시간 30분 일찍 도착해야 한다.

③ A에 앉은 관람객과 B에 앉은 관람객의 도착시간은 40분 차이가 난다.

④ 공연일 오전 6:00에 도착한 관람객은 뒷줄 좌석에 앉는다.

⑤ 총 28명의 관람객이 공연장에 도착하였다.

합격 가이드

공연장 좌석에 상황에 맞게 관람객이 도착한 시간을 적는 것이 실수하지 않고 가장 정확하게 풀 수 있는 방법이다.

35

정답 ③

난도 중

정답해설

ㄱ. E국의 전자정부순위는 64위로 가장 높고, A국의 전자정부순위는 106위로 가장 낮다. 따라서 E국은 30점, A국은 0점이며 다른 국가들은 모두 15점이다.

ㄹ. 이 경우 E국가는 시장매력도에서 30점을 받게 되고 종합점수는 60점이 되어 다른 국가들에 비해 가장 종합점수가 높다. 따라서 E국이 선정된다.

오답해설

ㄴ. 접근가능성이 가장 높은 A국은 40점이며, 가장 낮은 E국은 0점이다. 다른 국가들은 모두 20점이다.

ㄷ. S/W시장규모만을 고려하여 시장매력도 점수를 결정할 경우 시장매력도에서 A국은 15점, D국은 30점을 받게 된다. 따라서 A국의 종합점수는 (15점+0점+40점)으로 55점이고 D국의 종합점수는 (30점+15점+20점)으로 65점이다.

합격 가이드

숫자가 작을수록 순위가 높다는 점을 유의하여 풀어야 한다. 정보화수준 점수와 접근가능성 점수는 보기 없이도 확정되기 때문에 해당 점수부터 먼저 구한 뒤 보기의 선지를 고려하여 풀어야 한다.

36

정답 ④

난도 중

정답해설

총점이 60점 미만인 경우 입찰시스템에 등록될 수 없으므로 해당 업체와 계약할 수 없다. 따라서 총점이 59점인 D업체는 제거된다. 또한 분류배점의 40% 미만이 나올 경우에는 사전평가점수 총점과 관련 없이 등록 자체를 허용하지 않으므로 수요기관 만족도 배점의 40% 미만이 나온 B업체는 제거된다. 마지막으로 7월 10일까지 공사 완공을 반드시 해야 하므로 완공일이 131일을 초과하는 C업체가 제거된다. 따라서 A업체와 E업체만이 계약 가능성이 있는 업체이다.

ㄴ. 만약 D업체가 품질부문에서 2점을 추가로 얻는다면 총점이 60점 이상이 되어 입찰시스템에 등록된다. 하지만 순편익이 4억 원이므로, E업체의 순편익보다 낮다. 따라서 甲사무관은 E업체와 계약을 맺을 것이다.

ㄷ. B업체의 공사소요기간이 가장 짧으나 수요기관만족도의 점수가 배점의 40% 미만이므로 입찰시스템에 등록되지 못한다. 따라서 甲사무관은 B업체와 계약을 맺지 못한다.

ㅁ. A업체의 청사이전 편익이 2억 원 증가한다고 하더라도 순편익은 4억 원으로 여전히 E업체의 순편익인 5억 원보다 낮다. 따라서 甲사무관은 E업체와 계약을 맺을 것이다.

오답해설

ㄱ. 甲사무관은 조달청 입찰시스템에 등록된 업체 중에서 순편익이 가장 높은 업체를 선택한다. C업체의 순편익이 7억 원으로 가장 높지만 공사가 완공될 수 없어 C업체는 제외된다. 따라서 두 번째로 순편익이 높은 E업체와 계약을 맺을 것이다.

ㄹ. 안정성이 下인 업체가 제외된다면 甲사무관은 E업체와 계약할 수 없다. 따라서 A업체만이 계약이 가능하여 A업체와 계약을 맺을 것이다.

합격 가이드

총점 조건, 40% 미만 조건, 공사소요 기간 조건을 사용하여 甲사무관이 계약할 수 없는 업체를 먼저 제거했다면 실수 없이 풀 수 있었을 것이다. 한편, 3월 1일부터 7월 10일까지의 일수는 [30(3월의 잔여일)+30(4월의 일 수)+31(5월의 일수)+30(6월의 일수)+10(7월 10일까지의 일수)=131]이 된다. 날짜를 계산하는 법을 미리 숙지하고 있어야 E업체에 대한 판단을 혼동 없이 할 수 있다.

37

정답 ②

난도 중

정답해설

ㄴ. 건물 A가 2008년 1월에 신축되었다면 위의 세 행정구역 중 부산광역시와 경상남도 모두 가능성이 있다. 따라서 어디에 위치해 있는지 알 수 없다.

ㄷ. 2008년 1월 이후에 영도구에 세워진 모든 건물은 장애인을 위한 주차구역을 구비하고 있으므로 해당 구역을 구비하지 않은 건물 A는 영도구 안에 위치해 있지 않다.

20○○년도 국가공무원 5급 공개경쟁채용 및 외교관후보자 선발 제1차시험 답안지

컴퓨터용 흑색사인펜만 사용

책형

[필적감정용 기재]
* 아래 예시문을 옮겨 적으시오
본인은 ○○○(응시지역성명)임을 확인함

기 재 란

성 명	
자필성명	본인 성명 기재
응시직렬	
응시지역	
시험장소	

응시번호

성명월일

※ 시험감독관 서명
(성명을 정자로 기재할 것)

적색 볼펜만 사용

○○○○영역(1~10번)

1	①	②	③	④	⑤
2	①	②	③	④	⑤
3	①	②	③	④	⑤
4	①	②	③	④	⑤
5	①	②	③	④	⑤
6	①	②	③	④	⑤
7	①	②	③	④	⑤
8	①	②	③	④	⑤
9	①	②	③	④	⑤
10	①	②	③	④	⑤

○○○○영역(11~20번)

11	①	②	③	④	⑤
12	①	②	③	④	⑤
13	①	②	③	④	⑤
14	①	②	③	④	⑤
15	①	②	③	④	⑤
16	①	②	③	④	⑤
17	①	②	③	④	⑤
18	①	②	③	④	⑤
19	①	②	③	④	⑤
20	①	②	③	④	⑤

○○○○영역(21~30번)

21	①	②	③	④	⑤
22	①	②	③	④	⑤
23	①	②	③	④	⑤
24	①	②	③	④	⑤
25	①	②	③	④	⑤
26	①	②	③	④	⑤
27	①	②	③	④	⑤
28	①	②	③	④	⑤
29	①	②	③	④	⑤
30	①	②	③	④	⑤

○○○○영역(31~40번)

31	①	②	③	④	⑤
32	①	②	③	④	⑤
33	①	②	③	④	⑤
34	①	②	③	④	⑤
35	①	②	③	④	⑤
36	①	②	③	④	⑤
37	①	②	③	④	⑤
38	①	②	③	④	⑤
39	①	②	③	④	⑤
40	①	②	③	④	⑤

20○○년도 국가공무원 5급 공개경쟁채용 및 외교관후보자 선발 제1차시험 답안지

컴퓨터용 흑색사인펜만 사용

성	명
책 형	

성	명	
	자필성명	본인 성명 기재
	응시직렬	
	응시지역	
	시험장소	

[필적감정용 기재]
* 아래 예시문을 옮겨 적으시오
본인은 ○○○(응시자성명)임을 확인함

기 재 란

응시번호

생년월일

※ 시험감독관 서명
(성명을 정자로 기재할 것)

감독관 확인사인

○○○○○영역(1~10번)

1	①	②	③	④	⑤
2	①	②	③	④	⑤
3	①	②	③	④	⑤
4	①	②	③	④	⑤
5	①	②	③	④	⑤
6	①	②	③	④	⑤
7	①	②	③	④	⑤
8	①	②	③	④	⑤
9	①	②	③	④	⑤
10	①	②	③	④	⑤

○○○○○영역(11~20번)

11	①	②	③	④	⑤
12	①	②	③	④	⑤
13	①	②	③	④	⑤
14	①	②	③	④	⑤
15	①	②	③	④	⑤
16	①	②	③	④	⑤
17	①	②	③	④	⑤
18	①	②	③	④	⑤
19	①	②	③	④	⑤
20	①	②	③	④	⑤

○○○○○영역(21~30번)

21	①	②	③	④	⑤
22	①	②	③	④	⑤
23	①	②	③	④	⑤
24	①	②	③	④	⑤
25	①	②	③	④	⑤
26	①	②	③	④	⑤
27	①	②	③	④	⑤
28	①	②	③	④	⑤
29	①	②	③	④	⑤
30	①	②	③	④	⑤

○○○○○영역(31~40번)

31	①	②	③	④	⑤
32	①	②	③	④	⑤
33	①	②	③	④	⑤
34	①	②	③	④	⑤
35	①	②	③	④	⑤
36	①	②	③	④	⑤
37	①	②	③	④	⑤
38	①	②	③	④	⑤
39	①	②	③	④	⑤
40	①	②	③	④	⑤

20○○년도 국가공무원 5급 공개경쟁채용 및 외교관후보자 선발 제1차시험 답안지

컴퓨터용 흑색사인펜만 사용

○○○○영역(1~10번)

1	①	②	③	④	⑤
2	①	②	③	④	⑤
3	①	②	③	④	⑤
4	①	②	③	④	⑤
5	①	②	③	④	⑤
6	①	②	③	④	⑤
7	①	②	③	④	⑤
8	①	②	③	④	⑤
9	①	②	③	④	⑤
10	①	②	③	④	⑤

○○○○영역(11~20번)

11	①	②	③	④	⑤
12	①	②	③	④	⑤
13	①	②	③	④	⑤
14	①	②	③	④	⑤
15	①	②	③	④	⑤
16	①	②	③	④	⑤
17	①	②	③	④	⑤
18	①	②	③	④	⑤
19	①	②	③	④	⑤
20	①	②	③	④	⑤

○○○○영역(21~30번)

21	①	②	③	④	⑤
22	①	②	③	④	⑤
23	①	②	③	④	⑤
24	①	②	③	④	⑤
25	①	②	③	④	⑤
26	①	②	③	④	⑤
27	①	②	③	④	⑤
28	①	②	③	④	⑤
29	①	②	③	④	⑤
30	①	②	③	④	⑤

○○○○영역(31~40번)

31	①	②	③	④	⑤
32	①	②	③	④	⑤
33	①	②	③	④	⑤
34	①	②	③	④	⑤
35	①	②	③	④	⑤
36	①	②	③	④	⑤
37	①	②	③	④	⑤
38	①	②	③	④	⑤
39	①	②	③	④	⑤
40	①	②	③	④	⑤

책형

[필적감정용 기재]
* 아래 예시문을 옮겨 적으시오
본인은 ○○○(응시지역성명)임을 확인함

기 재 란

성 명	
자필성명	본인 성명 기재
응시직렬	
응시지역	
시험장소	

응시번호

| | ⓪ ① ② ③ ④ ⑤ ⑥ ⑦ ⑧ ⑨ |

생년월일

※ 시험감독관 서명
(성명을 정자로 기재할 것)

적색 볼펜만 사용

20○○년도 국가공무원 5급 공개경쟁채용 및 외교관후보자 선발 제1차시험 답안지

컴퓨터용 흑색사인펜만 사용

책 형

성 명	
자필성명	본인 성명 기재
응시직렬	
응시지역	
시험장소	

[필적감정용 기재]
* 아래 예시문을 옮겨 적으시오

본인은 ○○○(응시자성명)임을 확인함

기 재 란

※ 시험감독관 서명
(성명을 정자로 기재할 것)

감독관 확인 사인

생년월일

응시번호

○○○○영역(1~10번)

	①	②	③	④	⑤
1	①	②	③	④	⑤
2	①	②	③	④	⑤
3	①	②	③	④	⑤
4	①	②	③	④	⑤
5	①	②	③	④	⑤
6	①	②	③	④	⑤
7	①	②	③	④	⑤
8	①	②	③	④	⑤
9	①	②	③	④	⑤
10	①	②	③	④	⑤

○○○○영역(11~20번)

	①	②	③	④	⑤
11	①	②	③	④	⑤
12	①	②	③	④	⑤
13	①	②	③	④	⑤
14	①	②	③	④	⑤
15	①	②	③	④	⑤
16	①	②	③	④	⑤
17	①	②	③	④	⑤
18	①	②	③	④	⑤
19	①	②	③	④	⑤
20	①	②	③	④	⑤

○○○○영역(21~30번)

	①	②	③	④	⑤
21	①	②	③	④	⑤
22	①	②	③	④	⑤
23	①	②	③	④	⑤
24	①	②	③	④	⑤
25	①	②	③	④	⑤
26	①	②	③	④	⑤
27	①	②	③	④	⑤
28	①	②	③	④	⑤
29	①	②	③	④	⑤
30	①	②	③	④	⑤

○○○○영역(31~40번)

	①	②	③	④	⑤
31	①	②	③	④	⑤
32	①	②	③	④	⑤
33	①	②	③	④	⑤
34	①	②	③	④	⑤
35	①	②	③	④	⑤
36	①	②	③	④	⑤
37	①	②	③	④	⑤
38	①	②	③	④	⑤
39	①	②	③	④	⑤
40	①	②	③	④	⑤

좋은 책을 만드는 길, 독자님과 함께하겠습니다.

2025 시대에듀 5급 PSAT 전과목 단기완성+필수기출 300제
(언어논리·자료해석·상황판단)

개정2판2쇄 발행	2025년 01월 20일 (인쇄 2025년 01월 02일)
초 판 발 행	2022년 06월 02일 (인쇄 2022년 04월 21일)
발 행 인	박영일
책 임 편 집	이해욱
저 자	SD PSAT연구소
편 집 진 행	안희선
표지디자인	김도연
편집디자인	김예슬 · 곽은슬
발 행 처	(주)시대고시기획
출 판 등 록	제10-1521호
주 소	서울시 마포구 큰우물로 75 [도화동 538 성지 B/D] 9F
전 화	1600-3600
팩 스	02-701-8823
홈 페 이 지	www.sdedu.co.kr

I S B N	979-11-383-7363-0 (13350)
정 가	26,000원

5급 PSAT

전과목 단기완성
+ 필수기출 300제

정답 및 해설